# Desenvolvimento Psicomotor e Aprendizagem

F676d  Fonseca, Vitor da
 Desenvolvimento psicomotor e aprendizagem / Vitor da Fonseca. – Porto Alegre : Artmed, 2008.
 584 p. : il. ; 25 cm.

 ISBN 978-85-363-1110-4

 1. Psicomotricidade. II. Título.

 CDU 159.943

Catalogação na publicação: Juliana Lagôas Coelho – CRB 10/1798

# Desenvolvimento Psicomotor e Aprendizagem

## Vitor da Fonseca

Psicopedagogo e Psicomotricista
Professor na Faculdade de Motricidade
Humana da Universidade Técnica de Lisboa

2008

© Artmed Editora S.A., 2008

*Capa:* Tatiana Sperhacke

*Preparação de originais:* Maria Lúcia Badejo

*Leitura final:* Carla Rosa Araujo

*Supervisão editorial:* Mônica Ballejo Canto

*Editoração eletrônica*
*Projeto Gráfico*

artmed®
EDITOGRÁFICA

Reservados todos os direitos de publicação, em língua portuguesa, à
ARTMED® EDITORA S.A.
Av. Jerônimo de Ornelas, 670 - Santana
90040-340 Porto Alegre RS
Fone (51) 3027-7000  Fax (51) 3027-7070

É proibida a duplicação ou reprodução deste volume, no todo ou em parte,
sob quaisquer formas ou por quaisquer meios (eletrônico, mecânico, gravação,
fotocópia, distribuição na Web e outros), sem permissão expressa da Editora.

SÃO PAULO
Av. Angélica, 1091 - Higienópolis
01227-100 São Paulo SP
Fone (11) 3665-1100  Fax (11) 3667-1333

SAC  0800 703-3444

IMPRESSO NO BRASIL
*PRINTED IN BRAZIL*
Impresso sob demanda na Meta Brasil a pedido de Grupo A Educação.

# SUMÁRIO

INTRODUÇÃO .................................................................................................................. 09

## AUTORES EUROPEUS: EVOLUÇÃO PSICOMOTORA DA CRIANÇA

INTRODUÇÃO .................................................................................................................. 11

**1. PRELÚDIOS PSICOMOTORES DO PENSAMENTO: INTRODUÇÃO À OBRA DE WALLON** .......... 15
   Fundamento biopsicossocial do pensamento ................................................................. 15
   Dados interoceptivos, proprioceptivos e exteroceptivos ................................................ 19
   A evolução da psicomotricidade ..................................................................................... 22
   A motricidade como materialização da conduta ............................................................ 38
   A significação psicológica do ato motor: o papel da tonicidade .................................... 41
   A imitação como totalidade psicomotora ....................................................................... 45
   Síndromes psicomotoras .................................................................................................. 53
   Concepção neuropsicológica da psicomotricidade ........................................................ 69

**2. DA EMBRIOLOGIA MOTORA À EMBRIOLOGIA MENTAL: INTRODUÇÃO À OBRA DE PIAGET** .......... 75
   A natureza adaptativa da inteligência ........................................................................... 75
   Da ação à operação ......................................................................................................... 80
   Tomada de consciência da ação ..................................................................................... 82
   A noção de objeto ............................................................................................................ 83
   Percepção e aprendizagem ............................................................................................. 84
   Os estádios do desenvolvimento intelectual da criança ............................................... 88
   Postura e inteligência sensório-motora ......................................................................... 93
   Praxia e inteligência ....................................................................................................... 97

**3. A CRIANÇA É O SEU CORPO: INTRODUÇÃO À OBRA DE AJURIAGUERRA** .......................... 104
   Corpo e personalidade ................................................................................................... 104
   A criança é o seu corpo ................................................................................................. 105
   O corpo como materialização da humanização ............................................................ 105
   Concepções sobre a imagem do corpo ......................................................................... 105
   Introdução a algumas síndromes neurológicas ........................................................... 114
   Algumas bases neurológicas do movimento intencional ............................................. 119

Concepção fenomenológica da imagem do corpo .................................................................. 123
Desenvolvimento psicossexual da criança ........................................................................... 135
Perturbações psicopatológicas ............................................................................................ 140
A armadura muscular, o caráter e os mecanismos de defesa .............................................. 142
Gênese da imagem do corpo ............................................................................................... 143
Evolução do desenho do corpo ........................................................................................... 153
Organização psicomotora ................................................................................................... 162
Movimento voluntário, automático e reflexo ..................................................................... 165
Organização psicomotora de base ...................................................................................... 181
Organização da tonicidade ................................................................................................. 184
Proprioceptores .................................................................................................................. 192
Tônus, relação pedagógica e aprendizagem ....................................................................... 195
Tipos psicomotores ............................................................................................................. 200
Hábitos motores .................................................................................................................. 202
Dispraxias ........................................................................................................................... 216

## AUTORES NORTE-AMERICANOS: EDUCAÇÃO PERCEPTIVO-MOTORA

**INTRODUÇÃO** .......................................................................................................................... 223

**4. DA AQUISIÇÃO À GENERALIZAÇÃO MOTORA: INTRODUÇÃO À OBRA DE KEPHART** ............. 229

Motricidade e desenvolvimento dos sistemas sensoriais .................................................... 229
Competência motora, padrão motor e generalização motora ............................................. 232
Seqüências desenvolvimentais ........................................................................................... 233
Capacidades motoras básicas ............................................................................................. 239
Generalizações motoras ...................................................................................................... 247
Sugestões de trabalho ......................................................................................................... 251

**5. A PIRÂMIDE DO COMPORTAMENTO PERCEPTIVO-MOTOR: INTRODUÇÃO À OBRA DE CRATTY** .......... 252

Aprendizagem ativa ............................................................................................................ 252
Motricidade e inteligência .................................................................................................. 253
Pirâmide do comportamento perceptivo-motor .................................................................. 253
Padrões motores básicos ..................................................................................................... 254
Desenvolvimento do vocabulário motor ............................................................................ 257

**6. O COMPLEXO VISUOMOTOR: INTRODUÇÃO À OBRA DE GETMAN** .......................................... 262

O processo visual ............................................................................................................... 262
O complexo visuomotor ..................................................................................................... 270
Programa de situações-problema ....................................................................................... 280

**7. HABILIDADES VISUOPERCEPTIVAS E EDUCAÇÃO PELO MOVIMENTO:
INTRODUÇÃO À OBRA DE FROSTIG** ........................................................................................ 281

Aquisições visuoperceptivas .............................................................................................. 281
Percepção visual ................................................................................................................. 282
Capacidades perceptivo-visuais ......................................................................................... 283
Seqüência desenvolvimental .............................................................................................. 288
Educação pelo movimento ................................................................................................. 292

## 8. A TEORIA MOVIGENÉTICA: INTRODUÇÃO À OBRA DE BARSCH .......... 299

Eficiência motora: 10 teses .......... 299
Unidades de organização motora .......... 302
Bases pedagógicas da teoria movigenética .......... 303
Seis fatores de aprendizagem .......... 303
Objetivos do programa movigenético .......... 305

## 9. DISFUNÇÃO PERCEPTIVO-MOTORA E DISFUNÇÃO CEREBRAL MÍNIMA: INTRODUÇÃO À OBRA DE CRUICKSHANK .......... 307

Disfunções perceptivas .......... 307
Visão integrada da percepção, da cognição e da ação .......... 309
*Performance* perceptivo-motora e sucesso escolar .......... 312
Imaturidade perceptivo-motora e interação intersensorial .......... 314
Atenção e controle motor .......... 316
Eficácia do treinamento perceptivo-motor .......... 321

## 10. INTEGRAÇÃO SENSORIAL E APRENDIZAGEM: INTRODUÇÃO À OBRA DE AYRES .......... 325

Teoria da integração sensorial .......... 325
Integração sensorial e sistemas sensoriais .......... 326
Princípios funcionais da integração sensorial .......... 329
Disfunção da integração sensorial (DIS) e dispraxia .......... 333
Integração sensorial e aprendizagem .......... 338
Fundamentos neurocientíficos da integração sensorial .......... 342
Espiral da auto-atualização .......... 345
Limites da teoria da integração sensorial .......... 348
Desenvolvimento da integração sensorial na criança .......... 348
Passos do desenvolvimento da integração sensorial .......... 351

# AUTORES RUSSOS: EDUCAÇÃO SOCIOMOTORA

## INTRODUÇÃO .......... 367

## 11. PERSPECTIVA SÓCIO-HISTÓRICA DA PSICOMOTRICIDADE: INTRODUÇÃO À OBRA DE VYGOTSKY .......... 375

Principais idéias sobre o desenvolvimento humano .......... 376
Diferenças entre a psicomotricidade humana e a motricidade animal .......... 377
A imitação como processo de mediatização .......... 380
O papel da mediatização dos instrumentos e dos signos .......... 382
O desenvolvimento psicomotor na perspectiva sócio-histórica .......... 386
Interação entre aprendizagem e desenvolvimento .......... 389
A função do jogo e do brinquedo no desenvolvimento psicomotor da criança .......... 392
Dispraxia, disontogênese e defectologia .......... 394

## 12. A ORGANIZAÇÃO NEUROFUNCIONAL DA PSICOMOTRICIDADE: INTRODUÇÃO À OBRA DE LURIA .......... 405

O papel dos analisadores proprioceptivos e exteroceptivos .......... 408
O controle psíquico da motricidade .......... 410
O córtex e a complexidade da psicomotricidade .......... 411
Os sistemas corticais da organização da psicomotricidade .......... 414

Diferenciação motora e diferenciação sensorial ............................................................................. 417
O estudo das lesões cerebrais e das funções corticais superiores ...................................................... 418
Regulação e controle das praxias: papel das funções executivas ....................................................... 422
Organização neurofuncional da praxia ............................................................................................... 427
As três unidades funcionais da organização cerebral ......................................................................... 431
Estádios do desenvolvimento neuropsicológico ................................................................................. 438
A unidade psicomotora: o córtex pré-frontal e as funções executivas ............................................... 440

## 13. A COORDENAÇÃO E A REGULAÇÃO CIBERNÉTICA DA PSICOMOTRICIDADE: INTRODUÇÃO À OBRA DE BERNSTEIN .................................................................................. 444

A unidade dialética da ação ................................................................................................................ 444
Abordagem ecológica da percepção e da ação: o papel da reaferenciação ....................................... 449
Auto-regulação e coordenação da psicomotricidade ........................................................................ 451
Concepção cibernética da coordenação motora e da aprendizagem ................................................ 464
Programação da ação: paradigma da coordenação motora ............................................................... 470
Os analisadores sensoriais da informação e o seu papel na coordenação da ação ........................... 475
A representação mental da motricidade e o seu comando interno e externo .................................. 479

## 14. A EVOLUÇÃO DOS HÁBITOS MOTORES: INTRODUÇÃO ÀS OBRAS DE ZAPOROZHETS E ELKONIN ...... 495

Desenvolvimento psicomotor e interação social ............................................................................... 495
Desenvolvimento ontogenético ......................................................................................................... 500
Evolução da psicomotricidade ........................................................................................................... 501
Evolução postural .............................................................................................................................. 502
Manipulação dos objetos, imitação e jogo ........................................................................................ 504
Formação dos hábitos e apropriação da linguagem .......................................................................... 509

## (IN)CONCLUSÃO

## UMA CERTA MIRADA DO DESENVOLVIMENTO HUMANO ............................................................... 513

Tridimensão informacional do desenvolvimento humano ................................................................ 515
A hierarquia da experiência humana: do biológico ao social ............................................................ 527
Postulados da aprendizagem humana ............................................................................................... 530
De uma certa crença no potencial de desenvolvimento da criança .................................................. 532

## REFERÊNCIAS .................................................................................................................................... 535

## GLOSSÁRIO ....................................................................................................................................... 561

# INTRODUÇÃO

Neste livro abordarei as relações entre o desenvolvimento psicomotor e a aprendizagem, mais a psicomotricidade do que efetivamente a aprendizagem, e mais a aprendizagem não-simbólica e não-verbal do que a aprendizagem simbólica e verbal, que já foi tema de outro livro que escrevi (Fonseca, 1984, 1999).

A psicomotricidade pode ser definida como o campo transdisciplinar que estuda e investiga as relações e as influências recíprocas e sistêmicas entre o psiquismo e a motricidade. O psiquismo, nessa perspectiva, é entendido como sendo constituído pelo conjunto do funcionamento mental, ou seja, integra as sensações, as percepções, as imagens, as emoções, os afetos, os fantasmas, os medos, as projeções, as aspirações, as representações, as simbolizações, as conceitualizações, as idéias, as construções mentais, etc., assim como a antecede as aquisições evolutivas ulteriores.

A psicomotricidade como campo de estudo sofre obrigatoriamente de várias tensões dos que a compreendem corretamente, mas também dos que a ameaçam, além dos que desejam dar novas direções e nelas prosseguir com novas buscas de conhecimento, como é o meu caso.

O estado da arte da psicomotricidade não foge, portanto, à controvérsia. Este livro também não. Minha intenção é fazer um levantamento das principais linhas de elaboração conceitual do desenvolvimento psicomotor, criando um paradigma consensual de pressupostos para o seu futuro estudo, algo que não é fácil, na medida em que unificar concepções de várias disciplinas distintas e de vários autores oriundos de diferentes culturas, para compreender melhor o modo como funciona a psicomotricidade como sistema complexo, é um tremendo desafio.

Uma vez que o indivíduo como entidade ontológica apresenta um conjunto de características que co-ocorrem com outras, tentei neste livro abordar um estudo da psicomotricidade que não possa ser isolado de outras áreas do conhecimento.

Como disciplina emergente, a psicomotricidade subentende o estudo de várias áreas científicas, o estudo de vários graus de adaptabilidade e o estudo de vários contextos ecológicos e circunstâncias socioculturais. A psicomotricidade pode, igualmente, definir-se como uma educação e uma reabilitação especialmente concebidas, desenhadas e implementadas para satisfazer as necessidades desenvolvimentais únicas de indivíduos normais e excepcionais, tendo em vista a realização máxima possível do seu potencial humano total.

Apesar de a psicomotricidade ter se originado na França e dela se ter expandido preferencialmente para os países mediterrâneos e latino-americanos, na minha linha de pensamento os autores norte-americanos e russos apresentam contribuições muito relevantes para o seu desenvolvimento conceitual. Pretendo, assim, colaborar para uma perspectiva intercultural mais alargada da psicomotricidade, mesmo tendo consciência do muito que há a explorar em outras culturas para que ela se liberte de amarras conceituais que a limitam na sua universalidade.

A estrutura do livro está dividida em três grandes seções:

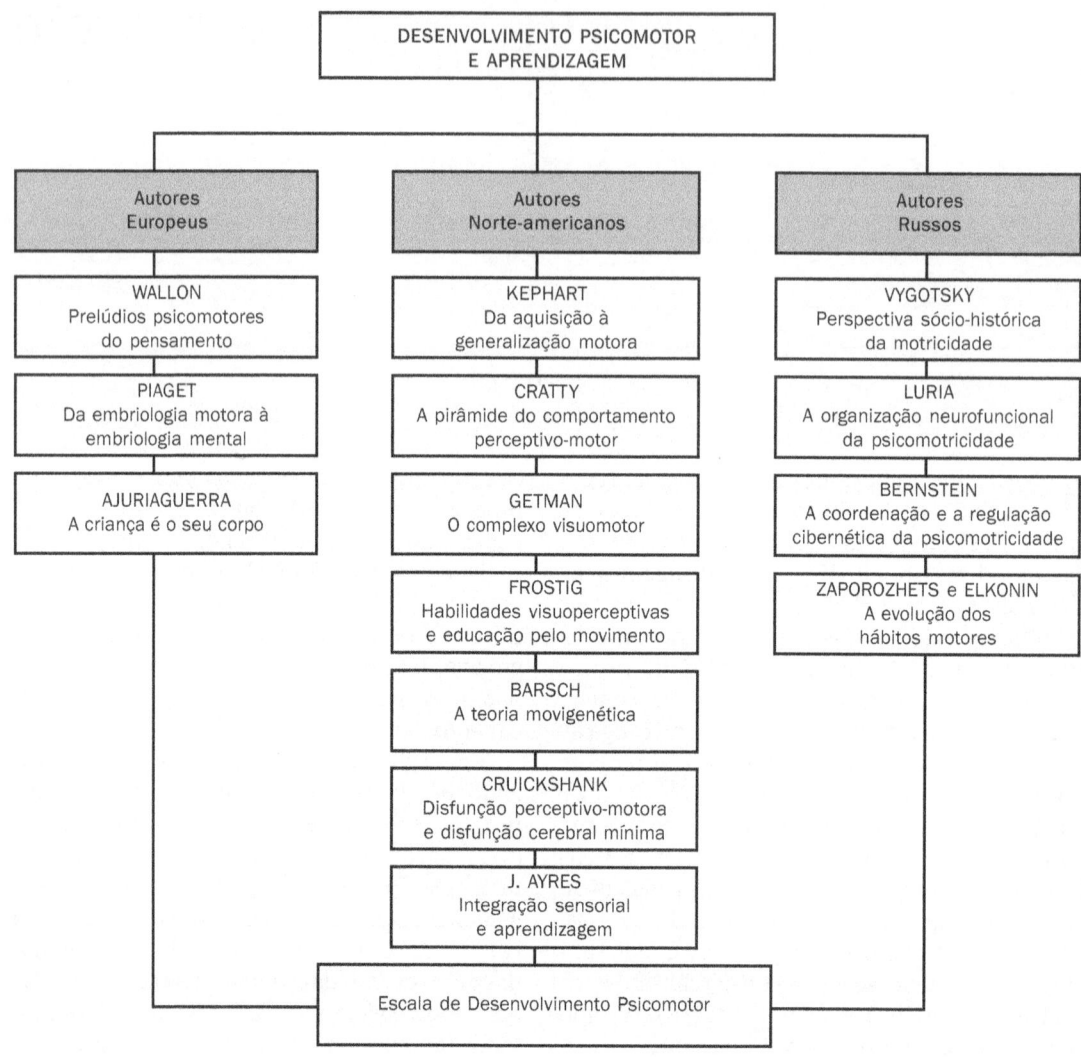

A publicação da primeira edição, em 1977, com o título *Escola, escola, quem és tu?*, em co-autoria com Nelson Mendes, demonstrou ser esta, já com quatro edições, uma obra de referência para muitos educadores, professores, terapeutas, psicólogos e médicos ligados à educação e à reeducação, sendo a sua aceitação, quer em Portugal quer no Brasil, muito positiva.

Não podendo contar com a colaboração do referido colega, a presente obra foi totalmente reescrita, tendo sido atualizada conceitualmente e acrescentada com novos capítulos, com a apresentação de dois novos autores norte-americanos, Cruickshank e J. Ayres, e com um novo autor russo, Vygotsky, pela importância da sua obra genial sobre o desenvolvimento da criança.

O livro destina-se a estudantes de psicomotricidade, de educação (geral, especial e inclusiva), a estudiosos do desenvolvimento da criança e do jovem (pais, educadores, assistentes sociais, psicólogos, psicopedagogos, médicos, terapeutas, fisioterapeutas, etc.) e, particularmente, a psicomotricistas, que poderão encontrar muitos tópicos de interesse e de reflexão.

# Autores Europeus

## EVOLUÇÃO PSICOMOTORA DA CRIANÇA

**INTRODUÇÃO**

Falar em conjunto de Wallon, Piaget e Ajuriaguerra não é tarefa fácil, muito menos quando se deseja conseguir uma linguagem inter e transdisciplinar. Arrrisco, no entanto, fazê-lo por uma questão de curiosidade científica e pelo gosto que sempre tive pela integração e síntese conteudística. Seja como for, porém, os três autores são, sem dúvida, pioneiros de primeira ordem no desenvolvimento psicomotor. Wallon, considerado um autor difícil, é, na atualidade, um dos autores europeus mais estudados e analisados, enquanto Piaget é um autor de referência incontornável, sem, todavia, ter sido quer psicólogo, quer pedagogo.

Wallon licenciou-se primeiro em filosofia, e só mais tarde em medicina, com uma tese intitulada *A criança turbulenta* (1925), que viria a ser uma obra fundamental para a formulação teórica e prática da psicomotricidade, talvez mesmo um dos primeiros trabalhos científicos do mundo a debruçar-se sobre a criança hiperativa, hoje considerada a principal causa das consultas em neuropsiquiatria infantil e em psicopedagogia. Só mais tarde tornou-se professor de psicologia na Sorbonne e no Colégio de França, onde desenvolveu efetivamente as primeiras pesquisas sobre o papel da motricidade na ontogênese do psiquismo. Responsável médico pelas crianças vítimas da I e da II Guerras Mundiais, humanista, antifascista assumido e ativista político, foi perseguido pela horrorosa polícia nazista e ocupou um lugar de destaque na resistência francesa durante a ocupação alemã. Dada a sua intensa participação social, após a ocupação estrangeira do seu país, residente além de ter produzido intensa, extensa e excelente obra intelectual em vários domínios – médico, psicológico, educacional, social, etc. –, elaborou, ainda, com outra figura moral e ética de relevo na época, o projeto educacional Langevin-Wallon, que influenciou a formação de muitas gerações de franceses, e no qual integrou de forma original os conceitos de psicomotricidade de que tratarei em seguida. A sua biografia apresenta-nos o perfil de um homem que lutou por integrar a sua atividade científica com a ação social, em uma experiência de vida plena de coerência e de engajamento ético invulgar.

Piaget, por outro lado, é um autor com inúmeros trabalhos publicados e que aliou a este fato ser, além de zoólogo notável, um dos mais significativos expoentes da lógica e do estruturalismo europeus. Ao contrário de Wallon, viveu alheio às turbulências sociais das guerras mundiais e beneficiou-se da cultura suíça, com características socioculturais muito próprias e que influenciaram o seu pensamento. Tendo como preocupação central o estudo do sujeito epistêmico, o sujeito do conhecimento, e não o de ação, Piaget preocupou-se com a busca dos mecanismos comuns a todos os sujeitos, mesmo que inseridos em contingências culturais distintas. Apesar de não ter por objeto principal de estudo o desenvolvimento psicomotor da criança, este autor, inspirado na biologia, mas não na neurologia, como seria de esperar, notabilizou-se por explicar os principais mecanismos da epistemologia genética, principalmente o equilíbrio (diferente do termo equilíbrio como função postural por excelência), a adaptação, a inteligência, a abstração reflexiva, a generalização construtiva, etc., tendo como referência a teoria geral dos sistemas. E, nesse sentido, a sua contribuição para compreender o papel da ação no desenvolvimento do pensamento é uma contribuição importantíssima.

Por sua vez, Ajuriaguerra, refugiado basco, surge como um investigador de síntese entre a psiquiatria infantil e o desenvolvimento neurológico. A profundidade dos seus trabalhos e a sua longa prática clínica, apesar de vários dissabores profissionais, bem como a sua intensa e vasta colaboração em equipes de reeducação, dão-lhe um lugar único no domínio da psicomotricidade. O seu prestígio mundial no âmbito da neuropsiquiatria infantil confere-lhe uma posição especial para fundamentar cientificamente a psicomotricidade, sendo de assinalar a sua extraordinária capacidade para cruzar saberes tão distintos como a psicanálise, a psicossomática, a psicopatologia, a neuropediatria, a neuropsiquiatria e a neuropsicologia.

Embora apenas com a preocupação de uma abordagem didática, é interessante verificar como Wallon e Piaget, a par de áreas comuns na concepção das suas "ideologias", têm também pontos polêmicos e contraditórios.

Ambos equacionam a inteligência em termos evolutivos, e não como uma simples coleção ou somatório de condutas. Ambos respeitam os estádios do desenvolvimento, embora do ato ao pensamento, para Wallon, e da inteligência sensório-motora à inteligência reflexiva, para Piaget. Note-se que, em qualquer das suas perspectivas evolutivas, emergem as noções de reorganização, de reconstrução e de transformação.

Piaget, por exemplo, por um lado, parece aproximar-se da perspectiva dialética de Wallon, quando equaciona a evolução da inteligência em termos de homogeneidade e heterogeneidade, mas, por outro, parece querer rodear as contradições e as diversidades do desenvolvimento da criança que este encara, equaciona e analisa muito claramente.

Piaget situa o seu interesse na lógica da inteligência, nas formas de equilíbrio do pensamento. Para o autor suíço, não esquecendo o seu contexto sócio-histórico, a inteligência é uma estrutura biológica no meio de outras, que obedece à lógica universal de todos os sistemas de equilíbrio: assimilação, acomodação, adaptação. Para ele, a gênese do pensamento, a que chamou também embriologia mental, é a interiorização dos esquemas sensório-motores da primeira infância que, pela respectiva associação, vão originar a hierarquia triunfante que vai das ações às operações, passando pelas coordenações.

Piaget defende, assim, a identidade e a continuidade dos vários períodos do desenvolvimento, enquanto Wallon, por sua vez, encara e pesquisa as diferenças e as descontinuidades dos mesmos.

Piaget aponta como objetivo a atingir, ao contrário de Wallon e também de Vygotsky, a lei geral do pensamento, considerando a inteligência como uma forma superior de adaptação biológica, não especificando como ela decorre igualmente do surgimento de processos de adaptação de inequívoca origem social.

Wallon, médico francês, mergulhado em outro contexto sócio-histórico, baseia a originalidade da sua concepção na interinfluência dos fatores biológicos com os fatores sociais, principalmente quando analisa as relações entre a emoção e a motricidade, a motricidade e a representação mental, a representação mental e o caráter, entre o caráter e o social, etc. Quer dizer: um parece apontar uma dialética; o outro, pelo contrário, avança com uma lógica e uma lei.

Ao esquema cibernético e triunfal de Piaget, Wallon contrapõe uma maneira de pensar a criança e o seu desenvolvimento em uma perspectiva dialética de globalidade-unidade. Como nos diz o seu discípulo Zazzo, a obra de Wallon é um dos melhores meios de estudo e de análise para compreender o desenvolvimento biopsicossocial da criança. Para Wallon, o estudo da criança não é um mero instrumento para a compreensão do psiquismo humano, mas é, também, um modo particularmente privilegiado para contribuir para a sua educação. Para este autor, a infância é uma idade única e fecunda para compreender a natureza humana, cujo atendimento é a tarefa fundamental da educação. A preocupação pedagógica do pensamento psicológico walloniano é extremamente forte e sólida, razão pela qual a sua obra é tão importante para a psicomotricidade.

Em Wallon é impossível dissociar a ação da representação, a tonicidade da emoção, o gesto da palavra, o motor do psiquismo, na medida em que esta é a conseqüência da inteligência das situações. É este autor que faz saltar as contradições e a versatilidade mental como as expressões da dialética da personalidade da criança. Contradições entre a finalidade da linguagem e a fluidez dos sentidos, entre o real e a sua representação, entre a intuição e a abstração, entre a lógica da linguagem e a lógica das coisas.

É, pois, neste sentido, que Wallon confere à sua concepção uma dimensão dialética: entre o orgânico e o social, entre o indivíduo e a sociedade, entre o corpo e o cérebro, entre o psíquico e o motor, entre o emocional e o racional. Para Wallon, portanto, o objetivo da psicologia é acabar de vez com os "clássicos dualismos" corpo-alma, indivíduo-sociedade, biológico-social, natura-cultura, etc.

Em 1958, Wallon chegaria a afirmar: a psicologia terá de unir o orgânico ao psíquico, a alma ao corpo. Daqui, aliás, viria a nascer o famoso Laboratório Psicobiológico da Criança, chefiado por Zazzo e seus seguidores.

Piaget, entretanto, preocupa-se mais com a continuidade radical da inteligência e com as suas relações biológicas e lógicas. A sua obra é um esforço sistemático para elaborar uma teoria geral da inteligência, onde a lógica da vida e do pensamento se inter-relacionam.

Onde Piaget faz obra de lógico, Wallon faz obra de psicólogo; onde Piaget adota a observação rigorosa, Wallon vai ao diálogo com a criança; enquanto Piaget se interessa pela razão, Wallon entusiasma-se pelas contradições do pensamento... Entre um e outro há, pois, pontos de vista diferentes e pontos de vista comuns.

É, aliás, o próprio Piaget quem, em um artigo de homenagem a Wallon, diz claramente que as suas idéias não se opõem às de Wallon, mas, pelo contrário, se completam, embora segundo perspectivas diferentes. Assim, diríamos que Wallon equaciona a sua concepção segundo uma perspectiva biopsicossociológica, enquanto Piaget o faz segundo uma perspectiva biocognitiva.

Seja como for, porque as obras de ambos são tão enormes e transcendentes, a dificuldade reside efetivamente, em tão pouco espaço, em sintetizar e reunir interdisciplinarmente estes dois autores. Tal dificuldade é, em parte, superada por Ajuriaguerra, cujo contributo neuropsiquiátrico e neuropsicológico vem preencher uma lacuna essencial para a leitura didática do desenvolvimento psicomotor da criança que emerge destes notáveis pioneiros da psicomotricidade.

Assim, Ajuriaguerra, que não é um biólogo ou um lógico, nem um psicólogo, além de não apresentar uma concepção original do desenvolvimento psicológico da criança, é, no entanto, um neuropsiquiatra infantil, que, como tal, apresenta uma perspectiva naturalmente interdisciplinar, integrada e contextualizada da sua ontogênese, perspectiva do maior interesse para a compreensão da evolução psicomotora da criança.

Com base na sua invulgar experiência clínica e apoiando-se em um fundamento psicológico sustentado em substratos neurológicos, Ajuriaguerra não só integra os aspectos equacionados por Wallon e Piaget, como também de outros autores importantes, como Gesell, Spitz, Freud, etc.

A forma sugestiva e sistêmica como coloca os problemas da função tônica e da construção da imagem do corpo da criança e concomitantes perturbações e a fundamentação neurocientífica da psicomotricidade são o ponto básico de sua constituição para este livro.

Repare-se como esta perspectiva, além de fornecer os limites do normal e do patológico, e de situar-nos nos paradigmas do paranormal e do parapatológico, nos garante, só por si, uma visão transdisciplinar do desenvolvimento biopsicossociológico da criança.

É essa dimensão multifacetada do desenvolvimento psicomotor da criança que passarei a abordar de seguida, com base nas contribuições extraordinárias destes grandes pioneiros europeus da psicomotricidade.

# PRELÚDIOS PSICOMOTORES DO PENSAMENTO:
## introdução à obra de Wallon

**FUNDAMENTO BIOPSICOSSOCIAL DO PENSAMENTO**

Para Henri Wallon (1930, 1931, 1947), a atividade da criança começa por ser elementar e é essencialmente caracterizada por um conjunto de gestos sincréticos com significado filogenético, gestos de sobrevivência que já são, de saída, a expressão de uma modulação tônica e emocional de ajustamento ao meio ambiente.

Segundo Wallon (1937, 1950, 1969, 1970a), entre o indivíduo e o seu meio há uma unidade indivisível. Não há separação possível entre o indivíduo e o meio ambiente (sociedade, ecossistemas), isto é, não há oposição entre o desenvolvimento psicobiológico e as condições sociais que o justificam e motivam.

A sociedade é para o homem uma "necessidade orgânica" que determina o seu desenvolvimento e, portanto, a sua inteligência. A apropriação do conhecimento é um patrimônio extrabiológico inerente ao grupo social no qual vai evoluir e coexistir. No ser humano, o desenvolvimento biológico, ou seja, a sua maturação neurológica, e o desenvolvimento social, ou seja, a incorporação da experiência social e cultural, melhor dito, a sociogênese, são condições um do outro.

Até a aquisição da linguagem, a motricidade é, pois, a característica existencial e essencial da criança, é a resposta preferencial e prioritária às suas necessidades básicas e aos seus estados emocionais e relacionais. A motricidade na criança é, por isso, já nessa fase tão precoce, a expressão do seu psiquismo prospectivo.

A motricidade torna-se, assim, simultaneamente e seqüencialmente, a primeira estrutura de relação e de co-relação com o meio, com os outros prioritariamente, e com os objetos posteriormente, a partir das quais se edificará o psiquismo, e é, em síntese, a primeira forma de expressão emocional e de comportamento.

A motricidade ocupa um lugar especial na teoria walloniana. Desde o nascimento, e mesmo ao longo do desenvolvimento intra-uterino, ela é uma das mais ricas formas de interação com o envolvimento externo, e é, na sua essência, um instrumento privilegiado de comunicação da vida psíquica.

Pela motricidade, a criança exprime as suas necessidades neurovegetativas de bem-estar ou de mal-estar, que contêm em si uma dimensão afetiva e interativa que se traduz em uma comunicação somática não-verbal muito complexa, muito antes do surgimento da linguagem verbal propriamente dita.

A motricidade contém, portanto, uma dimensão psíquica, e é um deslocamento no espaço de uma totalidade motora, afetiva e cognitiva, que se apresenta em termos evolutivos, segundo Wallon (1963, 1970), sob três formas essenciais: deslocamentos passivos ou exógenos, deslocamentos ativos ou autógenos e deslocamentos práxicos.

## Deslocamentos passivos ou exógenos

O bebê humano, na ótica walloniana, esboça e expressa as suas interações com o ecossistema gravitacional a partir da motricidade dos seres humanos experientes que o rodeiam, com ênfase particular na sua mãe. Nascendo com inúmeros reflexos filogenéticos – cerca de 70 –, o bebê humano não pode assegurar por si próprio uma motricidade adaptativa autônoma. Como respostas ou reações a forças exteriores, como a gravidade, ou a reações fisiológicas interiores (fome, dor, etc.), o recém-nascido, devido à sua imperícia, é objeto de deslocamentos passivos e exógenos introduzidos pelos outros.

O bebê começa por estar mergulhado em uma absoluta dependência social, pois depende da intencionalidade vigilante do adulto que o rodeia, sem o qual a sua própria sobrevivência pode estar em risco. Ao contrário de muitas outras espécies vertebradas, o bebê humano não dispõe, ao nascer, de um repertório motor adaptativo mínimo, não responde em termos de motricidade às suas próprias necessidades biológicas primárias. A concepção walloniana designa esta fase por simbiose fisiológica, na qual o bebê não consegue diferenciar as suas necessidades de sobrevivência com respostas motoras adaptativas que permitam satisfazê-las. Ele pode comunicar as suas necessidades aos adultos que o rodeiam por impulsos de desconforto, de irritabilidade, de impotência, etc., mas ele, em si, não é capaz de produzir ações adequadas que as satisfaçam.

A simbiose fisiológica é compensada por uma simbiose afetiva segura, que é realizada pelos adultos experientes, que podem produzir respostas motoras imediatas e eficazes, cuja significação afetiva securizante é de uma enorme importância relacional e emocional, pois provocam entre o adulto e a criança, entre o ser experiente e o ser inexperiente, uma relação de grande profundidade e intimidade. A mediatização humanizada entre o biológico e o social, de grande transcendência afetiva nesta fase, na linguagem de Wallon (1970b), acaba por dar início ao primeiro esboço do psiquismo do bebê.

Com base em uma integração sensorial interoceptiva centrada na ação de centros da vida vegetativa que subentendem mecanismos filogenéticos de sobrevivência (circulação, respiração, sono, conforto, segurança, etc.) e que prefiguram a memória da espécie humana, o bebê humano mantém-se durante os primeiros meses com uma motricidade visceral extremamente aperfeiçoada, que contrasta com uma agitação irregular dos membros, ilustrando uma atividade de relação impulsiva caracterizada por períodos de restrita vigilância, porém exibindo, nesses momentos fugazes, algumas condutas de atenção sustentada, de interação, de afiliação e de imitação. Muito antes de possuir uma motricidade autônoma, o bebê humano revela uma motricidade relacional, um diálogo tônico vinculativo e um contágio emocional muito intensos, que contrastam com uma inaptidão total.

Nessa fase, a hipotonicidade que caracteriza os músculos da coluna vertebral e do controle da cabeça condiciona toda a motricidade, que parte de um equilíbrio fundamentalmente co-equilibrado pelos outros, o qual se revela descontínuo e sincrético em muitas das suas manifestações.

A origem da motricidade humana subentende paralelamente uma origem social, em analogia com o que se passa com a linguagem. Só com a conquista progressiva de uma maturidade tônica e neurológica da cabeça e da coluna e de vários sistemas reticulares e cerebelares, provocados pelas interações dinâmicas dos adultos, o bebê irá evoluir, sensivelmente entre os 3 e os 6 meses, da posição de deitado à posição de sentado (uma espécie de vestígio filogenético do *Homo habilis*).

Entre os 6 e os 9 meses, evoluirá para padrões motores vertebrados como a reptação, a quadrupedia, o rolar, a locomoção de gatinhas (ou a quatro patas), o equilíbrio sustentado, etc., até chegar a assumir a postura bípede e, subseqüentemente, a apropriação da marcha assimétrica (outro vestígio filogenético, agora do *Homo erectus*), aquisição motora mais ou menos dominada por volta dos 15 meses. Note-se que a conquista da posição bípede é de uma importância única para a evolução da personalidade da criança (Vermeylen, 1926; Nicolas, 1982), com ela começa a conquista do mundo interior e do mundo exterior, na medida em que retrata a primeira grande conquista biológica da espécie humana.

### Deslocamentos ativos ou autógenos

A partir dos deslocamentos exógenos vão emergir, de forma endógena e neurologicamente integrada, os deslocamentos autógenos, como respostas e como reações do próprio corpo ao mundo exterior. A integração sensorial proprioceptiva (porque as terminações nervosas estão agora ligadas a sensores pélvicos e vestibulares e às articulações, aos tendões e, finalmente, aos músculos, em vez de ligadas às vísceras) dá lugar à integração e à produção de posturas e de movimentos do corpo no espaço, incluindo a interação com o mundo dos outros e dos objetos, visto que estes são uma duplicação e representação daqueles.

É na aprendizagem das competências e subcompetências de equilíbrio e locomoção (macromotricidade) e de preensão (micromotricidade) que se provoca a maturação do sistema nervoso. Inacabado no nascimento, o sistema nervoso vai preparando a eclosão do psiquismo, pela e através da motricidade, consubstanciando uma dupla descoberta, a do corpo somático, de onde surgirá o eu, e a do corpo relacional, de onde surgirá o não-eu (Wallon, 1947, 1963b, 1970).

Nestes deslocamentos, os sentidos vestibular e tátil-cinestésico assumem os papéis preferenciais da interação com o mundo, culminando na apropriação definitiva da postura bípede e da preensão, sugerindo uma transição autônoma que passa da vinculação dependente anterior à desvinculação independente posterior, conferindo à motricidade e à ação a função de construção do psiquismo e da percepção.

De uma motricidade incoerente, porque gestualmente ainda pouco integrada e controlada em termos sensoriais e perceptivos, emerge uma motricidade cada vez mais coerente, na qual a modulação tônica, proprioceptiva e postural se estruturam e organizam neuroevolutivamente. A sinaptogênese e a mielinização, entretanto, vão encarregar-se de produzir sistemas funcionais mais fluentes e adaptados.

Paralelamente, pelo diálogo tônico e pelo diálogo corporal, a mãe, principalmente, ou outro adulto experiente, vai criando, igualmente, um sentimento de confiança mútua e de continuidade do eu da criança, não só pelas interações corporais afiliativas do agarrar, do segurar, do manusear, do acariciar, do transportar, do acariciar, etc., como pelas interações corporais lúdicas do brincar, do imitar, do comunicar, etc. Com ambas as interações, ego e alocentradas, de aspecto motor e afetivo-relacional, a criança demonstra auto-suficiência em vários aspectos da sua vida diária; a sua gestualidade, a sua mímica e pantomima orientam-se já para funções e aprendizagens pré-simbólicas muito importantes.

### Deslocamentos práxicos

Finalmente, surgem os deslocamentos práxicos, ditos também deslocamentos dos segmentos corporais, com base em um diálogo entre si e o meio, cada vez mais diferenciado e com respostas de corpo inteiro, integrando já verdadeiras atitudes gestuais e mímicas de interação, que concretizam as aquisições dos primeiros hábitos sociais e que permitem as funções construtivas e criadoras, co-construtivas e co-criadoras das coordenações e das aprendizagens psicomotoras.

A integração sensorial exteroceptiva, diferentemente das anteriores, porque agora se projeta na exploração, na descoberta e no conhecimento do mundo exterior, e não no mundo interior do eu corporal, centra-se nos telerreceptores visuais e auditivos, embora de forma ainda incipiente, permitindo que os deslocamentos locomotores do corpo no espaço e os deslocamentos preensores da mão com os objetos proporcionem à criança uma nova concepção de si mesma e da realidade.

Para Wallon (1956, 1958a, 1963, 1970), o movimento não é um puro deslocamento no espaço nem uma adição pura e simples de contrações musculares; o movimento tem um significado de relação e de interação afetiva com o mundo exterior, pois é a expressão material, concreta e corporal de uma dialética subjetivo-afetiva que projeta a criança no contexto da sociogênese.

Estas três formas de movimento influenciam-se mutuamente, e a sua integração é única, total, evolutiva e original de indivíduo para indivíduo.

A organização da motricidade encontra-se, segundo Wallon (1937, 1956, 1970), dependente dos músculos estriados, também denominados músculos da vida de relação e de interação. Esta organização assenta, por um lado, na função clônica do músculo, objetivável no encurtamento e alongamento simultâneo das suas miofibrilas, e por outro, na função tônica, que caracteriza a manutenção de uma certa tensão muscular, mesmo no estado de repouso, tensão que varia com as condições fisiológicas do próprio indivíduo, com a complexidade do gesto e com a própria fenomenologia da motricidade e da afetividade.

Wallon (1930, 1931, 1970) é, talvez, o primeiro autor europeu que procura uma justificação neuropsicológica, tanto em termos de comportamento como em termos neurofisiológicos, para a função tônica. Até a publicação das principais obras deste autor fundamental, a função tônica foi quase que ignorada por muitos especialistas e profissionais, e ainda hoje continua a ser desvalorizada como função psíquica vital. Efetivamente, Wallon é o precursor das relações entre a função tônica, a expressão emocional, o comportamento e a aprendizagem humana (Bergeron, 1947; Ajuriaguerra e Thomas, 1949; Stambak, 1956; Ajuriaguerra e Angerlergues, 1962; Brunet e Lezine 1965; Azemar, 1965).

É interessante recordar aqui o que este autor pensa sobre o tônus. Diz Wallon (1930a, 1966, 1970) que o tônus é o suporte e a garantia da motricidade e que a sua expressão (hipertonia,

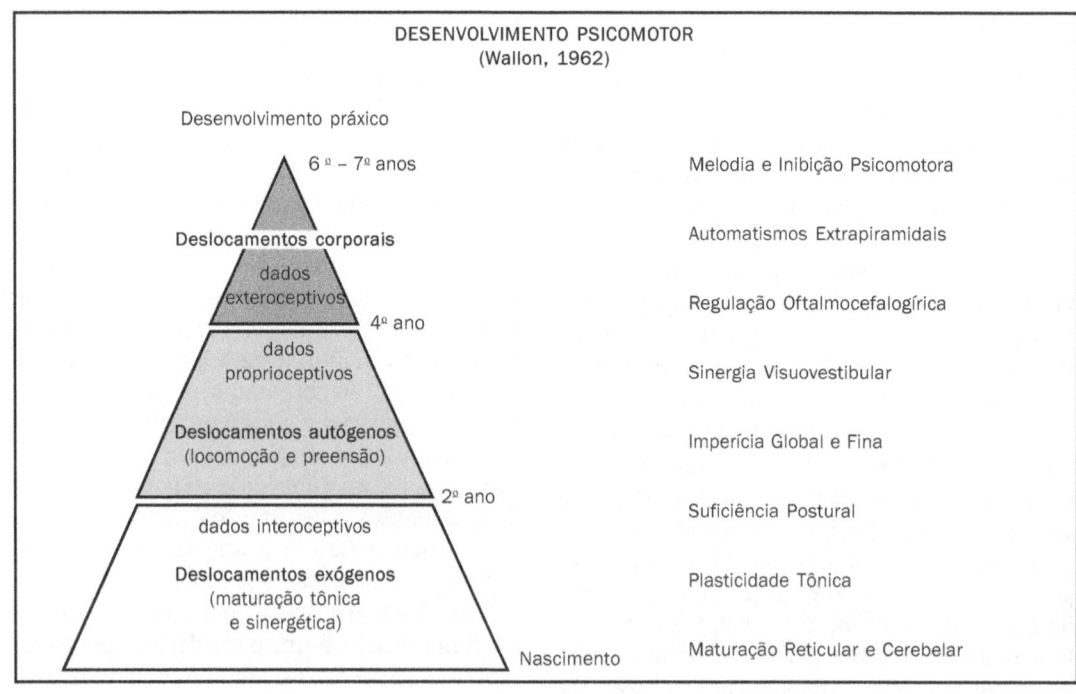

hipotonia, paratonia, distonia, eutonia, etc.) representa a acomodação perceptiva e expressiva da sua afetividade. Assim, a própria maturidade motora é, naturalmente, a expressão concreta de um processo de corticalização modulado tonicamente, que resulta da habituação e da experiência no meio e da interação com o contexto sócio-histórico, onde a criança se situa evolutivamente (Fonseca 1973, 1977a, 1977b, 1985, 1992).

Da mesma forma, a tonicidade é suporte e garantia do psiquismo e das suas variadas funções perceptivas, integrativas e elaborativas, dado que a maturidade perceptiva e cognitiva, ou seja, a recepção, a captação e o processamento dos estímulos sensoriais, que se opera progressivamente em diversas áreas sensoriais corticais (primárias, secundárias e terciárias), e não nos órgãos sensoriais periféricos, só é possível quando a informação sensorial é transportada aos analisadores corticais por vias centrípetas e eferentes, através de um reajustamento sensório-tônico equivalente a um sistema integrativo que previne o organismo de ser perturbado pela estimulação. A função tônica, neste pressuposto walloniano, não interfere apenas com a motricidade, mas também com a afetividade e com a cognição.

## DADOS INTEROCEPTIVOS, PROPRIOCEPTIVOS E EXTEROCEPTIVOS

Adianta Wallon (1959, 1970a, 1970b) que a coordenação motricidade como resposta ao meio assenta em uma integração das reações interoceptivas (sucção, deglutição, nutrição, respiração, eliminação, vigilância, bem-estar, etc.) na qual posteriormente vão assentar as reações proprioceptivas (interação mãe-filho, diálogo tônico-emocional, conforto tátil, atenção visual sustentada, segurança vestibular e gravitacional, posturas, atitudes, etc.), que, por sua vez, preparam as reações exteroceptivas (exploração de objetos, comunicação e interação, jogo, praxias, etc.) de acordo com o seguinte esquema-resumo:

### Sistemas Interoceptivos

Subentendem os mecanismos filogenéticos de sobrevivência pré-figurando a memória da espécie humana...

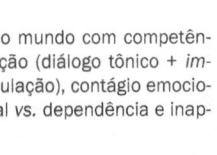

O bebê vem ao mundo com competências de interação (diálogo tônico + *imprinting* + vinculação), contágio emocional e relacional vs. dependência e inaptidão total...

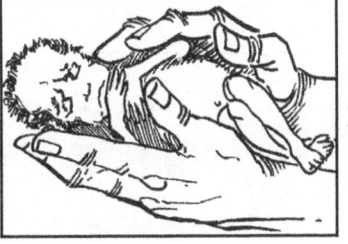

O bebê mantém-se durante meses sem acesso à atividade de relação. A ação foca-se nos centros da vida vegetativa (circulação, respiração, nutrição, sono, conforto)...

Contraste entre a perfeição da motilidade visceral (sucção...) e a agitação irregular dos membros, período buco-anal, dialética entre fome e saciedade, expressão de desejos e necessidades...

### Sistemas Proprioceptivos

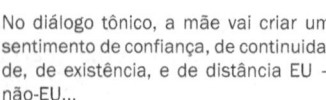

Os sentidos vestibular e tátil-cinestésicos assumem a preferência na interação com o mundo exterior, culminando na apropriação da postura bípede e da preensão (micromotricidade)...

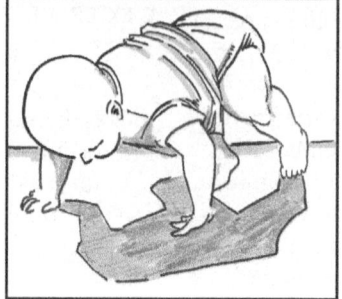

No diálogo tônico, a mãe vai criar um sentimento de confiança, de continuidade, de existência, e de distância EU – não-EU...

Dos deslocamentos exógenos aos autógenos, da dependência à autonomia, a motricidade como construção do psiquismo...

Da incoerência dos seus gestos à orientação do comportamento motor. A sensibilidade carticular e o equilíbrio são atravessados por uma onda tônica e proprioceptiva que caracteriza a relação íntima entre mãe-filho. A importância do *holding/ handling*...

### Sistemas Exteroceptivos

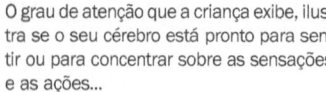

As aquisições motoras são neurologicamente assumidas, as redes sinápticas e o crescimento axo-dendrítico orienta já a criança para as funções pré-simbólicas...

O grau de atenção que a criança exibe, ilustra se o seu cérebro está pronto para sentir ou para concentrar sobre as sensações e as ações...

A somatognosia torna-se o pedestal das interações com os ecossistemas, sem a qual, a integração dos dados exteroceptivos visuais e auditivos pode ser inviável. É a partir do todo gnósico do corpo que a significação da experiência é integrada no cérebro. Do gesto à palavra...

Os sistemas reagem uns sobre os outros. A sua coexistência produz uma colaboração contínua, uma seqüência de modificações mútuas e íntimas...

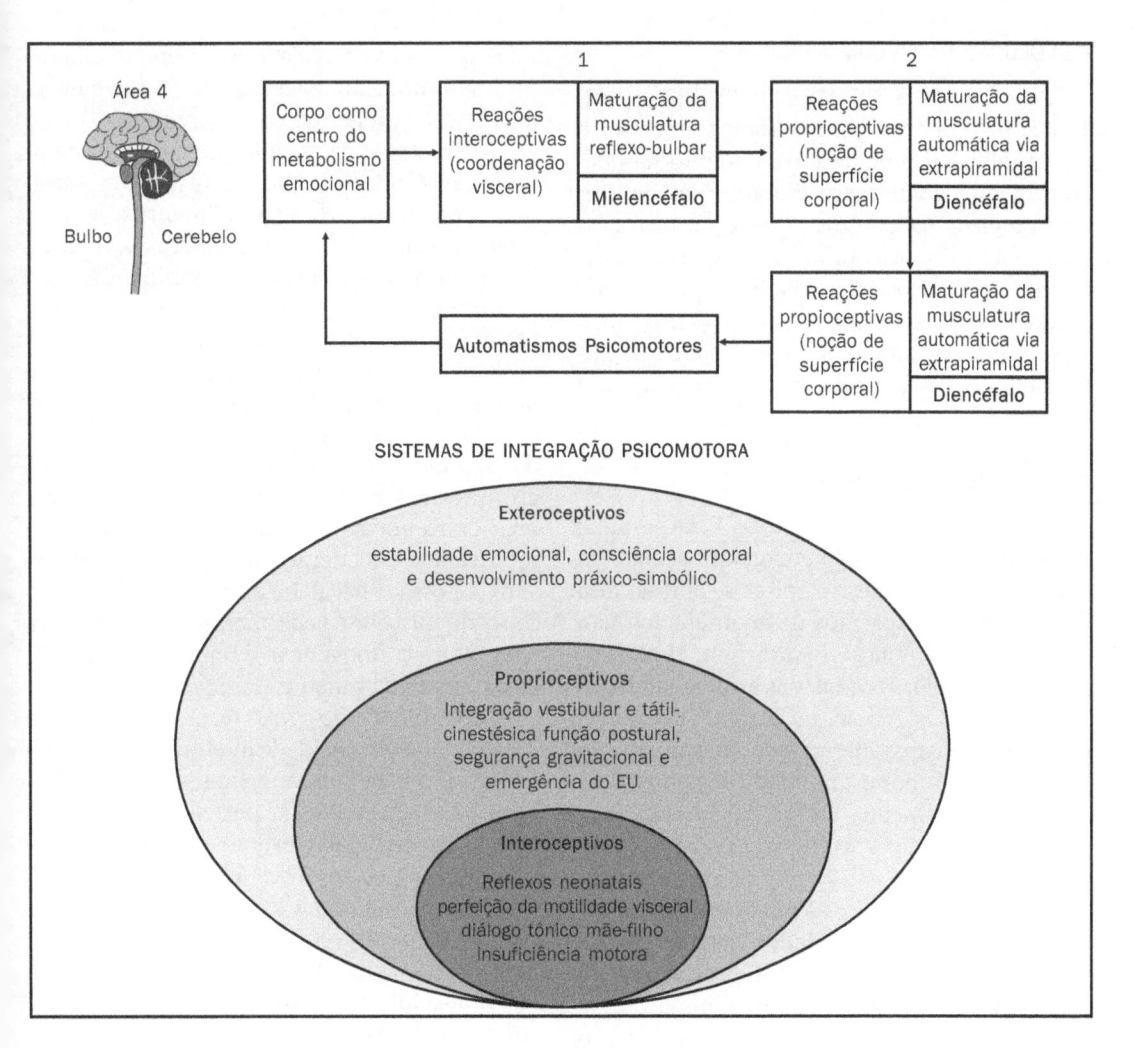

# Vitor da Fonseca 21

## 1

**Área 4** → Corpo como centro do metabolismo emocional → Reações interoceptivas (coordenação visceral) | Maturação da musculatura reflexo-bulbar — **Mielencéfalo**

**Bulbo** / **Cerebelo**

## 2

Reações propioceptivas (noção de superfície corporal) | Maturação da musculatura automática via extrapiramidal — **Diencéfalo**

↓

Automatismos Psicomotores ← Reações propioceptivas (noção de superfície corporal) | Maturação da musculatura automática via extrapiramidal — **Diencéfalo**

## SISTEMAS DE INTEGRAÇÃO PSICOMOTORA

**Exteroceptivos**
estabilidade emocional, consciência corporal e desenvolvimento práxico-simbólico

**Proprioceptivos**
Integração vestibular e tátil-cinestésica função postural, segurança gravitacional e emergência do EU

**Interoceptivos**
Reflexos neonatais
perfeição da motilidade visceral
diálogo tónico mãe-filho
insuficiência motora

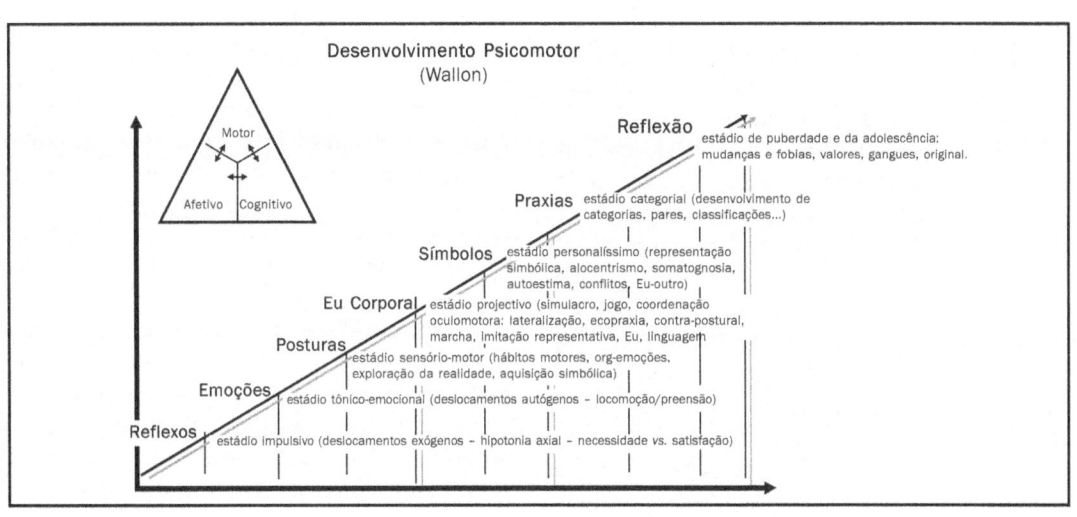

## Desenvolvimento Psicomotor (Wallon)

(Motor / Afetivo / Cognitivo)

- **Reflexão** — estádio de puberdade e da adolescência: mudanças e fobias, valores, gangues, original.
- **Praxias** — estádio categorial (desenvolvimento de categorias, pares, classificações...)
- **Símbolos** — estádio personalíssimo (representação simbólica, alocentrismo, somatognosia, autoestima, conflitos, Eu-outro)
- **Eu Corporal** — estádio projectivo (simulacro, jogo, coordenação oculomotora: lateralização, ecopraxia, contra-postural, marcha, imitação representativa, Eu, linguagem)
- **Posturas** — estádio sensório-motor (hábitos motores, org-emoções, exploração da realidade, aquisição simbólica)
- **Emoções** — estádio tónico-emocional (deslocamentos autógenos – locomoção/preensão)
- **Reflexos** — estádio impulsivo (deslocamentos exógenos – hipotonia axial – necessidade vs. satisfação)

## A EVOLUÇÃO DA PSICOMOTRICIDADE

Para Wallon (1925, 1930, 1932, 1938, 1963, 1968, 1970), a evolução da criança processa-se em uma dialética de desenvolvimento na qual entram em jogo inúmeros fatores: metabólicos, morfológicos, psicotônicos, psicoemocionais, psicomotores e psicossociais. Nos aspectos psicomotores mais específicos, Wallon realça os seguintes estádios: impulsivo, tônico-emocional, sensório-motor, projetivo, personalístico, da puberdade e da adolescência. Vejamos cada um deles de forma resumida.

### Estádio impulsivo (recém-nascido)

Os movimentos e os reflexos neste estádio são simples descargas de energia muscular, em que as reações tônicas e clônicas se apresentam sob a forma de espasmos descoordenados sem significado ou intenção (Gurewitch, 1926), como, por exemplo, as pedaladas e as braçadas dos primeiros meses. A ação, no entanto, já é portadora de uma carga afetiva que alterna entre o bem-estar e o mal-estar, condições somáticas que, necessariamente, na sua fase inicial, irão se manifestar através de descargas motoras indiferenciadas.

A atividade do bebê está totalmente monopolizada pelas suas necessidades vegetativas primárias, isto é, necessidades de sobrevivência, de respiração, de alimentação, de eliminação, de sono, de afeto, de segurança, etc. Nesta fase, o bebê apresenta uma motricidade visceral precisa e automática, como na sucção e na preensão do seio da mãe, mas, em contraste, apresenta uma imperícia tônico-postural quase total.

Note-se, porém, que estas reações tônicas abruptas já são um dado da consciência (uma protoconsciência) e constituem, portanto, verdadeiras pré-representações ou representações mentais compartilhadas e em gestação. Paulatinamente, as suas necessidades deixam de ser respondidas em termos automáticos, como na vida intra-uterina e nas primeiras semanas; agora, a sua satisfação envolve momentos de espera, de ansiedade, de desconforto, de insegurança gravitacional, etc., o que é gerador de descargas motoras impulsivas, abruptas, descontínuas e desequilibradoras, cuja função primordial constitui a diminuição do estado de tensão e de sinais viscerais hipertônicos difusos.

A característica psíquica do comportamento do bebê neste estádio é a fusão tônico-corporal com os outros, especialmente a mãe, e, progressivamente, as outras figuras familiares, das quais a criança depende totalmente.

Como o recém-nascido é incapaz de autonomamente prover as suas necessidades de sobrevivência e de segurança mais elementares, visto que possui uma prolongada inaptidão motora, o meio social envolvente terá de interpretar e dar significado a seus sinais, ao mesmo tempo em que terá de produzir respostas motoras relacionais que os satisfaçam. A tonicidade e a motricidade experiente do adulto atingem, assim, por essa capacidade de relação e de resolução corporal a que o bebê imaturo ainda não pode chegar, um cunho afetivo e uma natureza emocional verdadeiramente transcendentes.

Não dispondo de outros recursos senão o seu corpo e a sua sensibilidade interoceptiva, visceral e íntima, o bebê humano expressa o seu bem-estar ou o seu mal-estar pela sua tonicidade e pela sua gestualidade fortuita e episódica. O corpo assume, então, neste estádio, o núcleo crucial e preferencial de onde emanam todos os processos de comunicação não-verbal, uma complexa linguagem corporal infra-estrutural, de onde mais tarde vão emergir os gestos simbólicos e, depois, as palavras.

Com o tempo, a interação criança-meio, mediatizada pela ação intencional dos outros, assume um poder de comunicação original. Ao responder em termos de motricidade afetiva e tônico-emocional às reações do bebê, o adulto acaba por desenvolver um repertório comunicativo de reciprocidade afetiva, pois, ao cuidá-lo, assisti-lo, agarrá-lo, suportá-lo e manipulá-lo, os seus movimentos acabam por atingir um relevante significado relacional.

Imersa em um envolvimento social, a criança de tenra idade não dispõe ainda de uma delimitação corporal, e mesmo pélvica, entre si e o outro, por isso é uma espécie de apêndice social indivisível. Vivendo de forma sincrético-social, o recém-nascido, dependente das ações, das posturas, das atitudes e dos cuidados dos outros, antecipa por essa riqueza interativa prática, relacional e motora a emergência da consciência de si.

A motricidade do outro e a que emana de si próprio acabam por materializar todas as formas de expressão, de compreensão, de intencionalidade, de significação e de transcendência interativa. Elas acabam sendo um palco original, onde vão desenhar-se os primeiros vínculos e as primeiras redes de intimidade emocional e relacional do bebê.

A alternância de relações e de interações entre a criança e o adulto que mais proximamente a assiste e cuida vão permitir lentamente que ela se diferencie dele a partir das suas próprias ações; a gênese do eu surge a partir do outro, daí a importância da interação precoce que o adulto tem com o recém-nascido, quase toda ela baseada em processos corporais, afiliativos, interativos, mímico-gestuais e motores, que dão expressão à sua intencionalidade afetiva e relacional.

O outro é, portanto, um construtor do eu (daí o papel da díade mãe-filho), na medida em que ele vai sendo progressivamente internalizado e incorporalizado como parceiro permanente. O eu e o outro, em relação dialética, dão lugar aos primórdios da vida psíquica, a ação de um dá lugar à formação da vida psíquica no outro, em uma dualidade interna antagônica a partir da qual a singularidade se constrói e co-constrói. O outro assume-se, assim, como um estranho essencial à formação do eu.

A afirmação da identidade do eu busca no outro a sua afirmação, daí a importância da motricidade do outro na formação da motricidade do eu. É nesse sentido que o pensamento walloniano considera o recém-nascido um ser intimamente social. É social não em virtude de contingências exteriores ou extra-somáticas, mas em conseqüência de uma necessidade interior e intra-somática, isto é, genética, biológica e neurológica.

O recém-nascido, com os seus reflexos, movimentos agitados, desajeitados e irregulares, uma espécie de impulsividade motora, integra os movimentos dos outros como uma primeira modalidade de comunicação com o ambiente, e é a sua transformação em gestos úteis e significativos que virá a preparar e a permitir os seus primeiros sucessos em relação ao seu desenvolvimento.

Autor da sua própria ação e objeto da ação do outro, o bebê humano progride de uma indiferenciação corporal para uma identidade de si, a partir das interações motoras com os adultos, que acabam por modelar o seu eu, consubstanciando a formação da sua consciência individual, que vai emergindo de uma consciência social e coletiva.

A construção do eu neste estádio é, conseqüentemente, de preponderância afetiva centrípeta, porque resulta da ação e da emoção do outro sobre si. Para Wallon, trata-se de um processo corporal centrípeto que obriga a consciência do bebê a virar-se para as alterações interoceptivas e proprioceptivas que acompanham as carícias, as formas de pegar e de manipular do adulto (o *holding* e o *handling* de Winnicott, 1969, 1971, 1972).

A atividade do bebê está voltada essencialmente para as sensações internas, viscerais, tônicas e musculares, e é a partir dessa integração sensorial, decorrente da interação que ele estabelece com os adultos experientes que o rodeiam e envolvem, que tais sensações corporais, modeladas por substratos neurológicos específicos que as diferenciam em termos de agradabilidade e desagradabilidade, se transformam em sensações afetivas.

Enquanto a motricidade do bebê é ativada por sensações interoceptivas e proprioceptivas, as reações afetivas e interativas são ainda incipientes, mas a incubação relacional investida pelos adultos acabará por dar origem aos apegos e vínculos mútuos e íntimos que decorrerão, mais tarde, nos outros estádios.

O bem-estar do bebê é, então, conseqüência das sensações dos órgãos internos, que fazem chegar ao seu cérebro as excitações que vêm das suas vísceras, como as sensações de fome ou de sede, por exemplo. Uma vez satisfeitas pela motricidade do outro, e não pela sua autolocomoção, ainda exógena, vão provocar reações hedônicas e tonicamente gratificantes, que acabam por se transformar em sensações afetivas progressivamente mais diferenciadas.

De uma motricidade exógena que tende a uma motricidade autógena, a atividade do bebê, também assegurada pela maturação dos centros reticulares e cerebelar, começa a ser mais dependente da sensibilidade proprioceptiva que está já mais relacionada com a motricidade vertebrada e com as competências ou aquisições mais elementares de locomoção, como a reptação e a quadrupedia, que vão estar implicadas na conquista do espaço, primeiro do espaço do próprio corpo e do envoltório da pele (egocêntricas) e, depois, do espaço à volta do corpo (alocêntricas).

As terminações sensitivas, cada vez mais integradas, já não brotam das vísceras, com o advento da motricidade autógena, as terminações que geram informações sensoriais localizam-se nos músculos, nos tendões e nas articulações, a motricidade vai começar a ser, então, o centro de interesse da atividade do bebê e do seu bem-estar.

Com a motricidade autógena, mais organizada em termos de segurança equilibratória e de sustentação tônica da cabeça e do tronco, o conhecimento e a exploração do mundo exterior vão dar origem a outro tipo de sensibilidade muito importante, a sensibilidade exteroceptiva, uma sensibilidade ainda incipiente neste estádio e baseada em descargas motoras, que vão sendo sucessivamente reduzidas e reguladas, porque vão dar lugar à emergência dos primeiros sistemas de inibição motora que surgirão bem mais tarde no desenvolvimento psicomotor da criança.

Percebemos, a partir daqui, como a motricidade é o suporte comum e original de onde vão nascer as realizações da vida psíquica, e de onde nascerá uma simbiose entre as sensações intra e extra-somáticas. De uma imperícia motora exógena, dependente e sobrevivente, a criança passa a uma motricidade cada vez mais autógena, independente e sinergética. Ela não diferencia ainda as suas sensações proprioceptivas e não dispõe de equipamento motor para as auto-satisfazer, por esta razão, ao longo do seu desenvolvimento psicomotor, ela transita de uma simbiose fisiológica para uma simbiose afetiva.

Tal simbiose, caracterizada pelo estádio inicial do psiquismo, que resulta de um interpsiquismo, vai dar lugar a manifestações de reciprocidade afetiva e de contágio emocional entre o bebê e os outros, que, por sua vez, vão estar na origem do seu intrapsiquismo complexo e personalizado. Ao mesmo tempo que decorre esta construção e co-construção do eu, ocorrem processos dialéticos de satisfação-frustração que acabam por constituir associações entre respostas motoras e estímulos sensoriais e entre a construção de adaptações e a recepção e a satisfação de necessidades. As impulsões orgânicas emanadas do seu corpo acabam por gerar formas de ação sobre o meio que surgem do seu cérebro, ou seja, de um fator psíquico e de um esboço de consciência e de psiquismo que se constitui a partir de uma dialética integrada, entre fatores biológicos, viscerais e orgânicos e fatores sociais, afetivos e culturais.

### Estádio tônico-emocional (dos 6 aos 12 meses)

A partir da descoordenação, da imperícia e da inquietação motriz inicial acima referida, a consciência esboça as suas primeiras aquisições que, embora ainda sincréticas e confusas, anunciam a chegada do movimento significativo, isto é, do movimento para alguma coisa e para algum fim (Wallon, 1928).

O movimento surge como uma das principais formas de comunicação da vida psíquica do bebê, pois é com ele e através dele que se vai relacionando e interagindo com o envolvimento exterior, quer das coisas quer das pessoas.

Com um corpo que comunica através de gestos e de mímica, ainda conseqüentemente não-verbal, a criança de tenra idade utiliza o seu corpo total e os seus gestos como realizações mentais, exatamente porque acabam por testemunhar o significado intrínseco da sua atividade interiorizada, antes que ela seja exteriorizada e expressa.

Partindo de movimentos de equilíbrio e de reações de compensação gravitacional, integradas sensorialmente pela tonicidade, pelo sentido tátil-cinestésico e pela pele, e essencialmente reguladas pelo sistema vestibular e cerebelar, a criança evolui da postura deitada à postura sentada, de reptações (arrastando o corpo no solo, de onde recebe inúmeras sensações), a locomoções quadrúpedes, já com o corpo elevado acima do solo, por efeito dos apoios dinâmicos das mãos. Por meio dessa evolução motora vertebrada, a conquista do espaço começa a ser uma aventura fascinante para a criança, aventura que, obviamente, revela condições excepcionais para o surgimento de multifacetadas mudanças de comportamento.

Nesta linha de hierarquização integrada da motricidade, a criança atinge outra dinâmica de deslocamentos do seu corpo e outra complexidade de manuseio de objetos.

No desenvolvimento da locomoção e da preensão, como que ilustrando o percurso filogenético da motricidade da espécie humana, do *Homo habilis*, quando a criança já controla a posição sentada e com as suas mãos libertas manipula objetos, ela transita para outro nível de desenvolvimento psicomotor, o do *Homo erectus*, quando esboça as primeiras tentativas de reptação vertical e de imobilidade gravítica. Tais competências psicomotoras vão não só gerar, como aquisições básicas da sua identidade, a busca da segurança gravitacional bípede, como vão alterar significativamente a auto-percepção que ela vai adquirindo de si e do espaço por si explorado.

A terceira fase desta organização motora vai caracterizar-se por reações expressivas e mímicas, mesmo protolinguísticas, que podem envolver competências de imitação e de seqüencialização gestual, já portadoras de transcendência motora, porque próprias de atitudes e de posturas sociais interiorizadas e incorporalizadas.

A motricidade decorrente da dupla atividade muscular, tônica (consistência e forma) e clônica (alongamento e encurtamento), neurossensorialmente combinadas, vão progressivamente superando as descargas motoras do estádio anterior e começam a desenhar gestos mais coordenados, precisos e perfeitos, com significado comunicativo. A maturação e o meio exterior, enriquecidos pela sua influência mútua, vão promovendo o potencial exploratório e expressivo da criança. A fase impulsiva vai sendo progressivamente abandonada para tender para uma fase tônico-emocional mais projetada no envolvimento cultural.

A excitação é, então, superior à inibição, e assiste-se, por isso, a um exagero das funções tônicas. O movimento que ensaia as primeiras relações com o mundo exterior expressa, já nos esboços e tentativas de atitudes posturais em que assenta, quanto estas quase-atitudes já traduzem, por um lado, o prelúdio de relações circulares entre motricidade e sensibilidade e, por outro, o sinal indicativo de que se aproximam as primeiras representações mentais permanentes.

A emoção é, no entanto, ainda o verdadeiro e quase único detonador da ação, ou seja, uma pré-linguagem de verdadeiro significado interafetivo e inter-social, na medida em que as expressões emocionais dependem da relação com os outros, principalmente a mãe, que é, de fato, um adulto socializado portador de cultura e seu peculiar transmissor. Só assim nos podemos aperceber, como Wallon (1930, 1950, 1963) considera a criança um ser social, genética e biologicamente.

As trocas entre adultos e crianças, com gestos, carícias, atitudes, mímicas, vocalizações, abraços, interações, etc., vão adquirindo nuances afetivas nas quais podem flutuar sinais de alegria e contentamento, mas também e dialeticamente, sinais de tristeza, cólera, dor, etc.

Nesse diálogo tônico e corporal, de índole relacional e afetiva, podem surgir graduações e variações determinadas, que vão sendo filtradas – e mesmo integradas – em termos de seletividade emocional, principalmente pelos efeitos hedônicos tônico-viscerais que induzem ou não. Uma linguagem emocional se instala lentamente, com características não-verbais e não-simbólicas, mas de grande relevância social, uma vez que uma nova faceta da sociabilidade se começa a perspectivar.

Nascida de puras emoções emanadas do corpo, a afetividade primária é paralelamente somática, epidérmica e tátil-cinestésica e extra-somática, relacional e social, porque a criança não se pode auto-estimular ou sentir tais efeitos através da sua motricidade incipiente e não-intencional.

Efetivamente, são os adultos a fonte primordial da afetividade (Zazzo, 1975), são eles que acabam por dar significado aos gestos, posturas e choros das crianças, manifestações corporais essas que possuem um potente efeito de contágio emocional e que acabam por produzir entre eles vínculos muito importantes e essenciais ao seu desenvolvimento psicomotor.

O bebê é uma espécie de perito em afetividade, porque a sua atividade acaba por afetar a atividade dos outros que o rodeiam; ele afeta o adulto porque o contagia e solicita para que ele satisfaça as suas necessidades. O bebê afeta o meio ambiente, neste caso, os adultos experientes que o cercam, obtendo, através dessa estratégia interativa ancestral, respostas para satisfazer as suas necessidades. A vida psíquica gerada a partir desta interação relacional, entre experientes e inexperientes, então toma forma, dando origem à consciência subjetiva e à individualidade da criança. Nesse aspecto, além de muitos outros, Wallon aproxima-se do pensamento de Vygotsky (1978, 1993).

Com a riqueza da interação e das trocas com os adultos, o bebê vai estabelecendo associações e aprendendo com as situações envolventes, a sua atenção seletiva começa a antecipar efeitos, os primeiros sinais de cognição começam a emergir, os primeiros atos voluntários e os primeiros traços de uma motricidade planificada começam a aflorar e a despontar, as pré-aptidões das atividades circulares estão já em pré-laboração.

Os efeitos visuais e auditivos agregados à motricidade incitam a criança à repetição com objetivo de reprodução de conseqüências e de suas variantes. A mão atrai a visão, quando manuseia objetos, a voz atrai a audição, quando produz balbucios, entoações ou prosódias lúdicas, a explosão de novas competências psicomotoras de comportamento torna possível a sua repetição por meio da coordenação integrada (equifinalidade) dos componentes perceptivos e motores que o produzem.

Em outro aspecto, mais relacionado com a constituição do esquema corporal, a criança recorre também às atividades circulares quando experimenta e estimula zonas erógenas do seu corpo, assumindo um interesse particular em apalpar e tocar nos orifícios do corpo para atingir efeitos cutâneos hedônicos. Desde a mão e os pés na boca às explorações com os órgãos genitais, etc., a noção e a consciência do corpo têm origem nestas reações circulares que antecipam os estádios sensório-motor e projetivo seguintes.

Embora já em busca de uma relação com o mundo exterior envolvente, a criança neste estádio parece estar mais interessada na presença, na voz e na motricidade humanas, mesmo quando os objetos acabam por desencadear mais o seu interesse se forem apresentados e mediatizados pelos adultos.

A profunda relação entre a função tônica e a emoção é encarada por Wallon (1931, 1932b, 1970) como crucial neste estádio de desenvolvimento psicomotor; por isso, a tonicidade é um dos alicerces da teoria original da psicomotricidade.

A emoção, sendo regulada e moldada pela função tônica, com complicados encadeamentos neurofuncionais localizados preferencialmente na substância reticulada, acaba por resultar de uma dialética interativa que joga com a atividade interior das vísceras e a atividade dos músculos em relação com o envolvimento, por esse fato, a tonicidade é a matéria-prima da vida afetiva, daí a sua inscrição na postura e na motricidade da criança.

O aumento do tônus (hipertonicidade) e o seu escoamento ou redução (hipotonicidade) refletem nuances da vida afetiva da criança, traçam a sua história singular e, nas palavras de Wallon (1970a, 1970b), vão esculpindo o corpo.

Carícias e traumatismos, voz calma e doce, gritos ou berros, alegrias e sofrimentos, etc., são experimentados no corpo da criança e filtrados pelo tônus. Por esse fato, a tonicidade dá suporte à vida afetiva e é um veículo por excelência da sua dinâmica; a sua inter-relação complementar é profunda e projeta as manifestações emocionais como suporte básico das aquisições sensório-motoras e projetivas futuras.

A análise das emoções permite-nos perceber que elas são modalidades arcaicas, mas básicas, da sensibilidade e da motricidade, daí o papel relevante da emoção na evolução global da criança.

As emoções e os movimentos são condutas edificadas pela tonicidade, que, como plasma de maturação neuromuscular, vai permitindo a edificação das posturas, das atitudes e dos gestos. Atitudes que são aqui consideradas como estruturas intermediárias entre o real e a representação, que influenciam dialeticamente o desenvolvimento da afetividade e da inteligência.

Sendo a evolução da criança descontínua, plena de antagonismos, de oposições, e mesmo de conflitos emocionais, na visão dialética walloniana, ela alterna e flutua, muitas vezes, entre os vários estádios do seu desenvolvimento. Não é uma evolução linear constante e progressiva que Wallon defende; ao contrário, sua perspectiva é dialética, espiralada e se dá por saltos ou rompimentos. Nessa linha de pensamento, o caráter afetivo centrado sobre si dá lugar na criança a um período mais cognitivo e extracentrado para a apropriação do real.

À construção de si segue-se, por assim dizer, uma construção do real. De uma dimensão centrípeta e subjetiva do ser, a criança parte para uma dimensão centrífuga e objetiva do real, as funções tônico-emocionais vão, em seguida, dar lugar a funções sensório-motoras e projetivas com o meio ambiente, uma mudança significativa vai operar-se, a atividade de aspecto emocional e afetivo intracorporal passa a dar lugar a uma atividade exploratória extracorporal. Das sensibilidades íntero e proprioceptivas, a criança projeta-se, agora, para as sensibilidades exteroceptivas, passando de uma motricidade global e indiferenciada a uma motricidade cada vez mais sutil e sinergética.

Por outras palavras, em Wallon (1930, 1950, 1956, 1963, 1970), aquilo que transforma o fisiológico em psicológico é a tonicidade, daí as suas relações com as emoções, que são, ao mesmo tempo, condutas motoras e condutas sociais nas primeiras modalidades de adaptação, isto é, são primeiro condutas solidárias antes de serem solitárias, co-construídas antes de serem autoconstruídas. No adulto, como diz Zazzo (1948, 1969, 1975), discípulo de Wallon, a emoção é um fator de desorganização de comportamentos, mas, na criança, a emoção é um fator de organização, de comunicação e de expressão.

**Estádio sensório-motor (dos 12 aos 24 meses)**

As relações da criança com o seu ambiente multiplicam-se e aumenta, portanto, a maturidade na organização das suas sensações, ações e emoções, do estádio anterior impulsivo e dependente do outro, passa a novos encadeamentos de causa e efeito, provocando no outro novas disposições para satisfazer as suas necessidades.

O subjetivo já pode dominar o afetivo, e a correlação entre as experiências motoras e sensoriais torna-se mais evidente, promovendo-se, ao mesmo tempo, uma nova faceta na diferenciação entre a criança e o mundo exterior, que passa agora a ser um continente a descobrir, a explorar e a manusear, não só em termos motores, mas em termos psíquicos, exatamente porque a motricidade vai desencadear representações e noções das coisas e, conseqüentemente, vai constituir-se como um prelúdio da atividade simbólica.

A expressão da psicomotricidade começa, então, a ter mais sentido e significado, e é aqui que se dá uma das passagens mais relevantes do biológico ao psicológico e, deste, ao social.

A percepção torna-se mais precisa, e o movimento conseguido tende a ser repetido, o que vai permitir a eficiência e a inteligência do gesto e a eliminação dos gestos inúteis ou sincinesias. Vemos aqui que Wallon (1958, 1969, 1970) analisa os movimentos e os gestos como expressões dirigidas para os outros e para os objetos, isto é, como uma linguagem emocional e não-verbal (Nicolas, 2003).

Antes que surjam os esboços de uma linguagem falada, uma linguagem corporal complexa está já em pleno desenvolvimento e dá suporte àquela. A construção da realidade antes de ser simbólica é eminentemente não-simbólica, tônico-postural e sensório-motora.

A criança vai se estruturando na repetição e na reprodução de ações, já sabendo e antecipando o fim a que se destinam, tendo consciência das suas finalidades. Em oposição ao estádio impulsivo e emocional, mais subjetivo e centrípeto, com predomínio afetivo, o estádio sensório-motor, mais objetivo e centrífugo, marca a superação definitiva da gravidade em termos de macromotricidade; daí a fase de exploração da realidade exterior que caracteriza este período em termos também micromotores (Fonseca, 1999).

O efeito da própria ação ou conduta transforma-se na auto-retroação da sua coordenação e aprendizagem. A adesão da criança ao real neste período explica-se também pelo seu instinto de investigação, de exploração e de curiosidade, ao qual se juntam também os prelúdios da simbolização e da representação, componentes básicos para a construção da realidade (Dantas, 1992; Galvão, 2000).

Diante dos objetos não só se operam manipulações das suas propriedades, como também das partes do seu corpo. A criança manipula o objeto manipulando-se a si própria, tornando o objeto parte intrínseca do seu corpo e do seu ser total.

A relação sujeito-objeto assume um papel original no pensamento walloniano, exatamente porque ambos se tornam dialeticamente necessários e complementares ao surgimento de sistemas funcionais fundamentais para o desenvolvimento psicomotor. Ao manipular objetos, a criança atinge efeitos que a excitam emocionalmente e a encantam como autodescoberta, fazendo com que os mesmos gestos se repitam e se automatizem, porque geram sensações viscerais e musculares agradáveis e arrebatadoras. Explora objetos ao mesmo tempo que se explora corporalmente a si própria, autoconhecendo-se.

Visando à obtenção dos mesmos efeitos, a criança parece envolver-se em repetições e ações perseverantes sobre os objetos que parecem imutáveis, mas que, no fundo, vão estar na base da construção de cadeias circulares sensório-motoras muito originais. Atira objetos ao chão observando o seu desaparecimento, agarra-os com vigor e desloca-os para os perseguir visual e auditivamente; pára de reproduzir os mesmos gestos, agita os objetos porque busca novas fontes de informação.

Com os objetos, a criança coordena ações com sensações, ajustando o gesto aos seus efeitos característicos, uma espécie de gênese do conhecimento que emerge da sua ação. Ações e noções, objetivos e fins, ao serem coordenados, vão refinando a sua preensão manual e digital, a sua apreensão visuoespacial e auditivo-rítmica, a sua percepção, a sua linguagem, a descoberta das suas propriedades e dos seus atributos, o aguçamento das suas sensibilidades, a planificação dos seus gestos, etc., tornando a sua motricidade cada vez mais organizada, pensada e percebida. Sentir, agir e perceber reúnem-se em um ato total inseparável nos seus componentes.

Para a exploração do espaço como campo visual, a manipulação e a coordenação oculomanual é a condição essencial. O domínio da mão pela visão, que se descobre como unidade funcional e como arquiteta do psiquismo, é simultaneamente uma primeira conquista do espaço exterior e o início de uma nova aprendizagem; a tentação que os objetos do envolvimento constituem para a criança são uma simbiose motora, afetiva e cognitiva. Ela quer mexê-los e senti-los muito antes de reconhecê-los ou percebê-los.

O objeto, uma vez aprendido visualmente, é preendido inicialmente pelas duas mãos da mesma maneira. Posteriormente, a criança aprende a utilização inteligente das duas mãos, o que requer uma divisão funcional bimanual e uma dominância manual essencial ao seu desenvolvimento de aquisições motoras finas mais versáteis e complexas. Uma mão para a função de iniciativa e outra para a função auxiliar, onde progressivamente cada mão passa a ter o seu papel e passa a esboçar um indício de especialização neurofuncional e inter-hemisférica.

As possibilidades explorativas deste estádio são enriquecidas com a novidade da marcha bípede e assimétrica, que, obviamente, favorece a sua relação com o mundo exterior, desde que as condições ecológicas o permitam.

Com tal aquisição filogenética crucial, a sua independência, suficiência e segurança postural, alargando os seus poderes de investigação e modificação do ambiente e do meio, permite o acesso a novos meios de interação com objetos e com o espaço envolvente.

Ao se deslocar de um lado para o outro e sempre em diálogo com os objetos, ela acaba por nomeá-los, identificá-los, localizá-los e diferenciá-los. Do espaço próprio egocêntrico e alocêntrico que conseguia com a sua postura sentada, a criança passa agora, neste estádio, com o auxílio da marcha bípede, a explorar o espaço geocêntrico. Sua ação deixa de ser imediata, o espaço deixa de ser concreto, e o tempo deixa de ser presente (Dantas, 1992).

O reconhecimento espacial dos objetos permite à criança desenvolver uma inteligência prática e uma inteligência das situações – uma verdadeira inteligência cinestésica e corporal, segundo Gardner (1998) – de grande importância para o desenvolvimento das competências não-verbais da linguagem. Com a marcha, encontra um novo alento para a sua diferenciação gradativa. A criança com a marcha e com a linguagem tem novas possibilidades para objetivar e concretizar os seus desejos e necessidades, ela acaba por se distanciar das ações e situações imediatas, pode agora prolongá-las no espaço e no tempo, pode recordá-las, rechamá-las, antecipá-las e imaginá-las.

Wallon (1963, 1969, 1970), na sua obra original, preocupa-se fundamentalmente em saber como os movimentos, primeiro como agitações e espasmos difusos, aliás, como os gritos e choros, que atuam prematuramente como puras descargas motoras, se tornam progressivamente em sistemas sensório-motores neurofuncionais e em entidades psíquicas, uma vez que produzem uma relação inteligível significativa com o envolvimento. As relações inteligíveis e mais distanciáveis entre as ações (*inputs*) e as situações (*outputs*), constituem-se como prelúdios do pensamento.

É este sentido mais dinâmico da psicomotricidade que vai projetar a criança em outros estádios de desenvolvimento. Os seus gestos, precedendo as palavras, materializam um paradigma fundamental da evolução da espécie humana, isto é, a evolução do gesto à palavra (Leroi-Gourhan, 1964; Fonseca, 1995).

A motricidade global e fina, respectivamente macro e micromotoras, e a linguagem, uma oromotricidade, dão oportunidade à criança para poder se projetar no mundo dos símbolos. Com base naqueles instrumentos psicomotores, projeta-se no mundo exterior por meio de gestos evocativos e, nessa interação dinâmica, vai extraindo e captando dele novas relações e significações proto e pré-simbólicas.

O ato mental interiormente organizado vai projetar-se exteriormente, com base no ato motor. O pensamento inicial da criança, ainda incipiente e vago, vai necessitar dos gestos para se exteriorizar, enquanto os instrumentos verbais não estão integrados; os gestos, encarados como instrumentos não-verbais, vão servir para veicular as suas idéias e as suas noções. O gesto precede a palavra, abre-lhe o caminho e representa-a, e pode perfeitamente substituí-la quando a sua rechamada não está ainda acessível ou integrada.

Dado que o pensamento da criança está ainda no seu berço, ela serve-se muito de gestos para se exprimir, tendo em consideração que a sua imaginação e representação são ainda restritas e limitadas experiencialmente. A exuberância dos gestos é característica da pobreza de instrumentos verbais também no adulto, principalmente se for iletrado. A falta de utensílios simbólicos gera a necessidade de comunicar por gestos, daí o papel destes nas histórias infantis e mesmo nos jogos simbólicos.

Graças à função simbólica, a criança pode integrar, elaborar e exprimir o espaço no qual os objetos se localizam e distribuir temporalmente as ações com eles projetadas, lidando com o real não só de maneira direta, concreta e motora, mas também de forma indireta, abstrata e simbólica. Com tais instrumentos metamotores ou neo-motores (Fonseca, 1974a, 1974c, 1977c, 1999), a criança pode e é capaz de diferenciar os objetos de si própria e dos outros, destacando-os de si e apropriando-se deles. Mas, para tanto, é necessário constituir-se como um eu corporal, um componente essencial também deste estádio de desenvolvimento.

Wallon (1931, 1954, 1956) refere-se a este estádio sensório-motor como um período de individualização progressiva da criança, no qual se opera a verdadeira representação de si mesma, separando-se da confusão indiferenciada entre o corpo e a realidade em que se encontrava na etapa anterior de desenvolvimento. É efetivamente neste período de exploração do mundo exterior que se acaba de dar igualmente uma descoberta do mundo interior, uma consciência corporal que destaca o eu do não-eu, algo em que se constrói uma fronteira mental do ser, entre o interior da pele e o seu envolvimento, onde se instala a unidade da sua pessoa.

As relações entre ações e sensações, ao se ampliarem e distanciarem interiormente, com tanto esplendor em interação com o mundo exterior, ao estabelecerem inúmeras informações dentro e fora do corpo, centrípetas e centrífugas, proprioceptivas e exteroceptivas, têm de assegurar um tráfego de informações que seja harmonioso e integrado, isto é, um processo que produza uma totalidade experiencial significativa que diferencie o que pertence ao mundo exterior e o que pertence ao próprio corpo, ao próprio eu da criança.

Neste aspecto particular da consciência corporal, embora Wallon não lhe faça uma referência significativa, o sistema vestibular assume um papel crucial de transição e de diferenciação entre os dois mundos, o intra-somático e o extra-somático. Devido a esse fato, sua perturbação ou alteração funcional pode bloquear ou desvirtuar o sentido transiente entre os vários estádios do desenvolvimento psicomotor.

É essa relação entre a pessoa da criança e a sua imagem que Wallon (1931, 1932b, 1954, 1963b) descreve, de forma incomparável, como o reconhecimento da imagem especular que emerge também neste estádio. Ao reconhecer a sua imagem refletida no espelho, a criança revela a compreensão de que sua imagem corporal pertence ao plano da sua representação mental, integrando, simultaneamente, sensações, percepções e imagens de si, como também demonstrou magistralmente Lacan (1949).

Perceber que a imagem do seu corpo no espelho é ela própria e relacioná-la consigo mesma não é um aquisição cognitiva insignificante, pois a ausência de tal reconhecimento é identificável em crianças autistas, que parecem carecer deste sistema funcional, que está por trás da formação do eu (o *self* dos autores anglo-saxônicos). Com base nesta concepção do Eu, Wallon, muito antes, aproxima-se da denominada teoria da mente avançada por vários estudiosos do autismo e das psicoses infantis (Baron-Cohen, 1995; Tustin, 1987)

Wallon descreve que as crianças, aos 6 meses, são insensíveis às suas imagens especulares, depois, mais tarde, elas se fixam nelas, começando por se interessar pelos movimentos que realizam diante dele, tentando apanhar a sua própria imagem sem o conseguir, apesar de já as perceberem como estranhas e exteriores a si.

Com 1 ano, a criança, ao ver sua imagem no espelho, toca-o e vira-o, como se quisesse tocar a sua imagem, brincando com ela e fazendo jogos de mímica e de interação. O seu interesse, primeiro centrado no espelho, e só depois na sua imagem, revela a passagem de uma fase animista para uma fase instrumental; e pouco a pouco a criança recria a sua imagem especular, beijando-a e acariciando-a. Dando-lhe vida própria, ela percebe como duas personagens desempenhando um só papel.

Aos 2 anos, ela consegue atribuir a si mesma a sua própria imagem refletida no espelho, é o acesso à sua auto-imagem, a verdadeira incorporalização cognitiva multicomponencial do corpo na sua unidade pessoal, no seu eu total e personalístico, um eu psíquico que, continuando sincrético, caminha para o estádio seguinte, para um enriquecimento cada vez mais diferenciado de si próprio.

### Estádio projetivo (dos 2 aos 3 anos)

A percepção dos objetos e a sua descoberta pela respectiva manipulação (Wallon 1958, 1959, 1963, 1969) torna possível a organização das primeiras representações, verdadeiras intenções gestuais e figurações motrizes baseadas nas múltiplas associações sensório-motoras adquiridas. A ação não é apenas uma pura estrutura de execução ou de expressão, mas uma fonte de estímulos para a atividade mental.

A criança só conhece os objetos a partir do momento em que age sobre eles corporalmente, tátil e cinestesicamente. A passagem do ato ao pensamento é, pois, o prelúdio da consciência.

A atitude postural adquire, neste estádio, a sua verdadeira autonomia, a sua suficiência adaptativa, equivalente a uma segurança gravitacional emocionalmente projetada no mundo, o que lhe confere uma maior disponibilidade para a conquista do real – sem ela a sua apropriação não se interioriza nem incorpora, como facilmente podemos constatar em crianças com atrasos de desenvolvimento ou com disfunções cerebrais. É também dentro desta visão walloniana que o gesto, indiciando e evocando a palavra, prolonga a ação e marca o início da objetivação.

Wallon, nesta fase projetiva, dá uma grande importância ao simulacro e à imitação que considera imprescindíveis para novas aprendizagens. Com esta metamorfose não-sensório-motora, mas já psicomotora, marca-se a identificação e a atenção compartilhadas que estão implicadas nas aquisições sociais mais elementares, ditas auto-suficiências de higiene, de alimentação e de vestuário.

A imitação como ligação e relação psicomotora, e não como gesto imposto ou comandado, dá lugar a uma espécie de impregnação de posturas e de atitudes, um resíduo integrado de gestos e de ações, que tendem a transformar-se em imagem mentais.

Além da marcha bípede e da linguagem, a imitação, o simulacro e as reações em eco surgem, neste período, como processos fundamentais do desenvolvimento psicomotor da criança. Todos induzem a atos que relacionam a motricidade com a representação, a ação com a imaginação.

Ao imitar os modelos sociais, a criança, incubando-os corporalmente e construindo imagens mentais contextualizadas, recria-os e modifica-os, através de interiorizações, de elaborações e de exteriorizações sensório-motoras.

Ao recorrer ao simulacro, um pensamento apoiado em gestos, que consegue substituir objetos e rechamá-los para novas situações sem tê-los de fato presentes, a criança pode comunicar já com base em atos sem objetos reais. Gestos e representações atingem, nesta fase, um pensamento ideomotor, uma narrativa e uma ficção, um faz-de-conta que ilustra um desdobramento da realidade, pressupondo o início definitivo da representação que rompe com o sincretismo anterior e abre novas portas ao pensamento simbólico prospectivo. A seqüência do sinal ao símbolo e deste, ao signo, é utilizada por Wallon para introduzir o simulacro, ou seja, uma representação do objeto sem objeto, pura mímica, onde o significante é o próprio gesto.

A partir deste estádio, a criança é capaz de dar significação ao símbolo e ao signo, ou seja, passa a ser capaz de encontrar para um objeto a sua representação e para a sua representação, um signo. A palavra assume, assim, o gesto, representa-o e duplica-o; de uma linguagem corporal, a criança (aliás, como os nossos antepassados) passa a utilizar-se de uma linguagem falada, o primeiro sistema simbólico. A linguagem passa a ser, progressivamente, o instrumento do pensamento da criança, a ferramenta por excelência da sua atividade mental, mas, para atingir este patamar, o vocabulário gestual tem de diversificar-se.

A identificação e a imitação produzidas com o corpo e a motricidade da criança iniciam o processo projetivo da socialização. Por meio de tais instrumentos psicomotores, e não meramente motores, a criança integra os modelos sociais que se exibem no seu envolvimento contextualizado.

Ao produzir simulacros, imitações, ecomímicas, ecolalias, ecocinésias, ecopraxias, ou seja, seqüências de ações mais ou menos complexas, mais ou menos integradas e controladas pelo sistema nervoso, a criança, sem a presença de sujeitos ou de objetos, pode torná-los presentes, recuperá-los, rechamá-los e substituí-los no palco da sua ação e, conseqüentemente, na sua imaginação.

De simples imitações diferidas diretamente em um "aqui e agora", a criança passa progressivamente a imitações simbólicas expressas indiretamente e transcendentemente, porque mobiliza modelos mentais de sujeitos e objetos física e sensorialmente ausentes, mas mentalmente (re)presentes. A passagem do sensório-motor ao psicomotor está agora assegurada e integrada.

A motricidade projetiva da criança, neste período, passa a ser simultaneamente uma ação e uma figuração mental, uma infra-estrutura psíquica fundamental, porque o seu gesto se transforma em um instrumento essencial de projeção das suas idéias.

O gesto conduz, então, a idéia – só mais tarde é conduzido por ela. O controle do gesto inverte-se ao longo da psicogênese, daí o sentido ideomotor da transição do ato ao pensamento.

A atividade mental da criança emerge, conseqüentemente, da interação dinâmica entre a periferia e o centro do seu organismo, entre o corpo e o cérebro, em relação constante com o meio ambiente e com o contexto social onde ela está inserida. É dentro deste pressuposto que Wallon aborda a sua teoria psicogenética (Krock, 1994). Para ele, a criança é um ser organicamente social. Organicamente porque entram em jogo complexos, alternados e dialéticos processos psíquicos e motores, como acabei de analisar. A motricidade não pode ser, portanto, dissociada do conjunto do funcionamento mental total e evolutivo da criança; ela confunde-se com a sua própria personalidade e é uma das suas principais disposições de desenvolvimento e de aprendizagem.

### Estádio personalístico (dos 3 aos 4 anos)

O estádio personalístico está voltado para a pessoa, para o enriquecimento do eu, e, essencialmente, para a construção da personalidade, onde a consciência corporal adquirida paulatinamente ao longo dos estádios anteriores e a aquisição da linguagem se tornam os principais componentes integrados.

A passagem do ato motor ao ato mental opera-se por meio da gnosia e do reconhecimento do corpo, uma representação vivida experencialmente e integrada contextualmente, isto é, uma integração sensorial e perceptiva da experiência vivida materializada pela motricidade, seletivamente diferenciada pela capacidade de a criança se auto-reconhecer.

O surgimento de um espaço subjetivo psiquicamente integrado e com uma fronteira unificada e sentida como totalidade, como é a pele, acaba por gerar na criança uma gnosia do seu corpo que unifica as suas partes em um modelo de si, uma construção do seu próprio sujeito capaz de o sentir e representar. Ao tomar consciência de si, a criança acaba por se diferenciar do outro, e assume a constituição da sua personalidade. Um eu corporal tende a um eu psíquico, um sujeito social autônomo e individualizado, pronto a afirmar-se e a enfrentar problemas e também conflitos.

A passagem do estádio sensório-motor ao projetivo, e deste ao do personalismo (no sentido de gênese da personalidade), exige uma alternância de funções, uma espécie de subordinação da vida psíquica a um predomínio da afetividade preferencialmente enfocada na construção de uma imagem pessoal, imagem que necessariamente provoca um novo ponto de partida e um novo ciclo do desenvolvimento psicomotor, na ótica de Wallon (1970a, 1970b).

As raízes da sua personalidade, centradas na sua motricidade exploratória e relacional, dinâmica e socialmente interativa, como vimos nos estádios anteriores, tendem a desenhar um modelo psíquico do corpo da pessoa da criança, um espaço do seu eu compreendido em uma temporalidade cinestésica única; isto é, um espaço afetivo construído com reciprocidade, interdependência e significação relacional personalizada, no qual o outro se mantém como parceiro inseparável em termos de representação mental.

O modelo do outro adquire, assim, a sua importância como experiência pessoal. A incubação e a incorporalização dos vários atores sociais que se expõem aos olhos da criança são modelos mentais antecipados que os representam, modelos interiorizados também na sua imagem corporal, que permitem esboçar um plano e uma finalidade para os atingir e recriar, mesmo que sejam necessárias muitas repetições (palicinésias, nos termos wallonianos).

As atividades motoras dos outros surgem, pois, dotadas de uma importância intra e interpsicológica que as transcende, na medida em que não se podem reduzir a meras expressões biológicas, pois acabam por construir uma imagem psíquica de uma autobiografia multifacetada e carregada de dados pessoais e sociais.

Assim como a motricidade não se reduz a ações musculares, também a auto-imagem psíquica do corpo não pode ser redutível a eventos neurológicos, mais ou menos localizados na zona parietal do cérebro, onde tal imagem tende a concentrar-se neurofuncionalmente.

A inteligência, neste estádio, manifesta-se pela motricidade e pela afetividade, que se transforma, por via de sua expressão, em uma fonte de conhecimento, na medida em que se edifica com base em duas componentes psíquicas, a ideação e a execução.

A motricidade deixa aqui de ser explicada por uma simples conduta motora concreta, para ser imaginada e concebida por meio de processos mentais e procedimentos representacionais que têm suporte na imagem corporal pessoal. A motricidade passa, então, a estar ao serviço da representação mental permeada por relações sociais, conquistas e conflitos, contradições e crises de afirmação, que aparecem e reaparecem infindavelmente, apenas se modificam por várias nuances emocionais, como vamos ver neste estádio e, de novo, talvez de forma mais exuberante, na puberdade.

As distâncias espaciais deixam de ser o desconhecido, as direções passam a ser relativizadas com o seu corpo próprio esquematizado e imaginado, e o meio começa a poder modificar-se em função dos desejos, motivações intrínsecas e interesses. O espaço transforma-se em um real independente e ao alcance da própria fantasia da mente da criança; de uma dimensão egocentrada, o espaço passa a ser prospectivamente explorado e navegado em uma dimensão descentrada, já possível de ser representado graficamente.

O estádio do personalismo ou personalístico, bem visível nos desenhos do corpo de pessoas e de si próprio, expressam essa dinâmica interativa da história da criança, a referência na terceira pessoa do singular começa a fazer uso já de pronomes pessoais na primeira pessoa, o "mim" e o "eu", o "meu" mesmo, servem para designar a si próprio, mostrando, inequivocamente, não só uma evolução da psicomotricidade, como também da linguagem e da própria consciência, que busca um lugar e uma afirmação pessoal.

A busca de direitos duradouros, de prerrogativas e pretensões do eu que caracterizam este estádio de desenvolvimento é marcado por três fases distintas: oposição, sedução e identificação.

A crise de oposição ao outro, vivida de forma por vezes intensa ou camuflada, visa apenas a uma diferenciação de si, na qual a criança sente prazer em contradizer e em confrontar-se com as pessoas que a rodeiam, pela necessidade de experimentar a sua independência, podendo mesmo impô-la, como podemos constatar nas suas fases de recusa e de reivindicação, muitas vezes mesmo combinadas com momentos de confronto e de negativismo.

A distinção do eu e do outro é normal, a posse de objetos ou de brinquedos, característica desta fase, esboça o desejo de propriedade e pode ilustrar um sentimento de competição ou de disputa que pode observar-se em muitas situações lúdicas, muitas vezes acabando em frustrações mal metabolizadas emocionalmente.

Embora, paralelamente, a criança vá reconhecendo o direito dos outros, partilhar objetos torna-se por vezes difícil, podendo mesmo chegar a utilizar estratégias manhosas de duplicidade, simulando algumas coisas para conseguir outras, oferecendo certas coisas para se apossar de outras. A mentira, o uso da força, o próprio ciúme entram em cena, as fantasias e as cumplicidades misturam-se para dar lugar a uma outra faceta da sua personalidade em construção.

Na seqüência da oposição surge a sedução. A criança tem necessidade de ser admirada e de sentir que agrada aos outros, ora produzindo gracinhas, ora exibindo timidez, maneirismos inter-relacionais, risos e zombarias divertidas. A sua exuberância motora, que ilustra a sua maturação neurológica, dá para substituir o próprio objeto, apela a ser prestigiada e elogiada para merecer dos outros atenção exclusiva e reconhecimento pessoal.

A idade do "não", do "não faço", do "não quero", do "não tenho vontade" começa a dar lugar à sedução, visando apoio e reforço dos outros, procurando fazer valer os seus méritos com a finalidade de obter satisfações e gratificações narcísicas.

A necessidade de aprovação e de exibição confronta-se, algumas vezes, com o sucesso, e outras, com o fracasso, daí a fase de inquietações e de decepções que inúmeras vezes não correspondem às expectativas. A competitividade e o ciúme indiferenciado podem então causar ansiedade, sofrimento, frustrações, arrogâncias fortuitas, quando não complexos de difícil desembaraço na sua evolução posterior.

A fase seguinte, de identificação, marca o personalismo da criança. As pessoas que admira e os heróis das suas fantasias são modelos a suplantar, pois deseja apoderar-se das suas qualidades e atributos, visando auto-substituí-los, com táticas de cobiça mais ou menos interiorizadas e exteriorizadas.

Copiar, assimilar e reproduzir modelos passa a ser a manifestação nova da sua pessoa, desejosa de se ampliar nas suas competências. A identificação na criança, integrando o poder de imitação dos estádios anteriores, renova-se com a possibilidade de expandir os seus processos de aprendizagem. Ela passa a ser atraída por figuras e personagens que observa. Incubando-as, ela revive mais tarde as suas façanhas, introduzindo-lhes a sua criatividade pessoal e dotando-as de múltiplas impressões dispersas.

Organizando a intuição global do ato, seqüencializando a individualização das suas partes componentes, a criança discrimina e seleciona os gestos dos modelos. Introduzindo constelações perceptivo-motoras mais detalhadas, ela aprende a situar-se no conjunto familiar ou escolar, buscando a sua independência ao mesmo tempo que assegura a proteção dos outros, onde não escapam conflitos e dissimulações de sentimentos e de atitudes.

De acordo com o lugar que ocupa na família e em outros grupos sociais onde pode estar integrada – na pré-escola, por exemplo –, a criança ajusta a sua personalidade em concordância com o papel que lhe é atribuído, socializa-se por meio de novas oportunidades de convivência, nas quais vai aprendendo regras de camaradagem.

A consciência de si, decorrente de uma diferenciação e de uma oposição e complementariedade com o outro, encontra-se, nesta fase evolutiva, bipartida entre o eu e o outro, o que vai configurar um outro eu, um outro interior, denominado por Wallon de *socius*, um eu duplicado em íntima união consigo próprio. O *socius*, esse outro interior que trazemos em nós, também designado como *alter*, não é mais do que um duplo eu, o companheiro permanente que exerce o papel de intermediário, de confidente, de censor, etc., o que implica uma progressiva individualização da consciência.

O eu da criança é, portanto, modelado também pelo meio ambiente, ou seja, pela consciência coletiva. A infância prolongada e, que, no fundo, é um atributo da espécie humana (Fonseca, 1989, 1999), permite que a consciência pessoal da criança seja moldada pelos mais velhos, pela instituição de uma sociedade humana estável e segura.

Apesar de se encontrar ainda em uma fase de sincretismo da sua consciência, a criança tende a aproximar-se cada vez mais de critérios objetivos e lógicos, deixa de reagir a impressões atuais para reagir a imagens e representações de processos sociais, confundindo vários planos do conhecimento, uma vez que depende, ainda, de uma espécie de impregnação afetiva e lúdica, na qual a função simbólica não atinge a dimensão categorial dos estádios seguintes, nem as suas condutas voluntárias expressam estabilidade, regulação e controle.

A sua atividade pode caracterizar-se, ainda, por uma certa instabilidade e por uma certa perseverança, fixando-se a atividades infantis centrípetas e subjetivas, sem demarcação de si e do outro. No estádio categorial seguinte, ela vai orientar-se para atividades centrífugas, nas quais o conhecimento do mundo exterior se vai tornar cada vez mais objetivo.

### Estádio categorial (dos 6 aos 11 anos)

Enquanto no estádio anterior a motricidade e a afetividade são o fio condutor do seu desenvolvimento, e a construção psíquica do eu adquire importância crescente, com um esquema corporal cada vez mais diferenciado e interiorizado nas suas componentes somáticas, o estádio categorial marca já uma separação mais nítida entre o eu e o não-eu e concomitantes subuniversos.

A diferenciação internalizada entre o espaço subjetivo e o espaço objetivo leva igualmente à separação do outro de forma mais consistente e não tão dependente ou confusional, dando início a uma relação com os outros e com os objetos mais independente, denominando-os e categorizando-os por qualidades e atributos, isto é, conferindo-lhes já uma individualidade própria mais estabilizada, como resultado direto das múltiplas interações dinâmicas que vai estabelecendo com eles.

Caracterizado por progressos regulares e por uma estabilidade relativa, o tripé evolutivo motor-afetivo-cognitivo atinge outra riqueza e variabilidade, no qual o conhecimento se torna mais completo, classificativo e categorial.

Neste estádio, a criança torna-se mais atenta e mais autodisciplinada, mais inibida em termos motores e mais concentrada em termos atencionais e sensoriais. A planificação motora torna-se mais regulada e controlada, mais precisa e localizada, as sincinesias reduzem-se, ao mesmo tempo que as sinergias se multiplicam, dando origem a uma exploração do envolvimento mais sistemática e precisa e menos episódica ou esporádica.

Neste estádio, as práticas sociais, os costumes, os hábitos e os processos culturais desencadeados pelos diferentes grupos onde a criança se insere, familiares, escolares, lúdicos ou outros, vão lhe permitir perceber melhor as diferentes relações que os vários agentes sociais possuem, ao mesmo tempo que vão lhe assegurando a sua posição circunstancial em função dos seus interesses, necessidades e obrigações.

O meio social, ou seja, os vários ecossistemas onde a criança atua e pelos quais é mutuamente influenciada (Brofenbrenner, 1979) e onde está permanentemente mergulhada, na família, na escola, no bairro, etc., vai dirigindo as suas condutas e orientando a fixação dos seus hábitos.

A aprendizagem dos vários papéis que tem de desempenhar na família, na escola ou nos grupos lúdicos, confere-lhe um lugar determinado na rede de relações sociais, com solicitações diversificadas; a sua individuação vai crescendo, permitindo que o seu eu se organize, ora em situações de cooperação, ora de conflito.

Os parâmetros de certo ou errado, de agradável ou desagradável, de conveniente ou inconveniente vão sendo experienciados emocionalmente e vão sendo desenhados motivacionalmente; as escolhas e as atividades das crianças, embora não prevendo a totalidade das suas conseqüências, vão dando corpo à sua sociabilização. Na dialética das suas predisposições e necessidades maturacionais e das exigências e necessidades sociais, a criança vai construindo a sua liberdade, ao mesmo tempo que co-constrói a sua sociogênese.

Neste estádio categorial, novas estruturas mentais vão emergir, subdividindo-se por duas etapas cruciais: dos 6 aos 9 anos, o pensamento pré-categorial, e dos 9 aos 11 anos, o pensamento categorial, propriamente dito. O primeiro caracteriza-se por um processo sincrético, o segundo, por um processo discursivo, permitindo à criança um posicionamento e um distanciamento mais ordenados e organizados da realidade (Wallon, 1963, 1984).

O pensamento sincrético (6-9 anos) decorre de uma estrutura mental binária e dicotômica, baseada em relações de contraste, de parentesco, de identificação, de diferenciação e de oposição. Grande-pequeno, branco-preto, rápido-lento, dentro-fora, em cima-em baixo, direita-esquerda, à frente-atrás, cheio-vazio, aberto-fechado, bom-mau, bonito-feio, etc., emergem como noções que se assimilam por *oposição* e *constraste*. Identificar alguém, uma situação, uma tarefa, um objeto, etc., torna-se pensável quando reclama um termo complementar, uma relação ou um nexo com a qual seja possível diferenciar e contrapor atributos e propriedades.

O *pensamento por pares* representa uma percepção global na qual se confundem sentimentos e realidade. A imagem do real na criança, neste estádio de desenvolvimento, é ainda holística, sem separação clara do todo e das partes, não destacando os componentes do conjunto nem os articulando coerentemente. A atividade intelectual revela descontinuidade e incoerência, os seus nexos não são lógicos e, por isso, não chegam a atingir unidade, tomando o detalhe pelo todo, fixando-se a pormenores e não a totalidades.

O pensamento por *relações de parentesco* dá, então, lugar a um sistema de relações mais complexo. Relações de tempo, de espaço e de causalidade são, então, introduzidas progressivamente. A criança neste período não consegue distinguir o fato da causa, o agente da ação, a ação do seu efeito, por isso classifica os objetos e as situações de acordo com a relação concreta e imediata que tem com eles, cada objeto concentra em si todas as qualidades que o definem, e uma só das suas característica pode ilustrar o seu todo. Ela não consegue ainda separar, transferir ou descolar a qualidade do objeto e recolocá-la em novos conjuntos ou situações, não consegue ainda abstrair; tal disposição mental só será atingida no pensamento categorial.

Passar às definições e explicar a realidade de forma lógica, coibida e coerente não é ainda possível; o pensamento sincrético deste estádio é ainda resultante de explicações seqüenciais e simultâneas do tipo extravagante e restrito, pois decorre ainda um sentimento de inadequação com um pensamento preso a contradições.

O pensamento categorial (9-11 anos) envolve um conjunto de transformações progressivas do pensamento e da ação, no qual se opera uma redução do sincretismo e emerge um sistema de relações, com novos planos de discriminação e de regulação, introduzindo hierarquias estáveis nas operações mentais.

Neste período é possível nomear, agrupar, comparar, categorizar, verificar dados de informação, como planificar, antecipar e executar condutas, com base em procedimentos psicomotores mais integrados e elaborados.

A capacidade de categorizar, de estabelecer *relações de relações*, nexos e sistemas lógicos transforma-se em um verdadeiro instrumento do pensamento e da ação.

Tal competência do pensamento vai permitir à criança identificar, analisar, definir, sintetizar e classificar pessoas, objetos, acontecimentos, como procedimentos entre objetivos e fins, ou seja, o mundo, apesar da sua diversidade e complexidade, passa a ser como que domesticado e ordenado, pois as comparações são possíveis e as assimilações, mais sistemáticas, precisas e coerentes.

Este equipamento do pensamento e da ação da criança permite-lhe substanciais avanços na sua psicomotricidade, não só pela emergência do seu repertório práxico e lúdico, na medida em que a sua motricidade expressiva passa a ser mais auto-regulada e controlada, menos impulsiva e episódica, mais inibida, pensada e interiorizada, como paralelamente lhe proporciona progressos assinaláveis no desenvolvimento da sua personalidade e da sua afetividade, assumindo um conhecimento de si própria mais sociável e responsável, posicionando-se melhor em situações conflituosas, resolvendo situações e problemas com mais flexibilidade, tomando melhor consciência dos papéis que ocupa em diferentes grupos, quer na família, quer na escola ou na comunidade.

Os dados da realidade passam a estar mais condicionados às evidências espaciais, temporais e causais, agora mais estáveis e universais e não tão instáveis e egocêntricas. A sua explicação da realidade e da sua experiência, enriquecida com novos instrumentos verbais, tem agora um contorno invariável entre dois componentes dinâmicos, ou seja, o das coisas que se transformam e o das idéias que se formam.

A projeção no universo da abstração adquire, então, neste período, cada vez mais distância interior e mental; a assimilação dos conceitos torna-se mais cristalina e pura, e o estabelecimento de pontes e de generalizações entre a experiência concreta e a idéia geral que dela emana são agora mais viáveis.

O desenvolvimento pessoal e social atinge um equilíbrio afetivo específico, pois prepara-se para uma metamorfose complexa, ou seja, a transição da personalidade infantil, com as suas regressões próprias, para a personalidade pubertária. Em constraste, o desenvolvimento psicomotor, por outro lado, ilustra um equilíbrio postural que vai dar suporte a muitas praxias, cuja eficácia, melodia e automatização coordenativa podem já atingir níveis de aperfeiçoamento notáveis em muitas expressões, quer na música, quer na arte ou nos jogos (Mounod, 1970; Nicolas, 2003).

Não está apenas em jogo, neste período, uma maturação do sistema nervoso, mas a criança no seu todo, em sua relação com o meio, no qual a criança se integra de acordo com as suas necessidades e possibilidades. Na escola, verdadeiro laboratório neurofuncional, onde pratica e superaprende as suas potencialidades, confirma a sua auto-imagem a partir da convivência multifacetada que a escola proporciona, não só na realização de novas tarefas, como na inserção em diferentes grupos, nos quais fortalece a sua afetividade e a sua psicomotricidade.

Na posse de um equilíbrio postural, afetivo e cognitivo, a criança, respondendo mais adequadamente às inquietações e questionamentos que vão se instalando, vai se preparando para a crise que marca o início de um novo estádio, o estádio da puberdade e da adolescência.

### Estádio da puberdade e da adolescência

A denominada crise da puberdade marca a passagem da infância à adolescência, passagem visível em termos somáticos e biológicos, na qual se operam mudanças evolutivas significativas, como em termos psicológicos e sociais. A intensidade e o volume dos seus efeitos variam muito com a cultura e a época onde o jovem vai se inserir. Complexas transformações somáticas e modificações psicofisiológicas decorrentes da maturação sexual vão de novo ocorrer no tripé motor-afetivo-cognitivo.

A diferenciação feminino-masculino atravessa uma turbulência considerável, na qual alguns componentes somáticos poderão ter uma significação exagerada e transcendente, desde o surgimento dos pêlos na zona pubiana (daí puberdade) e nas axilas, ao surgimento dos seios e da primeira menstruação (menarca) nas moças, da barba e da primeira ejaculação nos rapazes.

Ao se desenhar uma nova fisionomia no corpo, a imagem psíquica dele obtida constitui um dos mais fascinantes processos de desenvolvimento no ser humano. Tais transformações, visíveis em termos de crescimento ósseo e de estatura, também ocorrem nas vísceras, no coração, no pulmão, nos órgãos genitais e nos chamados caracteres sexuais secundários. Por via de tais modificações, a eficácia e a coordenação motoras podem evocar episodicamente certas dispraxias e imperícias mímicas e gestuais, certas instabilidades posturais, dismetrias espaciais e dissincronias temporais, daí a discrepância dos fatores psicomotores neste período de desenvolvimento.

Afetivamente, a imagem corporal pode passar por abruptos desequilíbrios interiores, inexplicáveis fobias (dismorfofobia), sentimentos de vergonha e timidez, sonhos e fantasias impossíveis e incompreendidas sensibilidades, que podem levar o jovem a sentir-se desvalorizado diante de problemas de obesidade, de uso de óculos ou de aparelho dentário, de seios grandes ou pequenos, de grande ou pequena estatura, entre outros.

Em uma palavra, este período subentende uma profunda reorganização do esquema corporal da ou do jovem (Schilder, 1963; Tomkiewicz, 1980; Fonseca, 1986b), um mergulho profundo dentro de si, conferindo-lhe uma orientação psíquica centrípeta, que está implicada na construção e na co-construção da sua pessoa, o que poderá originar ambivalências múltiplas nas atitudes, nos sentimentos e nas necessidades.

A vivência do outro e o prelúdio do namoro são outros fatores que podem desencadear novas inquietações e questionamentos, novos desejos de posse e de sacrifício, de renúncia e de aventura, ou seja, novas vivências imaginárias, que tendem a uma vulnerabilidade no conhecimento de si próprio e dos outros, isto é, vivências que produzem novas auroras de intimidade reflexiva, que acabam por ter reflexo nas suas funções cognitivas e nos seus valores.

Nesta fase evolutiva, a visão psicossomática walloniana assume um "clímax" de grande relevância para a compreensão dos efeitos sistêmicos da tríade motor-afetivo-cognitivo na organização da personalidade cuja totalidade o adolescente busca com imprevisíveis tergiversações e dúvidas.

O desejo de independência, de conquista, de superação do cotidiano, de surpreender, etc., acaba por gerar novos circuitos de inter-relação afetiva e de responsabilidade que substituem os da família, quando poderão surgir ações imaginárias ou reais de conformismo ou de oposição, em que a comunhão de aspirações e de ideais passa a ter uma nova influência e dimensão na formação da personalidade.

Os grupos da adolescência (turmas, gangues, clubes, etc.) acabam por ser laboratórios fundamentais para a construção original da personalidade dos jovens, normalmente geradores de evasão e de aventura, atipicamente também promotores de confronto, de contestação e de hostilidade. Tais grupos podem ser fundamentais para a construção da cidadania e da identidade dos jovens, desde que a sua orientação e organização sejam devidamente mediatizadas pelos valores positivos da sociedade, nos quais a família, a escola e a comunidade no seu todo têm um papel muito importante a desempenhar. Como podemos verificar, a atualidade do pensamento walloniano é inegável nesta matéria.

## A MOTRICIDADE COMO MATERIALIZAÇÃO DA CONDUTA

### Da previsão à execução

A motricidade, equacionada na ótica de Wallon (1925, 1932a, 1958b) compreende dois aspectos componentes do comportamento: a previsão (fator de planificação e antecipação) e a execução (fator de controle e de regulação).

É nesta perspectiva de significação psicológica da conduta que o movimento se revela, por sua vez, como a expressão do desenvolvimento total da criança, por isso, nos gestos e movimentos da criança, está sempre expresso e projetado o seu desenvolvimento. O movimento ou a motricidade são, pois, nesta perspectiva, uma inteligência concreta.

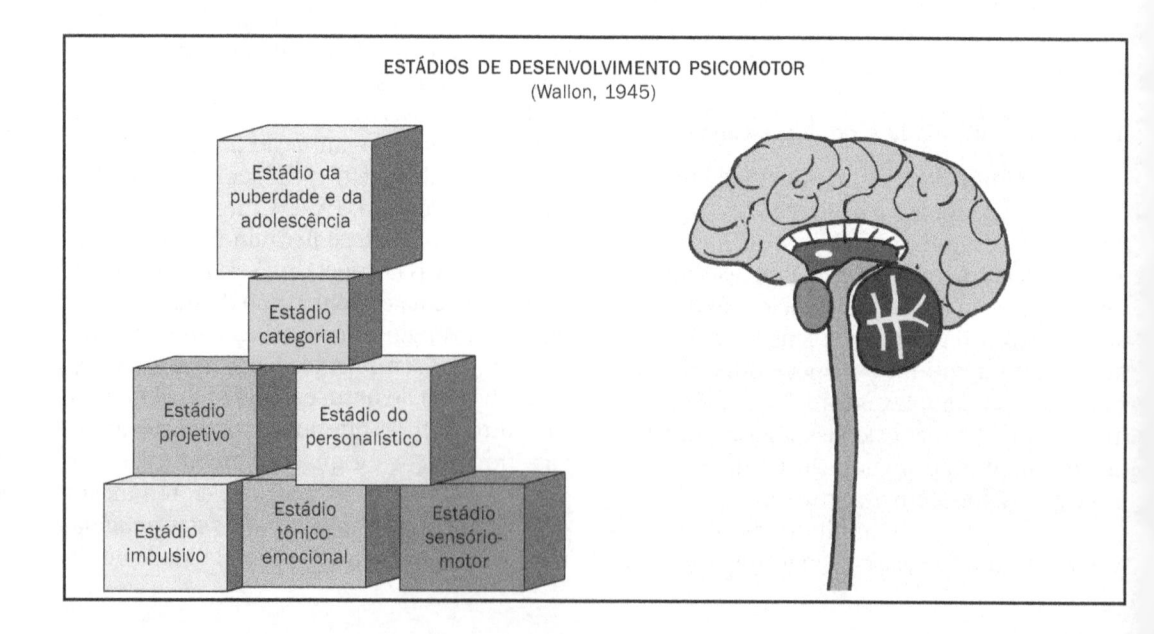

**ESTÁDIOS DE DESENVOLVIMENTO PSICOMOTOR**
(Wallon, 1945)

- Estádio da puberdade e da adolescência
- Estádio categorial
- Estádio projetivo
- Estádio do personalístico
- Estádio impulsivo
- Estádio tônico-emocional
- Estádio sensório-motor

A motricidade surge aqui como a materialização corporal da conduta total e mental do indivíduo ao integrar e organizar o campo operacional onde se desenrola a ação, no qual efeito e resultado a obter são uma e a mesma coisa, ou seja, consubstanciam a transição do ato ao pensamento, e vice-versa, conceito crucial do pensamento walloniano.

A razão de ser de um gesto, de um movimento e de uma ação confunde-se com, e sobrepõe-se, ao aqui e agora da sua própria execução, assumindo, por isso, um caráter objetivo de utilidade e de intencionalidade.

O significado e a objetividade de um gesto, de um movimento ou de uma ação está, pois, na sua conseqüência imediata, a qual, por sua vez, se transforma no "motor" que vai motivando a sua continuidade e a sua continuação expressiva.

O motivo de um movimento é, assim, obter um resultado concreto, e, como tal, depende das circunstâncias presentes do meio ambiente: dos objetos, da posição e da projeção no espaço, do tempo, dos outros, etc. O movimento torna-se, portanto, comportamento, isto é, estrutura-se e realiza-se em uma e para uma conduta intencional, a qual, por sua vez, assenta no ajustamento conseguido entre os dados exteroceptivos (captados pela percepção) e os dados proprioceptivos (organizados pela memória e pela somatognosia, ou seja, pelo conhecimento e pelo sentimento do corpo).

### Da ação à consciência

Não é possível dissociar a consciência da ação e da interação concomitante, uma emerge da outra. E não é possível, na medida em que a consciência prepara, acompanha, integra, elabora, segue, persegue, regula, controla e sugere permanentemente a ação, uma espécie de operação mental invisível, que a sustenta e a concretiza. É, pois, por meio do movimento e da ação que a criança incorpora e conquista sensações e percepções, conquista interior, armazenada e retida, porque, sendo ação exterior, é também ação interiorizada e consciencializada na sua plenitude.

É nesta medida que pode acontecer a conceitualização da atividade e do ato e se confere ao movimento um caráter humano singular e social, exatamente porque diz respeito a um ser total, completo e evolutivo em interação com um coletivo de outros seres totais (Zazzo, 1969, 1975).

A essência da motricidade, como demonstrou Wallon (1950, 1969, 1970a), é função do conjunto das relações sociais, na medida em que é a natureza social da vida humana que determina o desenvolvimento psicomotor, algo distinto do animal, no qual a motricidade reflete, apenas e unicamente, a sua adaptação biológica. Só posteriormente a motricidade é, também, ação transformadora (praxia): motricidade e consciência interrelacionam-se mutuamente, pois é a relação total e dialética entre o indivíduo e o seu meio que confere ao comportamento uma estrutura neuropsicomotora sistêmica, interativa, ecológica e cibernética.

Wallon (1963a, 1969, 1970a, 1970b), nesta conceitualização da motricidade, esvazia por completo o dualismo cartesiano entre o pensamento e a ação. Realmente, no ser humano, a aprendizagem e a qualidade da sua adaptação resultam fundamentalmente da interação contínua e dialética do pensamento e da ação.

É a partir do ato que o homem estrutura o seu pensamento, integrando e integrando-se em um envolvimento social, isto é, se transforma em um ser único e integrado. A passagem do ato ao pensamento, e vice-versa, é o resultado de conflitos e de oposições entre a situação e a ação, entre problemas e soluções, introduzindo, assim, uma mudança qualitativa no desenvolvimento psicobiológico da espécie humana. A motricidade, na espécie humana, conduziu-a ao processo acumulativo civilizacional (Washburn, 1972); nas outras espécies, apenas soluciona os problemas da sobrevivência e da reprodução.

Uma vez mais sublinho que a conseqüência de um movimento não existe nele próprio, não é um fim em si mesmo, mas, sim, no que o indivíduo pretende ser, evocar ou transmitir através dele, ao invés do que propõem as perspectivas clássicas do movimento. O movimento humano é voluntário e intencional, e a sua conseqüência não é nem está nele próprio, mas, sim, naquilo que ele representa mentalmente, um projeto mental subjetivo materializado em função de um determinado fim.

As propriedades das coisas e dos objetos são integradas pela criança por meio da sua manipulação, que se transforma em gestos práticos e utilitários, em que se fundamentam todos os aspectos da inteligência da ação. É por manipular os objetos do mundo exterior e, paralelamente, por se automanipular, que a criança adquire e aprende os instrumentos concretos e as aquisições sensório e perceptivo-motoras necessárias ao seu manuseio, equipando-se com os conhecimentos práticos elementares, ponto de partida e base de apoio para a conquista do mundo.

É a manipulação dos objetos, por exemplo, que desenvolve na criança o verdadeiro conhecimento destes através dos seus atributos, propriedades e qualidades, conhecimento, por isso, pessoal e intransmissível, conservado, consolidado, isto é, adquirido, interiorizado e incorporalizado.

Assim e por isso, todas as funções de comunicação são, em última análise, as expressões materiais (pelo corpo) das emoções, dos afetos e das subjetividades resultantes das várias relações e reações intra e inter-psíquicas (Preyer, 1887; Montagner, 1979), expressões que se materializam pelo corpo, constatam-se não só em automatismos como em gestos rituais e rítmicos, em um sem número de expressões corporais de comunicação não-verbal, em que os corpos comunicam para além das palavras, e as posturas e mímicas se revelam também como comportamentos.

Entre a motricidade e a consciência, a emoção que os liga e relaciona em termos de interação e conflito dialético representa os prelúdios das atitudes e sugere já o sentimento ou a motivação de algo para as satisfazer (Martinet, 1972).

É assim que as emoções (risos, gritos, choros, lalações, espasmos, gestos, mímicas, pantomimas, movimentos sincréticos e descontrolados, sincinesias, etc.) já são os primeiros sistemas de relação, e é por meio deles que a criança se organiza na sua sensibilidade e na sua motricidade, o que acaba por ser o mesmo, na medida em que as duas se coíbem e se estruturam inseparavelmente ao longo do seu desenvolvimento psicomotor.

É na relação dialética entre o ato e o pensamento que a consciência se organiza, garantindo a evolução, em uma contínua metamorfose de contrastes e conflitos. São as emoções, os gestos e a sensibilidade, quando já interpenetradas e integradas como constelação neurofuncional de síntese de todas as realizações sensório-motoras vividas, que permitem o acesso à representação mental e às primeiras atividades intelectuais. É pela motricidade que a criança adquire as noções, os conhecimentos e os padrões de cultura que existem fora dela e que são patrimônio do grupo social onde está inserida e onde contextualmente se vai desenvolver.

### A natureza social da motricidade

O desenvolvimento da inteligência é, pois, em grande medida, função do contexto social e histórico-cultural, isto é, da qualidade e do tipo de interações e mediatizações que os outros exercem sobre o indivíduo, ou seja, é fruto da incorporação ou integração do que está fora dele, ou, melhor dito, de como o extracorporal ou o extrabiológico que consubstanciam a cultura são transmitidos pelos outros mais experientes e são apropriados pelo próprio indivíduo. Em síntese, do como o que está fora do corpo se torna, por interação com os outros, incorporado.

É possível, pois, afirmar, como Wallon (1963a, 1969), que a motricidade é de natureza social, dimensão esta a que já chamei sociomotricidade (Fonseca 1977a, 1989, 1999a), tendo em atenção que ela emana das interações sociais, conferindo-lhe tal essência transcendente, dado que é por ela e através dela que se processa, provoca e detona a maturação do sistema nervoso da criança, que é, no seu acabamento e formação intra-individual, função da amálgama das relações e das correlações entre a ação e a sua representação social.

A motricidade, pensamento transformado ao longo do processo histórico-cultural, é o resultado das relações e das correlações entre o biológico e o sociológico. É, assim, uma unidade dialética eu-outro, na medida em que o motivo principal de um comportamento singular é a própria sociedade plural.

O movimento surge, na ótica walloniana, como o resultado de uma rede de processos cognitivos, de imagens e de simbolizações, que simultaneamente são ação e representação, motricidade e psiquismo.

Parece-me oportuno recordar aqui que o ser humano é o único ser da natureza cuja motricidade (atividade) se encontra a serviço da representação, da inteligência, do pensamento e do grupo social que o envolve e, por isso, o desenvolve. Por esse fato sublime e transcendente, é o único ser vivo que se pode considerar psicomotor (Fonseca, 2002).

Foi pela motricidade, como processo básico de adaptação e de aprendizagem, que o ser humano atingiu o bipedismo exclusivo da espécie, a que chamo macromotricidade (Fonseca 1989, 1999, 2002), para libertar as mãos (micromotricidade) para a caça, para o trabalho e para a arte, contexto concreto onde veio a descobrir e a edificar a linguagem (uma oromotricidade), com a qual, por sua vez, pôde assimilar o saber teórico e prático da própria sociedade, um atributo virtuoso da evolução triunfante da humanidade.

## A SIGNIFICAÇÃO PSICOLÓGICA DO ATO MOTOR: O PAPEL DA TONICIDADE

Para Wallon (1969, 1970), o ato motor possui significações extremamente diversas. Como a linguagem, o ato motor e o gesto não podem ser equacionados nos seus meros aspectos exteriores, expressivos ou observáveis, ditos *output* pelas neurociências. Assim como na linguagem não é a voz que explica a sua complexidade total e sistêmica, também não é a motricidade expressa, observável e mensurável que esgota a sua multifacetada integração e planificação; na medida em que esta não pode ser concebida como uma abstração anatomofisiológica, nem biomecânica, ela encontra-se essencialmente dependente de necessidades ou de motivações internas e de fins psíquicos que a justificam.

A motricidade não se pode dissociar dos processos psicológicos que a antecedem e a auto-regulam, ela é, como ato, um dos seus instrumentos privilegiados. A motricidade, ao longo da filogênese, tornou-se uma técnica (Leroi-Gourhan, 1964), mas também um simbolismo, referindo-se ao plano da representação e do conhecimento, algo que é específico da espécie humana, sem analogia nas outras espécies. A adaptação das estruturas da motricidade às características do mundo exterior, ditas ecológicas, é regulada pelos substratos neurológicos e, quando põe em jogo a manipulação dos objetos, é controlada pela imagem e pela noção internalizada destes, que, por si sós, estão indissociavelmente ligadas à sua representação mental e intelectual, algo inacessível à motricidade animal.

A motricidade inicia-se já na vida intra-uterina, a que Minkowski (1921) denominou motilidade pré-natal, e prolonga-se na vida extra-uterina. No ventre, a motricidade do feto emerge sem coesão, exatamente porque nesse momento evolutivo ainda não se verifica uma regulação neurofuncional sistêmica, depois do parto, e ao longo dos primeiros meses de vida. Enquanto as motricidades visceral e reflexa do bebê operam com eficácia adaptativa, respondendo às necessidades de sobrevivência, as motricidades automática e voluntária vão se organizando e complexificando, como resultado da diversidade das circunstâncias contextuais nas quais a aprendizagem é vivenciada e co-vivenciada.

Após o nascimento, surgem sistemas definidos de gestos no bebê, a que Wallon (1931, 1947, 1956) chamou reflexos cervicais e labirínticos, com base nos trabalhos de Magnus e Klein, cuja expressão motora, são respostas posicionais da cabeça e dos membros às múltiplas mobilizações anti-gravíticas instaladas pela ação dos outros, principalmente da mãe, durante os ritmos e rituais higiênico-nutritivos. As gesticulações espontâneas, abruptas e sacádicas, características desta fase, são introduzidas pelas atitudes dos outros. Ao operarem-se no corpo do recém-nascido, acabam por produzir progressivas excitações vestibulares e automatismos de conforto e de segurança, ou de desconforto e de insegurança, de grande relevância para o seu desenvolvimento psicomotor, entendido e concebido por Wallon (1968, 1970) como uma tríade motora, afetiva e cognitiva.

A maturação do movimento reclama uma dinâmica clônico-fásica, onde as miofibrilas e o sarcoplasma se conjugam em uma tonicidade complexa, já reveladora de um diálogo corporal com os outros, especialmente com a mãe, de transcendente importância para o desenvolvimento emocional da criança. Os centros de controle tônico, localizados na substância reticulada, não chegam todos ao processo de maturação na mesma ocasião. A prolongada desmaturidade tônica fica aberta à eclosão de uma sensibilidade afetiva e de uma sensibilidade postural em estreita conexão, cuja integração mútua e recíproca se estenderá ao longo dos dois primeiros anos de vida.

Não é só a natureza do tônus, mas igualmente a sua distribuição periférica e central que se modifica no decurso da infância. De uma distonia global inicial caracterizada por um jogo dialético, hipotônico-hipertônico, axo-apendicular (ou seja, entre a tonicidade da coluna e das extremidades da mão e do pé), satisfação/prazer-dor/desprazer, etc., a criança acaba por modelar a sua tonicidade (melhor dito, a sua eutonicidade), evitando os estados-limite ou os estados extremos da sua desorganização neurológica.

A hipotonia axial, por exemplo, ao fim de dois anos, deve dar lugar a uma tonicidade sustentada da coluna para adquirir a postura e a marcha bípedes, enquanto, paralelamente, a hipertonia das extremidades tem de dar lugar às primeiras manifestações práxicas, quer globais, com os pés (desenvolvimento da locomoção), quer finas, com as mãos e com os dedos (desenvolvimento da preensão). No início do desenvolvimento psicomotor do bebê, a tonicidade apresenta uma organização inversa ao momento das aquisições locomotoras e preensoras mais diferenciadas; o eixo da coluna hipotônica dará lugar a uma hipertonia funcional, com a produção dos primeiros passos; a hipertonia das mãos, em simultaneidade, dará lugar à miríade hipo(eu)tônica das explorações palmares e digitais.

A mielinização das vias vestibulares, cerebelares, extrapiramidais e piramidais, operada em outro jogo dialético ascendente-descendente, com base nas duas leis de desenvolvimento neurológico – a primeira céfalo-caudal, inerente à mielinização da musculatura do esqueleto axial, e a segunda próximo-distal, inerente à mielinização da musculatura do esqueleto apendicular, isto é, dos membros superiores e inferiores – vai permitir dar entrada à ação dos centros inibidores frontais superiores. A comunicação e interação entre a periferia do corpo e o centro do cérebro passa a estar agora em melhores condições para interagir criativamente com as solicitações dos vários ecossistemas.

Dado este princípio organizador da motricidade humana que expressa um conflito integrativo de sistemas funcionais motores, os quais atuam como uma unidade ao longo do processo do desenvolvimento, a tonicidade vai integrando outros sistemas e outras necessidades, principalmente afetivas e cognitivas, não como simples adição de componentes sincréticos, mas como uma sucessão de componentes hierarquizados e diferenciados.

Na perspectiva de uma organização neurológica ascendente dos substratos que presidem a integração, a elaboração e a regulação da tonicidade e da motricidade, segundo Wallon (1932, 1950, 1958), são os centros nervosos mais elevados os últimos a desenvolverem-se em todas as espécies vertebradas, incluindo a humana. Por essa razão funcional, são também os últimos a poder operar na criança.

Os centros corticais atingem uma maturação posterior e seguem uma sucessão neuroestruturada dos centros medulares aos reticulares, dos cerebelares aos extrapiramidais e, finalmente, atingem o vértice piramidal com os centros frontais e pré-frontais, que acabam por integrar os anteriores e por coordenar superiormente a sua participação na produção do ato motor.

Os centros mais baixos na estrutura do cérebro são os que produzem padrões motores mais difusos e massivos. Seqüencialmente e de forma integrada, tais padrões acabam por se dissociar em sistemas mais diferenciados, sistemas mais capazes de se apropriar da diversidade das situações e das circunstâncias nas quais a motricidade opera como comportamento adaptativo, desde as auto-suficiências da nutrição, da higiene e do vestuário, até às diversificadas e multifacetadas expressões comunicativas e lúdicas.

Dessa forma, a criança tem de superar as sincinesias, que ilustram o seu sincretismo tônico-motor bilateral inicial, para, em seguida, adquirir sinergias, isto é, sistemas motores mais precisos, perfeitos e unilaterias, condição que equivale a maior poder de seleção, de inibição e de modificação, segundo uma progressão regional cerebral e hemisférica que ilustra claramente a sua dependência da evolução filogenética.

A maturação tônica revela-se primeiro ao nível da cabeça, da coluna e do tronco, posteriormente dirige-se para as extremidades (mãos e pés), obedecendo a um processo dialético neuroevolutivo próximo-distal, do centro para a periferia, consubstanciando uma mielinização primeiro das vias corticais mais curtas e depois das vias mais longas.

A criança de tenra idade apresenta, por essa condição, uma espécie de incapacidade de se mobilizar e de se imobilizar, não se coordena nem se equilibra, daí o papel da motricidade do outro, que lhe induz a atividade necessária aos seus ajustamentos. Como não consegue ainda controlar o seu centro de gravidade, qualquer desequilíbrio induzido não é por ela compensado, devido à sua frágil estruturação tônica.

Com as interações motoras que vão lhe sendo instaladas pelos outros (o diálogo tônico, a que já me referi), toda a parte do corpo que se desloca acaba por deslocar também o seu centro de gravidade, operando-se, então, progressivamente, uma contração reequilibradora nas restantes partes do corpo, que preferencialmente é direcionada para os músculos que sustentam o eixo da cabeça e da coluna.

É essa modulação tônica dos músculos do equilíbrio, também designados da profundidade (monoarticulares), que vai garantir, mais tarde, a emergência de aquisições ou de competências motoras autônomas, os chamados *skills* dos autores anglo-saxônicos, como a reptação e, subseqüentemente, a quadrupedia, a sustentação, a locomoção, etc., que têm já de mobilizar os músculos da superfície (pluriarticulares), os tais músculos de relação, assim designados porque estabelecem interação com o meio ambiente.

A motricidade vai exigir, conseqüentemente, uma estreita sinergia entre as compensações tônicas e a sucessão contínua dos gestos. Se tal suporte tônico se tornar insuficiente ou inadequado, as aquisições não vão surgir no tempo útil. Quando ocorrem dificuldades nesta sinergia tônico-fásica, os movimentos resultam imprecisos e dismétricos, por isso, quando a criança começa a andar ou a correr, ela anda e corre atrás do seu centro de gravidade, que, não sendo compensado tonicamente, acaba por gerar as famosas quedas, necessárias à integração neurológica das suas aprendizagens (Guilman, 1948, 1950; Guilman e Guilman, 1971).

No seu conjunto, todas as aquisições motoras autônomas passam por um processo assinergético, antes de conquistarem a sua plasticidade característica, ou seja, a criança necessita de experiência e de repetições para evoluir de um estádio de dispraxia para um estádio de praxia (Guilman, 1945; Vial, 1969, 1972; Vial et al., 1973). A essa transição corresponde a noção de aprendizagem que ilustra um processo de mudança, processo esse revelador exatamente dessa transformação, que, entretanto, se opera nos procedimentos tônicos de suporte e nos procedimentos fásicos de locomoção ou de manipulação.

As oscilações de amplitude, os desvios de precisão e de equilíbrio, os desajustamentos tônicos e clônicos, etc., vão se reduzindo para garantir o apoio adequado aos gestos expressivos. Se estas manifestações atípicas forem levadas ao extremo e se perpetuarem, segundo Wallon (1932), podemos estar em presença de uma disfunção do cerebelo denominada assinergia, condição que se pode traduzir em um atraso psicomotor, visível em crianças com diversos tipos de dispraxia e bem mais visível em muitos portadores de deficiência mental ou de disfunção cerebral.

A motricidade implica, assim, espaço e objetos (brinquedos, por exemplo), pois só nele ou neles ela pode se desenrolar e expandir, mas, para se tornar um espaço ou objeto de ação e de expressão, a tonicidade tem de garantir primeiro as condições posturais de equilíbrio necessárias para o desencadear. Desta forma, a motricidade não se opõe ao meio ambiente, porque é no espaço e nos objetos que ela se localiza e se projeta, se localiza por nele e neles se equilibrar, e se projeta para nele e neles materializar emoções e representações.

Corpo, espaço e objetos entram em fusão, porque o campo motor que surge do corpo equilibrado e seguro se inter-relaciona com o campo visual que capta o espaço e os objetos, mão e visão mutuamente guiadas e vigiadas por efeitos da tonicidade sustentadora estabelecem um acordo funcional, dito sensório-motor (*input-output*) entre os meios e os fins, uma espécie de equivalência funcional entre a postura e as praxias, cuja minuciosa conexão e sucessão integrada de etapas constitui o paradigma maturativo do desenvolvimento psicomotor da criança (Tran-Thong, 1972, 1976).

Por ser exclusiva da espécie humana, a manipulação de objetos que emerge primeiro de uma praxia fortuita, rudimentar e inexperiente na criança só pode concretizar-se a partir de uma praxia sistemática, planificada e experiente do adulto, que cria os próprios objetos. A praxia do adulto ao criar objetos (digamos, também, brinquedos) vai dar lugar a uma dispraxia na criança quando os manipular pela primeira vez. A partir da experiência mediatizada pelo adulto, a criança tende a atingir progressivamente uma maturação neurofuncional, que transforma a sua dispraxia inicial em uma praxia terminal.

Ao longo desse processo de aprendizagem interativa, a dispraxia inicial vai sugerindo afinamentos perceptivo-motores e cognitivo-motores integrados, que vão posteriormente produzir a mudança de comportamento que ilustra o surgimento da praxia na criança. A experiência mediatizada pelo adulto transforma a insuficiência dispráxica em uma suficiência práxica na criança, objetivando um conjunto de procedimentos neurofuncionais que refletem, por analogia, a integração progressiva e recíproca de níveis diferenciados de organização práxica.

A evolução da motricidade, equivalente a uma evolução práxica, quer na espécie humana (filogênese), quer na criança (ontogênese), subentende um ajustamento entre a sensibilidade interoceptiva e proprioceptiva que vai ocorrendo na criança ao longo da aprendizagem, e a sensibilidade exteroceptiva que emana e é extraída do meio ambiente, pondo em jogo um sistema de relações que se diferenciam e opõem, na medida em que tais sensibilidades se integram e se combinam em componentes psicomotores minuciosa e inteligivelmente ligadas (Fonseca, 1999, 2001, 2002).

A motricidade e a praxia, em termos wallonianos, ultrapassam e transcendem a mera atividade sensório-motora, as sensações e as ações estritamente associadas em um corpo pensante (mundo interior), permitem a exploração e a domesticação do espaço e dos objetos (mundo exterior). A conjugação entre a sensibilidade e a motricidade, unindo dialeticamente o corpo ao cérebro, asseguram a maturação funcional, isto é, o desenvolvimento psicomotor necessário para a interação triunfante com os ecossistemas.

Do sincretismo tônico, corporal e motor, a criança vai passando sucessivamente para a utilização de uma motricidade mais diferenciada e específica, cada vez mais adaptada à variedade das situações. A motricidade e a tonicidade concomitantes vão se aperfeiçoando, controlando e ajustando às diferentes situações propostas pelo meio ambiente, permitindo à criança sentir, agir e perceber as relações entre o seu corpo e a satisfação das suas necessidades.

A construção da subjetividade da criança como pessoa completa, inteira e em evolução constante subentende a integração motora, afetiva e cognitiva, cuja interação vinculativa envolve, necessariamente, a tonicidade, que confere à motricidade novas possibilidades e recursos que se revelam em novas competências, preparando prospectivamente a mudança para novos estádios de desenvolvimento psicomotor.

A motricidade emergida da tonicidade não se constrói como um edifício, segundo um plano de componentes, mas, sim, como uma substituição do seu próprio plano, ou seja, a motricidade acaba por se desenvolver e diferenciar para dar lugar ao desenvolvimento afetivo e, posteriormente, ao desenvolvimento cognitivo. De um desenvolvimento dito centrípeto, do motor para o afetivo, a criança passa a um desenvolvimento do tipo centrífugo, onde predomina o cognitivo.

O afetivo e o cognitivo têm sempre como suporte o motor. A expressão motora ilustra, conseqüentemente, uma alternância funcional: ou é virada para o conhecimento interior (noção do eu-espaço subjetivo-afetivo), ou é virada para o conhecimento exterior (noção do não-eu-espaço objetivo-cognitivo), isto é, o desenvolvimento psicomotor da criança espelha igualmente uma sucessão de predominâncias funcionais entre os três componentes: o motor, o afetivo e o cognitivo. Cada um deles predomina em um dos estádios de desenvolvimento que vimos anteriormente. Os três nutrem-se mutuamente, a atividade de um interfere com a maturação dos outros. É neste contexto que o pensamento walloniano reforça o conceito de integração funcional entre os três universos – motor, afetivo e cognitivo.

O ato motor não pode, portanto, ser concebido de forma segmentária. Em cada idade a criança constitui um conjunto motor, afetivo e cognitivo indissociável e original. Na sucessão das suas idades, ela é um único e mesmo ser em contínua metamorfose (Wallon, 1969).

## A IMITAÇÃO COMO TOTALIDADE PSICOMOTORA

### Aquisição motora e aquisição simbólica

Como acabamos de ver, não devemos – nem podemos – separar, nem sequer por comodidade didática, o que em si mesmo é uma unidade dialética, e não um dualismo: o ato do pensamento, o movimento da representação, o corpo do cérebro, o organismo dos ecossistemas, o indivíduo da sociedade, etc.

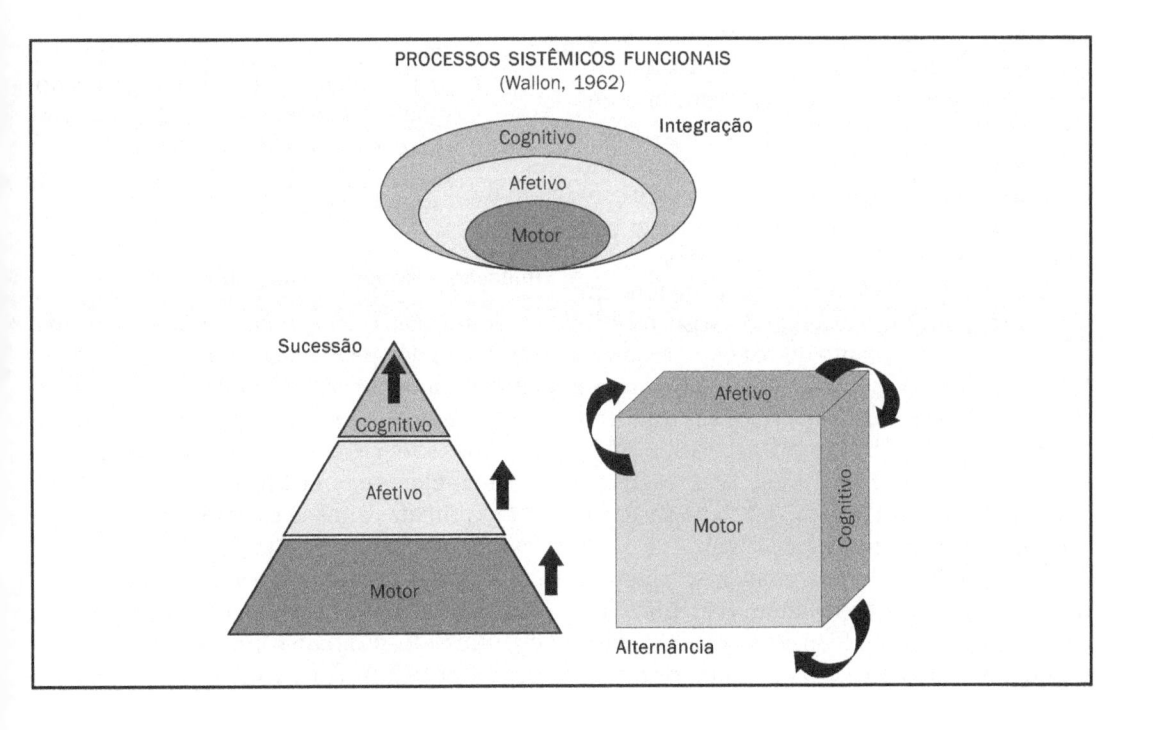

Assim também não devemos separar, como freqüentemente se verifica, a motricidade da linguagem ou a imitação da formação da inteligência.

O próprio Wallon (1931, 1963a) reconhece a interligação sistêmica e dinâmica de todos estes aspectos como uma totalidade no desenvolvimento da personalidade da criança.

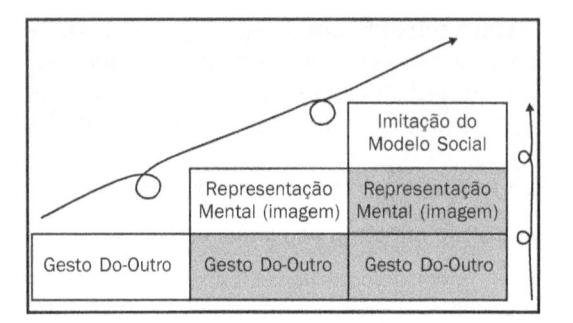

[Figura: esquema com Gesto Do-Outro, Representação Mental (imagem), Imitação do Modelo Social]

Há que primeiro distinguir a integração das aquisições motoras, como a postura, a marcha e a preensão de objetos, e só depois a integração das aquisições simbólicas, isto é, a faculdade de representação mental, na qual a imitação surge como um centro regulador fundamental e um palco animador privilegiado (Guillaume 1952, 1970).

Note-se, porém, que, como já mencionei anteriormente, a imitação surge como gênese e estruturação de comportamentos, e não como imposição dirigida do gesto do outro ou seu controle-remoto. A imitação, como um ato pelo qual se integra um modelo social por iniciativa da própria criança, revela uma espécie de tendência e predisposição sociogênica. Por isso, na imitação, que é um conjunto de gestos e de símbolos, o movimento está impregnado de um sem número de representações psicológicas (Chateau 1955; Piaget 1962b; Bergés e Lezine, 1963; Buhler et al., 1964; Tran-Thong, 1972; Maigré e Destrooper, 1975; Fonseca, 1977a; Fonseca e Mendes, 1990; Camus, 1988, 1998).

É pela imitação que a criança se apropria dos dados sociais que facilitam e justificam o seu desenvolvimento biopsicossocial. A criança, quando imita a mãe, o pai, ou, eventualmente, qualquer outro modelo, tem de reter, rechamar e recuperar a imagem, a seqüência e o contexto do seu gesto, da sua postura ou da sua mímica ou pantomima, daí a relevância da imitação como impregnação biológica, afetiva e cognitiva, exatamente porque contém, respectivamente, componentes gestuais a serem executados e materializados no espaço e no tempo certos, componentes emocionais a sentir e a covivenciar e, finalmente, componentes sociais a perceber e a compreender, em termos de integração e elaboração de condutas profundamente sociabilizadoras.

Vejamos, entretanto, a gênese da imitação segundo Wallon (1956, 1963a, 1969):

1. contato magnético-motor do tipo empático com o modelo social, pela realização ou tentativa de realização de movimentos, expressos por impulsos livres, embora inicialmente descoordenados e desorganizados;
2. integração mais controlada e sistematizada dos modelos, expressa por uma reprodução gestual mais fiel, ajustada e regulada;
3. reprodução semelhante e próxima do modelo social;
4. recriação do modelo já com gestos originais e adicionais de complemento, isto é, produção de gestos exteriores ao modelo, por iniciativa e criatividade próprias da criança.

### Imitação e evolução biológica

A imitação e o jogo são, como sabemos, fatores próprios da evolução biológica de vários animais ditos superiores. Ambos são característicos dos seres vivos imaturos e desmaturos, nós os vemos só em formas de vida complexas, como nos mamíferos e nos carnívoros, principalmente nos primatas e nos seres humanos. E por quê? Porque, por meio da imitação e do jogo, os circuitos sensório-motores, perceptivos-motores e psicomotores vão despertando, organizando e estruturando-se dinamicamente como sistemas neurofuncionais, em formação e acabamento, cuja expressão concreta e material se traduz na prática, pela migração neuronal, pela sinaptogênese e pela mielinização das próprias vias nervosas centrípetas e centrífugas (Wallon, 1969, 1970; Camus, 1998).

É assim, que, pela via do movimento ou da ação, se estabelecem sinergias de comunicação entre a periferia (corpo) e o centro do corpo (cérebro), isto é, se estabelecem mais eficazes e mais ajustadas redes entre os receptores (propriocepto-res musculares, tendinosos e vestibulares, exteroceptores da visão, da audição, do tato, do sentido cinestésico, etc.), o cérebro (centro integrador e programador de condutas) e os efectores (glândulas e músculos reflexos, automáticos e voluntários). Mais uma vez se confirma, assim, que o ato mental se processa em uma relação dialética com o ato motor, ambos se constituem em uma totalidade psicomotora em desenvolvimento.

É interessante verificar como, neste caso, a imitação gera, ainda nesta perspectiva dialética walloniana, uma complexa interação entre a palavra e o gesto; complexa, note-se, no sentido rico das relações e correlações receptivas, integrativas e expressivas que estimula, solicita e propicia.

Repare-se como, por exemplo, a palavra, que é, inicialmente, a conseqüência do gesto, da ação e da manipulação dos objetos, se torna, simultaneamente, e logo que produzida, em expressão e projeto de uma sensibilidade subjetiva, e por isso, logo também, uma linguagem de significado social concreto e significativo, consubstanciando um dos mais importantes paradigmas do desenvolvimento da espécie e da criança, ou seja, a evolução do gesto à palavra.

### O contágio das emoções

Assim acontece também em outras tantas formas de imitação, como o contágio das emoções, dos gestos e dos bocejos, isto é, em toda a comunicação humana não-verbal. Tudo isto se pode observar e confirmar facilmente na fenomenologia do comportamento de qualquer espectador, por exemplo, quer se trate de um festival artístico ou de folclore, quer de um espetáculo de boxe ou de futebol. O espectador "corrige" e emenda no seu lugar os erros e os lapsos do ator ou do jogador, vivendo somaticamente o espetáculo de acordo com o nível de experiência que tem da situação (Bergeron, 1947, 1956).

O poder invasor da emoção é, pois, notável, e não pode ser ignorado se nos lembrarmos também do orador enrouquecido que provoca nos ouvintes a necessidade de aclarar a voz.

A emoção, que logo de início se apresentara como o detonador das primeiras reações (Martinet, 1972; Galvão, 2000), surge agora e de novo como o grande motivador da imitação e do fenômeno social da identificação.

Note-se que a importância da emoção na própria estruturação da consciência é tal que relaciona os estados vegetativos com os estados conscientes humanos. A violência e a irracionalidade de alguns estados emocionais impedem que se processe a própria reflexão e interferem com a adequabilidade do juízo, do raciocínio ou da planificação de qualquer conduta. Daí o papel das emoções em rituais e cerimônias que caracterizam determinadas manifestações sociais e culturais. As emoções e o seu contágio (Martinet, 1972) são parte integrante da vida e da formação da criança e do homem. Daí também a sua importância na vida de relação e na vida afetiva destes.

### A identificação social

O imitar os outros e o imitar-se (repetir-se a si próprio) são comportamentos fundamentais para a diferenciação do próprio comportamento. Estão, por exemplo, neste caso, as reações em eco (*ecolalia*, *ecomímica*: repetir sons ou mímicas emitidas pelos outros; *ecopraxia*: repetir movimentos realizados pelos outros, etc.). Através do hábito e da repetição dos movimentos, consegue-se obter, por automatização, circuitos sensório-perceptivo-motores mais precisos e perfeitos, funcionalmente importantes para a eliminação dos gestos inúteis (*sincinesias*) e para a integração dos gestos úteis (*sinergias*). É assim, aliás, que se formarão os primeiros hábitos motores, que são fatores fundamentais da adaptação socializante e evolutiva.

A imitação, portanto, além do seu aspecto lúdico, tem um aspecto altamente utilitário e de grande significado social. Ao imitar os mais experientes, a criança forma-se e transforma-se em um ser social. A imitação torna-se, então, sinônimo de identificação, de participação, de aprendizagem e de inserção social.

Para Guillaume (1970) e Camus (1988), a imitação é um ajustamento ao mundo exterior, primeiro um ajustamento com os objetos inanimados, constituindo a fase animista, em que a criança se faz passar por uma boneca ou por um automóvel, por exemplo, dando-se uma identificação dinâmica com o objeto, em que a consciência do seu eu é paralela à oposição do seu não-eu, a criança imagina ser um automóvel; segundo, um ajustamento com os outros, a fase empática em que a criança se encontra impregnada das emoções sociais mais organizadas, isto é, dos sentimentos e das mímicas expressas pelos modelos sociais que a cercam, que acabam por se constituir como fatores por excelência da sua percepção e consciencialização social.

A criança é um receptor e um espectador do mundo adulto. Ela é o resultado das relações sociais que vê à sua volta. Só depois de ser espectador a criança se pode transformar em ator, e é por isso que ela compreende mais palavras do que aquelas que sabe dizer, compreende mais sinais e gestos sociais do que aqueles que pode exprimir e produzir nas suas interações sociais.

A imitação é uma das chaves do desenvolvimento afetivo e intelectual da criança e caracteriza-se por um duplo processo de integração, um aspecto interior, a que está ligado o componente de representação (psíquico), e por um aspecto exterior, a que se agrega o componente de ação (motor), uma fusão psicomotora que permite igualmente a diferenciação do eu e do outro, ou seja, a tomada de consciência de si e do mundo ao redor.

A imitação compreende um desdobramento do eu corporal em dois vetores espaciais, o subjetivo, decorrente da sensibilidade interoceptiva

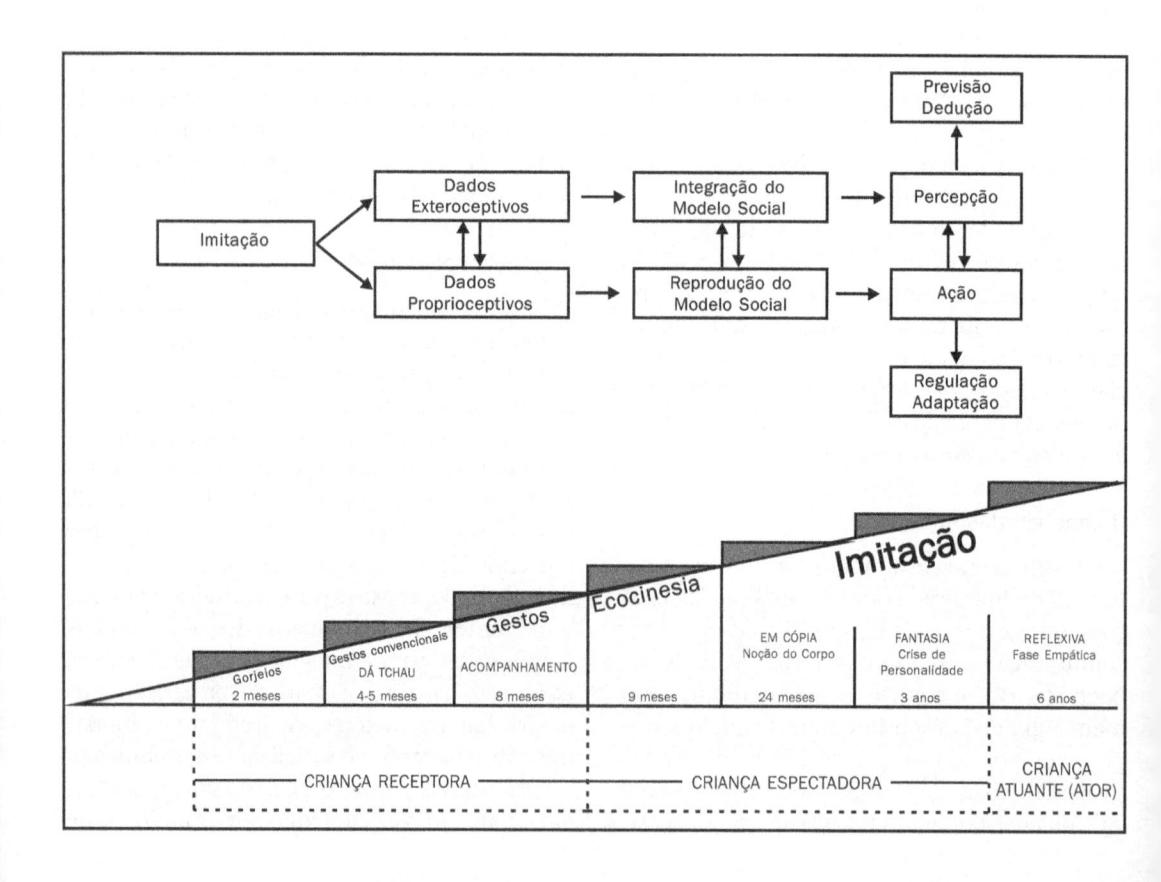

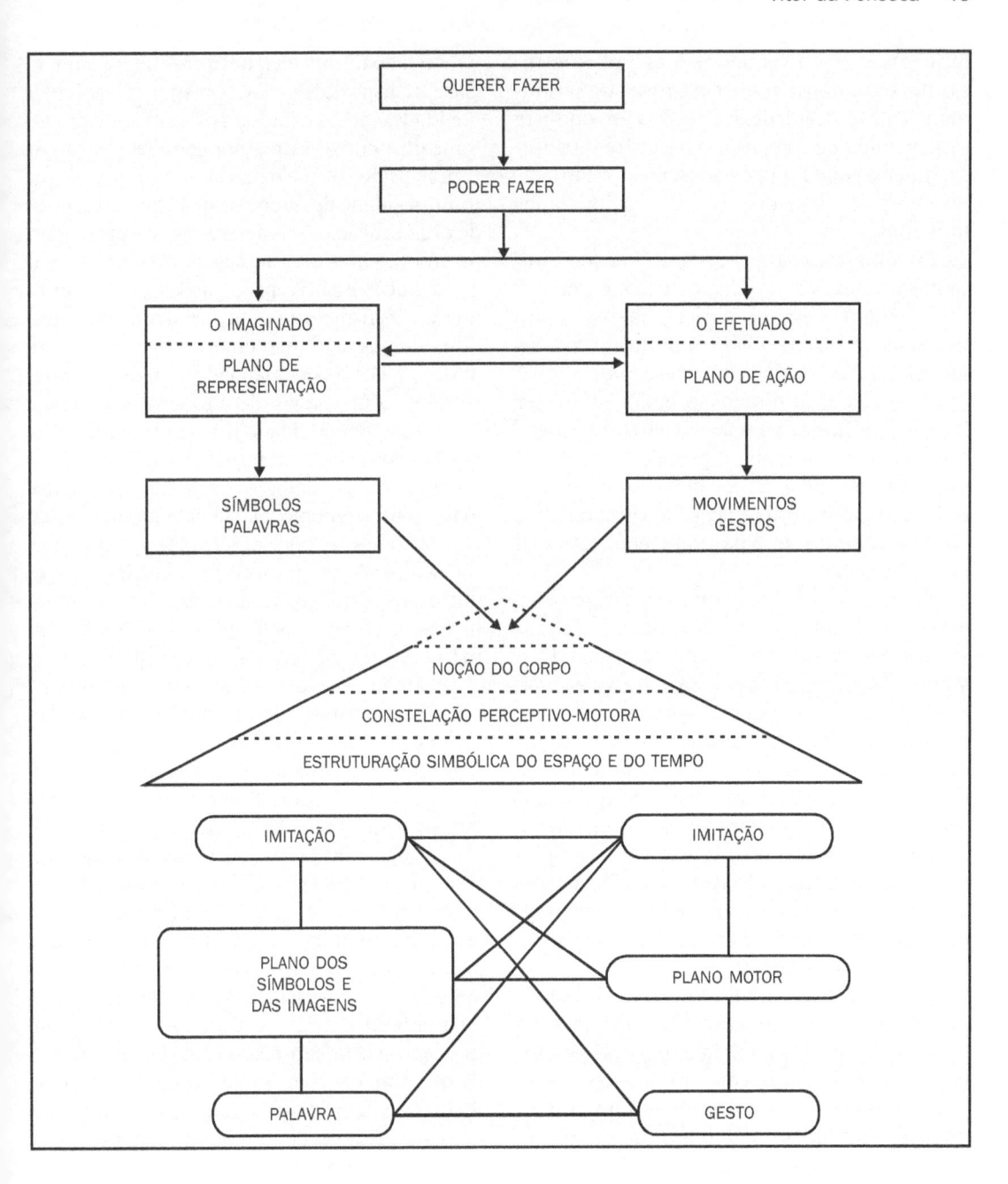

```
                    ┌─────────────────┐
                    │  QUERER FAZER   │
                    └────────┬────────┘
                             ▼
                    ┌─────────────────┐
                    │   PODER FAZER   │
                    └────────┬────────┘
              ┌──────────────┴──────────────┐
              ▼                             ▼
   ┌────────────────────┐        ┌────────────────────┐
   │    O IMAGINADO     │◄──────►│    O EFETUADO      │
   │  PLANO DE          │        │  PLANO DE AÇÃO     │
   │  REPRESENTAÇÃO     │        │                    │
   └─────────┬──────────┘        └─────────┬──────────┘
             ▼                             ▼
   ┌────────────────────┐        ┌────────────────────┐
   │     SÍMBOLOS       │        │    MOVIMENTOS      │
   │     PALAVRAS       │        │     GESTOS         │
   └────────────────────┘        └────────────────────┘

                NOÇÃO DO CORPO
         CONSTELAÇÃO PERCEPTIVO-MOTORA
    ESTRUTURAÇÃO SIMBÓLICA DO ESPAÇO E DO TEMPO

   ( IMITAÇÃO )                    ( IMITAÇÃO )
        │                                │
   ┌─────────────┐              ┌─────────────┐
   │ PLANO DOS   │              │ PLANO MOTOR │
   │ SÍMBOLOS E  │              └─────────────┘
   │ DAS IMAGENS │
   └─────────────┘
   ( PALAVRA )                    ( GESTO )
```

e proprioceptiva, e o objetivo, decorrente da sensibilidade exteroceptiva. Na sua exata proporção integrativa, e de acordo com a concepção walloniana, a imitação contribui para o desenvolvimento da imagem corporal e do esquema corporal; ela diferencia aquilo que pertence ao mundo exterior daquilo que pertence ao seu próprio corpo, isto é, ao seu mundo interior.

Na fase última da imitação refletida, a imitação confunde-se com o comportamento, com a sua conduta propriamente dita. Do "querer fazer" a criança passa ao "poder fazer". A imitação abre, assim, as portas à assimilação sócio-histórica que demonstra a fusão do ser humano com a sociedade, na medida em que esta está incluída na sua própria natureza intrínseca, uma vez que fora da sociedade o ser humano não pode exprimir as suas virtualidades humanas.

Em síntese, a psicogenética walloniana apresenta-nos uma perspectiva dialética do desenvolvimento da pessoa completa, na qual o motor, o afetivo e o cognitivo se interligam coerentemente ao longo da ontogênese. Nessa visão multifuncional, a dimensão biológica do ser humano já é social, ou seja, o biológico é geneticamente social, daí que o psíquico assuma simultaneamente o social e o biológico. Só dentro desta integração e interação de componentes pode-se compreender a natureza biopsicossocial do ser humano.

Nessa linha de raciocínio, a psicogenética envolve o estudo da pessoa concreta, da pessoa corpórea e da pessoa contextualizada. Para Wallon, a apreensão da pessoa materializa uma totalidade original, onde os componentes motores, afetivos e cognitivos interagem, ora unindo-se, ora opondo-se, visando à longa conquista da singularidade múltipla que constitui a personalidade total da criança e do jovem. Nesse sentido, a contradição, o irracional, o complexo, o conflito, a aprendizagem, etc., fazem parte da realidade psíquica, o que implica a noção de totalidade da dinâmica mental, e não a sua fragmentação inconseqüente.

Para Wallon, o estudo do desenvolvimento psicomotor é o estudo sobre como a criança e o jovem constroem a totalidade das relações organismo-meio, construção essa que tem início, como vimos antes, nos movimentos impulsivos do bebê e terminam no adulto, com a escolha de múltiplas opções de ação. Estudar a psicomotricidade à luz do pensamento walloniano é estudar as relações de origem, de concordância, de filiação, de integração, de sucessão e de alternância entre as funções motoras (englobando atitudes e atividades) e as funções psíquicas (Trang-Thong, 1976, 1972).

Ao todo multifuncional de atitudes (tendências, predisposições ou ações em potencial) e de atividades (ações expressas observáveis e produtoras de efeitos), esse autor confere a noção de função psíquica, que paralelamente encerra uma multiplicidade de direções, de formas, de níveis de organização e de extensão. Neste pressuposto, a noção de vida psíquica, em Wallon, traduz a integração de percepções, ações, afetos, sentimentos, pensamentos, etc., primeiro uns, naturalmente, os de ordem emocional e afetiva, por onde começa a personalidade, e mais tarde outros, de natureza de ordem motora e cognitiva.

A visão de totalidade psicomotora e de integração biopsicossocial inunda toda a obra desse autor, na qual o biológico fornece a base neurológica para a emergência da vida mental, situação esta que só se pode desenvolver em um meio sociocultural, que fornece as interações com os outros, os afetos, os valores, os hábitos, as tradições, as crenças, as técnicas, os conhecimentos, etc., em uma palavra, a vida cultural.

A atividade e a adaptação do ser humano (criança, jovem ou adulto), no passado, no presente e no futuro, resultam da intercepção dialética das necessidades do organismo e das exigências da sociedade. É dentro deste contexto biopsicossocial que Wallon perspectiva a sua visão psicogenética, baseada em duas grandes sínteses: a visão genética e a visão patológica.

Na primeira síntese, a ontogênese é apresentada com uma sucessão de sete estádios que já ilustrei (impulsivo, tônico-emocional, sensório-motor, projetivo, personalístico, categorial e da puberdade e adolescência), cada um com uma reorganização resultante dos anteriores, da qual emerge uma dinâmica nova, que pode, inclusive, fazer ressurgir atividades funcionais passadas. Trata-se, portanto, de uma integração funcional, gerando conjuntos adaptativos que integram outros de forma sucessiva, de tal forma que os estádios mais precoces são integrados nos mais recentes e especializados funcionalmente, deixando, assim, de operar de modo independente, não deixando de lado, conseqüentemente, o conjunto, reorganizando-o de acordo com as novas possibilidades de realização que vão, entretanto, emergindo.

Esta visão de conjunto do desenvolvimento psicomotor (dita visão de caleidoscópio) é algo permanente na obra de Wallon, pois trata o organismo humano como um todo, como uma organização somatopsíquica integradora das influências do próprio corpo e do meio social envolvente. É neste enquadramento que se deve entender o desenvolvimento psicomotor, podendo observar-se, inclusive, o risco de um estádio se deteriorar se não for adequada e sistemicamente integrado.

Para Wallon, a ontogênese psicomotora é essencialmente dinâmica, mas transporta consigo regularidades (tônicas, posturais, somatognósicas, práxicas, etc.) que resultam da interação neurofuncional-social e, obviamente, de uma dimensão psicoambiental do desenvolvimento da criança e do jovem.

A vida psíquica, na sua concepção, resulta da motricidade, expressando-a em diferentes direções e níveis de organização, sejam eles simples, compostos ou complexos. Motricidade é, assim, entendida como qualquer mudança de direção, de posição ou de lugar realizada por um organismo na sua totalidade ou por alguma das suas partes componentes, definição igualmente inerente ao animal e ao ser humano, e na qual incluem-se ações, impulsos, fluxos, refluxos, agitações, emoções, expressões, criações, etc., de manifestações de movimentos globais controlados subcorticalmente a movimentos diferenciados e finos controlados corticalmente.

No ser humano a motricidade não se limita a produzir padrões de sobrevivência ou de reprodução biológica. Com ela, e através dela, ele transformou a natureza e criou um mundo sociocultural que está na origem da sua vida psíquica.

Para Wallon, a motricidade está presente em todas as fases evolutivas, como já vimos, desde o estádio impulsivo até o estádio da puberdade e adolescência, desde as atividades mais concretas às mais abstratas, assim como na construção do temperamento de cada pessoa, ou seja, na formação básica da sua vida vegetativa, na qual a função tônica tem um papel relevantíssimo (para Wallon, um dos segredos da vida psíquica), até à formação da vida de relação, na qual as funções postural e práxica assumem uma importância superior.

A inteligência expressa-se, portanto, pela motricidade, seja ela corporal, cinestésica, artística, expressiva ou não-verbal, seja ela linguística, lógica, representacional ou verbal. A motricidade, no sentido walloniano, revela modelos de funcionamento, processos de organização e sistemas neurofuncionais que integram, regulam e expressam a inteligência.

Na segunda síntese, Wallon coloca a sua visão patológica, centrada no estudo das síndromes psicomotoras, a que farei referência no capítulo seguinte.

O estudo das síndromes psicomotoras é, para mim, a pedra basilar da psicomotricidade para analisar as relações entre o sistema nervoso e a atividade psicomotora, pois compreende uma valiosa contribuição para o entendimento da ontogênese, uma vez que o modelo patológico (e parapatológico) se constitui como um método extremamente válido para estudar a evolução psicomotora, não só por estabelecer comparações combinadas e minuciosas entre crianças normais e crianças com perturbações de desenvolvimento e de aprendizagem, como por estabelecer comparações de funções e redes de interação que emergem nas mesmas idades ou em idades sucessivas, apresentando diferentes níveis e categorias neurodisfuncionais. Foi baseado nesta perspectiva walloniana que tentei desenvolver uma bateria de observação dinâmica dos diferentes fatores psicomotores, procurando indiciar a significação psiconeurológica dos diferentes sinais disfuncionais observados em casos clínicos que segui (Fonseca, 1985, 1992).

A maturação sucessiva ou a gênese do sistema nervoso com uma referência espaço-temporal tornou-se para Wallon um instrumento fundamental para compreender as atividades motoras e mentais e o papel dos vários centros cerebrais na sua preparação, manutenção e coordenação, pois conhecer as condições a partir das quais as funções psicomotoras emergem e iniciam a sua dinâmica é de uma enorme importância para o diagnóstico psicomotor e para a intervenção psicomotora.

É óbvio que estas propostas de desenvolvimento psicológico, resumidas neste capítulo, apresentam implicações terapêuticas e educacionais extraordinárias e de grande alcance.

Wallon alerta, no movimento da Escola Nova, de que foi pioneiro, para a excessiva rigidez dos programas de ensino, para o ensino puramente livresco, para o autoritarismo dos métodos tradicionais, etc., que, no seu conjunto, colocam a criança e o jovem em uma posição passiva.

Pelo contrário, a perspectiva walloniana aponta para uma posição intrinsecamente ativa, na qual a ação concreta da criança e do jovem, como seres inexperientes, se torna a via mais adequada para promover a sua espontaneidade e a sua curiosidade, daí a importância da aplicação da teoria psicomotora à educação e, obviamente, da terapia, de onde emergiu em termos clínicos.

A educação baseada em investigações e explorações livres, em contato sensório-motor com o mundo exterior e com as próprias fontes de informação, com base em processos múltiplos de interação social, pode contribuir para o desenvolvimento harmonioso e total da personalidade da criança e do jovem. Formar-se no seio de vários grupos, onde as crianças e os jovens efetivamente se devem integrar e vivenciar emoções e exprimir corporalmente os seus pensamentos e conhecimentos, é essencial para o desenvolvimento das suas inteligências.

Além disso, criticando a perspectiva seletiva, individualista e competitiva do sistema de ensino, Wallon sugere um ensino mais centrado no conhecimento científico do ser humano em desenvolvimento, um ensino mais democrático e mais justo em termos sociais, no qual se possam harmonizar as aptidões individuais com as necessidades sociais, em que o professor não seja mero espectador do desenvolvimento das crianças e dos jovens, mas, sim, um verdadeiro mediatizador dos seus potenciais adaptativos, mais conhecedor das suas necessidades de movimento, das suas emoções e dos seus estilos de processamento cognitivo, e, portanto, em melhores condições para resolver os conflitos inerentes ao seu processo dialético de desenvolvimento.

Com base em um melhor conhecimento dos componentes motores, emocionais e cognitivos, os professores terão, segundo Wallon (1959b, 1963), melhores condições para mobilizar os recursos pedagógicos para lidar com as situações-limite de desatenção, de desconcentração, de impulsividade, de indisciplina, etc.

A psicomotricidade, na teoria walloniana, encara a motricidade como um meio privilegiado para enriquecer e ampliar as possibilidades expressivas, afetivas e cognitivas das crianças e dos jovens, promovendo a sua flexibilidade e a sua plasticidade.

Dado que a escola se baseia em uma espécie de ditadura postural, exigindo das crianças e dos jovens uma aprendizagem demasiado imóvel, sentada e bradicinética, requerendo uma contensão constante da sua motricidade, penso que essa visão errada do que é a atenção está na base de muitos problemas de aprendizagem e de comportamento na escola atual, na qual a dispersão, a desplanificação e a captação episódica da informação, etc., acabam por caracterizar a maioria dos comportamentos entrópicos e desviantes e as baixas de rendimento escolar.

A atenção não se ganha porque a criança está sentada ou parada de forma monótona, fixa e rígida em uma carteira ergonomicamente contrária à sua atividade espontânea. É necessário adotar alternativas posturais dentro da sala de aula, recuperar aulas peripatéticas e modalidades de informação e de comunicação mais dinâmicas, corporal e tonicamente mais expressivas. Tais alternativas são uma necessidade para atenuar os conflitos crescentes dentro das escolas. Olhar a criança e o jovem como seres corpóreos, possuidores de uma totalidade psicomotora, é uma necessidade fundamental dos sistemas de ensino modernos. A diversidade das atividades e das situações é uma característica da escola atual que assenta no atendimento à diversidade humana.

Wallon (1973), já no seu tempo, sugere que se repense o espaço e o tempo escolares (neste aspecto particular, já há uma perspectiva ecológica da educação). Para esse autor, a escola tradicional, na sua organização espaço-temporal, ativa os comportamentos disruptivos, os conflitos eu-outro, o egocentrismo, o insucesso escolar, etc. De acordo com Wallon, a escola do futuro deveria criar mais oportunidades e facilitar mais a expressividade do sujeito, não só na aquisição e na expressão de vivências corporais e subjetivas na arte e na ciência, como também refletir sobre os espaços, os materiais, o mobiliário, os laboratórios, as bibliotecas, os tempos de estudo, os tempos livres, etc., de forma a aumentar a oferta e a qualidade das situações de interação social e de participação em grupos variados.

As reflexões educacionais de Wallon tiveram um grande impacto na França, após a ocupação nazista, e têm, ainda hoje, em vários países, uma grande atualidade. O Projeto Langevin-Wallon, por exemplo, é um documento de referência consultado por peritos e historiadores de educação, e nele todas estas idéias que apresentei se encontram dimensionadas em uma espécie de utopia educacional, que de alguma forma espelha a visão político-social com que Wallon concebeu a sociedade.

Em síntese, na concepção psicomotora da psicogênese está presente que o ato mental projeta o ato motor, e esse é o conceito central do desenvolvimento e da aprendizagem em Wallon. A teoria walloniana suscita que a prática terapêutica e educacional seja enfocada nas necessidades da criança e do jovem nos planos motores, afetivo-emocionais e cognitivos, que, no seu conjunto, devem promover o desenvolvimento das suas personalidades em todos os seus níveis e de forma verdadeiramente integrada.

A criança e o jovem, considerados como um todo, devem ser pensados como seres corpóreos, seres concretos com eficiência postural, com modulação tônica, com riqueza somatognósica e excelência práxica, plástica e expressiva. O êxito na aprendizagem só é possível com a integração neurofuncional de tais requisitos psicomotores, exatamente porque a motricidade (posturas, atitudes, gestos, mímicas, etc.) nos ilustra e nos informa sobre os estados mais íntimos da criança e do jovem.

A instabilidade psicomotora (impulsividade, desatenção, hiperatividade, agitação, etc.) que caracteriza hoje grande percentagem da população escolar (segundo algumas fontes, 50% de casos nas consultas de psiquiatria infantil) reflete as disposições mentais e os estados afetivos de muitas crianças e jovens na sociedade agitada atual.

A tradição intelectualista do ensino e de muitos dos seus responsáveis não concebe que a postura, a tonicidade e a psicomotricidade de muitas crianças e jovens em risco devem merecer também a atenção devida no sistema de ensino, e não só o desenvolvimento intelectual que constitui, para muitos deles, a preocupação exclusiva e a meta única da educação.

É contra a sua natureza tratar a criança e o jovem de forma fragmentada – educação intelectual para um lado, educação artística e motora para outro. A criança e o jovem, em cada idade, são um todo indissociável e original, em termos motores, afetivos e cognitivos. São seres em metamorfose, cujo potencial só se pode enriquecer e ampliar em um contexto social promotor dessa unidade dialética.

Wallon lança-nos um desafio quando afirma: "Um dos grandes passos a realizar pela psicologia é aquele que deve unir o orgânico ao psíquico, o corpo à alma, o indivíduo à sociedade". Com uma visão extremamente adiantada para sua época, Wallon (1973) abre, assim, pela psicomotricidade, a via para uma nova concepção de educação e de terapia, introduzindo já uma neuropsicologia da aprendizagem, sendo, pela sua obra monumental, um dos seus pioneiros mais relevantes.

## SÍNDROMES PSICOMOTORAS
### Psiquismo e motricidade

Para se estudar as síndromes psicomotoras em Wallon, torna-se importante desde já definir alguns termos-chave da sua teoria, daí tocar novamente, e de forma tanto quanto possível mais sistemática, nas relações dialéticas entre o psiquismo e a motricidade, tendo como elo a neurologia, ou melhor, a gênese do sistema nervoso, visando a divulgar a obra deste autor como um dos primeiros pioneiros da neuropsicologia, disciplina atualmente fundamental para compreender as relações entre a organização neurocerebral e a organização, planificação, regulação e execução da motricidade.

O psiquismo e a motricidade compartilham o mesmo corpo para se estruturar e organizar. Ambos se envolvem e integram no comportamento, ambos estão inter-relacionados e participam na conduta e ambos se evidenciam na observação de qualquer manifestação expressiva. A sua diferença está no enfoque e nos métodos utilizados para os avaliar. Como o psiquismo e a motricidade se inter-relacionam em termos de comportamento, só a compreensão do sistema nervoso nos pode elucidar sobre a qualidade dessas relações, o que pressupõe, obviamente, uma transdisciplinaridade entre a neurologia, a psicologia e a motricidade, ou seja, aquilo que Ajuriaguerra (1961, 1974, 1976, 1980) designou por neuropsicomotricidade.

Em neurologia, o estudo do comportamento é um meio para atingir um fim, isto é, a compreensão do sistema nervoso e o tratamento das doenças nervosas. Em psicologia, o estudo do comportamento é, simultaneamente, um fim em si próprio e um meio para predizer e para controlar o comportamento. Na motricidade, o estudo do movimento (entendido desde o reflexo mais simples à expressão práxica mais complexa) só é viável e equacionável com o contributo tanto dos enfoques quanto das metodologias, isto é, o estudo das relações entre as funções do comportamento e as estruturas do sistema nervoso, demonstrando, concomitantemente, a sua integração e interação sistêmica. Em síntese, é impossível estudar a motricidade isolada da psicologia e da neurologia. No fundo, o pensamento walloniano aponta desde sempre para esta síntese.

O estudo sistêmico, dinâmico e neurofuncional do comportamento e da aprendizagem humanos, logo, da psicomotricidade, permite hoje, à luz dos conhecimentos atuais das três disciplinas, rejeitar o falso isolamento dos processos mentais em relação aos processos motores, como já tinha adiantado Wallon nos anos de 1930. De fato, observando os produtos motores, podemos desenhar inferências acerca da produção da motricidade, ou seja, dos processos mentais nela envolvidos, e perspectivar deduções sobre as estruturas dos seus substratos neurológicos subjacentes, algo fundamental para entender o desenvolvimento psicomotor e a aprendizagem na criança e no jovem.

Os processos motores são gerados por sistemas e subsistemas neuroanatômicos, filogenética, sociogenética e ontogeneticamente estruturados, desde a tonicidade à praxia fina, desde a protomotricidade à neomotricidade, da primeira à terceira unidade funcional do cérebro, de acordo com a teoria introduzida por Luria (1966b, 1966c, 1969a, 1975), que veremos mais adiante neste livro (Fonseca, 1980, 1985, 189, 1992). As perturbações dos processos motores subentendem, conseqüentemente, disfunções ou afunções dos processos mentais. Inúmeros casos clínicos que segui ao longo de 30 anos de experiência clínica sustentam esta hipótese.

A motricidade, entendida nos seus vários fatores psicomotores (tonicidade, equilíbrio, lateralização, somatognosia, estruturação espaço-temporal e organização práxica), fornece, portanto, indicadores e sinais funcionais sobre a integridade dos substratos neurológicos e dos processos psicológicos sistemicamente envolvidos na sua regulação e execução. Foi essa lógica neurofuncional que Wallon nos legou, e é esta interpretação da intrincação e do enredo dos processos mentais com os motores que Luria nos oferece mais recentemente, e que penso ser essencial para a atualização da psicomotricidade como disciplina científica.

Em termos neuroevolutivos, filogenéticos, sociogenéticos e ontogenéticos, os processos mentais são um produto do desenvolvimento sócio-histórico e sociocultural (Vygotsky, 1962, 1978, Wallon, 1963a, 1963d, 1966, 1968, Fonseca, 1989, 1992, 1998, 1999). No comportamento humano, os fatores biológicos e os fatores sociais têm uma influência inquestionável na organização neurológica (Luria, 1973). Pela mesma lógica inferencial, os processos mentais monitorizam e substituem os processos motores, em uma espécie de delegação funcional vicária.

As relações entre o psiquismo e a motricidade são extremamente intricadas, o nosso conhecimento e a nossa compreensão sobre tais relações fundamentais são ainda fragmentados, todavia as linhas gerais dessas relações foram já apontadas há cerca de 70 anos por renomados autores, como Dupré (1909, 1915), Gourevitch (1926) e Goldstein, Homburger, Collin, McGraw e tantos outros, citados por Wallon (1973) e Ajuriaguerra (1974). Entre nós, autores como S. de Athyde (1972), Alvim (1962) e, principalmente, João dos Santos (1977) e Arquimedes S. Santos (1973, 1999) traçam, igualmente, as linhas mais relevantes dessas relações tão importantes para a compreensão das interações dialéticas entre os processos mentais e os processos expressivos ou motores.

Psiquismo e motricidade combinam-se, pendular e hermeneuticamente, em termos de comportamento filogenético, sociogenético, ontogenético, disontogenético e retrogenético, tendo em atenção que todo o estado psíquico se traduz em um estado motor ou tônico-motor, em proporções distintas desde a infância à senescência, passando pela adolescência e pela vida adulta. A mesma dialética interativa se observa em dimensões específicas e dialógicas entre o normal e o patológico, o paranormal e o parapatológico, o atípico e o desviante, o evolutivo e o involutivo.

Toda a emoção e todo o pensamento exprimem-se e atualizam-se em mímicas, gestos e praxias, como se a motricidade consubstanciasse uma linguagem do psiquismo – a comunicação não-verbal de Argyle (1975) e Corraze (1980) e a linguagem corporal de Fonseca (1999) –, como se todo o processo motor refletisse uma representação mental concomitante. O psiquismo e a motricidade constituem-se em uma contínua interação e em uma tensão equilibrada entre o centro e a periferia, que, no seu todo, equaciona uma espécie de equivalência e simpatia funcional, em que os processos motores se relacionam com os processos mentais, demonstrando que o processo perceptivo de captação e de recepção de dados se flexibiliza e ajusta sistemicamente com os processos motores de expressão e de comunicação, consubstanciando uma totalidade somatopsíquica e psicossomática integrada com e nos vários ecossistemas.

Werner e Wapner (1957) adiantam mesmo, na sua teoria sensorio-tônica, que a regulação psicomotora envolve uma interdependência entre o componente perceptivo (*input*), o componente psíquico (integração e planificação) e o componente motor (*output*). Em uma perspectiva próxima à de Wallon, esses autores evocam que a função perceptiva de captação e de extração de dados de informação do mundo exterior joga com uma interação recíproca entre os processos sensoriais e motores emanados do estado geral do organismo, pressupondo uma integração multissensorial coerente, decorrente de um estado de vigilância tônico-postural sustentado por uma unidade interativa e retroativa entre a percepção e a ação. Segundo os mesmos autores, a percepção ascende aos níveis corticais superiores por meio de uma interdependência vicária de dois processos que ocorrem simultaneamente: o desequilíbrio (extracorporal), provocado pelo estímulo sensorial oriundo do mundo exterior, e o equilíbrio sensório-tônico (intracorporal), que se opera no corpo, emergido e organizado, portanto, no mundo interior.

Não basta, conseqüentemente, que a sensação seja recebida; para que ela seja integrada, processada e transformada, é necessário que a informação sensorial seja transportada da periferia do corpo e dos órgãos sensoriais aos centros do cérebro, através de uma compensação e de um reajustamento tônico que a promove como aferência, ou seja, a um processo mais complexo de integração cortical, para aí ser, então, processada e modificada em percepção. Para que isso ocorra, o controle postural e a complexa rede vestibular e cerebelar subjacente à estimulação do mundo e do espaço exterior devem prevenir o corpo de se desequilibrar pelo seu efeito. Ao contrário, a função sensório-tônica equilibra o corpo, prevenindo-o de se perturbar com a estimulação, garantindo uma contra-reação tônico-muscular e postural compensatória, equivalente a um sistema de alerta básico e essencial, que previne o corpo de ser afetado pelo bombardeamento dos estímulos (dos objetos e das situações), possibilitando, assim, a organização de um sistema de atenção que ajusta os componentes motores aos perceptivos, algo perturbado que se observa em muitas crianças com instabilidade e hiperatividade.

Ao distinguir três tipos de estimulação simultânea, a teoria sensório-tônica, dá um enfoque muito importante à sensibilidade proprioceptiva, a que Wallon se refere. Ao distinguir a estimulação objetal (emergida diretamente dos objetos) da estimulação situacional (decorrente do envolvimento espacial e situacional) e, finalmente, da estimulação proprioceptiva (surgida do interior do corpo e do estado tônico dos seus músculos), o processo psicomotor só poderá desencadear-se quando todas essas estimulações multimodais vicariadas se integrarem no cérebro por equivalência funcional, conjugando dados perceptivos com motores, mediatizados por retroações circulares. Só dessa forma a motricidade reflete, em termos de retroação, uma organização psíquica interior deveras complexa e integrada. A evolução humana, a filogênese e a ontogênese, em síntese, são reflexo disso.

A recepção sensorial (processo de *input* das teorias do processamento de informação), considerando as suas várias facetas, implica que o corpo, em cada momento, estabeleça uma interação com o envolvimento que se inicia em um desequilíbrio, que é, por sua vez, contrariado pela emergência de um reequilíbrio interior, que resulta em um ajustamento sensório-tônico, no qual se increve o estado de vigilância e de alerta, o estado de dinamogenia funcional (Wallon, 1956, 1959b, 1963d, 1970), no qual a dinâmica do pensamento espelha uma dinâmica motora.

O psiquismo encontra na motricidade as suas condições de expressão e de projeção no espaço, só assim o sujeito se encontra envolvido em um estado harmonioso de equilíbrio dinâmico com o meio ambiente. Em todas as realizações mentais subsistem resíduos de estados tônicos e motores, e é nisso que se evidencia o estado de atenção e a própria mímica do indivíduo, uma ligação íntima entre o psiquismo e a motricidade, que retrata a unidade psicossomática do sujeito.

A grande diversidade das atitudes mentais e emocionais só se diferencia e incorporaliza quando se observa uma integridade dos processos tônico-posturais e tônico-emocionais, caso contrário, a inexpressão ou desvio das disposições mentais encontra paralelo em disfunções tônicas, posturais e práxicas, muitas vezes não óbvias, mesmo em termos clínicos, mas relevantes em termos de comportamento humano.

Entre o psiquismo e a motricidade, há uma concomitância funcional na qual a tonicidade participa, quer na regulação das posturas e das contrações musculares, quer nas operações mentais de coordenação de imagens ou de evocação das idéias. O próprio pensamento exige uma orientação no espaço virtual das imagens e das idéias, a atualização do seu conteúdo psíquico resulta da recombinação e de coordenação, simultânea e ou seqüencial (Das, 1996, 1998), das representações mentais, uma harmonia cinética interiorizada (Luria, 1975) da qual participam influências exteriores, mnésicas e emocionais.

A acinesia e, eventualmente, a bradicinesia, por exemplo, levam às mesmas conseqüências, quer nos processos motores, quer nos processos mentais. Não há iniciativa, não há plano nem expressão, a conservação das atitudes posturais não se fixa, daí resultando uma coordenação dispráxica, isto é, uma coordenação postural e motora pobre e imprecisa. Em analogia, a consciência como que perde suporte e poder de se deslocar no universo das representações e deixa de dispôr também de sinergias, de flexibilidade e de agilidade mental.

Quando se compromete esta pré-adaptação das funções mentais às funções motoras, a atipicidade das suas relações ilustra o surgimento de uma taxonomia desintegrativa e funcional, ou melhor, psicomotora, cuja base teórica e clínica se encontra já esboçada na obra pioneira de Dupré (1915), quando disseca a síndrome de debilidade motora e mental. Vejamos de imediato o enquadramento deste conceito fundamental da psicomotricidade.

### Síndrome de debilidade motora e mental

A descrição inicial da síndrome de debilidade motora e mental (Dupré, 1915) caracteriza vários sinais motores disfuncionais, como a perturbação freqüente do reflexo plantar, o exagero dos reflexos tendinosos, as sincinesias, a incoordenação dos movimentos voluntários, etc., para além de um estado difuso de hipertonia muscular, designado por paratonia. Minha experiência clínica em crianças com dispraxia, disfunção cerebral mínima, deficiência mental educável, treinável e dependente ilustra que a freqüência e a discernibilidade de tais sinais disfuncionais aumenta progressivamente de magnitude, de visibilidade, de persistência e de intensidade do primeiro ao último perfil defectológico acima referido.

A observação psicomotora em crianças com dificuldades de aprendizagem (Fonseca, 1984, 1992, 1994, 1995, 1999) também sugere que tais sinais persistem, porém menos óbvios de detectar que nos casos anteriores, pois só com muito treino de observação se consegue isolar alguns sinais disfuncionais ligeiros (*soft signals*) (Prechtel e Touwen, 1977) e emergentes dos processos motores. A falta de precisão, de perfeição, de *finesse*, de delicadeza, de destreza, de economia, de dissociação, de disponibilidade, de harmonia cinética, etc., surge com a observância de distonias, discinésias, dissomatognosias sutis, dismetrias, dissincronias, etc. São sinais de dispraxias que tendem a resvalar para muitos sinais disfuncionais de tonalidade emocional, afetiva e relacional, como sorrisos inconseqüentes, sinergias espasmódicas, onerosas e descontroladas, quer da palavra, quer dos gestos e das mímicas, impulsividade, desassossego, instabilidade, baixo nível frustracional, irritabilidade, etc., que podem redundar em um comportamento esporádico, desplanificado, patético, acidental e episódico, que claramente estão implicados em múltiplos processos atípicos de aprendizagem, principalmente em várias disfunções cognitivas (de *input*, elaboração e *output*) (Fonseca, 1996, 2001).

A relação dos trantornos motores e mentais foi, para Dupré (1915), de simples coexistência e não de subordinação, pois ambas denotam uma insuficiência do desenvolvimento cortical, cuja causa poderá ser, eventualmente, uma disfunção cerebral mínima, uma encefalopatia infantil ou fetal ou mesmo uma regressão atávica, utilizando as suas palavras.

Citando o mesmo autor, "os problemas motores não são mais do que problemas aparentes, em que a constatação objetiva é simples e segura, pois, nos casos de lesões limitadas às áreas motoras primárias do tipo piramidal, elas não só são evidentes, como podem ocorrer isoladamente". Pelo contrário, quando as lesões são mais amplas e difusas e se espalham por áreas corticais secundárias e terciárias ou subcorticais, elas podem interferir com efeitos globais em várias nuances nos problemas de comportamento e de aprendizagem, bem como nos "problemas de realização, de projeção, de aplicação e de concentração ideomotora" (Wallon, 1938, 1984; Dantas, 1992; Krock, 1994).

Dupré (1915) chegou mesmo a equacionar uma patologia psicomotora, não só no âmbito da epilepsia, como também nas síndromes de Parkinson, frontais e pós-encefalíticas. Paratonias, catatonias, incontinências posturais, adiadococinésias, sincinesias patológicas (contralaterais e de imitação), assinergias, ataxias, apraxias, etc., entraram definitivamente no vocabulário clínico e são magnificamente aprofundadas em toda a obra walloniana.

A vulnerabilidade dos sistemas mentais tem sempre o seu reflexo nos sistemas tônicos, posturais e motores, como se verifica em várias perturbações mentais, como é exemplo a esquizofrenia, na qual se detectam aberrações psicomotoras difusas.

As dissociações dos processos mentais e dos processos motores variam de grau, desde a condição defectológica, passando à condição parapatológica, até à condição ideal, dita "normal", na qual podem emergir vários quadros e graduações clínicas. Em tais quadros, verificam-se distração, turbulência, inadaptação ao real, discordâncias internas, redução do campo mental, falta de interiorização, seleção restrita de dados para a resolução de problemas, falta de comportamento de análise, de comparação e de verificação de dados, sistema de necessidades bastante limitado, etc., em tudo análogos às disfunções corticais frontais (ditas disfunções executivas) e com mais incidência nas disfunções mesencefálicas.

A imperícia (do termo francês *maladress*, equivalente ao termo inglês *clumsyness*), característica de muitas crianças e jovens com deficiência mental e com dificuldade de aprendizagem, é outro exemplo explicativo e demonstrativo das relações entre os processos mentais e os processos motores. As distonias, os traços hipertônicos-hipoextensíveis ou hipotônicos-hiperextensíveis, as paratonias, as adiadococinésias, as sincinesias labiais e contralaterais, os desequilíbrios abruptos, as reequilibrações e oscilações posturais, as perturbações vestibulares estáticas e dinâmicas, a desintegração sensorial próprio e exteroceptiva, a confusão das informações táteis e cinestésicas, a disfunção de orientação espacial, a falta de sistemas estáveis de referência lateral e direccional, a falta de dominância aferencial e efetora, a desorientação espaço-temporal, os bloqueios ou incontinências motoras, a diminuta dissociação de movimentos, a ausência de planificação motora, a motricidade randomizada, a manipulação grosseira e dismétrica, etc., ilustram a pletora e a míriade dos sinais psicomotores disfuncionais naquelas crianças.

Tais traços espelham, segundo Dupré (1915), Wallon (1925, 1937, 1932 a), Ajuriaguerra (1974) Ajuriaguerra e Diatkine (1948), Ajuriaguerra e colaboradores (1960), algumas insuficiências piramidais, extrapiramidais e cerebelares. Não se trata de patologias ou de paralisias, nem de enfermidades motoras, e, sim, de algo diferente, como equaciona Wallon (1932a, 1963d, 1958b, 1984). A imperícia ou dispraxia parece revelar que a integração dos automatismos emocionais e motores nos atos intencionais não se opera funcionalmente, isto é, verifica-se um desquite entre os processos mentais que integram, elaboram e regulam os processos motores e os processos mentais que os executam e os controlam e regulam, sendo, portanto, a síntese psicomotora que ilustra o comportamento adequado e harmonioso.

As sínteses, as cadeias, as seqüencializações sistêmicas dos automatismos e dos fatores psicomotores (Fonseca, 1992, 1999) não se integram no todo do movimento intencional, não evocam coesão interna, não estão interconectadas, nem se interinfluenciam, coíbem ou afetam mutuamente. Trata-se da ausência do sistema psicomotor humano, por falência das suas propriedades reguladoras (Fonseca, 1989, 1992). Na lógica de Maturana e Varela (1997, 1998) e de Maturana (1998), compreende a falta de uma organização autopoiética, isto é, entre os sistemas de produção de efeitos (motores) e os sistemas de integração energética do meio circundante (sensoriais e retrossensoriais). Não se constatam concatenações e contínuas interações e transformações, a unidade entre os processos e os produtos está posta em causa, gerando uma espécie de entropia psicomotora. A regulação sutil, a enteléquia cerebelar, subcortical e cortical e a sistematização espaço-temporal e topográfica dos processos motores não se estabelece e, como, conseqüência, sofrem interferências psicológicas perturbadoras.

O ato motor executa-se por imagens mentais (Wallon, 1984), mas, para tanto, é necessário que o córtex pré-motor frontal receba dados corretos intracorporais (parietais) e extracorporais (occipitais e temporais). Só posteriormente o córtex motor (área 4) aciona o complexo piramidal, que induz, nos âmbitos extrapiramidal, reticular, cerebelar e medular, as unidades motoras a atuarem e produzirem o ato motor. O sistema psicomotor humano pensa (psíquico) antes de agir (motor).

As zonas rolândicas projetivas do corpo (área motora primária), quer motoras secundárias e terciárias pré-frontais, quer sensoriais parietais, occipitais e temporais, são unidades gêmeas em estreita conexão neurológica, que precisam interagir funcionalmente para, em conjunto, originar o movimento voluntário e intencional, revelando a fusão psicomotora sistêmica, composta de dois componentes interligados, o de planificação e o de execução, ambos presentes em todas as condutas humanas de sobrevivência, de prazer ou de utilidade. A praxia é, portanto, o espelho de uma organização gnósica multifacetada e multimodal. Quando esta não fornece dados precisos e ajustados (sinergias de imagens) (Camus, 1981; Wallon, 1973, 1984), a praxia é mal elaborada, resultando daí uma imperícia, um lapso, um disparate, um desleixo, um torpor, um erro, uma inadaptação, uma descoordenação, etc.

Os processos motores exigem o concurso de representações mentais. A apraxia, em um grau mais severo, e a dispraxia, em um grau mais ligeiro, revelam que os processos motores são produzidos com a abolição ou a distorção de imagens, ou seja, as representações mentais permanecem ilesas ou incólumes, os fatores somatognósicos e espaço-temporais não ascendem aos processos de elaboração frontal e, por essa disfunção psicomotora, os processos motores resultam desorganizados, rígidos e dismétricos, porque a síntese ideomotora não se efetivou em tempo útil.

Na concepção de Dupré e Menklen (1909), Dupré e Collin (1911), Dupré (1909, 1915), a debilidade motora e mental (ou síndrome psicomotor de Dupré) enuncia sinais disfuncionais que estão longe de ser exclusivamente piramidais. O que se verifica é, antes, a vulnerabilidade e o enfraquecimento das disposições psíquicas que suportam o plano do movimento, ou seja, dá-se uma falência sistêmica da síntese psicomotora que se opera no córtex pré-motor e que se gera na área suplementar motora. No caso da debilidade motora, os fatores psicomotores tônicos, posturais, vestibulares, somatognósicos e espaço-temporais fornecem informações fortuitas, impensadas, alienatórias e inopinadas, pondo em causa a integração de dados próprio e exteroceptivos, que tendem a conduzir a uma construção ou organização práxica insuficiente e inconveniente.

Kleist e Liepmann, célebres neurologistas alemães citados por Ajuriaguerra e Hécaen (1964), sugerem que o aparelho de projeção ideomotora é independente do sistema mental, daí a sua classificação de problemas frontocerebelares distintos das psicoses motoras, como a acinésia, a astenia, os sintomas tônicos, a hipotonia, etc., que se identificam nas fases paroxísticas de muitos indivíduos doentes mentais, e que são normalmente enunciadoras de ataxias frontais, manifestações coréicas, movimentos e atitudes forçadas e rígidas, sem adaptabilidade e plasticidade, consubstanciando efetivamente que, em termos patológicos, subsiste um ponto de contato entre os processos mentais e os processos motores.

Em muitas disfunções mentais, as manifestações tônicas e posturais acusam uma espécie de ambivalência funcional, quer em relação à motricidade quer em relação ao psiquismo. Por esse fato, não é estranho que uma emoção mal-integrada possa desencadear reações tônicas e posturais exarcebadas, resultando, no doente mental, em um acréscimo de efeitos atetósicos e coréicos.

Também no indivíduo dito "normal" qualquer estado afetivo, emocional ou mental tende a repercutir no domínio tônico, mímico, postural e gestual, uma vez que os núcleos integradores da tonicidade no tronco cerebral se conjugam com o córtex cerebral, com o cerebelo e com os corpos estriados (núcleos caudados e putâmen), que presidem ao controle dos automatismos sensório-motores desde os mais simples aos mais complexos.

Em resumo, a insuficiência funcional dos substratos neurológicos, seja, do tronco cerebral, do cerebelo, do mesencéfalo, do diencéfalo, dos corpos estriados ou do córtex, induzem disfunções motoras e mentais, que, no seu todo, explicam uma hierarquia de síndromes psicomotoras concomitantes, que Wallon (1973, 1932a, 1928, 1925) diferenciou em quatro categorias principais: assinergia, hipertonia-coréia, automatismo e córtico-associativo. Embora hoje questionada, à luz dos novos conhecimentos e das novas tecnologias de observação neurológica, essa hierarquia fornece um esquema didático e original da organização neuropsicomotora humana. Vejamos agora, de forma esquemática, cada uma das síndromes psicomotoras wallonianas, analisando os seus processos motores e mentais mais relevantes.

Independentemente de algumas críticas que se podem hoje formular, passados cerca de 75 anos, à visão walloniana da organização neurológica na criança e no jovem, a sua apresentação resumida justifica-se, na minha opinião, para compreendermos o alcance e a atualidade da sua visão patológica da psicomotricidade. Quero advertir o leitor de que não segui rigidamente o pensamento de Wallon, daí a apresentação das síndromes com dois títulos, primeiro os mais atualizados depois os mais identificados com o autor.

### Síndromes de insuficiência psicomotora e tipos psicomotores

#### Síndrome de assinergia motora e mental (síndrome de insuficiência cerebelar)

O termo assinergia foi introduzido por Babinsky (1914) e refere-se a uma insuficiência cerebelar que se evidencia essencialmente no desequilíbrio e na marcha, facilmente visíveis no bebê no primeiro ano de vida, quando inicia os seus primeiros passos, e no indivíduo embriagado. Em tais casos de expressão motora, seguindo as palavras de Wallon, "o tronco vacila e as pernas afastam-se para alargar a base de sustentação, as reequilibrações surgem sucessivas, cambaleantes e titubeantes, os braços balançam ativa e passivamente de forma dismétrica, uma espécie de queda esforçadamente controlada, sem firmeza, sem fixação correlativa de segmentos imóveis e sem controle postural, que em si projetam uma marcha sinuosa e ziguezagueante".

O equilíbrio humano constitui, filogenética e ontogeneticamente, uma das primeiras conquistas neuroevolutivas da espécie, porque se trata, de fato, de um fenômeno postural e locomotor sem paralelo nos vertebrados, que produziu e produz adaptações neurofuncionais singulares, que estão na origem da evolução cultural da espécie e da evolução mental da criança (Fonseca, 1989, 1998, 1999).

Equilibrar o deslocamento das pernas em uma queda controlada e calculada, como é a marcha bípede e assimétrica, exige a manutenção de uma sinergia, em perpétua adaptação, processada vestibular e cerebelosamente, na qual a colaboração cinética e o ajustamento tônico e fásico de todos os segmentos, principalmente dos membros, do tronco e da cabeça, devem manter um jogo de compensações recíprocas muito complexo e neurologicamente integrado. No caso da assinergia, pelo contrário, as contraturas onerosas escondem-se por detrás de uma hipertonia sem plasticidade, quase uma paralisia agitante e inconsistente, como se se tratasse de uma incontinência ou persistência tônica.

Nessas condições, que originam insegurança gravitacional e sinais vestibulares disfuncionais (Ayres, 1982), a assinergia atesta uma síndrome de insuficiência cerebelar e mesencefálica, com repercussões diretas nos processos motores e indiretas nos processos mentais, fundamentalmente na atenção e na concentração. A insuficiência de regulação cerebelar revela-se, porém, não só na marcha, como na imobilidade, no equilíbrio estático e dinâmico, e também nos movimentos finos e elaborados das extremidades (Fonseca, 1992). Estudos mais recentes revelam insuficiência cerebelar em crianças disléxicas (Fonseca, 2002). No equilíbrio, tal insuficiência de tipo axial tende a evocar oscilações multidireccionais e reequilíbrios bruscos, sem o jogo gradual e oportuno das sinergias posturais ativas e passivas.

Nas praxias, a mesma insuficiência, agora do tipo apendicular, tende a induzir dismetrias nas quais a falta de inibição – a exata repartição da imobilidade de que nos fala Wallon (1928, 1973) – e de regulação e controle rigorosos do tônus tende a induzir movimentos distais descontrolados, sem inervação recíproca e sem simultaneidade clônico-fásica entre músculos agonistas e antagonistas. O encadeamento de microcontraturas sobre microcontraturas provoca inevitáveis resistências, bloqueios, frenações e acelarações tônicas, que roubam plasticidade, graduação, controle, regulação, precisão e harmonia cinética dos movimentos intencionais.

Efetivamente, a totalidade do corpo e do cérebro deve-se acomodar permanentemente ao equilíbrio anti-gravítico, pois só com este controle postural cibernético o indivíduo pode se posicionar, deslocar e navegar no espaço e manipular criativamente qualquer objeto. Da mesma forma, só na posse da manutenção de uma atitude mental disponível, gravitacional e proprioceptivamente segura e coerentemente integrada, pode-se manter um estado de vigilância e de atenção para identificar e selecionar dados relevantes, excluindo, simultaneamente, dados irrelevantes de uma dada situação.

Todo esse controle postural, baseado em sinergias tônico-musculares, vai permitir posteriormente atingir a concentração psíquica superior, processo de controle fundamental a qualquer aprendizagem, processo este mais enfocado em sinergias mentais e em procedimentos de elaboração e de planificação que vão estar na origem da resolução de problemas.

Tal insuficiência postural, que indicia uma desregulação cerebelar e também vestibular, característica de muitas crianças com disfunções cerebrais mínimas e também observável em crianças com déficits de atenção com ou sem hiperatividade e com dificuldades de aprendizagem (conceito de co-morbidade), repercute em uma imperícia global e fina, quer nos processos práxicos, quer nos processos mentais, dando lugar, respectivamente, à assinergia motora e à assinergia mental.

A assinergia motora é essencialmente caracterizada pela falta de estabilidade, na qual a fixação e o deslocamento dos segmentos corporais surgem imprecisos, negligentes, instáveis e oscilantes. Tal instabilidade, como é óbvio, pode implicar-se ou ascender, segundo Wallon, a uma assinergia perceptiva ou cognitiva, como que ilustrando um *continuum* disfuncional. Nos casos mais severos, como na ataxia, tal oscilação postural é transmissível e visível no âmbito do controle micromotor binocolar dos olhos (nistagmo), quando, paralelamente, emergem irritações labirínticas descontroladas, que podem produzir descargas tônicas incongruentes, impedindo mesmo a manutenção e focagem dos olhos em múltiplas posições ou fixações e em diversificadas perseguições, explorações estático-dinâmicas e varreduras e escrutínios visuoespaciais.

Tal efeito da postura na visão pode gerar instabilidade na complexa micromotricidade binocular, que é regulada pelos centros cerebelares de coordenação oculogira, prejudicando, conseqüentemente, a visão estereoscópica, certamente afetando as funções de captação, de extração e de processamento de dados espaciais centrais e periféricos, especialmente a percepção visual e os seus subsistemas e subprocessos, e, por empatia funcional, muitas funções mentais superiores implicadas em processos de aprendizagem superior, como, por exemplo, a leitura e a escrita.

Neurosistemicamente falando, não se pode separar o sistema vestibular do sistema visual, porque ambos compreendem a captação de dados intrassomáticos e extrassomáticos, indispensáveis a qualquer processo de adaptação ao mundo exterior. É, pois, possível compreender que uma assinergia motora possa induzir uma assinergia mental, como Dupré (1909, 1915) defendeu e Wallon (1928, 1932a, 1973, 1984) ilustrou com os seus casos clínicos. As pesquisas mais recentes, de Berthoz (1997), vão exatamente no mesmo sentido. Casos clínicos mais severos chegam mesmo a revelar oscilações da cabeça e do tronco, como, por exemplo, nos indivíduos com seqüelas de hidrocefalia, microcefalia, meningite, paralisias cerebrais e mesmo com síndrome de Down, nas quais a imobilidade completa é quase irrelizável, condição esta que se pode revelar com diferentes nuances também em alguns casos de ataxia.

Prestar atenção, mantê-la, fixá-la, orientá-la e imobilizá-la ativamente é uma condição básica e um pré-requisito psicofuncional do processamento de informação necessário a qualquer aprendizagem não-simbólica ou simbólica, o que pressupõe, naturalmente, a observância de sinergias e de modulações sensório-tônicas e tônico-motoras que são reguladas pelos centros cerebelares, vestibulares e reticulares.

A assinergia e a ataxia, ou as suas manifestações mais leves, provocadas por insuficiência ou imaturidade cerebelar e vestibular, interferem obviamente, quer nos processos motores, quer nos processos mentais, é esse um dos aspectos mais originais do pensamento walloniano. Para Wallon (1959b, 1963, 1973, 1984), há dois tipos de equilíbrio interdependentes, o postural e o superior. O postural, envolve a gestão tônica da gravidade nas suas múltiplas dimensões estáticas e cinéticas, tônicas e posturais. O superior envolve o aparelho oftalmocefalogiro, que participa nas aprendizagens mais complexas. Entre ambos, existe uma equivalência, uma alternância e uma sucessão de predominâncias funcionais, em que a assinergia crava as suas aberrações.

Parece inquestionável que o aparelho psíquico também necessita de equilíbrio e de sinergias para processar, integrar, elaborar e comunicar informação. Ele também necessita localizar, evocar, disponibilizar e rechamar imagens, idéias e engramas que ascendem e se distribuem por várias áreas corticais, o que exige, conseqüentemente, uma elaboração e uma planificação de dados sensório-motores para construir os seus pensamentos e condutas.

Na prática psiquiátrica, é fácil encontrar casos de adultos que enunciam falta de concentração psíquica e a dissociação da consciência, isto é, desequilíbrios e assinergias mentais, como nas síndromes de neurastenia ou hipocondria. De acordo com Wallon (1925, 1973), esses tipos de anomalias ocorrem no mesmo substrato neurológico e nas mesmas redes funcionais, portanto suas insuficiências podem ser expressas quer ao nível da consciência, quer ao nível da postura e da motricidade, e, por implicação disfuncional, nos vários processos de adaptação e de aprendizagem.

Em uma análise mais aprofundada da assinergia motora, segundo Dupré (1909, 1915), detectam-se instabilidades na atitude, abalos, descargas e sacudidelas subcoréicas, que tendem a ampliar-se em situações locomotoras dinâmicas, com expressões tônicas espasmódicas e irregulares mais ligadas a situações emocionais e a conflitos internos.

Uma certa gesticulação inconseqüente surge na ótica de Wallon (1932, 1956, 1984) como compensação da incontinência postural. O desequilíbrio extremamente vulnerável muda constantemente de ritmo e de direção, o bater com os pés e o marcar passo surgem flutuantes e titubeantes, e os balanços hesitantes do tronco e dos braços parecem amortizar as quedas tônicas repentinas. Oscilações freqüentes, com pretextos parasitas na manipulação de objetos, são também características da assinergia motora e da ataxia, nas quais não se identificam nem combinam atos precisos e seqüencializados, apenas se evidenciam agitações difusas e turbulências sem finalidade.

Homburger, freqüentemente citado por Wallon, refere-se também a esta condição como um infantilismo motor, característico da primeira infância (3-4 anos), onde a persistência anormal de sinais motores difusos, como, por exemplo, de atitudes, de sinergias, de sincinesias viciosas e de insuficiências posturais e motoras, constitui, em analogia com a persistência de reflexos nas paralisias cerebrais, o quadro mais saliente desta síndrome psicomotora.

Traços de assinergia motora e de ataxia são característicos de muitas crianças portadoras de deficiência mental, crianças psicóticas, algumas crianças autistas ou com paralisia cerebral. Todos esses casos defectológicos, que apresentam necessidades especiais e invulgares, retratam uma insuficiência cerebelar e vestibular, para além de outras perturbações neurofuncionais associadas.

Inconsistências tônicas e mímicas não-intencionais, dificuldades de distribuição, manutenção e dosagem da tonicidade, agitações violentas e divagações cinéticas, interferências motoras parasitas incompreensíveis, cascatas de caretas e explosões de sorrisos inconseqüentes, sincinesias erráticas, extravagância vesânica e insensata, atenção incerta e descontínua, etc., ilustram uma falência da tonicidade e da postura característica da assinergia motora e mental que, na sua globalidade, espelham uma debilidade vestibulocerebelar e um funcionamento mental hesitante e difuso.

A repercussão da assinergia motora e da ataxia pode estender-se mesmo ao plano da linguagem falada e escrita, confundindo-se aqui com a assinergia mental, uma vez que as disfunções cerebelares se implicam também em problemas fásicos, articulatórios, oromotores e grafomotores.

Distonias laríngicas, hipertonias faríngeas e digitais, discinésias e dispraxias linguais e terminais, ecolalias, dislalias e disartrias, voz rouca e estrangulada, sigmatismos, agramatismos, disfasias, dissincronismos entre a respiração e a fonação, gagueira, dislexia, disgrafia, disortografia e discalculia, etc., podem emergir por disfunção das conexões cerebelar-vestíbulo-mesencefálicas.

A assinergia da linguagem, segundo Wallon (1973, 1984), é ideomotora e de raiz fronto-cerebelar; de qualquer forma, revela a importância do cerebelo não só nas disfunções psicomotoras como nas disfunções da fala e da escrita. Talvez a enormidade das conexões frontocerebelosas (terceira unidade de Luria) e sensóriocerebelar (segunda unidade de Luria) possam indizir tal empatia funcional. Como a assinergia e a ataxia põem em jogo descontinuidades explosivas, incontinências e persistências tônicas e posturais, dificuldades em dissociar o esforço do espasmo e em distribuir contínua e dinamicamente os fluxos e as concatenações sinápticas, elas podem projetar-se no plano da antinomia consciente-inconsciente e inundar todas as formas de conduta e de expressão.

Se entendermos, como J. dos Santos (1977), que a psicomotricidade é a expressão corporal do funcionamento psíquico, a assinergia e a ataxia exteriorizam que tal funcionamento carece de regulação, de organização e de controle, pois ainda se encontra fragmentado e sem ligação entre os seus elementos componentes. Passageira e transiente na evolução infantil, a persistência da assinergia e da ataxia, porém, reflete uma insuficiente elaboração mental, e nela se podem inscrever igualmente todos os quadros de senescência e de involução e de retrogênese psicomotora (Ajuriaguerra e Hécaen, 1964, Fonseca, 1986a, 1998).

A mentalidade assinérgica coexiste com uma vulnerabilidade profunda do psiquismo, normalmente associada a excitações propulsivas, impulsivas, deambulativas e agressivas, e também a estereótipos raros e pouco desenvolvidos. Wallon (1925, 1928, 1932a) caracteriza este quadro com fases de regressão psicomotora, de demência, de marasmo orgânico e de decadência epiléptica com perda de discernimento e desinibição.

Outras características se identificam na assinergia mental adulta, como adinamismo emocional (inações e não-emoções), relações fortuitas e fugazes, atividades fragmentadas, dispersas e sem motivo, ecopraxias e ecolalias, apraxias, manipulações sem finalidade e sem utilidade, diversões freqüentes, divagações, consciência centrada no imediato, perseverança, verborréia, excessos de entonação, indolência, indecisão, negligência, inquietude incoerente, desinteresse total e absoluto, confusão temporal, atitudes de oposição, inimitação, ausência de reciprocidade ou de afiliação afetiva, incoerência gestual, interação relacional inexistente, etc., que, no seu todo, respondem a um quadro de dissociação e de descontinuidade da consciência, no qual a insuficiência cerebelar e vestibular parecem desempenhar um papel relevante.

Na criança, Wallon (1932a) retrata a assinergia mental como um estado, no qual ela "encontra inúmeras dificuldades em ordenar as suas impressões e dar prioridade às suas necessidades, além de revelar problemas de orientação temporal e corporal com confusão prolongada entre a sua direita e a sua esquerda, e de orientação da sua pessoa, exibindo atraso no emprego correto de pronomes pessoais. O seu comportamento face ao envolvimento é disperso e inconsistente, expõe-se com facilidade e fecha-se na sua oposição, além de demonstrar tendência para ser implicativa e arreliativa".

Inúmeros casos de necessidades educativas especiais podem ser integrados nessa descrição clínica, quer nas crianças portadoras de deficiência mental (dependentes, treináveis ou educáveis, ou decorrentes de hidrocefalia, microcefalia, oligofrenia, aminoacidopatia, galactosemia, síndrome de Down, etc.) quer nas crianças com multideficiências (criança cega e surda), das crianças com paralisia cerebral (espásticas, atetósicas, atáxicas, etc.), e das crianças com psicopatologias e deficiências emocionais (psicóticas, autistas, caracteriais, etc.), ilustrando que a síndrome psicomotora de assinergia motora e mental está associada a uma insuficiência vestibulocerebelar, cuja repercussão em termos de estruturação e de organização psiconeurológica é deveras relevante, uma vez que o potencial de aprendizagem se encontra vulnerabilizado.

*Síndrome de hipertonia – coréia motora e mental (síndrome de insuficiência mesencefálica ou extrapiramidal inferior e média)*

Enquanto o cerebelo interfere na regulação dos processos posturais e motores, o conjunto dos núcleos subcorticais e mesencefálicos forma um sistema que é responsável pela mobilização de centros energéticos especializados e de centros de coordenação motora automática. Em certas condições patológicas, pode mesmo assumir funções de autonomia funcional, que o permitem isolar no contexto do sistema nervoso central, isto é, o sistema extrapiramidal.

O sistema extrapiramidal (SEP), filogeneticamente mais antigo e de condução mais lenta, compreende, essencialmente, os núcleos de células estriadas: núcleos caudados, putâmen, substância negra, *pallidum*, núcleos vestibulares, núcleo rubro, núcleos pônticos, oliva bulbar, tubérculos quadrigêmeos, etc., aos quais estão adstritas algumas das seguintes funções: controle dos automatismos; mobilização das estruturas que orientam sistemicamente os componentes das condutas; governação teleocinética da atividade, dando suporte ao sistema ideocinético-piramidal; preparação da posição de partida e compensação plástica das forças que podem se opôr à qualidade da conduta; compreensão de um sistema de interação sensório-motora; regulação dos circuitos tônico-posturais e tônico-vestibulares necessários à atividade postural e à atividade cortical; etc.

Em síntese, trata-se de um sistema crucial da arquitetura neurofuncional dos processos motores e dos processos mentais. Sua insuficiência funcional mais conhecida é a atetose, uma perturbação complexa da motricidade e da tonicidade, uma espécie de flacidez descerebrada sem fixação e suporte do movimento, clinicamente identificável em casos de paralisia cerebral ao lado de outros (espaticidade, ataxia, coréia, tremor e rigidez), que tende a produzir as seguintes disfunções: dificuldades de controle postural, incoordenação, distonias, movimentos involuntários bizarros e coréicos, que afetam a harmonia e a fluência cinética e a seqüencialização ideocinética, com instabilidade na inervação recíproca dos músculos proximais e distais do tronco e das extremidades.

Em termos de paralisia cerebral, que não é bem a definição a que Wallon se refere, a atetose é essencialmente caracterizada pela disfunção dos gânglios da base, com implicações na desregulação e descoordenação de movimentos, de posturas e de automatismos, daí resultarem movimentos anormais e involuntários do tronco e dos membros, com torções e serpenteações tônicas, principalmente quando a intenção motora entra em jogo antes da sua execução, não sendo assegurado o controle tônico-postural e tônico-motor nas extremidades corporais, por meio das quais se produz a atividade cerebral. A atetose, no caso da paralisia cerebral, pode gerar atrofia, hipotonia e hiperextensibilidade, podendo originar, simultaneamente, posturas corporais fixas (cabeça para trás, pescoço tenso, boca aberta, etc.).

A supressão de processos de inibição e a ativação de processos de facilitação parecem estar igualmente deslocados em termos funcionais e coordenativos, daí emergindo imobilizações ou gesticulações forçadas e resíduos assinérgicos, hipertonias, hipotonias e distonias desreguladas, confirmando uma certa ambivalência tônica e uma certa suscetibilidade emocional, com efeitos desviantes na atividade motora e mental.

A insuficiência extrapiramidal desencadeia uma espécie de exarcebação e exageração de reflexos que não são devidamente inibidos e que, obviamente, interferem na qualidade e eficácia da atividade postural, motora e mental.

A persistência de reflexos de defesa ou de automatismos, a associação de reflexos medulares, cervicais e labirínticos, a presença de contorcionismos e de manifestações hipertônicas, a identificação de contraturas nas extremidades e na face, a observância de sinergias inoperantes e emocional ou relacionalmente desorganizativas, etc., revelam tipos e subtipos de rigidez e de flacidez tônica, bem como tremores distais e proximais de origem extrapiramidal que objetivam uma insuficiência dos centros inibidores, cuja expressão patológica mais grave é a catatonia.

A catatonia, que pode interferir na atividade motora automática e voluntária, ilustra sinais de entorpecimento, amimia e rigidez, que podem surgir com uma recusa ativa de expressão motora, como no negativismo ou na passividade. No primeiro caso, surgem sinais de oposição, com contraturas de evitamento relacional. No segundo caso, surgem estados de inércia motora ou ecopraxias, ecomimias e ecolalias estereotipadas, podendo estar associadas com surtos de fúria catatônica e descargas motoras inconseqüentes e, por vezes, agressivas.

A insuficiência extrapiramidal traduz, portanto, um estado característico de flutuação hipo-hipertonia, mais dinâmica que estática, podendo manifestar-se ora na motricidade (macro e micromotora, como na marcha e na preensão) ora na linguagem (oromotricidade, como na fluência e na articulação de palavras, e na grafomotricidade com sinais de disgrafia), assim como exprimir-se em uma emotividade exagerada, na qual sua conexão com o psiquismo parece ser óbvia. Com base nesta descrição, Wallon, mais uma vez, confirma a equivalência funcional e disfuncional que caracteriza a sinergia entre os processos motores e os mentais.

A disfunção dos centros inibidores – inibição psicomotora (Ajuriaguerra, 1956, 1961, 1978; Ajuriaguerra e Angelergues, 1962; Camus, 1981, 1988, 1998) indica que os centros inferiores não se subordinam aos centros superiores, o que se identifica é uma espécie de eretismo ou de exaltação dos sistemas subcorticais sobre os corticais, subvertendo o princípio de hierarquia dominante da organização neurológica proposto por H. Jackson (1931, 1951), que pode ser visível em múltiplos casos patológicos.

A coréia, outra síndrome extrapiramidal, compreende uma contração espasmódica, involuntária, irregular e ampla de grupos musculares, normalmente associada à fragilidade e à ineficácia da atividade motora. Por se verificar uma espécie de dança tônico-clônica entre as estruturas tônico-posturais de suporte, é outra das manifestações da insuficiência extrapiramidal, mais visível nos territórios da face e dos dedos, isto é, nas principais sedes da expressão mímica, podendo mesmo apresentar adicionalmente outras perturbações mentais associadas, como, por exemplo, nos estados de adinamia (Kleist, já citado por Ajuriaguerra) e de acinésia ou de hipercinésia (Wallon, 1932, 1935, 1973).

Esta alternância de estados é característica da síndrome psicomotora de hipertonia-coréia, na qual surgem, segundo Wallon (1932), "freqüentes atitudes e impulsividades, oferecendo manifestações intermediárias entre uma atividade dissociada e incontinente, nas quais as irradiações caóticas surgem intempestivas, e entre atividades coordenadas e bem ligadas, porém inoportunas, excessivas ou extravagantes, que simulam gesticulações de polichinelo, com ênfase teatral, associadas a expressões pseudoespontâneas e jogos fisionômicos cuja continuidade estenuante esconde problemas de ordem afetiva".

Em tais casos, parece que o inconsciente interfere na motricidade e na comunicação de uma forma por vezes indiscernível, todavia indutora de situações de crise devidas a uma insuficiente elaboração mental, com perturbações emocionais que se manifestam em formas motoras parasitas e incompreensíveis.

Wallon (1932, 1973), ao aprofundar nesta síndrome as relações motoras com as psíquicas, fala de um delírio subcortical, no qual não se vislumbra um sentimento nem uma intencionalidade, algo semelhante ao que se observa nos casos de grande histeria, em que se denota uma repartição pouco diferenciada da energia nervosa. Explosões de alegria e de cólera, incessantes máscaras e mobilidades atípicas da face, incontinência mímica, risos grosseiros, gestos inconseqüentes, deambulações fortuitas ou imobilidade parcial e total, reflexões profundas e distantes, lentidão letárgica, semi-sonolências, vigilâncias penosas, inércias crispadas, etc., são também outros traços das correlações psicomotoras nesta síndrome. No âmbito dos processos mentais, a hipertonia e a coréia, de acordo com Wallon, podem ser causadoras mais de atos de desordem do que de atos desordenados (indocilidade mental), daí as possíveis repercussões desviantes no comportamento social, relativamente freqüentes em pré-adolescentes e adolescentes pouco estruturados afetivamente (Fonseca, 1986).

Segundo Wallon, é no âmbito do caráter e das relações com os outros que as anomalias desta síndrome mais se fazem sentir. Excitações emotivas, irritabilidade, contradições sistemáticas, insubordinações, rebeldias, conflitualidades, indisciplina crônica, incorrigibilidade, perversidades, depravações, provocações, insensibilidade absoluta a ameaças, promessas ou encorajamentos, resistências cegas, negativismos, intimidações, etc., são algumas formas de insociabilidade, penúria mental e de antagonismo com o meio que esta síndrome pode evocar. Wallon fornece, neste quadro, um conjunto de sinais psicomotores disfuncionais que devem ser levados em conta na caracterização da delinqüência (Fonseca, 1977e).

Impulsividades e instabilidades que exprimem conflitos internos e várias disfunções cognitivas em diferentes parâmetros (*input*, elaboração e *output*) são freqüentes e permanentes. As ações e os gestos parecem não ultrapassar os seus primeiros efeitos, a intencionalidade de os prosseguir com um projeto ou com um programa intencional coerente é quebrada ou interrompida à mínima distração.

Mudanças de interesse e de ocupação são exageradas. Reações mentais do tudo ou nada, com ideação suspensa ou eclipse psíquico são freqüentemente observáveis. Conclusões de tarefas arrastam-se indefinidamente. A atração por tudo o que se vê é irresistível, tudo tem que ser mexido, sem de fato se mexer com qualquer intenção ou finalidade.

Age-se sem se pensar, a ação decorre mais de uma percepção do que de uma captação precisa de estímulos e de situações. A comunicação é confusa e restrita em termos semânticos e sintáticos, a descrição de eventos e acontecimentos é concreta, gestualizada e baseada em onomatopéias, com enumerações e narrações vagas e desordenadas no espaço e no tempo, por vezes ilógicas e aberrantes. O comportamento em geral é, em larga medida, episódico e assistemático. As conseqüências ao nível relacional e, sobretudo, educacional, são inúmeras, como se pode conjeturar.

É fácil, nesta descrição walloniana, encontrar uma espécie de viscosidade psíquica, na qual a instabilidade ininterrupta gera uma descontinuidade da ação e do pensamento. A estrutura cognitiva não tem precisão, flexibilidade ou agilidade. Processar informação ou modular uma idéia e comunicá-la com perfeição e eficácia, resolver problemas e encontrar a solução conveniente torna-se esgotante e desmotivante. Refletir e pensar antes de agir é quase irrealizável; não subsiste, conseqüentemente, uma preensão psíquica. Aprender e estudar, nessas condições, é, normalmente, moroso, desinteressante e doloroso.

A insuficiência extrapiramidal (também dita, por Wallon, optoestriada) põe em jogo uma espécie de claudicação da atividade motora e mental, porque as relações entre a atividade cortical e a subcortical, entre a ideação e a afetividade, entre o gesto intencional e as reações automáticas estão efetivamente perturbadas.

### Síndrome de automatismo motor e emocional (síndrome de insuficiência diencefálica ou extrapiramidal superior)

Em termos filogenéticos, o diencéfalo, nos seus núcleos optoestriados, constitui uma espécie de cérebro primitivo; em muitos vertebrados, constitui mesmo o substrato funcional mais complexo. Nos primatas e no ser humano, porém, a camada óptica ou talâmica serve de passagem aos feixes piramidais, e de estação de transição entre as relações eferentes e aferentes com o córtex frontal, ao mesmo tempo que é a sede privilegiada da sensibilidade orgânica protopática e de regulação vasomotora e secretória.

As lesões desses centros produzem reflexos exagerados, paresias, hipertonias, movimentos coréico-atetósicos, etc., além de reações sensitivas do sistema simpático, variações de humor, euforia, ansiedade e, essencialmente, a descoordenação dos automatismos pouco diferenciados, que implicam a participação de grandes grupos musculares.

Efetivamente, é nos centros neoestriados do putâmen e dos núcleos caudados que as redes automáticas se incorporam, diversificam e se especializam, e onde se localizam os padrões automatizados e aprendidos que servem de base e de encadeamento dinâmico às ações e gestos mais delicados e precisos programados no córtex pré-motor e executados no córtex motor (área 4). Neles também se concentram centros de linguagem e múltiplos centros que governam as reações emocionais e as manifestações mímicas e relacionais.

Como assegura Wallon (1963a, 1970b, 1984), as emoções e os automatismos são extremamente associados, não só por requererem afinamentos sensório-motores muito elaborados, como também por implicarem uma estreita relação funcional entre a ideação e a ação, entre os fins e os meios.

Aqui, a hierarquia dominante dos centros corticais faz-se sentir sobre os subcorticais, onde as funções piramidais se sobrepõem às extrapiramidais para exercerem com plenitude a sua atividade superior. A perda desta hierarquia funcional ou deste controle cortical e inter-hemisférico tende a provocar um exaltação descontrolada dos sistemas extrapiramidais sobre os piramidais, dos intra sobre os inter-hemisféricos, podendo dar origem a impulsividades emotivas, desequilíbrios afetivos multifacetados e microdesajustamentos nos subprocessos informacionais e cognitivos.

A patologia optoestriada é, preferencialmente, assimétrica nas suas funções motoras, na qual a hemiplegia é a forma mais completa, que se caracteriza por uma lesão hemisférica oposta, tornando praticamente impossível qualquer movimento intencional. Os membros apresentam uma impotência completa, subsistindo apenas algumas contrações sincinéticas, enquanto a musculatura mímica da face se encontra menos afetada. O tronco exibe ligeiras afecções piramidais, enquanto as extremidades acusam, incontestavelmente, contraturas em flexão na mão e em extensão e em abdução no pé. Manifestações atetósicas podem, ainda, atestar a existência de insuficiências estriadas e mesencefálicas.

A unilateralidade das lesões e o desnivelamento local do tônus ainda podem ser observados na coréia de origem extrapiramidal, uma discrepância e uma oposição de efeitos que pode também ser detectada na irregularidade da convergência ocular, que ilustra o estrabismo, e uma inclinação transversa da língua no interior da boca que, pode implicar problemas de articulação e de lalação.

O equivalente funcional desta insuficiência extrapiramidal superior pode caracterizar-se por subcoréia, cujo quadro disfuncional demonstra manifestações de inconsistência afetiva e de humor, bruscas variações e intermitências emotivas, impulsividade, atitudes de oposição, condutas perversas, libertação de automatismos malcontrolados, impetuosidade dos desejos, humor despótico, etc., que são reveladoras de fraco controle cortical ou de sinais do tipo epiléptico. Um estado de mitomania, de desordem íntima e de exuberância abrupta parece desencadear-se, tendo como fundo uma espécie de inquietude e de ambivalência tônica, muscular, relacional e afetiva, que em alguns casos se ajusta a personalidades delinqüentes ou sociopatológicas.

A insensibilidade social e a intransigência cruel às necessidades dos outros parecem ocorrer nos estados de insuficiência extrapiramidal superior, com a dissolução da percepção e da cognição ou das suas conseqüências afetivas, que reforçam a persistência de um egocentrismo inconseqüente e paranormal, que, no fundo, evocam uma instabilidade e uma impotência de reflexão e de planificação que pode estar na base de inúmeras dificuldades de adaptação.

A agitação subcoréica que Wallon (1925, 1928, 1973, 1984) descreve é um estado de obnubilação mental que identifica uma espécie de abolição simultânea da atividade cinética e mental superior. Por um lado, o ato desencadeia-se sem qualquer distinção interna ou sem qualquer ajustamento ou intervenção exógena; por outro, a atividade mental está mais sujeita a automatismos do tudo ou nada, que desencadeiam cascatas de reações, cujos efeitos desastrosos não são previstos nem inibidos ou refletidos. Trata-se de uma desorganização cortical, mais especificamente, de uma insuficiência frontal, que é ultrapassada por reações subcorticais, subvertendo a hierarquia funcional dos substratos neurológicos (Wallon, 1932,1973, 1984; Trang-Thong, 1976; Camus, 1998).

### Síndrome córtico-associativa
*(síndrome de insuficiência frontal)*

É com o desenvolvimento do lobo frontal e, fundamentalmente, com o desenvolvimento pré-frontal (áreas motoras associativas, também designadas funções executivas) que surgem as formas mais evoluídas de comportamento na espécie humana.

Os lobos frontais, que constituem a terceira unidade funcional de Luria (1966b, 1969, 1973, 1975a, 1980), são responsáveis pela organização da atividade práxica, pela planificação, programação, regulação, verificação e execução da motricidade, atributos admiráveis do ser humano, que estão na origem da capacidade construtiva e criativa da ação e do pensamento, bem como na base de toda a evolução cultural.

Todas as reações medulares, reticulares, cerebelares, extrapiramidais e piramidais, em termos funcionais, têm de se sujeitar à intencionalidade da conduta, processo complexo que une os mais vastos motivos, meios e conseqüências para atingir um resultado ou um determinado fim.

Os lobos frontais, nos seus subsistemas motores e mentais (córtex motor associativo e área suplementar motora), submetem todas as sub-rotinas tônicas, posturais e automáticas disponíveis às suas intenções superiores.

Com as vias fronto-pôntico-cerebelares, as conexões talâmico-frontais e fronto-parietais, fronto-occipitais e fronto-temporais, o lobo frontal, que atingiu na filogênese a maior expansão cerebral, em comparação com outras áreas (Fonseca, 1974a, 1989, 1998, 1999), consegue, na sua multiplicidade de funções e variedade de relações, estabelecer a unidade dinâmica e a coerência funcional de todos os substratos para planificar e para executar as mais diversas atividades motoras, mentais e relacionais.

Pela sua ação, o lobo frontal inibe todas as veleidades afetivas, ordena e categoriza o afluxo aferente de informações e de impressões sensoriais (intra e extrassomáticas), dá-lhes expressão harmoniosa, precisão e eficácia e, posteriormente, de acordo com as circunstâncias, previsões e preferências refletidas, seqüencializa espaço-temporal e intencionalmente todas as suas atividades conscientes. Pela sua complexidade funcional e estrutural, pela sua função organizadora e de síntese, entende-se que a sua insuficiência tende a determinar estados e tipos de apraxia, de amnésia e de afasia, pondo em risco a qualidade da expressão, da adaptação e da comunicação do indivíduo.

A atividade frontal caracteriza-se, portanto, pelo seu poder efetivo de iniciativa e de orientação mental, em uma palavra, de intencionalidade. A sua atividade transpõe e supera todas as outras funções mentais, em uma entelequia integrativa que preside a todas as reações elementares e automáticas do psiquismo.

A função frontal, também designada função executiva, submete ao seu governo prioritário e hierárquico todas as funções medulares, reticulares, cerebelares, extrapiramidais e piramidais. Sinergias, automatismos, emoções e intenções conjugam-se para atingir um objetivo determinado (Das, 1996).

Com esta estrutura, que ocupa quase metade dos hemisférios cerebrais, o sistema nervoso atingiu a máxima separação e distância interior entre os estímulos e as respostas, transcendeu os reflexos e os automatismos para produzir atividades reflexivas e volitivas, julga e regula a percepção externa e planifica as respostas, em concordância com o que está sendo percebido (Damásio, 1994, 1999).

Perante essa arquitetura funcional e essa complexidade organizativa, as disfunções ou insuficiências frontais produzem efeitos multifacetados em termos de comportamento e de aprendizagem, dos quais destaco inércia (da agitação subcortical à passividade frontal), anorexia, bradicinésia, paratonias, hipotonia, apraxias, mutismo, hiperatividade, apatia, depressões hipomaníacas, indecisão, impaciência, inatenção, subjetividade radical, confusão espaço-temporal, hiperestesia psíquica, despersonalização, digressões e associações inoportunas, divórcio entre a ação e a representação, tautologias puras, etc.

Concluindo, as síndromes psicomotoras só podem ser compreendidas à luz de uma integração e de uma equivalência ou empatia funcional entre os processos motores e os processos psíquicos, que desfrutam do mesmo cérebro e do mesmo corpo, razão pela qual a psicomotricidade não é mais do que a expressão corporal da atividade psíquica.

Como Wallon (1932, 1958, 1963, 1973, 1984), também defendo que a criança normal se descobre na criança patológica ou parapatológica, o verdadeiro laboratório para os estudos da psicologia.

Com base nessa aproximação psicopatológica, Wallon, independentemente de algumas vulnerabilidades conceituais, abre espaço, com a sua perspectiva compreensiva da psicomotricidade, para uma neuropsicologia, no seu tempo, talvez a primeira tentativa bem-sucedida. O seu contributo é hoje considerado por Camus (1998) como extremamente atual, na medida em que o estudo das síndromes psicomotoras nos oferece uma via original de abordagem ao desenvolvimento psicomotor da criança dita normal.

## CONCEPÇÃO NEUROPSICOLÓGICA DA PSICOMOTRICIDADE

Wallon é um dos primeiros autores no domínio da psicologia a interessar-se pelas relações entre a organização neurológica e a organização da motricidade, e, em particular, pela gênese das suas interrelações e interações funcionais. A marca essencial do seu pensamento, e o princípio organizador com que concebe o desenvolvimento da criança, é a integração dos componentes psicomotores, afetivos e cognitivos no seu todo, completo e em evolução permanente, entendendo as suas mudanças evolutivas em um conceito de unidade dialética e indivisível.

Wallon aproxima-se, com esta concepção complexa e totalizadora, das correntes mais atuais da neuropsicologia do desenvolvimento, apesar de, nos seus textos originais, apenas utilizar a expressão *psiconeurológica*, para mim uma expressão mais adequada para compreender os processos de desenvolvimento e de aprendizagem exclusivamente inerentes à espécie humana (Fonseca, 2000). Este pioneiro do estudo da psicomotricidade adota uma posição antilocalizacionista e antifrenologista, criticando as concepções que concebem a vida psíquica como um mosaico de funções.

A sua posição também não se aproxima de uma visão holística confusa, adotando, pelo contrário, uma compreensão pró-sistêmica, representacional, hierárquica e duplicativa dos múltiplos substratos neurológicos, aliás uma posição muito próxima da perspectiva de Luria (1966c, 1974, 1975a). Para Wallon, a organização funcional do cérebro encerra um processo de projeção de centros subjacentes em centros superiores, com base em uma integração funcional seqüencial desenhada em termos cronológicos.

Seguindo essa linha de integração de diversas dimensões funcionais, Wallon equaciona a noção de vinculação de alguns centros em outros, resultantes das suas interações funcionais permanentes, a partir da qual se configuram novas aptidões e novos recursos, envolvendo multicomponentes motores, afetivos e cognitivos, que, no seu todo funcional, ilustram o desenvolvimento psicomotor.

Wallon vai mais longe nesta perspectiva, apresentando três leis neurorreguladoras básicas:

1. lei da alternância funcional, sustentando que o processo evolutivo alterna entre disposições para o conhecimento de si (estádios impulsivo, tônico-emocio-

nal, do personalismo e da puberdade e adolescência) e para o conhecimento de mundo exterior (estádios sensório-motor, projetivo e categorial);
2. lei da sucessão da predominância funcional, ilustrando o enfoque seqüencial dos vários componentes motores, afetivos e cognitivos em cada estádio de desenvolvimento, configurando uma transição do motor (estádios impulsivo e tônico-emocional) ao afetivo (estádios do personalismo e da puberdade e adolescência), e culminando no cognitivo (estádios sensório-motor, projetivo e categorial), referindo que cada um deles predomina em um estádio, mas, simultaneamente, cada um deles nutre os outros em termos de amadurecimento neurofuncional;
3. lei da integração funcional, consubstanciando uma relação entre os estádios como uma relação entre conjuntos hierarquizados, os primeiros mais simples e com aptidões mais elementares e primitivas, que vão sendo progressivamente integradas e dominadas, e, posteriormente, os conjuntos mais complexos dos estádios seguintes.

Aproximando as três leis, vemos que, quando a direção do desenvolvimento é para o eu ou para o mundo interior, ela é centrípeta, com predomínio do afetivo e do emocional; quando ela é para o não-eu ou para o mundo exterior, ela é centrífuga, com predomínio do cognitivo. Ambas as direções se fundem na motricidade, porque, para ambas, ela é o seu suporte concreto duplicado, na sua expressão tônica e postural interiorizada, e na sua expressão locomotora e espacial exteriorizada, conforme as possibilidades e potencialidades do sistema nervoso e do meio ambiente.

Dessa forma, Wallon encara o desenvolvimento psicomotor como uma seqüência cronogênica de diversas fases articuladas, revelando uma integração de funções, e não a sua simples adição segmentada ou empilhada, integração dita neurofuncional porque subentende uma reorganização prospectiva de conexões de redes preexistentes e distintas. Para além da competição de conexões e da migração neuronal sutil e plástica, os níveis hierarquizados de organização funcional de origem filogenética emergem inexoravelmente do tronco cerebral ao lobo frontal. Do nível tônico-vegetativo, passando ao nível sensório-motor e emocional, a neuroevolução é ilustrada por Wallon (1925 1938, 1941, 1942, 1973) por uma transição da motricidade, visceral e adaptativa, à psicomotricidade representacional cognitivamente planificada e regulada. Com base nesse pressuposto walloniano, a psicomotricidade é impossível de ser imaginada com a exclusão da motricidade. Cada uma delas tem o seu lugar na seqüência integrada do desenvolvimento.

A cascata complexa de níveis neurofuncionais que transforma a motricidade em psicomotricidade resulta, conseqüentemente, da interação e da retroação de sistemas subcorticias com os corticais, uma escultura sináptica que origina o surgimento de novos recursos de aprendizagem, mas dialeticamente decorrente do conflito entre níveis anteriores de organização sensóriomotora e os novos níveis de organização psicomotora.

A sucessão de etapas da motricidade à psicomotricidade, aliada à integração hierárquica de substratos neurológicos mais complexos e de amadurecimento mais tardio, reflete uma espécie de reduplicação e de rerepresentação da motricidade na psicomotricidade, uma espécie de ecocognitivo da motricidade, no qual a integração temporal ou cronológica da automatização se complica com a diferenciação das suas funções, do mesencéfalo ao telencéfalo.

Com esse pensamento funcional, Wallon pretendia evocar que, para desenvolver a psicomotricidade de forma correta, ela precisa respeitar a seqüência temporal de diversas formas de motricidade que articula. Encarada como função complexa, ela só pode emergir a partir da integração e da interação de funções simples, o que equivale a dizer que os substratos neurológicos mais recentes, como o lobo frontal, só operam eficazmente se os substratos subcorticais estiverem devidamente integrados em termos neurofuncionais, ou seja, se a psicomotricidade sugerir uma reorganização da motricidade.

Wallon considera o lobo frontal a sede da psicomotricidade, ao contrário da motricidade, que é da total dependência funcional do sistema piramidal e da área primária motora (área 4), que não apresenta diferenças de tamanho com a dos animais, ao contrário da área frontal, que aumentou seis vezes.

O lobo frontal, hoje considerado pelas neurociências como o substrato neurológico mais recente da espécie humana (Damásio, 1994, 1999; Das et al., 1996; Fonseca, 1999), um supercérebro, onde se projetam todas as outras partes do córtex, constitui-se como o centro executor principal das funções psíquicas superiores e, portanto, da psicomotricidade. É nesse contexto que Wallon sugere uma base biológica da consciência, a intencionalidade ou idéia da qual emerge a ação e que antecede a execução das respostas adaptativas.

Apoiando-se nas contribuições de Van Monakow e H. Jackson, ainda hoje tidos como grandes expoentes da neurologia funcional, Wallon entende o desenvolvimento em termos cronogenéticos, fundamentando e explicando a transição entre motricidade e psicomotricidade, argumentando que cada momento do desenvolvimento tem um substrato neurológico próprio, daí a distinção de motricidade e psicomotricidade, introduzida também pela teoria da complexidade, de Morin (1990, 1999).

Há, portanto, uma dimensão temporal na integração da motricidade e da psicomotricidade, pois é esta que controla aquela. A psicomotricidade, para se desenvolver corretamente, como característica eminentemente humana, tem de respeitar estritamente a seqüência temporal das diversas fases do desenvolvimento motor que ela relaciona e coordena neurofuncionalmente.

As conexões neurológicas que subentendem a psicomotricidade, ditas neomotoras, (Fonseca, 1998, 1999), têm de entrar em competição com as antigas (ditas proto e arqueomotoras), exatamente para ocupar as suas áreas. No pensamento walloniano, a psicomotricidade resulta de uma dialética entre plasticidade e cronologia.

Da motricidade à psicomotricidade, ocorre uma hierarquia de níveis funcionais, operada no cérebro, um órgão superior de ligação, exatamente porque é composto de centros já constituídos, contíguos e conectados, do mais arcaico ao mais elaborado, do mais indiferenciado ao mais diferenciado. A região pré-frontal, o mais anterior dos hemisférios cerebrais, é a que se desenvolveu mais recentemente em termos filogenéticos, e é essa que compreende a sede da psicomotricidade, a motricidade especificamente humana, distinta da animal, e que está na base da criação do mundo civilizacional e do processo cultural.

A psicomotricidade surge, portanto, como uma supermotricidade ou neomotricidade, organizada em um supercérebro, que é exatamente o lobo frontal – terceira unidade funcional luriana (Luria, 1975) –, razão pela qual todos os níveis do cérebro nele se projetam, da medula ao tronco cerebral, ao cerebelo, ao tálamo (primeira unidade), até os lobos sensoriais posteriores (segunda unidade).

Enquanto a motricidade integra os níveis vegetativos e sensório-motores, a psicomotricidade integra os níveis emocionais, representativos, cognitivos e ideacionais, como Wallon explicita em duas das suas obras fundamentais, *Desenvolvimento psicológico da criança* (1941) e *Do ato ao pensamento* (1942). Para esse autor, o ser humano não pode ser concebido como um paralelismo – o psiquismo de um lado e a motricidade do outro ou uma fronteira impenetrável entre ambos. Pelo contrário, em Wallon existe uma relação íntima entre a psicomotricidade e a motricidade, e esta é a razão de ser da própria vida mental. São as relações entre a atividade psíquica e a atividade motora que originam a unidade do ser.

Não se trata de separar na ação o que é comando, e o que é instrumento, pois ambos estão interligados e influenciam-se reciprocamente ao longo do desenvolvimento psicológico, como vimos antes. Não se trata, igualmente, de um mentalismo da psicologia, que fez prevalecer a superioridade do comando (imagem, intenção, consciência, cérebro, etc.) sobre o instrumento (SNC, esqueleto, musculatura, corpo, etc.); é a própria psicologia que se afirma na ação (psicologia da ação) e que assegura a execução, isto é, a superioridade da psicomotricidade sobre a sensório-motricidade. Daí a importância do estudo das praxias ideomotoras e ideacionais.

Para Wallon (1928, 1932a), tal estudo deve pressupor:

- a análise neuropsicológica das conseqüências das deficiências ou de lesões cerebrais no desenvolvimento psicomotor, pressupondo uma reorganização pós-lesional e uma reconstituição da função;
- o abandono da noção de imagem, em proveito de uma abordagem funcional da atividade representacional;
- a colocação de um modelo de controle e de automatização da motricidade.

A importância da organização das interações entre a atividade mental e a atividade motora não pode ser explicada apenas pela função do sistema piramidal como instrumento de comando mental, quando é sabido que ele só entra em função depois da planificação frontal e em permanente interação dialética com a área suplementar motora, além de muitos outros centros espalhados pelo cérebro. Seu estudo minucioso de diversas patologias (debilidade mental de Dupré, síndrome extrapiramidal de Homburger-Gourevitch, infantilismo motor, assinergia mental e motora, debilidades piramidais e córtico-projetivas, etc.) pôs em evidência as relações psicomotoras que colocam em jogo uma cascata complexa de sistemas corticais e subcorticais, que envolvem grande parte dos substratos neurológicos.

Efetivamente, ao se debruçar sobre casos clínicos com evidência de disfunções a partir do tronco cerebral, do cerebelo, do tálamo, dos gânglios da base, das regiões frontais, etc., Wallon conseguiu demonstrar que tais componentes neurofuncionais funcionam de modo interativo, retroativo, proativo e apresentam uma extraordinária plasticidade.

Para ele, é, portanto, improvável que o modelo comando-instrumento possa dispôr de qualquer plausibilidade biológica; é impossível separar o inseparável, ou seja, separar o psíquico do motor. Trata-se de uma unidade cuja integração ocorre no processo do desenvolvimento psicomotor. A neuropsicologia atual reforça esta idéia com veemência. Para além desta concepção neuropsicológica atual da motricidade humana, Wallon aprofunda a psicomotricidade com o estudo original do tônus – objeto de estudo pouco explorado pelas neurociências atuais, diga-se de passagem. Algumas das suas contribuições nesta matéria são, na atualidade, consideradas como verdadeiramente avançadas para sua época.

Segundo este autor pioneiro, o tônus compreende e dá suporte à plasticidade, precisão, solidez, potência e diversidade das diversas formas de motricidade humana – macro, micro, oro, grafo e sociomotricidade (Fonseca, 1998, 1999) –, pondo em jogo complexos sistemas de origem reticular e extrapiramidal, que preparam o movimento dando-lhe a eficácia adaptativa necessária. Em Wallon, a função tônica permite mesmo extrair do movimento uma imagem cognitiva que faz eco na consciência. Ele defende que esta está por trás dos processos sensoriais e motores que permitem o tráfego de informações entre o organismo (unidade psicomotora) e o ambiente.

O tônus não é apenas muscular, é também cortical. Ele possui equivalentes neurovegetativos na pressão arterial, no ritmo cardíaco, na ventilação pulmonar, na integração vestibular, mas também na atenção, no processamento de dados, na recuperação da memória, na planificação e na execução das respostas adaptativas, etc., que contribuem para coordenar de maneira sinergética o conjunto dos recursos biológicos da conduta em curso, o que envolve ainda, por acréscimo, componentes emocionais e afetivos que se inserem e determinam os componentes posturais, sem os quais a conduta não é possível de concretizar-se.

O tônus não se limita a acompanhar o movimento, ele pode substituí-lo ou opor-se a ele. Exprime-se sobre a forma de atitude e demonstra uma espécie de modelo mental, sobre o qual a atividade representacional se pode espraiar.

A atenção será, portanto, a forma cognitiva desta acomodação tônica, cuja forma principal é a sustentação temporal da atividade mental, dando-lhe coerência e continuidade.

O tônus representa uma espécie de canalização ou de docilidade da atividade representacional, que se impõe, com mais ou menos esforço, às renovadas e contínuas impressões perceptivas, ao mesmo tempo que se junta ao fluxo das inconstantes urgências motoras. Diversos tipos de impulsividade, inconsistência e labilidade da atenção subentendem um eclipse da tonicidade mental, e não meramente postural, como está hoje demonstrado em muitas patologias (Wallon, 1928, 1959b).

A labilidade tônica conduz à labilidade mental, assim como a assinergia motora, decorrente de uma tonicidade deficitária ou mal regulada, pode implicar êxtase mental e turbulência motora (Wallon, 1925), que tendem a abolir perante o objeto ou a ação toda a espontaneidade e toda a noção de si (somatognosia), gerando inconstantes e infatigáveis mudanças de atividade e de focalização, como posso clinicamente testemunhar, com inúmeros casos de hiperatividade e de déficit de atenção, uma explicação plausível e atual para explicar e compreender alguns subtipos de dificuldades de aprendizagem.

Como a psicomotricidade se caracteriza por interações complexas entre o sistema motor (piramidal, extrapiramidal, reticular, cerebelar, e medular) e o sistema neurovegetativo (emoções, posturas e atitudes), os seus sinais desviantes podem fornecer indícios clínicos relevantes para perceber as intricadas relações entre a motricidade e o psiquismo e entre a sensibilidade e a afetividade.

Wallon fornece ainda outra visão neuropsicológica muito atual sobre o processo da imagem mental. Para ele, a imagem mental emerge da ação motora e dos sistemas somáticos e sensitivos, mas não corresponde aos determinantes reais postos em jogo pela própria ação. A consciência, resultante da integração superior de dados intra e extrassomáticos, forma-se a partir deles, mas tem os seus códigos próprios, suas representações não se sobrepõem apenas aos códigos sensóriomotores utilizados pela ação.

A integração sensorial exteroceptiva inicia-se em uma espécie de recodificação proprioceptiva. É esse o sentido de unidade dialética da conduta que caracteriza o pensamento neuropsicológico walloniano. Por esse processo, a deterioração da ação ou do gesto pode decorrer da interposição de imagens capazes de perturbar o desenrolar e a fluência melódica da ação. A visão de Damásio (1994, 1999) sobre esta matéria, embora mais transcendente, não é antagônica à de Wallon. Para ele, de um lado, está o controle das competências sensório-motoras que preparam o gesto (*output*), do outro, o surgimento de um processo a partir do qual se elaboram novas competências cognitivas (reaferência, lei do efeito integrativo), ou seja, o controle do efeito.

A fusão psicomotora, emergente da intencionalidade da ação, e já estudada por Wallon (1925, 1941, 1973), na imitação da criança, não é mais do que a emergência da representação da ação que se opera em uma sucessão de etapas. Para este autor, a criança dispõe de competências sensório-motoras iniciais que lhe permitem adaptar-se espontaneamente a uma série de atitudes, de gestos e de posturas oriundas dos seu ambiente sociocultural, reproduzindo ou copiando modelos, inicialmente na sua presença. Mais tarde, o modelo perceptivo passa a ser relacionado com dispositivos inibidores, podendo recuperá-lo sem ser necessária a sua presença. Ou seja, a distância mental criada entre a percepção e a ação permite a intrusão de componentes cognitivos que permitem regular, inibir, recriar e opôr-se à ação, personalizando-a.

A ação é concebida, em termos wallonianos, como estritamente regulada pelo seu efeito, concepção hoje completamente aceita nas neurociências e primeiramente avançada pelo russo Bernstein (1967, 1986d), a que me dedicarei mais adiante. De uma simples regulação sensório-motora, o desenvolvimento psicomotor induz uma organização mais complexa da ação e desencadeia um controle e uma automatização das condutas mais intencional e flexível, alargando a qualidade da aprendizagem e da adaptação, quer na evolução da espécie humana, quer, obviamente, na criança.

A aprendizagem sugere em Wallon uma modificabilidade dos níveis anteriores de organização neurológica, a resolução de um conflito entre dois níveis de organização, o anterior e o novo. Encarada em uma perspectiva neuropsicológica, a psicomotricidade não se constrói como um edifício de vários fatores (tônicos, posturais, somatognósicos, etc.) talhados segundo um plano, mas, sim, como uma reorganização ou uma substituição do plano que presidia à organização anterior e precedente da ação. Tal reorganização original, de caráter competitivo, seletivo e integrativo pode levar à supressão de sinapses em vez de à simples adição de contatos entre os neurônios, subtraindo conexões irrelevantes.

A aprendizagem sugere, na ótica de Wallon, a criação de sistemas neurofuncionais mais econômicos e eficazes, por isso o controle dos gestos passa a ser cada vez mais ajustado aos efeitos desejados. Objetivo e fim, psiquismo e motricidade passam a estar ligados por uma série de procedimentos automatizados, que são controlados cognitivamente.

Esta visão dos processos de automatização, hoje também aceita na literatura neuropsicológica, está na origem do surgimento das aptidões e das competências de qualquer tipo de aprendizagem não-verbal ou verbal, aprendizagem essa concebida como a criação de um novo sistema funcional, que pode desmoronar por efeitos de uma lesão e que se constitui como uma organização neurocerebral inédita, evidenciando uma nova integração dos corpos estriados, já considerados por Wallon, em 1928, como centros privilegiados de regulação dos automatismos.

Sabe-se, hoje, através de conhecimentos mais precisos, que os gânglios da base, os núcleos caudados, a substância negra e o putâmen recebem informações de todas as regiões neocorticais e estão conectados com substratos neurológicos recentes, como a área suplementar motora e o córtex pré-frontal, fazendo parte de sistemas inibidores e retículo-energéticos que modulam a sensibilidade, a postura e a tonicidade, além de garantir a unidade sistêmica entre os componentes psíquicos que pensam e os componentes sensório-motores que executam a ação.

Em síntese, a concepção neuropsicológica da ação e do pensamento, isto é, da psicomotricidade, introduzida por Wallon, conserva toda a sua atualidade e fecundidade. Ela deve, como teoria, estar por trás da criação de modelos de diagnóstico psicomotor, assim como deve nortear qualquer tipo de intervenção psicomotora, seja terapêutica, reabilitativa, reeducativa ou educativa.

| SÍNDROMES PSICOMOTORAS | FATORES PSICOMOTORES | UNIDADES FUNCIONAIS |
|---|---|---|
| S. *córtico-projetivo*<br>Insuficiência frontal<br>Imperícia expressiva<br>Impulsividade/Inércia<br>S. *piramidal* | SPMH<br>Praxia fina<br>Praxia global | 3ª unidade<br>Planificação<br>Intenções/Programas<br>Verificação/Correção<br>Regulação/Controle |
| S. *córtico-associativo*<br>Dificuldades fala/grafismo<br>Instabilidade emocional<br>Faltam automatismos<br>Subcoréia<br>S. *extrapiramidal* | Estágio<br>Espaço-temporal<br>Somatognósia<br>Lateralização | 2ª unidade<br>Processamento<br>Des./codificação<br>Análise/Síntese<br>Seleção/Integração |
| S. *cerebelar*<br>Insegurança gravitacional<br>Hiperatividade<br>Paratonias<br>Sincinesias<br>Assinergia | Equilibração<br>Tonicidade | 1ª unidade<br>Atenção<br>Facilitação/Inibição<br>Regulação tônica |

# DA EMBRIOLOGIA MOTORA À EMBRIOLOGIA MENTAL:
## introdução à obra de Piaget

**2**

### A NATUREZA ADAPTATIVA DA INTELIGÊNCIA

Jean Piaget (1947, 1956, 1964b, 1965, 1970, 1976) é um dos maiores vultos do conhecimento moderno. Influenciou todos os campos da psicologia e da pedagogia, não só pela vastidão do seu trabalho teórico e empírico, mas também pela fundamentação interdisciplinar que o caracteriza. Inicialmente zoólogo, com uma tese sobre moluscos, mais tarde filósofo, lógico e epistemólogo, Piaget (1973, 1976), sempre interessado pelas ciências da natureza, tornou-se um dos psicólogos genéticos mais conhecido e distinto da atualidade.

Trabalhando como assistente de investigação de Simon, no Laboratório de Binet, em Paris, a sua missão centrou-se, na época, na padronização dos testes de lógica de Burt com amostras de crianças francesas em idade escolar, padronização essa que permanentemente combateu ao longo da sua carreira. O seu interesse, pelo contrário, foi-se situando muito mais sobre o processo de raciocínio subjacente que as crianças usavam, não só quando produziam respostas certas, mas, especialmente, quando produziam respostas erradas. Interessou-se, assim, particularmente, em conjunto com seus colegas Inhelder e Szeminska, pela maneira como as crianças pensavam em problemas, ou seja, pelo seu processo cognitivo, e não meramente pelos produtos ou comportamentos em si.

Não se conhece uma teoria da aprendizagem de Piaget, nem qualquer tentativa neurobiológica ou neuropsicológica para explicá-las, todavia a sua contribuição sobre o desenvolvimento cognitivo da criança é uma obra extraordinária, quer em termos quantitativos, quer qualitativos. Também interessado em estudos cognitivos sobre crianças portadoras de deficiência mental e de dificuldades de aprendizagem, Piaget permitiu esclarecer em muito o desenvolvimento destas, tendo concluído que, em termos globais, tal desenvolvimento se caracteriza sensivelmente pelas mesmas seqüências de raciocínio cognitivo que as crianças ditas normais, só que seguindo regras de aplicação em um ritmo mais lento e de uma forma inacabada, com oscilações e regressões (Inhelder, 1943; Inhelder e Piaget, 1948). O seu contributo é também inovador no âmbito da avaliação do potencial cognitivo, pois, ao contrário da perspectiva psicométrica e padronizada, acabou por criar instrumentos mais flexíveis, quer na administração, quer na cotação, permitindo, ainda, a sua adequabilidade a crianças com perturbações de desenvolvimento.

Com tarefas indutoras de interação entre o observador e a criança observada, sem limite de tempo e suscetíveis de serem aplicadas várias vezes e com variações, o objetivo da sua observação-tipo era indagar sobre o nível de funcionamento cognitivo da criança, com base na ocorrência de processos de facilitação da sua expressão, ou seja, de processos de interação e de questionamento que permitam chegar mais perto das estruturas dos seus conceitos cognitivos do que sobre o rendimento do seu comportamento. Nessa perspectiva inovadora, este autor aproxima-se das correntes atuais de avaliação dinâmica (Tzuriel, 1989; Haywood e Tzuriel; 1992, Lidz; 1997).

A sua perspectiva seqüencial de desenvolvimento, de estádios precedentes a estádios subseqüentes, serve igualmente de base para construir escalas evolutivas que podem orientar a avaliação longitudinal e o ensino de aptidões cognitivas a crianças que apresentam várias condições de dificuldade. Investigadores, observadores, avaliadores, clínicos, professores e outros não podem deixar de usar estes conceitos todos os dias na sua prática profissional, dada a sua importância e utilidade psicopedagógica.

Não cabendo neste livro a abordagem multifacetada da sua vasta obra, tentarei neste capítulo integrar apenas as suas principais idéias sobre o desenvolvimento cognitivo da criança, ao mesmo tempo que tentarei analisar alguns dos seus conceitos e suas contribuições mais próximos dos paradigmas da teoria da ação e do desenvolvimento psicomotor da criança e do jovem.

Interessando-se desde cedo pelo estudo das estruturas e dos domínios da totalidade da função cognitiva, da "organização horizontal" dos estádios de desenvolvimento cognitivo e da gênese da inteligência na criança, (Piaget, 1961, 1962c, 1964a, 1964b, 1972a), também designado como um cientista somático, imprime aos seus trabalhos uma ótica simultaneamente biológica e evolutiva que naturalmente o aproxima dos trabalhos de Darwin (1956), de Freud (1967, 1968), de Hanna (1970) e de Lorenz (1974).

Independentemente da sua abordagem sobre o desenvolvimento cognitivo ser considerada complexa, em alguns âmbitos até mesmo difícil de captar e de integrar, corro o risco de alguma simplificação neste capítulo dedicado ao desenvolvimento psicomotor, com o sentido de viabilizar a acessibilidade aos seus conceitos mais fundamentais.

### Assimilação e acomodação como um modelo de funcionamento psicomotor

Assim, segundo Piaget (1961, 1964b, 1970, 1973), a inteligência humana concretiza-se na adaptação do homem ao mundo exterior, adaptação essa que tem na sua perspectiva dois componentes:

a) assimilação: do mundo exterior para a criança;
b) acomodação: da criança para o mundo exterior.

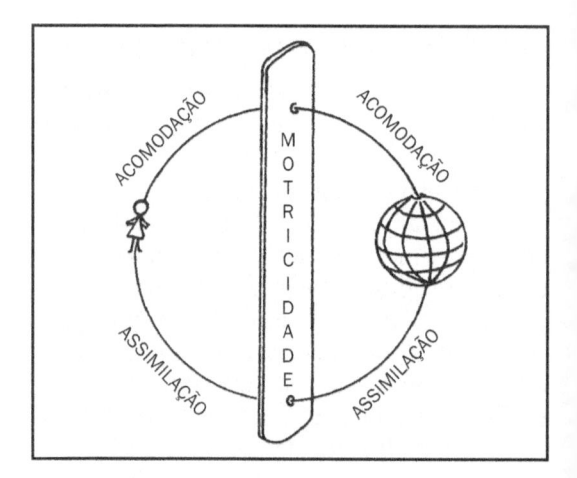

A inteligência, para Piaget (1964b, 1973, 1976), é a resultante e o resultado da experiência do indivíduo. Segundo ele, é através da experiência como ação e, portanto, como motricidade, que o indivíduo simultaneamente integra e incorpora o mundo exterior e o vai transformando.

No primeiro caso, opera-se a assimilação do mundo exterior e, no segundo, a acomodação ao mundo exterior, isto é, em síntese, o indivíduo, ao transformar o mundo exterior, transforma o seu mundo interior, transformando-se em si próprio.

Piaget (1973) possui uma visão da inteligência ou da cognição humana como uma adaptação biológica específica de um organismo complexo a um envolvimento igualmente complexo, um sistema cognitivo extremamente ativo, que seleciona e interpreta a informação do envolvimento à medida que constrói o seu conhecimento.

Para Piaget (1964a, 1965a, 1972), não se trata de uma cópia da informação como ela se apresenta aos sentidos, mas mais de uma reconstrução e reinterpretação desta, para que se integre em um enquadramento mental preexistente. A mente, na sua perspectiva, nunca copia o envolvimento, aceitando-o de forma passiva ou preestabelecida, nem o ignora, criando uma concepção mental privada ou autista. Pelo contrário, a mente constrói estruturas de conhecimento, captando dados externos e interpretando-os, transformando-os e reorganizando-os de forma autodirigida.

Trata-se, portanto, de um sistema de interação com o mundo exterior, ou seja, de uma adaptação biológica, composta de dois componentes inseparáveis e indivisíveis, complementares e simultâneos – a assimilação e a acomodação. Embora seja necessário abordar cada um destes componentes de forma separada, em termos mentais, eles estão intrinsecamente unidos, são as duas faces da mesma moeda, por assim dizer.

A assimilação significa aplicar o que já se conhece e adquiriu, ou seja, interpretamos o mundo exterior (objetos, situações, eventos, etc.) em termos do que mentalmente podemos dispor para lidar com tais dados. A criança pequena pode fingir que um pedaço de madeira é um avião porque o "assimila" ao seu conceito mental de avião, isto é, incorpora o objeto dentro da estrutura de conhecimento que possui de aviões.

A acomodação significa, por outro lado, ajustar o conhecimento em resposta às características especiais de um objeto ou de uma dada situação, tendo em conta as suas propriedades e relações objetivas e concretas, ou seja, por meio dela, adquire-se a noção estrutural dos atributos da informação em questão, o que permite desencadear respostas adaptativas, logo motoras, a tais condições do envolvimento. A criança que pretende imitar os gestos da mãe tenta "acomodar-se" ou ajustar-se no seu aparelho mental (o que inclui um componente motor já integrado), aos detalhes do comportamento do seu modelo de ação.

A assimilação sugere, portanto, um processo de adaptação dos estímulos externos às estruturas mentais internas do sujeito, enquanto a acomodação sugere um processo complementar de adaptar essas estruturas mentais à estrutura dos mesmos estímulos. Trata-se de dois aspectos extremamente interdependentes, inseparáveis e de igual importância, mas integrantes de um mesmo processo cognitivo, sugerindo uma constante e vital interação e colaboração entre o interno-cognitivo e o externo-ambiental, ambos mutuamente contribuindo para a construção do conhecimento.

O modelo funcional de assimilação-acomodação, que, em termos psicomotores, apresenta uma similitude clara, acaba por fornecer igualmente uma concepção geral sobre o desenvolvimento cognitivo e sobre as suas mudanças estruturais e graduais, fundamentalmente causadas pela maturação e pela experiência.

Os incrementos do crescimento mental decorrentes de repetidas assimilações e acomodações levam a um processo dialético contínuo do tipo passo-a-passo, gerando processos mentais transformados, que se desenvolvem a partir de outros mais elementares como conseqüência de mudanças graduais nas possibilidades assimilativas e acomodativas.

Tais mudanças, entretanto, resultam da ativação contínua de tais funções mentais no decurso da adaptação prospectiva ao ambiente. A contínua assimilação do meio e a acomodação da mente ao meio são a conseqüência lógica da repetição do funcionamento cognitivo. É esse processo gradual, lento e integrado que acaba por ilustrar os diferentes tipos de pensamento da criança, desde o período sensório-motor até o período formal.

Pelos esquemas das páginas anteriores, podemos, pois, facilmente verificar como a adaptação ao mundo exterior, em termos de aprendizagem, implica uma relação permanente entre dois processos dinâmicos e complementa-

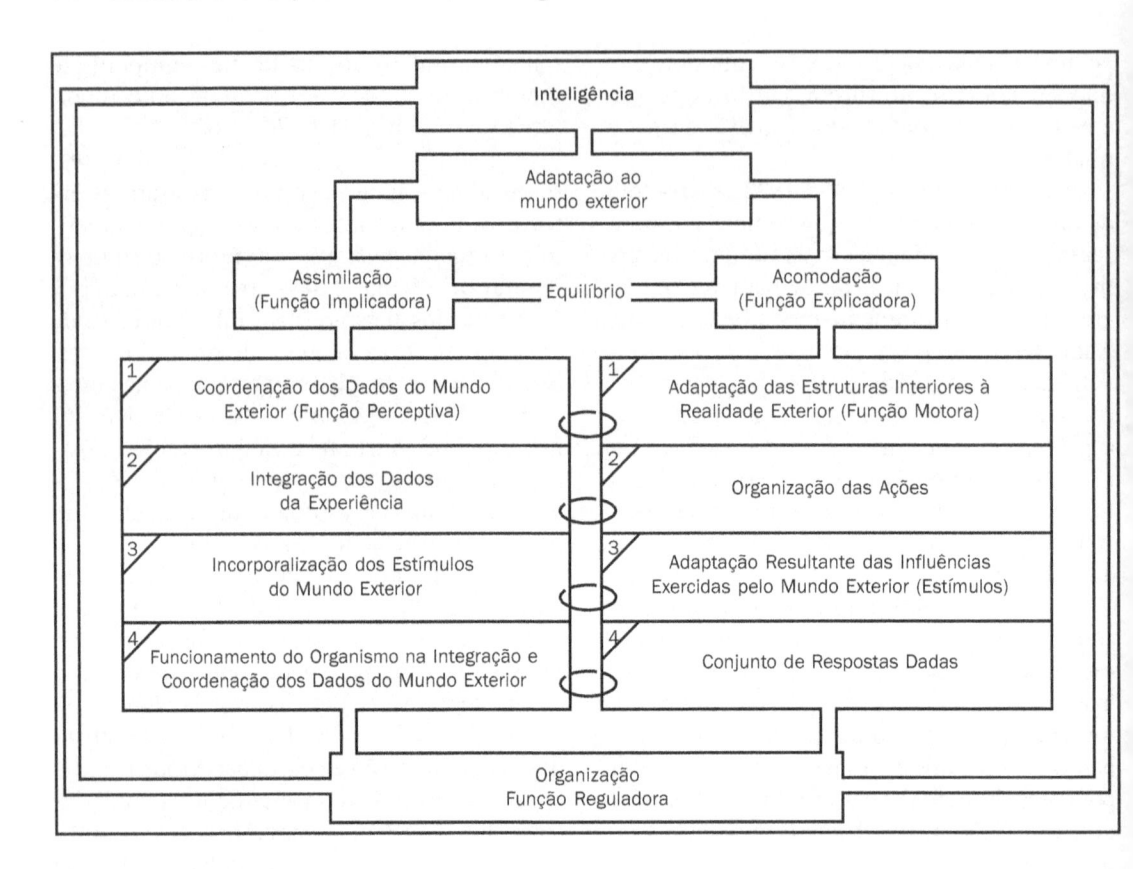

## 78 Desenvolvimento psicomotor e aprendizagem

```
                           Inteligência
                        Adaptação ao
                        mundo exterior

   Assimilação                               Acomodação
(Função Implicadora)  ——— Equilíbrio ———  (Função Explicadora)

1/ Coordenação dos Dados do Mundo      1/ Adaptação das Estruturas Interiores à
    Exterior (Função Perceptiva)           Realidade Exterior (Função Motora)

2/ Integração dos Dados                2/ Organização das Ações
    da Experiência

3/ Incorporalização dos Estímulos      3/ Adaptação Resultante das Influências
    do Mundo Exterior                      Exercidas pelo Mundo Exterior (Estímulos)

4/ Funcionamento do Organismo na Integração e  4/ Conjunto de Respostas Dadas
    Coordenação dos Dados do Mundo Exterior

                        Organização
                      Função Reguladora
```

res – por um lado, a assimilação, preferencialmente envolvida na integração multissensorial, e, por outro, a acomodação, mais enfocada na elaboração motora. Em termos evolutivos simples, a criança tem de passar primeiro por uma fase de assimilação (dita receptiva ou de *input*), para poder atingir depois uma fase de acomodação (dita expressiva ou de *output*).

A criança estabelece, assim, a relação com o mundo exterior através da circularidade entre as percepções (assimilação) e as ações (acomodação), e é o conjunto de adaptações que, na sua circulação corporalizada pela motricidade, irá transformar a inteligência prática e sensório-motora em inteligência reflexiva e gnósica.

Em traços muito gerais, posso tentar resumir a noção da inteligência em Piaget a uma noção de adaptação construtivista, noção, aliás, original e de um alcance psicopedagógico muito importante, ainda mais que, depois dos trabalhos de Binet, de Freud, de Watson e de Terman, a noção de inteligência ficara contaminada de verbalismo. Piaget (1972a, 1972b, 1972c), em certa medida, desmistificou a noção verbal de inteligência e situou-a em um plano mais global, complexo e abrangente.

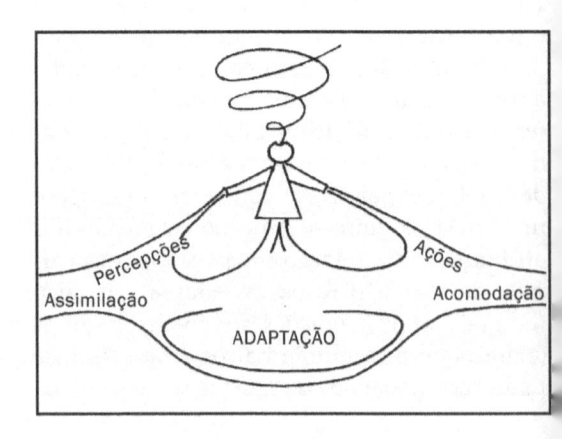

```
         Percepções   Ações
      Assimilação    Acomodação
           ADAPTAÇÃO
```

A inteligência, na perspectiva piagetiana, consiste em uma dinâmica interiorizada, em que se verificam conexões representacionais de assimilações e de adaptações. Mas atenção: estas conexões deverão ser entendidas como integrações conservadas e consolidadas, isto é, devem ser edificadas e construídas de acordo com a lei da natureza sobre o equilíbrio dinâmico, sinônimo, aliás, da própria noção de adaptação.

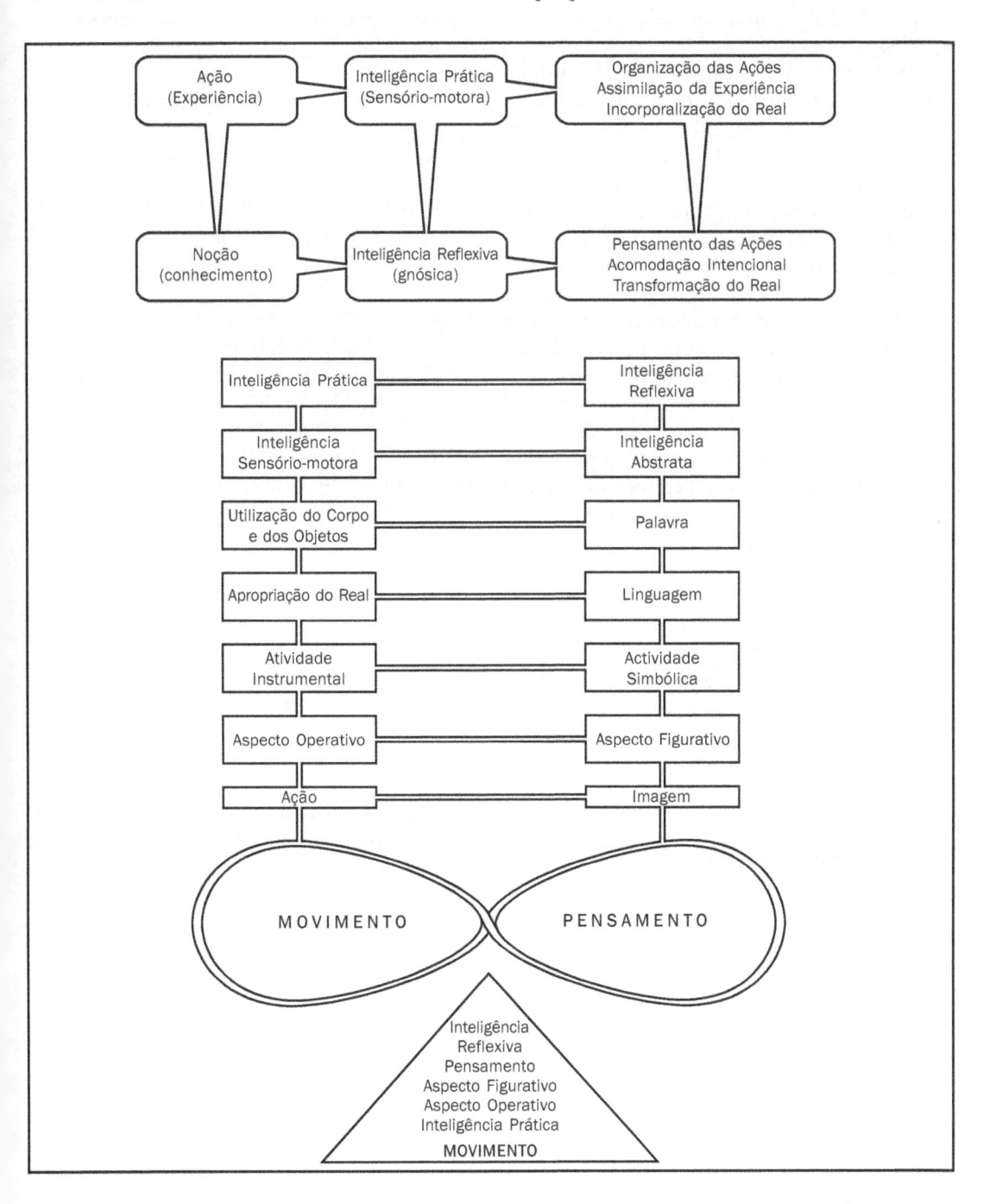

```
┌─────────────┐     ┌──────────────────┐     ┌──────────────────────────┐
│    Ação     │─────│ Inteligência Prática │─────│ Organização das Ações    │
│ (Experiência)│     │ (Sensório-motora) │     │ Assimilação da Experiência│
└─────────────┘     └──────────────────┘     │ Incorporalização do Real │
                                              └──────────────────────────┘

┌─────────────┐     ┌──────────────────┐     ┌──────────────────────────┐
│    Noção    │─────│ Inteligência Reflexiva│─────│ Pensamento das Ações     │
│(conhecimento)│     │     (gnósica)    │     │ Acomodação Intencional   │
└─────────────┘     └──────────────────┘     │ Transformação do Real    │
                                              └──────────────────────────┘
```

| Inteligência Prática | = | Inteligência Reflexiva |
| Inteligência Sensório-motora | = | Inteligência Abstrata |
| Utilização do Corpo e dos Objetos | = | Palavra |
| Apropriação do Real | = | Linguagem |
| Atividade Instrumental | = | Actividade Simbólica |
| Aspecto Operativo | = | Aspecto Figurativo |
| Ação | = | Imagem |

**MOVIMENTO ∞ PENSAMENTO**

Inteligência
Reflexiva
Pensamento
Aspecto Figurativo
Aspecto Operativo
Inteligência Prática
**MOVIMENTO**

Parece-me agora oportuno desenvolver um pouco mais esta noção de inteligência de Piaget (1964b). Assim, para o autor suíço, a inteligência verbal ou reflexiva repousa em uma inteligência sensório-motora, que, por sua vez, se apóia em ações e em associações de ações adquiridas e integradas.

De fato, a coordenação do sistema sensório-motor é a primeira e última demonstração de inteligência humana. Organizando e recombinando movimentos, a criança integra e transforma o mundo, da mesma forma que o homem primitivo foi construindo ferramentas e transformando a natureza de acordo com as suas necessidades de adaptação (Piaget, 1960, 1976). O movimento intencional, isto é, a ação criadora, torna-se, assim, um elemento de compreensão prática que explica a seqüência das ações e a realização das condutas, ao mesmo tempo em que é um instrumento da experiência humana que aperfeiçoa e melhora a assimilação do mundo exterior.

Efetivamente, antes da aquisição da linguagem (período pré-verbal) a criança demonstra a sua inteligência ou adaptação por estruturas sensório-motoras cada vez mais aperfeiçoadas e complexas. A formação destas estruturas é uma sucessão e uma integração de novas estruturas que obedecem a vários fatores que iremos desenvolver mais à frente.

É dentro dessas "regras piagetianas" que se dá a embriologia da inteligência, demonstrando o caráter estruturante e estruturado da inteligência humana em formação.

## DA AÇÃO À OPERAÇÃO

### Da ação à representação, passando pela imagem

Piaget (1947, 1956, 1962c, 1964a) destaca a importância da motricidade na formação da imagem mental (representação imagética). O vivido, integrado pelo movimento e pela experiência, é, como vimos, o reflexo da introjeção do mundo (assimilação), ao mesmo tempo que é também projeção no mundo (acomodação).

A inteligência é ação e interação; não é mais do que uma ação interiorizada e organizada. A ação (movimento) transforma o objeto e o real, modificando-os através de processos sensório-motores que antecedem a linguagem ("No começo é ação", já dizia Goethe em analogia com o paradigma bíblico "no princípio era o verbo"). Efetivamente, a imagem mental só é possível quando apóiada e alicerçada na experiência e na ação.

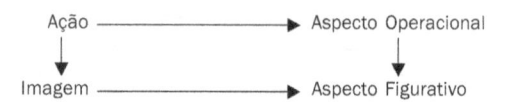

Ação ⟶ Aspecto Operacional
↓
Imagem ⟶ Aspecto Figurativo

A imagem (aspecto figurativo do pensamento) apóia-se e emerge da ação. A imagem mental, portanto, advém de uma imagem interiorizada do objeto ou do real. Tal imagem só é adquirida e assimilada quando passa pela experiência e pela ação. Ou seja, a criança só pode ter uma imagem ou uma noção de um objeto se esse objeto passar pela sua experiência, pela sua ação, isto é, pelas suas mãos. Do objeto real ao objeto mental, na lógica piagetiana, a motricidade integrada encarrega-se de produzir uma imagem e uma (re)presença coerente das suas ações e interações sujeito-objeto. Em termos simples, diria que a criança conhece o objeto depois de tê-lo agido e manipulado. Há, portanto, na proposta de Piaget (1956, 1960, 1965a, 1976), um sentido dinâmico da ação e da imagem. Uma é a conseqüência da outra.

Note-se, entretanto, que, na perspectiva escolar e clínica, a conseqüência deste pensamento conduz-nos a uma reinterpretação da importância da motricidade e do jogo em qualquer tipo de aprendizagem na criança, seja ela não-verbal ou não-simbólica, verbal ou simbólica. Sem um componente corporal e cinestésico de qualquer tipo de aprendizagem, as redes neuronais múltiplas que suportam os seus engramas (a sua memória específica) têm mais dificuldade para se fixar ou conservar e, conseqüentemente, são mais difíceis de rechamar ou de recuperar para serem mobilizadas para a organização de respostas adaptativas.

O aparecimento da função simbólica que gera a linguagem e que está na origem da representação e do pensamento humano é um prolongamento da ação e da experiência humana. É da ação cada vez mais organizada e interiorizada que se passa à imagem, imagem que, não sendo uma cópia passiva da ação, muito menos um reflexo imediato do real, é, porém, uma figuração desta, isto é, uma reconstrução original sua.

A imagem é a ponte entre a ação e a representação e, como tal, contém em si própria um componente operacional (sensório-motor) e um figurativo (simbólico). A imagem, como conseqüência da ação, é inicialmente estática e só posteriormente pode vir a ser dinâmica, isto é, só pode vir a ser antecipadora da ação a partir do momento em que é conhecida nos seus pormenores e detalhes, na sua seqüência e na sua conseqüência (ações-e-efeitos). Dentro dessa perspectiva, a ação e a conduta (motricidade) passam a ter uma estrutura espaço-temporal intencionalmente construída.

É a constante interação que a criança estabelece com o mundo exterior através da motricidade que lhe permite, por um lado, um controle cada vez mais ajustado e, por outro, uma intencionalidade crescente; por isso, ela começa a ter um acesso cada vez maior aos pormenores e detalhes sensoriais e motores, espaciais e temporais da ação. Tal interação criança-mundo, baseada na motricidade, reflete uma integração e uma congruência multissensorial que se subdivide em vários componentes (auditivo, visual, tátil, cinestésico, olfativo, vestibular, proprioceptivo, etc.), cuja associação e cooperação constroem a sua representação interna, que permite progressivamente predizer as suas conseqüências.

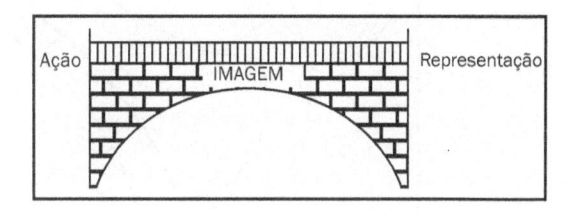

As atividades sensório-motoras passam, com a integração da experiência, a atividades perceptivo-motoras, tornando possível a interiorização das imagens mentais que, por sua vez, constituirão, como primeiras estruturas operacionais, o suporte da linguagem e da reflexão (Dantas, 1992).

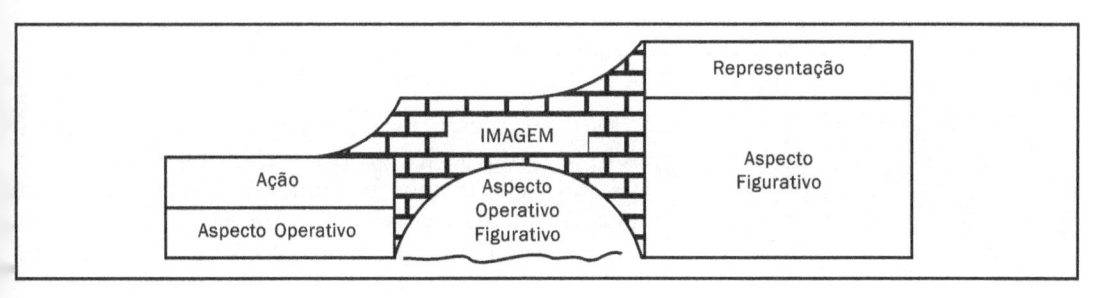

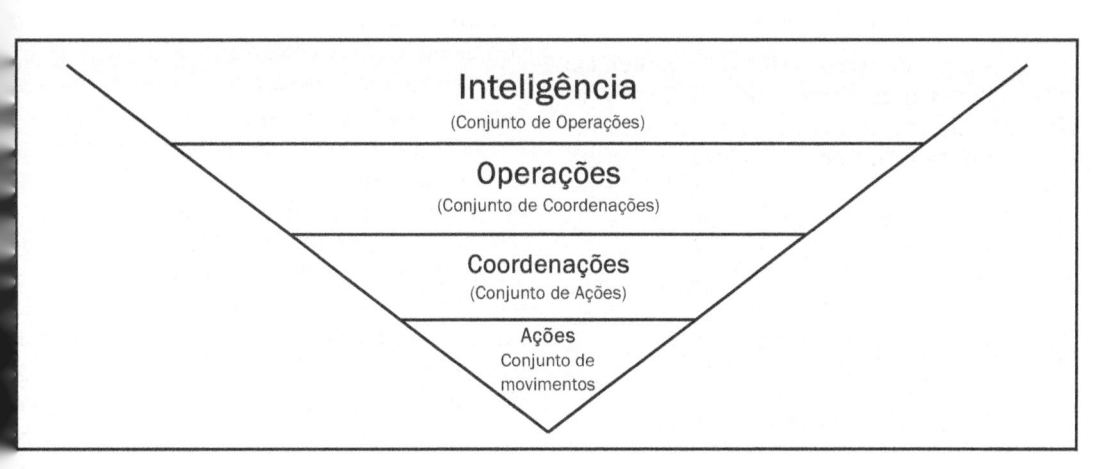

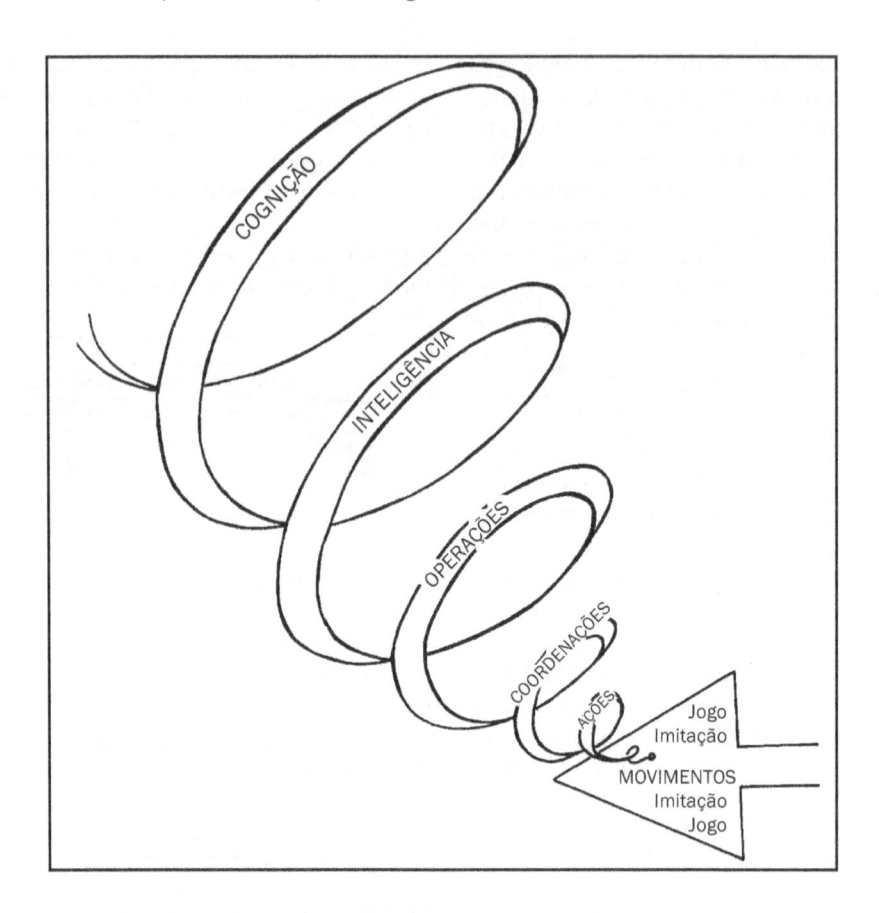

## 82 Desenvolvimento psicomotor e aprendizagem

[Figura: espiral ascendente representando, de baixo para cima: MOVIMENTOS (Imitação, Jogo) → AÇÕES → COORDENAÇÕES → OPERAÇÕES → INTELIGÊNCIA → COGNIÇÃO; com indicação lateral "Jogo / Imitação"]

Na perspectiva de Piaget (1956, 1960, 1961, 1964b, 1965a), a operação é um conjunto de coordenações, isto é, ações organizadas segundo uma lógica e uma intenção de movimentos significativos.

### TOMADA DE CONSCIÊNCIA DA AÇÃO

A operação é, assim, uma ação coordenada que implica a estruturação lógica da inteligência da criança. É através da fase operacional que a criança se ultrapassa na ação e, preenchendo as lacunas e descoordenações iniciais, pode estruturar-se em uma organização cada vez mais lógica e aperfeiçoada.

A criança "faz", mas ainda não compreende o que "faz". Só mais tarde, por meio de esquemas operacionais, ou seja através dos primeiros passos da ação conscienciada, ela poderá vir a compreender e a saber o que faz pelo que fez. Os primeiros movimentos da criança, apenas baseados em esquemas sensório-motores, são quase inconscientes; só mais tarde, quando, na fase operacional, se lhes vem juntar a imagem antecipadora da ação, estes esquemas sensório-motores podem se tornar conscientes. A operação, ou seja, a tomada de consciência da ação, consiste, em última instância, em transportar para o plano do consciente certos elementos do inconsciente.

Por sua vez, a noção de representação, em Piaget (1960, 1962c, 1964a, 1972c, 1976), não é mais do que a própria conceitualização, isto é, a reconstrução do ato e da ação. Esta conceitualização, entretanto, vai sendo melhorada à medida que vão sendo ultrapassadas e superadas as contradições resultantes da integração de novos dados e elementos. Há como que uma relação estruturadora entre um nível de incubação de novas estruturas e um nível de acabamento de estruturas já adquiridas, o que permite vir a organizar progressivamente as operações concretas:

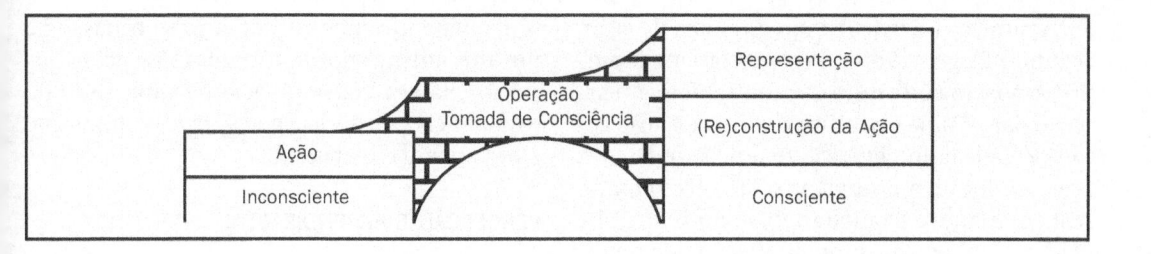

|  | Representação |
|---|---|
| Operação Tomada de Consciência | (Re)construção da Ação |
| Ação | |
| Inconsciente | Consciente |

É com base nesta perspectiva evolutiva e construtivista que a noção de objeto e a noção do real virão, entretanto, a estruturar-se. A criança só poderá ter a noção de um objeto quando esse mesmo objeto for por ela utilizado significativamente. Aqui, a função de utilização é sinônima de função de conhecimento. Ambas são conseqüência das ações que a criança pode realizar e produzir com o objeto. A assimilação do objeto pela criança só poderá existir perante um sistema de trocas (sensoriais e motoras) entre a criança e o objeto.

É dentro deste sentido que Piaget (1964b, 1965a) utiliza a designação de esquema de ação. O objeto virá a ser conhecido como objeto permanente na razão direta da variedade e complexidade dos esquemas de ação que a criança tiver adquirido e assimilado à sua estrutura mental.

## A NOÇÃO DE OBJETO

### Esquema de ação

O objeto (ou brinquedo) só fará parte da criança quando for assimilado e integrado aos seus esquemas de ação, pois só através deles se estabelecerão trocas e interações entre ambos, processo indispensável para que a criança possua o seu conhecimento e compreenda a sua função. Não há objetos para as crianças, mas, sim, crianças que sabem utilizá-los.

O objeto é necessário à existência da criança na medida em que traduz a forma mais concreta e dinâmica de aprendizagem do real. Só a espécie humana e, conseqüentemente, a criança, atingiram e atingem, pelo processo da sociogênese (Fonseca, 2002, 2003), tal grau de domínio e de domesticação do mundo exterior. A inteligência da criança evolui quando assimila em si o mundo dos objetos e o próprio real. O real e o objeto existem não porque são apenas pensados, mas porque são manipulados e sentidos, independentemente do real e dos objetos existirem para além da criança. A inteligência é, portanto, a reconstrução do real e dos objetos pelo pensamento, que, pode-se dizer, se apóia nos esquemas de ação. Pensar é, antes de mais nada, agir.

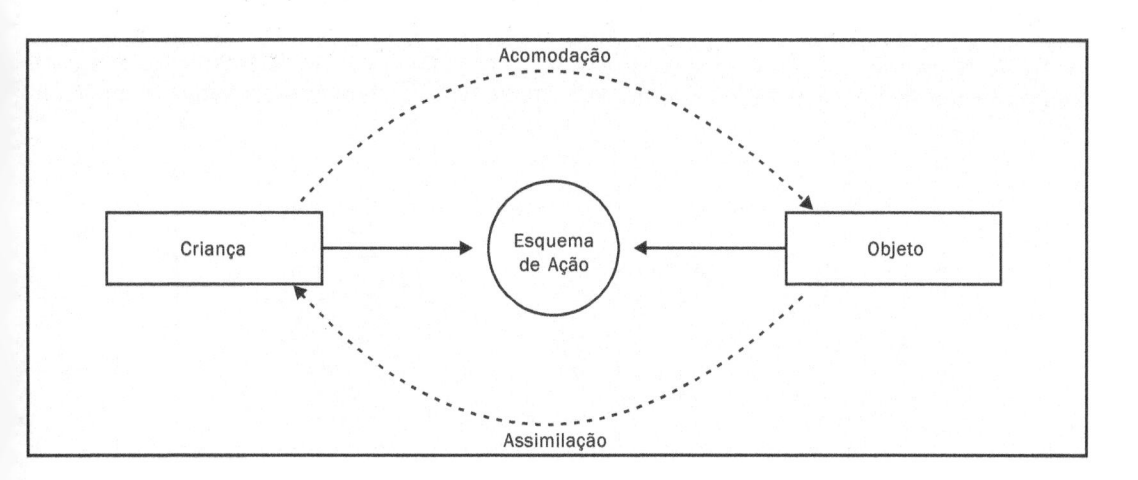

Assimilar um objeto a um esquema de ação, segundo Piaget, 1965a, 1976, é conferir à própria ação, uma estrutura cognitiva. Efetivamente, ao dar-se uma estrutura cognitiva à ação e à motricidade, a inteligência tem de coordenar a ação, de forma a acomodar-se ao objeto ou ao real. A criança, acomodando-se ao real e aos objetos, conhece-os, simboliza-os e pode representá-los.

Mais uma vez, a motricidade é a estrutura de troca e de relação que permitirá à criança assimilar e acomodar-se ao real e aos objetos. O pensamento da criança é inteligente quando se apóia no real ou nos objetos, pois só pela ação e pela motricidade poderá assimilá-los e acomodá-los.

A assimilação tem aqui, portanto, o papel de integração e de interação, que irá permitir, através da aprendizagem, o processo complementar da acomodação. A assimilação mental do real e dos objetos é tão importante à inteligência da criança como a assimilação orgânica dos alimentos é para o seu crescimento e bem-estar. Só que, em um caso, temos a integração de uma relação que pode ser ativa ou passiva e, no outro, temos a integração de uma substância. Como diz Piaget (1965a, 1973), a própria realidade da inteligência do conhecimento é a criação de relações e de coordenações entre ações. A inteligência é essencialmente operacional.

É pela motricidade que a inteligência se constrói, pois é por seu intermédio que as percepções se organizam e se estruturam, os esquemas sensório-motores se aperfeiçoam, as imagens se elaboram e as representações se reconstroem. A inteligência não surge espontaneamente, em um determinado momento do desenvolvimento mental, como se se tratasse de um mecanismo pré-fabricado, mas, pelo contrário, ela é a conseqüência de uma série de experiências sensório e perceptivo-motoras que a organizam e elaboram.

## PERCEPÇÃO E APRENDIZAGEM

A inteligência é a resultante lógica da experiência motora integrada e interiorizada, isto é, assimilada. É uma criação de adaptações que visam estabelecer um equilíbrio progressivo entre a criança e o mundo exterior, e não a sua mera incrementação quantitativa. A adaptação não tem um caráter passivo e fixo, ela é dinâmica e plástica, dado que se constata face a situações novas, inéditas e imprevisíveis. À inteligência caberá multiplicar a criação e a organização de adaptações a um mundo exterior em mudança.

Biologicamente, no sentido de Piaget (1973), a inteligência é um caso particular da atividade orgânica, dado que as coisas percebidas ou conhecidas são um aspecto do mundo exterior ao qual o organismo tende a adaptar-se, operando-se, como conseqüência, uma inversão de relações.

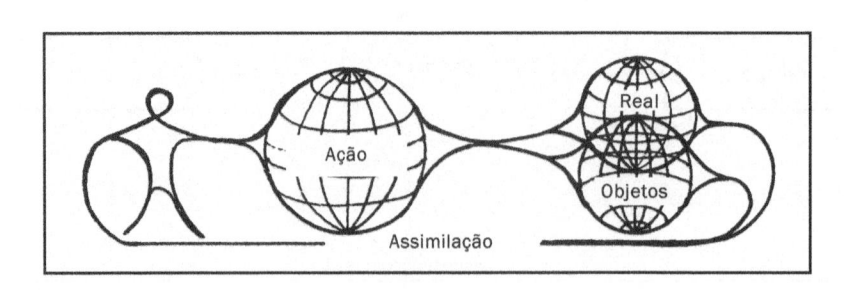

A evolução da criança é uma elaboração contínua de estruturas variáveis, que, entretanto, já tenham sido conquistadas e que se tenham mantido estáveis e constantes (Bairrão, 1968). Quer dizer, para que o desenvolvimento mental se dê, é necessário que se conservem e se retenham elementos da experiência anterior, a fim de estes poderem ser coordenados, adaptados e reelaborados face a circunstâncias externas novas e variáveis. A criança pode transformar os seus comportamentos e, portanto, aprender, porém, a conservar e a estabilizar outros comportamentos. Existe, pois, um misto de continuidade em algumas estruturas e de descontinuidade em outras.

Em termos de aprendizagem, Piaget (1970, 1972b) entende, pois, que esta só se verificará quando, face a uma nova situação, a criança se transformar, mas, para isso, tem também de evocar funções de inteligência já estabilizadas e adaptadas. A inteligência da criança estabiliza-se e transforma-se, na medida em que cada novo estádio evolutivo origina novas estruturas, que só estão parcialmente antecipadas nos estádios anteriores.

A criança não pode, portanto, ser vista como um adulto em miniatura, por isso, a sua inteligência não é inferior o que subsiste é uma diferença de quantidade e de grau. As diferenças de inteligência entre ambos revelam, assim, níveis de organização qualitativamente diferentes. Os estádios de inteligência piagetianos, que veremos mais adiante, refletem mudanças, transições e transformações cognitivas qualitativas muito importantes, isto é, induzem uma espécie de reorganização passo-a-passo com novas propriedades emergentes, algo que é demasiado relevante para o processo de aprendizagem.

No caso de aprendizagens escolares ditas verbais; ler, escrever, contar (e, para mim, também pensar), a transformação deverá assentar em aprendizagens anteriormente já conseguidas, conservadas e consolidadas, ditas não-verbais – psicomotricidade, desenho, jogo, canto, dança, música, etc. –, a partir das quais a introdução de novos elementos e variáveis permitirá, então, novas adaptações integradas e, conseqüentemente, novas aprendizagens. A não-observação de tais requisitos piagetianos tende a gerar dificuldades e transtornos.

É a relação e a interação íntima e constante entre a criança e os símbolos (fonemas e articulemas, optemas e grafemas), por exemplo, que gera a aprendizagem da leitura e da escrita. Tal relação implica uma assimilação, isto é, uma incorporalização dos símbolos léxicos, ou seja, os dados da nova experiência.

A incorporalização dos símbolos, por sua vez, só será possível por meio da motricidade da criança. Para se dar a aprendizagem reflexiva da leitura, por exemplo, é necessário antecedê-la de uma aprendizagem prática e sensório-motora dos respectivos símbolos, ou seja, das letras, nas suas múltiplas facetas – visuais, auditivas e tátil-cinestésicas.

É com a experiência motora, que, neste caso, a criança, manipulando e sentindo letras e números, irá construir imagens, esquemas e formas de pensamento baseadas na incorporalização dos dados sensoriais e na antecipação de dados motores. Assimilando as letras e os números em si própria, isto é, no seu próprio corpo e na sua motricidade (imagem do corpo), a criança irá esboçando aspectos gnósicos e reflexivos que, posteriormente, darão origem à aprendizagem da leitura, da escrita e do cálculo, pragmatizando, assim, aspectos práxicos e construtivos. É nisso, aliás, que se traduz a acomodação.

Só há aprendizagem (acomodação) da leitura ou de outra competência básica quando a criança desenvolve a percepção (assimila) dos pormenores e dos atributos sensório-motores dos símbolos (letras e números). Pode-se dizer que a aprendizagem está para a percepção assim como a acomodação está para a assimilação:

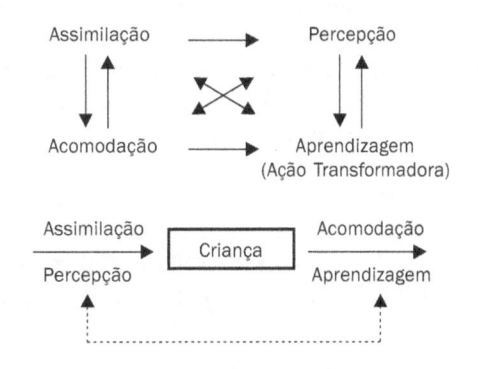

```
Assimilação ──────▶ Percepção
    │  ╲  ╱              │
    │   ╳                │
    ▼  ╱  ╲              ▼
Acomodação ──────▶ Aprendizagem
                  (Ação Transformadora)
```

```
Assimilação              Acomodação
    ─────▶ │ Criança │ ─────▶
Percepção                Aprendizagem
    ▲                        │
    └────────────────────────┘
```

A noção de letra ou de número não é, pois, inata. Ela necessita de uma construção, tanto operacional como figurativa, tanto acomodativa como assimilativa. A assimilação tende a equilibrar-se com a acomodação complementar, e só quando tal equilíbrio se dá podemos falar em aprendizagem. A aprendizagem, para Piaget (1961, 1964a, 1964b, 1972a), é, assim, uma aquisição humana que resulta da organização de um aspecto interior (assimilação-percepção), com um aspecto exterior (acomodação-ação). É nesta relação recíproca que devemos encarar a totalidade funcional da aprendizagem.

Toda a aprendizagem humana, em Piaget (1972b, 1972c), supõe um sistema de implicações e de significações solidárias, que permitirão à inteligência a adaptação concreta ao meio. Tais implicações e significações são "categorias" de espaço, de tempo, de causalidade, de substância, de ordem, de conservação, de número, etc., que, correspondendo à realidade, a integram no consciente através da ação intencional. O "acordo do pensamento com as coisas" e o "acordo do pensamento consigo próprio" expressa a constante funcional da adaptação que, no seu conjunto, é sinônimo de aprendizagem.

Em síntese, pode-se dizer que os dois aspectos do pensamento (assimilação-acomodação) são indissociáveis e, se é adaptando-se às coisas que o pensamento se organiza, é organizando-se que ele estrutura as coisas.

Nesta perspectiva, Piaget e os seus colaboradores e continuadores, no Centro de Epistemologia Genética de Genebra, realizaram um vasto número de investigações cujo objetivo foi tentar provar as hipóteses acima apontadas, ou seja, a dependência recíproca do pensamento e da sua organização, da assimilação e da acomodação, da percepção e da ação, isto é, tudo o que constitui a aprendizagem.

Para este autor suíço, a percepção é, pois, considerada como o conhecimento imediato da realidade exterior, enquanto a aprendizagem é considerada como a aquisição de conhecimentos em função apenas da experiência, ou seja, da ação e da motricidade.

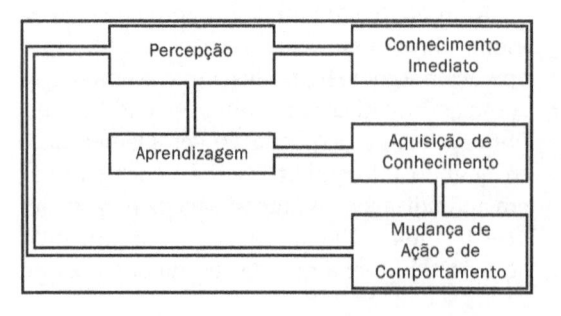

## Aprendizagem empírica e aprendizagem lógico-matemática

Segundo Piaget (1961, 1962a, 1965b), temos que considerar duas formas de conhecimento: uma empírica (percepção e aprendizagem), garantida pela experiência, outra lógico-matemática (diretamente relacionada com a linguagem), baseada na coordenação das ações. Disso, pode-se depreender que a ação é também o alicerce da linguagem e do conhecimento. É por meio dela que a criança aperfeiçoa as suas percepções, quer do real, quer dos objetos, ao mesmo tempo em que vai estruturando logicamente os seus comportamentos e as suas aprendizagens. A ação, como esquematismo sensório-motor, é solidária com a percepção. É através dela que se organizam as estruturas lógicas, que, por sua vez, irão permitir a noção das coisas, relacionando-as e integrando-as como aprendizagens.

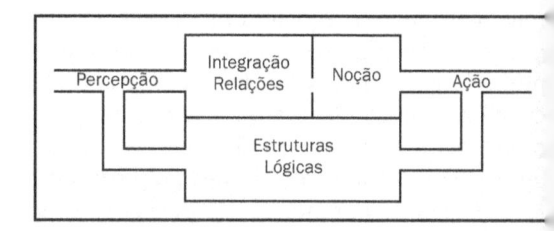

A aprendizagem de qualquer estrutura contém nela própria uma pré-lógica, inerente aos mecanismos sensório-perceptivo-motores necessários ao seu funcionamento e que advém de um período de repetições variadas e de experiências acumuladas.

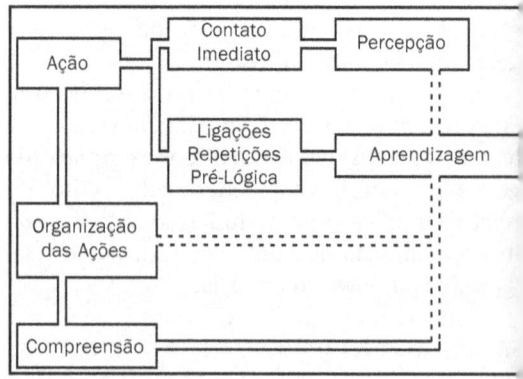

## Compreensão e organização

Repare-se agora como, nesta perspectiva, a aprendizagem consiste em relacionar e combinar os esquemas sensório-motores existentes. Vejamos: se, por um lado, para utilizar os resultados da experiência, é preciso compreendê-los, por outro, para compreendê-los, é preciso organizá-los segundo uma estrutura lógico-matemática. A aprendizagem das estruturas lógicas assenta, pois, em uma espiral aberta, isto é, em um conjunto de estruturas que se equilibram e se vão progressivamente reorganizando (equilíbrio progressivo), fazendo emergir, conseqüentemente, novas propriedades.

No pensamento piagetiano, a aprendizagem, como também a inteligência, é uma função estável, daí a noção de adaptação, que, em si, revela que cada novo estádio evolutivo dá origem a novas estruturas, que são apenas parcialmente antecipadas nos estádios anteriores. Em paralelo com Wallon, também Piaget defende a inteligência da criança como o resultado de um processo dinâmico e dialético de continuidade e de descontinuidade, de equilíbrio e desequilíbrio, cujas mudanças se sucedem em uma aparente seqüência invariante, isto é, em uma certa constância, que ilustra a própria lógica do desenvolvimento da criança.

A lógica do desenvolvimento está como que ligada à lógica biológica da vida, considerando-se biológica como sinônimo de neurológica. Apesar de Piaget não defender nenhuma teoria de desenvolvimento neurológico, embora sendo um biologista, ao contrário de Wallon, como vimos, sua aproximação com Luria é deveras paralela, como iremos ver mais à frente, quando forem abordados os autores russos. A natureza da lógica do desenvolvimento da criança reside na lógica da natureza do seu desenvolvimento.

Segundo Piaget (1965b, 1973), a espiral da aprendizagem passa pelas seguintes fases etárias:

– 5 anos: alguma aprendizagem para certas situações;
– 6 anos: aprendizagem mais rápida;
– 8-9 anos: reaprendizagem;
– 12-13 anos: compreensão imediata por dedução.

A aprendizagem é, portanto, função dos instrumentos lógicos à disposição da criança e do jovem, acumulados através da experiência e da interação com o meio ambiente. As ações sobre os objetos fornecem um certo número de coordenações, isto é, experiências lógico-matemáticas, que permitem a abstração das suas propriedades, ou seja, aquilo que traduz a absorção crítica dos instrumentos que a compõem.

Como já tive ocasião de evocar, e convém aqui recordar, o conhecimento e a descoberta do objeto acontecem na medida em que a criança consegue agir sobre ele. Se o repito, é porque me parece que este aspecto, que Piaget também não se cansa de repetir, pode definir uma primeira grande conclusão de alto interesse pedagógico: a criança só aprende um objeto experimentando-o.

É a partir daqui que de novo surge a motricidade como meio e agente privilegiado, que intervém em todos e a todos os níveis da evolução e na evolução das funções cognitivas. É

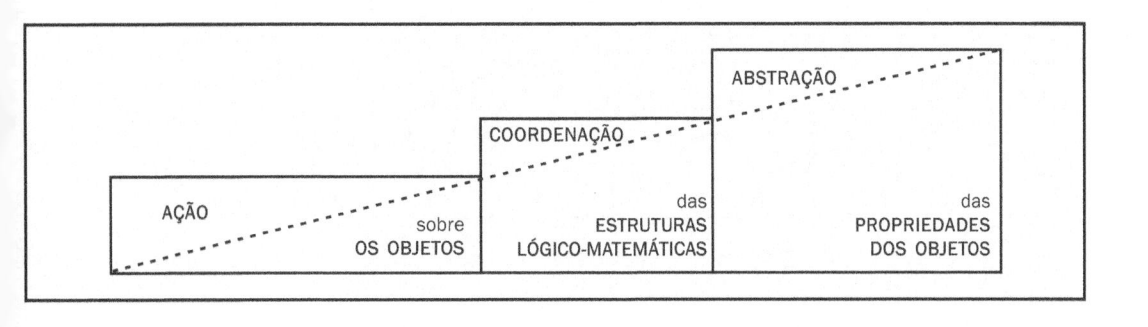

| AÇÃO sobre OS OBJETOS | COORDENAÇÃO das ESTRUTURAS LÓGICO-MATEMÁTICAS | ABSTRAÇÃO das PROPRIEDADES DOS OBJETOS |
|---|---|---|

importante, pois, não ignorar nem esquecer que esta intervenção se processa não só no nível da percepção e da elaboração dos esquemas sensório-motores, ou seja, de uma espécie de imitação interiorizada, que se traduz por uma imagem mental, como também no nível das operações cognitivas propriamente ditas.

### Do movimento ao pensamento

De fato, segundo Piaget (1956, 1960, 1973, 1976), todos os mecanismos cognitivos assentam e emergem da motricidade, tanto mais que esta é o meio e instrumento facilitador de todas as formas de expressão verbal e não-verbal (grafo e oromotricidade *versus* macro e micromotricidade [Fonseca, 1999]).

Este aspecto, aliado ao fato de que a própria motricidade virá a ser inclusivamente transformada pela própria linguagem, constituindo-se, assim, em um alicerce indispensável a toda a imaginação e conceitualização, vem apenas confirmar a permanente dimensão motora do comportamento humano (Dantas, 1992).

Verificamos, assim, como a motricidade, quando considerada no seu aspecto operacional, pode constituir a unidade básica da inteligência. Verifica-se, nesta perspectiva, que a ação é vista não como uma sucessão de movimentos, linear e mecanicamente ligados entre si, mas como uma relação inteligível entre meios e fins, cuja sucessão de movimentos se orienta para a satisfação de uma determinada necessidade.

Com base em Piaget e colaboradores (1968), e arriscando mais uma abordagem original, vou a seguir relacionar a sua perspectiva de desenvolvimento mental com uma outra, que chamo de embriologia motora, apresentando para este efeito o quadro comparativo a seguir

A inteligência tem origem na ação e é ação e movimento, ou igualmente ausência consciente de ação, por efeito da sua inibição ou da sua auto-regulação. A ação é inteligência em movimento, ou, pelo contrário, ausência inconsciente da inteligência, por insuficiência inibitória. É possível, pois, concluir que a função sensório-motora, bem como as suas conseqüentes estruturas perceptivas e cognitivas, constituem a propedêutica indispensável à organização e à construção intelectual propriamente dita.

## OS ESTÁDIOS DO DESENVOLVIMENTO INTELECTUAL DA CRIANÇA

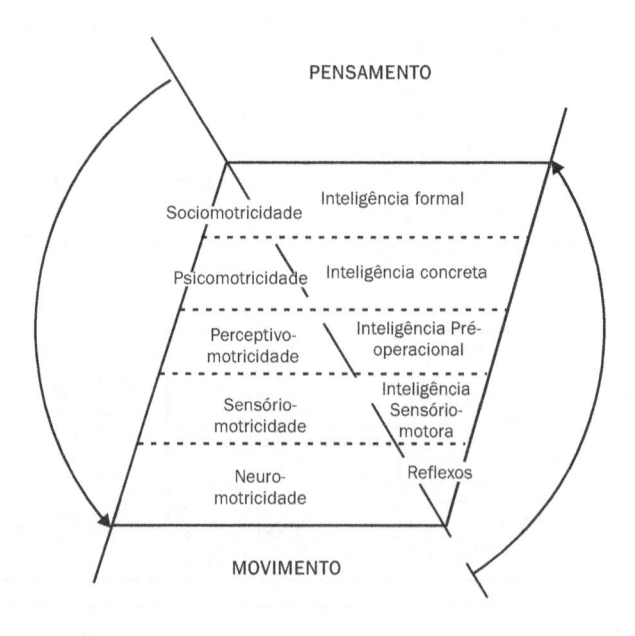

Os estádios de desenvolvimento das operações intelectuais surgem, em Piaget (1964b, 1972), segundo uma espécie de lógica triunfal e segundo uma continuidade, ou seja, em uma

progressão bem-definida de aquisições intelectuais, como já vimos. As estruturas formam-se passo-a-passo por meio de degraus de equilíbrio, para usar a expressão original do autor. As estruturas intelectuais (estádios) sucedem-se segundo integrações múltiplas e obedecem às seguintes características:

1. a ordem de sucessão das aquisições é constante, dependendo da experiência anterior e do meio;
2. as estruturas construídas em uma dada idade virão a ser integradas nas estruturas da idade seguinte, sustentando que as estruturas cognitivas de uma idade assentam sobre as estruturas anteriores;
3. um estádio corresponde a uma estrutura de conjunto integrada, e não a uma sobreposição de estruturas. É aqui que se baseia a noção de estrutura em Piaget. A estrutura não é mais do que uma unidade entre esquemas interligados e interorganizados;
4. um estádio é uma aquisição integrada quando refletir um determinado nível de preparação e de organização;
5. a continuidade dos vários estádios é uma resultante de processos de formação ou de uma gênese e de formas de equilíbrio final.

Tendo por alicerces estas características dos estádios de desenvolvimento mental, Piaget divide a embriologia mental nos seguintes degraus ascendentes, que organizei no quadro resumo seguinte, não só na sua inter-relação entre o conteúdo e as suas características mais relevantes, mas também nas idades e nos seus períodos respectivos.

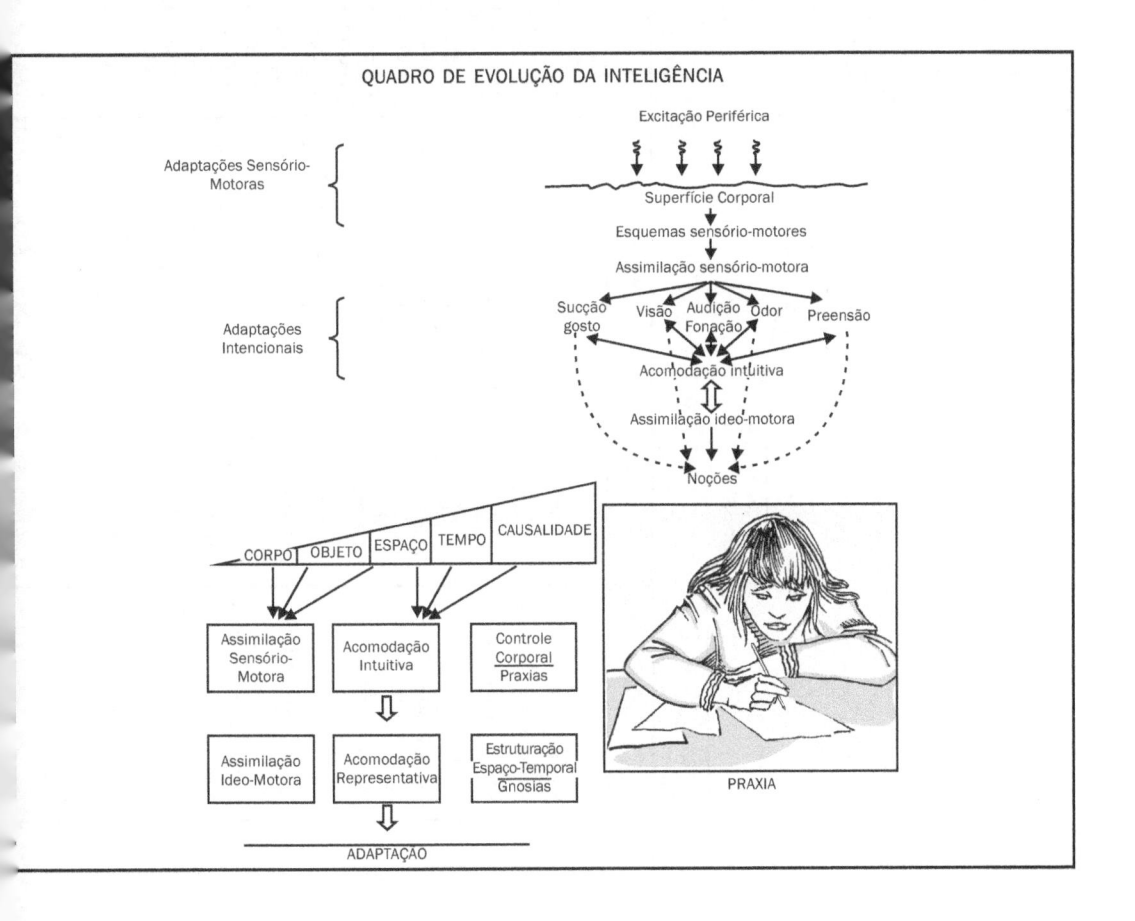

QUADRO DE EVOLUÇÃO DA INTELIGÊNCIA

| PERÍODOS | | | | | | |
|---|---|---|---|---|---|---|
| | REFLEXOS | SENSÓRIO-MOTOR | | Inteligência Intuitiva / PRÉ-OPERACIONAL | Inteligência Concreta / OPERACIONAL | Inteligência Abstrata / FORMAL |
| | | 1º Hábitos Motores | Inteligência Sensório Motora | | | |
| | 0-1 meses | 2-18 meses | 18-24 meses | 2-7 anos | 7-11 anos | Mais de 12 anos |
| | • Herança biológica<br>• Tendências instintivas<br>• Primeiras emoções<br>• Reflexo de Moro<br>• Marcha reflexa<br>• Reflexo de preensão (grasping reflex)<br>• Reflexo de sucção<br>• Reações circulares primárias<br>• Noção do corpo (chupar dedo)<br>• Noção do objeto (biberão-seio)<br>• Egocentrismo corporal | • Primeiras percepções organizadas<br>• Condicionamentos estáveis<br>• Coordenação da mão e da visão<br>• Reações circulares secundárias<br>• Manipulação de objetos<br>• Diferenciação entre fins e meios (8-9 meses)<br>• A visão descobe a mão (preensão)<br>• Noção de superfície corporal<br>• Conquista do mundo | • Processo de descoberta por meio de esquemas de ação, isto é, retenção<br>• Coordenação de ações que já exigem uma sequência espaço-temporal (inteligência da ação)<br>• Relação diferenciada entre a criança e os objetos<br>• Estruturas de categorização sensório-motora e tatil-cinestésica<br>• Inteligência prática<br>• Regulações afetivas (elementares) | • Coordenação perceptivo-motora<br>• Operações concretas, isto é, ações interiorizadas (do tipo: combinações e grupos de movimentos)<br>• Aparecimento da função simbólica<br>• Assimilação de ação<br>• Início da interiorização dos esquemas de ação em representação (3-4 anos)<br>• Jogo e imitação em diferido<br>• Jogo de imaginação | • Pensamento lógico<br>• Classificações, seriações, correlações, matrizes, adição e multiplicação, relações de ordem<br>• Acabamento de certos sistemas de conjunto<br>• Cooperação lúdica<br>• Interioração mais correta de ações concretas e respectivas considerações pelo sujeito<br>• Transitividade (A < C se A < B e B <C)<br>• Integração lógico-matemática das ações | • Generalização e abstração<br>• O pensamento já assente sobre enunciados verbais<br>• A hipótese é uma operação concreta e a sua relação com a conclusão é realizada por estruturas operacionais de conjunto<br>• "Opera" por meio de conjugação espaço-temporais<br>• Usa a lógica das proposições |
| ESTÁDIOS | | | | | | |

| | | | | | |
|---|---|---|---|---|---|
| • Não há noção de sujeito e objeto<br>• Egocentrismo total | • Coordenação de esquemas secundários (11-12 meses)<br>• Domínio da locomoção<br>• Aquisição da marcha<br>• Exploração dos objetos<br>• Tentativas intencionais<br>• Reações circulares terciárias<br>• Diferenciação entre fins e meios<br>• Conduta de suporte | • Gesto como pré-linguagem<br>• Pré-figuração<br>• Descentralização corporal progressiva<br>• O sujeito torna-se um objeto no meio dos outros | • Interiorização da imitação sem a presença dos objetos ou dos modelos<br>• A imitação acontece dentro do indivíduo (e não na ação)<br>• A criança já pode pensar em "coisas" para além dos dados espaciais e temporais do movimento<br>• Relações passado-futuro<br>• Regulações representativas (5-7 anos)<br>• Noções do objeto, espaço, tempo e causalidade já utilizadas na ação efetiva<br>• Organização de representações assentes em configurações estáticas | • As operações estão limitadas aos objetos<br>• Aquisição das estruturas de manutenção<br>• Relação adequada entre atividade instrumental e atividade simbólica<br>• Combinação entre o figurativo e o operacional<br>• Correspondência termo a termo<br>• Operações multiplicativas | • Soluções hipotético-dedutivas em que já entram as estruturas lógicas das proposições (identificações, negações, reciprocidades, correlações)<br>• Elaboração por pensamento por agrupamentos lógico-gnósicos mais complexos<br>• Reciprocidade nas operações mentais<br>• Formação da personalidade<br>• Pré-sistematização do raciocínio<br>• Inserção intelectual e afetiva na sociedade do adulto |

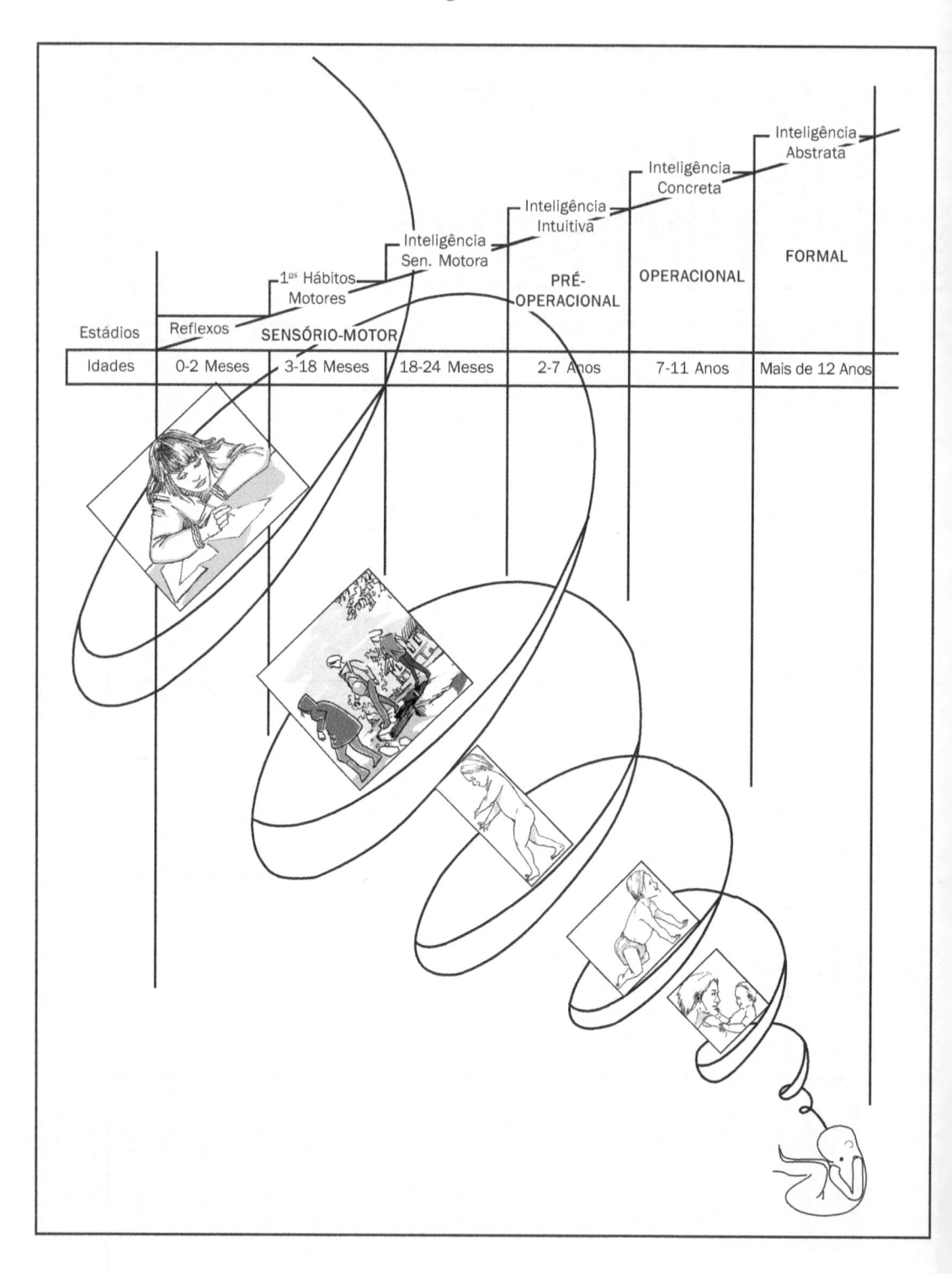

## 92   Desenvolvimento psicomotor e aprendizagem

| Estádios | Reflexos | 1ᵒˢ Hábitos Motores | Inteligência Sen. Motora | Inteligência Intuitiva | Inteligência Concreta | Inteligência Abstrata |
|---|---|---|---|---|---|---|
|  |  | SENSÓRIO-MOTOR |  | PRÉ-OPERACIONAL | OPERACIONAL | FORMAL |
| Idades | 0-2 Meses | 3-18 Meses | 18-24 Meses | 2-7 Anos | 7-11 Anos | Mais de 12 Anos |

Para Piaget, a criança não nasce um ser social, ela vai-se fazendo um ser social a partir das suas ações. Wallon e Vygotsky partem de pressupostos diferentes: a criança é um ser social por natureza, e desenvolve-se a partir de emoções e de uma simbiose afetiva que estabelece com os adultos que a mediatizam. É, aliás, através das progressões evolutivas que Piaget baseia a continuidade absoluta e radical com que pretende justificar a lei geral do desenvolvimento da inteligência, uma lógica triunfal, cuja ordem de sucessão das aquisições é constante e inalterável.

## POSTURA E INTELIGÊNCIA SENSÓRIO-MOTORA

Independentemente de teoria do desenvolvimento mental de Piaget não ser baseada em pressupostos neuropsicomotores, é possível identificar alguns paradigmas posturais ontogenéticos e alguns conceitos psicobiológicos piagetianos de grande relevância funcional. Hoje, é inegável, segundo vários estudos (Rothchild, 1999; Fonseca, 1999; Kohen-Raz, 1981; Quirós e Schrager, 1975, 1978; Paillard, 1955, 1957, 1961, 1976, 1980, 1986, 1991) que o controle postural e o envolvimento do sistema vestibular estão intrinsecamente envolvidos no desenvolvimento motor e mental dos primeiros meses de vida da criança.

O processo assimilação-acomodação, por exemplo, em cada estádio de desenvolvimento mental, demonstra uma clara incorporalização no organismo de novas experiências nos esquemas de padrões de resposta já adquiridos, sugerindo, em termos piagetianos, uma restruturação dos seus inventários adaptativos. Ao longo do desenvolvimento normal, os dois processos interagem e complementam-se neurossistemicamente, resultando um equilíbrio fisiológico, sensório-motor e mental.

De acordo com tais investigações, a inteligência sensório-motora que ocorre, segundo Piaget (1964b), do nascimento aos 2 anos não se pode integrar neurologicamente sem o envolvimento do sistema vestibular, na medida em que é a sua modulação que permite a transmissão dos impulsos sensoriais, desde os órgãos periféricos, passando pela medula, pela formação reticulada, pelo tálamo, até os sistemas subcorticais complexos e os centros superiores do cérebro, onde finalmente o seu processamento e a sua interação se operam e se integram, para além da sua projeção para os núcleos frontais, onde as respostas motoras e o controle dos movimentos dos olhos são produzidos, organizados e regulados.

A tonicidade, o sentido tátil-cinestésico, a visão e a audição, ou seja, toda a propriocetividade e exteroceptividade, são projetados no núcleo vestibular para que este possa garantir o primeiro processamento sensorial no âmbito reticular e cerebelar, tendo em atenção que o corpo da criança na sua totalidade funcional tem de interagir com a ação permanente da gravidade. Portanto, o sentido que Piaget dá ao termo de equilíbrio entre assimilação e acomodação só pode efetivamente ocorrer na presença de circuitos vestibulares, cerebelar e reticulares bem regulados e integrados neurofisiologicamente, isto é, só quando os subsistemas do controle postural garantem o funcionamento de tal adaptação humana básica.

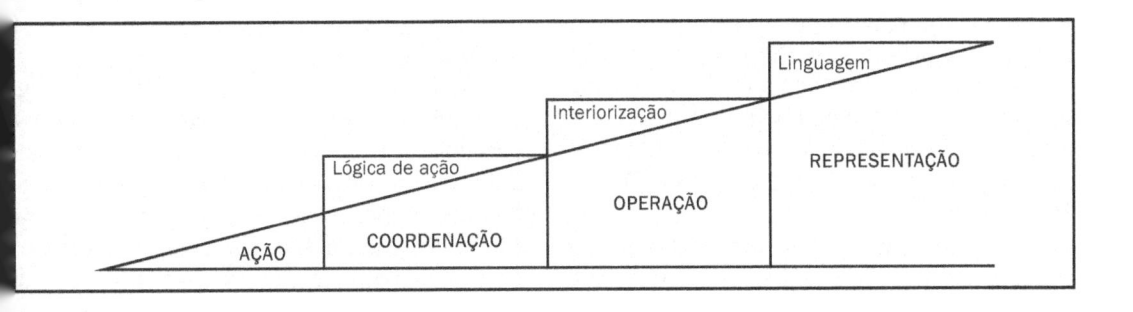

Sem tal adaptação postural prioritária, a inteligência sensório-motora não disporá da sustentação neurofuncional para exercer a sua função, razão pela qual muitas crianças autistas ou com outras desordens neurológicas severas são afetadas pela estimulação sensorial, fazendo com que os seus esquemas de ação se rompam e se tornem disfuncionais, estereotipados, dismétricos e dessincronizados.

A deterioração do equilíbrio entre a assimilação e a acomodação, provocada pela falta de regulação do sentido vestibular e cerebelar e pela ruptura do processo sensório-motor básico, compromete, conseqüentemente, o desenvolvimento cognitivo.

Em síntese, os conceitos piagetianos de equilíbrio majorante e de esquema de ação que caracterizam o desenvolvimento global da criança do nascimento aos 8 meses, em termos neurofuncionais, só se podem entender à luz da integração vestibular e do controle postural, verdadeiros sistemas funcionais básicos, que estão também na origem de outro conceito muito caro a Piaget, qual seja, a internalização da ação.

Em concordância com este autor, os primeiros estádios da inteligência sensório-motora, assim como os estádios posteriores de desenvolvimento cognitivo, são baseados na "internalização" e na imaginação ativa de atos motores intencionais. Ambas se projetarão nos movimentos e nos deslocamentos com os objetos. É por meio delas que a criança de tenra idade adquire igualmente a capacidade de "antecipação" e de "predição realista" das mudanças no mundo exterior, como se pode observar quando ela espera curiosa e, pode-se dizer, inteligivelmente a bola em movimento por debaixo dos móveis do lado oposto ao do lado em que desapareceu.

Embora este conceito não explique por que os bebês com malformações dos membros por causa da talidomida, mesmo sem atividades de manipulação, acabam por desenvolver uma inteligência normal, o que, em certa medida, contradiz a teoria piagetiana. Efetivamente, a internalização dos atos motores ocorre paralelamente também pelo sistema oculomotor, onde se estabelece por empatia neurofuncional, uma cópia aferente e centrípeta do movimento (Penfield e Rasmussen, 1952; Eccles, 1952, 1973a, 1973b; Paine, 1965; Pribram, 1960, 1973; Oppenheim, 1981; Prechtl, 1981), demonstrando que a sua internalização é igualmente processada neurossensorialmente, equivalendo a um anel neuroinformacional de dois sentidos.

A neuropsicologia atual oferece várias evidências experimentais sobre a extrema complexidade do sistema oculomotor já nas idades precoces e, em analogia, ajuda a compreender a epistemologia genética piagetiana. Em termos neurodinâmicos, este sistema compreende a cooperação de pelo menos cinco circuitos: o vestíbulo-oculomotor, o retino-oculomotor, o cérvico-oculomotor, o espino-oculomotor e, finalmente, o cérebro-pontico-cerebelo-oculomotor (Berthoz, 1997).

Com todos estes laços funcionais, os centros corticais superiores podem perfeitamente discriminar em que circunstância se encontra a posição do corpo, e, por inerência, a posição do tronco e do pescoço, e, conseqüentemente, da cabeça e das mãos.

Com tais retrossistemas de referência postural, é possível, então, interagir, preender, manusear e manipular os objetos estáticos ou em movimento. É com a participação destes subsistemas posturo-cinéticos básicos que a "internalização da ação" pode ter lugar, mesmo nos casos de crianças privadas de membros e das suas extremidades, como no caso das afetadas pela talidomida.

Parece mais claro agora que os mecanismos vestibulares e posturais, em conjugação com o sistema oculomotor, têm um papel crucial e central nos primórdios do desenvolvimento cognitivo, não só na dinâmica assimilação-acomodação fundamental, como na relação com objetos estáticos e em movimento, na qual o ajustamento postural é essencial para a sustentação da imagem retiniana, como é indispensável para que os três pares de músculos dos olhos produzam movimentos sacádicos e binoculares de perseguição e de rotação, sem fazer perder a estabilidade do corpo e do ambiente, para que as ações tenham a necessária fluência coordenativa (Ayres, 1968, 1972, 1978).

Ainda nesse contexto é preciso levar em conta os dois tipos de visão (Paillard, 1986, 1991): a periférica (de freqüência espacial baixa), mais enfocada em simples figuras e com os seus elementos componentes bem espaçados, e a central (de freqüência espacial alta), mais direcionada para figuras complexas e com os seus elementos mais condensados e estruturados, ambos, como sabemos, permanentemente envolvidos na interação criança-objeto e criança-mundo exterior.

Em suma, a ação sobre os objetos, que está na base da construção da noção das suas propriedades, não pode ser corticalmente integrada sem a complexa interação entre o sistema visual e o sistema oculomotor. Inúmeras funções da inteligência sensório-motora, como das inteligências subseqüentes, pré-operacional e operacional, vão permanentemente exigir o funcionamento daqueles sistemas, como é o caso das atividades lúdico-gráficas e, principalmente, da leitura, que exige uma participação especial da visão central para adaptar a memória de curto prazo na alocação, na fixação simultâneo-sucessiva e na captação de optemas para o processo de decodificação, no qual muitas crianças com dislexia falham (Das et al., 1996, 1998; Fonseca, 1999, 2002).

Estas crianças ficam durante mais tempo fixadas sobre os componentes gráficos simples das letras, não dispondo de suficiente capacidade de memorização para decodificarem em tempo hábil os seus componentes fonológicos e semânticos mais complexos e combinados para formar palavras e frases.

Não se trata, portanto, de falar apenas em visão central ou de simples fixações, trata-se, antes, de um sistema sensório-motor integrado mais complexo, no qual a postura, o sistema vestibular e os seus circuitos neurofuncionais se coordenam dinamicamente para produzir um processamento de informação que integra a visão central e a visão periférica, essenciais também para as ações e as coordenações com os objetos (Birch, 1964; Bower, 1974).

A tarefa da leitura não é apenas decorrente de uma visão central ou de uma perseguição ou fixação binocular voluntária, ela não se esgota na inteligência sensório-motora equacionada por Piaget, mas a sua aprendizagem só se verificará quando os circuitos e os automatismos vestibuloposturais, visuovestibulares e oculomotores estiverem bem consolidados.

Voltando à relação entre a postura e o desenvolvimento cognitivo precoce, abordarei agora outro conceito-chave de Piaget, qual seja, o famoso "objeto permanente", uma conquista particularmente importante da criança, que ocorre por volta dos 10 meses de idade, exatamente por ser definida como um precursor dos primeiros investimentos lingüísticos.

A noção de objeto permanente refere-se à habilidade, competência ou função de a criança destapar um objeto previamente escondido, como se se tratasse já do objeto mental, que representa (re+presença) ou duplica o objeto real. O critério de êxito para estimar esta habilidade deve levar em conta a pronta e imediata intencionalidade de remover o obstáculo (pano, lenço, etc.) para apanhar e preender o objeto afastado da visão, dando indícios de que a criança reconhece que o objeto "existe", independentemente de ser temporariamente invisível.

Várias outras pesquisas com as Escalas de Desenvolvimento Infantil de Bayley (Kohen-Raz, 1981) acabaram por fornecer evidências sobre o papel da noção de objeto permanente na transferência de objetos de uma mão para outra, assim como em outras habilidades de lateralização, como é o caso da coordenação bimanual, guiada e controlada pelo circuito vestibulopiramidal e por outros mecanismos cerebelares, que emergem quando a postura sentada está automatizada. Os estudos de De Gangi citados por Kohen-Raz sustentam que o atraso desta aquisição postural precoce, que ocorre por volta dos 8-9 meses, relaciona-se com disfunções vestibulares, com problemas de desintegração reflexa, de descontrole postural e de desintegração motora bilateral. Esse conceito piagetiano verifica-se, então, quando efetivamente a criança possui já respostas anti-gravíticas básicas. O objeto permanente não ocorre na idade referida em crianças que apresentem atrasos neurológicos específicos, como atestam estudos com crianças com síndrome de Down, síndrome do X frágil, síndrome de Williams ou de Prader-Willi (Kohen-Raz, 1981).

Outro conceito de Piaget que se relaciona com o desenvolvimento postural é o de pensamento operacional (dos 7 aos 11 anos). Este paradigma é definido como a habilidade de realizar atos mentais caracterizados por adaptações à realidade que traduzem uma emancipação da imagem egocêntrica, bem como o recurso à reversibilidade e à flexibilidade.

O pensamento operacional requer uma imaginação efetiva ou uma "internalização" de duas ações, concebidas e percebidas como simultâneas, como é possível de observar nas famigeradas tarefas de conservação, nas quais ocorrem pelo menos duas dimensões de "objetos concretos", cuja forma de transformação tem de manter-se mentalmente, apesar da substância, do peso, do volume, etc., permanecerem constantes.

Se uma de duas bolas iguais de massa de modelar é transformada em um rolo fino, comprido e plano, por exemplo, a criança que observa o fenômeno e que atingiu o âmbito do pensamento operacional tem bem conscientes as duas formas, concomitantemente e mutuamente compensadas nas suas alterações intrínsecas, podendo, posteriormente, concluir que a massa não foi modificada e se mantém conservada. Em contraste, a criança no estádio do pensamento pré-operacional (dos 2 aos 7 anos) ficará impressionada por uma das transformações, por exemplo com o comprimento; ela dirá que a bola é menor que o rolo e que este é maior do que aquela, não se observando, portanto, a reversibilidade das duas dimensões operadas.

Parece incongruente estabelecer à primeira vista relações entre o controle postural e a prestação (*performance*) mental, mas o fato é que a transição do pensamento pré-operacional para o operacional envolve a função executiva simultânea, dita frontal, de dois atos motores independentes, isto é, envolve atos sinergéticos, como andar e ao mesmo tempo manipular objetos, desenhar duas linhas verticais com ambas as mãos ao mesmo tempo ou movimentos verticais (batimentos em cima da mesa) com a mão direita e horizontais com a mão esquerda (provas do Teste de Proficiência Motora de Bruininks-Ozeretsky [Bruininks, 1974, 1978; Fonseca et al., 1994] e provas da Bateria Psicomotora [Fonseca, 1985, 1992]), realizar batimentos rítmicos com os pés ao mesmo tempo que se fazem círculos com os dedos indicadores de ambas as mãos, etc.

Entre os 5 e os 7 anos, a criança alcança no plano do desenvolvimento psicomotor a possibilidade de inibir sincinesias, como piscar um olho sem piscar o outro, inibir movimentos da língua e dos lábios quando recorta formas geométricas com uma tesoura ou realizar o tamborilar digital com uma mão sem o repetir com os dedos da mão contrária (Bateria Psicomotora [Fonseca, 1992]).

É, portanto, plausível afirmar que o desenvolvimento destas habilidades psicomotoras que emergem com o pensamento operacional piagetiano é essencialmente devido a processos de maturação neurológica, que são efetivamente o seu substrato funcional, não só com a intervenção das áreas motoras supressoro-sinergéticas pré-frontais, como também com a coparticipação sistêmica e automática do sistema extrapiramidal, do sistema reticular, que modula a energética tônica concomitante, e do sistema cerebelar, que envolve a complexidade córtico-medular do controle postural e a sua progressiva autonomia e disponibilidade (Rothschild, 1999; Quirós e Schrager, 1975, 1978).

A flexibilidade e a plasticidade vestibulares do controle postural interferem, conseqüentemente, no surgimento de graus de liberdade e de hierarquização neurofuncional, que estão na origem das funções mentais superiores. Ambas as condições constituem-se como competências antecedentes do domínio do pensamento operacional e concreto. Apesar de Piaget, mesmo como biólogo, não ter abordado nem sugerido qualquer fundamentação neurológica e funcional da sua embriologia cognitiva, é hoje possível fazer pontes entre os saberes da neurologia e da psicologia (ver o capítulo sobre Luria), confirmando em certa medida que a sua visão do desenvolvimento da criança e do jovem estava certa.

As maturações vestibular, cerebelar, reticular e extrapiramidal são cruciais para a emergência do pensamento operacional. Por meio delas, como sistemas de prontidão psicomotora para as aprendizagens escolares, é possível atingir funções de controle e de combinação sinergética, que são a base das aprendizagens simbólicas, verdadeiros pré-requisitos que envolvem inervações superiores, diferenciadas e recíprocas de várias sistemas corticais e hemisféricos de coordenação.

Com o desenvolvimento destas redes de integração e de interação neurológica, a "internalização da ação" (um termo perfeitamente equivalente à noção de psicomotricidade), como processo mental inerente ao pensamento operacional e que permite a possibilidade de articular e de monitorizar duas ou mais ações simultâneas ou seqüencializadas no espaço e no tempo, dá origem a linhas de pensamento independentes do egocentrismo, característico da criança em idade pré-escolar.

Superando esta forma elementar de pensamento, meramente centrada no sujeito, a criança toma consciência das relações sociais; através de tal processo mental, sua maturação emocional atinge a objetividade, o que quer dizer que ela está pronta para socializar os seus conceitos e pensamentos e, conseqüentemente, está apta a cooperar com os outros em tarefas mais complexas, exigindo níveis múltiplos e multidimensionados de coordenação de atividades.

Quirós e Schrager (1975, 1978) revelaram, através das suas investigações sobre o controle postural, que as aprendizagens da leitura, da escrita e da matemática exigem "potencialidade corporal" (Fonseca, 1992, 1999), ou seja, um alto controle postural, ilustrado por uma imobilidade postural bem inibida e regulada, em forma de equilíbrio estático com os olhos fechados e de equilíbrio dinâmico controlado com apoio das mãos nos quadris, sem dismetrias ou dissincronizações.

A autonomia postural, envolvendo complexos sistemas de vigilância tônica, de atenção e de seleção e integração sensorial, desempenham um papel muito importante nas funções de emancipação e de antecipação da ação, ao mesmo tempo que envolvem complexas funções de seleção de estímulos relevantes e importantes para a sua subseqüente continuidade automática e melodia executiva.

Se os estímulos ameaçam o equilíbrio postural e constantemente o tornam instável ou episódica e esporadicamente controlado, as funções psíquicas superiores não se libertam ou desencadeiam com fluência e facilidade. Aprender a ler ou a escrever torna-se, portanto, mais difícil e energeticamente mais distrátil e instável, como podemos observar em muitas crianças com dificuldades de aprendizagem e deficiência mental ligeira ou moderada.

Em síntese, atingir o pensamento operacional requer a integração postural, um sistema que transcende a sua significação puramente sensório-motora, porque envolve inúmeros sistemas emocionais de predisposição, de orientação e de atenção, ao mesmo tempo em que prefigura as funções superiores de processamento da informação que envolvem as aprendizagens simbólicas.

Sem segurança gravitacional (Ayres, 1968, 1972, 1978; Fonseca, 1985, 1992), a egocentricidade não se ultrapassa, o próprio eu não se liberta da turbulência sensório-motora do universo corporal e proprioceptivo. Como conseqüência, a disponibilidade para operar em um envolvimento social mais complexo e lingüisticamente mais interativo ou para operar em uma aprendizagem simbólica, extracorporal e exteroceptiva mais diferenciada não será alcançada. Operar em termos intelectuais pressupõe, portanto, operar antes em termos posturais, sem uma inteligência postural, dita também sensório-motora. A inteligência operacional não emergiria no desenvolvimento mental da criança, pois não é por acaso que a postura se assume como uma conquista fundamental da espécie humana, como a própria teoria de Piaget permite demonstrá-lo.

## PRAXIA E INTELIGÊNCIA

É preciso mencionar, antes de mais nada, que a ação, em Piaget (1948, 1956, 1960, 1962c), é também denominada de praxia. Para este autor, a praxia (e não *apraxia*, que constitui uma incapacidade da expressão motora devido a lesão cerebral) é vista como um conjunto de movimentos coordenados e seqüencializados em função de um resultado a ser atingido ou de um fim ou intenção a ser conseguida ou a obter. Note-se bem que não se trata, nesse caso, de movimentos reflexos ou automáticos, mas apenas de movimentos voluntários coordenados, em uma sequência espaço-temporal intencional.

A praxia compreende, pois, um aspecto motor, que se pode observar como produto final, e um aspecto perceptivo e cognitivo, que não se observa, por constituir um processo mental interiorizado, no qual se interpenetram reciprocamente aquisições operacionais e figurativas

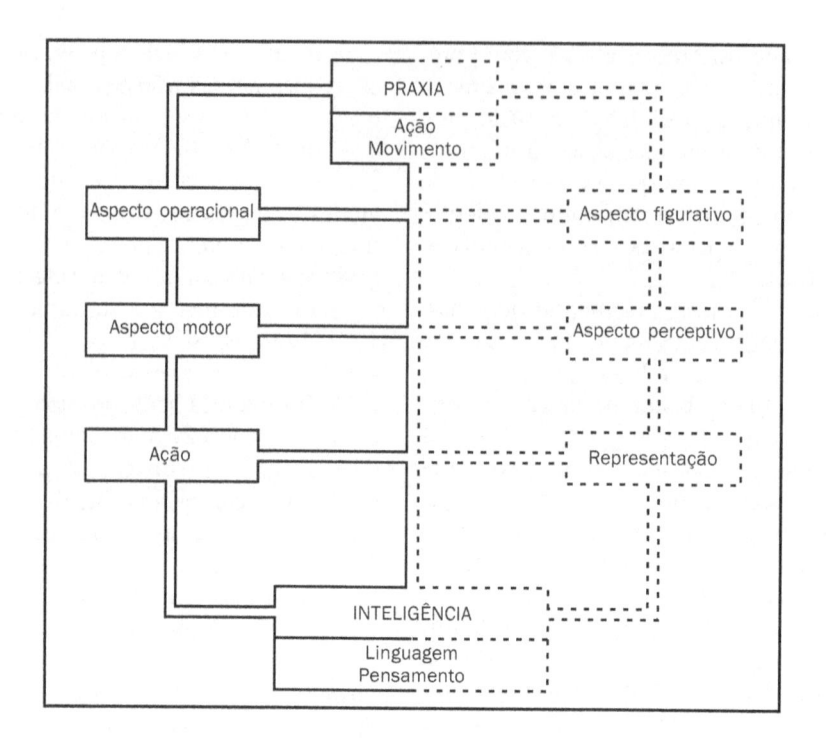

```
┌─────────────────────────────────────────────────┐
│                    ┌─PRAXIA─┐                   │
│                    │ Ação   │                   │
│                    │Movimento│                  │
│   ┌──────────────┐ └────────┘  ┌──────────────┐ │
│   │Aspecto operacional├────────┤Aspecto figurativo│
│   └──────────────┘              └──────────────┘│
│   ┌──────────────┐              ┌──────────────┐│
│   │Aspecto motor ├──────────────┤Aspecto perceptivo│
│   └──────────────┘              └──────────────┘│
│   ┌──────┐                      ┌──────────────┐│
│   │ Ação ├──────────────────────┤Representação ││
│   └──────┘                      └──────────────┘│
│              ┌─INTELIGÊNCIA─┐                   │
│              │  Linguagem   │                   │
│              │  Pensamento  │                   │
│              └──────────────┘                   │
└─────────────────────────────────────────────────┘
```

(Dejerine, 1914; Eccles, 1960, 1985; Connolly, 1970; Delgado, 1971; Dickinson, 1974; Eccles e Popper, 1977).

Sendo esta, igualmente, a perspectiva de Piaget (1956, 1960, 1976), não posso nem quero deixar de deixar bem claro que esta lógica evolutiva quase cibernética não me parece assim tão absoluta e tão diretamente transferível para toda e qualquer realidade sociocultural. Parece-me que a ordem de sucessão destes estádios de Piaget não deve ser considerada de uma forma rígida e exclusivamente cronológica, mas sim em uma perspectiva de evolução estruturada e construtivamente hierarquizada.

Cada estádio é uma fase necessária à formação do seguinte, mas o envolvimento socioeconômico e sociocultural poderá acelerar ou retardar a evolução dos períodos de desenvolvimento mental.

Não podemos nem devemos correr o risco de nos deslumbrarmos pela elegância excepcional do esquema piagetiano de inteligência e esquecer, por exemplo, a importância dos fatores sociais e emocionais muito bem equacionados por Wallon e Vygotsky. Atenção, pois a interpretação de Piaget, considerada isoladamente, como um conceito absoluto, pode constituir uma perigosa armadilha, semelhante à hipótese de Binet, que se transformou em um modelo classificatório e segregacionista da avaliação da inteligência.

À tese da continuidade evolutiva da inteligência, como um sistema constante, deve-se, pois, juntar, para análise conjunta, a respectiva tese complementar da descontinuidade, integrando no estudo da evolução da inteligência as contradições da gênese cognitiva.

### Do operante ao conhecido

Em suma, o mundo exterior, o real, os objetos e os outros, têm primeiro que ser operantes e experimentados para, posteriormente, poder ser integrados, conhecidos e pensados. É a inteligência que se encarrega de coordenar a motricidade, de forma a acomodá-la ao real, para conhecê-lo e transformá-lo. É este mesmo princípio que deve ser transferido para as aprendizagens escolares ou extra-escolares. Para aprender a ler, a escrever, a contar e a pensar, a criança deve experimentar e realizar ações e interações múlti-

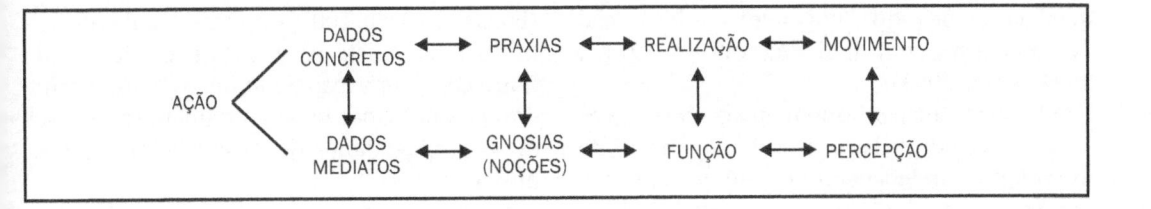

```
              DADOS       ←→  PRAXIAS  ←→  REALIZAÇÃO  ←→  MOVIMENTO
              CONCRETOS
       ⟨          ↕              ↕              ↕              ↕
AÇÃO
              DADOS       ←→  GNOSIAS   ←→   FUNÇÃO    ←→  PERCEPÇÃO
              MEDIATOS       (NOÇÕES)
```

plas com os sistemas proprioceptivos, vestibulares, tátil-cinestésicos visuais e auditivos. Terá primeiro que agir sobre e com eles, para posteriormente poder vir a assimilá-los e acomodá-los gnósica e praxicamente, isto é, mentalmente.

De fato, parece-me que a evolução da inteligência não é mais do que uma adaptação permanente a situações novas e imprevisíveis, que, por isso, exigem uma invenção e imaginação também permanentes. É a produção dialética, de assimilação (percepção – *input*) e de acomodação (ação – *output*), que estabelece um equilíbrio que se rompe e restabelece a todo e a cada momento no processo de desenvolvimento. Entre a criança e o universo que a cerca e a envolve co-ocorrem e co-atuam seqüencial e simultaneamente intervenções, quer da família, quer da escola, quer da sociedade, etc., onde cabem, por exemplo, as várias dimensões ecológicas avançadas por Brofenbrenner (1979). Em certa medida, os pressupostos da teoria piagetiana ainda não deslumbravam as influências da ecologia no desenvolvimento humano.

Temos que admitir que, em cada plataforma evolutiva da criança, surge e ocòrre uma originalidade qualitativa, sendo necessário respeitá-la paralelamente como uma totalidade dialética e dinâmica. Não podemos privar a criança de ser considerada no contexto sócio-histórico e sociocultural que a envolve e estimula, como meio produtor e gerador de comportamentos humanos, envolvido por determinadas condições e circunstâncias no qual a criança está inserida concreta e socialmente.

Esta perspectiva torna-se bem mais evidente quando, por exemplo, ela reflete a relação entre a ação e a linguagem, que objetiva um processo dialético. Repare-se como a linguagem, fenômeno social e socializante, permite e provoca a transformação da experiência, principalmente porque traz consigo e contém em si própria cargas intuitivas, afiliativas e afetivas.

Note-se ainda como tanto a ação como a linguagem são adquiridas, na criança, através da interação com os outros (ver o paradigma das crianças-lobo), ou seja, dos adultos socializados e humanizados, pondo em jogo uma dimensão interativa e mediatizada, e não são adquiridas por emergência de processos construídos apenas na esfera intrapsíquica do indivíduo.

Piaget, na sua visão, dita construtivista, surge com uma proposta evolutiva diferente de Wallon e, essencialmente, de Vygotsky, que valorizam, ao contrário, uma perspectiva co-construtivista, não tanto solitária, mas mais solidária do desenvolvimento da criança (Vasconcelos e Valsiner, 1994).

É, pois, neste parâmetro que compreendo a dialética do desenvolvimento da criança e do jovem e, por isso, é nessa ótica também que incluo, crítica e sumariamente, alguns ajustamentos e paradigmas psicomotores à perspectiva embrionária da evolução da inteligência de Piaget.

### Fonte biológica e fonte social da inteligência

Em resumo, eu diria ainda, antes de passar a Ajuriaguerra, que a ação deverá ser interpretada como uma linguagem corporal e socializada. Isto é, a própria linguagem deverá ser considerada como a fonte social de todo o conhecimento humano, quer prático e motor, quer teórico e psíquico. Repare-se que, nesta perspectiva, a linguagem torna-se mais importante que a ação, embora dependendo dialeticamente dela.

A evolução filogenética, sociogenética e ontogenética da linguagem e da praxia subentende uma gradual transição do sensório-motor ao psicomotor, quer na espécie humana, quer na criança, que, por inerência biossocial perpetua a sua continuidade (Fonseca, 1974 a, 1994, 1998, 2003).

O impacto do pensamento piagetiano é, portanto, revelador de bases psicobiológicas muito importantes, independentemente do extensivo uso de conceitos biológicos e da precariedade de conceitos neurológicos e também sociológicos. Para além dos conceitos básicos de assimilação, de acomodação e de adaptação, os processos cognitivos são descritos como reações governadas por leis de circularidade e de equilíbrio, reforçando bem o sentido da homeostasia fisiológica.

Tudo em Piaget parece ser um fenômeno biológico, o recurso a termos como fases, estádios, subestádios que se interligam, se interferem, se cristalizam e se estabilizam, etc., situa a inteligência ou a cognição em um contexto orgânico e natural, o que se traduz em uma dificuldade em transferir os seus conceitos para outras correntes mais filiadas às terminologias comportamentalistas, psicofisiológicas ou neuropsicológicas.

Apesar da sua orientação ser de índole biológica, a sua teoria é parca em fundamentos neurológicos – o cérebro, que se constitui como a sede biológica principal mais organizada do cosmos e que determina, com grande magnitude, a maioria dos processos de adaptação e de desenvolvimento, é quase negligenciado na sua teorização sobre o desenvolvimento cognitivo.

Por outro lado, a sua teoria escapa à perspectiva de encarar os seres humanos como produtos de condições, não só biológicas como sociais, como é, por exemplo, o da linguagem ou o da praxia. Independentemente destas lacunas paradigmáticas, Piaget apresenta uma teoria tão vasta, perfeita e sustentada, que permite, mesmo nos nossos dias, integrar perfeitamente a maioria dos seus conceitos, não só nas teorias neurocientíficas como também nas teorias sociais e ecológicas atuais, e com ambas avançar na elucidação dos aspectos psicobiológicos do desenvolvimento psicomotor.

Em um ambiente puramente natural, com um cérebro e um corpo intactos, dotados de inteligência sensório-motora, mas isolados de uma cultura, as crianças sem a interação e a mediatização de outros seres humanos mais experientes (Fonseca, 1998b, 2001) e apenas dotadas de instintos para satisfazer as suas necessidades de nutrição, de proteção de inimigos e, mais tarde de reprodução, não teriam certamente acesso aos estádios piagetianos de desenvolvimento cognitivo.

Piaget, todavia, oferece-nos uma obra monumental sobre o desenvolvimento cognitivo humano, referindo-se à inteligência como a forma superior da adaptação orgânica ou biológica, separando-a dos instintos ou da suas formas mais simples, isto é, das aquisições perceptivo-motoras ou da inteligência sensório-motora, igualmente inerentes a outras espécies, como os primatas, por exemplo, não-exclusivas do ser humano, e que servem para satisfazer necessidades biológicas de sobrevivência.

As funções mentais superiores – para Piaget, o pensamento operacional – transcendem o âmbito funcional pré-programado, servindo, obviamente, para satisfazer necessidades de compreensão e de invenção, abrindo a porta ao indivíduo para se relacionar com e se distanciar do meio ambiente, projetando-se de forma auto-regulada em um extenso universo de objetos de conhecimento.

Na visão de Piaget, o processo cognitivo serve não só para satisfazer necessidades primárias – e, nessa medida, integra os instintos, que se encontram mais envolvidos na satisfação de necessidades imediatas, geneticamente programadas, pois são diretamente acessíveis a partir do ambiente e apenas circunscritas a sensações e a algum controle de movimentos –, como também para satisfazer necessidades superiores, cuja satisfação se torna gradualmente mais distanciada do ambiente concreto e imediato, jogando com dimensões de espaço e de tempo mais transcendentes e mais enraizadas na acumulação e na conservação cultural.

Os novos tipos de atividade cognitiva, ao se destacarem dos mecanismos de satisfação primária, tendem à formação de estruturas e ao estabelecimento de processos de memorização e de reutilização, dando origem, conseqüentemente, a novos inventários de respostas, cada vez mais flexíveis, versáteis e adaptados, ou seja, cada vez mais abertos a encontrar alternativas e a procurar novas soluções de problemas por meio de estratégias mentais mais plásticas.

O pensamento formal, designado por Piaget também como pensamento científico, representa, então, o nível mais elaborado dos processos cognitivos, transcendendo as fronteiras espaciais e temporais das experiências individuais, tornando-se progressivamente mais independente do aspecto empírico. Há, portanto, na linha de pensamento piagetiano, uma clara distinção entre as aptidões sensório-motoras e as aptidões lógico-matemáticas, umas dependentes de circunstâncias imediatas, sem diferenciação entre a forma e o conteúdo, outras independentes e com nítida dissociação destas. Forma e conteúdo, inicialmente ligadas, tendem com o pensamento formal a diferenciar-se, ou seja, tendem a superar a experiência sensório-motora e a desligar-se da sua substantivação.

É nesse contexto de reflexão teórica que Piaget equaciona a compreensão da evolução biológica e psicológica do desenvolvimento humano em três grandes fases: a fase pré-científica, a fase nativista e empiricista e, finalmente, a fase científica.

Na primeira fase, denominada pelo autor como a "harmonia preestabelecida", a interação entre o ser humano e o universo era concebida como um pré-determinismo ou pré-formismo, ou seja, uma evolução preestabelecida pela autoridade divina, inclusivamente na sua própria existência espiritual. O processo cognitivo era, então, definido de forma predeterminada e teleologicamente pré-fixado, sem lugar para o desenvolvimento filogenético, sociogenético ou ontogenético e sem campo para conceber o desenvolvimento como o resultado de tensões, de desequilíbrios e de reequilíbrios.

Na segunda fase, mais caracterizada pelos paradigmas controversos: "organismo *versus* meio"; "natura *versus* cultura" ou "hereditariedade *versus* meio", ou ainda de "nativismo *versus* empiricismo". A controvérsia entre o apriorismo kantiano, no qual cabe a teoria dos instintos de Lorenz, e em certa medida a psicanálise de Freud, e o funcionalismo lamarckiano (no qual cabe a teoria da tábula rasa de Locke), mantêm-se viva.

Uma encontra eco nas teorias da mutação, que reforçam a variabilidade na forma, no tamanho e nas características dos organismos, suportando as alterações na estrutura do genoma e a hereditariedade das aquisições. A outra, dando realce ao papel do ambiente (daí o termo envolvimentalismo) não só na seleção natural dos genótipos viáveis, mas também na restrição de mudanças adaptativas nos fenótipos.

Inatismo e empirismo, como teorias dialógicas, acabam por dar à complexidade do desenvolvimento humano, seja psicomotor, afetivo, lingüístico ou cognitivo, uma visão inconclusiva e insatisfatória.

Na terceira fase, denominada fase da "evolução do pensamento científico", entra em campo o interacionismo, ou seja, uma abordagem mais apropriada com o desenvolvimento humano e mais próxima dos modelos cibernéticos e ecológicos, pondo em marcha modelos explicativos dos princípios de programação e de operação que o ilustram, principalmente os de retroalimentação (*feedback*) e de auto e ecocontrole, subentendendo um duplo fluxo informático entre o organismo e o meio ambiente, sugerindo, em síntese, uma interpretação cibernética e sistêmica dos processos biológicos e psicológicos do desenvolvimento.

Com base em investigações conduzidas em biogenética, o genótipo parece manifestar processos de adaptação e de assimilação semelhantes aos observáveis no fenótipo. De igual modo, parece confirmar-se o impacto do ambiente, quer no genótipo, quer no fenótipo, pois no próprio genótipo se desencadeiam processos complementares através do fenótipo, que ativamente seleciona estímulos do ambiente para induzir alterações estruturais. O que se verifica, de fato, é uma contínua e dinâmica interação entre o genótipo, o fenótipo e o ambiente, algo que integra concepções tão diversas como as de Lamarck, de Mendel, de Darwin e outros.

Neste particular aspecto, o conceito de "piscina genética" (*genetic pool*) pode explicar alguns dos padrões de mutação, que deixam de ser entendidos como meramente "acidentais" para passarem a ser assumidos como "proposicionais", ou seja, acabam por se integrar nas idéias de Piaget, sugerindo processos de desenvolvimento baseados em adaptações, em assimilações e em interações seletivas entre o meio e o indivíduo.

Os processos do genótipo e do fenótipo parecem ser governados por leis de auto-regulação e de retroalimentação (Dobzhansky, 1969), na medida em que a descoberta dos genes transmissores e reguladores sugerem programações de crescimento e planificações de fases evolutivas, suscetíveis de mobilizar o sistema nervoso para interagir com ambientes específicos próprios de cada espécie.

Desta forma, o antagonismo entre o darwinismo e o lamarckismo deixa de se justificar, com um sistema interativo multifacetado e multidimensional, cibernético e complexo, como é o que suporta o desenvolvimento cognitivo em Piaget. O inatismo e o empirismo deixam de se opor, ambos se prefiguram como uma solução paralela de tão interessante e inacabado dilema.

Agora parece ser claro que o desenvolvimento cognitivo humano passa por um período de ações sobre os objetos (inteligência sensório-motora e pré-operacional), mas as noções adquiridas a partir deles não derivam nem das ações nem dos objetos em si, mas de estruturas operativas construídas que são abstraídas das ações que o sujeito produz sobre os objetos, ou seja, das coordenações entre essas ações (inteligência lógico-matemática).

Estamos, portanto, confrontados, segundo as próprias palavras de Piaget (1973, 1976), com um funcionamento organizacional e regulacional do tipo cibernético. Desta forma, o inatismo não explica como se dão as construções de tais estruturas, que só podem emergir a partir das interações entre o sujeito e os objetos, durante as quais os objetos são, de fato, um incentivo, mas não são a causa ou a fonte dessas regulações formativas e representacionais.

Eventualmente a inteligência pode ser genotipicamente desenhada, não no sentido de um poder ou de um potencial que pode ser medido estaticamente em um quociente intelectual (QI), mas, sim, no sentido de uma sensibilidade herdada, de uma espécie de "prontidão interativa" (Khoen-Raz, 1977), de uma "abertura" ou de uma disponibilidade para expandir o campo dessa interação.

Tal tendência exploratória, manifestada em reações circulares ativas e repetitivamente procuradas, explica a adaptação a novos estímulos e a novas situações, que acabam por estabilizar os novos esquemas adquiridos por assimilação, e torná-los mais flexíveis por acomodação.

A dimensão da teoria interacionista piagetiana, baseada também em princípios de auto-regulação e de equilibração, explica o domínio da adaptação biológica, mas, igualmente, o domínio da organização cognitiva, que a completa, quer em termos de sobrevivência, quer em termos de utilidade social. À medida que a criança se desenvolve, o processo de maturação e a estimulação social causam reestruturações no equilíbrio cognitivo; só assim ela caminha para novos esquemas mentais. De formas mentais homeostáticas a criança passa a revelar mudanças ou metamorfoses mentais estruturais.

Nessa dimensão mais aprofundada da teoria piagetiana, a sociedade, desde os contatos mais íntimos com os progenitores, os educadores e as instituições sociais e culturais em geral, surge como um agente regulador e decisivo do desenvolvimento intelectual da criança.

A sociedade regula e ajusta os indivíduos a ela, ao mesmo tempo que o ajustamento da sociedade às pressões ecológicas do ambiente é sempre estabelecido por retroalimentações contínuas. Nas próprias palavras do autor, a sociedade como uma suprema unidade de interações coletivas atinge e conserva invenções e construções intelectuais por meio de um a cooperação cognitiva, que só é passível de ser incorporalizada intraindividualmente se ela própria for objeto e sujeito de operações mentais interindividualmente reguladas (Piaget et al., 1968; Khoen-Raz, 1977)

São estas, em síntese, a função da sociedade e a significação social da inteligência, na medida em que os processos cognitivos superiores são os produtos mentais mais elevados da interação, da organização e da comunicação humana. Em suma, a existência humana só é possível de se manter se subsistirem padrões efetivos de comunicação entre gerações, daí a importância da transmissão cultural intergeracional na continuidade da humanidade (Fonseca, 1999, 2003).

Por meio de operações mentais, a espécie humana suplementou a sua "frágil" organização sensório-motora; com sua inteligência formal, ela conseguiu voar até à lua, expandiu quase ao infinito sua adaptação cognitiva às circunstâncias ambientais, distanciando-se para muito além dos seus limites biológicos originais.

As capacidades sensório-motoras humanas desenvolveram-se continuamente até atingirem padrões de interação mental com dados de informação concreta, real, imaginada e simbólica, ou seja, transcenderam no corpo, no espaço e no tempo os limites da sua existência material e, essencialmente, tornaram-se independentes das suas necessidades orgânicas, isto é, tornaram-se, portanto, capacidades psicomotoras, ditas práxicas, por serem criativas e transformadoras da própria natureza (Piaget, 1976; Fonseca, 2003).

O pensamento formal e abstrato, nas suas formas mais elevadas e verdadeiramente típicas da espécie humana, emergido do equilíbrio das suas tendências biológicas, sensoriais, motoras e neuronais, que lhe permitiram explorar o universo, conseguiu criar definitivamente um mundo social multidimensional, um sistema simbólico estruturado e complexo e um mundo cultural de sublime suntuosidade.

O conhecimento humano é um conhecimento social, e é neste âmbito, portanto, que o desenvolvimento intelectual e, conseqüentemente, psicomotor da criança, pode e deve ser também perspectivado. A obra de Piaget, a isso nos conduz.

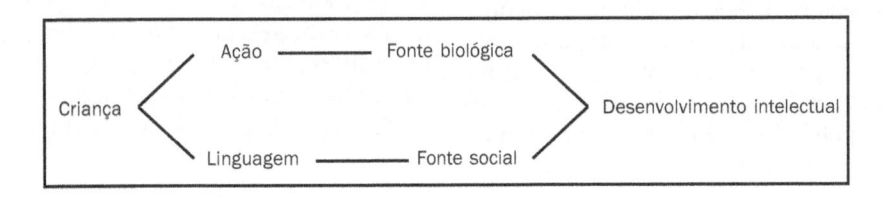

```
             Ação ——————— Fonte biológica
Criança <                                    > Desenvolvimento intelectual
             Linguagem ————— Fonte social
```

# 3 A CRIANÇA É O SEU CORPO:
introdução à obra de Ajuriaguerra

**CORPO E PERSONALIDADE**

Julian de Ajuriaguerra, médico de origem basca, formado na França e radicado durante muito tempo na Suíça, é mundialmente reconhecido pelos seus trabalhos no âmbito da neurofisiologia, da neuropatologia e, fundamentalmente, no campo que interessa mais à teoria da psicomotricidade, ou seja, o da neuropsiquiatria infantil. Sua obra é de tal extensão e profundidade que naturalmente se torna impossível tratá-la, ou mesmo só apresentá-la, em um livro de sensibilização à problemática do desenvolvimento psicomotor e da aprendizagem, como é o caso. No entanto, não posso adiar por mais tempo uma primeira abordagem à perspectiva multifacetada deste autor, que permite, por si só, completar e concretizar um sentido multi e transdisciplinar, que entendo ser hoje indispensável a todos os especialistas em desenvolvimento humano (pais, inclusive) quando, principalmente, está em questão o estudo, a compreensão, a caracterização e a intervenção sobre a personalidade total, inteira, completa e evolutiva da criança e do jovem.

Nessa perspectiva, considero este autor como essencial, e o seu conhecimento, inadiável, em especial para a compreensão da importância da neuropsicologia da motricidade e da gênese do corpo na formação integral das crianças e dos jovens na sociedade atual.

Claro que a interpretação de uma obra científica tão valiosa como é a de Ajuriaguerra implicará correr riscos – por um lado, o risco do recurso a determinados pressupostos complexos e, por outro, o artifício léxico-visual na apresentação dos vários temas. Tentarei, no entanto, atenuar tais inconvenientes salvaguardando ao máximo o rigor científico com que Ajuriaguerra construiu as suas obras de primeira importância para a psicomotricidade. Ao leitor e educador estudioso competirá, assim o espero, aprofundar qualquer destas noções em um estudo mais completo e exaustivo da bibliografia relevante deste autor.

Para Ajuriaguerra (Ajuriaguerra, 1956, 1961, 1962, 1972a, 1974, 1976, 1978, 1980, 1981; Ajuriaguerra e Angelergues, 1962), a evolução da criança é sinônimo de consciencialização e de conhecimento cada vez mais profundos do seu corpo, ou seja, do seu eu total. É com o corpo, diz-nos este autor, que a criança elabora todas as suas experiências vitais e organiza a sua personalidade única, total e evolutiva. Esta perspectiva, que constitui indubitavelmente um contributo original para a compreensão da evolução da criança e do jovem no plano científico, tem, por isso mesmo, encontrado resistências de várias ordens, principalmente filosóficas e até culturais.

Claro que a tais dificuldades e resistências não será estranha, por um lado, a já clássica e tradicional separação entre o homem e o ambiente, isto é, dos vários ecossistemas, e, por outro, o famoso dualismo teológico e cartesiano corpo-espírito, tão enraizado nos mais variados campos do conhecimento e do pensamento humano. Nesta perspectiva mecanicista, que nunca é demais desmistificar, o corpo foi caracterizado e considerado como uma massa e um físico, constituído por um conjunto de ossos e de articulações "empilhados" de baixo para cima em um esqueleto de vísceras e de músculos revestido e envolvido por pele e pêlos.

Daí ter sido fácil e freqüente ter-se caído e continuar-se a cair na alienação do corpo, quer no trabalho, quer no esporte, quer na arte, quer na educação, quer em outra atividade qualquer. O corpo surge, então, como uma ferramenta de produção ou máquina industrial, que, racionalizada ao extremo, adquire um potencial de alto rendimento, transforma-se em um recorde ou em um *mister* ou *miss* mundo qualquer!

### A CRIANÇA É O SEU CORPO

A obra de Ajuriaguerra (1948, 1962, 1972a, 1974, 1980) é, pois, um grito de alarme contra tal perspectiva fácil, vulgar, mediática e simplista, colocando, ao contrário, o corpo em uma dimensão antropológica e ontológica de grande amplitude, isto é, "a criança é o seu corpo".

Claro que não é Ajuriaguerra o primeiro e único autor a preocupar-se com a problemática do corpo. Basta que recordemos a preocupação que sempre o corpo constituiu, desde o cristianismo, passando pelo hinduísmo ou pelo budismo, por exemplo. Podemos mesmo, ainda, recuar mais no tempo e recordar, muito sincreticamente, com Hanna (1970), como o corpo já fora preocupação de Aristóteles e dos filósofos tomistas. Também os filósofos somáticos, como Descartes, Kant, Kierkegaard e outros, encontraram no corpo um objeto de estudo e de reflexão. Descartes, por exemplo, reduz o corpo a um objeto, "fragmento do espaço visível e mensurável".

Só com Rousseau, por um lado, e Nietzche, por outro, esta noção é profundamente abalada e desmistificada, ao ponto de, mais tarde, o fenomenologismo (Merleau-Ponty, 1967, 1969; Husserl, 1985, 1992; Heidegger, 1958, 1986; Henry, 1965; Buytendijk, 1952, 1957, 1967; Bergson, 1913), o existencialismo (Sartre, 1939) e alguns filósofos (de Biran, 1932, Chirpaz, 1969, Hanna, 1970) terem colocado esta análise filosófica em uma visão epifenomenológica.

### O CORPO COMO MATERIALIZAÇÃO DA HUMANIZAÇÃO

Claro que não me compete aqui e agora fazer um estudo comparativo e polêmico das várias perspectivas de ver, ser e estar com o corpo. Tampouco aproveitarei este capítulo para lançar minha própria perspectiva e linha de investigação. No entanto, e antes de passar ao corpo proposto por Ajuriaguerra (1978, 1980, 1981), não quero deixar de registrar que, para mim, o estudo do corpo é, no mínimo, o estudo do ser humano na sua dimensão ontológica, e que a humanização do corpo é, pelo menos, a materialização do seu percurso evolutivo.

De qualquer forma, foi só após as especulações filosóficas sobre o corpo do século xix que, no século xx, este se tornou efetivamente objeto e sujeito de um estudo mais profundo, sistemático e experimental. Primeiro, pelos neurologistas, para compreenderem o funcionamento do cérebro e da sua patologia (Head, 1911, 1937; Foester, 1931; Pick, 1973; Goldstein, 1983; Wernicke, Von Bogaert, citados por Ajuriaguerra e Hécaen, 1964, etc.). Depois, pelos psicólogos (Wallon, 1969, 1970; Piaget, 1973, 1976; Gesell, 1949, 1962; Vygotsky, 1962, 1978; Leontiev, 1969, 1975, 1978; etc.) e pelos psicanalistas (Freud, 1962, 1968; Schilder, 1968; Klein, 1972, 1966; etc.), para compreenderem a evolução da personalidade da criança e do jovem e as suas perturbações.

### CONCEPÇÕES SOBRE A IMAGEM DO CORPO

É, pois, dentro deste pressuposto que desejo apresentar, embora muito resumidamente, algumas das concepções que Ajuriaguerra (1962, 1972, 1974), Ajuriaguerra e Hécaen (1964), Ajuriaguerra e Marcelli (1984), Angellergues (1964), Damásio (1999, 2003), Bermúdez e colaboradores (1998), Campbell (1970), Benton (1979), Bergès e Lezine (1963), Bender e colaboradores (1952), Bors (1951) e Charcot (1888) apresentam sobre o estudo do corpo. Antes, porém, de me adiantar um pouco mais nos conceitos de Ajuriaguerra, parece-me oportuno, a fim de atenuar um pouco as possíveis defasagens terminológicas em relação a este assunto, reunir em um pequeno quadro comparativo várias expressões equivalentes no seu conteúdo e fundamento neurofisiológico, situando-as analogicamente entre si e a expressão somatognosia (*gnosia*, reconhecimento do *soma*, do corpo), introduzida por Ajuriaguerra.

| | |
|---|---|
| ESQUEMA POSTURAL | Head |
| ESQUEMA | Bonnier |
| IMAGEM DE SI | Van Bogaert |
| SOMATOPSÍQUICO | Janet |
| IMAGEM DO EU CORPORAL | Merleau-Ponty |
| IMAGEM DO CORPO | Schilder |
| NOÇÃO DO CORPO | Ribot |
| IMAGEM ESPACIAL DO CORPO | Picq |
| IMAGEM DO NOSSO CORPO | Lhermitte |
| ANOSOGNOSIA | Babinski |
| AGNOSIA DIGITAL | Gertsman |
| ILUSÃO DO MEMBRO FANTASMA DO AMPUTADO | Weir Mitchel |

De todas estas noções, porém, destacarei apenas as necessárias para um breve estudo comparativo e complementar dos trabalhos deste autor:

1. esquema corporal, por ser a mais habitual, e por se situar em um plano mais neurofuncional, envolvendo a integração neurológica de posturas e de programas motores em interação com a percepção espacial de objetos, pois se trata de um subsistema necessário à realização da ação;
2. imagem do corpo: por ser a expressão original de Schilder (1968), autor que, no dizer do próprio Ajuriaguerra, foi o psicanalista clássico que mais atenção dedicou aos estudos sobre o corpo e, por isso, mais o influenciou. Trata-se de uma expressão mais enfocada na abstração e na representação inconsciente e consciente do corpo, envolvendo a autopercepção, o autoconceito conceitualizado, a própria noção do eu – o denominado *self*, o sujeito de emoções vividas e integradas, a atitude, isto é, o componente principal do processo intencional;
3. membro fantasma: por revelar a persistência alucinatória, a ilusão dolorosa e a representação mental de um membro ou de membros ausentes ou desenervados que o sujeito amputado experimenta após situação traumática;
4. anosognosia: desconhecimento ou negligência de membros hemiplégicos devidos a lesão hemisférica;
5. somatognosia: por ser a noção criada e proposta pelo próprio Ajuriaguerra, que consubstancia a ontogênese psicomotora e da aprendizagem.

**Noção de esquema corporal e de imagem do corpo**

A noção de esquema corporal é considerada por vários autores, entre os quais destaco Schilder (1968), como uma noção de âmbito neurofisiológico, que pode ser entendida como a imagem mental do corpo registrada no âmbito cerebral, mais exatamente no âmbito parietal, em função da integração das percepções e da elaboração das respectivas praxias. Tal noção, talvez a mais usada entre nós, tem, no entanto, o grande inconveniente de o termo "esquema" não traduzir a noção de plasticidade e de disponibilidade que este conceito contém.

A imagem do corpo, por sua vez, segundo Schilder, expressa uma relação permanente com a história psicomotora (motora, afetiva e cognitiva) do indivíduo, estruturando-se e reestruturando-se continuamente, através da inter-relação e da interação integrada das seguintes esferas do comportamento humano:

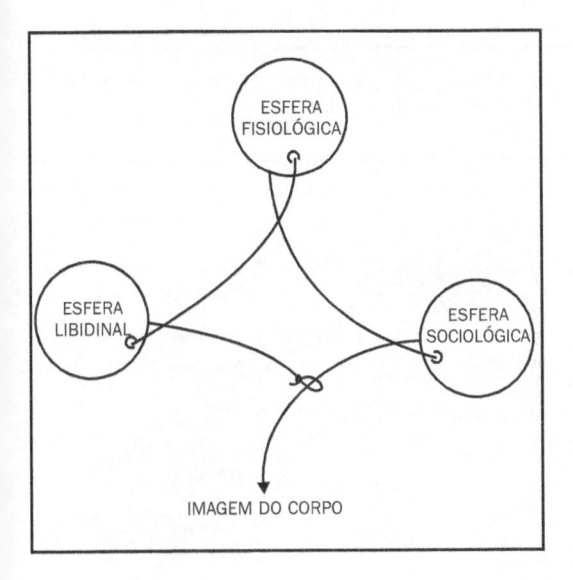

```
        ESFERA
        FISIOLÓGICA

ESFERA                    ESFERA
LIBIDINAL                 SOCIOLÓGICA

        IMAGEM DO CORPO
```

Na esfera fisiológica, Schilder considera as relações entre a psicotonia e a visuocinesiologia, referindo-se aos alicerces da atitude (postura bípede), ao papel da dor e à história corporal do indivíduo, isto é, à sua experiência anterior armazenada.

Na esfera libidinal, o autor recua às concepções freudianas da personalidade, inter-relacionando as interferências sensoriais, erógenas e libidinais, em uma síntese integrada das relações entre o corpo e o mundo, dando ênfase à expressão "o corpo incorpora o mundo". É neste equilíbrio em comunicação que, segundo este autor, se organiza a estrutura individual da personalidade.

Na esfera social (ou sociológica), Schilder equaciona toda a fenomenologia do investimento corporal na relação e inter-relação social, isto é, o corpo surge como o instrumento de relação e interação com o outro.

Note-se como no âmbito desta última esfera e em uma perspectiva já interdisciplinar, para Schilder, a imagem do corpo tem origem na imagem do corpo dos outros; para Wallon, no chamado diálogo corporal entre a mãe e o recém-nascido, e para Piaget, na imitação inteligente da criança (Gantheret, 1961).

Em suma, pode-se dizer que, para além da importância que tem para a descoberta do nosso corpo, para a sua experiência anterior e para as tendências libidinais que os outros exercem sobre nós, e vice-versa, o corpo não é apenas um instrumento de construção e de ação, mas também o meio concreto e último de comunicação social. É nesse contexto que inúmeras pesquisas sobre a comunicação não-verbal têm sido desenvolvidas (Harlow, 1958; Argyle, 1975; Bergés, 1967; Buytendijk, 1967; Campbell, 1970; Chirpaz, 1969; Corraze, 1980; Dolto, 1957, 1984; Descamps, 1986; Fauché, 1993; Knap, 1972; Hall, 1986, 1994).

### A ilusão do membro fantasma no amputado

A ilusão do membro fantasma no amputado traduz a persistência no indivíduo da consciência do corpo na sua totalidade, independentemente da subtração ou da diminuição anatômica ou física ocorrida ou existente.

O membro fantasma é designado em Ajuriaguerra (1974), Ajuriaguerra e Hécaen (1952, 1964) e em outros autores, como Alvim (1962), Angelergues (1964), Babinski (1914), Bors (1951) Benton (1979), Fere (1891), Foerster (1931), Fisher e Cleveland (1968), Fonseca (1974c, 1977c, 1985, 1991, 1992, 2001), Fonseca e Mendes (1990), Fonseca e Martins (2001), Gantheret (1961), Gerstmann (1927), Lhermitte (1939), Lowghi (1939), Pick (1973), Margoulis e Tournay (1963), Meyer (1982), Montagu (1979), Quesne (1969), Reinhardt (1990), Schilder (1968) e Wallon (1954), como o resíduo cinestésico do membro (ou parte do corpo) anatomicamente ausente.

De fato, o corpo encontra-se mentalmente representado nas áreas motoras e sensitivo-somáticas do córtex humano (área 4 e áreas 1, 2, 3 de Broadman, respectivamente).

Como a cada área motora corresponde funcionalmente uma área sensitiva concomitante,

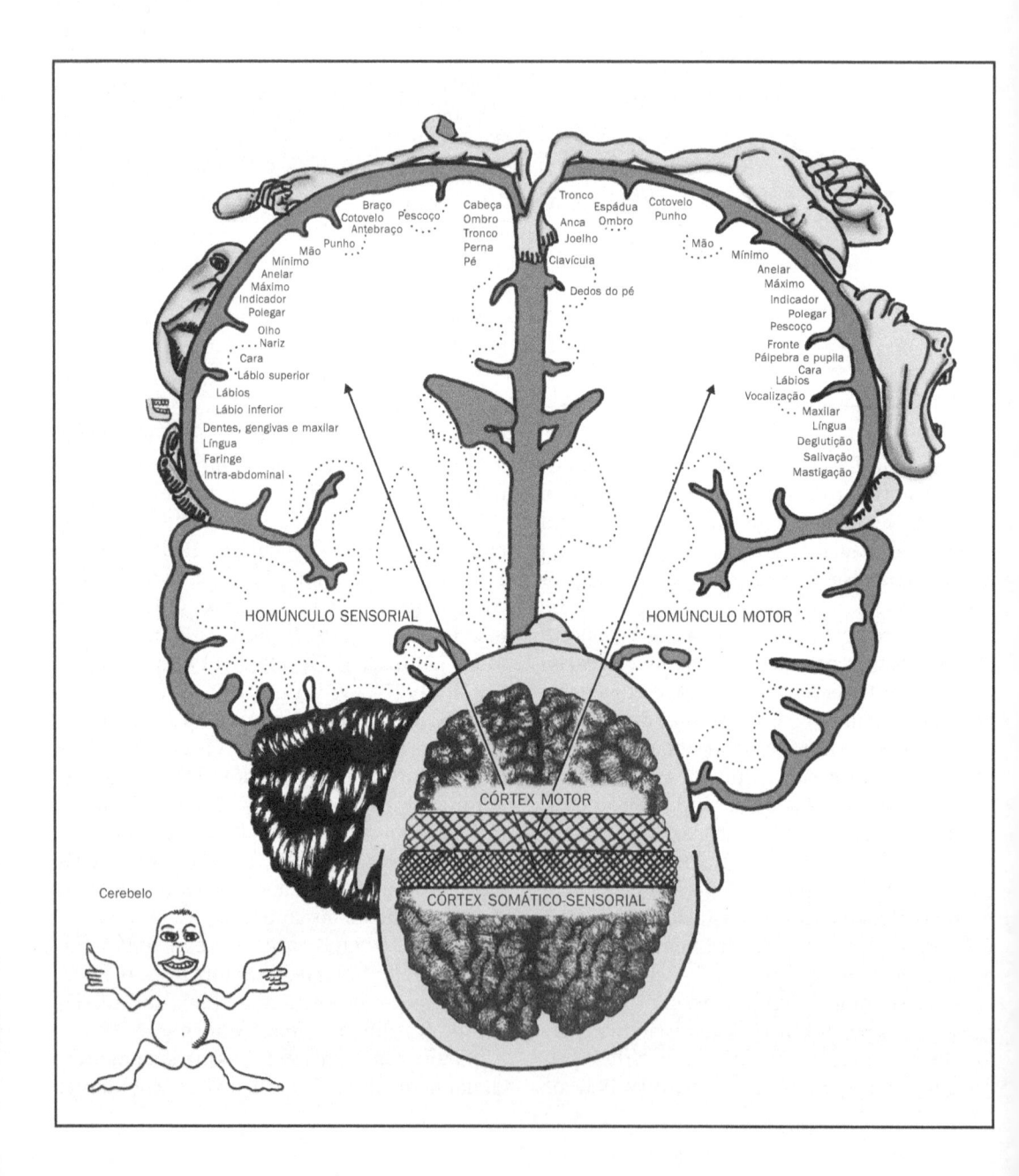

108 Desenvolvimento psicomotor e aprendizagem

HOMÚNCULO SENSORIAL

Braço
Cotovelo Pescoço
Antebraço
Punho
Mão
Mínimo
Anelar
Máximo
Indicador
Polegar
Olho
Nariz
Cara
Lábio superior
Lábios
Lábio inferior
Dentes, gengivas e maxilar
Língua
Faringe
Intra-abdominal

Cabeça
Ombro
Tronco
Perna
Pé

Tronco
Anca
Joelho
Clavícula
Dedos do pé

Espádua
Ombro

Cotovelo
Punho
Mão
Mínimo
Anelar
Máximo
Indicador
Polegar
Pescoço
Fronte
Pálpebra e pupila
Cara
Lábios
Vocalização
Maxilar
Língua
Deglutição
Salivação
Mastigação

HOMÚNCULO MOTOR

Cerebelo

CÓRTEX MOTOR

CÓRTEX SOMÁTICO-SENSORIAL

**ÁREAS MOTORAS E SENSITIVOMOTORAS NO SER HUMANO**

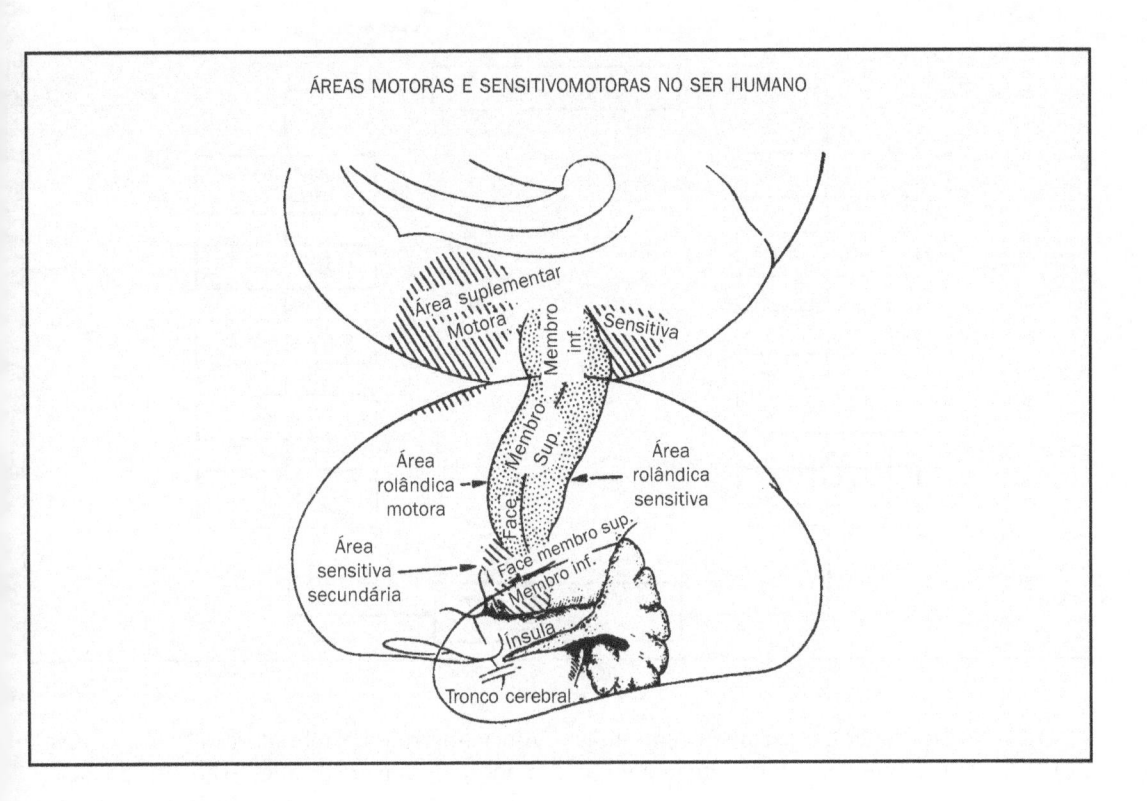

(Figura: representação das áreas motoras e sensitivomotoras no cérebro humano, incluindo Área suplementar motora, Sensitiva, Membro inf., Membro sup., Face, Área rolândica motora, Área rolândica sensitiva, Área sensitiva secundária, Ínsula, Tronco cerebral)

a ausência súbita de qualquer parte do corpo corresponde, sem dúvida, a uma ausência anatômica das respectivas inervações sensitivomotoras, mas, paradoxalmente, na condição de membro fantasma, permanece uma "ilusão" mental (sentida, interiorizada e posicionada) do membro amputado, isto é, o sujeito amputado continua a sentir no coto o membro mutilado através da respectiva representação, não só de ordem cinestésica, como também, inclusive, de ordem emocional e simbólica (Azcoaga et al., 1983; Bour, 1971; Bourret e Louis, 1983; Bergés e Lezine, 1963; Challey-Bert e Plast, 1973; Chalmers et al., 1971; Chauchard, 1963, 1967; Changeux, 1983; Delgado, 1971; Feldenkrais, 1971; Fulton, 1955; Gardner, 1968; Gatz, 1970; Grant, 1955, 1977; Gross e Zeigler, 1969; Hécaen, 1972, 1975; Lashley, 1929; Lezak, 1976; Morin, 1969; Pribram, 1960, 1973; Rasch e Burke, 1974; Russel, 1975; Sanides, 1966; Sarnat e Netsky, 1981).

## A somatognosia

Sendo a noção de somatognosia proposta por Ajuriaguerra (1956, 1974, 1978), Ajuriaguerra e Thomas (1948), Ajuriaguerra e Hécaen (1952, 1964), Ajuriaguerra e Angellergues (1962), Ajuriaguerra, Diatkine e Badaraco (1956), ela é entendida por Ajuriaguerra como a tomada de consciência do corpo na sua totalidade e respectivas partes, intimamente ligadas e inter-relacionadas com a evolução dos movimentos intencionais, isto é, a tomada de consciência do corpo como realidade vivida e convivida.

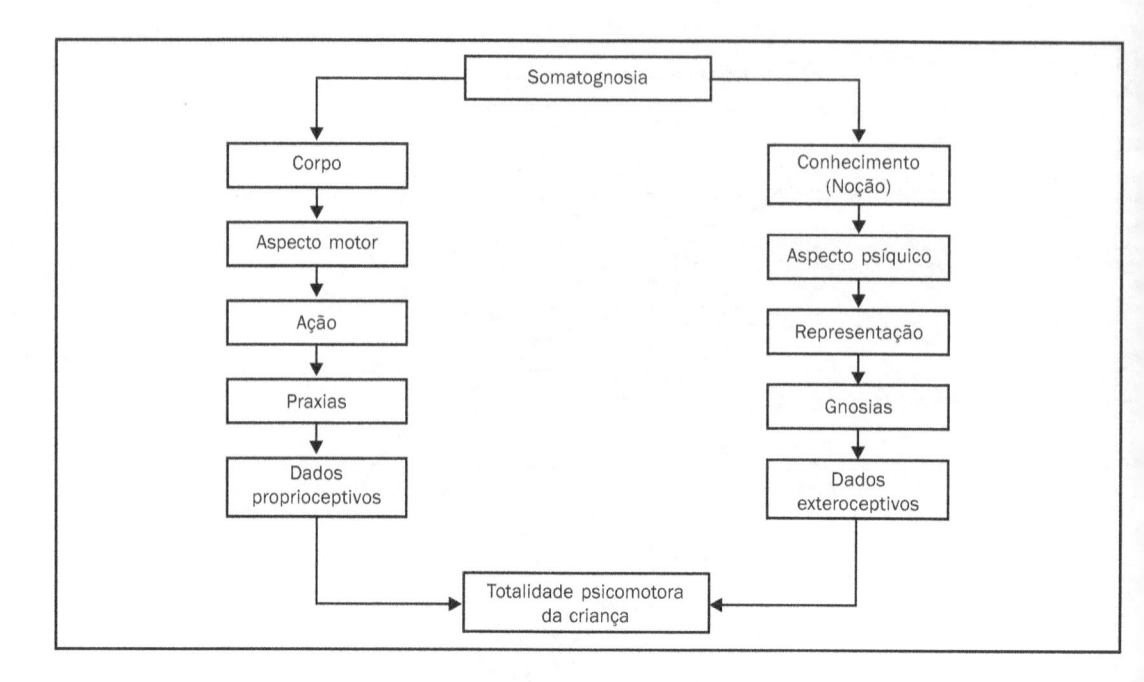

```
                    ┌─────────────────┐
                    │  Somatognosia   │
                    └─────────────────┘
                   │                     │
                   ▼                     ▼
            ┌──────────┐          ┌──────────────┐
            │  Corpo   │          │ Conhecimento │
            └──────────┘          │   (Noção)    │
                │                 └──────────────┘
                ▼                         ▼
         ┌──────────────┐          ┌──────────────┐
         │ Aspecto motor│          │Aspecto psíquico│
         └──────────────┘          └──────────────┘
                │                         │
                ▼                         ▼
            ┌──────┐                ┌──────────────┐
            │ Ação │                │Representação │
            └──────┘                └──────────────┘
                │                         │
                ▼                         ▼
           ┌────────┐                 ┌─────────┐
           │ Praxias│                 │ Gnosias │
           └────────┘                 └─────────┘
                │                         │
                ▼                         ▼
          ┌───────────┐              ┌────────────┐
          │   Dados   │              │   Dados    │
          │proprioceptivos│          │exteroceptivos│
          └───────────┘              └────────────┘
                    │                     │
                    ▼                     ▼
                  ┌──────────────────────┐
                  │ Totalidade psicomotora│
                  │     da criança        │
                  └──────────────────────┘
```

Os dados experimentais permitem, entretanto, revelar vários componentes da somatognosia:

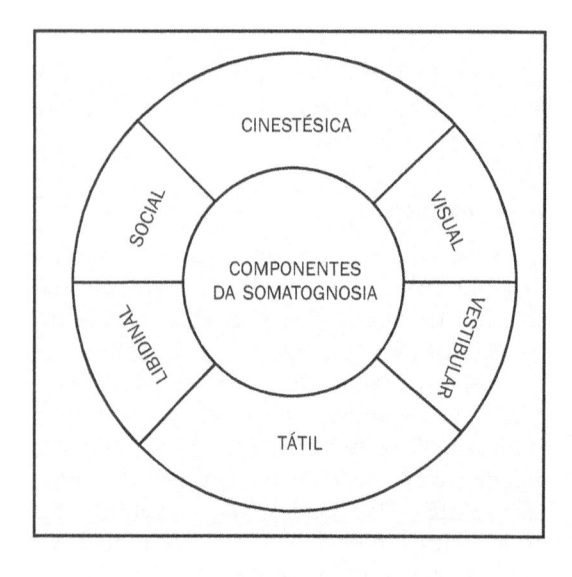

(Diagrama circular: COMPONENTES DA SOMATOGNOSIA — CINESTÉSICA, VISUAL, VESTIBULAR, TÁTIL, LIBIDINAL, SOCIAL)

Repare-se, pois, como a noção de corpo, em Ajuriaguerra (1961, 1976), Ajuriaguerra e Soubiran (1962), Ajuriaguerra e Marcelli (1984) e Ajuriaguerra e colaboradores (1956), equivale à noção de veículo de adesão ao mundo, de envelope e fronteira da existência humana e de infra-estrutura da personalidade. É, de certa forma, uma síntese de dois dos parâmetros apresentados por Schilder (1968).

De fato, e como já mencionei resumidamente, a concepção deste autor recorre, em primeiro lugar, à noção de esquema corporal (de âmbito mais fisiológico), entendida como a integração das percepções e da elaboração das respectivas praxias e, em segundo, à noção de imagem do corpo (de âmbito mais psicológico), entendida como fator de relação inter-pessoal, cuja imagem resulta da oposição em comunicação entre a singularidade do sujeito e a universalidade da pessoa. Entre ambas as noções, como é óbvio, torna-se difícil desenhar fronteiras nítidas, dada a natureza psicofisiológica total e evolutiva do ser humano.

Antes, porém, de passar, agora com outro desenvolvimento, à concepção neurofisiológica e neuropsicológica da imagem do corpo apresentada por Ajuriaguerra (1974) e Ajuriaguerra e Hécaen (1952), farei breves considerações pessoais sobre este assunto. Assim, pensamos que este problema da imagem do corpo é, no fundo, um problema que se situa na sempre e universalmente controversa questão de conceber e de definir a consciência: terá a consciência uma base material e corporal ou não? Que dizer dos múltiplos e variados estudos e investigações neurofisiológicas efetuadas não só sobre o membro fantasma nos amputados, mas também sobre as paralisias cerebrais, as lesões cerebrais e as várias e multifacetadas psicopatologias?

Minha concepção de imagem do corpo compreende, principalmente, uma noção de unidade sensório-cinestésica em constante modulação com as circunstâncias do meio ambiente. Esta noção pretende, pois, realçar, como em Damásio (2003, 1999, 1994), que a noção do nosso corpo é não só uma estrutura sensorial e cinestésica registrada e integrada no cérebro, mas também, e simultaneamente, uma estrutura funcional indispensável a todas as condutas. Em síntese, compreende um "sentimento" que se possui do nosso corpo, do nosso espaço existencial e, por isso, também do nosso espaço material.

Parece, assim, não haver dúvidas de que o sentir se encontra mais ou menos identificado com o agir do corpo. Por este meio, o cérebro recebe, organiza e sente as informações do mundo exterior, e a partir delas comanda as ações intencionais (Paollard, 1961, 1980). Reflita-se, no entanto, antes de se passar imediatamente à concepção neurofisiológica, como a imagem do corpo, apresentada por Bonnier, em 1893, já era considerada como uma representação espacial, constante e figurativa, de relação com o mundo exterior.

### Concepção neurofisiológica da imagem do corpo

Uma vez mais insisto que, em minha opinião, a compreensão do desenvolvimento psicomotor e da ontogênese da imagem do corpo tem as suas repercussões, diretas e indiretas, no desenvolvimento da personalidade e no potencial de aprendizagem (Launay e Vanhove, 1949; Thomas e Ajuriaguerra, 1949; Thomas e Autgaerden, 1963a, 1963b; Widlocher, 1969; Richel, 1972). Ambos exigem um conhecimento e um fundamento neurofisiológico e neuropsicológico sem o qual nos escaparão, bem como a qualquer educador ou terapeuta, não só os dados corretos da evolução da criança e do jovem, como também, o que não é menos importante, os limites dos casos a considerar, como desviantes ou atípicos, paranormais, parapatológicos ou mesmo patológicos e portadores de qualquer tipo de deficiência.

De fato, penso, e já o disse logo de início, que o educador poderá obter mais êxito na aprendizagem, ou pelo menos não registrar tantos insucessos, se levar em conta, por um lado, a noção evolutiva e sistêmica da imagem do corpo da criança e do jovem, e por outro, a noção da sua disontogênese (Vygotsky, 1993).

Nesse sentido, e independentemente de muitas outras noções dispersas por vários autores, algumas das quais foram já levantadas na introdução deste capítulo, parece-me oportuno completar um pouco mais e desenvolver algumas das noções neuropsicológicas propostas por Ajuriaguerra (Ajuriaguerra, 1961; Ajuriaguerra et al., 1955, 1960, 1962, 1964), primeiro, porque Ajuriaguerra é, sem dúvida alguma, um dos autores que melhor reúne e aglutina os conceitos-chave para o conhecimento do corpo no desenvolvimento psicomotor e na aprendizagem, todos eles, sublinhe-se, com evidência clínica e experimental; segundo, porque estas noções são essenciais, e por isso oportunas, não só para a compreensão da importância da imagem do corpo de um modo geral, mas, principalmente, para o respectivo estudo neurológico em relação ao desenvolvimento psicomotor e às dificuldades, perturbações ou transtornos de aprendizagem, que já abordei em outras publicações (Fonseca, 1979, 1983, 1984, 1990, 1996, 2001).

Realmente, parece-me que só no âmbito da concepção neurológica da imagem do corpo se poderá compreender qual o papel essencial deste componente em todo o fenômeno da aprendizagem. É, pois, neste sentido que, para aprofundar este assunto, vou a seguir recorrer a Ajuriaguerra. No entanto, aproveito esta ocasião para apresentar, embora muito resumidamente, um conjunto de noções e conceitos que, com a respectiva terminologia, considero fundamentais para ajudar na descoberta e no estudo deste neurologista por parte de todos os educadores.

Porém, e antes ainda de entrar propriamente no assunto, parece-me útil referir, como fez o próprio Ajuriaguerra, os trabalhos realizados dentro desta mesma ótica por Head, Lhermitte, Schilder, Pick, Babinski, Van Bogaert, Gerstmann, Goldstein, Gueniot, Weir-Mitchel, Hécaen, etc., autores que são naturalmente outras tantas fontes de pesquisa e de consulta por parte dos especialistas mais curiosos e interessados.

Assim, a imagem do corpo é vista como a resultante da relação entre o conjunto dos dados interoceptivos, proprioceptivos, exteroceptivos, isto é, as sensações, as percepções, os fantasmas, as projeções, as memórias e as intenções motoras. Esta resultante, no seu todo, representa e concretiza o ajustamento, a precisão e a eficiência das condutas humanas. Daí a importância, na minha opinião, da perspectiva dos estudos de Ajuriaguerra, uma vez que, à alteração de tais dados e inter-relações, naturalmente irá corresponder um desajustamento dos comportamentos e, por isso, o que poderíamos designar como uma patologia da conduta – e por que não uma patologia da aprendizagem? –, pois o estudo das incapacidades de aprendizagem (como, por exemplo, das agnosias, das afasias, das assomatognosias, das apraxias, etc.) é uma pedra angular do estudo das dificuldades de aprendizagem.

A observação das variadas e diferentes desintegrações parapatológicas ou patológicas e experimentais da imagem do corpo pode, pois, levar-nos de forma mais abrangente e dinâmica ao estudo do comportamento humano, ainda mais que a imagem do corpo é simultaneamente uma estrutura de conjunto e revela intrinsecamente, de forma coibida, seqüencializada e interdependente, uma unidade estrutural.

É interessante assinalar aqui como Ajuriaguerra fundamenta tal afirmação baseando-se no estudo e na observação do fenômeno do membro fantasma. Realmente, segundo este autor, a ilusão do membro fantasma no indivíduo amputado (noção que já situei antes no seu conteúdo) é a confirmação mais evidente do papel do conhecimento e do sentimento do corpo na formação da personalidade humana. Note-se que, à supressão dos membros ou de qualquer outra parte anatômica do corpo, o indivíduo sinistrado responde com uma representação mental e uma sensação de volume e de localização da zona do corpo perdida ou extirpada.

Mesmo sem o membro amputado, o indivíduo continua a senti-lo, não só nos seus movimentos, como também nas suas relações com as demais partes do corpo. Por quê? Somente porque o corpo está inserido e embutido na sua personalidade, é a própria personalidade, e é a razão da sua integridade (Pirisi, 1949; Onnis, 1996).

Esta observação clínica, confirmada em milhares de casos no pós-guerra e em acidentes cotidianos de trabalho ou de trânsito, não só mostra bem a unicidade coerente da imagem do corpo como confirma a totalidade do ser humano. Não podemos, no entanto, ignorar, bem pelo contrário, que a ausência anatômica de um membro amputado, além de uma agressão real à personalidade total do indivíduo sinistrado, traz consigo ainda uma modificação do peso, do volume, da densidade e da própria gravidade, interferindo no controle postural e em todos os aspectos da atitude. Em uma palavra, traz consigo uma modificação dos próprios movimentos de um modo geral, mas esta realidade não impede, como vimos, que os movimentos sejam sentidos como estados psíquicos concomitantes e em perfeita e profunda co-relação (Fonseca, 1985, 1992) com os circuitos motores cerebrais (corticais e subcorticais), que continuam a representar os movimentos do membro amputado.

Ajuriaguerra e Hécaen (1955) confirmam e fundamentam todas estas afirmações baseando-se, além de nas provas anteriores, nos trabalhos de Münzebrock e de Cronholm. Estes autores, citados por Ajuriaguerra e Hécaen, descobriram em 122 casos de amputados (não só fálicos, como de dentes, testículos, olhos, seios e membros) a existência de 118 com membros fantasmas (96,5%).

Repare-se já agora e a título complementar, que Bors (1951), em outra investigação, demonstrou que o fantasma dos membros ausentes é mais intenso do que o fantasma dos membros paralisados, o que, diga-se de passagem, em termos de aprendizagem é bastante significativo.

Aliás, todas estas evidências são ainda confirmadas nas adaptações às próteses em indivíduos amputados, abrindo novas perspectivas de análise. Segundo Charcot (1888), existe mesmo uma sensação de irritação dos nervos do coto, "sentida" na imagem sensorial do membro amputado. Ajuriaguerra, juntamente com outros neurologistas (Fulton, 1955; Hebb, 1958, 1959, 1976; Gatz, 1970; Gardner, 1968; Granit, 1977), equaciona os problemas de perturbação do membro fantasma, com síndromes assomatognósicas cuja localização cerebral se situa preferencialmente no lóbulo parietal.

Note-se como tudo isto, que já era importante e significativo como fundamento científico para o desenvolvimento psicomotor e para a aprendizagem, se reforça ainda mais ao verificar-se que as várias e diferentes síndromes psicopatológicas cerebrais têm uma localização funcional:

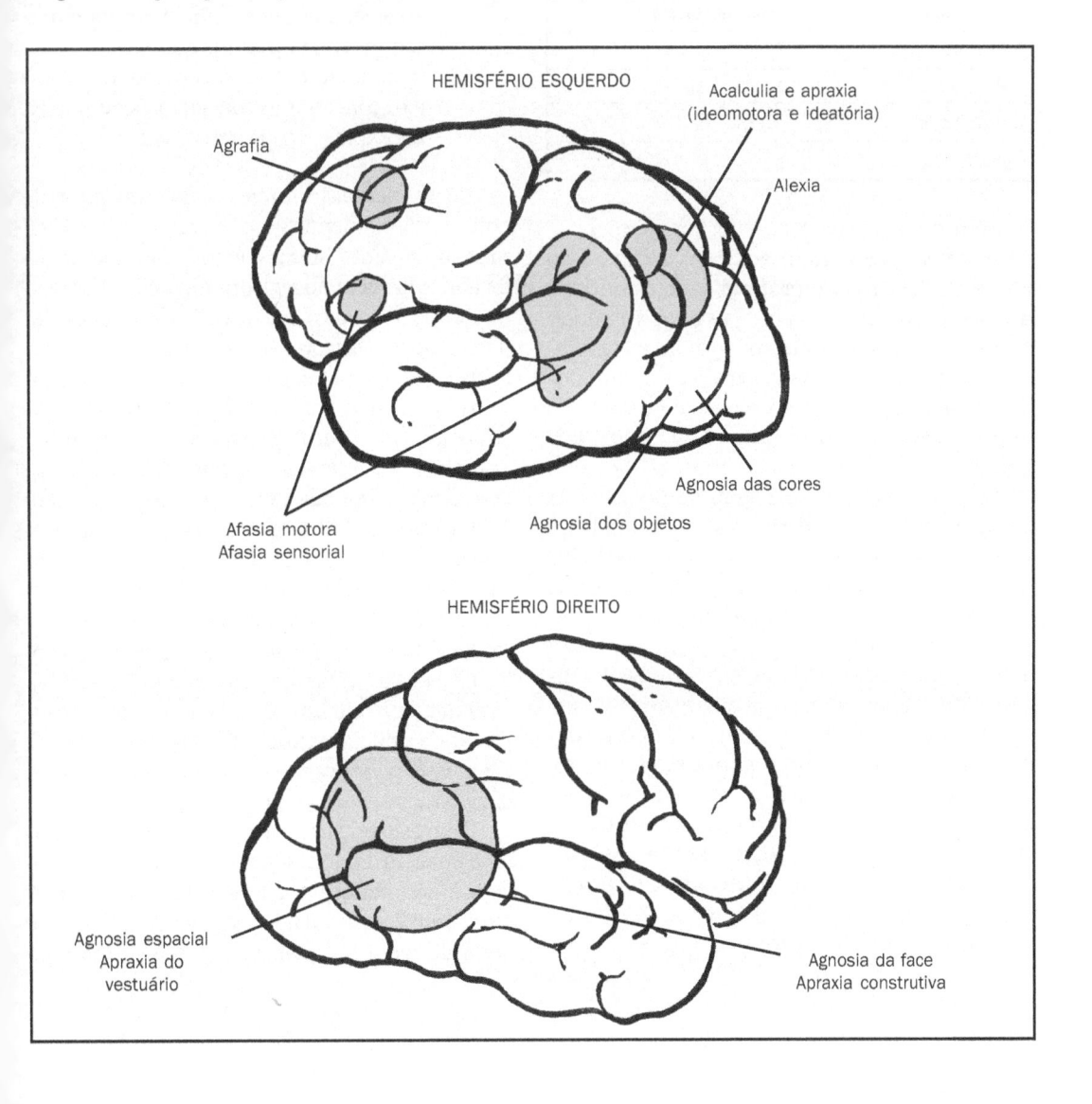

HEMISFÉRIO ESQUERDO
- Agrafia
- Acalculia e apraxia (ideomotora e ideatória)
- Alexia
- Afasia motora
- Afasia sensorial
- Agnosia dos objetos
- Agnosia das cores

HEMISFÉRIO DIREITO
- Agnosia espacial
- Apraxia do vestuário
- Agnosia da face
- Apraxia construtiva

## INTRODUÇÃO A ALGUMAS SÍNDROMES NEUROLÓGICAS

É a observação clínica das diferentes desintegrações da imagem do corpo que nos pode ajudar a ver e a compreender melhor o desenvolvimento humano e, implicitamente, os diversos tipos de aprendizagens não-simbólicas e simbólicas, não-verbais e verbais, tendo em consideração os dois grandes sistemas neurofuncionais hemisféricos.

| Localização cerebral | Síndromes |
|---|---|
| Lóbulo parietal | Assomatognosia |
| Lóbulo temporal | Afasia |
| Lóbulo temporal | Agnosia auditiva |
| Lóbulo occipital | Agnosia visual |
| Lóbulo frotal | Apraxia |

Sem querer massacrar o leitor com noções que normalmente pertencem aos especialistas, pelo menos no seu rigor e profundidade científicos, não posso, porém, adiar por mais tempo a importação de determinadas noções oriundas da neuropatologia e da neuropsicologia para os âmbitos da educação e da terapia e, dentro destes, para o da problemática da aprendizagem (Quesne, 1969; Benton, 1979).

O estudo da aprendizagem comporta, por um lado, a funcionalidade total e integrada de todo o processo adaptativo, o que envolve a integridade sistêmica das relações cérebro-corpo, portanto psicomotoras (capacidade), que controlam a interação entre o organismo e o seu ambiente, e, por outro lado, em termos dialéticos, a falta, a perturbação ou a perda de tal funcionalidade ou equilíbrio sistêmico (incapacidade). Aliás, como também já o disse e insisto, não concebo hoje o educador que não esteja em atitude de ação e de formação contínua interdisciplinar. Nessas condições, irei abordar esta importação e tratamento interdisciplinar recorrendo a Ajuriaguerra, de acordo com a seguinte metodologia de exposição:

1. colocar em paralelo as problemáticas da neuropatologia e da neuropsicologia e a problemática das incapacidades e das dificuldades de aprendizagem (não-verbais e verbais), tendo em vista uma síntese da problemática educativa em geral, abrangendo toda a sua taxonomia;
2. recorrer didaticamente, como termo de referência para o estudo acima referido, à criança e ao jovem que possuem teoricamente intactos todos os seus sistemas e estruturas neuropsicológicas (de recepção, de integração e de execução), ou seja, à criança e ao jovem na situação ideal de aprendizagem;
3. finalmente, aplicar em dois ou três exemplos concretos as considerações e conceitos expressos nos itens 1 e 2.

Nesta orientação, interessa-me, pois, antes de entrar propriamente na exposição e na elaboração do assunto, situar o leitor na problemática da aprendizagem que naturalmente a coloca ora no campo patológico, ora no campo das dificuldades de aprendizagem, ou seja, no campo paranormal ou parapatológico. Repare-se: os termos utilizados com o prefixo "dis" referem-se a dificuldades ou perturbações (*dis*fasias, *dis*nomias, *dis*artrias, *dis*lexias, *dis*grafias, *dis*ortografias, *dis*calculias, *dis*praxias, etc.), por isso pertencem à educação e, eventualmente, à reeducação. Significam, portanto, uma disfunção dos sistemas ou uma perturbação ou transtorno funcional sem evidenciar lesões cerebrais óbvias, mas não uma incapacidade ou afunção, pois aí o prefixo a colocar será "a" (*a*fasia, *a*gnosia, *a*lexia, *a*grafia, *a*calculia, *a*praxia, etc.), revelando, em contrapartida, a evidência clínica de uma lesão cerebral, e, por isso, pertencendo ao domínio da medicina e, eventualmente, da terapia.

Feito este esclarecimento, vou a seguir recorrer à imagem didática seguinte, que é, como mencionei, apresentar em paralelo as incapacidades de aprendizagem no adulto e as dificuldades de aprendizagem na criança, em que se mantêm intactas as estruturas neurobiológicas de todos os seus sistemas de recepção, de integração e de execução da informação, mas onde podem ocorrer déficits, distúrbios, dificuldades ou problemas nas suas funções neuropsicológicas.

Vejamos agora como Ajuriaguerra resume as três principais incapacidades de aprendizagem, tendo em atenção o processamento da informação (*input*-integração/elaboração-*output*), para posteriormente escolher quais os termos e respectivos conteúdos que convém "importar" para a educação ou reeducação em uma primeira fase.

### Agnosia

É uma perturbação essencial da percepção (*input*) que consiste na perda da discriminação, da identificação e da compreensão dos estímulos e na incapacidade de reconhecer as formas, as cores, os objetos, os espaços, os sons, os movimentos, os símbolos, etc.

A noção de agnosia está naturalmente associada à noção de apraxia, uma vez que, como já mencionei, o componente motor é inseparável do componente sensorial. Weizsacker, citado por Ajuriaguerra e Hécaen (1964), introduz as noções de operação e de sujeito, defendendo que este último intervém em toda a história da sua organização perceptiva anterior, isto é, em toda a história do seu desenvolvimento motor, afetivo, cognitivo e social.

Em suma, pode-se dizer que a agnosia consiste, portanto, em uma incapacidade de integração, de interação e de processamento sensorial (visual, auditivo e tátil-cinestésico). Trata-se, em um sentido lato, da incapacidade de interpretação psicológica dos dados sensoriais fisiológicos, isto é, trata-se de um problema de organização perceptiva e de estruturação cognitiva (Hécaen, 1972). Podemos considerar, entre outras, as seguintes agnosias:

1. agnosia auditiva: déficit da identificação e de compreensão de sons elementares não-simbólicos e da linguagem falada;

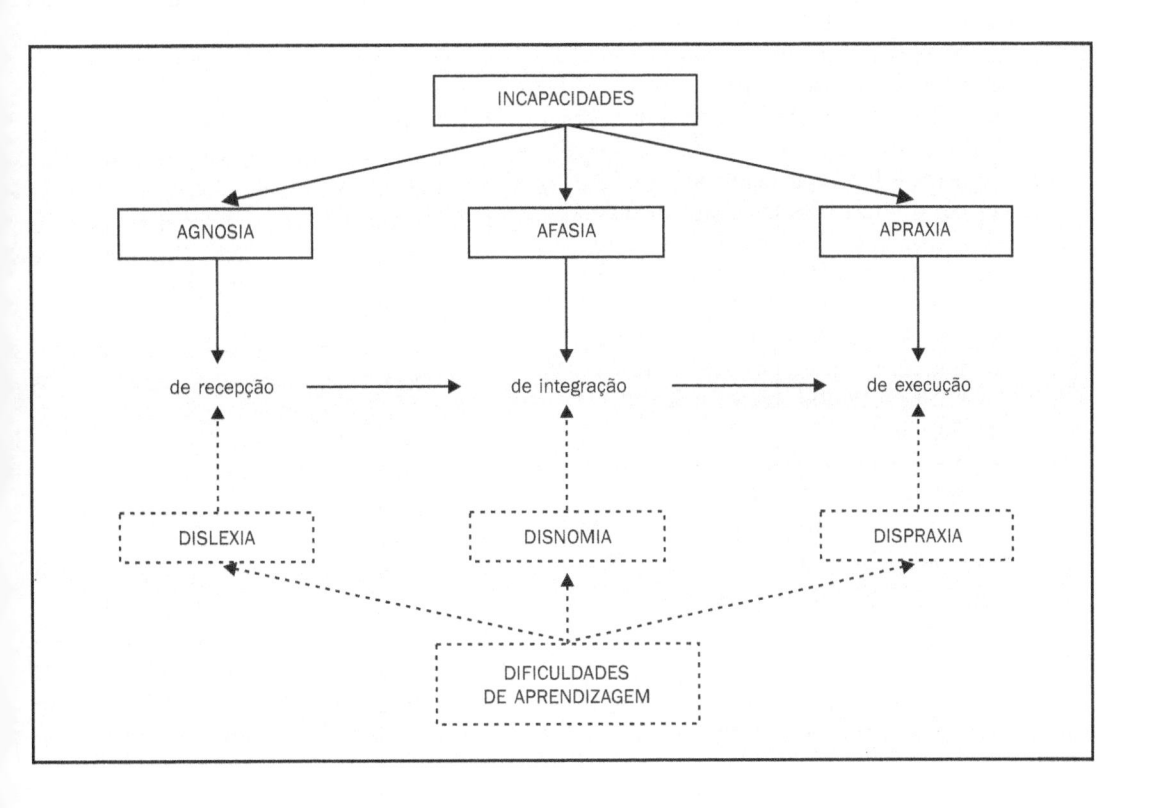

```
                        INCAPACIDADES
              ┌──────────────┼──────────────┐
              ▼              ▼              ▼
          AGNOSIA         AFASIA         APRAXIA
              │              │              │
              ▼              ▼              ▼
         de recepção → de integração → de execução
              │              │              │
              ▼              ▼              ▼
          DISLEXIA       DISNOMIA        DISPRAXIA
              ▲              ▲              ▲
              └──────────────┼──────────────┘
                        DIFICULDADES
                       DE APRENDIZAGEM
```

2. agnosia auditivo-espacial: incapacidade de localizar a origem espacial dos sons;
3. agnosia das cores: incapacidade de reconhecer as cores em virtude de uma deficiência na categorização do pensamento (dita de Goldstein);
4. agnosia digital: incapacidade de reconhecer, de distinguir, de mostrar e de designar os dedos da mão (dita de Gertsmann);
5. agnosia ideatória: incapacidade de identificação dos objetos em virtude da impossibilidade de sobrepor à imagem tátil uma imagem visual;
6. agnosia das imagens: dificuldade de reconhecer imagens que se apresentam em um curto espaço de tempo (figuras geométricas, símbolos, etc.);
7. agnosia dos objetos: incapacidade de reconhecer visualmente objetos familiares usuais;
8. agnosia das fisionomias: dificuldade de reconhecer a significação das mímicas das pessoas;
9. agnosia espacial: incapacidade de reconhecer o mundo estereoscopicamente (a três dimensões) e, portanto, a respectiva incapacidade de manipular os dados espaciais e topográficos;
10. agnosia tátil: incapacidade de reconhecer, de identificar e de encontrar objetos manipulados em virtude da alteração das imagens táteis e das suas respectivas sensações cinestésicas;
11. agnosia de utilização: incapacidade de estabelecer um plano de ação necessário à utilização dos objetos e de outros instrumentos;
12. agnosia visual: incapacidade de reconhecer o significado do espaço, das imagens ou dos objetos em virtude de alterações da atividade ótica (discriminação e seqüência visual); etc.

## Afasia

É uma perturbação que se situa no âmbito da expressão e da compreensão da linguagem e dos símbolos verbais que a sustentam, independentemente de estarem intactos os instrumentos periféricos da execução e da recepção da fala (Hécaen, 1972; Luria, 1966a, 1966c, 1975). Podemos considerar as seguintes afasias, entre outras:

1. afasia amnésica: incapacidade de abstração relacionada com as palavras, com os símbolos ou com qualquer problema de denominação;
2. afasia de Broca: incapacidade de evocar a palavra espontânea e original e de repetir frases (*output* verbal). O mutismo e determinadas perturbações acompanhadas de disartria podem ser incluidos nesta afasia;
3. afasia central: consiste na incapacidade de compreender palavras e de combinar fonemas em palavras, afetando a significação e a integração da linguagem;
4. afasia de condução: incapacidade de repetir ou de reproduzir (imitar) palavras em virtude de disfunção do sistema de associação entre o centro auditivo e o centro frontal motor da fala;
5. afasia motora (anartria): incapacidade de articular, isto é, de produzir a linguagem expressiva;
6. afasia semântica (agramatismo): dificuldade de formulação simbólica e de arranjo e de combinação de palavras para formar frases;
7. afasia sintáxica: dificuldade de reconhecer o significado das palavras e das frases, isto é, de reconhecer o significado de uma idéia de conjunto;
8. afasia total: abolição da palavra, associada à surdez verbal, à alexia e à agrafia;
9. afasia verbal: impossibilidade de formar palavras e de escrevê-las (afasia motora);
10. afasia de Wernicke: perturbações da compreensão da linguagem em virtude do esquecimento do vocabulário e da incapacidade de rechamá-lo ou de recupe-

rá-lo (parafasia), podendo ser acompanhada da incompreensão de palavras, entre outras dificuldades.

### Apraxia

Para Ajuriaguerra e Diatkine (1948), Ajuriagurra e Stambak (1955), Ajuriaguerra, Hécaen e Angelergues (1960), Ajuriaguerra e colaboradores (1964), a apraxia constitui a incapacidade de elaborar, controlar e de executar a ação propriamente dita. Para Ajuriaguerra, a ação compreende duas fases:

1. planificação, que se estrutura e elabora em função do modo mais ou menos correto como se processou a assimilação e a integração dos estímulos e das situações (passado);
2. execução, que compreende a maior ou menor eficácia do movimento, incluindo o respectivo controle, a regulação e a harmonia de execução (futuro).

Ou seja, qualquer ato, para ser realizado, necessita de um plano e de uma programação preestabelecidos. Só assim se poderá falar em gesto auto-regulado, voluntário e consciente. Em outras palavras, pode-se dizer que toda a ação intencional necessita de uma planificação motora prévia e antecipada (de certa forma, expressão sinônima de psicomotricidade) que a guia para uma execução programada.

Primeiramente descrita por Poppelreuter (1917), citado por Ajuriaguerra, a apraxia expressa o desajustamento entre a atividade visual e a atividade psicomotora. Na apraxia, há uma inadaptação, um desajustamento ou uma desorganização entre as representações e as inervações utilizadas na concretização da respectiva ação intencional. Trata-se, pois, segundo Lhermitte (1939, 1968), de um problema do movimento voluntário, de uma alteração da conduta, da direção e da regulação da atividade motora, dos movimentos expressivos do pensamento, da tradução de símbolos em ações.

Pode-se dizer, assim, que a apraxia representa a dificuldade em associar e em ajustar o plano mental de ação com a respectiva execução motora (*output*), ou seja, de estabelecer uma relação interdependente entre o objetivo e o fim, regulando centrifugamente uma família de procedimentos neurofuncionais que envolvem vários sistemas motores a que fiz referência antes.

Podem-se verificar vários tipos de apraxias:

1. apraxia construtiva (dita de Kleist): alteração da estrutura cerebral que controla as associações óptico-cinestésicas. Gertsmann (1927) associa a apraxia com a agnosia, que, como sabemos, são indissociáveis. Efetivamente, todos os comportamentos humanos requerem a interligação dos aspectos espaciais com os aspectos corporais (somatognósicos), seja para escrever, para dirigir um automóvel, para descascar uma batata ou para lançar uma bola a uma cesta;
2. apraxia ideomotora: incapacidade de realizar movimentos comandados ou omissão de movimentos, em virtude de perturbações no âmbito da condução e do controle aferente;
3. apraxia motora: incapacidade da execução em virtude de lentidão, de atraso ou de supressão da condução eferente;
4. apraxia ideatória: incapacidade de organizar as ações com uma continuidade e seqüência coerentes, isto é, incapacidade de estabelecer o plano de ação necessário para atingir um fim (agnosia de utilização). É a circunstância em que o reconhecimento do corpo é incompleto ou descontínuo (p. ex., indivíduo embriagado), impedindo a realização e o controle da ação em conformidade com a permanente alteração das circunstâncias externas (situações-problema) onde ela ocorre e decorre;
5. outras apraxias:
    - apraxia de amamentação: reação instintiva de preensão ou de força com perseverança das reações de contato (dita de Denny-Brown);

- apraxia buco-línguo-facial: incapacidade de controlar os movimentos da língua que pode estar associada a perturbações da deglutição voluntária;
- apraxia conceitual: incapacidade de realizar um movimento voluntário em virtude de uma consciencialização incompleta dos objetos no espaço e das posições, das relações e das projeções espaciais entre as pessoas (perturbações da proxêmica de Hall, 1986);
- apraxia frontal: incapacidade de realizar movimentos em virtude do enfraquecimento da iniciativa motora (dita de Liepman), de hipocinésia e de ausência de espontaneidade motora;
- apraxia do vestuário: incapacidade de realizar os gestos utilitários de vestir-se e de calçar-se em virtude de um déficit de representação espacial (dita de Russell, 1975);
- apraxia inervatória: apraxia situada entre a paralisia e um problema amnésico da atividade, com perda das impressões cinestésicas (estudada também por Kleist);
- apraxia da marcha: consiste na incapacidade de dispor convenientemente os membros inferiores para andar (Schilder, 1968);
- apraxia melocinestésica: consiste no esboço grosseiro e deformado do movimento em virtude da insuficiente intervenção recíproca dos agonistas e dos antagonistas;
- apraxia reflexiva: consiste no déficit do pensamento relacional, expresso na imitação deformada de modelos. Impossibilidade de desenhar e fazer cópias.

Como mencionei, estas noções de neuropatologia são aqui apresentadas como um ponto de referência didático, primeiro para a problemática das dificuldades de aprendizagem e, depois, para a própria educação em geral.

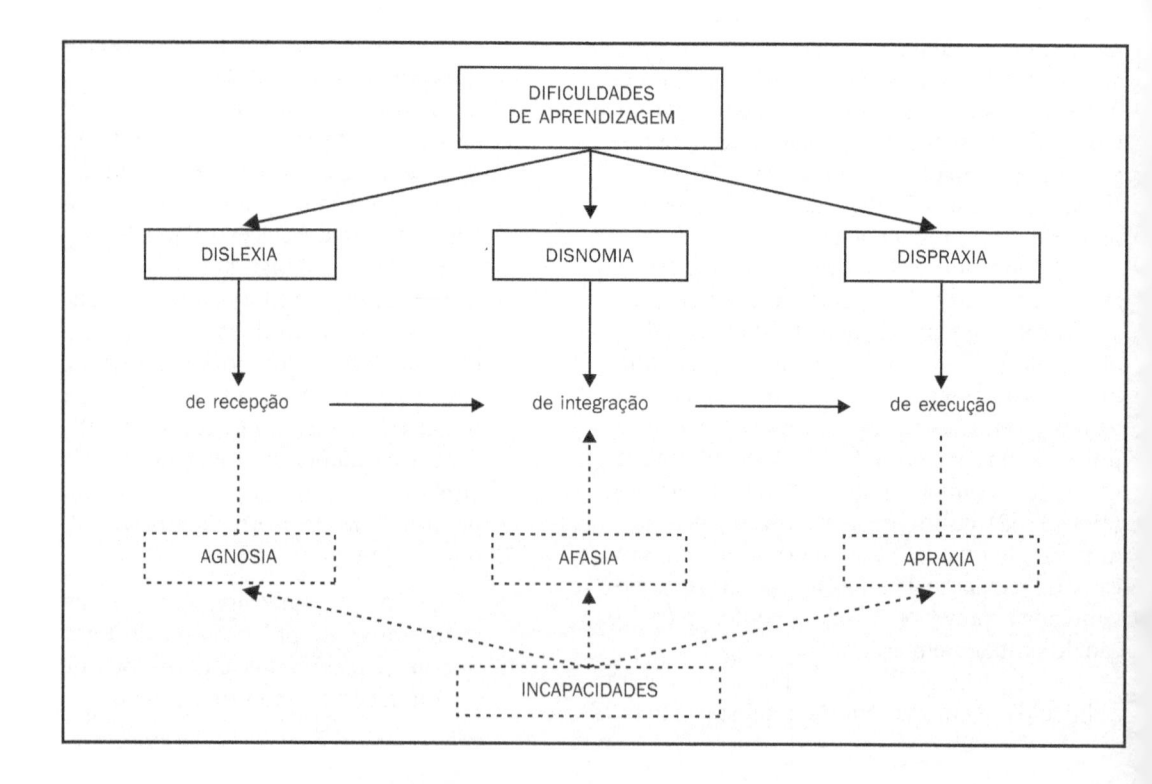

É possível, pois, em conseqüência dos seus parâmetros definidores, aplicar às noções de incapacidade de aprendizagem (agnosia, afasia e apraxia) a "regra" que as situa analogicamente nas dificuldades de aprendizagem. Assim, elas surgem em paralelo, mas agora não com o prefixo "a", e, sim, com o prefixo "dis" (disgnosia, disfasia, dislexia, disortografia, discalculia, dispraxia, etc.), como expus anteriormente.

## ALGUMAS BASES NEUROLÓGICAS DO MOVIMENTO INTENCIONAL

Como vimos, a apraxia resulta de uma incapacidade de associar e de ajustar o plano de ação com a respectiva execução.

Ora, todos os comportamentos humanos normais, seja escrever uma carta, uma cópia ou um ditado, seja dirigir um automóvel, descascar uma batata ou, ainda, lançar uma bola a uma cesta, exigem a coordenação e a relação integrada de um conjunto de componentes dos quais destacarei os aspectos espaciais (ópticos) e os aspectos corporais (somatognósicos). É, pois, necessário associar os aspectos espaciais dos objetos (do lápis, do volante, da face e da bola) com os aspectos corporais necessários ao seu controle gestual eficiente (redigir um discurso sem fazer erros, vir da rua A à avenida B sem qualquer choque ou acidente, descascar uma batata sem se cortar e enfiar a bola na cesta obtendo pontos em um jogo de basquete).

De um lado, temos a integração atenta e consciente dos dados exteriores espaciais (opticograma) e, do outro, o ajustamento automático e motor do corpo às necessidades de controle e de regulação do gesto e dos objetos nestas situações (somatograma).

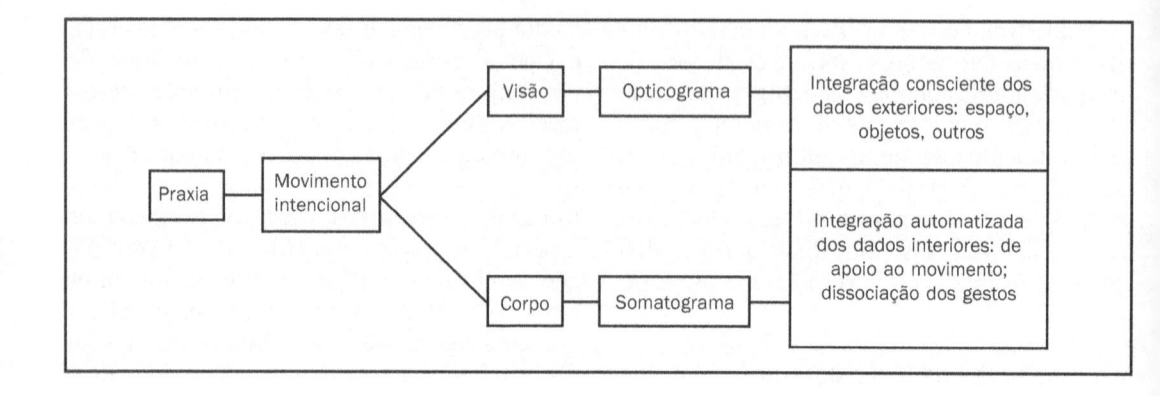

```
Praxia → Movimento intencional ─┬─ Visão → Opticograma ── Integração consciente dos dados exteriores: espaço, objetos, outros
                                └─ Corpo → Somatograma ── Integração automatizada dos dados interiores: de apoio ao movimento; dissociação dos gestos
```

Assim, por um lado, através da visão, são fornecidos os dados essenciais para o gesto eficiente (posição, distância, características dos objetos, localização exata do corpo, pontos de referência e de apoio, etc.), os quais, vindo do exterior, são conduzidos ao cérebro e constituem, no seu conjunto, o opticograma. Por outro lado, é necessário o cérebro dispor dos dados que vêm de dentro do corpo, (engramas, proprioceptivos, vestibulares e posturais), os quais são regulados pelos centros subcorticais, reticulares, cerebelares e medulares, que se encontram, portanto, fora da consciência (Delmas e Delmas, 1970; Chalmers et al., 1971).

Ou seja, o movimento voluntário (intencional) só se justifica quando relacionado com os dados circunstanciais do mundo exterior (Challey-Bert e Plast, 1973; Delgado, 1971; Eccles, 1952, 1960, 1973a, 1973b, 1985; Gantheret, 1961; Morin, 1969). Para o movimento ser coordenado, adaptado e ajustado à situação que o solicita, deverá, segundo Ajuriaguerra (1978), ser e estar, antes de mais nada, bem equilibrado, daí a importância do suporte dos fatores tônico-posturais e tônico-emocionais na posição de equilíbrio bípede. A coordenação de movimentos não é mais do que o somatório integrado de equilíbrios que se desencadeiam automaticamente nos vários segmentos corporais (Ajuriaguerra e Thomas, 1948).

Por exemplo, uma criança com problemas no controle do equilíbrio de seu corpo fica limitada ou impedida de realizar movimentos coordenados e, por isso, poderá ter dificuldade nas aprendizagens escolares, nas quais as sinergias oticocorporais e oculomotoras (precisão na focagem ou na fixação e ajustamento atencional e seqüencial) são necessárias para jogar e desenhar ou para ler e escrever (Ajuriaguerra 1951, 1967, 1974; Ajuriaguerra et al., 1959, 1964; Ajuriaguerra e Azuias, 1960). Generalizando, pode-se mesmo dizer que o ser humano, para poder criar, em qualquer dimensão práxica, terá que associar e relacionar o que vê com o que sente. Só assim o pintor pode pintar um quadro, o escultor fazer uma estátua e a criança, desenhar.

Qualquer trabalho humano (essência da própria praxia), aliás, resume-se na íntima e sistêmica ligação neurofuncional conseguida entre a visão e o sentido tátil-cinestésico, para além de outros componentes tônicos, proprioceptivos e vestibulares. O carpinteiro tem que ajustar os fatores espaciais da madeira com os fatores de execução motora da serra, o oleiro tem que ajustar os fatores ideacionais com os visuoespaciais (do barro na sua forma) e temporais (movimentos dos pés na roda) com os fatores tátil-cinestésicos (das suas mãos); só assim poderão construir, quer uma cadeira, quer um pote, uma tigela ou um tacho de barro. O operário é um ser práxico.

Ainda dentro deste exemplo, pode-se mencionar como são indispensáveis para o controle postural e para a execução de qualquer trabalho (praxia) não só as aferências mioartrocinéticas, como também as aferências labirínticas vestibulares, aquilo que no seu conjunto se denomina integração multissensorial antecipatória de qualquer ação intencional (Chauchard, 1963, 1967; Changeaux, 1983; Berthoz, 1997).

Repare-se, pois, que, enquanto as aferências visuais são conscientes, as mioartrocinéticas e as labirínticas, acima referidas, se relacionam e se integram inconscientemente, ou seja, possuem um significado de integração mais profundo e básico. Se assim não fosse, aliás, como seria possível ao ser humano ter a integração de dados intra e extrassomáticos que constituem as funções de coordenação, de regulação e de controle dos desempenhos que exigem a mão-de-obra no trabalho, na arte ou na ciência?

Já Sherrington (1906, 1946) dizia que o cérebro não pensa em músculos, mas em movimentos, isto é, em sistemas funcionais complexos que materializam necessidades e intenções. Ajuriaguerra (1976, 1980, 1981), por sua vez, afirma que o cérebro pensa em associações sinergéticas ou de síntese, entre informações visuais e tátil-cinestésicas, entre dados externos e internos, cuja interconexão está na base da criatividade práxica da espécie humana ao longo da sua evolução.

Em outras palavras, pode-se dizer que é ao cérebro que compete optar por um fim ou por um objetivo, embora ignore os meios. As ações são comandadas, embora ignoremos quem obedece, tal e qual como um motorista de automóvel com carteira mas sem qualquer conhecimento sobre mecânica comanda o seu carro, sem conhecer efetivamente como ele opera. O mesmo se passa com o utilizador comum de computador, aciona-o para satisfazer as suas necessidades de recreação ou de trabalho, mas quando ele se avaria, não sabe como repará-lo, não domina o funcionamento dos seus componentes tecnológicos.

Para agir intencionalmente, o indivíduo tem realmente de selecionar o fim a atingir, mas a complexidade dos meios que tem de pôr em jogo emerge da sua própria vivência anterior ou história motora específica, isto é, da sua prática, do seu treino e experiência automatizada. Com a experiência adquirem-se automatismos que facilitam a execução e a coordenação de movimentos, trata-se, portanto, de uma conseqüência fundamental do processo de aprendizagem.

Quero aproveitar para realçar a importância dos automatismos a adquirir depois do nascimento. Assim, note-se como, por exemplo, a atitude do corpo – neste caso do tronco, do pescoço e da cabeça – ocupa um lugar-chave em todos os comportamentos como automatismo de base onde assenta a colocação correta dos órgãos de investigação e de exploração dos objetos e do mundo exterior. Temos, por um lado, recorde-se, o somatograma (atitude do corpo) e, por outro, o opticograma (órgão de investigação).

É, pois, neste âmbito que temos que colocar a importância da praxia construtiva, que resulta, como mencionei, de uma coordenação

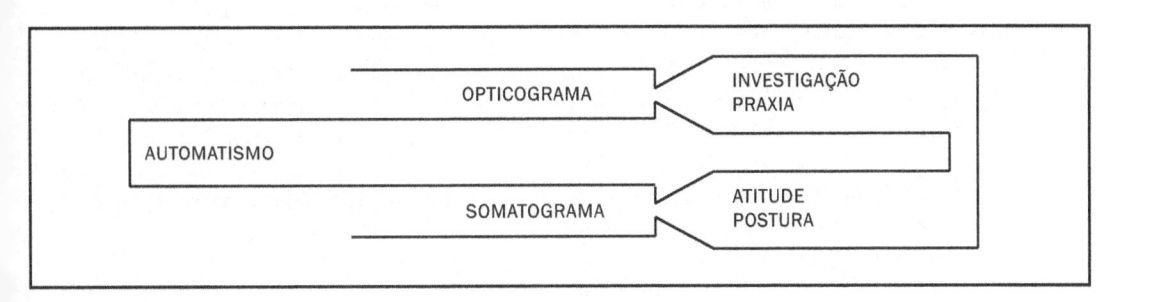

```
                    OPTICOGRAMA  ──▶  INVESTIGAÇÃO
                   ╱                   PRAXIA
    AUTOMATISMO ──
                   ╲
                    SOMATOGRAMA  ──▶  ATITUDE
                                       POSTURA
```

sistêmica muito complexa de automatismos que escapam à consciência do ser humano. Parece provar-se que as condutas controladas voluntariamente são o resultado de uma hierarquia integrada e interativa de automatismos, pois é nisto que se baseia também o pensamento teleonômico da ação – de um lado, o componente de planificação, do outro, o componente de execução, que se concretiza e se materializa em termos de conduta observável.

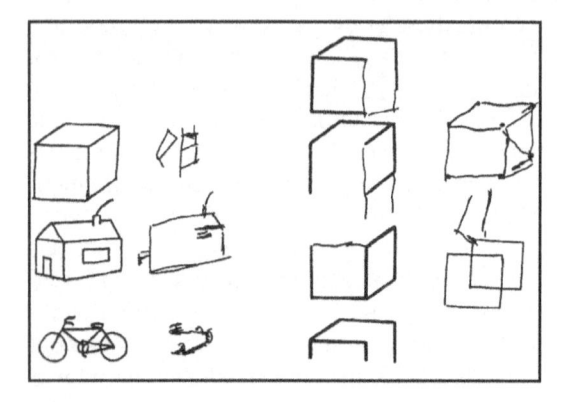

Os automatismos, na linguagem de Ajuriaguerra (1974), são adquiridos ao longo da vida (pelo menos até à maturidade), e a faculdade de organizar novos automatismos é uma propriedade dos centros nervosos. É, aliás, neste complexo neurológico que, como vimos, se irão edificar as praxias construtivas, que, por sua vez, permitirão ao ser humano os gestos criadores e transformadores da aprendizagem – em síntese, o sentido civilizacional da sociogênese da espécie.

O estudo e a investigação de Ajuriaguerra, também ilustrados por outros neurologistas, nos permitem transferir tais pressupostos da praxia para a problemática do desenvolvimento e da própria aprendizagem e educação em geral. Voltarei a este assunto em breve. Antes, porém, de passar à concepção fenomenológica da imagem do corpo, do muito ou quase tudo que está ainda por "importar" da neuropsicologia e da neuropatologia, para a psicomotricidade e para a aprendizagem, vou muito rapidamente indicar, com o apoio de Ajuriaguerra e Hécaen (1952, 1964), um conjunto de mais algumas noções que convém, pelo menos, conhecer na sua essência e das quais ainda não falei:

1. Assomatognosia: incapacidade de distinguir as partes que compõem o corpo, normalmente relacionada com a incapacidade de realizar gestos intencionais (apraxias). Por outras palavras, consiste na perda da consciência do corpo, em virtude da perda da função de integração da personalidade corporal (da totalidade integrada das sensações, das percepções e das ações). Trata-se de uma impossibilidade de sentir, de integrar e de representar o próprio corpo. O indivíduo vê o seu corpo, mas não consegue reconhecê-lo como intimamente seu.
2. Alucinação cinestésica: simulação de movimentos de um membro paralisado.
3. Aloestesia: transferência simétrica (em relação ao plano sagital que passa pela coluna vertebral, ou seja, pela linha média imaginária do corpo) de um estímulo que, aplicado em um lado do corpo, é sentido precisamente no ponto contrário e simétrico.
4. Autotopoagnosia: segundo Pick, sensação em outra parte do corpo de um estímulo que atuou em uma determinada zona do corpo.
5. Anosognosia: segundo Babinski e Anton, não-reconhecimento ou negligência, por parte do indivíduo, das suas próprias paralisias ou hemiplegias.
6. Assimbologia: impossibilidade de generalização das formas de expressão simbólica, tanto verbal como não-verbal.
7. Ataxia: perda de coordenação dos movimentos voluntários, associada, normalmente, a problemas posturais e de orientação no espaço regulados pelo cerebelo.

Por enquanto, e antes de passar à concepção fenomenológica, pode-se concluir, como diz

Ajuriaguerra, que, na constituição da imagem do corpo da criança, entram os seguintes aspectos:

- a sensório-motricidade (aspectos vestibulares, visuais e tátil-cinestésicos);
- a imagem do corpo do outro (aspectos socioculturais);
- a via instintivo-afetiva (aspectos afiliativos e emocionais).

Esses dados de integração e de interação sensorial organizam-se na somatognosia a partir do momento em que "nasce a consciência da própria pessoa como sujeito autônomo". Note-se, finalmente, que esta organização não é nem definitiva nem finita. Bem pelo contrário, está em permanente e contínua transformação à medida que vão acontecendo as novas experiências e circunstâncias (Ajuriaguerra, 1974; Damásio, 1994, 1999).

## CONCEPÇÃO FENOMENOLÓGICA DA IMAGEM DO CORPO

É interessante verificar como, mais do que qualquer explicação, a simples abordagem desta perspectiva naturalmente mostra a transcendência da concepção neurofisiológica que acabei de considerar no capítulo anterior. E por quê? Precisamente, porque o corpo assume por si próprio, e em si próprio, uma expressão inerente a um estar no mundo que transcende, imediata e espetacularmente, a dimensão neurofuncional. Esta, porém, mantém-se naturalmente essencial para uma concepção inter e transdisciplinar e de síntese científica.

O essencial da perspectiva fenomenológica consiste, portanto, em demonstrar o significado da vivência e da convivência do corpo na sua interação com o mundo exterior (envolvendo, obviamente, o meio sócio-histórico) e com os vários ecossistemas. O corpo, como totalidade, algumas vezes sujeito e outras vezes objeto da experiência, é o terreno ou a fita magnética e o filme biográfico onde fica registrada toda a história do ser humano, portanto, da criança, do jovem e do homem. Esta imagem da história pessoal que somos e que vai sendo registrada e armazenada seletivamente é uma determinante decisiva em toda a evolução que decorre da criança ao adulto, e deste ao idoso.

O adulto guarda em si a recordação dos seus tempos de criança e de jovem, o seu inconsciente captou e transporta os momentos vivenciais e convivenciais, emocionalmente mais significativos, recordação que é essencialmente sensorial e motora, ou melhor, cinestésica, e que corresponde, em suma, à reconstrução no espaço e no tempo da sua imagem corporal. Poderíamos, pois, acrescentar que a história de cada um de nós é, em resumo, a história da imagem do nosso corpo.

Nessa concepção e na perspectiva já apontada, não podemos, nem devemos, esquecer as obras de Merleau-Ponty (1967, 1969) e Henry (1965), que, nos seus livros de referência, apresentam a fenomenologia do corpo como o tronco e o alicerce da personalidade humana. Segundo estes autores, o corpo não está dentro do espaço, o corpo habita o espaço, da mesma forma que não está no tempo; o corpo é uma história dentro de outra história (Fonseca, 1998a). Nosso corpo, dizem ainda estes autores, é a percepção do aqui-e-agora de todo o horizonte espaço-temporal vivido e experimentado. A experiência motora do corpo assume, assim, para o indivíduo, um autoconhecimento e descoberta do mundo e, portanto, do indivíduo-no-mundo.

A expressão "a criança é o seu corpo" é o resultado e a resultante da sua evolução no mundo, isto é, da sua própria história. O corpo apresenta-se, assim, como um álbum existencial no qual se pode sempre recordar o caminho percorrido e as respectivas passagens e transformações desde a dependência infantil até à independência do adulto.

A imagem do corpo, como vemos, não pode, pois, ficar reduzida à dimensão puramente biológica da concepção neurofisiológica anterior, uma vez que, além do que já se disse, ela existe em relação com as situações e para as situações do mundo exterior. O corpo existe para o mundo e no mundo para descobrir e ser descoberto e para transformar e ser transformado. É pelo corpo que atingimos fins, realizamos gestos, concretizamos pensamentos e organizamos ações.

Como diz Chirpaz (1969), "o corpo é o saber imediato de si próprio". Sem a noção do meu corpo não me posso reconhecer como pessoa autônoma. O meu corpo não é uma coisa ou um objeto, sou eu próprio. Reconheço a totalidade do meu ser no movimento intencional do meu corpo. Não podemos conceber uma existência humana sem reconhecê-la em um corpo nem um corpo a que não esteja ligado um ser humano.

A visão de Damásio (1999) do "sentimento de si" não é original em termos conceituais quando comparada com estas aproximações há muito conhecidas no universo da psicomotricidade (Fonseca e Mendes, 1976). A demonstração de tal evidência, que atingiu com o auxílio de tecnologias sofisticadas, é que se pode considerar transcendentemente inovadora. O nosso corpo não é, portanto, um somatório de órgãos justapostos, mas, sim, uma autoposse indivisível da nossa existência concreta. Isto é, a autodescoberta não é mais do que um sentir-se e sentir corporalmente o espaço e o tempo. O corpo é a expressão dinâmica e intencional do nosso eu. Compreende-se, portanto, como a inserção da criança no mundo, como fenômeno e vivência, apenas se pode realizar em função de uma imagem corporal perfeitamente integrada e consciencializada.

Como já esclareci, a imagem corporal é o resumo e a síntese de toda a experiência corporal no mundo. É pela imagem corporal que a criança vai conseguindo realizar movimentos cada vez mais ajustados e criadores, pelos quais fica apta a descobrir o mundo que a rodeia e envolve (Ajuriaguerra, 1972b, 1974; Ajuriaguerra e Badaraco, 1953, Ajuriaguerra et al., 1959). O corpo, como totalidade unificada e como unidade totalizada, é uma harmonia preestabelecida, na qual todas as partes concorrem para um resultado final comum. É, aliás, nesta dimensão que temos que situar o comportamento humano, que, como acabamos de ver, é uma melodia corporal e cinética em que a ação e o comportamento do indivíduo se ajustam, respondendo às circunstâncias, que são e constituem a situação em um determinado momento.

Repare-se, por exemplo, como para Zazzo (1948, 1966, 1969, 1971, 1975), embora em uma acepção materialista, o corpo é a consciência, uma consciência em potência, e a consciência, um corpo em ato. Pode-se, assim, concluir que é através da motricidade que a criança não só organiza as suas condutas, mas também desenvolve as estruturas do seu sistema nervoso, estruturas, aliás, pelas quais, mais tarde, pode comunicar, pensar e ajuizar, isto é, aprender.

Vejamos, ainda, como, por exemplo, em Bergson (1913), o corpo aparece como a síntese do eu; a estrutura espacial e temporal do corpo garante ao indivíduo a noção de passado, de presente e de futuro imediato, que caracteriza o fenômeno de adaptação ao mundo exterior. Tal perspectiva é, por sua vez, completada em Merleau-Ponty (1969), quando este afirma que a noção de espaço só é possível quando se apóia na noção de corpo, "não há espaço para mim se eu não tiver corpo". A unidade corporal representa, portanto, a totalidade da nossa presença no mundo, em que o espaço do corpo se apresenta como a fronteira – conceito também familiar a Damásio (1999) – entre a pessoa e o mundo exterior, entre o eu e o não-eu, como substantivando o núcleo da consciência entre o espaço subjetivo e o espaço objetivo.

Ou seja, os nossos comportamentos, vistos como relações inteligíveis entre a ação e a situação (Buytendijk, 1957, 1967) ou entre a motricidade e o mundo exterior, só são possíveis em uma interdependência dinâmica de espaço e tempo. "É com o meu corpo que me justifico como ser humano e é por meio dele que me projeto na aventura da minha existência".

É, pois, na unidade da própria vida que a criança, o jovem e o adulto encontram a unidade dialética da sua própria experiência e aprendizagem, do corpo e pelo corpo, em uma perspectiva em que a existência no mundo se apresenta, por isso, como envolvente e totalizante.

Não é a sua mão que manipula um objeto, mas é ela, a criança inteira e completa, que, como ser total em unidade, se projeta e nele se prolonga. Só pelo corpo e com o corpo ela pode explorar os objetos e, como tal, vivê-los e integrá-los, isto é, torná-los existentes e representados mentalmente nela própria.

O corpo sou eu! O nosso corpo é a nossa total originalidade, com impressão digital própria e única, que se encontra situada e inserida no universo, isto é no nosso mundo. Como sublinhou Chirpaz (1969), "o homem é um corpo e ao mesmo tempo um espírito, todo um corpo e todo um espírito. As duas experiências são inseparáveis: eu existo subjetivamente e eu existo corporalmente, é uma só e mesma experiência".

Como se pode verificar, a concepção fenomenológica da imagem do corpo por si só justificaria um livro. No entanto, e consciente deste fato, vou apenas registrar mais algumas considerações e passagens que considero mais significativas para a sensibilização do(a) educador(a) e do(a) psicomotricista, e não só para a descoberta do corpo como instrumento de aprendizagem, o que, como afirmei, tem sido ainda muito esquecido (Ajuriaguerra e Soubiran, 1962).

### A linguagem corporal como comunicação não-verbal

Talvez um dos aspectos mais significativos deste esquecimento, conseqüência, sem dúvida, de uma herança mecanicista e dualista, é a pouca importância que se tem dado à comunicação não-verbal. Repare-se que, neste âmbito, o corpo contém em si próprio, e por si próprio, um sentido e uma expressão intelectual e mental, dita não-simbólica, que não podemos ignorar, pois se trata de uma infra-estrutura biológica de onde emana o comportamento humano (Hall, 1986) e, como tal, a sua aprendizagem. O corpo é o meio privilegiado da relação e da comunicação com o exterior e com os outros corpos. O corpo é o veículo exclusivo do comportamento (Corraze, 1980; Argyle, 1975; Bérges, 1967; Campbell, 1970).

Ou seja, a atividade interior do sujeito no mundo expressa-se e concretiza-se através da atividade corporal. É esta atividade interior que, como atividade interiorizada (ou interiorização) é portadora e embaixadora do significado psicológico que virá a ser transformado em linguagem propriamente dita, consubstanciando a evolução filogenética, sociogenética e ontogenética do gesto à palavra (Fonseca, 1995, 1998a, 2002).

É, pois, neste contexto que a comunicação não-verbal emerge com uma importância fundamental para a compreensão da problemática da comunicação e da cultura humanas. Pelo fato de o homem ser, como os outros membros do reino animal, do nascimento à morte, irrevogavelmente prisioneiro do seu organismo biológico, composto de corpo e de cérebro, a sua experiência profunda, não-simbólica e não-verbal, partilhada por todos os membros de uma mesma cultura, assume-se como o pano de fundo e de referência em relação ao qual todos os demais comportamentos se situam e dimensionam.

O modo como o ser humano, inclusive a criança, utiliza o seu corpo, a sua motricidade e o espaço (o espaço que mantém entre si próprio e os outros, e o que constrói à sua volta) retratam o sentido da identidade pessoal e a valorização do seu autoconhecimento (Fonseca e Martins, 2001). A comunicação não-verbal compreende, portanto, toda a complexidade perceptiva do espaço pessoal e social, sem a qual a linguagem e a cultura não seriam possíveis de se organizar e de se estruturar.

Hall (1986, 1994), ao criar o termo proxêmica, pretende referir-se à dimensão oculta na qual o ser humano faz uso do espaço como produto cultural específico, onde a comunicação se constitui como fundamento principal. Assim, a linguagem passa a ser considerada muito mais do que um simples meio de expressão do pensamento, pois ela habita vários mundos sensoriais do corpo, o verdadeiro instrumento não-verbal de que o ser humano se serve para construir o seu mundo perceptivo e expressivo, construção tanto mais relevante quanto mais imaturo for o grau da sua vivência e convivência, como se constata no desenvolvimento ontogenético da criança (Fonseca, 1989, 2001).

Exatamente porque dispõe de um organismo (corpo-e-cérebro) transcendente, dotado de um extraordinário passado filogenético, o ser humano distingue-se de todos os outros animais pelo fato de ter conseguido criar artefatos, utensílios, objetos, instrumentos, etc., como prolongamentos sensoriais e motores do seu corpo, tendo melhorado e especializado diversas funções por meio deles: a roda prolongou as suas pernas e os seus pés, as ferramentas prolongaram as suas mãos e os seus dedos, o telefone prolongou a sua voz, e o computador prolongou o seu cérebro.

Nesse quadro, a linguagem falada prolongou a linguagem corporal (motricidade) no espaço e no tempo, enquanto a linguagem escrita prolongou a linguagem falada. Em síntese, o ser humano, com os prolongamentos do seu próprio corpo, atingiu por meio deste um nível de elaboração cerebral tão complexo, que acabou por dotá-lo com um poder de comunicação único, porém enraizado na sua natureza etológica. A etologia é aqui referida como disciplina que estuda o comportamento animal e as relações entre os organismos vivos e os seus ecossistemas. Por essa razão e por outras, constitui um suporte fundamental para a compreensão do desenvolvimento psicomotor da criança.

A evolução do corpo humano, da sua motricidade e da sua sensibilidade transferiu-se para tais prolongamentos, acelerando prodigiosamente a sua evolução, onde a comunicação, primeiro não-verbal e silenciosa, e, posteriormente, verbal e articulada, desempenha um papel primordial. Com tais prolongamentos emergidos do corpo, o ser humano, ao especializá-los, superou a natureza e substitui-a, criando o fenômeno civilizacional.

O ser humano, o único animal que se pode considerar psicomotor, porque é auto e eco-organizado (Morin, 1990, 1999) no corpo e no cérebro, foi e é o criador de uma dimensão nova, a dimensão cultural, da qual a comunicação não-verbal é um componente básico. A partir dela o homem construiu, e a criança constrói,

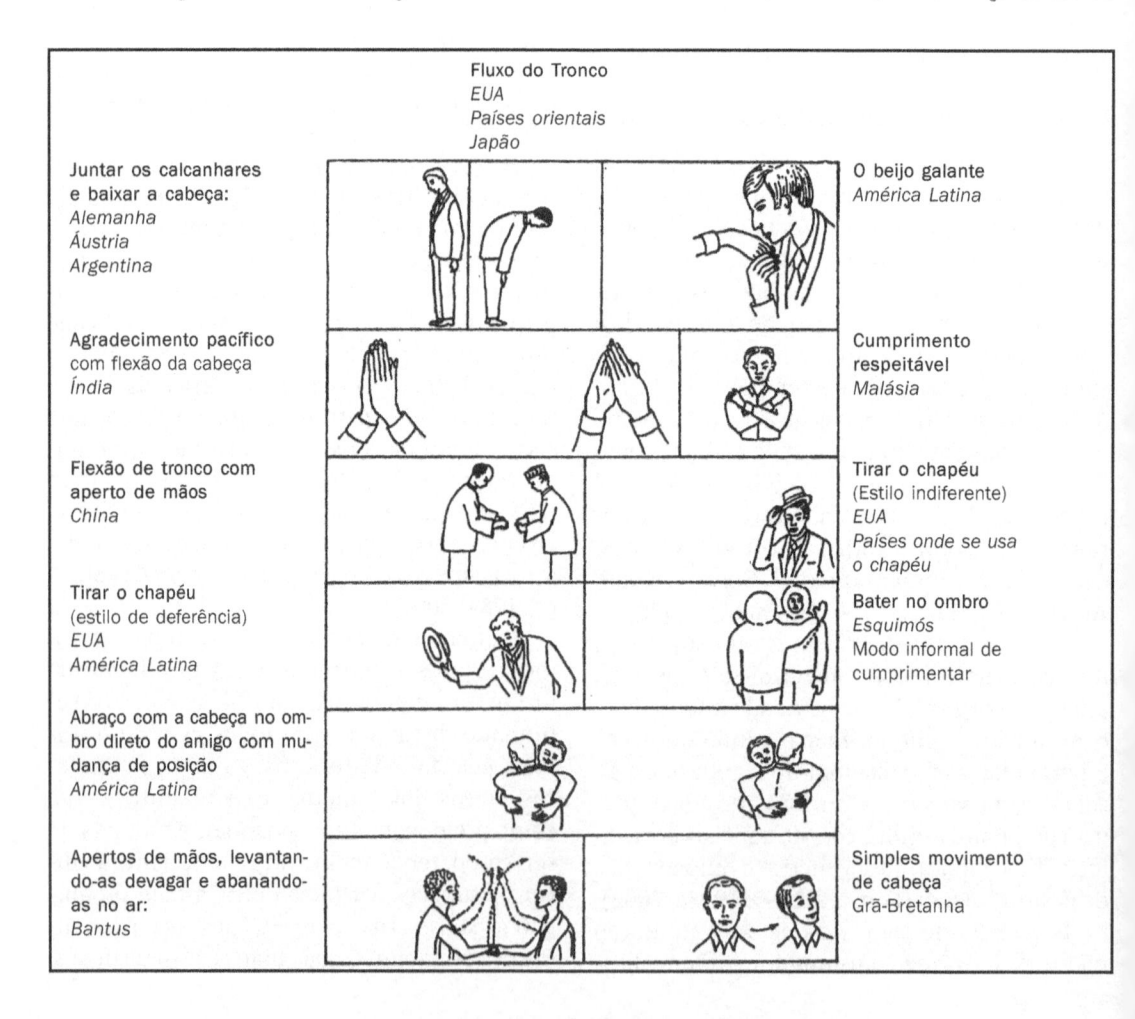

| | Fluxo do Tronco<br>EUA<br>Países orientais<br>Japão | | |
|---|---|---|---|
| Juntar os calcanhares e baixar a cabeça:<br>Alemanha<br>Áustria<br>Argentina | | | O beijo galante<br>América Latina |
| Agradecimento pacífico com flexão da cabeça<br>Índia | | | Cumprimento respeitável<br>Malásia |
| Flexão de tronco com aperto de mãos<br>China | | | Tirar o chapéu<br>(Estilo indiferente)<br>EUA<br>Países onde se usa o chapéu |
| Tirar o chapéu<br>(estilo de deferência)<br>EUA<br>América Latina | | | Bater no ombro<br>Esquimós<br>Modo informal de cumprimentar |
| Abraço com a cabeça no ombro direto do amigo com mudança de posição<br>América Latina | | | |
| Apertos de mãos, levantando-as devagar e abanando-as no ar:<br>Bantus | | | Simples movimento de cabeça<br>Grã-Bretanha |

por inteiro e de forma integrada, a totalidade do mundo em que vive, ou seja, o que os biólogos denominam de biótopo.

A rede complexa de interações entre o corpo, o cérebro e os ecossistemas (Bronfenbrenner, 1979, Bronfenbrenner e Crouter, 1983; Damásio, 1999, 2003), constitui, portanto, o palco natural de onde emerge a comunicação humana, daí a chamada de atenção de Ajuriaguerra (1974, 1981) para esta abordagem em termos de desenvolvimento psicomotor.

Quantas vezes e quantos de nós esquecemos que a comunicação humana é essencialmente corporal. É Sartre (1943) quem nos vem lembrar e ajudar quando diz que "a palavra escolhe o corpo".

Na comunicação entre o emissor e o receptor há dois corpos, o corpo de um está pelo e para o outro, e para si próprio também. De fato, a comunicação não-verbal (em muitas situações análoga no homem e no animal) é suporte indiscutível e insubstituível da linguagem humana, por isso ocupa um lugar privilegiado na relação terapêutica em psicomotricidade.

*a)* curiosidade; *b)* embaraço; *c)* indiferença; *d)* rejeição; *e)* observação; *f)* auto-satisfação; *g)* gratidão; *h)* determinação; *i)* ambigüidade; *j)* procura; *k)* concentração; *l)* atenção; *m)* agressividade; *n)* excitação; *o)* preguiça; *p)* surpresa; *q)* servilismo; *r)* timidez; *s)* meditação; *t)* afetação.

A maioria, ou a quase totalidade dos nossos processos de comunicação apóia-se em uma expressão e comunicação corporal, que reforça e completa, e muitas vezes substitui, o significado das palavras e das frases, ou até mesmo de histórias completas... Um gesto substitui mil palavras, diz um provérbio chinês!

Ou seja, a linguagem verbal apóia-se em uma linguagem corporal que facilmente se pode e deve observar, não só na criança, que comunica por gestos, mímicas e gritos com a mãe e os outros, antes de possuir e de dominar o vocabulário, mas também nos povos primitivos (Leroi-Gourhan, 1964; Fonseca, 2001). Recorde-se como as emoções se expressam fundamentalmente no campo mímico-corporal e como o corpo, nesta perspectiva, é um emissor de sinais de e com significado afetivo-emocional e sociocultural.

A expressão corporal não é, no entanto, uma exclusividade, nem uma técnica ou especialidade do jogo ou do trabalho, mas está patente desde as cerimônias de cumprimentos sociais aos mais variados rituais e manifestações de arte características de todos os povos que edificam toda a sua cultura a partir de uma ou da sua cultura corporal.

Muitos significados simbólicos que estão nas idéias e nos sentimentos não podem ser efetivamente expressos em palavras, e, por isso, nestes casos, é o corpo o seu veículo crucial de expressão e criação artística.

De uma forma esquemática e resumida, registro a seguir as formas sob as quais se pode apresentar a comunicação não-verbal:

- linguagem complementar e de apoio à linguagem verbal;
- linguagem de substituição da linguagem verbal;
- expressão de emoções;
- cerimônias e rituais;
- propaganda e publicidade;
- encontros políticos (demagogia corporal);
- manifestações de arte (teatro, dança, balé, etc.);
- veículo de expressão musical;
- informação acerca da pessoa (higiene, saúde, disposição, imagem, desejos, projeções, fantasmas, intenções, etc.).

Em suma, a comunicação corporal (não-verbal) assume uma importância muito especial nas mais variadas situações sociais, desde o mais elementar cumprimento entre duas pessoas, passando pelas atitudes que expressam amizade, hostilidade, liderança, submissão, etc., até às atitudes e mensagens silenciosas que se encontram e fazem parte de toda a dinâmica afetiva e psicossexual. Em qualquer destas circunstâncias, não podemos ignorar que o corpo é um veículo de paralinguagem.

Efetivamente, se repararmos bem, enquanto as pessoas falam ou conversam, recebem e enviam sinais e mensagens não-verbais e corporais, que, menos refletidos e organizados, se apresentam, de certo modo, como mais autênticos e sinceros, por serem mais rápidos e menos controlados, reforçando ou prejudicando, por isso, o significado do discurso verbal.

De fato, conforme os sinais não-verbais estão de acordo, ou traem o discurso verbal do emissor, eles constituem, no entanto, para o receptor, um alvo ou ponto de referência para um juízo de valor mais ajustado. Lembremos a este propósito o que nos diz o lingüista Abercrombie (1968): "nós falamos com as nossas cordas vocais, mas conversamos com o nosso corpo inteiro".

Há, pois, que considerar, na comunicação e interação humanas, dois tipos de canais de informação, e o terapeuta ou professor deve estar muito atento a este aspecto da sua formação:

- um canal vocal e auditivo (a fala propriamente dita);
- um canal cinestésico (atitude e expressão corporal, mímica facial, gestos, deslocamento no espaço, movimentos das mãos, interação face-a-face, movimentos da cabeça, contato olho-a-olho, movimentos dos olhos e das sobrancelhas, etc.).

Antes de terminar a apresentação da concepção fenomenológica e passar à concepção evolutiva, segundo Ajuriaguerra, vou mais uma vez ensaiar uma pequena síntese multidisciplinar da aprendizagem e da educação em geral. O leitor estudioso e atento poderá, entretanto, aprofundar e completar este pequeno exemplo de síntese e reflexão situada.

O gesto e a palavra são, pois, as duas faces de uma mesma moeda, neste caso, da comunicação humana. Em termos filogenéticos e ontogenéticos, a hierarquia da linguagem decorre do gesto à palavra, e não ao contrário, razão pela qual, na presença da disontogênese da linguagem ou em qualquer dos seus distúrbios, o redesenvolvimento ou a reeducação têm de ter em conta tal tendência neuroevolutiva, exatamente porque corresponde aos processos maturativos que ocorrem nos sistemas funcionais que consubstanciam a transição ou a regressão entre a linguagem corporal e a falada. Uma é complementar da outra, e ambas são expressões concretas da consciência e do respectivo comportamento humano e social; ambas partem da mesma intencionalidade original e ambas são a mesma sensibilidade e a mesma motricidade.

Quer dizer, nesta perspectiva, a própria concepção fenomenológica situa-se na motricidade, mesmo na sua dimensão corporal, como uma infraestrutura de comportamento e um problema de desenvolvimento psicomotor e de aprendizagem.

Salvo os reflexos, concebidos como memória da espécie ou atos de um organismo total, todos os movimentos do homem têm de ser aprendidos, assim como o corpo também. Tal aprendizagem, como demonstraram Wallon e Piaget, só pode existir quando o corpo pode realizar um conjunto harmonioso de ações, que, conforme também já vimos na concepção neurofisiológica, são efetivamente aprendizagens e praxias, quando se constituem e integram vários automatismos adquiridos, processos estes geradores de disponibilidade e de flexibilidade neurofuncional para permitir a aquisição subseqüente de novos hábitos motores.

Em síntese, a possibilidade de aprender um movimento é sinônimo de um corpo que se projeta, e é projetado no mundo, ao mesmo tempo que incorpora e introjeta esse mesmo mundo contextualizado sócio-historicamente.

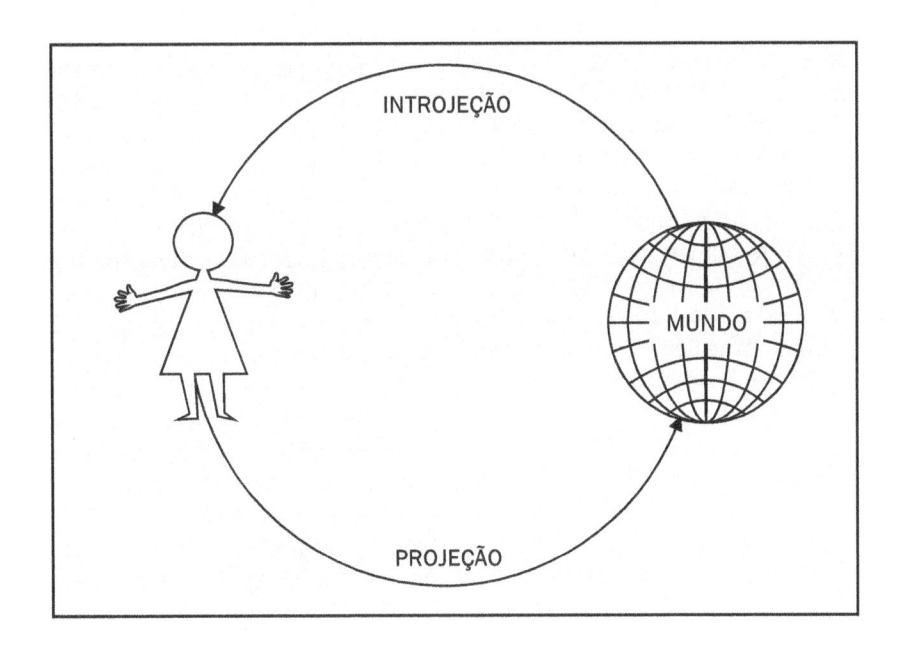

A realização de qualquer movimento implica, conseqüentemente, a interiorização do ambiente, que fornece dados espaço-temporais que irão permitir a estruturação e a seqüência de movimentos que, por si próprios, constituem a programação do gesto (Ajuriaguerra e Hécaen, 1964), ou planificação motora, concretizando a projeção de uma consciência própria e adequada a um conjunto multifacetado de dados e de circunstâncias do mundo exterior e interior.

O movimento só se justifica quando se encontram exteriormente condições concretas que o justifiquem. Em suma, só há movimento quando há espaço que o projete e o dimensione. Vejamos o que nesta perspectiva nos diz de novo Merleau-Ponty (1969): "O mundo, os objetos e as pessoas existem no seu fim utilitário, isto é, só movimentamos o nosso corpo para um objeto ou para uma pessoa quando temos deles uma representação psicológica". É por isso que, por exemplo, para o apráxico, que é clinicamente incapaz de realizar movimentos intencionais ou os usa de forma incoerente e dislógica, não há objetos, na medida em que não fazem parte das suas representações mentais antecipatórias. Como poderia haver objetos se, precisamente, a sua motricidade não lhe permite fazer uso deles?

Os objetos existem independentemente do sujeito, mas só podem fazer parte dele a partir do momento que a sua motricidade os utiliza de forma intencional. O sujeito faz ou constrói o objeto, mas, por circularidade ecológica, o objeto também acaba por fazer e construir o sujeito.

A praxia reúne ao seu aspecto motor um aspecto gnósico complementar, e é por isso que Liepmann, autor alemão e primeiro pioneiro destes estudos, citado por Ajuriaguerra e Hécaen (1964), considera que, por sua vez, a gnosia (reconhecimento, engrama, representação, imagem, etc.) oferece ao nosso corpo (somatognosia) uma ferramenta psicológica indispensável à regulação e ao controle da praxia.

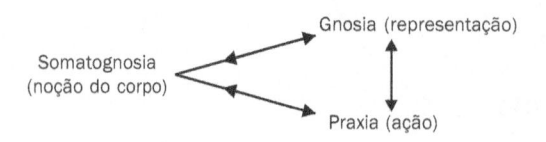

## Concepção socioantropológica do corpo e teoria social da motricidade

Para terminar esta abordagem multidimensional e, simultaneamente, este pequeno ensaio de síntese, vou ainda situar com Mauss (1972) o problema do corpo e da comunicação entre os seres humanos em uma perspectiva socioantropológica. Esse autor destacou na sua obra antropológica e social que todos os povos e cada um de nós têm uma forma peculiar e pessoal de expressão pelo corpo e pela palavra. Basta-nos, por exemplo, recorrer à etnografia para confirmar como o andar, o falar, o caçar, o fazer a comida, o nadar, o dançar, o fabricar e toda a variedade de atitudes e de gestos são próprios, específicos e característicos de sociedades e de culturas bem determinadas (Leontiev, 1969, 1975, 1978).

Só assim se pode, por exemplo, explicar a diferença que vai da fala viva e gesticulada do latino, e deste, mais do italiano do que do português, à fala silábica e contida do chinês. E mais: como se explicaria também, embora em outra perspectiva cultural do mesmo problema de fundo, isto é do corpo, a diferença que vai da canção monocórdica do alentejano à canção rítmica e timbrada do minhoto, senão pela expressão corporal de uma adaptação a um ecossistema próprio e a condições históricas e circunstâncias materiais de vida também próprias?

É nesta perspectiva, aliás, que o hábito adquire uma notável dimensão social quando, como materialização corporal de uma cultura, traduz e resume a evolução das "técnicas do corpo" através dos tempos. A técnica corporal, como afirma Mauss (1972), ao ser uma tradição cultural, não só justifica perfeitamente a sua transmissão de geração em geração, mas inclui, também, a sua conservação como conquista cultural própria e característica de povo para povo. E, note-se bem, esta técnica corporal está expressa como hábito não só na dança, no folclore, na religião e na arte, como é normal considerar, mas também, e sempre, nas técnicas de concepção, de elaboração e de fabricação dos objetos e dos utensílios de trabalho, assim como na materialização de atitudes e de expressões comunicativas cotidianas.

Somatognosia (noção do corpo) ⇄ Gnosia (representação) ↕ Praxia (ação)

O corpo torna-se, assim, não só no primeiro, mais natural e vital instrumento ao dispor do homem, como também, e por isso, no objeto mais natural e eficiente para este. Não só natural por ser autônomo, como também por ser eficiente e ágil para atuar e para modificar o mundo à sua vontade, pois foi com ele que, de uma maneira pior ou melhor, o homem conseguiu prolongar-se e completar-se em outros "corpos", transcendendo as suas limitações biomorfológicas, construindo novas ferramentas que o libertaram para novas potencialidades criadoras.

Dotada de um corpo natural, a espécie humana criou corpos artificiais. A partir de uma complexidade biológica, atingiu uma transcendência extrabiológica, isto é, cultural. Com seu corpo e sua disposição cinética práxica, transformou a natureza por meio do trabalho, ou seja, pela síntese psicomotora integrada que lhe dá expressão criadora, acrescentando, por esse processo, um novo mundo, isto é, a própria civilização. Ao contrário da motricidade animal, a motricidade humana transformou radicalmente o mundo natural e, por isso, a vida social.

Neste contexto, a noção de motricidade humana aproxima-se da teoria social da atividade humana de Marx (1974), Engels (1961), Leontiev (1969), 1978, Vygotsky (1978) e Frawley (2000), opondo-a às concepções biologistas, empiristas ou naturalistas. Ao encarar a atividade como práxis, ela assume-se como atividade histórica concreta. Ao atuar face aos objetos e ao mundo exterior, ela se constitui como geradora de distintas formas de consciência humana. Tal práxis ilustra e espelha o caráter social e histórico singular da existência e da experiência humanas. De certa maneira, a motricidade, encarada neste pressuposto, converteu-se em um princípio explicativo do próprio psiquismo.

É por isso que Vygotsky (1962, 1978) considera a motricidade (mais exatamente a conduta) e a mente do ser humano em função de ações intencionais e culturalmente significativas, mais do que em função de reações biológicas adaptativas, e é este conceito preciso que a psicomotricidade como ciência pretende resgatar. Os objetos da motricidade humana e, por conseqüência, os objetos da experimentação psicológica devem ser encarados como processos culturalmente significativos, e não simples estímulos abstratos. Em conseqüência desta concepção materialista dialética, a motricidade deve ocupar o lugar de guia da clássica fórmula psicológica estímulo-resposta, transformando-se em outra fórmula mais adequada, sujeito-motricidade-objeto, onde tanto o sujeito como o objeto têm uma especificidade histórica e social.

Repare-se ainda como Mauss (1972) vai ao pormenor de considerar como técnicas do corpo: as técnicas corporais e culturais inerentes ao sexo e à reprodução, as várias técnicas de puericultura da infância, as técnicas de vestuário e de exibição corporal da adolescência (*piercings*, tatuagens, etc.), as posturas no sono e no repouso, as técnicas de corrida, de salto, de escalar, de nadar, de cavalgar, da própria higiene, as técnicas de respiração e de meditação, sem esquecer as diferentes atitudes e gestos que com a idade se compatibilizam, etc.

A perspectiva desse autor, também referida por Ajuriaguerra, mostra-nos bem como o corpo e a sua "técnica" representam o resultado da intervenção da consciência na adaptação do homem à natureza e à sociedade, isto é, aos vários ecossistemas (Bronfenbrenner, 1983). Adaptação que, por sua vez, traduz a coordenação, a co-interação e a sinergia dos corpos encontrada entre os homens, através das quais se superou e transcendeu o instinto, o inconsciente e a emoção.

A hominização é a hominização do corpo, e é nesta e por esta concepção sociológica maussiana, implícita na concepção fenomenológica já tratada, que proponho algumas sínteses:

1. Perceber o mundo é aprender e compreender o mundo com o próprio corpo.
2. Perceber o mundo é perceber o corpo; só se percebe um percebendo o outro.
3. O corpo é, assim, um meio e um instrumento para a compreensão do "mundo em um corpo" e de "um corpo no mundo".
4. O corpo é o universo da sensação e da percepção na sua totalidade dinâmica na medida em que é nele que emerge a experiência, quer da criança quer do homem, na hierarquia das suas vivências e convivências singulares e plurais.

A hierarquia da experiência humana, que se inicia na integração sensorial, passa pela ação e pela percepção (percepção vista como uma ação simulada), depois, bem mais tarde, pela simbolização, para atingir a conceitualização e terminar na materialização práxica. Com a totalidade integrativa e sistêmica de tais procedimentos biopsicossociais, o ser humano ascendeu a níveis elevados de consciência, humanizando-se e socializando-se (Santucci e Bender, 1968; Granjon, 1970; Wayer, 1972; Moor, 1973).

A evolução humana requer, portanto, uma modificabilidade psicomotora. Para tanto, foram precisos vários milhões de anos de aprendizagem, e será necessária mais ou menos uma década para transformar a criança em um ser práxico e apto a aprender a aprender.

### Concepção psicanalítica da imagem do corpo

O estudo do corpo não se esgota em uma concepção neurofisiológica, nem em uma concepção fenomenológica, ou mesmo na sua concepção dual integrada.

Só na medida em que se for conseguindo a síntese transdisciplinar do corpo e da sua motricidade, a partir das várias concepções, perspectivas e ângulos de abordagem, segundo os quais estes objetos de estudo têm sido considerados e investigados, é que se poderá vir a descobrir o corpo como o personagem concreto da vida, na sua pluralidade e singularidade, isto é, na sua dimensão ontológica plena. Só por uma relação multidisciplinar das várias concepções poderemos vir a perceber melhor a integração sistêmica da imagem do corpo na totalidade do sujeito em situação existencial.

É, pois, nessa perspectiva que abordarei agora, mas apenas resumidamente, as concepções psicanalítica e genética da imagem do corpo, com base nos estudos de Ajuriaguerra (1974), Ajuriaguerra e Marcelli (1984) e Ajuriaguerra, Diatkine e Badaraco (1956). Iniciarei pela concepção psicanalítica, passando, em seguida, à ontogênese da imagem do corpo.

O corpo não é apenas um envelope substancial do eu, mas, como diz Freud (1962, 1967, 1968a, 1968b), é uma projeção do indivíduo no mundo, isto é, a partir da sua superfície corporal existe também um mundo dentro do seu organismo, entendido como fronteira existencial entre o eu e o não eu, entre o subjetivo e o objetivo, entre o "corpo e o anticorpo". Porque somos o que somos, um organismo total, dinâmico e complexo, composto de um corpo, de onde emana a motricidade, e de um cérebro, de onde emerge um psiquismo, componentes inseparáveis, integrados e em permanente interação, é que Freud tentou, com o seu modelo original, trazer alguma luz sobre a complexidade das suas relações e interações.

Talvez tenha sido Freud (1967) o primeiro autor a partir para uma concepção psicanalítica do corpo, paradoxalmente baseada nos "orifícios" do corpo, indiciando também, por analogia, uma somatanálise (Sami-Ali, 1982, 1984, 1991; Meyer, 1982). Sua bem-conhecida frase "O eu é, antes de mais nada, um eu corporal" mostra a importância que Freud dedicou às relações do corpo com a gênese da personalidade da criança, importância que pode correr o risco de contribuir também para a sua desintegração, com óbvias implicações na sua educação ou na sua terapia (Lefevre, 1973; Santos, 1977).

Por que haverá tantas crianças com atrasos psicomotores e com dificuldades de aprendizagem? A visão explorada pela psicanálise pode, efetivamente, oferecer explicações muito relevantes para a compreensão de tais problemas (Anna Freud, 1951; Held e Reverchon, 1960).

A noção que temos de nós mesmos é, em última análise, a síntese que temos, e somos, das nossas próprias sensações corporais, principalmente das que nasceram e nascem da periferia do corpo, das vísceras e dos músculos que integram o soma, que é, como sabemos, o habitáculo de toda a nossa estrutura mental composta dinamicamente em termos freudianos por uma tríade: sistema inconsciente, paraconsciente e consciente.

A psicanálise, ao dar importância ao inconsciente e ao capital das pulsões, confere uma nova e dinâmica imagem ao aparelho psíquico, onde as interações e oposições das energias corporais presentes assumem uma importância muito significativa para a estruturação da personalidade.

Na ótica metapsicológica freudiana, a existência do inconsciente faz parte do patrimônio biocultural da espécie humana. Trata-se de um lugar psíquico com conteúdos, processos e energias específicas tridimensionais, ou seja, retrata o repertório interativo do genoma com a cultura, algo básico, que é comum a todos os indivíduos, independentemente da sua inserção social.

Com complexas raízes biológicas, o id, agente do princípio do prazer, constitui-se como sede das pulsões, entendidas como energias "míticas" que se situam no limite do biológico e do psicológico, ao mesmo tempo em que este inconsciente pessoal, logo corporal, se constitui ao longo do processo histórico-cultural por meio de proibições e de interdições, de onde necessariamente emergem o ego, agente do princípio da realidade, e o superego.

O termo pulsão, empregado por Freud (1967, 1968b), revela uma concepção inovadora sobre o instinto, não apenas como um comportamento inato, animal, fixo pela hereditariedade e característico da espécie, mas como uma carga energética ou um impulso emanado do interior do corpo, um dispositivo psíquico endossomático permanente, intrinsecamente ligado à conservação do indivíduo (autoconservação) e aos seus sistemas de sobrevivência mais vitais, como a respiração, a sede, a fome, a sexualidade, etc.

Nesta última pulsão a que Freud dedica uma especulação transcendente, tem origem a manifestação do narcisismo primário, um investimento único e evolutivo sobre o eu, uma libido corporal sobre si próprio, antes de investir sobre os objetos, onde se virá a revelar o narcisismo secundário (Ajuriaguerra, 1974; Bruno, 1971; Widlocher, 1974).

A contribuição de Freud para a compreensão do psiquismo começa por tentar elucidar os efeitos do inconsciente nos processos conscientes, jogando com uma dualidade pulsional entre a vida (Eros) e a morte (Thanatos), que oscila entre a agressividade (destruição) e a ternura (afetividade), cuja implicação está expressa nas mais diversas manifestações evolutivas da criança e do jovem, onde o corpo ocupa um lugar especial e crucial, como sabemos.

O corpo, como sede principal dos instintos, combina, inconsciente e simbolicamente, de forma antagônica e agônica, aquela polaridade relacional ao longo de uma cronologia de estados – oral, anal, fálico e edipiano – estreitamente ligados às suas zonas erógenas.

Na visão freudiana, o id encarna os instintos, seguindo irracionalmente a sua satisfação imediata, modalidade comportamental que se baseia no princípio do prazer e que utiliza, para tanto, processos de pensamento primários. Tal energética da conduta, porém, força, ao mesmo tempo, o ego a intervir inteligentemente, funcionando dialeticamente, com base no princípio da realidade, utilizando agora processos de pensamento secundários. É nessa polaridade dinâmica permanente que o indivíduo se adapta ao ambiente e às situações sociais, utilizando processos de pensamento secundários, que integram e inibem processos de pensamento primário, isto é, avalia os meios que permitem atingir os fins, obedecendo a determinados limites de conduta.

Neste fluxo energético, o ego acaba por contornar os instintos do id, aprendendo a gratificá-lo de forma socialmente aceitável e tolerável. Desta forma, o ego acaba por superar barreiras emocionais de controle automático, denominadas mecanismos de defesa, cuja expressão corporal pode atingir várias dimensões, desde os recalques às sublimações, desde as projeções às regressões, desde os deslocamentos às conversões, desde as fobias aos fantasmas, etc., canalizando as pulsões inaceitáveis em condutas sociais aceitáveis.

Este longo processo de aprendizagem ilustra uma espécie de redução de tensões, que acabam por desenhar uma ontogênese (ou disontogênese) de uma interiorização de valores que luta entre as solicitações do prazer e as exigências da realidade, cujo balanço se pode traduzir em uma dialética de frustrações e de gratificações, da qual resulta a estrutura da personalidade.

Porque o corpo está certamente mais próximo do inconsciente do que a palavra, o seu tônus, a sua postura, as suas mímicas e atitudes, os seus gestos e as suas miradas e olhares, a sua respiração e as suas tensões, a sua proxêmica e os seus contatos táteis, os seus atos ou não-atos, o seu prazer ou desprazer, a sua dor, a sua alegria e a sua tristeza, os seus medos e ambivalências, os seus fantasmas e inibições, os seus jogos livres e espontâneos, os seus gestos, etc., podem oferecer um quadro extremamente interessante sobre os conflitos inconscientes e sobre as suas defesas.

Em todas estas manifestações de comportamento, obviamente, o corpo e a motricidade que dele emanam transcendem qualquer explicação neurofisiológica ou fenomenológica, por isso a psicanálise é um instrumento de observação privilegiado, para apreciar e para estimar as relações entre a motricidade e o psiquismo.

O corpo da criança pode, neste contexto, oferecer inúmeros matizes da sua história relacional, daí a importância da psicanálise para a psicomotricidade, quando encarada como palco da vivência e da convivência transferencial com o mundo dos outros e com o mundo dos objetos. O corpo da criança é uma história de vivências dentro de outras, história esquecida mas inesquecida pelo seu inconsciente, história viva e sempre ativa no seu corpo, cuja presença interfere permanentemente com o seu psiquismo.

O desenvolvimento da criança envolve o seu corpo total e as suas entranhas mais profundas. As suas necessidades, sensações, fantasmas, medos, angústias, desejos, etc., encontram no seu corpo, muito antes do seu cérebro, o veículo preferencial da sua interioridade dinâmica.

Os dados clínicos e experimentais, tanto da psiquiatria como da psicanálise, são unânimes em considerar que as perturbações mentais são quase sempre acompanhadas de uma perturbação de reconhecimento e de identificação corporal, apercepção somática ou falha e fraca integração ou representação interna de si próprio (dissomatognosia). Na maioria dos casos de despersonalização, por exemplo, o denominador comum situa-se, com incidência elevada, em uma perturbação da imagem do corpo (Schilder, 1968). Pode-se mesmo dizer que se trata sempre de uma auto-alienação que interfere em todas as condutas e que influencia toda a unidade psicossomática da pessoa humana (Widlocher, 1974; Sami-Ali, 1982, 1984, 1991; Onnis, 1996).

A relação eu-corpo, que constitui o aspecto mais concreto e prático do equilíbrio característico do ser humano, é, na criança, a motivação, ou não, para uma estruturação harmônica e equilibrada da personalidade. Sem a relação eu-corpo não seria possível a relação eu-mundo e a relação eu-outros e, por isso, não seria possível também a relação da criança consigo mesma. Portanto, qualquer perturbação na relação eu-corpo na criança gera, inevitavelmente, problemas de personalidade, como, por exemplo, alterações nas funções perceptivas e cognitivas, desajustamentos em relação à realidade, distorções no conhecimento do mundo exterior, vulnerabilidade na autonomia, etc., que podem perfeitamente emergir dos conflitos acima referidos.

Portanto, deve ser oferecida à criança a possibilidade de poder viver o seu corpo com prazer e de uma forma confortável e segura. De fato, a psicanálise ensina-nos como a criança se estrutura a partir da relação fundamental com o seu corpo e quando dele se liberta somaticamente (Sedica, 1971).

A diferenciação entre o corpo da criança e o corpo da mãe, da qual é totalmente dependente, marca o início da estruturação libidinal da imagem do corpo. Nesta perspectiva, e segundo Lhermitte (1939), Lowghi (1939), Pirisi (1949), Ajuriaguerra, Diatkine e Badaracco (1956), Dolto (1957, 1984), Schilder (1968), Feldenkrais (1971) Fonseca (1974c, 2001), Dickinson (1974), Fauché (1993) e Bermúdez e colaboradores (1998), a imagem do corpo estrutura-se a partir das zonas erógenas do corpo, com destaque para os orifícios do corpo a partir dos quais se exercem funções orgânicas muito importantes, primeiro de sobrevivência, depois de prazer e, finalmente, de adaptabilidade e de aprendizagem.

Não podemos ignorar ou manter como tabu, como nos primeiros momentos da vida, os dois pólos do tubo digestivo. Boca (pólo norte) e ânus (pólo sul) são as primeiras zonas corporais a estabelecer relação com o mundo exterior; um de assimilação, e outro de acomodação. Aliás, Freud (1967, 1968a) trata com profundidade todo este assunto na sua teoria da personalidade, a qual assenta na evolução dos estádios oral, anal, fálico e genital, ou seja, orifícios intrínsecos do corpo. Se verificarmos com atenção, em uma atitude interdisciplinar, estes não são mais do que outra expressão ou perspectiva da mesma evolução estrutural da imagem do corpo, entre as várias que temos considerado.

Vejamos, resumidamente, a sua complexidade. Não cabe nesta obra o desenvolvimento libidinal ou psicosexual da criança proposto por Freud, verdadeiro testemunho da evolução libidinal da imagem do corpo.

## DESENVOLVIMENTO PSICOSSEXUAL DA CRIANÇA

### Estádio oral (1º ano)

Durante o primeiro ano de vida, a criança estabelece uma relação mágica com o mundo através da boca, na medida em que a sua primeira necessidade vital envolve a alimentação, mediatizada pela mãe. A criança satisfaz e gratifica sua fome através da cavidade bucal, dos lábios e da mamada, por meio da qual também incorpora e suga os objetos, os outros e as suas próprias extremidades, pela estimulação tátilacinestésica, erótica, agradável, que tal exploração corporal provoca, pois está conectada com os centros de prazer do cérebro.

O id está presente no nascimento, sua satisfação é o motivo da sua identificação primária. Mais tarde, a criança desenvolve os dentes, com os quais morde e mastiga, demonstrando, nas palavras de Freud (1968b), uma agressividade primária e um estado sádico-oral, também importantes para sua autonomia.

Nesta fase, a boca constitui o órgão privilegiado de prazer e de relação com o outro – em especial, a mãe –, com o mundo exterior, com o objeto e com o próprio corpo. O pôr a mão e o pé ou qualquer objeto acessível na boca traduzem necessariamente mais um dos aspectos importantes da incorporalização emergente do ego.

### Estádio anal (2º – 4º anos)

A passagem por este estádio subentende o controle do esfíncter anal, cujo descontrole prolongado pode implicar uma sensação de desconforto e de insegurança, com várias implicações no desenvolvimento da personalidade. Em paralelo com esta pulsão sádica e de destruição do objeto, surge um aspecto de "regulação" social: tenta-se persuadir a criança a uma facilitação, e posteriormente, a uma inibição de um impulso instintivo de auto-suficiência. Trata-se de um período no qual podem ocorrer os primeiros "conflitos" e as primeiras "repressões" que se exercem no âmbito da constelação parental, familiar ou de inserção social em uma instituição materno-infantil.

A libido ligada à evacuação e à excitação da mucosa anal, o prazer de eliminar, de regular e de reter, impregnados de significação sádica e de controle possessivo e somático, vão fazer surgir o domínio dos esfíncteres, um domínio do corpo que permite a pulsão de dominação e de afirmação face ao mundo exterior, a que se pode associar o desejo de destruição de tudo aquilo que se oponha a tal tomada de posição.

A afirmação do eu da criança dá os seus primeiros passos aos 9 meses. A posse de objetos, o nascimento do ciúme, o surgimento do ego corpóreo, com a imagem especular, estão em marcha, a pulsão motora, geradora das primeiras praxias vertebradas, é fonte inesgotável de prazer, até à aquisição do domínio da gravidade.

Pegar objetos, sugá-los, deslocar-se arrastando-se pelas superfícies, etc., são condutas que satisfazem necessidades vitais e erógenas. Dominando o seu corpo, a criança começa simultaneamente a dominar o mundo.

A pulsão de dominação é, neste período, mais vigorosa e arriscada. As oposições à realização dos seus desejos estabelecem-se nesta fase de forma mais freqüente. As crises de oposição agressiva, a idade do "não", pela qual a criança se opõe ao adulto, etc., ilustram que ela abandona a fase do id e se afirma como ego consciente, quando os caprichos e outras manifestações emocionais e de reciprocidade afetiva prefiguram a tentativa de se impor e de se autonomizar.

### Estádio fálico (3º – 5º anos)

Neste período, o órgão genital, o falo (vagina ou pênis), torna-se a zona erógena dominante, na medida em que espelha a pulsão agressiva de independência como natural prolongamento da pulsão de dominação, ao mesmo tempo que se torna também em órgão de exploração e de satisfação, mesmo de masturbação genital, em que o "ódio" pelo rival edipiano se vem instalar simultaneamente e do qual mais tarde brota a pulsão do amor.

Nascem neste estádio as manifestações auto-eróticas próprias desta idade. É neste período que se desenvolvem também os complexos de Édipo e de Electra. De uma forma simplificada, podemos dizer que este complexo envolve a atração sexual pelo progenitor do sexo oposto e a hostilidade e a oposição com o progenitor do mesmo sexo. O menino deseja a mãe e "opõe-se" ao pai, a menina deseja o pai e "opõe-se" à mãe.

Para Freud (1962), este complexo desempenha um papel muito importante nas atitudes adultas. A seqüência do complexo de Édipo no menino e do complexo de Electra na menina são diferenciados. No menino, o pai é um rival temido porque pode "castrar" os seus orgãos sexuais (é nisto que se consubstancia a ansiedade de castração). Progressivamente, o seu comportamento tende a reprimir o desejo sexual pela mãe, vindo, posteriormente, a identificar-se com o pai. Na menina, o problema é diferente, porque ela tende a tornar a mãe responsável pela sua condição de castrada. O pai, mais tarde, é o objeto amado, porque possui o órgão que ela desejava possuir. A menina não passa pela ansiedade de castração, porque adota uma coação realista à sua condição sexual, não estabelecendo com o pai, desse modo, uma relação de repressão fantasmizada, o que favorece as aquisições educativas e o desenvolvimento das funções cognitivas.

### Estádio genital (puberdade)

Ao estado fálico segue-se um período de latência, em que se desenrola a problemática de Édipo, que vem a ser ativada no período de abordagem da adolescência. Da orientação narcísica do estado pré-genital, o adolescente, segundo Freud (1962, 1967), começa a ser atraído por objetos reais, iniciando-se a verdadeira adaptação ao mundo real e social. É nisto que se traduz a passagem da auto-orientação da criança para a aprendizagem social do adolescente.

Nesta fase surge de novo uma afirmação agressiva, uma espécie de duplicação da crise do "não" da infância, agora ligada à reprodução, quando se conhecem as oposições e as resistências aos "valores" do adulto, em geral, e dos pais, em particular. No fundo, estamos em presença de uma fuga do estado de dependência e de uma luta pela identidade, que pode expressar-se por vias não-verbais (mímicas, posturais, gestuais, etc.) ou verbais (argumentação, oposição, sedução, perversidade, etc.), como facilmente se verifica cotidianamente.

Neste estádio nasce também, em paralelo, uma pulsão oposta a esta, uma pulsão mais voltada para o semelhante, para a busca de concordâncias, de cumplicidades, de amizades, de empatias fusionais, que podem tender a relações mais íntimas, reforçando, em última análise, a pulsão do amor, que se constitui como fator de coesão social, sem esquecer que, em conseqüência, se observam proibições e repressões a serem superadas.

Por sermos geneticamente programados a viver em grupo (pulsão gregária), o jovem tem que se adaptar a grupos e aí sofrer os efeitos da sua organização hierárquica, unindo-se e agrupando-se em bandos, ou enfrentando lutas pelo poder. Temos, assim, restritamente completada, muito resumidamente, a organização da personalidade ou a concepção do desenvolvimento mental segundo Freud, que mais uma vez situa no corpo (soma) e na sua elaboração integrada a sua originalidade conceitual, pressupondo uma organização cronológica com um papel estruturante de grande importância para o desenvolvimento psicomotor.

A organização da personalidade, segundo Freud (1967, 1968a, 1968b), encontra-se, assim, dependente de três estruturas psicológicas ou instâncias da personalidade, em permanente interação incorporalizada: o id, o superego e o ego.

Tais componentes ou instâncias, em permanente interação e decorrentes do efeito de princípios reguladores de prazer-desprazer, adequados a condições impostas pelo mundo exterior (princípio da realidade), obviamente experienciados e integrados pelo corpo, envolvem processos hipercomplexos (inter e intracomponentes) de constância e de repetição que estão implicados na ontogênese do desenvolvimento psicomotor.

| ORAL | ANAL | FÁLICO | GENITAL |
|---|---|---|---|
| Boca | Ânus | Órgão Genital | Maturidade Sexual |
| 1 ano | 2-4 anos | 3-5 anos | Adolescência |

O pensamento freudiano confere ao inconsciente o papel organizativo fundador do psiquismo, onde os fenômenos conscientes não são mais do que a sua parte mais superficial. Nesta perspectiva, o corpo, com múltiplas e complexas raízes filogenéticas, que constituem o núcleo do inconsciente, é o lugar por onde passa a vivência histórica e relacional do indivíduo.

Assim encarado, o corpo é o lugar privilegiado de encontro com o outro e consigo mesmo, a partir do qual o caráter e a personalidade se estruturam, onde a vivência corporal da pessoa inteira e harmoniosa ou fragmentada e incompleta se expressa, onde emerge uma psicodinâmica entre o corpo e o sujeito, entre o corpo e o mundo envolvente.

Neste contexto, o corpo não se confina à sua dimensão anátomo-biofisiológica, estudada tradicionalmente pela medicina, pela educação física e por outras áreas de saber, nem se limita ou se circunscreve à sua dimensão de desempenho motor ou muscular; trata-se, antes, do corpo singular e qualitativo, do corpo síntese de prazer ou de desprazer, de tensão ou de distensão, de aceitação ou de repulsa, de amor ou de ódio (Lapierre, 1997). Este corpo, fundamentalmente relacional, marcado pelas interações precoces com os pais e com outros mediatizadores, define uma dimensão somatológica, de grande importância para a compreensão do desenvolvimento psicomotor, daí esta referência, que Ajuriaguerra (1974) também reforça.

Ao descrever os três sistemas de funcionamento psíquico – id, ego e superego –, Freud (1967) pretende salvaguardar a dinâmica sistêmica (inter e intrasistêmica) entre as três instâncias acima referidas.

A estrutura do id corresponde à estrutura mais antiga e pulsional da personalidade, que se confunde com os sistemas inconscientes. É um reservatório de pulsões herdadas e inatas, mas comporta-se igualmente como componente adquirido ou recalcado, que visa à satisfação de necessidades, de acordo com o princípio do prazer, que ignora os julgamentos de valor, o bem, o mal ou a moral. Trata-se do reservatório primário da energia psíquica que prefigura a ação, não é nem homogêneo, nem organizado, nem coerente, suscitando desejos, que materializa em termos de conduta, se não encontra oposição das outras estruturas, daí o seu conflito latente com o ego e o superego e sua continuidade na gênese da personalidade.

A estrutura do ego pode ser identificado ao consciente ou ao potencialmente consciente, dito pré-consciente, representando, conseqüentemente, a percepção exterior e interior e o processo intelectual, desempenhando um papel importante no surgimento dos interesses e nos sentimentos morais e estéticos, consubstanciando, em certa medida, uma organização complexa de mecanismos de defesa, de inibições, de repressões, etc.

O ego assume, portanto, um estatuto de autoconservação, de tomada de consciência das estimulações exteriores, evitando os seus excessos, e de controlador das exigências instintivas, recebendo, portanto, excitações de fora e de dentro, remetendo a sua satisfação para um momento mais favorável. Em síntese, o ego evita entrar em conflito com o id e com o superego por meio de processos de inibição, de fuga e de repressão, não sem que se possam formar processos de angústia na sua dinâmica surpreendente.

| ID ←→ | EGO ←→ | SUPEREGO |
|---|---|---|
| Princípio do prazer | Princípio da realidade | Princípio da constância |
| Área instintiva | Área de mediação entre o instinto e a realidade | Área dos valores morais aprendidos socialmente |
| Substrato biológico da personalidade | Princípio de execução dependente da subjetividade e da objetividade | Valores ideais do ego |
| Interior | Mediador | Identificação |
| | | Socialização |
| | | Exterior |

O ego escolhe e seleciona os modos adequados para atingir os seus fins, procurando soluções e execuções que possam assegurar uma função ética e sintética da personalidade. Sua estrutura, dominada pelo princípio da realidade, é parte do pensamento objetivo, socializado e racional (Ajuriaguerra, 1974), adquirindo um papel de mediador entre o id e o mundo exterior e entre o id e o superego. Se for cativo às suas pulsões instintivas, o ego pode-se considerar fraco; se for capaz de dar expressão livre e compatível aos seus interesses, pode definir-se como forte. Desse balanço dialético podem, então, surgir conflitos mais ou menos recalcados e inibidos, facilmente observáveis nas múltiplas atividades lúdicas da criança.

Ao diferenciar-se progressivamente do id, o ego estrutura-se pulsionalmente e instrumentalmente e organiza-se dando origem à formação da consciência, apesar de Freud (1968b) reconhecer que uma parte dele é inconsciente, ilustrando que o seu funcionamento oscila constantemente entre o princípio do prazer e o princípio da realidade, entre os processos primários e os secundários, constituindo-se progressivamente como um aparelho de regulação e de adaptação à realidade, um verdadeiro instrumento de mediação de exigências contraditórias, as pulsões e os fantasmas do inconsciente, as situações exteriores e as proibições do superego.

A estrutura do superego, classicamente considerado como uma modificação do ego, por interiorização de forças repressivas que o indivíduo encontra ao longo do seu desenvolvimento, em certa medida representa o ideal do ego, a que é atribuída uma função de auto-observação e de autojulgamento, podendo também equivaler às aspirações conscientes do indivíduo, a atitudes de autocrítica, de proibição, de consciência moral, etc., funcionando como fronteira entre gratificações pulsionais e contradições com as defesas do ego. O superego forma-se, assim, por meio de processos de identificação que se fundam primeiro nos pais idealizados e, depois, na autoridade e na lei de que ele é o próprio depositário.

Para Freud (1968b), a formação do superego equivale ao declínio do complexo de Édipo, em que a criança renuncia à satisfação dos seus desejos edipianos, interiorizando as interdições sugeridas pelos pais, que se tornam, paradoxalmente, seus modelos de identificação primordiais e preferenciais. O superego não é apenas uma "consciência moral" herdada do superego parental, mas o resultado das influências socioculturais e do meio que envolve a criança e, igualmente, das identificações que ela pode aí criar ou projetar. Na formação do superego, podem participar as experiências arcaicas inibidas ou facilitadas, as tentativas de identificação parental ou as identificações com outros atores sociais.

Em suma, essa instância da personalidade admite a fusão de componentes, desde as relações pré-edipianas às resoluções inerentes ao complexo de Édipo, daí a importância da integração do ideal do ego, que representa a sua luta e que deriva das impressões da infância e da onipotência parental, ou seja, um estado de harmonia entre o ideal do ego e o ego, experimentado como investimento narcísico sobre si mesmo.

O superego admite também a integração do superego interditor, que se opõe às aspirações do id, daí a sua dimensão punitiva, investida de energia agressiva e negativa, que pode atingir conotações de autocrítica exarcebada, de sentimentos de inferioridade e de autodepreciação, assim como o superego benigno, próximo do ideal do ego e derivado de imagens de pais afetivos e reconfortantes, porém investido de energia afetiva e positiva, pode, em contrapartida, aproximar-se de conotações opostas.

As três estruturas representam potencialmente motivos de conflito e objetivos de comportamento do indivíduo. A mediatização realista do ego pretende a superação dos conflitos, quer interiores, quer exteriores, que mais uma vez se refletem dinamicamente na imagem do corpo. No caso de uma gratificação realista, estamos perante uma personalidade equilibrada; no caso de uma gratificação impossível ou de repressão e opressão social constantes e permanentes, estamos perante uma personalidade desintegrada.

Em que medida esta perspectiva de evolução interessa ao desenvolvimento psicomotor? Sendo a psicomotricidade uma análise corporal da relação (Lapierre, 1997), diferente, portanto, da psicanálise, que busca uma análise verbal, todos os pressupostos freudianos são de uma importância capital para compreendermos o papel do corpo na formação da personalidade, a que a educação e a terapia não se podem furtar para percepcionar a sua complexidade metapsicológica.

Em psicomotricidade, a criança, e, por que não, o adulto, fala com o corpo, pois emanam dele sensações, emoções e sentimentos que transcendem o reducionismo da comunicação verbal (Lapierre e Acouturier, 1973, 1982). As posturas, a tonicidade, os gestos, as mímicas, as praxias, etc., assumem uma multiplicidade de mensagens interoceptivas, proprioceptivas e exteroceptivas (Wallon, 1969, 1970b; Fonseca, 2001) que não podem ser negligenciadas em termos evolutivos.

O ego, ao ser, antes de mais nada, um ego corporal, não é somente um indivíduo com uma superfície epidérmica que envolve um esqueleto, várias vísceras e centenas de músculos; ele é o próprio ser, uma projeção de uma superfície, um volume, um universo receptor e emissor de mensagens, cuja unificação imaginária se dá no espelho, como uma identificação corporal própria (Lacan, 1949).

Sendo impossível separar o ego das suas impressões sensoriais e motoras integradas, também é impossível separar tais impressões do seu aparelho mental, exatamente porque a sensibilidade tátil da sua pele parte da camada embriológica da ectoderme que é comum à gênese do sistema nervoso. O corpo é o próprio ego, é o próprio psiquismo. Este paradigma freudiano tem, obviamente, uma importância vital para o desenvolvimento psicomotor.

## PERTURBAÇÕES PSICOPATOLÓGICAS

Note-se, porém, que, na concepção psicanalítica, uma vez mais, o conhecimento adquirido sobre o patológico, como ponto de referência para o educador, pode vir a beneficiar a compreensão do evolutivo. O conhecimento do "normal" e do "funcional" emerge, em certa medida, do conhecimento do "patológico" e do "disfuncional", assim também os fundamentos explicativos da disontogênese podem constituir uma primeira aproximação à compreensão da ontogênese.

Nesta perspectiva, e como na abordagem da concepção neurofisiológica, em que busquei na apraxia elementos importantes para entender a praxia, vou aqui também, e antes de prosseguir, fazer um pequeno parêntese para importar do patológico ou do parapatológico desta concepção psicanalítica algo para o educativo ou evolutivo e para a aprendizagem de um modo geral.

Assim, e mais a título elucidativo do que especulativo, vou referir muito resumidamente um conjunto de casos psicopatológicos cuja característica comum também está na alteração da imagem do corpo:

– anorexia mental: ausência de apetite existencial ou de vontade de viver;
– hipocondria: imaginação permanente de sintomas e doenças, sentidos como corpos estranhos;
– dismorfofobia: deformação da imagem do corpo, acompanhada da respectiva e na inerente ansiedade estética, muito comum na adolescência;
– despersonalização somatopsíquica: problemas relacionados com o sentimento de existência corporal e em que o indivíduo não se reconhece como pessoa.

Por essa simples amostra, é fácil verificar e confirmar a relação e a importância da imagem do corpo no estudo da personalidade humana e na intervenção sobre esta, tanto mais que, como podemos verificar, todos esses casos psicopatológicos também podem resultar de carências existenciais ou educacionais. Daí ter nascido, naturalmente, da parte da maioria dos psicanalistas, com destaque para Schilder (1968), um princípio geral que convém registrar: corpo e mundo têm de ser ambos construídos e descobertos, sem que qualquer um deles seja diferente do outro. Isso exige, portanto, que haja um mediatizador da personalidade, que não seja nem corpo nem mundo.

Ajuriaguerra (1974), entretanto, como neuropsiquiatra infantil, admite a mesma questão em relação à criança, formulando a sua per-

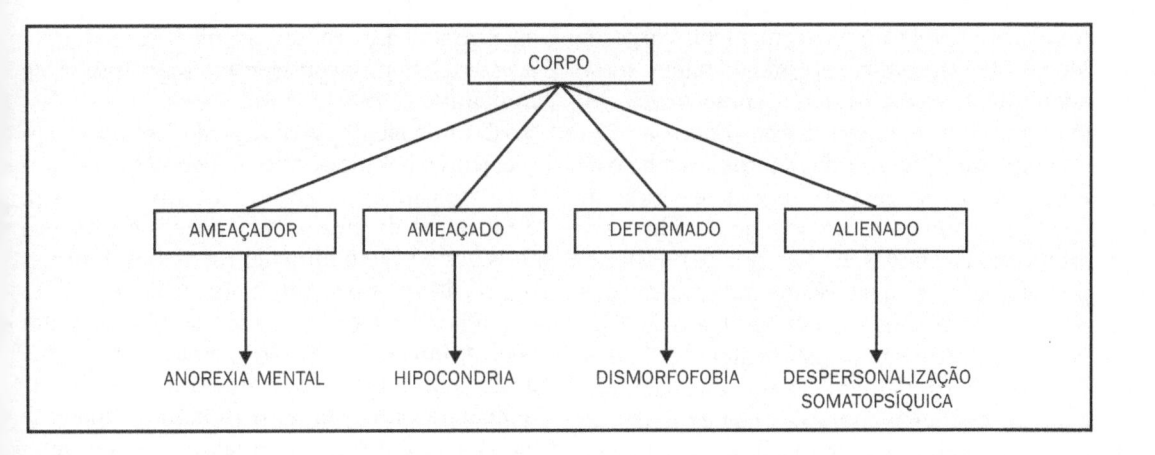

```
                        ┌─────────┐
                        │  CORPO  │
                        └─────────┘
         ┌──────────────┬─┴────┬──────────────┐
   ┌──────────┐  ┌──────────┐ ┌──────────┐ ┌──────────┐
   │ AMEAÇADOR│  │ AMEAÇADO │ │ DEFORMADO│ │ ALIENADO │
   └──────────┘  └──────────┘ └──────────┘ └──────────┘
        │             │             │             │
        ▼             ▼             ▼             ▼
   ANOREXIA       HIPOCONDRIA   DISMORFOFOBIA  DESPERSONALIZAÇÃO
   MENTAL                                      SOMATOPSÍQUICA
```

sonalidade como uma auto-análise psicocorporal que pretende, por um lado, preservar o seu Eu, e, por outro, garantir o suporte necessário para as suas interações com o mundo exterior. É através desses contatos perpétuos e permanentemente renovados com o mundo exterior que a criança descobre o seu corpo, o seu mundo e o seu corpo no mundo.

Neste âmbito, aliás, e um pouco como complemento dos casos psicopatológicos que Ajuriaguerra (1974), Ajuriaguerra, Diatkine e Badaraco (1956) e Ajuriaguerra e Marcelli (1984) apresentam, não se pode também ignorar a importância do contributo da imagem do corpo para esta concepção, e para o âmbito educativo ou terapêutico, das investigações sobre a hipnose (Teitelbaum), a lepra (Simmel), a anestesia (Penfield), o desenho do corpo (Goodenough, Wintsch, Machover, Cohen, etc.), a esquizofrenia (Schilder), a psicopatia, a depressão e a melancolia, bem como os estudos sobre histeria (Freud), a inversão do campo visual (Stratton), as drogas, como a mescalina, a maconha, e o haxixe (Trauter), as relações sexuais e o orgasmo (Keiser), etc. Em todos estes estudos e investigações, verifica-se que a causa principal das várias síndromes se situa, regra geral, no sentimento de desintegração, de deterioração ou de distorção da imagem do corpo.

Claro que o desenvolvimento destas questões, mesmo no que elas possam contribuir para o estudo e a metodologia da aprendizagem e das respectivas dificuldades por parte da criança, não cabe no âmbito de um livro como este, cuja característica essencial é apenas sugerir uma tomada de consciência sobre a importância destes conhecimentos para todos os terapeutas, professores ou educadores.

Repare-se, porém, na importância da imagem do corpo recorrendo ainda à simples observação do que ela influencia e é influenciada pelos problemas do vestuário, da moda, do *marketing*, da publicidade, das clínicas de saúde e do corpo, das manicures, da indústria dos cosméticos, da cirurgia plástica, etc., que, não sendo exclusivos da área psicanalítica, uma vez que a transcendem, têm, no entanto, um componente importante no âmbito desta concepção.

Tudo isto revela, por outro lado e em uma perspectiva complementar, o pendor sexualizante da sociedade de consumo, que sugere e propõe permanentemente, como meta do êxito e da excelência, uma imagem do corpo ideal. Aliás, esta tendência não advém dos dias de hoje. Basta lembrar como, em algumas culturas, a necessidade de alterar a aparência do corpo tem levado desde há muito, e leva ainda muitas vezes, a verdadeiras mutilações corporais, religiosas ou místicas, como, no caso, por exemplo, de muitos povos da África, da Nova Guiné ou da Indochina.

Em outro ângulo ainda, que também não é de se desprezar, não devemos esquecer a importância da imagem do corpo no folclore, nos ritos e nas lendas e cantares populares. Aliás, já a propósito da concepção fenomenológica do corpo, foquei-o em relação às técnicas do corpo de Mauss (1972), como expressão do hábito social adquirido, perspectiva que é, como se vê, nitidamente convergente com esta concepção.

Outros indícios, ainda, da importância e da influência da imagem do corpo na evolução da criança, do homem e da sociedade residem, por exemplo, nas fábulas, nas histórias e nos filmes para crianças, nos quais se pretende transformar pessoas em animais e vice-versa, (caso de Pinóquio, de Alice no País das Maravilhas, de Branca de Neve, etc.), refletindo, igualmente, na minha opinião, inúmeras alterações das experiências corporais, embora, neste caso fora da esfera ou da concepção psicanalítica da imagem do corpo.

Finalmente, voltando a Ajuriaguerra (1974), não deveremos ignorar, além do contributo de Freud e de Schilder para a concepção psicanalítica da imagem do corpo na criança, os estudos de Adler, Jung, Rank e W. Reich, autores de referência sobre esta matéria. Na impossibilidade de abordar todos estes autores, dedicarei apenas algumas linhas à perspectiva de Reich (1969), pela importância que a mesma tem, não só para tudo o que já foi dito sobre a imagem do corpo, mas também pelo que direi em capítulo muito próximo sobre a tonicidade muscular na sua relação com a formação da personalidade da criança.

## A ARMADURA MUSCULAR, O CARÁTER E OS MECANISMOS DE DEFESA

Reich destacou a interação complexa, mas real, entre os conflitos da personalidade e os conflitos do tônus muscular, tudo isto, note-se, situado no âmbito das relações humanas. Para Reich, os mecanismos de defesa do indivíduo encontram-se personalizados na maior ou menor rigidez da musculatura superficial do seu corpo.

Com base nos seus estudos, este autor estabeleceu uma analogia entre a armadura muscular e a armadura metálica utilizada pelos cavaleiros da Idade Média. Assim, nesta perspectiva, criou um sistema psicoterapêutico cujo primeiro objetivo consistiria no desbloqueamento da armadura corporal, para, ao desintegrar-se esta verdadeira fronteira tônica, se poder ter acesso à esfera inconsciente e mais íntima do indivíduo.

Como podemos verificar, não é só a concepção neurofisiológica, como vimos antes, mas também a psicanalítica, que nos mostra e demonstra a existência de uma estreita relação e interação constante entre o músculo (periferia) e o cérebro (centro). Isso significa que qualquer tensão nervosa ou emoção gera uma tensão muscular gêmea. Em outras palavras, pode-se dizer que, ao dar-se uma perturbação psíquica, concomitantemente acontece uma perturbação corporal, e vice-versa. Daí resulta, portanto, que, em uma dimensão e ótica psicossomáticas, todo o problema psíquico se exterioriza sob a forma de um problema orgânico, com impressões na unidade corporal do indivíduo.

Em Ajuriaguerra (1974) e Ajuriaguerra e Thomas (1949), a estrutura que liga estes dois componentes inseparáveis do organismo humano é precisamente a função tônica. Ajuriaguerra vai mais longe, situando a função tônica como a estrutura de comunicação primária. Aliás, este aspecto virá a ser tratado com mais pormenores e profundidade em um próximo capítulo, ainda sobre a imagem do corpo.

Penso que, a esta altura, já não poderá qualquer leitor interrogar-me sobre qual o interesse de ter abordado esta concepção sobre a imagem do corpo no desenvolvimento psicomotor e na aprendizagem ou a simples importância desta imagem para o próprio educador, ele próprio também um comunicador corporal.

De fato, a evidência de todos estes casos experimentais que já considerei até aqui é bem suficiente para provar que a imagem do corpo constitui, em última análise, a história de toda a experiência e aprendizagem da criança e do jovem, e mesmo da própria espécie humana. Será, portanto, natural que o leitor já tenha por si próprio feito a síntese desta concepção psicanalítica integrada nas anteriores e situada inclusivamente no seu próprio campo de ação.

1. O corpo e o psiquismo da criança são uma e a mesma coisa.

2. A criança percepciona, aprende e faz as tarefas escolares ou não com o seu corpo inteiro e total.
3. A criança expressa as suas necessidades, manifesta as suas pulsões e exterioriza as suas emoções através do seu corpo.
4. O corpo vivido é um dado fundamental para a compreensão da criança concreta.
5. O corpo é uma totalidade e uma estrutura interna fundamental ao desenvolvimento cognitivo, afetivo e motor da criança.
6. O corpo, além de ser uma constelação somática, é um embrião da inteligência e a base da comunicação entre os seres humanos.

Em síntese, o corpo fala antes da palavra, a linguagem falada duplica e representa a linguagem corporal, cuja compreensão é universal e para a qual não há necessidade da torre de Babel; ela repousa e tem alicerces em estruturas arcaicas inscritas no id, estruturas neuropsicomotoras que fazem parte do patrimônio genético da humanidade, a partir das quais o desenvolvimento ontogenético esboça o seu percurso singular e plural. O corpo não só existe como é a razão da vida, é o ser e o ter ao mesmo tempo, pois traduz a nossa essência existencial, na medida que é com ele que acedemos ao outro, aos objetos e à cultura. Trata-se, portanto, do suporte crucial das nossas relações sociais.

Desde Freud (1967), que se interessou pelo imaginário do corpo e do corpo fantásmico, do corpo-prazer e do corpo-erógeno, onde se realça o papel das pulsões e das necessidades biológicas dos indivíduos e a importância do investimento do outro e de si próprio (narcisismo), passando por Tausk e Federn, que se interessaram pela diferenciação do eu-psíquico e do eu-corporal e pela sua síntese no sentimento de identificação pessoal, até Schilder, que emprega várias definições indiferenciadas (esquema corporal, imagem do corpo, modelo postural, asquematia), o conhecimento do corpo, a somatognosia, apesar de não ser um termo definido de maneira unívoca, é certamente uma construção ativa multicomponencial, que parte da integração das primeiras experiências sensíveis, objetais e reais oriundas do genoma humano e agrega necessidades, desejos, gratificações, frustrações, percepções, recordações, medos, fantasmas, projeções, representações, emoções, isto é, a identidade corporal transcende de fato a oposição organismo-psiquismo, pois depende, em suma, da socialização do corpo.

## GÊNESE DA IMAGEM DO CORPO

Nesta perspectiva, complementar das anteriores, vou mais uma vez, apoiado ainda em Ajuriaguerra (1962, 1972a, 1980), Ajuriaguerra e Hécaen (1952) Ajuriaguerra, Diatkine e Badaraco (1956) e Ajuriaguerra e Marcelli (1984), tentar um primeiro ensaio de síntese que integre, tanto quanto possível, não só o que está implícito sobre a imagem do corpo em Wallon e Piaget, como já vimos, mas também o que particularmente está expresso em Spitz (1963), Zazzo (1948, 1971), M. Klein (1952) e outros.

A aquisição do eu corporal na criança, isto é, a evolução do conhecimento corporal é, para Ajuriaguerra, sinônimo de caminho para a autoconsciência. Caminho, aliás, bem expresso e visível, não só pelo crescimento (peso e altura), mas também por tudo aquilo que já referi em termos de desenvolvimento nas concepções neurofisiológica, fenomenológica e psicanalítica.

Desde o nascimento, o corpo, como estrutura dinâmica e concreta, dita atuante, se insere em um quadro de automatismos que evoluem, conforme já vimos em Wallon e Piaget, dos movimentos reflexos para os movimentos conscientes ou voluntários, isto é, para as praxias. A sua imagem corporal tem, pois, que passar, como vamos ver, por várias fases ou períodos de maturação e de metamorfose para que a criança possa vir a construir-se como um ser que age e interage.

Assim, depois de ser agida pelo adulto experiente (alimentação, banho e higiene), a criança liberta-se da manipulação dos outros e descobre a manipulação do seu próprio corpo, que é, então, boca e ânus, mas também desejo e imaginário, superfície cutânea de contatos e afetos, atividade interoceptiva e proprioceptiva e alguns movimentos de expressão adaptativa básica.

Repare-se, entretanto, conforme Ajuriaguerra (1972a, 1974) nos esclarece, como todos esses comportamentos na criança se processam na dependência do estado bipolar hipertônico-hipotônico que caracteriza a dialética necessidade-satisfação dos primeiros tempos da sua vida.

São as experiências de tensão-repouso e de ansiedade-satisfação que permitem a procura e o respectivo encontro de um estado de equilíbrio e de comunicação entre hipertonia e hipotonia, ou seja, uma modulação tônica de bem-estar, que G. Alexander (1962a, 1962b, 1966, 1981, 1985) denominou eutonia. A eutonia reflete um estado dinâmico e atualizado da função tônica do indivíduo, um equilíbrio que caracteriza os primeiros passos para a integração de um corpo agido. Integração que, como vimos, depende precocemente de como o adulto age sobre o corpo da criança, principalmente a mãe nos primeiros dias e meses e, posteriormente, também o pai e os outros mediatizadores mais íntimos e próximos.

Repare-se, no entanto, que o corpo da mãe, segundo nos diz Ajuriaguerra (1974, 1980), começa por ser integrado por partes (seio, mãos, face, etc.) para só mais tarde, quando a criança já tem possibilidade de imitar e de interagir intencionalmente com o outro, poder vir a ser integrado na sua totalidade. Inicialmente, a criança assume para o seu desenvolvimento uma relação objetal com o seu próprio corpo, para em seguida vir a transformá-la em uma relação mais complexa com os objetos que são e estão acessíveis no mundo do adulto.

Ajuriaguerra (1974, 1981) sublinha a importância da gênese do corpo a partir da função tônico-postural, verdadeira função de comunicação, de simbiose e de diálogo tônico entre a criança e o seu envolvimento relacional e ambiental. O primeiro objeto de relação e de realização totalizante é o seio da mãe, ao qual se seguirão outras trocas afetivas, afiliativas e interações corporais, de onde emergirá a delimitação do corpo e dos objetos, ou seja, a sua consciência corporal e a sua sociabilidade.

A criação de uma fronteira entre o espaço subjetivo e intracorporal e o espaço objetivo e extracorporal começa, então, a formar-se na mente da criança, dando origem à função psíquica básica da somatognosia. Introjetando, imitando, identificando e projetando o seu corpo, a criança transforma-se em um objeto no campo das suas relações sociais.

### A relação criança-objeto

A relação criança-objeto apresenta, em Ajuriaguerra (1980, 1981), a seguinte hierarquia:

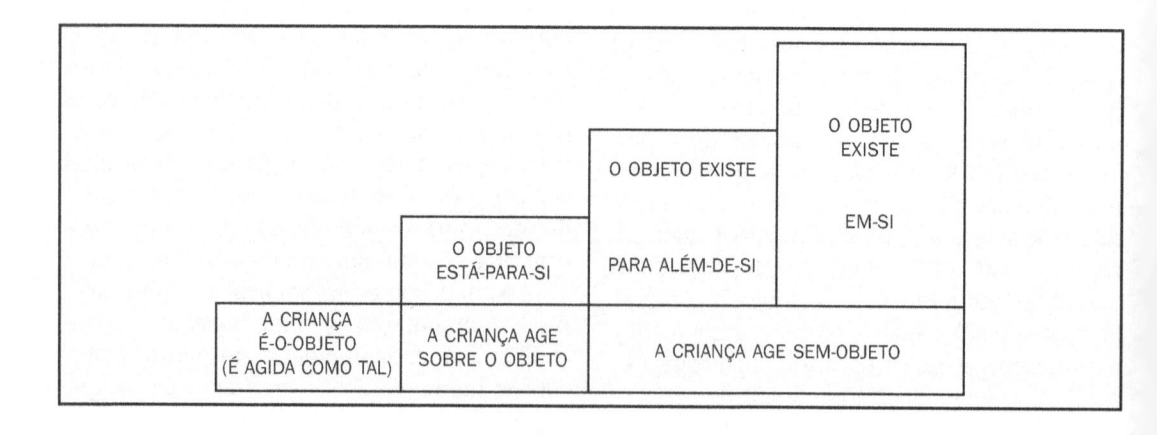

| | | | O OBJETO EXISTE EM-SI |
|---|---|---|---|
| | | O OBJETO EXISTE PARA ALÉM-DE-SI | |
| | O OBJETO ESTÁ-PARA-SI | | |
| A CRIANÇA É-O-OBJETO (É AGIDA COMO TAL) | A CRIANÇA AGE SOBRE O OBJETO | A CRIANÇA AGE SEM-OBJETO | |

Corpo e objeto existem em unidade integrada, dialeticamente independentes na sua interdependência mútua e animada. Daí a falta de objetos (brinquedos) e sua concomitante mediatização, que deviam estimular e promover o desenvolvimento psicomotor da criança, vir a prejudicar a evolução da sua imagem mental e corporal e, conseqüentemente, a comprometer, muitas vezes irremediavelmente, o seu desenvolvimento global, isto é, motor, afetivo e cognitivo.

A relação e a mediatização criança-objeto, como vimos em Wallon e Piaget e viremos a confirmar nos autores americanos (Kephart, Cratty, Getman, Barsh e Frostig) e russos (Vygotsky, Bernstein, Luria, Zaporozets e Elkonin), é a primeira pedra da construção e da edificação da inteligência. Como referi, a criança encontra como primeiro objeto de relação o seio da mãe, no momento da mamada. Pode-se, pois, dizer que, nesse momento, a criança é o seio, isto é, a criança é a mãe, o corpo da mãe. Está aqui, aliás, se nos recordarmos, o verdadeiro sentido que Wallon também empresta ao seu diálogo corporal como simbiose de dois corpos, que, no fundo, não significam mais que uma síntese e co-participação afetiva; o corpo da criança e o corpo da mãe não são meros corpos fisiológicos, estão em unidade, para a qual, ambos dirigem os seus poderes afetivos e emocionais.

O seio, para M. Klein (1972) tanto está fora da criança como dentro do seu corpo e, nesta perspectiva é o diálogo seio-criança e criança-seio que virá a ser decisivo na futura relação entre sujeito e objeto, uma vez que à vivência do bom-seio ou do mau-seio corresponderá, naturalmente, a noção de bom-objeto ou de mau-objeto.

É nesta fase, que, por um lado, se situa o estado de confusão entre corpo e objeto e, por outro, se confirma que existe um significado afetivo na relação criança-objeto. De fato, será extraordinariamente perigoso para a evolução da criança que esqueçamos ou ignoremos como ela se liga afetiva e efetivamente aos seus brinquedos, por vezes, de tal forma que, mesmo aos mais avisados, se torna quase impossível aceitá-lo, muito menos aos pais e outros familiares, que tantas vezes bem longe estão destes conhecimentos e preocupações.

Neste contexto da relação corpo-objeto dos primeiros anos, Ajuriaguerra chama a atenção de Winnicott (1969, 1971, 1972), que coloca outro paradigma fundamental, isto é, corpo e personalização. Segundo este, a personalização corporal do bebê desenrola-se em três processos interativos entre a criança e a sua mãe:

- a integração, processo de unificação sensório-motora do eu, com base no narcisismo primário, ao qual se liga o sentimento de existir;
- o *holding*, processo de transportar, de segurar e de pegar ao colo a criança, que constitui o conjunto de práticas corporais dos cuidados maternos (maternagem);
- o *handling*, processo de manipulação, de gestualização confortante e prazerosa, no qual a mãe investe massiva e afetivamente na criança, no conjunto dos quais se desenvolvem as experiências seguras, confortantes e fundadoras da personalidade da criança de tenra idade.

Com apoio nestes cuidados maternais, a criança como que abandona o vínculo corporal que mantém com a mãe para se prender ao seu corpo e às suas funções motoras, passando a pele a estabelecer uma membrana de fronteira entre o eu e o não-eu, ou seja, o princípio da sua personalização, que acabará por consolidar-se na relação com novos objetos e brinquedos (Montagu, 1979).

O objeto e o brinquedo assumem, assim, o papel e a importância de um verdadeiro amigo que ajuda e participa na descoberta das mais variadas e alegres conquistas sensoriais, motoras e espaciais. Note-se bem que o brinquedo e, subseqüentemente, o jogo, são para a criança um meio para descobrir o mundo exterior e um motivo para a autodescoberta do seu corpo (Winnicott, 1975).

A posse dos objetos, e isto é muito importante, constitui uma espécie de fusão-alienação entre o corpo e o objeto propriamente dito, e é esta relação corpo-mundo, mediada pelo objeto (que é também o mundo exterior), que se vai prolongar e completar, por sua vez, na interdependência dinâmica e dialética da relação ação-objeto. Constitui-se, assim, uma verdadeira estrutura psicossomática que tende para a unidade psicomotora da criança.

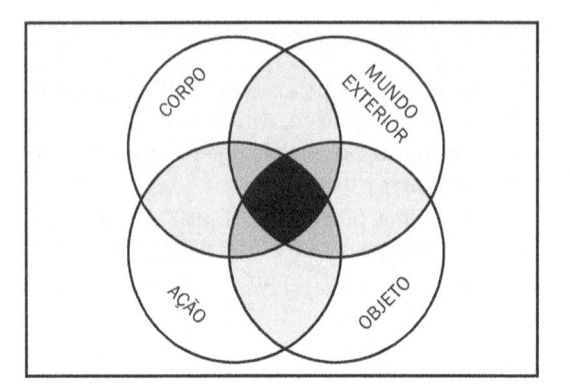

É pela utilização dos objetos e dos brinquedos que a criança pode descobrir e posteriormente aperfeiçoar todo um novo mundo sensório-motor e de correlação e coordenação visual e tátil-cinestésica, coordenação entre sensações e ações emanadas do corpo e organizadas no cérebro, ou seja, do verdadeiro mundo interior da criança, que constitui o verdadeiro trampolim e pano de fundo para a interiorização e a integração do mundo exterior.

A prática do objeto e a prática do corpo que envolve a sua manipulação é, pois, a verdadeira aprendizagem dos seus respectivos atributos e propriedades (forma, volume, peso, posição no espaço, etc.). A partir da noção do corpo e do objeto, irão surgir naturalmente as condições para a integração e a expressão da noção do espaço, da causalidade e do tempo (Weir-Mitchell, 1874; Pirisi, 1949; Hécaen e Ajuriaguerra, 1952; Levy-Schoen, 1964; Pick e Vayer, 1970; Pick, 1973; Paillard, 1982).

Mais uma vez, portanto, é possível perceber e certificar-se do sentido e da importância da imagem do corpo, que, não sendo um componente hereditário, é essencialmente uma conquista da própria criança, desde que lhe seja facultado o acesso às condições necessárias para o efeito, isto é, desde que a sociedade não prive a criança da sua liberdade de brincar e não lhe retire o direito à posse de brinquedos e de jogos e à manipulação dos objetos, ou seja, do mundo concreto que a rodeia (Lebovivi e Diatkine, 1962; Stanley-Hall, 1968; Santos, 1973, 1979). A conquista da criança passa, deste modo, a ser paralela a uma co-conquista dos seres humanos mais experientes que a mediatizam.

A evolução da imagem do corpo e a aprendizagem da autenticidade dependem de um equilíbrio em espiral que se abre entre a quantidade e a qualidade das relações e das correlações integradas entre o corpo, os objetos e o mundo envolvente.

Repare-se como o corpo é primeiro reconhecido como um objeto em si próprio para, posteriormente, poder vir a ser reconhecido com um objeto no meio dos outros. É a partir daqui que a ação deixa de ser algo que ocorre fora do mundo para passar a ser um comportamento produzido no meio dos outros, seja com ou contra os outros, na medida em que a criança passa, por meio dela, a distinguir a experiência interior da experiência exterior. É nesta base evolutiva que Piaget (1976, 1964b) situa, como já vimos, mas vou recordar, o sistema prático da relação espaço-causalidade-tempo:

Na criança, nos primeiros anos de vida, o corpo é um instrumento de comunicação, de descoberta e de relação com os objetos e o espaço. Em certa medida, Ajuriaguerra (1962, 1974), nesta linha, propõe uma gênese do esquema corporal próxima à de Piaget:

1. uma noção sensório-motora do corpo, ou de um corpo agido e de um corpo explorador do espaço prático, onde se esboça a delimitação do corpo próprio e dos objetos;
2. uma noção pré-operacional do corpo sujeitado à percepção e apoiado na atividade simbólica, com a concomitante organização das praxias, da dominância lateral e com o aperfeiçoamento progressivo das noções de orientação espacial pessoal-proximal (lateralização-direcionalidade);
3. uma noção operacional do corpo, que se desenrola no espaço objetivo euclidiano, ligado diretamente à operatividade, com tomada de consciência dos diferentes segmentos corporais e da sua localização e representação mental precisa.

Dentro desta linha concepcional, Ajuriaguerra (1974, 1980) acrescenta os seguintes aspectos de integração do corpo próprio: de um lado, as aferências proprioceptivas, vestibulares, posturais e exteroceptivas (tátil-cinestésicas, visuais e auditivas) emanadas do corpo; do outro, a representação mental decorrente da imagem figurativa e da sua representação, modificada pela operatividade do corpo e, finalmente, a linguagem, ou seja, o conhecimento verbalizado e verbalizável do corpo.

Vemos, assim, que a concepção ajuriaguerriana da noção do corpo joga com dois aspectos complementares: o corpo vivido, integrado como objeto e sujeito da atividade afetiva, e o corpo conhecido, integrado como objeto e sujeito da atividade cognitiva. Trata-se de uma concepção de grande alcance para as aplicações práticas da psicomotricidade, quer no campo da educação, quer, essencialmente, no campo da reeducação, da profilaxia e da terapia.

Mais tarde, e em paralelo com o desenvolvimento global, o corpo poderá ser e conter todo um potencial simbólico e relacional (corpo figurativo). Nesta fase, a descoberta do corpo é função, como vimos também em Wallon (1959, 1970), da organização das emoções, o que, naturalmente, implica e exige a relação com o outro, isto é, implica um determinado tempo de maturação relacional e interaccional. A ação da criança e a ação do outro (mãe, pai, professor, irmão mais velho, vizinho, colega, psicomotricista ou qualquer outro mediatizador, etc.) é uma só e mesma ação, como atitudes que se interpenetram e interjustificam. São, por isso, simultânea e circularmente, estímulo e resposta, porque emergem da interação.

Na criança, a imagem do corpo depende, compreende e completa-se na imagem do corpo do outro e dos outros que a rodeiam e a envolvem; é primeiro exógena e só depois endógena. Como diz Ajuriaguerra (1962, 1972a, 1974), o corpo que age é, antes de mais nada, uma unidade psíquica e motora que só pode agir depois de identificada com o seu semelhante. Não podemos, pois, de modo algum, esquecer o quanto é importante o aspecto relacional e social da imagem do corpo. É nisso que se centra a originalidade do poder afetivo, relacional, mediatizador da intervenção psicomotora.

O outro é, para a criança, o centro das suas atenções e motivações. É, portanto, a razão de ser do seu desenvolvimento, é o seu parceiro permanente. É nele que a criança canaliza e investe toda a sua afetividade. Neste sentido, a abordagem neuropsiquiátrica de Ajuriaguerra aproxima-se da perspectiva evolutiva vygotskiana.

É neste pano de fundo social, onde se introjetam as suas motivações e se projetam as suas necessidades, que a criança vai edificar os seus valores afetivos e cognitivos. Pergunta-se o que é, então, a imitação e a identificação com o outro senão a mola real do desenvolvimento e da aprendizagem em geral.

Repare-se que, se os objetos se apresentam e são importantes para o enriquecimento das estruturas sensório-motoras da imagem do corpo, os outros são necessários para a integração afetiva

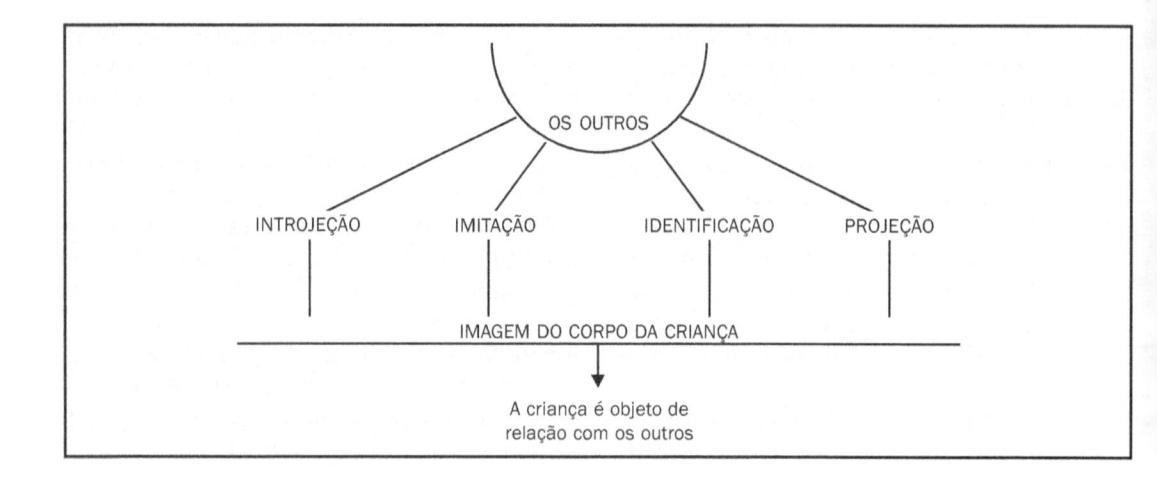

```
                        OS OUTROS
           ┌──────┬────────┴────────┬──────┐
       INTROJEÇÃO  IMITAÇÃO   IDENTIFICAÇÃO  PROJEÇÃO
           │        │              │            │
           └────────┴──────┬───────┴────────────┘
                   IMAGEM DO CORPO DA CRIANÇA
                             ↓
                      A criança é objeto de
                      relação com os outros
```

desta mesma imagem, o que obviamente põe em destaque a intrinsecalidade da perspectiva relacional do desenvolvimento psicomotor.

$$\frac{\text{OBJETO}}{\text{ESTRUTURA SENSÓRIO-MOTORA}} = \frac{\text{OS OUTROS}}{\text{ESTRUTURA AFETIVA}}$$

O objeto está para a estruturação sensório-motora como os outros estão para a estruturação afetiva; da mesma maneira que a diferenciação do objeto e do corpo implica uma relação espaço-causalidade-tempo, a diferenciação do outro e de si próprio implica, conseqüentemente, a criação de relações de co-participação, de empatia, convivência, de mediatização, de transcendência, de significação, etc. É, por sua vez, pela repetição renovada e seguras dessas relações e interações, quer com os objetos quer com os outros, que se evoluirá no processo de integração sucessiva e de diferenciação progressiva dos componentes da noção do corpo, isto é, do próprio sujeito, do *self*, para os autores anglo-saxônicos.

Note-se, ainda, que a evolução da noção do corpo é paralela à tomada de consciência de si próprio, embora se verifique que esta estruturação do eu se apóia naturalmente em um eu corporal anterior. Antes do eu-pessoal existe um eu corporal, tátil, cinestésico, vestibular, proprioceptivo, motor, etc., que não é mais do que um eu psíquico atinente. A criança reconhece os objetos do mundo exterior muito antes de se descobrir a si própria. Só se reconhece e se descobre como entidade atuante depois de descobrir e de se descobrir no mundo exterior a ela própria. Ou seja, o eu corporal estrutura-se e afirma-se como alicerce e apoio da inteligência através da tomada de consciência e da coordenação neuromuscular que as experiências de organização, de direção e de controle do mundo exterior, dos objetos e dos outros exigem à criança.

Para Spitz (1963, 1972), por exemplo, a criança começa a ter e a ser consciência a partir de "organizadores do psiquismo", considerados como modelos úteis para a apreensão de certos fenômenos do desenvolvimento, justificando a passagem com êxito de umas fases a outras a partir da função catalisadora e incentivadora que cada um ocupa.

Dentro desta perspectiva, o mesmo autor diferencia os seguintes organizadores:

1. o sorriso – convergência das pulsões correntes;
2. a angústia – dos 8 meses;
3. os não – gestos e palavras como julgamento e negação.

Os dois primeiros são mediados pela ação, e, o último, pela comunicação, que tende a substitui-la progressivamente. Além da importância de tais organizadores no desenvolvimento emocional da criança, Spitz realça igualmente o papel da formação do objeto libidinal e da organização do eu, sendo, este último, emergente de um sistema eu-corpo, surgido no primeiro trimestre de vida, e só mais tarde enriquecido com a consciência dos objetos que se encontram fora dela, mas sem ser ainda percebido como entidade de ação.

Nesta altura, a única noção de corpo que existe para a criança é a noção do corpo do outro, essencialmente da mãe, que, com seu corpo, é reconhecida e sentida como entidade atuante.

Os rudimentos primordiais do Eu, surgidos a partir das sensações corporais, viscerais, sensoriais, vestibulares, proprioceptivas, pélvicas, etc., que ocorrem em torno dos cuidados alimentares e higiênicos, serão, em certa medida, os componentes estruturais de um eu corporal, que vai obedecendo lentamente à vontade da criança e se tornando um instrumento de realização das suas intenções.

Com o seu eu interior e corporal e com o eu exterior do corpo da mãe, a criança vai organizando e estruturando o seu próprio eu. Cabem igualmente neste prisma de análise, embora com outros enfoques originais, as concepções de M. Klein (1966, 1972), que reforça a importância dos mecanismos de introjeção e de projeção como raízes do eu e do não-eu, e de Bowlby (1978), que aponta a mãe como objeto principal de onde emerge a vinculação. Nesta fase, defende Ajuriaguerra (1980, 1981), o outro é mais familiar do que o eu, o que quer dizer, portanto, que a descoberta do outro antecede a descoberta do eu. O "tu" está antes do "eu".

É nesta perspectiva que se situam as experiências de Lacan (1949), que confirmam precisamente que a noção do corpo próprio é posterior à noção do corpo do outro. Para Lacan, é pela imagem especular, imagem sincrética do corpo refletida no espelho, imagem de uma unidade e de um todo organizado, que a criança se descobre como uma totalidade corporal, isto é, se apercebe, percebe e descobre como uma forma e como um ser humano. A partir daqui, entretanto, a criança descobre que a imagem do eu-corpo no espelho é ela própria. A criança identifica-se e percebe todo o conjunto da sua imagem como substrato do seu ser único, singular e original (Boulanger e Balleyguier, 1967; Reinhardt, 1990).

A imagem do corpo perde o seu sentido de imagem fragmentada em partes ou pedaços, para surgir como uma globalidade em unidade, a que se associa já e também o "sentimento de ser alguém". Nesta fase, a criança não só integra o sentimento do ser existencial que é, em termos concretos, como também já reconhece o outro como fazendo parte da sua própria identificação. É interessante verificar como Zazzo (1948, 1971), nas suas investigações, chegou às mesmas conclusões que Lacan, tendo, inclusive, afirmado que "a primazia da imagem do outro é um fator essencial para a descoberta de si próprio". Diz-nos Zazzo que, em face do espelho, até os 3 meses, a criança não se manifesta, e só por volta dos 4 meses pode dirigir ou retribuir um sorriso para a imagem do adulto que a segura ao colo.

Aos 8 meses, continua este autor, a criança parece comparar-se com a imagem corporal no espelho, mas é preciso esperar pelos 19 meses para que esta se contemple francamente, isto é, se olhe como personagem em situação e em interação como um eu internalizado, de onde poderão surgir mesmo formas sutis de monólogo mímico e gestual.

Pelos 2 anos, entretanto, a criança deixa de se interessar pela sua imagem especular, chegando mesmo a ignorar a existência do espelho, à qual não liga, ou, pelo menos, negligencia. Só pelos 3 anos volta a interessar-se novamente e a sentir-se atraída pelo espelho, para, então, face à sua imagem especular, aplicar o pronome eu para designar a sua própria imagem, que reconhece como tal. Nesta perspectiva do desenvolvimento da imagem especular na criança, e, em resumo, Zazzo distinguiu cinco estados ou fases essenciais:

1. ausência de reação por parte da criança;
2. a criança olha para a imagem do outro e não percebe sua própria imagem;
3. a criança começa a interessar-se pela sua própria imagem;

4. a criança interessa-se essencialmente, ou quase exclusivamente, pela sua própria imagem;
5. a criança atinge a fase do reconhecimento explícito, superando definitivamente o sincretismo.

### Corpo operante, atuante e transformador

De novo com Ajuriaguerra (1972a, 1974), após esta pequena "viagem" por Spitz, M. Klein, Winnicott, Bowlby, Lacan e Zazzo, por ele guiada, e retomando a gênese da imagem do corpo, é importante registrar agora que a criança, para atingir uma noção do corpo dinâmica e harmônica, tem que transpor a noção de corpo agido pelo outro para a noção de corpo atuante, em certa medida ilustrado a visão de Wallon (1959, 1969, 1970b), quando este aborda os deslocamentos exógenos e autógenos, que vimos antes.

Esta fase exige, como é natural, já uma perfeita noção de corpo como espaço atuante e uma noção de espaço como envolvimento, sem o qual o movimento não seria possível, visto materializar uma interação dialética organismo-meio (ou organismo-ecossistemas). Como acabamos de ver, a dependência do outro é, afinal, o meio pelo qual a independência pode vir a ser conseguida, na medida em que a sua inexperiência é compensada por mediatização pela experiência do adulto (Vygotsky, 1978, 1993; Fonseca, 1998, 2001).

Tal processo da sociogênese demonstra bem a maravilhosa aventura do bebê que nasce, digamos, imaturo para poder aprender, e aprender-se, como ser humano, através da interação intencional com os seres humanos que o rodeiam. É de experiência em experiência que o corpo – o mesmo se pode dizer da cognição –, de agido pelo outro, se descobre como ação, como motricidade intencional e exploratória, e a partir daqui se vai aperfeiçoando como liberdade de movimentos, transformando-se em um instrumento eficaz, não só pelo autodomínio perceptivo-cognitivo que pode vir a existir, mas também pela sua adaptabilidade, que é, em suma e só por si, a origem da própria inteligência e a raiz da aprendizagem.

Será, entretanto, a partir desta fase que a linguagem, permitindo nomear as várias partes do corpo, irá facilitar uma melhor organização interior (linguagem interior) das operações e das atuações do corpo. É, pois, a partir do conhecimento verbal e da história psicomotora da criança que o corpo atuante se pode instituir e investir como corpo transformador, dito práxico, e, assim, transformar-se no verdadeiro instrumento criador e de apoio à consciência. Nesta fase, note-se, o Eu corporal existe já como a ossatura e o esqueleto de toda a consciência. Em síntese, o desenvolvimento psicomotor da criança, pressupõe, primeiro, um corpo da consciência e, posteriormente, uma consciência do corpo.

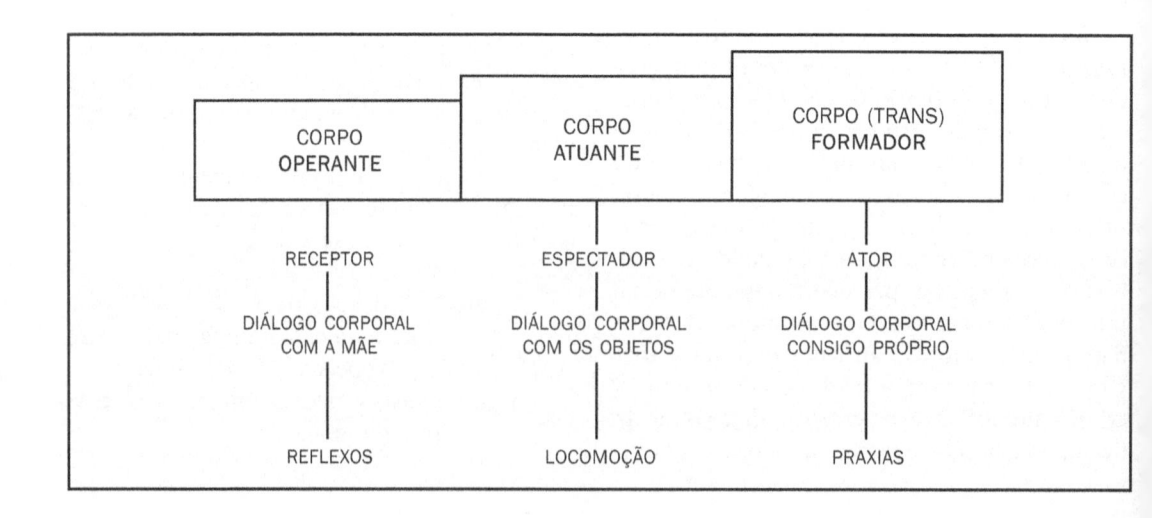

```
┌─────────────┬─────────────┬──────────────────┐
│    CORPO    │    CORPO    │  CORPO (TRANS)   │
│  OPERANTE   │   ATUANTE   │    FORMADOR      │
└─────────────┴─────────────┴──────────────────┘
      │              │               │
   RECEPTOR     ESPECTADOR          ATOR
      │              │               │
   DIÁLOGO       DIÁLOGO          DIÁLOGO
  CORPORAL     CORPORAL         CORPORAL
  COM A MÃE   COM OS OBJETOS   CONSIGO PRÓPRIO
      │              │               │
   REFLEXOS      LOCOMOÇÃO         PRAXIAS
```

A seguir, e a título complementar, esquematizarei o que Ajuriaguerra designou como o veículo de corticalização progressiva, isto é, a evolução da noção do corpo:

Como já vimos em Wallon (1969, 1970b), a criança não se move por si própria nos primeiros momentos do seu desenvolvimento; ela surge no mundo apenas com as condições dos seus reflexos incondicionados como memória filogenética. Só a sua condição de ser social a justifica como "corpo agido", agido por outrem, mais freqüentemente pela mãe, como ser eminentemente social que é.

Depois dos primeiros meses, ditos receptivos (de *input*), a criança passa posteriormente a participar nas situações sociais, incorporalizando e internalizando atitudes, gestos e comportamentos dos outros que se encontram à sua volta. A criança pode, então, integrar os modelos sociais que a vão justificar como ser autônomo e independente. Pode-se, pois, dizer que a criança descobre e co-descobre o seu corpo em função da utilização que os outros lhe dão, ou lhe deixam dar, isto é, em função das suas co-vivências e co-experiências psicomotoras integradas. É assim que se processam as primeiras formas de maturação das vias neuromotoras, melhorando, por isso, a dissociação dos movimentos e dos gestos, através dos quais a criança responde à adaptação que o mundo exterior lhe pede e sugere.

De início, a criança está limitada a um reduzido espaço de ação e a um tempo e ritmo biologicamente induzidos (sono, alimentação, etc.). Progressivamente e de acordo com a qualidade das suas experiências psicomotoras, ela vai criar os seus próprios bioritmos preferenciais, autonomizando-se como ser dinâmico.

Como também verificamos, decorre cerca de ano e meio antes que a criança supere o analfabetismo corporal e motor dos seus membros e se apóie na sua coluna vertebral, que, conforme já vimos, está sujeita, bem como todo o resto do corpo, a uma aprendizagem tônica (modulação tônica) exclusiva da espécie, cujo jogo dialético para a coluna vertebral, por exemplo, vai de uma hipotonia axial, que permite e limita a criança às posições deitada e sentada até aos 8 ou 9 meses, para uma hipertonia, que vai assegurar, entre os 14 e os 16 meses, o **domí-**

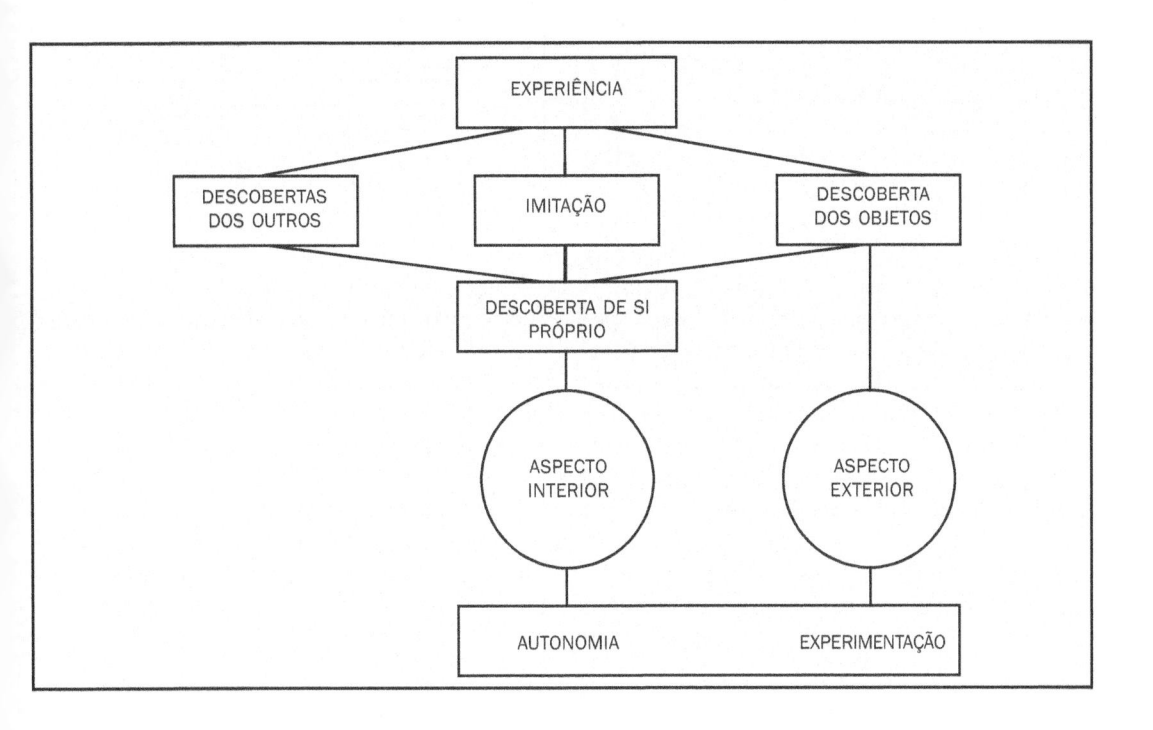

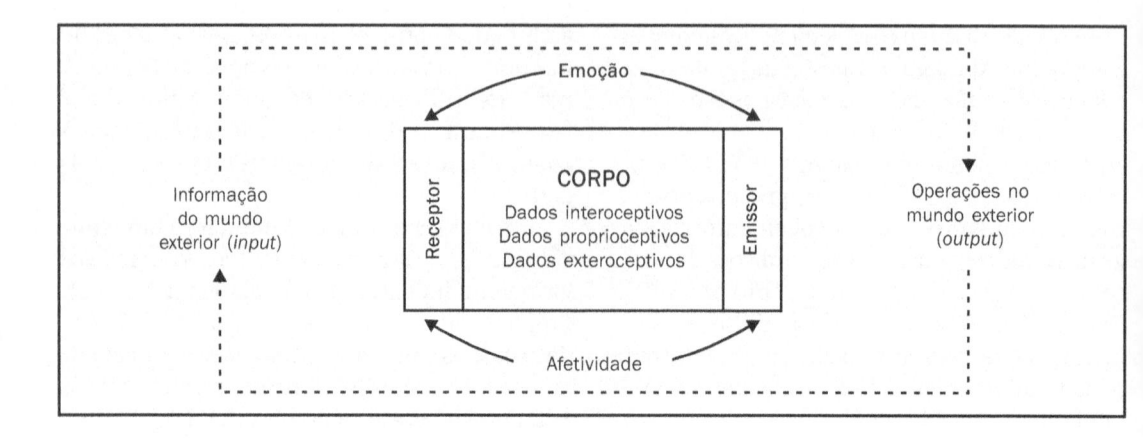

## 152 Desenvolvimento psicomotor e aprendizagem

```
                        Emoção
    Informação    ┌─────┬──────────────────┬─────┐    Operações no
    do mundo      │  R  │      CORPO       │  E  │    mundo exterior
    exterior      │  e  │ Dados interoceptivos │  m  │    (output)
    (input)       │  c  │ Dados proprioceptivos│  i  │
                  │  e  │ Dados exteroceptivos │  s  │
                  │  p  │                  │  s  │
                  │  t  │                  │  o  │
                  │  o  │                  │  r  │
                  │  r  │                  │     │
                  └─────┴──────────────────┴─────┘
                        Afetividade
```

nio da postura e da marcha bípede. Já, por exemplo, para as extremidades das mãos e dos pés e para os dedos, verifica-se precisamente o inverso, isto é, da hipertonia das mãos e dos pés nos primeiros dias de vida, a criança abre a mão e o pé com os seus respectivos dedos para o mundo exterior, através de uma hipotonia.

Eis, pois, mais um exemplo do corpo como uma unidade dialética em desenvolvimento, retratando um processo neuroevolutivo que sustenta as progressivas aprendizagens da criança, primeiro corporais e não-simbólicas, e depois verbais e simbólicas, um paradigma de inexcedível relevância para a reeducação e a terapia psicomotora (Ramain, 1954, 1965; Naville e Gonthier, 1969a, 1969b; Gibelo, 1970a, 1970b; Vallat, 1973; Soubiran e Mazo 1974; Soubiran e Coste, 1975; Rossell, 1975; Orlic, 1978;).

Só depois da libertação e da aprendizagem tônica e emocional, logo relacional, a criança está disponível para aprender o espaço; primeiro o espaço do seu corpo, egocêntrico, depois o espaço à sua volta, dentro da amplitude dos seus braços, alocêntrico, e, só depois, todo o outro espaço da sua casa, cada vez mais variado e complexo, dito geocêntrico. A falta de espaço, em contrapartida, compromete, como é óbvio, todo este processo de domesticação espacial, como se pode constatar com muitos maus exemplos da urbanização atual. Não há espaço sem corpo nem corpo algum que não ocupe e se situe em um espaço, tanto mais que o espaço é o meio pelo qual o corpo pode existir e atuar.

É, portanto, nesta linha de evolução e de aprendizagem que as ações da criança começam a se organizar e se transcender, isto é, as ações começam a ser intencionalmente dirigidas para um fim determinado e objetivo. Repare-se, pois, como o movimento, para ser intencional, exige uma relação entre um espaço orientado e um corpo situado.

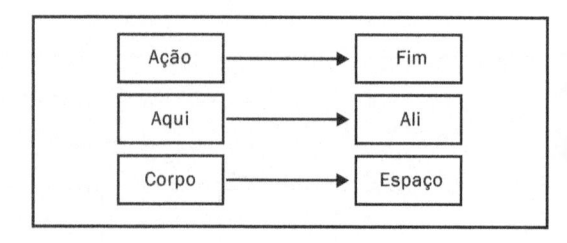

```
┌─────────┐      ┌─────────┐
│  Ação   │ ───▶ │   Fim   │
└─────────┘      └─────────┘
┌─────────┐      ┌─────────┐
│  Aqui   │ ───▶ │   Ali   │
└─────────┘      └─────────┘
┌─────────┐      ┌─────────┐
│  Corpo  │ ───▶ │ Espaço  │
└─────────┘      └─────────┘
```

Segundo Fischer e Cleveland, 1968, o "aqui" (corpo) é o eixo em torno do qual se organiza o "ali" (espaço). Ou seja, o corpo é o verdadeiro ponto de referência do mundo (o aqui), e é a partir do tronco, como eixo vestibular, que saem os membros e se apóia a cabeça, de onde parte a visão. Os membros dão referências táteis e polissensoriais (proprioceptivas, posturais, táteis, cinestésicas, etc.) e a visão dá as referências do espaço óptico e respectivos indicadores de posição, de velocidade, de profundidade, etc.

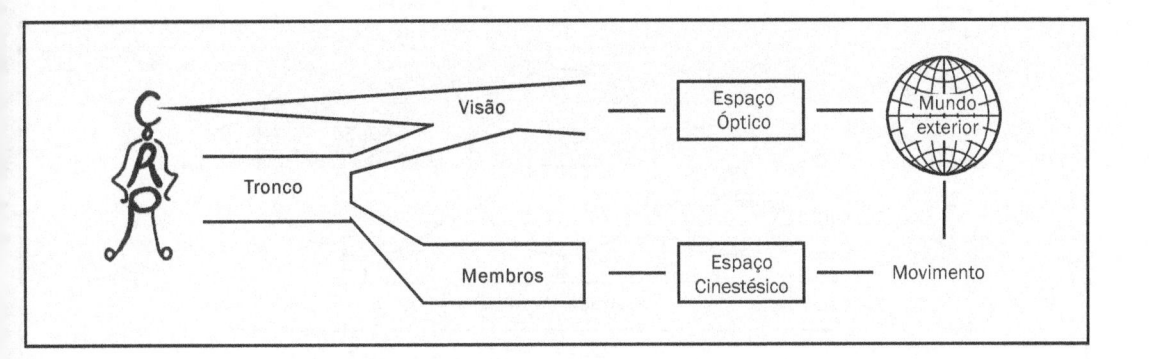

```
                                    ┌──────────┐
                    Visão ─────────│  Espaço  │─────── ⊕ Mundo
                                    │  Óptico  │         exterior
   [figura]  Tronco                 └──────────┘            │
                                                            │
                                    ┌──────────┐            │
                    Membros ───────│  Espaço  │─── Movimento
                                    │Cinestésico│
                                    └──────────┘
```

Podemos, assim, neste contexto, relacionar Ajuriaguerra (1972a, 1974) e Ajuriaguerra e Hécaen (1964) com Piaget (1960, 1976) para apresentar a evolução da noção do corpo em função do espaço apresentado, a que Ajuriaguerra chama organização pratognósica.

### Corpo vivido, percebido, conhecido e representado

Sobre este assunto, registre-se que Ajuriaguerra (1974) apresenta a noção do corpo segundo quatro níveis do desenvolvimento, integrando simultaneamente as concepções neurológicas, fenomenológicas e psicanalíticas, como podemos ver no esquema a seguir

### EVOLUÇÃO DO DESENHO DO CORPO

Antes de terminar este capítulo sobre a ontogênese da noção do corpo e, mais uma vez, apenas a título complementar e elucidativo, não quero deixar de lembrar e de registrar como a criança pode tornar expresso e objetivo o que conhece e sente sobre o seu corpo. Assim, pode fazê-lo

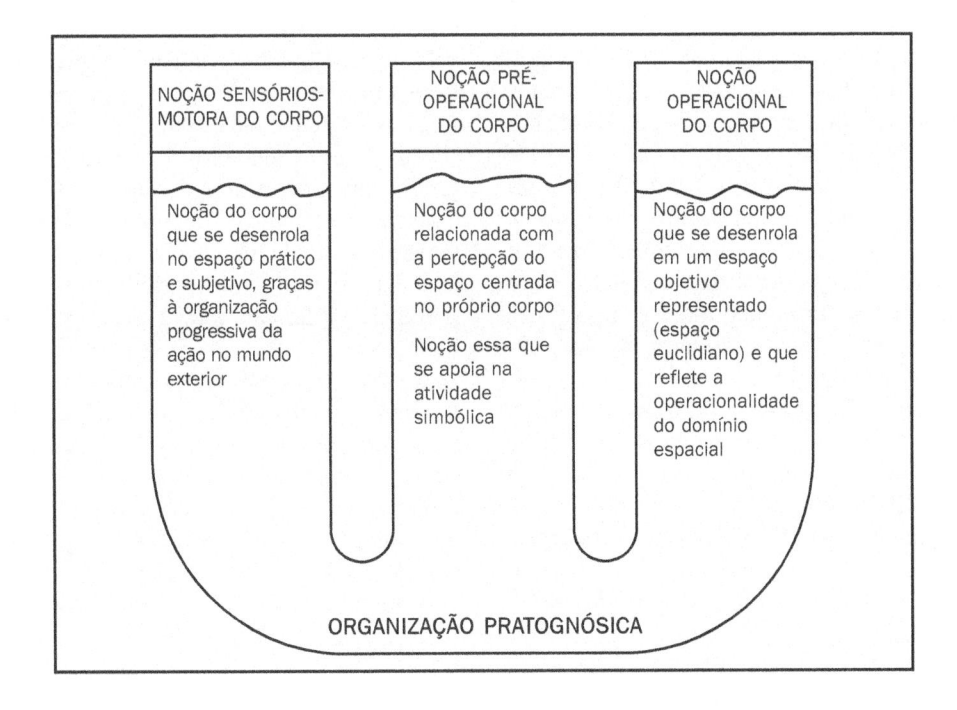

| NOÇÃO SENSÓRIOS-MOTORA DO CORPO | NOÇÃO PRÉ-OPERACIONAL DO CORPO | NOÇÃO OPERACIONAL DO CORPO |
|---|---|---|
| Noção do corpo que se desenrola no espaço prático e subjetivo, graças à organização progressiva da ação no mundo exterior | Noção do corpo relacionada com a percepção do espaço centrada no próprio corpo<br><br>Noção essa que se apoia na atividade simbólica | Noção do corpo que se desenrola em um espaço objetivo representado (espaço euclidiano) e que reflete a operacionalidade do domínio espacial |

ORGANIZAÇÃO PRATOGNÓSICA

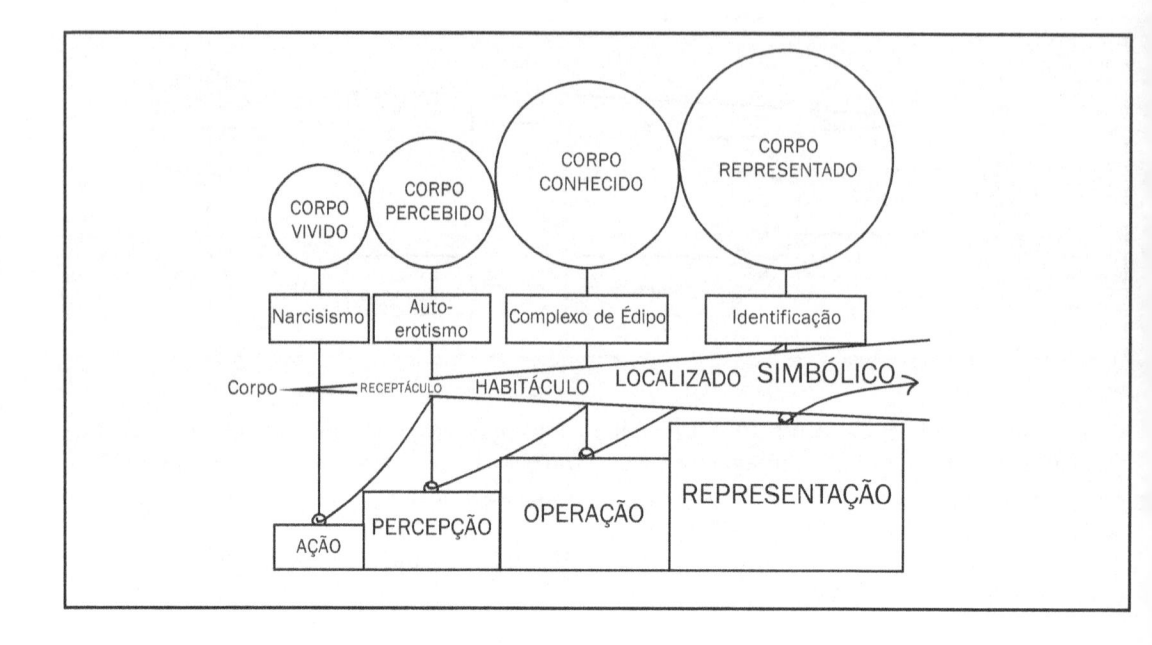

através do desenho (Abraham, 1963; Goodenough, 1975; Fay, 1934, Wintsch, 1935; V. Fontes, 1950, Gesell, 1949, 1974; Minkowski, 1966, Luquet, 1935; Lurçat e Wallon, 1958, etc.), através da palavra (Wallon, 1931, 1963a) ou, ainda, através do gesto (Brunet e Lezine, 1965; Galifret e Granjon, 1951; Bergés, 1968, 1973; Bergés e Lezine, 1963; Thomazi, 1960; Calanca, 1972).

Como se compreende, qualquer destas modalidades seria tema suficiente para um livro, se tratado em toda a sua profundidade. Na impossibilidade, porém, de fazê-lo, pelos mais variados motivos, optei por desenvolver muito ligeiramente apenas um deles, o desenho, não só para ilustrar um pouco mais a importância desta perspectiva, como também pelo seu grande interesse pedagógico.

O desenho do corpo tem sido freqüentemente utilizado como técnica para retratar a evolução do esquema corporal, uma vez que reflete, em certa medida, a imagem que se tem do próprio corpo, embora não tenha a mesma significação quando se trata do desempenho grafomotor, quer da criança (o mais estudado), quer do adulto,

pois estão em jogo contextos históricos e pessoais diferentes, experiência e treino grafoexpressivo anterior, processos relacionais distintos, relações reais e fantásmicas claramente dissemelhantes naqueles dois níveis experienciais. Entender o desenho do corpo como medida exclusiva do nível intelectual global parece-me, portanto, perigoso, uma vez que estão presentes inúmeros fatores extraintelectuais.

Para o caso do desenho do corpo (o *bonhomme*), por exemplo, diz Ajuriaguerra (1974) que é um excelente meio para estimar o nível de desenvolvimento, tanto da inteligência como da personalidade da criança, sendo, portanto, de grande importância e valor para todo e qualquer estudo sobre ela.

De fato, o desenho do corpo permite avaliar dinamicamente a maturidade psicomotora, a micromotricidade, a praxia fina, a grafomotricidade, a representação espacial (topológica, projetiva e euclidiana), o conhecimento, etc., da criança, mas não podemos negligenciar a sua importância como processo de adaptação emocional, afetiva e social, bem como um indício do estilo de vida e um componente cognitivo do esquema corporal, aspectos que, devido à sua complexidade, têm de ser considerados vagos e, talvez, impenetráveis, mesmo difíceis de compreender e de interpretar apenas em termos de correlação quantitativa.

A percepção do corpo, a concepção do corpo e a capacidade gráfica de exprimi-lo pertencem a níveis diferentes de organização das atividades cognitivas e motoras, ou melhor, acabam por revelar tipos diferenciados e multifacetados do conhecimento do corpo, quando comparamos, por exemplo, um anatomista com um artista plástico. A arte, em termos históricos, neste aspecto particular do desenho do corpo, antecedeu a ciência, e uma não explica a outra, embora possam surgir integradas, mas, para tanto, é necessário uma determinada vivência metacorporal. Assim, note-se, no desenho do corpo, a criança desenha mais o que sente do que o que vê. A criança desenha mais o que concebe e integra do seu corpo e o que mais dele conhece, exatamente porque o desenho, aliás, como qualquer outra atividade ou gesto, é função e expressão da sua maturidade psicomotora.

Goodenough (1975) estudou o desenho do corpo em 51 itens e cotou-os, com base na observação e na análise da sua perfeição, do equilíbrio gráfico e iconográfico geral, dos pormenores em presença e do envolvimento do próprio desenho, para inferir, um pouco abusivamente, sobre o nível da inteligência da criança. A evidência fornecida por investigações recentes, e essencialmente por dados clínicos, levanta alguns argumentos contra esta perspectiva, pois não é incomum identificar crianças com dificuldades de expressão pictórica e grafomotora do corpo, independentemente de revelarem uma inteligência dentro dos parâmetros da normalidade, e mesmo acima, e apontar casos de autismo que produzem desenhos do corpo muito detalhados e esteticamente originais.

Machover, citado por Ajuriaguerra (1974), outro autor que não pode ser ignorado neste campo, introduziu uma nova versão sobre o teste do *bonhomme*, que consistiu no desenho de duas pessoas de sexo diferente em vez de uma só, o que leva a que se projetem no desenho do corpo mais variáveis da personalidade da criança.

O desenho do corpo não só nos revela a afetividade da criança, como também a projeção da sua existência com os outros, isto é, a sua própria história. No desenho do corpo, a criança não só expressa o seu corpo, mas também como o sente e representa através de situações e conflitos inconscientes vividos, experimentados ou interiorizados.

Outro instrumento para o estudo do desenho do corpo pela criança foi introduzido por Corman, citado por Ajuriaguerra (1974), com o desenho da família. Pelo desenho da família, podemo-nos aperceber da inserção afetiva da criança e do seu posicionamento interativo no seu ambiente familiar. Repare-se, pois, como, pelo desenho do corpo, podemos nos aperceber das fases de desenvolvimento da criança, da sua inteligência, da sua grafomotricidade, do seu desenvolvimento psicomotor, da sua maturidade tônica e da sua estruturação espacial, que são naturalmente indicadores relevantes dos seus êxitos ou dificuldades escolares.

Assim, para V. Fontes (1950), médico pioneiro do estudo de crianças portadoras de deficiência mental, a evolução do desenho do corpo da criança começa por um oval ao qual ela adiciona dois traços, que representam os membros inferiores, em virtude da importância destes como órgãos essenciais na postura, na locomoção bípede e na exploração e na descoberta do espaço e do mundo exterior. Para o mesmo autor, mais tarde surge a relação cabeça-tronco, com o predomínio da representação da face, onde se destacam, por ordem cronológica, os seguintes elementos faciais: olhos, boca, nariz, cabelo, orelhas, etc.

Após esta fase, e ainda segundo o estudo sistemático deste autor português, a criança junta ao desenho do corpo os membros superiores, que podem partir indistintamente da cabeça ou do tronco. Surgem posteriormente as mãos, em que se destaca a importância dada essencialmente aos dedos. Só depois desta primeira fase de evolução, caracterizada por um conjunto de linhas simples, a criança passa a uma representação bilinear, isto é, ensaia o seu primeiro esboço de volume do corpo. Na fase seguinte, entra-se, então, no realismo lógico, em que se verifica a introdução de novos elementos, como o vestuário e outros pormenores sociais.

Segundo Fontes (1950), citado por Ajuriaguerra e Hécaen (1952), é por volta dos 7 ou 8 anos que o desenho de frente é substituído pelo desenho de perfil, isto é, na idade que corresponde à primeira orientação lateral do corpo, ilustrando outros níveis mais complexos de manipulação e de representação espacial.

A título de exemplo e no que diz respeito à ordem dos diferentes estádios do desenho do corpo, apresento ainda a escala de Wintsch:

3 anos – primeiros desenhos do corpo: um oval e dois apêndices.

4 anos – dois pontos no oval do corpo, simbolizando os dois olhos.

5 anos – aparecimento do tronco, isto é, um novo oval entre a cabeça e os membros inferiores.

6 anos – membros mal-articulados.

7 anos – membros de duplo contorno, com diferenciação sexual pelo vestuário.

8 anos – aparecimento do pescoço.

9 anos – introdução de detalhes cada vez mais numerosos e perfeitos e com melhor proporção.

10 anos – introdução de fatores sociais, com pormenores de vestuário, desenvolvimento e esboço de movimentos.

Vejamos outra escala, com vetores aproximados, em um trabalho de campo sobre o desenho do corpo (Fonseca, 1976) realizado por um grupo de alunos meus.

A escala de Wintsch, em que se pode observar a crescente diferenciação da representação do corpo, corresponde à evolução da psicomotricidade entre os 5 e os 13 anos e, em termos clínicos, constitui um instrumento informal, dinâmico e interessante para apreciar e para estimar qualitativamente o nível de representação iconográfica do corpo (Fonseca, 1992). O desenho da figura humana ocupa, pois, um papel de relevo na investigação psicopedagógica e psicopatológica, não só sob o ponto de vista da expressão motora, mas também sob o ponto de vista da representação somática, intelectual e afetiva de uma personalidade.

Os desenhos do corpo podem ir de produções gráficas primitivas, com pobreza de formas, de proporções, de imprecisões, com ausência de identidade sexual e falta de expressão facial, até à revelação já de alguns sinais de integração e de articulação dos vários segmentos corporais, com graus progressivos de complexidade e de pormenores, aumentando progressivamente a sofisticação da figura total em termos de harmonização volumétrica e de integração de elementos do vestuário, culminando mesmo com perspectiva, com detalhes de localização, com presença de acessórios e, obviamente, de dados imaginativos e criativos.

Para terminar a abordagem desta concepção da imagem do corpo, e antes de apresentar um breve quadro resumo da gênese da imagem do corpo, posso dizer que o corpo é, em suma, o personagem central e privilegiado sobre o qual terá que recair todo o estudo sobre a criança, uma vez que está implicado em todas as atividades, quer sejam escolares ou não. O corpo é a própria atividade da criança, e a criança, um corpo em atividade. O corpo é uma unidade psicossomática, logo, psicomotora, e a ação, um movimento do pensamento, e o movimento, um pensamento em ação.

O estudo do corpo por si só ajuda-nos, pois, não só a compreender a unidade dialética e múltipla que são a criança e o jovem, como também a interpretar melhor não só a sua evolução única e total, como também a sua unicidade e singularidade humanas e sociais.

O desenvolvimento psicomotor da criança ilustra a coerência interna entre o psíquico, o somático e o meio ambiente, onde o próprio objeto não pode ser considerado como estando fora do

## 158 Desenvolvimento psicomotor e aprendizagem

sujeito, porque está nele intrinsecamente incorporalizado e integrado, sendo igualmente impossível conceber o sujeito como estando fora dos ecossistemas dos quais se nutre bioculturalmente.

Nesta perspectiva, e a título de resumo didático, apresento agora, para encerrar esta concepção genética da imagem do corpo, o quadro que se segue:

QUADRO SINÓPTICO DA GÊNESE DA IMAGEM DO CORPO

| | POSTURA | MOTRICIDADE | PREENSÃO |
|---|---|---|---|
| RECÉM-NASCIDO | • Em flexão<br>• Hipotomia da coluna<br>• Hipertonia dos membros | • Marcha reflexa<br>• Reflexo de suspensão<br>• Reflexo de reptação | • Reflexo e preensão (*grasping reflex*) |
| 1 ANO | • Sentado<br>• Hipertonia da coluna | • Reptação<br>• Quadrupedia | • Preensão cúbito-palmar<br>• Preensão em garra<br>• Os objetos passam de uma mão para outra<br>• Pronação e supinação<br>• Manipulação dos objetos |
| 2 ANOS | • Bípede | • Autonomia da marcha<br>• Marcha correta<br>• Corre com dificuldades de equilíbrio<br>• Motricidade sincrética e simétrica | • Preensão fina<br>• Aponta com o indicador |

QUADRO SINÓPTICO DA GÊNESE DA IMAGEM DO CORPO (*Continuação*)

| LINGUAGEM | PERSONALIDADE | DESENHO DO CORPO |
|---|---|---|
| • Grito e choro, acompanhados de hipertonia<br>• Lalações | • Sentimento nulo<br>• Reação de prazer na nutrição, no banho quente e nas alterações de equilíbrio<br>• Boca e ânus como meio de comunicação com o esterior<br>• Dorme 19h em 24<br>• Higiene reflexa | |
| • Início da compreensão das palavras<br>• Ecolália<br>• Ecomímia<br>• Separação do eu e do não-eu<br>• Frases de 3 palavras | • Distingue as pessoas conhecidas<br>• Comunicação não-verbal<br>• Controle variável dos esfíncteres<br>• Período sensório-motor<br>• Atividade global difusa | |
| • Associa duas palavras<br>• Compreensão de instruções e direções<br>• Compreensão dos advérbios de lugar<br>• Para nomear uma imagem | • Dorme 12h em 24<br>• Condutas higiênicas elementares adquiridas<br>• Chama-se pelo próprio nome<br>• Reconhece a sua imagem no espelho e em fotografia<br>• Atividade lúdica | • Garatujas |

(*continua*)

(Continuação)

| IDADE | POSTURA | MOTRICIDADE | PREENSÃO |
|---|---|---|---|
| 3-4 ANOS | • Controle automático<br>• Automatismo postural integrado | • Dominância lateral<br>• Corre, salta e evolui ao pé coxinho<br>• Aparecimento dos sentido das posições e das direções no espaço em relação no espaço em relação com o corpo | • Manipulação construtiva<br>• Constrói torres com cubos<br>• Desenvolvimento das praxias |
| 5-7 ANOS | | • Aperfeiçoamento da coordenação geral<br>• Galopa e trota<br>• Domina a bicicleta e os patins<br>• Aprende a nadar<br>• Aperfeiçoamento perceptivo-motor<br>• Recebe e devolve os objetos<br>• Aquisições gnosopráxicas<br>• Gnosia da letariladidade | • Aperfeiçoamento da motricidade fina<br>• Praxias elementares e utilitárias<br>• Escreve<br>• Manipula objetos e contrói estruturas<br>• faz modelagem<br>• Mão instumento de criação |
| 8-9 ANOS | | • Aprendizagens lúdicas e recreativas<br>• Jogos e orientação<br>• Valorização dos fatores de execução e controle de movimento | • Interesse por atividades construtivas complexas<br>• Dissociação de movimentos<br>• Supressão das sincinesias e das paratonias |
| 10-13 ANOS | | • Domínio da atividade psicomotora<br>• Conscientização corporal<br>• Aprendizagens desportivas e expressivas<br>• Automatização dos movimentos aprendidos<br>• Capacidade de inibição voluntária<br>• Ajustamento das condutas | • Desenvolvimento das relações visão-preensão<br>• Construção e composição de objetos<br>• Melhoramentos da estruturação espacial |

(continua)

QUADRO SINÓPTICO DA GÊNESE DA IMAGEM DO CORPO (*Continuação*)

| LINGUAGEM | PERSONALIDADE | DESENHO DO CORPO |
|---|---|---|
| • Aparecimento da função simbólica<br>• imitação diferida<br>• Estruturação espacial e temporal dos acontecimentos<br>• Reconhece o nome das diferentes partes do corpo | • Assimilação do real ao eu<br>• Cópia de atitudes<br>• Usa corretamente a colher<br>• Calça-se<br>• Recreia-se com brinquedos<br>• Adapta-se a situações novas | *Bonhomme* – Bizarro |
| • Enriquecimento do vocabulário<br>• Faz perguntas<br>• Usa conjunções<br>• Percebe proposições<br>• Aprende a ler<br>• Fala sem articulação infantil | • Independência da mãe, no vestuário, na nutrição e na higiene<br>• Veste-se sem ajuda<br>• Condutas sociais<br>• Joga cooperativamente<br>• Utilização dos promeiros conceitos | *Bonhomme* perfil – Pormenores de vestuário |
| • Estruturação lógica da linguagem<br>• Coordenação das ações por sistemas mais coerentes e reversíveis<br>• Aprendizagens escolares automatizadas<br>• Interesse por leitura | • Desenvolvimento da sociabilidade<br>• Binomio afetivo<br>• Formação de grupos<br>• Liderança e submissão<br>• Desenvolvimento da curiosidade e da responsabilidade | Melhores proporções corporais |
| • Desenvolvimento da capacidade de abstração<br>• perfeição semântica<br>• Aprendizagem de língua estrangeira<br>• Importância do diário e da correspondência<br>• Predisposições culturais | • Desaparecimento do egocentrismo<br>• Desejo de participação social<br>• Interesse pelo sexo oposto<br>• Rsponsabilidade social<br>• Desejo de integração social | Introdução de fatores sociais |

## ORGANIZAÇÃO PSICOMOTORA

### Sistema piramidal, extrapiramidal, cerebelar, reticular e medular

Sob um ponto de vista funcional, melhor dizendo, didático, a função motora, segundo Ajuriaguerra (1974) e Ajuriaguerra e Hécaen (1964), pode ser considerada como a resultante da atividade integrada de cinco subsistemas neurológicos:

1. sistema piramidal;
2. sistema extrapiramidal;
3. sistema cerebelar;
4. sistema reticular;
5. sistema medular.

Claro que, na generalidade, e até porque o ser humano nunca pode ser concebido como uma máquina quantificada ou como um robô, muito menos um mero produto final mensurável, a sua motricidade não é a simples soma final de cinco subsistemas ou estruturas, mas, sim, um processo sistêmico hipercomplexo e internamente auto-regulado.

A motricidade implica todo o ser humano em alma e corpo inteiros. Trata-se, portanto, da totalidade expressiva do indivíduo, que, por isso, envolve e é envolvida por todos os sistemas e centros motores do cérebro, que se organizam ao longo dos processos filogenético e ontogenético.

Se o estudo exaustivo deste assunto naturalmente transcende o âmbito deste livro, já o mesmo não acontece com a sua abordagem sincrética, que, pelo contrário, parece justificar-se plenamente, para entendermos que o movimento humano não se pode esgotar em indícios anatômico-fisiológicos, pois os seus motivos superam, em larga escala, os seus limites biológicos ou desempenhos motores, dada a sua transcendência antropocêntrica e sociocultural.

Em termos simples, a motricidade característica do ser humano e do animal, até mesmo de seres mais elementares, constitui uma atividade biológica interna equivalente à organização de uma resposta adaptativa a uma estimulação recebida do mundo exterior.

A complexidade da motricidade da espécie humana tornou-se única e exclusiva por se ter adaptado a novas exigências ecológicas, ao contrário de outras espécies. A complexidade desenvolvida ao longo do processo filogenético e sociogenético (Fonseca, 1989, 1999, 2002), deu-se não apenas no âmbito dos fatores de execução motora, mas, essencialmente, no âmbito dos fatores de integração e de interação sensorial e neurológica e da planificação cognitiva, daí a sua transcendência psicomotora.

Nesta ordem de idéias, tentarei reunir os elementos da organização psicomotora que me parecem mais essenciais a uma primeira abordagem científica da aprendizagem e da adaptação humanas, como forma de sensibilização de todos os especialistas do desenvolvimento humano a estes fundamentos básicos.

Como vimos, o movimento é sempre um testemunho das relações e das correlações entre os aspectos periféricos (ossos, tendões, músculos e órgãos sensoriais – corpo) e os aspectos centrais (cérebro), relações neuroinformacionais que traduzem, em uma dada dimensão, uma independência de substratos neurológicos, mas, em outra, uma interdependência funcional e sistêmica entre eles, como uma unidade dinâmica e sistêmica que são. Por um lado, temos as sensações, as percepções, as imagens, as emoções e as decisões – em uma palavra, a complexidade auto-organizada do psiquismo, e, por outro, os movimentos, as condutas e os comportamentos, materializados sob as múltiplas formas de motricidade (macro, micro, oro, grafo e sociomotora). Assim como a inteligência acaba por ser concebida por múltiplas facetas (Gardner, 1998), também a motricidade se manifesta de múltiplas formas e em múltiplos contextos.

Gardner (1998), psicólogo contemporâneo de grande prestígio mundial, ao referir-se às inteligências múltiplas (Fonseca, 1998b), destaca, entre elas, a inteligência corporal-cinestésica como uma das mais relevantes. Segundo esse autor, a inteligência corporal-cinestésica deve começar por ser concebida como uma das bases da sobrevivência da espécie ao longo da sua evolução, na qual temos, obviamente, de destacar o seu papel na caça, na fabricação de instrumentos, de ferramentas e de armas. Também é difícil defender o esplendor da arte, da escultura à pintura, passando pela música, pelo teatro e, sobretudo, pela dança, sem dar a devida importância à motricidade concreta, precisa e graciosa que as eternizaram (Jouse, 1939; Willems, 1963; Orff, 1966; Joly 1970; Journoud, 1971).

De igual modo, como o ser humano não dispõe, em termos de herança genética, de um corpo super-robusto ou dotado de armas naturais, como garras e dentes, nem tampouco de uma motricidade superveloz ou super-resistente, a inteligência corporal-cinestésica teve, antes, de se diversificar para domesticar a motricidade de outros animais e para utilizá-la em seu proveito laboral e co-laboral. De fato, a inteligência corporal-cinestésica envolve todos os domínios cognitivos, dos mais simples aos mais complexos. Ela está integrada na excelência da conduta e na harmonia da mente e do corpo, daí se constituir como uma síntese da expressão do ser humano.

Por outro lado, também não podemos esquecer que esta inteligência subentende a linguagem corporal e do silêncio, a denominada linguagem não-verbal, de onde emerge a linguagem articulada, intrinsecamente ligada ao surgimento da consciência no processo evolutivo. Mais, dada a associação da motricidade com a consciência, que a programa, regula e executa, esta inteligência, para mim eminentemente psicomotora, é, no fundo, a raiz do pensamento reflexivo.

De uma forma original, Gardner define inteligência corporal-cinestésica como "o controle do corpo, de objetos e de situações envolvendo movimentos globais e movimentos delicados da mão e dos dedos, produzindo ações altamente diferenciadas para fins expressivos, expositivos e intencionais". Com base neste conceito abrangente, uma grande quantidade de atividades desempenhadas corporalmente podem ser nele enquadradas, principalmente as de cirurgiões, terapeutas, cientistas, artesãos, operários, mágicos, atores, pintores, escultores, músicos, dançarinos, esportistas, etc.

Em suma, para Gardner (1998), a motricidade humana, definida como inteligência corporal-cinestésica, abre-se também às teorias de processamento de informação, de particular interesse para qualquer tipo de aprendizagem, daí que ela consubstancie a qualidade interativa das seguintes funções:

- Função receptora: integra o controle receptivo, a captação e a extração de dados e de sinais, a interpretação da ação e, necessariamente, a atenção.
- Função elaborativa: compreende a integração, a calibração, o processamento intra e extracorporal, a planificação, a direção, a gestão de rotinas e de padrões automáticos.
- Função efetora: integra o efeito fugal, o controle da ação, a harmonia cinestésica, a competência práxica e a leitura dos seus efeitos em termos de retroalimentação neurofuncional.

Ao falar, portanto, em motricidade ou psiquismo, estou, pois, mais uma vez, dividindo uma totalidade, uma vez que, insisto, a motricidade não é mais do que a materialização do psiquismo, e vice-versa. Daí, aliás, a tendência a que hoje se assiste para designar, quer o fenômeno psicológico, quer a própria motricidade, indistintamente, por psicomotricidade, o que se compreende, visto que o movimento humano, seja ele reflexo, automático ou voluntário, contém sempre processos sensoriais e neurológicos integrados de captação, de seleção, de calibração, de ideação, de planificação, de antecipação, de extrapolação, de ativação, de inibição, de regulação, etc., ao contrário do movimento animal.

Assim, para compreender a função motora, o que me parece elementar para qualquer educador, terei que considerar sucessivamente o seu ponto de partida, o seu desenrolar e o fim a atingir no que estas cofunções exigem como organização funcional. Muito resumidamente, pode-se dizer que esta organização implica, afinal, a mais íntima comunicação entre os cinco subsistemas motores neurológicos principais (piramidal, extrapiramidal, cerebelar, reticular e medular).

## 164 Desenvolvimento psicomotor e aprendizagem

**SISTEMA PIRAMIDAL**

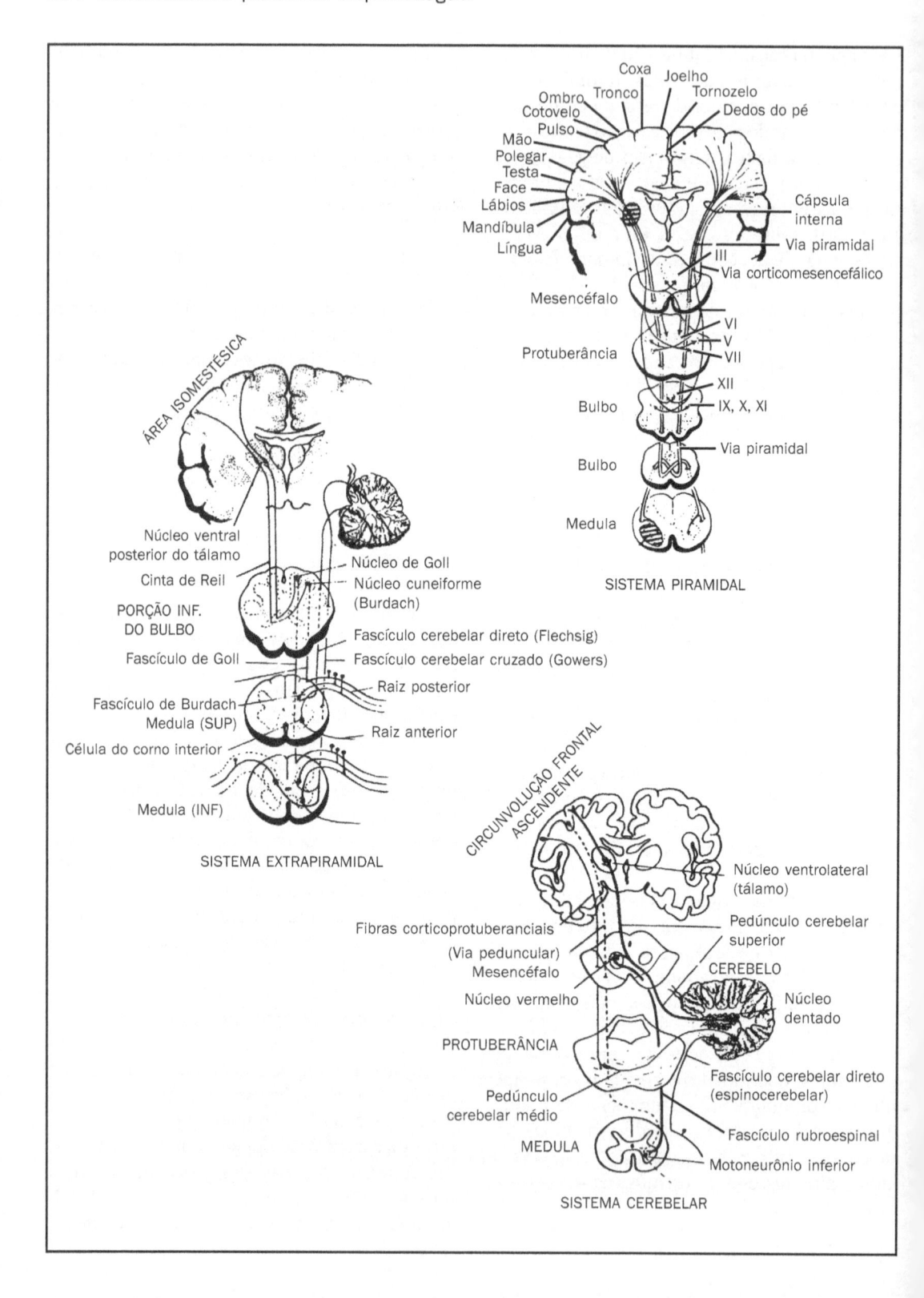

Coxa, Joelho, Tronco, Ombro, Cotovelo, Tornozelo, Dedos do pé, Pulso, Mão, Polegar, Testa, Face, Lábios, Mandíbula, Língua
Mesencéfalo
Protuberância
Bulbo
Bulbo
Medula
Cápsula interna
Via piramidal
Via corticomesencefálico
III, VI, V, VII, XII, IX, X, XI
Via piramidal

**SISTEMA EXTRAPIRAMIDAL**

ÁREA ISOMESTÉSICA
Núcleo ventral posterior do tálamo
Cinta de Reil
PORÇÃO INF. DO BULBO
Fascículo de Goll
Fascículo de Burdach
Medula (SUP)
Célula do corno interior
Medula (INF)
Núcleo de Goll
Núcleo cuneiforme (Burdach)
Fascículo cerebelar direto (Flechsig)
Fascículo cerebelar cruzado (Gowers)
Raiz posterior
Raiz anterior

**SISTEMA CEREBELAR**

CIRCUNVOLUÇÃO FRONTAL ASCENDENTE
Fibras corticoprotuberanciais (Via peduncular)
Mesencéfalo
Núcleo vermelho
PROTUBERÂNCIA
Pedúnculo cerebelar médio
MEDULA
Núcleo ventrolateral (tálamo)
Pedúnculo cerebelar superior
CEREBELO
Núcleo dentado
Fascículo cerebelar direto (espinocerebelar)
Fascículo rubroespinal
Motoneurônio inferior

Pelas imagens e quadro apresentados, podemos, pois, verificar e confirmar que qualquer movimento integra e contém em si próprio uma impressão e uma implicação neurológicas e uma informação sensorial, congruente, concomitante e coerente, para além de uma estrutura perceptiva corporal, com libertações morfológicas que facilitam a sua coordenação e expressão. Impressão e implicação sensorial, aliás, que correspondem sempre a uma contração muscular, tal como uma contração muscular corresponde sempre, por sua vez, a uma sensação. Isto é, a motricidade e a sensorialidade são dois componentes estruturais e neurofisiológicos, mas uma única e só função sinergética.

Pode-se, assim, dizer que, de uma forma geral, todos os comportamentos humanos se concretizam através de três tipos de movimentos: voluntários, automáticos e reflexos. Mas, atenção: em qualquer um dos casos, o músculo é o órgão de execução, sem deixar de ser simultaneamente um órgão de sentidos – o sentido cinestésico ou do movimento (Chailley-Bert e Plast, 1973; Berthoz, 1997; Delmas e Delmas, 1970; Gaddes, 1975; Hebb, 1958, 1959, 1976). É assim que, mais uma vez, qualquer divisão corresponde a um artifício didático, na medida em que os três tipos de movimento (voluntário ou intencional, automático e reflexo) se encontram em perfeita intercomunicação e sintonia funcional, sem que seja possível encontrar entre eles, conforme afirmam Eccles (1960, 1985), Tournay (1965), Wickstrom (1970), Wolf (1974), Towen e Prechtl (1977), Kelso (1982) e Whiting (1986), qualquer fronteira nítida e claramente definida.

Tudo isto indica, mais uma vez, que a psicomotricidade é uma totalidade estruturada e ciberneticamente auto-regulada. No entanto, para melhor esclarecimento e confirmação do acima exposto, vejamos esquematicamente as características didáticas de cada um dos três tipos de movimentos indicados.

## MOVIMENTO VOLUNTÁRIO, AUTOMÁTICO E REFLEXO

### Movimento voluntário: papel da área suplementar motora

Este tipo de movimento consiste em uma relação entre uma imagem, denominada gnosia, e um conjunto de deslocamentos segmentares que se integram com vista a um determinado fim, isto é, uma relação entre um plano de ação e a sua respectiva execução, denominada praxia (Ajuriaguerra, 1974; Ajuriaguerra e Hécaen, 1964).

Repare-se, entretanto, como o respectivo ajustamento permanente desta relação gnosia-praxia (imagem-ação ou planificação-execução) organiza-se no córtex pré-frontal, assumindo, por metáfora, o papel de pianista, e é executado pelo córtex piramidal, ou seja, pelo piano, com as suas teclas do homúnculo corporal. Mais concretamente, esta regulação parte exatamente da área suplementar motora e das áreas 6 e 4 do córtex. Recorde-se, a este propósito, que os chamados movimentos voluntários (também chamados de intencionais ou proposicionais) surgem apenas a partir de certa idade, uma vez que já exigem uma determinada maturidade das respectivas vias motoras piramidais, maturidade esta fisiológica e neurologicamente expressa pela mielinização das fibras nervosas, seguindo uma seqüência neuroevolutiva inexorável (Fonseca, 1999, 2001), desde a macromotricidade (postura bípede), passando pela micromotricidade (praxia fina), mais tarde pela oromotricidade (linguagem articulada ou falada) e, finalmente, pela grafomotricidade (linguagem escrita).

De fato, este fenômeno da mielinização traduz-se na prática pelo progressivo revestimento das fibras motoras por uma substância protetora e envolvente, composta por colesterol, fosfatídeos e açúcar, que, ao isolar as fibras nervosas, unificando-as, lhes permite uma mais fácil, rápida e eficaz condução e comunicação do influxo nervoso. Ou seja, com este "artifício fisio-

## ORGANIZAÇÃO DA MOTRICIDADE

| SISTEMA PIRAMIDAL | SISTEMA EXTRAPIRAMIDAL | SISTEMA CEREBELAR |
|---|---|---|
| **ORIGEM E LOCALIZAÇÃO** | **ORIGEM E LOCALIZAÇÃO** | **ORIGEM E LOCALIZAÇÃO** |
| • Na circunvolução frontal ascendente de Rolando, ma área 4 de Broadman. Área de represetação corpora-"anão" invertido de Penfield (p. 74).<br>• Nas células piramidais gigantes (células de Bertz).<br>• Na zona dos motoneurônios superiores. | • No mesocéfalo que integra o 3º e 4º nervos cranianos (responsáveis pelos movimentos dos olhos).<br>• No subtalamo, mais exactamente nos corpos estriados: Núcleo caudado, lenticular e vermelho.<br>• Também no tálamo, que é o lugar de convergência de todas as vias da sensibilidade de consciente que por sua vez está em contato com os pedúnculos superiores do cerebelo e com o córtex. | • No cerebelo (visão interior, cérebro pequeno) que se encontra ligado por pedúnculos (superiores, médios e infeiores) ao tronco cerebral, que mais não é do que o prolongamento da medula, na qual se integra a substância reticulada, responsável pela regulação da função tônica. |
| **CONSTITUIÇÃO** | **CONSTITUIÇÃO** | **CONSTITUIÇÃO** |
| • Duas áreas fundamentais: área eletromotora, responsável pela localização motora (área 4) e área psicomotora responsável pela coordenação de movimentos (área 6) onde se registram os engramas motores e os somatogramas.<br>• Subdivide-se em 4 fascículos: direto, cruzado, geniculado e córtico-cerebelar | • Duas vias principais: via cortico-bulbar e via cortico-mesencefálica. | • Dois elemtos: o neocerebelo, responsável pela harmonia motora e o paleocerebelo, responsável pelo equilíbrio e a resistência à gravidade. |

| FUNÇÃO | FUNÇÃO | FUNÇÃO |
|---|---|---|
| • É efetor do movimento voluntário.
• Relaciona a idéia à ação (imagem motora). Sistema ideocinético.
• Dirige o movimento para um fim (projeção de movimento)
• Controla a motricidade fina.
• É responsável pela elaboração das praxias (executor-chefe).
• Controle dos músculos extensores. | • Controla o movimento automatizado.
• Mobiliza as estruturas que orientam os olhos, a cabeça, o corpo para um ponto determinado. Sistema teleocinético.
• Prepara a posição de partida e compensa as forças que se podem opor à execução impecável dos movimentos voluntários (suporte do movimento).
• Controla a tensão inicial, os músculos flexores e a motricidade global. É responsável pelo binário sensitivo-motor.
• Regula o jogo dos músculos agonistas e antagonistas e está em relação com os mecanismos vestibulares do ouvido interno. | • Regula a harmonia e o equilíbrio interno do movimento.
• Regula a proprioceptividade insconsciente.
• Recebe as informações sensorias que vêm dos músculos, dos tendões e das articulações.
• É responsável pelas sinergias musculares, isto é, pela coordenação automática e pela amplitude dos movimentos.
• Faz a coordenação dos movimentos com a visão. |
| LESÃO | LESÃO | LESÃO |
| • Da área eletromotora: paralisia total causada em relação aos movimentos voluntários. Hipotomia. Perda dos movimentos precisos, finos e delicados
• Da área psicomotora: apraxia motora, paralisia espasmódica. Hipertonia com lesões do tônus. | • Anomalias de movimento: reduções, pergurbações na sucessão de movimentos, alteração melódica.
• Movimentos anormais e bizarros.
• Lentidão, anomalias e atitude.
• Hipertonia e tremores. | • Dismetria, hipermetria, asinergia, adiodococinesia.
• Ataxia, astenia.
• Problemas posturais.
• Hipotonia.
• Alteração dos mecanismos de retroalimentação (feedback) que permitem os reajustamentos permanentes do movimento. |

lógico" não se perde o potencial elétrico da condução nervosa, e essa energia passa, assim, a ser comunicada e, por isso, a ser comunicação entre o centro (cérebro) e a periferia (corpo), com muito maior eficácia, velocidade e precisão, consubstanciando uma inseparabilidade neurofuncional complexa, verificada ao longo da filogênese e da ontogênese da motricidade (Fonseca, 1989, 1998a, 1999).

Repare-se como a criança nasce e chega ao mundo com a sua mielinização inconclusa, isto é, com o seu sistema nervoso por e para acabar, portanto, imaturo. Melhor ainda, digo eu, com o seu sistema nervoso por e para aprender, pois é nesse processo complexo que a aprendizagem se consubstancia, na medida em que transcende a pura maturação neurobiológica, exatamente porque requer uma estimulação que tem origem no contexto sócio-histórico onde ela vai se desenvolver. Os gestos e os movimentos intencionais revelam-se como meios de mielinização das fibras nervosas e, portanto, como meios para influenciar diretamente a formação do sistema nervoso da criança, onde todos os processos de aprendizagem têm de traduzir-se em sistemas funcionais e em constelações psicomotoras.

Este desconhecimento é, pois, um dos grandes responsáveis pela negligência cultural ou quase nula importância educacional concedida por parte dos educadores em geral à postura, à locomoção, à somatognosia, à preensão, independentemente das advertências de autores como Gesell, Piaget e, principalmente, Wallon, que deram relevo ao papel da psicomotricidade no controle da atenção, no processamento da informação e na planificação das condutas de qualquer tipo de aprendizagem, seja não-verbal ou verbal, não-simbólica ou simbólica.

Efetivamente, não podemos ignorar como a mielinização dos axônios (prolongamentos da célula nervosa, condutores da informação), ao isolá-los, os unifica, permitindo uma maior e melhor conservação da energia, tornando mais fácil o processamento da informação e, por isso, mais rápida e eficaz a propagação e transmissão do influxo nervoso sobre o qual a aprendizagem humana se sustenta.

Torna-se, assim, evidente como esta maior velocidade de comunicação entre os centros de planificação e de decisão e os centros de execução é de uma importância decisiva para a coordenação e para o respectivo controle muscular em qualquer aprendizagem, incluindo, naturalmente, todas as aprendizagens escolares. O grau de mielinização acaba mesmo por ser um índice de crescimento da própria criança e da sua inteligência.

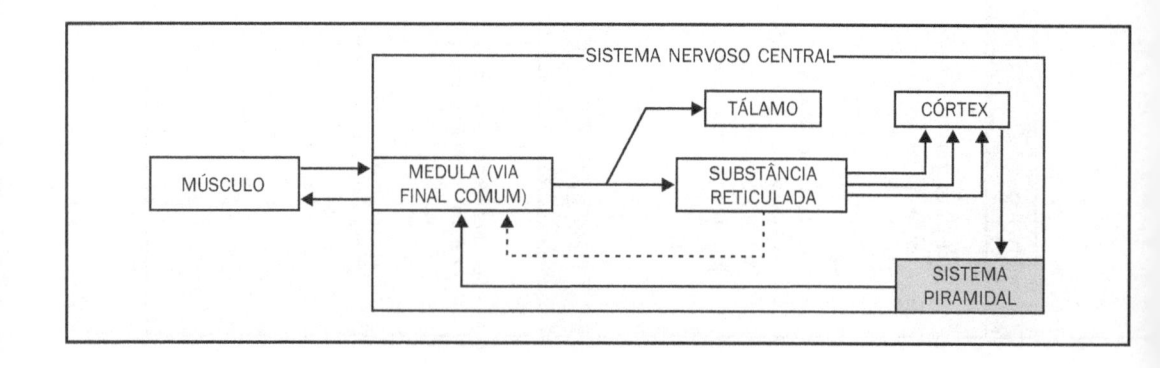

Temos a certeza, baseada na experiência, de que somos capazes de controlar as nossas ações, se o desejarmos, pelo pensamento e pela vontade; essas ações são movimentos voluntários com objetivos e fins a atingir. Podem-se distinguir, esquematicamente, três fases deste processo:

- o motivo (pensamento);
- a intenção (vontade);
- a ação voluntária.

A realização de um movimento voluntário implica um certo número de processos cerebrais, como já tentei demonstrar. São bem conhecidos os feixes piramidais cruzados, que se estendem do córtex motor aos motoneurônios, situados do lado oposto, ao longo da medula espinhal, e que comandam a contração dos músculos (Whitrock et al., 1972; Schmidt, 1976; Rolland, 1980, 1984).

Nas vias nervosas do movimento voluntário intervêm mecanismos extremamente complicados, que estamos ainda hoje tentando compreender, cuja complexidade não posso tratar nesta obra, essencialmente dirigida a educadores, professores e terapeutas. Contudo, há descobertas muito recentes que abrem perspectivas importantes e cujo significado clínico é tanto mais importante quanto é certo que muitos problemas de comportamento e de aprendizagem surgem por dificuldades em realizar movimentos voluntários, não esquecendo os apráxicos (pacientes do foro neurológico ou traumatizados cranianos). Os pacientes são muito sensíveis a qualquer perturbação da motricidade voluntária, por menor que seja, uma vez que o movimento é uma das mais fundamentais e vitais modalidades de adaptação à vida diária.

O córtex motor é uma estreita faixa do córtex cerebral que se estende sobre a sua convexidade, a partir da linha mediana, à frente do rego de Rolando. A figura da página 175 mostra o córtex motor do hemisfério esquerdo. O inventário das diferentes partes do corpo, dos membros e do rosto está aí representado topograficamente em um mapa alongado em banda, desenhando o tal homúnculo de cabeça para baixo. Este mapa foi estabelecido segundo os movimentos resultantes da estimulação elétrica dos diferentes pontos situados ao longo desta banda; por exemplo, se estimularmos a região marcada pelo dedo polegar, obtemos um movimento do polegar do lado oposto. Isto mostra que o córtex motor esquerdo controla o lado direito do corpo, e vice-versa.

Poder-se-ia pensar que isto basta para explicar os movimentos voluntários. A realidade, porém, é infinitamente mais complexa. As células piramidais de Betz do córtex motor emitem impulsos que atingem os motoneurônios inferiores da medula e que controlam terminalmente o movimento no âmbito dos músculos de relação. No entanto, esta é apenas a última etapa do processo cerebral que leva ao movimento voluntário.

Na realização do movimento voluntário, segundo vários autores (Eccles, 1960, 1985; Sanides, 1966; Thompson, 1967; Smith, 1968; Wasburn, 1972; Walshe, 1973; Dickinsom, 1974; Russell, 1975; Singer, 1975; Bobath, 1980; Sage, 1981; Sanes e Evarts, 1984), há dois problemas fundamentais a considerar: primeiro, o desencadear de um movimento voluntário, a partir de um motivo ou de uma intenção, ou seja, como se desenvolvem os acontecimentos no interior do cérebro? Segundo, os mecanismos cerebrais que atuam para que os movimentos desejados sejam realizados com precisão, equacionando que há movimentos demasiadamente rápidos, como os de falar, de tocar piano ou de escrever no teclado do computador, para poderem ser controlados por retroação a partir da periferia. Ao contrário, tais movimentos têm de ser planificados e antecipados muito antes e bem longe da área motora primária, de onde são terminalmente desencadeados. Os movimentos rápidos como esses dependem totalmente de impulsos seriados, daí a necessidade da sua programação cognitiva no córtex pré-(psico)motor ou pré-frontal.

A organização de tais movimentos inicia-se nas áreas terciárias frontais, passando depois às áreas secundárias, às áreas 6 e 8 de Broadman (áreas específica para os micromovimentos dos olhos – *frontal eye field*) e só em seguida os movimentos são disparados pelo córtex motor (áreas primárias, área 4 de Broadman), considerada a área de comando cortical final. Tais procedimentos seqüencializados (Smith, 1968; Singer, 1975) e que correspondem bastante à qualificação de "balísticos", por analogia com as balas disparadas por armas de fogo, colocam em atividade complexos processos psíquicos que antecedem, prevêem, comandam e regulam os processos motores.

Exatamente porque a elaboração e a execução da motricidade têm lugar, respectivamente, no córtex pré-frontal e no córtex frontal, convém adiantar alguns aspectos da sua estrutura neurofuncional. Em termos filogenéticos, os lobos préfrontais, que incluem as áreas motoras terciárias e secundárias, podem ser considerados de aquisição mais recente na espécie humana (Fonseca, 1999), implicando, conseqüentemente, que, em termos ontogenéticos, sejam das estruturas que mais tempo levam a amadurecer, conferindo à planificação motora uma equivalência funcional à noção de psicomotricidade, para a distinguir da noção de motricidade, que, como função, é ativada no córtex frontal, mais exatamente na área motora primária.

A psicomotricidade, em termos antropológicos e neurocientíficos, é uma neomotricidade que transcende a motricidade característica de todos os mamíferos, isto é, é elaborada em outros substratos neurológicos e só se explica pelo fenômeno civilizacional, práxico e criativo exclusivo da espécie humana. Encarada neste pressuposto, a psicomotricidade é a expressão máxima da motricidade conquistada ao longo da evolução da espécie e ao longo da aprendizagem da criança e do jovem.

A motricidade voluntária, ideacional ou intencional, é, portanto, organizada nos dois lobos frontais, que constituem a terceira unidade funcional de Luria, a que farei referência mais adiante. Tais estruturas estão ligadas pelo corpo caloso, e os seus substratos neurológicos ocupam a parte anterior do cérebro, sendo divididos em três áreas superficiais: a lateral, a medial e a orbital inferior. Nelas estão instalados os centros de comando motor do cérebro, sejam terciários, secundários ou primários, que presidem a elaboração e a produção das múltiplas formas de motricidade: macro, micro, oro, grafo e sociomotoras.

Por terem de produzir a motricidade em toda a sua complexidade, os lobos frontais estão intimamente conectados com todas as estruturas subtalâmicas e talâmicas, que constituem a primeira unidade funcional de Luria, bem como com as estruturas corticais posteriores dos lobos occipital, temporal e parietal, que, por sua vez, constituem a segunda unidade funcional do mesmo autor (Fonseca, 1985, 1992, 2001).

Como assegura Das (Das, 1998; Das et al., 1996), é exatamente essa função de reciprocidade e de interação entre as várias unidades funcionais que dá ao córtex pré-frontal a capacidade de produzir funções tão importantes como programar, regular, verificar e executar o comportamento no seu todo, e não apenas da motricidade. Devido a essa faceta do córtex frontal, grande parte dos movimentos que fazemos são combinações de processos "balísticos" com outros, mais lentos (chamados de rampa), cuja elaboração e execução são controladas por retroação, a partir de receptores periféricos, como os mísseis de cabeça buscadora de alvos, daí também a estreita interação centro-periferia (psiquismo-motricidade), gerida e pilotada pelo córtex, que, simultânea e seqüencialmente, programa e executa a motricidade intencional ou qualquer forma de comportamento mais diferenciado.

Os lobos frontais, de onde emana a organização psicomotora, desempenham um papel preponderante nas funções mais complexas de comportamento e de aprendizagem, pois estão profundamente implicados nas condutas sociais, no controle, na elaboração e na modulação das emoções, nos comportamentos adaptativos, nos sistemas atencionais supervisores, etc., e em um conjunto de funções que são apelidadas de funções executivas (Lussier e Flessas, 2001).

Em termos didáticos, as funções executivas compreendem:

– elaboração do plano de ação, incluindo estimativas do ponto de partida, do ponto de chegada e das estratégias intermediárias necessárias para executá-lo;

- tomada de decisão implicando a capacidade de seleção da ação mais apropriada para atingir o fim visado;
- julgamento e avaliação das opções mais pertinentes;
- autocorreção que assegure o controle e a manutanção da programamção da ação até à sua concretização completa.

Nestes moldes, os lobos frontais, que estão na base da organização psicomotora e das funções executivas de qualquer tarefa, estão implicados em todas as formas de relação e de aprendizagem, daí, necessariamente, a correlação da psicomotricidade com a afetividade e com a cognitividade, como nos asseguraram Wallon e Ajuriaguerra.

Nos últimos anos, uma série notável de experiências transformou os conceitos acerca dos processos cerebrais ligados às funções executivas e ao desencadear dos movimentos voluntários. Pode-se agora afirmar que as primeiras reações cerebrais devidas à intenção de movimento se produzem nos neurônios da área suplementar motora (ASM), suplementar porque emergiu das áreas motoras primárias, secundárias e terciárias frontais (Sanes e Evarts, 1984; Roland, 1980, 1984). Tal área é extremamente desenvolvida na espécie humana e particularmente envolvida na produção de funções psicológicas superiores, principalmente da praxia e da linguagem nas suas mais variadas facetas expressivas. Encontra-se situada na parte média do lobo frontal, exatamente antes das áreas motoras propriamente ditas, e funciona extremamente conectada com os gânglios da base e com o cerebelo e em relação com os córtex parietal, pré-frontal e cingular (Berthoz, 1997). Neste modelo, pode-se prever a importância funcional da ASM, e também compreender a estreita interligação dos fatores posturais, somatognósicos e práxicos da motricidade humana, representada na Figura a seguir

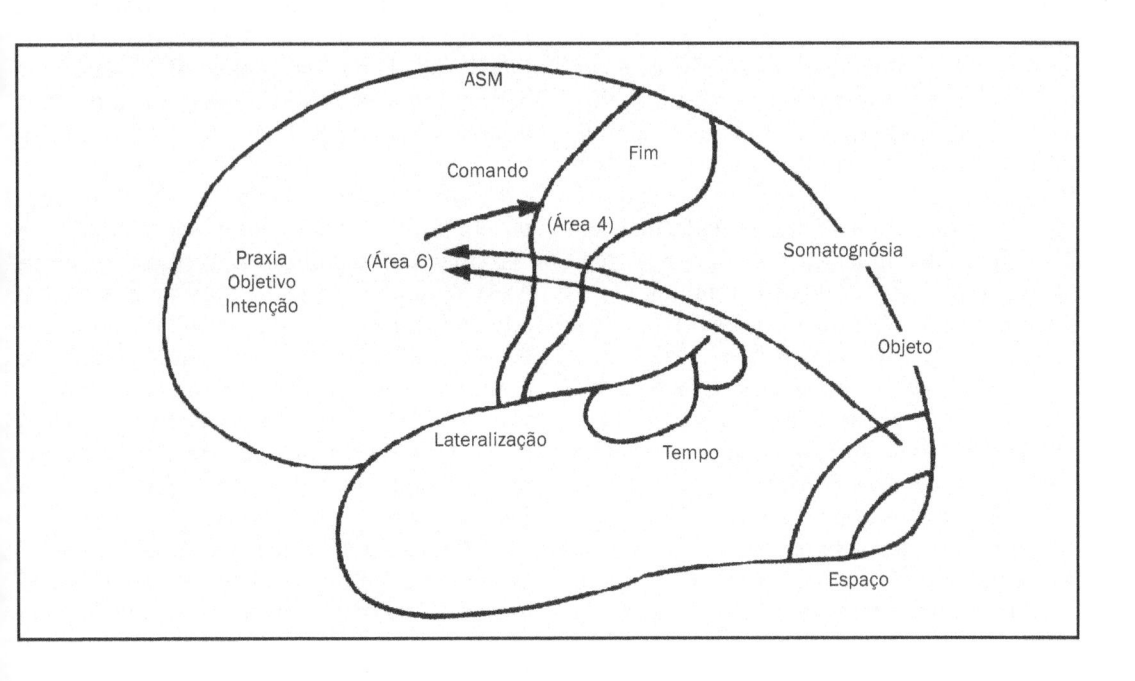

Essa área está localizada no topo do cérebro, principalmente na sua superfície interna, como se pode ver. Foi descoberta por neurocirurgiões famosos (Penfield e Jasper, 1954; Penfield e Roberts, 1959) quando procediam à estimulação de cérebros humanos, durante intervenções cirúrgicas para pesquisar focos epileptogênios, isto é, zonas de atividade anormal associadas a crises convulsivas. A estimulação dessa área não permitia obter respostas motoras nitidamente localizadas, como constam da carta do córtex motor, ou seja, da área motora primária. Pelo contrário, observavam-se movimentos de contorção ou de contrações de extensas zonas do tronco ou dos membros, por vezes do mesmo lado, e ainda a emissão de sons incoerentes.

Devido a tais dados clínicos, foi-se descuidando a importância da ASM durante dezenas de anos, considerando-a desprovida de qualquer função interessante. Hoje a ASM deixou de ocupar esse lugar apagado e suscita o maior interesse. Graças aos resultados experimentais atuais, na minha ótica, indicia o substrato neurológico fundamental da função psicomotora.

A demonstração mais espectacular do papel da ASM nos movimentos voluntários resultou dos trabalhos de Kelso (1982), Brinkman e Porter (1979, 1983), Kristeva e Kornhuber (1978), Roland e colaboradores (1980). Mediante técnicas muito sofisticadas e sensíveis de representação topográfica colorida e de radiação medida por detectores circulatórios do sangue, sabendo-se hoje que o seu aumento indica com precisão a atividade das células nervosas, esses autores descobriram com melhor detalhe as funções mais nobres da ASM. Nas suas experiências, escolheram uma série de movimentos voluntários que levassem o indivíduo a concentrar-se continuamente na sua realização, sendo os gestos repetidos várias vezes antes do próprio teste, de modo que fosse executado corretamente. Em uma dessas séries, denominada seqüência motora, muito idêntica a uma tarefa da minha bateria psicomotora (Fonseca, 1992), o indivíduo teria de tocar com o polegar, em sucessão rápida, duas vezes no indicador, uma vez no médio, três vezes no anular e duas vezes no dedo mínimo.

Depois de uma pausa breve, o paciente teria de repetir a mesma seqüência de gestos, mas invertendo o sentido inicial, isto é, começando por tocar duas vezes no dedo mínimo, alternando sucessivamente entre a seqüência inicial e a inversa, durante 40 a 60 segundos de registro. Estes movimentos exigem uma atenção voluntária contínua para serem executados e nunca se tornam automáticos, dada a sua alternância. O grau de concentração mental requerido pela tarefa impede, por exemplo, que se possa manter em simultâneo uma conversa com nexo.

Uma vez realizada esta experiência ao nível do córtex motor (área 4) do indivíduo, verificou-se um aumento da circulação de cerca de 30% e, como seria de esperar, um aumento idêntico da circulação ao nível do córtex sensitivo-sensorial (áreas 1, 2 e 3), todavia ao nível da ASM o aumento foi bem mais substancial.

Nestas experiências, distinguiram-se claramente os aumentos da circulação sangüínea nas áreas motoras, sensitivo-sensoriais, préfrontais no hemisfério direito e na ASM, verificando-se igualmente um aumento da circulação no hemisfério contralateral ao do movimento. Estes resultados significam que a circulação sangüínea aumenta bilateralmente na ASM e que ela está ativa durante a execução dos gestos, mas não demonstram que ela está na sua origem.

Uma variante notável da experiência anterior, denominada programação interna, permitiu demonstrar que, de fato, a ASM está envolvida na elaboração do movimento intencional. Para testar esta hipótese, instrui-se outro indivíduo para realizar o mesmo teste de seqüência motora, mas só mentalmente, sem fazer qualquer gesto com os dedos, pensando nele, mas não o executando. A inatividade motora foi controlada por eletromiografia, técnica que permite detectar as contrações musculares mais discretas. Como era de esperar, não se encontrou qualquer sinal de atividade no âmbito do córtex motor ou do sensitivo-sensorial adjacente, porém a atividade observada na ASM foi extremamente significativa. Verificou-se que as ASM de ambos os lados apresentavam uma atividade comparável à que se registrava quando das seqüências de movimentos, enquanto as outras regiões do córtex frontal não mostravam atividade significativa. Pode-se concluir, portanto, que, quando se tem a intenção de realizar um movimento, os neurônios da ASM são os primeiros a ser ativados.

Durante aquilo a que se chama programação interna, o processo mental de intenção desencadeia, na ASM e apenas aí, a atividade necessária ao movimento voluntário. Todavia, simultaneamente, este processo mental impede e inibe que a atividade se propague a outras zonas do cérebro e provoque, desse modo, descargas desfocadas das células piramidais do córtex motor para a medula, perturbando a precisão e a melodia dos movimentos voluntários, provocando, exatamente, dismetrias, dissincronias, em uma palavra, dispraxias.

A situação é completamente diferente nos casos de atividade automática, como a flexão repetida de um dedo ou a mastigação de um chiclete. Uma vez desencadeado este tipo de movimento automático, ele exige apenas um mínimo de atenção consciente, como é demonstrado pelo fato de o indivíduo poder manter uma conversa durante a produção de gestos simples e automatizados, como, por exemplo, na situação de um motorista de automóvel experiente, que mantém uma conversação elaborada e dinâmica ao mesmo tempo que resolve as tarefas de condução. Como era de esperar, neste tipo de movimentos automáticos, ocorre uma atividade importante no córtex motor e sensório-motor, que contrasta com a ausência de aumento da atividade na ASM.

Parece óbvio, com base nestas experiências laboratoriais, que a atividade da ASM só se mantém durante os movimentos que exigem uma atenção constante, como no teste de seqüência motora, já ilustrado. Grande parte dos movimentos induzidos pelo córtex são automáticos e independentes da ASM, mas logo que tais movimentos são modificados em termos de intencionalidade, esta área é imediatamente ativada, porque está ligada não só a variáveis intrínsecas intra-corporais, como a variáveis extrínsecas da tarefa e da dinâmica (cinemática) do próprio movimento, ou seja, controla variáveis de coordenação, de antecipação e de predição.

No final da década de 1960, os mesmos autores estudaram os micropotenciais cerebrais registrados no couro cabeludo, com uma técnica engenhosa, que permitia o seu armazenamento e a determinação de médias. Na experiência, o indivíduo devia executar livremente, com intervalos relativamente grandes e irregulares, um movimento como a flexão de um dedo. Foi possível detectar o potencial de disponibilidade ou de preparação (PD/PP), como foi designado pelos autores, como um potencial negativo que aparece na ASM antes da produção do próprio movimento (um pouco mais de um segundo), potencial que aumenta progressivamente até atingir um pico máximo exatamente antes do seu início, isto é, no tempo zero. O PD/PP foi nitidamente mais amplo e começou mais cedo no âmbito da ASM, o que corrobora as experiências feitas com o xenon radioativo, que confirmam que os movimentos voluntários, incluindo os oromotores da linguagem articulada, têm origem na ASM.

O estudo do PD/PP em pacientes que sofrem da doença Parkinson bilateral, que têm grande dificuldade no início dos movimentos voluntários (acinésia), reforça a convicção de que este potencial tem a sua origem na região da ASM. Por conseqüência, o PD/PP no âmbito do córtex motor está naqueles casos clínicos nitidamente enfraquecido. No entanto, o PD/PP atinge a sua amplitude máxima na ASM, os pacientes nestes casos não apresentam manifestamente qualquer alteração do processo de intenção que tem uma expressão normal na ASM, mas o déficit parece situar-se, antes, nas vias que ligam a ASM ao córtex motor, revelando, conseqüentemente, ruptura dos dois processos que presidem à produção dos movimentos voluntários: o programador e o executor (Eccles, 1985, 1973b, 1973a; Eccles e Poper, 1977; Smith, 1968; Rolland, 1984)

Esta dedução está de acordo com as observações segundo as quais a acinesia parkinsoniana é devido a lesões situadas na via que liga a área cortical pré-motora – incluindo a ASM – aos gânglios da base e ao córtex motor pelo tálamo, circuito que assegura aquilo que se chama transmissão estriato-fugal em direção ao córtex motor. Pode concluir-se que esta é uma prova suplementar da prioridade da ASM no desencadear de um movimento intencional.

Outras investigações no sentido de demonstrar a prioridade da ASM no desencadear dos movimentos voluntários foram realizadas em um macaco. Os mesmos autores fizeram registros diretos da atividade de neurônios isolados da ASM com microeletrodos implantados cirurgicamente, o que, evidentemente, não se pode fazer no ser humano. Quando se recuperou da intervenção, o macaco começou a fazer movimentos voluntários, puxando uma alavanca, com o seu ritmo próprio, com uma mão ou com outra, para receber comida. Observou-se que, durante esta ação intencional, grande número de neurônios da ASM começa a emitir impulsos muito antes das células do córtex motor, e mesmo antes de qualquer outra célula do cérebro, com exceção de uma pequena zona do córtex pré-motor, designada PM, que tem analogia com a psicomotricidade (pré-motricidade).

Como esse movimento complexo implica a contração sucessiva de diversos músculos, poder-se-ia pensar que só alguns neurônios da ASM estão implicados na contração muscular desencadeante da ação de puxar a alavanca, mas foi surpreendente verificar que muitos neurônios, dentre as várias centenas de células nervosas da ASM, entram em ação um décimo a um quinto de segundo antes da descarga mais precoce previsível de células piramidais para a medula. Uma observação importante é que os neurônios da ASM eram ativados conforme o macaco escolhesse a mão esquerda ou a direita para acionar a alavanca. Em regra, verifica-se uma atividade mais intensa associada ao movimento do lado oposto. Esta assimetria está provavelmente córtex motor e corresponde à ativação bilateral da ASM observada nos exames com xenon radioativo (Rolland, 1980; Sanes e Evarts, 1984).

Dispomos, assim, de muitos argumentos para sustentar a hipótese de que a ASM é a única área receptora do cérebro que registra as intenções mentais ordenadas para a realização de movimentos voluntários e de outras funções complexas, como as da linguagem falada (oromotricidade) e da escrita (grafomotricidade).

Todas as pesquisas que relatei constituem um progresso muito importante em relação ao conceito segundo o qual o processo mental de intenção de fazer movimentos se desenvolvia no cérebro de forma muito dispersa. Esta delimitação permite precisar minhas tentativas para definir o modo como a ação intencional se produz em um substrato neurológico prioritário. Cabe introduzir aqui um conceito importante, o de programa motor. Um programa motor pode ser definido operacionalmente como a combinação organizada de contração e descontração de vários músculos para realizar um movimento aprendido, como escrever uma letra ou uma palavra. Para escrever uma frase ou fazer uma assinatura, por exemplo, utilizamos uma seqüência de programas motores.

A diversidade dos programas à nossa disposição é incalculável, como podemos exemplificar: na expressão vocal falada ou cantada; na escrita e no fluxo contínuo dos seus gestos; nos movimentos nas atividades da vida cotidiana; na execução de técnicas profissionais diversas; na perícia demonstrada no jogo ou nos esportes; nos dotes necessários para a execução musical; na representação teatral; na dança e nas artes plásticas; na aptidão para nos locomovermos em terrenos difíceis, para dirigir um automóvel, para nadar; para esquiar na neve, etc. Nosso reportório de programas motores reflete uma vida inteira de aprendizagem e de treinamento (superaprendizagem) constante, levando à integração harmoniosa de movimentos elementares em movimentos complexos.

Se, como sugeri, todos os movimentos voluntários têm origem na ASM, isto não significa, necessariamente, que o imenso repertório das aptidões adquiridas seja armazenado no aparelho neuronal da ASM. Inclino-me mais para sugerir que o aparelho neuronal da ASM contém um inventário de todos os nossos programas motores e "conhece" os locais aos quais se deve "dirigir" para pôr em ação o dispositivo nervoso responsável pelo acionamento do programa motor pretendido, o que claramente sugere uma ampla conexão com as demais áreas corticais, preferencialmente com o córtex parietal (integração da somatognosia), com o córtex pré-frontal (planificação práxica) e com o córtex cingulado (estruturação espacial), sem esquecer as íntimas relações com o cerebelo (controle postural) e com os gânglios da base (sinergias automáticas).

Pode-se, assim, perguntar: como a intenção de efetuar um movimento voluntário pode ativar, na ASM, o circuito modular correto, que irá desencadear a associação pretendida dos programas motores? A resposta é que, desde a mais tenra infância, aprendemos a realizar os movimentos complexos que desejamos ou concebemos. Basta observar um bebê ou uma criança pequena para assistirmos ao desenrolar deste processo constante de aprendizagem, pontuado pela alegria do êxito como uma competência demonstrada e reforçada. Em regra, devem-se considerar duas gamas de interações complexas:

– em primeiro lugar, o processo mental de intenção deve agir de maneira específica sobre o aparelho nervoso da ASM, envolvendo o processo ideativo;
– em segundo lugar, o influxo nervoso da ASM deve desencadear um conjunto selecionado de programas motores através de uma ação apropriada, nos locais de armazenamento do córtex associativo, dos gânglios de base, do cerebelo, da substância reticulada e da medula, envolvendo o processo executivo.

As vias nervosas, representadas esquematicamente, foram todas evidenciadas por técnicas modernas de marcação e de estimulação, e cada uma das conexões representadas por setas compreende, na realidade, centenas de milhares de fibras nervosas. Vê-se como a ASM recebe a mensagem codificada da intenção mental ou da idéia e a transmite de maneira específica aos centros de armazenamento dos programas motores, nos gânglios da base, no córtex associativo (particularmente na área cortical pré-motora) e na zona externa do cerebelo (neocerebelo).

Circuitos complexos, incluindo anéis de reverberação, permitem depois encontrar o programa motor desejado. Em uma perspectiva conceitual, trata-se de um progresso considerável, a substituição de um aparelho cerebral de pilotagem, disperso por uma vasta superfície, pela noção de uma área bem definida – a ASM –, que engloba, segundo a maior parte das estimativas, uma centena de milhões de neurônios, ou seja, apenas cerca de 1% do neocórtex.

Todavia, levantam-se grandes problemas quanto ao modo de funcionamento das vias representadas esquematicamente na figura a seguir e quanto ao armazenamento dos programas motores e sua rechamada ou recuperação.

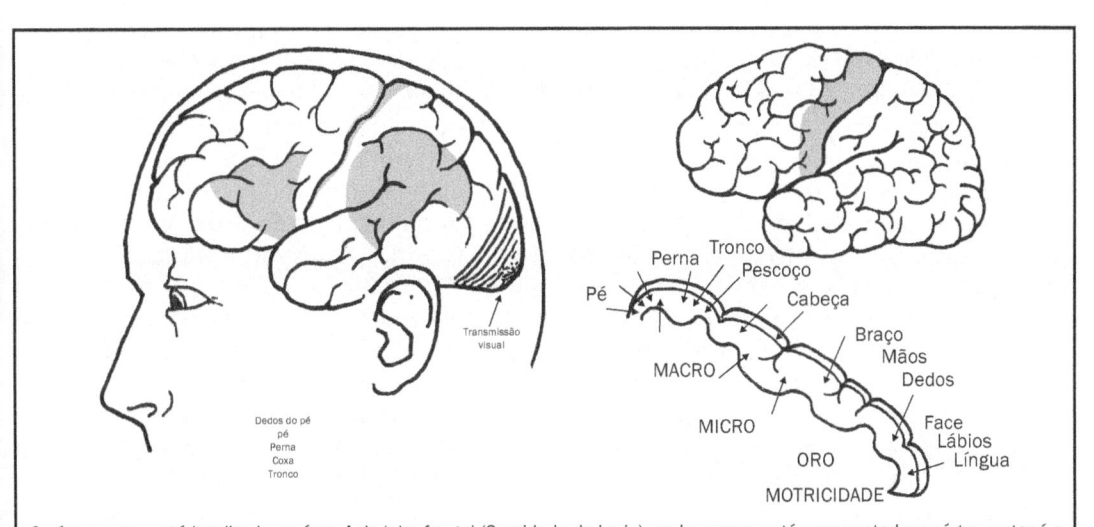

O córtex motor está localizado na área 4 do lobo frontal (3 unidade de Luria), onde o corpo está representado; o córtex motor é o centro de decisão do ato motor voluntário – área motora 1ª, depois de ser programado na área 2ª e planificado na 3ª, seqüencializado pela área suplementar motora. Ao longo da evolução, enquanto a área 1ª não sofreu diferenças, as áreas 2ª e 3ª da motricidade sextuplicaram-se, envolvendo a integração de dados somatognósico-ecológicos para planificar (pensar) o ato motor...

De qualquer forma, os progressos excepcionais das novas técnicas permitem esperar a obtenção de abundantes e frutíferos resultados, a despeito da imensa complexidade do cérebro humano. Mantém-se, todavia, um enigma por resolver: como é que uma intenção mental pode agir sobre o aparelho neuronal da ASM através de mensagens codificadas precisas, como foi recentemente descrito?

A hipótese apresentada acerca da função da ASM explica que a sua estimulação elétrica só possa dar origem a movimentos complexos de contorção. É, de fato, o que se pode esperar da estimulação grosseira e artificial de um centro que contém o inventário dos programas motores adquiridos, que desempenha um papel relevante na integração e na planificação psicomotora e ilustra claramente a complexidade sistêmica da organização psicomotora (Fonseca, 1974d, 1980, 1989, 1985). A ASM intervém nas funções de antecipação e de predição da motricidade, ocupando-se em introduzir sinergias motoras complexas e sistemas inibitórios em diversos tipos de movimento intencional (*no-go* ou *go-nogo*; não executar agora ou seqüências de executar, não executar e executar de novo).

Como comprovado por eletroencefalogramas (EEG), esta área parece participar na produção de movimentos endógenos, isto é, movimentos construídos pelo cérebro na ausência de estimulação externa, ao contrário dos movimentos produzidos pelo córtex pré-frontal, que são mais de natureza exógena. As conseqüências das suas lesões ou da sua ablação unilateral podem causar distúrbios da linguagem e do âmbito práxico, com déficits nos movimentos alternados, na seqüencialização de gestos, na coordenação bimanual, etc. Considerando a mesma figura, pode-se esperar que possamos vir a compreender melhor não só o desenvolvimento psicomotor, como a sua disontogênese e, obviamente, as doenças que afetam o controle da motricidade, como a de Parkinson, a coréia de Huntington e as diferentes lesões cerebrais e cerebelares clinicamente mais freqüentes.

Convém lembrar que a ASM tem também a sua influência na linguagem, e não só na praxia.

Penfield e Rasmusen (1952), Penfield e Roberts (1959) verificaram que a excisão da ASM do lado esquerdo provoca uma afasia temporária, que se corrige em cerca de duas semanas e pode ser atribuída a um mecanismo de compensação pela ASM direita. Como mencionei, dispomos atualmente de provas experimentais de que a ASM é ativada dos dois hemisférios, as experiências que descrevi foram concludentes nesta direção.

A organização psicomotora subjacente à elaboração (psíquica) e à execução (motora) da ação – daí talvez a origem da palavra psicomotricidade – só se compreende na base do seu sistema complexo integrado, composto por sete fatores psicomotores independentes: tonicidade, equilíbrio, lateralização, somatognosia, estruturação espaço-temporal, praxia global e praxia fina (Fonseca, 1989, 1992) e operacionalizado na inter-relação das suas propriedades funcionais:

- Totalidade: a organização psicomotora é um todo único, o que implica a noção de integração dos seus fatores componentes. Por exemplo, a vulnerabilidade do fator da tonicidade pode interferir no controle do equilíbrio ou na produção práxica.
- Interdependência: a organização psicomotora decorre da coibição e da empatia funcional entre os fatores que operam em uma dinâmica de família, em que cada fator influencia e é influenciado pelos restantes, quer em termos de sistema (praxia), quer em termos de não-sistema (dispraxia). Por exemplo, o descontrole do equilíbrio pode impedir a captação de dados espaciais necessários à construção práxica.
- Hierarquia: a organização psicomotora obedece a níveis de desenvolvimento de complexidade crescente. Por exemplo, no desenvolvimento psicomotor, a criança tem primeiro que integrar os padrões de quadrupedia antes de se locomover em um pé só ou de transpor obstáculos em corrida, na grafomotricidade, por analogia, realiza primeiro um círculo e uma cruz e só posteriormente produz um retângulo ou um losango.

- Auto-regulação: a organização psicomotora subentende um sistema sinergético e teleológico, que realiza fins (condutas, movimentos, gestos, ações, etc.) por meio de processos cibernéticos de retroalimentação múltipla. Por exemplo, para enfiar uma bola em um cesto, a criança terá de integrar os efeitos das suas ações (êxito-inêxito, eficácia-ineficácia, etc.), ajustando-os perceptivamente (dados extracorporais) e cognitiva (dados intracorporais) na elaboração de ações futuras, assimilando o erro como processo dinâmico de aprendizagem.
- Intercâmbio: a organização psicomotora funciona na base de um sistema aberto, com *inputs* e *outputs* co-ativados de fora para dentro (sistemas aferentes, receptores e sensoriais) e de dentro para fora (sistemas eferentes, efetores e motores), estabelecendo entre eles formas de circulação informacional (sistemas reaferentes). Por exemplo, na mesma situação anterior, lançar a bola à cesta (alvo) requer a integração da distância a que esta se encontra do sujeito, da sua localização, do seu posicionamento, das suas dimensões constituintes, das condições ecológicas onde se produz a ação, etc., ao mesmo tempo que o sujeito tem de recuperar e de rechamar os engramas práxicos aprendidos, com base nos dados posturais, vestibulares, proprioceptivos e somatognósicos nele integrados, além da leitura das características físicas da bola que manuseia e controla, etc..
- Equilíbrio: a organização psicomotora compreende um sistema ordenado, coerente, homeostásico, antientrópico, que tende, em termos maturativos, ao seu aperfeiçoamento e eficácia contínua, podendo ser posto em causa, porém, por processos disfuncionais, se tal propriedade não for observada, sugerindo uma ampla variedade de síndromes. Por exemplo, o excesso de atividade, de tonicidade, de descontrole, de impulsividade, assim como a fragilidade da inibição, a distorção da atenção, a perda de controle, a falta de processamento de dados, a pobreza da antecipação, etc., podem gerar incerteza, dispersão ou desorganização no sistema.
- Adaptabilidade: a organização psicomotora é estimulada e ajusta-se às exigências ecológicas, isto é, contém potencial sinergético de modificabilidade e de plasticidade. Por exemplo, a criança dispráxica pode superar o seu perfil restrito de autonomia e de exploração experiencial por uma intervenção que não apenas promova as suas funções motoras, mas essencialmente as funções sensoriais, perceptivas, afetivas e cognitivas.
- Eqüifinalidade: a organização psicomotora tem por finalidade a elaboração e a execução dos sentimentos e dos pensamentos, por meio de múltiplas formas vicariadas: macro, micro, oro, grafo e sociomotoras. A motricidade é uma característica fundamental de todos os seres vivos do reino animal, mas, no ser humano, ela atingiu níveis superiores de integração, de planificação e de regulação que permitiram transformar o mundo natural e criar um mundo civilizacional. Ao transformar o mundo, o ser humano transformou-se, humanizou-se, fazendo da ação o instrumento privilegiado de materialização do sentimento e do pensamento. A importância deste paradigma, por si só, reforça a importância da psicomotricidade na evolução da espécie humana e na aprendizagem ou na reaprendizagem da criança e do jovem.

Como o movimento voluntário tem de se constituir como um sistema adaptável avançado, em termos ontogenéticos, ele deve ser capaz de processar mudanças e de reajustá-las conforme as exigências ecológicas, a partir das quais se tem de estruturar, por meio de uma centralização progressiva, isto é, de um sistema principal de comando, que tende a tornar-se cada vez mais importante na orientação de todo o sistema motor humano. É provavelmente esta função de subsistema principal da psicomotricidade que cabe à ASM.

## Movimento automático: papel dos gânglios da base

Este tipo de movimento parte dos núcleos cinzentos da base, situados na profundidade dos hemisférios, entre os corpos optoestriados e olivobulbares do mesencéfalo, região designada por cápsula interna, que engloba o núcleo lenticular e o núcleo caudado. É gerido pelo sistema extrapiramidal, ao contrário do movimento voluntário, que envolve o sistema piramidal, como já vimos antes. Tais estruturas nervosas estabelecem relações mútuas entre si, em uma rede neurofuncional que visa a atingir mais eficácia e mais economia, qualidade e melodia na execução motora. A criação de automatismos decorrentes do processo de aprendizagem liberta os sistemas corticais superiores para novas aprendizagens, conferindo aos núcleos cinzentos da base a regulação dos movimentos mais familiares.

O movimento automático é um movimento que começa por ser mais dismétrico do que o necessário e muito desajeitado para, pouco a pouco, e em função da sua aprendizagem, experiência e integração, se tornar cada vez mais melódico e eficiente. Uma vez alcançada esta eficiência, é integrado pela memória, que, assim, o resgata à zona voluntária, como que deixando a esta zona um novo espaço-tempo, que lhe permita lançar-se em novas aquisições, descobertas, ensaios e praxias.

## Movimento reflexo

Este tipo de movimento consiste em uma espécie de "reflexo" de uma excitação sensitiva sobre os centros nervosos, como um raio luminoso em um espelho. A excitação dos neurônios aferentes periféricos (NAP) atinge a medula pelos respectivos cornos posteriores (sensitivos) e nela se "reflete" através de uma reação que sai também da medula, mas agora dos respectivos cornos anteriores (motores).

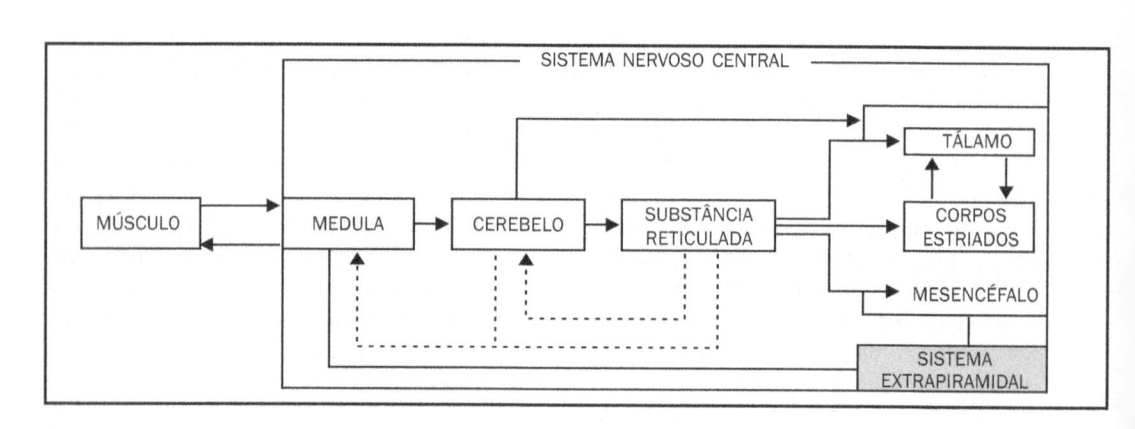

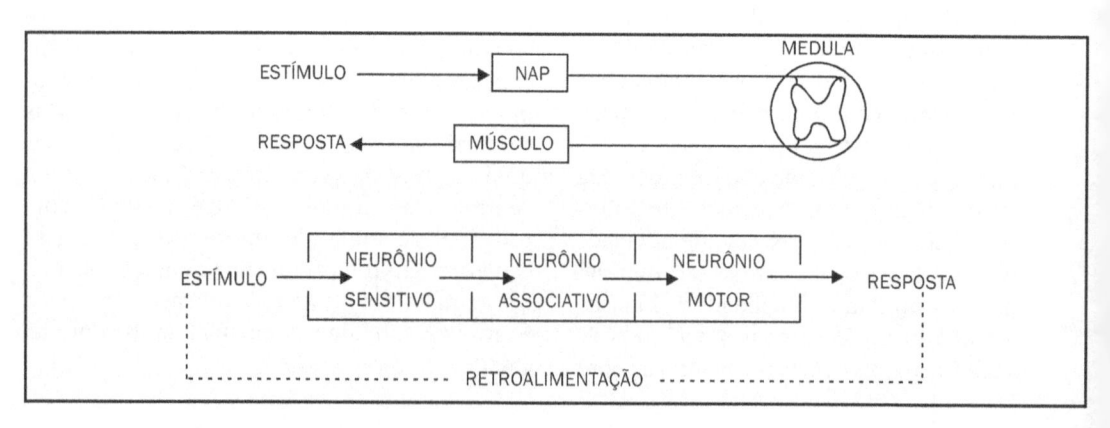

É neste sentido didático que temos que compreender o arco reflexo, pela primeira vez estudado por de R. Cajal (1972). A sucção e a respiração representam as primeiras formas de movimento reflexo (os reflexos incondicionados pavlovianos) e, por isso, são designadas por automatismos primários ou inatos. São, por assim dizer, comportamentos de sobrevivência geneticamente controlados e representam como que uma memória da espécie com que, de início, o recém-nascido inicia a sua maturação neurológica e a sua aprendizagem.

É, entretanto, a aprendizagem de outros reflexos (os reflexos condicionados pavlovianos) que irá, por sua vez, permitir a aquisição dos automatismos e o desenvolvimento dos hábitos motores. Neles virá, então, a apoiar-se o desenvolvimento da inteligência e da linguagem da criança, ilustrando uma reaferência entre as respostas motoras e as aferências sensoriais (Anokhine, 1985).

O conceito de reaferência, estudado por autores russos, procura dar uma nova significação aos reflexos motores (*outputs*), não só porque eles são as raízes de outros reflexos adaptativos, como também porque estão na base da libertação e da inibição de reações no processo sensorial receptivo e captativo (*input*).

A aferenciação, que, no fundo, significa que a motricidade também fornece informação, um segundo sistema de sinalização, modela e adapta o fluxo dos movimento contínuos, dando à ação um papel de ajustamento, de otimização, de governança e de simetricalização com os órgãos sensoriais, isto é, confere-lhe sensibilidade contextual (Bernstein, 1967, 1986d).

A visão clássica da motricidade como produto e resposta final eferente e contígua ao estímulo sensorial aferente (E → O → R), com a reaferência, assume uma visão muito mais complexa e completa, integrando uma retroalimentação (*feedback*) geradora de uma circularidade integradora entre respostas motoras e estímulos sensoriais (E → O → R → reaferência (*feedback* eficiente) → E), uma vez que a motricidade agrega efeitos e conseqüências, isto é, informação contextualizada. Por esse processo reaferencial, a motricidade é a raiz do psiquismo, quer no plano da filogênese, quer no da ontogênese.

Colocada, assim, muito resumidamente, a questão dos vários tipos de movimento, voltemos a Ajuriaguerra (1974, 1980, 1981) para, juntamente com ele, retomar o estudo do desenvolvimento psicomotor. Nessa perspectiva, outra noção que me parece importante registrar na sua versatilidade, para complementar as anteriores, é que o movimento está associado à sensibilidade. Se assim não fosse, a evolução e a aprendizagem seriam impossíveis, o cérebro seria uma barbárie neuronal. Isto é, o aspecto eferente ou motor (que leva comando centrífugo de dentro para fora, córtex → músculo, cérebro → corpo) está associado ao aspecto aferente ou sensível (que traz informação centrípeta de fora para dentro, visão → córtex visual, audição → córtex auditivo, etc.).

No fundo, tal circuito corresponde ao circuito sensório-motor que vimos em Piaget e veremos ainda em outros autores, de importância essencial para podermos compreender a evolução da criança e das suas capacidades ou descapacidades de aprendizagem.

De acordo com Sherrington (1946) e Head (1937), podemos agora distinguir várias formas de sensibilidade:

- sensibilidade interoceptiva: sensibilidade visceral, ou protopática, relacionada com o bem-estar, a afetividade. É controlada pelo tálamo;
- sensibilidade proprioceptiva: ligada às atitudes, aos movimentos e à função de equilíbrio. Integrada e elaborada no cérebro e no córtex parietal;
- sensibilidade exteroceptiva: ligada às percepções objetivas, também designada por sensibilidade epicrítica. Integrada e elaborada nos córtex occipital e temporal. Quando relacionada com as funções táteis elementares, a sensibilidade visual projeta-se no córtex occipital, a auditiva, no córtex temporal (lobo temporal esquerdo para as funções auditivo-verbais da linguagem, lobo occipital para as funções espaciais e lobo parietal para as funções tátil-cinestésicas de relação com o corpo e os objetos).

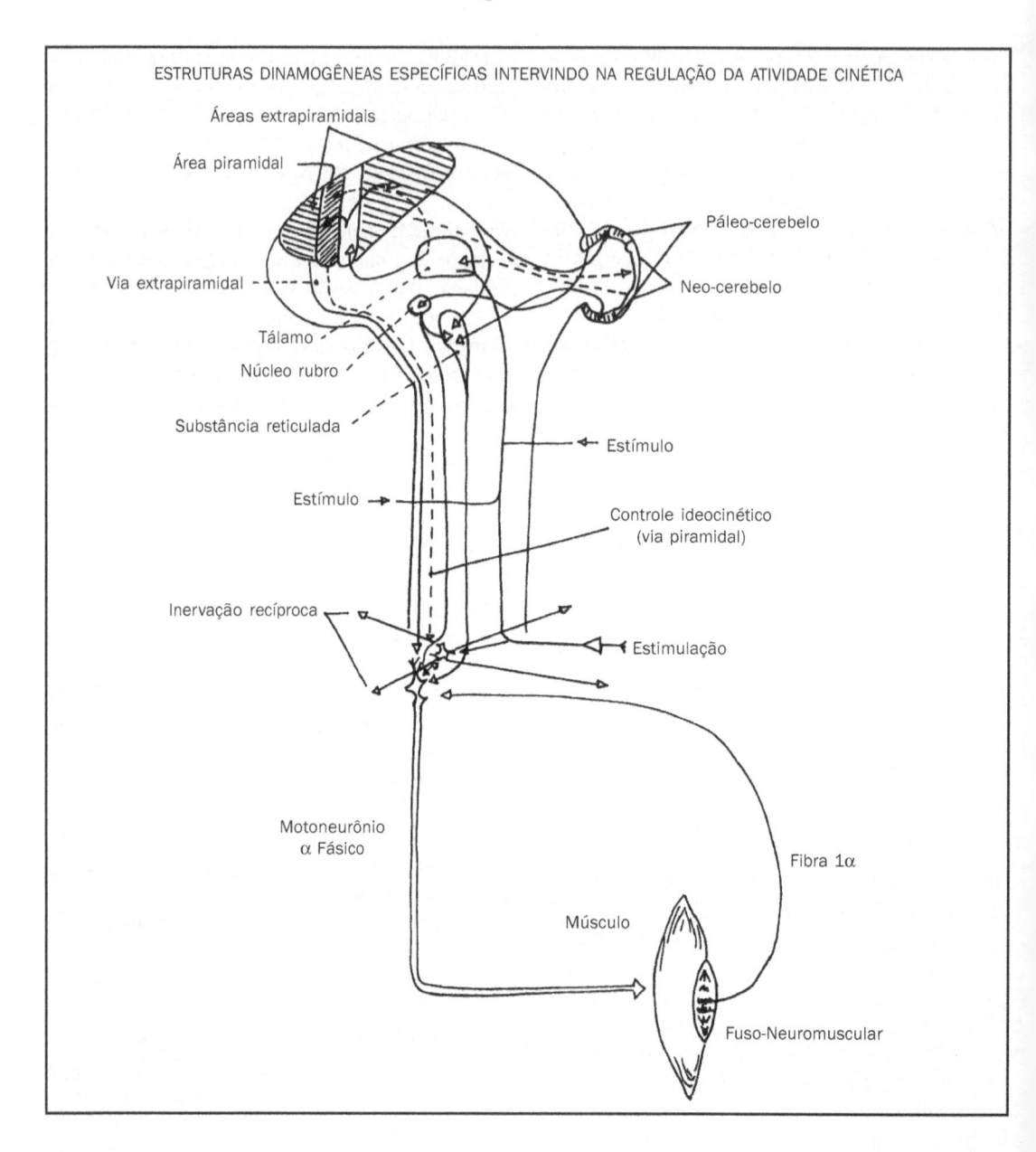

ESTRUTURAS DINAMOGÊNEAS ESPECÍFICAS INTERVINDO NA REGULAÇÃO DA ATIVIDADE CINÉTICA

- Áreas extrapiramidais
- Área piramidal
- Páleo-cerebelo
- Neo-cerebelo
- Via extrapiramidal
- Tálamo
- Núcleo rubro
- Substância reticulada
- Estímulo
- Estímulo
- Controle ideocinético (via piramidal)
- Inervação recíproca
- Estimulação
- Motoneurônio α Fásico
- Fibra 1α
- Músculo
- Fuso-Neuromuscular

A função da sensibilidade e a sua integração neurológica com a função motora caracterizam a organização psicomotora ou, se quisermos, na linguagem de Ajuriaguerra (1974), Ajuriaguerra, Hécaen e Angellergues (1960), as gnosopraxias:

— gnosia, quando se refere ao reconhecimento e à noção dos objetos e dos acontecimentos (*input*);

— praxia, quando se refere às aquisições motoras ou às habilidades expressivas (*output*).

Ao conjunto destas funções deve-se, entretanto, juntar a noção de somatognosia, conforme já tivemos ocasião de ver na concepção neurológica da imagem do corpo. Não nos iludamos, pois a construção do ato motor envolve, queiramos ou não, processos psíquicos superiores de organização, principalmente de atenção, de processamento (seqüencial e simultâneo), de planificação (programação, antecipação, etc), de regulação e de execução.

De fato, mesmo a partir desta análise muito resumida da neurologia da motricidade, já não podemos subestimar o papel da atividade psíquica superior, ou seja, da consciência, na representação, na organização, na integração, na planificação, na regulação e na execução dos gestos, ações e dos movimentos, isto é, dos comportamentos, porque subentendem uma relação inteligível entre os dados extraídos do meio exterior e a mobilização seqüencializada das aquisições integradas no meio interior do indivíduo.

A ação já não pode ser simplesmente considerada como o resultado da soma de várias contrações musculares, como na atitude mecanicista se continua a considerar. O ato motor, por mais simples que se apresente, põe sempre em atividade e em situação toda a estrutura cortical.

Atenção, portanto. Volto a reforçar: a unidade da organização psicomotora, considerada como um processo teleonômico, reúne dialeticamente um objetivo e um fim, compreendendo respectivamente:

1. um ponto de partida, que consiste na primeira abordagem e contato com uma determinada situação-problema ou conjunto de estímulos, onde ocorre a captação e a extração de dados;
2. um desenrolar da ação, que consiste no funcionamento psicomotor propriamente dito e que depende da vontade, da motivação e da vigilância postas em jogo;
3. um fim a atingir, que consiste no ajustamento espaço-temporal permanente do movimento em relação inteligível com a própria intencionalidade.

Não há, pois, uma oposição ou divisão entre o motor e o psicológico; um é condição do outro, pois dependem funcionalmente da sua interação mútua. Mais uma vez podemos confirmar como não é possível separar no indivíduo os aspectos motores e psicológicos da ação. Não admira, pois, que a expressão psicomotricidade, como já vimos, ganhe a cada dia que passa um maior número de adeptos. Repare-se, ainda, que a evolução da própria motricidade se processa a partir de movimentos desajeitados e descoordenados, até atingir o gesto simbólico perfeito e integrado. Este, segundo Ajuriaguerra (1974, 1980), implica um aspecto figurativo (gnosia) e um aspecto operacional (praxia), que lhe dão suporte. Daí que o movimento, ao tornar expressa uma relação cognitiva significativa, uma relação com as suas circunstâncias, se apresente e surja como um comportamento integrado, composto, obviamente, de vários componentes, por isso, um comportamento multicomponencial, multicontextual e multiexperiencial, neuromelodicamente regulado.

## ORGANIZAÇÃO PSICOMOTORA DE BASE

Vejamos, finalmente, e antes de terminar estas breves considerações sobre a organização psicomotora da criança, como Ajuriaguerra se situa na sua diferenciação evolutiva. Como breve apontamento ou sensibilização para esta proposta, vou limitar-me a uma abordagem no âmbito neuropsicológico e motor e, dentro deste, apenas às suas três fases cruciais:

– organização psicomotora de base (postura);
– organização da planificação motora (somatognosia);
– automatização (praxia).

A primeira fase da organização psicomotora da criança, segundo Ajuriaguerra (1962, 1972a, 1974, 1978) e Ajuriaguerra e Thomas (1949), caracteriza-se pela estrutura tônica de fundo, que se processa por intermédio da organização proprioceptiva (tônica, vestibular, tátil, cinestésica, etc.) e pelo desaparecimento das reações primitivas, que ilustram, no seu conjunto mais funcional, a aquisição progressiva do sistema postural.

É, de qualquer forma, uma fase essencialmente primária, dado que o recém-nascido vem dotado e equipado com componentes anátomo-fisiológicos e sensório-neuro-motores comple-

**ORGANIZAÇÃO PSICOMOTORA**

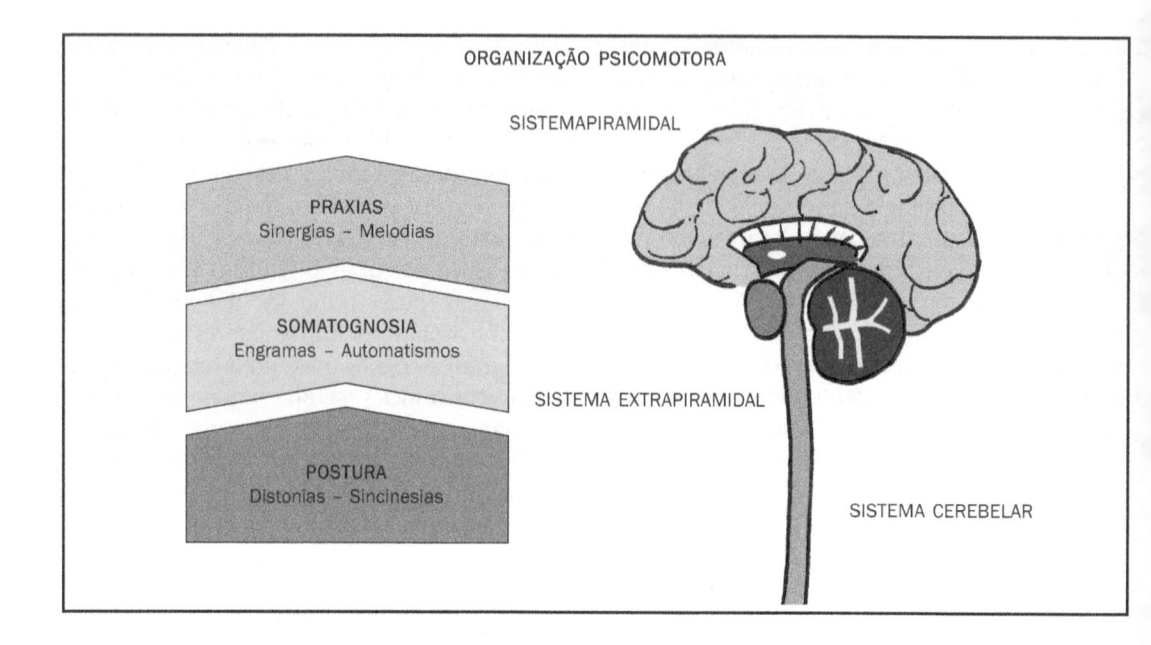

- SISTEMA PIRAMIDAL
- PRAXIAS — Sinergias – Melodias
- SOMATOGNOSIA — Engramas – Automatismos
- SISTEMA EXTRAPIRAMIDAL
- POSTURA — Distonias – Sincinesias
- SISTEMA CEREBELAR

xos, que se manifestam por reflexos, entendidos como memória da espécie. A visão limitada, dualista e cartesiana de considerar o reflexo apenas decorrente de um arco-reflexo isolado de todo o organismo, e não de um ato reflexo total e completo, que efetivamente é, não permitiu explorar a sua dimensão adaptativa e a sua importância evolutiva.

Nesta fase, o meio exterior, incluindo os vários ecossistemas (mãe, pai, outros, objetos, espaço, tempo, etc.) constitui a situação que vai solicitar todo o potencial motor do bebê por um processo de resposta e por adaptações sucessivas necessárias e decisivas para o seu desenvolvimento global e realizador. É, aliás, neste sentido, que A. Rey (1966) refere a seguinte cadeia de organização: a atividade motora provoca e origina os reflexos condicionados, e estes, por sua vez, condicionam a atividade motora postural, isto é, organizam-na, facilitando-a.

Os reflexos acabam por gerar atos, a partir do momento em que a criança experimenta uma resistência gravitacional do meio ambiente sobre a forma de estimulações diversas dele provenientes, que rompem a imobilidade da sua organização postural. A atualização dos reflexos constitui um processo de assimilação que se acomoda ao meio, onde o organismo solicita a sua própria estruturação, por meio das possibilidades posturais e motoras sucessivas que o seu desenvolvimento psicomotor implica.

### Organização da planificação motora

A segunda fase da organização psicomotora da criança caracteriza-se, no seu processo, pela passagem da integração sucessiva das aquisições motoras posturais para a sua integração simultânea, o que subentende um sistema somatognósico recheado dos acontecimentos vivenciados, experienciados e incorporalizados. A motricidade passa a ser uma melodia cinética, uma mobilidade equilibrada auto-regulada psiquicamente, flexível e ajustada no espaço e no tempo, o que pressupõe uma elaborada integração somatognósica.

Nesta fase, os movimentos já são ajustados, não por simples intuição ou por adaptação esporádica ou episódica, mas porque já são auto-controlados e auto-regulados psicologicamente (mais dependentes de funções de atenção, de processamento de dados dentro e fora do corpo, de planificação e de seqüência efetora, etc.), por isso são considerados sistemas funcionais, coordenando de forma precisa e perfeita, dados exteriores com interiores, em suma, gerando processos adaptativos contextualizados social e culturalmente.

A psicomotricidade evolui, assim, de um plano metamérico, onde se inscrevem as formas de motricidade vertebrada mais elementares, para uma motricidade ideacional que conjuga simultânea e construtivamente o corpo, os objetos, o espaço e o tempo. De uma organização reflexa, medular e localizada, passa-se a uma organização voluntária e cortical distribuída por várias regiões do cérebro, com a formação dos primeiros movimentos intencionais integrados. A plasticidade do sistema nervoso começa a ser significativa e iniciam-se a descoberta e a conquista transcendente dos planos gnósicos, práxicos e sociais da motricidade.

## Automatização

A terceira fase da organização psicomotora da criança caracteriza-se, no seu processo, pela automatização das aquisições motoras. A automatização torna-se possível pela interiorização dessas aquisições, as quais, por isso, se interorganizam neuro-maturacionalmente em redes tônico-motoras posturais como sistemas adaptativos. A automatização constitui o arsenal de engramas e competências práxicos que alicerçam o desenvolvimento psicomotor da criança. Tais automatismos integram ainda outros tantos planos de organização interna, como o plano corporal ou somatognósico, o construtivo-espacial, o perceptivo-gnósico, o gnósico-construtivo, o visuovestibular, o rítmico, etc., que, no seu todo, caracterizam a motricidade lúdica, social e ideacional (macro e micro) da criança e do jovem. É, pois, a fase em que se assiste a um enriquecimento psicomotor e a uma expressão corporal e motora mais ajustada e segura, ou seja, a uma motricidade aprendida, mais inteligente, eficaz, precisa, perfeita, isto é, práxica.

O desenvolvimento psicomotor, difuso e indiferenciado no princípio, adquire, por evolução própria, também por repetição variada e multifacetada, indícios progressivos de expressão, exploração e de utilização. Com a psicomotricidade, a criança vai descobrindo o mundo dos objetos e dos outros. Manipulando-os, vai reconhecendo as suas propriedades e atributos, relacionando-os com outras facetas mentais e sociais mais diferenciadas e distanciadas.

Com uma imaturidade tônica inicial desencadeadora de sincinesias, através da experiência repetida e variada que vai progressivamente experienciando (aquisição de hábitos), os sinais hiper, hipo, para e distônicos vão-se inibindo e desaparecendo, dando lugar a uma motricidade cada vez mais dissociada, fluida, veloz, precisa, fina, sinergética, auto-regulada, multifacetada e melódica nos vários sistemas – macro, micro, oro, grafo e sociomotores. A motricidade vai, então, aperfeiçoando-se à medida que se opera simultaneamente uma evolução da estruturação espaço-temporal, primeiro livre e desorganizada, depois orientada e lateralizada, para passar a ser finalmente representada, onde é impossível separar a somatognosia da gnosopraxia.

Entre a execução do ato e a sua representação há toda uma transição simbólica, de onde resulta uma diferenciação entre o significante e o significado. É essa diferenciação cognitiva que distingue os dois aspectos componenciais da psicomotricidade; por um lado, o aspecto figurativo, mais do domínio do psíquico, e, por outro, o aspecto operativo, mais do domínio do motor, consubstanciando a síntese funcional ou a simbiose da própria praxia. Não estando todos estes componentes ajustados e integrados sistemicamente, a síntese funcional não se opera, gerando, conseqüentemente, uma não-praxia, ou melhor, uma dispraxia.

É um erro estudar a psicomotricidade de uma criança só a partir do plano motor, enfocando exclusivamente os aspectos da prestação, da proficiência ou do desempenho motor, considerando a motricidade uma simples função instrumental, de valor puramente efetor, despersonalizando-a da sua significação tônico-emocional, afetivo-social e lingüístico-cognitiva.

O valor clínico da psicomotricidade está em revelar a importância das relações do sistema postural, da somatognosia e da organização práxica na gênese do pensamento ou na ontogênese do potencial de aprendizagem. A energética da psicomotricidade é de natureza afetiva, pois visa à satisfação de necessidades, enquanto a sua estrutura é de natureza cognitiva, pois implica uma organização neuropsicológica complexa.

## ORGANIZAÇÃO DA TONICIDADE

Após referir-me à organização psicomotora da criança, vou, a seguir, abordar o seu alicerce e suporte, o seu estado de preparação (atitude), ou seja, a organização da tonicidade. Dentro das várias metodologias possíveis, optei por recorrer didaticamente à definição de tônus segundo duas perspectivas, que chamarei, respectivamente, de clássica e de atual.

Segundo Brondgeest (1860), citado por Ajuriaguerra e Thomas (1949) e Ajuriaguerra e Stambak (1955), o tônus apresenta-se como uma tensão ligeira e permanente do músculo esquelético no seu estado de repouso. Para Paillard (1955, 1957, 1976), o tônus surge como uma função que assegura a preparação da musculatura para as múltiplas e variadas formas de atividade motora, desde a postura e as diversas formas de locomoção e de atividade até às praxias mais complexas.

Note-se, pois, como, a partir destas duas definições, é fácil verificar como a tonicidade envolve simultânea e dialeticamente um plano fisiológico e um plano psicológico, não uma mera cadeia de reflexos encaixados. No primeiro, está incluído o reflexo miotático, responsável pela regulação da postura; no segundo, está incluída, como veremos, a substância reticulada, responsável pela ativação dos canais semicirculares no equilíbrio e pela ativação dos músculos dos olhos na coordenação, para além da vigilância e da regulação de condutas humanas automáticas, desde as emocionais e não-verbais, passando pelas várias dimensões verbais da linguagem falada e da escrita, até, obviamente, às multifacetadas posturas e praxias do patrimônio cognitivo e cultural da espécie humana (Launay e Raimbault, 1962).

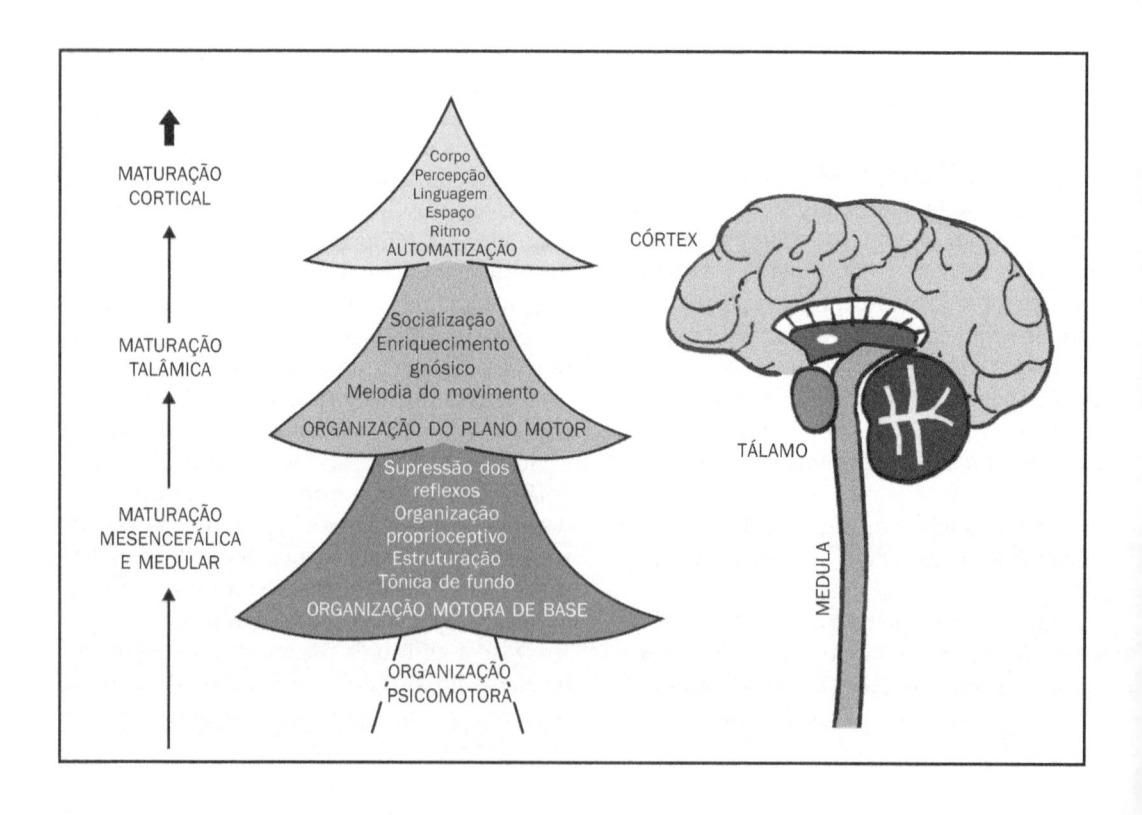

Aí também, para uma só estrutura anatômica – o músculo –, existem duas funções diferentes: a executiva (a contração muscular fásica) e a receptiva (sensível e tônica). Como diz Ajuriaguerra (1974), "o tônus, que prepara e guia o gesto, é simultaneamente a expressão da realização ou da frustração (*malaise*) do indivíduo". Ou seja, no gesto não há apenas uma parte física, fisiológica ou muscular, mas também uma parte mental do vivido e do experienciado pessoalmente, isto é, uma simbiose afetiva, um significado psicológico e auto determinado subjetivamente. Em ambos os aspectos, a função tônica confere à motricidade uma dimensão coerente, plástica e sinergética e, igualmente, uma convergência multissensorial, uma integração emocional e uma função de antecipação e de modulação psíquica.

Vou, pois, abordar o tônus segundo dois âmbitos ou planos: um restrito, e outro mais lato e de maior ambição. No plano restrito ou específico, o tônus apresenta-se como uma tensão que regula e controla a atividade postural como suporte da motricidade, consubstanciando a sua componente córtico-descendente.

A postura pode ser estudada segundo duas hipóteses que se completam: uma *top-down* (de cima para baixo), que envolve a seleção e regulação de processos psíquicos de antecipação, tendo em conta o plano global da ação e o seu contexto, e outra *down-top* (de baixo para cima), que envolve o encadeamento mecânico de reflexos. Nenhuma delas esgota a complexidade da postura. Em qualquer caso, está presente a atitude, isto é, a criação de um estado interno de preparação e de concentração para desencadear a ação ou a resposta adaptativa para uma dada situação ou conjunto de estímulos.

A atitude subentende, portanto, estar pronto para o movimento (*readiness to move*), é o sentido de sombra que acompanha o movimento (Sherrington, 1906), algo que sugere uma dimensão teleocinética, uma vez que se conjugam dois submecanismos de repartição da tonicidade; um que assegura o suporte antigravítico (ativação-inibição) do movimento e outro que produz as sinergias do movimento nos membros e nas extremidades.

No seu conceito mais ambicioso, o tônus agrega a si todos os aspectos da atividade neurológica, consubstanciando o seu componente córtico-ascendente, especialmente integrados na organização funcional dos processos psíquicos básicos e superiores (Ajuriaguerra, 1974, 1980; Luria, 1965, 1975; Fonseca, 1998, 1999, 2000, 2001).

Em termos simples, a função tônica distribui-se por várias facetas:

– a que participa na regulação da atividade neuro-vegetativa;
– a que garante os estados de atenção, de vigilância e de alerta;
– a que regula a função do sono;
– a que emerge da fenomenologia das emoções e das motivações;
– a que estabelece e é estabelecida pelo equilíbrio psíquico e miocinestésico;
– a que orienta a experiência e a ação;
– a que, em suma, constitui o verdadeiro indicador crítico da personalidade humana.

Basta, por exemplo, recorrer, como já sublinhei, à psicossomática para melhor se entender esta perspectiva, como se pode constatar no chamado mal-estar, na doença ou em determinadas perturbações orgânicas, que não são mais do que o reflexo e a resultante de eventuais tensões (estresse) e agressões da vida cotidiana não-superadas no espaço e no tempo.

A agressão produzida pelos estímulos e pelas situações do nosso dia-a-dia provoca, como todos bem o sabemos e sentimos, um estado de tensão psíquica e anímica, com ou sem ansiedade, cujos efeitos tendem a acumular-se no âmbito do tônus muscular, mais concentradamente nos músculos de relação, ditos também periféricos, pluriarticulares e altamente energéticos. Tais tensões psicoexistenciais são materializadas em tensões musculares onerosas, isto é, em uma ansiedade concreta e concomitante. Repare-se, por exemplo, determinadas frases populares tão nossas conhecidas: "Ele é um contraído"; "Ele é nervoso"; "Descontrai-te"; "Ele ferve em pouca água"; "Não admira, ele decidiu sob tensão"; "Não respondeu no exame, porque estava muito ansioso e tenso"; etc.

Todas essas tensões e contrações mal geridas e integradas traduzem-se, para o indivíduo, em estados psíquicos de depressão, de apatia, de fadiga, de impulsividade, de mau gênio, de irritabilidade, de desassossego, de instabilidade, de inquietude, etc. Todas, aliás, são formas materializadas e concretas da própria função tônica em relação a si mesma.

Basta, afinal, recordarmos as formas pelas quais reagimos aos outros e com os outros, principalmente durante "debates", "reuniões importantes" ou discussões ditas "acesas", ou ainda o medo e ansiedade com que tantas vezes encaramos os exames ou outras situações menos familiares e desconhecidas, como competições esportivas ou situações de estresse contínuo, para verificarmos que todas têm por fundo comum um estado exagerado e desajustado de tensão, revelando a importância da tonicidade em todos os processos operacionais e relacionais do indivíduo (Azemar, 1965).

O estado extremo de tensão ou de desajustamento tônico denomina-se hipertonia, podendo, mesmo em casos patológicos e defectológicos, ser designado por espasticidade (uma forma de paralisia cerebral, que envolve, preferencialmente, o sistema piramidal), dando origem a um déficit neurofuncional grave, que repercute em múltiplos aspectos da postura, da motricidade e, claro, do comportamento adaptativo. De maneira oposta, denomina-se hipotonia todo o estado polar ou contrário ao anterior, em que a tensão é mínima, laxa, lassa ou frouxa, podendo, igualmente, nos casos patológicos, ser exacerbada, como na atetose (outra forma de paralisia cerebral, envolvendo agora o sistema extra-piramidal), igualmente com repercussões graves na postura, na motricidade e no comportamento adaptativo.

A função tônica, no seu estado funcional ideal, subentende um estado de harmonia do indivíduo consigo próprio e com o ambiente total (cósmico, físico, humano, etc.), nem hipertonia, nem hipotonia, mas, sim, uma eutonia (G. Alexander, 1961a, 1966, 1981, 1985; Digelmann, 1967, 1971a, 1971b; Múrcia, 2001), um estado tensional flexível, plástico e adaptado, equidistante dos estados extremos que vimos atrás, que caracteriza o comportamento adaptativo, o bem-estar, a qualidade de vida, o sentimento pleno de si, o equilíbrio emocional interno projetado no teatro do corpo, etc.

Estão, neste caso, por exemplo, todas as situações em que o ambiente de relação e de interação com os outros (no caso da educação, com os estudantes) é de mútua tolerância e empatia, em que trabalho e ação executada são desejo realizado, e não intenção frustrada, mesmo quando tudo se resume a um simples banho quente! Aqui também hipertonia e hipotonia constituem mais um binômio em unidade dialética viva e motivadora. É nesta pulsão dialética entre o desagradável e o agradável, a frustração e a realização, a ansiedade e a serenidade, em uma palavra, entre a hipertonia e a hipotonia, que a vida do ser humano acontece e é.

A função tônica acaba por espelhar a busca de um estado de equilíbrio e de harmonia psicossomática, um balanço dinâmico das situações de vida e de aprendizagem, podendo mesmo transcender a dimensão do indivíduo para apontar traços de hábitos, e mesmo de culturas. O tônus dos africanos é bem diferente do dos nórdicos, não só visível na textura das suas peles, como nas suas estruturas musculares.

Todos esses exemplos são, assim, outros tantos indicadores críticos de como o tônus se insere em todas as manifestações da vida de uma pessoa ou, não fosse ele, a sua própria expressão corporal personalizada e intransmissível.

A aprendizagem, em termos de autopercepção do universo do corpo em toda a sua plenitude e complexidade, apesar da grande diversidade das escolas, é a essência nuclear dos métodos de relaxamento, um meio privilegiado e essencial da intervenção psicomotora em todas as suas vertentes, quer educativa e profilática, quer reeducativa e terapêutica (Ajuriaguerra e Badaraco, 1953; Ajuriaguerra, Badaraco e Hécaen, 1959; Aboulker, Chertok e Sapir, 1959; Wintrebert, 1959, 1971; Bruno, 1960; Klotz, 1960; Stokvis, 1960; Lemaire, 1964; Cringuet et al., 1964; Bergès, 1964, 1973; Schultz, 1965;

Bergès, Bounes e Mattos, 1972; Bergès e Bounes, 1974; Choulat, 1967; Bousinguen e Geissman, 1968; Bertrand, 1967; Lapierre, Camblong e Aucouturier 1968; Wintrebert et al.,1971; Kammerer, 1971; Fonseca, 1973).

Sempre e em tudo o excesso, para qualquer dos lados, é prejudicial por ser alienante e destabilizador. Por isso, quando considerado sob o ponto de vista da evolução da criança e do jovem ou da aprendizagem, qualquer dos excessos poderá comprometer irremediavelmente o seu desenvolvimento correto e ajustado, conforme já tive ocasião de referir quando do estudo da gênese da imagem do corpo. Vou, pois, a seguir, reunir mais alguns elementos a este respeito para uma melhor compreensão deste assunto nos seus mais variados âmbitos, que vão desde o mecânico ou da definição clássica, o neurofisiológico ou da definição mais atual, até aquele em que a tonicidade e o ser humano são uma e a mesma unidade. É, pois, para esta última dimensão que vou propor todo um novo conjunto complementar de conhecimentos sobre o tônus.

Analisemos o tônus agora como um conceito mais transcendente, como um conceito de relação histórico-social e de vida, como um fenômeno situado, sim, no âmbito muscular e corporal, mas considerando o músculo simultaneamente com uma função executiva, compreendendo uma estrutura de execução neurofisiológica (função de *output*), e com uma função receptora, compreendendo a estrutura de captação de sentidos (função de *input*) que também é.

Aos cinco sentidos tradicionalmente conhecidos é preciso juntar o sentido cinestésico, que não só põe em jogo outros captadores sensoriais, quer no músculo, quer nas articulações, quer na pele (alongamento, força, rotação, pressão, palpação, contato, etc.), não esquecendo a sua estreita inter-relação com os cinco captadores do ouvido interno (utrículo, sáculo e três canais semicirculares), que, ao longo da evolução, contribuiu em muito para a sobrevivência e aperfeiçoamento da espécie humana (Berthoz, 1997).

Assim, recordemos primeiro um conjunto de considerações que apresentam a tonicidade como função executora, isto é, como um fenômeno de e da, contração muscular. Nesta perspectiva, o tônus surge com uma função nervosa integrada, que se projeta em todos os níveis da musculatura, seja esta lisa (responsável pela função neurovegetativa, digestão, respiração, etc.), cardíaca (responsável pela função circulatória) ou esquelética (responsável pelos movimentos voluntários da vida de relação com o mundo exterior).

Pode-se, pois, dizer que o tônus abrange todos os músculos responsáveis pelas funções biológicas de sobrevivência, pelas funções psicológicas de prazer e de utilidade e ainda por toda e qualquer forma de relação e de comunicação social (onde se inscreve o paradigma da sociomotricidade, que não cabe neste livro aprofundar), tendo como sua característica essencial a sua economia neurofuncional, pelo baixo consumo metabólico-energético, que permite ao ser humano, por exemplo, manter-se em pé, andar ou correr durante grandes períodos de tempo sem sinais de cansaço.

De fato, não podemos esquecer como todo o movimento e, portanto, todas as condutas e comportamentos necessitam de um suporte, ou seja, de um estado de tensão ativa, preparatória e permanente, que constitui a tonicidade. Sem tal modulação básica e fundamental, o comportamento não se pode desencadear, desenrolar, controlar ou concluir em tempo útil e de forma adaptada. Não é, pois, por acaso que a musculatura do ser humano se apresenta, de uma forma global, estruturada anatomicamente em três camadas musculares – a da profundidade, a da superfície e a intermédia ou mista. A da superfície se destina ao movimento, daí ser constituída por músculos poliarticulares, e a da profundidade, ao apoio postural, daí ser constituída por músculos monoarticulares, ambos com uma matriz química distinta. Há, portanto, como que um segundo plano do movimento que não se vê, que tem como missão garantir um apoio permanente e sinergético, ou seja, uma contração de suporte ao primeiro plano do movimento que se vê, como se a tonicidade ilustrasse a metáfora do *iceberg* na produção da motricidade adaptativa.

É assim, por exemplo, no caso característico da ação da gravidade, que atua permanente sobre o corpo humano, em que a contração da profundidade que se opera também é permanente, uma vez que é reflexa e involuntária (o chamado reflexo miotático de Sherrington). Só pela contração permanente e reflexa dos músculos monoarticulares da profundidade (que não se vêem, por isso são facilmente esquecidos) é garantido o ponto de apoio necessário à contração voluntária dos músculos poliarticulares da superfície, que, entretanto, se produzem em função das circunstâncias de cada aqui e agora concreto do gesto, da resposta adaptativa ou do comportamento proposto ou sugerido pelas situações-problema nas quais o indivíduo se encontra mergulhado.

Nesses dois processos sistêmicos, posturais e práxicos, estão em interação também permanente substratos reticulares, cerebelares e subcorticais mais próximos da neurorregulação dos músculos monoarticulares, e substratos corticais e frontais mais próximos da neurorregulação dos músculos poliarticulares.

Pode-se também chamar este segundo plano da contração muscular de plano invisível do movimento, plano sem o qual, note-se bem, este não seria, nem é, possível. É o que acontece, analogamente, por exemplo, no caso da linguagem verbal, em que o som não seria possível sem o silêncio, plano invisível do som. Assim, o que se vê do movimento ou o que se ouve da linguagem é a expressão viva e visível de uma existência que também é o que não se vê! Em que, afinal, o que se vê tem que existir em paralelo com um apoio funcional do que não se vê.

O que não se vê é exatamente a função tônica, que, no entanto, está, como é evidente, implícita no gesto que se vê ou no comportamento que se expressa e se projeta. A função tônica é, afinal e em resumo, aquela tensão ativa predisponente que foquei logo de início, que não só vai permitir que qualquer indivíduo se desloque no espaço e no tempo, de uma forma humanizada e socializada, como também permite que, nos órgãos da fala, as cordas vocais possuam uma determinada tensão para reproduzirem sons articulados, consciencializados e significativos, caso contrário, podemos observar uma afonia.

Falei em duas camadas musculares, a da profundidade e a da periferia, para situar o problema em uma determinada perspectiva anátomotopográfica. Existe outra, agora no âmbito neurofisiológico, que o confirma. Sim, a contração muscular pode assumir duas formas neurofisiológicas essenciais:

– uma fásica, também dita de tensão dinâmica e rápida, que gera o movimento que se vê e se observa;
– outra tônica, também dita de tensão lenta e permanente, que gera atitudes em que se apóiam todos os movimentos.

Vejamos o que nos dizem sobre isto Challey-Bert e Plast (1973): "De fato, a motricidade compreende duas componentes: o sistema cinético do movimento propriamente dito e o sistema estático da postura ou da atitude. Todo o movimento parte de uma atitude; atitude que o segue como uma sombra, o prepara e o termina. O mecanismo estático, isto é postural, intervém constantemente para estabilizar e para regularizar o movimento cinético". Ainda nesta abordagem, podemos também comparar o movimento com uma linha reta, de acordo com Lhermitte (1939). Enquanto esta é composta por uma sucessão de pontos, por analogia, a coordenação seria composta por uma sucessão de atitudes e de equilíbrios, ambos suportados pela tonicidade.

Em suma, todos os movimentos apóiam-se em um estado de tensão tônica plástico, que, no fundo, é o meio pelo qual se torna possível o equilíbrio biomecânico indispensável para que possa acontecer a coordenação entre os movimentos dos vários segmentos corporais entre si e no seu todo. Assim como não pode haver movimentos sem atitude de fundo (o seu verdadeiro tecido conjuntivo!), também não pode haver coordenação de movimentos sem equilibração de fundo (seu verdadeiro tecido conjuntivo... também). Esquematicamente, pode-se mesmo dizer que:

$$\frac{\text{TÔNUS}}{\text{COMPORTAMENTO}} = \frac{\text{ATITUDE}}{\text{MOVIMENTO}} = \frac{\text{EQUILÍBRIO}}{\text{COORDENAÇÃO}}$$

## Tipos de tônus

Claro que não é possível, no âmbito deste livro, um estudo exaustivo sobre o tônus. Alguns dos apontamentos expressos, porém, fornecem aos mais curiosos várias pistas de reflexão e de maior e melhor informação. No entanto, e a título complementar, parece-me de bastante interesse recorrer a Ajuriaguerra e Thomas (1949), Werner e Wapner (1949), Lebovici (1952), Stambak (1963), Azemar (1965), Bernier e Paupe (1966), Astrand e Rodahl (1970), Paillard (1976), Fonseca e Mendes (1976) e Rigal (1979, 1998) devido aos vários tipos de tônus que estes autores apresentam nos seus trabalhos sobre este assunto:

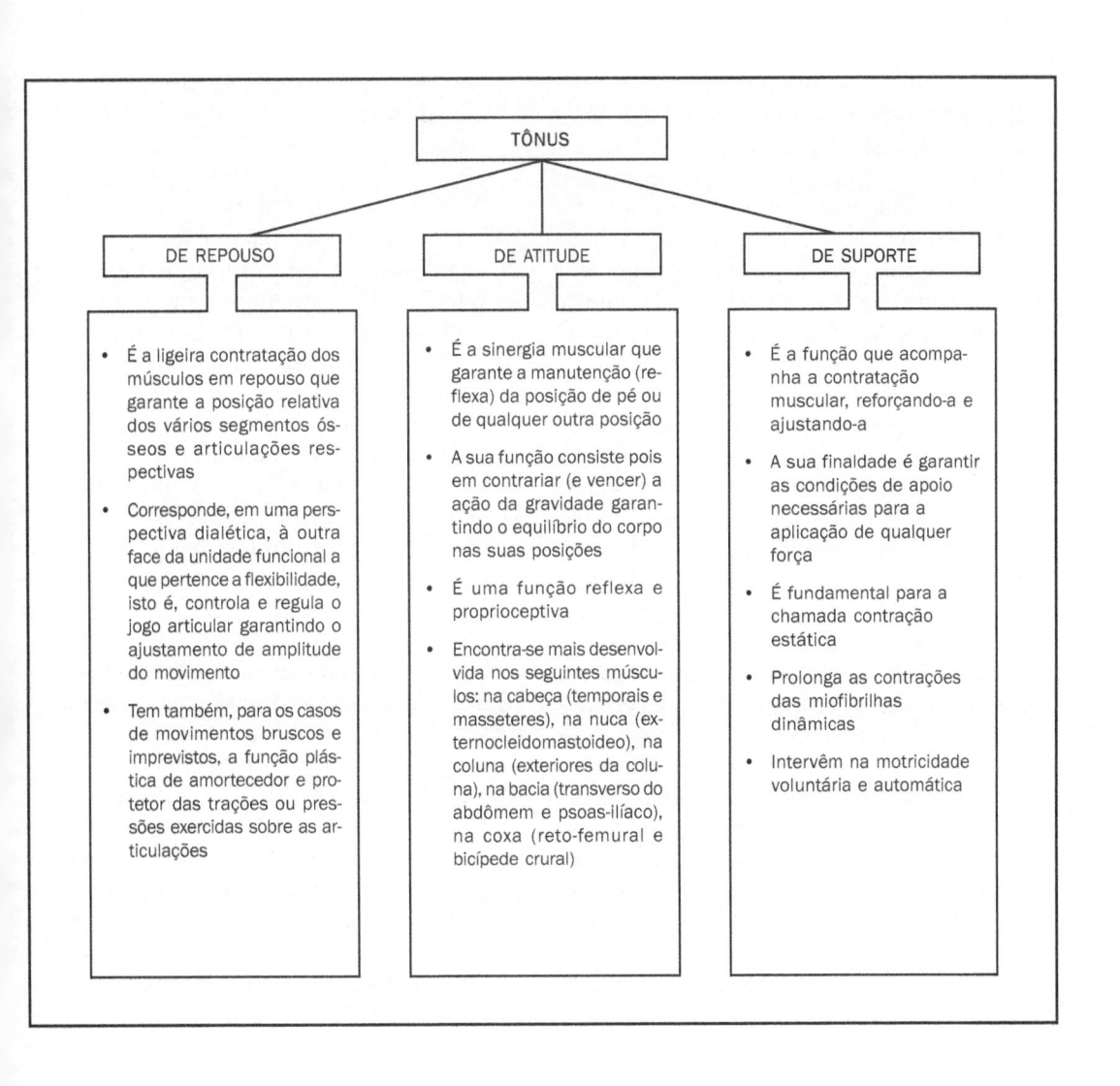

```
                          TÔNUS
          ┌─────────────────┼─────────────────┐
    DE REPOUSO          DE ATITUDE         DE SUPORTE
```

**DE REPOUSO**
- É a ligeira contratação dos músculos em repouso que garante a posição relativa dos vários segmentos ósseos e articulações respectivas
- Corresponde, em uma perspectiva dialética, à outra face da unidade funcional a que pertence a flexibilidade, isto é, controla e regula o jogo articular garantindo o ajustamento de amplitude do movimento
- Tem também, para os casos de movimentos bruscos e imprevistos, a função plástica de amortecedor e protetor das trações ou pressões exercidas sobre as articulações

**DE ATITUDE**
- É a sinergia muscular que garante a manutenção (reflexa) da posição de pé ou de qualquer outra posição
- A sua função consiste pois em contrariar (e vencer) a ação da gravidade garantindo o equilíbrio do corpo nas suas posições
- É uma função reflexa e proprioceptiva
- Encontra-se mais desenvolvida nos seguintes músculos: na cabeça (temporais e masseteres), na nuca (externocleidomastoideo), na coluna (exteriores da coluna), na bacia (transverso do abdômem e psoas-ilíaco), na coxa (reto-femural e bicípede crural)

**DE SUPORTE**
- É a função que acompanha a contratação muscular, reforçando-a e ajustando-a
- A sua finalidade é garantir as condições de apoio necessárias para a aplicação de qualquer força
- É fundamental para a chamada contração estática
- Prolonga as contrações das miofibrilhas dinâmicas
- Intervêm na motricidade voluntária e automática

As imensas observações clínicas na paralisia cerebral e na neuropatologia motora demonstram bem que a perturbação do tônus muscular acarreta inúmeras desordens psicomotoras, como, aliás, teremos ocasião de ver mais à frente. O quadro anterior resume, portanto, a perspectiva do tônus como fenômeno de contração muscular. Através dele é fácil perceber como, mesmo considerando apenas esta perspectiva fisiológica, a função tônica envolve toda a estrutura funcional do sistema nervoso, tanto central, como periférico, uma vez que, como vimos, da vida vegetativa à vida de relação, o tônus está presente em todas as suas manifestações e confere-lhes interdependência funcional. Ele é a contração muscular de fundo e de base de todas as manifestações de vida, assegura a constância do mundo interior e alerta-o quando a homeostasia está em perigo.

Quer dizer, o tônus é a contração muscular e está direta ou indiretamente implicada, por isso, no movimento reflexo, automático ou voluntário, sendo regulado e modulado pela intervenção do sistema nervoso, desde o nível medular (segmentar e metamérico), passando pelo nível mesencefálico (estruturas bulbo-pontocerebelares e talâmicas) até o nível superior do córtex.

Pode-se perguntar agora, retomando o tônus como conceito-chave: como poderá esta função tônica ser afetividade? De fato, como já vimos em Wallon (1970a, 1970b), W. Reich (1969, 1977), tônus e afetividade são uma e a mesma coisa. Eu diria que são contração muscular personalizada e subjetiva carregada de sensibilidade, de emoções vividas e de memórias pessoais. Mas como? Para responder a esta interrogação, temos que redescobrir o músculo, agora em outro papel, mais transcendente. Não como órgão efetor ou como fator mecânico de execução, mas, sim, como mais um órgão dos sentidos a juntar-se aos outros cinco que bem conhecemos, isto é, como órgão de sensibilidade própria, em outras palavras, como um proprioceptor. Surge-nos, assim, o músculo como um verdadeiro agente duplo de ação simultânea, cuja expressão material representa, em suma, a síntese ou a unidade de relação da sua própria função e organização. Mas, como já perguntei, como isso será possível?

Para responder com algum fundamento a esta pergunta e perspectiva, considerarei o músculo, como órgão dos sentidos e do sentir, fazendo parte do sexto sentido, o sentido do movimento (Berthoz, 1997. Apresentarei a seguir, embora muito resumidamente, as estruturas sensitivas convergentes e centrífugas que o compõem, lado a lado com as fibras e restantes elementos que já tive ocasião de considerar quando do estudo do músculo como órgão efetor do movimento.

Tais estruturas são, respectivamente, as seguintes:

1. o fuso neuromuscular (no músculo);
2. os corpúsculos de Golgi (nos tendões);
3. os corpúsculos de Ruffini e Pacini (no periósteo);
4. a pele.

Note-se, porém, que este estudo se refere aos músculos estriados, a que também já chamei músculos esqueléticos ou músculos da vida de relação, precisamente porque são estes os músculos que possuem estas estruturas sensoriais complexas em maior número, sem as quais a motricidade humana não atingiria a fabricação de utensílios, o *Homo habilis* não faria parte da história da humanidade. É por estas estruturas que ocorre não só a sensibilidade ao alongamento-encurtamento, à posição e à velocidade de deslocamento dos segmentos corporais em movimento, ao reflexo miotático, à regulação da inervação recíproca, envolvendo uma dinâmica de natureza reflexa, mas servo-assistida, como também outra sensibilidade intrínseca de natureza cortical, ou seja, a capacidade de integrar a percepção consciente de uma contração ou de um estiramento, como propõem inúmeros métodos de relaxação.

O fuso neuromuscular, os corpúsculos de Golgi e de Ruffini e a pele são captadores de propriedades dinâmicas que ocorrem no músculo quando o corpo está em repouso ou em movimento. Desta forma, o cérebro é informado sensorialmente e, com base nesta informação, pode modular, regular, antecipar e extrapolar a motricidade. A complexidade informacional no âmbito do músculo complexificou-se também ao longo da evolução.

Convergindo todas essas informações para o âmbito medular, o cerebelo otimiza ainda a sua interação multissensorial com outros dados proprioceptivos, vestibulares e visuais e, por último, o colículo superior dá-lhes a estrutura de orientação necessária. É óbvio que toda esta convergência multissensorial tem de envolver uma coerência construída. É a isso que me refiro quando falo de maturidade tônica, sem a qual a ontogênese psicomotora fica comprometida, os movimentos tornam-se difíceis de organizar, o comportamento social tem menos regulação inibitória e as aprendizagens não-verbais e verbais são inquietantes e desmotivantes.

Todas as propriedades reflexas (tendinosas, miotáticas e periósteas) que constituem um dos aspectos da função tônica nascem, como veremos, nas inúmeras terminações nervosas espalhadas por todo o corpo e estão localizadas e distribuídas nas proximidades e zonas afins das articulações (músculos, tendões, periósteo, ligamentos e cápsulas articulares), todas elas participando ativamente no movimento. São, pois, estruturas de sensibilidade indispensáveis para a regulação da postura e para o controle eferente das praxias e constituem, no seu conjunto, o que normalmente se designa por estruturas proprioceptivas ou sensibilidade proprioceptiva, de onde emana o tônus afetivo e subjetivo, o sentimento de si, o surgimento da relação com o outro, ou por imitação ou por aprendizagem. Esta sensibilidade, distinta na motricidade humana em comparação com a motricidade animal, emerge do corpo e das suas ações e dos seus músculos, a partir da qual se edifica a tal noção e imagem do corpo, isto é, os prelúdios da consciência. Pode-se dizer que, de um modo geral, tais estruturas são, no seu conjunto, dispositivos sensoriais que enviam para o cerebelo e para o córtex informações quanto ao grau de tensão, de força, de rotação, de alongamento-encurtamento ou de pressão dos músculos do ângulo resultante da posição relativa entre os vários segmentos do corpo, bem como têm a ver também com informações epidérmicas de contato, de palpação, etc.

Por outro lado, constituem as várias formas pelas quais se materializa muscular e corporalmente a proprioceptividade inconsciente e consciente, isto é, a relação mais ou menos empática e límbica entre o eu e o mundo exterior (o não-eu ).

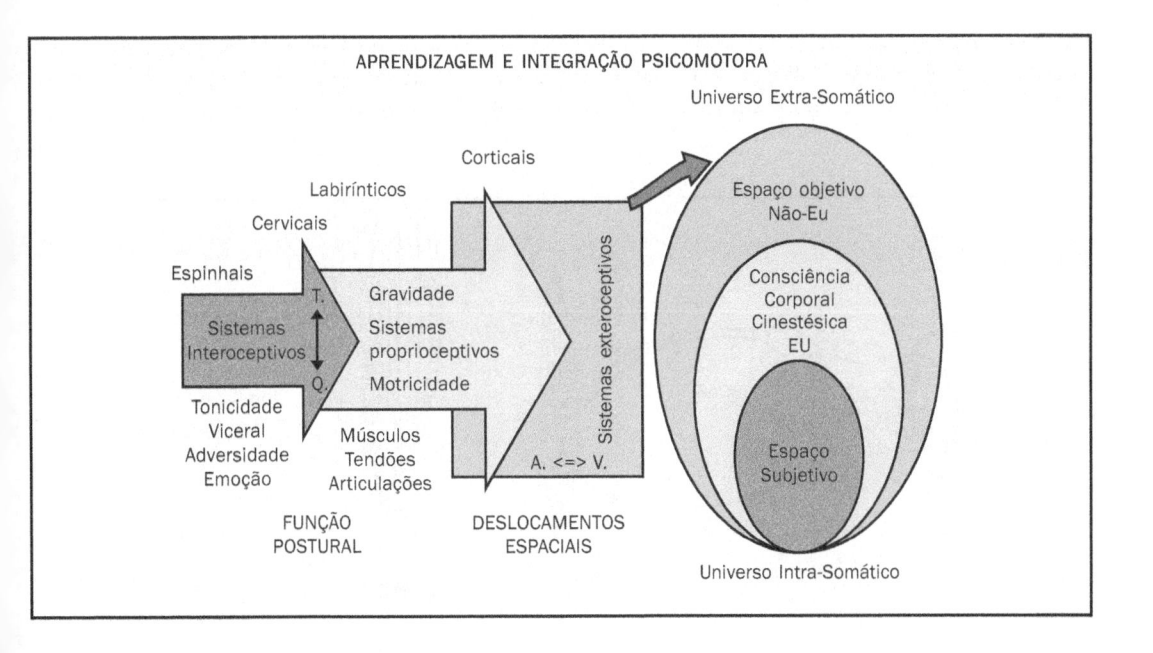

Antes de voltar a uma síntese final sobre este assunto, isto é, antes de me debruçar um pouco mais a fundo sobre a interpretação do tônus como um comportamento afetivo de fundo, vejamos um pouco mais de perto, começando pelo fuso neuromuscular, o que são, sob o ponto de vista anátomo-fisiológico, estas estruturas sensoriais que estou abordando.

## PROPRIOCEPTORES

### O fuso neuromuscular (FNM)

O fuso neuromuscular (FNM), estudado por vários anatomofisiologistas, neurologistas e outros especialistas, como Ajuriaguerra e Thomas (1949), Sherrington (1906), Granit (1955, 1977), Eccles (1973a, 1973b, 1985), Eccles e Poper (1977), Rasch e Burke (1974), Rigal (1979, 1988), Sage (1981), Kandel, Schwartz e Jessell (2000), etc., é um órgão complexo, de forma alongada, podendo atingir um centímetro de comprimento, e é composto por uma zona central e duas extremidades. Trata-se de um conjunto de fibras intrafusoriais, ricas em sarcoplasma e em núcleos, que se encontram colocadas paralelamente em relação às fibras dos músculos em que estão inseridas, denominadas fibras extrafusoriais. Sua formação muscular possui uma inervação motora própria, localizada nas respectivas extremidades, sendo a sua inervação sensitiva assegurada por terminações sensitivas ânuloespirias (Ia) e em leque (II), localizadas na sua zona central.

As fibras motoras provêm do corno anterior da medula, são denominadas motoneurônios gama e representam um terço dos axônios motores. Os outros dois terços correspondem à chamada via alfa e dirigem-se para as fibras extrafusoriais. No momento em que as fibras extrafusoriais estão em contração, as do fuso encontram-se em repouso, para, quando desaparece ou termina a contração extrafusorial, surgir a atividade das fibras musculares do fuso. É, aliás, este servomecanismo funcional que constitui o chamado anel gama, que consiste em um anel aberto, graças ao motoneurônio gama, que está em relação com substratos neurológicos superiores, principalmente com a substância reticulada, seu verdadeiro intermediário para esse efeito.

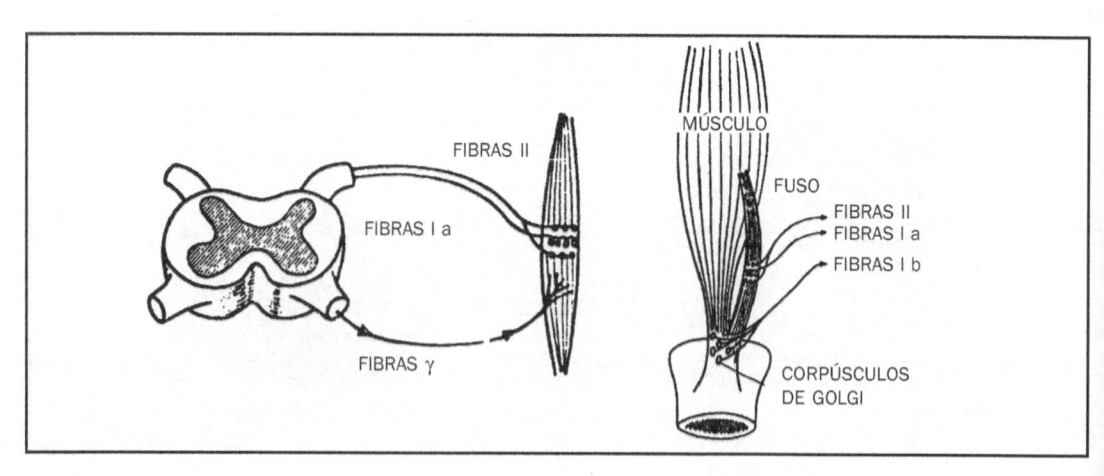

Assim, enquanto a via-alfa do reflexo miotático pode ser considerada como um anel-fechado e de função reflexa, que é, de fato, o anel gama, como mencionei, é um anel aberto ao mundo exterior, não-reflexo, mas de antecipação, ou seja, ilustrando a circularidade vivida e experimentada da interação do indivíduo com os ecossistemas. É com base neste sistema que uma contração muscular pode ser percebida conscientemente no córtex. O FNM permite, assim, que o cérebro modele as sensações e as ações, e a comunicação e a interação entre o centro e a periferia são, desse modo, construídas ao longo do desenvolvimento psicomotor. É, pois, perante essa evidência científica, conforme foquei na introdução deste livro, que hoje já não podemos nos dar ao luxo de duvidar que o corpo e o espírito são uma unidade de relação coerentemente estruturada, deixando de vez, e para sempre, qualquer concepção dualista e mecanicista do corpo, do movimento, da educação e da vida.

O músculo surge, assim, através do FNM (verdadeiro representante do cérebro em cada músculo), como um verdadeiro microcórtex (em analogia com um *microshift*). Em paralelo, mesmo em termos cibernéticos, o cérebro acaba por ser um metamúsculo; a área 4 não é mais do que um inventário homúnculo dos músculos do corpo.

Os proprioceptores asseguram, no fundo, um constante fluxo de informações entre o centro e a periferia, ou seja, entre o cérebro e o corpo, entre o psiquismo e a motricidade, conferindo-lhes, conseqüentemente, propriedades sistêmicas de comunicação, de interdependência, de auto-regulação, de interação com o exterior, de coibição, de adaptabilidade, etc., que caracterizam a sua totalidade funcional. Pela mesma razão de unidade sistêmica e cibernética, o cérebro surge, por sua vez, como um pluri ou metamúsculo, conforme já foi possível verificar quando registrei que, na sua circunvolução frontal ascendente, exatamente na sua área 4, o cérebro tem representada e inventariada toda a musculatura do corpo por intermédio de uma topografia invertida do nosso corpo (o célebre homúnculo de cabeça para baixo).

## O Homúnculo

Repare-se ainda que, anatomicamente, o anel gama compreende:

- por um lado, o arco-reflexo monosináptico, específico do reflexo miotático de Sherrington e que inclui os receptores ânulo-espirais do FNM, que fazem sinapse com um motoneurônio radicular anterior do tipo alfa. Este, por sua vez, inerva as placas motoras extrafusoriais, as quais, no seu conjunto, constituem uma unidade motora;
- por outro lado, o motoneurônio gama, inervando as extremidades estriadas do fuso, modula as descargas do fuso, em função das influências medulares e superiores (da substância reticulada, do cerebelo, do colículo superior) que a ele convergem, o que confere ao indivíduo uma expressão corporal pessoal e original.

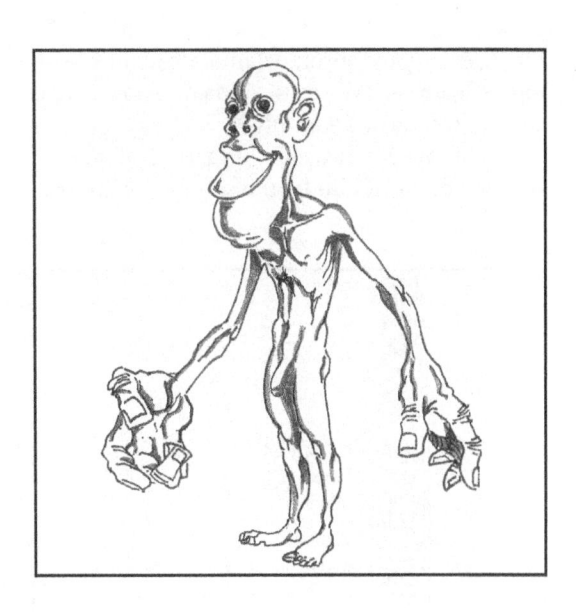

O motoneurônio gama é a via pela qual o reflexo miotático de Sherrington é personalizado, por isso a atitude postural no ser humano acaba de sintetizar, em um dado momento, a sua história emocional, afetiva e vivencial e também a sua predisposição atual e prospectiva em termos de conduta. A postura é, em certa medida, o reflexo do psiquismo, e não uma pura maquinaria de reflexos.

O estudo da postura não pode ser esgotado na anatomia ou na fisiologia clássicas, quando muito terá de ser estudada nas suas dimensões projetivas, na medida em que, agregados à sua essência, estão os conceitos neuropsicológicos e neuropatológicos de esquema corporal, imagem do corpo, somatognosia ou membro fantasma, anosognosia e assomatognosia, como referi. Eu diria ainda que o anel gama representa o ciclo existencial do indivíduo em cada aqui e agora, onde a expressão corporal reflete uma sinergia tônico-muscular postural. Em outras palavras, e agora segundo Granit (1977): "Os receptores ânulo-espirais exercem um controle direto do tônus, e, o motoneurônio gama, um controle indireto do tônus". Vejamos, ainda, um pouco mais sobre a constituição do FNM.

As fibras sensitivas têm origem na zona central ou equatorial do fuso e são de dois tipos:

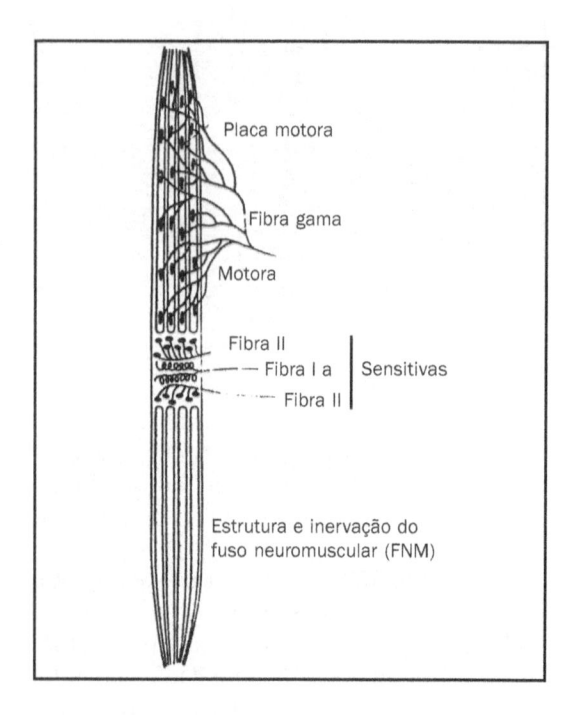

**Estrutura e inervação do fuso neuromuscular (FNM)**

- Placa motora
- Fibra gama
- Motora
- Fibra II
- Fibra I a  } Sensitivas
- Fibra II

a) fibras ânulo-espirias ou primárias (Ia): terminam em espiral (do tipo saca-rolhas) e são constituídas por fibras mielínicas de grande calibre e, por isso, de grande velocidade de condução do influxo nervoso. Entretanto, sua articulação com os neurônios sensitivos localizados no corno posterior da medula não apresenta sinapses e, por isso, é muito rápida, podendo participar e influenciar o reflexo miotático, que, como vimos, é o responsável pela posição vertical e bípede exclusiva do ser humano.

Em resumo:

– são receptores fásicos;
– reagem à velocidade do alongamento do músculo em que estão inseridas:
– têm um baixo limiar de excitabilidade;
– não atuam nos alongamentos musculares prolongados.

b) fibras em leque ou secundárias (II): terminam em ramo de flor e são de pequeno calibre e, por isso, mais lentas na velocidade de condução do influxo nervoso. Entretanto, sua articulação com os neurônios do corpo posterior da medula faz sinapse com os neurônios de associação ou intercalares, que alimentam os arcos polissinápticos, o que lhe confere uma ligação mais afetiva com a função de circuito recorrente do movimento (*feedback*).

Em resumo:

– são receptores tônicos;
– reagem à tensão provocada pelo seu alongamento;
– têm um alto limiar de excitabilidade;
– atuam nos alongamentos musculares prolongados.

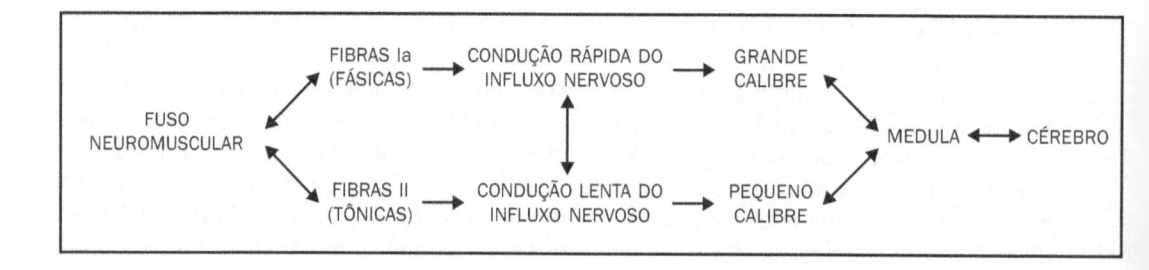

FUSO NEUROMUSCULAR → FIBRAS Ia (FÁSICAS) → CONDUÇÃO RÁPIDA DO INFLUXO NERVOSO → GRANDE CALIBRE → MEDULA ↔ CÉREBRO

FUSO NEUROMUSCULAR → FIBRAS II (TÔNICAS) → CONDUÇÃO LENTA DO INFLUXO NERVOSO → PEQUENO CALIBRE → MEDULA ↔ CÉREBRO

Note-se ainda que o estímulo específico dos FNM é o alongamento muscular, em que as terminações ânulo-espirais têm uma reação ao menor alongamento, enquanto as terminações em leque reagem apenas aos alongamentos mais intensos e prolongados.

VELOCIDADE → FIBRA Ia → ARCO REFLEXO MONOSINÁPTICO

TENSÃO ⟼ FIBRA II → ARCOS POLISINÁPTICOS

## Os corpúsculos de Golgi

Estes corpúsculos, verdadeiros mecanoreceptores esqueléticos e musculares, são pequenos órgãos nervosos que estão localizados nos tendões, próximos das inserções musculares e das respectivas aponevroses. São órgãos sensitivos de condução rápida do influxo nervoso e têm como função comunicar à medula o grau de alongamento ou de encurtamento do músculo, tenha essa tensão sido provocada passivamente ou por contração muscular. Sua função é, pois, uma função inibidora e inversa dos FNM, uma vez que, enquanto o FNM tem uma função dinâmica, os corpúsculos de Golgi têm uma função inibidora, pois têm de informar o sistema nervoso do estado da contração muscular.

Fazendo parte de uma convergência proprioceptiva aferente com os receptores cutâneos, com o FNM e os corpúsculos de Ruffini, esse mecanoreceptor participa simultaneamente na informação da posição estacionária de um dado segmento corporal e na velocidade e na direção do seu próprio movimento, daí a também a sua importância para a regulação eferente, quer das praxias globais, quer das praxias finas (Kandel, Schwartz e Jessell, 2000). Ou seja, enquanto estes corpúsculos entram em atividade na fase de contração, os FNM, pelo contrário, diminuem ou suspendem sua atividade durante esta fase. Eis, portanto, mais um exemplo de função recíproca e mutuamente dependente de duas estruturas, que, note-se, apenas foram descobertas com o microscópio eletrônico, o que, por si só, explica como a noção de tônus muscular, e conseqüentemente, de motricidade sofreu tão profundas alterações.

## Corpúsculos de Ruffini e Pacini

Estes corpúsculos são essencialmente mecanorreceptores cutâneos e subcutâneos de profundidade, pois participam no alongamento da pele (essencialmente a que rodeia as articulações), provocado pela contração muscular e pela mobilização concomitante das articulações, além de disporem de fibras mielinizadas sensíveis a movimentos de pressão, de fricção e de vibração. São terminações nervosas livres, sensíveis igualmente à dor e à temperatura e estão, como já mencionado, colocadas no periósteo, ocupando camadas dos músculos e das membranas interósseas. Na mão, tais corpúsculos contribuem para a percepção da forma dos objetos manipulados, embora sejam menos discriminativos e em menor número que os corpúsculos superficiais de Merkel e Meissner, que estão mais envolvidos na discriminação tátil sutil e seletiva.

A informação proprioceptiva decorrente destes corpúsculos está obviamente relacionada com os movimentos mais finos e elaborados e que envolvem interação com objetos. Sua integração, interação e convergência sensorial são, portanto, cruciais para o desenvolvimento de praxias globais e essencialmente finas.

## TÔNUS, RELAÇÃO PEDAGÓGICA E APRENDIZAGEM

Tendo iniciado o estudo do tônus nas suas estruturas anátomo-fisiológicas pelo reflexo miotático, é, pois, por ele que vou concluir este assunto, como se tratasse de mais um anel, que não é agora nem alfa nem gama, nem beta ou outra letra qualquer, mas um anel pedagógico, afetivo e vivo, que constitui, em suma, um verdadeiro circuito recorrente de síntese e de aplicação do conjunto dos conhecimentos até aqui considerados.

O reflexo miotático, que, como de início poderia parecer, não corresponde só a uma ativação dos motoneurônios do músculo estriado, mas compreende também, e simultaneamente, a inibição dos músculos antagonistas, por um processo que Sherrington denominou inibição recíproca, um mecanismo vital à conquista da postura bípede e ao surgimento da habilidade manual.

A visão atual de reflexo nas neurociências ultrapassa os pressupostos pavlovianos clássicos, na medida em que não se esgota em uma explicação centrada na noção de arco terminal e de periferia, mas, pelo contrário, integra a noção de ato ou de anel, como já referi, pressupondo a participação de todo o organismo quando nos apercebemos que levamos um choque elétrico. O reflexo visto como um ato, por exemplo quando deixamos cair um copo, envolve uma resposta adaptativa, até mesmo criativa, que apela ao controle, ainda que não se impeça o objeto de partir-se no chão.

Anokhine (1985), célebre fisiologista russo, a que vou me referir mais adiante, sugere o nome da aceptor de ação (no sentido da palavra latina de aceitar e aprovar a motricidade, seja reflexa, automática ou voluntária), para explicar a ativação do organismo que precede o ato reflexo, sugerindo a existência de respostas adaptativas pré-selecionadas, isto é, um modelo interno, no qual participam as aferências de retorno que podem mesmo detectar erros e discongruências suscetíveis de produzir novas reações de orientação. Em síntese, falar de reflexo como uma resposta motora simples à estimulação de receptores parece pouco, pois, por ser a unidade funcional mais elementar da atividade nervosa, tem de envolver toda a totalidade do sistema nervoso.

Note-se que este é um dos princípios elementares do funcionamento do nosso sistema nervoso. O reflexo miotático é, pois, um ato adaptativo, que apela à participação de sistemas corticais especializados, porque obedece a uma análise de aferências, a um retorno de informações sensoriais que vêm dos músculos, dos tendões e das articulações. Quando o músculo é alongado ou se encontra sujeito a outro tipo de tensão, é possível dizer que não está sozinho, mas, sim, acompanhado pelo próprio FNM e pelos outros corpúsculos. É, aliás, este alongamento do FNM e a correspondente convergência com os mecanoreceptores que vai atuar como um estímulo, que, por sua vez, vai sensibilizar os neurônios aferentes ânulo-espirais e em leque.

O reflexo pode ser desencadeado por contração do antagonista, por efeito da força da gravidade ou por simples tensão interna autoproposta ou imposta. O FNM funciona, pois, como um receptor que confere ao músculo não só a possibilidade adaptativa de cumprir as ordens do cérebro, operacionalizando uma função efetora, mas, ao mesmo tempo, por efeitos de retroalimentação, de se instituir e se constituir como um órgão auto-receptor e produtor de aferências sensoriais que extravasam a integração medular. O músculo acaba, por meio da retroalimentação (*feedback* eficaz), por integrar os efeitos da ação, além da informação contextual onde a ação decorre. Ou seja: o músculo não é apenas um órgão efetor, mas também, e em unidade e circularidade de relação e de interação, um órgão receptor, e é neste contexto que o músculo é um órgão proprioceptivo, paradigma fundamental que distingue a psicomotricidade da motricidade.

Aqui, também, cérebro e músculo não escapam à mais elementar regra da comunicação: ambos emitem e ambos recebem informações, estabelecendo a unidade funcional, aferente-eferente, entre o cérebro e o corpo, entre o centro e a periferia, entre o psiquismo e a motricidade. O músculo recebe as alterações de tensão, de alongamentos e de encurtamentos, que envia à medula, que as faz chegar ao cerebelo e a outros sistemas subcorticais e corticais mais especializados. Entretanto, o cérebro recebe essas informações já tratadas e analisadas pelo cerebelo, pelo tálamo e pelo sistema límbico, enviando para o músculo os "valores" humanos e afetivos que vão dar um significado existencial, mesmo fenomenológico, à contração que materializa, em síntese, aquela atividade psíquica superior.

O estudo do FNM e dos mecanoreceptores revela-se, assim, um bom e concreto indicador da unidade e de globalidade do comportamento humano, e a própria estrutura de todo o sistema nervoso é um belo exemplo não só do que é uma hierarquia funcional, mas também do que é uma co-gestão sistêmica entre o córtex, o corpo e os ecossistemas (Damásio, 1994). A unidade do homem é, pois, uma globalidade, que vai e volta do meio exterior, do músculo ao

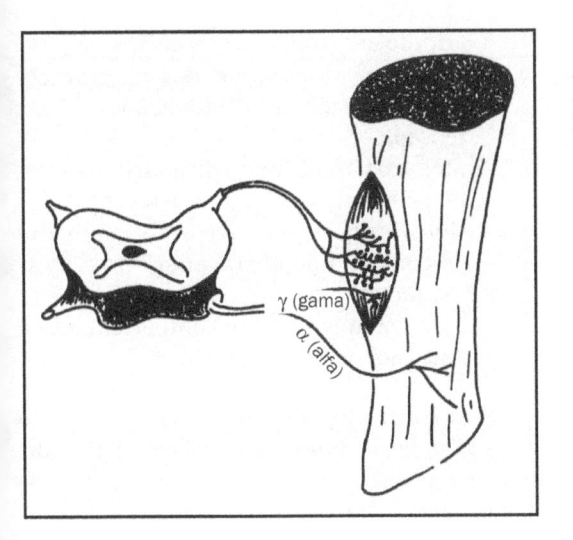

Qual é, então, a importância do tônus na aprendizagem escolar e qual é a importância de o professor conhecer ou o seu significado? No primeiro caso, torna-se clara a sua importância na disponibilidade psicossomática e no respectivo ajustamento psicomotor da criança para as suas aprendizagens (Ajuriaguerra e Azuias, 1960; Launay e Raimbault, 1962; Auzias, 1970; Lurçat, 1979; Stambak et al., 1972), conceito a que muitos autores norte-americanos (Ayres, 1972, 1978; Benton, 1975; Clements, 1966a, 1966b; Johnson e Myklebust, 1964; Lerner, 1971) denominam prontidão ou pré-aptidões (*readiness skills*). No segundo caso, também surge o tônus como um dos melhores, senão o melhor, dos analisadores da pedagogia utilizados pelo professor, isto é, a materialização de uma empatia mediatizada (Fonseca, 1998, 2001), conseguida ou frustrada, na relação professor-aluno, terapeuta-cliente, e vice-versa, onde ocorrem processos de comunicação e de relação conscientes e inconscientes, não-verbais e verbais, de grande importância relacional.

cérebro e deste de novo ao músculo e ao ambiente, e assim sucessivamente, em uma espécie de carrossel contínuo de retroalimentações.

Repare-se como o FNM se encarrega, pela função tônica, de provocar e garantir o diálogo permanente entre o fisiológico e o psicológico. O sistema nervoso comporta-se como um exército sem divisas, pois nem o córtex é um "general", nem o músculo é um "soldado" às suas ordens; ambos são componentes essenciais e simultâneos, dotados de comunicação vital na sociedade dos neurônios, células que, afinal, no seu conjunto multissináptico de sistemas funcionais, constituem a globalidade corporal e cortical do ser humano.

Vejamos um pouco mais, em pormenor, cada um destes aspectos. No caso do tônus como indicador de uma disponibilidade e de um ajustamento sensório-motor conseguido ou não, basta recordar que ele é simultaneamente:

a) por um lado, o palco de fundo onde vão assentar:
– a postura de base da criança, pela contração reflexa dos músculos monoarti-

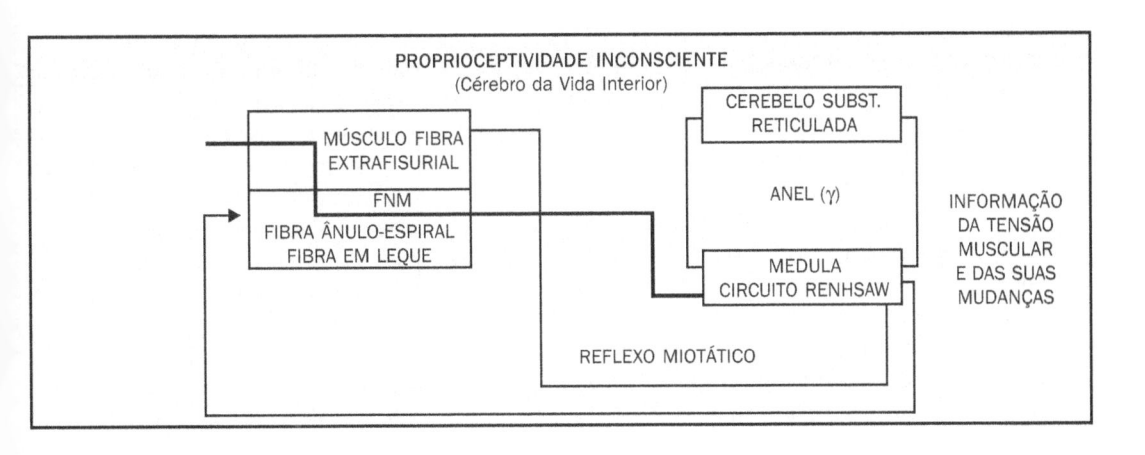

culares da profundidade (reflexo miotático de Sherrington), que garantem a postura e substanciam a atenção e a concentração face às situações-problema ou às tarefas propostas e sugeridas;
- a expressão corporal e motora, pela contração dos músculos pluriarticulares da superfície (contrações voluntárias e automáticas para a execução do gesto que a situação propõe ou impõe, envolvendo funções de regulação, de controle, de inibição e de antecipação).

b) por outro lado, a modulação ou a mediatização afetiva do gesto introduzido através do motoneurônio gama (via circuito de Renhsaw), isto é, a importância do saber estar e ser no mundo com os outros, na disponibilidade corporal (músculo-articular-postural-emocional), para garantir à criança colocada, em situação de aprendizagem, o mínimo de condições de sucesso e de gratificação, promovendo nela o sentimento de competência para enfrentar novas situações subseqüentes ou imprevisíveis.

Ou seja, o tônus é, por um lado, simultaneamente, controle postural, organização da motricidade e síntese somatopsíquica. Por outro lado, uma corporalidade que influencia e é influenciada pelos processos de vigilância, de atenção, limiar sensorial propagador do influxo nervoso, da integração da imagem do corpo-a-corpo da relação humana, da economia e da harmonia das condutas psicomotoras e do ajustamento ao ambiente em que se processa a aprendizagem (Ajuriaguerra, 1972b, 1980).

Por outro, no caso do tônus como um dos indicadores mais expressivos, senão o único, de uma empatia conseguida ou frustrada pela ação pedagógica ou dispedagógica, basta recordar como em um ambiente de estresse ou de má-relação (repressão, autoridade, agressão verbal, por exemplo) este se pode traduzir, na prática, por parte da criança ou do jovem, por alguns dos seguintes comportamentos atípicos:

- atitude assustada e contraída;
- dificuldade de atenção e de concentração;
- dispersão fácil, distractibilidade e desatenção;
- prejuízo na integração da imagem do corpo e respectivo limiar de percepção;
- sinergias onerosas e respectivo aumento de consumo de energia para uma mesma tarefa;
- desajustamento entre comportamento e situação, etc.

Pelo contrário, um ambiente empático e mediatizador, de boa comunicação, será traduzido, na prática, por parte da criança, nos comportamentos contrários aos acima referidos:

- atitude alegre e descontraída;
- concentração e atenção espontâneas e fáceis;
- boa integração da imagem do corpo;
- economia da conduta psicomotora;
- perfeito ajustamento entre comportamento e ação, isto é, uma aprendizagem adequada.

Se agora nos voltarmos, por exemplo, para a análise destes mesmos comportamentos da criança em situação de aprendizagem da escrita (Ajuriaguerra, et al., 1964; Ajuriaguerra e Azuias, 1960), poderemos verificar:

1. na primeira situação (ambiente pedagógico inadequado):

- uma posição contraída e defeituosa da criança na mesa de trabalho;
- rigidez e falta de disponibilidade na região do pescoço e dos ombros, com hipertonia muscular e conseqüente dificuldade para segurar e manipular corretamente o lápis ou a caneta sem lhes roubar a mobilidade necessária para escrever ou para desenhar com facilidade e harmonia de traço, ou seja, sem coordenação oculomotora fluente, com uma escrita imprecisa, ilegível, forçada, com desajustamento espaço-temporal e perceptivo-espacial

nas seguintes componentes: constância da forma e da ligação das letras, posição e relação espacial das letras nas palavras, confusões figura-e-fundo, discongruência dos automatismos grafomotores, etc.;
– ar triste, desmotivado e desinteressado, que confere ao conjunto da classe um ambiente pesado, disperso e, muitas vezes, barulhento e confuso, etc.

2. na segunda situação (ambiente pedagógico adequado):
   – uma posição fácil e disponível da criança na mesa de trabalho;
   – liberdade neuromotora da cadeia de articulação do ombro, do pulso e da mão, com disponibilidade músculo-articular digital da tríade (polegar-indicador-médio) que permite à criança segurar o lápis ou a caneta sem lhes retirar o equilíbrio e a mobilidade necessários para escrever ou para desenhar com facilidade de traço componentes dos pormenores das letras, com perfeito ajustamento espaço-temporal, respectivamente da posição e da relação espacial, da constância e da seqüencialização das suas formas, facilitando o acesso às modalidades de abstração simbólica ou de conceitualização em questão, etc.;
   – ar alegre e interessado, ambiente de abertura e de participação ativa, colaboração atenta de toda a classe no seu conjunto e desta com o professor; etc.

Claro que estas considerações não são, de forma alguma, exclusivas da pedagogia ou terapia. Pelo contrário, são comportamentos comuns a todos os ambientes de educação ou de formação. A pedagogia ou a terapia foi, aqui, apenas, um bom pretexto para o efeito. Vejamos agora muito rapidamente a mesma questão, mas com respeito à relação pais-filhos nas suas primeiras e precoces aprendizagens.

A hipertonia é a característica dominante do recém-nascido quando chora pela mamadeira, e a hipotonia, quando sorri, já satisfeito, depois da sua mamada. A hipertonia se dilui à medida que vão desaparecendo os reflexos primitivos e as reações de sobressalto. Serão as primeiras satisfações em unidade de relação e de interação com as primeiras frustrações e experiências desagradáveis que virão constituir o fundo ou a vivência tônica do conjunto que define a personalidade da criança em formação. O tônus é o alicerce onde se constroem e estruturam todas as atitudes que vão "edificar" o caráter da criança (Wallon, 1970b), desde o diálogo corporal que estabelece com a mãe logo nos primeiros minutos e tempos de existência, até e durante toda a fase pré-verbal.

Note-se que toda a história da motricidade e da tonicidade da criança (que é só uma) se virá a projetar materialmente no tipo morfológico que é próprio da sua personalidade e das suas predisposições de comportamento. Outro aspecto que não se pode ignorar é o fato de todos os mecanismos de defesa assumirem sempre uma modalidade tônica, isto é, a organização tônica corresponde à imagem no espelho da formação da personalidade da criança.

Tudo que acabo de referir pode ser bem visível para qualquer pai ou professor atento, em qualquer casa ou escola, com filhos ou alunos ditos normais ou com dificuldades de aprendizagem. No entanto, e como mais de uma vez frisei, todas essas observações são muito mais nítidas e evidentes, e, por isso, mais convincentes para os mais céticos, nos casos considerados normalmente (!) como desviantes ou patológicos. Nesta perspectiva, e conforme já fiz em relação à concepção neurofisiológica da imagem do corpo, vou também "importar" da patologia para a aprendizagem várias noções sobre a tonicidade que considero essenciais. Tais noções irão nos dar, sob uma forma concreta e situada, alguns casos não só de perturbações do tônus de um modo geral, mas também perturbações características dos vários tipos psicomotores existentes.

**Perturbações do tônus de um modo geral**
- perturbações no equilíbrio postural;
- perturbações na locomoção;
- perturbações nos movimentos coordenados;
- problemas de hiperflexibilidade,
- problemas de superestimulação;
- problemas de hiperatividade (agitação, desassossego, inquietação, instabilidade, etc.);
- problemas de hiperimpulsividade;
- problemas na sensibilidade;
- problemas de integração sensorial e perceptiva;
- problemas de conduta e de interação social;
- problemas da vida de relação;
- problemas de fadiga;
- aberrações da imagem do corpo;
- problemas cognitivos;
- alterações do ritmo das funções fisiológicas;
- alterações na vigilância;
- estados de ansiedade, hiperexcitabilidade e hipertonia;
- miotonias, rigidez, dismetria;
- afecções psicossomáticas (asma, tuberculose, etc.);
- síndromes digestivas;
- cefaléias;
- incapacidade de trabalho;
- anorexia mental;
- problemas de despersonalização; etc.

## TIPOS PSICOMOTORES

A fim de perceber ainda melhor a importância da significação psiconeurológica da psicomotricidade, vejamos como Ajuriaguerra e Stambak (1955), Ajuriaguerra e colaboradores (1964), Roth, Jaeggi e Ajuriaguerra (1967), Bergeron (1947) Guilman (1945), Lezine (1966), Gibell (1970a, 1970b), Guilman e Guilman (1971), Harrow (1971), Bucher (1972) e Camus (1981) descrevem, em grande parte com base nas perspectivas pioneiras de Wallon, os diversos tipos psicomotores e as suas correlações funcionais, em termos de comportamento motor e das concomitantes disfunções psíquicas:

1. Tipo de infantilismo motor de Homburger – caracterizado por uma persistência anormal de atitudes motoras com sincinesias e insuficiências posturais que afetam o domínio da atividade tônica e sinergética.
2. Tipo de assinergia motora e mental de insuficiência cerebelar de Wallon – caracterizado por uma incapacidade de modificar as posições do corpo ou de estabelecer relações de controle postural e motor. Surge como uma impossibilidade de manter a postura por deficiente estabilização da tensão do tônus dos antagonistas, cujo resultado é o aparecimento de oscilações corporais e gesticulações inúteis, assistemáticas e desplanificadas. Este tipo psicomotor apresenta ainda dismetrias (excesso de movimentos), perturbações na palavra, que surge fragmentada e sem unidade melódica. Atitudes catatônicas com plasticidade em "cera" são também normalmente associadas a uma síndrome hipotônica.
3. Tipo extrapiramidal inferior de Homburger e Gourewitsch – caracterizado por uma síndrome mesencefálica com amímia. Persiste um estado de lentidão dos automatismos semelhantes à síndrome parkinsson do adulto;
4. Tipo extrapiramidal médio de Wallon – caracterizado por síndrome subcoreica associada a um estado de subconfusão motora. Verificam-se oscilações exageradas do eixo corporal, associadas a movimentos irregulares e intermitentes. Persistem sincinesias e estados de instabilidade, acrescida com fatores emocionais. Este tipo psicomotor apresenta ainda uma impulsividade motora e verbal que impossibilita o controle adequado dos automatismos. As crianças com estas características psicomotoras são incapazes de realizar um esforço prolongado. Há, portanto, como destaca Mira y Lopez (1951, 1953), um estado de agitação motora associado a uma confusão mental concomitante.

5. Tipo extrapiramidal superior de Wallon – caracterizado por sinais subcoreicos, associados a um estado de subconfusão motora. Verificam-se oscilações exageradas do eixo corporal, ligadas a movimentos irregulares e intermitentes. Persistem sincinesias e estados de instabilidade psicomotora acrescida de fatores emocionais. Este tipo psicomotor apresenta ainda uma impulsividade motora e também verbal, que impossibilita o controle adequado dos automatismos aprendidos. As crianças com estas características são incapazes de realizar esforços prolongados, subsistindo nelas um estado de agitação motora associado a confusão mental (Mira y Lopes, 1953).
6. Tipo córtico-projetivo – encontra-se, segundo Ajuriaguerra, em crianças intelectualmente normais, com problemas de planificação, de organização, de inibição e de controle da motricidade e do comportamento social.
7. Tipo córtico-associativo – caracterizado pela pobreza de conexões intercorticais associadas a uma insuficiência da regulação frontal. Este tipo surge ainda com dificuldades de combinação e de adaptação às necessidades objetivas do movimento. São visíveis os estados de inércia e de pobreza mímica, acompanhados de excitabilidade emocional. Estes casos possuem um vocabulário pobre e apresentam grandes dificuldades em estabelecer prioridades e preferências nas suas atividades e ocupações.
8. Tipo instável pósturo-psíquico de Wallon – caracterizado por apresentar um equilíbrio precário com impaciência e problemas de atenção. Tais casos compensam estas carências com fabulações e revelam tipos de comportamento que vão da timidez à cólera.

É interessante notar que esta classificação dos tipos psicomotores de Ajuriaguerra, com base em Wallon, decorrente obviamente do diagnóstico psicomotor (Fonseca, 1992), oferece a peculiaridade de apresentar a hierarquia do sistema nervoso, expressa no seguinte quadro esquemático.

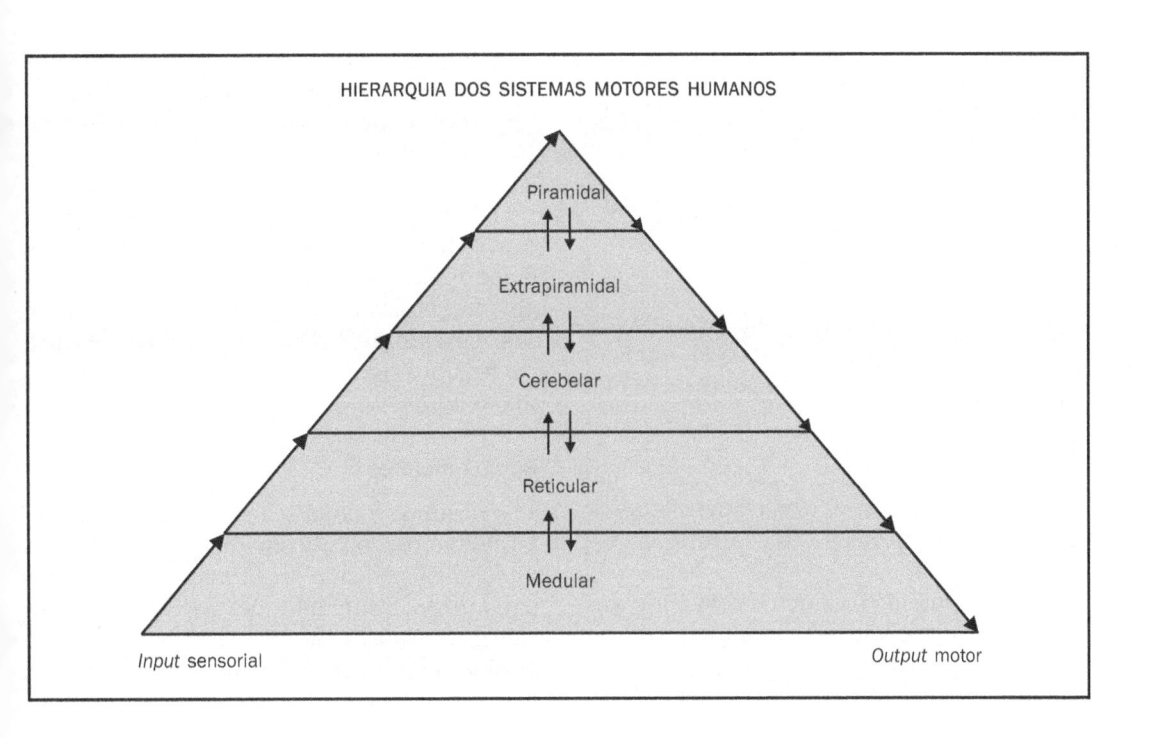

HIERARQUIA DOS SISTEMAS MOTORES HUMANOS

- Piramidal
- Extrapiramidal
- Cerebelar
- Reticular
- Medular

*Input* sensorial — *Output* motor

Ajuriaguerra introduz outra classificação morfológica, mais relacionada com o tipo psicomotor:

1. tipo emotivo-motor – caracterizado por emotividade permanente. A tipologia corporal é delicada, pálida e hiperextensível, enquanto a motricidade se apresenta astênica e associada a turbulência e a instabilidade psicomotora;
2. tipo sensitivo-motor – caracterizado por reações agressivas, hipersensibilidade de base, com problemas cinestésicos e com grandes oscilações de humor. A tipologia corporal é robusta, dilatada e massiva, enquanto a motricidade se apresenta minimamente ajustada.

Em outro plano, o mesmo autor introduz também uma tipologia psicoafetiva-motora, na qual diferenciou os seguintes tipos:

1. tipo atlético hipertônico – normalmente lento, descoordenado e desajeitado. Apresenta sinais de rigidez e de hipoextensibilidade, isto é, pouca flexibilidade;
2. tipo hipotônico astênico-passivo – descoordenado, hiperextenso, hipotônico, indolente e mole;
3. tipo dilatado – hábil, hiperextenso e com reações de instabilidade ou de irritabilidade;
4. tipo longilíneo-osteomuscular – ágil e com habilidade motora, apresentando uma extensibilidade normal.

Pode-se, ainda, dentro desta ótica, apresentar a tipologia de Bize, focado por Ajuriaguerra (1974). Nesta tipologia, distinguem-se os diferentes tipos psicomotores:

1. tipo hipertônico – caracterizado por músculos tensos e hipoextensibilidade;
2. Tipo hipotônico – o contrário do tipo anterior;
3. tipo inibido – caracterizado por excesso de inibição, por oposição e por rigidez global;
4. tipo relaxado – passivo e negligente.

Tais aspectos ajudam a caracterizar clinicamente a criança e permitem, desta forma, identificar o seu comportamento.

## HÁBITOS MOTORES

Vejamos agora como Ajuriaguerra (1974) encara a formação dos hábitos motores e a sua importância na formação da personalidade da criança, encarada mais insistentemente nos aspectos patológicos.

Segundo Lezine (1966), Stambak (1968), Stambak e Jaksic (1965), Stambak e colaboradores (1967), a evolução da criança nos primeiros instantes reflete o seguinte tipo de descargas motoras: descargas de tipo exploratório (exploração do corpo com a mão), descargas de tipo ritmado (como os balanços da cabeça e do tronco) e descargas de tipo auto-ofensivo (como bater na cabeça com as mãos, etc.). Por outro lado, e segundo o trabalho experimental de Stambak (1963), podemos distinguir dois tipos de criança:

– a criança hipertônica, pouco ou hipoextensível e com movimentos bruscos e sacados, caracterizada por uma grande mobilidade e necessidade de exploração do espaço e dos objetos;
– a criança hipotônica, com articulações hiperextensivas, apresentando movimentos simples e desconexos. O seu desenvolvimento postural é mais lento.

Esses componentes tônico-motores explicam os hábitos da criança e, ao mesmo tempo, demonstram sua maneira de ser em termos prospectivos, isto é, indiciam o desenvolvimento e a organização da sua personalidade futura. Vejamos agora a psicodinâmica dos hábitos motores:

### Ritmos motores

Os ritmos motores compreendem manifestações motoras ou psicomotoras mais ou menos freqüentes, podendo ser bruscos, abruptos, estereotipados e de amplitude variável. Podem envolver só a cabeça (ritmos cefálicos), a cabeça e os olhos (ritmos óculo-cefálicos) e a cabeça e o tronco (ritmos céfalo-corporais), podendo também envolver movimentos dos braços, bem como balanços, batimentos (*offensa capitis*) e oscilações. Trata-se de expressões do desenvolvimento neuromotor precoce, que ilustram necessidades instintivas e que revelam a natureza da interação mãe-criança, que tendem a persistir até aos 2 anos, mas que tendem a minimizar-se à medida que a maturação motora postural vai emergindo. Podem-se identificar mais facilmente nas crianças hipertônicas do que nas hipotônicas, e tendem a ocorrer ao longo da infância ou a persistir na adolescência ou na idade adulta, com manifestações mais ou menos originais e essencialmente utilizadas para amenizar estados de tensão.

Os ritmos psicomotores parecem compensar a carência de estimulação cinestésica ou podem emergir para facilitar a descarga de ansiedade, servindo também para renovar sensações, para resolver conflitos ou episódios depressivos (nascimento de um irmão, separação dos pais, perda de membros de família, problemas escolares, etc.). Tais ritmos corporais podem ainda servir para proporcionar uma espécie de auto-hipnose de adormecimento, podendo assumir outras facetas mais complexas, como, por exemplo, na tricotilomania (acariciar e mexer nos cabelos), no auto-erotismo, na onicofagia (roer as unhas) e nas condutas agressivas (automutilação, condutas de oposição, etc.).

Ajuriaguerra, Diatkine e Badaraco (1956) destacam que a evolução da consciência se apóia em uma evolução que parte de uma consciência narcísica, passa por uma consciência sensitiva e atinge uma consciência objetiva. A evolução da consciência vai-se estruturando através de interações e jogos corporais, de manipulações de brinquedos, de movimentos lúdicos que vão garantindo a indispensável realização e a otimização das funções sensoriais e motoras. Esta exposição do trabalho de Ajuriaguerra demonstra bem a dependência recíproca entre a maturação motora e a organização da personalidade.

O movimento não só é um testemunho simbólico, como também é a resultante de um conflito de conteúdos intrapsíquicos. De um lado, temos um ato adaptado a um fim determinado; do outro, temos uma execução motora que é precedida de uma necessidade ou de uma motivação intrínseca singular.

### Tiques

São movimentos involuntários absurdos, inoportunos, intempestivos, incompletos e sem finalidade aparente, normalmente repetidos em intervalos irregulares (Lebovici, 1952). Desaparecem com o sono. São caracterizados por brusquidão de movimentos, assumindo versões clônicas ou tônicas, cujo significado é estéril, podendo exprimir também um estado tensional ou diversos estados adaptativos ou inadaptativos. Trata-se de uma manifestação parasita, à qual se liga a organização da personalidade face a situações de ansiedade.

Os tiques podem ser da face, dos lábios, da boca, da língua, da cabeça e do pescoço, do tronco, dos membros, das mãos e dos dedos, da respiração, da fonação, da verbalização, etc. Podem igualmente apresentar estranhas associações, revelando, ou não, significações psicológicas, emocionais ou simbólicas, e, em alguns casos, como na síndrome de Tourette, atingir expressões exuberantes e sintomatologia específica que revelam sinais de incoordenação motora, de instabilidade, sinais coréicos, ecolalias e ecomímicas.

### Debilidade motora

A debilidade motora foi estudada por Dupré (1915), Dupré e Merklen (1909), Stambak (1963), Bergés (1968), Widlocher (1969), Nielsen (1947), Ajuriaguerra (1974), Kleist e Wernicke. Todos os autores são unânimes em considerar a debilidade motora como uma patologia da motricidade, de sentido hereditário e congênito. Este estado é caracterizado por excesso e exagero de reflexos tendinosos e plantares. Nesta condição, que se pode reconhecer como o berço do estudo da psicomotricidade, persistem sincinesias intensas, difusas e duradouras, que não são mais do que disfunções tônicas ou tônico-cinéticas, com dificuldade significa em reproduzir ecocinésias ou em imitar movimentos globais e finos, mais ou menos acompanhadas de incapacidade de dissociação motora.

Não esquecendo que as sincinesias ligeiras são características do desenvolvimento psicomotor normal, pois tendem a desaparecer à medida que se opera a maturação do sistema nervoso e a organização geral da personalidade, no caso da debilidade motora, tais sinais de imaturidade ou de desorganização psicomotora persistem ao longo da infância e são disparados em novas situações, parecendo revelar dificuldades específicas em fazer emergir novas sinergias.

A debilidade motora reflete a impossibilidade de realizar movimentos intencionais, ou, na linguagem de Dupré (1915), a impossibilidade de executar voluntariamente a resolução muscular, podendo apresentar um certo número de outras manifestações clínicas associadas, como, por exemplo, hiperatividade osteotendinosa, instabilidade, sinais piramidais disfuncionais, sinal de Babinski, hiperextensibilidade, hipotonia, mioclonias, espasmos musculares, gagueira, etc., que freqüentemente ocorrem com mais visibilidade, não em crianças dispráxicas, mas em crianças portadoras de deficiência mental.

A debilidade motora é ainda caracterizada pelas seguintes perturbações:

- sincinesias (movimentos involuntários parasitas, difusos e desnecessários);
- catalepsia (atitude anormal, com imobilidade e suspensão da iniciativa motora e conservação de atitudes);
- paratonia (incapacidade de relaxação voluntária).

Em qualquer caso, a maturação nervosa é tardia e disfuncional do ponto de vista clínico-evolutivo. Os tônus de suporte e de ação são alterados, refletindo-se em um atraso motor nas suas várias facetas (macro, micro, oro e grafomotoras), isto é, uma motricidade vivida como luta e obstáculo, e não descoberta e exploração. A partir disso pode-se evidenciar que a motricidade é um meio de maturação do sistema nervoso central e, por isso, participa igualmente na organização mais adequada da personalidade (Milner, 1967; Ploog, 1970; Heilman e Valenstein, 1979). Podemos ainda verificar a estreita ligação entre o desenvolvimento do tônus e da motricidade, relação que, sendo perturbada, compromete o desenvolvimento psicomotor, emocional, lingüístico e cognitivo, um conjunto polimorfo de sinais comportamentais atípicos, sem, todavia, identificar-se a existência de lesões cerebrais precisas.

Em certa medida, tal conceito de debilidade motora aproxima-se do conceito controverso de disfunção cerebral mínima, amplamente estudado no âmbito das dificuldades de aprendizagem (Fonseca, 1995; Camus, 1981; Gaddes, 1980; Bateman, 1973; Hallaham e Cruickshank, 1973; Cruickshank, 1972; Clements, 1966; Birch, 1964; Myklebust, 1963, 1964; Myklebust e Boshes, 1960).

Em última análise, podemos discriminar as características de qualquer desordem psicomotora:

a) não corresponde a lesões neurológicas clássicas;
b) é mais ou menos automatizada e de raiz motivacional sutil;
c) é ligada à afetividade, mas inserida no corpo através da via final comum; por este fato, não traduz uma desregulação de um subsistema motor definido, retratando a personalidade total da criança;
d) é sempre lábil na forma, mas variável na sua expressão, persistindo ligada a aferências situacionais;
e) é de expressão caricatural primitiva, podendo ser modificável pela evolução posterior, oscilando, por via desta coibição funcional, entre a neurologia e a psiquiatria, espelhando instabilidades multifacetadas.

A debilidade motora não é uma perturbação neurológica típica, na medida em que não se trata de uma lesão cerebral (nesse caso seria considerada uma lesão cerebral evidente), nem de um déficit paralítico ou parésico, implicando a diminuição da tonicidade e da força musculares, mas, antes, envolve um conjunto complexo de sinais piramidais que se ligam mais diretamente com um estado de insuficiência, de incompleta assimilação ou de imperfeição das funções motoras consideradas em termos de adaptação às situações mais correntes da vida cotidiana.

Como não existe na debilidade motora uma conjugação entre a forma dinâmica do corpo e a estrutura do espaço representado, mesmo se o fim a atingir é formulado ideacionalmente, a motricidade produzida sugere uma desautomatização e uma desintegração na sua fluência, a sua harmonia (*souplesse*) é, portanto, afetada. O corpo, fechado nos seus limites de ação, é perturbado na sua postura e na sua praxia pelas sincinesias e pelas paratonias, acabando estas por interferir primeiro na planificação motora e, subseqüentemente, na execução motora.

A debilidade motora, na visão clínica e evolutiva de Ajuriaguerra (1974), não se compagina com a semiologia neurológica do adulto, nem em uma perspectiva rígida sobre o processo dialético de transição entre os estádios de imaturidade, desmaturidade e maturidade, mas, antes, com uma semiologia original característica da criança em evolução, um paradigma crucial da psicomotricidade nem sempre compreendido na sua dinâmica prospectiva, onde se tem de respeitar e de valorizar a cronologia da desmaturidade e a evolução dos sintomas no tempo.

É com base nestes paradigmas inerentes à psicomotricidade que se devem perspectivar as terapias psicomotoras, que não são meras terapias motoras adaptadas, freqüentemente aplicadas em muitos centros de reeducação e de reabilitação. Efetivamente, se admitimos a modificabilidade psicomotora funcional, estrutural e evolutiva, a reeducação ou a terapia psicomotora não podem exclusivamente centrar-se no atraso ou no déficit psicomotor, mas devem igualmente enfocar-se na totalidade organizativa dos sistemas afetivo-emocionais, lingüísticos e cognitivos que evoluem, paralela e convergentemente, com a maturidade psicomotora, pois é esse o significado global, holístico, sistêmico, de processsoproduto e de figura-fundo que encerram a teoria, o diagnóstico e a intervenção em psicomotricidade. Com tal aproximação dinâmica, podemos, então, atuar e modificar o corpo total, inteiro e completo da criança e do jovem, como um sistema auto e ecoestruturado.

A finalidade da terapia psicomotora, no caso da debilidade motora ou em outras síndromes psicomotoras, não compreende apenas modificar o fundo tônico (minimizar as paratonias; reduzir sincinesias, discinesias, disdiadococinesias, etc.), mas também o núcleo mental que elabora e que organiza as respostas motoras como respostas adaptativas (diminuir dismetrias, dispraxias, e simultaneamente, enriquecer sinergias, praxias etc.), intervindo e agindo na precisão, na perfeição, na coordenação, na facilitação de automatismos e, igualmente, mediatizar o corpo no seu conjunto somatognósico, modificabilizando os processos de percepção e de cognição da conduta e, sobretudo, da apreensão das aferências emocionais e relacionais. O fim da reeducação ou da terapia psicomotora não se reduz ao motor, mas ao corpo como sede unificadora da personalidade da criança e do jovem, e eixo condutor das experiências de aprendizagem.

### Instabilidade psicomotora

A instabilidade psicomotora foi primeiro estudada por Bourneville, em 1897, e Kraepelin, em 1898, e, mais tarde, por Demoor, em 1901, sendo essencialmente dirigida a populações de crianças com atrasos mentais ligeiros, segundo Ajuriaguerra (1974). Em termos clínicos, esses autores caracterizam a instabilidade motora como uma mobilidade mental e motora extrema, associando-a igualmente a um desequilíbrio da afetividade, a um excesso e ambivalência de reações emocionais, podendo incluir oscilações entre choro e timidez e choro e alegria exuberante.

A síndrome encerra, em síntese, uma falta de inibição e de atenção e uma necessidade incessante de movimento e de agitação ligadas a formas atípicas de conduta. A instabilidade psicomotora desenvolveu-se posteriormente com o estudo pioneiro da criança turbulenta ou da criança hiperativa de Wallon, em 1925, e por outro trabalho notável de Abramson (1940), sobre o adolescente instável. Segundo estes autores, a instabilidade pode compreender, ainda, estados de assinergia, de epilepsia e de subcoréia (discinesia) e, inclusive, distúrbios de atenção, processamento, retenção, planificação e execução motora. Seus portadores mantêm inexplicavelmente uma labilidade atencional oscilante, ora fixam-se em detalhes, perdendo a noção do todo, ora opõem-se a tarefas que envolvam inibição ou organização psicomotora sustentada, evocando, com frequência, oposição, agressividade e negativismo, distractibilidade e impulsividade. Apresentam humor flutuante e traços de caráter desviantes, ilustrando que a instabilidade não é apenas motora, mas igualmente da conduta em geral, isto é, afetiva, social, etc.

Ajuriaguerra (1974) dá à instabilidade psicomotora uma nova designação, a de síndrome hipercinética, caracterizada pela incapacidade de inibir a motricidade normal. Trata-se, portanto, de um conjunto de traços de comportamento que caracterizam a criança inquieta e irrequieta, desassossegada e impulsiva, à qual se juntam traços de dificuldade de orientação e dificuldade em seguir instruções, com permanente desatenção e superestimulação. Tais traços encontram-se com relativa freqüência em crianças com dificuldades de aprendizagem, essencialmente as não-verbais, assumindo, atualmente, indícios de epidemia (Fonseca, 1999, 2000). Segundo observações clínicas, essas crianças caracterizam-se igualmente por apreensão fugaz de dados de informação, atitudes de oposição e de negativismo, atitudes de confrontação, dificuldades de ordenar experiências no espaço e no tempo, dificuldade de atenção, de fixação e de focagem em pequenos detalhes e incapacidade de frenagem comportamental.

A criança hiperativa, além de uma instabilidade psicomotora e independentemente do seu aspecto vivo, apresenta uma característica de lentidão e de torpor, com uma frequência elevada de inêxitos em tarefas que exijam um mínimo de planificação motora, em jogos, em esportes, etc. A criança apresenta igualmente descoordenação, falta de habilidade e de destreza, imprecisão e insuficiente ou episódico controle, regulação e organização, mais precisamente na micro e na grafomotricidade do que na macromotricidade. O desenvolvimento motor é desarmônico, grosseiro e com sinais de discrepância e torpeza. A distração, o excesso de manipulação, as necessidades de destruição e a incapacidade de resolver uma tarefa reúnem outros aspectos da sua psicomotricidade, com repercussões emocionais e cognitivas óbvias.

Ajuriaguerra (1974) inclui dois tipos de formas clínicas:

– instabilidade adquirida, por traumas, encefalites ou fatores orgânicos. Podem estar incluídas outras variáveis, como, por exemplo, situações psicológicas desfavoráveis, insegurança socioeconômica, ausência da mãe ou dos pais, educação familiar autoritária, severa e repressiva ou envolvimentos de hostilidade e incompreensão;
– instabilidade constitucional, em que se refletem disposições inatas ou atividades exagerada já no útero. Está nesta categoria a instabilidade resultante de lesões cerebrais mínimas (*minimal brain damage*).

Como tipos de instabilidade psicomotora, Ajuriaguerra aponta os seguintes:

– instabilidade subcoréica (com prevalência de problemas motores);
– instabilidade afetivo-caracterial (com manifestações de insuficiência ou de excesso pulsional, de oposição, de demissão e de autopunição).

Em uma breve análise, podemos acrescentar que a instabilidade não depende só da criança, também depende transacionalmente das condições ecológicas que a rodeiam (Brofenbrenner, 1979), podendo reduzir-se com a idade. A criança pode ser uma vítima dos inúmeros aspectos que a envolvem e, normalmente, como ser mais frágil, a sua instabilidade é apenas o sintoma patológico ou perturbado do quadro sociocultural e socioeconômico onde ela (não) se desenvolve.

### Déficit de atenção com ou sem hiperatividade

Os estudos sobre o déficit de atenção com ou sem hiperatividade (*Attention deficit disorder with hiperativity – ADDH – ou attention deficit hyperative disorder – ADHD*) ilustram, para Ajuriaguerra (1974, 1979, 1980), de alguma forma, uma certa incomunicabilidade científica que os autores de língua inglesa revelam sobre os estudos de origem francesa, principalmente dos trabalhos pioneiros de Dupré (1909) e de Wallon (1925) e respectivos continuadores. Além desta questão, é notório que nesta área específica as polissemias nem sempre são consensuais, pois termos como síndrome hipercinética, síndrome coreiforme, síndrome impulsiva hipercinética, síndrome de instabilidade psicomotora, problemas de conduta e do comportamento, desordem impulsiva de caráter, desordens anti-sociais por desinibição desenvolvimental, hipercinestesia, hiperatividade, criança superativa (criança *acting out*), criança instável, déficit de atenção, desordem de atenção, etc., nem sempre são utilizados de forma consistente, o que aumenta a confusão, o caos semântico e a controvérsia na matéria, sem esquecer a relação estreita desse conceito com os de lesão cerebral mínima ou disfunção cerebral mínima e de dificuldades de aprendizagem (Fonseca, 1999b, 2000).

Strauss e Lehtinen (1969), Strauss e Kephart (1972) descrevem uma síndrome caracterizada por sintomas que revelam uma desorganização de todas as esferas do comportamento, quer cognitivas, quer perceptivo-motoras (o termo norte-americano mais aproximado para designar o termo europeu de psicomotricidade, embora não abarque uma visão tão alargada e sistêmica como as defendidas por Wallon e Ajuriaguerra), quer afetivas, na qual a hiperatividade, a instabilidade e a impulsividade são predominantes.

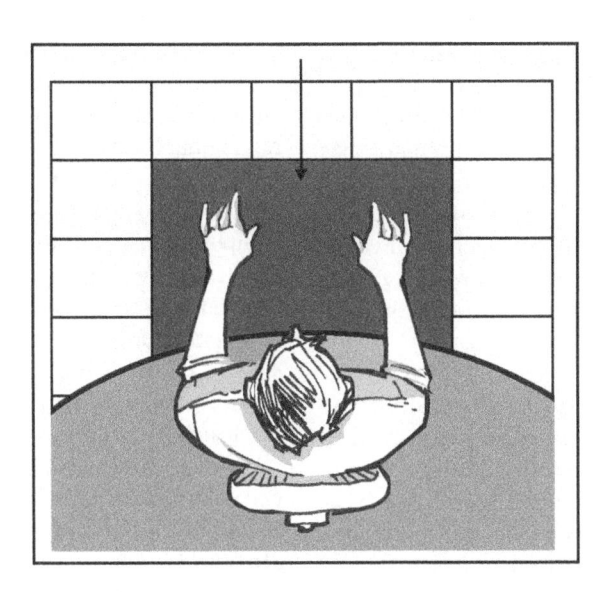

Strauss, médico alemão perseguido pelo nazismo, acabou por desenvolver toda a sua obra nos Estados Unidos. Notabilizou-se por ter efetuado os primeiros estudos clínicos de crianças com lesões mínimas do cérebro, tendo-lhe sido atribuída a síndrome que leva seu nome (síndrome de Strauss) para inicialmente designar crianças e jovens com dificuldades de aprendizagem (Fonseca, 1984, 1999b), quando as primeiras formulações sobre déficit de atenção e hiperatividade foram lançadas. Nos seus primeiros ensaios, esse autor agrega a esta síndrome outros traços de comportamento, principalmente a imperícia congênita (também sinônima de "falta de jeito", de comportamento "desastrado e desajustado", equivalente aos termos *maladresse*, dos franceses, e *clumsy*, dos ingleses), os problemas visuomotores, a maturação neurológica retardada e irregular e os movimentos associados exagerados.

Do ponto de vista clínico, todas essas características, segundo Ajuriaguerra (1974, 1981), integram componentes da psicomotricidade, aproximando-se da designação de infantilismo motor citada por Wallon nos seus trabalhos pioneiros. O conceito de lesão mínima cerebral (Fonseca, 2000), por ter levantado várias críticas, foi posteriormente alterado para disfunção cerebral mínima, hoje também abandonado, tendo Wender, 1971, sobre ele desenhado o seguinte perfil:

– desordem do comportamento motor;
– hiperatividade e hipoatividade;
– alteração da coordenação;
– problemas de atenção;
– problemas perceptivos;
– dificuldades de aprendizagem escolar;
– problemas de controle da impulsividade;
– alteração das relações interpessoais;
– problemas afetivos, principalmente labilidade, agressividade, etc.

Como acabo de observar, o conceito de disfunção cerebral mínima é demasiado abrangente e complexo, o que rouba algum rigor e precisão no plano do diagnóstico, mas, simultaneamente, acaba por se aproximar de outros conceitos explicativos, como do conceito de co-morbilidade (de origem anglo-saxônica) e de disontogênese (de origem russa), ou seja, sugere sintomatologias mais multifacetadas, com nuances diversificadas, que não respondem a padrões constantes de disfunção, por isso suscetíveis de demarcar vários subtipos paranormais e parapatológicos, provavelmente correspondendo a várias etiologias ou a interações dos diversos componentes.

Efetivamente, a hiperatividade ou, nas palavras de Ajuriaguerra (1974, 1980), síndrome hipercinética, está intimamente relacionado com perturbações da atenção (déficit de atenção, para os norte-americanos), função psicológica básica, a partir da qual todas as outras funções psíquicas superiores emergem em termos de funcionalidade e de adaptabilidade (Moruzzi e Magoun, 1949; Lindsley, 1960; Luria, 1965, 1975; Fonseca, 1984, 1998, 1999), por isso envolve os complexos sistemas de ativação (ascendente – SARA e descendente – SARD), razão pela qual não é de estranhar que repercuta em outras áreas do comportamento e da aprendizagem.

Tendo em consideração que, nos animais, a atenção está ligada a funções de adaptação fundamentais, como as de vigilância e de alerta (Douglas, 1980, 1983), mesmo relacionada com funções de sobrevivência, a sua predisposição em não conservar a atenção sugere não só um fraco controle inibitório, como uma tendência para desintegrar a informação, comprometendo todos os processos de comportamento que requeiram coerência, ordem e seqüência de procedimentos (não-verbais, como gestos, ou verbais, como símbolos).

É evidente que a disfunção da atenção pode jogar tanto com uma apreensão fugaz do ambiente e de tudo que com ele está relacionado, como com uma motivação intrínseca vulnerável e pobre. Ambas podem gerar ou implicar um fraco desenvolvimento das funções cognitivas, quer no âmbito da recepção e da integração, quer no da planificação e da expressão da informação, acabando por comprometer o sucesso experiencial do dia-a-dia da criança ou do jovem em qualquer contexto social, seja em casa, no restaurante ou na escola.

O insucesso experiencial acumulado por crianças com perturbações da atenção, em um mundo adulto que não aceita a instabilidade psicomotora, no qual tudo tem uma continuidade coerente e ordenada, pode ser acrescido por reações em curto-circuito do próprio envolvimento. Com um comportamento incompreensível, o aumento de problemas de adaptação é inevitável, a evitação de situações ou de tarefas mais organizadas instala-se, podendo mesmo chegar a condutas de oposição, o negativismo, a resistência, a desconcentração, a impulsividade, a demissão, etc., indutoras de baixo rendimento e de baixas expectativas.

A criança (ou jovem) inquieta, desassossegada, barulhenta, que exige a satisfação imediata e instantânea das suas necessidades, tende a atuar imprudente e desastradamente, por demonstrar baixo nível frustracional e tendência

```
                    CRIANÇA COM DÉFICIT DE ATENÇÃO
                            (Douglas, 1980)
          Predisposição para um problema de atenção ou de alerta/vigilância
                                    │
                                    ▼
                      Dificuldade em manter a atenção
                          Fraco controle inibitório      ◄───────┐
                      Tendência para desintegrar informação      │
                         ╱                        ╲              ▲
                        ╱                          ╲             │
    Fraco desenvolvimento e                     Motivação intrínseca
    funções cognitivas (processo                vulnerável e pobre
    simultâneo/seqüencial e
    planificação, baixo rendimento)
                        ╲                          ╱
                         ╲                        ╱
                           Insucesso experiencial
                         Comportamentos de evitamento  ───────────┘
                           Aumento de problemas de
                          concentração, impulsividade
```

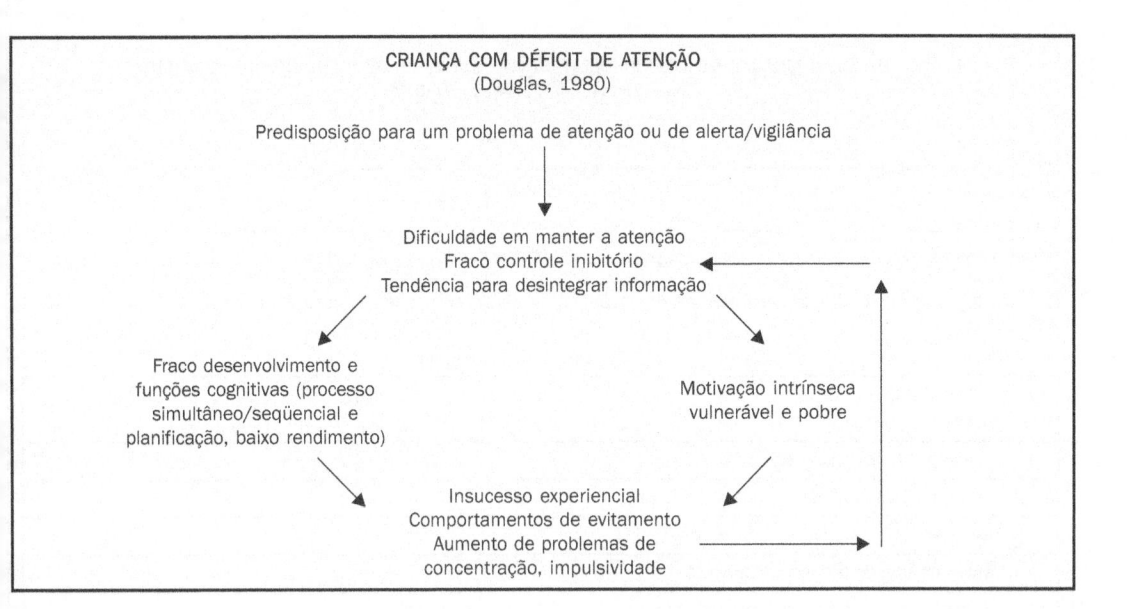

a aborrecer-se. Com estes traços de atividade e de conduta, irrita-se facilmente, desiste freqüentemente de tarefas que exijam controle e concentração e, obviamente, comporta-se imprevisivelmente, podendo não só prejudicar a sua própria atividade como perturbar a atividade ou a aprendizagem das outras crianças com quem está integrada (Conners, 1969, 1970).

Turbulenta, brigona e com flutuações abruptas e drásticas de humor, a criança hiperativa assume, por defesa, um comportamento freqüentemente inquieto, com os níveis de excitabilidade e de impulsividade ultrapassando o razoável e pondo em risco todas as suas tentativas de investir em processos de aprendizagem mais ou menos compostos ou complexos, por isso tem tendência a não terminar tarefas que começou. Com todos esses sinais atípicos de comportamento, o seu poder relacional é também afetado, não cooperando com as outras crianças ou com os adultos, arriscando-se a ser rejeitada. Não mantendo uma relação estável e equilibrada com as professoras, exigindo delas muita atenção, acaba por mergulhar em processos estranhos de auto-acusação ou de autopunição. Infantil e imatura, nega ter errado ou culpa os outros do seu insucesso, não se relacionando com as outras crianças nas atividades escolares ou lúdicas, nas quais freqüentemente não sabe perder e orienta-se para condutas mais agressivas, hostis ou mesmo violentas.

Fácil é, portanto, compreender as preocupações dos pais e dos professores perante uma criança com tais traços de comportamento, pois a desobediência, a mentira, a reação de cólera perante a mínima contrariedade, o confronto, a insolência, a fuga, a recusa, a injúria, a raiva, a teimosia, a indisciplina, etc., emergem convulsivamente, perturbando o desenrolar de qualquer atividade ou situação. Frente a estas características de conduta, as dificuldades de aprendizagem ou de comportamento tendem a surgir, podendo fazer perigar não só o potencial de aprendizagem como o potencial relacional, vocacional e profissional. Na adolescência, poderá mesmo atingir níveis desviantes irreparáveis e irrecuperáveis, daí que seja freqüente encontrar estes traços em jovens delinqüentes (Fonseca, 1977e, 1986b).

A prevenção parece ser fundamental em tais casos, e a intervenção psicomotora a tempo pode fazer a diferença, como asseguram diversos autores (Ajuriaguerra e Soubiran, 1962; Vittoz, 1954; Bergeron, 1956; Jolivet et al., 1957; Bérges, 1964; Doublineau, 1966; Klaunay e Gueritte, 1966; Tosquelles, 1967; Jolivet, 1970; Tembouret et al.,

## ESCALA DE IDENTIFICAÇÃO DO DÉFICIT DE ATENÇÃO E DA HIPERATIVIDADE DE CONNERS (1970)
(Adaptação de Fonseca, 1998)

Nome _____
Data de Nascimento _____/_____/_____ Data de Observação _____/_____/_____ Idade _____
Escolaridade _____ Escola _____
Dados Mesológicos _____ Dados Biomédicos _____

Por favor, tente responder a todas as questões. Em cada item da escala selecione com uma marca (v) a freqüência e o grau do problema

| Itens da escala para o professor | NUNCA 0 | RARO 1 | OCASIONAL 2 | FREQÜENTE 3 |
|---|---|---|---|---|
| 1. inquieto e desassossegado | | | | |
| 2. faz barulhos inapropriados quando não devia | | | | |
| 3. exige a satisfação imediata de necessidades | | | | |
| 4. atua imprudente e desastrosamente | | | | |
| 5. irrita-se e comporta-se imprevisivelmente | | | | |
| 6. muito sensível às críticas, baixo nível frustracional | | | | |
| 7. muito distraído e com fraca concentração | | | | |
| 8. perturba outras crianças | | | | |
| 9. sonhador, sempre com a cabeça no ar | | | | |
| 10. aborrece-se freqüentemente | | | | |
| 11. alterações abruptas e drásticas de humor | | | | |
| 12. turbulento, brigão e mal humorado | | | | |
| 13. atitude submissa perante a autoridade | | | | |
| 14. irrequieto e inquieto | | | | |
| 15. impulsivo e excitado | | | | |
| 16. exige demasiada atenção do professor | | | | |
| 17. aparenta ser rejeitado pelo grupo | | | | |
| 18. aparenta ser influenciado por outras crianças | | | | |
| 19. não sabe perder nas atividades lúdicas | | | | |
| 20. não possui capacidades de liderança | | | | |
| 21. não termina o que começa | | | | |
| 22. infantil e imaturo | | | | |
| 23. nega ter errado e culpa os outros | | | | |
| 24. não se relaciona com outras crianças | | | | |
| 25. não coopera com os colegas | | | | |
| 26. perante esforços, frustra-se ou desiste com facilidade | | | | |
| 27. não coopera com o professor | | | | |
| 28. apresenta dificuldades na aprendizagem | | | | |

*A criança com TDAH é identificada com um resultado bruto de 1,5 ponto por cada item (> 42 ponts). (vf/98)

1971; Bousingen, 1971, 1962, 1961; Bucher, 1972; Vayer, 1972; Zimmermann, 1973; Tasan e Volard, 1973; Chazand, 1974; Soubiran e Mazo, 1974; Soubiran e Coste, 1975; Maigré e Destrooper, 1975; Tolón, 1982; Gordon e McKinlay, 1982; Camus, 1984; Vayer e Destrooper, 1985; Coste, 1989; Richard e Rubio, 1994; Rossant, 1996; Boulch, 1998; Vayer e Roncin, 1999).

A criança TDAH é identificada com um resultado bruto de 1,5 pontos para cada item (> 42 pontos) (Fonseca, 1998).

O TDAH, segundo Cannon (1915) e Duffy (1934), grandes pioneiros neste tema, está inequivocamente ligado a problemas de vigilância, de energia tônica mal gerida e investida e a níveis de excitabilidade descontrolados, como referiu Hebb (1976), com a sua célebre curva em U invertido, pondo em realce que a função de atenção é muito mais do que um processo automático.

Sabendo que a vigilância pode oscilar entre a sonolência (baixa vigilância) e a excitabilidade (alta vigilância), o grau de eficiência da atividade humana, seja motora, afetiva ou cognitiva, em ambos os casos, é baixo, exatamente porque, em um caso, os processos de fadiga, de preguiça, de inatenção, etc., tendem a reduzir o desempenho, ao mesmo tempo que, no outro caso, a distratibilidade, a dispersão, a ansiedade excessiva e a desconcentração também a comprometem. Ou seja, a atenção seletiva, que está na base da proficiência da ação ou da aprendizagem, requer uma vigilância, não nos seus extremos, mas no seu meio, isto é, no meio está a virtude.

Levando em consideração algumas pesquisas recentes, a função da atenção tem igualmente um componente volitivo, dita superior, no qual certamente o lobo frontal tem um papel muito importante, interferindo com funções cognitivas muito relevantes, denominadas funções executivas, como a planificação, a regulação, o controle, a antecipação, a extrapolação, etc.

O nível tônico optimal, também referido como eutonia por G. Alexander (1966, 1981, 1985), nem hipertonia, nem hipotonia, mas um estado dinâmico e harmonioso de tensão, subjaz à atenção como função psíquica prioritária, daí a importância das relações entre tonicidade e atenção (Fonseca, 1973b, 1973d, 1992), exatamente porque os extremos se tocam em termos de provocar processos mentais dispersivos, que necessariamente interferem na qualidade do desempenho, seja motor, afetivo ou cognitivo.

Infelizmente, as respostas que o ser humano (criança, jovem e adulto) tem de produzir na vida cotidiana são muito mais complexas do

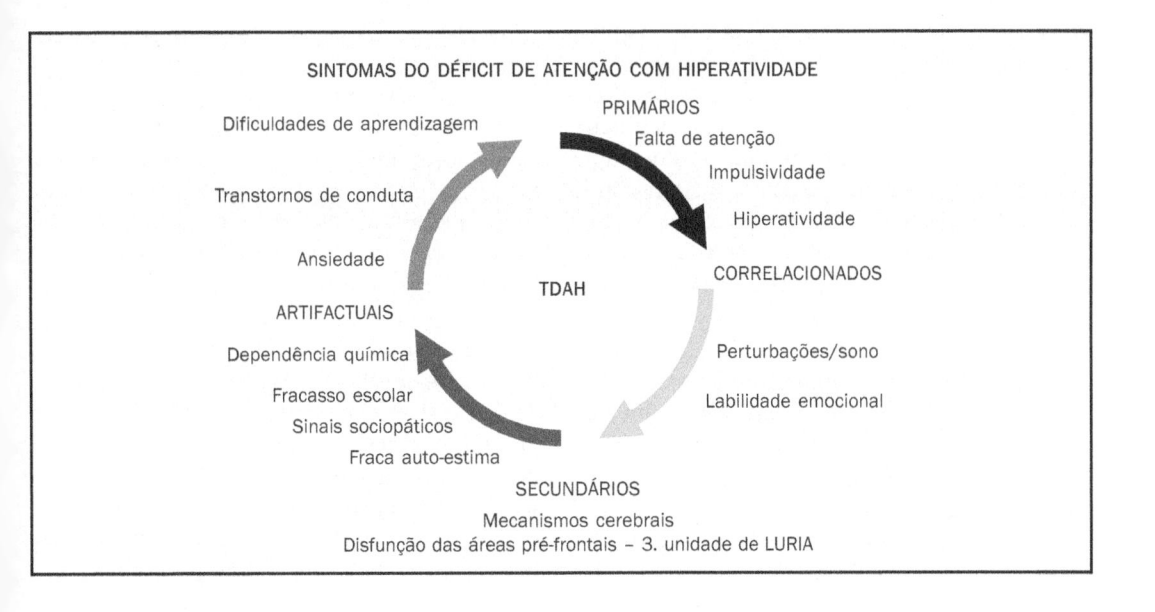

SINTOMAS DO DÉFICIT DE ATENÇÃO COM HIPERATIVIDADE

PRIMÁRIOS
- Falta de atenção
- Impulsividade
- Hiperatividade

CORRELACIONADOS
- Perturbações/sono
- Labilidade emocional

SECUNDÁRIOS
Mecanismos cerebrais
Disfunção das áreas pré-frontais – 3. unidade de LURIA

ARTIFACTUAIS
- Dificuldades de aprendizagem
- Transtornos de conduta
- Ansiedade
- Dependência química
- Fracasso escolar
- Sinais sociopáticos
- Fraca auto-estima

que possamos supor. Yerkes e Dodson (1908), outros grandes pioneiros de renome no estudo da atenção, chegaram mesmo a sugerir uma lei, a Lei Yerkes-Dodson, que põe em destaque a problemática do tipo de tarefas e sua relação com a personalidade dos indivíduos que as executam, pois uns gostam de atuar sob pressão e só atingem altos níveis de eficácia em tais condições, e outros tendem a evitá-la, como aponta Eysenk (1967).

Por exemplo, se encararmos uma tarefa muito intrincada ou complicada, a vigilância ideal deve ser baixa, para gerar condutas muito flexíveis e plásticas, para programar, desprogramar e reprogramar, conforme as necessidades emergentes, enquanto a tarefa simples, para ser executada, pelo contrário, exige um nível de vigilância alto para gerar condutas rápidas, repentinas, prontas e expeditas.

No futebol, por exemplo, e por analogia simplificada, os jogadores que ocupam as funções de defesa têm tendência para usar uma vigilância alta para cortar uma jogada; pela mesma razão, os atacantes têm de colocar em prática o mesmo tipo de vigilância para chegar ao gol em tempo hábil, enquanto os jogadores de meio de campo, salvaguardando a relatividade desta análise compreensiva, como têm de construir jogadas, pôr em jogo processos táticos em movimento, ler posições dos adversários e dos colegas de time, planejar estratégias em curto tempo, driblar com sutileza e continuidade, criar vantagens espaciais rápidas, etc., devem fazer uso de processos cognitivos disponíveis e versáteis, logo têm de lidar com processos de vigilância baixos. A sua eficácia como jogadores tem muito a ver com a modulação da sua vigilância, algo em que se deve insistir no seu treino mental, pois o futebol moderno requer de todos os seus atores capacidades de resolução de problemas que envolvem os dois tipos de vigilância.

O mesmo se pode exemplificar com a Lei de Yerkes-Dodson nas tarefas de aprendizagem escolar. Assim, por exemplo, em uma cópia de palavras ou em uma adição simples de números, o nível de vigilância a aplicar pode ser alto, enquanto na realização de tarefas complexas, como responder a um texto longo ou resolver os problemas em um exame de matemática, os níveis de vigilância devem ser baixos para que as funções mentais atuem com a máxima precisão e perfeição.

A idéia que resulta dessa lei clássica sobre a função de vigilância é, basicamente, a seguinte: as tarefas simples, que envolvem pouco volume de processamento de informação, podem ser executadas com um nível de vigilância alto. Em contrapartida, as tarefas complexas, que envolvem maior quantidade e diversidade de informação, requerem um nível de vigilância mais baixo, mas não tão baixo que possa pôr em risco a eficácia e a adaptabilidade da resposta.

É óbvio que está em jogo, na realização das tarefas, não só a dinâmica da vigilância, mas, igualmente, o nível de ansiedade, o componente afetivo e emocional que interfere na produção de uma resposta eficaz. Sabemos que, em muitas atividades humanas, seja no trabalho, no esporte, ou na escola, muitos indivíduos acabam por atingir fracos resultados, apesar de serem bem treinados. Devido ao descontrole da ansiedade, "entram em pânico" ou "têm um branco", não se lembrando dos procedimentos das tarefas nem recuperando a informação para responder às perguntas, apesar de conhecerem e de dominarem as situações e a matéria em questão.

Em síntese, um alto nível de vigilância acaba por gerar excesso de tônus, o tal nervosismo incontrolável, que desestabiliza a atenção seletiva e prejudica a elaboração e a execução das respostas adaptativas, sejam motoras, afetivas ou cognitivas, daí ser agora mais compreensível como a hiperatividade pode interferir no baixo rendimento, na aprendizagem ou na resolução de problemas. A psicomotricidade, por meio dos inúmeros métodos de relaxamento a que já fiz referência, pode contribuir, de fato, para a redução e a minimização dos múltiplos efeitos desviantes dos déficits de atenção e da hiperatividade.

Vários estudos sobre o déficit de atenção com ou sem hiperatividade apontam uma incidência de 2 a 9,5% na população escolar, com mais enfoque nos meninos do que nas meninas, demonstrando uma provável predisposição genética. Autores norte-americanos apontam outra incidência, de 4 a 10 %, apenas quando tais manifestações ocorrem na escola, enquanto autores ingleses referem uma incidência de 0,1% quando as mesmas se verificam em vários contextos, e não só no da sala de aula. Quando os estudos se referem a populações de pais, estes evocam, segundo alguns estudos, uma incidência de 30% de problemas de atenção, de agitação e de imaturidade social em crianças consideradas normais entre os 4 e os 16 anos. A controvérsia sobre este problema parece ser insuperável, não deixando de ser uma questão muito atual e de importância muito significativa, como tentei caracterizar.

Como diagnóstico psiquiátrico (American Psychiatric Association, 1996), o transtorno de déficit de atenção/hiperatividade (TDAH) é definido em termos de comportamentos problemáticos e freqüentes, exibindo conjuntamente:

- inatenção, quando utilizada para caracterizar a criança que não cumpre nem completa tarefas, que ouve mas não escuta ou não processa e integra informação auditiva ou verbal, que se distrai com frequência, que não se concentra em atividades lúdicas ou escolares;
- impulsividade, quando utilizada para caracterizar a criança que age sem pensar, que muda permanentemente de atividade, que é desorganizada nas suas atividades cotidianas, que requer muita supervisão, que gera muitos comportamentos indesejáveis, que realiza condutas assistemáticas e desplanificadas, que raramente sabe esperar a sua vez, etc.;
- hiperatividade, quando utilizada para caracterizar a criança que mexe em tudo inadvertidamente, que explora errática e episodicamente os espaços e os objetos, que não se senta quieta, que está sempre irrequieta e desassossegada, que se mexe muito quando dorme, que age incoerentemente com as situações, que não inibe sensações difusas (os chamados "bichos carpinteiros"), etc.

Como a dislexia, o TDAH é inesperado e inexplicável. Apenas com base em avaliações dinâmicas, e não apenas padronizadas, do nível mental e evolutivo podemos desenhar um quadro clínico consensual, que permita perspectivar intervenções reeducativas e terapêuticas compensatórias. Todavia, o TDAH encontra-se sempre associado a uma desordem afetiva com uma miríade de sinais à sua volta. A heterogeneidade etiológica é outro dos problemas desta síndrome psicomotora. Alguns estudos (Pennington, 1991; Ross, 1976 e Rutter et al., 1970) apontam desordens genéticas no seu fenótipo, como, por exemplo, na síndrome de Turner (45 X), na síndrome de Klinfelter, na síndrome do X frágil, na síndrome fetal alcoólica, na neurofibromatose e no início da fenilcetonúria.

Outras pesquisas identificaram etiologia poligenética e multifatorial, quando os progenitores acusam alcoolismo, histeria, sociopatia, disfunção familiar e efeitos teratogênicos de várias ordens. Willerman (1973), em estudos de gêmeos monozigóticos, apresentou correlações do TDAH de 0,71, enquanto em gêmeos dizigóticos esta foi de 0,00, parecendo demonstrar um componente genético importante.

Alguns estudos referem-se a causas ambientais, como exposição ao chumbo e a toxinas várias, independentemente da classe social; estimulação ambiental inadequada; famílias alargadas; dificuldades socioeconômicas crônicas, envolvimentos agressivos e caracterizados por fraca mediatização da auto-estima; etc. Outros estudos referem-se a causas biomédicas, como encefalite, anoxia neonatal, traumatismos, disfunção cerebral mínima, problemas de desenvolvimento neuropsicológico, etc.

Como em quase todas as síndromes psicomotoras, não podemos nos contentar com uma causa única para o TDAH, pois as causas imediatas e diretas parecem ser ainda desconhecidas, apesar dos avanços nas técnicas neurológicas, como a ressonância magnética, a emissão de pósitrons (PET), a tomografia axial computorizada (TAC), a neurometria, a eletroencefalografia, etc. Segundo certos estudos neurológicos, porém, algumas regiões cerebrais parecem apresentar disfunções, como as do córtex pré-frontal (onde se processam a elaboração e a planificação motora), do cerebelo (onde se processam o controle postural e a gestão dos automatismos) e dos gânglios basais (onde se processam os automatismos extrapiramidais e somatognósicos), ou seja, três substratos cruciais da integração e da planificação psicomotoras.

Segundo Castellanos e colaboradores (1996), o TDAH pode incluir também outros substratos neurológicos, principalmente o núcleo caudado direito e o pálido, que regulam a atenção. Os mesmos autores encontraram ainda anomalias estruturais no córtex pré-frontal direito e no vermis cerebelar, substratos essenciais de regulação postural, somatognósica e práxica, que surgem reduzidos em relação a crianças normais, daí ser plausível a ocorrência de déficits de atenção e de transtornos de hiperatividade, ilustrando uma espécie de inabilidade ou de disfunção para filtrar aferências sensoriais simultâneas, em conjunto com dificuldades específicas para inibir ou para antecipar respostas motoras, com lapsos reaferenciais ou de integração de *feedbacks*, em certa medida dando outra luz sobre as implicações da hiperatividade no comportamento e na aprendizagem (Barkley, 1990, 1998; Riccio et al., 1993; Steger et al., 2001).

Para Wender (1976), o TDAH pode envolver também déficits diencefálicos, com base em respostas galvânicas inadequadas da pele e em traços atípicos no eletroencefalograma (EEG), assim como déficits nos neurotransmissores e ruptura de conexões.

Os sintomas do TDAH podem ser considerados:

- primários, quando manifestam inatenção, impulsividade e hiperatividade freqüentes em relação às crianças normais e surgidos antes dos 7 anos;
- secundários, quando identificam disfunções nas áreas pré-frontais (terceira unidade de Luria);
- correlacionados com perturbações do sono e revelando labilidade emocional;
- com artefatos, quando associados à drogadição, sinais sociopáticos, baixa auto-estima e insucesso escolar.

Para Ajuriaguerra (1974, 1980), o estudo da síndrome hipercinética ou da hiperatividade encontra-se face a duas posições. Para alguns, o seu diagnóstico deve limitar-se aos casos nos quais a hiperatividade grave está associada a outros componentes da síndrome, como a tendência à distração, à impulsividade e a uma capacidade de atenção breve e fugaz. Para outros, o seu diagnóstico está intimamente ligado a problemas de aprendizagem, dos quais alguns são específicos (dislexia, por exemplo) e a problemas psicológicos particulares postos em evidência em testes, como perturbações perceptivo-visuais e auditivas, problemas de coordenação oculomotora, distúrbios de discriminação de figura-e-fundo, de constância da forma, de posição, de relação, de orientação e de estruturação espacial.

Do ponto de vista cognitivo, outros autores, como Campbell e colaboradores (1971), Das e colaboradores (1994, 1996), referem que as crianças hiperativas não só apresentam uma integração cognitiva difusa como ilustram um estilo cognitivo diferente do das crianças normais. São normalmente afetadas quando se lhes solicita a seleção de uma resposta no meio de várias alternativas, revelam respostas mais impulsivas, são menos aptas para controlar ou para inibir as suas respostas incorretas, apresentam dificuldades em isolar e em focar estímulos em campos perceptivos contraditórios, são mais lentas em tarefas que requeiram velocidade e fluência de automatismos, empregam estratégias e procedimentos de resolução de problemas menos eficazes, são habitualmente desorganizadas e desplanificadas, acusam uma supersensibilidade aos estímulos, além de revelarem problemas de retenção da informação e, essencialmente, de memória de trabalho.

Em minha experiência clínica (Fonseca, 1998b, 2001) e com base na lista das funções cognitivas deficitárias de Feuerstein e colaboradores (1979), (ditas empobrecidas, debilitadas, fracas, mas não consideradas como deficientes, pois aí entramos já em outro campo, o da deficiência mental), estas crianças e jovens tendem a demonstrar dificuldades e problemas em todos os componentes do ato mental, se entendermos a noção de integração e de interação multidimensional dos fatores motores, afetivos e cognitivos propostos por Wallon:

- disfunções no âmbito da recepção (*input*): percepção difusa e imprecisa; comportamento exploratório desplanificado e impulsivo; falta de vocabulário receptivo apropriado; desorientação espaço-temporal; fraca identificação das propriedades, constâncias e permanências de imagens, objetos, sinais, símbolos, etc.; imprecisão, incoerência e imperfeição na captação de dados e dificuldade em considerar duas ou mais fontes de informação simultâneas;
- disfunções no âmbito da integração-elaboração: dificuldade em perceber e em definir problemas; problemas em distinguir os dados relevantes dos irrelevantes; conduta comparativa pobre; restrição do campo mental; percepção episódica da realidade e das situações-problema; resistência à evidência lógica e fraco raciocínio lógico e analógico; déficits de interiorização; pensamento hipotético e inferencial pobre; pouco uso de estratégias para testar hipóteses; problemas de antecipação e de verbalização; não-elaboração de categorias cognitivas; fraca conduta avaliativa e problemas em estabelecer e deduzir relações virtuais;
- disfunções no âmbito da planificação-execução (*output*): comunicação egocêntrica e autocentrada; fraca projeção de relações virtuais; bloqueio na comunicação de respostas; respostas centradas na tentativa e erro; vocabulário expressivo inadequado; imprecisão e imperfeição na produção de respostas adaptativas (motoras, afetivas ou cognitivas); dificuldades práxicas no transporte visuográfico e visuomotor; comportamento impulsivo, agindo sem pensar, sem prever ou antecipar as conseqüências dos seus atos.

Independentemente de só se poder valorizar as conseqüências da hiperatividade em relação à idade da criança e do jovem e às suas evoluções, a miríade de seus componentes transcende as manifestações motoras para se envolver em outros componentes com os quais co-evoluem e co-ocorrem, daí a noção de psicomotricidade, como um conceito guarda-chuva, só poder ser concebida na visão inicial de Wallon, isto é, integrando uma dimensão multicomponencial na qual os componentes emocionais e cognitivos se interligam sistemicamente e se inter-relacionam intimamente e evolutivamente.

Como a maioria dos transtornos psicológicos, a hiperatividade tende a manifestar-se durante a infância, podendo assumir um pico na pré-adolescência, mas habitualmente tende a desaparecer na adolescência, parecendo refletir uma associação de problemas tônico-motores, psicomotores, afetivos e cognitivos que, no fundo, radicam nos fatores transientes entre a imaturidade, a desmaturidade e a maturidade do processo dinâmico do desenvolvimento humano encarado na sua cronologia própria, daí a relevância e a importância profilática da intervenção psicomotora, quando necessária, uma vez que pode minimizar, compensar e modificabilizar em tempo útil os seus efeitos desviantes.

Apesar de vários estudos (Wender, 1971) evocarem melhorias na hiperatividade, principalmente na atenção, na impulsividade, no comportamento social e na aprendizagem, por efeito de medicações psicotônicas, em particular com anfetaminas (Imipramina e Ritalina), a que não escapam efeitos secundários (insônia, anorexia, cefaléias, etc.), não restam dúvidas de que a hiperatividade sugere uma disfunção cerebral, em particular no metabolismo da norepinefrina, mais comprometido com o sistema de vigilância.

É interessante chamar atenção que estes dados confirmam, mais uma vez, a hipótese walloniana, ilustrando a estreita relação entre a funções afetivo-emocionais e a organização postural no desenvolvimento psicológico da criança. As investigações com as anfetaminas mostram claramente que as relações entre os sistemas subcorticais e a organização tônico-emocional precoce são profundas e, como argumentam Touwen e Prechtl (1970), não podem ser compreendidas sem estabelecer uma íntima integração da neurologia com a psicologia, ou seja, a síntese integradora onde a psicomotricidade deve ser enraizada e fundamentada cientificamente.

Independentemente das imperfeições metodológicas inerentes aos estudos da hiperatividade, da disfunção cerebral mínima e, ainda mais, da psicomotricidade, não podemos deixar de considerar que uma disfunção neurológica, por mais ligeira que seja, pode provocar um problema de comportamento ou de aprendizagem com outras repercussões importantes, como afirma Ajuriaguerra (1974, 1980, 1981). No entanto, também não podemos esquecer, recorrendo a este mesmo autor, que perturbações do comportamento ou da aprendizagem podem manifestar-se sem sinais de disfunção neurológica, portanto a explicação lesional não tem cabimento nem pode ser admissível.

As desordens psicomotoras, como a hiperatividade, oscilam efetivamente entre a neurologia e a psicologia, uma dupla polaridade que explica a personalidade total que se edifica a partir da organização psicomotora de base, o que nos leva a considerar que o problema não é meramente motor, mas muito mais diverso, porque o transcende, daí ser impossível separá-lo do desenvolvimento afetivo e cognitivo, isto é, do todo dialético que constitui o desenvolvimento da criança com o seu envolvimento. É essa a complexidade integrada de que tratam a teoria, o diagnóstico e a intervenção em que a psicomotricidade se fundamenta. A necessidade de um diagnóstico psicomotor precoce (Fonseca, 1974b, 1992) da hiperatividade, seguido de uma reeducação ou terapia psicomotora, baseadas nos pressupostos que apontei anteriormente, com consequente apoio psicoterapêutico aos pais, justifica-se na medida em que pode impedir que um problema leve se transforme em um problema mais sério.

## DISPRAXIAS

Vimos em Piaget (1960, 1976) como a praxia é um movimento cujo objetivo é atingir um fim, seguindo uma seqüência espaço-temporal intencional, pressupondo uma organização neurológica complexa. Como constructo teórico, a praxia não pode ser confundida com um movimento reflexo ou automático, trata-se, conseqüentemente, de um sistema de movimentos coordenados em função de uma intenção ou resultado, previamente concebido, por isso surge associada à função simbólica que emana da exploração dos objetos e da relação com os outros.

A praxia nasce no pensamento, porque está interiorizada antes de ser produzida ou expressa em ações propriamente ditas e observáveis (Camus, 1981). Trata-se de um sistema funcional que integra processos complexos, por um lado figurativos, representacionais e perceptivos, e, por outro, operativos, seqüenciais e motores, que fixam informação e que servem de suporte à cognição. A praxia resulta, portanto, da integração sistêmica de processos motores, como a tonicidade, a postura, a locomoção, a preensão, etc., de processos afetivo-emocionais, como a somatognosia, a auto-estima, a disposição motivacional, etc., e também de processos cognitivos, como a planificação motora, a regulação de esquemas de ação, a captação e análise dos sistemas de coordenadas espaciais, a representação semântica dos objetos e o conhecimento da sua utilização (Portwood, 2000; Cratty, 1994).

O estudo da praxia encerra um paradigma psicomotor muito relevante, pois parece implicar a metáfora do piano e do pianista, a que já fiz alusão. O piano por si só não passa de um objeto ou móvel como os outros. Para exercer sua atividade artística, não basta o pianista ter as partituras na cabeça. Para efetivamente produzir música, necessita, obviamente, do piano. Por analogia, o piano corresponde aos processos motores executivos (função do córtex motor com o sistema piramidal), enquanto o pianista corresponde ao conhecimento das melodias e aos processos psicomotores que os planificam, antecipam e regulam (função do córtex pré-motor, da área suplementar motora e do sistema frontal).

A distância que vai da motricidade animal à motricidade humana tem muito a ver com o que se entende por praxia, algo que transcende a pura execução motora e se constitui como aumento do volume do cérebro, do qual resultam o conhecimento e a cognição, uma neomotricidade que acrescentou à natureza a própria civilização, sem a qual o processo de hominização não seria realizável (Fonseca, 2003).

As praxias global e fina surgiram na evolução da espécie como um potente instrumento de resolução de problemas, que permitiu não só a execução da ação a partir da aquisição da postura, da libertação das mãos e da face, mas a planificação e a predição dos seus efeitos, antevendo e antecipando as circunstâncias em que ela deve ser regulada com o objetivo de atingir fins de sobrevivência, de prazer e de utilidade social (Fonseca, 1989, 1999a, 2003).

A destreza manual que permitiu à espécie humana inventar, fabricar, utilizar e aperfeiçoar instrumentos, além de envolver a especialização hemisférica e corporal (papel da lateralização), põe em jogo uma organização cortical, que tem de contar com a interação estreita e íntima de três zonas corticais: (1) uma porção da área motora primária, que se ocupa das sinergias musculares; (2) uma porção significativa da área somestésica (somato-sensorial) primária, que trata da percepção do corpo e do espaço ambiental; (3) uma zona da área motora secundária pré-frontal, onde se programa e planifica a sucessão dos gestos.

A noção de praxia está associada à noção de aprendizagem, de experiência, de repetição variada, de treino para ganhar automatismos e flexibilidade, pois só podemos nos tornar pianistas tocando piano assiduamente. Tal aprendizagem, como é óbvio, não envolve apenas a ativação da musculatura das mãos e dos dedos e a extraordinária flexibilidade das articulações (Cratty, 1994). Na realidade, todas essas estruturas não são senão acessórias, na medida em que o papel fundamental está na criação de redes neuronais que harmonizem sensações e ações, isto é, circuitos neuronais ou sistemas funcionais que envolvem a cooperação de várias zonas do cérebro, que vão permitir "gravar" tais conexões ou engramas por repetição e aperfeiçoamento psicomotor.

No fundo, todo o processo da ontogênese práxica reflete a imaginação criadora emanada da cultura, e esta é, eminentemente, uma das características superiores da espécie humana, em comparação com as outras. Para que se toque o piano com perfeição, ou qualquer outra praxia que se considere, é preciso que a gravação dos engramas seja também perfeita. Cada gesto supõe, conseqüentemente, uma atividade cortical específica, e não um conjunto de contrações musculares. Ajuriaguerra (1974, 1980, 1981),

Ajuriaguerra e Hécaen (1964), Ajuriaguerra, Hécaen e Angerlergues (1960), Ajuriaguerra e colaboradores (1964), Hécaen (1972), Hécaen e Jeannerod (1978), Bocher (1972), Granjon (1962) e Angerlergues (1960), nas suas abordagens neurofisiológicas e neuropsicológicas, consideram que, para estudar a praxia, é preciso compará-la com a apraxia, que se caracteriza como uma incapacidade de organizar e de planificar um movimento intencional, ocorrendo uma espécie de ruptura conexional entre a informação sensorial e a motora, isto é, desconectando-se os sistemas aferentes e centrípetos dos sistemas eferentes e centrífugos.

Na base dessa dicotomia praxia-apraxia, cabe agora abordar, em termos meramente introdutórios, independentemente da profunda complexidade dessa matéria, a noção de dispraxia. O prefixo *dis* significa um mau funcionamento ou imaturidade de uma dada capacidade ou competência, que é, por sua vez, controlada por um sistema funcional, sem envolver, portanto, qualquer lesão cerebral, ao contrário da apraxia. Neste caso, o prefixo *a* refere-se sempre a um problema de destruição ou de lesão cerebral desse mesmo sistema (Nielsen, 1947; Ajuriaguerra e Hécaen, 1964). Assim, pode-se dizer que a dispraxia está sempre essencialmente relacionada com problemas de eficiência motora, na sua maior ou menor desorganização, mas nunca com a incapacidade motora, porque esse atributo neurofuncional é suscetível de ser reajustado ou reorganizado.

Inúmeros estudos e investigações têm referido que os atrasos da evolução motora arrastam consigo problemas de inteligência, e isso não é de admirar, uma vez que a esfera motora é, em síntese, o palco da inteligência, na representação da respectiva maturidade nervosa. Em termos antropológicos, a inteligência não é senão a síntese do pensamento em ação. Assim, mais uma vez, a evolução da motricidade e a evolução da inteligência são a mesma coisa. A dispraxia não é, pois, mais do que uma perturbação da organização cerebral, que deve presidir e garantir um processo psicomotor ajustado e adequado de qualquer aprendizagem, que, no fundo, consubstancia uma maturidade em evolução (Camus, 1981; Portwood, 2000).

Já vimos também como a organização da ação, em Piaget (1960), envolve um aspecto operativo, dito práxico, e um aspecto figurativo, dito gnósico. Ambos os aspectos são complementares e interdependentes na sua unidade neurofuncional. Por isso, a desorganização de uma das estruturas componentes implica, necessariamente, a desorganização da outra. Em suma, a dispraxia não pode ser considerada uma neuropatia, nem uma miopatia, uma vez que não envolve os motoneurônios inferiores, nem a placa neuromuscular, nem mesmo a função muscular. Trata-se, antes, de um problema de desenvolvimento do sistema nervoso central (Saint-Anne, 1968; Zayman, 1971; Trevarthen, 1983, 1978, 1968; Miller, 1986).

A dispraxia integra, na sua definição clínica, problemas de planificação motora, disfunções subcorticais sutis, que afetam a gestão dos automatismos gestuais, disfunções vestibulares e cerebelares, que sugerem implicações sistêmicas disfuncionais nos três componentes principais da organização psicomotora: a postura, a somatognosia e a elaboração práxica.

Para precisar um pouco mais, a dispraxia não é uma disfunção perceptiva nem uma disfunção aferente; seus sinais atípicos traduzem antes uma disfunção expressiva (de *output*), isto é, constitui-se mais como uma disfunção executiva.

Não podendo ser considerada uma disfunção dos automatismos nem dos reflexos, não podendo ser categorizada como uma incapacidade motora, porque não o é, a dispraxia, na sua essência, revela uma disfunção do controle e da auto-regulação motora.

A dispraxia pode ser definida, então, aproveitando a inspiração de Ajuriaguerra e colaboradores (1964), como uma perturbação na planificação dos movimentos intencionais, volitivos e aprendidos. Ocorre, portanto, na presença de reflexos, de tonicidade e de sensibilidade normais e na ausência de transtornos da atenção, da percepção, da memória ou da linguagem. Algum grau de disfunção transitória subsiste entre o movimento normal e a apraxia (movimento desviante), representando antes uma disfunção, e não uma incapacidade, ou melhor, uma dilapidação cognitiva da atividade motora e da sua representação mental. Assim, a dispraxia encontra-se naturalmente dependente não só dos mais variados aspectos neurológicos que regulam os fatores psicomotores (tonicidade, postura, lateralidade, noção corporal, atividade rítmica, orientação e representação espacial, praxia global e fina), como também da própria problemática ecológica e ambiental na qual a criança e o jovem estão inseridos, como a família, a escola, a comunidade e os respectivos padrões socioculturais, nos quais se inscrevem os processos de mediatização, de interação, de relação, as diferentes metodologias de intervenção, etc.

Com base nestes pressupostos, podemos inferir que algumas das dificuldades de aprendizagem não-verbais e verbais (Fonseca, 1984, 1999b, 2000) dependem da hierarquia da experiência, e que a origem das mesmas pode estar na desorganização das praxias, apesar de muitas crianças e jovens disléxicos serem exímios em termos de desempenho motor, lúdico e desportivo. A elaboração das praxias compreende uma evolução paralela à do desenvolvimento afetivo e cognitivo. É essa evolução paralela que abordo no quadro da página seguinte.

Podemos facilmente perceber que a desorganização das praxias implica não só desordens gnoso-práxicas, como discrepâncias no desenvolvimento motor, afetivo e intelectual. A dispraxia pode ser um dos primeiros sinais de uma dificuldade escolar, dado que reflete uma insuficiência do desenvolvimento psicomotor e do pensamento espacial, bem como inclui também uma desorganização global do comportamento associada à dificuldade de utilização e de conservação da informação. Mais: a dispraxia surge como dificuldade em recombinar os atos simples, a fim de organizar e de executar atos mais complexos, como os da escrita (grafomotricidade).

A dispraxia, efetivamente, constitui uma desorganização instrumental (Camus, 1981) de primeira importância, devido ao papel estruturante do desenvolvimento práxico na maturação dos sistemas neurológicos superiores de aprendizagem, que mais tarde vem a refletir-se nas dificuldades da leitura (dislexia), nas dificuldades de escrita (disgrafia), nas dificuldades no ditado e na redação (disortografia), nas dificuldades no

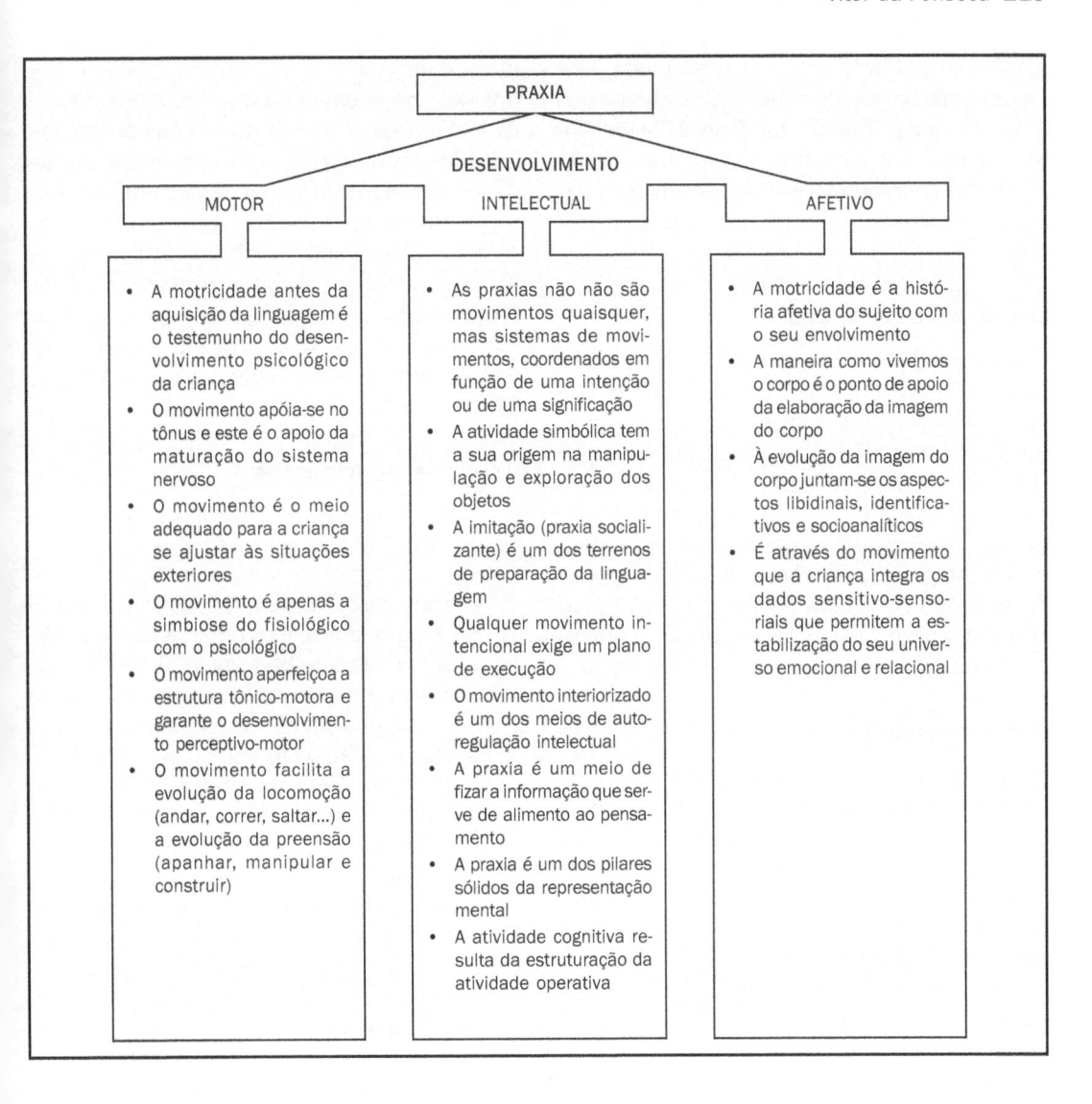

|  PRAXIA | | |
| --- | --- | --- |
| | DESENVOLVIMENTO | |
| MOTOR | INTELECTUAL | AFETIVO |
| • A motricidade antes da aquisição da linguagem é o testemunho do desenvolvimento psicológico da criança<br>• O movimento apóia-se no tônus e este é o apoio da maturação do sistema nervoso<br>• O movimento é o meio adequado para a criança se ajustar às situações exteriores<br>• O movimento é apenas a simbiose do fisiológico com o psicológico<br>• O movimento aperfeiçoa a estrutura tônico-motora e garante o desenvolvimento perceptivo-motor<br>• O movimento facilita a evolução da locomoção (andar, correr, saltar...) e a evolução da preensão (apanhar, manipular e construir) | • As praxias não não são movimentos quaisquer, mas sistemas de movimentos, coordenados em função de uma intenção ou de uma significação<br>• A atividade simbólica tem a sua origem na manipulação e exploração dos objetos<br>• A imitação (praxia socializante) é um dos terrenos de preparação da linguagem<br>• Qualquer movimento intencional exige um plano de execução<br>• O movimento interiorizado é um dos meios de autoregulação intelectual<br>• A praxia é um meio de fizar a informação que serve de alimento ao pensamento<br>• A praxia é um dos pilares sólidos da representação mental<br>• A atividade cognitiva resulta da estruturação da atividade operativa | • A motricidade é a história afetiva do sujeito com o seu envolvimento<br>• A maneira como vivemos o corpo é o ponto de apoio da elaboração da imagem do corpo<br>• À evolução da imagem do corpo juntam-se os aspectos libidinais, identificativos e socioanalíticos<br>• É através do movimento que a criança integra os dados sensitivo-sensoriais que permitem a estabilização do seu universo emocional e relacional |

cálculo (discalculia), etc., ou até mesmo nas dificuldades, de expressão manual corporal e musical, do desenho, nos trabalhos manuais, na ginástica, nos jogos com os colegas, na expressão dramática e nas relações interpessoais, etc., isto é, nas múltiplas formas em que a dispraxia se pode revelar, como que ilustrando uma distribuição das dificuldades em termos evolutivos e também inter-hemisféricos: o hemisfério direito para as não-verbais e o esquerdo para as verbais.

Vejamos agora os aspectos clínicos da dispraxia segundo Tabary e colaboradores (1966), Stambak (1963, 1964), Stambak e colaboradores (1964), Vyl (1970), Ajuriaguerra (1974), Ajuriaguerra e colaboradores (1964), Ajuriaguerra, Hécaen e Angerlergues (1960).

### Dispraxias das realizações motoras

Incluem problemas do esquema corporal, com déficit e atraso da organização motora. Esta síndrome apresenta, ainda, falta de coordenação, dificuldades em movimentos utilitários, como vestir, lavar e comer. Pode também estar associada a lentidão, a imprecisão de movimentos, a dificuldades de planificação e de ordenação de movimentos simples, etc., caracterizando a chamada criança trapalhona e ou desajeitada. Este estado inibe fatores de exploração e afeta a história emocional e afetiva da criança e pode, por isso, acarretar isolamento, sentimentos de rejeição dos companheiros, não participação nas atividades lúdicas de grupo, dificuldades de comunicação, dificuldades de socialização, etc.

### Dispraxias de construção

Incluem dificuldades nas provas de desenho, de cópia de figuras geométricas ou de construção e de acabamento de estruturas espaço-temporais (quebra-cabeças, lego, etc.). Caracterizam-se também por uma desorganização conjunta do esquema corporal e do espaço operativo. Este tipo de dispraxia apresenta normalmente uma lateralização mal definida e estabelecida, sinais de disgnosia dos dedos da mão, alguns traços de autotopoagnosia e dificuldades na imitação de gestos.

### Dispraxias espaciais

Ajuriaguerra designa este tipo de dispraxia por planotopocinésia. Neste caso, surge a desorganização do gesto, do esquema corporal e das relações com o espaço e a perturbação na seqüência elementar dos movimentos e na ordenação de movimentos mais complexos, como seguir instruções ou orientações.

São também normais neste caso as dificuldades de seriação, de classificação e de utilização da noção de alto e baixo, de frente e trás, de anterior e posterior e de esquerda e direita. Estão integradas ainda neste tipo de dispraxia as dificuldades em se vestir ou em apertar o laço dos sapatos. Além dessas, temos ainda dificuldades grafoconstrutivas, desordens simétricas, dificuldades de escolha e de seleção de pontos de referência e de imitação de gestos da mão, da face e dos membros (Portwood, 2000). No plano do conhecimento do corpo, não há relação entre partes do corpo e a sua nomeação verbal, e o desenho do corpo torna-se difícil de executar, apresentando um aspecto bizarro e desproporcionado nos seus elementos componentes (Wintsch, 1935; Thomazi, 1960).

### Dispraxias especializadas

Incluem as dispraxias faciais e posturais e as dispraxias objetivas e verbais:

- dispraxia facial: dissociação entre os aspectos automáticos e voluntários da expressão mímico-facial, dificuldades da motilidade facial voluntária depois de uma solicitação verbal, desordens da representação facial com problemas oromotores e de articulação da língua (também designada por alguns autores dispraxia lingual). Pode também apresentar uma descoordenação binocular (problemas de focagem, de perseguição e de seguir ou de produzir movimentos sacádicos) e movimentos inapropriados e inexpressivos da totalidade de face;
- dispraxia postural: dificuldades na postura, que se refletem em uma execução desajustada e desarmônica, com controle inseguro e hesitante. O movimento é executado sem ritmo, irregularmente or-

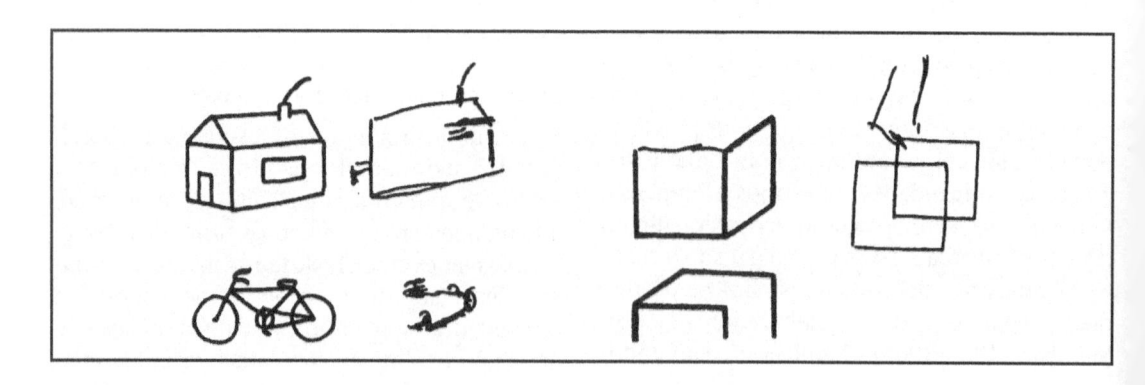

ganizado e com alterações melódico-gestuais;
- dispraxia objetiva: dispraxia do vestuário com desordem da sucessão de movimentos e com dificuldades de manipulação de objetivos utilitários e cotidianos.
- dispraxia verbal: dispraxia com dificuldades verbomotoras associadas a falhas de compreensão.

### Dispraxias sensório-cinésticas

Caracterizam-se por uma dificuldade na síntese sensório-motora, com desautomatização do gesto, mas sem problemas de representação mental.

### Dispraxias de formulação simbólica

Caracterizam-se por uma desorganização geral da atividade simbólica, compreendendo a linguagem nas suas várias facetas e dimensões.

A dispraxia é, pois, a expressão de uma psicopatologia da criança e do jovem (Ajuriaguerra e Marcelli, 1984) que não pode ser mascarada. A desorganização do movimento é um sintoma por demais evidente do divórcio entre as estruturas sensoriais e perceptivas e as estruturas não-simbólicas, simbólicas e conceituais. A dispraxia, a desorganização da imagem do corpo (dissomatognosia) e as alterações da lateralidade são dos primeiros sinais indicativos de uma futura dificuldade de aprendizagem escolar (Lesne e Peycelow, 1943; Roudinesco e Thyss, 1948; Granjon e Ajuriaguerra, 1951; Subirana, 1952; Humprey e Zangwill, 1952; Reitan, 1955; Granjon, 1959; Hécaen e Ajuriaguerra, 1963; Stambak et al., 1965; Serafetinides, 1968; Sperry, 1970, 1975; Witelson, 1976). O denominador comum das dislexias, disortografias e discalculias, na ótica de Ajuriaguerra, tem sempre algo relacionado com a dispraxia.

Daí a sua importância e significado.

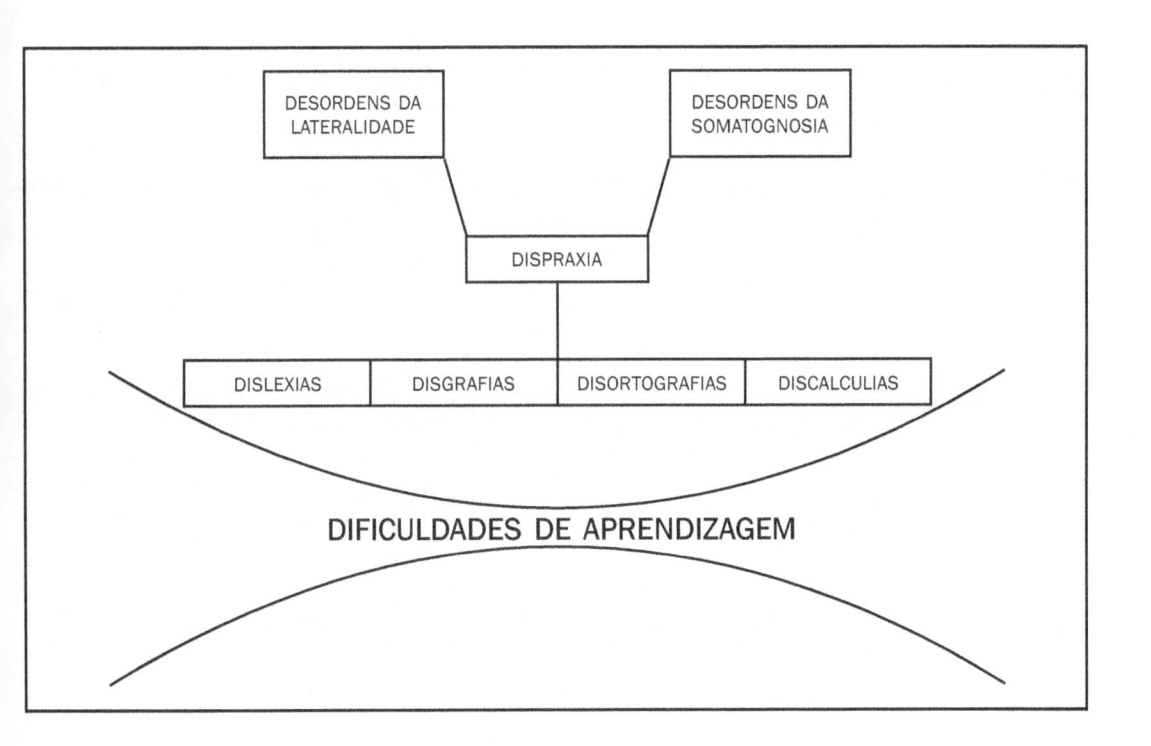

A perturbação da expressão motora na sua impossibilidade de combinar e de ajustar melodicamente gestos e atitudes é, em última análise, a manifestação de uma vulnerabilidade evolutiva que tende a ter impato em todos os aspectos da personalidade da criança e do jovem. De fato, as condutas humanas exigem o casamento entre os gestos ordenados e seqüencializados e o desejo de realizar. Tudo isto, porém, acompanhado por uma música de fundo composta pela prefiguração do ato, relacionando corpo e cérebro, sujeito e objeto, organismo e ambiente, espaço e tempo, etc., em situação-problema concreta e dinâmica, isto é, relacionando a estrutura do movimento com a estrutura dos ecossistemas.

Claro que tal relação é, em última análise, o próprio corpo, que assim se revela simultaneamente como um autocorpo (interior) e um hetéro-corpo (exterior), não como duas entidades distintas, mas como manifestações diferentes da mesma unidade e totalidade. A desorganização ou o desequilíbrio entre corpo-cérebro-ecossistemas é, afinal, a dispraxia. Em suma, dispraxia não é mais do que a dificuldade de aprender o mundo, que se traduz por uma desintegração do comportamento da criança e do jovem, que, assim, apelam para que o adulto lhes proporcione um mundo diferente, que valha a pena integrar, aprender e explorar.

# Autores Norte-Americanos
## EDUCAÇÃO PERCEPTIVO-MOTORA

**INTRODUÇÃO**

Após uma primeira abordagem sobre a evolução psicomotora e a aprendizagem da criança e do jovem, apoiada em autores europeus, respectivamente, Wallon, Piaget e Ajuriaguerra, abordarei a seguir um conjunto dos autores norte-americanos que mais se dedicaram à reflexão teórica e à aplicação prática da perceptivo-motricidade.

O termo perceptivo-motricidade (adaptação de *perceptual-motor skills*), conotado com o comportamentalismo, ou behaviorismo (Watson, 1924, 1925; Skinner, 1953, 1971), centra-se em uma concepção positivista do comportamento humano observável, sem nenhuma referência ao papel das emoções e da consciência. Trata-se de uma noção que reforça a relação quase periférica entre os fenômenos observáveis dos estímulos e das respostas, sem considerar o papel das variáveis intermediárias entre ambos, como as variáveis afetivas e cognitivas, que se sabe, com a ajuda dos autores europeus já apresentados, serem de grande relevância para a compreensão da organização psicomotora.

Abordarei os autores norte-americanos, essencialmente, por duas razões: primeira, para sentir e fazer sentir a universalidade e a interculturalidade, não só da problemática da psicomotricidade, que tem sido mais estudada e divulgada nos países latinos, porque assume maior ênfase a reflexão epistemológica dos seus paradigmas; segunda, para presentar e dar a conhecer novos autores de outras culturas, para mim essenciais para aprofundar, alargar ou rever os conceitos sobre a evolução psicomotora e da aprendizagem da criança e do jovem.

Assim, e no cenário que acabo de denominar educação perceptivo-motora, vou analisar e registar determinadas sínteses de autores norte-americanos que me parecem reunir novas e originais perspectivas para a teoria e a prática da psicomotricidade. Posteriormente, farei o mesmo com alguns autores russos. Portanto, por um lado apresentarei alguns autores que têm-se dedicado mais a esta perspectiva perceptivo-motora da educação e, por outro, procurarei reunir as bases para a construção conceitual do que eu chamaria de desenvolvimento total, holístico e completo da criança e do jovem, com a elaboração e convergência de uma linguagem científica comum, dita mais globalizadora, sobre o seu desenvolvimento psicomotor e a sua aprendizagem (Werner, 1944; Carmichael, 1951, 1970; Zubek e Solberg, 1954; Guilford, 1958; Chafant e Scheffelin, 1969; Connoly, 1970; Harrow, 1971; Connoly e Bruner, 1974, Connoly e Prechtl, 1981; Elliot e Connoly, 1974; Lewis e Taft, 1982; Oppenheim, 1981; Prechtl, 1981, Prechtl e Towen, 1977; Schneirla, 1957).

Ou será que deve haver crianças diferentes de continente para continente? Por onde começar, porém? Como garantir uma informação científica e correta, por isso, disponível e aberta a novas contribuições? Embora as verdadeiras conclusões pertençam a cada leitor, julgo, no entanto, que poderei, de certa forma, animar um pouco as linhas mestras do que iremos encontrar na leitura e no estudo dos autores norte-americanos que se seguem: Kephart, Cratty, Getman, Frostig, Barsch, Cruickshank e J. Ayres. Assim, entre muitas considerações, parece que se pode desde já reter e aproveitar as que seguem.

1. A partir de métodos de aprendizagem oriundos indistintamente da leitura, da escrita ou do cálculo, todas as perspectivas propostas por esses autores baseiam-se em dados experimentais. Por isso, não as devo negar de saída, adiar o conhecimento da sua existência, no mínimo, apresentando-as aos leitores.
2. As dificuldades de aprendizagem surgem, essencialmente, para esses autores, de problemas sensório-motores e perceptivo-motores (Epenshade e Eckert, 1967; Wickstrom, 1970). Pode-se mesmo concluir que, para esses autores, a característica comum das crianças com dificuldades de aprendizagem, seja na leitura, na escrita ou no cálculo, está precisamente na vulnerabilidade, na perturbação melocinética e na aptidão ou produção hesitante dos seus comportamentos perceptivo-motores (Bateman, 1973; Birch, 1964; Delacato, 1959; Doman, Delacato e Doman, 1964; Engelmann, 1966; Freeman, 1967; Gaddes, 1968, 1969, 1975, 1980; Gearheart, 1973; Haring et al., 1967; Jansky e Hirsch, 1972, Lerner, 1971; McCarthy e McCarthy, 1974; Myklebust e Johnson, 1964; Orton, 1931; Ross, 1979; Strauss e Lehtinen, 1947; Torgesen, 1977; Valett, 1974; Weddel e Raybould, 1977).
3. Pode-se, entretanto, confirmar que, para os autores norte-americanos, a concepção perceptivo-motora se baseia na importância que assume o desenvolvimento motor no desenvolvimento perceptivo e vice-versa, pois não se conhecem referências ou reflexões sobre as implicações de primeira ordem da corporalidade e da motricidade no desenvolvimento emocional e cognitivo (Brownell e Hendrickson, 1950; Berkson e Davenport, 1962; Epenschade e Eckert, 1967; Stern, 1971; Rasch e Burke, 1974; Bruininks, 1974, 1978; Singer, 1975; Kelso, 1982). Quase todos eles assumem a motricidade mais em uma perspectiva de produto final do que de processo, sendo essa a principal diferença de paradigmas entre as noções de psicomotricidade e de perceptivo-motricidade que se verifica quando os comparamos com os autores europeus. Nos europeus, a reflexão epistemológica não está ausente; nos autores norte-americanos, a ação está restrita às suas relações com a percepção, e poucas inferências são mencionadas ou aprofundadas com os processos emocionais e cognitivos (Gesell, 1949, 1962; Gesell e Amatruda, 1974; Mussen, 1970).
4. A exploração de qualquer objeto exige a sua prévia manipulação (vista esta, aliás, como um processo de investigação motora), e, posteriormente, a sua investigação visual, o que traduz, em última análise, a própria essência da percepção (Gibson, 1969; Holt, 1975).
5. A informação perceptiva só é, pois, significativa a partir do momento em que se encontra em relação recíproca com a informação motora previamente aprendida (Wickstrom, 1970).
6. Assim, a informação perceptiva deve ser estruturada, categorizada e identificada com a informação motora, em que o processo de comparação e de relação com os dois tipos de informação citados (*input – output - feedback*) se situa, segundo estes autores, em uma categorização perceptivo-motora do tipo estímulo-resposta.
7. A percepção surge, assim, como uma captação de informação do meio exterior e do meio interior, do corpo, que

pode envolver alguma distorção, uma vez que ela é muito mais do que um simples registo do real. O retângulo, por exemplo, visto de um dos seus ângulos, parece um trapézio; o círculo, em determinadas circunstâncias, uma elipse. Neste aspecto, basta lembrar que é precisamente esta distorção do real (decorrente do processo da percepção) que é aproveitada e utilizada pelo artista quando cria a perspectiva de um quadro ou obra de arte.

8. Muitas vezes a criança tem dificuldades de aprendizagem, integrando, igualmente, comportamentos sociais desajustados, porque não relaciona adequadamente o mundo perceptivo com o mundo motor. Ou seja, a informação não é captada ou extraída convenientemente porque não há uma conexão entre a informação perceptiva e a informação motora. Ora, não havendo um ajustamento harmônico entre estes dois processos, ou não havendo um sistema funcional neurologicamente integrado, ocorre naturalmente uma inadaptação e a respectiva dificuldade de comportamento ou de aprendizagem (Kagan, 1971). Assim, por exemplo, a visão de uma mesa é distorcida e, por isso, precisa estar associada a uma informação motora para ser reconhecida e identificada mentalmente (Smith, 1968).

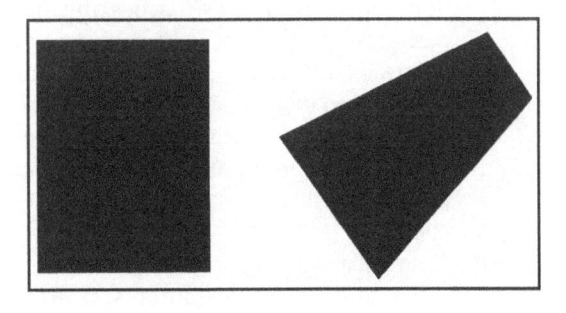

O mesmo problema nos surge quando duas estruturas diferentes aparecem na mesma imagem, criando uma ilusão de óptica.

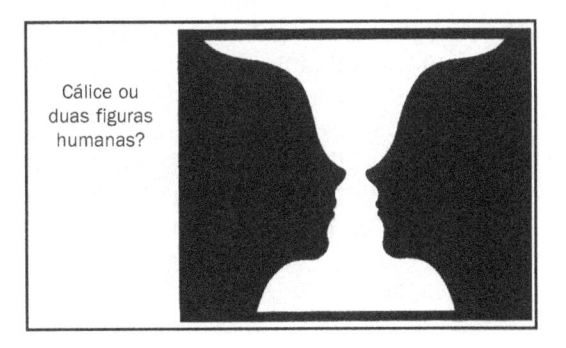

Cálice ou duas figuras humanas?

Por estes exemplos, entre tantos outros, pode-se facilmente antever as dificuldades da criança em se ajustar em termos motores ao mundo exterior.

9. A visão, segundo esses autores, é a avenida sensorial que maior quantidade de informação capta do mundo exterior tanto mais que a criança aprende a explorar os objetos com os olhos, só depois de tê-los explorado previamente com as mãos. O controle oculomanual é, pois, para os norte-americanos, uma das mais importantes adaptações do ser humano e representa na criança uma estrutura fundamental do seu desenvolvimento intelectual (Rhodes, 1974). Para eles, de um modo geral, a criança deve ser colocada em situações que lhe permitam desenvolver a percepção e a precisão, o controle e a regulação do movimento muito antes de aprender a ler, a escrever, a contar ou a pensar, e é este, fundamentalmente, um dos objetivos prioritários da educação pré-escolar.
10. Uma idéia central parece poder inferir-se da consulta destes autores: o processo mental superior edifica-se a partir de um desenvolvimento adequado dos sistemas motores e perceptivos: É interessante recordar como, por exemplo, já Spinoza dizia que "ensinar o corpo a fazer muitas coisas permite-nos aperfeiçoar a mente e atingir o nível intelectual do pensamento". Talvez também seja oportuno lembrar que Piaget (1956, 1964b) sublinhava a importância das primeiras aprendizagens sensório-motoras como os primeiros blocos do processo perceptivo (primeiro) e do processo cognitivo (depois). Hebb (1949), neuropsicólogo, focava, por sua vez, a importância das primeiras aprendizagens motoras na construção das associações corticais mais complexas. Repare-se também que Luria (1966b, 1973, 1975a) conduziu pesquisas, conforme veremos em outro capítulo, em que relaciona também a aprendizagem motora com a linguagem e o desenvolvimento cognitivo.
11. Parece, pois, pertinente, ou, pelo menos natural, admitir-se, sem risco de errar, que as aprendizagens escolares são, na sua essência, aprendizagens sensório-motoras e perceptivo-motoras, exatamente porque estabelecem conexões sistêmicas entre *inputs* sensoriais e *outputs* motores:

   – aprendizagem sensório-motora, como relação e combinação entre a sensação (*input* ou entrada de informação) e a resposta motora (*output* ou saída de informação);
   – aprendizagem perceptivo-motora, como processo de associação, de organização, de interação e de integração coerente das informações captadas e extraídas pelos vários sentidos (visão, audição, tato, cinestésico, vestibular, olfato e paladar), envolvendo a respectiva interpretação e significação.

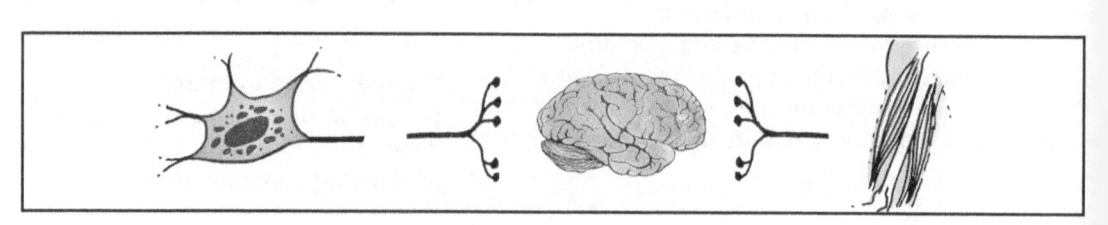

A percepção surge, pois, na perspectiva desses autores, como a seleção e a interpretação dos vários estímulos captados pelas várias modalidades sensoriais (sentidos). A informação perceptiva surge, assim, como um aperfeiçoamento superior e uma transformação da informação sensorial, o que, concomitantemente, subentende a sua integração psíquica objetivada em redes neuronais operacionais. A aprendizagem perceptivo-motora requer, portanto, uma interação entre os vários canais de percepção e de ação. Assim, por exemplo, quando a criança dá uma cambalhota, põe em jogo os seguintes fatores:

- sente a superfície do solo na sua pele (fronteira proprioceptiva do eu) como uma vigilância corporal do espaço, mudando a posição do corpo e o seu equilíbrio;
- vê o solo e outros objetos em relação com o seu controle postural e motor;
- ouve o impato do seu próprio corpo com o solo, dele captando também vibrações;
- move o seu corpo de uma determinada forma e em um determinado ritmo, resgatando outras informações ecológicas.

Ou seja, para educar os sistemas sensório-motores e perceptivo-motores é necessário valorizar e desenvolver os analisadores ou sistemas visuais, auditivos, táteis, cinestésicos, vestibulares, proproceptivos, etc.

12. Para terminar esta breve introdução dos autores norte-americanos que vou apresentar e comentar em seguida, é interessante registrar ainda como eles vêm, em suma, confirmar a importância da educação perceptivo-motora no contexto da educação em geral.

Neste contexto, a psicomotricidade, por abranger mais componentes do ato motor, principalmente o emocional, dando particular importância ao processo relacional, e o cognitivo, dando relevo às funções de atenção, de processamento sensorial e perceptivo, de planificação motora, de antecipação, de simbolização e de regulação verbal da ação, o pensar antes de agir, deveria ser considerada fundamental em todos os enquadramentos educacionais.

Confirma-se, também, como veremos, a importância da prevenção das dificuldades de aprendizagem escolar pela organização das estruturas perceptivo-motoras do comportamento, conforme já o tinham feito Itard (1932), Seguin (1850), Piaget (1960), A. Rey (1966) e outros. Ou seja, entre muitas conclusões, uma me é particularmente gratificante registrar: a psicomotricidade surge, quando mais não seja, como um excelente, senão indispensável indicador das capacidades de aprendizagem, ou, no caso disfuncional, as suas perturbações emergem como indício predisponente às dificuldades de aprendizagem, na medida em que a cada momento não só refletem a condição em que se encontra a integridade do sistema nervoso da criança, como expressam a própria história da sua experiência lúdica e motora e o estado do seu próprio perfil de adaptabilidade ou do seu potencial de aprendizagem. E isso parece-me importante para o futuro com o sucesso experiencial das crianças e dos jovens.

# DA AQUISIÇÃO À GENERALIZAÇÃO MOTORA:
## introdução à obra de Kephart

## 4

**MOTRICIDADE E DESENVOLVIMENTO DOS SISTEMAS SENSORIAIS**

Segundo Newell Kephart, só o desenvolvimento perceptivo-motor adequado garante à criança uma conceitualização mais ajustada sobre o mundo exterior que a rodeia. Para Kephart (Kephart, 1958, 1960, 1963, 1966, 1973; Kephart e Strauss, 1947; Kephart e Chandler, 1956), as dificuldades de aprendizagem simbólicas (ler, escrever e fazer cálculos) refletem sempre uma integração disfuncional por parte da criança das noções do corpo, do espaço e do tempo, noções que são, por isso mesmo, uma condição *sine qua non* para a organização do seu sistema de aprendizagem, ou melhor, como competências fundantes do desenvolvimento, elas constituem-se como as bases motoras dos desempenhos escolares.

Nesta perspectiva, Kephart (1960) considera, naturalmente, que a criança deverá ser colocada em experiências de espaço e de tempo, para que, à medida que as interioriza e aprende, estas noções se desenvolvam como relações integradas de objetos e de situações, de eventos ou de acontecimentos. Diz, pois, que, se assim não acontecer, ficará frustrada para a criança a interiorização e a aprendizagem do mundo exterior, podendo-se, conseqüentemente, assistir a uma desorganização e a uma descoordenação não só da esfera motora, como também das esferas perceptivas e cognitivas.

Kephart, tendo trabalhado com grandes figuras pioneiras do campo das dificuldades de aprendizagem, como Werner e Strauss (Fonseca, 1999b), na célebre Escola de Wayne County, particularmente com crianças com lesões cerebrais mínimas, mas de inteligência normal (Kephart e Strauss, 1947), desenha uma teoria perceptivo-motora original, cuja expressão máxima está consagrada na sua obra principal, publicada pela primeira vez em 1960, *A Criança de aprendizagem lenta* (*The slow learner*).

Em termos abreviados, sua teoria centra-se no estudo da aprendizagem nos vários organismos, dos mais simples, como os animais, aos mais complexos, como o ser humano. Para Kephart (1960), todos os organismos têm de aprender a adaptar-se ao ambiente, e como o ambiente que rodeia os seres humanos é deveras complexo, enquanto os animais apenas desfrutam de um pequeno repertório de comportamentos inflexíveis, a adaptação humana tem de basear-se em uma aprendizagem lenta, por um lado, e complexa, por outro.

Para desenvolver a sua teoria, Kephart baseia-se, essencialmente, em três fontes principais: Hebb (1958, 1959, 1976), Hunt (1961) e Kendler e Kendler (1962).

Hebb, famoso neurofisiólogo, propõe a idéia de que as espécies mais evoluídas são capazes de processos de aprendizagem mais complexos, embora mais lentos, exatamente porque elas dispõem de uma maior diferença proporcional entre o córtex sensorial e o córtex associativo (rácio associativo/sensorial - A/S), além das áreas exclusivamente envolvidas na recepção sensorial (*input*) e na expressão motora (*output*). Com seu famoso conceito de associação de células (*cell assembly*), sustentou que os processos autônomos centrais se expandiram nas áreas associativas corticais, chamando a estas as funções mais nobres da aprendizagem.

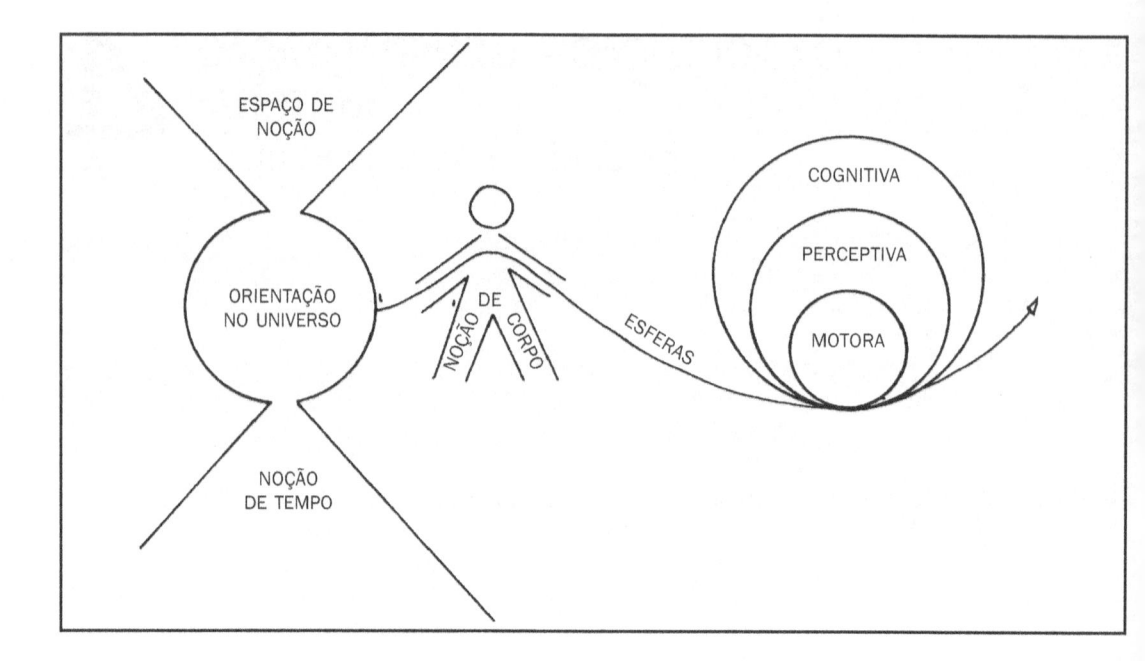

Tendo em consideração que o rácio A/S aumenta na escala filogenética e é maior nos seres humanos, é com base no alargamento dessas áreas associativas que potencialmente emergem comportamentos mais complexos e, conseqüentemente, processos de aprendizagem concomitantes. Exatamente porque a maturação dessas áreas leva mais tempo que nas outras espécies, Hebb dá uma importância extraordinária à aprendizagem perceptiva precoce, dado que tais áreas associativas tendem a exercer um controle acrescido sobre as áreas de projeção sensorial, ditas primárias.

Quanto mais largas são as áreas associativas, mais tempo se torna necessário para que elas exerçam controle sobre as áreas sensoriais, daí ser longa também a aprendizagem na criança, por isso ela desfruta de uma infância prolongada, como característica intrinsecamente humana, dada a sua imaturidade e plasticidade neurológicas (Fonseca, 1979, 1989a, 1999a, 2003).

Como a natureza dos processos de aprendizagem é mais complexa na espécie humana do que nas espécies animais, também os processos de aprendizagem têm de levar mais tempo para estruturar-se. Da mesma forma, por tais processos de aprendizagem se iniciarem com as aquisições macro e micromotoras, a sua fraca ou pobre integração cortical pode, obviamente, comprometer as aprendizagens posteriores, sendo esta uma das idéias de força de Kephart.

Com Hunt, outra formulação teórica importante é introduzida. Segundo este autor de referência neurofisiológica inquestionável, o rácio A/S deve assumir outra relevância, quando considerado na relação entre sistemas cerebrais intrínsecos (isto é, decorrentes das áreas sensoriais primárias – I) e os sistemas cerebrais extrínsecos (quando aquelas áreas sensoriais se estruturam em áreas associativas, secundárias e terciárias, mais vastas, interconectadas e ecointerativas com o ambiente – E).

Como o rácio A/S, a diferença entre os sistemas intrínsecos e extrínsecos (I/E) também aumenta na escala filogenética, sendo igualmente maior nos seres humanos em comparação com os animais. Esta característica entre sistemas I/E, que ilustra os efeitos transientes entre tais organismos, levanta a importância do papel da estimulação sensorial precoce no desenvolvimento intelectual posterior, daí uma vez mais Kephart (1960) chamar atenção para a implicação das experiências motoras básicas nas aquisições peceptivas e cognitivas ulteriores.

Os seres vivos e, conseqüentemente, os seres humanos, necessitam de oportunidades precoces para aprender, no sentido de desenvolver o seu máximo potencial. A privação de experiências motoras básicas, devido a esta formulação, pode, assim, pôr em causa todo o processo de desenvolvimento subseqüente. Neste sentido, Kephart (1960, 1964, 1973) é essencialmente envolvimentalista, um paradigma de importância capital, que também defendo, para a teorização da psicomotricidade.

Finalmente os trabalhos dos Kendlers, que integram processos horizontais e verticais (ou mediatizacionais) na resolução de problemas da aprendizagem humana, introduzem a capacidade de mediatização (teoria da mediatização vygotskiana) (Fonseca, 1996, 2001; Fonseca e Cunha, 2003) para distinguir os processos de aprendizagem simples, baseados em relações entre estímulos e respostas (E → O → R) e os processos de aprendizagem complexos, já baseados na mediatização simbólica (E → ms → O → ms → R → retroalimentação).

Com a utilização da linguagem, apenas acessível à espécie humana, segundo aqueles autores, o acesso a formas complexas de aprendizagem decorrentes da motricidade podem, então, ascender a níveis perceptivos e cognitivos mais elaborados, sendo, portanto, mais compreensível a formulação de Kephart (1963), quando afirma que as dificuldades de aprendizagem simbólica têm como base as dificuldades perceptivo-motoras.

Kephart (1960, 1963) vê a categorização perceptivo-motora (*perceptual-motor match*) como uma teoria na qual o *input* é inseparável do *output*, ocorrendo entre os dois componentes do comportamento e da aprendizagem uma espécie de servomecanismo. Quando o *output* motor é gerado e transmitido eferentemente do cérebro aos músculos para produzir uma resposta, paralelamente, uma porção do *output* é reenviada por *feedback* ao sistema de *input*, completando um anel neurofuncional e reforçando, conseqüentemente, a inseparabilidade entre percepção, cognição e ação. As atividades perceptivas e as atividades motoras, nessa ótica, não podem ser pensadas como duas entidades separadas, daí o emprego do termo perceptivo-motor (Kephart, 1964).

Complementando esta perspectiva, aproveito para relembrar como todos os comportamentos, sejam reflexos, automáticos ou voluntários, são produzidos pela motricidade, que se concretiza e materializa através da contração muscular. Note-se, entretanto, que esta, em qualquer dos casos, só é possível pela solicitação do sistema nervoso, que acaba por ser a mesma estrutura que mais tarde virá a ser responsável pela atividade psíquica, superior e intelectual do adulto, que se desenvolve, naturalmente, a partir da criança e do jovem. Neles, ontogeneticamente, e na espécie, filogeneticamente, o desenvolvimento motor emerge primeiro que o desenvolvimento perceptivo, que acaba por representá-lo e reduplicá-lo neurofuncionalmente e, assim, subseqüentemente, também ocorre com o desenvolvimento cognitivo.

O desenvolvimento motor torna-se crucial ao desenvolvimento perceptivo e cognitivo, exatamente porque participa na elaboração e na organização da estrutura funcional do cérebro. Hebb (1976) sugeriu que a unidade básica do funcionamento cognitivo não é o neurônio, em si, mas sim, uma espécie de cadeia sincronizada, rede ou sistema funcional, cujo arranjo permite que a atividade neuronal possa ser mantida por um certo tempo. O mesmo autor refere que o desenvolvimento e a organização de tais sistemas funcionais é demorado na criança e se torna cada vez mais estável à medida que se vão dando impulsos repetidos nesses sistemas, que decorrem da atividade motora e perceptiva propriamente ditas.

O desenvolvimento do cérebro se dá de acordo com uma organização progressiva ascendente e uma complexidade estrutural. Inicialmente, a atividade motora é indiferenciada, estereotipada e rígida, por ser baseada em reflexos e automatismos primitivos controlados pelos centros cerebrais inferiores. À medida que o cérebro se vai organizando, a atividade motora, como instrumento de aprendizagem fundamental, torna-se mais diferenciada, variada e flexível, pressupondo o controle de centros cerebrais intermediários e superiores, daí a importância da motricidade como componente elaborativo das estruturas neuroevolutivas que subjazem às aprendizagens mais complexas, como as escolares.

Assim, pode-se dizer, com Kephart (1960, 1964, 1973), que qualquer aprendizagem escolar, quer se trate da leitura (decodificação visuoauditiva), da escrita (codificação grafomotora) ou do cálculo (associação lógico-espacial), é, no fundo, um processo de relação perceptivo-motora. Repare-se como, por exemplo, em todas essas formas de aprendizagem, o olho aprende a ver o que a mão faz e sente, e só quando a visão assume a liderança de todo o processo, seguindo e perseguindo incansável e implacavelmente a mão, controlando toda a sua expressão, é que pode acontecer a aprendizagem complexa.

De fato, é no desenvolvimento perceptivo-motor, assim integrado e organizado, que serão criadas as condições maturacionais básicas para o aparecimento e o apuramento das pré-aptidões cognitivas das aprendizagens simbólicas. É pelo comportamento perceptivo-motor que a criança aprende o mundo que a envolve.

## COMPETÊNCIA MOTORA, PADRÃO MOTOR E GENERALIZAÇÃO MOTORA

Kephart (1960, 1973), para reforçar a importância da aprendizagem motora como a primeira apendizagem humana, estabelece, como vamos ver, as noções de padrão motor (*motor pattern*) e de generalização motora (*motor generalization*), que considera essenciais para a conquista do mundo exterior. Vejamos as suas concepções nesse âmbito.

O padrão motor, para esse autor, é uma ação motora específica e atomista, suscetível de ser dividida em vários movimentos de grande precisão e controle. Aqui, a ação é sinônimo de competência ou aquisição motora (*motor skill*), pois visa à obtenção de um resultado ou de um fim bem determinado e proficientemente executado (por exemplo: enfiar uma bola em um a cesta, escrever com um tipo bem determinado de letra, executar um gesto profissional, etc.).

A generalização motora já é uma ação, motora também, de menor precisão, mas mais básica, fundamental e essencial na sua adaptação a várias situações, tratando-se de movimentos mais globais e plásticos, que conferem maior versatilidade ao indivíduo em questão. Aqui, a ação não é vista em termos de proficiência e de eficácia, como padrão motor, portanto, mas é referida como fator de disponibilidade e de flexibilidade comportamental, como estrutura perceptivo-cognitiva fundamental, que permite ao indivíduo organizar, interpretar e manipular o mundo dos objetos de forma significativa e adaptada, isto é, em síntese, permite aprender novas aquisições. Desse modo, a motricidade em Kephart e Roach (1966) refere essencialmente uma resposta observável, na qual o motor está inserido em um evento neurofisiológico internalizado e relacionado com o sistema de *output* do organismo.

Vejamos um exemplo: no basquetebol, enquanto driblar o oponente e lançar a bola para um alvo preciso (uma cesta fixa e imóvel) é uma aquisição ou competência motora específica (*motor skill*), que envolve o treinamento de vários padrões motores e a limitação da atenção para realizá-los, o lançamento utilizado em um a atividade lúdica (por exemplo, jogar queimada, atirar uma pedra em um lago, fazer pontaria em um objeto, etc.) já é uma generalização motora, que faz parte do reportório adaptativo e global do indivíduo, onde a atenção se liberta dos movimentos em si, para se concentrar antes no fim e no propósito a atingir.

Em relação ao futebol, enquanto as competências motoras são a expressão conseguida pelo jogador de futebol de elite, quando controla, dribla, centra ou chuta a bola, etc., utilizando vários padrões motores, as generalizações motoras são mais a expressão global conseguida no controle postural e locomotor, no contato com a bola, na estruturação espaço-temporal, na coordenação global da recepção e da devolução da bola, etc.

Repare-se que, enquanto no caso da competência motora há uma preocupação de proficiência no padrão motor (visão de produto final observável), em relação à obtenção de um objetivo muito preciso, na generalização motora a preocupação é mais centrada na plasticidade e na flexibilidade adaptativa do indivíduo (visão de processo interiorizado).

Segundo Kephart (1960, 1963), não se devem propor, em termos educacionais ou terapêuticos, movimentos para os braços ou para as pernas, mas, sim, de um modo global e total, movimentos para o desenvolvimento e o controle do equilíbrio e da coordenação, não se tratando nunca, neste caso, de um desenvolvimento muscular, mas, sim, de uma vigilância cinestésica, evocando um processo de libertação da atenção dos procedimentos inerentes à própria ação, para que ela, efetivamente, se dirija mais para o fim a atingir e para a extração de mais informação do contexto do qual decorre.

Uma generalização motora é um conjunto ou combinação versátil de padrões motores adaptados a situações-problema. A generalização motora não é, assim, mais do que a integração e a incorporação de padrões motores dentro de movimentos mais globais e complexos. A generalização motora corresponde, neste caso, portanto, à generalização intelectual, a qual, por sua vez, é constituída pela combinação dos conceitos contidos nas componentes superiores que caracterizam o pensamento. A aprendizagem motora é, então, uma combinação integrada de muitos padrões motores, assim como a realização de qualquer movimento complexo (o sentido práxico dos autores europeus) implica a combinação conjugada de várias capacidades psicomotoras.

O desenvolvimento global da criança depende, assim, do comportamento perceptivo-motor, que, por sua vez, exige como condição prévia determinadas oportunidades de aplicação, a exploração lúdica e sistemática, o controle postural e motor, a percepção figura-fundo, a integração intersensorial, a noção de corpo, de espaço e de tempo, etc. Note-se que, para Kephart (1973), esses aspectos do comportamento perceptivo-motor se organizam por estádios de desenvolvimento que vão desde o mais elementar até o mais complexo, isto é, do mais limitado ao de maior disponibilidade.

## SEQÜÊNCIAS DESENVOLVIMENTAIS

Kephart (1973) refere que o maior problema de aprendizagem do organismo humano é o ajustamento suficiente e harmonioso que ele tem de estabelecer com o universo que o rodeia, de forma que a vida seja viável e as suas necessidades básicas possam ser satisfeitas. Tal ajustamento pode ser considerado como um problema de aprendizagem inicial, que tem de ser resolvido de maneira cada vez mais complexa ao longo da vida. De modo simplificado, isso tenderá a envolver a captação, o processamento, o armazenamento da informação do universo e das relações que se obtêm com a sua interação, assim como da progressiva organização, modificação e expressão das respostas que ilustram tal ajustamento e adaptação em mudança constante.

Embora o ser humano disponha, ao nascer, de certas respostas herdadas (reflexos incondicionados), que lhe permitem um ajustamento rudimentar ao mundo exterior, a maioria dos complexos ajustamentos que caracterizam a espécie humana têm de ser aprendidos. A aprendizagem decorre, portanto, do número e da qualidade das interações que o organismo estabelece com o mundo exterior, através das quais a informação sobre o ambiente é generalizada e sistematicamente retida no organismo para uso em interações futuras.

O desenvolvimento perceptivo-motor da criança pode conceber-se, nas palavras de Kephart (1964), na complexidade crescente das interações entre o organismo (corpo e cérebro) e o seu meio. As respostas do organismo e, portanto, a sua motricidade, aumentam na sua extensão e complexidade, ao mesmo tempo que, internamente, a criança vai desenvolvendo estratégias perceptivo-cognitivas para manipular maiores quantidades de informação, que obtém do exterior por unidade de tempo.

Estas duas linhas de desenvolvimento, a captação de informação exterior (componente perceptiva) e a produção de respostas interiores (componente motora), vão-se intricar hierarquicamente ao longo da sua infância em sete estádios básicos propostos por Kephart (1960) e Kephart e Chandler (1956). Vejamos em sinopse piramidal como isso ocorre.

1. Estádio motor: as primeiras interações do bebê com o ambiente, no sentido deste autor, podem-se considerar essencialmente motoras, na medida em que, depois de abandonar a dependência motora da mãe, nos três primeiros meses, a criança vai ter de conquistar o mundo à sua volta com a sua motricidade vertebrada. Primeiro interessa-se mais pela sua ação do que pelos seus efeitos, a atenção em vez de se dirigir para fora do corpo está demasiado comprometida em controlar as várias partes deste, que, obviamente, vão se desenvolvendo como instrumentos de interação com o mundo ao redor.

   A criança começa primeiro por determinar que interações pode contatar e gerar com o meio e como pode modificá-las. Ela aprende a mover-se e move-se para aprender, aprende quais são os instrumentos do seu corpo mais disponíveis e como utilizá-los e controlá-los em novas situações, pois, ao aprender a controlar seu corpo, vai aprendendo a autocontrolar-se. As interações motoras com o meio vão aumentando em quantidade e em complexidade, daí resultando uma nova capacidade de aprendizagem de relevante importância para o seu futuro, exatamente a seqüencialização motora, onde os efeitos da ação começam a ser integrados com os seus procedimentos, em uma espécie de proto ou paraplanificação motora que já enuncia a prefiguração dos movimentos intencionais ou voluntários.

   Com seu corpo e sua motricidade, a criança entra em contato com o mundo exterior e apropria-se da sua informação, exatamente porque a motricidade expressa por ela gera uma informação perceptiva concomitante. A informação decorrente da atividade dos músculos, dos tendões e das articulações ativa também os seus orgãos proprioceptores, agregando automaticamente uma informação sensorial congruente, daí o papel neuromaturacional estruturante da motricidade como aprendizagem inicial. Apesar do comportamento motor da criança começar sendo não-voluntário, uma grande massa de informação proprioceptiva, vestibular, tátil e cinestésica ocorre no seu corpo e é integrada corticalmente. É essa informação básica crucial associada a um progressivo controle corporal e a um progressivo auto-conhecimento, que projeta, seqüencialmente, o próximo estádio.

2. Estádio motoperceptivo: a informação armazenada por meio das experiências motoras do estádio anterior vai condicionar na criança os contatos subseqüentes com o ambiente. Tais contatos tornam-se mais sistematizados e freqüentes, gerando, por conseqüência, novas formas de controle motor e novas coordenações motoras. Concomitantemente, a informação perceptiva na criança expande-se e diferencia-se, embora esta seja mais caracterizada por uma função de observador e de espectador, dado que a criança, no segundo estádio de desenvolvimento, ainda não dispõe de controle dos órgãos sensoriais exteroceptivos (visão e audição). Não dispondo de uma competência perceptiva estável, nem de um controle voluntário dos exteroceptores, a criança não pode ainda utilizar a visão e a audição de forma complexa, mas vai aprenden-

do a controlá-las e a integrá-las em ações cada vez mais diferenciadas.

Neste trajeto evolutivo, a visão associa-se à mão, já preensiva, mais experimentada e controlada do que qualquer outra extremidade corporal, começando ambas a estabelecer conexões oculomotoras de grande importância para a futura manipulação de objetos. A mão, como que ensinando a visão a seguir o seu movimento, lidera e guia a própria visão, mantendo-se no centro do campo visual. A coordenação olho-mão faz com que a mão inicialmente conduza a visão, fornecendo os dados necessários para estabelecer as primeiras competências perceptivo-motoras.

Das ligações somáticas entre a motricidade e o sentido tátil-cinestésico do estádio anterior, passamos para categorizações mais extrassomáticas, de onde emanam novas associações visuomotoras e auditivo-motoras, fazendo com que a nova informação perceptiva se ligue à informação motora previamente desenvolvida no estádio anterior, onde a informação motora exerce, por assim dizer, uma função de controle.

A informação perceptiva, dada a tendência do desenvolvimento humano, é manipulada face à informação motora já aprendida e integrada anteriormente, até que progressivamente vai atingindo outro nível de maturidade, equilibrando as duas fontes de informação – a de dentro para fora (motora) com a de fora para dentro (perceptiva).

A criança explora o objeto primeiro com a mão e, mais tarde, já o faz com a visão, mas é a mão que inicialmente fornece os dados adequados e os limites da sua exploração. A informação visual é controlada e categorizada com a informação motora e tátil-cinestésica anterior, emergindo, assim, uma estreita interação entre os dados motores e os dados perceptivos. A partir daí a visão começa a fornecer a mesma informação que a mão, a exploração perceptiva começa, então, a ser possível, passando a fornecer informação significativa.

3. Estádio perceptivo-motor: a partir deste estádio, a criança começa a depender cada vez mais da exploração perceptiva, uma vez que é mais eficiente, veloz, precisa e quantificativamente mais perfeita. Podemos explorar objetos mais rapidamente com os olhos do que com as mãos, uma vez que o olho é um órgão sensorial que processa informação simultânea e rápida, ao contrário do tato, que necessita de uma exploração analítica bem mais demorada, como se pode constatar no desenvolvimento psicomotor da criança invisual.

O recurso à informação fornecida pela mão serve para confirmar ou para aumentar e para ampliar em outros atributos a informação visual. De qualquer forma, neste estádio de desenvolvimento, a visão assume na categorização perceptivo-motora a função de controle, uma vez que, na unidade de tempo, é o sistema sensorial que mais sistematicamente fornece informação dos objetos e das imagens (Kephart e Strauss, 1947).

Neste estádio, a informação prioritária deixa de ser motora para ascender ao plano perceptivo, dito mais elevado e complexo. Nesta fase, nas coordenações oculomanuais, é a visão que lidera e guia a mão; esta serve apenas para seguir, confirmar ou aumentar a informação daquele órgão sensorial. A informação perceptiva, que, no estádio anterior, era secundária, passa agora, depois de se tornar mais madura e consistente, a assumir o papel prioritário da categorização perceptivo-motora.

4. Estádio perceptivo: chegando a este estádio, as crianças podem estabelecer comparações e classificações entre objetos, uma vez que as percepções podem ser estabelecidas umas contra as outras,

ora por meio da captação de semelhanças, ora de diferenças ou dissemelhanças, a partir das quais se podem criar e deduzir categorias, um passo fundamental no desenvolvimento da criança. É interessante focar que tais manipulações mentais podem agora ser realizadas sem a intervenção da motricidade, identificando características dos objetos através da percepção, combinando tais características para elaborar novos processos de informação.

A criança pode, neste estádio, predizer e selecionar respostas mais eficientes. Ela passa a viver em dois mundos complementares, mas distintos: um mundo perceptivo, onde pode ver, ouvir, saborear, cheirar, etc., e um mundo motor, por meio do qual ela se comporta, responde, se adapta e aprende. São dois componentes de informação que se devem completar para que a adaptação e a aprendizagem possam ocorrer, caso contrário algo de discrepante pode surgir na sala de aula, como demonstram muitas crianças com dificuldades de aprendizagem, que, embora leiam, não conseguem aprender a escrever.

Aprender na escola ou em qualquer outra situação em certa medida ilustra a categorização bem-sucedida entre a informação perceptiva e a informação motora, senão a aprendizagem não se coaduna nem é congruente com a informação na qual é baseada. O desenvolvimento perceptivo-motor que sustenta a aprendizagem, seja não-verbal ou verbal, deve seguir inexoravelmente a seqüência dos estádios, só assim, para Kephart (1973), a integração perceptiva e motora pode ser atingida.

5. Estádio perceptivo-conceitual: ao poder estabelecer comparações perceptivas, as semelhanças encontradas podem ser reunidas em um conjunto integrado de informações e dar origem a uma nova totalidade, isto é, chegar à noção de conceito, um novo patamar do desenvolvimento da criança.

O conceito de bola, por exemplo, emerge da abstração de semelhanças entre percepções resultantes de inúmeras experiências com várias bolas (bola de futebol, bola de praia, bola de basquete, bola de tênis, bola de pingue-pongue, bola de ginástica rítmica, etc.). A miríade de percepções que delas resultam permite identificar elementos ou características comuns, e a coleção de tais atributos pode gerar um novo conhecimento suscetível de ser generalizado, como o conceito de bola, no qual efetivamente não estão presentes as características concretas do objeto.

O conceito é uma abstração, uma abstração composta de relações entre percepções. A criança pode abstrair as semelhanças a partir das suas múltiplas percepções de bolas. Ela pode, por exemplo, abstrair do grupo de semelhanças a noção de "esfericidade", que pode representar o seu conceito de bola. O conceito é, assim, uma abstração verdadeira, que pode emergir de uma grande quantidade de percepções, ou seja, a percepção origina a conceitualização.

Uma vez atingido o processo conceitual, a criança passa a dispor de um instrumento muito eficaz para lidar com a multiplicidade da informação e muitas experiências perceptivas podem ser combinadas em um único ato psicológico, uma vez que a abstração subentende, por implicação, os detalhes e os pormenores de muitas percepções. Lidar com dados de informação cada vez maiores e mais diferenciados torna-se, assim, mais fácil com a capacidade abstrativa. Por ser manipulada simultaneamente, a informação, por mais vasta e complexa que seja, pode ser compreendida e comunicada com mais clareza.

6. Estádio conceitual: devido à extrema eficiência com que o conceito pode manipular informação, o seu uso acrescido torna-se fundamental para a aprendizagem da criança. Como ela já aprendeu a estabelecer relações entre percepções, este estádio é o momento de estabelecer relações entre conceitos, evocando uma espécie de construção ampliada e inter-relacionada de informação.

   Uma vez que o conceito não envolve informação perceptiva imediata, sua emergência deve-se à informação perceptiva retida, disponível e armazenada, mas igualmente sistematizada e estruturada para ser facilmente recuperada em termos operativos, caso contrário sua acessibilidade organizativa torna-se mais complicada.

   A manipulação de grandes quantidades de informação vai exigir, por um lado, a sua integração e, por outro, a sua organização sistêmica. Em ambas a linguagem vai desempenhar um papel prioritário, daí a importância do enriquecimento dos instrumentos verbais, na medida em que não só expandem e transformam a percepção, como também os conceitos, em que a dimensão ideacional e concreta acaba de desempenhar um papel importante em termos de formulação conceitual.

   A facilidade com que se manipulam símbolos é a chave adaptativa deste estádio, dado que é mais fácil fazê-lo com símbolos do que com as abstrações que lhe são subjacentes, porém, para fazê-lo, a criança deve dispor de uma base perceptivo-conceitual sólida e diversificada.

7. Estádio conceituo-perceptivo: neste último estádio, a criança torna-se cada vez mais dependente da manipulação conceitual da informação, pois vai usando cada vez menos a percepção como primeira fonte, usando-a, todavia, como função de confirmação.

A conceitualização vai controlando progressivamente a percepção. Neste estádio, o conceito assume a função de liderança, sujeitando percepções às suas exigências, compensando-as ou alterando-as em conformidade. Devido a esta função superior, acabamos por ver não o que está presente, mas o que queremos ou desejamos ver. São os nossos conceitos que acabam por guiar as nossas percepções, o que acaba por ilustrar um processo de integração, de extrapolação e de re-representação, em suma, a informação perceptiva é alterada, apagada ou aumentada para se coadunar com a conceitualização. Esta acaba por ser tão relevante que condiciona e influencia as nossas percepções, fazendo emergir uma organização que se impõe ao mundo perceptivo anterior, permitindo chegar à capacidade de predição, de antecipação e de prognóstico.

Com base na conceitualização, encurta-se o processo perceptivo, fornecendo, a partir do seu banco de informações, elementos ou componentes que lhe faltam, que estão confusos e hesitantes ou que estão distorcidos, dotando, desta forma, o pensamento com sutilezas que o transcendem.

Como a aprendizagem de cada estádio é essencial para dar consistência ao processo evolutivo total, as dificuldades de desenvolvimento ou de aprendizagem podem surgir, de acordo com esse autor, exatamente porque a integração de uns estádios a outros não ocorre harmoniosamente.

As dificuldades que surgem no estádio perceptivo-motor tendem, obviamente, a produzir efeitos perturbadores nos estádios seguintes. Nesta condições, lidar com dados perceptivos e depois com dados conceituais vai ser mais complicado e difícil. Podem resultar problemas ou confusões na percepção, na constância da forma, na figura-fundo, na coordenação oculomanual, nas relações, orientações e posições espaciais, etc., e surgir, posteriormente, dificuldades em estabelecer ou em transferir relações entre elementos do campo perceptivo, entre o todo e as partes e implicar em dificuldades de processamento de informação, pondo em causa a planificação e a execução de comportamentos.

Se forem verificados desequilíbrios entre os vários estádios, as aprendizagens novas não decorrendo das antigas, resultarão relativamente fragmentadas e desintegradas umas das outras, não havendo entre elas integração seqüencializada, comprometendo, naturalmente, o acesso a formas mais complexas de aprendizagem.

Talvez por essa mesma razão, inúmeras crianças com dificuldades de aprendizagem das nossas amostras clínicas ilustram quase sempre sinais de ruptura entre os estádios e, com bastante freqüência, quase todas apresentam mais problemas nos primeiros estádios da seqüência evolutiva de Kephart, isto é, nos estádios motor, motoperceptivo e perceptivo-motor.

A detecção de tais sinais desviantes a tempo e nas idades mais precoces e a conseqüente intervenção compensatória podem fazer a diferença, caso contrário, a hierarquia dos estádios não atinge a plenitude dos seus recursos evolutivos potenciais; ela simplesmente vai gerar níveis de desempenho confusos, inconsistentes e inadequados.

Como evocaram Strauss e Kephart (1972), o processo de desenvolvimento é unidirecional e irreversível, o que quer dizer que a criança deve seguir os passos evolutivos dos estádios mais baixos aos mais altos. Ela não pode inverter a direção do desenvolvimento e progredir dos estádios mais complexos aos estádios mais simples, subvertendo o princípio da hierarquia evolutiva.

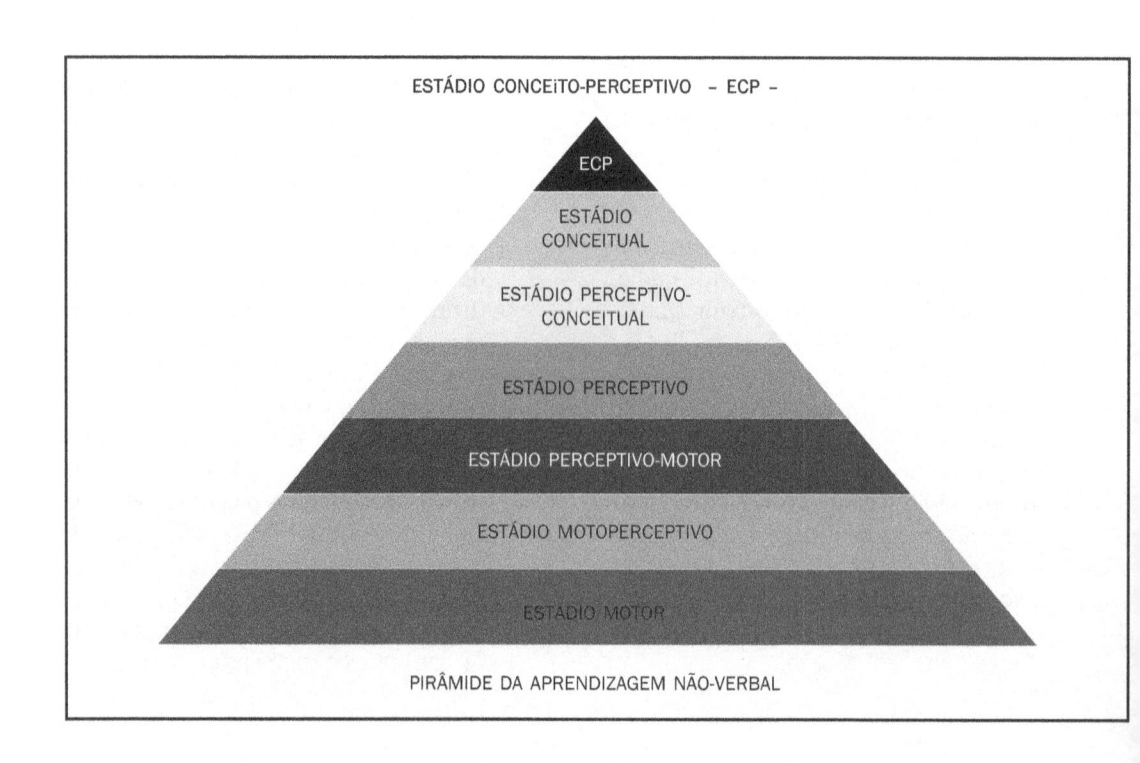

ESTÁDIO CONCEiTO-PERCEPTIVO – ECP –

ECP
ESTÁDIO CONCEITUAL
ESTÁDIO PERCEPTIVO-CONCEITUAL
ESTÁDIO PERCEPTIVO
ESTÁDIO PERCEPTIVO-MOTOR
ESTÁDIO MOTOPERCEPTIVO
ESTÁDIO MOTOR

PIRÂMIDE DA APRENDIZAGEM NÃO-VERBAL

## CAPACIDADES MOTORAS BÁSICAS

Kephart (1960, 1964) considera a motricidade como a base do comportamento, não apenas nos primeiros meses de vida, quando a motricidade constitui a resposta comportamental preferencial, mas ao longo da vida, uma vez que todas as formas de comportamento, do mais simples ao mais complexo, do reflexo à reflexão, são concretizadas por meio de uma resposta adaptativa motora ou muscular.

Efetivamente, qualquer forma de comportamento desenvolve-se a partir da atividade motora, mesmo as formas superiores de comportamento dependem das formas inferiores, na medida em que nenhum comportamento pode expressar-se sem depender da estrutura básica da atividade motora, a partir da qual é construída. O comportamento, a relação inteligível entre a situação e a ação, depende do movimento, e a sua eficiência como resposta adaptativa é condicionada pela eficiência da motricidade.

A motricidade, assim concebida, é a aprendizagem básica a partir da qual são edificadas as formas de aprendizagem mais diferenciadas. Ela é o princípio de um longo processo de desenvolvimento e aprendizagem. A partir das primeiras explorações motoras, a criança descobre-se a si própria e, simultaneamente, descobre o mundo à sua volta.

As raízes dos comportamentos mais complexos ou dos maiores feitos da humanidade estão na motricidade. No universo biológico, o músculo existe antes do neurônio, e, no universo psicológico, o neurônio existe antes da mente, evocando, conseqüentemente, que a integração motora precede o processo mental, daí a sua importância em termos de desenvolvimento e de aprendizagem.

Com base nesta perspectiva hierárquica do desenvolvimento perceptivo-motor, Kephart (1960, 1973) designou as crianças com perturbações de desenvolvimento ao longo dos estádios acima referidos como crianças lentas na aprendizagem (*slow learners*), em algumas obras também referidas como crianças preguiçosas, chegando a propor todo um programa de intervenção perceptivo-motora, com o fim de reeducar e de compensar o seu desenvolvimento, tendo destacado, com ênfase especial, como alicerces da eficácia dos processos perceptivos e conceituais, as seguintes capacidades motoras básicas: postura, lateralidade, direcionalidade e imagem corporal.

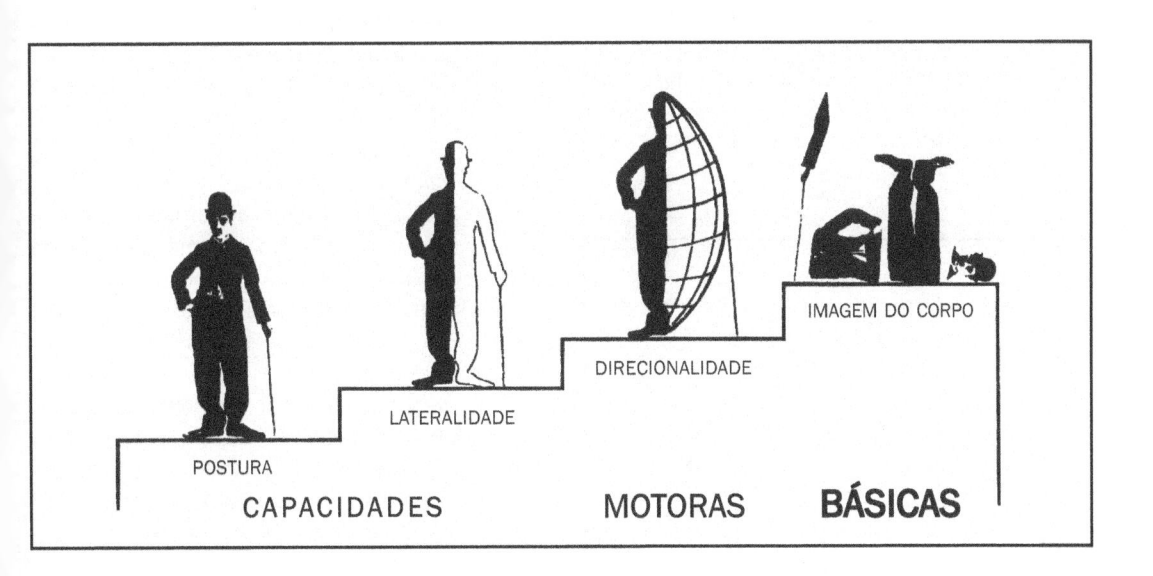

CAPACIDADES MOTORAS BÁSICAS

POSTURA — LATERALIDADE — DIRECIONALIDADE — IMAGEM DO CORPO

Vejamos, pois, o que são estas capacidades motoras básicas para esse autor:

1. A postura surge como a capacidade motora básica ou como o padrão motor básico que torna possível a existência de todas as outras. É o ponto de referência primacial do universo de cada indivíduo. Toda a nossa orientação no mundo depende da maneira como controlamos a postura, tanto que é a postura ereta e bípede, exclusiva do ser humano, o ponto de apoio e de suporte de toda a motricidade humana, por isso ela envolve um ato neuromuscular complexo, no qual deve ser mantido o controle do centro de gravidade, sem o qual não podemos manter uma orientação constante com a superfície terrestre e com o ambiente concreto que nos cerca (Kephart, 1960). A postura, como ponto zero de orientação no espaço e eixo gravitacional do corpo, é o ponto de origem de todas as direções e orientações no espaço e é a origem ou o abecedário do sistema espacial. Como o sistema espacial euclidiano abarca três dimensões, a vertical, a horizontal e a sagital, o ponto de intercepção define o ponto de locação por onde passa o centro de gravidade, e não um ponto de extensão, sobre o qual o sistema espacial se vai desenvolver, demonstrando a intrínseca dependência da postura com a imagem corporal, e desta com a estruturação espacial.

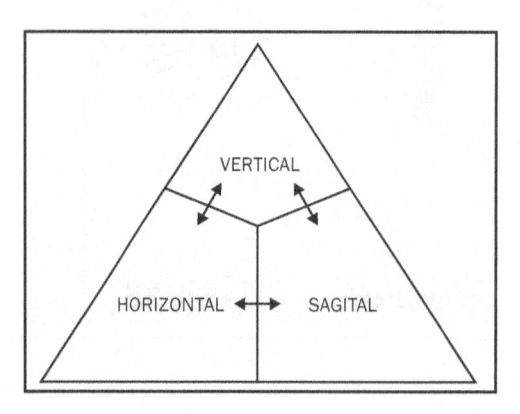

Essa relação com a força gravitacional, que levou e leva muito tempo a integrar-se corticalmente no ser humano, filogenética e ontogeneticamente (Howells, 1972; Kelso, 1982; Fonseca, 1989, 1999a, 2002, 2003), deve ser consistente e estável, pois a sua instabilidade colocará sempre em causa a eficiência da motricidade, quer global quer fina, e, concomitantemente, de qualquer forma de comportamento ou de aprendizagem. É por esta função dominante no comportamento que a postura acaba por revelar ou por ilustrar funções psíquicas cruciais, como a atenção, a vigilância, a segurança, a disponibilidade, a regulação e o controle da conduta, etc.

A criança tem de construir o seu modelo postural relacionado com uma condição de constância, isto é, a força da gravidade. Para tanto, tem de aprender a reagir favorável e antigraviticamente a essa força física condicionadora, resistindo-lhe à custa de um equilíbrio dinâmico e flexível que envolve: a integração coordenada de inúmeros músculos, o conhecimento do seu centro de gravidade e a capacidade de se mover sem ter medo ou pânico de cair, isto é, solucionando, talvez, o seu primeiro problema de aprendizagem. Se não for capaz de aprender tal controle com segurança, a exploração do ambiente não pode ser realizada, e toda a sua aprendizagem fica comprometida.

A atitude (designação também utilizada em vez de postura) é, pois, e por assim dizer, o suporte de todos os movimentos humanos e de toda a conduta em geral. Ela é garantida pela contração dos músculos antigravíticos que se opõem à ação da gravidade, a que também o nosso corpo está inexoravelmente sujeito, mas, para que isso seja observado, um processo de diferenciação neuromotora tem de operar-se de acordo com a lei céfalo-caudal (Connoly e Prechtl, 1981; Quiros e Schrager, 1975; Gribenski e Caston, 1973;

Morin, 1969; Azemar, 1965, 1968; Coghill in Ciba Foundation, 1967; Ajuriaguerra e Thomas, 1948; Bloéde, 1946), segundo a qual vários reflexos primitivos passam a ser assimilados a padrões mais diferenciados, garantindo à postura uma característica funcional, total e plástica, básica para as aprendizagens ulteriores. Uma postura flexível e disponível é, pois, e por isso, a condição-base e o pré-requisito para todo e qualquer movimento, uma vez que garante uma espécie de vigilância motora (*motor awareness*) à qual vários esquemas sensoriais (vestibulares, hápticos, táteis, cinestésicos, etc.) tem de associar-se congruentemente para gerar respostas motoras, entre as quais destaco a marcha, a corrida, o saltar, o trepar, e a coordenação nas situações de jogo e de aprendizagem, todas elas envolvendo a maturação do cerebelo, substrato neurológico fundamental do sistema postural, além de outros sistemas importantíssimos que participam nas aprendizagens.

As lesões ou disfunções desse substrato acabam sempre por incidir no sistema postural, interferindo em todos os processos mais complexos de aprendizagem, da linguagem à cognição, normalmente afetando a estabilidade, tanto motora quanto psíquica, básicas ao seu funcionamento. Por se tratar de um centro estreitamente ligado ao tronco cerebral e com todos os centros corticais superiores, o cerebelo influencia todas as formas de aprendizagem, e não apenas as posturais ou motoras, mas também as simbólicas e cognitivas, e é fundamental que os professores entendam isso.

Todas as respostas aprendidas, quer motoras, quer simbólicas, requerem a condição básica da postura e do suporte corporal da função de atenção. Sua elaboração, reorganização, planificação e conseqüente expressão só podem ocorrer se os ajustamentos posturais o facilitarem (Kephart, 1964).

Todo o comportamento que é elaborado nos centros corticais superiores tem que passar pelo cerebelo como sistema de vigilância, de controle terminal e de proteção (Delmas e Delmas, 1970; Beley, 1951), pois o movimento que não obedece às suas funções ou que põe em perigo a segurança de todo o corpo não é produzido ou é desencadeado com inúmeros lapsos. O cerebelo como sistema postural principal dita a decisão final de qualquer ação, o que dá à postura outra transcendência neurofuncional, muito além daquela que lhe tem sido atribuída Os ajustamentos tônico-posturais necessários para produzir estes padrões, que implicam uma determinada co-resistência à força da gravidade, estabelecem uma espécie de consciência motora da dimensão vertical que o corpo deve sentir em tais situações, noção a que Kephart (1960, 1964) denominou verticalidade, como condição transiente associada à proprioceptividade postural (não esqueçamos que a direção da gravidade é vertical...), onde as primeiras noções das partes do corpo, das suas dimensões e posições, direções e explorações iniciam o seu esboço axial perceptivo e mais tarde vai emergir o eixo lateral, bem mais complexo de integrar, porque vai correlacionar-se com o sistema visuoespacial superior (Kephart, 1958; Kephart e Chandler, 1956).

É com base nesta noção, que integra a postura na imagem corporal, que a criança deve ter noção de que o seu corpo rodou na dimensão vertical, e não sentir que foi o ambiente que rodou à sua volta. Uma postura dismétrica e descontrolada, portanto, limita a imagem corporal, o desenvolvimento do sistema espacial tridimensional e prejudica irremediavelmente qualquer aprendizagem escolar ou outra. O descontrole postural atua como condicionador de todas as experiências da criança, podendo redundar em desatenção, desmotivação ou frustração, pondo em perigo futuras aprendizagens não-verbais e verbais, não-simbólicas e simbólicas.

2. A lateralidade surge como a capacidade perceptivo-motora interiorizada proprioceptivamente, que traduz a percepção integrada dos dois lados do corpo: o lado esquerdo e o lado direito. É, juntamente com a verticalidade, acima referida, o elemento fundamental de relação e orientação do mundo interior com o mundo exterior.

Todas as noções espaciais básicas, como as de cima-baixo, por cima-por baixo, frente-trás, dentro-fora, antes-depois, esquerda-direita, etc., que são noções relativas, estão estruturalmente dependentes da noção de lateralidade, do binômio corpo-cérebro, dos nossos membros, dos nossos sentidos e dos nossos hemisférios, binômio psicomotor entendido como centro autogeométrico de orientação. No mundo interior, com o tráfego das sensações e das ações, e no mundo exterior, com o espaço e com os outros e os objetos (Azemar, 1970; Benton, 1959, 1970; Zangwill, 1960; Ajuriaguerra e Hécaen, 1953).

As direções que atribuímos ao espaço exterior são baseadas nas atividades motoras e sensoriais que emanam do organismo, porque não recebemos fora do organismo nenhuma informação direta relacionada com direção. As referências espaciais obtêm a sua direcionalidade através da aprendizagem e por meio da projeção que os estímulos exteriores têm sobre as experiências interiores que resultam da motricidade.

Devido à verticalidade gravitacional que o corpo humano adquiriu ao longo do processo filogenético e sociogenético, a simetria bilateral anatômica e neurológica que o caracteriza teve de transformar-se em uma assimetria bilateral funcional, algo que constitui um paradigma da evolução, porque ascender à fabricação de objetos e à linguagem só foi possível pela especialização manual e hemisférica (Bloede, 1946; Subirana, 1952; Chamberlain, 1953; Clark, 1957; Denny-Brown, 1962; Gazzaniga, 1974; Eccles e Poper, 1977; Galaburda et al., 1978).

Em termos neurológicos, as vias nervosas, sensoriais e motoras de cada lado do corpo estão cruzadas e em conexão estreita, independente e íntima com os hemisférios cerebrais contralaterais (Fonseca, 1992, 1998, 1999, 2001, 2003), daí resultando um benefício evolutivo muito importante, ou seja, a criação de condições de retroalimentação (*feedback*) e de reaferência que estão na base das aprendizagens complexas e da divisão de tarefas entre os dois lados do corpo, encarados, portanto, como sistemas cooperativo-recíprocos mas diferenciados e hierarquizados.

À assimetria neurobiológica deve agora co-corresponder, em termos de duplicação e de re-representação, uma integração psicomotora que tem de ser aprendida a partir da integração prévia do sistema postural. Para que a postura possa assumir-se como alicerce da exploração espacial envolvente, o cérebro tem de detectar minimamente qual dos lados do corpo deve mover-se e qual deve inibir-se, como deve realizar a ação e em que ordem os movimentos devem ser seqüencializados, de forma a produzir, concomitantemente, os padrões compensatórios que traduzem uma motricidade total dos dois lados do corpo, mas em que um lado tem de assumir a função de iniciativa e, o outro, a função auxiliar.

É óbvio que este processo básico do desenvolvimento psicomotor é lento e apresenta várias fases de maturação, já equacionadas em outros trabalhos (Fonseca, 1972, 1973, 1978, 1984, 1992, 1999b), mas enquanto a lateralidade não está adquirida em termos neurofuncionais, muitos problemas surgem no âmbito da postura, da imagem corporal e da estruturação espacial e temporal no procesamento de informação, quer simultâneo, quer seqüencial.

São visíveis, nestes casos, distonias, dismetrias, sincinesias, instabilidades, etc., que, no fundo, tendem a criar uma relação episódica com o mundo exterior em todos os seus parâmetros, quando não se implicam em processos de desplanificação motora que se traduzem, quase sempre, por dispraxias que não podem perpetuar-se no desenvolvimento psicomotor, isto é, podem incluir também as esferas do desenvolvimento afetivo e cognitivo.

A importância da lateralidade é, portanto, determinante na relação e na interação com o mundo (Piaget et al., 1948). Sem possuir-se uma integração próprio e exteroceptiva perfeita entre os dois lados do corpo, dificilmente se podem desenhar projeções do organismo sobre o mundo exterior, sobre os objetos, sobre os outros e, claro, sobre o símbolos.

Tudo o que envolva relações e interações direcionais – e estas são, de fato, a maioria das condutas superiores humanas – depende de uma lateralidade confiável e consistente, por isso esta não pode deixar de ser considerada uma capacidade perceptivo-motora básica. Não basta ter apenas impressões visuais, na medida em que, neste caso, as palavras cima, baixo, frente, trás, esquerda, direita, etc., não teriam significado; seu significado advém das impressões proprioceptivas, vestibulares, táteis e cinestésicas que lhe estão adstritas.

A noção de cima está tatilmente ligada à noção corporal da cabeça e do espaço que a projeta e transcende. A noção de baixo, por analogia, está ligada à noção corporal dos pés, e assim sucessivamente nas outras noções. Só depois desta integração tátil-cinestésica básica, a que estão ligadas a postura e a lateralidade, é que podemos adquirir um significado independente mas duplicado com a palavra, pois não podemos esquecer que a evolução da linguagem vai do gesto à palavra, e não no sentido inverso (Fonseca, 1984, 1989, 1992, 1999).

Para a nossa consciência operar bem, a lateralidade é fundamental, sua falta ou falha não permitiria a orientação ou a navegação no universo, e não seria possível domesticar, muito menos representar e manipular, o espaço. As crianças com agênese do corpo caloso apresentam nestas áreas inúmeros déficits de integração e de projeção.

A lateralidade envolve estruturas direcionais muito complexas em que interferem, entre outros, problemas de co-função inter-hemisférica, de dominância funcional e de preferência manual. Para integrar essa noção, não basta apenas usar os termos direita e esquerda, é fundamental que se opere uma consciencialização interiorizada da lateralidade baseada em um a imagem do corpo bem estruturada. Esta noção é, pois, fundamental para a estruturação do corpo, do espaço e do tempo e, por isso, essencial também nas aprendizagens escolares, como, por exemplo, da leitura, da escrita e do cálculo, em que a tomada rápida de decisões direcionais deve ser clara e precisa, e não caótica, confusa ou hesitante.

3. A direcionalidade surge como a capacidade de transferir a noção de esquerda e de direita do corpo (espaço subjetivo e intrassomático que define o domínio da lateralidade) para a discriminação da noção de esquerda e direita dos objetos no espaço do entorno ou dos símbolos na página de um livro (espaço objetivo e extrassomático).

A partir do momento que a lateralidade está assumida no próprio organismo, como se se tratasse de um radar, a capacidade de projetar e de poder navegar em tais conceitos no espaço extrassomático compreende, para Kephart (1960, 1964), a direcionalidade. As relações e as direções espaciais desenvolvem-se primeiro em relação com a própria criança, consusbstanciando uma componente subjetiva da imagem corporal, daí a sua dimensão egocêntrica, e só depois desenvolve relações e referências objetivas proximais e distais, alocêntricas e geocêntricas entre os objetos e o seu corpo. De uma localização e identificação emergida do corpo, espacialmente egocêntrica e subjetiva, a criança passa posteriormente a uma localização e identificação espacialmente alocêntrica-geocêntrica e objetiva, confirmando também as concepções de Paillard (1991), Piaget (1956), Gesell (1962), Gesell e Amatruda (1974). É a integração desta dinâmica espacial que constitui a noção de direcionalidade em Kephart, noção original, quando comparada com os autores europeus, e que se projeta já em outro fator psicomotor relevante, ou seja, a estruturação espaço-temporal (Fonseca, 1992). Neste aspecto, a direcionalidade ocupa no domínio perceptivo um papel funcional idêntico à lateralidade no domínio motor, pois é particularmente importante o controle visual como meio de orientação e organização espacial (Kepahrt, 1958; Kephart e Chandler, 1956).

Ao contrário da lateralidade, que se encontra mais relacionada com a dominância sensório-motora, a direcionalidade, representa um nível de organização espacial mais complexo, porque está associada ao controle motor dos olhos, mecanismo básico da chamada inteligência espacial (Gardner, 1998). De fato, a localização dos objetos no espaço é, essencialmente, captada e extraída pela função dos olhos, mas esta informação visual só pode ser integrada corticalmente quando interligada às informações vestibular e cinestésica, que lhe dão suporte e que foram previamente aprendidas.

Somando-se a todo este complexo visuoespacial, surge o papel desempenhado pelo sistema vestibular, que, além de se encarregar de conectar a informação visual com a informação cinestésica, ainda entra em jogo no controle dos seis pares de músculos extrínsecos oculares, que permitem que a visão foveal funcione com precisão e eficácia, localizando, focando e fixando dados posicionais e relacionais no campo espacial, dado que a imagem visual, para ser analisada superiormente, necessita cair dentro da fóvea, o que constitui uma área muito restrita (cerca de dois milímetros de diâmetro), porém, crucial para o domínio das coordenadas espaciais onde a motricidade, principalmente a fina ou da mão, tem de operar.

Para focar uma imagem de um objeto exterior dentro de uma área tão restrita do olho, a motricidade ocular deve mover-se em parâmetros de extrema precisão, e todo o fenômeno instrumental da espécie, assim como todas as aprendizagens complexas na criança, dependerão dela. Para que a coordenação oculomanual se observe na sua expressão criativa fluente, a direcionalidade da informação cinestésica dos dedos, da mão e do braço deve ser transferida para a visão, mas para que isso se verifique em termos de integração neurofuncional, muita aprendizagem e muita prática tem de ocorrer. Com base nesta integração e interação visuocinestésica, cinestésico-visual e visuovestibular, os olhos ascendem a uma espécie de dispositivo de projeção espacial para determinar a direcionalidade no espaço que transcende até onde a mão pode chegar.

Outro aspecto original que Kephart dá à noção de direcionalidade está intimamente relacionado com a imagem corporal, ou seja, com a noção de linha média do corpo, algo de difícil integração bilateral em muitas crianças com problemas de coordenação motora ou de aprendizagem. De alguma forma, todos os movimentos que a criança tem de produzir têm de estar em relação com o centro do seu corpo, o ponto zero de onde eles partem e chegam, por isso deve aprender que os movimentos se mantêm constantes, mesmo que tenham de cruzar a linha média do seu corpo, algo que interfere com processos de interação de dentro para fora e de fora para dentro.

Muitos movimentos põem em jogo a consciência da linha média virtual que separa os lados direito e esquerdo do corpo, para integrar componentes seqüenciais que podem ocorrer da esquerda para a direita, assim como da direita para esquerda, acabando por gerar a apropriação da função de reversibilidade espacial, de fundamental importância para muitas das aprendizagens sociais, lúdicas e escolares, evitando hesitações, confusões, indecisões e perda de controle na captação ou na manipulação de dados espaciais (Lashley, 1929; Kisbourne, 1975; Kohen-Raz, 1986; Ajuriaguerra, 1972a).

A direcionalidade acaba por se transformar na projeção extrassomática da lateralidade, que, naturalmente, tem de desenvolver-se intrassomaticamente. Ela depende, portanto, da lateralidade integrada como capacidade motoperceptiva básica.

A capacidade de elaborar projeções ou extensões espaciais, de captar formas e figuras, de copiar e desenhar, de colorir, traçar e cortar, de inferir ou deduzir relações espaciais, de mentalmente construir campos de interação de variáveis, etc., fica, obviamente, limitada e imprecisa se o domínio das componentes da lateralidade não tiver subsistemas interiorizados de primeira ordem (p. ex.: "Mostre-me o seu pé esquerdo" ou "Mostra-me a sua orelha direita"), ou de segunda ordem, que incluem já o domínio da linha média do corpo (p. ex.: "Com a sua mão esquerda, mostre-me o seu ombro direito" ou "Com o seu pé direito toque no seu joelho esquerdo").

O sistema direcional tende a complicar-se quando toda essa informação corporal, postural, vestibular e tátil-cinestésica tem de ser transferida para uma informação visual e espacial. A orientação no espaço e a observação das relações entre os objetos no espaço, envolvendo ou não noções de tempo, torna-se difícil, quando não impossível, sem uma lateralidade e uma direcionalidade bem estabelecidas dentro do próprio corpo.

Em síntese, o domínio dos produtos perceptivos que interessam a tantas aprendizagens não-verbais (hemisfério direito) ou verbais (hemisfério esquerdo) depende, no fundo, como acabei de analisar, da lateralidade e da direcionalidade, isto é, de processos de informação transcendentes, que emergem de um corpo posturalmente integrado e psiquicamente internalizado e lateralizado.

4. A imagem corporal, para Kephart (1960, 1963, 1973), envolve a capacidade de organização neurológica e integrada das capacidades motoras anteriores (postura, lateralidade e direcionalidade). É a noção que a criança tem do seu corpo em todas as vivências interiores e nas situações de exploração e de orientação no mundo exterior.

Para esse autor, a imagem do corpo representa a diferenciação funcional de suas várias partes e respectivas relações com o mundo exterior e com os objetos, daí ser indispensável a independência dos vários segmentos corporais nas aprendizagens, operando como coordenações apoiadas na postura. Somente quando a criança consegue diferenciar-se do mundo dos objetos e dos outros ela começa a conceber objetos como objetos, ou seja, como algo separado dela própria, do seu próprio eu (*self*).

Partindo da noção de que lidamos com relatividades e não com dimensões absolutas, a imagem corporal surge como ponto de referência básico para organizarmos as impressões relativas que recebemos do exterior, de forma a criarmos alguma ordem sobre elas e com elas tentarmos construir totalidades coerentes. Os objetos com os quais lidamos são orientados no espaço em referência à posição e à localização que o nosso corpo ocupa nele.

As sensações (informações) que recebemos e que nos permitem formar imagens nas nossas mentes representam, no fundo, o modo como o corpo nos surge como síntese da nossa vivência. As sensações que nos vêm das vísceras, dos músculos, dos tendões, da pele e do mundo exterior têm de possuir alguma coerência e unidade integrada, caso contrário, o organismo humano não poderia planificar, executar ou controlar uma resposta inteligível face às circunstâncias.

A imagem do corpo, como já mencionei nos capítulos dedicados aos autores europeus, é um paradigma fundamental da psicomotricidade. Em outras palavras, é um componente estruturante do desenvolvimento psicomotor da criança, uma auto e ecoconstrução que é o ponto de origem das relações espaciais e das relações com os objetos que se encontram fora do nosso organismo.

Quando o conhecimento do nosso corpo é incompleto ou fragmentado, todas as ações que precisam desse conhecimento para serem desencadeadas são também afetadas, não só na fase inicial, mas também na fase em que o movimento se elabora e decorre e, naturalmente, na fase em que o movimento tem de ser concluído. Se o corpo é o ponto de origem de todos os movimentos e de todas as relações espaciais, então todos esses movimentos e relações podem ser perturbados se a imagem do corpo está desintegrada ou desorganizada.

Como o corpo humano se constitui como um espaço subjetivo, ele tem igualmente que constituir-se como ponto de origem do sistema espacial objetivo, o que subentende um ponto de intercepção geométrica entre os três planos de Euclides – o vertical, o horizontal e o sagital –, a que correspondem, por analogia, as noções de verticalidade, de lateralidade e de direcionalidade, todas integrantes dinâmicas e sitêmicas da imagem corporal.

Tal intercepção configura um ponto matemático que tem apenas locação, e não extensão. A imagem corporal tem também que se traduzir nessa abstração gravitacional, apenas como ponto, e não como área; a imagem corporal pode transformar-se no ponto de origem do sistema espacial.

Para Kephart (1960, 1964), servindo-se dos ensinamentos de Schilder (1968) e de Bender (1952, 1967), todos os problemas identificados no âmbito do conhecimento do corpo (gnosia do corpo) interferem no movimento do corpo (praxia). Uma agnosia sugere, portanto, uma apraxia.

A relação completa e dinâmica entre o componente perceptivo (eferente-impressivo) da nossa vida psíquica e o componente motor (aferente-expressivo) das nossas atividades adaptativas são mediados pela imagem do corpo, daí o seu papel integrador e regulador em termos de conduta. Conseqüentemente, qualquer mudança na sensibilidade (*input*) tem tendência a perturbar a motricidade (*output*), sugerindo que uma perturbação motora pode ter origem não nela própria, mas, sim, em uma perturbação perceptiva ou cognitiva, abrindo campo ao conceito de co-morbilidade.

A construção da imagem corporal (ver Ajuriaguerra, no capítulo anterior), derivada da síntese histórica e cinestésica das experiências passadas e presentes, fornece os dados de partida para a entrada em ação e constitui-se como ponto de referência não só do movimento em si, mas também da estimação de direções e de amplitudes que o corpo deve assumir para que o movimento seja desencadeado. No fundo, a imagem acaba por ser o ponto de referência da própria consciência.

A imagem do corpo fornece ao indivíduo uma consciência motora como uma referência constante, a partir da qual podemos explorar relações externas a nós próprios. Trata-se, portanto, de um instrumento de atenção básico sem o qual nenhum comportamento diferenciado pode ser assumido, daí a postura em crianças deficientes mentais, autistas e, mais severamente, em crianças com paralisia cerebral, para não falar das crianças dispráxicas e com dificuldades de aprendizagem, acabarem por revelar formas mais ou menos moderadas ou leves da sua disfunção, pondo em causa os processos de aprendizagem mais complexos.

Em suma, para Kephart (1960), sem essas quatro capacidades básicas estarem desenvolvidas e integradas em sistemas neurofuncionais complexos, a criança não estará disponível nem à vontade para aprender o mundo exterior, quanto mais para as aprendizagens simbólicas.

## GENERALIZAÇÕES MOTORAS

A partir desses pressupostos, para que a criança esteja disponível para o mundo exterior e, conseqüentemente, para as aprendizagens escolares básicas, torna-se necessário, para esse mesmo autor, que a criança passe por determinadas generalizações motoras: equilíbrio e controle postural (*balance and maintenance of posture*), locomoção (*locomotion*), contato (*contact*), recepção (*reception*) e propulsão-devolução (*propulsion*). Vejamos como Kephart se situa nestes conceitos:

1. Equilíbrio e controle postural são entendidos como uma generalização motora, que está relacionada com a vigilância e o suporte do corpo face à força da gravidade. A gravidade, como força permanente, exige uma vigilância e um controle também permanentes por parte da criança quando esta está de pé, andando ou correndo e tem que se equilibrar para conseguir a exploração do mundo exterior.
2. Locomoção é entendida como a aprendizagem ou a habilidade através da qual a criança estabelece, por um lado, as relações entre si e os objetos e, por outro, as relações e explorações entre si e o próprio espaço. Note-se que Kephart inclui nesta locomoção os seguintes padrões: reptação, quadrupedia, marcha, corrida, salto, saltitar e trepar (nenhum é mais importante do que outro, porque todos são instrumentos do sistema funcional de locomoção). Todos eles são meios pelos quais a criança se move e integra multissensorialmente o espaço circundante e passam a ser também meios com que a criança investiga as relações entre os objetos e acede à compreensão das suas respectivas propriedades.
3. Contato é entendido como o meio pelo qual a criança se informa sobre os objetos através da sua manipulação e manuseio, que, para esse autor, compreende três atividades essenciais: abordagem, preensão e libertação dos objetos, isto é, apanhar-manipular-largar. São, aliás, estas atividades que permitem à criança a investigação dos objetos através das avenidas sensoriais (ver, cheirar, ouvir, saborear e sentir) e, conseqüentemente, a descoberta dos seus atributos e qualidades como meios que materializam a percepção da forma, das relações figura-fundo e de outros componentes mais complexos do sistema perceptivo.
4. Recepção e propulsão são entendidas como as atividades motoras pelas quais a criança aprende o movimento dos e com os objetos. Kephart considera estas

**248** Desenvolvimento psicomotor e aprendizagem

RAPTAR
SALTITAR
CORRER
MARCHAR
SALTAR
TREPAR

APANHAR
MANIPULAR
LARGAR

LOCOMOÇÃO

DEITADO
SENTADO
DE PÉ

CONTATO

EQUILIBAÇÃO E CONTROLE MENTAL

AGARRAR
PUXAR
EMPURRAR
LANÇAR
BATER

RECEPÇÃO E PROPULSÃO

GENERALIZAÇÕES MOTORAS

IMAGEM

POSTURA

CAPACIDADES MOTORAS BÁSICAS

atividades (agarrar, puxar, empurrar, lançar e bater) como atividades dinâmicas, em vez das anteriores, que considera estáticas, pois nestas últimas os objetos mantêm a sua posição relativa no espaço. Kephart (1960) afirma, ainda, que a criança tem necessidade de explorar os objetos, primeiro de uma forma egocêntrica, em que o seu corpo constitui, para este efeito, o centro do universo, e, depois, de uma forma heterocêntrica. O corpo da criança é simultaneamente ponto de partida e ponto de chegada em que todas as direções são interpretadas como movimentos, a partir dela (propulsão ou devolução) ou para ela (recepção).

Considera, por exemplo, que atirar uma bola em direção à criança é uma coisa diferente de ela atirar uma bola em qualquer direção ou a um alvo. Nesta perspectiva, sugere a noção de linha média do corpo como primacial – a verticalidade, a que fiz alusão anteriormente –, considerando-a essencial para o desenvolvimento da lateralidade e da direcionalidade, consideradas como capacidades motoras básicas.

Segundo Kephart (1960), a criança deve aprender a diferenciar três planos médios do corpo:

– A-A1/A2-A3: plano sagital (lado esquerdo e lado direito);
– B-B1/B2-B3: plano frontal (anterior e posterior);
– C-C1/C2-B3: plano horizontal (em cima e em baixo).

Note-se ainda como esse autor considera que, enquanto a recepção se refere às atividades que a criança observa quando os objetos se dirigem na sua direção (p. ex., quando recebe uma bola ou agarra um objeto), a devolução (propulsão) se refere às atividades que a criança executa quando os objetos são movimentados a partir de si própria (por exemplo, quando lança uma bola a um colega, atira a bola ao gol, empurra um objeto ou atira uma pedra ou um dardo a um alvo determinado).

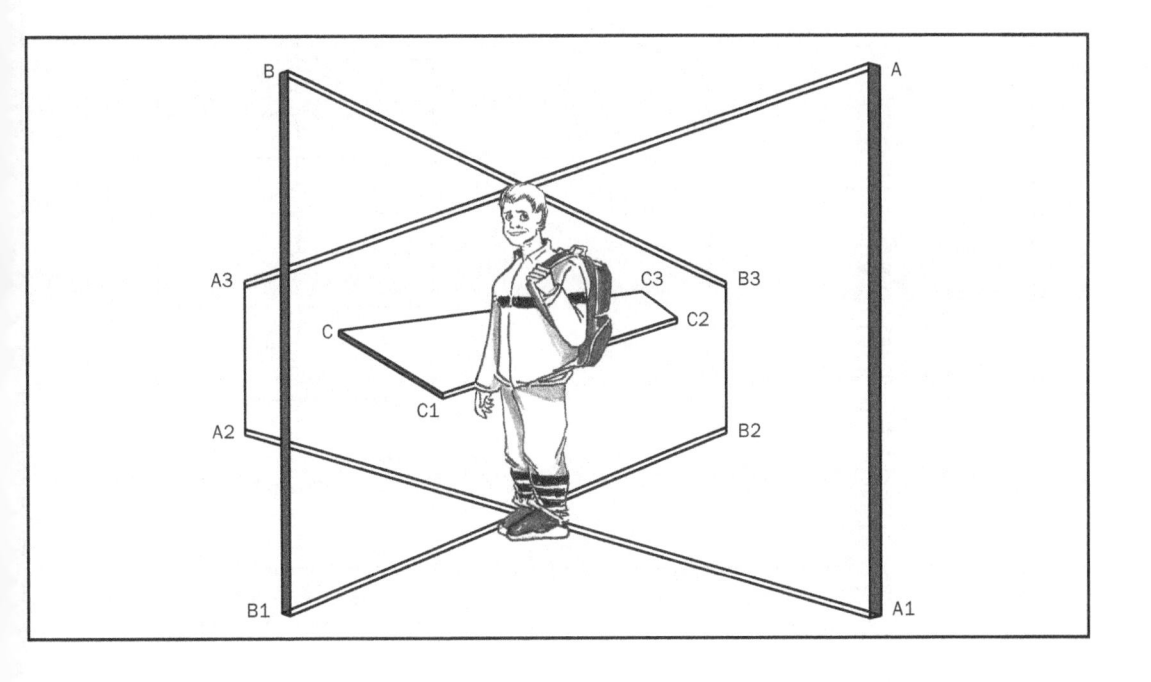

Em suma, e antes de apresentar um pequeno gráfico-resumo desse autor, não quero deixar de reforçar como são estas quatro generalizações motoras (equilíbrio e controle postural, locomoção, contato, recepção e propulsão) que, nesta perspectiva, fornecem à criança as condições para poder explorar, vivenciar e experimentar o seu ambiente e poder organizar-se e organizar o comportamento perceptivo-motor que necessita para enfrentar com sucesso e alegria qualquer tipo de aprendizagem escolar ou outra.

Assinale-se ainda como este é apenas mais um dos autores que refere também como ponto indiscutível que são as crianças privadas desta evolução perceptivo-motora as que tendem a apresentar maior número e variedade de dificuldades de aprendizagem e de comportamento relacional e social. Vejamos, pois, para concluir, primeiro um breve gráfico-resumo e, depois, a título complementar, um conjunto de sugestões de trabalho propostas por esse mesmo autor:

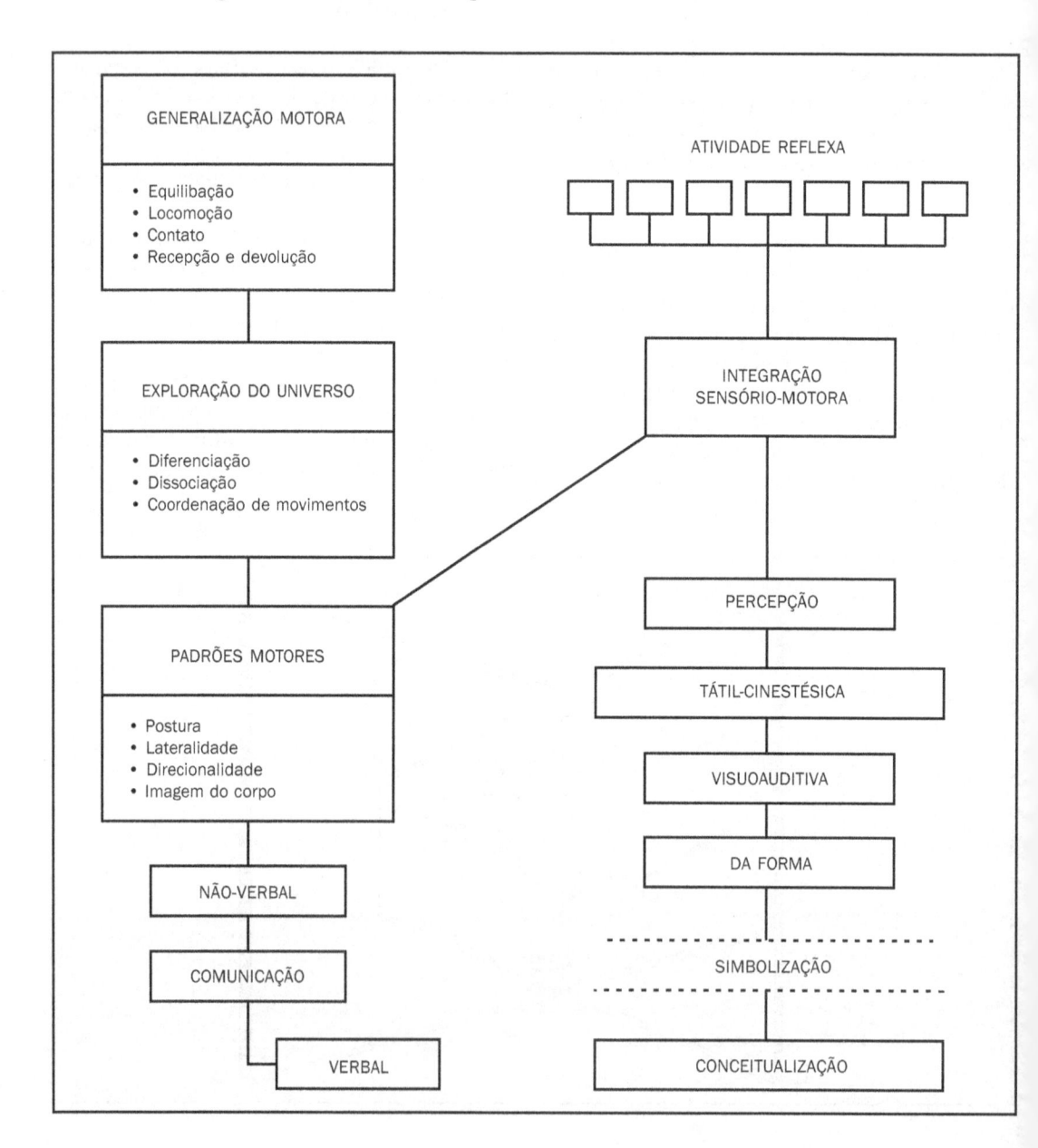

```
GENERALIZAÇÃO MOTORA
• Equilibração
• Locomoção
• Contato
• Recepção e devolução

                                    ATIVIDADE REFLEXA

EXPLORAÇÃO DO UNIVERSO
• Diferenciação
• Dissociação
• Coordenação de movimentos
                                    INTEGRAÇÃO SENSÓRIO-MOTORA

PADRÕES MOTORES                     PERCEPÇÃO
• Postura
• Lateralidade                      TÁTIL-CINESTÉSICA
• Direcionalidade
• Imagem do corpo                   VISUOAUDITIVA

                                    DA FORMA
NÃO-VERBAL
                                    SIMBOLIZAÇÃO
COMUNICAÇÃO
                                    CONCEITUALIZAÇÃO
       VERBAL
```

## SUGESTÕES DE TRABALHO

Apresento, a título de exemplo, um conjunto de sugestões de trabalho, ditas situações-problema, que variam de acordo com o perfil de dificuldades da criança, o qual deve ser anteriormente identificado (Kephart e Roach, 1966). Deve-se levar em conta também que as sugestões apresentadas e propostas por Kephart não devem, segundo preocupação expressa pelo próprio, ser confundidas, de modo algum, com um programa de exercícios:

**Desenvolvimento perceptivo-motor**
1. equilíbrio
2. trampolim
3. destreza
4. jogos
5. atividades rítmicas
6. coordenação global
7. coordenação fina
8. visualização
9. audiomotricidade

**Desenvolvimento do controle ocular**
1. fixação visual
2. seqüência visual
3. grafismos no quadro
4. jogos e esportes

**Desenvolvimento da percepção da forma**
1. diferenciação de elementos
2. categorização e classificação de elementos
3. reconhecimento de símbolos
4. identificação de faltas
5. manipulação de quebra-cabeças
6. relações figura-fundo
7. conceitos de posições básicas
8. atividades de recorte
9. atividades de identificação e de reprodução

Em conclusão, Kephart (1960, 1963, 1964, 1973) considera as capacidades visuomotoras de primeira importância para o desenvolvimento das capacidades de aprendizagem e para o sucesso escolar. Dá, no entanto, pouco significado à integração e discriminação auditiva simbólica, que, para mim, parece fundamental levar em conta nas aprendizagens escolares, como também outros autores aqui referenciados consideram e demonstram (Fonseca, 1984, 1999b).

# 5 A PIRÂMIDE DO COMPORTAMENTO PERCEPTIVO-MOTOR:
introdução à obra de Cratty

**APRENDIZAGEM ATIVA**

Bryant Cratty é um dos autores internacionalmente mais considerados no estudo do comportamento perceptivo-motor, ao qual tem dedicado uma interessante obra experimental. No seu laboratório de aprendizagem perceptivo-motora da Universidade da Califórnia, em Los Angeles (UCLA), tem-se dedicado também à investigação no campo da aprendizagem motora e às relações entre a motricidade, a inteligência e as atividades acadêmicas.

A teoria da Cratty (1967, 1968a, 1968c, 1969, 1970a) aponta para um conceito de aprendizagem ativa (*active learning*), baseada essencialmente na motricidade, pondo em destaque os seguintes princípios orientadores:

1. o movimento é um componente e não a base única do desenvolvimento das habilidades humanas;
2. as experiências motoras desenvolvidas com crianças em idade escolar devem reforçar as habilidades grafomotoras, o autocontrole, o tempo de atenção, a memória visuoespacial e auditivo-rítmica de curto prazo e os diferentes níveis de vigilância exigidos pelo funcionamento da sala de aula;
3. os vários conteúdos das aprendizagens escolares, como os pré-requisitos da leitura, da escrita e do cálculo, devem ser incorporados diretamente nas atividades motoras e lúdicas.

A motricidade, conforme admite este autor, é um meio que pode auxiliar significativamente a criança com atrasos de desenvolvimento e com dificuldades de aprendizagem, melhorando o seu nível de adaptação escolar.

Para Cratty (1968b, 1970b, 1971, 1973), a criança privada de uma experiência de exploração lúdica e motora pode vir a associar à condição de não ser aceita pelos seus companheiros, o que é muito freqüente, um sentimento de autodesvalorização, que, por sua vez, pode predispô-la para o insucesso experiencial e escolar. Segundo este autor, esta situação verifica-se mais freqüentemente com os meninos, fato que vem reforçar as experiências conduzidas por Chiland (1971), na França, que demonstrou uma percentagem mais alta de meninos com dificuldades de aprendizagem em relação às meninas.

Cratty lembra ainda (1970a, 1973a, 1973b, 1982) que a maturação lúdico-motora está também relacionada com a coordenação óculo-manual, essencial para o desenho e para a escrita, e igualmente com a coordenação global, essencial paras as tarefas escolares e sociais em geral. Cratty (1968, 1982), ao contrário de Kephart, não dá tanta importância ao desenvolvimento perceptivo-motor, orientando o seu trabalho mais para o estudo global do movimento e da importância dele no desenvolvimento intelectual. Esse autor, aliás, é mais defensor e apologista da educação total da criança, onde a motricidade e o jogo devem ter uma importância idêntica à das restantes disciplinas, condenando o fato de muitas vezes a "educação motora" estar divorciada da "educação intelectual", por exarcebar os fatores de rendimento e de prestação motora, a que não escapa uma visão behaviorista dominante do comportamento humano.

## MOTRICIDADE E INTELIGÊNCIA

Com base nas múltiplas relações da motricidade com a inteligência, Cratty (1968a, 1968c, 1973a) equaciona os seguintes princípios:

1. A precisão da motricidade é essencial à expressão da inteligência.
2. A situação motora é um meio ótimo para desenvolver os níveis de vigilância e de atenção.
3. A participação lúdica facilita a aquisição das noções simbólicas, fundamentais para a aprendizagem escolar.
4. A motricidade facilita as condições de autocontrole e aumenta a capacidade de autoregulação.
5. A satisfação inerente à experiência motora contribui grandemente para o sentimento de competência.
6. Os movimentos globais e finos são uma modalidade multissensorial de aprendizagem.
7. A motricidade deve ser reconhecida como experiência de aprendizagem.
8. Através da motricidade promove-se o pensamento criativo.

Este autor apela, no entanto, para que estes oito princípios não sejam transformados em uma espécie de "messianismo do movimento", o que, no entanto e apesar de tudo, para mim, não seria tão grave como continuar no "messianismo do músculo", uma vez que o cérebro não pensa em músculos, mas sim em movimentos como soluções de problemas. Esse messianismo, segundo o mesmo autor, continua a caracterizar ainda muitos métodos da educação física contemporâneos.

## PIRÂMIDE DO COMPORTAMENTO PERCEPTIVO-MOTOR

Para Cratty (1969, 1970b), o comportamento perceptivo-motor é equacionado em três zonas, que constituem, no seu conjunto, a teoria dos três níveis, esquematizada na pirâmide perceptivo-motora que se segue:

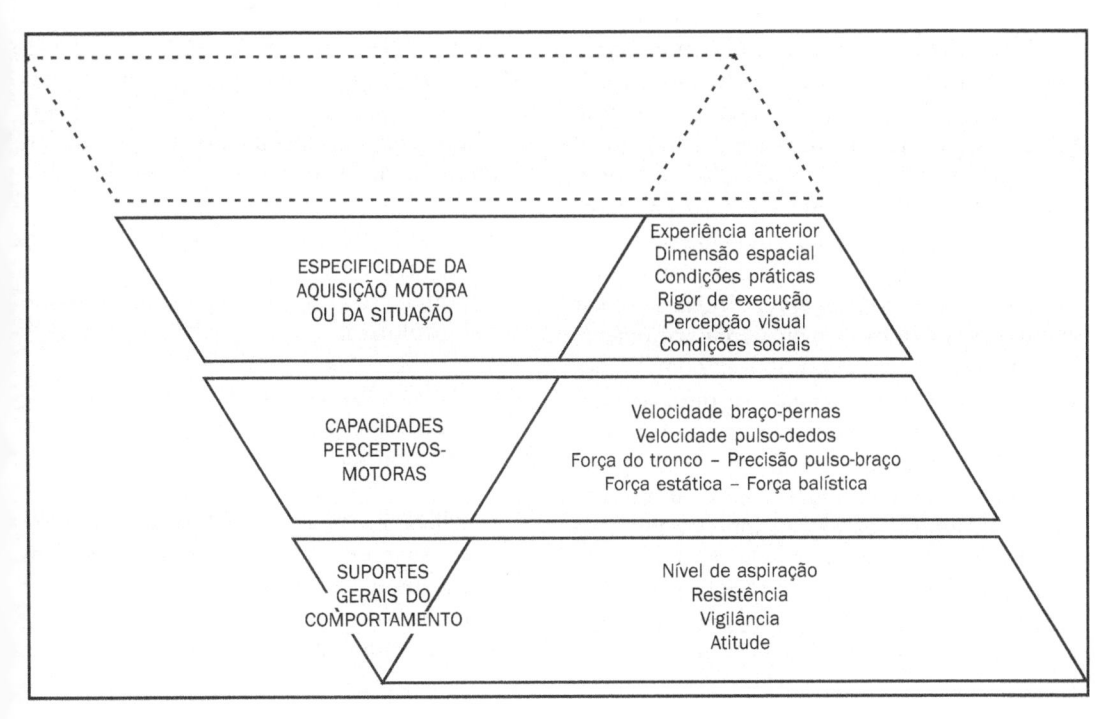

| ESPECIFICIDADE DA AQUISIÇÃO MOTORA OU DA SITUAÇÃO | Experiência anterior<br>Dimensão espacial<br>Condições práticas<br>Rigor de execução<br>Percepção visual<br>Condições sociais |
|---|---|
| CAPACIDADES PERCEPTIVOS-MOTORAS | Velocidade braço-pernas<br>Velocidade pulso-dedos<br>Força do tronco – Precisão pulso-braço<br>Força estática – Força balística |
| SUPORTES GERAIS DO COMPORTAMENTO | Nível de aspiração<br>Resistência<br>Vigilância<br>Atitude |

No plano da base, surgem os suportes gerais do comportamento. Temos que considerar aí todas as circunstâncias que influenciam o comportamento humano, não esquecendo a verbalização e as tarefas normalmente consideradas como intelectuais e perceptivo-motoras. Estas capacidades, que podem ser consideradas básicas, são, no entanto, suscetíveis de ser influenciadas por auto-avaliação.

No segundo nível, surgem as capacidades perceptivo-motoras. Aí temos a considerar a força estática e balística, a velocidade e precisão dos membros e das extremidades, a flexibilidade, etc. Note-se que todos estes aspectos influenciam a eficiência perceptivo-motora.

Finalmente, no vértice da pirâmide está a especificidade da aquisição motora (no sentido da noção anglo-saxônica de *skill*) ou da situação. Temos aí que considerar todos os fatores específicos que influenciam, de imediato, a motivação, ao interferir em todas as componentes perceptivas, envolvendo as condições sociais, a percepção visual, o rigor de execução, as condições práticas, a dimensão espacial, a experiência anterior, etc.

Da observação global e integrada destes três níveis, pode-se concluir, com Cratty (1973a, 1973b), que a execução de uma determinada tarefa motora e sua respectiva aprendizagem dependem, em primeiro lugar, do nível de aspiração que este, como sensibilidade subjetiva, vai provocar no grau de vigilância, de atividade e de persistência. Só com base nesses suportes do comportamento podem-se, então, mobilizar as condições perceptivo-motoras face a uma dada situação, seja a mais simples aprendizagem escolar ou musical, seja o gesto esportivo mais complexo.

As investigações deste autor, por outro lado, confirmam que o fator espacial da tarefa é independente do fator motor (dito muscular) nela envolvido. Os mesmos estudos indicam que o fator motor e o fator espacial são controlados por mecanismos neurológicos independentes, o que vem confirmar a complexidade da rede de associações neuromotoras que implica qualquer realização perceptivo-motora. Assim, por exemplo, enquanto a intercepção de bolas em movimento no espaço tem influência na percepção visual figura-fundo, a tensão residual muscular pode afetar a eficiência de alguns movimentos, como, por exemplo, na natação.

Em resumo, após uma breve apresentação da pirâmide dos três níveis indicados, que devem ser concebidos em uma mútua e dinâmica interdependência, verificamos que seus vários aspectos serão tanto mais integrados (unidade perceptivo-motora) quanto maior continuidade e variedade de situações semelhantes forem experimentadas, chegando-se a verificar, no caso contrário, ou seja na sua desintegração ou privação, a diminuição de certas capacidades motoras (Cratty, 1994).

Outra inferência muito interessante é verificar que, enquanto na infância os aspectos mais significativos são os dois níveis da base, isto é, os suportes do comportamento e as capacidades perceptivo-motoras, na adolescência e na idade adulta são os aspectos situados no vértice da pirâmide (especificidade da aquisição motora ou da situação) os que virão a ter um significado mais preponderante.

## PADRÕES MOTORES BÁSICOS

Cratty (1967, 1973a, 1973b, 1973c, 1982, 1994) apresenta uma concepção original dos padrões motores básicos, evidenciando uma longa seqüência integrada de movimentos necessários à vida diária que pode servir dois objetivos:

1. acompanhar longitudinalmente a emergência de tais padrões;
2. identificar algum atraso ou omissão evolutiva.

Os padrões motores básicos, ilustrando posturas estáticas e padrões de ação, destacados por este autor, são:

– Reflexos precoces (0-3 meses): a sinfonia confusa de padrões de movimento em constante mudança, um caleidoscópio de reflexos que envolvem os grandes músculos e tendões da profundidade e que cons-

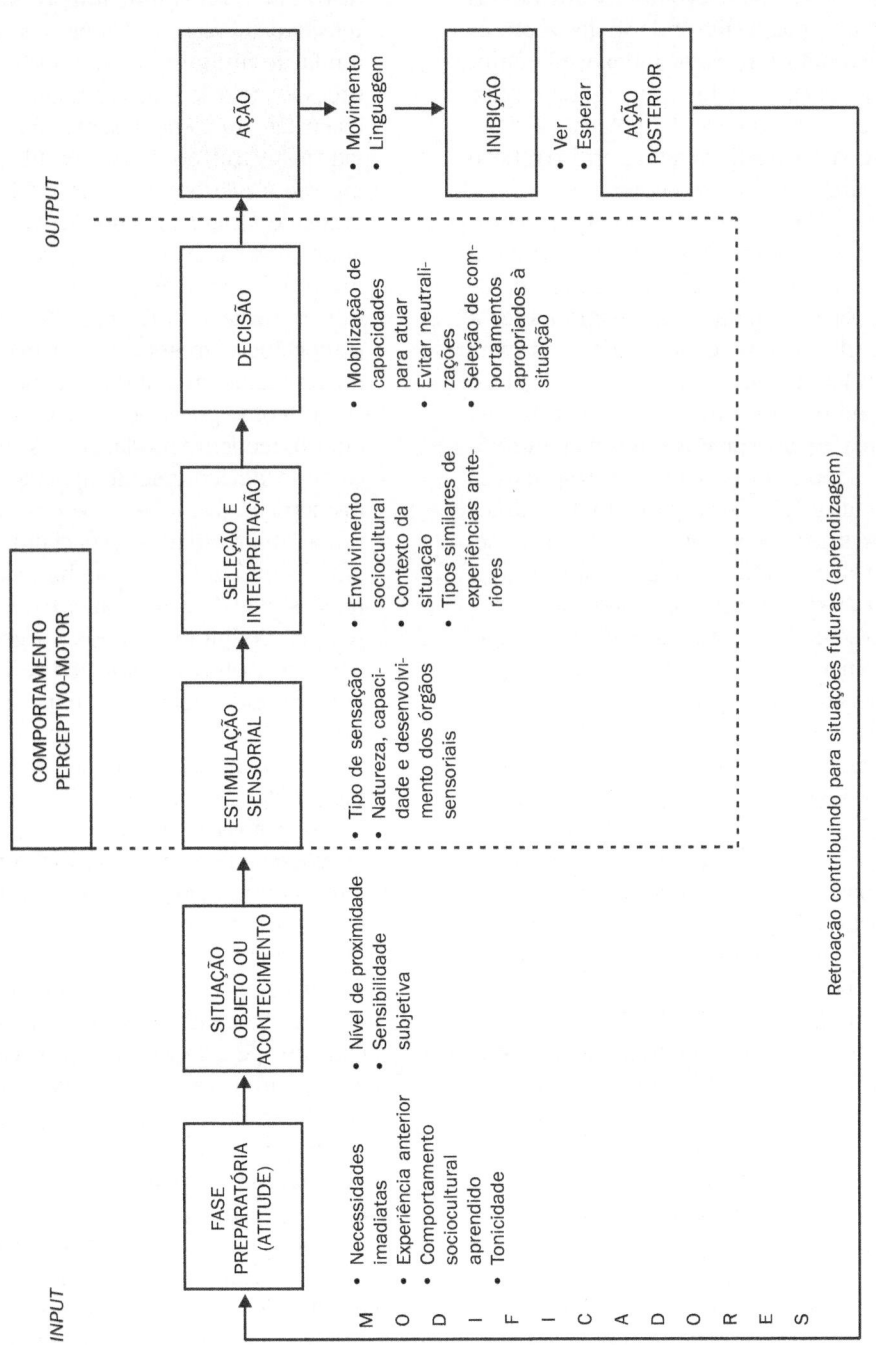

## COMPORTAMENTO PERCEPTIVO-MOTOR

**INPUT**

**FASE PREPARATÓRIA (ATITUDE)**
- Necessidades imediatas
- Experiência anterior
- Comportamento sociocultural aprendido
- Tonicidade

**SITUAÇÃO OBJETO OU ACONTECIMENTO**
- Nível de proximidade
- Sensibilidade subjetiva

**ESTIMULAÇÃO SENSORIAL**
- Tipo de sensação
- Natureza, capacidade e desenvolvimento dos órgãos sensoriais

**SELEÇÃO E INTERPRETAÇÃO**
- Envolvimento sociocultural
- Contexto da situação
- Tipos similares de experiências anteriores

**DECISÃO**
- Mobilização de capacidades para atuar
- Evitar neutralizações
- Seleção de comportamentos apropriados à situação

**OUTPUT**

**AÇÃO**
- Movimento
- Linguagem

**INIBIÇÃO**
- Ver
- Esperar

**AÇÃO POSTERIOR**

M O D I F I C A D O R E S

*FEEDBACK* — Retroação contribuindo para situações futuras (aprendizagem) tituem a base das futuras posturas e dos futuros movimentos voluntários, representando os vestígios evolutivos dos nossos primatas ancestrais, onde se destacam os reflexos labirínticos, os reflexos plantares e de preensão, o reflexo tônico-assimétrico do pescoço, o reflexo de reptação, o reflexo de Moro, o reflexo de suporte, o reflexo da marcha, o reflexo natatório, etc.

- Controle da cabeça (4-7 meses): o progressivo controle da cabeça vai garantindo a organização de respostas de tração a partir da posição deitada dorsal, como indica a busca das posturas quadrúpedes com apoio de ambas as mãos e de ambos os joelhos, podendo evolutivamente vir a libertar uma das mãos para a preensão de objetos próximos; a reptação, entretanto, torna-se mais refinada e ágil, e o surgimento de padrões assimétricos pode começar a verificar-se, tudo decorrendo da maturidade tônica axial; ao mesmo tempo, a conquista da posição sentada vai originar a libertação das mãos para os vários tipos de manipulação.
- Reptação, quadrupedia e rolar (8-10 meses): esses padrões vão, concomitante e seqüencialmente, observando um melhor reforço das posturas estáticas e das locomoções dorsais e ventrais vertebradas, percursoras da postura bípede; permitem o suporte em objetos e o suporte garantido pelos adultos que asseguram a manutenção momentânea, mas ainda insegura, da posição vertical e antigravítica. Para isso, a supressão dos reflexos plantares tem de ocorrer ao mesmo tempo que surgem as reações vestibulares de pára-quedas protetoras da cabeça e do tronco.
- Emergência de posturas e movimentos (11-15 meses): a conquista bípede inicia a sua maturação neurotônica mais ou menos definitiva; o equilíbrio com apoio começa a ser viável, mas coloca inúmeros problemas de reequilíbrio; alcançar objetos passa a ser possível, primeiro com inevitáveis quedas, depois com cada vez maior domínio postural e da cabeça; a base de sustentação alarga-se de acordo com as circunstâncias e os braços exercem ainda funções de compensação muito importantes; a extensão dos braços e das pernas necessita ainda de muita experimentação; os padrões assimétricos das passadas e da marcha estão em pleno desenvolvimento, devido à ativação do sistema vestibular; a regressão a padrões anteriores é freqüente antes de atingir locomoções variadas ou aceleradas; os vestígios da corrida e do salto iniciam as suas aventuras nesta fase.
- Correr, saltar e parar (16-24 meses): as competências motoras vão-se evidenciando, revelando uma maturação neurológica assombrosa e graciosa, mas alguns padrões atípicos tendem a revelar-se; pés em pronação e insuficientemente apoiados; braços dismétricos, distonias, hipertonias e hipotonias malreguladas, especialmente dos glúteos (músculos da marcha); sinais distáxicos, devido a excessivo peso; quedas sem reações protetoras, etc., surgem como padrões motores ainda não refinados e automatizados; com o tempo e com a estimulação lúdica do ambiente, tais processos vão adquirindo ritmo e variações adicionais; andar e correr para trás e para o lado sem ou com cruzamento dos pés, com acelerações e inibições súbitas mais eficientes e mais direcionadas; imitações multifacetadas, etc., dão indicações de outros atributos de uma motricidade em construção.
- Trotar, galopar e subir e descer escadas (2-4 anos): locomover-se dinamicamente com um pé à frente do outro (*skipping*) vai exigindo cada vez mais padrões de equilíbrio dinâmico e integração das partes do corpo; a corrida, entretanto, ganha em precisão e coordenação assimétrica, dando origem a uma progressiva redução de sincinesias da boca e dos braços; saltitar surge com mais freqüência e agilidade; subir e descer escadas depende da altura e da extensão dos degraus e corrimãos, mas a sua conquista ascendente-descendente é um permanente desafio.

Primeiro com a ajuda de um adulto, depois com o suporte do pé dominante e do pé não-dominante no mesmo degrau e, finalmente, sem ajuda e sem ansiedade, a seqüência alternada é assumida, desde que a prática seja experimentada, garantindo uma progressiva auto-confiança.
- Saltar de pés juntos e com um pé só (5-6 anos): saltar mais alto e mais longe, saltar rodando sobre o eixo do corpo e com um movimento adequado dos braços é cada vez mais uma descoberta da criança, tudo dependendo da integração de variáveis de tonicidade, de proprioceptividade e de força associadas a uma melhor integração vestibular das partes do corpo; as iniciações lúdicas e recreativas passam a ser situações ideais para desenvolver estes padrões motores mais complexos, integrados e ritmicamente executados; a estimulação de jogos tradicionais (saltar com corda ou elástico); de ecocinesias e imitações; de danças e de modelos culturais e pré-desportivos (jogos com bola, com arcos, com cordas, etc.) tendem a desenvolver e a estruturar o vocabulário motor; tudo depende agora de uma prática extensiva e variada.

A capacidade da criança para explorar o espaço decorre da integração seqüencializada desses padrões locomotores básicos, processo evolutivo que ocorre sensivelmente durante um longo e relevante período, desde o nascimento até a entrada no ensino fundamental, isto é, dos 0 aos 6 anos. Com uma seqüência mais ou menos integrada, com algumas competências locomotoras mais desenvolvidas do que outras, de acordo com o hábito e o reforço social, todas as crianças deverão dispor de uma "personalidade motora" para responder adequadamente às exigências de atenção, de inibição e de regulação, que vão ser cruciais para as aprendizagens sociais, lúdicas e escolares que se seguirão (Cratty, 1971).

Obviamente, as crianças com necessidades especiais (Cratty, 1994) terão igualmente que adquirir tais padrões motores, mas vão necessitar de uma ajuda mais especializada, dado que a coordenação, a combinação e a plasticidade de tais padrões tende a ser mais demorada e difícil, por esse fato, vão ter que exigir mais investimento relacional e mediatização e enriquecimento ecológico (equipamentos urbanos, parques infantis, espaços de aventura, etc.).

## DESENVOLVIMENTO DO VOCABULÁRIO MOTOR

A motricidade ser uma dimensão fundamental do comportamento humano, ao qual se deve a transformação da natureza e a construção da civilização (Fonseca, 1989, 1998a, 1999), por meio das quais o homem primitivo garantiu a sua sobrevivência à custa da aplicação apropriada de movimentos globais de exuberante expressão de força e de resistência, e o homem moderno garante a sua criatividade tecnológica e linguística à custa da aplicação refinada de movimentos finos de impressionante microcontrole e de hiperplanificação. Apesar de muitos teóricos postularem que todo o comportamento humano envolve movimento, e que nele é impossível isolar funções ou componentes (*input*-elaboração-*output*), a afirmação de que a motricidade é a base da cognição não é ainda admitida por muitos antropólogos, fisiólogos, psicólogos, engenheiros e educadores.

Enquanto uns especialistas encaram o movimento como uma função da contração muscular, que atua como um produto final e como um sistema de alavancas e de roldanas, formado por ossos, tendões e ligamentos, e consideram o funcionamento muscular eficaz, como decorrente de adaptações de tecidos baseadas na capacidade do organismo de utilizar nutrientes e dissipar os seus desperdícios bioquímicos, reforçam uma perspectiva molecular e não molar do movimento. Outros especialistas, porém, estudam o desempenho motor em uma perspectiva mais mecanicista, funcionalista e rentabilista, na qual o processo de aprendizagem e as multidimensões da personalidade são freqüentemente negligenciados, algo que diferencia a psicomotricidade de raiz europeia (latino-francófona) da perceptivo-motricidade norte-americana.

Outros especialistas ainda, mais centrados em uma perspectiva comportamentalista, centram os seus estudos no controle e na predição dos padrões da ação e no funcionamento dos sistemas computacionais complexos homem-máquina e abusam freqüentemente das relações lineares entre a ação e a percepção.

Muitos especialistas de outras disciplinas, todavia, têm vindo a ter cada vez maior interesse em estudar o comportamento motor humano, desde os já acima referidos, até filósofos e historiadores, profissionais de várias especialidades médicas, especialistas de artes performativas, educadores e re-educadores, etc. Todos eles têm investido o seu esforço para compreender mais e melhor a natureza e a significação do vocabulário motor. Identificar os estádios normais do desenvolvimento motor e as suas implicações intrínsecas com o desenvolvimento afetivo-emocional e cognitivo parece constituir um paradigma central útil para todos estes profissionais, e é nessa base multidisciplinar que podemos integrar a obra de Cratty.

Dada a proliferação de conceitos ligados à motricidade, Cratty (1968, 1973a, 1973b, 1982, 1994) sugere que se dêem explicações concisas em relação aos seguintes termos, adiantando algumas idéias sobre os mesmos:

- comportamento motor (*motor behavior*): refere-se a movimentos produzidos pelos músculos esqueléticos, mas comportamentalmente observáveis, excluindo funções viscerais, neurológicas e circulatórias, podendo envolver, igualmente, movimentos reflexos e automáticos inconscientes, bem como movimentos voluntários;
- desempenho motor (*motor performance*): compreende um movimento orientado para a execução de uma tarefa identificável;
- aquisição ou competência motora (*motor skill*): compreende um desempenho motor razoavelmente complexo e decorrente de um processo de aprendizagem;
- aprendizagem motora (*motor learning*): ilustra uma mudança permanente de comportamento provocada pela prática, e não meramente dependente da maturação;
- capacidade motora (*motor fitness*): refere-se à capacidade individual para realizar uma dada tarefa motora de acordo com vários parâmetros ou dimensões de execução, consubstanciando um determinado tipo de produção motora terminal ou final;
- educabilidade motora (*motor educability*): refere-se à capacidade potencial para aprender a aprender mútiplas tarefas motoras, reforçando a presença de um fator geral de coordenação motora;
- motricidade global e fina (*fine and gross motor skill*): embora sendo difícil estabelecer classificações rígidas, a motricidade global (e não a motricidade grosseira, porque todos os movimentos globais ou finos começam por ser inicialmente grosseiros para, progressivamente, passarem a ser cada vez mais regulados e controlados) refere-se à realização de tarefas motoras que envolvem essencialmente os grandes músculos do tronco e dos membros inferiores, chamando-se também macromotricidade (Fonseca, 1999), enquanto a motricidade fina se refere à realização de tarefas motoras que envolvem os pequenos músculos da mão e dos dedos e também é chamada micromotricidade (Fonseca, 1999);
- sensório e perceptivomotricidade (*sensory and perceptual motor skill*): ambas referem-se à influência das funções de *input* e do processo perceptivo na realização do ato motor – função de *output*.

Cratty (1973a, 1973b) refere-se também, originalmente, à noção de vocabulário motor, integrando:

- as orientações básicas do corpo no espaço (exemplo: sentar, levantar, deitar de costas ou dorsalmente, deitar de frente ou facialmente, virar à esquerda ou à direita, etc.);
- os inumeráveis movimentos dinâmicos do corpo total (exemplo: rolar, andar de lado, afastar-se, aproximar-se, saltar, saltitar, dar cambalhotas em diversas posições e orientações, etc.);
- os posicionamentos estáticos e dinâmicos dos membros (p. ex.: estender ou flexionar, dobrar, levantar os braços, etc.);

- as explorações do trampolin como instrumento de desenvolvimento motor (p. ex.: orientação básica, equilíbrio com quatro apoios e depois com dois, quedas à frente e para trás, quedas na posição sentada e sobre os joelhos, balanços, saltos, rotações, estimulações vestibulares, reforço dos músculos anti-gravíticos e exploração das suas múltiplas combinações, etc.)

O mesmo autor sugere que tais atividades motoras, desencadeadas por meio de "comandos verbais", permitem aprender acerca do corpo, do seu potencial para o movimento e servem para adquirir confiança para explorar o ambiente. A posse de um vocabulário motor é para ele fundamental para que a criança adquira uma maior consciência da postura e das diversas partes do seu corpo, assim como a consciência dos diversos tipos de movimento que elas podem produzir, desenvolvendo, igualmente, a planificação motora.

Dotar a criança com um conjunto de padrões motores básicos e com um vocabulário motor disponível é essencial para o seu desenvolvimento integral, conferindo-lhe maior auto-estima e motivação para aprender tarefas lúdicas ou escolares mais complexas, que se seguirão no seu desenvolvimento. Com tal vocabulário motor básico, que envolve conquistas no plano do equilíbrio, da agilidade e da coordenação, da redução e da eliminação de movimentos associados parasitas e, obviamente, da percepção espacial, a criança apresenta-se mais adaptada e pronta para as aprendizagens motoras específicas e seqüencializadas, como é o caso da aprendizagem da escrita.

Ter dificuldades na escrita está correlacionado com dificuldades em abotoar ou em dar um laço nos sapatos, porque todas estas atividades motoras (praxias) exigem uma maturação neuromotora muito complexa, que precisa ser potencializada e enriquecida por meio dos padrões motores básicos a que Cratty (1994) se refere. A dificuldade em seqüencializar movimentos pode mesmo verificar-se na fala (oromotricidade), na medida em que ela se constitui como uma praxia oral que envolve inúmeros músculos (cerca de cem) para que a articulação de palavras seja compreensível.

A aprendizagem lúdica ou a iniciação desportiva vai igualmente requerer um vocabulário motor disponível, flexível e transferível. Para tanto, é preciso ver bem os componentes dos movimentos e ouvir bem a descrição dos mesmos, para depois executá-los com sucesso.

Replicar ou reproduzir movimentos complexos, que contêm muitos componentes ou subcomponentes motores, exige não só uma percepção precisa (visual, auditiva e tátil-cinestésica), como um vocabulário motor enriquecido, pois só assim o desempenho motor pode ser realizado com proficiência. De alguma maneira, a proficiência nas aprendizagens escolares tem as suas raízes nos padrões motores básicos a que Cratty (1973c) faz referência. O ser humano move-se à custa de músculos, a sua organização ao longo dos processos filo e ontogenético foi certamente vital para a sua evolução biocultural. A sintaxe da ação teve certamente a ver com a fabricação de utensílios e com a produção de gestos significativos.

As progressivas conquistas da postura bípede, da praxia fina, da linguagem e da sociabilização só foram possíveis de alcançar à custa das interações inseparáveis entre a percepção (*input*) e a ação (*output*), e é sobre este quadro conceitual que Cratty explana a sua teoria perceptivo-motora, que é possível de aproximar da teoria da psicomotricidade em alguns pressupostos, principalmente nos neurocientíficos, mas, em outros, como, por exemplo, nos fenomenológicos, psiquiátricos e psicanalíticos, tal intercepção conceitual é mais difícil de se verificar.

Na perspectiva perceptivo-motora de Cratty (1980, 1994), a percepção e a motricidade, em termos de desenvolvimento dito "normal", são inseparáveis, apesar de tal interdependência exigir algum tempo de maturação, na medida em que o desenvolvimento perceptivo se encontra diretamente dependente da aquisição de competências motoras adequadas. No desenvolvimento "atípico", porém, o desenvolvimento perceptivo pode atingir consideráveis níveis de complexidade, mesmo que se verifiquem perturbações nas competências motoras, mas isso vai exigir que se manifestem várias e multifacetadas compensações neurofuncionais.

Em termos piagetianos, o período sensório-motor básico e fundante sugere uma estreita inter-relação entre a ação, a percepção, a interpretação e a compreensão, uma espécie de laço, vínculo ou anel integrativo e interativo fundamental ao desenvolvimento completo da criança.

O vínculo funcional entre a percepção e a ação, porém, não se desenvolve em um modelo evolutivo paralelo, como podemos apreciar na pintura ou em outras artes. Efetivamente, a capacidade de discriminar visualmente figuras ou formas é deveras precoce, ao contrário da capacidade de transferir os dados visuoespaciais e as imagens para componentes grafomotores, o que só pode ocorrer bastante mais tarde, sensivelmente aos 3 anos, quando surgem as primeiras garatujas. A criança tende a reconhecer imagens e formas mais cedo do que pode manipular objetos, e só bastante mais tarde as pode representá-las graficamente.

Embora reconheça e discrimine cubos, cilindros e esferas muito cedo, mais ou menos por volta dos 6 meses, só por volta dos 10 anos a criança pode desenhar tais figuras, ilustrando algo extraordinário no ser humano: a capacidade sensorial visuoconstrutiva para captar informação parece ser bem mais precoce que a capacidade motora para transmitir informação, sugerindo, em termos neuroevolutivos, um desenvolvimento perceptivo mais precoce que o desenvolvimento motor (Singer, 1975).

A maturação, na criança, subentende, portanto, a precocidade dos atributos perceptivo-visuais em relação aos atributos motores. O sucesso da coordenação visuomotora (mais abrangente do que a coordenação oculomotora) parece depender, para Cratty (1970a, 1973a, 1973b), dos vínculos funcionais entre os atributos perceptivos e motores, previamente independentes uns dos outros.

A eficiência perceptivo-motora humana parece sugerir que a visão tem de interagir com o tato, com o sentido vestibular e com o sentido cinestésico do movimento para, de uma dimensão receptiva (*input*), poder transformar-se em uma dimensão expressiva (*output*), um processo vicariado que se vai proliferando à medida que se opera o desenvolvimento integral da criança.

Para sustentar este vínculo perceptivo-motor crucial, Cratty (1980) recorre às experiências de Held (1968), Held e Freedman (1968) com gatos criados na escuridão e, posteriormente, colocados em situações ora de movimentos ativos, ora de movimentos passivos. Enquanto alguns gatos exploravam uma gôndola, quer visualmente, quer tátil-cinestesicamente caminhando nela em círculos e estabelecendo coordenações sensório-motoras normais, outros só a exploravam visualmente, ou seja, em termos de movimentos passivos. Terminada a experiência na gôndola, os gatos que a exploraram com movimentos ativos conseguiram reagir favoravelmente com respostas motoras de suporte. Os gatos que a exploraram com movimentos passivos, ao contrário, não conseguiram atingir respostas de suporte adaptativas.

Experiências conduzidas pelo mesmo autor em seres humanos com prismas distorcidos chegaram aos mesmos resultados que os dos gatos, isto é, os sujeitos que usaram uma exploração ativa, tátil e cinestésica, conseguiram, em comparação com os sujeitos que foram transportados passivamente, uma melhor adaptação visuoespacial e visuomotora, ilustrando uma melhor integração e plasticidade nos sistemas sensório-motores, conhecidas como efeito Held (*Held effect*). As experiências de Held parecem confirmar, em síntese, que, entre a motricidade como função executora (de *output*, portanto) e a percepção como função receptora (de *input*), ocorrem complexos mecanismos de retroalimentação e de reaferência, a que já me referi no capítulo sobre Ajuriaguerra e a que vou me referir em Bernstein, que são fundamentais para compreender o comportamento e a aprendizagem humanos.

Na mesma linha de raciocínio, Cratty (1973b) documenta-se igualmente com a teoria sensório-tônica de Werner e Wapner (1949) para fundamentar a sua teoria perceptivo-motora. Estes autores procuram sugerir que a função perceptiva depende da atitude e da postura bípede, ou seja, da integração tônica que garante o suporte antigravítico básico, a tensão somática, visceral e músculo-esquelética que está na base da resposta dinâmica do organismo a toda a forma de estímulos que vêm do ambiente.

Esta teoria sustenta que o ato perceptivo eficaz só pode ocorrer quando a postura, decorrente da complexa integração tônica da gravidade, se encontra integrada na situação total, demonstrando o papel da tonicidade postural na integração sensorial e na função da atenção que medeia a sua significação. A função tônica que subjaz à postura e à atenção interfere na percepção, a sua alteração no organismo pode não só afetar os processos de recepção, como também os processos de integração e, obviamente, os processos de planificação e de expressão motora.

A função sensório-tônica compreende, portanto, uma função vicariada (que quer dizer função de equivalência ou que se substitui e duplica ou re-representa neurofuncionalmente), que infere que os fatores sensoriais só podem ascender às funções de integração e, por isso, à sua transformação em percepções e em imagens, se envolverem fatores tônico-energéticos que interagem para fazê-las emergir como processos interiorizados corticalmente, aos quais, necessariamente, se associa a percepção da imagem corporal ou a percepção do eu (*self*), sem as quais também nenhum processo perceptivo pode ocorrer.

A falência ou vulnerabilidade sensório-tônica (Werner, 1944, 1945; Werner e Strauss, 1939), associada a uma insuficiência da imagem corporal, dificulta o estabelecimento do vínculo perceptivo-motor, necessário ao comportamento e a qualquer forma de aprendizagem, na medida em que consubstancia uma relação inteligível entre a situação e a ação que só se pode operar se tais condições estiverem presentes.

A ligação entre a percepção e a ação não se esgota apenas em um processo periférico de retroalimentação; ela inclui igualmente complicados servomecanismos centrais e superiores, processos cognitivos exclusivos da espécie, certamente dependentes do processo evolutivo e que explicam a emergência de gestos inteligentes que permitiram ao ser humano pensar na sua própria ação, tornando-a consciente e intencional, algo desconhecido em outras formas de vida animal.

Pode-se, assim, mais facilmente compreender as interações entre a percepção, a cognição e a ação. O ser humano organiza os seus movimentos de forma diferente dos outros animais: ele integra informação acerca das modificações que percebe, interpreta-as e constrói conscientemente respostas adaptativas, antecipando as suas conseqüências, tudo isso baseado na sua plasticidade perceptivo-motora.

O processo perceptivo-motor ilustra, de certa maneira, a encefalização na espécie humana. A adição de estruturas de controle motor ao sistema nervoso subcortical (medular, reticular, cerebelar, límbico, extrapiramidal) permitiram fazer emergir novas estruturas corticais (essencialmente pré-frontais) mais complexas e dominantes, que tornaram possível integrar, associar e combinar mais informação sensorial e, ao mesmo tempo, permitiram planificar e antecipar respostas motoras mais diversificadas e controladas. O fenômeno civilizacional humano só seria possível com um processo perceptivo-motor sofisticado. Da mesma maneira, qualquer aprendizagem na criança só é possível com a sua maturação neuropsicológica.

# 6 O COMPLEXO VISUOMOTOR:
## introdução à obra de Getman

O PROCESSO VISUAL

Gerald Getman é mais um dos autores norte-americanos que não podem ser ignorados no âmbito do comportamento perceptivo-motor, ainda mais porque alia à sua qualidade científica reconhecida na especialidade de oftalmologia infantil uma perspectiva evolutiva original da ótica desenvolvimental, de relevante importância para a compreensão dos processos de desenvolvimento e de aprendizagem da criança e do jovem.

Getman, que foi, com Gesell e Kephart, colaborador e co-autor de vários trabalhos sobre o desenvolvimento da criança, elaborou todo um programa de investigação optométrica e visuomotora, essencialmente centrado no período do nascimento aos 5 anos, de onde ressalta a importância que dá ao treino das aquisições, das competências e dos desempenhos (*skills*) perceptivo-visuais nos processos de aprendizagem escolar.

Getman (1965) é também reconhecido como um dos pioneiros no campo das dificuldades de aprendizagem, na medida em que as suas contribuições sobre a fisiologia da prontidão (*physiology of readiness*), preferencialmente orientada para o processamento da informação visual, são um marco de referência de grande importância para o aprofundamento científico das aprendizagens não-simbólica e simbólica. As suas premissas fisiológicas da aprendizagem escolar, focadas na visão, são hoje levadas em consideração, porque muitas das suas competências são baseadas na forma, no reconhecimento e na interpretação de símbolos logográficos.

Getman e colaboradores (1964, 1966, 1968) sugerem que a eficiência na aprendizagem escolar depende em grande escala da proficiência visuomotora, e que esta, por sua vez, se apóia na coordenação dos sistemas posturais e corporais, daí a sua inserção como um pioneiro da teoria perceptivo-motora no campo das dificuldades de aprendizagem. Em síntese, esse autor sustenta a idéia de que um treinamento perceptivo-visual promove o potencial de aprendizagem não-verbal e verbal. A visão e o desenvolvimento visuomotor surgem, nos seus trabalhos, como a capacidade de aprendizagem que torna possível a compreensão das situações e dos objetos que não podem ser manipulados, cheirados, saboreados ou nomeados.

A visão torna-se, assim, o processo pelo qual o espaço (e tudo o que nele está situado) é percebido como um todo, isto é, a visão surge como um receptor e analisador de estímulos espaciais, proximais e distais, onde não cabem definições simplistas como as que tradicionalmente referem a visão como mera resposta à luz, como órgão de acuidade eletromagnética do mundo exterior ou como a claridade do padrão luminoso que chega à retina.

Ter uma boa visão, para o comum das pessoas, equivale a identificar a placa de um carro a uma grande distância, ou a formular a idéia de que se tem uma boa compreensão do que se vê, ou seja, pode também assumir uma função sinônima de inteligência. Ver é mais do que olhar, é, essencialmente, compreender, e muitas crianças na sala de aula olham, mas não vêem, ouvem, mas não escutam ou integram a linguagem, mexem-se exuberantemente, mas não sentem nem regulam ou inibem as suas ações. Nesse contexto, a visão, a motricidade, a linguagem e a aprendizagem escolar estão mais relacionadas entre si do que habitualmente se pensa.

Estima-se que um adulto letrado possa ler em média cerca de 200 palavras por minuto, compreendendo aproximadamente 50 a 70 % do que lê. Para tal, necessita identificar, reconhecer e decodificar rapidamente traços, letras e palavras, induzindo significações e ideações que requerem uma fluência e uma velocidade perceptiva bastante considerável. É óbvio que a criança levará muito tempo até atingir tal proficiência visuomotora; ela vai ter de aprender a ver, como aprendeu a andar e a falar. A única diferença é que qualquer problema na motricidade ou na fala é facilmente identificável, enquanto na visão não é tão simples, sendo, muitas vezes, a aprendizagem da leitura e da escrita que alerta os pais e os professores para a questão.

A visão não é sinónimo de resposta à luz, ela é um complexo sistema emergente, que supera em muito "ter boa vista" ou ter "boa acuidade visual". Os olhos não são uma câmara de filmar ou de fotografar, que "tiram" ou "registam" imagens e depois as enviam para o cérebro, onde ficam registadas, mas, sim, órgãos sensoriais exteroceptivos, que fazem parte de um organismo total complexo. A visão que deles resulta, como sistema sensorial superior, integra informação em compatibilidade e coerência com o corpo total, e só depois a interpretação da imagem visual pode ser operada.

A máquina fotográfica e a câmara de vídeo são simples prolongamentos extrabiológicos dos olhos humanos. Elas não tiram fotografias ou registam puras imagens retinianas, como estruturas tele e fotorreceptoras, produzem impulsos nervosos que são conduzidos ao córtex visual, só aí a visão se processa, razão pela qual ela está tão fortemente relacionada com a compreensão e com a inteligência.

Aprendemos a ver com todos os sentidos integrados (paladar, olfato, audição, visão, tato, cinestésico, etc.), mas também postural e corporalmente situados e sustentados. Só a partir dessa dimensão comportamental se pode falar de visão, ou melhor, de percepção visual, daí a relevância psicomotora do complexo visuomotor introduzido por Getman (1965, Getman e Kane, 1964).

Para reconhecer uma maçã, por exemplo, a criança apreende-a visualmente através da sua manipulação tátil-cinestésica, com a qual integra a sua textura, a sua cor, o seu tamanho e a sua forma; pelo sabor ela sabe se é doce ou ácida,

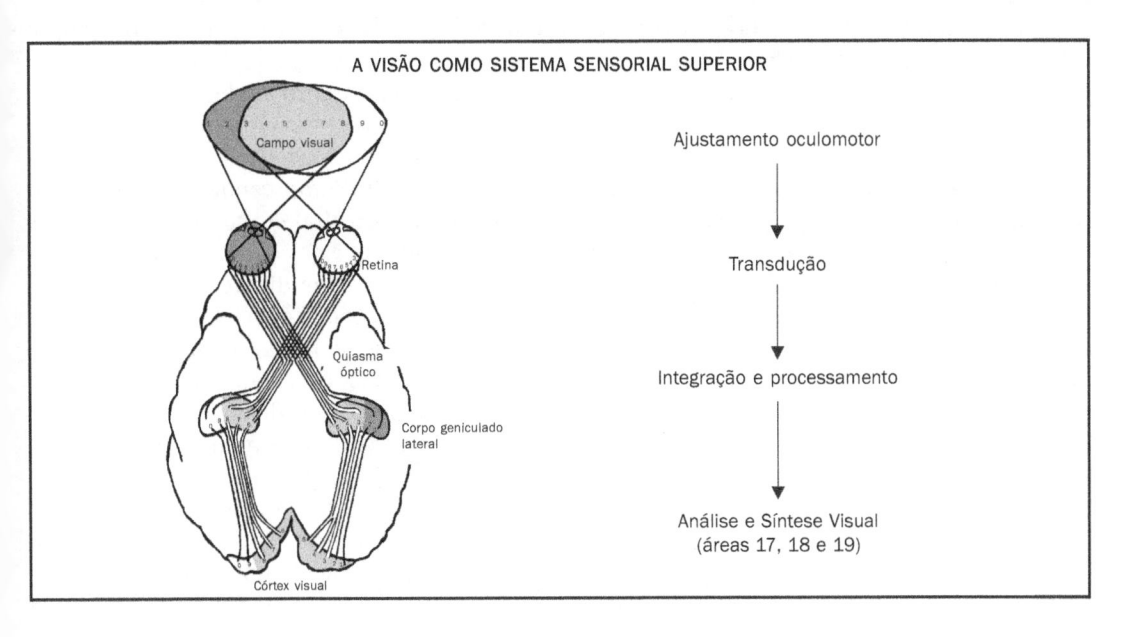

A VISÃO COMO SISTEMA SENSORIAL SUPERIOR

Campo visual
Retina
Quiasma óptico
Corpo geniculado lateral
Córtex visual

Ajustamento oculomotor
↓
Transdução
↓
Integração e processamento
↓
Análise e Síntese Visual
(áreas 17, 18 e 19)

pelo cheiro ela identifica-a como comestível, pela interação sociolinguística e auditivo-verbal ela identifica-a pela palavra "maçã". A criança integra a maçã como uma totalidade perceptiva; não como uma soma dessas partes, mas como uma significação que reúne, em termos de transcendência informacional (Fonseca, 1999, 2001), todos os sentidos, algo que supera o simples olhar ou o simples ato de ver a maçã. Com base nesta complexa captação, cooperação, integração e interação sensorial, a criança acaba por viSualizar a maçã, ou seja, conscencializa-a e intelectualiza-a de forma coerente e congruente, porém para poder desenhá-la muitas outras aquisições de transporte visuomotor vai ter de assimilar e de acomodar em termos de expressão grafomotora e iconográfica.

Assumindo a visão uma espécie de sistema emergente dos outros sentidos, que fornecem toda a informação que nos chega do ambiente, ainda por cima constituindo-se como a via sensorial mais rápida de processamento de informação, ela acaba por ser determinante para o desencadear dos sistemas de ação do organismo a que está intrinsecamente associada em termos de comportamento. Efetivamente, para olhar para um objeto ou para uma imagem ou palavra, os olhos devem apontar (focar ou fixar) exatamente na sua direção, o que pressupõe uma coordenação binocular de ambos os olhos, embora não exista nenhum músculo que ligue os dois olhos, pois estes estão separados por um osso.

Nessa coordenação binocular, da qual vão participar seis pares de minúsculos músculos, uns controlados pelo sistema nervoso voluntário (mover os olhos para baixo ou para cima, para a esquerda ou para direita), outros pelo sistema nervoso automático (mecanismo de focagem do cristalino), ambos os sistemas, amplamente ligados a outras funções do organismo, têm de cooperar simultaneamente para operar uma fusão (proximal ou distal) rápida e precisa e para produzir uma focagem coordenada e equilibrada, no qual o sistema vestibular vai exercer uma função autoreguladora muito importante, dada a sua mediação póstero-visuoespacial.

Como a visão tem de operar em estritos limites de equilíbrio e de coordenação binocular, a sua organização sistêmica com o controle póstero-espacial é indispensável. Sem ela as habilidades de percepcionar, de armazenar, de pensar e de agir com rapidez e precisão podem comprometer as aprendizagens não-verbais (práxicas, lúdicas ou gráficas) e, conseqüentemente, as aprendizagens verbais (leitura, escrita e cálculo). Daí poderão resultar, inclusive, diversos subtipos de dificuldades de aprendizagem não-verbais e verbais (Fonseca, 1984, 1999b, 2000).

Sem um sistema binocular organizado, ajustado, coordenado e integrado, a informação sensorial cruzada (via quiasma óptico) não pode chegar ao córtex visual dos dois hemisférios em condições para ser processada. O processamento da informação visual tem de passar obrigatoriamente pela memória, porque a significação a que me referi antes só pode ocorrer se tiver feito parte da experiência do indivíduo; se for, portanto, revisualizada, pois recordar envolve recuperar e rechamar informação já vivenciada e sentida. No exemplo da maçã, revisualizá-la significa recordar o seu sabor, o seu odor, a sua forma, a sua cor e o seu tamanho, etc., ou seja, representa acessar a experiência passada e dar-lhe coerência significativa. A disponibilidade com que a informação armazenada é utilizada representa a forma como a aprendizagem foi operada, porque aprender envolve memorizar, e aprender a aprender depende, em grande medida, da experiência, o que, necessariamente, põe em causa a inseparabilidade e a indivisibilidade do processo visual com o processo motor que o consubstancia.

Pode-se agora compreender por que a visão é um sistema tão vital em todos os momentos da nossa vida, por que é tão importante para qualquer tipo de aprendizagem. A visão não só afeta toda a aprendizagem como a controla. O seu sucesso não se limita à adaptação de um par de óculos de forma a aumentar a acuidade visual ou a compensar distorções e aberrações visuais, mas, antes, põe em jogo todo o potencial de adaptação. Aprender a ver é tão necessário como aprender a andar e a falar.

A visão, em síntese, é o resultado complexo de uma simples ação da luz em um órgão sensorial, mas, como sistema sensorial que é, ela envolve, como evoca Getman (1965), a relação intrincada com o sistema de ação total do organismo (Skeffington, 1965), isto é, a visão deriva e emerge da dinâmica sistêmica de vários subsistemas sensório-motores mutuamente interdependentes, representados no diagrama de Veen, de quatro círculos interconectados, abaixo apresentados, nos quais se destacam:

- O processo antigravítico (*the anti-gravity process*): sistema motor básico integrado e usado na postura, na locomoção, na exploração e na organização do ambiente, dependente de sistemas de retroalimentação e de sistemas visuais que permitem o posicionamento e o movimento controlado e eficiente do indivíduo no espaço, assim como o funcionamento do processo primacial da atenção que dá início ao ato mental.
- O processo de centração (*the centering process*): sistema de locação, de localização e de orientação espacial consciente do corpo no mundo exterior – Onde estou? Onde está o outro ou o objeto? – que usa a visão e o sentido cinestésico em interação recíproca para estabelecer relações integradas entre o sujeito e o ambiente, onde a bilateralidade estrutural do corpo – duas pernas, dois braços, duas mãos, dois ouvidos e dois olhos –, em constante relação com o espaço ambiental, permite situar o indivíduo no centro do mesmo, condição necessária à produção de uma motricidade direcionalizada e adaptada, sem paralelo no reino animal e promotora, mais tarde, da dominância manual (efetora) e sensorial (receptora) e da especialização hemisférica.

A aprendizagem e o julgamento de distâncias e de direções espaciais proporcionadas por este subsistema vai permitir, posteriormente, o surgimento das percepções visuomotoras mais diferenciadas e inerentes às aprendizagens escolares. Trata-se de um sistema que garante, segundo Skeffington (1965), a consciência do eu no espaço, a partir da qual a criança vai integrar a informação do seu esquema corporal com a informação visuoespacial para poder-se orientar e navegar no ambiente espacial.

- O processo de identificação (*the identification process*): trata-se de um processo que fornece a informação sobre o objeto e a posição que ele ocupa no espaço (*whatness*), bem como a sua identificação ou etiquetagem primária associada à sua primitiva exploração bucal (*mouthing acts*) e posterior exploração manual (manipulação). Os lábios e a língua, ao explorar objetos, iniciam a identificação do mundo exterior e, ao explorar o corpo, iniciam também a identificação do mundo interior; mais tarde, a boca e a mão, combinadas, vão dar lugar a um sistema de exploração inigualável na natureza, isto é, à coordenação oculomanual, para que os olhos inspecionem e as mãos contatem dialeticamente.

Estas coordenações básicas vão garantindo à criança a confirmação das posições e das direções dos seus próprios movimentos. Com tais integrações visuais e tátil-cinestésicas avançadas, a manipulação fina de objetos vai permitir chegar ao entendimento das suas propriedades: tamanho, forma, textura, peso, temperatura, etc.

Com a prática e a experiência, a criança desenvolve o reconhecimento dos atributos e das propriedades dos objetos, das suas semelhanças e dessemelhanças e posteriormente elabora funções de combinação, de comparação e de categorização cognitiva muito importantes. Com a co-dominância visual e manual que delas emana, correspondente à integração e à organização intra e inter-hemisférica, os primeiros passos do simbolismo primário estão dados e, conseqüentemente, as primeiras associações auditivo-visuais estão lançadas.

Do reconhecimento dos objetos com a boca, a criança duplica o seu reconhecimento com a mão, e deste ao reconhecimento com a visão. Os fundamentos sensitivo-sensoriais para o surgimento da linguagem falada estão garantidos, o refinamento gradual que integra os padrões tátil-cinestésicos, visuais e auditivos a partir da manipulação dos objetos constituem a base do processo de identificação que abrirá as portas à simbolização.

– O processo auditivo-verbal (*the speech-audition process*): Skeffington (1965) refere-se a este círculo para enunciar o processo único da comunicação e da linguagem na espécie humana. A criança adquire com os instrumentos verbais uma nova capacidade de julgamento e de verificação da informação recebida e processada pelos outros subsistemas, potenciando, representando e elevando, em termos de significação, as suas percepções e conceitualizações.

Toda esta complexa integração e interação sistêmica, da qual participam, necessariamente, padrões posturais e motores, de transporte e de manipulação de objetos, processos de orientação e de centração, no e com o espaço, processos de identificação espacial e de integração somatognósica inerentes às ações (que induzem verbos), contendo gestos e mímicas significativas e formas de comunicação visual específicas, etc., vão, paralela, convergente e progressivamente elaborando a linguagem. Palavras e frases emergidas da ação e da exploração motora transcendem-se em termos de metamotricidade, acabando por dar início ao desenvolvimento de combinações multissensoriais entre objetos e imagens e entre imagens e palavras, competências e habilidades essas que irão promover comunicações auditivo-visuais indispensáveis ao desenvolvimento da linguagem.

O desenvolvimento da linguagem é dependente de um forte componente visual, naturalmente na aprendizagem da leitura e da escrita, mas em termos ainda mais básicos na comunicação e na transferência de visualizações não-verbais e, claramente, na aprendizagem da linguagem falada, ou seja, no aumento do vocabulário e na organização gramatical, ambas relacionadas, semântica e sintaticamente, com a visualização, que, por sua vez, integra a memória visual e a captação e a compreensão da imagem visual.

A linguagem não se limita ao processo auditivo-verbal. Nela estão internalizados ou incorporalizados inúmeros processos tátil-cinestésicos, proprioceptivos, vestibulares, posturais, somatognósicos, atencionais e, obviamente, visuais, visuomotores, etc., de grande importância cognitiva. Como ato cognitivo complexo, a linguagem falada não pode dispensar a co-participação e a mútua coibição dos subsistemas a que venho me referindo. A visualização condiciona, portanto, a linguagem. Uma fraca visualização implica uma pobre comunicação; comunicar melhor é sinônimo de ver melhor, daí a sua considerável importância no desenvolvimento motor, lingüístico e cognitivo da criança.

Para que o desenvolvimento da visualização se processe bem, os processos primitivos ou elementares da locomoção (antigravítico), da locação (centração) e da identificação (etiquetagem) devem, em primeiro lugar, estar bem integrados, pois só dessa forma as experiências sensório-motoras elementares podem ser transformadas ou visualizadas.

Com base nesta dimensão vicariada da visualização, as experiências não-simbólicas geram as condições neurofuncionais para que se tranformem em experiências simbólicas, e vice-versa. Neste processo de equivalência, a visualização exerce um papel decisivo e crucial, daí também a sua importância no desenvolvimento futuro da linguagem; com a visualização, a linguagem torna-se um substituto mais econômico e eficaz das ações e das suas decisões concomitantes; as orientações e as comunicações assim desenvolvidas vão acelerar os pré-requisitos para as aprendizagens mais complexas (Getman, 1965; Getman e Kane, 1964; Getman, Kaves, Halgreen e McKee, 1968).

– O processo emergente – a visão (*the emergent vision*): trata-se do círculo central do diagrama, isto é, a intercepção integrada dos quatro subsistemas (círculos) componentes, da qual resulta, para Skeffington (1965), a visão propriamente dita. Como função emergente e multicomponencial, a visão resultante da combinação sistêmica dos outros subsistemas componentes ganha uma característica de dominância hierárquica, para a qual Getman reserva a qualidade de sistema sensorial principal.

A visão, assim considerada, reúne e relaciona os restantes subsistemas sensório-motores, derivando deles como um sistema complexo, como um sistema performante, ultimando o acesso a novas formas de processamento de informação únicas do ser humano, entre a quais destacam-se não só as competências simbólicas da leitura e da escrita, consideradas funções psíquicas superiores, porque são mais óbvias para os pais e professores, mas também as competências não-simbólicas do desenhar, do copiar, do pintar, do recortar, do colar, etc., indutoras, igualmente, de inúmeras competências visuoespaciais e visuomotoras, motivo pelo qual elas requerem um considerável tempo de aprendizagem, desde a educação pré-primária ao ensino básico, até que se automatizem, caso contrário as dificuldades de aprendizagem vão surgir inevitavelmente.

A aprendizagem da leitura e da escrita, que ocorre na criança, em quase todas as culturas, por volta dos 6 anos, exige um desenvolvimento adequado da organização hierarquizada dos sistemas sensório-motores que culminam na visão. A dominância da visão é, no fundo, a parte visível do *iceberg*. Como sistema exteroceptivo e telereceptor por excelência, ela assenta sobre os sistemas interoceptivos e proprioceptivos que lhe dão suporte e, por isso, estão submersos, razão pela qual têm de desenvolver-se antes, como já mencionei nos capítulos sobre Wallon e Ajuriaguerra.

A organização perceptivo-visual e visuomotora manifesta-se pela apropriação funcional e harmoniosa dos sistemas antigravíticos, preensivos, somatognósicos e linguísticos mais elementares, caso contrário, se se der a sua desorganização, aprender a ler ou a escrever vai tornar-se penoso e difícil. A prontidão para a leitura e para a escrita subentende a emergência telereceptora da visão como sistema de processamento de informação mais rápido e mais eficiente. O seu padrão de funcionamento deve ser apropriado e hierarquizado. Se falhar esta propriedade, a dislexia, a disortografia e a discalculia podem ser, então, identificáveis clinicamente.

A emergência da visão como sistema de processamento de informação não pode decorrer de forma desenraizada em relação aos outros sistemas sensório-motores; pelo contrário, são eles, em interação e em retroalimentação, que favorecem o seu surgimento ao longo do desenvolvimento e da experiência da criança. Tal surgimento, que se opera dentro do seu organismo total, composto de corpo e cérebro em diálogo com o mundo, permite unificar a visão como sistema funcional complexo.

Os sistemas performantes ou de desempenho na aprendizagem são auto e co-construídos pelo sistema nervoso da criança, exatamente dentro do "envelope" da sua própria pele, do seu próprio corpo. A criança, com o seu corpo, vai progressivamente apropriando-se da cultura onde está inserida, por meio da sua motricidade, sensorial e neurologicamente suportada e antecipada, onde a visão se destaca como sentido integrador dos demais. O complexo visuomotor, como instrumento de aprendizagem, resulta, assim, da acumulação em espiral dos diversos sistemas de ação postos em prática pelas diferentes e variadas oportunidades de aprendizagem proporcionadas à criança pelos agentes culturais. Com tal enculturação, ela ascende a uma habilidade mais elaborada para lidar com situações-problema no futuro.

O papel da visão em termos de aprendizagem ou de comportamento apresentado por Getman e Hendrickson (1966), Getman e colaboradores (1968), com base nas

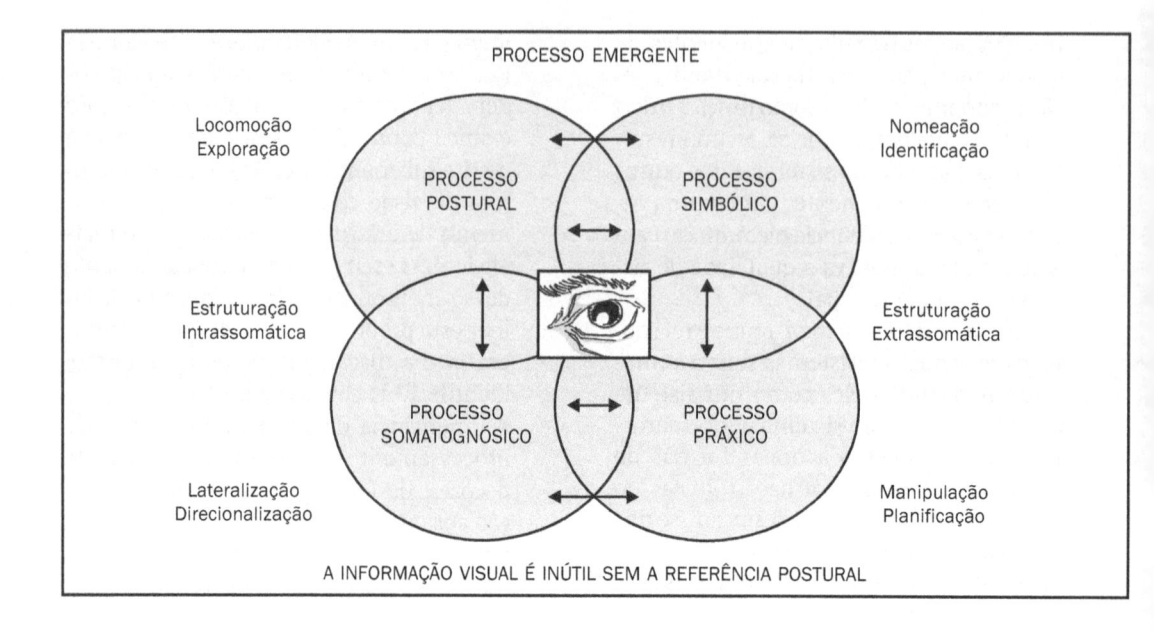

## 268 Desenvolvimento psicomotor e aprendizagem

```
                              PROCESSO EMERGENTE

   Locomoção                                                    Nomeação
   Exploração                                                   Identificação
                    PROCESSO              PROCESSO
                    POSTURAL              SIMBÓLICO

   Estruturação                                                 Estruturação
   Intrassomática          [olho]                               Extrassomática

                    PROCESSO              PROCESSO
                    SOMATOGNÓSICO         PRÁXICO

   Lateralização                                                Manipulação
   Direcionalização                                             Planificação

          A INFORMAÇÃO VISUAL É INÚTIL SEM A REFERÊNCIA POSTURAL
```

contribuições de Skeffington (1965), pode ainda ser mais ampliado e aperfeiçoado, se levarmos em conta tais contribuições, hoje considerados clássicos, de Trevarthen (1968, 1978). Esse autor sugere que a visão envolve dois processos paralelos: o ambiental e o focal. O processo ambiental é referido como fundamental para a locomoção e para a determinação do espaço distal à volta do corpo. O processo focal é considerado como complementar ao ambiental, mas mais centrado no exame de pormenores necessários para guiar micromovimentos de manipulação dentro de dimensões do espaço proximal mais limitadas e conscientemente mais seleionadas.

Quanto à visão ambiental, o mesmo autor considera que o susbstrato neurológico mais envolvido é o mesencéfalo, uma estrutura filogenética muito antiga e considerada mais primitiva, que o ser humano compartilha com outros animais, daí ser mais relacionada com as funções de locomoção e de orientação no espaço. Paralelamente, na visão focal, o substrato mais envolvido é o lobo frontal, uma estrutura neurológica considerada mais recente e exclusiva da espécie humana e, por isso, mais relacionada com funções de coordenação oculomotora.

A visão ambiental, mais envolvida na macromotricidade, encontra-se mais focada em situações de desempenho de praxia global, isto é, de controle postural, de equilíbrio, de locomoção: andar, correr, saltar, etc. Em contrapartida, a visão focal e cônica mais envolvida na micromotricidade, encontra-se mais centrada em situações de desempenho de praxia fina, ou seja, de magnificação do espaço próximo para guiar movimentos mais delicados e sutis da mão e dos dedos.

Trevarthen (1968), para assegurar a evidência desses dois processos visuais, conduziu experiências com primatas sujeitos a calosotomias (corte do corpo caloso que liga os dois hemisférios – *split-brain* e *split-chiasm*), tendo demonstrado que as funções da visão ambiental e da locomoção se encontravam intactas, embora com identificação de erros de estimação da profundidade e de visão estereoscópica. Em contraste, o espaço visuomotor para manipulações com cooperação bimanual encontrava-se seriamente perturbado naqueles animais, o que vem demonstrar que os sistemas visuais para a praxia global e para a praxia fina são diferenciados e possuem localizações funcionais distintas.

A investigação comparada entre crianças normais e crianças com dificuldades de aprendizagem ilustra igualmente esta discrepância entre os dois tipos de praxia. Enquanto a praxia global aproxima os desempenhos dos dois grupos na corrida de agilidade, no equilíbrio e nos saltos, os desempenhos em relação à praxia fina, na coordenação oculomanual, na distribuição de cartas, nas provas de precisão e de velocidade grafomotora demonstram superioridade óbvia nas crianças com rendimento escolar normal (Denckla, 1985; Fonseca et al., 1994, 1999b).

O mesmo investigador orientou pesquisas neuropsicológicas, também em macacos, com o objetivo de estudar as relações entre a visão e o comportamento, tendo igualmente chegado à conclusão de que a visão é de natureza dual. Segundo ele, a visão, quando localiza objetos, opera com sistemas visuais corticais diferentes dos que utiliza para discriminar ou identificar objetos. Suas experiências com macacos *rhesus* demonstraram que uma lesão no córtex temporal produz efeitos diferentes nas funções visuais superiores em comparação com lesões no córtex parietal. No córtex temporal, a função mais afetada é a de reconhecimento visual, enquanto a lesão no córtex parietal produz uma constelação de perturbações visuoespaciais, o que suporta a existência de dois sistemas funcionais visuais diferentemente localizados no cérebro.

A característica dos campos receptivos é diferente em ambos. No córtex temporal, além de serem bilaterais e bi-hemisféricos, os campos visuais são substancialmente maiores, contendo projeções foveais da visão central, o que sugere melhores condições espaciais de identificação de objetos e de detecção de detalhes, consistentes com as característica de hierarquização dos corpos geniculados, parecendo ocupar-se da função "o quê?". Essas características, em contrapartida, surgem de maneira diferente no córtex parietal, onde os neurônios apresentam maior ipsilateralidade, sugerindo funções espaciais contralaterais, e onde não se verificam projeções foveais, o que sugere funções mais próximas da visão periférica, menos específicas e menos complexas na captação de pormenores, parecendo ocupar-se mais das funções "onde?" e "como?".

Além dessas importantes contribuições, não posso deixar de acrescentar a importância da especialização hemisférica (assimetria funcional ou dominância cerebral) na função visual, pois é sabido que o hemisfério esquerdo é mais especializado nas funções da linguagem, isto é, simbólicas e verbais, enquanto o hemisfério direito se pode considerar mais especializado nas funções visuoespaciais, isto é, não-simbólicas e não-verbais.

A patologia associada a essa questão situa as afasias preferencialmente no hemisfério esquerdo e a negligência espacial (compreensão da forma, da distância e das relações e posições espaciais, etc.) no hemisfério direito, podendo observar-se igualmente dificuldades em nomear objetos em pacientes calosotomizados, quando estes os manipulam com a mão esquerda, de olhos vendados.

Em suma, as relações entre a visão e o comportamento são claras e bem-sustentadas em dados de pesquisa, portanto, pode-se formular também, com base nelas, interessantes especulações sobre o papel da visão nas aprendizagens lúdicas e escolares, não-verbais e verbais.

A visão ou melhor, a percepção visual, para usar a designação do Getman (1965), como competência em si, resulta da contribuição de subsistemas que a produzem, pois é a sua interação harmoniosa que permite compreender a informação que chega ao organismo através dos receptores de luz, por isso a acuidade visual, por si só, fornece pouca informação sobre as competências perceptivo-visuais. Em contrapartida, as

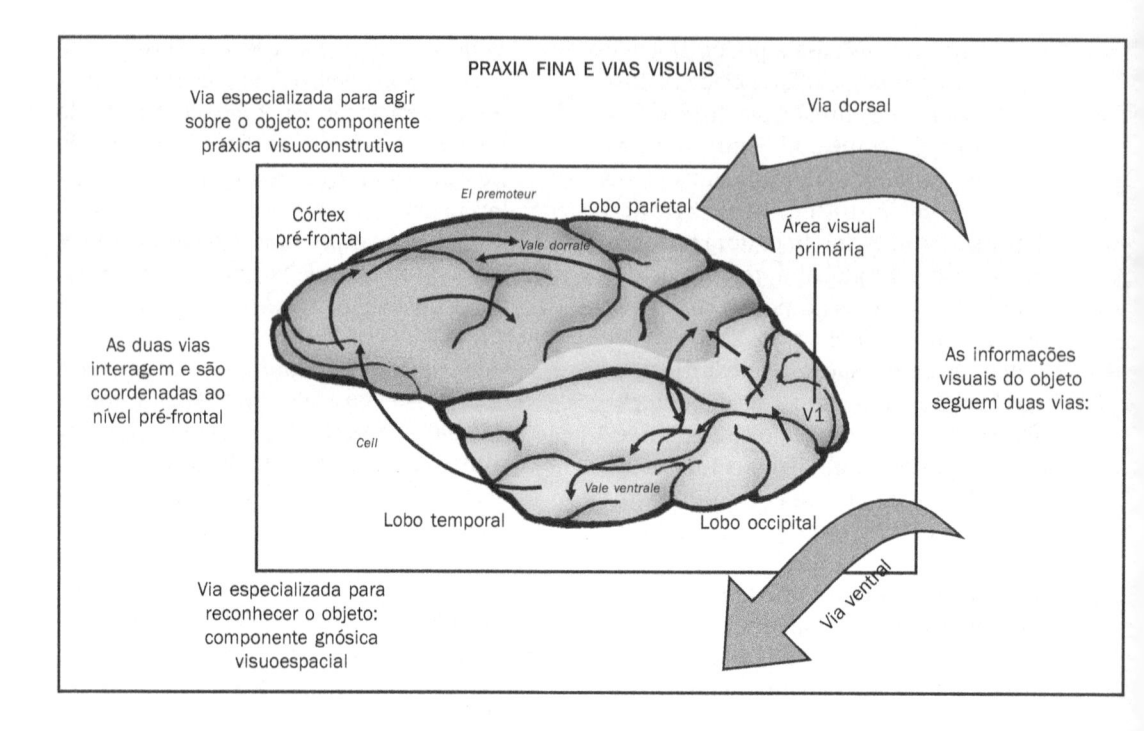

## PRAXIA FINA E VIAS VISUAIS

**Via especializada para agir sobre o objeto: componente práxica visuoconstrutiva**

Córtex pré-frontal — El premoteur — Lobo parietal — Área visual primária

Vale dorrale

**Via dorsal**

**As duas vias interagem e são coordenadas ao nível pré-frontal**

Cell

Vale ventrale

Lobo temporal — Lobo occipital — V1

**As informações visuais do objeto seguem duas vias:**

**Via especializada para reconhecer o objeto: componente gnósica visuoespacial**

Via ventral

---

informações que se podem recolher da coordenação total do corpo e dos seus movimentos no espaço podem dar-nos informações muito úteis sobre a visão como sistema piloto da ação, daí a importância do complexo visuomotor introduzido por esse autor. Getman, apóiado em Skeffington, 1965, define o período da educação pré-escolar como o momento privilegiado e fundamental para a criança desenvolver competências visuoperceptivas, que, obviamente, não emergem por simples maturação, mas, pelo contrário, se desenvolvem por meio de experiências, aprendizagens, tarefas, introduzidas por programas adequados, chamando a atenção para os processos psicofisiológicos que ocorrem por efeitos dessa aprendizagem seqüencial estruturada.

Na sua perspectiva, Getman (1965) entende que a visão é aprendida, pois consiste na capacidade que a criança tem para interpretar e perceber o mundo exterior e a sua relação com ele. Baseado nisso, estabelece uma teoria sobre o desenvolvimento perceptivo-motor que designa por complexo visuomotor. Nessa teoria, que apresento a seguir, ainda que resumidamente, recorro ao seu diagrama de aprendizagem, que mostra, muito claramente, a interdependência dos vários estádios de maturação, compostos, cada um deles, por um conjunto de atividades específicas e igualmente inter-relacionadas.

## O COMPLEXO VISUOMOTOR

### 1º Estádio – Sistemas de respostas inatas

A criança inicia a vida com um conjunto de respostas inatas que traduzem e tornam expresso o grau de integridade do potencial genético hereditário. Neste estádio, portanto, as respostas motoras, que começam por ser reflexos (*hardware* do gênero humano), não são aprendidas, por isso devem estar elaboradas e operacionais no momento do nascimento.

[Figura: diagrama piramidal de sistemas de processamento de informação]

Sistemas:
1. De respostas inatas
2. Motores globais
3. Motores especiais
4. Visuomotores
5. De linguagem oral
6. De visualização

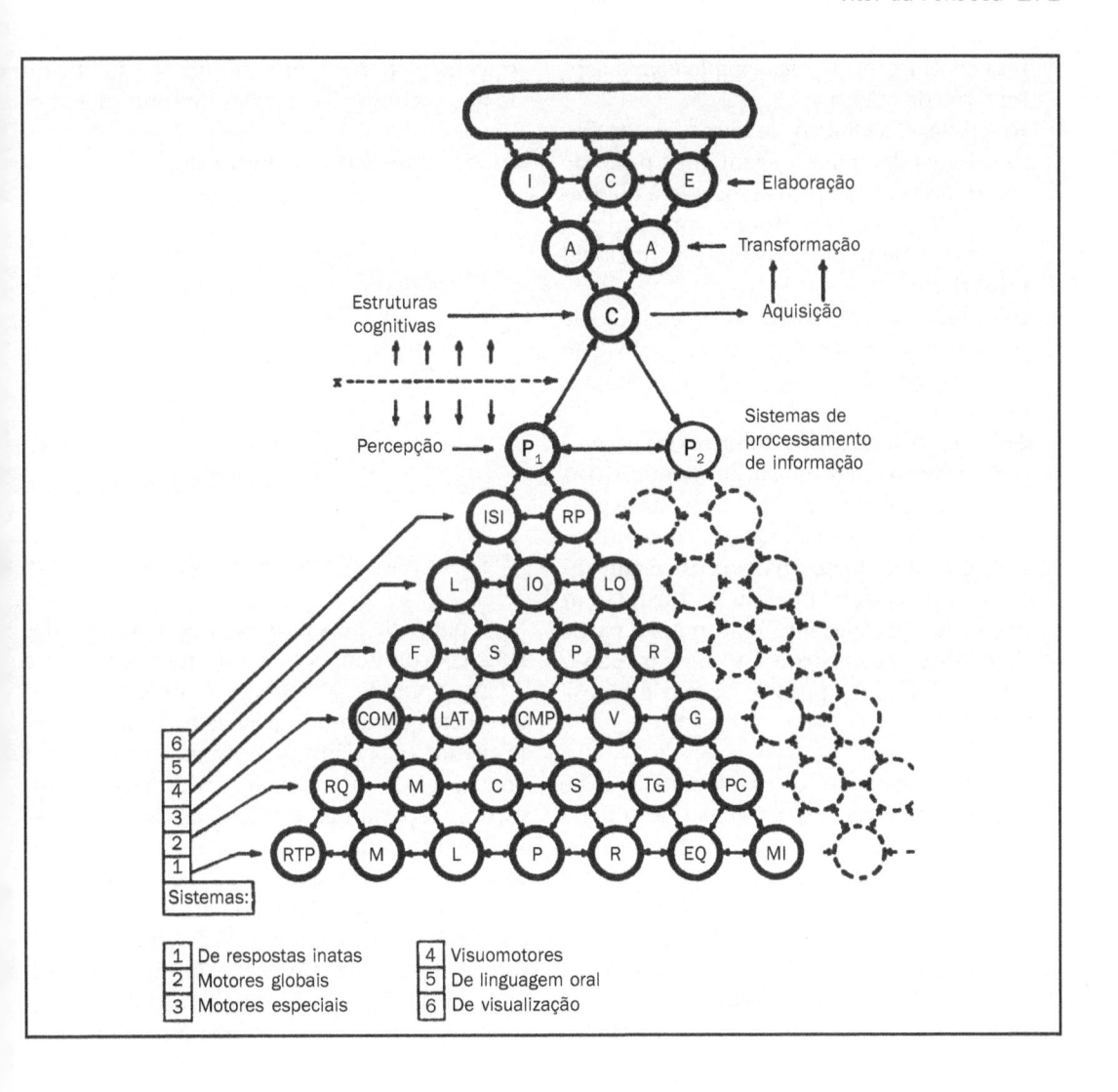

Segundo Getman, estas respostas incluem os seguintes reflexos:

**RTP** – reflexo tônico do pescoço: ponto a partir do qual a criança se move. É um dos padrões posturais que primeiro podem ser observados e que constitui a postura básica em que a criança dorme.
**M** – reflexo de Moro: resposta global do corpo a um estímulo inesperado, som ou luz, daí também ser designado por mecanismo de alerta.

**L** – reflexo à luz: alteração do tamanho da pupila em função do estímulo luminoso, isto é, o reflexo pelo qual se concretiza um dos mecanismos mais importantes de adaptação.
**P** – reflexo de preensão: preensão de objetos por parte da criança em conseqüência de esta manter a mão fechada, devido à hipertonicidade que caracteriza, nestes primeiros tempos, a extremidade dos seus membros. Para Gesell (1949, 1962) e outros autores, este reflexo virá a ter uma importância muito especial em futuras situações de aprendizagem,

pois consideram-no relacionado com a conservação da atenção.

**R** – reflexo recíproco: ativação motora simétrica e bilateral dos segmentos pares do corpo. Este reflexo está associado à libertação e à facilitação motora e constitui um dos componentes da assimetria funcional posterior.

**EQ** – reflexo estático-cinestésico: estado de prontidão postural que antecede a ação. Este reflexo é também designado por imobilidade dinâmica e positiva.

**MI** – reflexo miotático: informação permanente sobre o estado global de contração corporal, além do grau de tensão dos vários grupos musculares na sua relação com contrações e alongamentos recíprocos. É um reflexo básico e fundamental na medida em que constitui o alicerce neuromotor a partir do qual se vai construir e processar todo o desenvolvimento proprioceptivo e cinestésico.

Repare-se que todos estes reflexos são condutas motoras inter-relacionadas que o bebê humano traz consigo ao nascer, como um equipamento básico para se mover e para agir no mundo, por isso se encontra na primeira fila da sua pirâmide psicomotora. As setas no diagrama de Getman os apresentam como sistemas de interconexão e de co-retroação mútua.

Em síntese, pelos reflexos, como oportunidades de aprendizagem básica, a criança elabora o movimento; pela sua consciência inicial e pelo seu controle progressivo, constrói o seu desenvolvimento psicomotor. O ser humano tem um corpo e um cérebro; do extremo da sua cabeça às extremidades dos seus pés e das suas mãos, dispõe de um instrumento total para todas as aprendizagens. A dicotomia corpo-mente deixa de ter sentido ou validade, o ser humano é uma mente corporalizada.

### 2º Estádio – Sistemas motores globais

Este segundo estádio de aprendizagem engloba, segundo Getman, os vários sistemas de locomoção que representam a contestação à gravidade efetuada pela criança, se subdividida nas seguintes aquisições motoras globais:

RQ – reptação e quadrupedia

M – marcha

C – corrida

S – saltar

TG – trotar e galopar

PUP – pular em um pé só

É por meio dessas atividades motoras e das suas concomitantes redes de retroação que a criança aprende e descobre o mundo, explorando-o e integrando-o. É, por exemplo, através das primeiras experiências motoras globais que a criança processa toda a sua informação visuoespacial e, portanto, adquire, a partir dela, a possibilidade de ensaiar a coordenação e a correlação entre as várias experiências e informações.

A criança que não dominar as suas aquisições motoras globais ficará, assim, irremediavelmente limitada e prejudicada nas suas possibilidades de exploração do mundo exterior e, conseqüentemente, afetada também na maturação da sua personalidade singular, na qual passam a predominar comportamentos de inibição e similares. Portanto, nunca é demais insistir na importância dos sistemas de locomoção e na maturação das estruturas que vão possibilitar mais tarde as aprendizagens simbólicas.

De fato, não nos iludamos, só quando a família, a sociedade e a escola garantirem à criança as condições para o seu desenvolvimento psicomotor pleno e multifacetado (a tal macromotricidade), esta poderá adquirir os instrumentos de orientação, de vigilância e de controle para a exploração do ambiente e, por isso, para a sua aprendizagem. Neste caso, e também para Getman (1965), o movimento surge como o verdadeiro instrumento de aprendizagem, e esquecê-lo ou ignorá-lo será sempre desastroso em termos de desenvolvimento emocional e cognitivo.

Sobre este aspecto, aliás, basta não esquecer que o ser humano tem um corpo e um cérebro em contínua interação com o ambiente e que a sua totalidade e unidade vão do centro (cérebro) à periferia (ponta dos dedos) e vice-versa. Só nesta aprendizagem completa o ser humano revela a sua totalidade psicomotora, sendo ele um psiquismo corporalizado, um dualismo em antítese.

Toda a atividade criadora (praxia) é, assim, uma circularidade psicomotora, pois não só é uma realização motora intencional, como também a exteriorização psicológica da própria aprendizagem. Ora, as aprendizagens escolares, como atividades criadoras que são, exigem também a interligação dos aspectos psicológicos, isto é, sensoriais, perceptivos e mentais, com os aspectos motores, interligação que, se não se verificar, poderá invariavelmente, ao lado de outras etiologias, dar origem a verdadeiras "epidemias escolares", como as dislexias, as disortografias, as discalculias, etc.

A pirâmide ou diagrama de Getman mostra muito claramente como as aprendizagens escolares se apóiam nas aprendizagens psicomotoras, razão pela qual estas podem assumir uma função profilática e preventiva, quando introduzidas em tempo útil. Constituem as aprendizagens motoras áreas de maturidade neurológica adquirida por meio de *performance*, através do desempenho comportamental que a criança é capaz de produzir com a expressão concreta das suas várias capacidades motoras globais e finas.

Se insisto tanto em tais considerações é porque muitos adultos, inclusive professores, pensam que as crianças, pelo simples fato de estarem na creche ou na pré-escola, ou de entrarem na escola dita, ensino fundamental, possuem sempre, por já estarem adquiridas e integradas, estas capacidades motoras devidamente desenvolvidas e neurologicamente integradas.

Infelizmente, a verdade, porém, é muito diferente, uma vez que muitas crianças, desde que nascem até que entram para a escola, não passam por oportunidades nem por situações ecológicas favoráveis, seguras ou multifacetadas. O que se verifica por vezes é o contrário, ou seja, a restrição de oportunidades provocadas por uma vida social-familiar perturbada, por uma urbanização desordenada ou por áreas de lazer pobres, etc., que geram diversas desigualdades experienciais, as quais tantas vezes impedem o desenvolvimento psicomotor harmonioso da criança.

É para este aspecto, portanto, que se pede mais do que nunca a atenção dos educadores, que deverão, antes de se preocupar propriamente com o "ensino" das competências simbólicas, procurar aprender a criança total e inteira que está à sua frente, principalmente porque, cada vez mais, chegam à porta das creches e das escolas crianças, paradoxalmente, com as mais variadas carências ou dificuldades psicomotoras.

### 3º Estádio – Sistemas motores especiais

Este estádio do desenvolvimento da criança engloba todas as aquisições oculomotoras necessárias às aprendizagens escolares: desenhar, recortar, colar, copiar, ler, escrever, contar, etc. A criança, porém, só pode atingir estas coordenações especiais depois de passar e de adquirir os sistemas motores globais referidos no estádio anterior. Só quando é dada, ou não retirada, à criança a oportunidade de satisfazer as suas necessidades de movimento, ela pode, como vimos, sobreviver ao desgaste que a imobilidade dinâmica da carteira escolar lhe impõem. A esta "violência" vem juntar-se também o esforço postural e tônico de atenção, de processamento, de memória e de planificação que a leitura, a escrita e o contar lhe exigem.

A intervenção da psicomotricidade na escola não deve, pois, ser considerada apenas como um período de trégua dado à criança para ela produzir uma explosão motora de compensação. Pelo contrário, a psicomotricidade deverá ser orientada de tal modo que, ao mesmo tempo que facilita a expressão criadora e intencional dos movimentos globais e finos, solicite também o desenvolvimento da atenção, da interiorização emocional, da memorização, da simbolização e ainda da conceitualização, isto é, coloque em situação a hierarquização da experiência humana.

Desta forma, esta intervenção original destaca-se dos objetivos que se pretende alcançar com a educação física ou motora tradicionais, onde o enfoque é preferencialmente motor, fisiológico, talvez lúdico, mas normalmente esvaziado de conteúdos emocionais, simbólicos, cognitivos ou intelectivos, ao quais prioritariamente a psicomotricidade se circunscreve.

É nesta perspectiva que se pode afirmar que a criança só se encontra liberta para as aprendizagens escolares a partir do momento em que domina, auto-regula ou inibe a sua motricidade. A favor desta maneira de ver a questão está o fato verificado de que vários tipos de dificuldades escolares se situam em problemas de descoordenação motora, de lentidão ou até de hiperprodução de movimentos inúteis (sincinesias), de hiposensibilidade proprioceptiva e vestibular, de hiperestesia, de gestos dismétricos, inquietos, desassossegados, instáveis, episódicos e desplanificados, ou seja, situam-se na famigerada hiperatividade, freqüentemente associada a déficits de atenção e a distúrbios de aprendizagem.

Como a atenção precede outras operações mentais superiores da aprendizagem, não mobilizá-la seletiva e conscientemente corresponde a inúmeras disfunções de processamento e de planejamento e expressão da informação, algo que interfere na qualidade da aprendizagem, qualquer que seja esta. Note-se que a organização funcional da motricidade, além de integrar os reflexos inatos e de estruturar e hierarquizar o sistema nervoso, garante a criação de sistemas de interverificação e de auto e retrocontrole, sem os quais seria pouco viável a evolução da humanidade ou qualquer aprendizagem escolar por parte da criança.

Como se pode verificar, o próprio diagrama de Getman é uma "rede de retroações" em que as diagonais e as setas duplas mostram precisamente as relações sistêmicas multidirecionais de todos os processos de aprendizagem, de forma a ilustrar uma complexa rede integrada de componentes e subsistemas sensório-motores.

Pelo diagrama, podemos agora verificar que os sistemas motores especiais incluem as seguintes aquisições:

1. COM – coordenação oculomanual, integrando a função de coordenação binocular com as sinergias inter e microdigitais cruciais para lidar com o espaço e com os objetos.

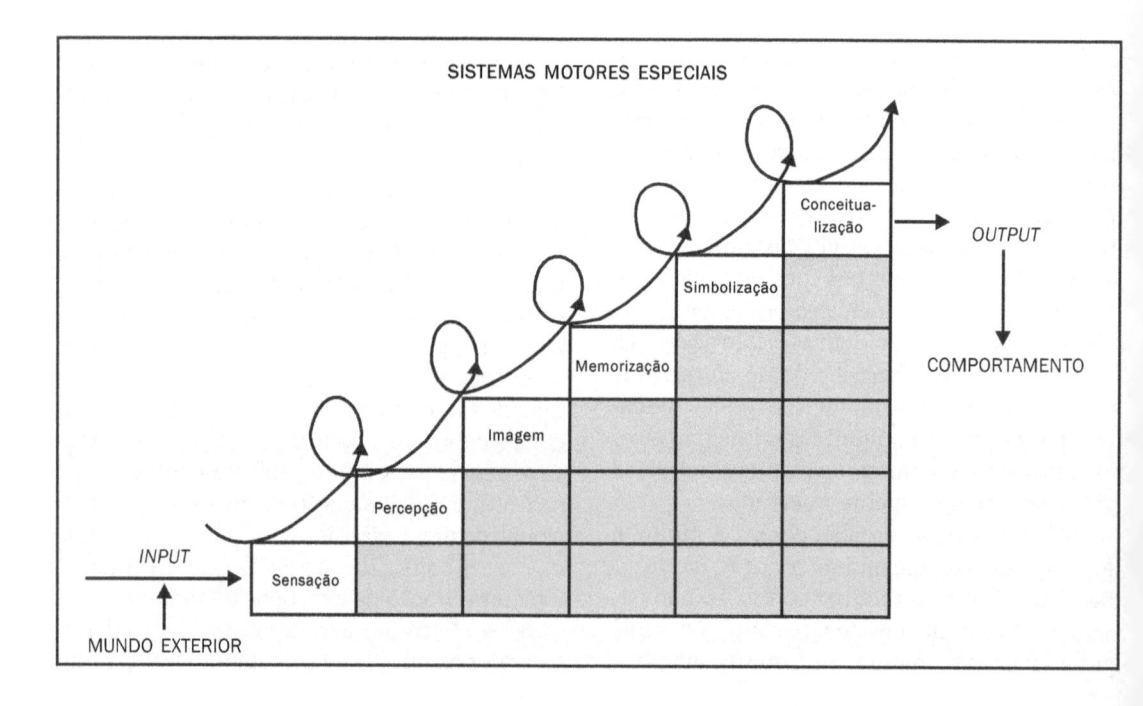

2. LAT – laterização funcional em que, das duas mãos e dos dois pés, um se define por uma função dominante de iniciativa, mais organizada tonicamente, mais forte, mais rápida e precisa, enquanto o outro se define por uma função de suporte, de auxílio, menos organizada tonicamente, mais fraca, mais lenta e imprecisa em termos de eficácia e precisão motora. O desenho e a escrita, por exemplo, são um dos resultados desta adaptação humanizada em que a mão direita (ou esquerda nos canhotos) segura e fixa o lápis para escrever, enquanto a mão esquerda (ou direita) fixa o papel ou se apóia em uma posição adequada. O mesmo, aliás, se passa em todas as formas de jogo e nos gestos utilitários, como, por exemplo, o de pregar um prego na parede, em que a mão direita (ou esquerda) manipula o martelo, enquanto a mão esquerda (ou direita) segura o prego na posição adequada. Da mesma forma, por esta aquisição antropológica fundamental, podemos antever como seriam organizadas as ações de caça que caracterizaram o estilo de vida dos nossos antepassados. Sem esta aquisição funcional especializada fundamental, o fenômeno instrumental e a evolução cultural não seriam alcançados pelo *Homo sapiens* (Fonseca, 1989, 1992, 1999a, 2003). Sem esta especialização das relações corpo-cérebro e cérebro-corpo, a criança dificilmente pode ascender aos processos de aprendizagem simbólica exigidos pela escola.
3. CMP – coordenação mano-pedal, que integra as múltiplas aquisições lúdicas e pré-esportivas.
4. V – voz, cuja produção oromotora complexa joga com a coordenação sinergética de cerca de cem músculos.
5. G – gestos, isto é, a relação dos gestos com as palavras que constituem a base da comunicação não-verbal humana e sublinham as raízes motoras da expressão verbal na espécie e na criança.

Estas aquisições motoras especiais são naturalmente mais complexas e especializadas que as anteriores, mais centradas nos reflexos ditos condicionados e nas aquisições motoras globais. Isso é natural, uma vez que é sobre elas que aqueles se apóiam para existirem, consubstanciando uma hierarquia psicomotora complexa.

Veja-se o caso, por exemplo, de uma criança que não consegue copiar, desenhar ou colorir uma figura geométrica universal, ou simplesmente recortar com uma tesoura qualquer figura de papel. Pode-se pensar que se está diante de um caso de insuficiência destas aquisições motoras especiais. Para mim, porém, será mais correto situar a questão na seguinte pergunta: como poderá uma criança manipular qualquer objeto que seja se ainda não aprendeu a manipular o seu próprio corpo?

Esta simples análise parece permitir que se conclua que só depois de ultrapassados, com êxito, harmonia e fluência cinética, os dois estádios anteriores, estará a criança apta para tarefas especiais, tais como as tarefas escolares de ler, de escrever e de contar, às quais deveríamos adicionar o pensar, pois é esse o sentido evolutivo da integração neuromotora.

São, pois, as aquisições motoras globais que, segundo Getman (1965; Getman e Kane, 1964), constituem a base para o desenvolvimento da estruturação visuoespacial. Afinal, o movimento só se justifica e acontece em um dado espaço. Claro que tudo isto vem naturalmente exigir que o controle corporal se torne uma aquisição paralela à maturação perceptiva visuoespacial, algo que se opera no órgão principal de aprendizagem, que é o cérebro.

A noção de espaço, por um lado, é fundamental para o movimento poder ser coordenado e, por outro, é uma conseqüência natural e imediata da exploração motora global e fina. Isto é, espaço (extracorpo) e corpo (intraespaço) ligam-se e moldam-se na e com a motricidade.

### 4º Estádio – Sistemas visuomotores

Como vimos no estádio anterior, a mão reivindica para si, em termos filogenéticos e ontogenéticos, o papel de investigador motor piloto do envolvimento, enquanto a visão vai recebendo a informação em paralelo, assumindo-se como sistema guia e condutor. Nesta fase, porém, a visão virá a substituir "progressivamente" a mão na exploração do mundo exterior. De fato, à medida que a inteligência simbólica se desenvolve, a aquisição de informações solicita cada vez menos a manipulação e cada vez mais distanciamento ou representação, função esta prospectivamente alcançada pela visão. A fluidez, a velocidade e a precisão da visão torna-a em um sistema receptor único para receber, inspecionar e compreender informação que chega aos olhos.

Daí se pode concluir, de acordo com este autor, que a primeira forma de aprendizagem deverá basear-se na ação, no movimento e na manipulação, e só mais tarde se deverá pensar ou admitir uma aprendizagem baseada na imagem, na percepção, na retenção e na cognição visual. A exploração motora prepara e é essencial para a exploração visual (Gibson, 1969; Gross e Zeigler, 1969). Essa é, aliás, a característica neurológica fundamental que não pode ser esquecida durante a educação pré-primária. A inadequada mobilidade binocular, por si só, pode prejudicar e até impedir a correta percepção das formas e respectivos pormenores gráficos, traduzindo-se na prática por dificuldades de aprendizagem, por exemplo, da leitura e da escrita.

Repare-se que a questão não está em verificar se os olhos se movem, rápida e coordenadamente, mas, sim, em perceber que o sistema ocular depende da facilidade e da eficiência com que se consegue a mobilidade combinada dos dois olhos entre si. Talvez seja interessante verificar e anotar aqui que o sistema ocular é único como receptor periférico e nele coexistem dois canais de recepção, de processamento e de emissão de informação (um em cada olho) que devem estar em fusão, isto é, em equilíbrio dinâmico e funcional. Esse equilíbrio, para ser funcional, exige uma relação bilateral ajustada a fim de tornar compreensiva a informação recebida pelos dois olhos. Mas atenção, cada criança, segundo Getman (Getman, 1965; Getman e Hendrickson, 1966), tem um ritmo e uma coordenação dos dois circuitos visuais que lhe são próprios e peculiares. Cada olho anatomicamente saudável deve aprender a mexer-se para ver. Alinhar os dois olhos e concentrá-los ou focá-los em um ponto ou em um plano é fundamental, por exemplo, para desenhar e para ler.

Este quarto estádio de desenvolvimento é caracterizado por quatro tipos de movimentos dos olhos, conforme expresso no respectivo diagrama de Getman:

1. F – Fixações
2. S – Movimento sacádicos (*sacadic movements*)
3. P – Perseguições
4. R – Rotações

É, pois, indispensável perceber que a criança só poderá iniciar a sua aprendizagem da leitura a partir do momento em que já consegue:

– fixar os dois olhos em um mesmo ponto (fixação) ou plano (focagem);
– saltitar com os dois olhos de um ponto para o outro sem perda de orientação direcional;
– perseguir com os olhos um ponto em movimento (uma letra, uma palavra, uma frase, uma linha, etc.);
– rodar os olhos para qualquer direção (radar espacial).

Isso significa que a criança tem de aprender, com ambos os olhos, a localizar, a fixar, a focar, a orientar, a dirigir, a mover e a parar em um ponto ou em vários pontos (ou grafismos) antes de se iniciar a aprendizagem da leitura, além de perservar constâncias e de discriminar e estimar traços em termos de figura-fundo.

Organizar atencional e visualmente um campo de estímulos (*attention span*), identificar conflitos perceptivos, estabelecer relações posicionais e espaciais e projetá-las continuamente, planificar o comportamento exploratório e inibir a impulsividade são condições básicas de transporte visuomotor a todas as aprendizagens simbólicas. É indispensável que o professor perceba e se documente sobre estas estruturas visuomotoras que, como vimos, são fundamentais para todas as aprendizagens escolares, embora eu tenha destacado como exemplos a leitura e a escrita.

### 5º Estádio – Sistemas motores da fala

Este estádio, que se situa na integração do sistema auditivo e no controle do aparelho fonador, considera as seguintes aquisições:

1. L – lalações;
2. IO – imitações orais;
3. LO – linguagem original.

Vejamos agora alguns dos aspectos que, em uma primeira abordagem e análise, não devem ser ignorados por todos aqueles que lidam com crianças em situação de aprendizagem. Para nos apercebermos da importância desta fase e verificá-la concretamente no dia-a-dia, basta repararmos – e hoje com o excesso de meios de comunicação visuais é bem mais fácil fazê-lo – como as crianças bombardeadas com palavras e imagens, pelo rádio e, sobretudo, pela televisão, conseguem reproduzir e utilizar muitas dessas palavras sem, no entanto, conhecer o seu significado e conteúdo. Quando exarcebados, estes comportamentos podem ser facilmente reconhecidos em crianças ecolálicas ou ecopráxicas, que repetem palavras, sem todavia compreender o seu sentido.

Esta simples observação permite-nos perceber como o sistema auditivo (sensorial) e o sistema fonador (motor) estão em permanente interação e como as palavras são a resultante das relações que a criança consegue estabelecer entre e a partir das suas ações e das ações dos outros que a envolvem, para as quais tem de dirigir a sua atenção e a sua postura.

Repare-se que foi a partir da ação interiorizada e auto-regulada que o ser humano teve necessidade, para se adaptar a novas situações, de se reexperimentar. Os sistemas motores da fala só podem emergir do componente da visualização, onde decorre a experiência, processo que permite transcender a imitação e gerar a fala original na criança. O sistema visual participa, portanto, da produção de competências de comunicação pela via da imitação, na qual a visualização é determinante para o seu desempenho.

Só quando a criança tem consciência de si como uma entidade à parte da mãe e à parte do mundo que a rodeia (importância da imagem do corpo na ontogênese da linguagem), só quando pode dirigir a sua postura e focar estímulos, visualizando-os a partir do ambiente, só quando pode atender, ouvir, ver, tocar e agir adequadamente e com propósito, a linguagem se diferencia, aí as sensações são seguidas de percepções e, estas, da formação de conceitos e do comportamento simbólico. As palavras passam, então, a ser os meios pelos quais a criança se lembra e visualiza as sua experiências, estruturando-as no espaço e no tempo, ou seja, dá início ao seu pensamento abstrato.

É, aliás, essa perspectiva antropológica que o levou a criar um sistema de comunicação simbólica que substitua a própria ação já experimentada, representada, integrada e adquirida ou aprendida. O símbolo emerge, assim, como uma forma ou artifício que permite substituir a experiência motora. A linguagem não é mais do que uma ação que fala. Foi e é a interiorização da ação que nos levou e leva à descoberta da palavra (Fonseca, 1995, 2001).

Vejamos um pequeno exemplo: a palavra gato reúne e resume um aspecto da experiência visual com a experiência oral.

A interiorização da relação entre a palavra e o gesto ou entre a palavra e o objeto é a aprendizagem do gesto à palavra, que, se adquirida, virá a conferir à criança a capacidade de auto-expressão, imprescindível e necessária à sua evolução. Ou seja, só à medida que a informação simbólica for sendo integrada e interpretada auditiva e vivencialmente poderá a criança libertar-se do respectivo fator (L) imitativo, e, assim, projetar-se e ser uma expressão cada vez mais autêntica e coerente, em relação com a sua própria experiência corporal concreta e socialmente interiorizada.

É por isso que podemos e devemos considerar a linguagem falada como uma aprendizagem e interação social. Nesta perspectiva, aliás, repare-se como a criança aprende a falar (função

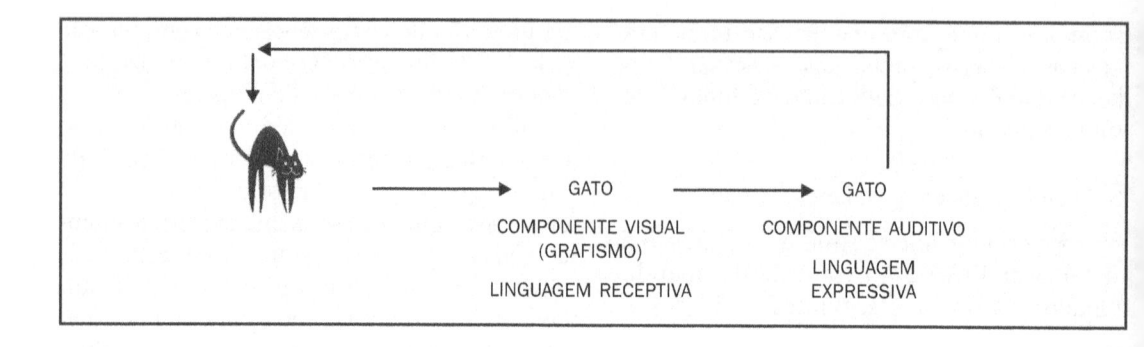

```
┌─────────────────────────────────────────────────────────────────┐
│         ↓                                                        │
│     🐈 ────────→      GATO           ────→      GATO             │
│               COMPONENTE VISUAL           COMPONENTE AUDITIVO    │
│                  (GRAFISMO)                                      │
│                                            LINGUAGEM             │
│               LINGUAGEM RECEPTIVA          EXPRESSIVA            │
└─────────────────────────────────────────────────────────────────┘
```

intrapsíquica), inicialmente através da imitação da linguagem dos outros (função interpsiquíca) que a rodeiam, envolvem e, por interação intencional, a desenvolvem (Vygotsky, 1962).

Como se pode verificar face ao já exposto, a recepção (*input*) da linguagem falada precede a sua própria expressão (*output*). A criança fala a linguagem que ouve à sua volta e, muito antes de vir a falar por si própria, precisa ouvir falar e compreender o que se diz em termos de contexto social. Note-se que a evolução da linguagem falada vai desde um aspecto receptivo-auditivo até um aspecto expressivo-verbal. Existe, assim, uma constante relação entre o domínio das informações auditivas (auditorização) e o aparelho verbal e o processo visual, que têm uma evolução naturalmente complementar. Enquanto a articulação auditivo-fonadora se encarrega da recepção e da emissão de sons conscientes (comunicação verbal), a articulação visuomímica, emergida antes, encarrega-se da recepção e da emissão de gestos expressivos (comunicação não-verbal). A própria visualização é um aspecto fundamental e motivador da imitação oral e, como tal, é necessária para a elaboração e a estruturação da linguagem original da criança (LO), conforme apresentado no diagrama.

Como se pode verificar até aqui, Getman (1965), na sua perspectiva, tem a preocupação de realçar a importância do sistema visual nas várias e em todas as aprendizagens da comunicação humana, sem, no entanto, deixar de mostrar muito claramente que os dois receptores de informação (olhos e ouvidos) se intercoordenam na procura de uma comunicação total.

### 6º Estádio – Sistemas de visualização

Getman (1965) refere-se ao sistema de visualização como um sistema em que se inter-relacionam a imagem tátil, a imagem auditiva e a imagem simbólica, o que ele denomina sistema de memórias. Admite esse autor que a criança se lembra das coisas, recupera e rechama informação a partir dos dados espaciais e temporais integrados e dos respectivos sistemas de ações que suportam suas experiências, interações e vivências.

Assim, a criança, a partir da exploração tátil de um objeto, pode imediatamente relacioná-lo com uma imagem visual que lhe permite discriminar e selecionar os seus atributos, sem precisar ver, por exemplo, uma moeda de 2 euros no meio de várias de 20 ou de 50 centavos. Esse mesmo processo de informação mantém-se para a relação entre a experiência tátil-cinestésica dos objetos e as respectivas palavras que os designam. O sistema de visualização inclui, portanto, em resumo, dois intersistemas:

1. ISI – intersistema imediato
2. RP – intersistema de (re)visão e (pre)visão

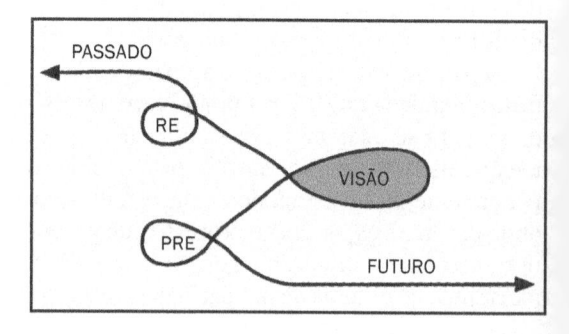

```
┌─────────────────────────────────┐
│  PASSADO                        │
│  ←──────╮                       │
│         │                       │
│        ╱RE╲                     │
│                  ╭────╮         │
│                  │VISÃO│        │
│                  ╰────╯         │
│        ╲PRE╱                    │
│         │                       │
│         ╰──────→                │
│                      FUTURO →   │
└─────────────────────────────────┘
```

Ou seja, há uma relação espaço-temporal inerente às palavras passado e futuro, que permite (re)ver o que ontem aconteceu e (pre)ver o detalhe de um acontecimento que vai ocorrer prospectivamente. A partir do sistemas de visualização, e à medida que vai aprendendo a explorar e a avaliar o aqui e agora (*here-now*) das várias situações, a criança vai aperfeiçoando cada vez mais o seu processo de visualização, vai desenvolvendo uma melhor capacidade de manipulação e de articulação das relações espaço-temporais. Pode-se, pois, dizer que este processo de visualização não é mais do que uma construção figurativa sem a qual a criança não poderá organizar, julgar, selecionar e expressar a informação recebida e registada. A informação perceptiva inclui, por um lado, a lembrança de uma aprendizagem recente e, por outro, a interpretação de uma nova aprendizagem, em relação a uma outra passada ao mesmo tempo. Só assim será possível a integração significativa de uma nova aprendizagem.

### 7º Estádio – Sistemas de processamento da informação

A informação perceptiva torna-se, assim, o fator do comportamento que permite conjugar, em um determinado momento, todas as experiências integradas, interiorizadas e armazenadas na memória (de longo, médio e curto prazo) com as experiências dependentes da situação circunstancial de cada aqui e agora, ou seja, externas. A isso, Getman chama de sistema de processamento da informação (P1 – P2), conforme o seu diagrama.

É por esse sistema que, segundo esse autor, a comparação da informação entre passado (P2) e presente (P1) vai permitir a construção de um produto cognitivo (C), entendido como uma aquisição psíquica superior. O processo de aquisição cognitiva (C) é, por sua vez, considerado por Getman (1965) como o resultado da integração e da relação intersignificativa de todas as percepções.

### 8º Estádio – Sistemas de conceitualização

É a construção de percepções que dá origem à construção, à classificação e à elaboração de conceitos, que o autor designa por sistemas de conceitualização, e assim, sucessivamente, em um contínuo sem fim, pelo qual se poderão atingir as mais altas abstrações simbólicas. Estas, no seu conjunto, acabarão por traduzir, em síntese, aquilo que normal e vulgarmente se designa por desenvolvimento intelectual.

Chegamos, assim, ainda conforme o diagrama de Getman, à estrutura psicofisiológica da aprendizagem (x), que consiste, segundo esse autor, no processo de tratamento de toda a informação captada pelos vários receptores ou avenidas sensoriais. Nesta perspectiva, podemos concluir que a manipulação simbólica só é possível a partir do momento em que a informação é organizada em um todo psicológico.

De fato, o ato cognitivo é a aquisição de um novo conhecimento e representa a concretização do processo da aprendizagem, vista como mudança de comportamento, esta, por sua vez, vista como aquisição de abstrações (AA), que, por seu turno, não são mais do que transformações de informação.

O sentido piramidal da cognição subentende, conseqüentemente, a integração de baixo para cima de todos os subsistemas incluídos no diagrama apresentado. Emana de sistemas simples e compostos para se transformar em um sistema dominante principal. Tais transformações, que vão aumentando de complexidade, darão origem à imaginação (I), à criatividade (C) e à expressão (E), isto é, às formas de elaboração que caracterizam, na sua globalidade, o desenvolvimento intelectual, ou seja, a cognição humana.

Antes de terminar a abordagem desse autor, é interessante verificar como ele esquematiza graficamente a forma pela qual, segundo ele, se processa toda a informação da criança e do jovem a partir do real e do concreto do seu dia-a-dia, reduzindo e representando todo este complexo da aprendizagem em um diagrama de duas pirâmides ligadas pelos respectivos vértices. Por esse diagrama, facilmente se pode inferir e verificar como a aptidão para as aprendizagens escolares só se pode adquirir a partir do momento em que a criança, no seu dia-a-dia, tem hipóteses de explorar os sistemas psicomotores expressos e inter-reunidos na pirâmide base.

Efetivamente, só depois de ter ultrapassado e assimilado a hierarquia da experiência desta primeira pirâmide é possível à criança conquistar e assimilar a hierarquia expressa na pirâmide invertida. O grande filósofo Espinoza já tinha afirmado que "ensinar o corpo a fazer muitas coisas ajuda a aperfeiçoar a mente e a atingir o nível do pensamento". A perspectiva de Getman, em larga medida, aproxima-se dessa concepção. Outra conclusão a considerar, nesta breve análise e reflexão, é como esse autor equaciona também a importância da educação no âmbito da aprendizagem não-verbal, garantindo e facilitando à criança uma educação que me atrevo a denominar educação psicomotora, uma vez que está implícita em todos os fenômenos da sua vida e de qualquer aprendizagem.

Em suma, as crianças não aprendem por mágica; são elas os próprios mágicos e, como mágicos, elas têm de organizar e de integrar os seus próprios sistemas de ação, pois é dentro do seu organismo total que toda esta hierarquia visuomotora deve ser integrada. As crianças têm primeiro de aprender a agir, para depois agirem para aprender. Elas não são, no processo de aprendizagem, recipientes passivos, mas, antes e prospectivamente, participantes ativos e geradores dinâmicos de informação (Fonseca, 1996).

## PROGRAMA DE SITUAÇÕES-PROBLEMA

Finalmente, e a título meramente complementar sobre este autor, registe-se que Getman e colaboradores (1968) sugerem, para se promover uma aprendizagem coerente com o seu diagrama, um programa de situações-problema centrado nas seguintes áreas:

1. coordenação geral;
2. coordenação oculomanual;
3. visuomotricidade;
4. recognição da forma;
5  memória visual.

Trata-se, em resumo, de um programa de atividades psicomotoras que Getman designou por artes da apendizagem (*learning arts*):

1. arte do movimento;
2. arte da orientação;
3. arte de identificação;
4. arte da comunicação.

Como se pode, pois, verificar, esse programa, assim equacionado e concebido, tem em vista o desenvolvimento das pré-aptidões para as aprendizagens escolares (Getman e Kane, 1964). Embora nascido e construído segundo a tônica de uma perspectiva oftalmológica, o trabalho de Getman não se afasta dos autores dos métodos perceptivo-motores. Mesmo sem acesso à provável evidência clínica ou empírica em que este autor fundamentou o seu método, não é difícil aceitar e admitir a enorme importância que o complexo visuomotor de Getman tem para os primeiros passos da aprendizagem escolar, bem como se insere perfeitamente e com utilidade imediata na abordagem transdisciplinar do desenvolvimento psicomotor e da aprendizagem, que constitui um dos objetivos da presente obra.

# HABILIDADES VISUOPERCEPTIVAS E EDUCAÇÃO PELO MOVIMENTO: introdução à obra de Frostig

## AQUISIÇÕES VISUOPERCEPTIVAS

Marianne Frostig é uma autora pioneira e muito conhecida no campo das dificuldades de aprendizagem, não só pelos seus testes evolutivos de percepção visual (*Developmental Test of Visual Perception*-DTVP) (Frostig, Lefever e Whittlesey, 1964) e de aquisições motoras (*Frostig Movement Skills Test Battery* – FMSTB) (Frostig, 1971b), mas, principalmente, por seu Centro de Terapia Educacional, cujas pesquisas multidisciplinares são mundialmente conhecidas.

Frostig (1965a, 1965b, 1971a), embora apoiando-se em Piaget (importância da sensório-motricidade), em Hebb (teoria da associação neurológica), em Vernon e Guilford (importância dos fatores da inteligência) e em Skinner (condicionamento operante), é, no entanto, uma autora que assenta preferencialmente o seu trabalho na educação e na reeducação das aquisições visuoperceptivo-motoras, que considera básicas e essenciais para o sucesso escolar.

Para Frostig (Frostig, 1972a, 1972b; Frostig e Horne, 1964; Frostig e Maslow, 1973), sem percepção, o ser humano não pode receber qualquer mensagem do ambiente ou responder a ele de forma adequada. A riqueza e a profundidade da experiência de uma pessoa depende da riqueza e da profundidade de como ela percebe e responde aos estímulos do ambiente. Desfrutar a natureza e a arte, por exemplo, depende do refinamento das nossas competências perceptivas (visuais, auditivas, tátil-cinestésicas, etc.), sem as quais a evolução da espécie não seria viável, nem o desenvolvimento de processos de aprendizagem não-simbólicos e simbólicos poderiam ser observados na criança.

No conjunto sistêmico e interativo entre as várias modalidades perceptivas, para Frostig (1979), a visão constitui-se como o primeiro *medium* a partir do qual os animais e o ser humano se encontram em relação com o ambiente, chegando a estimar que cerca de 80 % das nossas percepções são visuais. A percepção da cor, da forma, do tamanho, da textura, etc., decorrem, preferencialmente, da percepção visual. Sua seriação, classificação, categorização, etc., estão na base da estruturação e complexificação das funções cognitivas superiores (Stratton, 1816; Watkins, 1957; Wohlwill, 1962; Talkington, 1968; Trevarthen, 1968). Portanto, a habilidade de reconhecer e de discriminar estímulos visuais e de interpretá-los por meio de associações, com base em experiências previamente vivenciadas e integradas, é uma função crucial da aprendizagem, que não se desenvolve apenas por simples passagem do tempo ou por pura maturação do sistema nervoso central.

Sem cultura, sem mediatização e sem treinamento, as funções perceptivo-visuais não se diferenciam, pois não basta a maturação neurológica desenvolver-se à medida que o tempo passa; sua educação torna-se, conseqüentemente, relevante para o progresso escolar da criança.

Segundo Frostig, há que considerar as seguintes aquisições visuoperceptivas:

1. aquisições fundamentais para o sucesso escolar total;
2. aquisições gerais necessárias ao organismo total;
3. aquisições das idades pré-escolares;
4. aquisições vulnerabilizadas em crianças com problemas neurológicos;
5. aquisições alteradas em crianças com dificuldades de aprendizagem.

Realmente, se nos lembrarmos, como evocou Piaget (1964b), de que a criança desenvolve as suas capacidades perceptivas sensivelmente entre os 3 e os 7 anos e meio, isto é, no período etário que antecede a sua entrada para o ensino fundamental, temos que concordar com Frostig (Frostig, 1964, 1965b, 1972a, 1973; Orpet e Frostig, 1972) quando considera a educação infantil como fundamental no desenvolvimento das capacidades visuoperceptivas, para as quais criou um programa específico, com interligação permanente entre o desenvolvimento sensório-motor, a linguagem e o ajustamento social e afetivo-emocional.

Frostig (1972b, 1968b), na sua original investigação, encontrou várias amostras de populações com dificuldades escolares em que a característica mais comum das crianças era a existência de perturbações nas suas aquisições visuomotoras. Em uma amostragem de 89 crianças de 9 anos com dificuldades de aprendizagem, 78% apresentavam distúrbios perceptivo-visuais.

Comecemos por ver como esta autora se situa na problemática de percepção visual, conceito que considera básico na abordagem posterior de todo o seu trabalho.

## PERCEPÇÃO VISUAL

Para Frostig (Frostig, 1972; Frostig e Horne, 1968b), a percepção visual é a ponte de relação entre o indivíduo e o seu meio exterior. É, portanto, uma das funções psicológicas básicas. Sem a percepção visual, esclarece, as atividades mental e cultural não seriam possíveis na espécie humana, e a própria sobrevivência, no seu sentido mais lato, seria improvável. Segundo Frostig (1972), a percepção visual é, em síntese, a capacidade de reconhecer os estímulos, onde, além da recepção das impressões sensoriais captadas do mundo exterior e do próprio corpo, se incluém também a discriminação, a seleção e a identificação dos estímulos na sua correlação com as experiências anteriores ou similares.

Considera também esta autora que o processo de identificação e de integração dos estímulos é uma função do cérebro, isto é, um processo superior de organização neurológica.

Por exemplo, perceber e reconhecer a figura coloca dois aspectos: o registo sensorial das linhas e dos ângulos, que acontece na retina, e a sua identificação perceptiva como retângulo, que acontece no cérebro, mais exatamente no córtex visual. Ver esquema da página seguinte.

A percepção visual torna-se, assim, juntamente com a audição e com o sentido tátil-cinestésico, um componente essencial e complementar do comportamento e da aprendizagem. É no jogo de diálogo e interação entre a informação visual, a informação auditiva e a informação tátil-cinestésica que a criança apreende os objetos e suas respectivas estruturas, e se articula e dinamiza todo o processo cognitivo, o qual, por sua vez, permitirá a descoberta dos seus atributos, propriedades e significados.

Frostig (1972a), Frostig, Lefever e Whittlesey (1964) e Arkwight (1980) provaram, com seu diagnóstico em 2.100 crianças, que a qualidade da percepção visual afeta todos os comportamentos da criança. Os resultados que Frostig obteve nos seus trabalhos de investigação sobre este assunto confirmam que é entre os 3 anos e meio e os 7 anos e meio que a percepção visual atinge o ponto culminante e estruturante da sua evolução, daí terem sido encontradas correlações, só neste período, com as dificuldades de aprendizagem (leitura e escrita), após o qual já não se verificam tão significativamente, sugerindo um efeito relevante da percepção visual nas aprendizagens simbólicas precoces das séries iniciais do ensino fundamental.

A percepção visual constitui, por isso, um processo precoce dominante na espiral da experiência humana. A visão pode ser considerada o último escalão da hierarquia dos processos sensó-

**AS VIAS VISUAIS**

- PONTO DE FIXAÇÃO
- CAMPO ESQUERDO / CAMPO DIREITO

O PROCESSO VISUAL:
- AJUSTADOR OCULOMOTOR
- PROCESSO DE TRANSDUÇÃO E TRANSMISSÃO DOS ESTÍMULOS VISUAIS
- ANÁLISE E SÍNTESE DOS ESTÍMULOS VISUAIS (áreas 17, 18 e 19 da região occipital)

RETINA, NERVO ÓPTICO, QUIASMA ÓPTICO, BANDA ÓPTICA, CORPO GENICULADO LATERAL, ESPLENIUM DO CORPO CALOSO, HEMISFÉRIO ESQUERDO, CÓRTEX VISUAL, HEMISFÉRIO DIREITO

---

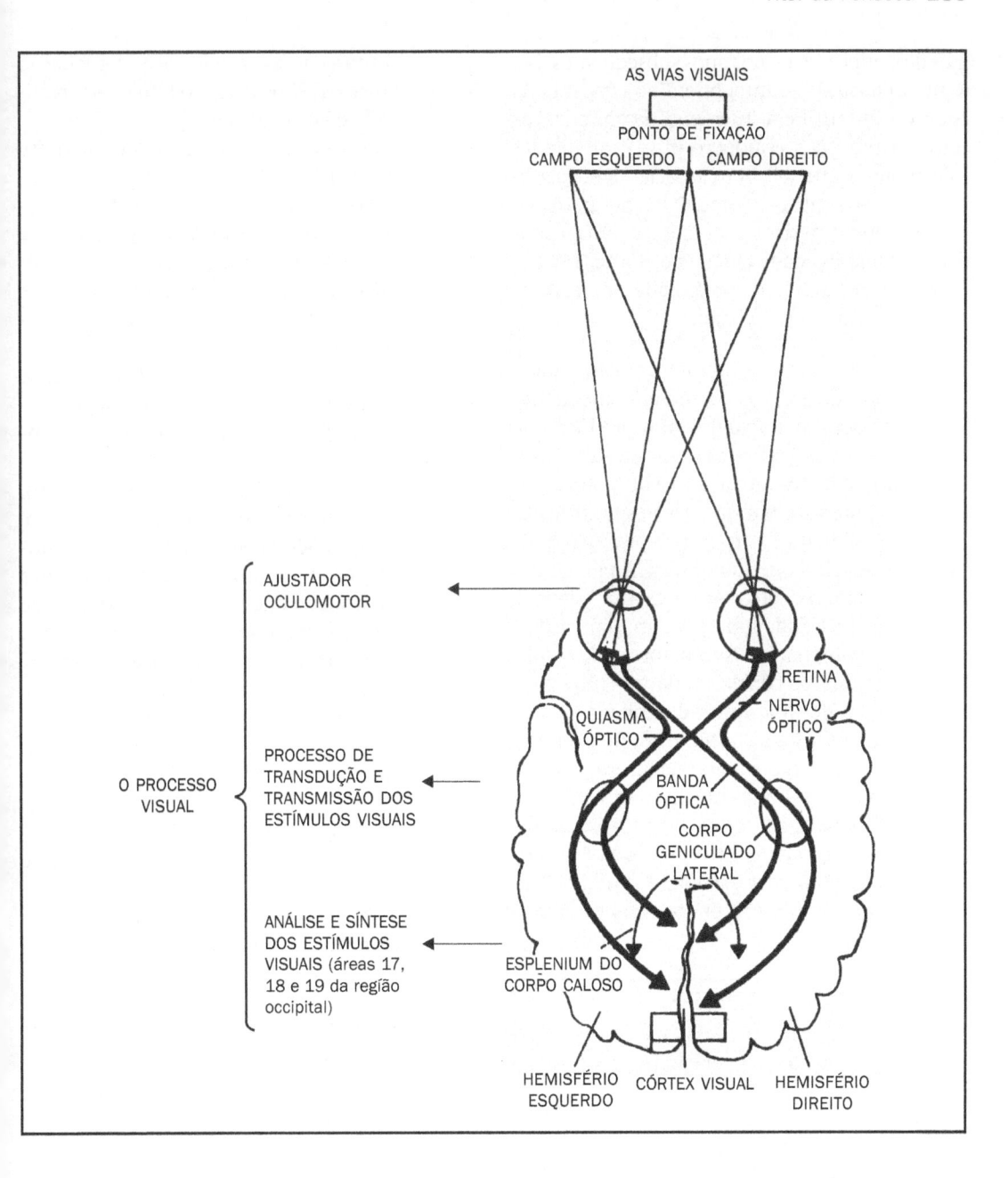

rio-motores, como já vimos antes em Getman, uma vez que resulta da constelação neurossensorial dos processos de recepção, de integração e de armazenamento de estímulos e participa na formulação, na planificação e na expressão das ações e das condutas.

### CAPACIDADES PERCEPTIVO-VISUAIS

Podemos, pois, perspectivar que a aprendizagem perceptivo-visual deverá processar-se antes das primeiras aprendizagens escolares, acusando uma função profilática e preventiva fundamental, e deverá ser intensificada e diferenciada em termos de complexidade nos anos subseqüentes. Daí a importância de se integrarem ao currículo da educação infantil e à intervenção com crianças com perturbações visuoperceptivas, atividades psicomotoras que solicitem especialmente as capacidades perceptivo-visuais. O seu programa visuoperceptivo foi criado exatamente para responder a esta necessidade (Frostig e Horne, 1964).

Para Frostig, há que se considerar cinco capacidades perceptivo-visuais:

1. Coordenação visuomotora: capacidade que consiste em coordenar a modalidade sensorial visual com a produção de respostas grafomotoras, também denominada coordenação visuomotora, integrando, em uma relação significativa, movimentos corporais e aquisições visuais. É requerida, por exemplo, no desenho, na cópia ou na escrita a lápis e nas atividade lúdicas de manipulação.
A coordenação visuomotora pode ser observada na conclusão da trajetória contínua de uma linha desenhada dentro de labirintos de linhas fronteiras que variam na espessura ou na direção, no sublinhar de linhas horizontais, verticais e diagonais, ou, ainda, na união e na organização de pontos unidos por linhas. É, pois, uma capacidade fundamental para todas as aprendizagens escolares, como a da escrita, em que a coordenação entre os olhos e a mão tem de ser realizada e automatizada.

2. Figura-fundo: capacidade que permite diferenciar e distinguir uma figura (como centro de atenção) e o seu fundo (como estímulo acessório ou secundário). Neste caso, a criança deve fazer ressaltar com um lápis uma ou mais figuras específicas sobrepostas ou interceptadas por linhas ou por outras figuras.
Como é óbvio, esta capacidade torna-se necessária para análise e síntese das palavras, frases e parágrafos e, por isso, indispensável para a aprendizagem da leitura. Segundo Strauss e Lehtinen (1969), esta aquisição está significativamente comprometida em crianças com disfunções cerebrais mínimas. É, em resumo, a capacidade que corresponde ao *zoom* de uma máquina fotográfica ou filmadora, que permite destacar um determinado pormenor e promovê-lo a figura-central.

3. constância de forma: competência que consiste no reconhecimento e na identificação de qualquer figura ou forma, independentemente do seu tamanho, orientação e posição. Trata-se, portanto, da percepção da forma, que permite discriminar os pormenores e os detalhes de figuras ou de imagens, algo que também ocorre no reconhecimento de letras cujos traços componentes se con-

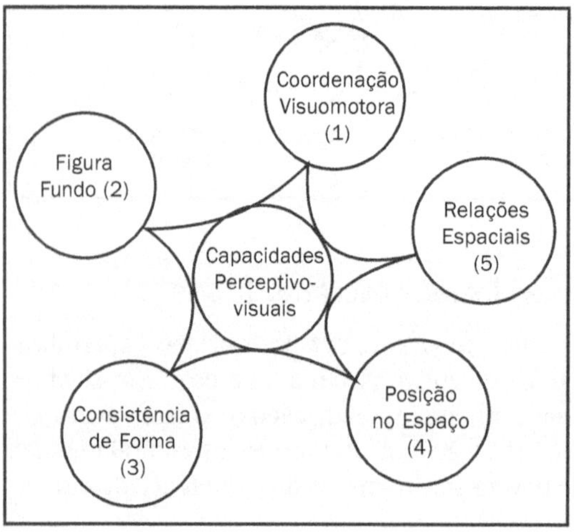

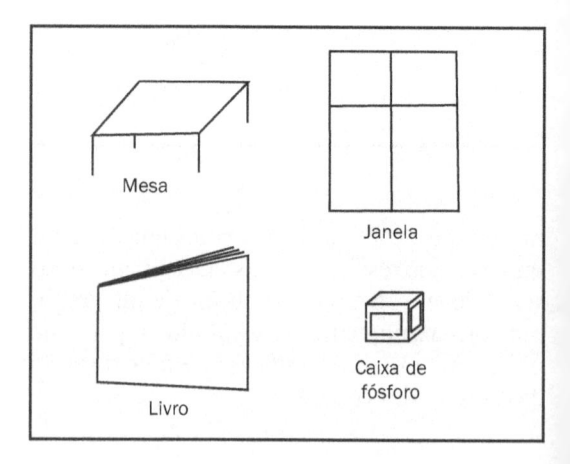

fundem. Compreende a capacidade pela qual é possível reconhecer, por exemplo, uma figura universal, como um retângulo, como componente ou propriedade de vários objetos, independentemente das suas diferentes características, seja uma mesa, uma janela, um livro ou uma caixa de fósforos.

Note-se que esta capacidade é precisamente a mesma que permite à criança reconhecer palavras com o mesmo significado, quer sejam escritas em um contexto diferente, em uma cor diferente, em um tipo de letra diferente ou, ainda, em um tamanho diferente:

| CAMIONETA | *CAMIONETA* | CAMIONETA |
|---|---|---|
| CAMIONETA | **CAMIONETA** | CAMIONETA |

4. Posição no espaço: aquisição que consiste na capacidade de reconhecer e de perceber uma determinada forma em qualquer posição no espaço ou integrada em um conjunto diversificado de escolhas possíveis. É a capacidade que permite diferenciar, discriminar, selecionar ou distinguir como diferente ou como igual uma forma ou figura em um dado conjunto ou em uma série de figuras relativamente semelhantes, mesmo que invertidas, revertidas ou rodadas entre si, isto é, figuras relativamente semelhantes mas realmente posicionadas de modo diferente. É o caso, por exemplo, das letras b, d, q, p, das letras u e n e dos números 6 e 9, que, embora sejam compostos pela mesma forma, diferem na sua posição relativa, na sua identificação e no seu significado. É comum, na prática psicopedagógica, identificar crianças com dificuldades de aprendizagem que apresentam uma tendência para trocar, reverter e rodar letras ou números, complicando, assim, o processamento de informação na leitura ou nas operações matemáticas simples.

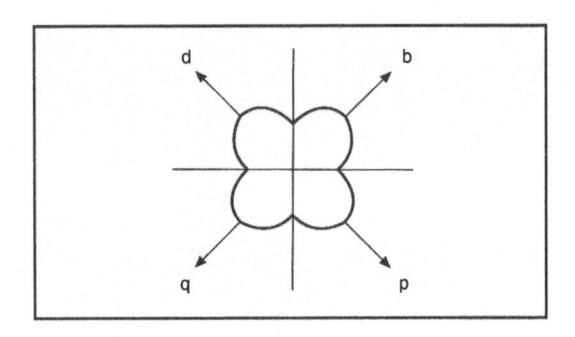

5. Relações espaciais: competência que consiste na capacidade de reconhecer e de detectar a posição de dados espaciais em objetos, figuras, pontos, letras ou números entre si, na sua relação com o indivíduo. Trata-se da capacidade que permite copiar e transferir padrões visuomotores de linhas ou de figuras ou reconhecer uma seqüência de letras em uma palavra ou uma seqüência de palavras em uma frase, sendo essencial para a escrita e para o ditado.

Note-se que apenas quando estas capacidades perceptivo-visuais se encontram já adquiridas e integradas qualquer das aprendizagens escolares se torna possível e viável para a criança, sem esquecer, obviamente, sua participação fundamental nas atividades lúdicas e de comunicação e sua repercussão significativa na expressão das emoções e na organização e orientação cognitiva. A percepção visual de aspectos específicos do ambiente é um fator básico para a apren-

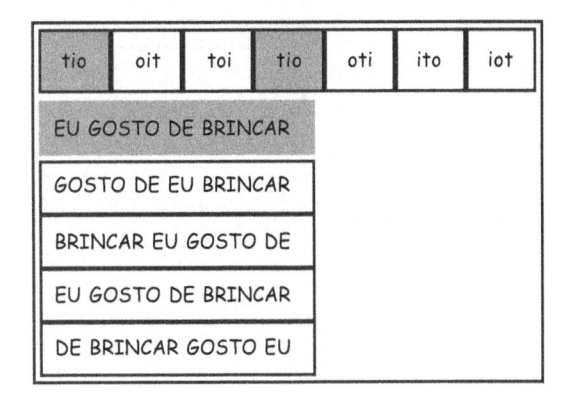

286  Desenvolvimento psicomotor e aprendizagem

**TESTE DE DESENVOLVIMENTO DA PERCEPÇÃO VISUAL**

*Development test of Visual Perception* (DTVP) – Ed. Consulting Psychologist, Press, Palo Alto, California, 1963

1. COORDENAÇÃO VISUOMOTORA

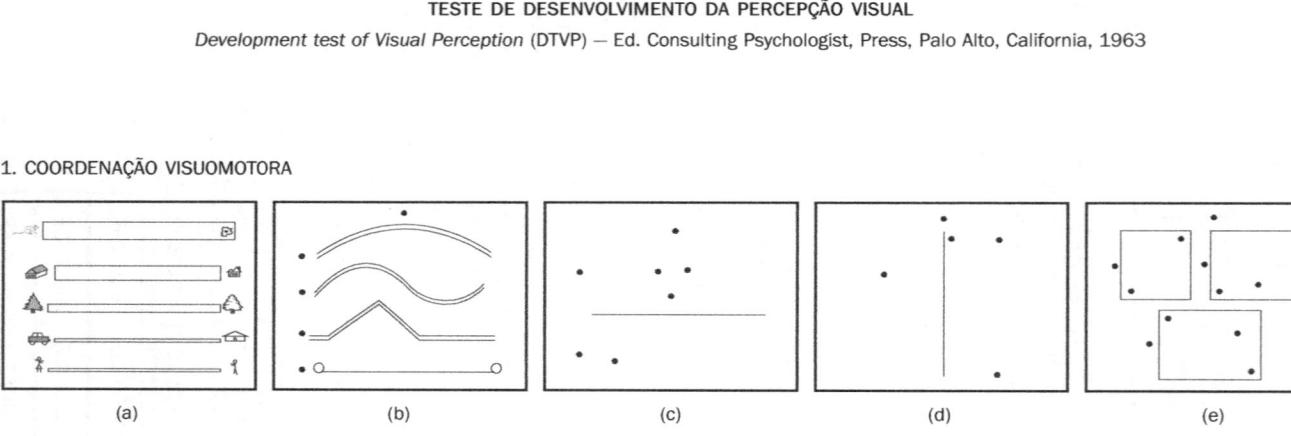

(a) (b) (c) (d) (e)

2. FIGURA E FUNDO

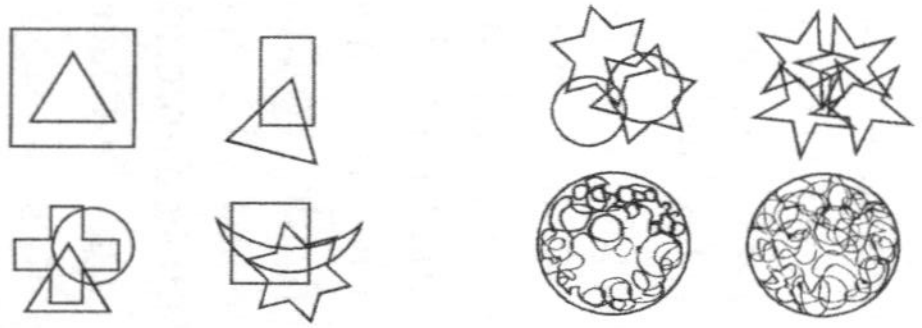

(f) (g)

**Observações Gerais:**

1. Em (a) e (b) a criança (sem levantar o lápis do papel) deverá tentar unir com um traço as duas extremidades do "túnel" ou da "estrada". No último item de (b) a criança (sem levantar o lápis do papel, sem interromper o traço e sem voltar para trás) deverá riscar por cima a respectiva linha.

2. Em (f) e (g) a criança deverá contornar (riscando por cima) a figura exatamente igual à que lhe for antecipadamente apresentada. A criança terá, portanto, que descobrir essa figura e contorná-la sem se deixar influenciar pelas figuras envolvente ou interceptadas (relação figura-fundo envolvente).

3. Em (h) e (i) a criança deverá descobrir e selecionar (em toda a página) todos os quadrados e todos os círculos (contornando-os a cor diferente conforme forem quadrado e círculo) independentemente do seu tamanho e posição; isto é, a criança deverá reconhecer as formas que lhe foram antecipadamente apresentadas (uma ficha com um quadrado e outra com um círculo).

4. Em (j) a criança deverá riscar a figura que está numa posição diferente das restantes, discriminando-a portanto das que não estão na mesma posição espacial:
Em (k) a criança deverá riscar a figura exatamente igual à do modelo apresentado, identificando-a portanto com as que estão na mesma posição espacial.

5. Em (l), (m), (n), (o) e (p) a criança deverá transferir para o lado direito toda a estrutura espacial definida pelos traços que ligam os pontos do lado esquerdo da mesma folha, mantendo inalterável as suas posições.

3. CONSTÂNCIA DA FORMA

(h)

(i)

4. POSIÇÃO DE ESPAÇO

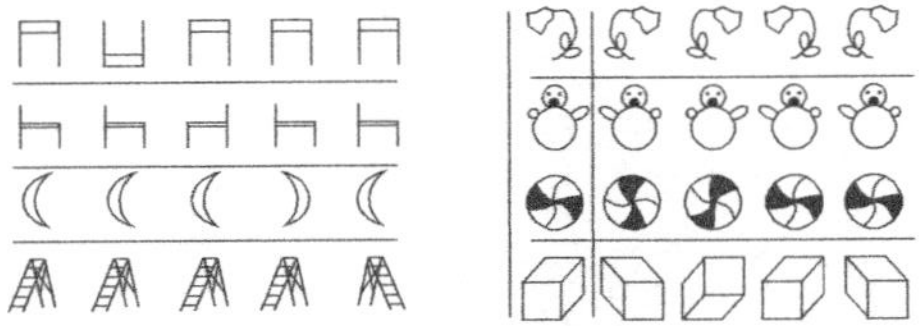

(j)

5. RELAÇÕES DE ESPAÇO

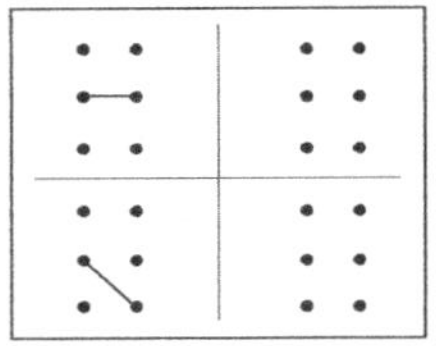

(l)

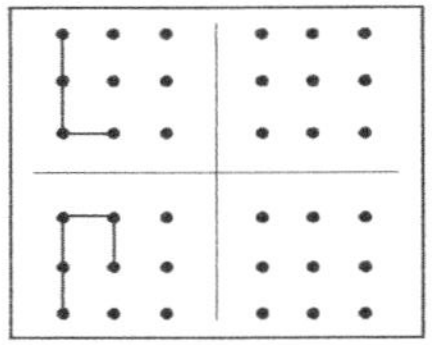

(m)

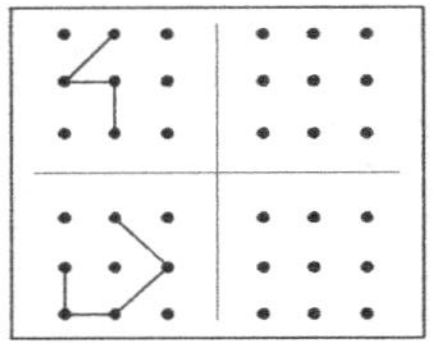

(n)

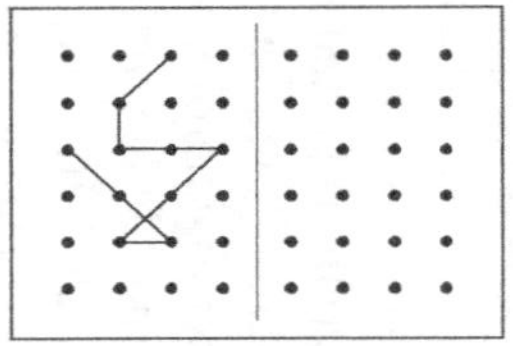

(o)

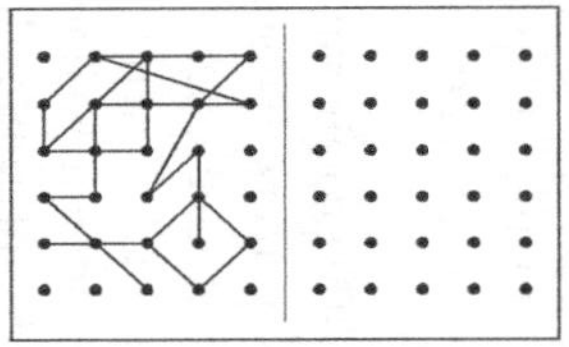

(p)

dizagem da linguagem falada e escrita, profundamente inserido na formulação dos conceitos. O treinamento perceptivo-visual pode, em síntese, ser extremamente útil para o desenvolvimento do potencial de aprendizagem.

Frostig e colaboradores (1964), a partir do seu teste de percepção visual (DTVP), sugerem as noções de quociente perceptivo e de idade perceptiva, com as quais desenvolvem todo o programa de enriquecimento visuomotor baseado no teste que acabo de apresentar. Repare-se, no entanto, que o programa se destina e é importante em termos preventivos para as classes de educação infantil, como também para outros e variados grupos-alvo, como crianças portadoras de deficiência mental, privadas culturalmente, com atrasos de desenvolvimento e perceptivamente imaturas ou com problemas de aprendizagem. Na sua investigação, entre várias conclusões, Frostig provou cientificamente que um quociente perceptivo baixo tem uma elevada e significativa correlação com as dificuldades de aprendizagem da leitura e da escrita.

### SEQÜÊNCIA DESENVOLVIMENTAL

A evolução da criança é esquematizada por Frostig e Maslow (1979) em quatro grandes fases, enquadradas em uma seqüência desenvolvimental (*developmental seqüence*), iniciando-se pela fase sensório-motora, passando pelas fases lingüística e perceptiva e culminando na fase cognitiva, conforme o quadro a seguir:

1. Fase sensório-motora: as funções sensório-motoras correspondem, para essa autora, baseada em Piaget, às explorações do mundo exterior e do mundo interior, fazendo uso simultâneo dos sentidos e dos movimentos. Tais explorações, mediadas pelo corpo no seu todo e por objetos, envolvem manipular, morder, sugar, atirar, bater, etc., esconder, descobrir, mudar posições de objetos, produzir sons com eles, etc., atividades que, no seu conjunto, reforçam as primeiras tomadas de consciência do eu e do ambiente, aos quais a criança adiciona movimentos e interações com o espaço próximo e acessível.

A essa linha evolutiva, juntam-se os padrões motores vertebrados e básicos do reptar, do quadruptar, do braquiar, do sustentar, do equilibrar e do andar, assegurando o controle postural da motricidade global. Em paralelo, iniciam-se nesta fase também os movimentos de preensão, como o agarrar, o trans-

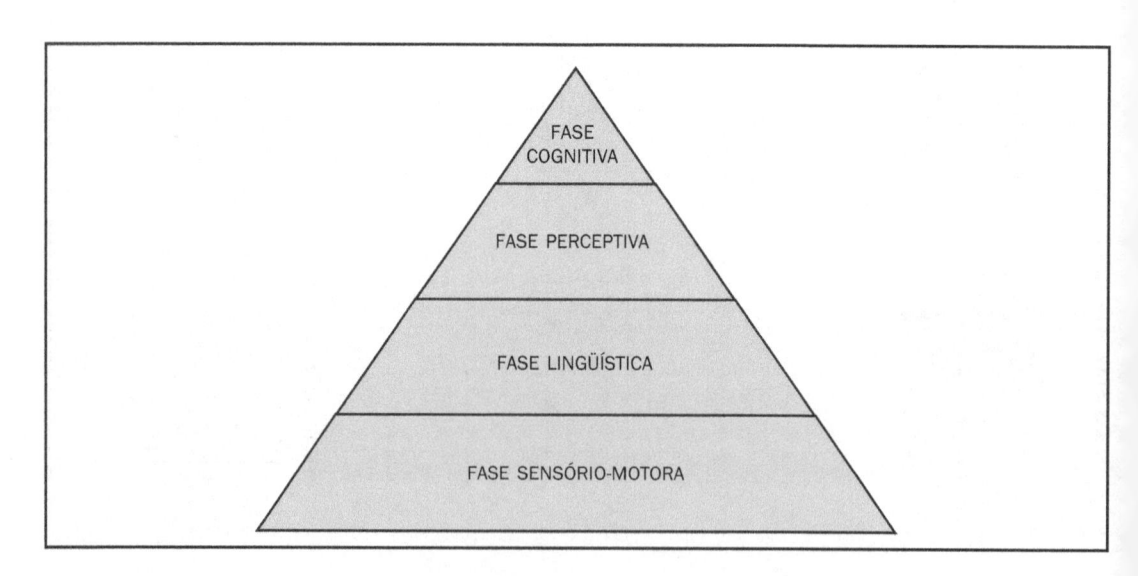

```
              FASE
            COGNITIVA
         ─────────────
          FASE PERCEPTIVA
       ─────────────────────
          FASE LINGÜÍSTICA
   ─────────────────────────────
         FASE SENSÓRIO-MOTORA
```

portar, o segurar, o largar, o puxar, o empurrar, o tirar, o pôr e o manipular em diversas e múltiplas formas, apropriando-se de aquisições sensório-motoras fundamentais para a autonomia e a independência e, certamente, para as aprendizagens futuras que se seguem. Ainda nesta fase, são consideradas as integrações intersensoriais que permitem as primeiras discriminações visuais e auditivas e as primeiras fixações atencionais que se constituem como pré-requisitos seqüenciais da linguagem,.

2. Fase lingüística: com base no mesmo processo seqüencial, a linguagem receptiva antecipa a linguagem associativa e a linguagem expressiva. Segundo Frostig (Frostig, 1972a, 1972b; Frostig e Horne, 1968a, 1968b; Frostig e Maslow, 1973, 1979), baseada em Bruner (1970, 1971, 1974), a criança inicia as lalações e prosódias iniciais, compreende os rudimentos gramaticais estruturais e, por volta dos 14 meses, usa as primeiras palavras e holofrases, culminando por volta dos 3 ou 4 anos o seu desenvolvimento lingüístico fundamental, baseado em recombinações de esquemas e associações que ilustram a sua competência verbal. Nesta fase a criança já utiliza a linguagem interior como guia da ação, obviamente dependente da qualidade das suas experiências e percepções compartilhadas com os adultos, revelando a integração e a interação sistêmica das influências biológicas, sociais, cognitivas e afetiva.

3. Fase perceptiva: dos 4 aos 7 anos, o que inclui a passagem da criança pela educação pré-escolar e pelos primeiros anos de aprendizagem escolar, emerge a adaptação ao mundo baseada nos receptores distais, ver e ouvir (*looking and listening*). A percepção dos atributos e das propriedades dos objetos começa, então, a estruturar-se mentalmente. Da topologia das figuras às apreensões euclidianas, da comparação dos tamanhos e das formas à comparação das cores, das espessuras, dos ângulos, das direções e orientações, a significação das constâncias, independentemente das suas posições relativas, começa a ser integrada perceptivamente. A capacidade do desenho vai traduzindo a progressiva conquista da transferência visuoespacial: aos 3 anos com um círculo, aos 4 anos com uma cruz, aos 5 anos com um quadrado, aos 6 anos com um triângulo, aos 7 anos com um retângulo e, finalmente, aos 8 anos com um losango. Paralelamente, a transferência auditivo-verbal vai dando lugar a um desenvolvimento semântico-sintático cada vez mais diferenciado, preparando a criança com instrumentos para as aprendizagem escolares.

4. Fase cognitiva: dotada com os instrumentos de integração sensório-motora, lingüística e perceptiva, a criança pode, então, fazer uso pleno da sua capacidade de imagem, (*imagery*), representando o ambiente por meio de esquemas mentais cada vez mais complexos, evocando, associando e rechamando os dados visuais, auditivos, tátil-cinestésicos, verbais e não-verbais para aplicá-los nas suas respostas adaptativas.

Nesta fase a criança utiliza a sua visualização e a sua audição para as aprendizagens simbólicas superiores da leitura, da escrita e do cálculo, combinando-as com outras aquisições lúdicas e culturais, operando de forma concreta para resolver as situações-problema com que se depara cotidianamente. Com a sua natural curiosidade explorativa e sede de conhecimento, a criança inicia, desde que adequadamente mediatizada, a busca de inter-relações lógicas de quantidade, de comprimento, de distância, de tempo, de velocidade, etc. Os processos internos podem agora ser usados em termos externos, primeiro imediatos e concretos e, posteriormente, mediatos e abstratos, introduzindo distanciamentos, antecipações e inferências sobre o que ocorreu no passado ou sobre o que pode ocorrer no futuro, de forma cada vez mais precisa e perfeita.

Com base na integração e na interação destas quatro fases, opera-se, obviamente, ao longo delas, o desenvolvimento emocional e o ajustamento social. A adaptação global da criança, combinando a maturação biológica e a dinâmica da interação social, faz com que esta vá progressivamente aprendendo a lidar com os outros, a jogar e a cooperar com os colegas, a auto-regular-se emocionalmente, ao mesmo tempo em que vai assimilando os sistemas de valores da sociedade e da cultura onde se encontra inserida.

Com todos estes componentes evolutivos, considerados na sua totalidade integrada e seqüencial, a criança vai aprendendo a ser produtiva e vai adquirindo a sua própria identidade. É esta, pois, em síntese, a visão do desenvolvimento da criança, que, segundo Frostig, deve ser levada em consideração quando se aborda a sua educação.

Segundo Frostig (Frostig, 1964, 1965a, 1965b, 1968a, 1971a, 1972b; Frostig e Maslow, 1979), antes de se desenvolverem as aquisições escolares, as crianças devem ser estimuladas e enriquecidas, visando ao seu desenvolvimento perceptivo-visual optimal. Para ela, entre as crianças norte-americanas que começam o primeiro ano de escolaridade (*first grade*), 20 a 25% têm problemas perceptivo-visuais. Não devemos estar longe destes dados, o que, só por si, exigiria pensar em medidas profiláticas e preventivas próximas das apresentadas por essa autora, essencialmente situadas na educação pré-escolar e nos primeiros anos de escolaridade, não esquecendo, obviamente, muitas crianças escolarizadas e integradas que apresentam substanciais dificuldades nas habilidades perceptivo-visuais, que tendem a comprometer o seu futuro escolar.

Efetivamente, sem uma base perceptivo-visual sustentada, a criança não só tem dificuldades em receber e processar informações do ambiente, como também em organizar e produzir respostas motoras adaptadas, seja em casa ou na comunidade onde está integrada, ou, ainda mais, na sala de aula da sua escola. O prazer retirado de atividades lúdicas, naturais ou estéticas tem muito a ver também com as habilidades visuoperceptivas, daí a sua influência no desenvolvimento afetivo-emocional e relacional, não esquecendo, naturalmente, as outras fontes de captação de informação, como o sistema auditivo, o tátil-cinestésico, o vestibular, etc.

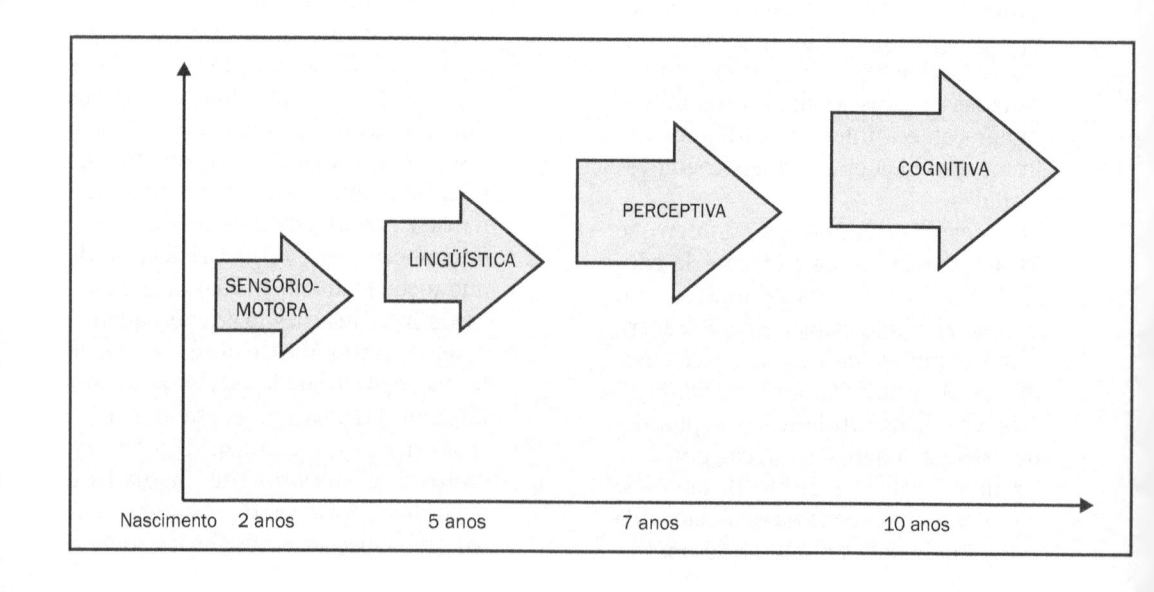

A ponte entre o indivíduo e o meio é muito dependente da percepção visual, sendo esta a modalidade sensorial central e integradora das restantes, e funcionalmente a primordial, algo que figuras pioneiras da educação, como Montessori, Claparéde e Froebel, já tinham assinalado.

Lidar direta e corporalmente com o ambiente envolve, necessariamente, trabalhar também com cores, formas, tamanhos, texturas, etc., algo que prioriza o desenvolvimento perceptivo, mais tarde seguido pelas suas classificações, comparações, seriações, progressões, categorizações, etc., ou seja, com o subseqüente desenvolvimento cognitivo. A estabilidade e a transitoriedade deste processo superior de desenvolvimento decorre da segurança e da consistência do desenvolvimento perceptivo, que lhe é anterior; o desenvolvimento perceptivo alimenta o desenvolvimento cognitivo.

Discriminar e reconhecer estímulos visuais e interpretá-los por associações múltiplas com a experiência anterior memorizada, aquilo a que Frostig denomina percepção visual, é uma habilidade essencial para se aprender funções psíquicas complexas, como a leitura ou a escrita. A coordenação visuomotora, embora não seja uma habilidade visuoperceptiva *per se*, porque envolve uma transferência visuomotora, é extremamente importante para as atividades de autosuficiência (comer, vestir-se, fazer a higiene pessoal, etc.), mais ainda para as atividades manipulativas pré-escolares (cortar, pintar, colar, colorir, modelar, construir com blocos, montar quebra-cabeças, traçar digitalmente, montar com peças lúdicas, etc.), e é essencial para as competências expressivas no desenho, na cópia, no grafismo, na escrita, na dança, na música, etc. Todas as atividades que envolvem a motricidade fina e digital decorrem de habilidades de atenção, de observação e de planificação, nas quais a percepção visual é básica.

A organização do ambiente, quer em casa, quer na sala de aula, da qual a criança deve participar assiduamente, deve sugerir que, antes de atuar, ela verbalize e planifique o que tem de fazer e, uma vez concluída a sua atividade, ela a avalie, consolidando os subcomponentes da percepção visual postos em jogo, desde a percepção dos objetos, a atenção e a concentração sobre a sua posição, as suas relações com outros objetos, a relação figura-fundo, as constâncias, etc., assim como os procedimentos seqüencializados da ação concomitante. Se a criança domina tais habilidades, ela está mais disponível para aprender a aprender e para comunicar-se eficazmente com os seus colegas, assumindo mais vantagens na aprendizagem e na interação social.

A combinação sistêmica da percepção e da ação ilustra, no fundo, a psicomotricidade, reforçando os paradigmas equacionados pelos autores europeus, como Wallon, Piaget e Ajuriaguerra, a que já fiz referência nos capítulos anteriores. Funções psicomotoras, como o equilíbrio, a lateralização, a integração somatognósia, a orientação espacial, a estruturação espacial e a organização práxica, só podem ser realizadas adequadamente quando a percepção visual está intacta e integrada neuropsicologicamente.

Como a percepção visual transcende em muito o contexto das aprendizagens acadêmicas, ela é necessária para experienciar uma adaptação satisfatória ao dia-a-dia; muito do prazer e da compreensão que se retira das experiências cotidianas inter-relaciona-se com uma percepção visual clara e precisa. Com uma percepção visual hesitante e difusa, muitos processos adaptativos vão ser comprometidos, e não apenas nas aprendizagens escolares. O ajustamento ao mundo exige uma percepção visual funcional e de qualidade, focar e fixar aspectos específicos do ambiente é uma condição básica a qualquer tipo de aprendizagem e de adaptação, quer na aprendizagem da linguagem e da conceitualização, quer nas aprendizagens sociais, laborais e lúdicas, fundamentais a um desenvolvimento harmonioso.

Com base nesses pressupostos, podemos antever os benefícios de um treinamento perceptivo-visual (treinamento aqui entendido como meta-aprendizagem, alternando repetições, para gerar bons automatismos, e variabilidade das tarefas, para induzir flexibilidade e plasticidade), obviamente não visto como mais uma tarefa de papel e lápis, quando é meramente aplicado isoladamente, uma vez que sua importância torna-se cada vez mais relevante em termos psicoeducacionais quando esse treinamento perceptivo está integrado ou é acompanhado sistemicamente com a verbalização, o processamento seqüencial e simultâneo de dados e a planificação e a regulação de respostas, isto é, quando se co-integra com outras funções psicológicas básicas da aprendizagem, como, por exemplo, a atenção, o processamento de dados, a planificação motora e a regulação das respostas adaptativas.

O uso da motricidade em combinação com a percepção visual é essencial para promover na criança as habilidades básicas da aprendizagem, ajudando-a a controlar a atenção, a superar a distratibilidade, a inibir a sua impulsividade, a selecionar e a canalizar as suas energias. A motricidade pela motricidade não serve os desígnios de uma educação global e holística. A perspectiva de uma atividade motora inconseqüente, repetitiva, dirigida e episódica não satisfaz os objetivos de uma educação pelo movimento.

À educação interessa uma atividade motora totalizadora (dita psicomotora) sentida, interiorizada, simbolizada, corticalizada e planificada, onde a consciência corporal, a consciência da lateralização, da direcionalidade, da verbalização antecipadora e da reflexão cognitiva possa conduzir a uma melhor capacidade de retenção e de recuperação perceptiva. Aprender e integrar tais relações perceptivas e motoras de forma completa e mutuamente coibida confere à motricidade uma seqüência de procedimentos psíquicos focada em uma sucessão de percepções que lhe dão suporte. Nesta perspectiva, a intervenção não pode reduzir-se a uma educação meramente motora ou física.

Em síntese, com o treinamento de habilidades perceptivo-visuais efetivamente integrado ao treinamento de habilidades motoras, Frostig (1970), pretende diferenciar o que é uma educação pelo movimento de uma educação do movimento, aproximando-se, de certa forma, do autor francês Le Boulch (1970, 1971, 1972, 1995, 1998). Frostig (1970, 1971b) defende, portanto, uma educação dirigida ao ser total, evolutivo e único que é a criança, na qual ela não apenas aprenda a mover-se, mas possa transferir os efeitos de tal atividade para aumentar seu autoconceito, sua consciência e controle corporais, sua concentração e automonitorização emocional, sua planificação comportamental, em uma palavra, na qual ela possa maximizar plenoamente todo o seu potencial prospectivo de aprendizagem.

## EDUCAÇÃO PELO MOVIMENTO

Frostig (1970), é provavelmente a autora norte-americana que mais se esforça para introduzir os conceitos da psicomotricidade européia na sua perspectiva de educação pelo movimento. Para isso, recorre a freqüentes referências a Piaget e a Ajuriaguerra, independentemente de ter omitido a figura central de Wallon. Para ela, reforçando uma tese piagetiana, a inteligência tem a sua base fundamental nas funções sensório-motoras precoces, pois é alicerçada nelas que a criança aprende os objetos, as ações, o espaço, o tempo, a causalidade, etc.

Nessa ótica, a motricidade influencia o desenvolvimento posterior de todos os processos mentais, nos quais cada estádio influencia o seguinte, e as funções que se desenvolvem em um dado momento se fusionam e se integram com outras que vão emergir mais tarde. Na inteligência sensório-motora, estão, de certa forma, contidos o princípio e o fim de todas as atividades mentais, pois ela nunca acaba de perder a sua influência nos processos receptivos e expressivos da conduta humana, seja da linguagem falada e escrita, seja do pensamento, em cuja estruturação e elaboração cognitiva e expressão motora está intrinsecamente envolvida.

| IDADE | CAPACIDADES |
|---|---|
| dos 0 aos 3 anos | Sensório-motora:<br>• Equilíbrio |
| dos 3 aos 7 anos | Perceptivo-motora:<br>• Coordenação<br>• Euritmia<br>• Flexibilidade<br>• Velocidade e agilidade<br>• Força e resistência |
| dos 7 aos 11 anos | Cognitivo-motora:<br>• Aumento de vocabulário<br>• Abstrações e conceitualizações |

Sendo a criança (ou o jovem) um ser total, as suas funções sensório-motoras não podem ser vistas sem essa dimensão sistêmica integradora e interdependente, razão pela qual a educação só se justifica se levar em consideração essa dimensão ontológica do ser humano, pela qual é impossível separar o movimento do pensamento e a motricidade do psiquismo. A educação pelo movimento (*movement education*) é, para essa autora, de extrema importância para o desenvolvimento integral e completo de toda a criança, tendo em consideração a vida urbana e social moderna. Ao contrário da criança do meio rural, a criança do meio urbano e do seu entorno vai usufruindo cada vez menos as condições ecológicas naturais das quais precisa para se desenvolver harmoniosamente em termos psicomotores.

Não dispondo de campo (espaço e tempo) livre para correr, brincar ou jogar, não lhe sendo possível subir em árvores, suspender-se, agarrar-se, balançar-se, explorar-se, descobrir-se, etc., não dispondo de planos inclinados seguros ou parques de aventura, ludicamente concebidos para rolar, quadruptar ou reptar, nem de cordas para subir, descer ou balançar-se, não tendo pedras para agarrar, manipular e atirar, etc., a criança da cidade corre o risco de apresentar um perfil de imaturidade psicomotora que pode comprometer o desenvolvimento das competências indispensáveis a toda a aprendizagem futura, mesmo compensando com jogos computadorizados.

Pensar em urbanismo é pensar no futuro das crianças e dos jovens. Restringir-lhes o espaço necessário para o seu desenvolvimento psicomotor natural e espontâneo é comprometer o seu futuro desempenho na escola e na sociedade, por isso os espaços e os tempos peri-habitacionais e recreacionais nas escolas são uma matéria muito séria, que vem sendo negligenciada por muitos responsáveis.

Os parques infantis bem desenhados e concebidos à luz do desenvolvimento psicomotor podem fazer a diferença. A qualidade e a segurança da sua construção no espaço urbano ou escolar envolvem diretamente o futuro potencial de aprendizagem das crianças, caso contrário, vai ser necessário encaminhar cada vez mais crianças para centros de reeducação psicomotora. Não poder correr, jogar, subir, transpor, saltar, etc., pode comprometer inexoravelmente o desenvolvimento neuropsicomotor de uma criança. A longa inatividade a que as crianças estão sujeitas em casa ou na sala de aula, onde são usados processos de aprendizagem bradicinéticos e onde mexer ou tocar é condenável ou reprimido, pode gerar privações em várias funções psicológicas básicas, como, por exemplo, no controle postural, na consciência corporal e nas relações do corpo com o espaço, com os outros e com os objetos, condições prioritárias para qualquer tipo de aprendizagem.

A motricidade acaba por retratar a disponibilidade do bem-estar da criança e a sua propensão para desfrutar o prazer de viver. Seu impacto no desenvolvimento emocional e afetivo é defendido por muitos autores das mais variadas origens, de pediatras a psicopedagogos, educadores, investigadores, etc. Não assegurar às crianças e aos jovens, quer na escola, quer na comunidade, espaços agradáveis de exploração motora, de expansão lúdica ou de ocupação de tempo útil pode pôr em risco a sua estabilidade emocional e o seu comportamento social futuro. Trata-se de uma condição de desenvolvimento com inscrição epigenética que não se pode esquecer.

O espaço da criança e do jovem não tem nada a ver com o espaço do adulto. As necessidades de movimento em termos evolutivos são diferenciadas, daí a significação social e cultural que a educação pelo movimento ocupa hoje. Para que as crianças e jovens se tornem mais conscientes de si próprios e das suas ações é fundamental proporcionar-lhes situações-problema e condições práticas para dominarem e aperfeiçoarem o seu corpo e as suas relações com o espaço, interagindo com os outros e com os objetos de forma agradável e prazerosa, garantindo condições de enriquecimento dos seus autoconceitos.

A expressão motora, desde que adequadamente mediatizada (a expressão motora pela expressão motora não é relevante), leva à promoção da consciência do corpo, e esta tende ao desenvolvimento do controle corporal, o que sugere o surgimento de funções psíquicas muito importantes para um desenvolvimento harmonioso da criança ou do jovem, desde a concentração e a automonitorização até a auto-regulação, o que conduz a uma maior auto-realização e a uma maior auto-satisfação. A consciência do outro, como primeiro processo da emergência de capacidades de cooperação, de compreensão e de amizade, pode também ser adequadamente promovida; com ela, os problemas de comportamento desviante ou atípico podem ser melhorados e otimizados.

Nesta perspectiva, a educação pelo movimento é um pretexto para atingir objetivos mais transcendentes. Se a motricidade pela motricidade fosse importante em si, as crianças hiperativas e os adolescentes agitados seriam estudantes com mais rendimento escolar e com comportamento social mais satisfatório. Se for possível transferir todas estas vantagens advindas da experiência motora e lúdica para a sala de aula, certamente os problemas de aprendizagem tendem a ser minimizados. Os efeitos da educação pelo movimento ou da psicomotricidade, vistos nesta ótica, podem ser um instrumento potente para promover funções de atenção, de processamento e de planificação nas crianças e jovens, além de certamente contribuírem para um ambiente mais sereno no seu seio, o que, obviamente, propicia uma melhor aprendizagem individual e grupal.

Todas as crianças deveriam beneficiar-se de uma educação psicomotora diária, pelo menos de 30 a 50 minutos de duração, não apenas duas sessões semanais, muito menos de atividades recreativas espontâneas ou repetitivas não-supervisionadas. No caso de crianças com dificuldades de aprendizagem, a carga horária deveria ser mesmo mais intensificada, integrando, particularmente, atividades manipulativas e expressivas do tipo artes e ofícios, dada a importância da motricidade fina no desenvolvimento das pré-aptidões das aprendizagens escolares da leitura, da escrita e do cálculo.

O treinamento da coordenação, da agilidade, do equilíbrio, da flexibilidade, da velocidade, da força, da resistência, etc., é igualmente preconizado por Frostig (Frostig, 1970; Frostig e Horne, 1968[a]), mas sempre em combinação com a integração de múltiplas sensibilidades oriundas do corpo (imagem corporal), de todos os ajustamentos automáticos posturais e motores (esquema corporal) e do conhecimento fatual relacionado com o corpo (conceitualização corporal).

Não se trata, portanto, de uma educação física ou motora centrada em objetivos fisiológicos, e, sim, de uma educação pelo movimento para atingir esferas da conduta total, quer da sua integração multissensorial, quer da sua elaboração neuronal e, obviamente, da sua expressão corporal.

A educação pelo movimento deve, conseqüentemente, assegurar o ajustamento integral, isto é, motor, emocional, cognitivo e social da criança como um ser total. Nesse caso, os seus fundamentos extravasam os limites anátomo-fisiológicos de uma educação do movimento, pois procuram atingir outros objetivos da esfera psicossocial, daí a sua preocupação com a consciência corporal, a percepção e estruturação espaciais, a estruturação temporal dos movimentos e a sua correta ordenação ou causalidade, a retroalimentação tátil-cinestésica e proprioceptiva, a atenção, a auto-regulação e o relaxamento psicossomático, a seqüencialização, a interiorização e a planificação motoras, a verbalização e a simbolização da ação, o desenvolvimento de atitudes de cooperação mútua e não de competição, evitando-se a vivência de situações frustracionais e inconseqüentes. Ou seja, a educação pelo movimento assume-se com outros objetivos e fundamenta-se em outros pressupostos da pessoa humana.

A educação pelo movimento não se resume a uma educação motora e, muito menos, a uma educação física, independentemente de todas elas terem o seu lugar e os seus defensores no contexto educacional. O que pretende Frostig (1970) com a educação pelo movimento é uma intervenção mais centrada na educação total da criança com preocupações psicofuncionais, perceptivo-motoras, perceptivo-visuais, relacionais e emocionais mais trabalhadas, do que aquelas outras metodologias de intervenção. A educação pelo movimento, para atingir os objetivos em direção aos quais avançou Frostig, deve ainda integrar, de forma muito particular e relevante, o enriquecimento dos seguintes componentes:

- Percepção visual: reconhecer formas, constâncias, figuras e fundos de imagens, distâncias, relações espaciais, posições e orientações com múltiplos objetos, etc.
- Percepção auditiva: atender a direções verbais, integrar, memorizar e reproduzir ritmos, traduzir música em movimentos, usar variados instrumentos de percussão; reter e consciencializar sons, timbres e volumes, mudar expressões motoras de acordo com o som, promover integração intersensorial auditivo-motora; etc.
- Linguagem verbal: seguir e dar direções, utilizar nos âmbitos corporal e motor vocabulário espacial e temporal (entre, através, rápido, antes, etc.), simbolizar a ação, interiorizar a sensibilidade do movimento vivido, verbalizar antecipadamente ou avaliar posteriormente a ação, explicitar a seqüencialização dos movimentos, pensar em voz alta antes de agir, etc.
- Associação: estabelecer associações entre estímulos auditivos e respostas motoras, imitar seqüências de gestos, promover associações proprioceptivas, táteis e cinestésicas com as outras modalidades sensoriais, etc.
- Imagem: reproduzir movimentos, imaginar, planificar, verbalizar e realizar padrões de movimentos, traduzir desenhos e imagens em movimentos e vice-versa, executar mímicas e gestos indicados por fotografias, decodificar seqüências de símbolos em seqüências de movimentos, etc.
- Processos cognitivos: explicitar em termos motores conceitos de tempo, de espaço, de causalidade, promover a resolução de problemas, analisar os procedimentos entre objetivos e fins, treinar funções de atenção e de planificação, buscar soluções criativas e sua verificação e justificação, etc.
- Criatividade: treinar os vários atributos do movimento, facilitando novas avenidas de auto-expressão; estimular a invenção; sentir movimentos na sua seqüência, na sua extensão, na sua velocidade, no seu peso, nos seus pontos de apoio, na forma que o corpo ocupa nas suas várias dimensões, e não apenas reproduzi-los mecanicamente; discutir e debater soluções de problemas; explorar jogos mímicos e dramáticos; incentivar a dança e a expressão corporal criativa com base temática; etc.
- Aquisições escolares: desenvolver a atenção proprioceptiva, visual, auditiva e tátil-cinestésica, desenvolver a concentração e a inibição de movimentos, controlar a impulsividade, relembrar direções e seqüências de ações, treinar a leitura, a escrita e o cálculo com base em situações vividas no ginásio envolvendo o corpo na sua totalidade, executar jogos de letras e palavras, de números e operações com base em labirintos ou grades desenhadas no solo, etc.
- Desenvolvimento emocional e social: desenvolver o auto-controle, experimentar situações de relaxamento e de autoconcentração, promover atividades cooperativas, dinamizar processos de interação social e grupal, realizar jogos de descentração, etc.

Frostig sugere mesmo um programa de atividades sensório e perceptivo-motoras que designa por educação pelo movimento (*movement education*) cujos principais objetivos são os seguintes:

1. consciencialização do corpo;
2. consciencialização do ambiente espacial;
3. desenvolvimento da coordenação geral;
4. desenvolvimento sensório-motor;
5. controle do movimento;
6. coordenação oculomanual;
7. noção de direção espacial;
8. estimulação das três avenidas sensoriais: tátil-cinestésica, auditiva e visual;
9. consciencialização espaço-temporal;
10. desenvolvimento das capacidades motoras: coordenação, ritmo, flexibilidade, velocidade, agilidade, equilíbrio, força e resistência.

Para Frostig (1965a, 1965b, 1970, 1971a, 1972a), portanto, a evolução da criança vai do mover para o crescer, e deste para o aprender e viver.

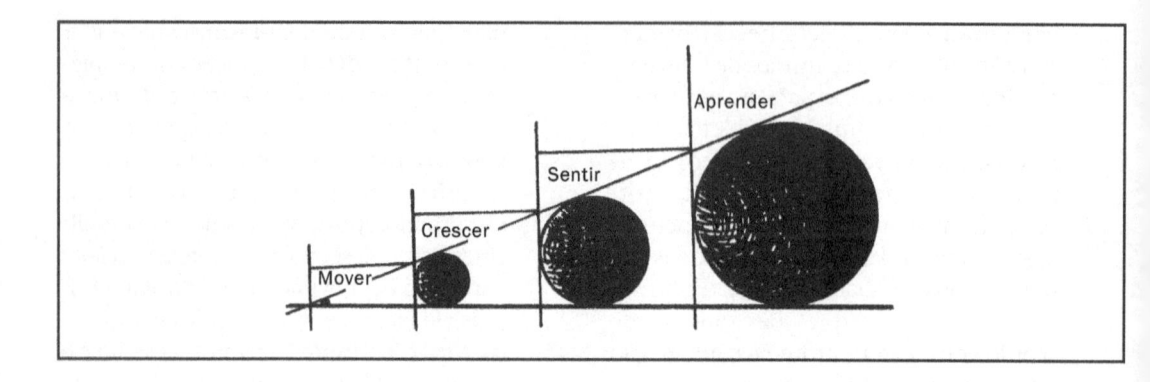

## 296 Desenvolvimento psicomotor e aprendizagem

[Figura: esferas crescentes rotuladas Mover, Crescer, Sentir, Aprender]

Assim, antes da aquisição da linguagem, impõe-se, segundo Frostig, a aquisição de estruturas sensório e perceptivo-motoras, que ela denomina vocabulário motor, sem o qual não é possível atingir uma verdadeira expressão criativa. Para compreender o movimento como uma expressão livre e criativa, torna-se necessário, no dizer desta autora, que a criança adquira a consciencialização do seu corpo e proceda à exploração do espaço. São, aliás, estas as condições necessárias para que a criança aprenda a mudar de direção, a combinar movimentos uns em relação aos outros e a integrar o tempo como uma aprendizagem bem-sucedida.

Baseando-se em Laban (1973), Dalcroze (1916, 1920) e Orff (1966), a autora recomenda a educação do movimento de forma a permitir que a criança aprenda as noções de espaço, tempo, peso, gravidade, relação, nível, forma, etc., de forma integrada.

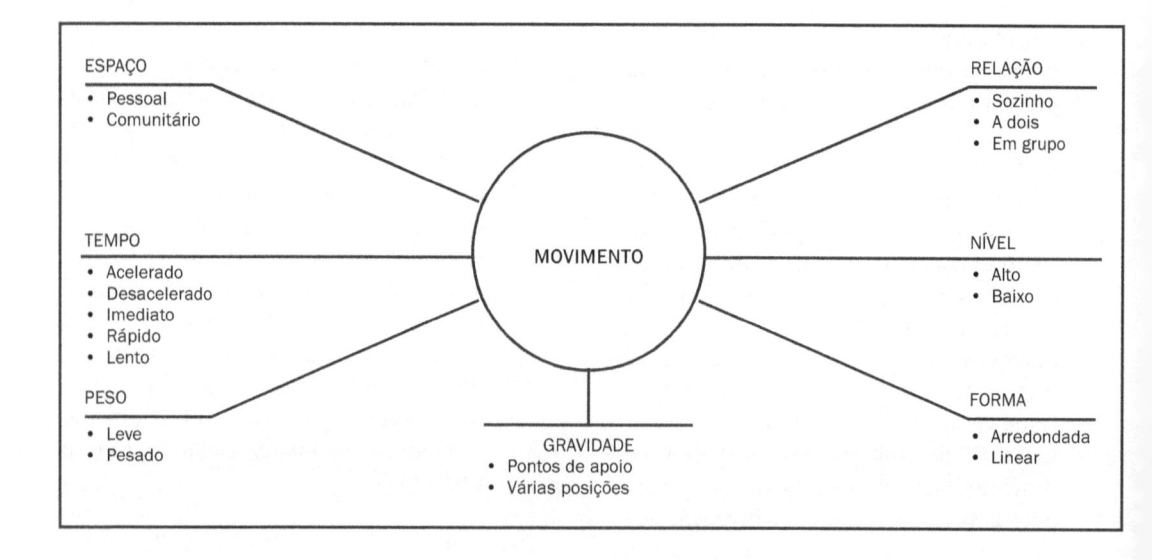

ESPAÇO
- Pessoal
- Comunitário

TEMPO
- Acelerado
- Desacelerado
- Imediato
- Rápido
- Lento

PESO
- Leve
- Pesado

GRAVIDADE
- Pontos de apoio
- Várias posições

MOVIMENTO

RELAÇÃO
- Sozinho
- A dois
- Em grupo

NÍVEL
- Alto
- Baixo

FORMA
- Arredondada
- Linear

Frostig (1970) preconiza a educação do movimento de uma forma interdisciplinar para promover o desenvolvimento das capacidades perceptivo-visuais a seguir:

**Coordenação visuomotora**
*Movimentos oculares*
- movimentos esquerda-direita
- estimulação da visão periférica
- focagem com a cabeça em movimento
- focagem com a cabeça parada
- perseguição ocular de movimentos regulares
- perseguição ocular de movimentos irregulares

*Movimentos globais*
- controle postural
- atividade de locomoção
- jogos de imaginação
- equilíbrio
- movimentos da cintura escapular
- movimentos da cintura pélvica

*Movimentos especiais (finos)*
- recortar
- colar
- riscar e colorir
- atividades do dia-a-dia
- escrita digital (digitinta)

**Percepção figura-fundo**
- tridimensão dos objetos
- discriminação dos objetos
- procura de objetos diferentes
- classificação de objetos
- jogos de atenção
- atividades do dia-a-dia

**Constância da forma**
- discriminar e identificar a mesma forma
- discriminar e identificar tamanhos diferentes
- classificar pelo tamanho
- classificar pela mesma forma
- trabalhar em duas e três dimensões

**Percepção da posição no espaço**
- imagem corporal
- conceito do corpo
- consciencialização das partes do corpo
- localização das partes do corpo
- jogos corporais
- direção
- completar a figura humana
- juntar partes do corpo (*puzzles*)
- relações corpo-objetos e corpo-espaço
- discriminação de posições do corpo
- discriminação de esquerda e direita
- jogos com objetos

**Percepção das relações espaciais**
- posição no espaço
- organização de pontos
- padrões de espaço

É com base nesse programa que Frostig (Frostig, 1970; Frostig e Maslow, 1973) equaciona, em termos desenvolvimentais, a aprendizagem e a reeducação (remediação, do inglês, *remediation*) perceptivo-visual, sem as quais as aprendizagens escolares, como a leitura, a escrita e o cálculo, todas baseadas na simbolização, não se tornam possíveis.

A educação pelo movimento, nessa autora, tem por finalidade ensinar as crianças a autoregular e a controlar movimentos, na medida em que eles só se podem executar a partir de uma certa organização mental e dentro de determinadas condições de espaço. Os movimentos só podem produzir efeitos na esfera psíquica se forem executados segundo um plano que os antecede ou se forem inibidos, quando inadequadamente executados. Os movimentos são guiados por sensações que vêm não só dos músculos e do corpo, mas também do mundo exterior, onde o corpo está espacialmente posicionado e relacionado, com ou sem objetos.

Tais sensações, de que se têm de consciencializar por integração e interação, decorrentes de processos de atenção, de processamento, de planificação e de controle, estão na base da produção de respostas motoras que ilustram todos os processos de adaptação e de aprendizagem. Na sala de aula, o sucesso na aprendizagem tem muito a ver com a maneira como a criança planifica, visualiza, mantém mentalmente o fim a atingir em uma dada situação-problema, como ela se concentra, inibe estímulos irrelevantes ou se auto-avalia nas suas *performances*.

Um programa de educação pelo movimento bem-estruturado pode ajudar eficazmente a criança e o jovem no desenvolvimento de funções psicológicas tão vitais como a atenção seletiva, o autocontrole e a criatividade. O seu sucesso escolar e a sua adaptação futura a uma sociedade complexa têm muito a ver com a integração consolidada desses componentes psicomotores fundamentais.

# A TEORIA MOVIGENÉTICA: introdução à obra de Barsch 8

## EFICIÊNCIA MOTORA: 10 TESES

Diretor do Departamento de Formação de Professores para Pessoas Portadoras de Deficiência na Universidade de Wisconsin (EUA), Ray Barsch tem-se dedicado ao estudo e à investigação da interação entre o espaço e a motricidade. Nesse âmbito, tem tentado estabelecer as respectivas interferências destas interações, principalmente no que elas implicam com a eficiência motora e as aprendizagens escolares.

Segundo sua teoria movigenética (*movigenic theory*), cujo nome origina-se das palavras latinas *movere* e *genesis*, resultando em origem e evolução do movimento, Barsch (1965, 1967) admite que a criança com dificuldades de aprendizagem é o reflexo da sua interação desajustada com o espaço que a envolve. Antes de avançar nas idéias e estudos desse autor, não quero deixar de destacar dois aspectos que me parecem oportunos:

1. esta teoria, que, como tantas outras, vem do estudo e da investigação com pessoas portadoras de deficiência ou de dificuldades de comportamento de várias ordens é, antes de mais nada, uma teoria educativa;
2. embora com uma perpectiva original, esse autor se aproxima muito da teoria perceptivo-motora de Getman.

Esta teoria pretende demonstrar que a motricidade é um fator crucial do processo de aprendizagem. Nesta perspectiva, Barsch (1967) tenta um ensaio sobre o estudo dos padrões do desenvolvimento motor no ser humano. Parte do princípio de que o êxito de qualquer aprendizagem, seja escolar, profissional ou lúdico-recreativa, se encontra intimamente relacionado com o ajustamento e com a eficiência motores. Para este autor, a percepção é motricidade, e a motricidade é percepção. Com esta afirmação, o autor pretende tornar bem claro que o movimento ajustado e eficiente é o motor do desenvolvimento da percepção e da cognição. "A percepção corporal, dos objetos, do espaço e do tempo depende, fundamentalmente, do êxito ou do insucesso do movimento humano", diz Barsch (1961, 1965, 1966). E continua: "A criança com um atraso motor é, simultaneamente, uma criança com problemas perceptivos e cognitivos".

A motricidade é o suporte concreto e dialético da percepção: motricidade e percepção completam-se reciprocamente em termos de comportamento humano. Barsch (1965), na sua teoria movigenética, reúne e resume todo o seu pensamento nas 10 teses que apresento a seguir:

1. O ser humano existe para o movimento. O movimento é considerado, nesta perspectiva, como a chave e o significado da vida, pois é através dele, desde a origem da fabricação de utensílios, da evolução de técnicas de caça e pesca, até a própria transformação e manipulação do ambiente natural, que se processa a adaptação do ser humano, e é por meio

da motricidade que ele adquire as respectivas aptidões biossociais.

Esta concepção insere-se na perspectiva de Engels (1961), segundo a qual a vida é uma forma particular de movimento. O movimento da terra é um fato, o movimento dos continentes e dos mares é outro dado científico incontestável, assim como é evidente o movimento das plantas, nas suas migrações, de acordo com os animais, e o movimento de todo mundo animal em função das necessidades de alimentação e de sobrevivência.

2. O fim último do movimento é a sobrevivência.

A evolução do ser humano, segundo este autor, tem sido uma história de sobrevivência, na qual a motricidade não é mais do que a integração e a superação dos conflitos de sobrevivência. A sobrevivência, para Barsch (1965), é o movimento conseguido e eficaz, seja de fuga ou de busca, de fabricação de utensílios ou de construção de locais de habitação, de gestos precisos e perfeitos de caça, o que, em um sentido antropológico, representa uma evolução mista de inteligência e de ação criadoras.

Quanto maior for a eficiência motora do ser humano (individual, social, profissional, escolar ou de expressão artística), maior será, também, a sua possibilidade de adaptação e de sobrevivência.

3. O movimento depende da qualidade de integração perceptiva do mundo exterior.

Do nascimento à morte, a vida é a transformação da energia captada do mundo exterior, devidamente interiorizada e incorporalizada em termos de motricidade e de comportamento. Note-se, por exemplo, que o crescimento do indivíduo resulta da análise, da integração e da processamento dos mais variados estímulos (ou contextos de energia) sobre o organismo, por meio de fluxos permanentes, ora relevantes, ora irrelevantes, nas suas mais variadas formas e expressões (calor, luz, som, campos eletromagnéticos, etc.).

4. O ser humano informa-se através do sistema perceptivo-motor e perceptivo-cognitivo.

É através do sistema de recepção, normalmente constituído por vários órgãos dos sentidos, que o ser humano recebe, analisa e transforma em informação os vários tipos de energia exerior que o envolvem. O ser humano, segundo esse autor, possui seis sistemas sensoriais que captam a informação exterior: paladar, olfato, tato, visão, audição e sentido cinestésico (saborear, cheirar, mexer e tocar, ver, ouvir e sentir).

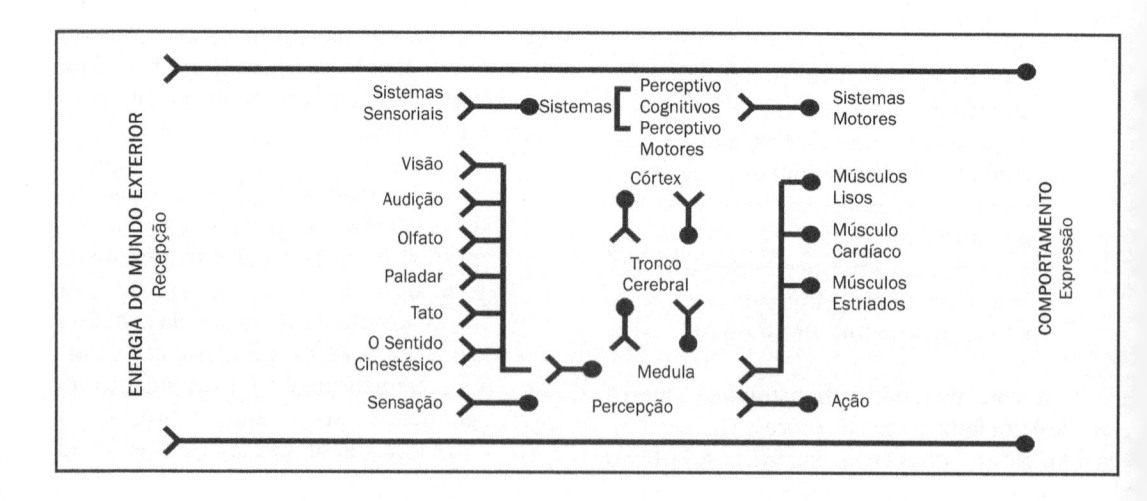

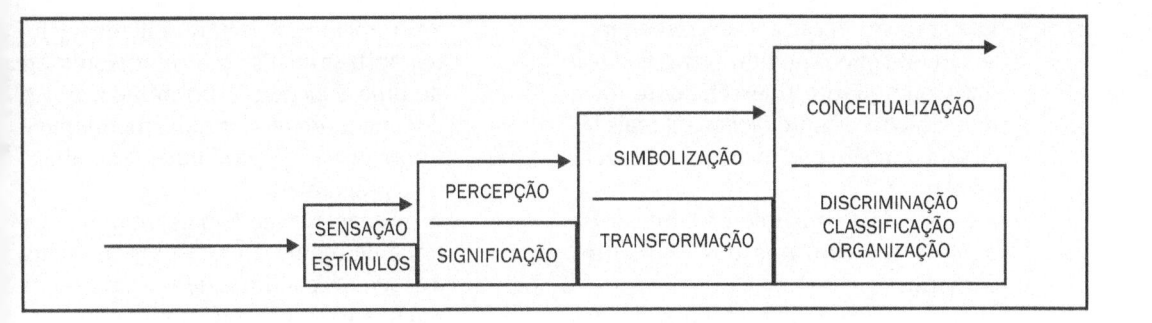

```
┌─────────────────────────────────────────────────────────────────────┐
│                                                      CONCEITUALIZAÇÃO │
│                                    SIMBOLIZAÇÃO     ─────────────────│
│                       PERCEPÇÃO                      DISCRIMINAÇÃO   │
│          SENSAÇÃO    ───────────   TRANSFORMAÇÃO    CLASSIFICAÇÃO    │
│          ESTÍMULOS   SIGNIFICAÇÃO                    ORGANIZAÇÃO     │
└─────────────────────────────────────────────────────────────────────┘
```

Estes sistemas ou analisadores sensoriais integram a energia do exterior (estímulos e situações) e conduzem-na ao cérebro para o seu respectivo processamento, interpretação e codificação (computação).

5. O campo do movimento é o espaço.

   O movimento acontece no espaço e só se justifica como e quando relaciona duas dimensões de espaço: por um lado, o corpo do indivíduo e, por outro, o espaço que o rodeia. O ser humano tem, pois, que aprender a movimentar-se no espaço físico e só será eficiente quando o seu movimento se ajustar a ele, conveniente e plasticamente.

6. O movimento é a expressão da maturidade humana.

   Segundo Barsch (1965, 1968a, 1968b), é pelo movimento que se processa a maturidade do sistema nervoso e da percepção, maturidade essa que vai desde a total dependência do indivíduo (no momento do nascimento ou nos momentos iniciais de qualquer nova aprendizagem) até à sua movimentação e orientação autônoma em relação ao mundo que o rodeia.

7. A aprendizagem do movimento acontece sempre em uma situação de estresse.

   O ser humano vive em permanente conflito com o que o rodeia. O êxito da aprendizagem está na tensão ótima ou preferencial (nem hiper nem hipo) do respectivo estresse mobilizador.

   Nesta perspectiva, o autor lembra que, no âmbito educativo, cada criança tem o seu nível de tolerância, para além do qual a aprendizagem pode ficar frustrada. Se, dentro de um determinado âmbito, o estresse é necessário à aprendizagem como detonador desta, a realidade é que, muitas vezes, é a causa do seu inêxito ou insucesso, pois pode atuar como agressão. Veja-se o caso, por exemplo, de uma luz imprópria ou insuficiente, de uma superestimulação auditiva ou, ainda, o caso da criança descoordenada, irrequieta, hiperativa ou turbulenta, que contém em si própria o estresse negativo do inêxito e do insucesso de qualquer aprendizagem escolar. Tais fatores podem atuar como agentes estressantes ou como puras agressões.

8. O circuito retroalimentador (*feedback*) é essencial para a eficiência motora.

   O *feedback system* é o sistema de ajustamento plástico do movimento, que o regula na sua própria elaboração. A criança, quando escreve, por exemplo, está recebendo simultaneamente uma informação visual (*feedback* visual, dito extrassomático) e uma informação tátil-cinestésica (*feedback* tátil-cinestésico, dito intrassomático), respectivamente, ao olhar para o que está escrevendo e ao segurar o lápis ou a caneta na mão.

   Ou seja, o sistema de *feedback* (que é automático e aberto ao ecossistema) fornece permanentemente informações ou aferências sobre a forma como um movimento está sendo executado, com ou sem lapsos, reaferência essa fundamental para a sua eficácia. Daí o seu interesse em qualquer aprendizagem. Pode-se dizer que quanto mais eficiente for a regulação recorrente (*feedback*), mais fácil será também qualquer aprendizagem escolar.

9. A eficiência do movimento é função da organização contínua dos segmentos corporais.

O movimento do ser humano evolui das aquisições motoras mais simples para as mais complexas e em função de uma seqüência em contínua integração e interação multissensorial, dependente de redes neuronais entretanto estabelecidas.

10. A eficiência do movimento como fenômeno visuoespacial é simbolicamente expresso pela linguagem.

O sistema simbólico que expressa a linguagem do indivíduo é o processo e o produto da sua experiência anterior. A eficiência da linguagem está, pois, ligada à eficiência da motricidade. A integração simbólica é o vetor resultante de uma experiência no mundo, isto é, de uma ação interiorizada, mentalmente organizada e previamente planificada e programada.

A linguagem não é mais do que o sistema de regulação interna e simbólica de todas as condutas de aprendizagem. Ela nasce da ação, integra-a e representa-a posteriormente, para, em seguida, conduzi-la e regulá-la psiquicamente.

## UNIDADES DE ORGANIZAÇÃO MOTORA

Essas 10 teses, que são a base da teoria movigenética de Barsch (1967, 1968b), estão, por sua vez e no seu conjunto, integradas em três grandes unidades de organização motora: orientação postural, estruturas perceptivo-cognitivas e graus de disponibilidade motora, as quais, por sua vez, ainda envolvem e são envolvidas pelo conjunto dos 15 fatores que se seguem:

| UNIDADES DE ORGANIZAÇÃO MOTORA | FATORES | |
|---|---|---|
| ORIENTAÇÃO POSTURAL | 1. Força muscular<br>2. Equilíbrio dinâmico<br>3. Imagem do corpo<br>4. Estruturação espacial<br>5. Estruturação temporal | COMPONENTES DA EFICIÊNCIA MOTORA |
| ESTRUTURAS PERCEPTIVOS-COGNITIVAS | 6. Sentido do paladar<br>7. Sentido de olfato<br>8. Sentido de tato<br>9. Sentido cinestésico<br>10. Sentido auditivo<br>11. Sentido visual | |
| GRAUS DE DISPONIBILIDADE MOTORA | 12. Bilateralidade<br>13. Flexibilidade<br>14. Ritmo<br>15. Planificação motora | |

Como se pode verificar pela circulação que o próprio esquema permite entre as diversas unidades de organização motora e seus respectivos fatores, a eficiência motora está na unidade do movimento, isto é, na globalidade integrada, sistêmica e interorganizada dos seus componentes integrativos, elaborativos e expressivos.

### BASES PEDAGÓGICAS DA TEORIA MOVIGENÉTICA

Barsch (1961, 1965, 1966, 1967), em conseqüência da sua teoria movigenética, sugere determinadas atitudes pedagógicas para o professor, entre as quais destaco:

1. estar científica e intrinsecamente convencido de que o movimento e o espaço são de fato importantes e fundamentais para as aprendizagens escolares;
2. ter capacidades para adaptar com versatilidade o espaço educativo;
3. atender à hierarquia das atividades motoras;
4. compreender e utilizar a importância da postura;
5. considerar a eficência motora como o primeiro objetivo educativo;
6. desenvolver pelo movimento a coordenação nos três planos do espaço;
7. utilizar como modelo básico a seqüência da evolução motora.

Como se pode verificar, para esse autor, as dificuldades de aprendizagem refletem as estruturas neurológicas desorganizadas pela deficiente ou insuficiente utilização, vivência e integração das respectivas componentes motoras. Claro que, como defensor de uma atitude científica e experimental da educação, Barsch (1968a, 1968b) não ignora, simultaneamente com os fatores neurológicos, os fatores emocionais, cognitivos, socioeconômicos e culturais. Para ele, as dificuldades de aprendizagem escolar, como problemática global, têm um significado social e são, em resumo, o produto de uma sociedade cognitiva cada vez mais baseada na informação simbólica.

### SEIS FATORES DE APRENDIZAGEM

Como medidas preventivas, Barsch (1967) sugere uma nova atitude social perante este problema e um novo modelo de formação de educadores e professores que, na sua ação pedagógica, considere os seis fatores de aprendizagem que se seguem.

**Fator 1 – espacial:** evitar a superestimulação na sala de aula e na escola; colocar a carteira, todos os objetos de aprendizagem e o material escolar dentro de um espaço ideal; favorecer a concentração e a atenção na sala de aula, recorrendo a um estado de conforto ótimo; melhorar o ambiente físico da sala (luz, som, cores de decoração, temperatura ambiente); aperfeiçoar a orientação espacial.

**Fator 2 – temporal**: todas as atividades devem ter um tempo de duração adequado; a apresentação de um estímulo-resposta exige o controle do tempo; o fator tempo é um fator condicionado pela capacidade de atenção; o tempo de atenção varia de criança para criança (biorritmo); um determinado tempo de atenção é necessário à organização perceptiva; a tolerância de tempo é importante para a eficácia na aprendizagem.

**Fator 3 – maturidade**: não exigir além das possibilidades de cada criança; encontrar antes de cada atividade o nível de maturidade requerido; estimular e desenvolver os pré-requisitos da aprendizagem; respeitar o perfil de dificuldades próprio de cada criança; preparar estratégias para que a aprendizagem se processe dentro do biorritmo de cada um; reduzir e minimizar o insucesso escolar.

**Fator 4 – variáveis**: qualquer situação de aprendizagem contém muitas formas de estimulação; a seleção das variáveis deve levar em consideração a hierarquia e a relevância dos estímulos; o números de variáveis presentes (palavras, tarefas ou problemas) deve atender aos níveis de tolerância das crianças (estudantes); controlar os estímulos exteriores à situação, evitando a distratibilidade; evitar a proliferação de estímulos irrelevantes à aprendizagem.

# FATORES DE APRENDIZAGEM
(Barsch)

**ESPACIAL**
1. Evitar a superstimulação na sala de aula e na escola.
2. Colocar a carteira, todos os objetos e o material escolar dentro de um espaço ideal.
3. Favorecer a concentração e a atenção na sala de aula (estado de conforto).
4. Melhorar o envolvimento físico na sala (luz, som, cores, temperatura ambiente, decorações, etc.).
5. Aperfeiçoar a orientação espacial.

**TEMPORAL**
1. Todas as aulas devem ter um tempo de duração.
2. A apresentação exige um estímulo-resposta um controle do tempo.
3. O fator tempo é um fator condicional pela capacidade de atenção.
4. O tempo de atenção varia de criança para criança (bioritmo).
5. Um tempo de atenção à organização perceptiva.
6. A tolerância do tempo é importante.

**DE MATURIDADE**
1. Não exigir para além das possibilidades de cada criança.
2. Encontrar antes de cada ação o nível de maturidade.
3. Estimular e desenvolver os requisitos da aprendizagem.
4. Respeitar o perfil de dificuldades próprio de cada criança.
5. Preparar uma estratégia para que a aprendizagem se processe dentro do ritmo de cada um (bioritmo).
6. Diminuir o insucesso escolar.

**VARIÁVEIS**
1. Qualquer situação de aprendizagem contém muitas formas de estimulação.
2. A seleção de variáveis deve hierarquizar a relevância dos estímulos
3. O número de palavras ou de problemas deve atender ao nível de tolerância da criança.
4. Controlas os estímulos exteriores à situação.
5. Evitar a proliferação de estímulos irrelevantes à aprendizagem.

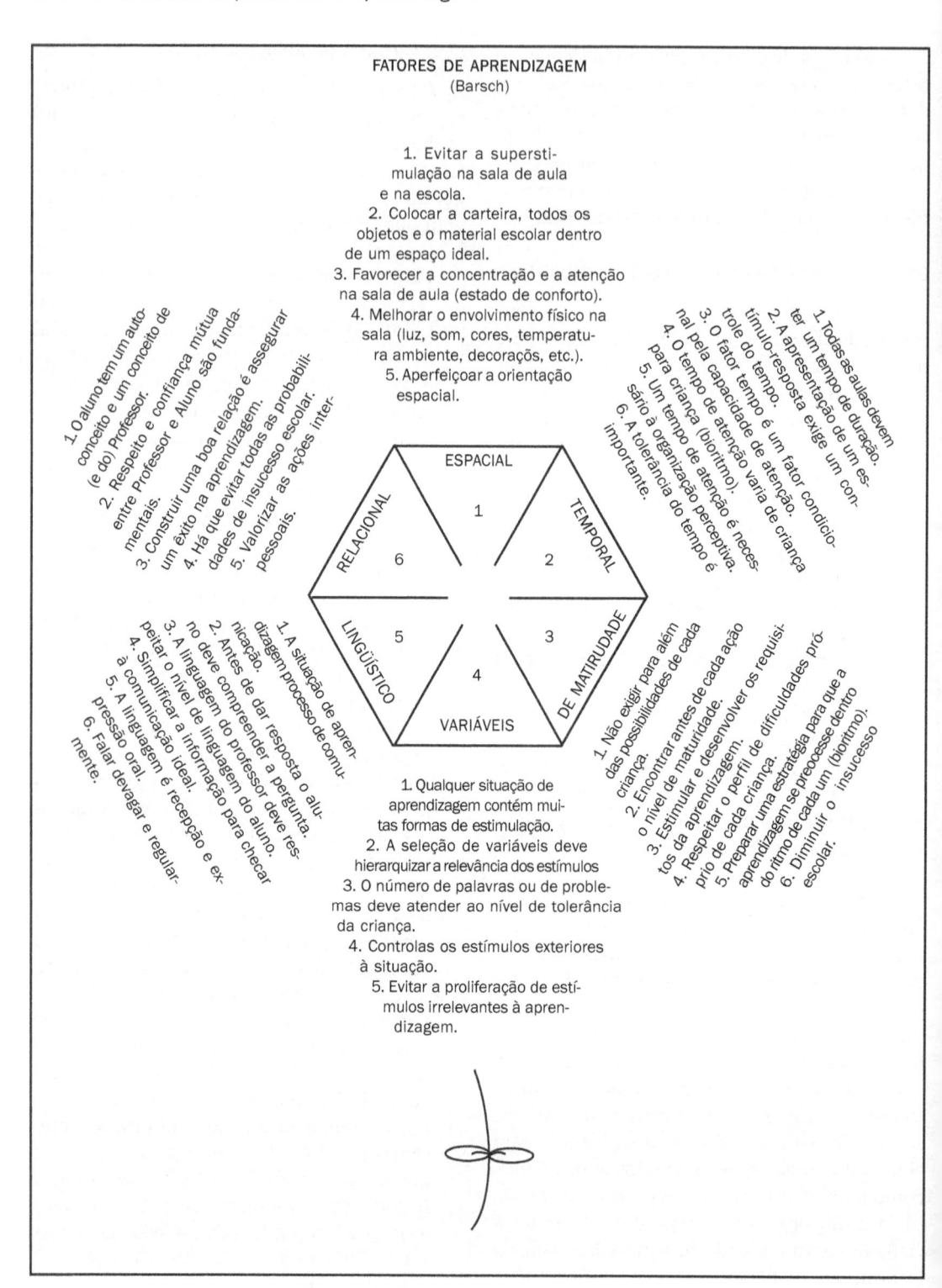

**LINGÜÍSTICO**
1. A situação de aprendizagem processo de comunicação.
2. Antes de dar resposta o aluno deve compreender a pergunta.
3. A linguagem do professor deve respeitar o nível de linguagem do aluno.
4. Simplificar a informação para checar a comunicação ideal.
5. A linguagem é recepção e expressão oral.
6. Falar devagar e regularmente.

**RELACIONAL**
1. O aluno tem um autoconceito e um conceito de (e do) Professor.
2. Respeito e confiança mútua entre Professor e Aluno são fundamentais.
3. Construir uma boa relação é assegurar um êxito na aprendizagem.
4. Há que evitar todas as probabilidades de insucesso escolar.
5. Valorizar as ações interpessoais.

**Fator 5 – lingüístico**: não esquecer que a situação de aprendizagem é uma situação que sugere comunicação e interação; antes de dar resposta é fundamental perceber e compreender a pergunta; a linguagem do emissor deve respeitar a linguagem do receptor; simplificar a informação para atingir a comunicação ideal; a linguagem envolve recepção e expressão verbal; falar devagar e regularmente facilita a comunicação.

**Fator 6 – relacional**: o aluno tem um autoconceito e um conceito do professor; respeito e confiança mútua entre o professor e o aluno são fundamentais; construir uma boa relação é assegurar êxito na aprendizagem; é preciso evitar todas as probabilidades de insucesso escolar, valorizar as ações interpessoais e a aprendizagem de grupo.

Entre as muitas considerações que o tratamento global deste quadro permite estabelecer, parece-me oportuno, para a abordagem e âmbito escolhidos para esta publicação, ou seja, o desenvolvimento psicomotor e a aprendizagem, destacar os seguintes aspectos:

1. a estruturação do espaço educativo é um dos elementos essenciais a considerar, não só na planificação do local de ação pedagógica, como também no ambiente e seleção do respectivos recursos e materiais escolares;
2. a estruturação do tempo educativo é dos elementos mais essenciais a considerar, essencialmente no que diz respeito ao nível de tolerância (biorritmo) da atenção individual e coletiva, assim como ao nível de investimento de tempo nas aquisições básicas (automatismos);
3. a estruturação de todos os fatores restantes na sua perspectiva educativa, que incluí no fator que denomino múltiplas variáveis, lembra a importância de evitar determinados excessos e distorções educativas, de onde ressaltam, por exemplo, as do tipo de excesso de palavras, excesso de equipamento, excesso de solicitações, de exercícios ou de tarefas, etc.

Todos estes fatores são, pois, na sua multiplicidade, um claro e concreto indicador da real vulnerabilidade da criança perante a escola e o adulto. Apenas e só no conhecimento global de todos estes fatores, e só quando a ação educativa é uma inter-relação e interação integrada e complementar destes fatores, a aprendizagem escolar não corre o risco de se transformar em uma ação de efeito contrário, isto é, de se transformar em um processo de ensinar a criança a ter dificuldades de aprendizagem, aquilo que se pode denominar dispedagogia.

Por não se ter em conta a situação complexa do processo ensino-aprendizagem, muitas vezes o elo mais fraco do processo é o mais negligenciado, ou seja, o próprio sujeito aprendente. A aprendizagem é muito mais do que o currículo e o professor, a aprendizagem é essencialmente dirigida à modificabilidade do estudante, daí a importância da sua mediatização (Fonseca, 1996, 2001).

A aprendizagem, segundo Barsch (1961, 1968b), exige, pois, um eqüilíbrio na relação entre a arte e a ciência; arte nas interações e mediatizações humanas entre o professor e o aluno, e ciência no estabelecimento e na otimização das condições e dos recursos ideais para induzir a experiência de cada criança como um ser completo e um candidato à hominização.

### OBJETIVOS DO PROGRAMA MOVIGENÉTICO

Barsch (1961, 1965, 1966, 1967) concebeu um currículo movigenético para aperfeiçoar a eficiência motora, com os seguintes objetivos de ação:

1. favorecer um estado de consciencialização proprioceptiva da criança, como, por exemplo, tocar e mexer em elementos e objetos do mundo exterior, localizar e mover segmentos corporais, etc.;
2. favorecer a versatilidade espacial e motora, como, por exemplo, escrever

em todas as direções: cima-baixo, esquerda-direita, etc.;
3. utilizar e consciencializar a gravidade em várias posições e movimentos naturais (deitar, sentar, levantar, andar, etc.);
4. aprender a sincronizar movimentos (seqüência, velocidade, aceleração, ritmo, temporalidade, etc.);
5. favorecer a capacidade para alterar e ajustar a direção, a orientação, a velocidade e os vários padrões de movimento (mudar de um movimento para outro, mudar o próprio movimento de andar, correr, ou saltar, etc.);
6. explorar as relações de equilíbrio do corpo com o espaço e o tempo;
7. explorar a informação por deslocamentos espaciais próximos, médios e afastados;
8. explorar os mais variados meios e contextos (mais devagar, mais depressa, em linha reta, em ziguezague, etc.);
9. explorar as próprias limitações e insuficiências do movimento;
10. utilizar o movimento dirigido e controlado cognitivamente (elaborar e planificar o movimento, atingir resultados previamente determinados e antecipadamente concebidos e verbalizados em voz alta, etc.).

Como se pode verificar pelas implicações contidas no próprio programa proposto e sugerido por Barsch, para esse autor, o movimento está, desde o mais simples e lento até o mais rápido e complexo, na base de toda e qualquer aprendizagem. Existe mesmo uma correlação nítida e conseqüente entre a eficiência motora e o desenvolvimento das capacidades perceptivas e cognitivas. Pode-se mesmo resumir a teoria movigenética de Barsch (1967) como uma perspectiva orientada no espaço para uma hierarquia piramidal baseada na organização ascendente: ação-percepção-conceituação, cujo objetivo fundamental se projeta no que esse autor designa por eficiência motora (*movement efficiency*).

Em síntese, Barsch aproxima-se de Getman, com quem trabalhou em vários centros de reeducação. É um preconizador de padrões espaciais de movimento como base fisiológica da aprendizagem e reforça a perspectiva evolutiva do organismo, centrada no papel da motricidade como processo determinante da espécie humana para garantir a sobrevivência.

A capacidade do organismo de atingir eficiência motora no ambiente constitui um triunfo da espécie humana para lutar pela sobrevivência, primeiro estádio do seu desenvolvimento cultural. Vencendo a gravidade, adaptando-se a uma motricidade bilateral especializada, foi possível adquirir um sistema multiestabilizado, designado como um mecanismo de energia aberto e disponível para promover a sua sobrevivência em um ambiente igualmente energético e complexo em termos de exigências adaptativas.

O eixo de coordenadas do corpo permitiu ao ser humano manter o seu equilíbrio enquanto confronta a força da gravidade. Com base neste sistema complexo de integração corporal, foi possível a integração sensorial visual, auditiva, tátil e cinestésica, o domínio do ambiente tornou-se exeqüível, e a sobrevivência, viável.

Para Barsch (1968a), a habilidade de nos movermos independentemente no espaço ambiente abriu a possibilidade de comunicação, permitindo transferir de um indivíduo para o outro o seu mundo espacial próprio. O potencial comunicativo do indivíduo exige um processamento, uma organização e uma integração efetiva da informação sensorial, que só pode ser concebida posteriormente a uma integração postural e motora, a qual se estabelece como condição precursora da habilidade de comunicar.

A significação desta conquista da espécie humana tem, certamente, relevante importância para a compreensão do desenvolvimento da criança (ou das suas perturbações), demonstrando o papel da motricidade no desenvolvimento da linguagem e, conseqüentemente, no desenvolvimento do potencial de aprendizagem.

# DISFUNÇÃO PERCEPTIVO-MOTORA E DISFUNÇÃO CEREBRAL MÍNIMA: introdução à obra de Cruickshank

## DISFUNÇÕES PERCEPTIVAS

William Cruickshank é um das figuras pioneiras da teoria perceptivo-motora norte-americana. Foi colaborador íntimo ao longo de vários anos de duas figuras de primeira grandeza no campo da deficiência mental e das dificuldades de aprendizagem: A. Strauss e H. Werner (Fonseca, 1984, 199b), cientistas alemães, um psiquiatra e outro psicólogo, ambos perseguidos pelo regime nazista nos anos de 1930 e emigrados para os Estados Unidos.

Cruickshank (1957, 1961, 1966, 1967, 1979, 1989) destaca-se fundamentalmente pelos seus estudos em crianças com paralisia cerebral e com lesões ou disfunções cerebrais mínimas (DCM), além de ter um papel inovador, seja no campo da educação especial, seja no das dificuldades de aprendizagem (Seguin, 1850; Rutter et al., 1970; Rosenthal, 1970; Kirk, 1972; Smith e Neisworth, 1975).

Partindo de uma concepção patológico-funcional com raízes nos dois autores acima já referidos, além da integração das contribuições clássicas de grandes neurologistas, como Head e Goldstein, com seus célebres estudos em soldados lesionados cerebralmente, Cruickshank procurou enquadrar a sua experiência com crianças portadoras de paralisia cerebral, revelando quocientes intelectuais (QI) próximos e acima da média, no contexto das crianças e jovens com dificuldades de aprendizagem e intelectualmente normais (Werner e Strauss, 1939; Terman, 1942; Stuart, 1963; Painter, 1968; Reitan e Heinemann, 1968; O'Connor, 1969; Skubic e Anderson, 1970; Wender, 1971; Vallet, 1974, 1979; Torgesen, 1977; Pennington, 1991).

Partindo da concepção de atraso mental exógeno (*exogenous mental retardation*), introduzida por Strauss e Werner (1938, 1942), essencialmente mais relacionado com fatores neurológicos, ao contrário do atraso mental endógeno, mais dependente de fatores hereditários, Cruickshank (1961b, 1965, 1966, 1989) procurou estudar o perfil psicoeducacional de tais crianças, tendo chamado a atenção para as suas disfunções perceptivas de figura e fundo, os seus distúrbios na *performance* visuomotora e tátil-motora, bem como para as suas dificuldades de formação de conceitos.

Baseado em pesquisas centradas nestes paradigmas, Cruickshank encontrou semelhantes dificuldades psicológicas e perceptivo-motoras (*perceptually disabled*) em vários tipos de crianças, tanto portadoras de paralisia cerebral e de atraso mental como também com lesões mínimas com cerebrais e epilepsia, contexto clínico e educacional do qual emergiu, mais tarde, o próprio conceito de dificuldades de aprendizagem tal qual é conhecido na atualidade, razão pela qual ocupa, como pioneiro, um lugar singular duplo na história da perceptivo-motricidade e na história das dificuldades de aprendizagem.

Com o seu entusiasmo e carisma, Cruickshank (Cruickshank, 1961; Cruickshank et al., 1965) promoveu um conjunto de pesquisas cujos resultados acabaram por dar origem a um movimento de renovação na educação de crianças com parali-

```
                    ATRASO MENTAL
                   /            \
              ENDÓGENO         EXÓGENO
                 |                |
              FATORES          FATORES
           HEREDITÁRIOS     NEUROLÓGICOS
```

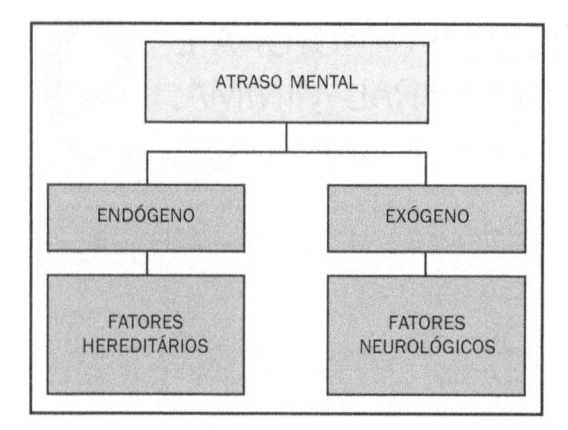

sia cerebral. Depois de ter realizado várias pesquisas sobre a aprendizagem da leitura nestas crianças, daí também sua contribuição na área das dificuldades de aprendizagem, e reunido dados originais para a época, que não identificaram correlações significativas entre as habilidades visuais de figura e fundo e as competências da leitura, como tradicionalmente eram consideradas, este autor vai, entretanto, expandindo e conceitualizando as idéias dos seus mentores iniciais.

Como sua população de estudo preferencial, as crianças com paralisia cerebral, apresentam lesões cerebrais, Cruickshank (Cruickshank, 1961, 1966; Cruickshank e Johnson, 1958) tentou transportar tal base conceitual para estudar outra população, exatamente a das crianças com inteligência normal ou ligeiramente abaixo do normal, onde cabem taxonomicamente as crianças com dificuldades de aprendizagem, cuja caracterizaçãoc em termos de QI deve ser igual ou superior a 80 (Fonseca, 1984, 1999b). Embora as crianças com dificuldades de aprendizagem (DA) apresentem características comportamentais freqüentemente associadas a lesões cerebrais mínimas – tão mínimas que raramente são identificadas pelos exames tradicionais – elas não podem ser diagnosticadas como tendo lesões no sistema nervoso central. Lesão e disfunção, neste contexto, são, em termos clínicos, nomenclaturas distintas.

Entre os anos de 1960 a 1970, muitas destas crianças foram observadas como sendo portadoras de lesões ou de disfunções cerebrais mínimas (LCM ou DCM), termos controversos e sem consenso entre os especialistas (médicos, psicólogos, terapeutas, pedagogos, etc.). Tais designações, além de serem discutíveis em termos educacionais e de terem efeitos negativos e desencorajadores para os pais e professores, foram substituídas pelo termo dificuldades de aprendizagem, educacionalmente mais consensual e adequado.

Com a acumulação de dados clínicos em crianças sem atraso mental e sem lesões cerebrais, mas com persistentes dificuldades perceptivo-motoras, distratibilidade, hiperatividade e perseverança, Cruickshank (Cruickshank, 1971, 1979; Hallahan e Cruickshank, 1973) foi refinando os conceitos de Strauss e de Werner, quer no plano teórico, quer nas suas aplicações no diagnóstico e na intervenção reeducativa. São internacionalmente conhecidas suas sugestões quanto à estruturação ambiental da aprendizagem e quanto aos seus princípios de modificação de comportamento (Cruickshank, 1972).

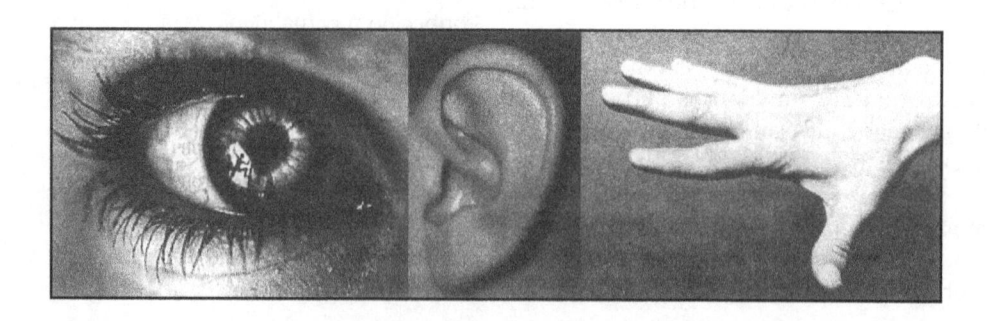

Suas idéias e estratégias quanto à importância das variáveis ambientais na aprendizagem foram testadas em vários trabalhos (Haring e Phillips, 1972; Nolen et al., 1967) e, na atualidade, são ainda aplicadas nas crianças hiperativas em muitos programas reeducativos. Seu famoso cubículo, que reduz consideravelmente a distratibilidade nestas crianças, preencheu o mobiliário de muitas escolas norte-americanas ao lado das tradicionais carteiras e cadeiras, e suas concepções ergonômicas de materiais, recursos e espaços de aprendizagem ainda hoje são consideradas na concepção e na construção de salas terapêuticas em todo o mundo.

Seus procedimentos de contingência, de reforço, de interação, de reciprocidade comunicativa, em termos de modificação de comportamentos, foram indutores de muitas pesquisas posteriores nos domínios do ensino de estratégias de metacognição e de auto-regulação, hoje extensivamente aplicadas na reeducação de crianças e jovens com déficits de atenção e com dificuldades de aprendizagem.

Na sua tentativa de teorização das dificuldades de aprendizagem, Cruickshank (1979, 1981), Hallaham e Cruickshank (1973) procuram sublinhar a importância do desenvolvimento perceptivo e perceptivo-motor nos processos de aprendizagem simbólica da leitura, da escrita e do cálculo ou da matemática, defendendo mesmo que, em termos de intervenção reeducativa, tal desenvolvimento deveria constituir a primeira prioridade a ser trabalhada.

Em analogia com Kephart, Getman, Frostig e Barsch, este autor centra-se fundamentalmente nos efeitos prospectivos que um desenvolvimento perceptivo-motor pode implicar no rendimento escolar. Em síntese, o desenvolvimento conceitual é dependente do desenvolvimento perceptivo-motor, na medida em que os conceitos requerem percepções e ações precisas e integradas para se desenvolver, não só no que significam em termos emocionais, como em termos de organização psicofuncional.

## VISÃO INTEGRADA DA PERCEPÇÃO, DA COGNIÇÃO E DA AÇÃO

O desenvolvimento perceptivo-motor equilibrado e integrado procura reforçar não só os aspectos motores como produtos, mas, igualmente, como fatores indutores do desenvolvimento perceptivo, isto é, como processos totais em interação neurológica (*input* sensorial → integração, elaboração, planificação → *output* motor → retroalimentação moto-sensorial), envolvendo componentes de reaferência que traduzem a aprendizagem como processo de mudança de comportamento.

A relação entre o desenvolvimento motor e o desenvolvimento perceptivo é inegável, pois não basta ocorrer fenomenológica ou espontaneamente, na medida em que o desenvolvimento motor deve ser devidamente estimulado, induzido e modulado reflexivamente, para que possa ser integrado neurofuncionalmente. A criança hiperativa, por exemplo, apresenta um desenvolvimento motor efetivo, só que mal regulado, controlado e integrado, em certa medida dissociado, descoeso e desintegrado do desenvolvimento perceptivo.

O que Cruickshank (1981) procura salientar é que a motricidade pela motricidade não é, por si só, indutora de desenvolvimento perceptivo, caso contrário, a criança hiperativa não apresentaria problemas de aprendizagem ou de adaptação social. É, portanto, a partir dessa integração motora e perceptiva (que, necessariamente, terá de passar pelos componentes emocionais, algo crucial na teoria perceptivo-motora), que se pode conceber o desenvolvimento conceitual posterior, por isso, uma desintegração perceptivo-motora pode comprometer, nas idades mais precoces, o desenvolvimento conceitual posterior, como demonstram os trabalhos de Inhelder e Piaget (1948), de Bruner (1956, 1957, 1966, 1970, 1971), de Wohlwill (1962), de Gibson (1963, 1969), de Wickstrom (1970), de Bruininks (1974) e de Whiting (1974).

Os conceitos das letras e dos números, como defenderam Strauss e Werner (1938), subentendem um processo de desenvolvimento no qual a atenção postural, a noção do corpo, sua estruturação espacial e rítmica e a sua expressão motora (dos pés, das mãos e dos dedos, e já agora da língua, da faringe, da laringe e dos lábios) têm de ser perceptiva e cognitivamente organizadas. Portanto, em um estádio mais inicial da aprendizagem simbólica, o processo de pensamento emerge da ação. Ele tem conseqüentemente as suas raízes nos fatores sensório-motores básicos.

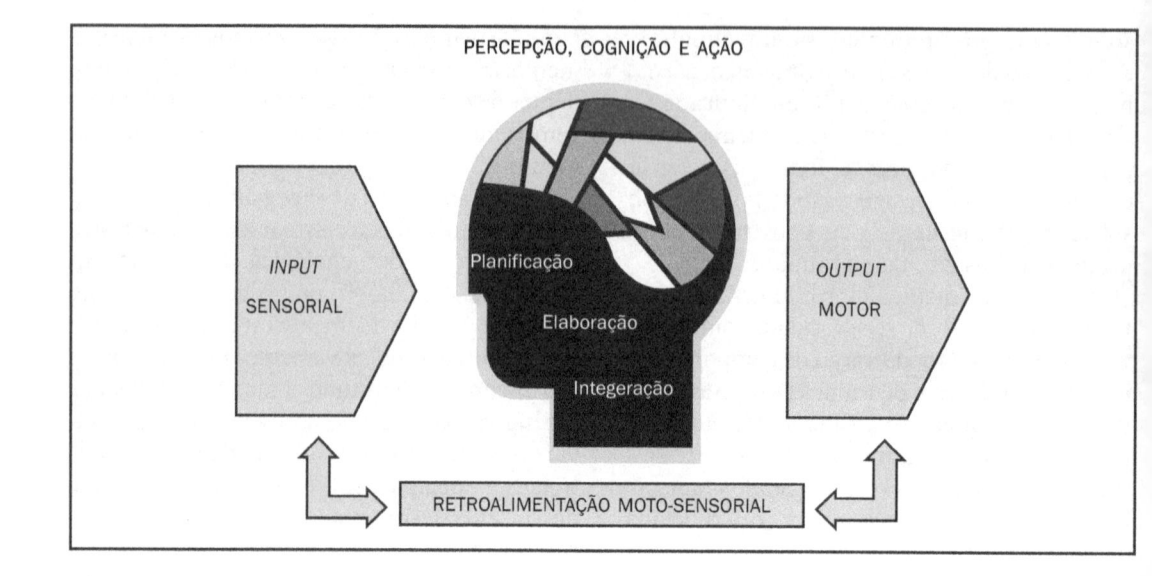

```
┌─────────────────────────────────────────────────────────────┐
│                  PERCEPÇÃO, COGNIÇÃO E AÇÃO                 │
│                                                             │
│                      ╔═══════════╗                          │
│   ┌─────────┐        ║Planificação║        ┌─────────┐      │
│   │  INPUT  │───▶    ║           ║    ───▶│ OUTPUT  │      │
│   │SENSORIAL│        ║Elaboração ║         │ MOTOR   │      │
│   └─────────┘        ║           ║         └─────────┘      │
│                      ║Integeração║                          │
│                      ╚═══════════╝                          │
│        ▲       ┌──────────────────────────┐      ▲          │
│        └───────│ RETROALIMENTAÇÃO MOTO-SENSORIAL │──┘       │
│                └──────────────────────────┘                 │
└─────────────────────────────────────────────────────────────┘
```

Efetivamente perceber um objeto, ou dele obter uma noção ou representação, é largamente dependente e determinado pelas experiências e pelas ações que sobre ele, e com ele, foram efetuadas e integradas pelo sujeito.

É este processo perceptivo-motor dito inicial ou primacial, que consubstancia a interação sujeito-mundo exterior, que é crucial para o desenvolvimento conceitual da criança, daí que a sua disfunção ou desintegração, em termos de lesão cerebral, comprometa inexoravelmente o potencial de aprendizagem nas crianças deficientes mentais exógenas. Esta concepção, já defendida por Strauss e Werner (1942), ilustra que um desenvolvimento perceptivo-motor atípico é sempre posteriormente acompanhado por um desenvolvimento conceitual vulnerável e pouco sustentado e, conseqüentemente, por uma miríade de dificuldades de aprendizagem.

A maioria dos grandes teóricos do desenvolvimento apresentam substanciais formulações sobre as relações entre a ação e a percepção, e entre a percepção e a cognição. Inhelder e Piaget (1948) fazem notar que a criança percebe as diferenças e as semelhanças entre os objetos, muito antes de ordená-los, seriá-los ou classificá-los, isto é, antes de lhes conferir uma função psíquica superior. Para esses autores, de referência inquestionável, a cognição tem as suas raízes nas atividades perceptivas, reforçando que as funções perceptivo-visuais se encontram subordinadas às percepções tátil-cinestésicas (também consideradas hápticas, por serem simultaneamente analíticas e sintéticas, e emergentes proprioceptivamente da ação sobre o espaço e sobre os objetos), evocando que a criança percebe os objetos em termos da ação, da exploração e da *performance* motora que sobre eles aplica concreta e experiencialmente.

Com base nesta formulação, esses autores referem-se à classificação e à seriação como funções emergentes dos esquemas sensório-motores iniciais, pondo ênfase na integração, na interação e na associação dos atributos dos objetos (estímulos) na formação de conceitos. O desenvolvimento perceptivo-motor que emana da interação com os objetos desencadeia o surgimento de muitos esquemas sensório-motores e mapas neuronais, cuja unidade integradora resultante da ação está na base do desenvolvimento conceitual. Na lógica piagetiana, o desenvolvimento perceptivo-motor é essencial ao desenvolvimento cognitivo; da mesma forma, uma dificuldade perceptivo-motora pode ser geradora de problemas conceituais, e este é, certamente, um dos axiomas cruciais da teoria da psicomotricidade.

Outro autor de renome, Bruner (1971, 1970, 1966, 1957, 1956), teorizou também que existe uma íntima ligação entre a percepção, que envolve categorização e inferência, e a cognição. Para esse autor, a percepção é considerada uma forma de conceitualização, o que, de imediato, permite suportar a idéia de que a esfera da percepção interfere inequivocamente na formação dos conceitos.

Por sua vez, Wohlwill (1962) assegura igualmente que o desenvolvimento perceptivo precede o desenvolvimento cognitivo, ao mesmo tempo que se opera uma espécie de redução da informação na sua transição evolutiva. Enquanto a percepção, segundo este autor, necessita de uma quantidade apreciável de redundância informacional, a cognição requer, ao contrário, uma informação substancialmente mais reduzida e distanciada interiormente.

Nesta perspectiva, a criança torna-se capaz de aceder ao pensamento conceitual quando, simultaneamente, consegue ignorar informação irrelevante, na medida em que se opera um afinamento perceptivo mais seletivo e uma atenção mais estruturada e sustentada. Desta forma, à medida que se dá a transição evolutiva da percepção para a conceitualização, a contiguidade espaço-temporal é marcadamente reduzida, reforçando, assim, a importância da percepção na organização conceitual.

Gibson (1963, 1969) assegura que o desenvolvimento perceptivo joga cada vez mais com a capacidade de discriminação e de integração de detalhes e pormenores inerentes aos objetos ou às imagens necessárias para que se observe o reconhecimento dos mesmos. À medida que se complexifica a percepção, a criança aprende formas alternativas e mais eficientes para processar os estímulos com que se depara, respondendo com mais sutileza às suas nuances aos seus componentes característicos. Isto é, o desenvolvimento conceitual não se sobrepõe ao desenvolvimento perceptivo, antes dá-lhe outra dimensão, outra extensão e transcendência.

A conceitualização, na teoria gibsoniana, é de uma natureza mais avançada do que a percepção, todavia, ela é sempre dependente da aprendizagem perceptiva anterior, na qual se operam integrações de pormenores distintos e invariantes. A percepção assume, portanto, uma importância crítica na conceitualização.

Em síntese, o que Cruickshank (1971, 1989) e Hallahan e Cruickshank (1973) pretendem sublinhar, recorrendo a Piaget, Bruner, Wohlwill e Gibson, todos grandes teóricos do desenvolvimento perceptivo e conceitual, é que os problemas perceptivo-motores podem redundar em dificuldades conceituais. Equacionada nos pressupostos adiantados por estes investigadores de renome mundial, a teoria perceptivo-motora apresenta, assim, uma base conteudística muito importante.

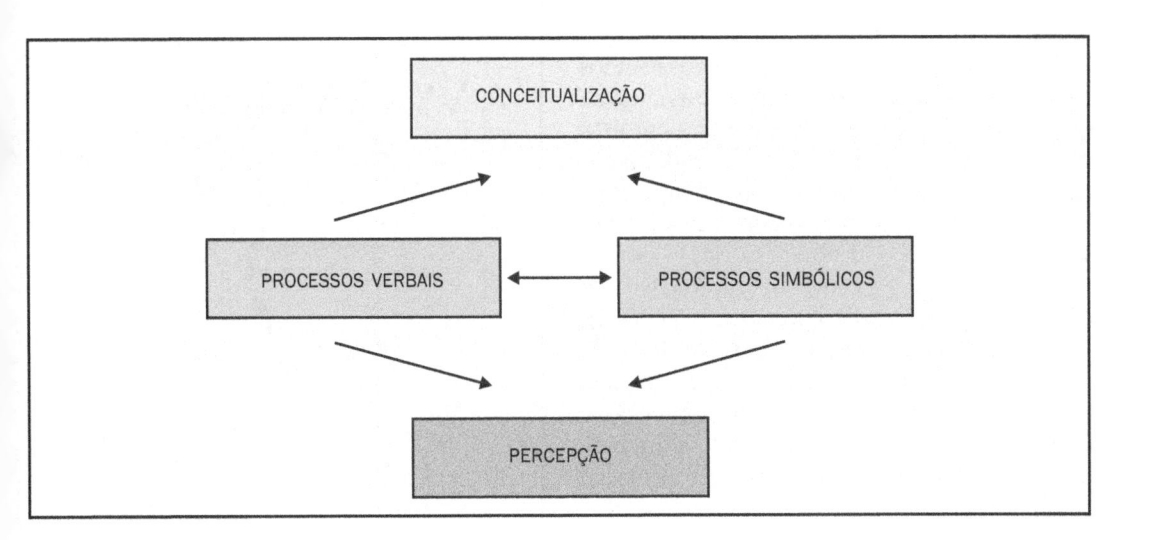

De fato, alguma evidência empírica (Ireton, Thwing e Gravem, 1970; McConnell, 1964) suporta e fortalece as relações longitudinais entre a percepção e a cognição, sustentando o papel mediador da percepção na formação dos processos verbais e simbólicos que prospectivam a sua transferência positiva e ativa, para a formação de processos conceituais mais hierarquizados. Nos seus estudos longitudinais, tais autores demonstraram que correlações significativas entre as *performances* perceptivo-motoras da Escala Mental de Bayley (Bayley Mental Scale) e o QI medido pela Escala de Inteligência Stanford-Binet (Stanford-Binet Intelligence Scale). Todos esses traços psicoeducacionais são freqüentemente revelados por crianças e jovens com dificuldades de aprendizagem (Fonseca, 1999b).

Inúmeras pesquisas e casos clínicos demonstram concludentemente que a maioria dessas crianças e jovens evocam distúrbios perceptivos sutis ou moderados, quer de processamento de informação simultâneo, quer seqüencial (Das, 1998 e Das et al., 1996), quer em termos intra-sensoriais (visuais, auditivos, tátil-cinestésicos), quer intersensoriais (*input* visual → *output* verbal; *input* auditivo → *output* não-verbal; *input* tátil → *output* motor; etc.).

Em uma idade mais avançada, as crianças com desempenhos perceptivo-motores fracos tendem a exibir fracas *performances* conceituais e abstratas, razão pela qual uma intervenção perceptivo-motora preventiva em tempo hábil pode fazer a diferença em termos do rendimento ou sucesso escolar futuro. Independentemente dos estudos correlacionais não esclarecerem sobre a natureza das suas relações causais, a maioria das pesquisas com crianças portadoras de dificuldades de aprendizagem, fundamentalmente com crianças com lesões cerebrais, suportam geralmente a hipótese de uma conexão e de uma associação estreita entre a percepção e a conceitualização (Deutsch e Schumer, 1967; Kendler e Kendler, 1959, 1962).

Consideradas em conjunto por Cruickshank, todas as teorias propostas por Piaget, Bruner, Wohlwill e Gibson e alguns estudos empíricos revistos tendem a suportar claramente a implicação dos fatores perceptivo-motores na formação de conceitos.

## *PERFORMANCE* PERCEPTIVO-MOTORA E SUCESSO ESCOLAR

Dada a sua orientação educacional e não meramente clínica, Cruickshank (Cruickshank, 1979; Cruickshank et al., 1961, 1965) procura demonstrar que algumas dificuldades na leitura, na escrita e no cálculo emanam de distorções perceptivo-motoras em letras e em palavras (quer ao nível receptivo, quer no expressivo), que, por sua vez, se projetam em dificuldades de decodificação e de compreensão, que afetam especificamente as habilidades abstrat(vas e conceituais que lhe são inerentes.

Como a leitura envolve um processo perceptivo-visual e a escrita, um processo visuomotor, muitos estudos comparativos entre bons leitores e maus leitores, apesar de apresentarem limitações metodológicas, revelam nestes últimos desempenhos mais baixos em ambos os processos, bem como em tarefas de velocidade-precisão de desenho e de cópia.

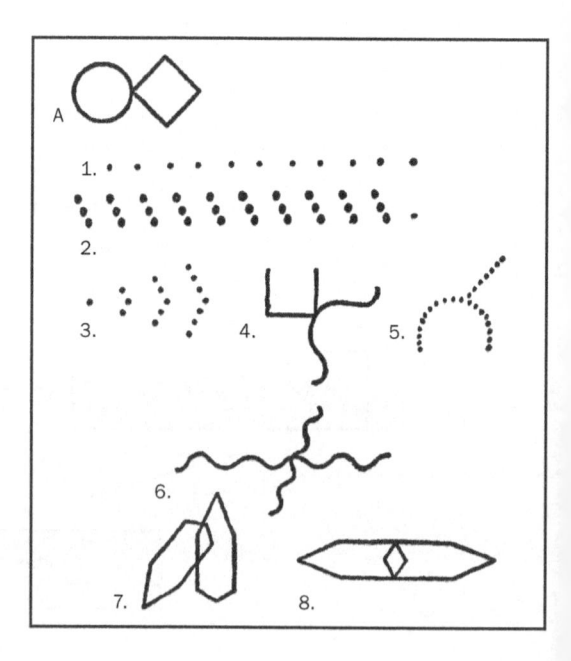

Para reforçar possíveis relações de causa e efeito entre a *performance* preceptivo-visual e o rendimento escolar, Cruickshank refere-se a uma pesquisa efetuada por Keogh e Smith (1967), com base no teste gestáltico visuomotor de Bender (teste que estima a *performance* visuomotora na cópia de figuras geométricas, de pontos e de formas) e nos testes de rendimento escolar da Califórnia e de competências escolares básicas de Iowa, ambos integrando pré-requisitos e competências da leitura, da escrita e do cálculo.

Esse estudo, metodologicamente bem desenhado, foi aplicado longitudinalmente a crianças na pré-escola (5 anos), na 2ª série (8 anos) e na 5ª série de escolaridade (12 anos), tendo sido possível chegar a resultados interessantes, principalmente a identificação de uma progressão etária em ambos os sexos, de uma superioridade feminina na *performance* visuomotora na pré-escola e de uma superioridade masculina no fim da 2ª série, ilustrando ritmos perceptivo-motores maturacionais distintos em ambos os sexos.

Os mesmo autores consideraram que o preditor mais correlacionado com a proficiência na leitura e citada na 2ª série de escolaridade e do mesmo tipo de provas na 5ª série tinha sido o resultado do teste de Bender, ou seja, o nível de *performance* perceptivo-motora obtido na pré-escola. Em outras palavras, esse trabalho de pesquisa sugere que uma *performance* perceptivo-motora baixa na pré-escola tende a sugerir um desempenho e uma prestação igualmente baixos nas competências da linguagem escrita receptiva e expressiva ao longo do percurso escolar (ensino fundamental). Embora tal estudo sugira que o desempenho no teste de Bender na pré-escola é um bom preditor de dificuldades de aprendizagem futuras, as possíveis relações de causa e efeito entre o desenvolvimento perceptivo-motor e o rendimento escolar parecem ser igualmente suportadas por tal investigação.

Snyder e Freud (1967), em outra pesquisa comentada por Cruickshank, na qual administraram várias medidas visuoperceptivas, incluindo o teste de Bender, o teste de figuras em espiral de Spivack e Levine e o cubo de Necker e mais um teste de pré-requisitos da leitura (Lee-Clark Reading Readiness Test), encontraram correlações significativas entre os resultados perceptivomotores e os da leitura, tendo mesmo concluído que a imaturidade perceptivo-motora na 1ª série era o que mais fortemente contribuía para a identificação de dificuldades posteriores na leitura, mesmo no caso de crianças com um QI normal.

Para ilustrar a estreita associação entre as competências perceptivo-motoras e o rendimento acadêmico, Hallanhan e Cruickshank (1973) referem-se a outro estudo de Skubic e Anderson (1970), no qual utilizaram várias provas de equilíbrio, de coordenação motora global e fina em conjunto com testes de realização acadêmica muito conhecidos (Stanford Achievement Test e California Test of Mental Maturity) em uma amostra de estudantes com bom e baixo rendimento. Os resultados encontrados demonstraram a superioridade dos estudantes com bom rendimento sobre os de baixo rendimento na maioria dos testes perceptivo-motores e ilustraram correlações significativas com as provas acadêmicas e a maturidade mental. De novo, os dados sugerem relações entre a perceptivo-motricidade, o rendimento escolar e a maturidade mental.

Nesta linha de investigação, os mesmos autores apresentam igualmente um estudo de Lyle (1968) entre dois grupos de crianças, um experimental, considerado com atrasos de leitura, e outro de controle, integrando vários níveis de escolaridade, da 1ª à 6ª séries. Com base em um modelo de análise fatorial e utilizando a Escala de Inteligência de Wechsler para Crianças (WISC) e um conjunto de provas psicomotoras contendo variáveis de agnosia digital, de lateralização e de reversibilidade espacial, esse autor identificou dois fatores ortogonais relacionados com os problemas da leitura, o primeiro com componentes perceptivo-motores distorcidos e o segundo com um componente verbal vulnerável.

Outros estudos também revistos pelos mesmos (Coleman, 1968; Erickson, 1969; Singer e Brunk, 1967 e Davol e Hastings, 1967), desenhados essencialmente nos moldes metodológicos já referidos, sugerem que as crianças com dificuldades na leitura apresentam diferenças significativas em várias competências perceptivo-motoras, quando comparadas com crianças sem dificuldades de leitura, principalmente disfunções visuomotoras, desorientação espacial e disfunções práxicas construtivas.

Em suma, todos esses trabalhos revistos por Cruickshank e colaboradores apresentam evidências e fatos que sustentam as competências perceptivo-motoras como pré-requisitos da leitura, parecendo pôr em perspectiva uma relação de circularidade funcional entre a perceptivo-motricidade e a proficiência da leitura.

Parece óbvio que os problemas visuomotores e perceptivo-motores põem em risco as aquisições precoces da leitura. Desta forma, as dificuldades naquela aquisição básica podem ser vistas como o resultado de uma imaturidade perceptivo-motora, que deve integrar não só as funções visuomotoras, como também as auditivo-motoras e suas concomitantes interações intersensoriais.

Minha experiência clínica com dezenas de casos aponta igualmente nesta direção, daí a importância da intervenção psicomotora nos primeiros anos de escolaridade como prevenção e profilaxia de dificuldades de aprendizagem futuras.

## IMATURIDADE PERCEPTIVO-MOTORA E INTERAÇÃO INTERSENSORIAL

Cruickshank (1961, 1966, 1971, 1981), Cruickshank e Johnson (1958) e Hallahan e Cruickshank (1973) chamam a atenção não só para a imaturidade perceptivo-motora, como para a interação intersensorial visuoauditiva e auditivo-visual, pois ambas estão envolvidas na proficiência da leitura, uma vez que o processo de leitura tem, necessariamente, que envolver os seguintes sistemas:

– o sistema visual, onde ocorre a captação de optemas, equivalentes visuais dos grafemas, que são produzidos em termos grafomotores pela extremidades do corpo, pela mão, pelo pé ou pela boca, como o fazem crianças com malformações causadas pela talidomida ou com diversos subtipos de deficiência motora);
– o sistema auditivo, onde se procede a decodificação entre o optema e o fonema, isto é, a associação dos estímulos visuais com os estímulos auditivos já integrados (consciência fonológica);
– o sistema cognitivo, onde se operam as associações e as inferências que permitem a compreensão do texto; se a leitura é oral e não-silenciosa, ela envolve também o sistema oral, onde os fonemas terão de ser recuperados, rechamados, transferidos e codificados em articulemas para serem produzidos verbalmente.

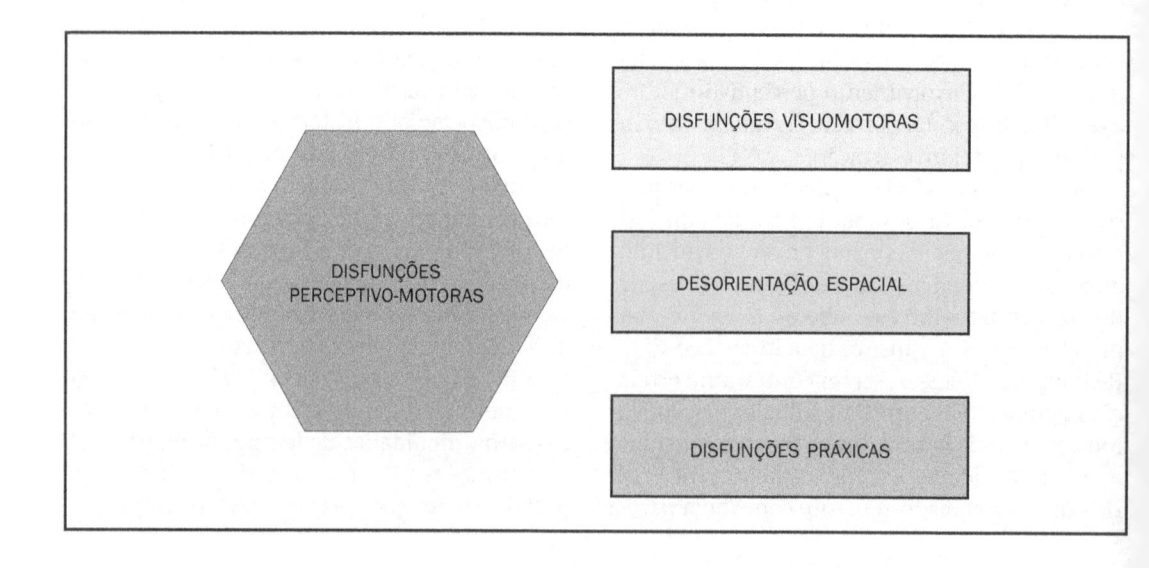

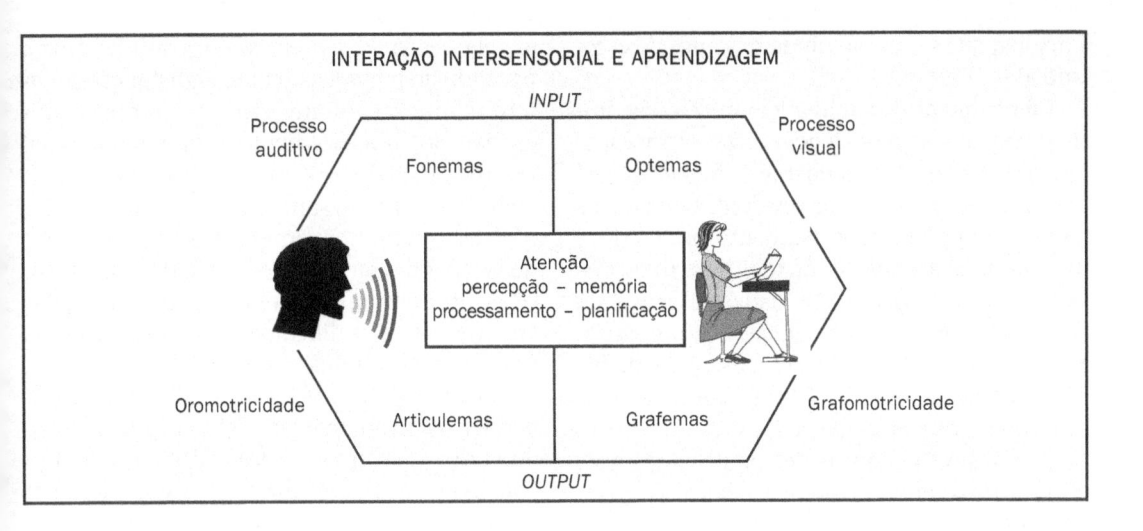

**INTERAÇÃO INTERSENSORIAL E APRENDIZAGEM**

*INPUT*

Processo auditivo — Fonemas — Optemas — Processo visual

Atenção
percepção – memória
processamento – planificação

Oromotricidade — Articulemas — Grafemas — Grafomotricidade

*OUTPUT*

A maturidade perceptivo-motora (tátil-cinestésica, vestibular, proprioceptiva, etc.), torna-se essencial para se operar toda esta arquitetura intersensorial integrada (visual, auditiva, exteroceptiva), que suporta as aprendizagens simbólicas complexas, como a leitura e a escrita. Ambas as aquisições simbólicas requerem, obviamente, complexos processos de atenção tônico-postural, de integração somatognósica, de estruturação espaço-temporal, etc., que dão o necessário suporte aos processos visuais e auditivos que se encarregam de integrar os optemas e os fonemas, quer simultaneamente, quer seqüencialmente, e constituem alguns dos componentes cruciais de elaboração e de expressão dos articulemas e grafemas, pois, com base na sua interação, é possível organizar e planificar as respostas motoras que as ilustram como competências observáveis e demonstráveis.

A leitura envolve uma aprendizagem intersensorial, porque envolve um processamento bimodal visuoauditivo, que joga com a integração de estímulos sensoriais (letras e sons) e com a elaboração de respostas motoras (oro e grafomotras). Como processo neuropsicológico, a leitura tem primeiro que envolver processos perceptivos e imagéticos mais dependentes dos processos visuais e, posteriormente, processos simbólicos e conceituais mais dependentes dos processos auditivos (Fonseca, 1984, 1999b), daí a maturidade perceptiva e a interação intersensorial serem um fator incontornável na sua aprendizagem. Não é de estranhar, portanto, toda a evidência experimental apresentada por Cruickshank.

Birch e Belmont (1965, 1964), utilizando várias tarefas de integração intersensorial, à base de decodificações e codificações, de imitações e de reproduções de estruturas rítmicas, com bons e maus leitores, chegaram à conclusão de que as crianças com dificuldades na leitura apresentavam um déficit na integração intersensorial, também denominada integração crossomodal.

Esses estudos permitem alguma especulação teórica sobre a mudança de processos de aprendizagem da leitura baseados na integração intersensorial. Sendo inicialmente enfocados nas funções visuoperceptivas, eles tendem a complexificar-se mais tarde, em termos sistêmicos, nas funções simbólico-conceituais, mais dependentes do processamento auditivo-simbólico.

A leitura como processo de aprendizagem parece sugerir uma mudança no seu processamento sensorial preferencial; primeiro parece ser mais visual e, posteriormente, mais auditiva. A leitura, como aquisição simbólica complexa (Fonseca, 2002), torna-se uma função psíquica superior, que depende quase exclusivamente das conexões visuoauditivas, ambas igualmente dependentes de outras conexões básicas, quer atencionais e tônico-posturais, quer vestibulares, proprioceptivas, etc. Quando essas conexões forem disfuncionais ou perturbadas, ler pode ser muito difícil à medida que se vai evoluindo nos anos de escolaridade.

Efetivamente, quando a leitura se apóia inicialmente nos sistemas logográficos e visuoespacias, por estar ainda dependente da decodificação, as dificuldades não são tão evidentes, mas mais tarde, como o seu processamento preferencial transita para sistemas visuoauditivos, mais versáteis e complexos, as dificuldades passam a ser de outra natureza, digamos mais compreensiva, inferencial ou interpretativa e, conseqüentemente, mais dependente de estruturas cognitivas mais hierarquizadas e automatizadas.

Estudos com crianças deficientes auditivas, com crianças com disfasias e disléxicas (Myklebust, 1960, 1963, 1964, 1965, 1971; Myklebust e Boshes, 1960; Johnson e Myklebust, 1964) reportam mais dificuldades na fase visuoauditiva da aprendizagem da leitura, na qual ocorrem processos de codificação verbal bem mais complexos, do que na fase de decodificação visual de letras, onde tais crianças revelam mais facilidade de processamento de informação.

Em síntese, Cruickshank (1981) e Hallahan e Cruickshank (1973) advogam a idéia de que as dificuldades perceptivo-motoras podem posteriormente redundar em dificuldades, transtornos ou distúrbios nas operações conceituais e abstratas. Vários estudos de natureza correlacional sugerem que as dificuldades perceptivo-motoras, nos primeiros anos de escolaridade, e as dificuldades de integração visuoauditiva e auditivo-visual, nos anos seguintes, afetam o rendimento escolar, parecendo sugerir um efeito causal em ambos os processos de integração intersensorial, no qual poderão estar mergulhadas múltiplas variáveis, desde dificuldades em sustentar a atenção, em mobilizar a motivação, em discriminar a significação dos símbolos lingüísticos, em formar e generalizar conceitos e, naturalmente, em percepcionar e manipular configurações visuoespaciais.

## ATENÇÃO E CONTROLE MOTOR

Partindo uma vez mais das idéias pioneiras de Strauss e Werner, Cruickskank (1961, 1966, 1972) procura, na sua notável obra, estudar na criança com disfunção cerebral mínima (DCM) as relações entre a atenção e o controle motor, partindo do pressuposto que tal disfunção interfere simultaneamente em tais componentes cruciais do comportamento e da aprendizagem (Werner, 1945, 1946; Zuckman et al., 1960; Paine, 1962, 1965; Thompson, 1967; Schnitker, 1972).

Nos estudos de Werner (1944, 1945, 1946) e de Werner e Strauss (1939), uma das características predominantes identificadas naquelas crianças foi a sua dificuldade em diferenciar ou em filtrar perceptivamente a figura do fundo, parecendo sugerir nelas uma inabilidade para responder seletivamente aos elementos integrados do campo perceptivo. Para esses autores, tais crianças revelam uma dificuldade em selecionar ou em filtrar estímulos relevantes e ignorar estímulos irrelevantes, respondendo freqüentemente mais a estes do que àqueles.

A tendência a responder a estímulos irrelevantes já tinha sido apontada por Goldstein (1983) em pacientes adultos com lesões cerebrais provocadas por ferimentos de guerra, mas são os dois autores alemães referidos os primeiros a destacar experimentalmente esta característica em crianças DCM, reforçando a idéia de que elas respondem a detalhes acidentais e insignificantes, quer na presença de objetos, quer de imagens, devido a uma lesão do sistema nervoso central.

Estudos de Cruickshank e colaboradores (1965) e de Cruickshank e Johnson (1958) com crianças espásticas verificaram o mesmo problema, isto é, estas crianças tendiam a apresentar as mesmas características de distratibilidade pelo fundo, não identificando adequadamente figuras sobre ele sobrepostas, como se o fundo provocasse uma distorção perceptiva, alterando a captação dos detalhes dominantes das figuras. Utilizando um taquitoscópio, aparelho de projeção que permite apresentar diapositivos com diversas formas e imagens em figura e fundo (ver capítulo dedicado a Frostig), esse autor conseguiu apurar que os espásticos, mais dos que os atetósicos, apresentavam manifesta distratibilidade, quer na modalidade visual, quer na tátil, apontando nessas crianças uma espécie de patologia figura-fundo (*figure-background pathology*), um dos diversos tipos de agnosia visual estudados pelas neurociências.

O déficit de atenção, neste contexto, para Cruickshank, interfere na homeostasia das funções perceptivas (ditas de *input*) e das funções motoras (ditas de *output*), provocando uma disfunção no processamento de informação em termos receptivos, integrativos, elaborativos e expressivos, ou seja, em todo o processo de aprendizagem.

Esse autor, apoiando-se em Kagan (1965a, 1965b 1966, 1971), evoca que a habilidade de atender à figura e não ao fundo, algo que se vai verificando ao longo do desenvolvimento da criança, constitui um aspecto essencial da função da atenção e identifica mesmo o estilo cognitivo característico de cada indivíduo: reflexivo ou impulsivo. Enquanto o reflexivo tem tendência a pensar antes de responder, e por isso comete menos inêxitos, o impulsivo, em contrapartida, responde mais rapidamente, confrontando-se mais freqüentemente com o erro, ao mesmo tempo que revela mais dificuldades em tarefas que envolvam raciocínio indutivo.

Tais características, segundo Cruickshank (1971), são também inerentes às crianças DCM hiperativas ou distrácteis, na medida em que elas tendem a atender mais ao fundo do que à figura, daí a sua impulsividade e a sua inabilidade em captar, filtrar ou extrair a figura do fundo por distratibilidade, o que ilustra claramente a associação positiva entre as aquisições da atenção (*attention skills*) e as aquisições perceptivas figura-fundo.

Os estudos sobre atenção e distratibilidade em crianças deficientes mentais foram já amplamente realizados por Stress e Werner, nos anos de 1940, e, posteriormente, conduzidos, nos anos de 1950 e de 1960, em crianças DCM por Cruickshank e outros, constituindo mesmo uma linha de investigação muito atual, que se desenvolveu extraordinariamente no campo das dificuldades de aprendizagem (Fonseca, 1984, 1999b), na qual as pesquisas sobre o déficit de atenção com e sem hiperatividade (*attention deficit with or without hyperative disorder – ADDH*) atingiram um relevante prestígio. Na maioria desses estudos, a correlação positiva entre déficit de atenção e QI foi amplamente demonstrada, assim como a sua relação com lesão cerebral foi freqüentemente apontada, independentemente do déficit de atenção ser igualmente detectado em populações não-lesadas.

A posição teórica defendida por Zeaman e House (1963), no âmbito da deficiência mental, reforça a idéia de que é a habilidade de atender, e não a habilidade para aprender, que se encontra mais comprometida nestas populações, ao mesmo tempo que Ellis (1963) defende que elas apresentam uma reverberação mais curta e fraca, e Spitz (1963), que elas evidenciam uma redução na saciedade cortical.

Todos esses autores sugerem, portanto, uma fragilidade nos mecanismos neurológicos, ligando os déficits de atenção a insultos do sistema nervoso central, disfunções que desequilibram a dicotomia neurofuncional excitação-inibição, mais ou menos regulada nos substratos reticulares e subcorticais (Hebb, 1955, 1958, 1976). Em síntese, o contributo dos autores citados por Cruickshank sugere fortemente que o déficit de atenção é devido a uma excitação cortical prolongada que escapa aos processos de auto-regulação do indivíduo.

Essa característica de desatenção e de distratibilidade, inequivocamente demonstrada em populações com deficiência mental exógena ou com DCM, verifica-se igualmente em populações com dificuldades de aprendizagem, nas quais não é possível assegurar em definitivo uma lesão cerebral mínima ou focalizada (Fonseca, 1999b). Em tais populações, segundo Luria (1961, 1966a, 1966b), o que se verifica é uma espécie de desorganização das suas respostas quando os estímulos são apresentados mais rapidamente, levando a dificuldades de controle, a que o mesmo autor denomina astenia cerebral, que se revelam em uma maior impulsividade, isto é, em uma acumulação de impulsos excitatórios que se tornam mais difíceis de inibir, logo, mais suscetíveis de produzir distratibilidade, ilustrando, conseqüentemente, uma dificuldade específica para inibir respostas motoras e em manter ou em expandir a captação de estímulos sensoriais (*attention span*).

A captação episódica de estímulos, que caracteriza estas populações, tende a aumentar a produção de respostas impulsivas, não-planificadas ou interiorizadas onde o tempo cognitivo é mínimo (Keogh e McDonlon, 1972), dando origem a uma desorganização do processamento de informação que implica a hiperatividade (Schwebel, 1966; Ross, 1969; Willerman, 1973; Ross e Ross, 1976; Riccio, 1993, Steger, 2001). A falta de atenção característica das crianças com dificuldades de aprendizagem, a que Cruickshank adiciona a distratibilidade como expressão equivalente, sugere, portanto, um aumento desmedido e caótico da atividade motora, consubstanciando, assim, a sua hiperatividade.

Os célebres cubículos (espécie de carteiras escolares feitas de placas de madeira na frente e dos lados, limitando a visão panorâmica) que este autor preconizou para facilitar a aprendizagem em crianças distrácteis, visavam exatamente a controlar e minimizar o bombardeamento de estímulos do ambiente, para que a atenção pudesse ser otimizada e focada, ao mesmo tempo que a atividade motora pudesse ser substancialmente reduzida.

Independentemente da confusão que circunda o diagnóstico de hiperatividade, dada a impossibilidade de identificá-la como um fenômeno homogêneo, uma vez que subsistem diferentes tipos de atividade motora e diferentes métodos para mensurá-la, não há duvidas de que as crianças categorizadas com DCM ou com dificuldades de aprendizagem exibem um excesso de certos tipos de atividade motora, em diversos tipos de situações e em diversos tipos de contextos (Birch, 1964).

Ao contrário do pensamento comum, que sugere que a hiperatividade passa com a idade, diversos estudos longitudinais citados por Cruickshank (Minde et al., 1968, 1971; Kagan e Moss, 1962 e Dykman et. al., 1970) referem que as suas manifestações cognitivas e comportamentais se projetam na adolescência, e mesmo na idade adulta, daí a importância da sua identificação e intervenção precoce.

A intervenção com crianças hiperativas com déficit de atenção e com impulsividade motora tem sido estudada por autores como Meichenbaum e Goodman (1969), Palkes, Stewart e Kahana (1968), Schwebel (1966) e Douglas (1980), que sugerem estratégias de verbalização antecipada para regular o excesso de comportamento motor. Tais estratégias, baseadas em Vygotsky (1962) e Luria (1961), segundo Cruickshank, assumem que falar ou verbalizar antes de entrar em movimento regula e reduz o excesso de atividade motora, um dos pressupostos fundamentais da intervenção psicomotora.

Pensar antes de agir, paradigma fundamental da psicomotricidade (Fonseca, 2001, 2002), permite, conseqüentemente, controlar a impulsividade motora na criança e a linguagem, primeiro exterior e depois interiorizada; é um processo de planificação motora, que está na origem das funções de regulação e de controle motor. A possibilidade de gerar na criança processos metacognitivos de auto-regulação, por meio de autocomandos verbais, de reflexões sobre as conseqüências das ações ou suas combinações, fornece e promove funções cognitivas elaborativas do tipo "pare e pense", "pare, escute, veja, analise, compare, verifique e aja", etc., que permitem executar respostas motoras mais controladas e adaptadas.

As inúmeras técnicas de relaxamento propostas por Jacobson, Schultz, Soubiran, G. Alexander, Ajuriaguerra, Vittoz, Bergés, Múrcia, Bertrand, Bruno, Jarreau, etc., a que já me referi em outro trabalho (Fonseca, 1976), podem igualmente promover a consciencialização corporal e a regulação interiorizada da ação, favorecendo o controle tônico e motor e enriquecendo-o da atenção nas crianças hiperativas. Nesta ótica, a intervenção psicomotora pode constituir uma indicação útil para crianças desatentas e distráteis, modulando sua motricidade, sua propriocepividade, o sentimento de si, etc. Sua atenção tende a ajustar-se, ao mesmo tempo em que suas respostas motoras ou outras reduzam sua impulsividade perturbadora e sua conduta instável e irrequieta.

Ao contrário dos medicamentos usados por essas crianças (cloropromazina, ritalina, etc.), que podem apresentar efeitos colaterais, como insônia e anorexia, a psicomotricidade e o relaxamento psicossomático podem igualmente reduzir o excesso de atividade motora inconseqüente, aumentar a capacidade de atenção e compensar o comportamento social, como provam os inúmeros casos que sigo clinicamente, algo que merece, todavia, ser investigado com mais rigor no futuro.

A hiperatividade parece tender a um fenômeno bola de neve, que repercute não só na área motora, mas em todas as manifestações emocionais, relacionais e comportamentais e também simbólicas e cognitivas, principalmente naquelas que exijam maior grau de processamento, de elaboração, de regulação, de planificação e de controle de estímulos e respostas, de situações-problema e de plasticidade adaptativa.

Dado que a hiperatividade pode ser considerada uma disfunção dos sistemas de vigilância dependentes da formação reticulada (Lindsley, 1951, 1960; Lashley, 1951, Lindsay e Norman, 1973), com repercussões desorganizativas nas redes de inibição recíproca, a excitabilidade neuronal necessária à aprendizagem, ao divergir para outras estruturas cerebrais, como os sistemas subcorticais, prejudica a concentração e a atenção, daí resultando uma falha na supressão de excitações neuronais irrelevantes. É óbvio que uma lesão (ou disfunção) cerebral interfere nos mecanismos de inibição recíproca, e estes são, indubitavelmente, as infra-estruturas das funções emocionais e cognitivas mais elaboradas. Não é de estranhar, portanto, que uma dificuldade na atenção esteja na base de uma dificuldade de aprendizagem ou de uma dificuldade de adaptação.

Como a atenção é uma função psíquica básica, que atravessa todo o funcionamento cerebral (Luria, 1965, 1966b, 1975a; Das, 1998; Das et. al., 1996; Fonseca, 2001; Fonseca e Cruz, 2001; Cruz e Fonseca, 2002), do mais simples ao mais complexo, a habilidade de atender a qualquer tarefa é crucial para a sua resolução e, naturalmente, está relacionada com as várias facetas da aprendizagem escolar na criança.

A atenção não só está altamente correlacionada com a inteligência – daí a hiperatividade tender a estar relacionada com QIs mais baixos –, como também com as várias competências do rendimento escolar. Portanto, a atenção na escola deve ser considerada como um comportamento cognitivo básico. Ela é, conseqüentemente, uma habilidade fundamental para que a criança possa funcionar adequadamente dentro da sala de aula.

Maccoby e colaboradores (1965) verificaram uma relação negativa entre a hiperatividade e a inteligência, afirmando que a capacidade de resolução de problemas só é fluente e eficaz se a atividade motora for inibida e controlada. Para os mesmos autores, citados por Hallahan e Cruickshank (1973), a habilidade de inibir movimentos em tarefas estruturadas está associada positivamente com medidas de competência intelectual, enquanto a atividade motora produzida em um parque lúdico de exploração livre e espontânea, não. No ecossistema da sala de aula, é pressuposta a capacidade de inibir movimentos, já no ecossistema do parque infantil, a exploração motora está associada à espontaneidade, à naturalidade e à facilidade adaptativa do repertório motor; os níveis de atividade devem levar em conta os próprios contextos onde ela se desenrola.

As inter-relações recíprocas dos componentes da atenção, da aprendizagem e da inteligência, à luz dos estudos que Cruickshank analisa, parecem desempenhar entre si funções sistêmicas muito importantes nas aquisições escolares da leitura, da escrita e do cálculo, sugerindo que elas caracterizam os sistemas neurofuncionais de suporte do processo de aprender a aprender. Vista nestes parâmetros, a atenção é, de fato, uma função extremamente importante nos estádios mais precoces da alfabetização. Sem dirigir e gerir a atenção, a criança tenderá a ter mais dificuldades iniciais na aprendizagem simbólica e terá, obviamente, um processo de aprendizagem mais lento; correrá o risco, segundo Cruickshank, de ser considerada um aprendiz "com a cabeça nas nuvens".

A atenção é, sem dúvida, uma variável importante na aprendizagem acadêmica e na *performance* intelectual. Ela é um forte indicador e predecessor do rendimento escolar. De acordo com Neisser (1967), a atenção é um ato mental subdividido em dois processos interligados: o primeiro, pré-atencional, controla o próprio ato motor da atenção, onde se opera a seleção, a partir de uma massa de estímulos, e onde se dá uma representação global dos mesmos; o segundo, focal, analisa e sintetiza o objeto a que se presta atenção, onde se opera o seu refinamento e a sua segmentação holística. Aprender a ler ou a resolver problemas de matemática ou outros vai exigir a integração e a interação conjugada destes dois subprocessos atencionais e a participação ativa da criança.

A criança com dificuldades de aprendizagem parece experimentar mais dificuldades no processo focal do que no processo pré-atencional, sugerindo mais problemas de integração nos processos superiores de atenção. As crianças com deficiência mental ou com DCM, ao contrário, experimentam mais dificuldades nos processos atencionais mais elementares e básicos, como os de figura-fundo.

A capacidade de sistematicamente selecionar e abstrair dados relevantes dos irrelevantes compreende uma função cognitiva básica das aprendizagens futuras para realizar inferências lógicas, para raciocinar dedutivamente, para resolver problemas e para muitas outras manifestações do comportamento simbólico. Para lidar com a aprendizagem, a criança necessita do processo atencional, para ignorar mudanças irrelevantes nos estímulos e nas situações, selecionando elementos invariantes sobre os quais se deve focalizar ou fixar. A atenção seletiva faz parte, portanto, do desenvolvimento conceitual, e não meramente do desenvolvimento perceptivo, como assegura Gibson (1963, 1969), pois distinguir, filtrar ou discriminar dados de informação, sejam objetos, imagens, letras ou palavras, envolve a consciencialização dos seus atributos ou propriedades, e tal só é possível com a focagem da atenção, que ocorre ao longo do processo da aprendizagem. A atenção, assim concebida, é uma alocação de recursos cognitivos, é um verdadeiro produto ativo e construtivo do indivíduo.

Mesmo no bebê das experiências clássicas da percepção de profundidade (*visual cliff*), de Gibson e Walk (1960), e da percepção de padrões visuais, de Fantz (1966), a atenção seletiva dá indicações claras sobre as capacidades futuras para reconhecer e diferenciar objetos; os que são familiares deixam de implicar a atenção, mas os novos mobilizam-na cada vez mais, preparando-os para uma exploração e manipulação do ambiente cada vez mais diversificada.

Como acabamos de ver, com base em Cruickshank (1981, 1989), Hallahan e Cruickshank (1973), as habilidades atencionais são um pré-requisito necessário para todas as aprendizagens, assim como as habilidades de controle motor são componentes críticos para o seu desenvolvimento, por isso o seu treinamento na sala de aula, desde a pré-escola, deve ser sistematicamente equacionado e enquadrado em um ambiente reduzido de estímulos distráteis, em um espaço e em um tempo devidamente organizados e estruturados e na concepção e na criação de materiais didáticos, etc. Tudo pode influir no processo de atenção.

Quando se educam crianças hiperativas, com DCM, com dificuldades de aprendizagem ou mesmo com deficiências mentais, os sistemas ecológicos ao redor e as estratégias de mediatização (Fonseca, 1996, 2001) devem ser pensados e criados para despertar capacidades de atenção mais eficazes, pois só com base nelas podem emergir outras capacidades de processamento de informação mais hierarquizadas e complexas.

É certo que não basta otimizar as capacidades de atenção para que crianças com necessidades especiais aprendam mais e melhor, pois não se pode assegurar que elas automática e imediatamente promovem funções cognitivas implicadas na *performance* intelectual e no rendimento escolar, mas, certamente, um ambiente estruturado oferece melhores condições ecológicas para que a aprendizagem possa ocorrer com mais facilidade. Se queremos promover o potencial de atenção, de concentração ou de aprendizagem nas crianças, o enriquecimento ecológico que está ao seu redor – sala de aula, equipamentos, organização espacial e temporal, materiais, tarefas e fichas de trabalho, interações, reforços, estratégias de mediatização, etc., – têm também de se modificar.

É inquestionável que a atenção desempenha um papel central em qualquer aprendizagem; sua desorganização ou disfunção tem efeitos em quase todos os processos mentais, afetando a sua adequação, daí a intervenção centrada no corpo e na motricidade, tendo em vista a sua auto-regulação e consciencialização, e não meramente a sua estimulação motora excessiva, permanente e desenfreada, ter o poder de exercer na conduta da criança melhores condições de mobilização energética, emocional e motivacional e, conseqüentemente, ajustar plasticamente as suas respostas adaptativas ao maior número de situações-problema.

Se a motricidade pela motricidade fosse relevante em termos de aprendizagem, as crianças hiperativas, impulsivas ou distráteis não teriam dificuldades e seriam os estudantes com maior rendimento acadêmico. Pelo contrário, para minimizar os efeitos de um comportamento motor desassossegado, irrequieto, instável, desplanificado, impulsivo, episódico, torpe, dismétrico, dissincronizado, etc., a produção de respostas motoras deve ser antecipada e controlada por meio de funções psíquicas que atendam, integrem, analisem, verifiquem, extrapolem e simbolizem os dados da situação, a fim de gerar na criança uma relação inteligível com a sua própria ação, antes, durante e depois da sua execução motora concreta.

É neste contexto que a intervenção psicomotora se torna original em comparação com outras, como, por exemplo, a educação física adaptada, a educação motora, a fisioterapia, etc., onde o enfoque parece ser mais centrado sobre o produto final da conduta do que na rede multifacetada de processos psíquicos que lhe dão origem e onde é fundamental produzir mudanças de regulação cognitiva e de autocontrole. O treinamento de competências atencionais e de controle motor é uma das possibilidades da psicomotricidade e do relaxamento, por isso, os seus diferentes modelos de abordagem podem fornecer procedimentos muito válidos de intervenção e de prevenção para as crianças hiperativas.

## EFICÁCIA DO TREINAMENTO PERCEPTIVO-MOTOR

Cruickshank (1961, 1968), Cruickshank e Johnson (1958) tentaram realizar vários estudos sobre a eficácia dos diversos modelos de intervenção perceptivo-motora, entre eles os de Barsch, de Frostig, de Getman, de Kephart e de Doman-Delacato, todos eles emergidos dos estudos de Strauss e de Werner, os quais atingiram alguma popularidade nos meios educacionais e clínicos, não só norte-americanos, mas de todo o mundo. Entre nós, porém, foram muito pouco difundidos ou aplicados.

É sabido que, no campo da intervenção psicoeducacional clínica, as avaliações dos vários métodos propostos raramente seguem procedimentos de pesquisa credíveis, por isso a maioria deles acaba por ser adotada por muitos profissionais sem investigações mais rigorosas, situação que se perpetua na Europa. Desta forma, a maioria dos métodos de intervenção perceptivo-motora norte-americanos ou europeus (Ajuriaguerra, Soubiran, Aucouturier, Lapierre, Le Boulch e outros) acabam por ser adotados mais informalmente e subjetivamente do que após aplicação de procedimentos mais controlados de investigação, do tipo pré-teste, intervenção e pós-teste, com grupos experimental e controle.

Apesar dos seus méritos e das suas originalidades intrínsecas, os métodos de intervenção perceptivo-motora fornecem evidências ainda pouco válidas e sustentáveis à luz do método científico, pois não se pode esquecer que os contextos clínico ou de sala de aula não se coadunam com procedimentos rigorosos de controle laboratorial, pois são indubitavelmente mais limitados no tempo, nos recursos, nas características das amostras e bem mais complexos nas interações das variáveis em presença.

Para Hallahan e Cruickshank (1973), não se desenhando projetos de investigação interventivos de forma sistemática, e adotando apenas uma intervenção perceptivo-motora (ou psicomotora) exclusiva, sem transferência ou generalização explícita de habilidades e de funções cognitivas de aprendizagem simbólica, torna-se muito difícil demonstrar cientificamente que a melhoria na *performance* motora (nos padrões de reptação, de quadrupedia, de equilíbrio, de jogos ou de coordenação motora) ou na realização tônico-postural, na lateralização, na estruturação espaço-temporal, na estruturação rítmica ou na organização gnoso-práxica, etc., promove, por si só, ganhos ou melhorias no quociente intelectual (QI) ou nas competências da leitura, da escrita ou do cálculo no grupo experimental, quando comparado com o grupo-controle. O que se pode afirmar com alguma segurança é que o treinamento motor, lúdico ou perceptivo-motor aumenta as habilidades motoras, lúdicas e perceptivo-motoras. Ir mais longe nas conclusões quanto aos ganhos nas aprendizagens simbólicas é, portanto, abusivo.

Os estudos conduzidos com base no método de Frostig (Hill et al., 1967; Birch e Belmont, 1964, 1965; Allen et al., 1966; Talkington, 1968; Alley et al., 1968; Lewis, 1968) são unânimes em considerar que não foram encontradas diferenças significativas nem efeitos positivos do treinamento perceptivo-motor específico entre os grupos em estudo quando comparadas as competências nas aprendizagens da leitura e da escrita.

Estudos com base no método de Kephart (Alley e Carr, 1968; Edgar et al., 1969; O'Connor, 1969; Maloney et al., 1970; Painter, 1968) também não encontraram efeitos positivos do mesmo tipo de treinamento nas aquisições simbólicas, apesar de evidenciarem ganhos significativos nas escalas perceptivo-motoras de Pordue (Kephart e Roach, 1966), no teste de lateralização de Head (1911, 1926, 1937) e no teste de orientação pessoal (Weinstein, 1958). Os dados encontrados nessas pesquisas não atingiram evidências significativas sobre variáveis como a agnosia digital e a imagem corporal (teste de Benton), a inteligência (teste Stanford-Binet), a linguagem receptiva (teste imagem-palavra de Peabody) e as competências psicolinguísticas (teste das habilidades psicolinguísticas de Illinois de Kirk).

O método de Kephart, aplicado nesses estudos, parece melhorar a *performance* motora e a consciencialização lateral interna, mas não a consciencialização lateral externa, o rendimento escolar e a habilidade para desenhar formas geométricas. Com o único enfoque perceptivo-motor, ou mesmo psicomotor, sem ter em conta tal tipo de intervenções em um contexto psicoeducacional de potencial de aprendizagem mais multidisciplinar e mais co-terapêutico, provavelmente os efeitos esperados a partir intervenções acabam por não apresentar evidências no rendimento escolar.

A intervenção perceptivo-motora norte-americana e a intervenção psicomotora mais de raiz européia, se não forem enquadradas em outras intervenções, como, por exemplo, na terapia da linguagem falada, escrita e quantitativa ou no enriquecimento cognitivo e metacognitivo, e com elas estabelecerem interações de transferência e de generalização, talvez não consigam obter ganhos significativos na modificabilidade do potencial de aprendizagem das crianças e jovens com dificuldades de aprendizagem. As revisões de estudos de Cruickshank (1971, 1989) e de Hallahan e Cruickshank (1973) são concludentes a esse respeito.

Efetivamente, as intervenções perceptivo-motoras puras ou exclusivistas, sem ramificações e implicações sistematicamente induzidas em outros componentes do processo global de aprendizagem, como, por exemplo, nos componentes emocionais ou relacionais (autoconceito, auto-estima, auto-regulação, motivação, etc.) e cognitivos (atenção, percepção, imagem, memória de curto e de médio prazos, simbolização, processamento seqüencial e simultâneo de dados espaciais, rítmicos e temporais, planificação e antecipação de respostas adaptativas, estratégias metacognitivas, etc.), acabam por evidenciar ganhos e melhorias nos componentes motores e perceptivo-motores, mas dificilmente podem ter efeitos plausíveis em outros componentes, como os lingüísticos ou de processamento de informação, simplesmente porque não os estimulam dentro de um quadro holístico, sistêmico e multifacetado do processo total de aprendizagem (PTA).

A maioria dos especialistas perceptivo-motores ou dos psicomotricistas tendem a supervalorizar os seus fatores intrínsecos, mas raramente põem em perspectiva uma intervenção tomando em consideração o âmago do PTA, algo que só pode ser alcançado em uma perspectiva que os transcenda eficazmente. É óbvio que esta análise também é válida para outras intervenções terapêuticas ou reeducativas exclusivistas, sejam psicolingüísticas ou cognitivas, sem levar em conta que o PTA é um processo complexo, que deve integrar as suas várias dimensões, isto é, psicomotoras, psicolingüísticas, cognitivas, etc., pois é neste todo interativo, sistêmico e co-terapêutico que provavelmente se projeta a modificabilidade do potencial de aprendizagem. Generalizando-se ou advogando-se que só uma intervenção perceptivo-motora ou psicomotora é suficiente para superar as múltiplas áreas fracas das crianças com problemas de aprendizagem, pode-se correr o risco de defender métodos ou programas de intervenção de mérito duvidoso.

Nesta linha, Cruickshank revê, ainda, outros estudos (Watkins, 1957; Lillie, 1968 e Ross, 1969) com base na intervenção dos métodos de Strauss e Lehtinen, essencialmente centrados no uso de salas de aula não-distráteis (*nondistracting classrooms*) e na estimulação do desenvolvimento motor, tendo chegado à conclusão de que tal treinamento teve pouca influência nos ganhos no QI e nas competências lingüísticas. Segundo o mesmo autor, alguns ganhos não-significativos foram verificados na linguagem e na leitura entre os grupo-controle e experimental, não pela validade e pela objetividade dos programas de intervenção perceptivo-motora, mas pelo fato de as crianças do grupo experimental se beneficiarem de freqüentes interações corretivas e de um fator de extra-atenção (efeito de Hawthorne) que foram introduzidas na sua instrução individualizada.

O efeito de Hawthorne é um fenômeno ambíguo e nebuloso, cuja natureza exata nos processos de aprendizagem ainda não se conseguiu resolver, embora possa ilustrar efeitos positivos no pós-teste quando se comparam grupos-controle e experimental e de controle. A tendência que todos estes estudos reforçam em dar e fornecer mais atenção individualizada ao grupo experimental do que ao grupo-controle está sempre presente neste tipo de estudos, o que pode, por si só, tornar equívocas as suas conclusões.

Os treinamentos perceptivo-visual (tipo Frostig ou Getman) e perceptivo-motor (tipo Kephart) em si não causam ganhos nas aptidões da leitura, da escrita ou do cálculo, mas, coadjuvados com outros métodos mais específicos de enriquecimento relacional (afetivo-emocional), simbólico e cognitivo, podem fazer a diferença. É essa mais valia em termos de PTA que os métodos perceptivo-motores podem oferecer às crianças com problemas de aprendizagem escolar. Os ganhos obtidos nas aprendizagens escolares não podem ser atingidos apenas com base em programas que enfatizam o treinamento visuomotor ou perceptivo-motor.

Como argumentam Hallahan e Cruickshank (1973), é prematuro desenhar conclusões definitivas relacionadas com a eficácia dos treinamentos perceptivo-motores no campo das dificuldades de aprendizagem, tendo em consideração os resultados acima revistos. Em síntese, o treinamento perceptivo-motor (ou reeducação perceptivo-motora) produz efeitos irrefutáveis na prontidão perceptiva, necessária para a aprendizagem simbólica, mas que não é uma garantia automática e imediata de melhoria nas aquisições escolares. A criança precisa aprender, além das habilidades perceptivo-motoras, outros pré-requisitos e outras habilidades conceituais e simbólicas para poder ter sucesso escolar.

Embora não se possa descartar a importância do treinamento perceptivo-motor no início das aprendizagens escolares, a melhoria nas habilidades simbólicas e conceituais não pode ser só obtida por meio dele. O treinamento perceptivo-motor em uma criança não lhe fornece automaticamente aquisições (*skills*) para a leitura; uma vez apta perceptivamente, ela pode aprender a ler com mais facilidade e fluência. Esperar que a evolução na leitura coincida com a simples evolução perceptivo-motora não basta, já que se trata de um processo psíquico superior, que envolve funções simbólicas e cognitivas muito complexas e que precisam ser especificamente trabalhadas.

A criança normal precisa estar amadurecida perceptivamente para estar apta para a tarefa da leitura. A criança com problemas perceptivos, ao contrário, vai necessariamente aprender a ler mais lentamente e com mais dificuldades conceituais, vai ter de superar falsas percepções e vai precisar ultrapassar o seu mundo perceptivo aberrante e difuso. Neste caso, a intervenção perceptivo-motora pode justificar-se.

Se muitas crianças têm dificuldades de aprendizagem por muitas e variadas razões, uma só metodologia milagrosa para melhorar uma área fraca específica não é apropriada para todas elas. A intervenção perceptivo-motora justifica-se para crianças que evidenciam déficits perceptivo-motores moderados e severos, mas não para outras que têm dificuldades por outras causas e em outras áreas, por exemplo, na linguagem falada, na cognição ou no comportamento em geral.

Deve-se verificar com atenção se as intervenções perceptivo-motoras conseguem separar a eficácia dos efeitos perceptivos dos efeitos motores e concomitantes subefeitos, pois muitas intervenções do tipo reeducação motora, reeducação corporal, reeducação física, cinesioterapia, fisioterapia, etc., tendem a privilegiar fatores de execução e de proficiência motora. Apesar dos métodos perceptivo-motores terem os seus defensores e os seus críticos, não restam dúvidas de que os seus teóricos, investigadores e práticos terão no futuro que caminhar na busca de metodologias cada vez mais rigorosas no sentido de controlar mais sistematicamente os efeitos das intervenções perceptivas, motoras e perceptivo-motoras.

Embora os vários estudos refiram que os efeitos dos métodos perceptivo-motores nas aprendizagens simbólicas não apuram ganhos ou melhorias significativos, eles também não apresentam evidências negativas sólidas; portanto, não se pode inferir se merecem ou não aprovação. Para Cruickshank (1981, 1989), a aceitação dos métodos perceptivo-motores depende muito das investigações rigorosas que se possam vir a fazer no futuro, não implicando a obsolescência das teorias e das práticas dos pioneiros, mas, pelo contrário, desenvolvendo, expandindo e refinando as sua idéias.

Em síntese, a visão de Cruickshank parece apontar para a integração sistêmica entre as dificuldades de aprendizagem e a neuropsicologia evolutiva ou desenvolvimental (*developmental neuropsychology*), na medida em que as suas conceituações podem vir a esclarecer no futuro inúmeras questões sobre a criança atípica (hiperativa, dispráxica, disléxica, discalcúlica, etc.), que não aprende normalmente, questões hoje ainda muito pouco consensuais entre os vários profissionais que têm estado no terreno.

Para atingir uma compreensão coerente e abrangente sobre a criança com dificuldades de aprendizagem, é preciso estar aberto aos trabalhos dos neuropsicólogos que se dedicam a aprofundar teorias do desenvolvimento e a estudar a atenção, a percepção, a comunicação, o processamento de informação e a cognição na criança normal. A possibilidade de equacionar futuras formulações educacionais e terapêuticas sobre o problema requer uma integração cada vez mais estreita entre a neuropsicologia, a psicopedagogia e o campo das dificuldades de aprendizagem.

É nessa perspectiva que o próprio Cruickshank sugere a formação de neuroeducadores, uma vez que, para lidar com déficits de atenção, dispraxias, disfasias, dislexias, etc., não é importante apenas dispor de métodos e de estratégias de intervenção, mas também é necessário compreender e conceitualizar o funcionamento neuropsicológico subjacente ao processo total da aprendizagem, no qual entram em jogo funções de atenção, de integração sensório-tônica, de modulação tônico-emocional, de percepção, de imagem, de memória, de processamento de informação, de planificação e regulação de respostas, de retroalimentação e reaferência, etc.

Como uma das preocupações principais do diagnóstico e da intervenção em crianças com dificuldades de aprendizagem é isolar os componentes específicos do processo de aprendizagem no qual elas experimentam problemas, as idéias de Cruickshank parecem oferecer interessantes sugestões para identificá-las com mais precisão.

Como a aprendizagem não é um fenômeno simples, e, sim, multicomplexo, sua compreensão só é possível com o seu refinamento teórico e com o desenvolvimento de novos modelos práticos de diagnóstico e de intervenção. Para sermos fiéis a estes pressupostos no futuro, teremos de nos esforçar mais e investigar mais. Enquanto os educadores se preocupam em facilitar a aprendizagem em muitas crianças com dificuldades, sem, muitas vezes, conhecerem a disfunção neuropsicológica que as provoca, também parece ser importante procurar conhecer com mais precisão a natureza da sua desordem.

# INTEGRAÇÃO SENSORIAL E APRENDIZAGEM: introdução à obra de Ayres 10

## TEORIA DA INTEGRAÇÃO SENSORIAL

Jean Ayres, ao longo da sua carreira como cientista, descobriu um novo paradigma para explicar uma quantidade apreciável de desordens neurológicas na criança, razão pela qual a integro nesta obra sobre o desenvolvimento psicomotor e a aprendizagem. Seu trabalho como terapeuta ocupacional foi considerado inicialmente como marginal em relação à disciplina médica da neurologia e também em relação ao campo da educação, independentemente da sua teoria e prática proporem várias implicações cruciais para ambas as áreas do conhecimento.

Como pioneira, essa autora sofreu várias resistências da comunidade científica, mas a sua notável obra como investigadora e formadora de terapeutas acabou por ser aceita. Ayres propôs novas idéias sobre o desenvolvimento neurocomportamental, criou novos testes e iniciou e implementou novas linhas de pesquisa e de terapia. Sua teoria da integração sensorial (IS) é, nos nossos dias, cada vez mais confirmada pela investigação neurocientífica e está cada vez mais refinada e dinâmica à luz das suas contribuições experimentais e clínicas. A teoria da IS procura compreender o processo total por meio do qual a criança sente, percepciona, memoriza, integra, age e aprende normalmente (Ayres, 1968, 1977, 1982).

Aprender normalmente sugere que as relações entre o corpo, o cérebro (aqui entendido como a rede nervosa central e periférica que está distribuída por todo o corpo) e o comportamento estão intactas, ou seja, a integração sensorial se opera adequadamente para dar origem a comportamentos adaptativos, isto é, a respostas motoras ajustadas às condições ambientais.

As dificuldades de aprendizagem ou as dificuldades de comportamento na criança freqüentemente são causadas por uma inadequada IS que emerge no seu cérebro. Não se tratam de lesões óbvias, como uma doença neuropediátrica, mas, sim, de disfunções comportamentais sutis, que acabam por causar inúmeros problemas de adaptação e de aprendizagem (Ayres, 1978, 1977, 1972). Como a IS ocorre de forma automática, como o ritmo cardíaco ou a digestão, assume-se que ela não é relevante para que o desenvolvimento e a aprendizagem se processem harmoniosamente.

Habitualmente parte-se mesmo do pressuposto de que a IS não é importante para compreender o desenvolvimento ou a aprendizagem na criança, porque as suas disfunções não são facilmente detectáveis. Para as identificar em tempo hábil, porém, é necessário ter um treinamento especial para observá-las, diagnosticá-las e compensá-las.

Muitos médicos, psicólogos e terapeutas especializados não identificam disfunções de IS, mesmo que elas existam. Professores e educadores nem sempre reconhecem a natureza do problema. Muitos pais acabam por ver os problemas nos seus filhos, mas não possuem conhecimento para compreender o que se passa na cabeça das crianças. Para compreender a teoria da IS, deve-se pensar no cérebro da criança como o gestor de toda a sua atividade motora e psíquica, na medida em que ele é o órgão, por excelência, da sua aprendizagem e do seu comportamento. Reconhecer esse paradigma da aprendizagem humana, muitas vezes negligenciado, é um passo importante para identificar uma disfunção da IS e para ajudar a criança a superá-la, para que esta se torne mais feliz e mais bem sucedida no futuro.

Em termos conceituais, a teoria da IS tem inúmeros pontos de contato com as perspectivas psicomotoras de Wallon e de Ajuriaguerra e apresenta várias vertentes teórico-práticas com as contribuições dos autores norte-americanos, principalmente de Kephart e Barsh.

### INTEGRAÇÃO SENSORIAL E SISTEMAS SENSORIAIS

A IS compreende basicamente a organização das sensações, visando à sua utilização em termos de respostas adaptativas (Ayres, 1982; Fischer, Murray e Bundy, 1991; Kranowitz, 1998). Em termos simplificados, a IS centra-se sobre a função dos sentidos no organismo humano e pode ser entendida como um processo neurobiológico inato, dado que se refere à integração e de interpretação da estimulação sensorial, vinda do corpo e do ambiente. Para nos adaptarmos, os *inputs* sensoriais devem ser integrados e organizados apropriadamente no cérebro. Só desta forma o órgão pode produzir comportamentos adaptados, entendidos como competências de aprendizagem.

A IS centra-se essencialmente em três sentidos básicos – o tátil, o vestibular e o proprioceptivo (ou o que se entende por proprioceptividade, ou seja, o sentido da posição, da velocidade e da força do movimento, o verdadeiro sexto sentido), todos eles fundamentais para as primeiras conquistas evolutivas da criança. As suas interconexões formam-se antes do nascimento e continuam a desenvolver-se até a pessoa atingir a maturação, até porque são o pedestal das interações com o ambiente físico e social. Como são sentidos interconectados entre si e estão interligados igualmente com outros sentidos, principalmente com os que captam informações fora do corpo, como o olfato, a visão e a audição, eles exercem uma função crítica nos processos adaptativos de sobrevivência, de segurança e de bem-estar (Ayres, 1982). Basicamente, permitem-nos experimentar, interpretar e responder aos diferentes estímulos do ambiente. Apesar de serem menos considerados e de serem menos familiares que a visão e a audição, os três sentidos são cruciais para as primeiras autonomias e aprendizagens da criança.

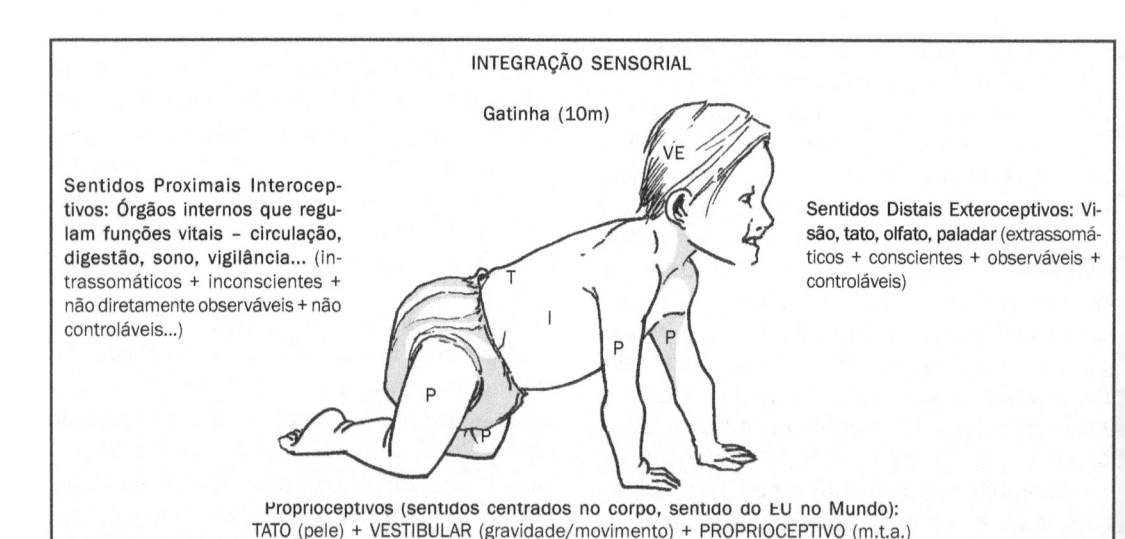

---

**INTEGRAÇÃO SENSORIAL**

Gatinha (10m)

Sentidos Proximais Interoceptivos: Órgãos internos que regulam funções vitais – circulação, digestão, sono, vigilância... (intrassomáticos + inconscientes + não diretamente observáveis + não controláveis...)

Sentidos Distais Exteroceptivos: Visão, tato, olfato, paladar (extrassomáticos + conscientes + observáveis + controláveis)

Proprioceptivos (sentidos centrados no corpo, sentido do EU no Mundo):
TATO (pele) + VESTIBULAR (gravidade/movimento) + PROPRIOCEPTIVO (m.t.a.)

Os sentidos nos dão a informação de que necessitamos para funcionarmos no mundo. Os sentidos recebem (captam) informação de estímulos ocorridos **fora** e **dentro** do corpo.
Qualquer movimento que fazemos, qualquer objeto que mexemos ou alimento que comemos, produz sensações...

Vejamos, de maneira simplificada, com Ayres (1982) e Fisher, Murray e Bundy (1991), as suas funções principais.

### Sistema tátil

O sistema tátil inclui todos os nervos que se encontram debaixo da nossa pele e que estabelecem a fronteira entre o mundo interior (o corpo ou o eu como espaço subjetivo) e o mundo exterior (o ambiente ou o não-eu como espaço objetivo), ao mesmo tempo em que enviam múltiplas informações ou aferências ao cérebro.

Tais informações incluem o apalpar, o tocar, o pegar ao colo, o transportar, a dor, a temperatura, a pressão, etc., e constituem uma fonte importante para perceber o mundo (físico e também afetivo) e para desencadear reações de defesa e de sobrevivência.

As inúmeras interações afetivas e afiliativas mãe-filho dos primeiros meses de dependência fazem do tato o sentido do conforto e da segurança (Bowlby, 1978; Winnicot, 1971, 1972), não só nas práticas de higiene, como nas interações de alimentação, de vestuário, de regulação do sono, etc. Os comportamentos de preensão (*reaching behavior*) (Bower, 1974), tanto de pequenos objetos como de diversos tipos de comida, que são fontes de exploração essenciais, envolvem igualmente o tato.

A dialética dos estados de bem-estar/mal-estar do organismo do bebê na sua alternância hipotônica-hipertônica, satisfação-necessidade, sono-vigilância, etc., de que falam Wallon e Ajuriaguerra, têm no sentido do tato o mediador da sua atividade ou passividade (Montagner, 1979).

O prazer que o bebê retira ou não dos carinhos da mãe e do pai podem ilustrar outra faceta transcendente do tato: gostar de carícias, afagos e beijos é um sólido indicador do seu equilíbrio afetivo e emocional. A relação entre o tônus do corpo e as emoções parece óbvia nas fases mais precoces de desenvolvimento. Teoricamente, quando o sistema tátil não funciona bem, o bebê não se dá bem com carícias excessivas e pode mesmo revelar defensividade e evitamento deste tipo de sensações, como podemos observar em casos extremos de autismo.

### Sistema vestibular

O sistema vestibular refere-se às funções dos canais semicirculares (labirintos) do ouvido interno e dos otólitos (utrículo e sáculo), que detectam a gravidade, o movimento e as mudanças e acelerações da cabeça. Aparece na ontogênese, intimamente ligado com os núcleos oculomotores, depois da somestesia (sensibilidade cutânea) e antes da audição, que sustenta a aquisição da linguagem.

O sistema vestibular, mesmo com os olhos fechados, fornece informações sobre a posição da cabeça e da sua relação gravitacional com as outras partes do corpo. Sua disfunção ou hipersensibilidade pode gerar reações de insegurança, de enjôo e de pânico nas atividades motoras e lúdicas mais simples, como ao andar de balanço, ao subir e descer do escorregador ou em outros equipamentos com superfícies instáveis que requeiram explorações, locomoções, suspensões ou braquiações antigravíticas.

Em alguns casos, as crianças com esta disfunção revelam descoordenação, entorpecimento, acanhamento, torpeza, etc., em uma palavra, dispraxia. Em outros casos, demonstram excesso de movimentos, de saltos, de rodopios, de turbilhões, de vertigens, etc., sinais vestibulares disfuncionais ou hiporreativos, que procuram uma estimulação contínua inconseqüente e confusional, que obviamente podem afetar ou ter repercussões em vários componentes do comportamento atencional da criança.

### Sistema proprioceptivo

O sistema proprioceptivo, considerado o sexto sentido ou o sentido do movimento, inclui as informações sensoriais oriundas dos músculos, dos tendões, dos ligamentos, das cápsulas e das articulações, que fornecem à criança uma espécie de subconsciência da posição, da velocidade e da força do corpo em movimento. Seu funcionamento adequado e eficiente confere permanentes ajustamentos automáticos, propriocinestesias e sistemas de controle às diferentes situações gravitacionais, espaciais, temporais e coordenativas, que são essenciais às *performances* expressivas.

O sistema proprioceptivo, com inúmeras conexões reticulares, mesencefálicas e cerebelares, além de outras de nível mais corticalizado e processadas no lobo parietal, garante um suporte sensorial (aferencial) indispensável a qualquer ação, por mais simples que seja, quer no âmbito da macromotricidade, quer no da micromotricidade.

A riqueza da manipulação humana, que ilustra uma competência adaptativa sem paralelo no reino animal, depende em parte do sistema proprioceptivo. Escrever, pintar, construir, brincar, vestir-se, etc., revelam um sistema proprioceptivo bem integrado, fornecendo os suportes posturais a partir dos quais as harmonias cinestésicas se executam e as planificações motoras se elaboram. Planificar e executar, como funções psicomotoras interligadas sistemicamente, decorrem de uma integração eficiente do sistema proprioceptivo que fornece as informações sensoriais precisas e necessárias à elaboração e à expressão motora.

O papel destes três sistemas sensoriais é, conseqüentemente, crucial para a produção de respostas motoras adaptativas; sua integração, interação, organização e interpretação ilustram a excelência da motricidade humana. A obra da civilização na espécie humana e a obra da aprendizagem na criança seriam impossíveis sem eles.

Efetivamente, os nossos sentidos não dão a informação sobre o corpo e sobre o ambiente. Eles nos fornecem dados como receptores, captadores e analisadores, quer do corpo (da pele, dos músculos, dos tendões, das articulações, dos ossos, dos órgãos internos e das vísceras, etc., daí serem designados por proprioceptores e interoceptores proximais ou de origem intrassomática, substratos do desenvolvimento afetivo), quer do ambiente (da gravidade, do espaço e do tempo, físicos e naturais, dos outros seres humanos, dos objetos, das conseqüências das ações orientadas para o mundo exterior, etc., daí serem designados por exteroceptores distais ou de origem extrassomática, substratos do desenvolvimento intelectual).

As sensações não são mais do que energias que estimulam ou ativam as células nervosas e iniciam os processos neuronais. Tratam-se de unidades elementares de informação fornecidas pelos sentidos, de onde emerge o conhecimento ou o psiquismo. Por analogia, são uma espécie de tijolo com os qual se constroem paredes e casas. As sensações circulam na periferia e no interior do corpo, onde estão instalados os órgãos sensoriais, os receptores, e navegam sempre em direção ao cérebro, ou seja, dirigem-se ao sistema nervoso central, daí serem designadas por aferências, em analogia com a maneira pela qual os rios correm para os mares ou lagos.

A informação sensorial recebida e captada na periferia do corpo ascende ao cérebro pelas vias sensoriais aferentes e centrípetas (da periferia ao centro), sendo aí projetada, registrada, analisada, armazenada e integrada, e depois transformada em comandos motores, descendo, então, pelo tronco cerebral e pela medula, pelas vias sensoriais eferentes e centrífugas (do centro à periferia), para chegar aos músculos e produzir ações, gestos, comportamentos ou condutas.

Milhares de dados de informação sensorial, vindos do corpo e do ambiente, chegam ao cérebro e aí se integram, formando sistemas funcionais, a partir dos quais se elaboram e se executam respostas motoras adaptativas, consubstanciando em termos simples a sua organização funcional básica. Neste caso, a motricidade, no seu sentido antropológico mais amplo, equivale a uma resposta adaptativa; é um produto final do comportamento que decorre de uma IS operada no cérebro, que a antecede, regula, direciona, gere e controla.

Integração sensorial (IS) é, portanto, um tipo de organização das sensações que se dá no cérebro, onde as sensações são reunidas e organizadas em totalidades e onde as várias sensações trabalham em conjunto, como uma unidade funcional (Kranowitz, 1998). O cérebro é, assim, o órgão privilegiado para organizar milhares de sensações em uma experiência total integrada, de onde emerge a formação das percepções, o que pressupõe uma gigantesca e complexa rede de comunicação com o corpo (Ayres, 1982).

Com o corpo, de onde emana a sensibilidade e a motricidade, e com o cérebro, de onde emana o psiquismo, a criança interage, sente, mexe e transforma o ambiente. É esta, em síntese, a base da construção dos comportamentos adaptativos que ilustram o triunfo do desenvolvimento e da aprendizagem humana.

A teoria da IS procura explicar, portanto, as relações entre o processamento sensorial e as perturbações ou disfunções comportamentais, quando estas não podem ser atribuídas a lesões ou anormalidades neurológicas óbvias, como, por exemplo, a paralisias cerebrais, a deficiências mentais, a traumatismos cranianos ou a deficiências sensoriais periféricas. Em síntese, a teoria da integração sensorial é uma teoria sobre as relações cérebro-comportamento e, obviamente, sobre as relações cérebro-aprendizagem, isto é, centra-se sobre o estudo de indivíduos que têm problemas com o processamento normal da informação sensorial que é recebida do corpo e do ambiente.

Portanto, a desintegração sensorial (sinônimo também de disfunção da IS e de disgnosia, ou, no caso mais severo, de agnosia, para as neurociências) pode desencadear uma variedade de problemas ou dificuldades, incluindo aspectos que incluem a motricidade, a adaptação à vida cotidiana, a aprendizagem e o comportamento psicossocial em geral.

## PRINCÍPIOS FUNCIONAIS DA INTEGRAÇÃO SENSORIAL

A IS, de acordo com Ayres (1982), obedece aos seguintes cinco princípios funcionais:

1. Dirige o tráfego das sensações – a IS, que sustenta todas as formas de comportamento, do mais simples ao mais complexo, ao dar-se no cérebro, implica uma determinada organização, quer se trate de qualquer forma de movimento adaptativo, como despir-se, comer ou brincar, ou de qualquer forma de aprendizagem, como andar de bicicleta, desenhar ou ler. Para produzir uma resposta motora adaptada e ajustada, o cérebro da criança tem de localizar, registrar, selecionar, ordenar, rechamar, seqüencializar, monitorizar, pilotar, integrar, etc., múltiplas sensações e infinitos impulsos neuronais, algo semelhante ao tráfego rodoviário de uma grande cidade. Quando o tráfego de sensações flui de uma forma bem organizada e se dirige aos seus destinos sem acidentes, o cérebro pode utilizar facilmente as sensações para construir percepções, imagens, aprendizagens, comportamentos, etc., mas quando o tráfego é desorganizado, confuso e efetuado com "engarrafamentos", "congestionamentos", impedimentos ou bloqueios na integração das sensações, as respostas motoras vão ser desplanificadas, episódicas, dismétricas e ineficientes – em uma palavra, dispráxicas –, conseqüentemente, aprender vai exigir mais esforço e vai-se tornar mais difícil.

   Em suma, para que o cérebro produza uma ação criadora e uma interação eficaz com o ambiente, a fluência e a harmonia do tráfego das sensações, ou seja, a sua integração neurofuncional, são uma condição prévia.

2. Alimenta o cérebro – a IS nutre o cérebro, assim como os alimentos nutrem o nosso organismo. Entretanto, não basta ingerir alimentos, é preciso que eles sejam bem digeridos; parte deles serão assimilados, parte serão eliminados. A digestão, no caso da IS, corresponde ao processamento das informações sensoriais, ao fornecimento da energia necessária para suportar a arquitetura neuronal, à regulação dos processos desenvolvimentais, etc., que estão na base do funcionamento eficiente e adequado do corpo e da mente.

   Sem uma IS bem estruturada e organizada, a digestão e a nutrição do cérebro podem ficar comprometidas. Por analogia, a disfunção da IS corresponde a uma indigestão, podendo interferir em muitos aspectos do desenvolvimento e da aprendizagem na criança.

3. Produz totalidades perceptivas – a IS funde e reúne as várias sensações em um todo, em uma totalidade, onde os vários receptores sensoriais e as conseqüentes populações de neurônios a eles adstritos atuam em conjunto, como se se tratasse de um maestro de orquestra que conduz uma miríade de instrumentos musicais

para produzir um concerto. As mensagens dos vários sensores individualizados, intra e extrassomáticos, são integradas e não meramente adicionadas, na medida em que são convertidas em centros de processamento no sistema nervoso central (SNC).

Se imaginarmos que descascamos e comemos uma banana, sentimos a banana através dos olhos, do nariz, da boca, da pele das mãos e dos dedos, bem como dos seus músculos e articulações. A noção de que se trata de uma banana e não de várias, apesar de a "experimentarmos" com vários sentidos, com duas mãos e com 10 dedos, advém de uma conversão simultânea das várias sensações diferenciadas e paralelas, que se dá antes de uma sensação combinada única, inteira, completa e integrada que se opera nos centros superiores do cérebro. É essa a riqueza da experiência sensorial e a chave que transforma as sensações em uma totalidade perceptiva. É a IS que permite ao cérebro experienciar a banana ou qualquer outro fruto ou objeto como um todo, e é na base desse todo que podemos usar e coordenar as mãos e os dedos em conjunto para descascar e comer uma banana.

4. Gera significações – a IS envolve torrentes de sensações (impulsos elétricos ou potenciais de ação transportados e mediados por substâncias bioquímicas) que circulam entre o corpo (receptores periféricos) e o cérebro (analisadores centrais), local onde são transformadas em totalidades perceptivas ou significações (*meaning* ou *insights*).

Os nossos sistemas sensoriais são os meios pelos quais interagimos e percebemos o mundo externo e as outras pessoas, nos mantemos em alerta, formamos uma imagem do corpo e regulamos os nossos movimentos, por isso o seu funcionamento adequado é vital para o desenvolvimento harmonioso da criança e do jovem.

No caso da banana, por exemplo, o cérebro integra a sua cor e a sua forma pela visão, o seu tamanho, peso, temperatura e textura pelo tato, emergido da micromotricidade das mãos e dos dedos, e o seu odor pelo nariz. Ou seja, o cérebro integra várias informações sensoriais, que são processadas em estádios seqüenciais e em substratos neurológicos da medula espinhal, do tronco cerebral, do tálamo e do córtex, que funcionam sistemicamente, e nos quais se codificam e computam atributos críticos das sensações – modalidade, localização, intensidade e duração.

Cada uma dessas estações de processamento reúne em um todo os *inputs* sensoriais, a partir dos receptores adjacentes, ao mesmo tempo que, paralelamente, por via de redes neuronais integrativas e de distintos sistemas neuronais, os transforma em uma percepção conscencializada, isto é, em um conhecimento da banana, para usar o exemplo acima referido. Em síntese, como o cérebro não é uma câmara de vídeo nem um gravador de sons que passivamente registra os estímulos do mundo exterior, o conhecimento que construímos do mundo não é uma cópia direta dele, e, sim, uma construção representacional e uma co-construção sócio-histórica, emergida dos nossos sentidos e da nossa experiência social, pelo que a sua integração é crucial para produzirmos comportamentos adaptativos. Em resumo, sem eles a aprendizagem não é possível.

5. Elicita respostas adaptativas – uma resposta adaptativa é uma resposta intencional a uma experiência sensorial. O bebê, por exemplo, quando visualiza um chocalho, tem a tendência de agarrá-lo. Agarrar, neste caso, é uma resposta adaptativa. Se a pedra está longe e afastada do seu corpo, agarrá-la só vai ser possível se o bebê reptar até ela e depois agarrá-la. Neste caso, ocorre uma situação-problema. Há, portanto, um desa-

fio. Para resolvê-lo há que desencadear um comportamento adaptativo, há que aprender algo novo. A elaboração da resposta motora adaptativa emerge naturalmente da IS instalada na criança, o que ajuda o seu cérebro a organizar-se e a desenvolver-se.

Levantar as mãos de forma repetitiva, sem objetivo e sem orientação, não é uma resposta adaptativa. A motricidade pela motricidade não é uma resposta adaptativa, porque não organiza o cérebro, nem o desenvolve. Se o movimento pelo movimento fosse, de fato, um comportamento adaptativo relevante, as crianças hiperativas não teriam dificuldades de comportamento nem de aprendizagem, o seu cérebro estaria organizado, e a sua conduta, ajustada aos diferentes contextos, o que não é o caso.

Quando a criança está brincando ou jogando, pelo contrário, o fluxo de novas sensações sucede-se de forma rápida, a IS tem de verificar-se plasticamente e as inúmeras respostas adaptativas produzem-se fluentemente. A criança mantém o interesse pela atividade lúdica, e esta perdura e prolonga-se, porque a criança retira satisfação e prazer da motricidade que elabora e executa graças à IS, que lhe dá suporte.

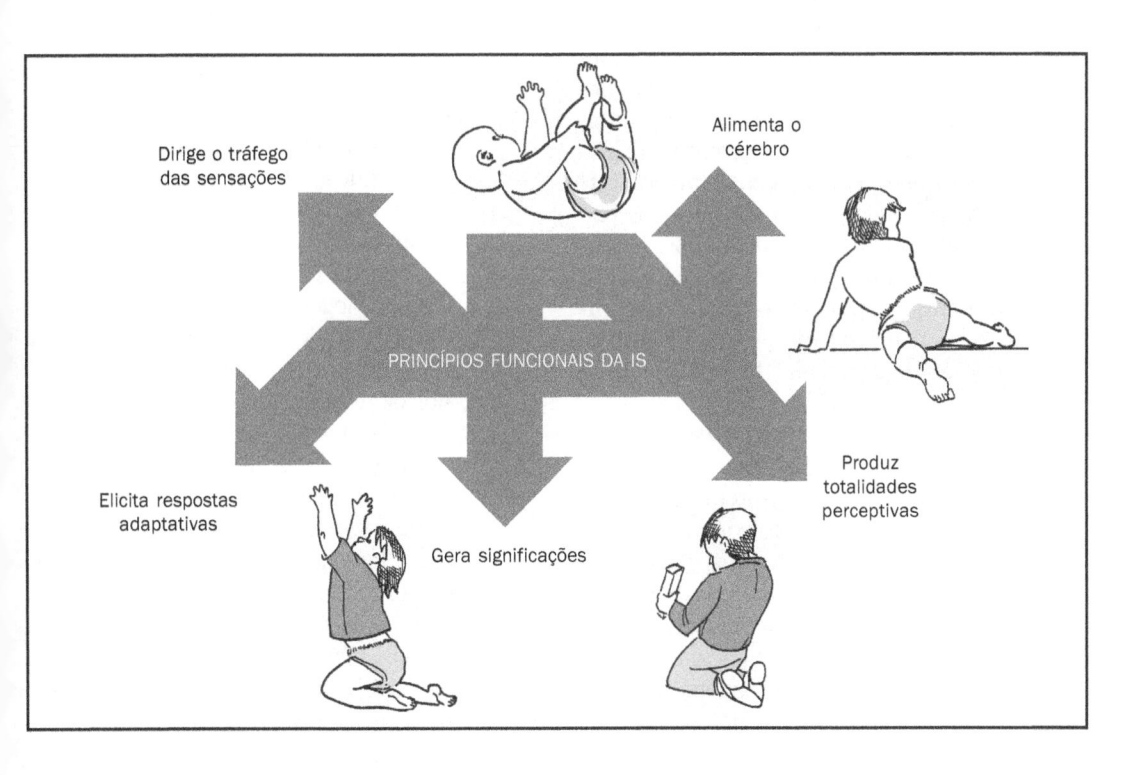

A criança que organiza os seus jogos e que brinca bastante prepara-se melhor para o trabalho escolar e, provavelmente, torna-se um adulto mais criativo e auto-realizado. A IS é fundamental para o desenvolvimento da criança e para o enriquecimento do seu potencial de aprendizagem, porque não só dirige o tráfego das sensações, impedindo que ocorram desintegrações, alimenta o cérebro, diversificando a sua capacidade de processamento e de organização, converte inúmeras fontes de informação em totalidades integradas mais facilmente armazenadas e recuperadas, como permite, a partir dela, gerar significações e interiorizações que ampliam a consciencialização da experiência, bem como, finalmente, produz respostas adaptativas.

Do nascimento aos 7 anos, sensivelmente, da aprendizagem da linguagem corporal (dos reflexos aos padrões motores) à aprendizagem da linguagem escrita (da leitura à produção de textos), o cérebro da criança tem de mostrar toda a sua capacidade de processamento de informação, o que significa que, nesta idade, ela sente coisas e é capaz de retirar significações imediatas das sensações, o que é algo de extraordinário, pois trata-se de um triunfo da IS mais complexa que existe no reino animal.

Efetivamente, a criança, antes de estar preocupada em construir conceitos, pensamentos e idéias sobre o mundo, começa por estar mais interessada em senti-lo e, essencialmente, em movê-lo e manipulá-lo. Suas respostas adaptativas são primeiro motoras, antes de serem conceituais; a cognição nasce da ação, e só depois da representação.

Os sete primeiros anos de vida são, por excelência, o teatro da IS. É neste período que o desenvolvimento sensóriomotor constrói as bases do pensamento. Aqui Ayres (1982) aproxima-se inequivocamente de Piaget. À medida que a criança vai se desenvolvendo, as respostas adaptativas emocionais, cognitivas e sociais tendem a sobrepor-se às motoras, representam-nas e duplicam-nas, por isso as funções sensório-motoras são denominadas funções pedestal da inteligência.

A IS que ocorre quando a criança se move, fala, brinca, etc., é o alicerce e a infra-estrutura básica das aprendizagens da leitura, da escrita e do comportamento socialmente adequado, que, obviamente, exigem uma IS bem mais complexa. Se a IS é bem organizada nos primeiros sete anos, a criança vai ter mais êxito e mais prazer nas aprendizagens escolares e sociais futuras, e sua adolescência decorrerá também de forma mais criativa e tranqüila.

Quando a IS é suficiente para satisfazer as exigências da vida cotidiana ou as tarefas da escola, a criança responde a elas com eficácia, com criatividade, com disponibilidade, com alegria e satisfação, e esse aspecto é crucial para que ela desenvolva a sua auto-estima e se auto-atualize. Neste sentido, a motricidade produz prazer e enriquecimento emocional. Não é por acaso que o cerebelo, que a coordena, está intimamente ligado ao sistema límbico, que regula as emoções e as motivações.

É prazeroso experimentar desafios e problemas para os quais se dispõe de um repertório de respostas adaptativas, sobretudo quando se obtém sentimentos de competência e de auto-realização. Para a criança, a IS é sinônimo de divertimento, de alegria, de bem-estar. Quando a sua atividade ou ocupação gera tais efeitos emocionais, a IS promove o desenvolvimento global da criança, torna-a mais madura e complexa nos seus comportamentos.

A natureza da criança é desfrutar o seu desenvolvimento harmonioso, é procurar experiências que possam gerar sensações que ajudem a organizar o seu cérebro, por isso ela adora ser agarrada, manipulada, balançada, abraçada; gosta de correr, de saltar, de transpor obstáculos, de jogar bola, de explorar parques e espaços lúdicos e aquáticos. É pena que estes sejam tão pouco pensados nos planos de urbanização e nas construções e arranjos dos recreios escolares. Os parques lúdicos e os recreios escolares, minimamente equipados, são muito importantes para desenvolver a IS das crianças. Elas querem e necessitam mover-se, porque as sensações emergidas do seu corpo e da sua motricidade, alimentam os seus cérebros e, conseqüentemente, desenvolvem múltiplos pré-requisitos para aprendizagens futuras.

## DISFUNÇÃO DA INTEGRAÇÃO SENSORIAL (DIS) E DISPRAXIA

As pessoas normais, adaptadas, coordenadas, criativas, etc., possuem uma IS adequada, embora seja impossível definir limites, porque é difícil caracterizar um indivíduo com uma IS perfeita. Certamente um dançarino, um músico, um pintor, um escultor, um artista, um cirurgião, um piloto de Fórmula 1 ou esportista de alta competição têm que possuir uma IS em um nível de excelência, caso contrário, a sua prestação ou *performance* superior certamente não seria alcançada. Outras pessoas, no entanto, possuem uma IS média, e outras ainda, uma IS pobre e vulnerável. No caso dos adultos, uma IS pobre pode gerar inúmeros lapsos adaptativos; em uma criança, compromete naturalmente o seu futuro desenvolvimento.

Se, efetivamente, o cérebro do indivíduo realiza um trabalho impreciso, desorganizado e fraco de IS, esta condição tenderá a interferir com muitas situações na sua vida diária. Algumas delas serão notícia de jornais e telejornais, como os acidentes de trânsito e de trabalho.

A disfunção da IS, denominada disfunção integrativa sensorial (*sensory integrative dysfunction*), também equivalente a desintegração sensorial, disfunção psicomotora ou dispraxia, sugere que as relações entre o psiquismo e a motricidade não se operam funcionalmente na produção de comportamentos adaptativos, daí resultando uma dissociação, uma desconexão, uma disfunção ou uma perturbação comportamental. Tal disfunção vai exigir claramente do indivíduo mais esforço atencional e mais reforço motivacional para realizar as suas respostas adaptativas cotidianas, e haverá também, por inerência, menos sucesso e menos satisfação experiencial.

A disfunção nos sistemas sensoriais do tato, do sentido vestibular e da proprioceptividade em geral manifesta-se de muitas formas. Sua hiper ou hiposensibilidade têm implicações na hiper ou hipoatividade. A criança que a possui está ora em constante atividade, ora em fadiga permanente. Em qualquer dos casos, o equilíbrio funcional necessário a uma motricidade adaptada ou expressiva não se estabelece, ela simplesmente flutua descontroladamente entre os dois extremos.

As dificuldades na motricidade global e na motricidade fina são comuns nas crianças que apresentam os três sistemas sensoriais disfuncionais. Paralelamente, outros problemas poderão co-emergir, principalmente os que estão mais relacionados com a compreensão auditiva e com a expressão oromotora da fala, quando não, os que estão relacionados com a captação visuográfica da leitura e com a expressão grafomotora da escrita.

Em termos de comportamento social, a disfunção destes três sistemas na criança tenderá a provocar nela sinais difusos de impulsividade, distratibilidade, desplanificação, integração episódica da realidade, egocentrismo, etc. O ajustamento a novas situações pode ser outro problema associado, pois muitas crianças acabam por reagir a elas com mais frustração, isolamento ou mesmo agressividade. As respostas aos estímulos sensoriais tenderão a ser cada vez mais desorganizadas se não forem tomadas medidas de intervenção que ajudem a criança a modelar ou a inibir informações sensoriais.

Para Ayres (1966, 1974, 1975, 1982), cerca de 10% das crianças têm vários problemas de adaptação e de aprendizagem devido à sua disfunção na IS, apesar de apresentarem um comportamento normal no dia-a-dia e de freqüentemente evidenciarem uma inteligência média ou acima dela. Como não se trata de uma situação patológica e é um problema de difícil mensuração laboratorial, a disfunção da IS, devido à sua sutileza, é complexa de diagnosticar, por isso necessita de um observador bem-treinado para identifica-la. Os procedimentos médicos e psicológicos tradicionais, como não a identificá-la, têm a tendência de informar os pais de que não há problema nenhum.

Quando o problema não é severo, não é normal, mas também não é patológico, estamos perante o paradigma do paranormal e do parapatológico, razão pela qual alguns pais não percebem que há algo nos seus filhos e deixam passar o tempo; outros, mais sensíveis e intuitivos, indagam e buscam ajuda, mas o problema só se revela, com mais incidência, quando as exigências da leitura e da escrita começam a surgir na escola, dado serem efetivamente competências e aquisições de aprendizagem que exigem uma elevada e complexa IS. Minha experiência clínica de 30 anos é conclusiva sobre esta questão.

Como é que não há nada na criança e ela revela tantos problemas de comportamento e de aprendizagem? Por que a criança chora tanto e é tão teimosa, obstinada e birrenta? A terapia psicomotora, baseada nos pressupostos da teoria da IS, pode ajudar neste caso, e mesmo responder positivamente a estas questões. Quando é que, efetivamente, podemos detectar uma disfunção na IS? No caso dos bebês, não rolar, não reptar, não sentar na mesma idade que outros pode ser um alerta. Mais tarde, gatinhar, andar ou correr podem trazer mais imperícias e inseguranças.

Aprender a despir-se e a vestir-se, estar à mesa ou controlar os esfíncteres podem ser outros sinais de aviso. Brincar e ocupar-se com brinquedos, utilizando as mãos e os dedos em microcoordenações, podem ser momentos fugazes e episódicos. Dar um laço nos sapatos mais tarde, agarrar em um lápis e desenhar ou pintar, andar de bicicleta ou explorar a água na praia ou na piscina e ter prazer ou nela flutuar, nadar e mergulhar, etc., são situações de desprazer e de desconforto que só se podem superar com muito esforço e prática.

A motricidade de uma criança com disfunção da IS não é fluente nem graciosa. Essa criança é descoordenada, dessincronizada, dismétrica, agitada, desassossegada, instável, etc., – em uma palavra, ela é dispráxica. Apesar de diversos tipos de dispraxia não serem devidos a uma disfunção da IS, a maioria deles, porém, é influenciada por ela.

Em uma criança com disfunção na IS, os nervos e os músculos trabalham bem, é o cérebro que tem problemas para integrar sensações e planificar as ações; é a relação recíproca e sistêmica entre o psiquismo e a motricidade que apresenta dissociações funcionais. Antes de entrar para a pré-escola, essas crianças raramente brincam ou imitam de forma harmoniosa como as outras, exatamente porque elas não podem integrar bem as informações que decorrem dos seus olhos, ouvidos, mãos, dedos, pés, etc. Podem ver, mas não observam nem focam; podem ouvir, mas não escutam ou escrutinam sons e palavras; mexem-se exuberante e exageradamente, mas não o sentem. Tais crianças não respondem adaptativamente aos estímulos nem às situações.

Uma mãe curiosa ou uma educadora minimamente sensibilizada dão conta de que faltam pormenores nas ações e gestos do seu filho ou do seu aluno, observam nessas crianças manipulações estranhas e abruptas. Elas partem coisas e deixam cair objetos com mais freqüência e têm mais acidentes do que é aceitável. Mais freqüentemente, apresentam problemas de atenção e de regulação e também de frustração e de adaptação.

Efetivamente, a habilidade de executar uma tarefa depende da capacidade de escrutinar ou de inibir informação não-essencial, como negligenciar barulhos ou dados visuais irrelevantes. Sem esta capacidade de atenção, as funções de vigilância ou de alerta ficam perturbadas, não registram, não armazenam e não recuperam informação, pondo em risco o funcionamento mental necessário para qualquer aprendizagem, não-verbal ou verbal. Não atendendo convenientemente às fontes de estímulos, as respostas acabam por ser imprecisas e frustrantes. A uma falha na atenção corresponde uma falha na regulação e no controle das respostas motoras adaptativas.

Responder aos pedidos das educadoras e das professoras ou seguir as suas direções e mediatizações torna-se difícil para essas crianças. Estabelecer padrões de sono, comer e comportar-se à mesa com tranqüilidade, consolá-las ou acalmá-las e modular as suas emoções pode constituir um problema que confunde muitas educadoras e muitos pais.

Reações de luta, de fuga ou de susto (*fight, flight or fright reactions*) são outras manifestações defensivas da disfunção da IS que muitas crianças evidenciam, na medida em que os seus sistemas nervosos se encontram altamente sensíveis e vulneráveis. Rixas e brigas freqüentes, acessos de fúria, intolerância às rotinas diárias (vestir-se, comer, tomar banho, arrumar jogos, estudar, fazer os trabalhos de casa, etc.) são outros sinais da defensividade sensorial que caracterizam as crianças hiperativas e desorganizadas com disfunção na IS. Nesse caso, devido à defensividade sensorial, também podem ocorrer atrasos no desenvolvimento da linguagem, na articulação, na nomeação, na produção oromotora de palavras e, mais tarde, de frases e de histórias e, sobretudo, podem surgir problemas na compreensão auditiva e no processamento auditivo, sem, contudo, existirem déficits auditivos ou afásicos.

É comum surgirem nessas crianças reações de defesa, de intolerância e de medo a sons de aparelhos, aspiradores, sirenes, campainhas, aviões, etc., que, ocorrendo na sala de aula, as perturbam e distraem. O comportamento simbólico dessas crianças, devido à disfunção da IS, pode, no futuro, comprometer o seu desenvolvimento cognitivo, portanto, os problemas de aprendizagem da leitura e da escrita vão ser inevitáveis mais tarde.

Na grafomotricidade, ou seja, nas tarefas de desenho, pintura, recorte, colagem, labirintos, montagem de quebra-cabeças, cópia de figuras geométricas, grafismos lúdicos e rítmicos, etc., estas crianças não conseguem receber mensagens claras com os seus olhos e não conseguem produzir comandos com as suas mãos e dedos. A hipersensibilidade a tais informações sensoriais pode impedir a criação das primeiras competências visuomotoras, visuoespaciais e visuoconstrutivas.

A defensividade sensorial (*sensory defensiveness*), além de incidir sobre os sistemas intrassomáticos (tato, vestibular e proprioceptivo) e extrassomáticos (audição e visão), pode apresentar outros sinais atípicos, principalmente a defensividade oral, que pode mesmo causar intolerância sensorial à escovação dos dentes, às visitas ao dentista, às temperaturas das comidas, etc., que são motivo de preocupação dos pais, dadas as reações comportamentais imprevisíveis que provocam, e a defensividade olfativa, com intolerância a cheiros, que pode causar outras manifestações de comportamento incompreensíveis e inesperadas.

Outro aspecto da defensividade sensorial prende-se à defensividade vestibular, mais relacionada com a motricidade, na qual a intolerância ao movimento face a situações novas ou a superfícies irregulares pode causar pânico, evitação ou enjôo. Nestes casos, as crianças têm medo e pânico quando têm de descer escadas, andar em escadas rolantes, subir em trampolins de piscinas ou, eventualmente, explorar equipamentos lúdicos de aventura ou mesmo ambientes naturais mais complexos, tendo que subir em árvores ou equilibrar-se em muros e pontes. A recusa que apresentam face a estas situações inéditas gera uma hipersensibilidade cinestésica que não tem explicação, pois a criança normal adora confrontar-se com desafios que ponham o seu corpo em movimento.

Por natureza, as crianças são ativas e dinâmicas, curiosas, exploradoras, aventureiras e lúdicas. Não se espera que as crianças sejam paradas, inibidas, apáticas, medrosas, etc. Tais características podem indicar uma disfunção na IS. Alguns sinais quanto aos níveis de atividade que a criança apresenta merecem atenção. Pode apresentar problemas:

– a criança desorganizada ou turbulenta e que não apresenta na sua atividade ou no seu jogo qualquer propósito ou intenção. Independentemente de se mostrar interessada por brinquedos, uma vez na sua posse desinteressa-se de imediato por eles, distrai-se logo, sem investir na sua manipulação, no seu escrutínio visual e tátil, não evocando qualquer indício de construção ou criatividade com eles. Nos parques infantis, corre à volta dos equipamentos, mas não tenta a sua exploração controlada, não coordena a sua visão com os apoios das mãos ou dos pés, é incapaz de dominar os vários equilíbrios e as várias coordenações para os transpor; não se suspende, não balança naturalmente neles, nem sequer varia a sua exploração, revelando quase sempre uma atividade repetitiva ou estereotipada;

– a criança hipoativa, quieta, parada, até mesmo ausente quando explora o ambiente. Neste caso, estamos perante a chamada criança que não dá trabalho nenhum, que se mantém bradicinética, em extrema quietude, e que não requer muitos cuidados, na medida em que tende a contentar-se em ver e observar, raramente in-

vestindo em termos interativos e motores, não apresentando iniciativa ou curiosidade para explorar e manipular objetos, apesar de estar apta a movimentar-se e a interagir com as pessoas.
A criança hipoativa pode igualmente evocar disfunção na IS, independentemente de chamar menos a atenção dos pais e dos professores, em comparação com a criança hiperativa. O que pode estar em jogo nestas crianças é não só uma disfunção na IS, como igualmente uma alteração dos seus sistemas de vigilância e de alerta, pondo em risco também as suas funções automáticas de atenção seletiva, sugerindo envolvimento na ativação dos sistemas reticulares do tronco cerebral, podendo ser vista também como uma perturbação emocional. A hipoatividade pode ilustrar uma vulnerabilidade para atender a estímulos novos ou mesmo uma espécie de déficit de auto-estimulação, o que pode acarretar isolamento social e perturbações nos processos de interação, tão essenciais no desenvolvimento motor, emocional e cognitivo da criança;

– a criança que não apresenta variabilidade nas suas atividades lúdicas. Algumas crianças apresentam excessiva dose de condutas repetitivas e estereotipadas quando brincam, não exploram manualmente ou tátil-visualmente os seus brinquedos, acabando por colocá-los na boca ou simplesmente tocar nas suas superfícies sem evocar compreensão lúdica situacional. Outras centram-se em atividades visuais excessivas, passando inúmeros momentos vidradas na televisão, em vídeos ou em livros de imagens, evitando brinquedos manipulativos ou atividades de colorir, desenhar, recortar, etc., que envolvam habilidades visuomotoras mais elaboradas. Trata-se de crianças que, uma vez aprendendo a brincar com um brinquedo, persistem sempre no mesmo tipo de exploração, raramente introduzindo, criando ou generalizando novas formas de manipulação;

– a criança com fraco equilíbrio, que tropeça e cai muito, trapalhona e desajeitada, que esbarra e pisa em tudo, apresentando freqüentes feridas, hematomas, pancadas, inchaços, contusões, arranhões, etc., quando não fraturas no corpo e na cabeça. Como se trata de crianças impulsivas e que captam os dados espaciais do ambiente (móveis, paredes, escadas, pedras, etc.) muito vagamente e de forma episódica, o habitual é baterem nos objetos, machucarem-se e chorarem com alguma freqüência, exibindo uma espécie de insensibilidade à dor e, de alguma forma, poucas respostas de proteção e de evitação de quedas;

– a criança que tem dificuldade para se acalmar após uma atividade física ou lúdica excessiva ou depois de ficar transtornada. Muitas crianças têm acessos de fúria incontroláveis e que podem durar muito tempo, sendo quase impossível consolá-las. A excitação e a agitação podem atingir níveis tais que escapam ao seu frágil autocontrole e mínima auto-regulação. Nas escolas e, essencialmente, após atividades de recreio muito vigorosas, a atenção na sala de aula pode ser desastrada. Em casa, estar à mesa é quase sempre caótico, e adormecer nem sempre é pacífico;

– a criança que procura excessivas quantidades de estimulação sensório-motora. Saltar, pular e rodopiar incessantemente, causando estorvo e embaraço, é comum nas crianças com disfunção da IS. Muitas delas inexplicavelmente são insensíveis a vertigens. Outras atiram-se deliberadamente no chão, procuram machucar-se, empurram outras crianças, buscam contatos corporais vigorosos ou violentos, como se necessitassem de estimulações fortes e intensas.

As implicações da disfunção da IS são inúmeras e podem afetar muitas áreas do desenvolvimento da criança, incluindo as emocionais e as sociais, e não meramente as motoras, podendo gerar, como conseqüência, um fraco autoconceito. Com dificuldades em se organizar nos movimentos e nas várias atividades lúdicas, a criança com disfunção da IS tem mais dificuldade em fazer amigos e em pertencer a um time esportivo, o que pode, por si só, causar comportamentos de agressividade ou de isolamento.

Os problemas de comportamento causados pela disfunção da IS na criança por vezes são mais fáceis de identificar que os problemas de aprendizagem escolar. Falta-lhe equilíbrio e flexibilidade emocional, ela responde explosivamente a novas situações, opõe-se com freqüência à realização de tarefas mais controladas, tende a ser mais desassossegada e irritável, é mais irrequieta, tem baixa capacidade para superar situações frustracionais, chora quando é contrariada, fica mal-humorada por qualquer motivo, etc. A rigidez das suas condutas é conhecida pela sua família, junto à qual criar uma atmosfera tranqüila e agradável em qualquer circunstância é quase sempre inantingível, pois a criança parece revelar uma intolerância a situações sociais calmas e normais.

Enquanto a criança normal pode exibir algumas das características descritas, a criança com disfunção da IS apresenta-as com excessiva visibilidade, intensidade e freqüência. É óbvio que esta condição interfere e co-emerge com muitas áreas de comportamento, por esse fato, põe em risco a sua independência e a sua sociabilização, em uma palavra, a sua auto-atualização. Impõe-se que, neste caso, a criança com disfunção da IS seja observada em tempo hábil, termos psicomotores, por um profissional especializado e com treinamento adicional na teoria da IS, visando à sua integração em um grupo reeducativo ou terapêutico, minimizando as repercussões disfuncionais da sua IS atípica, ao mesmo tempo que pode assegurar a maximização do seu potencial adaptativo e de aprendizagem escolar (Kranowitz, 1998).

Nas tarefas pelas quais se desenvolvem, por essência, os pré-requisitos das aprendizagens escolares, essas crianças têm tendência a revelar disfunção da IS. Elas sentem mais dificuldades nas tarefas escolares que as outras crianças e sentem-se freqüentemente mais confusas (Ayres, 1968, 1972, 1977, 1978). Muitos adultos são capazes de evocar que elas não têm interesse por tais tarefas fundamentais, porém o que está em jogo é uma disfunção da IS. Elas não integram significações a partir das suas sensações e ações, nem retiram qualquer prazer ou satisfação das suas experiências lúdicas.

A carreira escolar de tais crianças pode estar comprometida logo de saída. Como não podem organizar convenientemente as sensações e as ações no seu cérebro, elas tendem a tornar-se mais ansiosas e irritadas. As luzes e os barulhos da sala ou do ambiente perturbam e distraem-nas mais facilmente. Elas podem mesmo rejeitar qualquer ajuda e bloquear-se em termos emocionais e cognitivos, entrando rapidamente em hiperatividade para compensar a sua fraca IS.

Em casa, os problemas não são tão preocupantes, mas, na escola, as tarefas já exigem uma enorme e complexa organização neurofuncional. As aprendizagens simbólicas básicas da leitura, da escrita e do cálculo são funções psíquicas superiores, isto é, processos superiores de IS que se apóiam e alicerçam previamente nas atividades e ocupações descritas. Uma disfunção da IS que se pode considerar simples na pré-escola, se não houver uma intervenção adequada e em tempo útil, tem tendência em se transformar em uma disfunção mais pesada no ensino básico e, portanto, em uma dificuldades de aprendizagem mais evidente.

Na sala de aula das séries iniciais, a criança tem de aprender uma série de tarefas muito complexas e marcantes para o seu futuro e, além disso, tem de se relacionar com mais colegas, com outros professores e com outros currículos bem mais exigentes. O estresse aumenta e o nível de trabalho e de exigência amplia-se, causando regressões, aflições, bloqueios, desajustamentos, até mesmo agressões sobre o organismo e vulnerabilidades emocionais de diverso tipo.

Sem uma boa IS, é difícil atingir autonomia e segurança para as novas aprendizagens, cooperar e competir com os colegas, mobilizar e monitorizar a atenção e a concentração, concluir com mais rapidez e com os devidos automatismos as tarefas de estudo, e ainda mais difícil lembrar instruções e procedimentos para realizá-los, etc. Com fraca IS, a criança tende a distrair-se mais freqüentemente na sala de aula. Todos os estímulos presentes, que, por vezes, são distratores perigosos, causam-lhe confusão; seu cérebro é inundado por estímulos mal-integrados e, por essa razão, as suas ações não são inibidas ou são produzidas em excesso, não porque ela intencionalmente o faça, por pirraça, mas porque o seu cérebro está fora de controle e reage compulsivamente. Não é capaz de "desligar" a atividade, nem de organizá-la (Ayres, 1982).

A turbulência no seu cérebro é tamanha que a criança com uma disfunção na IS não consegue focar, fixar ou concentrar-se em estímulos, situações ou problemas. Não segue as orientações da professora, nem as compreende; sua inquietação não tem limite e sua conduta pode tornar-se agressiva. Não se trata tanto de problemas de relação interpessoal, mas, sim, de reações automáticas às suas sensações, que ela não pode tolerar.

Como a maioria dos processos de IS ocorrem em substratos neurológicos subcorticais (reticulares, cerebelar, subtalâmicos, límbicos, etc.), a tomada de consciência ou a viabilidade de utilizar procedimentos de controle escapam à criança, por isso não serve de nada pedir-lhe que seja mais controlada ou concentrada. Prêmios fáceis, punições corporais ou admoestações verbais freqüentes e cansativas, nestes casos, também não melhoram a organização das sensações ou das ações. Não é por acaso que muitos adultos exigem demais a estas crianças, e o resultado é sempre penoso.

Com o hábito, a disfunção da IS dá lugar a processos de autopercepção na criança que podem igualmente causar outros problemas emocionais associados. Ela passa a conceber-se e a auto-perceber-se como uma criança diferente. Aprende a ser diferente e defende-se nessas atitudes. Pode mesmo assumir-se como uma criança difícil, teimosa e brigona com os pais, irmãos, colegas e professores. Os comandos verbais, as admoestações ou as lições de moral não organizam o cérebro. Só as sensações e as respostas adaptativas podem construir a sua auto-estima. Ao chegar à adolescência, os problemas podem acumular-se em termos de "bola de neve", e aí, os problemas de conduta podem atingir uma natureza desviante mais complexa de controlar. A disfunção da IS é um pesado fardo para qualquer criança que a transporte ao longo da sua maturação.

É óbvio que muitos desses traços característicos pertencem à criança normal; só quando a sua visibilidade, freqüência e intensidade são exageradas é que o problema tende a preocupar os pais e os educadores. A prescrição de uma terapia baseada nos pressupostos da teoria da IS ou de uma terapia psicomotora, após uma observação dinâmica especializada, justifica-se nestes casos e deve ser sempre recomendável. Os ganhos e as melhorias que se pode obter dela permitem que a criança leve uma vida normal, aprenda melhor e com mais satisfação e assuma interações sociais mais estáveis, mesmo que o seu desenvolvimento global não seja considerado ótimo.

Problemas de adaptação e de aprendizagem fazem parte do desenvolvimento da criança, o seu exagero e persistência sem intervenções compensatórias ou profiláticas em tempo hábil é que podem afetá-lo ainda mais. Ajudar a criança e os pais, nesses casos, torna-se crucial. O enriquecimento da IS da criança pode fazer a diferença para melhor.

### INTEGRAÇÃO SENSORIAL E APRENDIZAGEM

Como paradigma prioritário, a integração sensorial é básica para toda e qualquer aprendizagem (Ayres, 1966, 1968, 1972a, 1977, 1978, 1982), o que pressupõe a ocorrência de relações muito complexas entre o comportamento e o funcionamento neuronal do cérebro.

Aprender não é possível, portanto, sem integração sensorial. Não basta que os estímulos estejam presentes, é preciso que eles sejam processados e integrados, a fim de que o indivíduo possa estabelecer relações adequadas com as respostas adaptativas. Tais relações e interações sensoriais e motoras dão-se exatamente no cérebro, o órgão da aprendizagem e, por analogia, da evolução da espécie humana (Fonseca, 1999, 2001).

É óbvio que a identificação de padrões disfuncionais de integração sensorial pode ser muito útil, não só para compreender por que as dificuldades de aprendizagem emergem na criança, como para poder igualmente selecionar estratégias ótimas de intervenção terapêutica. A integração sensorial (IS) refere-se, simultaneamente, a um processo neurológico e a uma teoria sobre as relações entre este e o processo de comportamento e o processo de aprendizagem.

Ayres (1972) definiu originalmente o processo da IS como a habilidade para organizar a informação sensorial, tendo em vista a sua utilização. Mais tarde, definiu-a como: o processo neurológico que organiza as sensações vindas do corpo e do ambiente, por meio das quais o indivíduo se adapta efetivamente ao ambiente. Os aspectos espaciais e temporais dos *inputs* das diferentes modalidades sensoriais são, por esse processo neurológico, interpretados, associados e unificados. A IS é, portanto, um processamento de informação no qual o cérebro deve selecionar, aumentar, inibir, comparar e associar a informação sensorial em um padrão flexível, constante e modificável, isto é, no qual o cérebro deve integrar informação (Fonseca, 1989).

A IS é, em resumo, uma teoria das relações cérebro-comportamento ou cérebro-aprendizagem, conceitos que servem igualmente à psicomotricidade, levando em conta as contribuições dos pioneiros europeus, como Wallon ou Ajuriaguerra. As teorias fornecem postulados inter-relacionados e pressupostos que ajudam a descrever, explicar e prever o comportamento, assim como as relações entre os fatos observados. Nesta ordem de idéias, a teoria da IS foi desenvolvida por Ayres para explicar tanto as relações observáveis entre déficits, disfunções, desordens, dificuldades, distúrbios, transtornos, etc., na discriminação e interpretação da informação sensorial recebida do corpo (em termos wallonianos, interoceptiva e proprioceptiva) e do ambiente (exteroceptiva), quanto os déficits na aprendizagem escolar ou neuromotora em certas crianças que evidenciam dislexias, disortografias, disgrafias, discalculais ou dispraxias, sem, todavia, revelar outras causas, principalmente problemas emocionais (autismo, psicose, etc.), deficiência mental, deficiência sensorial periférica (visual ou auditiva) ou lesões e anormalidades neurológicas óbvias.

Essa autora define, portanto, aprendizagem em moldes muito globais, que incluem, ao mesmo tempo, as aprendizagens escolares, a formação de conceitos e o desenvolvimento cognitivo e, igualmente, as várias dimensões do comportamento adaptativo, onde efetivamente a IS tem de funcionar normal e eficazmente. Nesta perspectiva da teoria da IS, a aprendizagem depende da informação extraída e captada do ambiente e do corpo, em movimento ou não, dando, conseqüentemente, origem a vários processamentos de informação integrados pelo sistema nervoso central (SNC), que, subseqüentemente, são utilizados para planificar e para organizar o comportamento, materializado em respostas motoras adaptativas.

A relação inteligível e adaptada entre sensações e ações é devida, portanto, à integração e à interação das informações recebidas (*inputs*), que posteriormente são utilizadas em termos de informações emitidas (*outputs*). Se efetivamente não se operarem tais processamentos sensoriais, neurologicamente integrados, e se se verificarem déficits ou disfunções nestes processos receptivos e interiorizados, daí advirão, naturalmente, déficits na planificação e na execução de respostas adaptativas, pondo em causa o processo total da aprendizagem.

Com base neste postulado, a intervenção (ou terapia) deve proporcionar oportunidades para enriquecer a estimulação sensorial dentro de atividades significativas e contextualizadas, que possam promover a capacidade do SNC para integrar *inputs* sensoriais e, através deles, expandir a capacidade de aprendizagem na criança, seja motora ou conceitual. Esta circularidade entre a teoria e as suas aplicações práticas de avaliação (diagnóstico, observação, etc.) e de intervenção é um constructo teórico, dado que não podemos observar objetivamente o processamento central, nem a integração sensorial ou a planificação motora.

De acordo com Ayres (1982) e com Fisher, Murray e Bundy (1991), formula-se a hipótese de que a IS, ao ocorrer de forma eficaz, e com base nas evidências apresentadas pela literatura neurocientífica experimental, opera efetivamente uma mudança de comportamento.

Quando são observados e constatados déficits no comportamento, apenas se pode formular a hipótese de que eles são devidos a uma IS pobre ou vulnerável. Se conseguirmos produzir modificabilidade na IS e na aprendizagem da criança,

PROCESSO CIRCULAR DA INTEGRAÇÃO SENSORIAL

TEORIA

AVALIAÇÃO   INTERVENÇÃO

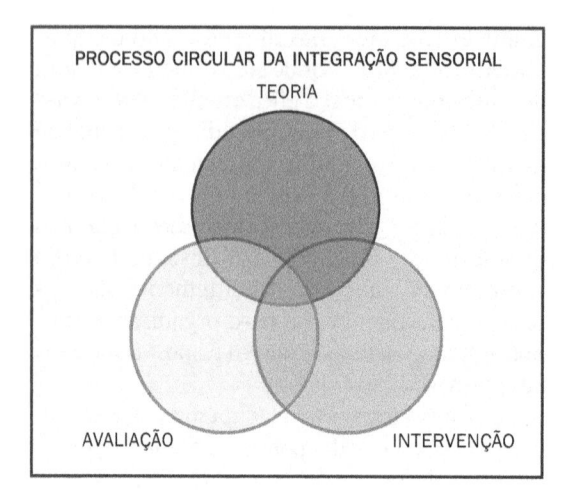

através de uma intervenção bem planificada, uma vez mais, só podemos desenvolver a hipótese de que as mudanças observáveis podem ser devidas à melhoria da integração sensorial, e conseqüentemente, ao enriquecimento do funcionamento neurológico que lhe dá suporte.

Muitas crianças com problemas de IS não identificam verbalmente, por simples toque, os dedos das suas mãos dominantes, como não identificam simples desenhos (um círculo, uma cruz, um triângulo, um quadrado, números, letras, etc.) efetuados em termos tátil-cinestésicos nas costas das suas mãos. No primeiro caso, estamos na presença de uma disgnosia digital e, no segundo, de uma grafestesia, sem que se possa assegurar que tais sinais disfuncionais sejam devidos a uma lesão clara ou óbvia do sistema nervoso periférico ou central. A hipótese que resta, portanto, de acordo com o constructo da toria da IS, é que tais problemas de processamento de informação tátil provavelmente são devidos a uma desintegração dos *inputs* sensoriais no SNC.

Os mesmos problemas de IS são observáveis em muitas outras crianças consideradas dispráxicas (a que os autores ingleses e norte-americanos denominam *clumsy*), que apresentam outras dificuldades, como, por exemplo, jogar futebol ou handebol. Quer na recepção, quer no passar a bola para os seus companheiros ou no chutar ou passar a bola em direção a um alvo determinado, essas crianças revelam nítidas dificuldades de coordenação oculopedal e oculomanual.

Tais crianças podem, ainda, apresentar outras dificuldades, como em dar um nó nos sapatos ou em andar de bicicleta, acabando normalmente por atingir tais aquisições com muito mais esforço e experiência do que a criança normal, quando não com muito mais investimento motivacional para superar a frustração delas decorrente. Correr, saltar, saltitar, andar em um pé só, pular corda, imitar posturas e reproduzir simples gestos utilitários ou lúdicos podem constituir outro conjunto de problemas nestas crianças descoordenadas. Como não evidenciam déficits cognitivos ou neurológicos óbvios, a hipótese a formular sugere que tais problemas parecem ser devidos a uma desordem evolutiva ou a uma dificuldade específica para aprenderem novas tarefas motoras, isto é, novas praxias.

O que parece estar em jogo, para Ayres (1982, 1977), não é apenas uma descoordenação motora (no âmbito do *output*), mas, igualmente, uma capacidade de discriminação tátil diminuída (no âmbito do *input*), isto é, a dispraxia, a descoordenação, a desorganização ou a desplanificação motora que se observam nessas crianças, em termos de produto final do ato mental que elabora e controla o ato motor, pode igualmente camuflar uma discriminação tátil-cinestésica pobre ou difusa. Não podemos efetivamente observar como a discriminação tátil ou a planificação motora operam no ato motor, mas podemos observar os comportamentos e as *performances* motoras na sua adaptabilidade, expressividade, modulação, plasticidade, ajustamento, harmonia, cinestesia, etc.

Se, de fato, estamos orientados para produzir mudanças na motricidade do indivíduo, a visão da IS proposta por essa autora apóia a idéia de que o seu desempenho mais adequado e ajustado depende da qualidade do processamento tátil das suas experiências, componente crucial para se planificar e executar ações adaptativas com mais facilidade e disponibilidade.

A teoria da IS baseia-se, fundamentalmente, nas neurociências, porque procura explorar e aprofundar as contribuições da percepção e da motricidade na aprendizagem, daí que os déficits nos seus processos neurobiológicos possam estar associados ao surgimento de dificuldades de aprendizagem. A visão de Ayres (1968, 1977), em síntese, procura valorizar a importância do funcionamento neuronal na aprendizagem. Também como figura pioneira sobre as contribuições perceptivo-motoras na aprendizagem, ela vai mais além do que outros autores que já abordei, como Frostig e Getman, que previlegiaram o sistema visual em detrimento de outros sistemas sensoriais, especialmente o vestibular, a proprioceptividade (sistema somático-sensorial) e tátil-cinestésico, que são igualmente primaciais para qualquer tipo de aprendizagem não-verbal e verbal.

Ao ter desenvolvido três testes de IS – o Teste de Integração Sensorial do Sul da Califórnia (*Southern California Sensory Integration Test*) (Ayres, 1972b), o Teste do Nistagmo Pós-rotatório do Sul da Califórnia (*Southern California Postrotary Nystagmus Test*)(Ayres, 1975b) e o Teste de Integração Sensorial e de Praxias (*Sensory Integration and Praxis Test*) (Ayres, 1989) –, essa autora foi superando, ao longo da sua carreira, algumas das suas fragilidades metodológicas. Modificou, alterou e criou novos testes, que lhe permitiram compreender melhor os problemas de aprendizagem dos seus clientes.

Ao implementar linhas de investigação fatorial com base nesses testes, Ayres (1975a) conseguiu avaliar todos os seus pressupostos e hipóteses, tendo confirmado paralelamente a sua teoria de IS na acumulação de fatos clínicos, obviamente conquistando, em acréscimo, orientações mais eficazes para as suas intervenções terapêuticas. Utilizando a metodologia pré e pósteste para medir a relevância da intervenção da IS (Ayres, 1972, 1982), conseguiu obter ganhos significativos no pós-teste, quer na leitura, quer nas competências auditivo-lingüísticas. Tais evidências reforçam a idéia de que a intervenção com base na IS potencializa vários pré-requisitos da aprendizagem simbólica, nos quais a autora destaca o processamento vestibular central.

De acordo com os dados mais recentes das pesquisas em neurociências e das teorias biossemióticas, o sistema vestibular, como já mencionei, estabelece a ponte integradora entre a proprioceptividade e a exteroceptividade, sugerindo paralelamente a integração entre as aprendizagens não-verbais, preferencialmente reguladas pelo hemisfério direito e mais enfocadas nos componentes intra-somáticos que englobam o controle da atenção e da postura, bem como os fatores motivacionais inerentes à interação com as tarefas e as aprendizagens verbais, preferencialmente reguladas pelo hemisfério esquerdo e mais enfocadas nos componentes extrassomáticos que englobam o processamento da informação espaço-temporal, simultâneo e seqüencial, bem como os fatores de interiorização e de planificação de condutas que antecedem a elaboração, a regulação e o controle das respostas adaptativas.

A relevância que Ayres (1978) confere ao sistema vestibular é um paradigma psicomotor da aprendizagem humana fundamental, que acaba por dar uma nova dimensão às contribuições dos autores europeus, principalmente de Wallon e de Ajuriaguerra (ver capítulos anteriores), os quais sustentam a interação integrada dos aspectos motores com os aspectos emocionais e cognitivos.

Nos seus estudos experimentais em crianças com dificuldades de aprendizagem, Ayres (1972a; Ayres et al., 1987) interessou-se essencialmente em identificar padrões de disfunção, tendo obtido com mais consistência os seguintes:

- dispraxia, ou dificuldade de planificação motora, associada com uma discriminação tátil pobre, habitualmente referida pela mesma autora como uma dispraxia de base somatossensorial;
- fraca integração bilateral, associada a uma disfunção vestibular e proprioceptiva e a frágeis mecanismos póstero-oculares, igualmente referida como uma desordem da integração vestibular bilateral;
- defensividade tátil, ou reação inesperada e estranha ao contato tátil e corporal, por vezes associada a um aumento de atividade e de distractibilidade;
- disfunção auditivo-lingüística;
- fraca coordenação oculomanual.

A identificação destes padrões disfuncionais, também referidos pela autora como tipologias, com base nas suas investigações sobre a análise de componentes principais, aponta para domínios disfuncionais diferenciados, podendo verificar-se em uma criança um ou mais padrões, daí resultando uma disfunção generalizada da IS.

Os constructos teóricos emergidos dos seus estudos permitiram a Ayres (1977) elaborar conceitos que foram inferidos a partir das *performances* nos seus testes e também da observação de casos clínicos, merecendo destaque, fundamentalmente, os seguintes: disfunções no processamento somatossensorial, com implicações na planificação motora, na elaboração práxica e no jogo; disfunção vestibular e proprioceptiva, com implicações na integração bilateral e no processamento seqüencial da informação; defensividade tátil, com implicações na motivação e na aprendizagem.

Nesta perspectiva, e de acordo com os dados encontrados nas investigações, a teoria da IS aponta essencialmente para três postulados principais:

1. o indivíduo normal capta informação sensorial derivada do ambiente e do seu corpo, processando-a e integrando-a no SNC, para depois a utilizar para planificar e para organizar as suas respostas motoras ou condutas adaptativas;
2. os déficits na IS resultam em déficits na aprendizagem conceitual e motora;
3. a intervenção terapêutica ou educacional, com base nos pressupostos da IS, melhora a planificação e a produção de comportamentos adaptativos e, conseqüentemente, aumenta o rendimento na aprendizagem.

## FUNDAMENTOS NEUROCIENTÍFICOS DA INTEGRAÇÃO SENSORIAL

É óbvio que estes três postulados assentam em vários pressupostos, relacionados com os fundamentos neurocientíficos da IS, destacando-se os seguintes:

1. Plasticidade neuronal – este primeiro pressuposto refere-se à capacidade do cérebro de modificar-se em termos organizacionais em função da IS, sugerindo que o SNC dispõe de propriedades de plasticidade, ou seja, de capacidades de modificação da sua própria estrutura e morfologia em função de *inputs* sensoriais devidamente controlados, por meio dos quais as sensações vestibulares, táteis, cinestésicas e proprioceptivas induzem um enriquecimento neurofuncional, promovendo, conseqüentemente, melhores interações entre o organismo e o ambiente.

   O cérebro da criança é um órgão extremamente maleável, que vai se estruturando à medida que se vai paralelamente desenvolvendo em períodos críticos. Para Ayres (1968, 1982), o período mais crítico situa-se entre os 3 e os 7 anos, podendo a plasticidade neuronal ocorrer naturalmente em organismos maduros e mesmo em organismos idosos. Isso ilustra uma *eficiência* neurointegrativa cada vez mais complexa e que pode mesmo minimizar e reduzir os efeitos de uma deficiência se a intervenção ocorrer em tempo hábil.

   Embora a aprendizagem reflita uma mudança funcional, adaptativa e comportamental, ela não deve ser confundida com plasticidade, que ilustra uma modificação estrutural e morfológica, o que pressupõe que uma mudança de comportamento não significa necessariamente uma modificação específica nas estruturas neuronais.

2. Seqüência do desenvolvimento – o segundo pressuposto refere que a IS ocorre em uma seqüência desenvolvimental, demonstrando que o processo normal tende a uma maior complexidade, como resultado de uma circularidade em que alguns estádios de desenvolvimento se sucedem a outros, fornecendo a base neurofuncional para que outros processos de aprendizagem possam emergir. Quando a desintegração sensorial se verifica, o desenvolvimento normal pode estar comprometido. A IS supõe, assim, que, no nascimento, o cérebro está imaturo ou em processo de maturação, isto

é, encontra-se disfuncional ou desmaturo, condição que tende a prolongar-se em crianças que evidenciam dificuldades ou atrasos. A intervenção reeducativa (os norte-americanos falam de remediação) ou terapêutica pode justificar-se nesses casos, exatamente para recapitular ou reorganizar o desenvolvimento neurológico normal, proporcionando experiências sensório-motoras contextualizadas.

A intervenção da IS visa, portanto, à estimulação de certas estruturas neuronais (primeiro subcorticias, tônico-posturais e tônico-emocionais), permitindo que tais estruturas funcionem mais normalmente e forneçam melhores condições para que as estruturas corticais trabalhem de forma mais integrada e global. Neste pressuposto, a ontogênese revela, sistemicamente, e não recapitula apenas a filogênese, ou seja, em termos sistêmicos, a ontogênese procura induzir uma organização e um redesenvolvimento mais estruturado e consistente das relações entre o cérebro e o comportamento ou a aprendizagem.

3. Hierarquia do sistema nervoso – este pressuposto sustenta que o cérebro funciona como um todo integrado, holístico e hierarquizado, e não como um sistema fragmentado por susbstratos neurológicos meramente sobrepostos uns sobre os outros. Para funcionar como um todo, o cérebro opera com sistemas de nível superior, quando os sistemas inferiores se encontram intactos e, por isso, em condições de sustentar e de apoiar sistemicamente estruturas mais complexas, mais abstratas e mais diferenciadas e articuladas.

A linguagem falada e escrita e as praxias globais e finas, assim como os processos cognitivos de resolução de problemas, só podem funcionar adequadamente se os sistemas corticais se beneficiarem do suporte neurofuncional interativo dos sistemas subcorticais, por isso, a sua neuromaturação é anterior.

O funcionamento ótimo dos centros superiores depende, em parte, do funcionamento eficaz dos centros inferiores (Ayres, 1966, 1975a, 1978, 1982). Nesta visão do sistema nervoso, os níveis de organização superior assumem o controle dos níveis de organização inferior, depois de estes facilitarem a emergência daqueles, quando se operam entre ambos efeitos funcionais recíprocos e simultâneos (Pribram, 1960, 1973), sendo dentro desta dinâmica interativa que a noção do funcionamento hierárquico do sistema nervoso deve ser compreendida. Quando uma criança apresenta sinais de disfunção na IS, é sinal de que vários sistemas não funcionam otimamente, reconhecendo que tais sistemas interagem entre eles, sugerindo que as estruturas corticais e subcorticais contribuem ambas para a IS.

Em síntese, o sistema nervoso da criança é um sistema aberto, e não fixo ou imutável, o que quer dizer que é composto de estruturas inter-relacionadas que funcionam em um todo coerente auto-regulado e auto-organizado, capaz de se modificar em função da experiência e da aprendizagem. Trata-se, portanto, de um processo circular, no qual a ação do sistema, que produz respostas motoras e *outputs* (comportamentos adaptativos) em interação com o ambiente, torna-se a causa da mudança do próprio sistema por meio de novos *feedbacks* e *inputs*.

4. Comportamento adaptativo – este pressuposto da teoria da IS reporta-se ao fato de que a manifestação ou a revelação de um comportamento adaptativo promove e enriquece a IS, ao mesmo tempo em que a sua elaboração e produção reflete igualmente uma IS mais coibida e complexa. Trata-se de um processo em espiral, que supera a simples noção de uma circularidade lógica, uma vez que

envolve um processo de modificabilidade sensório-motora contínua, exatamente porque a IS espelha, em termos cibernéticos, um sistema aberto (Fisher, Murray e Bundy, 1991).

Como o comportamento adaptativo compreende um comportamento orientado para um fim e induz um propósito e uma intenção determinada, tende a produzir aprendizagem, algo de novo e de mais complexo, algo que, em si, vai gerar novos processos de retroalimentação, daí a emergência de ganhos e de melhorias na IS obtidos pela facilitação de tais processos de adaptabilidade.

A motricidade que envolve o corpo do sujeito em uma interação com o espaço e com os objetos é indutora de sensações tátil-cinestésicas, vestibulares e proprioceptivas. Isso ocorre pelo fato de aprender-se a partir da experiência anterior integrada, o que subentende o reconhecimento de que tais experiências foram bem-sucedidas e a apreensão de que se obteve um enriquecimento sensorial derivado da produção de respostas motoras adaptativas.

Tais informações, que se integram e organizam no cérebro, permitem que se formem no seu seio modelos neuronais e engramas, denominados sistemas funcionais por Luria (1965, 1975), que suportam não só a sensibilidade do que faz (retroalimentação da produção motora do próprio corpo – *production feedback*), como a sensibilidade do que se conseguiu realizar(retroalimentação dos efeitos atingidos no ambiente – *outcome feedback*). Ou seja, a motricidade não só gera novos processos de controle sensorial e neuronal, como também novos processos de reforço emocional e motivacional, que passam a ser utilizados posteriormente na planificação de novas competências motoras mais complexas, que se traduzem em uma espiral dinâmica de aprendizagem, não só decorrente de novas sensibilidades, mas também de novas possibilidades motoras, além de imaginadas ou desejadas, concretizadas e materializadas.

Em síntese, a motricidade que se expressa e que se pode observar é resultante de uma sensibilidade que se integrou, se sentiu e se interpretou a partir de experiências anteriores, e é essa experiência que permite aprender a aprender, exatamente porque confirma que novos modelos neuronais se desenvolveram.

O comportamento adaptativo observável é, assim, concebido, neste modelo, como uma relação inteligível, significativa, proposicional e auto-organizada entre a situação (conjunto de *inputs* do ambiente e do corpo presente) e a ação (*outputs* do sistema aberto humano). Não se trata, portanto, de uma resposta automática ou passiva, e, sim, de uma resposta que dispõe de uma razão interiormente construída e que a antecipa e lhe dá sentido de liberdade para selecionar uma ou várias estratégias de solução disponíveis.

O comportamento adaptativo, que, necessariamente, inclui componentes posturais, somatognósicos e espaço-temporais, assim como componentes conceituais ou cognitivos complexos, decorrentes da IS, deve ser organizado e planejado antes de se transformar em uma resposta observável e mensurável, só assim se assume como praxia.

Neste modelo conceitual, a praxia é entendida como habilidade pela qual o indivíduo ou a criança pensa no que fazer e no como fazer, ou seja, conceitualiza como vai utilizar o seu corpo ou as suas mãos e os seus dedos em tarefas como brincar (manipulando brinquedos), comer (manipulando talheres), desenhar e escrever (manipulando lápis ou canetas), construir (articulando peças de Lego® ou outras) ou nas aprendizagens lúdicas, esportivas ou escolares (coordenando múltiplos dados de informação).

O comportamento adaptativo, entendido como sinônimo de praxia, envolve planificar e executar, isto é, conhecer "o que fazer" e organizar "o como fazer", pondo em jogo complexos engramas corporais baseadas na IS (Ayres, Mailloux e Wendler, 1987). O comportamento adaptativo desenvolve-se como resultado da planificação de *performances* ativas, que, por sua vez, induzem novos processos de IS emergidos dos seus efeitos e conseqüências.

A produção da ação e suas conseqüências estabelecem entre si sistemas de retroalimentação importantes para atingir novos comportamentos adaptativos e novas aprendizagens. Como não se podem planificar ações que ainda não foram aprendidas, é preciso, em primeiro lugar, desenvolver modelos neuronais de ações mais simples, para serem ulteriormente planificados e utilizados em comportamentos adaptativos mais complexos.

É neste pressuposto do processo em espiral da IS que se baseiam a produção e a planificação da ação, por um lado, e a execução e as conseqüências da ação, por outro, assim como a sua retroalimentação recíproca, que se renova e perpetua o desenvolvimento adaptativo da criança.

5. Auto-atualização (*inner drive*) – o último pressuposto da teoria da IS sugere que a criança possui uma tendência ou predisposição interiorizada, mesmo intrínseca, para desenvolver a IS a partir de atividades sensório-motoras (Ayres, 1966, 1982), ou seja, a partir da interação que estabelece com o mundo ao redor em todas as suas dimensões. O desenvolvimento sensório-motor está, deste modo, inexoravelmente inter-relacionado com os fatores motivacionais da autodireção e da auto-orientação, inerentes à auto-atualização própria da criança como ser total em desenvolvimento.

De acordo com Ayres (1975a, 1982), a criança que revela uma disfunção na IS freqüentemente demonstra também uma fraca motivação ou uma fraca tendência para ser uma participante ativa no ambiente e para desfrutar novas oportunidades e novas experiências que este propicia. As crianças com uma adequada IS, ao contrário, acreditam mais nas suas possibilidades, crêem mais nos seus recursos, gratificam-se mais com as suas experiências e satisfazem-se mais com as suas perícias, e, por esse fato, tendem a desenvolver-se de forma mais harmoniosa.

A curiosidade, a confiança, a animação, o interesse e o esforço que investem nas aprendizagens fornecem-lhes, reciprocamente, melhores condições para se adaptarem a novas situações no futuro. A possibilidade de retirar mais benefícios de auto-atualização nas aprendizagens sensório-motoras promove, por circularidade neurofuncional, mais reforços de retroalimentação e, por conseqüência, melhores capacidades de IS.

### ESPIRAL DA AUTO-ATUALIZAÇÃO

A motricidade, encarada como resposta adaptativa, é, portanto, uma resposta intencional, orientada para uma dada experiência sensorial. É, conseqüentemente, uma resposta a um desafio ou a um problema e, por isso, compreende uma nova aprendizagem. Neste exato sentido, é interessante assinalar que o conceito de motricidade sugerido pela teoria da IS se aproxima e tem muitos pontos de contato com o conceito de psicomotricidade, adiantado essencialmente por Wallon e Ajuriaguerra.

Assim, a elaboração de uma resposta adaptativa, resposta motora na sua substância, ajuda o cérebro a organizar-se e a desenvolver-se, na medida em que permite que a IS possa ocorrer e ser concomitantemente utilizada. Quando a capacidade de IS do cérebro é suficiente para satisfazer as exigências das situações-problema, a criança responde em termos motores de forma eficiente, criativa e satisfatória, obtendo prazer e bem-estar pela sua execução. Em certa medida, a IS adequada é sinônimo de prazer, de autogratificação e de contentamento para a criança, e é isso que se deve tentar obter, no fundo, com a educação ou com a terapia. A relação íntima entre a motricidade e os centros de prazer do cérebro já foi demonstrada laboratorialmente.

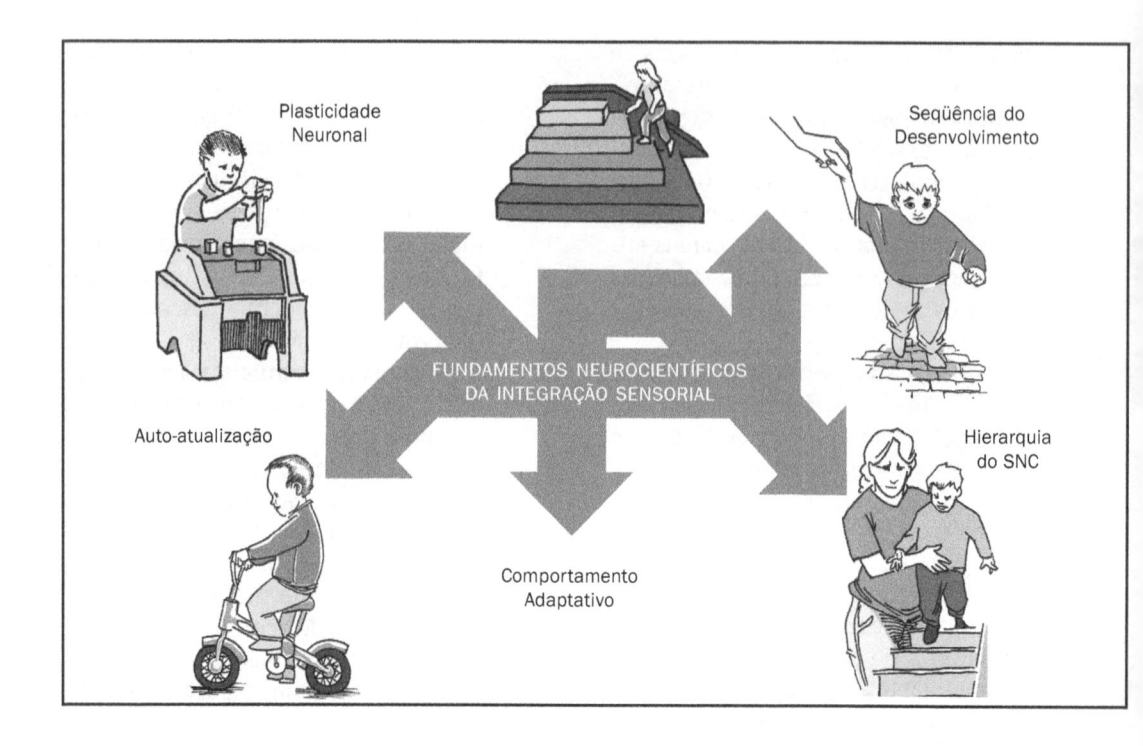

As relações entre a recepção sensorial e a expressão motora do comportamento e do desenvolvimento humanos não podem ser concebidas, na visão de Ayres, em modelos sensório-motores (*input-output*) puros ou lineares. O desenvolvimento da criança deve ser, antes, concebido como um processo aberto de auto-atualização em espiral, com laços neuronais incorporados de retroalimentação contínua entre a captação e a integração sensorial, e entre a organização e a planificação de respostas adaptativas.

A auto-atualização atua, assim, como núcleo básico do processo em espiral que caracteriza o desenvolvimento complexo da criança, no qual a habilidade para interagir eficientemente com o ambiente é um pré-requisito necessário para uma adaptação satisfatória e bem-sucedida, face às atividades e às aprendizagens da vida cotidiana.

Em síntese, a auto-atualização é dependente da habilidade do cérebro para atender, processar e integrar, ativa e dinamicamente, a informação sensorial (do ambiente e do corpo) e em organizar, elaborar, regular e executar respostas motoras adaptativas.

É com base nestes componentes comportamentais que a corporalidade, a motricidade e o jogo, e muitas outras ocupações, dão origem a sentimentos de mestria e de perícia e a processos de auto-estima e de auto-atualização que se tornam verdadeiros nutrientes do desenvolvimento total (motor, emocional e cognitivo) da criança.

Como hipótese, o processo aberto de auto-atualização em espiral, sugerido por Ayres (1975, 1977, 1982) e também por Fisher, Murray e Bundy (1991), consubstancia, dentro da mesma lógica, não só o processo normal e o processo disfuncional ou atípico da IS, mas, paralelamente, também deve fundamentar todo o processo de intervenção terapêutica.

O comportamento adaptativo é, na sua essência, básico para se compreender o conceito de psicomotricidade, na medida em que a natureza do ser humano e a sua tendência interiorizada estão voltadas para a ação e para a ocupação, visando ao domínio e à domesticação do ambiente (Ayres vai mesmo mais longe quando se refere, neste conceito, ao comportamento ocupacional e à ciência ocupacional).

No ser humano, a motricidade, que caracteriza a sua sobrevivência e a sua cultura (Fonseca, 1998a, 1999a, 2003), quando caça, pesca, joga, trabalha, cria, etc., são modalidades de ocupação intrinsecamente motivadoras, por meio das quais se atinge significação e satisfação através da retroalimentação que delas emerge, daí a planificação e a organização de comportamentos adaptativos não incluir apenas a recepção de estímulos e a expressão de respostas, mas também fatores volitivos e motivacionais que promovem a sua auto-atualização contínua.

A ação e a ocupação não se resumem a simples conexões sensoriais e motoras, mas, na sua intrinsecalidade, reúnem também fatores emocionais e cognitivos, conferindo-lhes, assim, transcendência e significação. Quando a ação e a ocupação como experiências intencionais resultam e são concretizadas e finalizadas, geram-se sentimentos de auto-satisfação, de autocontrole, de auto-realização, verdadeiros sentimentos de si (Damásio, 1999), que são a fonte da significação, da satisfação e da conscienciação.

É exatamente por essas razões que o brinquedo (a ocupação principal da criança) e o trabalho (a ocupação principal do adulto), como ocupações, têm um papel fundamental no desenvolvimento humano, na criança, no adolescente, no adulto e no idoso. A busca de desafios compatíveis com as capacidades e as competências dos indivíduos e passíveis de ser solucionados e resolvidos sempre caracterizou a ocupação humana ao longo da sua evolução. Quando as tarefas, pelo contrário, são exageradamente simples ou exageradamente complexas, as funções de atenção e de controle, assim como outras, tendem a bloquear e podem mesmo causar ansiedade, frustração, negligência, etc., motivo pelo qual a seleção de tarefas é de importância capital para que ocorra o fluxo das competências de que dispõe o indivíduo como ser aprendente.

É neste sentido que se pode falar de adaptabilidade, e não de simples adaptação, o que implica no sujeito controlar o ambiente, e não o oposto. O indivíduo que possui, conseqüentemente, a capacidade interna de controlar os acontecimentos (situações-problema, tarefas, desafios, etc.), possui igualmente um sentimento de maestria e de perícia, que o torna mais motivado e autodirecionado para explorar as suas possibilidades e aquisições. Com tais tendências e predisposições, está em melhores condições para planificar e para produzir comportamentos adaptativos e, ao mesmo tempo, mais disponível para participar de ocupações significativas, isto é, aprende mais e melhor, por isso é mais adaptado.

À medida que a criança se desenvolve, de acordo com o processo em espiral de auto-atualização, ela assume um controle do ambiente cada vez maior, acredita mais nos seus próprios recursos e esforços e pode, subseqüentemente, interagir com ele de forma mais significativa e satisfatória. É disto que se trata quando falamos de aprendizagem.

Aprender é, em síntese, interagir eficazmente com o ambiente, de onde deriva a significação e a satisfação, componentes funcionais emergidas da organização de sensações oriundas do corpo e do ambiente e da elaboração de respostas a essas mesmas informações, por meio das quais se produzem os comportamentos adaptativos.

Resumidamente, o processo em espiral da auto-atualização da criança é a conseqüência funcional da IS e dos comportamentos adaptativos a que ela dá origem, o que, por sua vez, leva à organização de processos de desenvolvimento e de aprendizagem, incluindo a apropriação de autonomia e de sentimentos de competência e de confiança, com os quais se ascende à significação e à satisfação experencial.

A exploração e a interação do e com o ambiente decorrem, assim, da organização de sensações e de ações que ilustram o comportamento adaptado, cuja manifestação exige esforço e vontade para se perpetuar e continuamente se auto-aperfeiçoar. Tudo isso que emerge dentro do indivíduo é dependente da IS.

De acordo com a teoria da IS proposta, a IS é a chave do processo evolutivo em espiral da criança, conseqüentemente, a disfunção da IS pode ser encarada como uma desordem desenvolvimental. Na mesma ótica, pode-se colocar a dispraxia. A ruptura desse processo em espiral pode pôr em risco a auto-atualização da criança e compromete o seu potencial de aprendizagem e a sua modificabilidade evolutiva e contínua.

Problemas leves ou moderados, associados a uma vulnerável ou pobre IS ou a um fraco controle postural, uma fraca imagem de si e uma fraca coordenação motora, implicam perturbações no processamento de informação que não podem ser atribuídas a lesões cerebrais centrais óbvias.

## LIMITES DA TEORIA DA INTEGRAÇÃO SENSORIAL

A teoria da IS tem os seus limites. Ela não procura explicar déficits neuromotores associados à paralisia cerebral (espasticidade, atetose, ataxia, etc.) ou a traumatismos cranianos, tampouco a déficits hipotônicos associados à trissomia 21. Os seus limites situam-se na disfunção da IS que envolve déficits específicos no processamento central de *inputs* vestibulares, proprioceptivos ou tátil-cinestésicos, que não podem ser atribuídos também a disfunções periféricas ou corticais.

O foco principal da teoria da IS situa-se basicamente no estudo dos seus efeitos no desenvolvimento da criança, o que não quer dizer que não abranja igualmente o adulto, que pode continuar a revelar tais disfunções, ou o idoso portador de demências, de esquizofrenia ou de seqüelas de acidentes vasculares, etc., casos em que a disfunção da IS tende obviamente a ocorrer.

A teoria da IS procura estudar o papel e as implicações da IS, essencialmente no processo evolutivo global da criança, isto é, da imaturidade à desmaturidade, e não procura explicar tais disfunções no adulto onde se dá a maturidade. Da mesma forma, também não procura explicar a criança com deficiência mental, com paralisia cerebral ou com outras perturbações de desenvolvimento devidas a patologia óbvia do sistema nervoso central e não a déficits de IS *per se*, apesar de todas elas poderem apresentar disfunções na IS.

O objeto de estudo essencial da teoria da IS é o conjunto de sintomas (*cluster of symptoms*) que envolvem o processamento central de *inputs* vestibulares, proprioceptivos e tátil-cinestésicos no qual não é discernível uma patologia ou lesão cerebral (Ayres, 1982, 1977; Fisher, Murray e Bundy, 1991; Kranowitz, 1998). O foco da teoria da IS está na integração desses *inputs*, e não na elicitação da resposta motora em si, portanto, a terapia que dela resulta não pode ser confundida com uma terapia sensorial ou com uma terapia motora. A terapia baseada na teoria da IS envolve o uso de novos materiais, como, por exemplo, equipamento de suspensão (balanços, redes, *skates*, rampas, etc.), cujo objetivo é potencializar os vários tipos de estimulação descritos anteriormente, enriquecendo a independência funcional e o desenvolvimento práxico da criança, ou seja, proporcionar oportunidades de fazer o que ela necessita e deseja.

A evidência clínica das disfunções da IS (pobre discriminação tátil, déficits vestibulares ou proprioceptivos, etc., que incluo no diagnóstico psicomotor, dada a sua significação psiconeurológica) corresponde, portanto, a disfunções centrais no processamento de *inputs* sensoriais que podem se refletir em dificuldades de aprendizagem não-verbais e verbais (Fonseca, 1992, 1999b, 2000), daí a relevância das contribuições de Ayres para esta problemática.

## DESENVOLVIMENTO DA INTEGRAÇÃO SENSORIAL NA CRIANÇA

Ayres (1974, 1975a, 1982) sugere sete anos para a criança aprender os sentidos do seu corpo, conhecer o mundo à sua volta e mover-se nele com segurança postural e intencionalidade práxica. Ao longo desse período, ela integra e domina a gravidade, controla a cabeça, o tronco e os membros e aprende a interagir com as outras pessoas e com as forças físicas do planeta. Compreende o que significam os sons, imita-os, gestualiza-os e articula-os, aprendendo a falar. Identifica-se consigo mesma, constrói um sentimento de si, lateraliza-se em termos sensoriais, motores e hemisféricos. Explora e navega no espaço primeiro e representa-o graficamente depois. Aprende a ler, a escrever, a contar e a pensar quando devidamente mediatizada. Todo este triunfo evolutivo é, portanto, tributário da IS.

Desenvolvendo naturalmente todos estes atributos da IS, a criança normal vai usá-la, constante e eficazmente, para interagir com o ambiente e com os outros. Trata-se de um processo de desenvolvimento seguido, segundo a mesma seqüência básica, por todas as crianças. Umas mais depressa, outras mais lentamente, todas elas vão seguir sensivelmente o mesmo padrão, independentemente dos ecossistemas por onde passarem. As que se desviarem significativamente de tal padrão correm o risco de ter problemas mais tarde, ao longo da sua infância e adolescência.

A seguir, apresentarei, com a ajuda de Ayres (1982), os passos fundamentais do desenvolvimento da IS na criança normal. Não será possível ver o cérebro organizando as sensações e as ações, mas descreverei os comportamentos que refletem essa sua atividade. Antes, porém, de situar o desenvolvimento normal da IS, revisarei alguns princípios básicos do desenvolvimento da criança.

Um dos princípios básicos é a organização. Desde que nasce até os 7 anos, toda a atividade da criança faz parte do processo de organização das sensações no sistema nervoso. O recém-nascido vê, ouve e sente o seu corpo, mas não pode ainda organizar tais sensações de forma integrada. Seu sistema nervoso central (SNC) não está preparado ainda para lhes dar significação, tudo se passa em um plano reflexo e automático. Não pode ainda estimar a que distância estão os objetos do seu corpo, o que significam os sons, nem sequer sentir qual é a forma e a cor do objeto que agarra, muito menos coordenar as suas extremidades para dominar a gravidade e explorar o espaço à sua volta. A IS é, conseqüentemente, uma aprendizagem gradual. A organização das sensações necessita de experiências e de oportunidades, não se opera por simples maturação.

O recém-nascido tem primeiro que aprender a direcionar ou a focar a sua atenção para sensações particulares, ao mesmo tempo que ignora outras, construindo, deste modo, um sistema de seleção que vai se afinando progressivamente. Os seus movimentos surgem titubeantes, hesitantes e desarmônicos, tonicamente irregulares, hipo e hipertônicos e não-eutônicos, mas pouco a pouco tornam-se mais seqüencializados, mais graciosos e mais melódicos.

Cada vez que se projeta em uma nova aquisição postural, práxica ou da fala (oromotricidade), os sinais distônicos e discinésicos emergem. Todavia, com a experiência pessoal e com o reforço social, o bebê vai ganhando mais organização sensorial, mais controle das suas emoções e, subseqüentemente, melhor regulação das suas ações. Ele aprende a organizar-se por períodos de tempo mais alargados e por meio da produção das suas respostas adaptativas. A maneira pela qual a criança lida de forma criativa com o seu corpo e com o seu ambiente depende da sua IS, cuja organização sensório-neuromotora ocorre durante e após a elaboração e a produção de uma resposta motora adaptativa à sensação recebida e processada.

Desse processo deriva outro princípio básico do desenvolvimento da criança: a organização sensorial depende das respostas adaptativas produzidas, não bastando apenas a estimulação ou recepção passiva de sensações. A organização das sensações processada no cérebro é devida à sua captação ativa, e não à sua recepção passiva, que vai gradualmente complexificando-se pela sua utilização e aplicação em ações, em respostas adaptativas e em comportamentos. Não se trata de uma mera recepção de informação, mas, antes, de uma transformação de informação, da sensação em ação e da ação em sensação, por retroalimentação. É essa circularidade dinâmica e em espiral, de sensações aplicadas e utilizadas em ações, que, por sua vez, se renovam em novas sensações e em novas ações, que caracteriza o desenvolvimento da criança.

Nas palavras de Ayres (1966, 1968, 1974, 1975, 1982), a criança adapta-se a sensações. Antes de o corpo produzir uma resposta adaptativa, as sensações vindas deste (meio interior) e do ambiente (meio exterior) têm de ser organizadas no cérebro. Para produzir um *output*, o cérebro tem de integrar um *input*, como se se tratasse de um computador. Só nos adaptamos a uma situação ou conjunto de estímulos quando o nosso cérebro conhece o que é a situação de fato. Para andar de bicicleta, por exemplo, a criança só consegue dominar o objeto equilibrando-se, contornando obstáculos sem cair ou esbarrar em uma parede, o que subentende uma captação e uma estimação visuoespacial de múltiplos estímulos, sentir a força da gravidade no corpo, especialmente no eixo postural, e os movimentos das suas pernas e dos seus braços, além de sentir tátil-cinestesicamente a superfície e os micromovimentos dos pés e das mãos.

Se o seu centro de gravidade começar a desviar-se da restrita base retangular de sustentação das rodas da bicicleta, o cérebro tem de integrar tais sensações de queda para, em tempo hábil, produzir respostas adaptativas de reequilíbrio. Neste caso, a resposta adaptativa envolve modificar o peso do corpo de forma a evitar a queda e a adquirir de novo, e rapidamente, o equilíbrio dinâmico, que é distinto do equilíbrio estático. Se tal resposta adaptativa não for produzida, a criança cai inevitavelmente da bicicleta. Para andar de bicicleta, a criança tem de extrair informações sensoriais exatas do seu corpo, da bicicleta como objeto físico e da gravidade, ao mesmo tempo que o seu cérebro organiza e elabora uma motricidade adaptada à situação.

Quando a criança age e se movimenta de forma adaptativa – neste exemplo, quando anda bem e gosta de andar de bicicleta –, sabemos que o seu cérebro organizou toda uma miríade de sensações e de ações de forma eficiente. À medida que for praticando, seu cérebro como que atinge um estado de organização sensório-motora cada vez mais aperfeiçoado. A prática de respostas adaptativas leva a novas integrações somatognósicas e práxicas. Com novas integrações, o cérebro adapta-se melhor às mesmas ou a outras condições de prática com o mesmo objeto.

Ninguém pode produzir uma resposta adaptativa pela criança, é ela que tem de fazê-lo por si própria. Mesmo que o pai ou o avô tivessem sido ciclistas profissionais, não poderiam substituir a criança, nem suas competências são transmitidas geneticamente a ela. A organização das suas sensações e das suas ações dá-se no seu cérebro, e não no deles. As respostas adaptativas adicionais adquiridas com a experiência integrada possibilitam a libertação de mecanismos de regulação cortical para mecanismos de regulação subcortical, desta forma, as suas intenções permitem-lhe dominar o objeto (bicicleta) e ir com ele para onde quiser.

Para se desviar de um obstáculo ou de um muro, a criança, quando conduz uma bicicleta, tem de integrar as sensações visuais do espaço que está à sua frente, ao mesmo tempo em que integra as sensações do seu corpo (noção do corpo), desde as sensações vestibulares e antigravitacionais até as sensações táteis e proprioceptivas das mãos e dos pés com os padrões motores já aprendidos anteriormente, a partir das quais planifica uma trajetória para contorná-los ou inibe o seu movimento e pára em tempo hábil. Quanto mais velocidade atingir, mais informação sensorial tem de integrar e mais finas terão de ser as suas respostas motoras adaptativas. Se a criança bater no muro e não tiver freado antes, isso quer dizer que o seu cérebro não integrou a miríade de sensações e de ações necessárias para evitar o choque ou não atuou suficientemente rápido.

Quando a criança anda bem de bicicleta e com agilidade e adaptabilidade, seu cérebro aprendeu a gravidade e o espaço onde decorre a ação e aprendeu também a regular a harmonia da mesma, por isso dirigir uma bicicleta para ela tornou-se fácil e prazeroso. Em cada criança está instalada geneticamente uma tendência para se auto-atualizar, para reptar, quadruptar, pôr-se de pé, marchar de forma bípede e assimétrica e, muito mais tarde, aprender a andar de bicicleta. Não é preciso ensiná-la, porque a natureza do seu desenvolvimento é processada a partir do seu cérebro, do seu interior mais profundo. A natureza toma conta automaticamente de tais padrões, com eles, a cultura filtrada pela IS vai ser apropriada ao longo da sua infância.

A criança humana é dotada de atenção, de interação, de gestualização, de imitação, de afiliação, etc., ou seja, de vários componentes da IS para se relacionar com o ambiente, basta que, para isso, ela desfrute de oportunidades para tentar várias vezes até atingir sucesso. O desenvolvimento motor, emocional e cognitivo, em uma palavra psicomotor, subentende, assim, uma IS em construção seqüencializada e integrada. Sem ela, o desenvolvimento global da criança não é possível.

A maturidade é, desta forma, uma construção da criança e uma co-construção do adulto, que lhe deve proporcionar oportunidades para que o seu desenvolvimento se complexifique, pondo cada vez mais funções em jogo para formar funções cada vez mais organizadas (*buil-*

*ding blocks*). Praticar atividades leva à excelência da IS, mesmo que se tenha de vir atrás no desenvolvimento para alcançar em espiral novos padrões de conduta.

Como as ações, as sensações têm que se desenvolver seqüencialmente, embora não se estimem tão facilmente como aquelas, apesar de o seu desenvolvimento as anteceder. Primeiramente, a criança desenvolve as suas sensações, que a informam acerca do seu corpo e das suas relações gravitacionais e objetais com o mundo exterior. Posteriormente, tais sensações transformam-se em blocos de construção, os quais ajudam-na a desenvolver os sentidos da visão e da audição, que lhe dizem a que distância do seu corpo se encontram os objetos.

Para aprender a falar ou a desenhar, a criança precisa integrar muitos blocos de construção que foram aprendidos a partir de atividades sensório-motoras precoces da primeira infância. Para aprender a ler, escrever ou comportar-se na sala de aula ou à mesa, a criança necessita de blocos de construção bem mais organizados. Tanto uns quanto os outros emergem dos fundamentos da IS (Ayres, 1974). Vejamos agora, de forma sintética, os principais passos desenvolvimentais da IS propostos por Ayres (1982).

## PASSOS DO DESENVOLVIMENTO DA INTEGRAÇÃO SENSORIAL

### Do nascimento ao primeiro mês

O recém-nascido, depois de nove meses de desenvolvimento intra-uterino, já pode integrar várias das sensações corporais, principalmente táteis, e responder com vários reflexos, ilustrando um patrimônio complexo e multifacetado de respostas motoras a determinados estímulos.

Se tocamos na sua face, na sua bochecha, o recém-nascido volta a sua cabeça na direção da mão; se tocamos à volta de seus lábios, ele orienta a sua boca na direção da estimulação (reflexo perioral); se tocamos na palma de sua mão, ele imediatamente a fecha (reflexo de preensão); se tocamos nas costas de sua mão, ele abre-a prontamente; se tocamos nas suas costas, ele curva-se na direção da estimulação (reflexo de Galant); se o suspendemos ventralmente ele estende a cabeça, a coluna e as pernas (reflexo de Landau); se o estimulamos antigravitacionalmente de forma inesperada, ele responde com a abdução e extensão dos braços, acompanhada de choro vigoroso (reflexo de Moro); se cobrimos sua face com um pano, ele tenta tirá-lo com agitação da cabeça e dos braços.

Segundo alguns autores, as possibilidades de reação adaptativa inata dos recém-nascidos por meio dos reflexos ou dos automatismos primários podem ultrapassar as sete dezenas (Fonseca, 1989, 1998a). A natureza, ou herança biológica, desenhou o recém-nascido humano e os outros filhotes vertebrados com uma série de reações que as ajudam a sobreviver e desenvolver-se, apesar de serem seres dependente e sem autonomia. Embora sendo respostas automáticas, as sensações táteis, labirínticas, vestibulares e proprioceptivas têm de ser integradas para que os reflexos ocorram de uma forma significativa e proposicional. Por isso, em alguns transtornos neurológicos graves, os reflexos não são evocados nem observados.

No útero da mãe, o recém-nascido aprende a integrar sensações que não são apenas decorrentes do programa genético, mas que já revelam uma experiência de aprendizagem em interação com o corpo da mãe. No útero, o feto já processa informações sensoriais multifacetadas: auditivas, vestibulares, táteis, proprioceptivas e cinestésicas. Quando nasce, essa experiência anterior vai ser utilizada.

As sensações que o bebê experimenta vão sendo reveladoras de um gradiente de conforto-desconforto, por isso as fraldas molhadas provocam sensações desagradáveis e os carinhos da mãe, sensações agradáveis, embora ele não tenha ainda condições de diferenciá-los, simplesmente porque o seu cérebro não consegue processá-las detalhadamente, mas já as reconhece como fontes de satisfação emocional. O tocar, o acariciar, o beijar e o mexer da mãe no bebê são fontes de maturação emocional de enorme transcendência. Essas experiências vão ser cruciais para o desenvolvimento do cérebro e determinantes na formação intrínseca da díade afiliativa.

No primeiro mês, o bebê pode evocar uma preensão automática se os objetos forem colocados na palma da sua mão, mas, neste momento, trata-se de um reflexo de suporte que só mais tarde, com o abrir e o fechar dos dedos e com a devida oponibilidade do polegar e a conexão binocular, vai estar associado à sua manipulação. Nesta fase, a mão limita-se a segurar o polegar e mantém-se quase sempre fechada sobre si própria. O bebê no primeiro mês é caracterizado por mostrar inúmeras respostas às sensações da gravidade e da motricidade, cuja origem se situa no ouvido interno, isto é, nos canais semicirculares.

Qualquer manobra antigravitacional inesperada e suficientemente ampla faz disparar nele uma resposta de alarme, ao mesmo tempo que os seus braços e pernas se movem no sentido inverso e se verifica uma reação de suporte. As mensagens dos canais semicirculares informam ao seu cérebro que ele está caindo e, de imediato, este responde com uma reação de proteção e de defesa. O movimento de agarrar ou de flexão que se observa no seu corpo total nesta situação talvez seja o seu primeiro padrão motor.

Independentemente de a mãe garantir a proteção e a nutrição de que o bebê necessita, ele próprio tem que garantir um conjunto de reações automáticas para sobreviver, uma aprendizagem evolutiva lenta que é mantida na sua espécie, à qual ele pertence inexoravelmente, ao longo de milhões de anos. As operações que o seu cérebro tem de garantir são necessidades biológicas que ele compatilha com outros animais vertebrados a partir dos quais o ser humano evoluiu (Fonseca, 1989, 1999b), como respirar, comer, beber, eliminar, etc., muito antes de se tornar civilizado. Essas respostas, internamente evocadas pelo processo genético do organismo do bebê, constituem os primeiros blocos de construção a partir dos quais o edifício do desenvolvimento vai ser construído.

Com um mês, as tentativas de segurar a cabeça contra a ação da gravidade não são ainda perfeitamente bem-sucedidas, pois sugerem uma maturação tônica primeiro nos músculos do pescoço e do tronco e só depois nos das pernas. Tal maturação é governada em centros do tronco cerebral e do cerebelo, cuja organização terminal durará mais de 24 meses, com a conquista da postura bípede, ou seja, a primeira conquista verdadeira da motricidade especificamente humana.

Algumas semanas mais tarde, levantar a cabeça vai ser um desafio quase permanentemente vencido, essencialmente quando o bebê se encontrar na posição deitada facial de barriga para baixo, mantendo o seu eixo corporal paralelo ao solo, o mesmo mecanismo que mais tarde vai garantir a posição vertical do corpo, que caracteriza a espécie humana como a única gravitacionalmente libertada. No primeiro mês, porém, a gravidade é ainda um obstáculo a superar, a sua imaturidade tônica só lhe permite levantar a cabeça por alguns segundos.

Como o bebê não domina a gravidade, cabe à mãe proporcionar-lhe as primeiras experiências de segurança e de conforto gravitacional. Saber segurá-lo, movê-lo e transportá-lo (o *holding* e o *handling* de Winnicot [1969, 1971, 1972]) é um segredo muito bem guardado pela espécie, mesmo nas situações mais agitadas. A conquista da tranquilidade e da quietude do bebê é assegurada pela forma delicada como a mãe o afaga, mima e conforta com pequenos balanços. Neste caso, o sistema vestibular atua sobre as funções tônico-vegetativas, e o bebê pode regressar a um estado de calma e de sossego.

Todos estes processos de interação sensório-motora entre a mãe e o filho, que envolvem os seus dois corpos em mútua descoberta afetiva – o diálogo tônico de que já falavam Wallon e Ajuriaguerra –, organizam o cérebro do bebê e provavelmente registram as sensações primárias com que ele constrói as suas memórias emocionais básicas. Ao mesmo tempo em que se observa esta dança corporal e emocional entre ambos, as sensações experimentadas pelo bebê vão mais tarde garantir-lhe os blocos de construção básicos com que ele produzirá os seus primeiros movimentos autodeterminados.

Não sendo possível observar como estas sensações táteis, proprioceptivas e vestibulares se integram no seu cérebro, é possível, todavia, situar como o bebê reclama por ser pegado, apanhado e balançado; ele aprende e deseja repetir tais experiências porque elas dão prazer e porque estão associadas às coisas mais agradáveis da sua existência.

Como o bebê de 1 mês se ajusta perfeitamente ao corpo do adulto que o segura e transporta, de forma segura e confortável, só pode revelar uma precisa integração das sensações que advêm dos seus músculos, dos seus tendões e dos suas articulações. O bebê começa por sentir os seus músculos, tendões e articulações, primeiro como instrumentos de comunicação e de interação com os outros, onde cabem, obviamente, os processos de vinculação e de afiliação emocional. Só depois eles se constituem como instrumentos de ação e de exploração do corpo e do ambiente.

Nesta perspectiva, que se aproxima muito das concepções wallonianas, as sensações oriundas dos músculos, dos tendões e das articulações têm as suas raízes nos componentes emocionais, relacionais e sociais, muito antes de se justificarem como suporte neurobiológico das conquistas motoras exclusivas e únicas da espécie humana, que o bebê tem de adquirir. Esta transcendência da motricidade, com nítidas inter-relações e influências nas funções emocionais e psíquicas, é muito visível nas ações e interações que o bebê estabelece com os outros no primeiro mês e nos subseqüentes.

É a corporeidade e a motricidade dos outros, essencialmente da mãe ou da sua substituta, que asseguram as inúmeras práticas de proteção, de segurança e de conforto que permitem ao bebê sobreviver. Todos esses cuidados, de estruturação ecológica do espaço, de nutrição, de higiene, etc., são mediados pela sutil mobilização dos seus músculos, tendões, articulações e também pela harmoniosa sensibilidade tátil, vestibular e proprioceptiva, que, envolvendo a fronteira existencial da sua pele, vai permitindo que ele possa assumir progressivamente a sua autonomia para fazer mais tarde com o seu corpo e com a sua motricidade aquilo que os outros lhe garantem inicialmente. A evolução motora processa-se, portanto, da co-construção à construção.

Ao produzir inúmeros movimentos de forma atabalhoada, desajeitada, precipitada e desordenada, o bebê vai, simultaneamente, organizando as suas sensações por efeitos de uma integração sensório-tônica cada vez mais aperfeiçoada, delicada e graciosa. Por meio de ambos os processos, ele vai superando os seus automatismos inatos e organizando o seu cérebro, preparando-o para guiar e regular outros movimentos bem mais adaptados e ajustados às circunstâncias e aos diferentes contextos ecológicos onde se vai inserindo.

Na posição deitada dorsal, de barriga para cima ou devidamente apoiado, o bebê começa a estabelecer jogos sensoriais com os seus braços e pernas e, na posição deitada facial, de barriga para baixo, ele já produz traços de reptação. No banho, parece apresentar gestos natatórios, exatamente porque as sensações que recebe dos seus músculos, tendões e articulações e, igualmente, dos canais semicirculares do ouvido interno, estimulam o seu cérebro a produzir movimentos. A sua tendência intrínseca, ou *inner drive*, entretanto, ajuda-o a organizar novas sensações e novas ações.

As sensações originadas nos seus músculos, tendões e articulações comunicam também ao seu cérebro quando a sua cabeça se vira para um lado do corpo, ativando o reflexo tônico do pescoço, que faz com que o braço do mesmo lado se estenda, ao mesmo tempo que o outro braço se flexiona. Esta tendência, embora nem sempre ocorra, determina os movimentos assimétricos dos braços na criança ao longo da sua infância, mas acaba por não se verificar por volta dos 6 anos, podendo, todavia, ser observada em crianças de idade escolar com uma pobre IS, uma resposta exagerada.

Com 1 mês, a visão, a audição, o olfato e o paladar assumem papéis de IS muito relevantes. A visão não está ainda bem organizada. Embora o bebê reconheça a face da mãe e objetos familiares, a sua focagem ou fixação é vaga e inconsistente, não podendo mesmo diferenciar formas complexas, embora seja atraído por elas, nem diferenciar contrastes de cores. Sente o perigo e produz respostas inseguras ao movimento, à gravidade e ao tato, mas não identifica o perigo pela visão, algo que acabará por ter uma significação muito importante mais tarde (fenômeno do *visual clift* referido por Gibson [1963]).

As primeiras competências visuais relacionam-se a pequenos movimentos de perseguição de objetos ou de pessoas acompanhados com a rotação da cabeça. Para isso, os vários músculos perioculares que circundam os olhos (retos e oblíquos) e os vários músculos do pescoço, em conjugação com o sistema vestibular, encarregam-se de produzir padrões visuoespaciais que vão ser muito importantes para o seu desenvolvimento psicomotor posterior. É fácil ver os bebês nesta fase serem alertados e atraídos pelo movimento das coisas, dos objetos, das pessoas e dos animais; persegui-los dá-lhes um prazer especial.

No primeiro mês de vida, o bebê responde facilmente aos sons de objetos lúdicos, chocalhos, campainhas, e, especialmente, à voz humana, embora não os compreenda ou processe o seu significado. Volta a sua cabeça na direção da fonte sonora e pode rir, se a voz humana possuir atributos vibratórios e tônicos agradáveis. Esta habilidade de responder em termos motores a um som pode ser considerada o primeiro bloco de construção da sua fala. Atende com curiosidade aos sons que a sua própria garganta produz, e quase sempre as sensações que emergem da contração desses músculos tendem a ser repetidas com freqüência e prazer, desse modo vai estimulando as áreas sensoriais e motoras da fala no seu cérebro.

O olfato e o paladar estão, ao contrário dos sentidos anteriores, já bem organizados, principalmente o olfato, um sentido muito importante no primeiro mês de vida. Como os sentidos da gravidade, do movimento e do tato, estes sentidos surgem precocemente, sustentando o primado do desenvolvimento interoceptivo e proprioceptivo sobre o desenvolvimento exteroceptivo, como vimos em Wallon, algo que o bebê humano compartilha com outras espécies vertebradas, especialmente mamíferos e primatas. A sucção, que surge como uma resposta adaptativa vital que emerge do gosto e do olfato, é um reflexo que está presente ao nascer, daí a sua importância em termos de IS.

Com 1 mês o bebê já conquistou uma multidão de competências e de respostas adaptativas, seu cérebro já organiza inúmeras sensações e confere-lhe um sentido e uma significação de cará-ter emocional muito profundo, apesar de as suas competências tônicas, posturais e motoras serem ainda muito vagas e dependentes. Seu corpo, com a ajuda da gravidade, da motricidade e do tato, vai sendo aprendido pelo seu cérebro, seu desenvolvimento individual começa a ter raízes cada vez mais dinâmicas, e o conhecimento do seu ecossistema proximal começa a desenhar-se cada vez mais em termos sensório-motores. É esta integração sensório-motora, de que fala também Piaget, que prepara o bebê para novas aventuras. O seu desenvolvimento futuro dependerá da adequada IS que se opera nesta fase.

### Segundo e terceiro meses

Como já vimos em Wallon, Piaget, Ajuriaguerra e nos outros autores norte-americanos, as funções motoras seguem uma lei neurológica característica dos vertebrados, a lei céfalo-caudal. Devido a ela, o bebê começa por controlar a cabeça e só muito mais tarde vai controlar o tronco, as pernas e os pés. Controlar a cabeça tem a ver com a auto-regulação da boca, dos olhos e do pescoço, as primeiras partes do corpo que o bebê começa por coordenar efetivamente em termos motores. Manter estes componentes corporais estáveis tem um significado de sobrevivência e de estabilidade emocional muito importante, além de um significado afetivo enorme, pois é com base nessas partes do corpo que os primeiros blocos da IS se constituem. Sua somatognosia inicia-se, portanto, a partir delas.

A percepção visual envolve mais do que simplesmente olhar para alguma pessoa ou objeto, não esquecendo que os olhos têm de manter uma imagem estável para que o cérebro a registre e a integre, para a qual contribui também uma adequada ativação tônico-muscular do pescoço e do tronco, caso contrário o objeto parece apenas difuso, pouco claro, mal definido, enevoado, trêmulo ou ondulado, como se fosse uma câmara fotográfica que não está equilibrada ou bem focada.

Para que a visão se torne um sistema de captação e de extração de imagens, o cérebro tem de integrar três sensações simultaneamente: a gravidade e a motricidade, por meio do sistema vestibular, as sensações dos músculos dos olhos e as sensações dos múltiplos músculos do pescoço. A percepção visual resulta, portanto, de uma integração e interação sistêmica de sensações advindas de várias fontes sensitivas do corpo; sem a sua estabilidade, o processamento da imagem não se opera em termos funcionais.

Para escrutinar o espaço ao redor, o bebê precisa integrar várias sensações, sendo a partir dessa IS que ele ascende a uma imagem clara do que o rodeia, mesmo quando seu corpo está em movimento ou sendo transportado. Para manipular objetos mais tarde, para se equilibrar e se locomover, para jogar com bolas, desenhar, pintar e aprender a ler e a escrever, a criança vai necessitar da visão, que tem os seus blocos de construção iniciais exatamente nessas primeiras experiências de registro e de escrutínio do mundo exterior.

Tudo o que constitui a sua conquista do levantar a cabeça (sensivelmente aos 2 ou 3 meses), do rolar, do reptar (sensivelmente aos 6 meses), do dominar a postura de sentado (9 meses) e, bastante mais tarde, do pôr-se de pé, superando a gravidade, vai exigir do bebê uma organização tônico-postural processada no cerebelo e no córtex, extremamente complexa e que se prolonga por mais ou menos 12 meses. Depois de segurar com maestria tônica a cabeça e o pescoço, o bebê inicia outra fase de maturação com a parte superior do seu tronco, arrastando-se pelo solo. Mais tarde, com a ajuda dos braços, poderá elevar a coluna do solo e assumir uma locomoção protovertebrada.

Todo esse desenvolvimento conseguido na posição deitada facial vai permitir posteriormente uma semielevação antigravitacional, com a qual o bebê inicia os primeiros movimentos de engatinhar ou, eventualmente, um arrastamento da bacia, para contrariar a sua locação estática. Nesse ponto, as sensações antigravitacionais acabam por estimular o cerebelo e o córtex a contrair os músculos do tronco e da bacia, para dar lugar às primeiras competências locomotoras vertebradas e para assegurar as suas primeiras posturas sentadas com perfeito domínio da cabeça.

Na posse desta conquista extraordinária, o bebê pode libertar as mãos, abri-las ao mundo e orientar-se para as primeiras preensões humanizadas. Com este equipamento motor, único da espécie humana (Fonseca, 1998a, 1999b), o bebê alcança e acede aos objetos e às pessoas preensivelmente, embora a sua coordenação oculo-manual esteja ainda nos seus primórdios.

À medida que integra a gravidade e a motricidade com outros desafios de equilíbrio mais diferenciados, ele consegue atingir alvos com mais pontaria e precisão. A preensão, que constitui uma das mais relevantes conquistas hominídeas, inicia-se no bebê de forma grosseira, só mais tarde a sua dissociação interdigital e a sua oponibilidade, em interação sistêmica com a visão, atingem a capacidade micromotora de explorar e de manipular objetos, depois da mão servir de suporte postural e locomotor.

À proporção que a capacidade micromotora vai se instalando no bebê, o cérebro se enriquece com uma discriminação tátil-cinestésica notável, dotando sua mão e seus dedos de movimentos cada vez mais finos e organizados em termos sensoriais e neuronais. Nesta fase, quando preende, agarra ou alcança objetos, o bebê não usa ainda o polegar e o indicador devidamente, mas a prática incessante das suas interações com situações e com objetos vai lhe garantindo uma preensão fina cada vez mais adaptada. Evoluindo de uma preensão cúbito-palmar difusa, o bebê tende a uma preensão radial cada vez mais perfeita e versátil.

Ao agarrar objetos e ao transportá-los (*reaching behavior*) (Bower, 1974), as sensações tátil-cinestésicas vão enviando informações ao cérebro que o ajudam a segurá-los com mais estabilidade, embora ainda seja difícil largá-los voluntariamente com precisão. Trata-se de uma reação automática precoce do bebê, que indica o uso da mão como instrumento da inteligência (Piaget, 1976, 1964b). Nos meses seguintes, a preensão vai atingir novos progressos. As sensações tátil-cinestésicas, com as sensações proprioceptivas dos pequenos músculos das mãos e dos dedos, relacionadas com as sensações da visão, vão gerar novos sistemas funcionais, como a preensão em pinça, uma forma superior de motricidade exclusiva da espécie (Fonseca, 1989a, 1998a).

## Do quarto ao sexto meses

Neste período, o bebê revela novas competências com as mãos. Estas já preendem e movem objetos com outra magnitude, sendo capazes, por exemplo, de bater com a colher em cima da mesa ou no prato. O bebê aprende que sua mão é um instrumento vital, que tem grande impacto no mundo físico que o rodeia. Percebe que a sua mão, auxiliada pela visão, produz efeitos extraordinários, entre os quais uma grande satisfação emocional, sobre a qual em seguida se sobrepõem outras emoções mais evoluídas.

O bebê olha para suas mãos e reconhece-as como extremidades que modificam as suas relações com seu próprio corpo, principalmente a boca, e com o espaço próximo à sua volta. Com a ajuda das sensações visuais e tátil-cinestésicas, ele aprende a usar a mão em conjugação com a visão, daí surgindo o sistema visuomotor, como vimos em Getman e Frostig, que vai iniciar os seus primeiros passos coordenativos, ao que corresponde uma organização neuronal de sensações e de ações mais complexa.

O que o bebê vê faz sentido com o que ele sente, e o que ele sente faz sentido com o que ele mexe. Ele usa o braço, a mão, o polegar e o indicador com maior maestria, apesar da sua preensão fina ainda não ser perfeita. Está apto a alcançar e a pegar objetos com uma mão, mas falta-lhe capacidade coordenativa para manipulá-los bimanualmente, independentemente de segurar um objeto com uma mão e passá-lo para a outra.

Nesta fase, quando uma mão toca na outra, a visão como que focaliza sua descoberta mais detalhada e focada. Esse é o limiar da coordenação das duas mãos e das duas partes do corpo. Agarrar dois objetos ou brinquedos com ambas as mãos e batê-los simultaneamente em uma dada superfície é freqüente neste período. A IS provocada pela coordenação bimanual dá início à lateralização das mãos e dos olhos. Longe ainda de serem diferenciadas simbolicamente em direita e esquerda, o cérebro integra já as sensações originárias das duas mãos em ações conjugadas e começa a assumir uma certa tendência preferencial por uma delas.

Aos 6 meses os pulsos já podem rodar, as manipulações passam a ser muito mais dinâmicas e imprevisíveis, o esboço de uma planificação motora começa a desenhar-se e, em conseqüência disso, a IS é cada vez mais organizada. Com a postura sentada dominada e a coordenação bimanual, embora ainda difusa e hesitante, o bebê já mostra os seus primeiros ensaios lúdicos. Para isso, a integração da gravidade é mais sustentada e a coordenação visão-mão, mais detalhada.

Nesta fase, o sistema vestibular do bebê exerce uma ponte neurofuncional entre a propriocaptividade e a exteroceptividade. As sensações vindas do seu corpo, dos músculos, dos tendões e das articulações, interrelacionam-se mais regularmente com as sensações vindas dos órgãos sensoriais que captam informação fora do corpo, fundamentalmente, a visão e a audição. A propriocaptividade, o tato e o sentido vestibular, acompanhados por uma regulação tônico-postural e tônico-emocional mais organizada no mesencéfalo, na substância reticulada e no cerebelo, e pelo controle motor da cabeça, do pescoço e do tronco mais eficiente, do qual participam igualmente a integração da gravidade e a interação com o mundo exterior, mediada pela fronteira plurissensorial da pele, começam por dar lugar ao futuro sentimento do mundo interior e do eu total.

A capacidade de simultaneamente levantar a cabeça, a parte superior do tronco, os braços e as pernas e manter no solo apenas a barriga, em uma posição de avião apoiado no solo (*airplane position*), denominada postura deitada facial em extensão, passa a constituir uma competência vital para o bebê conseguir rolar sobre si próprio e evoluir da posição deitada dorsal à deitada facial, e vice-versa. A posição deitada dorsal, em contrapartida, dá lugar a múltiplas explorações bucais das extremidades proximais (mãos) e distais (pés).

A mesma postura facial em extensão se transformará, no futuro, em um bloco de construção de outras aquisições autônomas, mais importantes, como elevar-se e rolar da posição deitada à sentada e ao engatinhar e evoluir desta aquisição à posição de pé e à marcha. Por se tratar de uma postura-chave no processo do desenvolvimento psicomotor da criança, a sua observação clínica deve ser sugerida quando se suspeita que a criança apresenta algum atraso ou disfunção.

Neste momento do desenvolvimento, o bebê mostra prazer, alegria, júbilo e quase que duplica o seu sorriso quando é embalado, suspenso, levantado, balançado, oscilado, dançado ou virado no ar, etc., com ternura e com segurança gravitacional, ilustrando que o seu sistema vestibular se encontra em fase de maturação avançada.

Aos 6 meses, a gravidade já não é experimentada como ameaça ou pânico, mas como desafio e satisfação emocional. Se, porventura, o bebê não integra todas estas sensações, ele pode entrar em tensão e choro, então o seu sistema nervoso se desorganiza e produz uma reação de defesa.

### Do sexto ao oitavo meses

Um dos aspectos mais importantes deste período é o desenvolvimento da locomoção, isto é, o movimento que o bebê conquista de um espaço para o outro. A locomoção constitui, assim, um meio privilegiado de exploração do mundo que o envolve e dos objetos, aumentando extraordinariamente suas capacidades de interação e de descoberta.

Rolar para os dois lados, sentar-se com maior domínio da gravidade, reptar, arrastar-se, trepar, transpor, quadrupetar sobre as mãos e os joelhos, sustentar-se e suportar-se nas suas pernas, etc. vão gerar no bebê inúmeras sensações táteis, proprioceptivas e vestibulares, coadjuvadas com sensações visuais e auditivas cada vez mais desafiadoras e atraentes, às quais se interligam experiências de satisfação emocional incontáveis, todas elas a ser integradas pelo seu cérebro, que começa, assim, a desenhar a noção do seu corpo, ou seja, os primeiros vestígios do seu autoconceito e os primeiros passos da sua independência (Ayres, 1966, 1982).

Com o treinamento que acaba por pôr em prática na sua posição deitada facial em extensão, o reflexo de endireitamento do pescoço, já ativo desde o nascimento, acaba por ajudar o bebê na capacidade de rolar da posição dorsal à facial, não como o gato, que ilustra nos vertebrados esta competência de forma surpreendente, mas utilizando já os mesmos substratos neurológicos. Apoiado na barriga, e com o auxílio dos músculos abdominais e do tronco, cada vez mais tonificados, o cérebro do bebê, apoiado no sistema vestibular e nas sensações dos músculos e das articulações do pescoço, garante estas acrobacias horizontais, muito antes do surgimento das competências locomotoras mais dinâmicas.

As sensações que ativam o endireitamento do pescoço posicionam a cabeça na posição ideal para responder à vertical da gravidade. Devido a esse equipamento neurossensorial, o bebê normal passa grandes quantidades de tempo na posição deitada facial apoiado no abdômen, o que acaba por ser um estádio de transição fundamental para as aquisições posturais mais humanas.

Além de ser um bloco de construção da noção do corpo, do autoconceito do bebê e da sua independência, a locomoção acaba por proporcionar também o desenvolvimento da percepção espacial, pois é ela, como conquista motora, que acaba por originar o conhecimento do espaço e da distância entre o seu próprio corpo e os objetos que se encontram no seu ambiente. Para o bebê adquirir a noção e o julgamento do espaço, não basta que ele veja os objetos nele posicionados; o cérebro precisa também "sentir" a natureza da distância através de sensações emergidas do movimento do corpo. As sensações proprioceptivas, táteis e vestibulares geradas pela motricidade do corpo nutrem o cérebro em articulação com o sentido visual, para que o bebê se aproprie das primeiras noções espaciais que têm como referência o seu próprio corpo, o seu próprio espaço existencial.

Na mesma fase em que repta e se arrasta pelo chão de um lugar para o outro, o bebê aprende e aprende a estrutura física do espaço através de sensações vindas do seu corpo, e isso é fundamental para ele compreender o que vê e para integrar as sensações espaciais. Ao melhorar a coordenação de tais conquistas locomotoras básicas, pode mesmo deixar de reptar e de arrastar-se pelo chão com apoio das suas nádegas. O espaço agido pelo seu corpo vai ajudá-lo a integrar o espaço que o envolve.

No âmbito da micromotricidade, as conquistas da motricidade fina são igualmente muito importantes, não só porque a postura sentada se encontra já mais autônoma, libertando definitivamente os braços e as mãos de funções de suporte antigravítico, como porque a independência interdigital se revela agora mais rápida e precisa. Juntar as mãos, esboçar o seu batimento mútuo, agarrar objetos e batê-los persistentemente, usar o indicador como instrumento de pesquisa, etc. E, essencialmente, conjugar já a tríade entre o polegar, o médio e o indicador são outros sinais de uma IS e de uma capacidade de resposta motora mais assumida.

Agarrar, manipular e largar objetos pequenos e médios com uma das mãos sugere igualmente, um domínio manual da convergência-divergência da ponta dos dedos e da oponibilidade do polegar, que culmina nos primeiros vestígios da preensão em pinça e nos primeiros movimentos de empurrar e de puxar. As sensações táteis e proprioceptivas dos inúmeros músculos, tendões e articulações da mão fornecem as informações básicas que guiam esses movimentos, pré-figurando a dominância manual e, posteriormente, a especialização hemisférica, que se adquire bem mais tarde.

Para que a preensão fina se observe no bebê, porém, é preciso também jogar com a informação precisa dos olhos. O controle fino dos músculos dos olhos para organizar focagens, fixações e perseguições binoculares vai ser necessário para explorar, para descobrir e para manipular objetos. Com eles, por analogia, o bebê também explora, descobre e manipula o seu eu.

Neste período, o desenvolvimento da motricidade fina é deveras significativo, porque o bebê já se encontra em condições para planificar movimentos das suas pequenas grandes mãos; puxa fios, faz mover bonecos, toca em campainhas, mexe em chocalhos, segura brinquedos, agarra e transporta blocos lúdicos, enfia moedas em recipientes, etc.

Para que o seu repertório micromotor se exprima funcionalmente, os movimentos da mão e dos dedos têm que ser planificados dentro do cérebro, caso contrário, seqüencializar ações na ordem apropriada não vai ser possível; são as sensações que emergem do seu corpo em ação que fornecem a informação neuronal necessária para a planificação motora, um dos principais componentes de construção do fenômeno instrumental humano.

Praxia fina, visão binocular e planificação motora são alicerces da mão, como ferramenta inquestionável da formação da inteligência no bebê. A noção do objeto que se constrói progressivamente no seu cérebro emerge da habilidade manual que ele for capaz de organizar e de produzir.

Tocando e mexendo repetidamente em objetos, o bebê vai aprendendo que eles existem independentemente dele, que existem mesmo quando eles desaparecem do seu campo visual, porque culminam em circuitos neuronais que integram as áreas motoras primárias, os centros somestésicos de onde emerge a percepção dos mesmos e a área pré-frontal que opera a sucessão dos movimentos a efetuar. Este é o princípio de uma habilidade mental crucial, isto é, a visualização e a imagem de objetos.

Em virtude da sua importância funcional e do seu poder de imaginação criadora, a mão ocupa mais território de representação no cérebro da criança do que as outras partes do corpo. Depois da postura bípede, a habilidade manual no bebê (e, obviamente, na espécie) contribui para o aumento do volume do seu cérebro. Paralelamente a este desenvolvimento micromotor, outra micromotricidade inaugura os seus primeiros passos neste período, exatamente a lalação, a primeira pedra da oromotricidade, o prelúdio da linguagem falada propriamente dita.

Aos 8 meses o bebê ouve e integra sons de forma significativa, percebendo o seu sentido muito antes de os poder reproduzir pela sua boca. Reconhece situações e palavras familiares e aprende que certos sons têm significados próprios. Imita e repete sílabas como "ma-ma", "papa", "da-da", embora não sejam ainda uma fala fluente. Os seus jogos guturais, as suas mímicas, as suas prosódias e entoações virtuais esboçam os primeiros sinais ontogenéticos da sua expressão não-verbal complexa, ou seja, as expressões oromotoras produzem sensações das suas articulações maxilares, dos seus músculos faciais, labiais, linguais, laríngicos e faríngicos, que são integrados no seu cérebro; quanto mais sinais desses integrar no ouvido e, conseqüentemente, no cérebro, mais facilmente o bebê aprende a formar e a produzir sons cada vez mais complexos. Se efetivamente tiver dificuldades de lalação, provavelmente mais tarde terá problemas para aprender a falar.

### Do nono ao décimo segundo meses (1 ano)

Durante este período fundamental, o bebê prepara-se para uma das maiores mudanças da sua experiência. A sua relação com a gravidade, com o planeta Terra e com o espaço à volta do seu corpo vai atingir uma transcendência até então nunca vivida (Ayres, 1982). Com a conquista da postura bípede, que culmina por volta de 1 ano, o bebê abre as portas a novas aventuras do seu psiquismo, orientando-se para o simbolismo. Sua reptação e sua quadrupedia hesitantes dão lugar a novas explorações espaciais, não apenas egocêntricas, mas também alocêntricas; não apenas macromotoras, mas também micromotoras. Com tais conquistas, explora distâncias cada vez maiores e lugares cada vez mais distantes no seu ambiente.

Tais conquistas corporais e motoras, além de garantirem novas conquistas espaciais, estimulam o cérebro com novas sensações dos ossos e dos músculos que suportam a totalidade do seu peso e desafiam a vertical da gravidade, para as quais concorrem as coordenações assimétricas dos dois lados do corpo do bebê.

Para explorar dinamicamente o espaço, seu corpo tem de desenvolver coordenações assimétricas com seus quatro apoios – mãos e joelhos –, que evoluem harmonicamente e sincronicamente no espaço, à custa de esquemas de ação construídos no interior do seu cérebro. Com base neles, aprende a planificar as suas ações, ao mesmo tempo que desenvolve novas percepções visuais e espaciais. Ao vaguear e ao navegar pelo espaço ambiente, ao apoiar-se em móveis, ao transpor escadas e outros dispositivos e desníveis ecológicos, ao combinar posturas sentadas com reptações verticais, ao tentar sustentar-se momentaneamente nos pés, contrariando a gravidade, etc., mais sensações integra e mais respostas motoras adaptativas formula e executa.

A marcha bípede titubeante e ocasional do bebê passa a ser um novo desafio, as quedas não-traumáticas e a marcha apoiada por um braço reorganizam novas aquisições motoras para progressiva e definitivamente conquistar a segurança gravitacional. O bebê transforma-se, então, em criança. O repertório da macromotricidade ou da motricidade global, onde prevalece especificamente a base de sustentação das duas extremidades inferiores, ilustra que o cerebelo e a substância reticulada dispõem já dos dispositivos neurofuncionais necessários para explorar o espaço de forma cada vez mais independente e autônoma.

Manter-se de pé sozinho é, por isso, um dos eventos mais importantes e mais significativos no desenvolvimento da criança de tenra idade. O seu autoconceito adquire outro sentido de liberdade e de prazer. Trata-se do produto final de toda a IS da força da gravidade, da motricidade global, da tonicidade e da propriocetividade dos meses anteriores. A postura bípede exige a integração das sensações de todos os músculos, tendões e articulações do corpo, incluindo os músculos do pescoço e dos olhos. O peso do corpo elevado e vertical da criança, apoiado e equilibrado em dois pequenos pés, em uma base de sustentação muito pequena, ilustra um complexo sistema de organização neuronal, do qual participam vários e diversificados substratos neurológicos.

Uma pequena base de sustentação corporal requer uma grande organização de sensações e de respostas adaptativas que se opera no todo funcional do cérebro da criança. Praticar esta competência e ter amplas e diversificadas oportunidades ecológicas para a executar é uma condição fundamental para a criança se auto-atualizar.

Duas outras aquisições são fundamentais neste período: o jogo, onde cabe o desenvolvimento de múltiplas formas de motricidade fina, e a linguagem. No jogo, a criança revela outras formas de ocupação e de interação com os outros e com os objetos. Manipular, bater, manusear, atirar, puxar, empurrar, enfiar, tirar, etc., objetos, lúdicos ou não, e começar a produzir as suas primeiras garatujas e interessar-se por livros, gavetas ou portas é uma predisposição interiorizada, que nesta fase atinge novas formas de imprevisibilidade criativa.

**PASSOS DO DESENVOLVIMENTO DA INTEGRAÇÃO SENSORIAL**

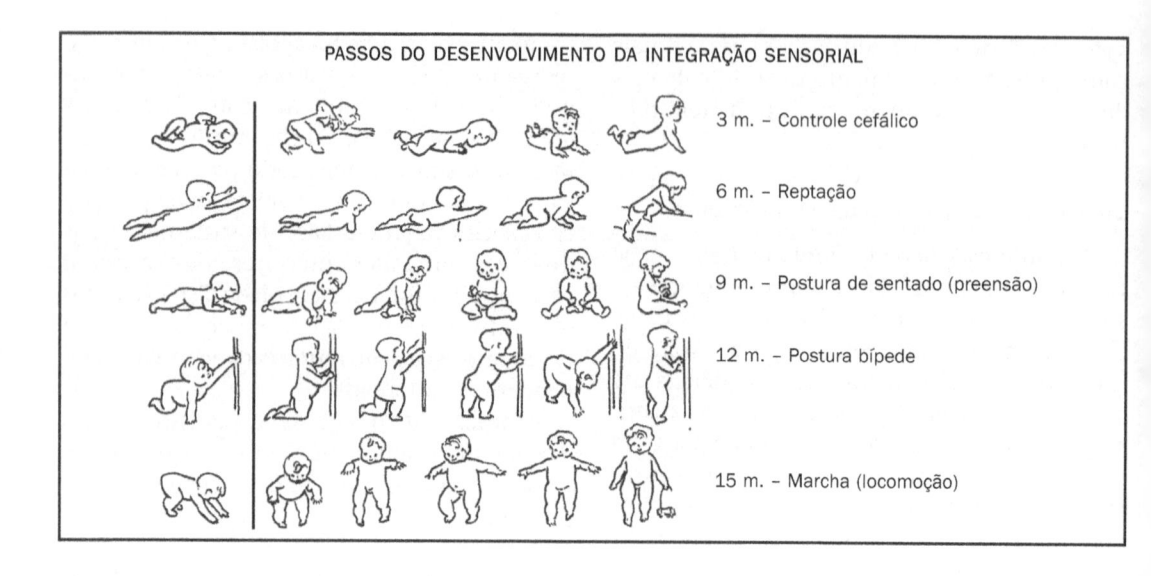

3 m. – Controle cefálico

6 m. – Reptação

9 m. – Postura de sentado (preensão)

12 m. – Postura bípede

15 m. – Marcha (locomoção)

Freqüentemente a criança cruza a linha média do corpo para pegar objetos menos acessíveis, sugerindo uma lateralização funcional que começa a sistematizar e a automatizar os seus movimentos, mesmo antes de atingir a sua dominância sensorial e manual. A planificação de suas ações e de suas ocupações é cada vez mais fluente e regulada. As reações sensório-motoras circulares estabilizam-se. Ela junta coisas, decompõe outras, em uma palavra, o seu cérebro, auxiliado por uma mão inteligível, vai aprendendo seqüências de movimentos cada vez mais bem ordenadas. A aprendizagem com instrumentos (colher, copo, lápis, etc.) torna-a mais imitativa, interativa e sociabilizada.

Quanto à linguagem, a lalação dá lugar ao mistério da palavra. Depois de compreender o seu significado situacional e experencial, a criança começa a duplicar prosódias, entoações e sílabas e a produzir palavras-frase. Mamã, papá, dodó, etc., podem indicar a sua fala infantil. As sensações emergidas do seu corpo e da sua motricidade interativa, o jogo, a imitação, a vinculação, a afiliação, a atenção, a observação, etc., ajudam a estimular as áreas do cérebro que estão envolvidas na compreensão e na utilização de sons.

## Segundo ano

Neste período a criança aprende a andar e a falar (*walk and talk*) e, obviamente, aprende a planificar e a executar ações cada vez mais complexas (Ayres, 1966, 1982). A complexa e diversificada IS que o cérebro organizou durante o primeiro ano de vida é o pedestal fundamental a partir do qual vão emergir as novas conquistas do segundo ano de vida. Sem tal integração, seria muito difícil a criança ascender a novas competências subseqüentes da sua maturação.

A precisão do seu sistema tátil lhe permite planificar, antecipar, seqüencializar e regular movimentos bem mais complexos e socializados. Após o nascimento, o tato afeta a totalidade do corpo de forma indiferenciada e, conseqüentemente, interfere no estado emocional geral, mas, aos 2 anos, o tato como que assume outro nível de localização e de discriminação no seu mapa corporal e na sua fronteira corporal que a separa do mundo exterior. Agora, em vez do tato lhe provocar uma resposta automática global, este sentido atinge já níveis de conscienciação localizacional, que sugerem um conhecimento e uma noção ou gnosia do corpo mais detalhada, integrada e personalizada.

Com 2 anos, a criança pode indicar onde é tocada e, eventualmente, evocar e pré-nomear a parte do corpo envolvida, o que quer dizer que ela já pode controlar voluntariamente tais zonas corporais e regular respostas motoras a partir desse conhecimento sincrético de si, como, por exemplo, imitar as mímicas e as expressões dos outros ou combinar posturas e praxias nos seus jogos.

Ao tocar, apalpar e manusear coisas e objetos, a informação que é recolhida no cérebro da criança lhe dá outra informação que a sua visão não pode substituir. As sensações vindas da sua pele dizem-lhe onde o seu corpo começa e termina, gerando uma espécie de consciência sensorial, que é bem mais básica do que o conhecimento visual que a criança tem do seu corpo. É esta forma de conhecimento do corpo que, em uma criança invisual por exemplo, sustenta as diversas formas do seu comportamento adaptativo invulgar. Integrar bem estas sensações táteis é sentir o corpo na sua unidade e na sua estruturação gestáltica, ou seja, é entender a relação entre as partes e o todo do corpo como algo que dá sentido ao seu eu e à sua experiência.

Sem esse conhecimento do corpo, a criança não é capaz de reconhecer o que cada parte do corpo faz no conjunto da sua expressão motora. Por esse fato, muitas crianças com disfunções táteis têm e experimentam muitas dificuldades para aprender ou fazer coisas. Podem aprender a sentar, a levantar e a andar, mas as suas aquisições micromotoras com as mãos e os dedos apresentam problemas quando lidam com brinquedos, botões, fechos, zíperes, laços, pratos, copos, colheres, garfos, etc.

As suas manipulações com vários objetos, brinquedos ou utensílios são quase sempre descoordenadas, imprecisas e exageradas em termos tônicos e musculares, envolvendo, freqüentemente, mais quedas quando são transportados de um lugar para o outro, sugerindo que os programas motores da locomoção não se integram simultaneamente com os da preensão, porque a informação tátil dos pés, das mãos e dos dedos não chega ou chega mal aos centros de planificação motora do cérebro.

Durante este período, a criança é um autêntico explorador do espaço, fazendo uso deliberado e sistemático das aquisições locomotoras anteriormente aprendidas; se o espaço for devidamente estruturado em termos de desafios ecológicos e de segurança, tanto melhor. Ela se move com inúmeros padrões motores porque adquire uma consciência sensorial adicional sobre como o seu corpo funciona e sobre como o mundo físico e gravitacional que a cerca opera. Apanha coisas, manipula-as, atira-as para longe, empurra e puxa brinquedos, abre e fecha gavetas e portas, tira e põe bonecos em determinados lugares, sobe e desce escadas, aventura-se a explorar mesmo o espaço fora de casa, o que muitas vezes preocupa seus pais, que não podem descuidar-se da sua vigilância, pois os acidentes tendem a ocorrer com mais freqüência nesta fase.

A conquista da autonomia da criança não espelha só a sua maturação em vários componentes da sua motricidade, mas também da sensorialidade e, conseqüentemente, da sua organização neuronal, o que também equaciona a emergência de riscos inesperados, que, uma vez ocorridos, podem bloquear ou impedir a sua ontogênese. A criança precisa explorar o espaço ambiente e ter oportunidades múltiplas para promover a sua motricidade global e fina; a sua interação com o mundo exterior é um alimento essencial da construção do seu mundo interior, tão essencial como ser bem alimentado e amado.

Aos 2 anos, as crianças adoram montar nas costas ou nos ombros dos pais ou demais familiares, gostam de ser balançadas pelos braços em rotações ântero-posteriores, verticais ou circulares ou de ser arrastadas centrípeta ou centrifugamente em cadeiras ou carrinhos de mão. Elas entram facilmente em sorrisos incontidos, exatamente porque estas atividades fornecem muitas sensações vindas do seu corpo e provocadas pelos receptores da gravidade que se encontram nos seus ouvidos interiores.

Com tais explorações motoras e corporais, a criança vai aprendendo como a gravidade trabalha e como as diferentes partes do corpo se movem e interagem entre si, o que elas podem fazer e o que não podem, que prazer ou perigo podem induzir ou que sensações de desconforto podem gerar. Todas estas sensações oriundas do seu corpo e da sua motricidade acabam por lhe proporcionar uma noção de si cada vez mais integrada.

É óbvio que tal riqueza sensorial acaba por fornecer inúmeros dados neuroinformacionais pelos quais se inicia a formação de uma imagem interior do seu próprio corpo e de si próprio, uma verdadeira percepção e um verdadeiro conhecimento do corpo (*body percept*), isto é, o prelúdio intuitivo da própria consciência pessoal, do eu (*self*), cujo reconhecimento acaba por ser visível e observável quando a criança já dotada deste sistema funcional básico se aproxima do espelho e nele se revê e recria. O atlas do seu corpo, já de posse de vários mapas de continentes do seu universo, continua a enriquecer-se com a sua motricidade conquistadora, cujas conseqüências e efeitos acabam por dialeticamente produzir outras fontes de conhecimento do seu corpo e de si próprio.

O cérebro continua a integrar infinitas informações sensoriais emergidas do corpo, a partir das suas navegações espaciais envolventes e com elas vai se equipando e se preparando para futuras descobertas e aprendizagens. Com a sua tendência interior para explorar o espaço horizontal à sua volta, a criança com 2 anos e alguns meses tende a evoluir para a exploração vertical do mesmo. Subir, escalar, suspender, pendurar, etc., começam a demonstrar que a função de braqueção (Fonseca, 1994, 1998a, 1999b) tem a sua filiação filogenética no desenvolvimento da criança, pois pode mesmo manifestar-se antes de esta aprender a andar.

Para se suspender, a criança tem de demonstrar uma série de atributos de IS e de organização de ações, pois tem de possuir condições neuronais excelentes para integrar as sensações da gravidade e da motricidade coadjuvadas com as da visão.

A reptação vertical, já identificável quando a criança se aventura a subir escadas com padrões assimétricos, revela uma inteligência sensório-motora extraordinária, que está na base de aperfeiçoamentos perceptivo-visuais e visuoespaciais muito importantes, como a percepção da profundidade, da figura-fundo, da perspectiva, da distância, da posição, da direção, da orientação, etc.

Seguir instruções e indicações direcionais testemunha um grau mais elevado de compreensão das situações e das ações, algo que, com base na motricidade, aponta os primeiros progressos na produção oromotora da linguagem. Algumas crianças, porém, só evocam tais processos de desenvolvimento da linguagem no ano seguinte. Cada vez mais segura e competente, a criança, agora mais separada da mãe e mais autônoma, avança para o desenvolvimento satisfatório da sua auto-estima. Deixando de ser escrava da gravidade, a criança, durante este período, adquire reforços emocionais muito relevantes do seu eu, levando em consideração o seu já vasto repertório sensorial e motor. Ela sente o seu corpo como uma totalidade e pode andar com facilidade em longas distâncias; equilibra-se já de forma controlada; sobe e desce escadas sem ajuda; salta, pula e suspende-se com alguma versatilidade; esconde-se e reaparece, porque conhece as dimensões do seu corpo; manipula e empilha objetos ou brinquedos com proficiência apreciável; começa a produzir as primeiras garatujas, marcas e pontos; explora espaços lúdicos, etc.

Com tal domínio surpreendente do ambiente, sente-se cada vez mais reforçada e segura de si (Ayres, 1966, 1982). No seu segundo aniversário, a criança sente que pode comandar e dominar o seu próprio mundo. O uso da palavra "não", expressa exuberantemente a sua independência, o que pode não ser tolerado tão facilmente pelos pais ou pelos outros, apesar de ser um estádio necessário para o seu desenvolvimento social. É necessária alguma paciência e sabedoria para lidar com tal afirmação corporal e motora. Ao ganhar independência em ambas aquisições, a criança também "perde" o amor sem censura de outros tempos. São os desafios da autonomia.

A vida da criança com 2 anos é muito centrada nas sensações que recebe do seu corpo, o que lhe permite mover-se no espaço com mais liberdade e com mais eficiência. A sua experiência tem muito a ver com o sentir e o mover, além do comer, do dormir e do interagir com todos os elementos da família. Nesta fase de desenvolvimento, todas as experiências proprioceptivas, vestibulares, táteis e cinestésicas surgidas do corpo e da motricidade acabam por fornecer à criança sensações fundamentais de unidade corporal para estabelecer boas relações com as pessoas. O corpo surge, assim, não só como um instrumento de descoberta de si e do meio exterior, mas, também, como um instrumento de relação e comunicação com os outros. Se a criança demonstrar dificuldades relacionais com as pessoas, talvez isso queira dizer que a sua IS não foi bem-sucedida em termos funcionais. Problemas relacionais com os outros talvez evoquem problemas relacionais consigo mesma, ou seja, problemas com as sensações que emanam do seu corpo.

Independentemente de revelar autonomia gravitacional e espacial, a criança ainda carece de muita vigilância do adulto. Ela ainda não resolve todas as suas necessidades cotidianas, requer uma grande quantidade de suporte, de conforto, de interação, de encorajamento, etc., isto é, manifestações de carinho como carícias, abraços, beijos, colo, cócegas e brincadeiras, etc., que envolvem freqüentes investimentos corporais e afetivos dos outros, principalmente dos seus entes mais queridos e próximos. O amor de que ela tanto precisa é, em certa medida, concretizado no diálogo corporal com os outros. Por isso, quando se encontra temporariamente desorganizada em termos somáticos, a "sabedoria" da mãe está em fornecer à criança sensações de segurança e de conforto.

### Dos 3 aos 7 anos

Neste período de desenvolvimento, a criança torna-se madura em termos sensório-motores e perceptivo-motores. É auto-suficiente nas necessidades de higiene, de alimentação e de vestuário, compreende e fala perfeitamente, além de se relacionar socialmente com outras crianças da mesma idade e com muitos outros adultos. As suas funções cognitivas têm as competências de pedestal para, com facilidade, aprender funções psíquicas superiores, como a leitura, a escrita e o cálculo, dispondo paralelamente de funções de *input* de elaboração e de *output* para esboçar certas formas de pensamento e de resolução de problemas (Ayres, 1968, 1974, 1977, 1982).

Aos 7 anos, a criança está apta para as aprendizagens escolares, para se auto-organizar e concentrar, para processar informação simultânea e seqüencial com os seus receptores sensoriais proximais e distais, para fazer uso de um con-

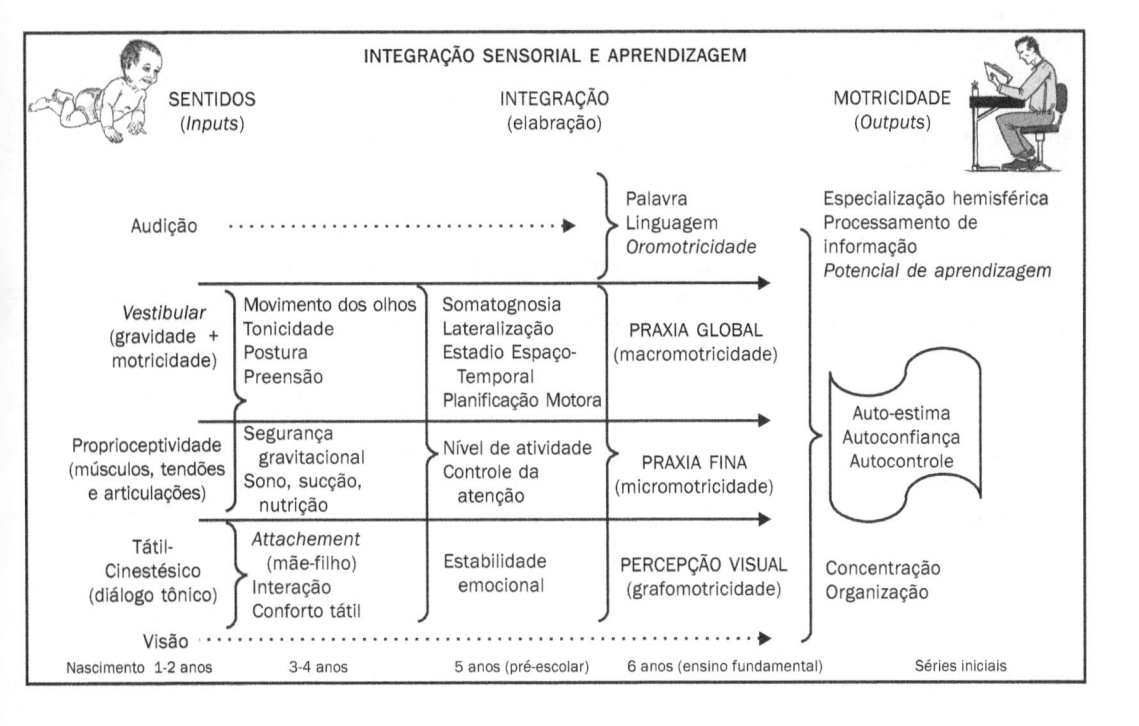

---

**INTEGRAÇÃO SENSORIAL E APRENDIZAGEM**

| SENTIDOS (Inputs) | INTEGRAÇÃO (elaboração) | | MOTRICIDADE (Outputs) |
|---|---|---|---|
| Audição | | Palavra / Linguagem / Oromotricidade | Especialização hemisférica / Processamento de informação / Potencial de aprendizagem |
| Vestibular (gravidade + motricidade) | Movimento dos olhos / Tonicidade / Postura / Preensão | Somatognosia / Lateralização / Estadio Espaço-Temporal / Planificação Motora | PRAXIA GLOBAL (macromotricidade) |
| Proprioceptividade (músculos, tendões e articulações) | Segurança gravitacional / Sono, sucção, nutrição | Nível de atividade / Controle da atenção | PRAXIA FINA (micromotricidade) — Auto-estima / Autoconfiança / Autocontrole |
| Tátil-Cinestésico (diálogo tônico) | Attachement (mãe-filho) / Interação / Conforto tátil | Estabilidade emocional | PERCEPÇÃO VISUAL (grafomotricidade) / Concentração / Organização |
| Visão | | | |

Nascimento 1-2 anos · 3-4 anos · 5 anos (pré-escolar) · 6 anos (ensino fundamental) · Séries iniciais

trole postural desenvolvido e auto-regulado. Encontra-se, assim, perfeitamente lateralizada em termos sensório-motores, psicomotores e também hemisféricos, produzindo inúmeras praxias, integrando e planificando adequadamente aspectos espaço-temporais na expressão das suas condutas e comportamentos.

Com base nestas competências básicas e fundamentais a que chamo de pedestal, outras funções cognitivas irão se desenvolver nos anos seguintes, mas, para isso, todas as aquisições sensoriais e motoras a que me referi anteriormente devem estar integradas e corresponder a uma organização neurológica multifacetada. Se tal integração psicomotora não estiver assumida pelo cérebro da criança, a produção de comportamentos adequados e de respostas motoras adaptativas vai ser difícil de atingir. As exigências que as aprendizagens escolares colocam aos 6 e 7 anos vão, necessariamente, desencadear diversos tipos de dificuldade. As aprendizagens escolares se desenvolverão melhor se a integração psicomotora, do nascimento aos 7 anos, se desenrolar normal e eficazmente.

Dos 3 aos 7 anos, ocorrem os anos de ouro da integração sensorial e psicomotora. Qualquer anomalia que interfira ou que possa impedir a sua organização funcional tende a pôr em causa o que a hereditariedade oferece à criança como potencial de adaptação e de aprendizagem. A natureza, ou melhor, a integridade genética, estabelece ser este o período no qual o cérebro apresenta uma maior plasticidade neuronal, no qual a criança se encontra mais receptiva a sensações emergidas do seu corpo e captadas do ambiente, e o cérebro, paralelamente, se encontra mais apto para organizar respostas motoras adaptativas (Fisher, Murray e Bundy, 1991; Kraniwitz, 1998).

A tendência ou a predisposição interior inerente à criança orienta-a e guia-a para ser ativa e aprender muitas coisas com o seu corpo e com a sua motricidade global e fina. As suas respostas motoras adaptativas são cada vez mais complexas e automáticas, e cada uma dessas respostas, por sua vez, por meio da retroalimentação eficiente, expande cada vez mais a sua IS, revelando a natureza evolutiva, aberta e em espiral, do seu desenvolvimento total.

Observar a criança em um parque infantil a reptar, andar, correr, saltar com os pés juntos, saltitar unipedalmente, trotar, subir e descer escadas e escorregadores, transpor túneis e rampas, suspender-se e balançar-se, girar centrifugamente em carrosséis, brincar em caixas de areia, etc., é observar uma sinfonia de sensações e uma harmonia de ações que ajudam o seu sistema nervoso a se desenvolver. Só por isso os parques infantis deveriam ser mais bem pensados e implementados com segurança. A sua construção nos recreios das escolas e nos bairros habitacionais não pode continuar na mão de curiosos e amadores.

Todas as crianças normais gostam de explorar os parques infantis, porque as atividades que eles proporcionam produzem prazer e satisfação emocional e, porque produzem tais efeitos motivacionais, também acabam por implicar novas fontes de IS e de enriquecimento e de modificabilidade psicomotora. Com as atividades e as situações ecológicas propiciadas pelos parques infantis, as crianças acabam por melhorar o seu equilíbrio, a sua coordenação oculomanual, a sua planificação e seqüencialização motora, em uma palavra, desenvolvem o seu cérebro e o seu potencial de adaptação e de aprendizagem; de certa forma tornamos as crianças mais felizes.

Mesmo que os parques infantis sejam causadores de alguns riscos e perigos, aspecto de segurança que não pode ser negligenciado pelos seus conceitualizadores e construtores, as crianças precisam experimentar e reconhecer os limites das suas habilidades corporais e motoras nessas situações. Os parques infantis são populares entre as crianças, porque as condições espaciais e ecológicas são indutoras potentes do seu desenvolvimento psicomotor, isto é, do seu desenvolvimento motor, emocional e cognitivo.

Além dessas conquistas posturais e locomotoras, inerentes ao desenvolvimento da motricidade global (macromotricidade), a criança no período de desenvolvimento entre os 3 e os 7 anos passa, igualmente, por um extraordinário e persistente uso de utensílios, aperfeiçoando intensamente a sua micromotricidade e a sua inteligência manual (Bruner, 1957, 1970, 1971; Bruner, Goodnow e Austin, 1956; Bruner, Olver e Greenfield, 1966), como que apropriando-se de uma conquista antropológica muito importante na evolução da espécie humana.

A maestria e a perícia com que a criança já usa colheres, garfos, facas, lápis, canetas, laços, fios, fechos, botões, pás, baldes, agulhas, tesouras, cubos, bolas de gude, peças de quebra-cabeças (*puzzles*), peças de Lego®, pregos lúdicos, cartas, moedas, agulhas e tantos outros objetos e brinquedos demonstra uma capacidade muito avançada de reutilização da IS armazenada no seu cérebro nos anos anteriores. As sensações táteis, cinestésicas, vestibulares e proprioceptivas são agora de nível cortical mais elevado; elas têm de dizer ao cérebro o que as mãos devem fazer para realizar tarefas.

Nas meninas, a afinação ou o polimento micromotor parece superar a dos meninos. Nestes, ao contrário, a versatilidade exploratória da macromotricidade parece ser mais dinâmica quando aplicada em jogos ou em esportes de bola. Os jogos de elástico, pular corda, bambolê, ringue, etc., pendem mais para as meninas. Em contrapartida, os jogos de bola de gude, pião, futebol, corridas de carros, luta e medição de forças sugerem uma ocupação mais freqüente nos rapazes, independentemente dos contextos e reforços culturais induzidos. Os jogos eletrônicos, embora estimulem a micromotricidade, estão longe de promover a macromotricidade lúdica e a integração e interação ecológicas.

Aos 8 anos, a criança dispõe de um sistema tátil-cinestésico muito evoluído. Ela já pode localizar e identificar no corpo o ponto ou as partes exatas onde é tocada na sua pele e nos seus dedos. O sentido da gravidade e o seu controle postural atingem uma plataforma de controle equilibratório muito diferenciado, o que lhe permite subir e explorar árvores com perícia e segurança. Balança-se autonomamente e equilibra-se unipedalmente sem quedas, podendo andar em muros e em superfícies estreitas e elevadas do solo.

A maioria das sensações oriundas dos seus músculos e articulações encontram-se plenamente integradas em sistemas neurofuncionais automatizados, revelando já um planejamento motor e uma seqüencialização de ações em muitas tarefas cotidianas, embora continue a evoluir nestas aquisições motoras de acordo com a sua experiência individual e com o reforço social e cultural a que está habituada. Capta, decodifica, compreende e associa muita informação auditiva, falando e explicando-se suficientemente bem para exprimir as suas necessidades e interesses.

Em termos piagetianos, a criança com esta idade pode demonstrar competências de raciocínio lógico e de pensamento abstrato, depois de ter superado inúmeros processos de conhecimento concreto do seu corpo, do seu mundo interior, do ambiente exterior e das suas forças físicas. Sete ou oito anos de experiência motora e lúdica são necessários para a criança dispor de uma inteligência sensório-motora, corporal e cinestésica que lhe serve de suporte ao seu desenvolvimento pessoal, intelectual e social ulterior. Nem sempre este desenvolvimento psicomotor básico decorre de forma natural, quando nos confrontamos com crianças imaturas e com dificuldades de desenvolvimento e de aprendizagem, sugerindo, provavelmente, que os seus cérebros apresentam vários problemas em integrar sensações e ações.

Como não podemos tomar o lugar da natureza que proporciona um desenvolvimento normal, harmonioso e flexível a todas as crianças, cabe-nos, pelo menos, fazer algo para ajudar as mais necessitadas e desfavorecidas, criando condições ecológicas e processos de intervenção psicomotora que permitam organizar os seus cérebros e abrir-lhes as portas às suas predisposições evolutivas. Só neste sentido podemos efetivamente proporcionar à criança a sua máxima auto-atualização.

# Autores Russos

## EDUCAÇÃO SOCIOMOTORA

**INTRODUÇÃO**

A partir da abordagem de alguns autores russos, no âmbito da teoria do desenvolvimento psicomotor e da aprendizagem da criança e do jovem, pode-se verificar como a perspectiva materialista dialética da evolução cabe perfeitamente em uma noção antropológica do homem, na qual a ação constitui o meio de relação concreto com o mundo exterior pelo qual se edifica e se constroi a consciência (Rubinstein, 1973; Asimov, 1973; Sidorov, 1973; Liublinskaia, 1974; Leontiev, 1975, 1978a, 1979b, 1981; Galperin, 1976). Ou seja: é pela ação prática e concreta que se forma, se transforma e se informa a consciência da criança. A consciência da criança reflete a sua história com o mundo exterior. São as múltiplas relações com o meio exterior, materializadas sob a forma de motricidade e de retroação eficiente, que constituem as sensações e as percepções com as quais e pelas quais a consciência se organiza, se estrutura e se auto-regula.

Nesse caso, portanto, a consciência interiorizada e a conduta humana exteriorizada são a mesma coisa, são um só e mesmo fenômeno dialético, isto é, uma é incompleta sem a outra e a outra, impossível sem a primeira. É pela ação, como motricidade conscienciada e intrinsecamente intencional, que a criança se relaciona com a realidade (Ozeretski, 1936; Frolov, 1966; Leontiev, 1969, 1973). É, pois, graças à motricidade como unidade psicomotora que a criança organiza as sensações e as percepções, ao mesmo tempo que vai retendo essa vivência e convivência históricas, que lhe permitem conhecer e compreender a realidade e, ao mesmo tempo, conhecer-se e compreender-se.

Note-se, no entanto, que o desenvolvimento da criança não resulta exclusivamente de uma perspectiva biológica, em que a motricidade vai organizando progressivamente as sensações, as percepções e as ações, que, por sua vez, asseguram a maturação e a organização neuronal do cérebro (Novikoff, 1945; Schecenov, 1970; Luria, 1966b, 1966c, 1975a, 1975c). O desenvolvimento da criança inexperiente é ativamente guiado pela experiência social, isto é, a criança evolui por meio da interação com o adulto experiente e socializado.

Pode-se confirmar esta determinante social quando se estudam as crianças selvagens. Assim, em uma perspectiva centrada na sociogênese, a criança abandonada em um meio natural adquire as adaptações biológicas, mas não as adaptações socializadas: não se alimenta, não se equilibra nem se movimenta, não se comunica, não imita, não coopera e não interage com artefatos, como uma criança socializada ou humanizada (Riviére, 1986; Vasconcelos e Valsiner, 1994; Frawley, 2000). São exemplos destas afirmações Gaspard, Kamala e Amala e Vítor (este último estudado por Itard, 1932, e até tema de um filme intitulado *L'enfant sauvage* [A criança selvagem]) e, mais recentemente, Genie (Curtiss, 1977).

Nesta perspectiva, também se pode confirmar como as interações da criança com o adulto socializado são inicialmente dependentes da comunicação não-verbal e de uma linguagem cor-

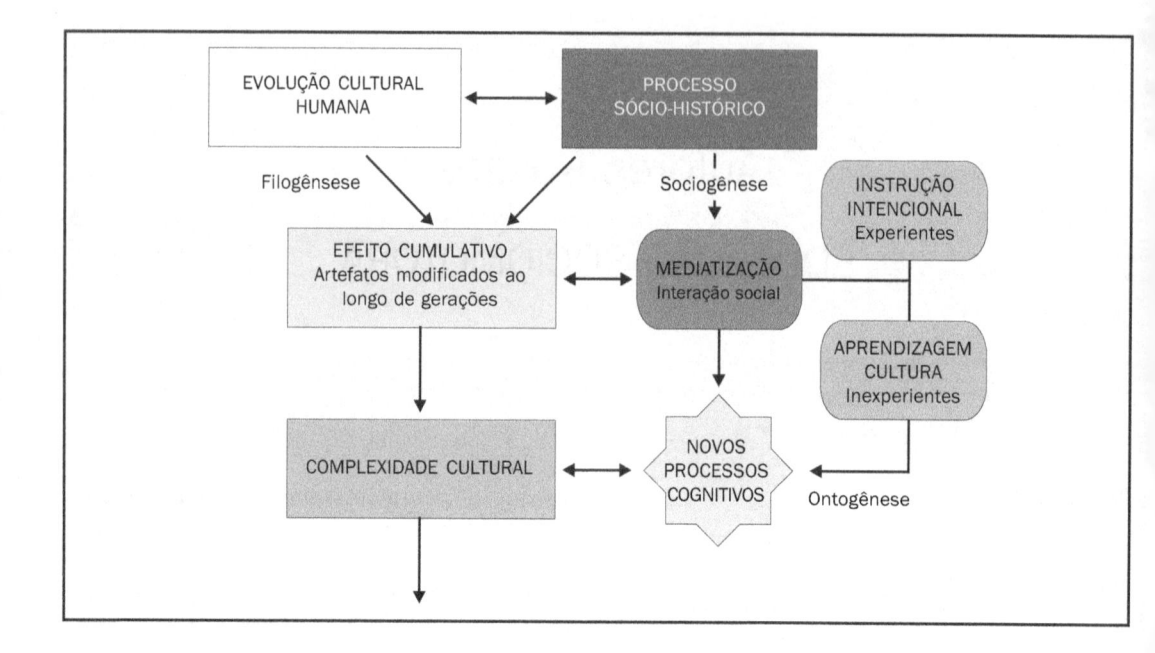

```
                EVOLUÇÃO CULTURAL  ←→   PROCESSO
                     HUMANA              SÓCIO-HISTÓRICO
                         |                    |
                    Filogênsese          Sociogênese      INSTRUÇÃO
                         ↓                    ↓           INTENCIONAL
                  EFEITO CUMULATIVO                       Experientes
                  Artefatos modificados ao ←→  MEDIATIZAÇÃO
                  longo de gerações            Interação social
                                                          APRENDIZAGEM
                                                          CULTURA
                                                          Inexperientes
                                               NOVOS
                  COMPLEXIDADE CULTURAL ←→    PROCESSOS
                                               COGNITIVOS   Ontogênese
```

poral e gestual humanizada, dita também não-verbal (reveja-se, por exemplo, a importância do diálogo tônico-corporal focado por Wallon ou por Ajuriaguerra). Só mais tarde a linguagem verbal surge, naturalmente, como base da comunicação entre a criança e o adulto, ao mesmo tempo que se transforma no meio de auto-regular e de controlar internamente os comportamentos da criança que vão dar origem à evolução do seu pensamento.

Pode-se, pois, admitir que a perspectiva dos autores russos surge em uma linha distinta dos trabalhos de Piaget e dos "gestaltistas" e "neobehavioristas", tanto mais se verificar-se com cuidado como é substancialmente diferente a abordagem deste mesmo assunto por eminentes psicólogos, como Vygotsky (1962, 1978), Leontiev (1973, 1981), Rubinsthein (1973) e muitos outros, não esquecendo igualmente outros pesquisadores ocidentais e norte-americanos.

De fato, as relações com o mundo exterior não são mais do que relações de sociabilidade, na medida em que o primeiro mundo exterior que surge para a criança é a mãe, isto é, um representante adulto e socializado. A criança nasce com uma série de tendências biológicas de adaptação, como, por exemplo, os reflexos ou a memória da espécie, mas é incapaz de se determinar, locomover e satisfazer suas necessidades de sobreviência por si própria. O resultado do êxito da sua adaptação ao meio ambiente depende, portanto, de uma prolongada socialização (Luria 1966; Vygotsky, 1978; Luria e Vygotsky, 1992).

A imperícia inicial da criança é uma das caraterísticas da sua dependência e vinculação social. Sem meios de ação, isto é, sem a motricidade, a criança não pode adaptar-se às circunstâncias do seu ambiente nem satisfazer as suas necessidades internas. Esta mediatização tem que ser operada pelos adultos socializados, destacando-se, mais uma vez, a importância da interação afetiva precoce e dos deslocamentos exógenos de Wallon e da fase do corpo agido, introduzida por Ajuriaguerra.

Segundo os autores russos, o que carateriza o desenvolvimento da criança é a interiorização de aquisições extrabiológicas e, com elas, a apropriação da experiência sócio-histórica ou, em outras palavras, do processo da hominização. É, pois, nesta perspectiva que a criança é considerada e vista como um ser social em relação com um adulto socializado, primária e prioritariamente com a mãe e, posteriormente, com outros sujeitos sociais, o que lhe vai permitir ascender a uma espécie de reassimilação sócio-histórica e biossocial (Zazzo, 1969).

Ou seja, para os autores russos, a criança não está meramente submetida às leis biológicas, mas também a novas leis culturais adquiridas pelo homem através dos tempos. A criança depende não só de leis biológicas, mas também de leis sócio-históricas, cuja soma ou quantidade de adaptação vai gerar novas aptidões sociogenéticas (Fonseca e Mendes, 1976). Em outras palavras, a evolução da criança, isto é, o seu desenvolvimento psicomotor, realiza-se entre dois fatores dialeticamente dependentes: o biológico e o social, isto é, ilustra uma unidade biossocial que é uma histogênese psicomotora em contínua metamorfose com o ambiente social.

A evolução social, como afirma Leontiev (1981, 1978a, 1978b), condiciona a evolução biológica da criança e vice-versa. Ambas coexistem em termos integrados, pois não se opõem, pelo contrário, a sua interação mútua revela a complexidade da evolução única e multifacetada da espécie humana. Leontiev, colaborador íntimo de Vygotsky (1962) e de Luria (1966b, 1966c), considera a atividade (motricidade) humana dentro do contexto da relação homem-mundo, historicamente construída e mediada por instrumentos e objetos.

Ao conceber as atividades humanas como formas de relação do homem com o mundo, Leontiev (1978a) considera-as como dirigidas por motivos e por fins a alcançar. Para ele, a idéia de atividade ou de motricidade envolve uma noção de que o homem se orienta por objetivos, agindo de forma intencional, ou seja, por meio de ações planificadas mentalmente. A capacidade de conscientemente formular e de perseguir objetivos é um traço que distingue a motricidade humana da motricidade animal, e este paradigma é fundamental à teoria da psicomotricidade. A motricidade humana, conseqüentemente, ocorre não apenas em um sistema de relações biológicas, mas, também, essencialmente, em um sistema de relações sociais no qual o trabalho, paradigma crucial da psicomotricidade, ocupa um lugar conceitual central.

O trabalho, que, em essência, envolve a atividade humana na mais pura acepção da palavra, só pode ser explicado pelas múltiplas relações entre a atividade psíquica e a atividade motora, sugerindo, portanto, que a atividade psicológica interna que lhe é inerente tem a sua origem na atividade motora externa. Desta dialética, Leontiev (1981) destaca o surgimento das funções psicológicas superiores e das suas estruturas mentais a partir do trabalho, isto é, dos meios e dos métodos sócio-historicamente formados e transmitidos no processo cooperativo e interativo que o caracteriza como atividade por excelência.

As atividades mentais internas emergem das atividades motoras externas, ou seja, da motricidade concreta e prática desenvolvida em um contexto social e humano, atividades que têm de ser apropriadas no decurso da ontogênese a cada nova geração. A ontogênese da motricidade, portanto, desenvolve-se no contexto da sociogênese, mais um axioma de relevante importância para a teoria da psicomotricidade que pode ser retirado das contribuições de Leontiev (1978b).

Os processos psicológicos da criança, sendo internalizados a partir dos processos interpsicológicos e relacionais, passam a mediar progressivamente os seus processos motores, em uma interação constante entre o psiquismo, a motricidade e as condições concretas da sua existência sociobiológica. Para Leontiev (1969, 1975, 1978a, 1978b, 1981), a atividade humana estrutura-se em três níveis de funcionamento: a atividade, as ações e as operações.

A atividade é, em si, uma forma complexa de relação homem-mundo, que envolve finalidades conscientes e uma co-atuação cooperativa e coletiva. A atividade humana considera que a atividade de um indivíduo é contextualizada em um grupo de indivíduos, reforçando o papel das interações orientadas entre eles. A atividade de um membro, embora sendo importante e relevante no trabalho ou no lazer, é, porém, completada pela atividade dos outros membros. A sua atividade (motricidade) encerra, em termos de contextualização, um paradigma de co-atividade (co-motricidade e sociomotricidade), conceito incontornável ao longo do processo evolutivo humano.

As ações, que compõem a atividade no seu conjunto, são desempenhadas pelos diversos indivíduos nelas envolvidos, mas o resultado da atividade como um todo tende a satisfazer as

> **A ATIVIDADE HUMANA =
> PROCEDIMENTO COOPERATIVO + INTERATIVO**
>
> A motricidade humana engloba o contexto da relação homem-mundo, enquanto historicamente constituída e mediatizada por instrumentos e signos.
>
> Em Leontiev (81) envolve 3 níveis de funcionamento:
> - a atividade (integra finalidades conscientes e a comotricidade);
> - as ações (refere um contexto e a satisfação de necessidades);
> - as operações (materializa as ações – intenção + operações).

necessidades do grupo antes de levar à satisfação das necessidades de cada indivíduo, mesmo que cada um tenha se dedicado a uma parte específica da tarefa em questão. É esta referência ao contexto social que carateriza as ações que cada indivíduo realiza quando faz parte de um dado grupo onde se encontra integrado.

O terceiro nível de atividade humana é definido por Leontiev como operações, referindo-se ao aspecto prático da realização das ações, não só adequadas às condições em que são efetuadas, como aos procedimentos necessários para concretizá-las e materializá-las. Para este autor, além do aspecto intencional da atividade (o que deve ser realizado), a ação também inclui um aspecto operacional (o como deve ser realizado ou de que modo a atividade pode ser realizada), algo que é determinado não pelo objetivo ou meta em si, mas pelas condições objetivas, ambientais e ecológicas que se impõem à sua realização.

Posta esta perspectiva de estrutura da atividade humana, ela pode ser então desempenhada por meio de diferentes cadeias de ações. Desta forma, não há apenas uma maneira rígida e única de realizar uma atividade humana ao longo do espectro cultural da humanidade, mas tantas quantas as condições sócio-históricas objetivas o possibilitam. A ação pode ser, portanto, desempenhada por meio de diferentes operações, e não meramente por um número fixo e predeterminado delas. As práticas culturais de várias atividades humanas, como a caça ou o abate de animais, a dança ou os rituais, podem ser realizadas por inúmeras operações, conferindo à motricidade uma relação íntima com os pressupostos sociais e culturais onde ela decorre. É essa diversidade e contextualidade sociocultural e antropológica que dá significação extrabiológica à motricidade, e não o contrário (Smirnov e Leontiev, 1969; Zazzo, 1975).

O social está antes do biológico, isto é, os sistemas funcionais da motricidade humana integrados no cérebro da criança, sendo de raiz biológica, dependem de condições objetivas culturalmente estabelecidas. O funcionamento da motricidade no ser humano não pode, pois, ser compreendido sem referência ao contexto sócio-histórico onde ela ocorre (Vygotsky, 1962, 1993). A atividade humana, isto é, a motricidade, é concebida pelos autores russos como uma unidade de análise dos processos psicológicos, porque inclui tanto o indivíduo na sua totalidade biológica corpo-cérebro (portanto, totalidade psicomotora), como na sua interação complexa com o seu ambiente, que é culturalmente contextualizado.

A ação individual, em si, é insuficiente como unidade de análise, sem estar incluída em um sistema sócio-histórico ou em um contexto cultural, na medida em que é esse contexto que lhe dá significado humano (Leontiev, 1973, 1978b). A explicação biológica da motricidade é insufiente para compreender, analisar e interpretar a sua transcendência como manifestação extrabiológica, isto é, cultural. A motricidade humana olhada isoladamente pode parecer uma atividade sem sentido, mas, quando analisada como parte integrante de uma atividade coletiva, com uma função definida em um sistema de cooperação social, ela induz à obtenção de objetivos e de fins.

A motricidade humana também resulta de um desenvolvimento sócio-histórico, e não exclusivamente de um desenvolvimento biológico. É esse desenvolvimento sócio-histórico que tem de ser aprendido e internalizado pelo indivíduo. Ao incorporá-lo psiquicamente, ele constrói e co-constrói a sua consciência (Vasconcelos e Valsiner, 1994), os modos de agir, de pensar e de comunicar da sua cultura, a forma de perceber e de integrar o mundo real, a compreensão do contexto cultural no qual ele se insere e se desenvolve.

Os processos psíquicos emergiram da atividade humana porque ela resultou da estrutura das interações sociais ao longo da história (Novikoff, 1945; Frolov, 1966; Leontiev, 1969, 1975). Ao serem transformadas tais interações sociais, que têm por base a motricidade humana, a estrutura do pensamento humano também se tranformou.

O contexto social onde decorreu e decorre a ação do ser humano, transformou e transforma o seu pensamento, exatamente porque ele é capaz de agir de forma voluntária e intencional sobre o mundo para atingir determinados fins. Esse modo de funcionamento psicológico é a base da sua motricidade tipicamente humana. Os processos superiores criativos humanos e que envolvem necessariamente a motricidade põem em jogo relações entre o indivíduo e o mundo que são mediatizadas pela cultura.

A interação social é fundamental para o desenvolvimento de formas de motricidade que acabaram de produzir o fenômeno civilizacional. Ao internalizar a sua cultura com base na sua atividade, o indivíduo constrói e co-constrói o seu universo intrapsíquico a partir das interações mediatizadas e humanizadas que estabelece com o seu mundo externo e interpessoal (Suguan, 1987; Oliveira, 2000; Frawley, 2000; Rego, 2000). Só em uma dimensão contextualizada dos processos psicológicos emergidos da motricidade, pode-se compreender a evolução do ser humano como um ser sócio-histórico.

Essa é a síntese da teoria da atividade proposta por Leontiev (1975a, 1975b, 1981), uma contribuição de extraordinária importância para se compreender o papel do desenvolvimento psicomotor na criança e para, de certa forma, integrar as contribuições originais dos outros autores russos que irei apresentar. Duas importantes indicações podem, pois, ser inferidas a partir dos autores russos reunidos nesta obra:

1. o desenvolvimento da criança resulta da relação social com o adulto;
2. o desenvolvimento da consciência se forma pela e na ação, pela e na conduta.

Seja como for, parece importante admitir que a criança não é um ser passivo ou contemplativo, e, sim, um ativo e interativo. É, aliás, esta atividade que torna expressa a relação concreta da criança com a realidade, na qual aparecem primeiro os adultos, e só depois os objetos, que são já um resultado de uma determinada socialização, consubstanciando uma evolução afetivo-relacional que antecipa uma evolução cognitiva e cultural (Fonseca e Mendes, 1976; Vygotsky, 1962, 1993).

Portanto, e isso me parece interessante registar, esta perspectiva só vem reforçar que tanto a maturação do sistema nervoso (fator biológico) quanto a relação com o adulto (fator social) processam-se através e por intermédio do corpo; neste caso, pela atividade motora da criança. Um ponto comum: a atividade, ou motricidade, mais uma vez surge como uma unidade psicomotora ou, melhor ainda, totalidade sociomotora, na medida em que é através dela que a criança se apropria de toda a complexidade das atitudes, conhecimentos e competências que lhe vão permitir viver em sociedade, ou seja:

- adquirir a postura e a locomoção bípede (recorde-se aqui que as crianças-lobo estudadas, por exemplo, se deslocavam em quatro pés);
- manipular objetos;
- participar e cooperar em jogos;
- realizar imitações;
- falar a linguagem dos adultos.

A atividade humana, isto é, a motricidade humana, como defende Rubinsthein (1973), consiste em uma atividade consciente e orientada para um fim. Nela e por meio dela, a criança realiza os seus objetivos, objetiva os seus projetos e idéias dentro da realidade, que vai sendo modificada. Repare-se como, nesta perspectiva, por meio da história psicomotora da criança, não só se estabelecem ligações ativas e interativas com os adultos socializados (pais, educadores, psicomotricistas, etc.), mas também com os objetos por ele fabricados e produzidos, ambas através da motricidade. Daí a relação com os adultos e com os objetos permitir à criança surgir como um sujeito, exatamente porque se diferencia do objeto e pode vir a manipulá-lo e a transformá-lo.

É fácil, portanto, perceber e admitir que, pela motricidade e pela sua história, a criança vai edificando a sua experiência social, que lhe permitirá impor-se como sujeito e como personalidade, tendendo para uma socialização crescente e progressiva. Pode-se, portanto, admitir que, para esses autores, a motricidade possui na criança um conteúdo e um contexto social que lhe confere o verdadeiro sentido da ação humana, se considerada como a expressão e a materialização da consciência socializada.

Em resumo: a gênese da consciência é a gênese da psicomotricidade, na qual entra a imagem do corpo do outro, a sua lateralidade e a sua motricidade. Todos os componentes da motricidade da criança encontram-se dependentes do ambiente social, que contextualiza a sua conduta total, donde é impossível separar os fatores da conduta psicológica dos fatores da conduta motora. Note-se, no entanto, que alguns autores, como, por exemplo, Vygotsky (1962, 1978), defendem uma idéia diferente dos autores norte-americanos (Carmichael, 1951, 1970; Mussen, 1970). Para esse psicólogo russo, a criança não é um receptor passivo de estímulos, mas, sim, um agente ativo capaz de apresentar motricidade voluntária e atenção seletiva e, conseqüentemente, só pode ser concebido como um ser criativo, que usa uma linguagem e possui um pensamento próprios.

A consciência, para o mesmo autor, é mais um processo de ação do que uma recepção, uma acumulação ou um armazenamento de experiências. As capacidades psicológicas da criança desenvolvem-se por meio das atividades motoras e práticas de relação e de interação com o mundo dos objetos materiais e com o mundo social. É por meio da atividade motora que a criança vai construindo um mundo mental cada vez mais complexo, não só em conteúdo, mas também em estrutura. Primeiro pela intervenção das outras pessoas, como mediatizadoras (Fonseca, 1996, 2001) entre ela e o mundo, depois pelos sucessos e insucessos da sua ação, ela vai adquirindo experiências que virão a ser determinantes no seu desenvolvimento psicológico.

A criança assimila o mundo porque este lhe é apresentado e propiciado por outras pessoas, e não como resultado emergido do desenvolvimento das suas capacidades, como defendem, por exemplo, Buhler (1964) ou Stern (1971).

Para os psicólogos russos, como Vygotsky (1962), Luria (1966b, 1966c) Leontiev (1978b) e Rubinstein (1973), não se trata de conceber a evolução da criança como um simples processo de adaptação ou de ajustamento individual ao ambiente, como foi equacionado igualmente por behavioristas ou mesmo pelo próprio Piaget. Esses autores consideram que o desenvolvimento psicológico da criança segue a via da "hereditariedade social" (Engels, 1961) e da "apropriação da experiência social" (Marx, 1974). Em síntese, para eles, por trás de uma ontogênese existe uma sociogênese.

Efetivamente, o papel determinante do adulto socializado na mediatização do mundo à criança marca bem a importância da sua interação, pois é por meio dela que a sua conduta evoca relações sensoriais primitivas, gestos significativos e palavras que sucessivamente atraem a atenção da criança (Fonseca, 2003). Nesta perspectiva, aliás, podemos, de certa forma, encontrar uma identificação com o que já apontamos em Ajuriaguerra, quando nos referimos ao papel da comunicação, que mais não é, para esse autor, do que um misto de atitudes, de gestos e de palavras.

A criança, utilizando e utilizando-se como gesto, e, mais tarde, como palavra, consegue controlar os objetos do mundo e auto-regular a sua conduta. Só depois desta transição desenvolvimental a linguagem se torna a avenida principal da sua interação com o ambiente sócio-histórico. É, então, por meio da linguagem que ela organiza e controla todos os seus futuros comportamentos. Ou seja, logo que a criança começa a usar os conceitos, as instruções e as orientações dos outros como uma linguagem interior, o comportamento passa a ser estruturado e por ela mais bem controlado (Luria, 1969b, 1975b, 1977a, 1977c, 1980; Leontiev, 1973). Parece, pois, pelo menos nesta perspectiva, estar bem claro como a linguagem e a atividade psicomotora, e não meramente motora, têm, ambas, uma base social. Se assim não fosse, como explicar o desenvolvimento dos processos cognitivos que fazem da criança uma candidata à socialização?

Assim, parece que a contribuição trazida pelas análises expressas nas obras dos psicólogos russos são, juntamente e em associação crítica com todas as perspectivas anteriores, norte-americanas e européias, um quadro global da ontogênese da psicologia humana, que me parece essencial registar. As abordagens do materialismo científico e da neuropsicologia contemporânea, por exemplo, fornecem-nos dados imprescindíveis para o estudo da personalidade da criança como unidade dialética, sistêmica e multicomplexa, isto é, biopsicossocial (Galperin, 1976; Riviére, 1986; Fonseca, 2001, 2002, 2003).

A singularidade da ontogênese do desenvolvimento psicológico humano e, por analogia, da sua disontogênese, não está exclusivamente no fator biológico (neste domínio, os seres humanos estão muito próximos dos animais, principalmente dos primatas), mas, sim, no fator sociológico, que garantiu o acesso e a construção da cultura material e não-material, criada e co-criada pela humanidade e adquirida individualmente durante a infância.

Não é por acaso que o ser humano ("animal cultural") é o ser vivo com maior período de dependência dos adultos, beneficiando-se, por isso, de um maior período de socialização, isto é, de um maior período de infância e de aprendizagem. A dimensão temporal que decorre da imaturidade à maturidade, passando pela desmaturidade, parece ter beneficiado o desenvolvimento humano, reforçando a multiplicidade das relações entre os fatores biológicos e os fatores sociais, entre a natura e a cultura. Como diz Vygotsky (1962, 1993), o processo de socialização, por um lado, enriquece o conhecimento e as aquisições motoras, mas, por outro, precipita e acelera as mudanças essenciais dos vários processos psicológicos, originando um desenvolvimento genuíno e mais complexo do psiquismo da criança e do jovem.

Ou seja, o domínio da experiência social só se torna possível, segundo esses autores, pelo desenvolvimento dos processos sensoriais e pela formação da atividade motora da criança. Portanto, ficam bem destacados a importância psicológica da motricidade e o seu papel na organização da consciência, que se concretiza, aliás, por meio da imitação, do jogo, da aprendizagem, entre outros, e, mais tarde, do trabalho. Daí, portanto, sua importância na formação da sociedade. Por outro lado, só se pode dominar o conhecimento e o pensamento acumulados pela sociedade através da sua prática e da sua utilização, segundo afirma Leontiev (1969, 1975, 1978a, 1981) ao abordar a importância da motricidade para a criança.

Assim, para esse autor, o desenvolvimento da inteligência da criança é o resultado da sua prática e da existência determinante de um ambiente social (aqui lembro novamente o que se passa com as crianças-lobo). Enquanto no animal o ambiente próprio é um conjunto de condições naturais às quais este tem de ajustar-se para sobreviver, na criança, o ambiente social não é uma condição exterior (extrassomática), mas, sim, e fundamentalmente, uma condição interior (intrassomática), ou seja, a razão de ser do seu desenvolvimento total e único. O ambiente social, nesta perspectiva, contém, pois, uma experiência humana adquirida e acumulada através dos séculos e que materializa, afinal, a sociogênese, ou seja, o fenômeno civilizacional, a aprendizagem e a continuidade da humanidade.

De fato, toda a complexidade da organização social humana está materializada em todo o conhecimento prático e teórico da humanidade. Pode-se mesmo dizer que está expresso na fabricação de instrumentos e ferramentas, na utilização dos meios de comunicação (como este livro) e no domínio de determinados conhecimentos e técnicas que, no seu todo, traduzem o processo de socialização, de transmissão cultural ou de transformação da criança em adulto.

A criança surge, então, como um verdadeiro agente e ator da realização e do desenvolvimento social. Como adianta Zaporozhets (Zaporozhets, 1960, 1965, 1967; Zaporozhets e Elkonin, 1971), a aquisição e o domínio deste conhecimento não pode ser passivo, deve ser adquirido, construído e co-construído por meio da ação, isto é, da conduta psicomotora da criança e do adulto, ou seja, em um contexto social, onde se operam interações intergeracionais, entre seres inexperientes e seres experientes.

É pela manipulação dos ecossistemas, dos objetos, pelo jogo, pela imitação ou, em uma palavra, pela sua atividade psicomotora, que a criança aprende os vários tipos de participação social e de realização de tarefas sociais, escolares, culturais, laborais, etc. A atividade psicomotora é apenas a resultante da atividade exploradora e criadora da criança, que assim satisfaz, por um lado, a sua indispensável necessidade de maturação orgânica e, por outro, o desenvolvimento da sua aprendizagem social, o que lhe vai permitir e garantir, em última análise, a regulação das suas funções comportamentais, traduzidas, na prática e no concreto, pelo seu desenvolvimento e crescimento.

Ou seja, a atividade e a motricidade colocam a criança em situação de confronto ou em situação-problema com a sua realidade, conferindo-lhe, por isso mesmo, uma tarefa cognitiva específica ao pedir-lhe e exigir-lhe soluções, métodos e orientações diferentes conforme o êxito que ela pretende. Serão, posteriormente, as constantes reestruturações e as novas orientações proporcionadas pela permanente atividade motora que irão alcançar a regulação, melhorando a respectiva ação e, com esta melhoria, obtendo uma maior eficácia e economia de conduta.

É pela ação motora que as percepções, a memória e a cognição, que resultam da sua observação e controle, mudam constantemente (Fonseca, 2001). Isto é, a motricidade provoca uma correlação mútua entre a planificação e a execução, sucessiva e simultaneamente, cada vez mais auto-reguladas, conscioncializadas e também interiorizadas (Bernstein, 1947, 1967, 1986d). É, aliás, este papel de interiorização perceptiva e cognitiva que, segundo Luria, constitui a função do controle, que torna qualquer ação consciente, exatamente porque gera com os seus efeitos eficientes de retroalimentações (*feedback*), novos sistemas funcionais.

Em resumo, segundo os autores russos que considerarei a seguir, o processo psíquico da criança é concreto e emerge da experiência motora também concreta, porém socialmente contextualizada. Assim, qualquer alteração global da criança, seja ela de natureza morfológica, neurológica ou cognitiva, é resultante da sua atividade e motricidade socializada, sendo, pois, este o contexto sócio-histórico, como veremos, em que concretamente e segundo esses autores se garantirá à criança a sua evolução harmoniosa, plena e completa.

Vejamos agora a importância cognitiva da motricidade e da atividade na criança para Vygotsky, Luria, Bernsthein, Zaporozhets e Elkonin. Assim, e de uma forma mais elaborada, vamos verificar como Vygotsky sugere uma perspectiva sócio-histórica da motricidade humana, como Luria apresenta a sua teoria da organização cortical da motricidade, como Bernsthein aponta os componentes corticiais da coordenação da motricidade, e, finalmente, como Zaporozhets e Elkonin (e seus colaboradores) ilustram a importância da formação dos hábitos motores.

# PERSPECTIVA SÓCIO-HISTÓRICA DA PSICOMOTRICIDADE:
## introdução à obra de Vygotsky

Lev Semenovich Vygotsky viveu apenas 39 anos, tendo morrido em conseqüência da tuberculose, doença que o acompanhou ao longo de 14 anos. Apesar de breve, sua vida foi muito intensa e multifacetada, uma vez que o seu contexto social, em pleno rescaldo da revolução soviética, se caracterizou por fatores sociais e culturais muito complexos. Sua produção intelectual, todavia, foi exuberante, pois chegou a elaborar mais de 200 estudos sobre as mais diversas matérias, não só sobre psicologia, onde atingiu uma posição ímpar, mas também sobre pedagogia, onde criou uma orientação modelar, e ainda sobre antropologia, lingüística, semiótica, história, filosofia, arte, sociologia, neurologia, defectologia, etc.

A dimensão transdisciplinar da obra de Vygotsky é hoje considerada, em muitos centros de estudo espalhados pelo mundo, uma visão extremamente contemporânea do desenvolvimento humano, razão pela qual a introduzi nesta obra dedicada ao desenvolvimento psicomotor e à aprendizagem, exatamente porque o seu interesse central foi o estudo da gênese dos processos psicológicos tipicamente humanos e emergidos no seu contexto sócio-histórico ou sociocultural (Vygotsky, 1962, 1978, 1993, 1999; Frawley, 2000; Oliveira, 2000; Siguan, 1987).

Com uma postura inter e multidisciplinar vasta, sua obra apresenta uma coerência e um enfoque integrador verdadeiramente originais. Partindo sempre da relação dialética do indivíduo com o seu contexto social, Vygotsky (1962, 1993, 1999) rompeu, ultrapassou e transformou o estado de conhecimento sobre o desenvolvimento humano no seu tempo. As implicações da sua teoria, após a sua morte, há mais de 60 anos, foram tantas e tão variadas, lamentavelmente interrompidas precocemente, que é hoje impossível apresentar uma obra sobre desenvolvimento da criança sem apontá-lo como autor de referência de primeira ordem, daí meu esforço em transpor para a teoria psicomotora algumas das suas formulações mais importantes.

Nascido em uma família judaica numerosa, com mãe professora, pai bancário e sete irmãos, Vygostky teve uma educação com tutores particulares, tendo desde sempre revelado bastante cuidado na sua formação e se distinguido como aluno brilhante. Cursou direito, literatura (que concluiu com uma tese sobre Hamlet), história, filosofia e, mais tarde, psicologia e medicina, apesar das restrições e discriminações que a sociedade soviética da época impunha a estudantes de origem judaica. Ao longo de sua carreira, demonstrou particular interesse pelo estudo do desenvolvimento psicológico do ser humano, com especial ênfase sobre as anomalias físicas e mentais (Osgood, 1953; Riviére, 1986; Vasconcelos e Valsiner, 1994; Vygostky, 1999; Frawley, 2000; Oliveira, 2000; Rego, 2000).

Fez crítica literária, criou revistas de literatura, dirigiu seções de teatro, interessou-se por questões de pedagogia, formou e treinou professores, fundou laboratórios de psicologia, de defectologia e de pedologia (chamada "a ciência da criança", que integra biologia, psicologia e antropologia). O estudo de problemas de desenvolvimento de crianças cegas, surdas, com atrasos mentais, afásicas, etc., ou seja, os estudos sobre a deficiência, aos quais denominou defectologia, preencheram vários anos da sua atividade profissional, não apenas por entender que tal estudo permitiria descrever e compreender melhor os processos mentais humanos, mas por perseguir o objetivo da sua reabilitação plena.

Dedicando-se obstinadamente ao estudo da psicologia, participou com grande mérito de vários congressos, sendo mais tarde convidado para trabalhar no famoso Instituto de Psicologia de Moscou, onde conheceu Leontiev e Luria, com os quais constitui a famosa *troika* da psicologia russa.

## PRINCIPAIS IDÉIAS SOBRE O DESENVOLVIMENTO HUMANO

Estudando os processos de transformação do desenvolvimento humano na sua dimensão filogenética histórico-social e ontogenética, Vygotsky deteve-se no estudo das funções psíquicas superiores, típicas da espécie humana, como o controle do comportamento, a atenção voluntária, a memorização ativa, o pensamento abstrato, o raciocínio dedutivo, a capacidade de planificação das ações, etc. É óbvio que muitos desses tópicos interessam a uma teoria psicomotora, exatamente porque procuram estudar a motricidade especificamente humana, isto é, a praxia, como função psíquica superior, e não meramente a motricidade como expressão biológica adaptativa (Luria, 1966; Luria e Vygotsky, 1992; Pribram, 1960, 1973).

Lançando mão do método dialético, Vygotsky (1962, 1993, 1999) procurou estudar as mudanças qualitativas do comportamento, logo, da psicomotricidade, que ocorrem ao longo do desenvolvimento humano e da sua relação com o contexto social. Recorrendo ao estudo da infância como forma de explicação do comportamento humano geral, justificou que a necessidade do estudo da criança reside no fato de esta estar no centro do objeto de estudo da pré-história do desenvolvimento cultural, tendo por base a gênese da fabricação de instrumentos, que envolve a micromotricidade, e a emergência da fala e da escrita, que envolve, por sua vez, a oromotricidade e a grafomotricidade, funções motoras superiores específicas do ser humano (Fonseca, 1999a, 2001).

Com base em Vygotsky (1978, 1999), a cultura torna-se parte da natureza de cada pessoa, reforçando a idéia de que as funções psíquicas superiores são de origem sociocultural e emergem de funções psicológicas elementares de origem biológica. Por analogia, de acordo com o pensamento vygostkiano, a psicomotricidade é de origem sociocultural e emerge da motricidade de origem biológica. Segundo esse autor, a complexidade da estrutura humana deriva de um processo de desenvolvimento intimamente integrado entre a história individual e a história social, isto é, o ser humano, na sua essência, ilustra uma história dento de outra história (Fonseca, 1999a).

Recorrendo a uma perspectiva marxista do funcionamento intelectual humano, Vygotsky (1962) busca uma nova psicologia, que possa identificar os substratos cerebrais subjacentes a determinadas funções, não só concebidas em termos históricos, mas também em termos sociais, dando lugar ao surgimento das bases de uma nova disciplina, como a neuropsicologia, magistralmente continuada mais tarde por seu colega Luria (Fonseca, 1980, 1985, 1992, 2001).

Combatendo perspectivas empiristas e reflexologistas, bem como idealistas e espiritualistas da mente humana, Vygotsky, com Luria e Leontiev, ambicionava estudar os processos psicológicos humanos de um modo dialético-materialista mais abrangente, partindo do pressuposto que o comportamento humano é um fenômeno histórico socialmente determinado e culturalmente mediatizado, no qual a linguagem desempenha o papel principal. O pensamento vygotskyano é, assim, simultaneamente diverso e unitário.

O trabalho, a fabricação de instrumentos, a interação dialética entre o ser humano e a natureza, a comunicação interpessoal, etc., paradigmas psicomotores por excelência, serviram de suporte para as propostas de Vygotsky sobre o desenvolvimento humano, só concebível quando enraizado na sociedade e na cultura. Mesmo sofrendo severas críticas e perseguições pelo regime stalinista, com trabalhos censurados, sua obra, redescoberta nos anos de 1960, continua hoje a influenciar o pensamento psicológico e pedagógico, e nos anos futuros certamente continuará a ser discutida e enriquecida, pois é fonte inesgotável de novas formulações sobre o desenvolvimento humano nos seus diversos componentes e dimensões.

## DIFERENÇAS ENTRE A PSICOMOTRICIDADE HUMANA E A MOTRICIDADE ANIMAL

As diferenças entre a psicomotricidade humana e a motricidade animal, tendo por base o pensamento vygotskiano, inscrevem-se na sociogênese das funções psíquicas superiores e enquadram-se em uma teoria da aprendizagem humana baseada na mediatização (Fonseca, 1996, 2001, 2002; Fonseca e Cunha, 2003), processos que só podem ocorrer em um contexto social e cultural. Por esta razão, as crianças-lobo – por exemplo, Victor de Aveyron, estudado por Itard (1932), e Genie, estudada por Curtiss (1977) –, quando foram descobertas, não apresentavam posturas bípedes plásticas, nem praxias finas lúdico-construtivas, nem vestígios de uma oromotricidade articulada rápida e versátil, nem seqüer uma proxêmica afiliativa ou uma predisposição imitativa, todavia, sua motricidade adaptativa revelava uma quadrupedia terrestre e arborial exuberante, maneirismos complexos, mas inconseqüentes, condutas motoras agressivas e inesperadas, etc.

A teoria histórico-cultural do psiquismo, também reconhecida como abordagem sóciointeracionista, elaborada por esse autor, deve igualmente sustentar o estudo comparativo entre a psicomotricidade humana e a motricidade animal, pois deve ter como objetivo, por analogia, caracterizar os aspectos tipicamente humanos do comportamento e elaborar hipóteses e formulações de como esses atributos foram-se formando e construindo ao longo da história humana e social, pois só dentro desta perspectiva podemos compreender a relação entre os seres humanos e os seus contextos ecológicos, quer naturais ou físicos, quer sociais.

Em uma abordagem antropológica mais abrangente, o ser humano relacionou-se com a natureza não por simples atividades motoras de sobrevivência ou de reprodução, mas por atividades motoras complexas, como o trabalho, no qual a fabricação de instrumentos e a comunicação interativa que esta induz, e não a sua mera utilização circunstancial e episódica, transformaram radicalmente suas condutas e, conseqüentemente, seu cérebro, assim encarado como o órgão biológico da cultura.

O trabalho, considerado uma atividade motora superior exclusiva da espécie, é entendido como uma função psicológica superior, um modo de funcionamento mental tipicamente humano e não-desfrutável por qualquer outro vertebrado. Para ser produzido, o trabalho ilustra uma atividade mental teleonômica, que envolve funções mentais internas muito complexas, como a atenção seletiva continuada, a integração, a interação e a transformação da informação sensorial, o surgimento de estruturas de representação, os procedimentos operacionais seqüencializados, o processamento imagético emergido dos atributos e propriedades dos instrumentos e o seu contexto espaço-temporal, a memória voluntária, múltiplas estratégias de decisão, etc., que se passam dentro do cérebro antes de se verificarem no corpo, como produtos motores finais (Leontiev, 1975, 1978a).

Tais processos mentais são considerados superiores, porque se referem a sistemas intencionais, isto é, a ações conscientemente planificadas, reguladas e controladas, o que pressupõe uma integração somatognósica atualizada e flexível, que deu e dá ao ser humano possibilidades de independência e de distância interior. Essa dimensão da motricidade projeta uma dimensão psíquica que transcende as características da situação onde ela ocorre (Luria, 1966b, 1966c, 1975a).

Como é obvio, os processos mentais que caracterizam o trabalho e a ocupação humanas não são inatos. Eles são originados e emergem das relações entre seres humanos. São desenvolvidos ao longo de um processo prolongado de internalização de formas culturais, e não naturais, de comportamento. Tais processos comportamentais diferem, portanto, dos processos elementares que caracterizam a motricidade dos animais. Não se trata de reações instintivas, reflexas ou de reações automáticas ou de associações simples, que são de origem biológica.

*O trabalho só pode ser explicado por múltiplas relações psíquicas e motoras.*

Os processos psicomotores do trabalho e da ocupação humanos, que estão na base da evolução e acabaram por acrescentar ao mundo natural um mundo civilizacional, não são propriedades ou faculdades geneticamente implantadas no indivíduo, e, sim, processos psíquicos complexos, que se formam ao longo de uma infância prolongada e em profunda interação e mediatização com adultos experientes, o que, por si só, subentende uma sociogênese exclusiva da espécie (Fonseca, 2003).

O trabalho, na ótica vygotskyana, é, portanto, um paradigma psicomotor crucial, na medida em que perspectiva o ser humano como um corpo e uma mente, como ser biológico e ser social, como membro da espécie humana e ator do processo histórico e cultural. A relação indivíduo-natureza ou indivíduo-sociedade, na qual, para mim, se inscreve a noção de psicomotricidade, não é inata, nem se pode conceber como o resultado de uma oportunidade ou pressão ecológica, isto é, não se dá por acaso. Ambas as relações acima equacionadas emergem da interação dialética do ser humano com o seu ambiente.

Ao mesmo tempo em que o ser humano transforma o meio (os vários ecossistemas por onde tem de passar) para satisfazer as suas necessidades de sobrevivência, de prazer e de utilidade, ele se transforma a si mesmo, com uma maior integração e interação sensoriais, uma organização neuronal transcendente, desde a atenção até o processamento e o armazenamento de estímulos e de situações e até a planificação e a seqüencialização espaço-temporal intencional das suas respostas motoras adaptativas. O ser humano modifica-se, envolvendo-se no meio e desenvolvendo-se a si próprio, ou seja, equipa-se com sistemas de adaptação externa e reorganiza-se paralelamente, com sistemas de adaptação interna ou mental, preparando-se para novas situações no futuro (Rothchild, 1999).

As funções psicológicas superiores, logo as que encerram a noção de psicomotricidade, surgem da interação de fatores motores, que são parte da matriz biológica da espécie humana, com os fatores psíquicos, que evoluíram ao longo de um prolongado processo histórico e social. Nesta linha de pensamento, à qual se aliam também Leontiev (1973, 1975, 1978a) e Luria (1966b, 1966c, 1975a, 1975c), as funções psíquicas têm origem cultural, e não biológica. As que são especificamente humanas nascem das relações entre humanos, e não de relações puras e diretas entre o indivíduo e a natureza ou entre ele e os animais. Uma vez mais o exemplo das crianças-lobo serve para ilustrar este paradigma fundamental.

Só nas relações entre o indivíduo e o seu contexto cultural e social podem-se entender o desenvolvimento psicomotor e o desenvolvimento mental do indivíduo.

A cultura é parte integrante da natureza humana, na medida em que só pode emergir como manifestação de conduta quando for aprendida e internalizada ao longo da sociogênese, pressupondo, naturalmente, a integridade e a invulnerabilidade dos processos biológicos e neuronais que lhe dão suporte. A biologia pode existir sem cultura, como podemos observar nos animais, mas a cultura só pode revelar-se quando a biologia lhe serve de pedestal. Em analogia, a motricidade pode existir sem cultura, como se observa nos animais, enquanto a psicomotricidade, como expressão intrínseca da cultura, só pode se revelar quando a motricidade lhe serve de suporte.

Nesta dimensão, o cérebro, o órgão mais organizado do organismo, para Vygotsky (Vygotsky, 1978, 1993, 1999; Luria e Vygotsky, 1992), também o órgão da evolução e da civilização, tem de assumir a atividade psíquica por excelência, dado ser o substrato orgânico e material desta. Como sistema aberto e complexo, com grande plasticidade sensório-motora e cujos sistemas funcionais se desenvolvem ao longo da ontogênese, exatamente porque ao nascer não se encontra organizado, o cérebro, como órgão de desenvolvimento e de aprendizagem por excelência, permite ascender a novas funções, exatamente aquelas que foram criadas pela história do homem e pela sua sociogênese, sem que seja necessário transformá-lo organicamente.

Foram os instrumentos técnicos (extrassomáticos) e psicológicos (também denominados signos e, por isso, intrassomáticos) inventados pelo homem, e não decorrentes da sua herança genética, que lhe permitiram não uma relação direta com o mundo, mas uma relação mediatizada por utensílios e ferramentas, pois só por meio destes os processos psíquicos superiores são formados pela cultura, daí o papel da linguagem como instrumento do pensamento.

Os processos psicológicos superiores, isto é, a psicomotricidade, diferenciam-se de processos e de mecanismos mais elementares. Como a motricidade, eles não podem ser reduzidos a cadeias de reflexos condicionados. Tais processos extrabiológicos sofisticados e que estão na origem da cultura desenvolveram-se ao longo do processo histórico, ilustrando, conseqüentemente, que o desenvolvimento mental só pode ser concebido à luz de um contexto social.

O comportamento motor do animal diferencia-se do comportamento psicomotor humano, na medida em que conserva uma ligação funcional estritamente dependente de motivos biológicos, ou seja, de instintos. Tal comportamento é apenas marcado pela satisfação das suas necessidades de nutrição, de autoconservação ou de reprodução sexual. Sua motricidade permanece circunscrita a limites biológicos e a determinismos inatos, sem vestígios de uma ação interativa com os semelhantes. Tratam-se, portanto, de condutas herdadas e restritas às suas limitações genéticas.

Alguns animais podem aprender malabarismos no circo ou nos parques aquáticos, porque tais habilidades são inatas à sua espécie, não porque obedecem à satisfação de necessidades complexas, como a necessidade de adquirir novos conhecimentos e de transmiti-los e comunicá-los aos seus pares. O comportamento psicomotor humano, pelo contrário, é motivado por princípios, valores, convições, etc., ou seja, por necessidades sociais, históricas, econômicas, culturais, etc., podendo mesmo, por controle intencional, jejuar, fazer sacrifícios, autoflagelar-se, reprimir, inibir e até contrariar necessidades puramente biológicas.

O comportamento motor animal é determinado por estímulos imediatos, centrados em uma dimensão espaço-temporal reduzida. Já o comportamento psicomotor humano leva em conta uma dimensão espaço-temporal transcendente que ultrapassa o aqui e agora, na qual as memórias desempenham um papel reestruturante fundamental, permitindo estabelecer relações, planificar e antecipar ações, prevendo as suas conseqüências e regulando-as voluntariamente. Em uma palavra, as ações humanas tendem a considerar as abstrações que lhe são subjacentes. Mesmo com sede ou fome, o ser humano evita beber água contaminada ou comer comida sem condições higiênicas.

No ser humano, a ação não se orienta somente pela impressão sensorial imediata ou meramente pela experiência acumulada. Pelo contrário, ele pode abstrair, fazer relações, reconhecer causas, rever e prever acontecimentos e depois refletir e interpretar, tomando decisões conscientes. No ser humano, por trás de uma ação, está uma cognição complexa baseada em processos mentais de atenção, de processamento simultâneo e seqüencial de dados externos e internos e de programação e subprogramação controlada. A ação do ser humano é livre e independente das condições externas do momento e do espaço presentes.

O ser humano não age baseado em impressões imediatas, mas, sim, segundo conceitos abstratos, não só dependentes de um conhecimento sensorial, mas também de um conhecimento racional, pois possui a capacidade de penetrar mais profundamente na essência das coisas, superando a informação fornecida pelos seus órgãos sensoriais. Do mundo animal ao processo sócio-histórico humano, dá-se um salto no processo do conhecimento, que envolve percepções, imagens, conceitos, simbolizações. Opera-se uma transformação do sensorial ao racional e ao cultural, e é tudo isso que contém o comportamento psicomotor humano.

As fontes do comportamento motor animal são diferentes das do comportamento psicomotor humano. No animal, elas são limitadas à experiência da espécie que é transmitida hereditariamente (comportamento instintivo e inato) e à experiência imediata e intraindividual, envolvendo mecanismos de adaptação que não são transmissíveis aos outros membros da espécie, porque os animais não dispõem de processos de comunicação. Mesmo que alguns recorram à imitação, ela acaba por ocupar um lugar muito pouco significativo no comportamento animal.

## A IMITAÇÃO COMO PROCESSO DE MEDIATIZAÇÃO

No ser humano, a imitação é fulcral e essencial na transmissão da experiência. O seu poder ecocinético é extraordinário e muito flexível, o seu poder de assimilação da experiência alheia, baseada em representações mentais multifacetadas, constitui uma das características mais relevantes da evolução da espécie humana. Com ela, a transmissão da experiência é garantida e perpetuada, na medida em que consubstancia não uma cópia de um modelo social, mas, sim, uma reconstrução individual daquilo que é observado nos outros, pois trata-se da criação de algo novo, uma oportunidade de a criança realizar ações que estão além das suas próprias capacidades, o que, obviamente, contribuirá para o seu desenvolvimento.

Em Piaget (1973, 1976), a imitação marca o início da representação, dado que ela não se baseia apenas em uma inteligência sensório-motora, mas, sim, em uma inteligência das situações, um atributo do pensamento humano bem mais potente, pois dá lugar a um processo de interiorização psicomotora mais complexo, no qual as funções simbólicas tendem a implementar-se e a consolidar-se, onde a diferenciação não-arbitrária entre os significantes e os significados, confere uma dimensão representativa às ações que é impossível de ser assumida pelo animal, na medida em que do núcleo deste processo mental vai emergir o gesto simbólico e, mais tarde, a própria linguagem.

A imitação diferida, inexistente no animal, que pode se desenvolver na ausência perceptiva de modelos, está na origem da formação de imagens mentais. Ela estabelece, digamos assim, uma transferência da inteligência sensório-motora, possível nos primatas, para uma representação imaginada, que acaba por interiorizar aquela, fazendo introduzir entre ambas um elemento novo no processo mental, isto é, a imagem, ou seja, o suporte crucial do edifício psicomotor humano.

A imagem, como produto da imitação (Piaget, 1973, 1976), está na origem da representação mental exclusiva da espécie humana. Ela dá, então, lugar aos simulacros de que fala Wallon (1969, 1970), com base nos quais o ser humano ascende a funções posturais, práxicas, emocionais e cognitivas cada vez mais humanizadas e ritualizadas, introduzindo fatores de causalidade e de intencionalidade na motricidade que só serão concebíveis em um esquema corporal contextualizado e interiorizado, ou seja, em comportamentos psicomotores emergidos de conexões proprioceptivo-exteroceptivas mais complexas, que contêm em si um certo grau de previsão e de dedução.

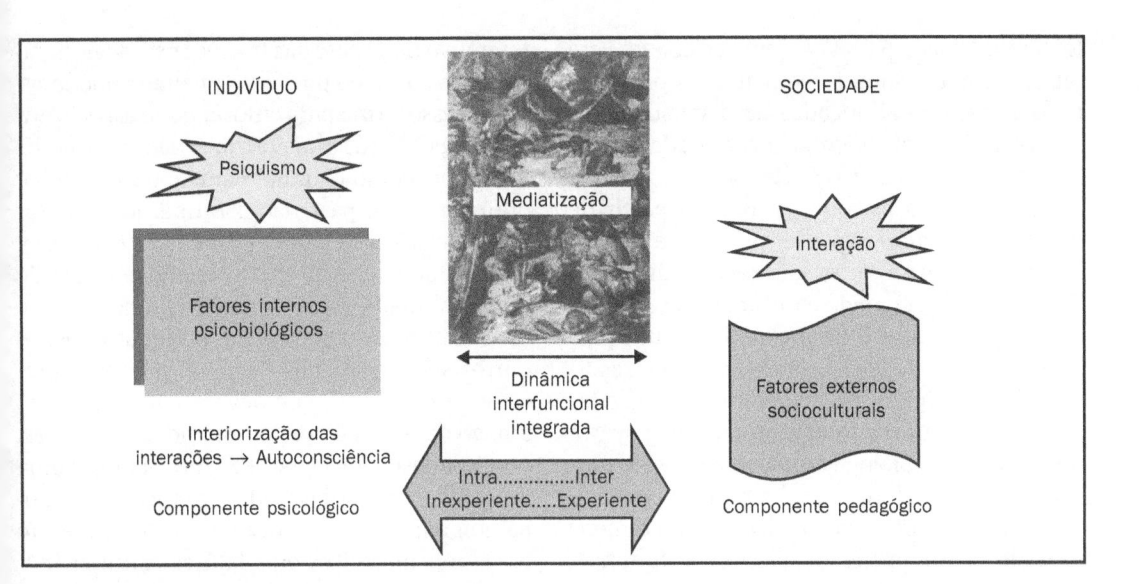

```
        INDIVÍDUO                                            SOCIEDADE
         Psiquismo
                              Mediatização
                                                      Interação
    Fatores internos
    psicobiológicos
                                                          Fatores externos
                               Dinâmica                   socioculturais
                           interfuncional
    Interiorização das           integrada
  interações → Autoconsciência
                           Intra..........Inter
   Componente psicológico  Inexperiente.....Experiente    Componente pedagógico
```

Tal plasticidade perceptivo-postural e perceptivo-práxica, para onde convergem as concepções de Wallon e de Piaget, claramente demonstráveis na evolução da criança, conferem à representação mental humana uma dupla natureza: por um lado, um componente figurativo, por outro, um componente operativo. O aspecto operativo das funções cognitivas tipicamente humanas recupera a transformação das ações sensório-motoras em ações pré-operacionais e lógicas, algo a que o animal não tem acesso.

No ser humano, ao serem integradas proprioceptivamente, por meio de um esquema corporal interpessoal e depois intrapessoal, na linguagem vygotskiana, a ação e a imitação também são percebidas pelo seu resultado e pelos seus efeitos pelas vias exteroceptivas (retroalimentação eficaz), ou seja, são generalizáveis, assimiláveis e pensáveis, dando origem a processos de descentralização, que explicam o surgimento de coordenações entre ações e operações que contêm elementos de ordem e de encadeamento seqüencial localizados na base da motricidade intencional e práxica da espécie humana.

A imitação humana, diferentemente da imitação animal, recorre a outra fonte além da hereditariedade e da experiência individual, ou seja, à atividade motora consciente do ser humano, responsável pela grande maioria dos conhecimentos, das habilidades e dos procedimentos comportamentais que assentam na assimilação da experiência de toda a humanidade acumulada ao longo do processo histórico e social e transmitida pelo processo mediatizado da aprendizagem. Em síntese, as leis da "imitação animal" são determinadas pelas leis da evolução biológica, enquanto as leis da imitação humana e do desenvolvimento do psiquismo humano são determinadas pelo desenvolvimento sócio-histórico. Aqui o exemplo das crianças-lobo é uma vez mais concludente.

As características do funcionamento psicomotor humano e, conseqüentemente, da imitação, não são transmitidas por hereditariedade. Elas não estão presentes no nascimento, nem são adquiridas passivamente devido às pressões dos ecossistemas ambientais. Dos reflexos à reflexão, da tonicidade ao equilíbrio, da lateralidade à somatognosia, da estruturação do espaço à do tempo, da praxia global à praxia fina, entendidos como componentes do sistema psicomotor humano (Fonseca, 1989b, 1992), eles são construídos ao longo da vida através do processo da interação do ser humano com o seu meio social e físico, pois possibilitam a apropriação da cultura elaborada por gerações precedentes ao longo dos milênios.

Cada criança aprende a ser um adulto imitando e interagindo com os adultos. O que a natureza lhe dá biologicamente, em termos sensoriais e motores, ou neurologicamente não é suficiente nem lhe basta para viver em sociedade. Para tal, ela tem de adquirir competências psicomotoras que foram alcançadas no decurso do desenvolvimento histórico pela sociedade humana (Vygotsky, 1962, 1973, 1999).

A origem da psicomotricidade a partir da imitação, portanto, deve ser procurada nas relações sociais e nos processos relacionais do indivíduo com o seu meio externo. O desenvolvimento psicomotor humano não é só um produto do contexto social, mas também o resultado da participação ativa do indivíduo na criação desse mesmo contexto, ou seja, ele encerra uma dimensão biológica dos processos de maturação sensorial, neuronal e motora e concomitante retroalimentação eficaz e uma dimensão cultural dos processos relacionais de aprendizagem e de mediatização social.

A complexidade da psicomotricidade, ao contrário da motricidade, tem origem nas condições sociais e concretas da vida historicamente formada e decorrente do trabalho social, do uso de instrumentos e do surgimento da linguagem, "ferramentas" aperfeiçoadas pela humanidade ao longo do seu percurso histórico, por meio das quais ela se constrói, co-constrói e reestrutura. Por meio da psicomotricidade, e não apenas da motricidade, o ser humano dominou o meio ambiente e o seu próprio comportamento inteligível.

A evolução da cultura humana, nas palavras de Vygotsky (1962, 1999), encerra um processo sociogenético, ao mesmo tempo em que revela um processo ontogenético, isto é, o desenvolvimento individual só é possível dentro de um contexto social. O interesse desse autor pelo desenvolvimento infantil justifica-se exatamente porque é neste período do desenvolvimento humano que é prioritariamente aprendido o uso daquelas ferramentas, como os instrumentos e a fala, dois componentes estruturantes essenciais do desenvolvimento psicomotor humano.

## O PAPEL DA MEDIATIZAÇÃO DOS INSTRUMENTOS E DOS SIGNOS

Vygotsky (1993) coloca o termo mediatização no centro da sua teoria de desenvolvimento humano, reforçando a importância deste processo interativo na gênese das funções psicológicas superiores (FPS), ou processos mentais superiores. Adotei esse termo para enfocar o seu aspecto antropológico e sócio-histórico, e não o termo de mediação, como habitualmente é traduzido por outros autores, para não confundi-lo com atos de negociação econômica (Fonseca, 1996, 2001).

É a mediatização que caracteriza a relação do ser humano com o mundo exterior, não só com a natureza, como com a sociedade e com os outros seres humanos. Sem tal processo interativo e relacional, que deve estar também no âmago da teoria da psicomotricidade, não seria possível desenvolver as FPS, confirmando uma vez mais o paradigma das crianças-lobo e o paradigma da relação mútua e recíproca entre os fatores biológicos e os fatores culturais inerentes ao desenvolvimento humano.

Esse autor russo considera como FPS aquelas funções que caracterizam o funcionamento psicológico tipicamente humano, isto é, as ações conscientemente controladas e reguladas, a atenção voluntária, a memorização ativa, o pensamento abstrato, o comportamento intencional, etc., que se diferenciam dos processos mais elementares, como os reflexos, as reações automáticas ou as associações simples. Assim, com base nesta definição de FPS, é possível distinguir a psicomotricidade humana da motricidade animal, algo muito importante em termos educacionais, reeducacionais e terapêuticos, quando não se sabe definir muito bem a diferença entre uma situação-problema mediatizada e a atividade física repetitiva e automática.

Vygotsky (1962, 1993) apresenta dois componentes básicos da mediatização: o instrumento, que tem a função de regular e de controlar as ações sobre os objetos, e o signo (instrumento psicológico), que tem a função de regular e de controlar as ações sobre o psiquismo dos indivíduos. A invenção e o uso de instrumentos e de signos, como componentes da mediatização entre os seres humanos, é responsável pela evolução da espécie, e é o fundamento estruturante do desenvolvimento psicológico da criança.

Instrumentos e signos são entendidos como meios auxiliares para solucionar um dado problema. Embora diferentes na sua gênese e na sua função, constituíram-se mutuamente ao longo do processo histórico-social. A atividade psicológica humana depende em muito da integração e da expressão destes componentes de mediatização, sem os quais a filogênese, a sociogênese e a ontogênese humanas não teriam sentido (Fonseca, 2003, Cruz e Fonseca, 2002).

Assim como o instrumento revolucionou a motricidade (aqui com o significado de atividade) humana e permitiu transformar o estilo de vida dos nossos antepassados, por meio do surgimento do trabalho (paradigma psicomotor fundamental), também o signo agiu como instrumento da atividade mental, permitindo transformar o seu estilo de comunicação, com o surgimento da linguagem.

Enquanto os instrumentos são externos (extrassomáticos) ao indivíduo e a sua função principal é produzir transformações nos objetos e na natureza, o que subentende competências práxicas, os signos são internos (intrassomáticos), exatamente porque a sua função crucial é produzir transformações nos processos intra e interpsicológicos, o que, por sua vez, subentende competências lingüísticas. Ambos são ferramentas auxiliares dos processos psíquicos, a eles se deve a extraordinária criatividade humana em termos culturais.

O trabalho, por um lado, e a linguagem, por outro, como instrumentos de mediatização, estão na origem da formação das sociedades humanas e da conservação e da transmissão das suas culturas. Por meio deles, os seres humanos não só transformaram a natureza, acrescentando-lhe a civilização, como acabaram por ser por elas transformados. As relações dos homens entre si e com a natureza, ao contrário do que ocorre com os animais, são mediatizadas pelo trabalho e pela linguagem.

Diferentemente dos animais, os seres humanos inventaram, fabricaram, produziram e criaram os seus instrumentos de trabalho e os seus instrumentos psicológicos. Com eles, expandiram as suas FPS, principalmente a atenção, a memória e a planificação motora. Por meio delas, o poder de representação da realidade, mesmo quando espaço-temporalmente ausente, tornou-se mais poderoso, e o desempenho das atividades psicomotoras atingiu então poderes criativos incomensuráveis. Preservar e conservar tais instrumentos de mediatização não só permitiu a transmissão cultural e a continuidade da humanidade, como garantiu as condições básicas do seu aperfeiçoamento contínuo e da sua criatividade permanente.

Instrumentos materiais e psicológicos auxiliam, conseqüentemente, o ser humano no desempenho das suas atividades, aumentando o controle voluntário e a regulação intencional das FPS, condições indispensáveis para solucionar problemas. Ou seja, com base em tais ferramentas, a evolução humana foi possível, e a aprendizagem individual, materializável.

O uso dos instrumentos, conseqüentemente, está na origem do trabalho e da formação das sociedades humanas, algo que vai marcar a diferença entre os seres humanos e os animais. Por meio do trabalho, que envolve efetivamente a interligação e a inseparabilidade de componentes psíquicos e motores, a natureza é estruturalmente transformada pela dimensão concreta e criadora da civilização, integrando, paralelamente, a atividade coletiva e todo o conjunto de relações sociais nela enraizado.

O instrumento pode ser, portanto, concebido como um elemento interposto entre o indivíduo e o objeto do seu trabalho, ampliando as possibilidades de transformação da natureza. Um machado, por exemplo, transforma mais e melhor a madeira do que a mão humana. Com base nesse instrumento, os efeitos e as conseqüências da motricidade humana permitem cortar, separar e moldar mais rápida e eficientemente os troncos de madeira. Da mesma forma, uma vasilha permite reter e armazenar água em melhores condições do que as próprias mãos humanas, que a deixam correr pelos intervalos dos dedos.

O instrumento, portanto, tornou-se a força motriz do desenvolvimento psíquico da humanidade, agregando a ele a função para a qual foi criado e também o modo de utilização, que envolve uma habilidade manual, ou melhor, uma praxia fina, ou seja, uma seqüência espaço-temporal intencional de movimentos interdigitais desenvolvidos ao longo do processo sociocultural. Nesta perspectiva sócio-histórica, o instrumento é um objeto social e um mediatizador das relações do indivíduo com o mundo que o envolve.

É óbvio que a ascensão a uma habilidade manual (micromotricidade) que teve um papel primordial no desenvolvimento da cultura encerra um longo período de evolução que convém rever, exatamente porque teremos de distinguir o que representou na espécie humana e representa na criança a libertação das mãos e, subseqüentemente, a fabricação de instrumentos. De fato, enquanto a libertação das mãos ocorreu depois da aquisição bípede, já no *Australopitecus*, há cerca de 4 milhões de anos, os primeiros instrumentos só são produzidos há cerca de 2 milhões de anos, a partir do *Homo habilis*. Em todo esse longo período de evolução, por via dessa aquisição notável da motricidade, novos circuitos neuronais surgiram no cérebro.

Embora seja tentado a evocar que a aprendizagem gestual depende da musculatura das mãos, dos seus 10 dedos e da sutileza das suas articulações, não restam hoje dúvidas de que tais componentes anatômicos são apenas acessórios, na medida em que a motricidade que os guia é essencialmente decorrente dos circuitos nervosos instalados no cérebro. Em termos explicativos, a realização de qualquer gesto intencional supõe a ativação de três zonas diferentes, embora contíguas, do cérebro. A primeira é o centro motor primário (área 4), responsável pelo jogo dos músculos; a segunda é o centro somestésico primário (áreas 2, 3 e 4), que garante a percepção do corpo e as informações da sua postura, e a terceira é o centro de programação pré-frontal, situado à frente do centro motor, que garante a planificação e a sucessão dos movimentos a serem efetuados. Nos dois primeiros centros, a representação da mão e da boca ultrapassa em muito a das outras partes do corpo (do chamado homúnculo do corpo), reforçando a importância funcional da praxia fina (micro e grafomotricidade) e da linguagem (oromotricidade).

A habilidade manual necessária para a fabricação, a utilização e o aperfeiçoamento dos instrumentos, em termos filogenéticos e sociogenéticos, contribuiu em muito para o aparecimento da imaginação criadora e da cultura, ao mesmo tempo em que implicou um aumento do volume do cérebro, cujas dimensões são de 400 centímetros cúbicos no *Australopitecus*, 600-650 centímetros cúbicos no *Homo habilis* e 800 centímetros cúbicos no *Homo erectus*. Ou seja, houve uma duplicação do volume cerebral depois da aquisição do bipedismo (Fonseca, 1986, 1999b, 2003).

Se a habilidade manual, ou praxia fina, teve efetivamente um enorme papel no progresso da hominização, certamente seu papel no desenvolvimento psicomotor da criança também é de igual relevância. Embora se identifiquem vestígios do uso de objetos pelos primatas e por outros animais, estes não conseguem fabricá-los nem produzí-los deliberadamente; ao contrário dos seres humanos, não os conservam para uso futuro, não os aperfeiçoam continuamente nem transmitem suas funções e seus modos de utilização aos outros membros do seu grupo social (Tomasello, 1990).

Com o auxílio dos signos, considerados, em termos vigotskyanos, instrumentos psicológicos, o ser humano pode planificar e regular a sua atividade psicológica e ampliar um complexo conjunto de processos mentais como a atenção, o processamento de sensações e de ações, a memória e a acumulação de múltiplos dados de informação. Um mapa, por exemplo, pode servir para localizar comida e para encontrar o caminho de regresso à habitação em segurança. Um esboço de um animal pode caracterizar o tipo específico de presa que se deve caçar. Um conjunto de varetas ou de pedras dispostas espacialmente pode servir para contar cabeças de gado. Um nó, um sinal ou uma marca podem fazer lembrar a realização de uma tarefa fundamental.

A invenção e o uso de signos serviram, ao longo da história humana, como meios auxiliares para solucionar problemas, aumentando e complexificando o poder adaptativo da espécie. O signo age não como meio da atividade motora inerente ao instrumento, mas como meio auxiliar da atividade psíquica, sendo parte integrante do sujeito e servindo a este para dirigir suas operações mentais. Na sua forma mais elementar, o signo é uma marca externa, que auxilia o ser humano na realização de tarefas que exigem memória, planejamento ou atenção, isto é, funções mentais que se internalizam e se interpretam como meios de representação da realidade, permitindo o aumento das possibilidades de armazenamento de informações e o controle da atividade mental. Daí a importância deste paradigma para diferenciar a intervenção em psicomotricidade de outras intervenções. Na intervenção em psicomotricidade, o sistemático apelo à simbolização da ação é propiciado e promovido pelo psicomotricista, visando produzir nas crianças e jovens processos mentais, e não simplesmente processos de execução motora.

O surgimento da linguagem, verdadeiro instrumento do pensamento, emergido do uso e da organização dos signos, desempenha um papel imprescindível na formação das FPS. Através da linguagem, é possível designar objetos do mundo exterior, ações, qualidades e atributos dos objetos e relações entre eles. Com o instrumento da linguagem, único da espécie humana e inacessível a qualquer espécie animal, o ser humano atinge processos psíquicos inigualáveis.

Em primeiro lugar, a linguagem permite lidar com objetos do mundo exterior, mesmo quando estão ausentes, e compreender eventos com objetos sem ser necessário presenciá-los. Em segundo lugar, a linguagem permite analisar, abstrair e generalizar as características e as propriedades dos objetos e das situações. Ela designa os elementos presentes na realidade, mas também fornece conceitos e modos de ordená-la e de categorizá-la. Em terceiro lugar, a linguagem permite a comunicação entre os seres humanos, garantindo a preservação, a transmissão e a assimilação de informações e de experiências acumuladas pela humanidade ao longo da sua história. De novo, a solicitação à linguagem (não-verbal e verbal) é um componente primordial da intervenção psicomotora.

A linguagem é, portanto, um sistema de signos que possibilita a interação social entre indivíduos que compartilham esse mesmo sistema de representação da realidade, permitindo estabelecer entre eles significações precisas, designações de objetos e de situações, distinção de ações, etc. A linguagem funciona como elemento de mediatização ou de relação entre seres humanos experientes e inexperientes, que permite a comunicação entre os indivíduos, o estabelecimento de significados compartilhados, a percepção, o modo de utilização e a interpretação de objetos, de situações e eventos do mundo que os cerca.

Em síntese, os processos superiores de funcionamento mental do ser humano, entre os quais a psicomotricidade, são fornecidos pela cultura, através da mediatização simbólica. É devido ao papel da mediatização que a criança internaliza e incorpora as formas de comportamento e as FPS já consolidadas pelos membros do seu grupo social. Mergulhada e inserida nesse contexto cultural, interagindo e participando em práticas sociais historicamente construídas, a criança ascende à cultura, interiorizando-a no seu processo de desenvolvimento, primeiramente decorrentes da sua interação e relação com os outros (isto é, com outras pessoas, interpsicologicamente), e, posteriormente, integradas no seu funcionamento mental pessoal (isto é, no seu eu interior, portanto, intrapsicologicamente).

O desenvolvimento psicomotor da criança, enquadrado na perspectiva sócio-histórica vygotskiana, passa a ser explicado não por meros processos de maturação neurobiológica, mas, essencialmente, por formas complexas de comportamento relacional, que têm a sua origem na interação da criança com a sua cultura e com os seus atores. Em termos abrangentes, o desenvolvimento psicomotor é social e relacionalmente constituído. A explicação do desenvolvimento psicomotor da criança é bem mais sofisticada que a simples descrição das bases neurobiológicas da evolução da sua motricidade.

A explicação da motricidade humana inspirada em ciências biológicas tem limites sérios para explicar a emergência de processos intelectuais complexos e superiores, que são especificamente humanos. A estrutura anatomofisiológica, bioquímica ou biomecânica da motricidade, para mim, não é suficiente para produzir no indivíduo a emergência de processos mentais superiores ou de FPS na ausência de um contexto social. Para se humanizar, a criança precisa crescer em um ambiente social e interagir de forma mediatizada com as outras pessoas, por isso as crianças-lobo, até hoje estudadas, não evidenciam posturas, praxias (gestualização intencional), somatognosias, gnosias espaço-temporais e objetais, atenção seletiva sustentada, afiliação, imitação, linguagem, leitura, escrita, cálculo, pensamento lógico, resolução de problemas, etc.

A teoria da psicomotricidade, na minha ótica, pretende recorrer às idéias de Vygotsky para explicar os processos de estruturação psicológica do bebê até a fase adulta (e os processos de destruturação psicológica do adulto ao idoso), chamando atenção para a reciprocidade existente entre o organismo e os ecossistemas e atribuindo especial importância ao fator humano e mediatizador presente no ambiente.

## O DESENVOLVIMENTO PSICOMOTOR NA PERSPECTIVA SÓCIO-HISTÓRICA

Como já mencionei, o desenvolvimento psicomotor da criança está intimamente relacionado com o contexto sócio-histórico; é isso que o torna tipicamente humano. Ao inserir-se no seu contexto social e cultural, a criança o faz de forma dinâmica e dialética, através de rupturas e desequilíbrios provocados por contínuas reorganizações que ocorrem dentro do seu ser total e completo. Partindo de uma vulnerabilidade biológica peculiar e extraordinária, o bebê humano, com o patrimônio dos seus reflexos, não está ainda em condições de responder autonomamente às suas necessidades de sobrevivência (Vygotsky, 1993, 1999; Luria e Vygotsky, 1992).

Indefeso e com uma motricidade dependente e exógena, mediatizada pelos outros, principalmente pela mãe, além de extremamente carregada de conotações afetivas e emocionais, o bebê vai adaptar-se ao meio por meio da motricidade e das práticas dos seres humanos mais experientes que o rodeiam, que se responsabilizam pelo atendimento em tempo integral das suas necessidades básicas (amor, carinho, conforto, segurança, atenção, proteção, filiação, abrigo, alimentação, higiene, locomoção, etc.).

A imaturidade motora do bebê está profundamente ligada a uma forte vinculação social extremamente complexa e única da espécie. Independentemente da diversidade cultural, a sabedoria da proteção das crias, acumulada ao longo do processo histórico da humanidade, é um testemunho claro da dupla herança (biológica e social) do bebê humano, um fator essencial do seu desenvolvimento futuro. A motricidade do outro mais experiente torna-se, assim, um parceiro permanente da sua própria motricidade, não só porque satisfaz suas necessidades biológicas de sobrevivências, mas também satisfaz suas necessidades afetivas de prazer e de afiliação.

O período relativamente longo de imaturidade parece induzir um efeito de incubação e de incorporação de competências individuais para o futuro desenvolvimento, o que dá origem a um comportamento adaptativo, necessariamente mais flexível em comparação com outros animais de infância reduzida. Ao adquirir informação do seu próprio organismo, composto de um cérebro e de um corpo em co-funcionamento integral, e do seu ambiente social, o bebê humano beneficia-se de uma herança cultural fundamental para o seu desenvolvimento. Com base nela, emerge uma identificação misteriosa, com a qual o bebê compreende as outras pessoas como seres idênticos a ele. Durante a sua ontogênese precoce, ele experiencia-se como um agente intencional, onde as suas estratégias atencionais e comportamentais são organizadas por fins e, por isso, ele vai aprendendo os outros seres humanos, com os quais se identifica, como agentes mentais. Por meio de tais interações sociais, o bebê caminha para a descoberta do seu eu e do seu *self* – em termos vygotskianos, primeiro do âmbito intercorporal e, posteriormente, do âmbito intracorporal.

A construção do eu no bebê, plural e singular, simultaneamente, tem muito de interação corporal e tônico-afetiva com os outros. É uma vantagem evolutiva de grande significado, que acaba por produzir inúmeros efeitos em cascata no seu próprio desenvolvimento, porque torna possível a ocorrência da transmissão cultural, entendida como nutrição da sua maturação psíquica. Compreender os outros como seres intencionais e afetivamente recíprocos, como ele próprio, dá ao bebê humano a possibilidade de beneficiar-se do processo da sociogênese, por meio do qual muitos outros indivíduos vão interferir na formação da sua personalidade, criando, pelas interações precoces, artefatos culturais e práticas culturais historicamente adquiridas (Riviére, 1986; Frawley, 2000).

A aprendizagem cultural e a sua internalização vão dotando o bebê de produtos culturais criados pelos seus semelhantes mais maduros. Os atributos psicomotores únicos da espécie não são devidos unicamente à sua herança biológica, mas também à variedade dos processos ontogenéticos históricos, que são postos em marcha pela mediatização. Os seres humanos são primatas; ambos têm, basicamente, os mesmos órgãos sensoriais, o mesmo plano corporal, e o mesmo plano cerebral (Fonseca, 1989a, 1999b, 2003). Observando, portanto, os primatas, nitidamente diferentes de outros mamíferos, podemos inferir algumas das características básicas da psicomotricidade e da cognição humana, apesar de todos os mamíferos, entre os quais o ser humano, disporem basicamente do mesmo equipamento sensório-motor para se adaptar a objetos permanentes do seu universo espacial.

Ao contrário dos outros mamíferos, a complexidade das relações sociais nos primatas assume detalhes e referências únicas. Eles vivem em grupos que desfrutam de relações de parentesco e de dominância; estabelecem com parceiros e aliados formas de coligação seletivas face a adversários potenciais; as relações mãe-filho são muito mais estáveis e contínuas, etc., sugerindo formas de reconhecimento social muito particulares e formas de compreensão de relações sociais externas nas quais não estão diretamente envolvidos. A presença de uma "inteligência social" parece destacá-los de outros mamíferos em termos de categorização relacional. Esta condição parece ser um precursor evolutivo potencial (Tomasello, 1990) para compreender as relações intencionais e causais que animam a complexidade das relações entre seres animados em oposição às relações entre objetos e eventos inanimados.

A capacidade de compreensão da intencionalidade e da causalidade das relações entre primatas não-humanos sugere que eles são seres intencionais e causais e que compreendem os seus pares como seres capazes de automovimento espontâneo. Porém eles não ascendem a formas gestuais complexas, não persuadem os outros membros a observar eventos ou situações inéditas, não oferecem objetos ativamente e não ensinam intencionalmente novos comportamentos aos seus pares. Eles não possuem nem põem em prática estratégias intencionais de mediatização, nas quais a evolução humana se sustenta.

Os primatas possuem, de fato, muitas aquisições sensório-motoras que envolvem objetos e eventos. Porém, não percebem nem compreendem as causas que mediatizam as relações dinâmicas entre eles. Para isso, é preciso ascender a princípios causais gerais do tipo piagetiano, apenas visíveis nos seres humanos e por onde o desenvolvimento psicomotor da criança inequivocamente tem de passar.

Perceber relações de intencionalidade e de causalidade requer que o indivíduo compreenda as forças mediatizadoras dos eventos externos, que explicam o porquê de uma seqüência particular de dados antecedentes e conseqüentes, o que pressupõe a construção de esquemas mentais de ação centrados em termos comportamentais na combinação entre objetivos e fins. Essa forma de compreensão, que dá sentido à psicomotricidade, é única dos humanos, representa um salto extraordinário na elaboração e na regulação de movimentos intencionais, sobre os quais toda a civilização e toda a aprendizagem repousam.

O desenvolvimento humano precisa de um contexto social e histórico para florescer, dado que é a interação com os outros seres humanos mais experientes que permite apropriar-se das aquisições motoras, emocionais e cognitivas que se desenrolaram ao longo de anos de experiência. Da postura bípede à praxia fina, à oromotricidade da fala e à grafomotricidade da escrita, todas as conquistas psicomotoras, sem exceção, decorrem em um contexto social e são aprendidas por meio da mediatização cultural. Na ausência de tal ecossistema, o processo de desenvolvimento pode apenas traduzir-se por um processso motor maturacional, como ilustraram os casos estudados das crianças-lobo.

A criança não só depende dos adultos em termos de sobrevivência biológica, como de sujeitos mais experientes para ascender à sobrevivência cultural, sendo preponderante o papel da primeira nos anos iniciais, mas crucial o papel da segunda nos anos seguintes. Em uma, ocorrem processos psicológicos elementares, em outra, emergem processos psicológicos superiores, como a linguagem falada e escrita, o raciocínio lógico e o pensamento crítico ou criativo (Vasconcelos e Valsiner, 1994). É, pois, a permanente relação com os adultos (mediatizadores) que permite a evolução da criança em todas as suas vertentes, na medida em que os adultos procuram incorporar a sua cultura nas crianças, atribuindo significados às condutas e aos objetos culturais que se formaram ao longo da história.

A conquista das funções psíquicas superiores (FPS), operada individualmente pelas crianças em qualquer sociedade, emerge, conseqüentemente, de um processo compartilhado, isto é, de uma experiência de aprendizagem humana e socialmente mediatizada, e não apenas de uma experiência direta. O desenvolvimento psicomotor é sempre mediatizado pelo outro, ou seja, pelas pessoas mais experientes e responsáveis que rodeiam a própria criança, que indicam, enfocam, delimitam, expandem, relacionam e atribuem significados à experiência sensório-motora de adaptação à realidade.

Por intermédio de tais mediatizações, os membros imaturos de uma dada sociedade vão-se apropriando progressivamente de tal saber histórico, de tais modos de funcionamento psicológico, de processos de comportamento complexos e intencionais, em uma palavra, vão-se apropriando do saber-fazer da cultura, do patrimônio e da história da humanidade e do seu grupo social.

Quando internalizados e incorporalizados em funções psíquicas superiores, esses processos começam a ocorrer sem a intermediação de outras pessoas, isto é, verifica-se uma transição: da relação interpsicológica passa-se a uma relação intrapsicológica, voluntária e independente (Vygotsky, 1978). O caminho da realidade ou do objeto até a criança, e desta até a realidade e ao objeto, passa através de outra pessoa, é este processo complexo de transmissão cultural que liga e conecta a história individual com a história social.

Em síntese, na visão vygotskiana, o desenvolvimento psicomotor é mediatizado socialmente pelos signos e pelos outros. Ao incorporar as experiências fornecidas pela cultura, a criança co-constrói individual e interativamente os modos de ação realizados externamente e aprende a or-

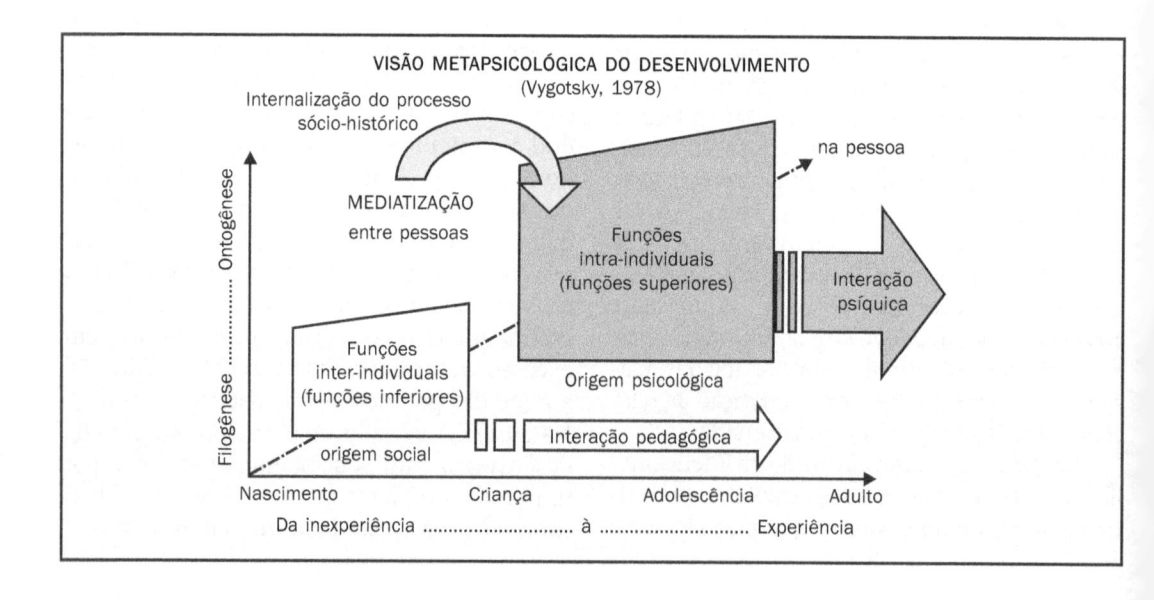

VISÃO METAPSICOLÓGICA DO DESENVOLVIMENTO
(Vygotsky, 1978)

ganizar os processos mentais que a integram, elaboram, regulam e controlam. O indivíduo deixa de se basear em signos externos para se apoiar progressivamente em sistemas funcionais interiorizados, isto é, em imagens, em representações mentais, em conceitos, em estratégias cognitivas, em processos de planificação e de antecipação de respostas adaptativas. A individuação dá-se, portanto, a partir de experiências culturais. Ao mesmo tempo em que se vai observando uma imersão na cultura, vai-se dando o surgimento da individualidade, como se a subjetividade nascesse da intersubjetividade. O eu vai-se diferenciando dos outros, mas é, simultaneamente moldado pela sua interação e mediatização. Ele emerge singularmente, mas também pluralmente.

### INTERAÇÃO ENTRE APRENDIZAGEM E DESENVOLVIMENTO

Como se pode perceber, Vygotsky dá imensa atenção aos fatores biológicos da evolução da espécie humana, mas enquadra-os de forma dialética, com igual importância, nem mais, mas também nem menos, do que os fatores sociais. Para ele, é a dimensão social e relacional, e não a biológica, que propicia os instrumentos e os símbolos, assim como todos os fatores civilizacionais impregnados de significação cultural que estão presentes no ambiente. Tais componentes mediatizadores, no seu todo, ilustram o surgimento de novas relações entre o indivíduo e o mundo, uma vez que elas acabam por fornecer também novos procedimentos psicológicos e novas formas de motricidade para agir neste mundo.

A aprendizagem é, portanto considerada a condição necessária e fundamental no processo de desenvolvimento de funções psicológicas superiores (FPS). Estas acabam por emergir quando os efeitos da mediatização social se fazem sentir na mudança de comportamento que ela mobiliza. O desenvolvimento humano depende, conseqüentemente, da aprendizagem que se estabelece por meio da interação do indivíduo com outros indivíduos da sua espécie. Isso significa que, se uma criança for criada em ambiente de guerra e de isolamento cultural, sem ter a possibilidade de ser mediatizada em tempo hábil, e não tiver nenhum contato com um ambiente cultural, ela não se alfabetizará, e as suas FPS não se modificarão ou ascenderão a níveis muito rudimentares.

A criança só fala se interagir com uma sociedade falante, só lê se for mediatizada por um sistema de escrita. Isto é, as condições biológicas (possuir um aparelho fonador e um sistema visual intactos), embora necessárias, não são suficientes para que os indivíduos adquiram a linguagem falada ou escrita. Uma criança normal que crescesse, em uma suposição extrema, em uma sociedade exclusivamente formada por surdos-mudos, não desenvolveria a linguagem oral, mesmo dispondo de todos os requisitos biológicos de processamento de informação.

A aprendizagem pressupõe, portanto, uma mediatização social específica e um processo interativo, através do qual as crianças atingem e têm acesso à vida simbólica dos que as cercam. A aprendizagem, como aspecto universal da continuidade cultural da humanidade, é o palco onde atua o desenvolvimento das FPS, onde as características psicológicas efetivamente humanas se organizam e estruturam. É por essa intrínseca agregação funcional que as relações entre a aprendizagem e o desenvolvimento ocupam um lugar muito especial nas obras de Vygotsky, e é por isso que ele dá tanta relevância à aprendizagem escolar, período onde obviamente serão introduzidos novos instrumentos de desenvolvimento das FPS.

A aprendizagem é um processo pelo qual o indivíduo adquire informações, conhecimentos, habilidades, competências, atitudes, valores, crenças, etc., a partir da sua interação com indivíduos mais experientes do grupo social onde está inserido. É algo distinto dos fatores inatos e dos fatores de maturação do organismo ou do sistema nervoso, independentes da informação do ambiente. É a aprendizagem que desperta a emergência dos processos internos de desenvolvimento. Sem o contato e a interação cultural com outros indivíduos, tais processos neuropsicológicos não ocorreriam.

Vygotsky (1962, 1993, 1999) explora o conceito de aprendizagem em um plano bem mais transcendente do que o das teorias mais comuns. O termo em russo que adota, *obuchenie*, significa mais do que aprendizagem, envolve e integra o conceito de ensino, isto é, sugere um processo de ensino-aprendizagem, no qual o indivíduo inexperiente (o que aprende) e o experiente (o que ensina) se envolvem em um processo interativo social, relacional, intencional, mediatizado e exclusivo da espécie humana.

Para esse autor, a aprendizagem está sempre relacionada com o desenvolvimento. Ambos são expressões que se inter-relacionam reciprocamente, um não é possível sem o outro, e vice-versa. A importância que dá à mediatização do outro e do contexto sociocultural no desenvolvimento individual encerra um conceito fundamental da sua teoria, que é essencial para a compreensão das suas idéias sobre as relações entre desenvolvimento e aprendizagem, isto é, o conceito da zona de desenvolvimento proximal ou potencial (ZDP).

A ZDP atribui uma relevante importância à dimensão social da aprendizagem e do desenvolvimento individual, na medida em que os instrumentos, os objetos, os signos, os símbolos e todos os elementos impregnados de significado cultural do ambiente mediatizam a relação do indivíduo ou da criança com o mundo exterior onde ela se desenvolve. Os outros são aqui considerados como mediatizadores ou facilitadores do desenvolvimento do eu (*self*), exatamente porque acabam por fornecer e por oferecer, na interação intencional e intersubjetiva, não só os seus processos psicológicos peculiares, como também as suas atitudes, os seus valores, as suas predisposições e as suas formas e estratégias de pensar, de agir e de comunicar.

O desenvolvimento pleno e complexo do ser humano depende da aprendizagem que se realiza em um dado grupo cultural, a partir da interação com os outros indivíduos. As condições biológicas, orgânicas, sensório-motoras ou neuronais (possuir órgãos sensoriais, sistemas neuronais, músculos, aparelho fonador, etc.), embora necessárias, não são suficientes para que o indivíduo adquira a linguagem ou as praxias. Aprender, portanto, pressupõe uma mediatização particular e um processo interativo intencional, a partir do qual os seres inexperientes, neste, caso as crianças, ascendem à vida intelectual dos seres experientes que as rodeiam continuamente. A aprendizagem, assim encarada, é a condição

necessária e universal do desenvolvimento das características tipicamente humanas e culturalmente instituídas.

É exatamente dentro deste contexto que Vygotsky (1993) introduz dois níveis de desenvolvimento: o nível de desenvolvimento real ou efetivo (NDR) e o nível de desenvolvimento proximal ou potencial (NDP). O NDR compreende as conquistas evolutivas, neste caso psicomotoras, que já estão consolidadas no indivíduo (na criança, no jovem, no adulto, etc.), ou seja, as funções, capacidades ou competências que já foram aprendidas e que fazem parte do seu repertório habitual, na medida em que as produz e expressa autonomamente, sem assistência do outro ou de alguém mais experiente, seja a mãe, o pai, a educadora, o professor, o terapeuta ou um parceiro mais maduro e experiente.

O NDR indica, conseqüentemente, a expressão de processos mentais ou psicomotores que já se integraram, estabeleceram e completaram retrospectivamente no seu cérebro e no seu corpo. Trata-se das atividades que a criança já sabe fazer e executar independentemente. Em termos de avaliação psicológica, pedagógica ou psicomotora tradicional, só se atinge a estimação deste nível, ou seja, do nível obtido sem a colaboração de outros, que é representativo do seu desenvolvimento mental ou psicomotor efetivo.

O NDP também se refere àquilo que a criança é capaz de fazer, mas com a mediatização, suporte e ajuda de outra pessoa mais experiente (mediatizador). A criança produz, assim, soluções de tarefas e de problemas através de uma interação intencional assistida, de uma co-aplicação de estratégias compartilhadas, entre ela e o mediatizador. Trata-se, portanto, do acesso a novas competências promovidas na criança por meio de interações efetuadas pelo mediatizador, que visam a produzir novos processos mentais e psicomotores, isto é, novos níveis de execução e de desempenho, igualmente indicativos do desenvolvimento e do potencial da criança (Fonseca, 1996, 2001).

A distância entre aquilo que a criança é capaz de fazer autonomamente (NDR) e aquilo que ela desempenha em cooperação mediatizada com outros indivíduos mais experientes (NDP), caracteriza exatamente a zona de desenvolvimento proximal ou potencial (ZDP). Nesta perspectiva, a ZDP define as funções, as capacidades e as competências que prospectivamente ainda não amadureceram na criança ou jovem, mas que estão latentes no seu repertório comportamental, isto é, disposições prospectivas embrionárias que estão em processo evolutivo, que vão amadurecer em um futuro breve, se a mediatização continuar a produzir efeitos proativos. São "flores" do desenvolvimento que evoluem dinamicamente para "frutos", são processos internos que tenderão a gerar novos produtos finais. Para se entender adequadamente o desenvolvimento psicomotor da criança, temos de entrar em consideração, não só com o NDR, mas também, com o NDP.

Em síntese, a aprendizagem mediatizada cria a ZDP – o mediatizador produz, assim, pelo recurso a estratégias e critérios de mediatização (Fonseca, 1996, 2001), novos processos de desenvolvimento no mediatizado. No caso da criança, esta põe em marcha novos processos de desenvolvimento, que não seriam obtidos sem a ajuda externa, sem a mediatização do indivíduo mais experiente e competente. Sem a sua intervenção transformadora, tal enriquecimento ou modificabilidade na sua aprendizagem não poderia ocorrer. Os novos processos de desenvolvimento acabam por ser internalizados e passam, portanto, a fazer parte das suas funções e competências individuais futuras.

Nesta perspectiva, aquilo que é ZDP hoje tende a ser NDR amanhã; o que a criança faz em um dado momento com mediatização passa a poder fazer sozinha e autonomamente em um momento futuro. É essa modificabilidade, neste caso, psicomotora, que se pretende obter com a mediatização; é essa inteligência social que, no fundo, consubstancia a continuidade da humanidade, ou seja, a transmissão cultural transgeracional, em uma palavra, a sociogênese (Tomasello, 1990).

A aprendizagem, conseqüentemente, desperta processos de desenvolvimento que pouco a pouco tornam-se parte integrante das competências consolidadas na criança e no jovem. Interferindo constantemente na ZDP das crianças e dos jovens, os adultos mais experientes modificabilizam o potencial de desenvolvimento dos membros imaturos de uma dada cultura. Foi assim no passado e certamente será assim no futuro.

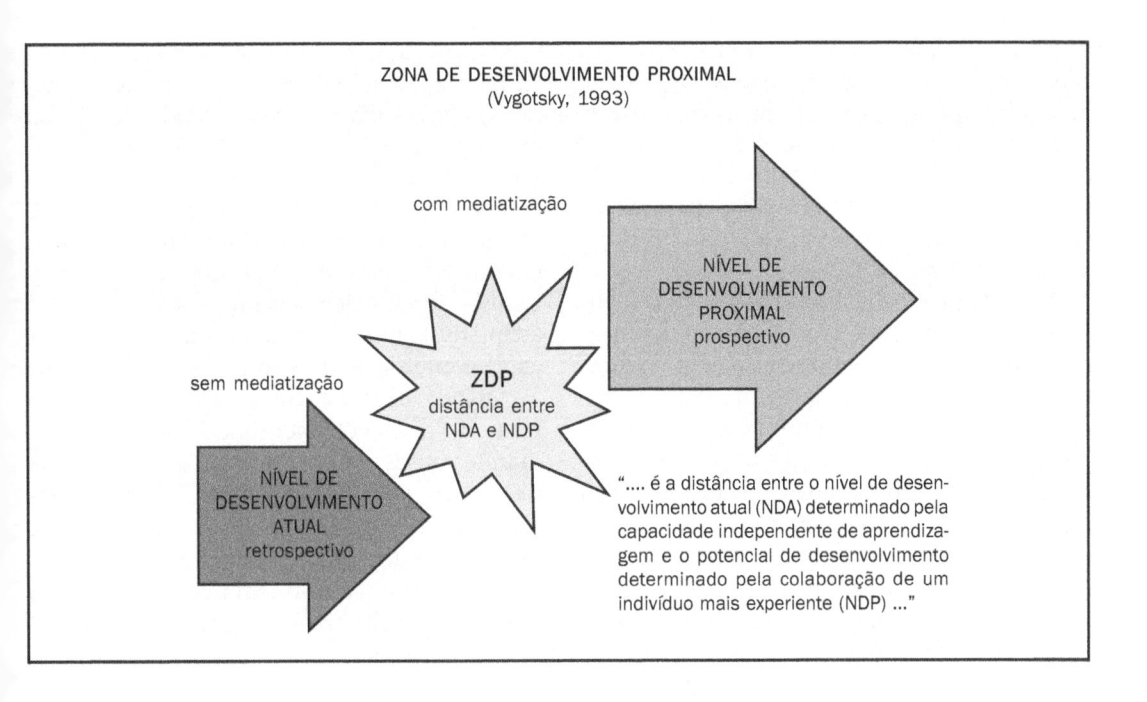

**ZONA DE DESENVOLVIMENTO PROXIMAL**
(Vygotsky, 1993)

com mediatização

**NÍVEL DE DESENVOLVIMENTO PROXIMAL**
prospectivo

sem mediatização

**ZDP**
distância entre NDA e NDP

**NÍVEL DE DESENVOLVIMENTO ATUAL**
retrospectivo

"…. é a distância entre o nível de desenvolvimento atual (NDA) determinado pela capacidade independente de aprendizagem e o potencial de desenvolvimento determinado pela colaboração de um indivíduo mais experiente (NDP) …"

## A FUNÇÃO DO JOGO E DO BRINQUEDO NO DESENVOLVIMENTO PSICOMOTOR DA CRIANÇA

Dos vários meios mais eficazes para ampliar a zona de desenvolvimento proximal (ZDP), Vygotsky (Vygotsky, 1993; Oliveira, 2000) destaca o jogo, o brinquedo e a arte, para mim situações paradigmáticas e cruciais do desenvolvimento psicomotor da criança. Vejamos, de forma muito resumida, como esse autor equaciona cada uma dessas atividades psicomotoras.

Para Vygotsky, o jogo é a fonte principal do desenvolvimento nos anos pré-escolares. Nele a criança transforma os brinquedos socialmente construídos, visto que ela não tem ainda poder criativo para elaborá-los, ao mesmo tempo em que se equipa com funções psicológicas cada vez mais estruturadas. Neste caso, os brinquedos ocupam, em termos ontogenéticos, a mesma função dos instrumentos e dos signos em termos sociogenéticos.

No ser humano, o jogo compreende uma necessidade natural, tão natural como o sono e o sonho, onde provavelmente se desencadeiam sistemas de recuperação e de recompensação fisiológica de enorme relevância evolutiva. O que diferencia o jogo do comportamento intencional, sério ou utilitário, tem porventura um significado filogenético, sociogenético e, claro, ontogenético, uma vez que o jogo da criança, do jovem e do adulto apresentam também características diferenciadoras interessantes de abordar, mas que não serão objeto de estudo desta obra. Não podemos esquecer que a dimensão do *Homo sapiens* encerra igualmente a dimensão de *Homo ludens* (Huizinga, 1951).

Filósofos, biólogos, antropólogos, psicólogos e educadores, além de outros, têm-se debruçado sobre os aspectos fenomenológicos do jogo, e em todos se identifica neste uma significação dialética sociogenética e ontogenética que se prende com a maturação do sistema nervoso central (SNC). Em qualquer dos casos, o jogo pressupõe a evolução de uma adaptação interna, obviamente associada à emergência do eu (noção que, para mim, também inclui a noção do corpo), pois representa uma fase avançada da própria evolução da espécie humana, exatamente porque induz à construção interna de uma subjetividade.

O jogo tem claramente funções preparatórias para a vida e para o trabalho, que se agregam igualmente às funções da imitação social como processo de integração. Por ser uma atividade sem fins, sem propósitos, sem exigências, sem obrigações, etc., distinta do trabalho, o jogo representa para a criança uma experiência criativa de liberdade auto-iniciada liberta das características da realidade, de enorme importância para o desenvolvimento da sua personalidade, na medida em que é ela que determina o seu significado.

Os brinquedos (verdadeiros objetos mediatizadores) promovem efetivamente a conjugação de múltiplas posturas e praxias, de diversas formas de adaptação interna (atenção, imaginação, projeção, fantasmização, etc.) e externa (comunicação, interação, imitação, afiliação, etc.), que se constituem como pilares essenciais do desenvolvimento infantil. Ao brincar, a criança envolve-se em uma atividade psicomotora extremamente complexa, não só enriquecendo a sua organização sensorial, como estruturando a sua organização perceptiva, cognitiva e neuronal, elaborando conjuntamente sua organização motora adaptativa.

A exploração de brinquedos antes do surgimento da fala é indutora de inferências imaginárias e fantásmicas que transcendem a própria ação para atingir funções psicológicas estruturantes: atenção, lateralização, organização espaço-temporal, ecocinesias, elaboração ideacional, planificação motora, etc. Com base no jogo, a criança ativa funções proprioceptivas e exteroceptivas, que tendem a gerar respostas motoras adaptativas. Com base nestas, acaba por se organizar internamente, isto é, neurologicamente.

Os jogos de "faz de conta" que emergem mais tarde no desenvolvimento, ao lado de outras manifestações lúdicas, brincar de casinha, de médico, de polícia, etc., já envolvem várias representações simbólicas e diversos processos de imaginação. Tais funções psíquicas, decorrentes do surgimento paralelo da linguagem, evocam uma motricidade tipicamente humana, independentemente do jogo, em termos de motricidade, não ser uma atividade exclusiva da espécie humana, na medida em que é também característica de mamíferos superiores, essencialmente dos primatas.

A imaginação co-emergente da motricidade lúdica é um modo de funcionamento psicomotor especificamente humano, que não está presente nos animais e só surge na criança em um determinado momento do seu desenvolvimento, pois esta não nasce brincando. Para comunicar-se com o mundo exterior material, a criança necessita do jogo para recriar um mundo imaterial de imagens interiorizadas. Neste âmbito, a atividade lúdica exerce uma função de organização neuronal crucial, certamente constituindo-se como uma das principais raízes do sentimento de si da criança. Preparar-se para dominar o mundo exterior requer que a criança invista no jogo para se tornar um ser criativo. A compreensão da realidade, que se processa progressivamente na criança, tem muito a ver com o investimento que ela auto-atualiza no jogo.

Para jogar, são necessárias uma certa integração e interação sensoriais, ao mesmo tempo que uma certa elaboração motora e adaptativa, componentes inerentes a uma organização neuronal e a uma mobilidade imaginativa mais complexa, em que a ação assume uma fusão muito íntima com a significação e a representação, um paradigma essencial da psicomotricidade. O pensamento, que antes era determinado pelos objetos exteriores, passa a ser regido por idéias internas, que podem representar os objetos mesmo quando se encontram ausentes. Como o jogo não tem limites, ele pode ser repetido e começar de novo, por uma espécie de força interior mobilizada pela criança que não se esgota, que acaba por renovar a organização das sensações com as ações e contribuir para o seu desenvolvimento integral.

Como afirma Vygotsky, através do brinquedo, a criança aprende a agir em um campo cognitivo que encerra múltiplas motivações extrínsecas e intrínsecas. Ela cria situações ilusórias e imaginárias como forma de satisfação dos seus desejos não-realizáveis, brinca pela necessidade de agir e de se exprimir em termos motores para lidar e para aprender o mundo que a cerca – por um lado, o mundo adulto onde está inserida e, por outro, o mundo dos objetos, ao qual ela tem acesso por mediatização do adulto.

Brincar com um carro, por exemplo, representa para a criança a possibilidade de agir e de conduzir um brinquedo que, na realidade concreta, com um carro verdadeiro, não pode ser por ela dominado, na medida em que ela não possui o controle e a regulação das ações e das operações que são exigidas pela direção de um carro de verdade. Através de tal brinquedo, a criança projeta as atividades do adulto e procura imitar, com uma coerência e fidelidade aproximadas, as complexas praxias da direção de um automóvel.

Com o brinquedo, a criança transcende-se, potencializando a sua ZDP. Como diz Vygotsky (1993, 1999), ela comporta-se como se fosse maior do que é na realidade. Mesmo com tal distância entre o comportamento na vida real e o comportamento no jogo, a criança vai atuando no seu mundo imaginário e fantásmico, apropriando-se progressivamente do seu mundo cultural. O acesso a uma situação imaginária não é visível no jogo da criança muito pequena, é algo que reflete a satisfação de necessidades realizáveis imediatamente. É uma certa maturação das necessidades que tende a incentivar a atividade lúdica na criança para outros planos simbólicos, pois é impossível ignorar que a criança satisfaz certas necessidades nos brinquedos e nos seus jogos.

Da satisfação imediata dos seus desejos, sem distância interior, portanto, a criança evolui para a satisfação de necessidades não-realizáveis imediatamente, isto é, projeta-se cada vez mais em projetos lúdicos que encerram desejos e motivações que não podem ser imediatamente satisfeitos ou esquecidos. Tal tensão vivenciada na atividade lúdica da criança transporta-a cada vez mais para um mundo ilusório e imaginário. É esta faceta transcendente da motricidade lúdica que mais prende Vygotsky (1978, 1999), na medida em que o jogo, ao interferir em funções da consciência, só pode ser concebido como algo que surge originalmente da ação, mas de uma ação ainda pouco estruturada e séria.

O comportamento lúdico das crianças é fortemente determinado pelas situações concretas (ditas não-simbólicas) em que elas se inserem. Mais tarde, quando se apropriam da linguagem, elas passam a ser capazes de utilizar as representações simbólicas, libertando-se do funcionamento psicológico dos elementos concretamente presentes no "aqui e agora" da situação. No início, elas não são capazes de operar com um significado contraditório à informação perceptiva situacional presente. Mais tarde, principalmente nas brincadeiras do "faz de conta", elas podem agir em um mundo imaginário, onde a situação é definida pela significação estabelecida por elas, e não pelos elementos reais. Elas deixam de se relacionar com objetos (brinquedos) para lidar com significações e com idéias, e então simples objetos podem servir como representações de uma realidade ausente. A criança atinge, assim, uma distância interior entre o objeto e o significado, desvinculando-se das situações concretas.

Com o brinquedo, a criança transita da ação com os objetos concretos a ações com significados. A situação imaginária alcançada permite ascender a uma atividade regida por regras, a comportamentos novos e mais elaborados, a tomar como modelos os agentes sociais de onde ela extrai significados para as suas ações. Os brinquedos criam, assim, uma ZDP na criança, na medida em que ela se comporta de forma mais avançada do que nas atividades que assume na vida real. As ações com os brinquedos, ao serem subordinadas aos significados dos objetos e das ações contextualizadas que lhe são atinentes, contribuem claramente para impulsionar o seu desenvolvimento psicomotor. O mundo da criança é, em suma, o mundo do jogo. O brinquedo é, conseqüentemente, uma atividade muito séria.

Enquanto no início do desenvolvimento domina a ação, e não a significação, posteriormente essa estrutura inverte-se, e a significação torna-se dominante. Em síntese, ao pensar a criança age e, ao agir, ela pensa; as ações internas (psíquicas) e externas (motoras) são, assim, inseparáveis: a imaginação, a representação e a intenção são, portanto, processos internos conduzidos pela ação, um paradigma vygotskiano fundamental do desenvolvimento psicomotor.

## DISPRAXIA, DISONTOGÊNESE E DEFECTOLOGIA

Ao estudar a criança portadora de deficiência, Vygostky (Vygostky, 1993, Luria e Vygotsky, 1992) criou uma nova ciência, a defectologia, que, segundo ele, deve estudar de forma integrada, o contexto sociocultural, o desenvolvimento biopsicossocial, assim como tudo o que diz respeito à formação de professores e à criação de métodos pedagógicos alternativos para o atendimento de tais crianças. Trata-se de uma orientação diferente da pedagogia curativa alemã e das ortopedagogias, mais ocidentais. Tal orientação nem sempre foi compreendida, mesmo na ex-União Soviética do periodo pós-revolucinário, a partir de 1917, que, à luz do marxismo-leninismo e do stalinismo, estigmatizou Vygotsky como um teórico cosmopolita e burguês, o que lhe provocou alguns dissabores pessoais e profissionais.

A situação pós-guerra e revolucionária pôs na rua muitas crianças abandonadas e negligenciadas, algo que levou à criação do famoso SPON (*Social and Legal Protection of Minors*), instituição criada com a finalidade de identificar e educar tais crianças, a que Vygotsky respondeu com penetrantes críticas, dada as suas convicções filosóficas.

Filho de judeus, sofreu várias atitudes de segregação e diversas restrições impostas pela Rússia imperial e, mais tarde, pela polícia política soviética. Nascido na Bielorussia, desde jovem Vygotsky revelou-se um estudante brilhantíssimo, tendo entrado na Universidade de Moscou com base nas cotas czaristas, muito restritivas para os judeus (apenas 3%). Devido às suas inclinações políticas e ideológicas, freqüentou a Universidade de Shinnyavskii (antiimperial), onde bebeu a influência do período soviético, rica em aproximações interdisciplinares em reflexões ideológicas, não só em história, mas também em filosofia e psicologia.

Tendo obtido o grau de licenciatura em advocacia em 1917, que desde cedo abandonou, Vygotsky foi em seguida professor de um colégio de formação de professores em Gomel, onde ensinou literatura e psicologia e estabeleceu o primeiro laboratório de defectologia. Assumindo uma posição contrária à teoria vigente da reflexologia, criada por Pavlov e seus continuadores, acabou por se diplomar em 1925 no Instituto de Psicologia de Moscou, orientado pela perspectiva marxista e pavloviana. Crítico das perspectivas puramente reflexológicas defendidas pelo poder político da época, tornou-se um pensador original no campo, propondo uma visão mais eclética do marxismo, reforçando o papel cultural no desenvolvimento humano, como mencionei anteriormente, combatendo intensamente a perspectiva hereditária, propondo uma nova perspectiva da deficiência, produzindo mesmo uma mudança radical do sistema educacional, com vistas a conceber os seres humanos portadores de deficiência como auto-suficientes e como seres produtivos. Mais tarde, ainda assim, dirigiu a seção de defectologia da Universidade Vermelha e pertenceu ao corpo editorial da notável revista Questões de Defectologia.

A posição central de Vygotsky foi combater a ortodoxia da perspectiva biológica pura da deficiência, apontando para uma nova orientação teórica para a época, que integrava mais os fatores culturais, faceta esta que conseguiu implementar no famoso Instituto Experimental de Defectologia (IED). Com o advento da Revolução Cultural, muitas disciplinas sofreram grande transformação conceitual, principalmente a psicologia, a pedagogia e, essencialmente, a pedologia (concebida, na sua ótica, como a verdadeira psicologia educacional) e a defectologia, nas quais foi pioneiro e ainda hoje marca as grandes linhas de conceitualização e de investigação em muitos centros de pesquisa do mundo.

Tendo sido posteriormente apoiado pelos psicólogos Zalkind e Kornilov, ambos criticados pela ideologia dominante como defectologistas e idealistas, dado o seu enfoque em uma pura testagem educacional e em uma simples detecção de problemas em crianças privadas e desfavorecidas que enchiam as escolas especiais de crianças normais, a influência de Vygotsky foi progressivamente debilitada, dado o fraco efeito prático de tais medidas de avaliação e de intervenção no contexto educacional da época. Foi o período do célebre Instituto Pedagógico de Lênin, que veio a assumir a liderança na formação de professores especiais russos da época, para dar resposta às necessidades sociais crescentes. A orientação mais clínica e investigativa e diagnóstico-prescritiva de Vygotsky, malcompreendida pelos seus pares, veio dar lugar à sua destituição como diretor desse instituto.

Daí foi destacado para Leningrado, por indicação compulsiva do Partido Comunista, onde acabou por morrer precocemente, aos 39 anos, de tuberculose. Vygotsky caiu no esquecimento até por volta de 1940, acusado de ecletismo e de idealismo pela ortodoxia cultural do pavlovinismo marxista vigente.

Em 1944, Zankov criou a Academia das Ciências Pedagógicas de Moscou e recriou o laboratório de defectologia de Vygotsky, com base na colaboração dos seus dois grandes discípulos, Luria e Leontiev, que deram novo relevo à sua herança intelectual e continuaram a aprofundar as suas perspectivas de desenvolvimento humano.

Esta simples sinopse histórica serve para compreender de forma mais contextualizada, as principais idéias de Vygotsky sobre defectologia e disontogênese, que podem ser resumidas nas seguintes posições:

1. Critica as escolas psicológicas ocidentais, principalmente o behaviorismo, a psicologia individual e, fundamentalmente, a psicometria.
2. Cria a perspectiva dialógica entre os fatores externos, socioculturais, e os fatores internos, psicobiológicos; o desenvolvimento da criança passa a ser concebido, como já analisei, essencialmente em duas fases: a interindividual, de origem social, que ocorre nas interações entre as pessoas, e a intraindividual, de origem psicológica, que ocorre na própria criança, reforçando o papel do seu famoso conceito de internalização do processo cultural e histórico.
3. Introduz a visão metapsicológica, integrando criticamente as idéias de Hegel, Adler e de outros autores, rejeitando a

idéia de um psiquismo só decorrente no indivíduo, ao mesmo tempo em que critica a idéia da tábula-rasa, que simplesmente absorve os padrões de comportamento do ambiente, combatendo o pré-formismo, o pré-determinismo e o envolvimentalismo.
4. Assume a perspectiva de que o desenvolvimento da criança deficiente passa pelas mesmas leis evolutivas que guiam o desenvolvimento da criança normal.
5. Equaciona duas linhas de desenvolvimento: a natural e biológica e a histórico-cultural, com base no uso de ferramentas psicológicas, como a linguagem, o que radicalmente transforma o comportamento natural e determina a personalidade como um todo – aqui é também criticado pelos ortodoxos, por aproximar-se da filosofia da unidade de Schelling e da monadologia de Leibnitz.
6. Defende, com base no materalismo dialético, a dinâmica interfuncional daqueles dois processos integrados.
7. Rejeita o reducionismo quantitativo da inteligência e da personalidade.
8. Sugere uma interação e uma associação dialética entre as funções superiores e inferiores do ato mental, reforçando o papel dos processos psicológicos superiores, mesmo quando falham os inferiores, apontando o papel da superestrutura das funções psicológicas sobre as biológicas. Com base nesses pressupostos funcionais, defende igualmente que as funções psíquicas superiores podem reestruturar as inferiores para superar os efeitos dos seus déficits, pensamento fundamental da sua concepção defectológica. Realça a importância das funções remanescentes e intactas, que, trabalhando em conjunto, desde que devidamente estimuladas e integradas ativamente na experiência da criança, podem vir a compensar a sua deficiência, permitindo que ela processe informação do mundo exterior por meio de outras modalidades sensoriais ou de meios e métodos especiais. Um exemplo é o sistema Braille, no caso da deficiência visual, e outros métodos compensatórios e alternativos, no caso de outras deficiências (exemplo da linguagem labial e gestual na deficiência auditiva, de programas de enriquecimento cognitivo na deficiência mental, de educação condutiva na deficiência motora, etc.).
9. Suporta a idéia de que a criança portadora de deficiência é portadora de potenciais adaptativos não-realizados, apontando definitivamente para uma psicologia holística da natureza humana. Em Vygotsky (1993), o comportamento atual é uma parte infinitesimal do comportamento potencial possível do indivíduo, defendendo uma visão de modificabilidade e de adaptabilidade do indivíduo com necessidades invulgares, como pode ser ilustrado pelo exemplo de Helen Keller, nascida cega e surda. Neste caso, considerada uma criança vegetativa até os 9 anos, quando surgiu a professora Ann Sulivan, o seu potencial prospectivo foi amplamente desenvolvido e ampliado. Para esse autor, o ser humano portador de deficiência está dotado de potencialidades não-realizadas em qualquer momento do seu desenvolvimento, uma realidade inquestionável, que pode ser ilustrada pela metáfora do funil: qualquer ser humano está aberto à mudança, esta depende apenas de o olharmos pela abertura grande ou pequena do funil.
10. Situa o desenvolvimento das funções mentais superiores, não só decorrentes de forças internas, naturais ou biológicas, mas igualmente decorrentes da interação com objetos (próteses) e com acessibilidades do ambiente cultural e social. Além de uma compensação neurobiológica, hoje reconhecida pelas neurociências, Vygotsky situa também uma compensação social, que pode ser induzida tanto pela implementação de novas dimensões de espaço e de objetos como de programas de enriquecimento em vá-

rios componentes do seu desenvolvimento sistêmico e co-funcional. Para ele, a função mental, particularmente a razão (cognição), é função da vida social.

11. Vê a privação cultural como uma falta ou carência de exposição a formas de experiência mais complexas, ditas simbólicas ou mediatizadas. Muitas das crianças desfavorecidas, a que ele chama "isanidade moral", estão intactas nas suas funções básicas, naturais ou biológicas, mas, em contrapartida, as suas funções cognitivas superiores encontram-se desdesenvolvidas e empobrecidas, porque o seu ambiente foi caracterizado por nula ou pobre aculturação, comunicação ou nutrição. Como resultado dessas características ambientais frustrantes e desfavorecidas, o seu desenvolvimento é restrito ou vazio. Para esse autor, o enriquecimento das funções psíquicas superiores deveria constituir a base da sua reinserção social.

12. Introduz, como já mencionei, a noção de "zona de desenvolvimento proximal" [ZDP], de grande significado para a defectologia e para a disontogênese (logo, também para a dispraxia). Exatamente porque a deficiência pode impedir ou, pelo menos, afetar o desenvolvimento global da criança, ela pode ser estimulada com a ajuda de um professor (mediatizador) intencional, comprometido e talentoso, que pode promover e potencializar as suas áreas fortes, que, de outra maneira, não poderiam ser adquiridas. A criança pode superar as suas deficiências primárias com recurso a uma pedagogia (mediatização) mais eficiente, permitindo modificabilizar as suas funções simbólicas, como se tem observado em muitos casos de crianças com necessidades especiais. A intervenção enriquecida e profundamente mediatizada, nessas crianças, não se torna um entrave ao desenvolvimento, pelo contrário, transforma-se em uma via que o assegura e que o promove estruturalmente.

13. Critica a psicologia centrada na quantificação, na classificação e na tabulação das áreas fracas das crianças, como base única e exclusiva para encaminhar crianças para programas educacionais segregados (toda a linha de intervenção que tem origem em Binet e Simon e continua hoje tendo os seus defensores). Vygotsky (1993) rejeitou com veemência a abordagem padronizada da psicologia, defendendo uma abordagem mais qualitativa e dinâmica, abrangente e conseqüente em termos de intervenção prescritiva e prospectiva.

14. Preocupa-se, antes, em desenvolver um diagnóstico dinâmico mais dirigido para captar as áreas fortes e para identificar os talentos das crianças. Para Vygotsky, as medidas estáticas e imutáveis do quociente intelectual (ou de outro teste qualquer, como o quociente psicomotor, por exemplo) não fornecem informação direta acerca do nível optimal de *performance* ou de desempenho que a criança observada é capaz de vir a produzir, ou sobre o nível optimal que se deve considerar para desenhar a sua instrução ou intervenção habilitativa futura. Os testes psicológicos medem apenas o nível de aprendizagem atingido no passado (aspecto retrospectivo), em vez de fornecer uma estimativa do potencial de progresso (aspecto prospectivo). A mesma idéia está contida nos vários modelos de avaliação dinâmica que hoje se praticam em psicopedagogia (Fonseca, 2001). Para esse autor, os testes podem ser bons preditores, mas são maus instrumentos de diagnóstico. O principal objetivo do diagnóstico deve ser a avaliação do que a criança é capaz de fazer em circunstâncias pedagógico-terapêuticas apropriadas, em vez de fazer uma tabulação fixa e imutável do que ela aprendeu até esse momento. Para Vygotsky (1993), a finalidade do diagnóstico é apreciar o desenvolvimento cultural da criança portadora de deficiência em três pontos: seu grau

de desenvolvimento mental, a natureza das suas ferramentas culturais e psicológicas e os meios através dos quais ela faz uso das suas funções psicológicas.

15. Introduz o conceito de mediatização entre seres experientes e inexperientes, a partir da qual a criança ou qualquer indivíduo em qualquer idade deve poder ter acesso e adquirir a multiplicidade de ferramentas psicológicas, artificiais e historicamente apropriadas, além de adquirir os signos culturais disponíveis para formar e para organizar o mundo exterior. Como a maioria dos instrumentos psicológicos são desenvolvidos para crianças normais, dispondo das funções sensoriais, mentais e motoras, teoricamente intactas e invulneráveis, para as crianças deficientes (ou apenas dispráxicas) é necessário desenvolver instrumentos e respostas educativas especiais, que devem concentrar-se exatamente nas suas funções saudáveis e nas suas áreas residuais fortes, e não nas suas disfunções ou áreas fracas (daí o Braille, a leitura labial, a digitalização, a linguagem gestual, os programas cognitivos, como o PEI – Programa de Enriquecimento Instrumental, o BS – Bright Start, o PREP – Programa Reeducação Cognitiva PASS, etc.), ou seja, novos sistemas de intervenção pedagógica, culturalmente desenvolvidos para responder às formas únicas de processamento e de conhecimento que essas crianças têm do mundo que as rodeia.

16. Defende a linguagem como uma ferramenta cultural que determina o desenvolvimento da criança, juntamente com a praxia, porque ambas lideram o sentido da sua evolução global e da sua autonomia. Os seres humanos atingem o seu autodomínio através de sistemas simbólicos e culturais, sendo o mais importante não o aspecto dos instrumentos ou dos sinais, mas o papel da significação e da codificação que lhe está adstrito. O tipo de sistema simbólico não é importante (exemplo do Braille e da linguagem gestual, etc.), o que importa é a sua significação, porque permite a internalização da cultura, um meio de mediatização qualitativamente implicado nos processos mentais superiores, para os quais a linguagem serve como base. Por via desse meio de mediatização, novas conseqüências intrapsiquícas emergem, tornando a criança portadora de deficiência muito mais autônoma e independente.

Para Vygotsky (1993, 1999), as leis do desenvolvimento (logo do desenvolvimento psicomotor) são iguais, quer para a criança normal, quer para a criança portadora de deficiência, daí também que, para ele, o conteúdo educacional deva ser o mesmo. Para a criança portadora de deficiência, o fato de utilizar outras modalidades de processamento de informação, além da que seria natural, não altera o conteúdo quantitativo, que se mantém o mesmo. Sendo uma criança deficiente visual, o que Vygotsky sugere é que se desenvolva, por compensação, as modalidades sensoriais remanescentes e intactas, isto é, a audição, a proprioceptividade, o sentido vestibular, o sentido tátil-cinestésico, etc. A dimensão pedagógica tradicional, centrada no modelo meramente quantitiativo, deve igualmente introduzir um modelo mais qualitativo.

Em síntese, a defectologia, como ciência, deve considerar o seguinte paradigma: a criança cuja deficiência impede o seu desenvolvimento não é apenas uma criança menos desenvolvida que os seus pares, ela é uma criança que se desenvolveu de forma diferente, em todos os seus estádios, em cada fase evolutiva; ela desenvolveu-se qualitativamente de forma única e singular, ou seja, com uma estrutura orgânica e psicológica específica e distinta. A criança portadora de deficiência representa um tipo único e qualitativamente diferente de desenvolvimento.

A criança deficiente ou dispráxica, assim como a criança normal e qualquer criança sem problemas, é um ser único, total e evolutivo. O que se passa na criança portadora de deficiência é um processo de compensação, como ocorreu com Helen Kelller. A deficiência pode causar limitações, mas, paralelamente, também estimula o surgimento de processos de compensação. Como resultado, a personalidade da criança não é apenas a soma de disfunções ou de dificuldades.

Vygotsky aproxima-se, neste aspecto, de Stern (1971), de Lipps (1907) e de Adler (1968) no que diz respeito às relações entre deficiência (dificuldade, disfunção, desordem, etc.) e a sua compensação. Stern (1971) observa na deficiência um papel duplo: segundo ele, dada a unidade do organismo, uma vez claudicando uma faculdade, outra faculdade assume a função por compensação. Em Lipps (1907), a visão da deficiência explica que a energia psicológica fica concentrada no ponto da sua fragilidade, onde ocorre um atraso de desenvolvimento. Todavia, a mesma energia pode superar a vulnerabilidade, contornando-a indiretamente de várias formas desviantes, podendo gerar, no lugar da deficiência, um novo processo de desenvolvimento. Este ponto é crucial para a compreensão da teoria defectológica vygotskiana. Adler (1968) dá ao processo de desenvolvimento provocado pela deficiência um caráter criativo um atributo positivo único, de onde poderão emergir novas formações criadas pelo lapso, algo que se torna exclusivo da criança portadora de deficiência e que não é próprio da criança normal.

Para Vygotsky (1993), portanto, qualquer que seja a conseqüência, em qualquer circunstância, o desenvolvimento implicado pela deficiência da criança representa um processo criativo orgânico e psicológico, trazendo consigo um processo de criação e re-criação da sua personalidade, gerado na base da reestruturação de funções adaptativas e da co-formação de novas modalidades de desenvolvimento, super-reagindo, substituindo, equalizando, equipotenciando processos mobilizados pela deficiência, criando, assim, novas competências e novas vias indiretas e plásticas de desenvolvimento.

Nesta visão criativa da deficiência (ou da dispraxia), como que coexiste um potencial de eficiência, que nem sempre ocorre de forma bem-sucedida, podendo surgir sucesso ou insucesso, conseqüência que depende de muitos fatores, mas, acima de tudo, decorrente das áreas fortes da criança e da sua interação positiva com o meio social e cultural. O efeito da deficiência é sempre secundário, uma vez que a criança não sente a sua deficiência. A primeira causa desta invulgar forma de desenvolvimento é limitada pelas restrições impostas à criança pela sociedade ou pela escola. É a realização sociopsicológica das áreas fortes da criança deficiente que decide sobre o destino da sua personalidade, e não a deficiência em si. A ZDP exige que a educação se concentre mais no potencial global prospectivo do que na plataforma do atraso de desenvolvimento.

Nesta perspectiva, a educação especial (neste caso, a reeducação ou a reabilitação) não deve caracterizar-se por ser filantrópica ou orientada para a invalidez ou para incapacidade, ou mesmo para uma dimensão meramente altruísta, e muito menos para uma interação centrada em atitudes de piedade ou de caridade. Neste sentido, ter-se-á que desenvolver, isto sim, novas técnicas, novos sistemas simbólicos particulares (novos processos de mediatização) orientados para os aspectos positivos e únicos dessas crianças, no sentido de criar as superestruturas socioculturais que possam promover o seu desenvolvimento a partir da sua fragilidade ou vulnerabilidade. Para Vygotsky, só um conhecimento científico pode criar uma paidologia eficaz nesta área.

As crianças portadoras de deficiências, transtornos, dificuldades ou desvantagens são, acima de tudo, seres sociais totais e necessitam comunicar-se e interagir entre si e com as crianças normais. Não basta introduzir uma linguagem gestual para as crianças surdas, elas também precisam se comunicar com as crianças ouvintes para se sociabilizarem, daí a necessidade da instrução da fala. A educação de crianças deficientes não pode ser segregada, cruel ou desumana, o que é ainda verdade em alguns casos, mesmo que não se queira admiti-lo.

Um dos objetivos essenciais da educação especial e, atualmente, da educação inclusiva (ou da reeducação psicomotora) é fornecer instrumentos psicológicos que permitam às crianças e jovens deficientes maior poder de interação com as crianças normais, de forma a modelar socialmente as suas próprias experiências e personalidades. O desenvolvimento de instrumentos verbais é, portanto, crucial para a sua educação. Maximizar e aperfeiçoar a comunicação, como um sistema total, é fundamental e mais importante do que apenas utilizar exercícios fonéticos repetitivos, sem qualquer relação com aspectos de significação ou de codificação.

O recurso à linguagem gestual ou à oralidade, à fluência da linguagem natural ou à comunicação total nos surdos é um exemplo da importância de métodos multissensoriais, que, desta forma, estarão em melhores condições de estimular as áreas intactas do SNC. Para a educação especial ou inclusiva, é necessário revolucionar os métodos de ensino. A urgência de programas especiais de enriquecimento é peremptória, pois só através deles se poderá quebrar o isolamento das crianças com necessidades invulgares. Fechá-las em ambientes restritivos e segregados, como as classes especiais, ou, pior ainda, em escolas especiais, verdadeiros ecossistemas doentes em atitudes, em atividades e em interações, cada vez mais as afasta de uma educação inclusiva, que passa por respeitar a diversidade humana.

Somente nesta perspectiva otimista sobre o potencial de desenvolvimento das crianças deficientes (ou dispráxicas) podemos evitar uma educação exclusiva, na qual as atividades pedagógicas são calculadas e adaptadas à deficiência ou à dificuldade, onde quase tudo faz lembrar a deficiência à criança. Trata-se de um pensamento muito atual em relação à integração e à inclusão, apesar de ter sido formulado no primeiro quartel do século XX. A psicopedagogia vigente e, conseqüentemente, a formação dos professores têm a tendência de fazer lembrar às crianças suas áreas fracas, e não suas áreas fortes, algo que tem a ver com a personalização do ensino.

Na ótica vygotskyana, a educação a implementar nestes casos deve permitir uma participação ativa na vida coletiva da escola e da comunidade, preocupação que deve persistir mesmo mais tarde, no treinamento vocacional e na formação profissional. A educação centrada no trabalho, outra das idéias inovadoras deste pioneiro, pode ser uma alternativa, só que não deve nunca perder de vista a melhoria dos instrumentos psicológicos e simbólicos. O papel da educação cooperativa (co-relação com os companheiros), a auto-organização e o comportamento responsável são outros parâmetros da sua concepção educacional.

Abandonar a atmosfera do tipo hospitalar em prol de uma atmosfera de trabalho, de criatividade, com o desenvolvimento de competências para a vida prática ou ativa, para o comportamento social, para a iniciativa, para a melhoria da qualidade de vida, para a autonomia e para a responsabilidade social são outros tantos enfoques da filosofia educacional desse autor. Uma educação e uma orientação vocacional centradas nos talentos produtivos da pessoa são válidas para os estudantes em geral, e ainda mais para os portadores de necessidades especiais.

A orientação para o desenvolvimento de processos de compensação, como uma restruturação complexa de toda a sua atividade os psicológica, com recurso a um desenvolvimento sociocultural mais maduro, sugerindo a criação de superestruturas de desenvolvimento, é outra das suas linhas de pensamento. Não perder de vista o desenvolvimento das funções simbólicas e cognitivas, mesmo nas crianças e jovens deficientes mentais, é uma das suas preocupações constantes. Lançar mão de abordagens diferenciadas, mais positivas e mais valorativas das capacidades remanescentes dos indivíduos portadores de deficiência é uma das características da sua ação educativa.

Os métodos para a educação especial, para Vygotsky, devem ser ativos, positivos e otimistas, voltados para os talentos e os potenciais dos indivíduos, para as suas reservas e para as suas áreas fortes. Em educação especial ou em reabilitação, o objetivo dos programas de intervenção deve levar em conta a compensação das áreas fracas da criança com necessidades especiais, primeiro reforçando e ampliando as suas áreas fortes e os talentos identificados na avaliação dinâmica, e só progressivamente atacando estrategicamente, por processos de descomplexificação das tarefas, as áreas fracas.

Para Vygotsky (1993), que aqui formula inúmeros enunciados de valor para uma teoria da reeducação psicomotora, a intervenção neste campo deve pautar-se pelas seguintes estratégias:

1. reforço das áreas fortes;
2. compensação das áreas fracas;
3. trabalho na expansão sistêmica das áreas fracas.

Deve-se tentar melhorar as condições sociais e culturais nas quais a criança se desenvolve, estrategicamente introduzindo primeiro mudanças no ambiente, nos equipamentos, nos instrumentos e nos processos de mediatização, e só depois intervindo na criança total. Mudar um antes do outro é a sua sugestão, o que não deixa de ser extremamente atual, tendo em atenção a teoria ecológica do desenvolvimento humano.

Muda a pedagogia e a terapia, muda o professor ou terapeuta nas suas expectativas, nos seus métodos, na sua interação intencional, significativa e transcendente, depois pode mudar a criança na sua plasticidade adaptativa. É fundamental normalizar o ambiente, depois a sala de aula, depois o aluno, ou seja, fornecer novas alternativas de acesso ao sucesso, quebrar o fado crônico do insucesso. A pedagogia deve ser mais auspiciosa para o desenvolvimento total, motor, emocional e cognitivo da criança e do jovem, retirando-lhes as resistências que aprenderam, por sobrevivência ou por necessidade.

Neste contexto, uma das medidas ecológicas urgentes a implementar é retirar a tendência para a autodefesa, o autodesinvestimento, a armadura caracterial, robustamente construída pela própria criança deficiente ao longo do seu percurso evolutivo, dadas as condições e as influências doentias do ambiente e da escola. A educação inclusiva do futuro deverá ter por missão, por ser especial, o desenvolvimento global da personalidade da criança ou do jovem com necessidades especiais, a que Vygotsky chamou uma segunda linha de desenvolvimento cultural.

Já que não se pode dar a visão ao cegos e a audição ao surdos, a visão e a audição às crianças cegas e surdas, ou a superdotação intelectual aos deficientes mentais, a intervenção deve focar o desenvolvimento de estruturas cognitivas e simbólicas mais aperfeiçoadas e enriquecidas, para permitir a tais crianças e jovens uma manipulação mais significativa e independente do ambiente, garantindo uma atividade socialmente mais organizada e expandindo a sua adaptabilidade. Desta maneira, a influência biológica da deficiência perde importância, é minimizada, porque passa a ser compensada pela intervenção sociocultural, valorizando a integração e a inclusão mais diferenciadas do indivíduo deficiente.

Vygotsky preconiza a intervenção psicopedagógica voltada para uma dimensão mais holística da natureza humana. Antes de ser um ser deficiente, a criança, jovem ou adulto portador de deficiência é um ser humano de pleno direito. A intervenção, nesta área, deve ser guiada para situações experimentais que provoquem o maior desenvolvimento cognitivo possível, ou seja, deve-se puxar o indivíduo deficiente para novos níveis de comportamento, para novas estruturas indiretas e transcendentes de desenvolvimento.

Se as crianças e jovens com problemas não conseguirem adaptar-se às situações de aprendizagem devido à sua deficiência, então a intervenção habilitativa deve criar novas condições, que permitam melhores formas de ajustamento, excedendo mesmo as suas capacidades. Não há que ter medo de situações culturais mais complexas; trata-se de organizar a *performance* da criança de tal forma que ela possa contornar as suas dificuldades, tornando as tarefas mais fáceis.

O reforço da comunicação e de estratégias de resolução de problemas pode ajudar a criança deficiente a planejar a sua conduta para ultrapassar a sua dificuldade. É esta, efetivamente, a nova missão do professor especializado.

A compensação de uma deficiência biológica está na psicologia ou no desenvolvimento de estruturas cognitivas, potencializando, estimulando e promovendo funções mentais superiores, dotando o indivíduo de mais ferramentas culturais, que permitam, por essa condição, compensar as suas limitações orgânicas.

Trata-se da dinâmica da ZDP (Zona de Desenvolvimento Proximal ou Potencial) aplicada agora em outros níveis experienciais e vivenciais: trazer a criança ou o jovem deficiente mais para a frente, de forma a que ela ou ele atinja mais autonomia e maior complexidade no seu comportamento. Os professores especializados ou os terapeutas (psicomotricistas) têm de compreender ambos os aspectos da deficiência, não só a sua limitação, mas também o seu potencial, sem os quais não se podem promover habilidades cognitivas superiores. O nível presente de funcionamento é aparente, o ensino com base na ZDP pode forçar o potencial a ir mais longe.

A ZDP ilustra o papel desempenhado pelos médicos, professores, terapeutas, pais e colegas mais competentes, ou mesmo pelo uso de novas tecnologias (TICs), que podem fazer a diferença, produzindo novas interações, que podem potencilizar a aprendizagem real e o desenvolvimento de competências prospectivas. Com base nesta perspectiva da ZDP, os indivíduos com deficiência podem se transformar em pessoas produtivas da sociedade.

Apagar as barreiras entre a educação especial ou inclusiva e a educação regular, paradigma do sistema de ensino do futuro, pode ter a ver com a ZDP, porque respeita o conceito de diferenciação e de diversidade humana, que, por inerência, joga com a manipulação e a transformação do ambiente e com a criação de alternativas ecológicas para promover e otimizar a comunicação e a cognição de indivíduos portadores de deficiência. Desta forma, pode dar-se um enriquecimento radical da sua educação. Como aponta Vygotsky (1993), o estudo da criança deficiente com necessidades diferenciadas e invulgares é um filme em câmara lenta do desenvolvimento de uma criança normal. Estudando-as em termos dialógicos, talvez possamos encontrar para ambas soluções mais eficazes para a sua educação e inserção social.

A educação ou reabilitação de crianças e de jovens portadores de deficiência (ou dispraxia) não deve situar o seu desempenho nas suas capacidades inatas, o que acaba gerando uma cultura de imobilismo e de resignação, trazendo consigo uma visão reducionista e subestimativa do seu potencial de desenvolvimento. Estar à espera de que novos processos maturacionais ocorram neste contexto relacional e de expectativas é simplesmente desconfiar do valor da educação ou da reabilitação ou, pior ainda, do papel de mediatizador dos professores ou dos terapeutas. Situar o êxito ou o fracasso da intervenção psicopedagógica apenas nas capacidades inatas da criança ou nas competências da sua família, e não na relação e na interação com o contexto social e cultural mais amplo ou na própria dinâmica da escola, é assumir uma atitude de irresponsabilidade.

O compromisso da escola ou dos sistemas de habilitação é a transmissão da cultura e a modelagem comportamental otimizada das crianças vulneráveis, é estabelecer uma forte e positiva ligação com os seus processos de desenvolvimento e de aprendizagem. Atribuir as causas da deficiência e das dificuldades exclusivamente a fatores sociais desviantes, como a pobreza, a desnutrição, a composição familiar, a crise econômica, o desemprego crônico, o ambiente em que se vive, a violência cotidiana, a influência nociva da televisão, etc. É, no fundo, assumir que a solução do problema não está ao alcance da educação, consequentemente, é defender que o valor da educação ou da reabilitação é insignificante ou impotente.

A visão que emerge das posições de Vygotsky é efetivamente diferente, porque ela valoriza o papel da escola e dos professores na construção do sujeito, do ponto de vista do seu desenvolvimento e da sua aprendizagem. Como, de fato, ele defende que a origem e a evolução do psiquismo das crianças depende das relações e das interações com outros indivíduos mais experientes, só em uma concepção interacionista podemos afirmar que elas se transformam e são transformadas nas relações produzidas no seio das práticas culturais que se desenvolvem na escola.

Se a aprendizagem impulsiona o desenvolvimento dessas crianças, então a escola tem um papel essencial na construção e na co-construção da sua personalidade futura, de modo a adaptar-se a uma sociedade escolarizada e de informação. Neste contexto, a escola e o professor são os pressupostos interativos onde se tem de conceber o desenvolvimento e a aprendizagem da criança, pois é dentro de tais processos relacionais que ela internaliza dialeticamente a cultura do seu grupo social.

Apesar de fazer parte da natureza, o ser humano é um ser natural com sentidos, com cérebro e com músculos, criado filogeneticamente por ela e submetendo-se às suas leis. Ele é igualmente um ser social, criado sociogeneticamente e ao longo de um processo ontogeneticamente prolongado. Através dessa interação concreta, decorrente de princípios teóricos do materialismo histórico-dialético, a que Vygotsky faz jus, a criança humana faz-se homem, por meio de um processo de construção e de co-construção, cuja ação principal se desenrola na escola, na sociedade de informação em que vivemos atualmente.

O processo de ensino-aprendizagem que se observa na escola toma como ponto de partida o nível de desenvolvimento real da criança em um dado momento e, como ponto de chegada, os objetivos estabelecidos pela escola, supostamente adequados à sua condição, à sua faixa etária e à sua zona de desenvolvimento proximal ou potencial, ampliando, assim, o seu repertório de desenvolvimento, transformando os seus processos biológicos em processos psíquicos superiores, que não ocorreriam espontaneamente se não fossem produzidos nesse contexto social e cultural. Como conseqüência, a criança internaliza de modo ativo o conhecimento, os valores, as crenças, os gestos, os conceitos, etc., construídos pelos homens ao longo da história.

Embora aprenda, e muito, fora da escola, a criança não poderia apropriar-se sozinha da cultura. São a intervenção dos professores e das demais crianças, suas companheiras, e as suas interações multifacetadas e mediatizadas na escola, e não só no cotidiano extra-escolar, que provocam avanços no seu potencial de aprendizagem. São essas interações que têm o poder explícito de interferir na sua zona de desenvolvimento proximal e potencial.

É essa a grande contribuição da escola e o seu valor social crucial. O bom ensino que nela se praticar adianta o desenvolvimento das crianças e forma os homens de amanhã. A escola, por oferecer e por proporcionar vivências, conteúdos, modalidades de pensamento crítico e criativo, novas funções cognitivas de processamento de informação, etc., e não meramente formas de pura reprodução de conhecimento, tem um papel insubstituível na apropriação da experiência cultural da humanidade, que é efetuada pelas crianças e pelos jovens que a freqüentam e mediatizada pelos professores que nela trabalham.

A reflexão sobre a formação pedagógica e científica dos professores (reeducadores, terapeutas, etc.), à luz destes pressupostos, parece óbvia, pela importância da sua função social, embora, infelizmente, negligenciada por muitos responsáveis políticos. As atividades educativas sistemáticas têm uma intencionalidade, uma transcendência e uma significação deliberada, um compromisso profundo legitimado histórica e culturalmente de tornar acessível o conhecimento formalmente organizado.

Sem tais processos, sem aprender a ler, a escrever, a calcular e a pensar, as crianças não atingiriam novas formas de agir e de comunicar-se para se inserirem no seu meio social simbolicamente complexo. Só com a escola e, conseqüentemente, com tudo o que encerra a qualidade de ensino (ou de reeducação, de reabilitação ou de terapia), a criança expande os seus conhecimentos, pois só com eles pode modificar a sua relação cognitiva com o mundo que a cerca.

O perigo da exclusão, do insucesso e do abandono da escola assume, assim, no pensamento vygotskyano, uma perspectiva de extrema gravidade. Não ter acesso à escola significa um impedimento da apropriação da cultura, um impedimento da construção e co-construção de funções psíquicas superiores, um impedimento da cidadania e da liberdade.

Os postulados de Vygotsky parecem apontar para uma escola do futuro bem diferente da atual: uma escola heterogênea, que aceite a diferença, em que as crianças, os jovens e os adultos possam dialogar, debater, discutir, interrogar, questionar e compartilhar práticas e saberes; onde haja espaço para viver a aprendizagem com curiosidade e prazer, com descoberta e esforço, com emoções positivas e motivações intrínsecas, para que a construção do conhecimento seja efetivamente uma obra plural, mas também singular; onde o erro seja um ponto de partida para a reflexão estratégica e para o sentimento de competência, mas nunca um ponto de chegada; onde aprender com qualidade seja transformar e criar de forma crítica, onde a resolução de problemas seja mediatizada e permanentemente inovada. Uma escola em que a cultura e o conhecimento já sistematizado não sejam transmitidos de forma dogmática e destituídos de significado. As crianças de hoje, portadoras de deficiência ou não, adultos de amanhã, o merecem. Vygotsky esforçou-se por incentivar isso. Eis, na minha perspectiva, a sua grande contribuição para a teoria da psicomotricidade.

# A ORGANIZAÇÃO NEUROFUNCIONAL DA PSICOMOTRICIDADE: introdução à obra de Luria 12

Aleksandr Romanovich Luria, juntamente com Vygotsky, Leontiev e Rubinstein, é um dos psicólogos russos mais considerados internacionalmente, sendo uma figura pioneira da neuropsicologia mundial. Seus trabalhos, marcadamente de cunho clínico-experimental, estão muito ligados ao estudo dos mecanismos do cérebro e das suas relações com as manifestações expressivas e concretas do psiquismo humano (Whittrock et al., 1972).

Para lançar o desafio da aceitação universal de uma teoria psicomotora do ser humano, mensagem essencial deste livro, sem dúvida Luria fornece inúmeras pistas de investigação, principalmente as que dizem respeito à relação córtex-motricidade. Para Luria (1966b, 1975a, 1980), o cérebro humano é o produto filogenético e ontogenético de sistemas funcionais adquiridos em vários milhões de anos, ao longo do processo sócio-histórico (sociogenético) da espécie humana.

Luria (Luria, 1966b, 1975a, 1980; Luria et al., 1977) define sistemas funcionais como a coordenação de áreas em interação no cérebro, tendo em vista a produção de um dado comportamento ou conduta, consubstanciando qualquer processo de adaptação ou de aprendizagem cujo produto final subentende um processo cognitivo complexo. O desenvolvimento e a aprendizagem, no modelo luriano, resultam, portanto, da criação de conexões entre muitos grupos de células que se encontram posicionadas em distantes áreas do cérebro. Conseqüentemente, a aprendizagem da praxia, da leitura, da escrita ou do cálculo, à luz deste modelo, implica que no cérebro da criança se opere um processo ativo conjuntural e reorganizador de sistemas funcionais múltiplos e de integração progressiva. É nessa ótica que a criança normal, também segundo Piaget (1967), evolui de uma inteligência sensorial a uma inteligência formal, passando pelas inteligências pré-operacional e operacional concreta.

Para Luria (1969, 1970, 1973), a maturação cerebral efetua-se, igualmente, através da emergência de sistemas funcionais, pondo em jogo e em interação sistêmica vários conjuntos de células neuronais bem específicos. É, portanto, a instalação de conexões neuronais provocadas pela aprendizagem que, sucessivamente, vai permitir a integração complexa da informação multissensorial, que ilustra a passagem da linguagem corporal à linguagem falada, e desta à linguagem escrita (Fonseca, 1999, 2002).

Segundo o pensamento luriano, as aprendizagens resultam da seqüência bem definida de estádios e da integração complexa de circuitos neuronais disponíveis, ilustrando uma reorganização cognitiva progressiva, onde cada área pode operar unicamente em conjugação com outras áreas a fim de produzir comportamentos, como, por exemplo, andar, jogar, manipular, falar, ler, escrever ou resolver problemas.

Nenhuma área do cérebro pode ser considerada a única responsável por qualquer comportamento humano voluntário ou superior, exata-

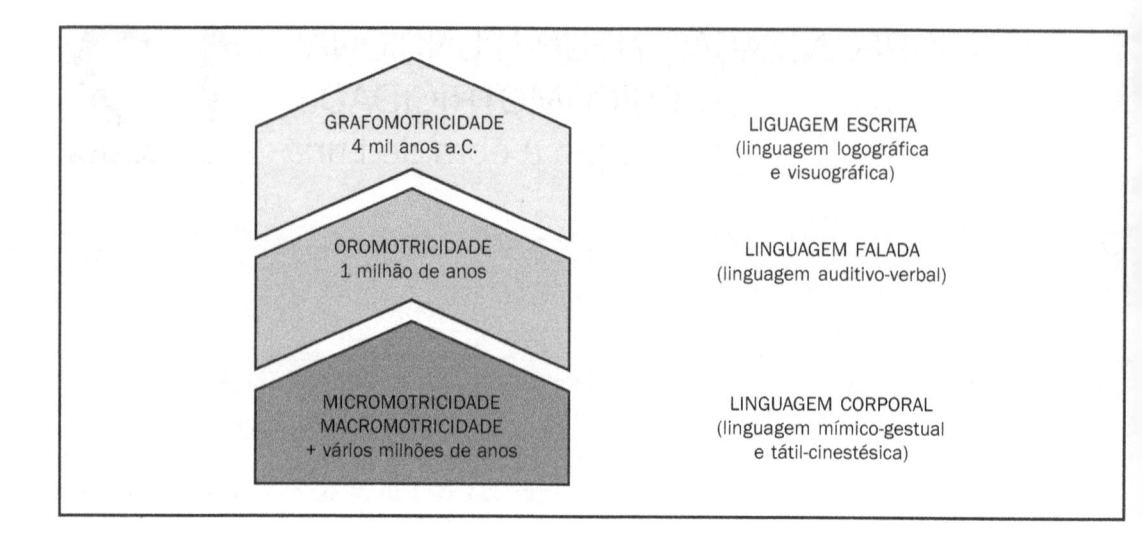

| | |
|---|---|
| GRAFOMOTRICIDADE<br>4 mil anos a.C. | LIGUAGEM ESCRITA<br>(linguagem logográfica<br>e visuográfica) |
| OROMOTRICIDADE<br>1 milhão de anos | LINGUAGEM FALADA<br>(linguagem auditivo-verbal) |
| MICROMOTRICIDADE<br>MACROMOTRICIDADE<br>+ vários milhões de anos | LINGUAGEM CORPORAL<br>(linguagem mímico-gestual<br>e tátil-cinestésica) |

mente porque o desempenho ou a realização de funções se fundamenta em uma interação dinâmica e sistêmica de muitas áreas do cérebro, isto é, uma espécie de equivalente funcional ao que sugerem os "equipotencialistas", mas, como os "localizacionistas", Luria confere, igualmente, funções específicas a cada área do cérebro.

Para andar de bicicleta, nadar, ler, escrever ou calcular, por exemplo, o cérebro põe em ação, para cada um dos processos, um complexo sistema funcional total, composto de vários subsistemas visuais, auditivos, tátil-cinestésicos, vestibulares, proprioceptivos e motores, que interatuam seqüencialmente e harmonicamente. Desta forma, Luria coloca-se em uma posição em claro desacordo com ambas as teorias. Por assumir que algumas áreas, e não todas, se combinam e se articulam para gerar comportamentos, este pioneiro russo está em contradição com os localizacionistas. Paralelamente, como o tecido cerebral é psicológica e fisiologicamente especializado, Luria está em contradição também com os equipotencialistas.

Em síntese, as aprendizagens não-verbais e verbais resultam do funcionamento de sistemas que integram várias áreas do cérebro, mais do que de áreas específicas bem determinadas. De acordo com este axioma, uma dada aprendizagem pode ser afetada quando qualquer parte do sistema funcional por ela responsável estiver, igualmente, perturbada. Com base nesta perspectiva, um indivíduo pode apresentar, por exemplo, sinais de dispraxia ou de dislexia, ou mesmo de apraxia ou de alexia, sem apresentar lesões no córtex motor (denominado centro motor pelos localizacionistas) ou no giro angular (denominado centro de leitura pelos localizacionistas), dado que podem verificar-se disfunções em alguns componentes do sistema funcional da motricidade ou da leitura.

Conseqüentemente, o conceito de sistemas funcionais é, para Luria, diferente dos conceitos inerentes às teorias da localização ou da equipotencialidade. A teoria da localização, preconizada por frenologistas, como Gall, citado por Luria (1980b), sugere que todos os comportamentos resultam de áreas ou centros específicos do cérebro (p. ex.: centro da marcha, centro da fala, centro da leitura, centro da escrita, centro do cálculo, etc.) e, conseqüentemente, indica que todos os transtornos ou lesões podem ser adstritos a áreas cerebrais circunscritas. A teoria da equipotencialidade, defendida por outros autores, principalmente Flourens, também citado por Luria, e, essencialmente, Lashley (1929), em contrapartida, sugere que todos os comportamentos envolvem a participação equitativa de todas as áreas, ou seja, defende que nenhuma área pode conclusivamente especificar uma aprendizagem particular. Halstead (1947), nas suas pesquisas com inúmeros portadores de lesões cerebrais, não conseguiu encontrar evidências factuais que sustentassem os pressupostos desta doutrina de "ação em massa".

A visão de Luria é inequivocamente diferente de ambas. Para ele, nenhuma área do cérebro se pode considerar responsável por qualquer aprendizagem, ou por algum comportamento particular. Por analogia, nem todas as áreas são consideradas igualmente contribuintes para a praxia global ou fina, a leitura, a escrita ou o cálculo. A teoria luriana dos sistemas funcionais concebe que o cérebro opera apenas com um número limitado de áreas quando está envolvido na produção de uma aprendizagem específica, cada uma delas desempenhando um papel peculiar dentro do sistema funcional, denominado constelação de trabalho.

A noção de sistema funcional tende a equacionar uma concatenação ou uma cadeia de transmissão, onde cada ligação, elo ou zona de mediação representa uma área particular. Cada elo é necessário para que a cadeia seja uma totalidade funcional, cada um participando com uma função específica no seu conjunto estrutural. Daí resulta a noção de que, se alguma parte do sistema funcional está disfuncional ou desagregada, em termos sistêmicos, a aprendizagem representada pela cadeia funcional pode obviamente ser afetada, como evidenciam inúmeros casos clínicos de incapacidade de aprendizagem (Luria, 1977a, 1977c), por exemplo, de agnosia (disfunção de *input*), de afasia (disfunção de integração e de elaboração) ou de apraxia (disfunção de *output*). No caso das dificuldades de aprendizagem, como, por exemplo, de dispraxia, disfasia, dislexia, disortografia ou discalculia (denominada dismatemática por alguns autores), também se podem identificar formas mais sutis e leves (denominadas *soft* na bibliografia anglo-saxônica) de imaturidade, disfunção ou desagregação da cadeia funcional que ilustra as aprendizagens escolares correspondentes.

Para esclarecer essa questão, Luria propõe a noção de pluripotencialidade, reforçando a idéia de que qualquer área específica do cérebro pode participar de inúmeros sistemas funcionais ao mesmo tempo, reforçando a extraordinária plasticidade do órgão da aprendizagem. Em conseqüência dessa propriedade neurofuncional, além de muitas outras (Fonseca, 2001), se uma área do cérebro se encontra lesada, disfuncional ou imatura, várias aprendizagens podem estar comprometidas, e não apenas um determinado tipo, dependendo do número de sistemas funcionais nos quais tal área participa.

Em síntese, as várias áreas do cérebro não trabalham isoladas, uma vez que uma dada aprendizagem só pode emergir quando resulta da cooperação sistêmica, harmônica e sinergética das mesmas. Assim é também no surgimento das subcompetências não-simbólicas e competências simbólicas da leitura, da escrita e do cálculo. Dentro do mesmo contexto, Luria refere-se ao conceito de sistemas funcionais alternativos, sugerindo que uma dada aprendizagem ou processamento de informação pode ser produzido por mais de um sistema funcional, evocando que o cérebro, como órgão de incomensurável flexibilidade, não se estrutura ou se reorganiza com base em sistemas funcionais fixos, rígidos ou imutáveis.

Por este conceito, explica-se por que muitos indivíduos com lesões, disfunções ou traumatismos cerebrais não apresentam os déficits esperados e muitos deles recuperam espontaneamente algumas funções, independentemente da sua lesão subsistir. Por analogia, quando identificamos vários sinais de dispraxia global ou fina, de dislexia (disfonética, diseidética ou mista) ou de disortografia, também não podemos tomá-los como indicadores fixos ou perpétuos do potencial de aprendizagem, razão pela qual, em muitos desses casos clínicos, uma prescrição psicoeducacional bem desenhada a partir de um diagnóstico psicoeducacional dinâmico pode superar e compensar a vulnerabilidade dos componentes e subcomponentes que participam na cadeia funcional da leitura, da escrita ou do cálculo.

Neste domínio, Luria (Luria, 1979, 1975b, 1975f, 1968, 1969; Luria e Tsetkova, 1987) adianta que a recuperação de funções após lesões talvez se verifique porque:

- as competências decorrentes de níveis superiores de integração cerebral, em alguns casos, podem compensar competências adstritas a níveis inferiores;
- a recuperação de funções psíquicas superiores pode ser alcançada por reforço, automatização ou enriquecimento de funções psíquicas básicas;
- o papel de uma dada área lesada pode ser assumido por outra área do cérebro.

O cérebro, em condições ambientais normais, é um órgão plástico e flexível, e é nessas condições que o processo de aprendizagem decorre. Se surge um problema ou uma dificuldade, por lesão, imaturidade ou por outra razão, não quer dizer que o sistema funcional esteja prospectivamente bloqueado ou desagregado. Pelo contrário, o que esta concepção sugere é algo muito diferente. Se existe alguma dificuldade, podemos mudar a natureza da tarefa (condições externas) ou a composição do sistema ou cadeia funcional, mudando a localização neurofuncional do processamento da informação (condições internas), alterando, conseqüentemente, a modalidade de *input* ou de *output*, adequando novas formas de processamento simultâneo ou seqüencial da informação, modificando o conteúdo verbal para não-verbal, ajustando a estrutura mental de um componente para subcomponentes mais elementares ou, então, promover e automatizar as funções cognitivas de processamento de dados (*input*, elaboração e *output*) etc., adaptando a tarefa ao estilo e ao perfil cognitivo de aprendizagem do indivíduo.

Apesar de saber-se ainda muito pouco como o ser humano aprende e como seu cérebro funciona, e de a análise cérebro-aprendizagem ser ainda muito rudimentar, a teoria neuropsicológica de Luria apresenta uma arquitetura perceptível para compreender como a aprendizagem se estrutura, pois apóia-se em um grande número de investigações neuropsicológicas realizadas sobre o problema (Golden, 1981). A organização funcional do cérebro proposta por Luria permite entender como os sistemas funcionais trabalham, seja nas praxias ou na linguagem.

As aprendizagens escolares da leitura, da escrita e do cálculo, compostas de componentes receptivos (*input*), integrativos, elaborativos e expressivos (*output*), emergem da cooperação de várias áreas ou zonas corticais e subcorticais, e não, como se pensava na teoria neurológica clássica, de uma só área específica. Tal cooperação complexa joga com a participação particular de cada uma das áreas cerebrais, relacionadas com um dado sistema funcional, de modo que a sua disfunção, imaturidade ou destruição, como não causa a perda total da *performance* (afunção), induz, necessariamente, a desarticulação ou desconjuntura de algumas subfunções, enquanto outras se podem manter intactas, o que é deveras promissor em termos de modificabilidade habilitativa para muitos casos clínicos.

## O PAPEL DOS ANALISADORES PROPRIOCEPTIVOS E EXTEROCEPTIVOS

Como já mencionei nos capítulos sobre Wallon e Ajuriaguerra, o ser humano dispõe de:

- uma sensibilidade interoceptiva: do interior do corpo, de raíz visceral;
- uma sensibilidade proprioceptiva: do músculo, do tendão e da articulação, da ação da gravidade e da motricidade sobre o corpo e, igualmente, da pele;
- uma sensibilidade exteroceptiva: do mundo exterior, espacial, temporal, ambiental, objetal e sociocultural.

Luria (1966b, 1966c, 1975a, 1975c) como que reforça esta sensibilidade emanada do organismo complexo do ser humano ao dar também grande importância ao papel dos analisadores proprioceptivos e exteroceptivos na integração, na elaboração e na execução da motricidade complexa e voluntária. Segundo este autor, a motricidade resulta da informação dada por tais analisadores, que é posteriormente trabalhada e refletida no cérebro, por meio de uma atividade mental analítico-sintética.

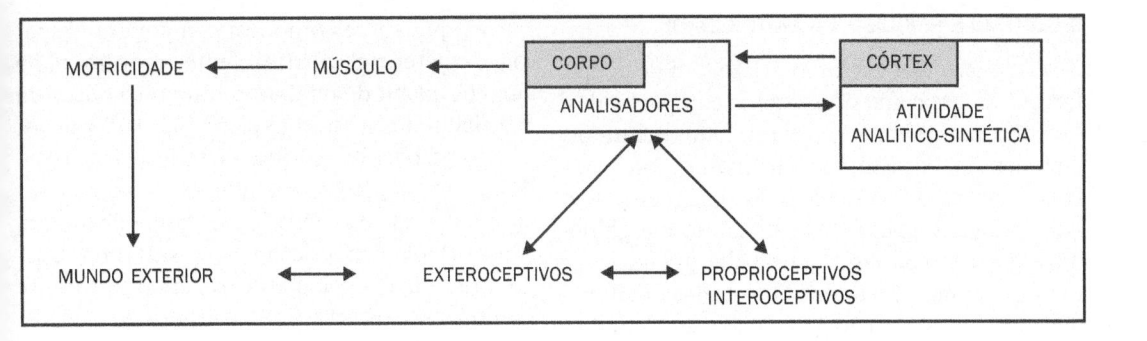

```
MOTRICIDADE ←——— MÚSCULO ←——— CORPO ←————————— CÓRTEX
                                ANALISADORES ———→        ATIVIDADE
                                                          ANALÍTICO-SINTÉTICA
     ↓                              ↑  ↑
     ↓                              ↓  ↓
MUNDO EXTERIOR ←———→ EXTEROCEPTIVOS ←———→ PROPRIOCEPTIVOS
                                           INTEROCEPTIVOS
```

Ou seja: pensamos o mundo exterior de uma forma material e concreta através da motricidade. De fato, a motricidade, desde o primeiro dia de vida, assegura a maturação e a organização integrada do sistema nervoso, sendo, simultaneamente, a materialidade sobre a qual assenta a construção da história de cada um. Necessariamente, neste aspecto evolutivo, por sua vez, está implícita uma relação de unidade entre os centros de memória e os centros de integração perceptiva. São estes últimos, para Luria, os analisadores periféricos distais (visão e audição) e proximais (proprioceptividade, pele, sentido do tato, sentido cinestésico e sentido vestibular).

Portanto, a motricidade, como comportamento intencional, não é o resultado de contrações musculares puras, mas, sim, uma resposta a uma causa exterior (*input*) integrada e conservada por uma atividade superior de análise e síntese e que se materializa sob a forma de uma ação ou gesto humanizado (*output*). É interessante recordar, em paralelo, que a antropologia fundamenta a adaptação biológica do ser humano também em termos de motricidade.

Assim, segundo esta perspectiva antropológica, foi a motricidade que gerou uma autêntica revolução morfológica e anatômica no hominídeo, ao provocar profundas alterações e libertações ósseas nos membros, devido às transformações provocadas pela postura bípede na locomoção, na dentição, na mandíbula, no aparelho digestivo, no sistema visual, na expansão e ativação cerebral, na migração e comunicação dos neurônios, etc. (Fonseca, 1989a, 1999b, 2001, 2003).

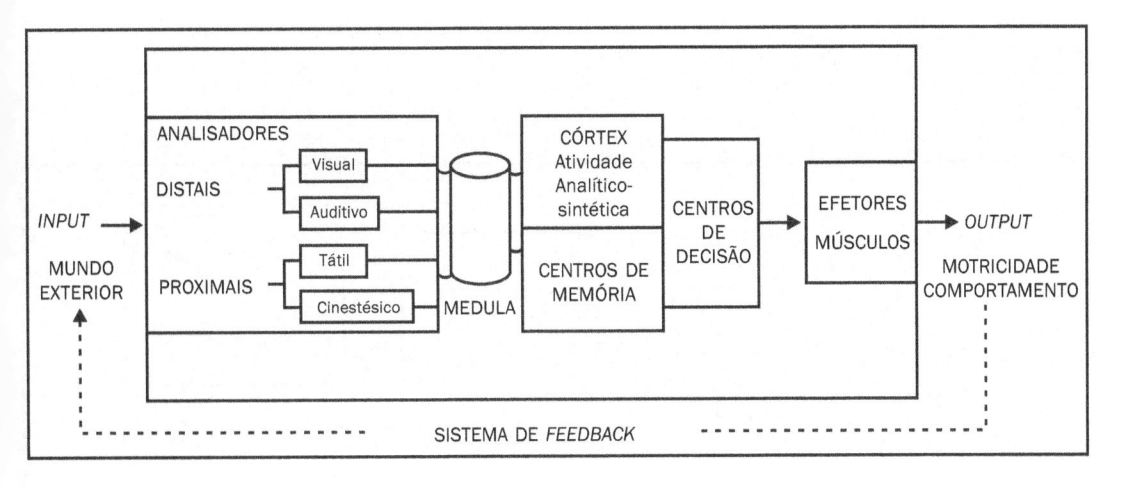

```
                    ANALISADORES
                    DISTAIS ┬─ Visual                CÓRTEX
                            │                        Atividade
INPUT  →                    └─ Auditivo              Analítico-     CENTROS    EFETORES
                                        ] MEDULA    sintética      DE         MÚSCULOS  → OUTPUT
MUNDO                       ┬─ Tátil                                DECISÃO
EXTERIOR            PROXIMAIS                        CENTROS DE                          MOTRICIDADE
                            └─ Cinestésico           MEMÓRIA                             COMPORTAMENTO
    ↑                                                                                         │
    └─────────────────────────── SISTEMA DE FEEDBACK ─────────────────────────────────────────┘
```

## O CONTROLE PSÍQUICO DA MOTRICIDADE

O macaco, por exemplo, como tem de adaptar-se à árvore como ecossistema complexo, desenvolve naturalmente, por um lado, membros de preensão, por isso é quadrúmano, e, por outro, o sentido da visão estereoscópica, uma vez que para ele trepar e saltar de galho em galho não é possível, com o sentido do olfato como analisador sensorial preferencial, como na maioria dos mamíferos, cuja adaptação é essencialmente terrestre.

Pela mesma razão, o ser humano, já bímano, pela especialização postural dos seus pés, precisa desenvolver o controle interior (proprioceptivo, tátil-cinestésico, vestibular) do seu corpo em movimento transformador e criador, isto é, práxico, para garantir uma postura bípede que lhe liberte as mãos da gravidade e da locomoção para a função criadora do trabalho e da fabricação de instrumentos e de ferramentas. Esse controle interior representa, pois, a organização cortical da motricidade humana na sua unidade dialética de relação entre o corpo e o cérebro, e entre o movimento e o comportamento, entendido como relação inteligível e internalizada entre a situação e a ação.

O corpo surge, portanto, mais uma vez, como o componente material do ser humano que, por isso mesmo, contém o sentido concreto de todo o comportamento sócio-histórico da humanidade. O corpo não é, assim, o caixote da alma, mas o endereço da inteligência. O ser humano habita o mundo exterior pelo seu corpo, que surge como um componente espacial e existencial, corticalmente organizado, no qual e a partir do qual o ser humano concentra e dirige todas as suas experiências e vivências.

Estou, pois, de acordo com Luria (1961, 1964, 1966a, 1966b, 1979), quando este destaca a importância da motricidade no desenvolvimento global (biológico, psicológico e social) da espécie humana e, obviamente, da criança. Note-se como, desde os primeiros segundos de vida, é a motricidade que cria os dados necessários para uma organização sensorial e neuronal internamente estruturada e, em conseqüência, também cria a necessidade de um suporte ou de um alicerce autocentrado em que possa assentar todo o desenvolvimento das estruturas perceptivas, cognitivas e motoras (por isso adaptativas), que, por sua vez, permitirão ao ser humano ser um "animal cultural e social", capaz de realizar ações para alguma coisa, ou seja, materializar projetos intencionais de uma adaptação interiorizada e transcendente.

Note-se também como, sem essa via em corticalização progressiva e hierarquizada, não viria a ser possível, a partir da motricidade (macro e micro), chegar mais tarde no desenvolvimento normal à linguagem (oro e grafomotora). Sem dúvida, pois, Luria (1969a, 1969b, 1973) surge na mesma linha de psiquismo dos vários autores europeus e americanos já abordados, tornando-se mais consensual a aceitação universal da concepção psicomotora do ser humano.

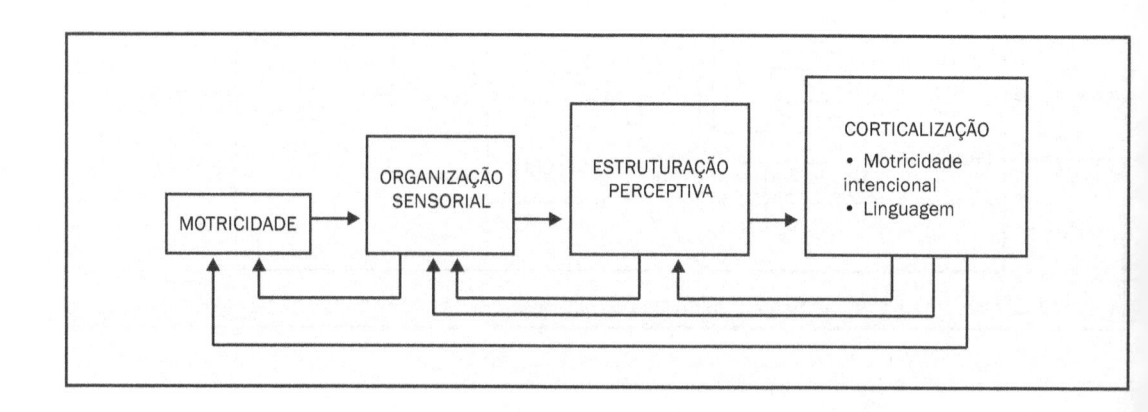

```
MOTRICIDADE → ORGANIZAÇÃO SENSORIAL → ESTRUTURAÇÃO PERCEPTIVA → CORTICALIZAÇÃO
                                                                 • Motricidade intencional
                                                                 • Linguagem
```

Em suma, pode-se dizer que a motricidade é organizada pelos analisadores exteroceptivos, proprioceptivos e interoceptivos, em trabalho de íntima relação e interação com o córtex cerebral.

## O CÓRTEX E A COMPLEXIDADE DA PSICOMOTRICIDADE

A organização do córtex é função da complexidade da motricidade que, organizada, por sua vez, em comportamentos, resulta da generalização e da associação dos dados (*inputs*) sensoriais vindos da periferia (olhos, ouvidos, pele, músculos, tendões, ligamentos e articulações). Entre o mundo exterior (o ambiente ou os ecossistemas naturais e sociais) e o córtex, diz-nos Luria, existe um processo sensorial e neuronal que transforma o estímulo vindo do exterior (*input*) em um estímulo significativo integrado mentalmente. Dos órgãos sensoriais à medula ou ao tálamo para os centros corticais, a sensação é transformada sucessivamente em percepção, imagem, simbolização, conceptualização.

O córtex surge, assim, como um órgão especializado em analisar os estímulos exteriores, organizando-os, categorizando-os, classificando-os e transformando-os em experiências a reter e a conservar pela memória como *background* e repertório de informação a recuperar e a rechamar, para elaborar e executar respostas motoras adaptativas para o futuro. Assim, é possível compreender poque o córtex reflete o mundo exterior e, portanto, toda a experiência passada, na qual, aliás, a motricidade tem um lugar muito significativo e primacial. Ora, essa função exige que o córtex, considerado por Pavlov o sistema mais elevado da auto-regulação, receba informação do mundo exterior, a partir da qual a criança integra uma imagem subjetiva (o seu eu intencional) e elabora, planifica e executa uma resposta motora adaptada às circunstâncias desse mesmo meio.

Só nesta relação de unidade dialética entre a imagem subjetiva e o mundo objetivo é possível à criança apreciar os resultados dos seus atos, auto-regulá-los e simultaneamente programar uma conduta futura, relacionando teleonomicamente um objetivo e um fim a atingir, desencadeando entre os dois momentos da ação um conjunto de procedimentos que envolve uma cascata funcional descendente, entre os sistemas frontais e medulares, passando pelos subsistemas motores piramidais, extrapiramidais, reticulados e cerebelares.

Apenas pela memória a criança fica apta a associar a experiência passada com a experiência presente, em uma sobreposição da memória interior (passado) com o estímulo exterior (presente o aqui e agora da situação). É claro que Luria (1966b, 1966c, 1969b, 1973, 1974a e 1974b), ao apresentar esta perspectiva, aproxima-se de Ajuriaguerra na sua noção de somatograma (conhecimento integrado do corpo), de engrama (integração cognitiva e afetiva da experiência anterior) e de opticograma (integração do estímulo visual exterior imediato e respectivo processo perceptivo).

Convém recordar como, na visão de Ajuriaguerra, o opticograma (ou tatilograma ou audiograma) é voluntário, enquanto o somatograma e o engrama são automáticos, isto é, aparecem sem interferência da consciência, ou seja, a consciência, ao decidir executar uma ação, recorre ao "armazém das experiências sensoriais memorizadas e integradas" como referência para pro-

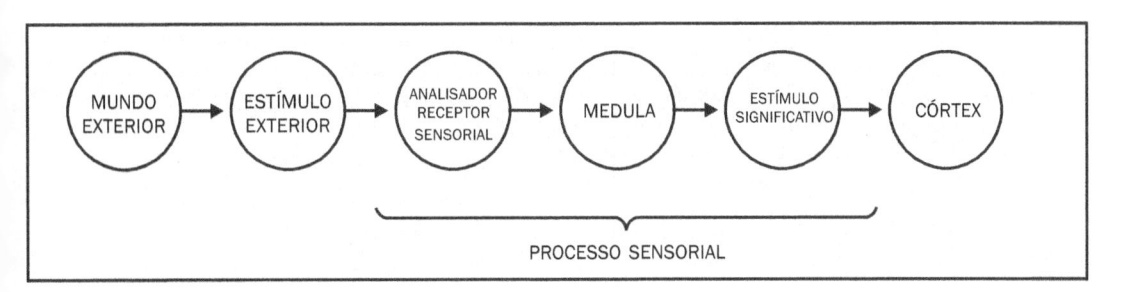

MUNDO EXTERIOR → ESTÍMULO EXTERIOR → ANALISADOR RECEPTOR SENSORIAL → MEDULA → ESTÍMULO SIGNIFICATIVO → CÓRTEX

PROCESSO SENSORIAL

duzir uma nova relação conduta-fim, uma nova conexão idéia-ação ou ideomotricidade. Também se pode dizer que, enquanto o opticograma tem por função distinguir os sinais exteriores (extrassomáticos), que se encontram em mudança permanente, o engrama memoriza a experiência anterior e os somatogramas específicos aprendidos (intrassomáticos), ajustando e calibrando, em termos interiores, a motricidade e os gestos à situação exterior.

É o que ocorre, por exemplo, quando a criança escreve. O opticograma permite-lhe notar desde as condições de espaço do caderno ou do papel, da carteira e do ambiente. O engrama permite-lhe o uso de automatismos visuoespaciais adquiridos anteriormente (evolução iconográfica das letras, das palavras ou das frases). O somatograma permite-lhe o uso de motricidades finas, tais como a preensão do lápis, e as praxias grafomotoras harmônicas que executam os grafemas, as quais exigem complexos fatores de integração visuomotora, visuoespacial, tônico-postural e tátil-cinestésica.

Qualquer motricidade, seja ela na escola, no trabalho, no jogo ou na rua, exige um complexo programa de organização cortical, reunindo, como mencionei, os três subconjuntos (ou sistemas) segundo a interdependência que acabo de considerar. Quase se poderia dizer que a relação em interdependência destes aspectos sintetiza a própria evolução do ser humano.

A organização do cérebro resultou, segundo Luria, (1975a, 1975b, 1975c, 1977), da atividade motora do ser humano, precisamente na medida em que também a maturação do sistema nervoso da criança se forma pela atividade desta em uma crescente maturidade de interação com o seu ambiente (físico, objetal e sócio-histórico). Recorde-se, entretanto, como, em termos antropológicos, a complexa organização do cérebro só foi possível devido à extrema e variada mobilidade das extremidades dos membros do corpo e vice-versa. Tal motricidade e versatilidade, preferencialmente das extremidades periféricas (pés, mãos e boca) ampliou-se dos primatas, pela necessidade da sua adaptação às árvores, aos seres humanos, pela necessidade da sua adaptação a um sistema ecológico mais amplo, como as estepes (Fonseca, 1999b, 2001), em que a relação membros-visão se tornou essencial, como se pode constatar no estilo de vida que a atividade de caça sugere em termos evolutivos.

Tal necessidade, no entanto, ultrapassou, no ser humano, a adaptação ecológica à árvore para chegar à necessidade de fabricar e de manipular objetos, ferramentas e utensílios culturais, daí ser necessário o cérebro poder e ter que analisar e sintetizar a relação entre estímulos exteriores, a própria imagem interior (somatognosia) e as respostas motoras adaptativas, igualmente geradoras ativas de efeitos e de conseqüências experimentados por retroalimentação eficaz (*feedback*), que acabam por renovar e por restruturar sistemicamente a sua organização e integração neurofuncional.

Essas considerações são importantes no estudo das dificuldades de aprendizagem. Enquanto a criança não ouve e vê, no sentido da integração sensorial e neuronal, ela não pode aprender a ler, a escrever ou a contar, ou seja, não pode ascender a funções psíquicas superiores que só podem ocorrer em um contexto sócio-histórico. Note-se que os sistemas sensoriais processam a informação (visual, auditiva, tátil-cinestésica, etc.) em quatro etapas, segundo Luria:

1. discriminação (D)
2. seqüencialização (Se)
3. análise (A)
4. síntese (Si)

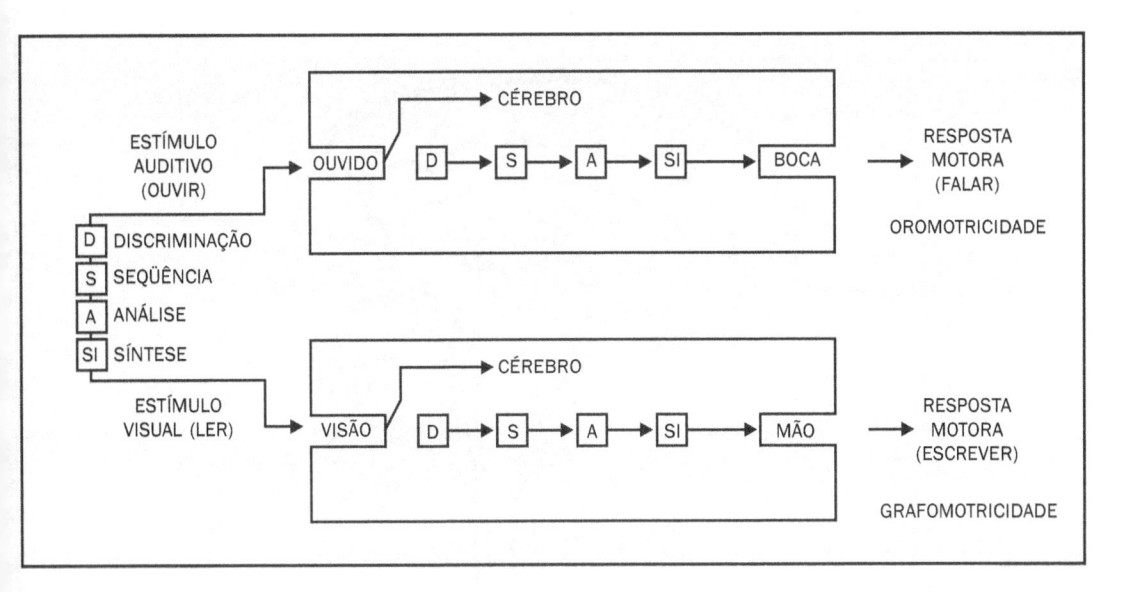

```
                                           ┌──→ CÉREBRO
ESTÍMULO                                   │
AUDITIVO    ──→  OUVIDO  →[D]→[S]→[A]→[SI]→  BOCA    ──→  RESPOSTA
(OUVIR)                                                    MOTORA
                                                           (FALAR)
                                                                      OROMOTRICIDADE
[D] DISCRIMINAÇÃO
[S] SEQÜÊNCIA
[A] ANÁLISE
[SI] SÍNTESE
                                           ┌──→ CÉREBRO
ESTÍMULO                                   │
VISUAL (LER) ──→  VISÃO  →[D]→[S]→[A]→[SI]→  MÃO    ──→  RESPOSTA
                                                          MOTORA
                                                          (ESCREVER)
                                                                      GRAFOMOTRICIDADE
```

O córtex, como conseqüência da adaptação evolutiva já mencionada, torna-se a central de regulação e de controle de estímulos e de respostas, sejam estes o som, a luz ou outra fonte de informação exterior qualquer, ou, ainda, as ações multifacetas a eles adstritas em termos de comportamento e de relação inteligível. O córtex existe, portanto, para e pela aptidão em analisar e sintetizar os estímulos exteriores, organizando-os e categorizando-os, isto é, arrumando-os e ordenando-os em função de qualquer coisa, o que inclui a sua intrínseca significação. Daí que o córtex esteja, por razões de evolução, estruturado em áreas primárias, secundárias e terciárias ou de associação e de projeção. A área occipital capta e integra os estímulos da visão; a área temporal capta e integra os estímulos auditivos; a área parietal capta e integra os estímulos proprioceptivos, vestibulares e tátil-cinestésicos.

O córtex, como nos diz Luria (1966b, 1966c, 1975a, 1975c), integra os estímulos relevantes (desintegrando os estímulos irrelevantes, algo que não se observa em muito casos com perturbações de desenvolvimento) que lhe chegam, através dos múltiplos analisadores sensoriais específicos e periféricos. Essa integração, aliás, não é mais do que um poder de coordenação, de co-função e de associação dos vários ou de todos os estímulos vindos de dentro e de fora da totalidade do nosso corpo.

O nosso córtex funciona, pois, como a central telefônica de uma grande cidade, que recebe as mais variadas chamadas inter-regionais, pondo-as em perfeita e harmoniosa comunicação – quando as põe, pois os seus lapsos funcionais podem equivaler a pequenas ou grandes avarias entre as várias redes do sistema. Nas palavras do próprio Luria (1975d, 1977c), o córtex surge como uma constelação de trabalho. Para nós, porém, a constelação de redes neuronais vai mais longe, chegando mesmo a ser uma galáxia. Ou seja, o cérebro é como uma galáxia de milhões e milhões de estrelas (neurônios), que, reunidas em um conjunto operacional complexo, confere ao ser humano a possibilidade, e, por isso, a responsabilidade e a intencionalidade de programar e de orientar todas as condutas do seu ser, da sua auto-organização transcendente e existencial.

É claro que as constelações de trabalho de Luria correspondem aos padrões de comportamento (*behaviour patterns*) dos autores ocidentais e norte-americanos de orientação cibernética (Halstead, 1974; Heilman e Valenstein, 1979; Lashley, 1921, 1951). Tais constelações são responsáveis pela organização de todas as condutas intencionais. Note-se que falar em condutas

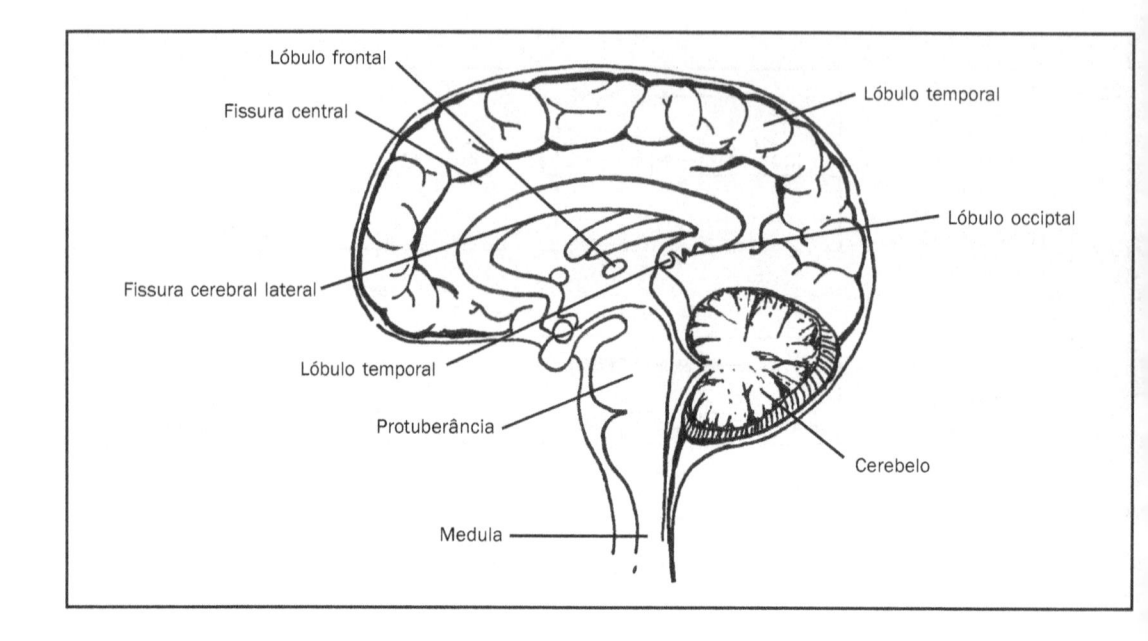

*Figura com corte sagital do cérebro, identificando: Lóbulo frontal, Fissura central, Fissura cerebral lateral, Lóbulo temporal, Protuberância, Medula, Lóbulo temporal, Lóbulo occiptal, Cerebelo.*

intencionais é o mesmo que falar em motricidade intencional, pois, como eu, o próprio Luria entende não ser possível separar os padrões de motricidade dos padrões cognitivos, que lhe dão suporte regulador e direção estratégica.

Surge, portanto, uma nova semelhança de Luria com Wallon, que, como ele, relaciona o aspecto motor com o aspecto psíquico correspondente, bem como com Ajuriaguerra, quando este relaciona a práxis com a gnosia. Ou seja, a uma terminologia diferente entre Luria, Wallon e Ajuriaguerra, corresponde um mesmo conteúdo na interpretação do comportamento humano.

Efetivamente, em qualquer conduta humana existe sempre a ligação entre o aspecto motor e o aspecto cognitivo. É nessa ligação sistêmica que está a unidade do ser em ação, e é exatamente por isso que a psicomotricidade se proclama como ciência de síntese, multifacetada, trandisciplinar e epistemologicamente coibida (Fonseca, 1980, 1982, 1985, 1992, 1994, 1998a, 2001a; Fonseca e Martins, 2001). A mais simples e elementar motricidade intencional envolve sempre uma atividade de análise e de síntese do córtex, na medida em que qualquer movimento intencional está em relação com uma atividade perceptiva e cognitiva.

## OS SISTEMAS CORTICAIS DE ORGANIZAÇÃO DA PSICOMOTRICIDADE

Para Luria, a motricidade humana é um comportamento, isto é, uma relação inteligível entre o sujeito (ação) e o mundo que o envolve (situação). O comportamento, por sua vez, é uma unidade na qual os sistemas perceptivos e receptores (recepção – *input*) estão em empatia e coibição funcional com os sistemas motores e efetores (execução – *output*).

Há neste modelo uma constelação de trabalho onde o cérebro é a unidade de integração e de interação entre os nossos vários sistemas corporais, por um lado, sensoriais e neuronais e, por outro, motores. A íntima inter-relação entre os vários sistemas é essencial para a realização de um comportamento ajustado e adequado. Assim, e mais uma vez, o dualismo corpo-espírito torna-se, nesta perspectiva, ingênuo e inaceitável.

Luria reforça, ainda, toda esta perspectiva a partir da própria estrutura do sistema piramidal, visto como a reunião das fibras córtico-espinhais. Desta forma, as vias motoras descendentes partem do córtex piramidal (motoneurônios superiores) e dos subcórtex, passam pelo tronco cerebral e terminam nos motoneurônios inferiores da medula. Estes, por sua vez, estão em relação

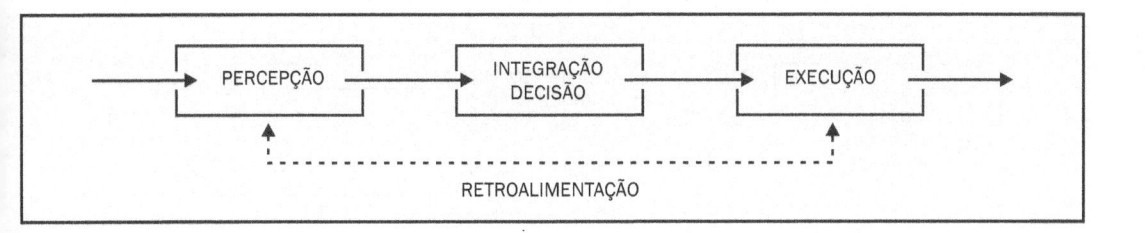

```
┌─────────────────────────────────────────────────────────────────────┐
│        ┌───────────┐      ┌───────────┐      ┌───────────┐          │
│  ────▶ │ PERCEPÇÃO │────▶ │ INTEGRAÇÃO│────▶ │ EXECUÇÃO  │ ────▶    │
│        └───────────┘      │  DECISÃO  │      └───────────┘          │
│              ▲            └───────────┘            ▲                │
│              └─────────────────────────────────────┘                │
│                          RETROALIMENTAÇÃO                           │
└─────────────────────────────────────────────────────────────────────┘
```

com as fibras musculares cuja contração produz finalmente a motricidade. Este sistema, exclusivo dos mamíferos superiores e dos primatas (entre os quais se encontra o *Homo sapiens*), parece, pois, ser uma aquisição filogenética recente (Fonseca, 1989, 1999b, 2001a, 2001b).

Para Luria (1966b, 1975a, 1979), o sistema piramidal está em relação dialética com os sistemas extrapiramidal e cerebelar, os quais, por sua vez, se constituem como sistema essencial e característico dos animais vertebrados. Como vertebrado superior e dominante, o ser humano, além destes sistemas, agrega ao sistema piramidal o sistema frontal pré-motor, ou seja, a unidade que planifica e sustenta a decisão, que posteriormente desencadeia a execução fugal da motricidade. É, pois, interessante verificar como o sistema extrapiramidal, que "nasce" mais no tronco cerebral do que no córtex, vai atingir os motoneurônios inferiores da coluna por vias indiretas e por neurônios de associação.

É, assim, natural que o sistema piramidal esteja mais em contato com os músculos distais e de superfície, também chamados, como já mencionei, músculos da vida de relação, na sua responsabilidade direta pelas motricidades voluntárias e inteligentes (finas). Também é natural que o sistema extrapiramidal esteja mais em contato com os músculos proximais e de profundidade na sua responsabilidade direta pela regulação da postura e da preparação e do suporte da motricidade, conforme já foi bem expresso em Ajuriaguerra.

Para Luria, o sistema piramidal controla e seleciona a fórmula da motricidade desejada, isto é, confere à motricidade a forma, a direção e a coordenação adequadas à situação-problema. A motricidade pode, assim, atingir e satisfazer um fim determinado pensado pelo córtex, ela é, por este fato, vicária da cognição. É neste sentido que Luria admite a motricidade humana como um comportamento que expressa a materialização de uma intenção.

Recordando e resumindo, note-se que, para realizar-se um movimento intencional, torna-se necessário um autocontrole e uma complexa seleção de aferências, não só visuais e auditivas (meio exterior) como tátil-cinestésicas, vestibulares, proprioceptivas, tônicas e emocionais (corpo e meio interior). Como já vimos em Ajuriaguerra, o músculo, por intermédio do seu fuso neuromuscular, não é uma estutura exclusivamente motora, mas igualmente uma estrutura sensorial. Aqui também fica bem demonstrado como a tradicionalmente denominada área motora do córtex não é apenas uma área efetora, mas é também uma estrutura neurológica aferente complexa.

O córtex recebe, portanto, informações que vêm, por um lado, pelos neurônios centrípetos do próprio sistema motor (fuso neuromuscular, corpúsculos de Golgi e Pacini, etc.) e, por outro, pelos neurônios aferentes primários que recebem informação do mundo exterior. Logo, somente por uma complexa operação de análise e de síntese aferencial, o córtex pode regular simultânea e eferentemente todos os impulsos interoceptivos, proprioceptivos e exteroceptivos de um aqui e agora assente subjetivamente em um passado vivido e historicamente experimentado e gnosicamente integrado. Segundo Luria, esta regulação de síntese motora inerente ao córtex processa-se de duas maneiras interdependentes: uma para a coordenação e a precisão, e outra, subseqüentemente, para a execução. Assim, a execução é assegurada pelo músculo, responsável pela realização (materialização) da motricidade

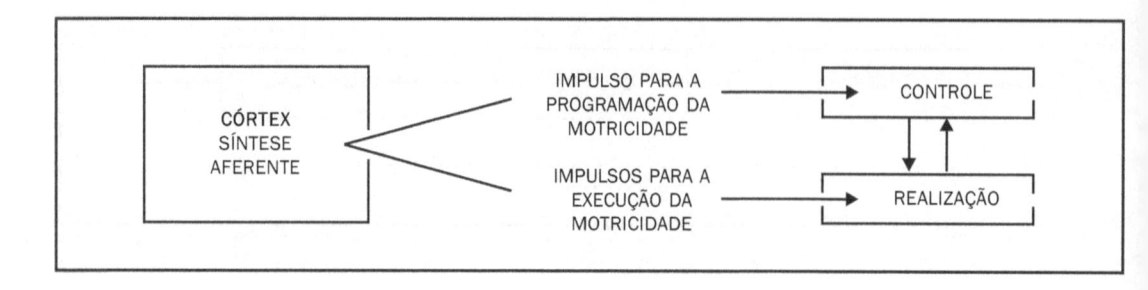

```
┌─────────────────────────────────────────────────────────────────────┐
│                            IMPULSO PARA A          ┌───────────┐    │
│       ┌──────────┐         PROGRAMAÇÃO DA    ────▶│ CONTROLE  │    │
│       │  CÓRTEX  │         MOTRICIDADE            └───────────┘    │
│       │  SÍNTESE │◀───                                  ▲▼          │
│       │ AFERENTE │                                                  │
│       └──────────┘         IMPULSOS PARA A         ┌────────────┐  │
│                            EXECUÇÃO DA       ────▶│ REALIZAÇÃO │  │
│                            MOTRICIDADE             └────────────┘  │
└─────────────────────────────────────────────────────────────────────┘
```

de dentro para fora, ao mesmo tempo em que os fusos neuromusculares enviam impulsos ao cérebro em missão de retroação para integrar o plano da coordenação e da precisão de fora para dentro.

Ou seja: a motricidade é controlada não só por uma sinalização aferente, como também por uma sinalização eferente, ao contrário do que muitas teorias ainda sugerem. São, pois, o fuso neuromuscular e os vários corpúsculos tendinosos periféricos, através do cerebelo, que informam constantemente o cérebro sobre a motricidade em questão. O córtex encarrega-se de uma síntese aferente, que seleciona os impulsos mais ajustados para a atividade dos moto-neurônios, organizando simultaneamente os impulsos necessários para a construção do programa ou plano de movimento.

Como reúne maior número de aferências do que qualquer outro sistema humano, o córtex pode elaborar a síntese de um programa de resposta e de uma ação (resposta adaptativa), exatamente porque recebe as aferências que lhe fornecem os fusos neuromusculares e os corpúsculos tendinosos e articulatórios. Estes constituem um verdadeiro fluxo de informações quanto à posição global do corpo e particular dos membros; quanto ao grau tônico dos músculos; uma síntese proprioceptiva inconsciente ligada neurofuncionalmente ao sistema postural e motor, não só em termos de automatismos, como também de pré-requisitos necessários para a produção e a execução da conduta motora.

Não é demais recordar e, portanto, insistir, que o ser humano possui um maior número de estruturas aferentes do que, por exemplo, os *pongidae* (gorila, chimpanzé, orangotango e gibão), conforme expresso no diagrama simplificado do controle cortical do músculo esquelético no ser humano:

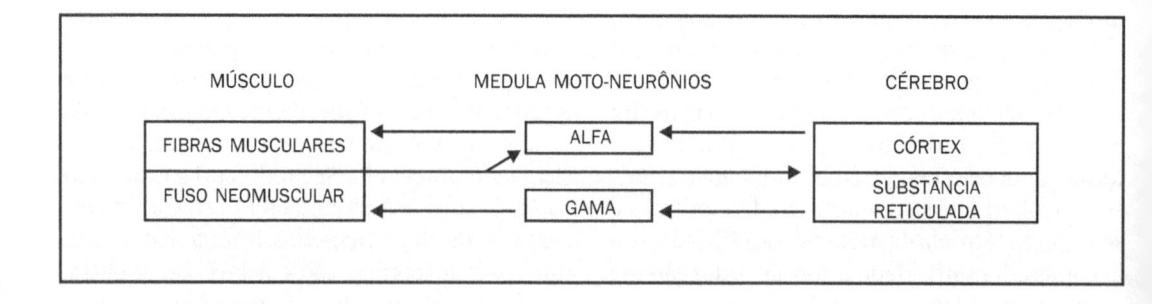

```
┌─────────────────────────────────────────────────────────────────────────┐
│     MÚSCULO           MEDULA MOTO-NEURÔNIOS              CÉREBRO        │
│  ┌──────────────┐              ┌────────┐          ┌──────────────┐     │
│  │FIBRAS        │◀──────────── │ ALFA   │◀──────── │   CÓRTEX     │     │
│  │MUSCULARES    │              └────────┘          └──────────────┘     │
│  ├──────────────┤          ─────────────────────▶  ┌──────────────┐     │
│  │FUSO          │◀──────────── │ GAMA   │◀──────── │  SUBSTÂNCIA  │     │
│  │NEOMUSCULAR   │              └────────┘          │  RETICULADA  │     │
│  └──────────────┘                                  └──────────────┘     │
└─────────────────────────────────────────────────────────────────────────┘
```

## DIFERENCIAÇÃO MOTORA E
## DIFERENCIAÇÃO SENSORIAL

Para melhor explicar a importância dos mecanismos corticais na regulação e na programação da motricidade, Luria (1966c, 1975a) demonstra-nos, recorrendo a experiências eletroencefalográficas e eletromiográficas, que as áreas motoras estão em interação com as áreas sensoriais, cuja complexidade e maturidade são função da experiência sócio-histórica do indivíduo e, simultaneamente, da sua aprendizagem individual. Ambas as áreas são responsáveis pelos complexos movimentos voluntários, necessários a qualquer aprendizagem, seja ela verbal ou não-verbal, escolar ou artística.

No meu entender, o aspecto sensorial e o aspecto motor da motricidade humana são duas faces da mesma moeda. Ambos não podem ser concebidos como isolados um do outro, pois funcionalmente, são interdependentes. Luria ajuda-nos, portanto, a compreender melhor e a assegurar que a interação permanente e dinâmica entre um e outro representa uma evolução que flui dos animais inferiores até o ser humano. Nesta evolução, não é de desprezar o significado palpável que desempenha a quantidade de estruturas aferentes que caracterizam o sistema nervoso do ser humano, verdadeiramente único no reino animal. Penso, pois, que hoje é legítimo admitir como hipótese que o maior número de sistemas aferentes será resultante mais de uma aquisição e integração, e menos de uma disposição orgânica inata.

O que Luria nos permite compreender, através da crescente organização cortical da motricidade, é que talvez não seja possível separá-la do psiquismo. Este emerge, assim, como uma conseqüência daquele. Ou seja, o psiquismo seria uma motricidade de idéias (ideacional) sem ação motora propriamente dita, enquanto a motricidade comportamentalmente observada não seria mais do que um psiquismo em ação, como podemos apreciar na *performance* de um artista, de um músico ou de um atleta olímpico.

Vygotsky (1962, 1993), entretanto, acrescenta algo a esta perspectiva, ao demonstrar que os atos voluntários, a memória lógica, as atitudes originais, etc., não são, possivelmente, propriedades inatas, mas, sim, propriedades acumuladas e adquiridas, por meio da experiência social e histórico-cultural. A sociedade surge, portanto, em síntese, como o verdadeiro pretexto e contexto para a aprendizagem individual e transcendentemente subjetiva, consubstanciando, ao lado do tempo filogenético e ontogenético, um outro tempo, isto é, o sociogenético.

A aprendizagem humana e, conseqüentemente, a sua motricidade, emanam de um pro-

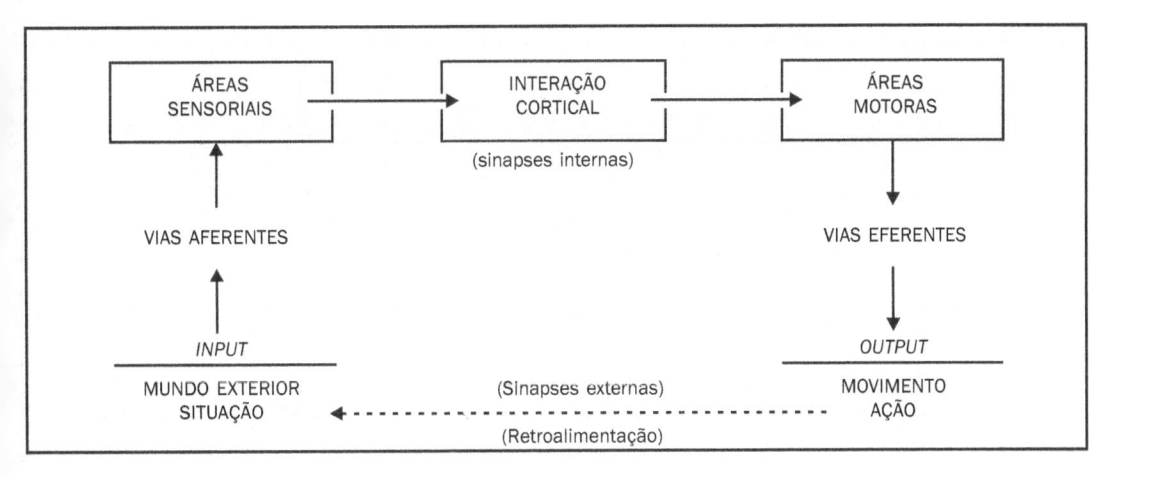

```
┌─────────────┐      ┌─────────────┐      ┌─────────────┐
│    ÁREAS    │─────▶│  INTERAÇÃO  │─────▶│    ÁREAS    │
│ SENSORIAIS  │      │   CORTICAL  │      │   MOTORAS   │
└─────────────┘      └─────────────┘      └─────────────┘
       ▲              (sinapses internas)         │
       │                                          ▼
 VIAS AFERENTES                            VIAS EFERENTES
       ▲                                          │
       │                                          ▼
    INPUT                                      OUTPUT
 MUNDO EXTERIOR        (Sinapses externas)   MOVIMENTO
   SITUAÇÃO    ◀- - - - - - - - - - - - - -    AÇÃO
                      (Retroalimentação)
```

cesso interativo e intencional entre duas gerações de indivíduos, uns experientes e outros inexperientes. É a partir deste sentido afetivo e relacional, cultural, histórico e instrumental, que provavelmente se tem de conceber toda a evolução da espécie humana e se tem de equacionar o desenvolvimento psicomotor da criança. Desde o nascimento, as crianças estão em constante interação com os adultos, que intencionalmente se esforçam por incorporá-las na sua cultura e na sua experiência histórica acumulada de significaçãoes e de maneiras de fazer as coisas. Dos processos naturais decorrentes da herança biológica, as crianças, por meio da intervenção mediatizada dos adultos, passam a poder lidar com processos psicológicos mais complexos, decorrentes da herança cultural.

De modalidades interpsíquicas de funcionamento, as crianças passam a lidar com modalidades intrapsíquicas, isto é, formadas dentro delas próprias, do seu próprio organismo. Os adultos são, portanto, agentes externos, que mediatizam as experiências das crianças com o mundo exterior, permitindo que, depois de tal interação, se processe a interiorização das formas e dos modos de operar culturalmente o que já foi determinado historicamente. A natureza social das interações entre adultos e crianças dá lugar à natureza psicológica do desenvolvimento global destas. Isso é válido tanto para as competências motoras como para as competências afetivas e cognitivas.

### O ESTUDO DAS LESÕES CEREBRAIS E DAS FUNÇÕES CORTICAIS SUPERIORES

Outra perspectiva concreta que Luria (1966b, 1966c, 1975a, 1975b, 1975c, 1975d, 1977a, 1977b, 1977c, 1979, 1980) apresenta e que vem confirmar muitas das hipóteses anteriormente levantadas no plano da prática clínica e educacional é o estudo das lesões cerebrais. Note-se que este estudo, à semelhança do estudo dos deficientes motores ou dos casos dispráxicos (que mais de uma vez já propus e sugeri como uma boa metodologia de investigação para estudar o "normal", no caso presente, o estudo da praxia), pode fornecer muitos dados objetivos acerca da importância da organização cortical da motricidade. Vejamos alguns dados conseguidos por esse mesmo autor na sua experimentação no campo das lesões cerebrais, que se resume no seguinte quadro:

| HEMISFÉRIO ||
|---|---|
| DIREITO | ESQUERDO |
| DESORDENS ESPACIAIS | AFASIAS |
| AGNOSIA ESPACIAL | DESORDENS SENSORIAIS |
| AUSÊNCIA DE CONSCIÊNCIA DE MOVIMENTO | DESORDENS VISUOMOTORAS |
| PERTURBAÇÃO NA COMUNICAÇÃO NÃO-VERBAL | ASSOMATOGNOSIA |
| | PERTURBAÇÕES NA COMUNICAÇÃO VERBAL |

É interessante notar que este quadro apresenta muitas semelhanças com os fundamentos neurológicos que apresentei no capítulo referente a Ajuriaguerra. Repare-se, entretanto, como a uma lesão do cérebro logo corresponde uma perturbação do comportamento e, especificamente, da motricidade humana. O que significa isso? Na neurologia clássica, as perturbações das funções corticais superiores (FCS) foram sempre apresentadas como decorrentes de lesões cerebrais localizadas, que se subdividiram em três grupos independentes: agnosias, apraxias e afasias. O enfoque foi, então, situado nas perturbações perceptivas, motoras e da fala. Mais tarde, outras perturbações foram adicionadas, como as alexias, as agrafias, as acalculias, as amusias, etc., de transcendente importância para estudar as incapacidades e as dificuldades de aprendizagem. Nos nossos dias, porém, tais desordens ou perturbações já não são tão claramente demarcadas, dada a sua interdependência neurofuncional, pois já não podem ser considerados como sintomas complexos independentes.

Nos termos clássicos, a agnosia envolveria uma perturbação elementar da percepção da natureza da sensação, com alterações na habilidade em experienciá-la e integrá-la, o que é algo diferente, pois envolve mais do que a sua simples e pura recepção. A apraxia, em contrapartida, foi considerada uma desordem da realização de ações e de habilidades motoras, mesmo quando as funções motoras se encontravam intactas.

Agnosia, apraxia e afasia, depois de Luria, são reconhecidas como desordens da atividade simbólica superior, isto é, não podem ser confundidas com atividades sensório-motoras simples. Seu componente simbólico distingue-as de déficits sensoriais ou motores elementares. Nesta ótica luriana, as agnosias, as apraxias e as afasias não poderão ser concebidas como independentes ou como distúrbios isolados. Muitas observações clínicas, e inúmeros dos casos que acompanho, mostram que as perturbações da orientação espacial visual (disgnosia espacial) são sempre acompanhadas de perturbações motoras bem definidas, uma vez que o controle aferente espacial está alterado, daí resultando o caráter apráxico do movimento, como se constata em várias situações de cópia ou de desenho de figuras geométricas.

Quase sempre, nestes casos, as aesterognosias são acompanhadas por perturbações finas e precisas dos movimentos organizados dos dedos, da mão e do pulso (micromotricidade). Por outro lado, as desordens óptico-gnósicas são frequentemente acompanhadas também por perturbações dos movimentos dos olhos, nas quais certamente a desintegração vestibular e postural desempenha um papel determinante. Em qualquer dos casos é difícil determinar se as alterações na *performance* micromotora são devidas a um problema gnósico (de *input*) ou a um problema práxico (de *output*). O que demonstra esta dificuldade em determinar qual é o componente responsável pela perturbação é a impossibilidade de distinguir as agnosias das apraxias, daí o próprio Ajuriaguerra ter sugerido a noção de apratognosia, como mencionei anteriormente.

O termo apratognosia, que é um paradigma essencial da teoria psicomotora, reflete, no fundo, a unidade funcional sensório-motora que caracteriza a espécie humana, porque são ambos componentes de um ato mental que é impossível separar em termos de conduta. Para Luria, o processo sensorial, seja visual, auditivo ou tátil-cinestésico, resulta do trabalho de analisadores corticais superiores, portanto não pode ser dissociado dos processos motores. Nos processos corticais superiores, não podemos isolar as funções sensoriais das motoras. Elas estão mutuamente implicadas neurologicamente. Não podemos, conseqüentemente, separar os componentes sensoriais ou perceptivos dos componentes motores ou cognitivos. Enquanto as sensações e as percepções constituem a reflexão seletiva do mundo exterior, possuindo, portanto, componentes aferentes (sensoriais) e eferentes (motores), as ações e as ideações que as planejam e as executam só podem se exprimir quando a natureza aferente-eferente está corticalmente integrada em termos sistêmicos (Bertallanphy, 1968).

Toda a percepção demonstra que os componentes motores estão envolvidos em qualquer processo sensorial corticalmente integrado. Os processos motores estão interconectados com os receptores e as fibras eferentes contêm processos neuronais que pertencem a todos os analisadores sensoriais superiores. A organização dos processos sensoriais contém processos motores, por isso as perturbações perceptivas são sempre acompanhadas de perturbações aferentes, participam retroalimentações motoras específicas.

Luria procura, portanto, advertir para o fato de as perturbações da motricidade envolverem distúrbios da sua base aferente. Os movimentos humanos complexos, como as praxias, dependem, conseqüentemente, das aferências sensoriais, não são atos independentes de aferências captadas pelos sistemas sensoriais. É nessa perspectiva que Luria adianta o conceito de analisador motor, também aprofundado por Bernstein (1947, 1967), como discutirei mais adiante. Em síntese, qualquer movimento voluntário, onde se tem de integrar a praxia, tem uma base aferente, que não só decorre da retroalimentação eficaz, mas também participa da sua regulação e de seu controle. A interdependência dos dois processos, gnósicos e práxicos, está mutuamente implicada no planejamento e na execução do movimento tipicamente humano.

A praxia é, conseqüentemente, o resultado de processos neuronais superiores integrados, combinando atividades de diferentes partes do cérebro, envolvendo complexos sistemas de coordenação sensório-motora com a sua organização específica. A praxia é baseada na análise e na síntese de complexos sistemas sensoriais combinados com complexos sistemas motores coordenados e emergidos da integração da experiência anterior. A escrita, que é uma atividade psicomotora por excelência e um sistema funcional de origem social e mediatizado na sua estrutura, por exemplo, combina o trabalho de analisadores auditivos, visuais e motores. Ela não pode constituir-se como uma competência de aprendizagem, na qual tais analisadores estão neurofuncionalmente isolados.

Os distúrbios da base aferente dos movimentos voluntários, que originam as apraxias, não envolvem lesões na área motora primária frontal, onde estão localizadas as células gigantes de Betz, que dão origem ao sistema piramidal ideocinético. Pelo contrário, as apraxias podem igualmente resultar de lesões nas áreas somatossensoriais pós-centrais e parietais (áreas 1, 2, 3, 5 e 7), onde estão integrados componentes muito importantes de integração e de regulação somatognósica e espaço-temporal associados com as áreas motoras e pré-motoras (Fonseca, 1985, 1992), com as quais trabalham em íntima cooperação. As lesões nestas áreas induzem perturbações sensoriais (paresias) e déficits tônico-motores substantivos, quer na precisão e na seletividade, quer na velocidade, na direcionalidade e no destino visuoespacial dos gestos, bem como produzem distonias e contrações difusas nos agonistas e nos antagonistas, que alteram a dissociação e na diferenciação dos movimentos, sugerindo, segundo Luria, uma espécie de ataxia cinestésica. A lesão das áreas sensoriais parietais desorganiza a integração aferencial cinestésica, somatognósica e espaço-temporal, pondo em causa a construção, a precisão e a perfeição dos atos motores complexos.

Assim, a análise e a integração cinestésica, intrassomática e extrassomática faz parte do analisador motor que está na base da planificação da motricidade intencional. Os componentes sensoriais são, por esse fato, indissociáveis dos componentes motores. Sem a sua interação sistêmica, mediada pela linguagem, a seletividade dos movimentos é posta em causa, daí as dispraxias ou, em casos mais severos, as apraxias e os seus subtipos (Liepman,1920; Denny-Brown, 19562, Ajuriaguerra e Hécaen, 1962, 1964).

Em síntese, nenhuma forma complexa de atividade mental humana pode ter lugar sem a participação direta ou indireta dos seus componentes aferentes e eferentes, destacando-se a linguagem. Como segundo sistema simbólico, a linguagem está envolvida em todas as praxias, ou seja, na sua elaboração e na sua execução. Por analogia, as agnosias e as apraxias envolvem sempre componentes afásicos, subentendendo o papel decisivo da linguagem na formação e na estruturação das pratognosias.

A linguagem, parte integrante da organização psicomotora, dá à percepção e à ação um caráter seletivo e sistemático, uma vez que acaba por ter um efeito regulador dos comportamentos humanos superiores. Trata-se de um princípio da atividade mental que acaba por transformar a motricidade em psicomotricidade, quer em termos filogenéticos e sociogenéticos, quer ontogenéticos.

Note-se que, quando a análise e na síntese cinestésica e polissensorial se encontram particularmente afetadas, a perturbação da motricidade abrange não só a planificação, mas também, e por conseqüência, a própria execução. Por quê? Simplesmente porque, ao perder-se a sensação proprioceptiva, imediatamente altera-se a aferência da realidade, deturpa-se a imagem do corpo, dilui-se a consciência da superfície corporal e a própria noção de espaço deixa de ser real, o que, naturalmente, e só por si, vai impedir a expressão de uma motricidade adaptada e ajustada e simbolicamente estruturada.

A precisão e a perfeição da motricidade, uma vez mais, e agora segundo Luria, tem a ver com a reaferência dos impulsos motores que controlam o sucessivo ajustamento harmônico do gesto à situação que o propôs. A ataxia, por exemplo, resulta precisamente da perda de coordenação dos movimentos voluntários, ou seja, de uma ruptura da relação e da interação neurológicas entre o que é pensado (intencionalizado por meio da linguagem interior) e o que é executado (Pienfield e Rasmussen, 1952, Pienfield e Jasper, 1954; Pienfield e Robersts, 1959). Ou seja, o corpo, como meio de expressão total, não responde nem corresponde exatamente às solicitações e às intenções do cérebro, acontecendo, assim, uma espécie de desorganização interior e corporal, que gera, como conseqüência, uma alteração significativa da hierarquia da motricidade.

Luria, em apoio a esta perspectiva, apresenta o resultado dos seus estudos em vários casos clínicos, cujos eletromiogramas claramente ilustram impulsos desordenados e se traduzem objetivamente em movimentos descontrolados e em respostas inadaptadas. Por exemplo, em um sujeito normal, a inervação recíproca da flexão e a extensão apresenta o seguinte traçado elétrico:

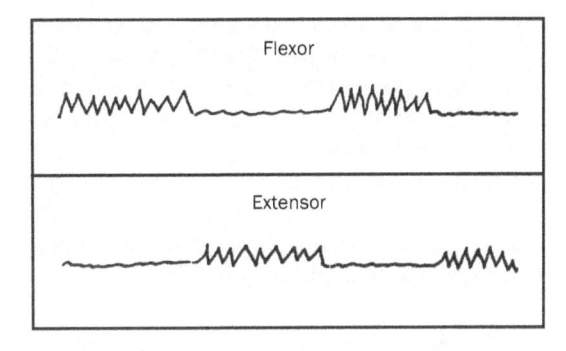

No sujeito atáxico, no qual a inervação recíproca se encontra perturbada, o traçado elétrico se apresenta com as seguintes características:

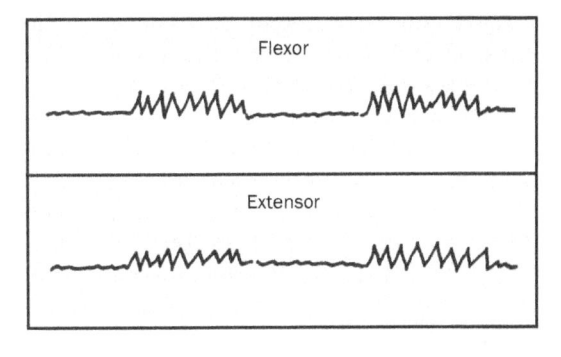

Nas mesmas obras, Luria acrescenta, ainda, para melhor ilustrar esses aspectos, vários casos de lesão cerebral. Assim, por exemplo, se a lesão afeta a região parietal inferior, são também afetados os órgãos da fala. Neste caso, portanto, o que se verifica é uma perturbação no controle e da coordenação da co-motricidade da língua, na laringe, da faringe e dos pequenos músculos que compõem o aparelho vocal, prejudicando ou impedindo a articulação adequada de sons. Esta lesão, para esse autor russo, é então designada por afasia motora cinestésica.

Para Luria, portanto, o comportamento surge como uma relação inteligível e consciencializada entre a ação motora e a síntese de estímulos que caracterizam a situação exterior. Assim, o comportamento implica um componente exterior (campo espacial, distância dos objetos, suas posições relativas, suas características, etc.) e um componente interior (coordenação motora, controle cinestésico, reaferência, regulação por meio da linguagem, etc.). Em suma, a motricidade voluntária e intencional, segundo Luria, exige, para ser ajustada e precisa em relação à situação que o solicita, de uma plástica síntese próprio e exteroceptiva, da qual a linguagem interior participa como sistema de auto-regulação.

## REGULAÇÃO E CONTROLE DAS PRAXIAS: PAPEL DAS FUNÇÕES EXECUTIVAS

Luria (1970, 1973a, 1973b, 1978,) situa nos lobos frontais a regulação e o controle das praxias ou das ações complexas, que, além de desempenharem um papel preponderante nos níveis superiores de funcionamento do comportamento humano, estão igualmente relacionados com as condutas sociais, com a elaboração, a modulação e o controle das emoções, com sistemas atencionais superiores, com os comportamentos adaptativos e com um certo número de funções, normalmente reagrupadas, no que se convencionou designar por funções executivas, onde claramente se integra, em termos filogenéticos e ontogenéticos, o conceito de neomotricidade, epistemologicamente análogo, a meu ver, ao conceito de psicomotricidade (Fonseca, 1999b, 1992).

As observações de Luria de soldados vítimas da Segunda Guerra Mundial permitiram chegar a noções muito claras sobre as funções dos lobos frontais e das áreas pré-frontais na regulação e no controle das ações. Os lobos frontais estão envolvidos, de fato, na programação das formas mais elevadas de organização da atividade humana, ou seja, da atividade criadora, tipicamente humana, que é baseada em uma motricidade ideacional e psiquicamente controlada, algo que interfere também na gênese das competências de aprendizagem, ou, por sua disfunção, algo que interfere na sua disontogênese, ou seja, na gênese das suas dificuldades.

Para Luria (1966b, 1975a, 1979), os lobos frontais possuem conexões muito estreitas com a formação reticular, logo, com a modulação tônico-postural das praxias, dada a sua íntima integração na produção e no controle de respostas motoras adaptativas, daí terem sido considerados por muitos pesquisadores, inclusive por Pavlov (1970, 1973), como zonas corticais do analisador motor. As lesões frontais, infelizmente muito frequentes em situações de guerra ou de acidente de trânsito, não produzem distúrbios significativos na motricidade dita elementar, de auto-suficiência ou de sobrevivência, mas, em contrapartida, provocam problemas sérios nas atividades superiores intencionais ou nas atividades orientadas para a obtenção de determinados fins, como ocorre na praxia.

A estrutura das praxias, que difere muito dos movimentos voluntários dos animais, é baseada em um plano intimamente construído pela linguagem interior, que formula o objetivo da ação, relaciona-a com a sua motivação e aponta o esquema mental básico para a solução do problema com que o indivíduo se encontra confrontado. Esta relação de solução de problemas que Luria confere à motricidade ideacional, logo à psicomotricidade, e que se encontra intimamente relacionada com a linguagem interior, ilustra a estrutura da praxia com uma arquitetura cognitiva, fenômeno que é tipicamente humano e de enorme significado antropológico e desenvolvimental.

Enquanto a motricidade ou a ação animal emerge em resposta a certas exigências biológicas com base incondicional, que visam a sua satisfação imediata subseqüente, a motricidade humana pode surgir mesmo sem uma base incondicional, por isso, pode ser desencadeada por um idéia ou por uma intenção. Efetivamente, as ações nas crianças passam primeiramente por ser reguladas pelas mediatizações verbais e não-verbais dos adultos, por processos interativos ativados exteriormente, por isso interpessoais, e só mais tarde podem ser auto-reguladas por elas próprias, por processos internalizados ativados psiquicamente, por isso, intrapessoais.

Trata-se, portanto, de adotar para a psicomotricidade o mesmo conceito de desenvolvimento da atividade mental introduzido por Vygotsky, como mencionei no capítulo anterior. Após a ação inicialmente compartilhada por duas pessoas (co-motricidade), surge uma ação que começa por ser controlada pela própria criança, inicialmente pela sua atividade perceptiva e, mais tarde, pela sua linguagem expressiva. Só posteriormente a ação é mentalmente formulada por interferência da linguagem interior (*internal speech*), isto é, pela sua intencionalidade (Luria, 1969b, 1973, 1974b, 1975a, 1975b, 1977a, 1979, 1980). Essa linguagem interior, primeiramente mediatizada pelo adulto, e só mais tarde pela criança, tem um papel ativo no processamento da informação aferente, uma vez que acaba por formular a tarefa motora (Bernstein, 1947, 1967, 1986d), orientada para um alvo ou fim, a partir do qual se edifica o seu plano geral.

Quando o movimento é determinado, sem hesitação, pelo fim a atingir e pelas condições da situação externa, o papel dos componentes da linguagem interior orienta-se essencialmente para a formulação da idéia e para a tomada de decisão dos componentes motores apropriados. Se o movimento é, porém, mais complexo, a linguagem interior processa e recodifica a informação recebida pelo sujeito, decompõe e diferencia os detalhes mais importantes da ação, inibe e exclui componentes irrelevantes da mesma, modela os estímulos exteriores e mobiliza aspectos relevantes da sua experiência anterior. Buscando o sistema essencial e ideal de conexões e criando um plano interiorizado da ação, a linguagem interior torna-se a base do processo de regulação das praxias e dos atos motores voluntários e complexos.

A estrutura da praxia ou da *performance* motora que envolve uma ação voluntária depende, assim, da linguagem interior, que ajuda na monitorização do decurso da ação (princípio, meio e fim), na medida em que compara a ação realizada externamente com o seu plano interno original, pois é ela que fornece sinais de concordância ou de discordância, que corrige os lapsos e os erros surgidos, que interrompe o ato logo que se atingem os fins, ou que simultaneamente avalia se o ato não atingiu o fim previamente formulado.

Esta função de monitorização da ação pela linguagem interior compreende também um componente do aceptor da ação introduzido por Anokhin (1985), mecanismo cortical que emerge ao longo da realização da praxia e que lhe confere a característica de auto-regulação superior, algo que distingue a sua intencionalidade subjetiva e transcendente.

O sistema de conexões evocado pelo plano motor retém, assim, a sua função ideomotora, dita psicomotora e pré-frontal, ao mesmo tempo que inibe todas as outras conexões irrelevantes que não correspondem ou que não interessam à tarefa motora. Esta função de controle, que joga com processos pré-frontais de facilitação e de inibição muito complexos, só se adquire com investimento voluntário e com auto-regulação experiencial.

A instabilidade das conexões que se observa em uma fase inicial ou imatura da aprendizagem de praxias ou, porventura, decorrente de uma lesão frontal, vai dando lugar, progressivamente, a uma estabilidade conexional, ou seja, a uma seletividade mais apurada, que permite atingir o fim antecipadamente planejado.

Devido a disfunções de tais conexões, que, sinergeticamente, mobilizam componentes tônico-posturais, somatognósicos e espaço-temporais, os pacientes com lesões frontais têm a tendência a perder o caráter seletivo da sua ação, por isso, ela acaba por não atingir os seus objetivos. Pela mesma razão, a criança com atraso ou imaturidade psicomotora produz movimentos imprecisos, abruptos e desajustados, exatamente porque não possui ainda sistemas neurofuncionais seletivos para mobilizar e para integrar os componentes tônico-posturais intra e extrassomáticos, daí resultando, conseqüentemente, a dispraxia.

Os lobos frontais, embora não participem em ações elementares ou usuais, ditas automáticas ou reflexas, acabam por participar decisivamente na perseverança e na realização de programas de todas as formas de atividade complexa, pois mantêm a característica dominante do programa, ao mesmo tempo que inibem ações irrelevantes e inapropriadas.

É essa fragilidade inibitória, já mencionada por Wallon e Ajuriaguerra, que está ausente ou insuficientemente regulada nas crianças quando se encontram em um processo de aprendizagem. Por analogia, os pacientes com lesões frontais perdem o caráter preciso e perfeito dos seus programas motores, nos quais a ação acaba por perder atributos de coibição sistêmica, dando lugar a expressões motoras dismétricas, dessincronizadas e desplanificadas. Como um todo, a ação perde as suas características sinergéticas, originando falta de regulação, de inibição, de planificação e de auto-regulação.

Os distúrbios de comportamento, à luz desses pressupostos apresentados por Luria, ilustram, em síntese, uma destruturação da ação, onde os componentes tônicos, posturais, exterognósicos, somatognósicos, direcionais e temporais não se encontram integrados, onde o seu poder de interação e de regulação perdeu propriedades funcionais de totalidade, de interdependência, de intercâmbio, de homeostasia, de adaptabilidade e de equifinalidade. Em síntese, perdeu auto-regulação, conjunto de características bem visíveis em muitos casos de hiperatividade, de desatenção, de impulsividade e de desconcentração.

A principal função dos lobos frontais, sede das funções executivas e substrato principal da psicomotricidade, é efetivamente o comportamento intencional dirigido para um determinado fim, ao qual se podem juntar também as dimensões do julgamento crítico e da espontaneidade, assim como as manifestações sociais, afetivas e cognitivas superiores. Não é de estranhar, portanto, que a destruturação da ação não interfira apenas na organização práxica, como também em aspectos sutis do comportamento social e afetivo, de atenção e de hiperatividade e, obviamente, da aprendizagem simbólica.

Ao perderem o caráter seletivo, as chamadas síndromes frontais interferem nos comportamentos episódicos, descontrolados, desregulados, estereotipados, aberrantes, impulsivos, etc., que se expandem em muitas manifestações comportamentais atípicas, onde a dispraxia acaba por ser uma das suas revelações mais conhecidas. Nestes casos, a dificuldade de corrigir ações incorretas distingue-os de outras formas de perturbação da motricidade. A ausência de recodificação, a perda da consciencialização dos erros, dos lapsos ou dos desvios, a desintegração sensorial extra e intersomática, as perturbações da seqüencialização e do ajustamento plástico, etc., atingem outras dimensões da conduta, que ultrapassam a visão tradicional das funções motoras.

Nos casos patológicos mais severos, os pacientes com lesões frontais exibem também formas estranhas de inatividade, não produzem ações proposicionais no domínio das auto-suficiências de higiene, de vestuário ou de alimentação e não se esforçam ou tentam realizar ações para satisfazer suas necessidades básicas, parecendo sugerir uma desintegração multifacetada dos seus comportamentos ativos. No âmbito da linguagem, recorrem a discursos monossilábicos, caem freqüentemente em mutismos inexplicáveis e raramente respondem a interações verbais diferenciadas. Não iniciam ou interrompem ações em resposta a direções ou a mediatizações, evocando um compromisso significativo da sua atividade voluntária. A manipulação de objetos é igualmente atingida, se for proposta uma ação menos familiar, pois acabam por repetir ações fragmentadas sem qualquer plasticidade seqüencial, afetando subseqüentemente a sua harmonia cinestésica. A evocação de programas de ação parece estar dilapidada e desconexa, quer em desenhos simples, quer em tarefas de coordenação oculomanual elementar. A inércia grafomotora permanece freqüentemente inalterada.

A perturbação de ações complexas é, portanto, evidente nas lesões frontais. A realização dos programas motores está eminentemente afetada, os sistemas de ações voluntárias complexas não podem ser assegurados sob o controle formulado pela linguagem interior, as condições essenciais que desencadeiam as ações estão, assim, despidas de seletividade regulatória.

Entendendo a planificação motora como um sistema de conexões mobilizado pela linguagem interior, que envolve subsistemas funcionais espalhados por todo o cérebro, desde os subcorticais aos corticais, a sua efetiva estruturação nunca poderá ocorrer na criança nos dois primeiros anos de vida. Só por volta dos 4 anos a criança pode gerar planificações de ações baseadas na sua verbalização interiorizada, podendo, inclusive, manter uma ação sem distração ou, eventualmente, inibir atividades irrelevantes. A planificação motora que antecipa, em termos cognitivos, a própria execução motora, constitui, portanto, um processo gradual e evolutivo. Além de exigir um estado de vigilância cortical constante e sustentado, ou seja, exigir concentração, a planificação motora exige, ao mesmo tempo, um espectro flexível de conexões seletivas e um repertório inibitório de respostas irrelevantes. Não basta, portanto, produzir respostas motoras adaptativas, é preciso que o sistema produza igualmente inibição de respostas motoras inadaptativas.

Torna-se evidente que os lobos frontais, para produzir ou para inibir respostas motoras, precisam estabelecer uma rede de conexões sustentada, quer ao nível da substância reticular e do cerebelo (primeira unidade funcional, que será abordada mais adiante) para gerir as necessárias modulações tônicas, posturais e emocionais da ação, quer ao nível das áreas sensoriais posteriores intra e extrassomáticas (segunda unidade funcional) para inter-relacionar as informações que emanam do corpo e do ambiente. A ação é, então, desencadeada, os lobos frontais (terceira unidade funcional) têm de estabelecer outro núcleo de conexões muito consistente com o córtex motor, ou seja, com a área motora primária, onde a decisão da ação é, finalmente, assumida.

Toda esta arquitetura interativa de sistemas e de subsistemas funcionais que sustentam a planificação e a execução da ação tem um sistema de pilotagem principal, coordenado pela linguagem interior, que acaba por regular toda a ação por meio da sua função de sinalização e de localizado nos lobos frontais. Luria adianta que os lobos frontais constituem as aquisições mais recentes do processo evolutivo filogenético, por isso, ocupam nada mais nada menos do que um terço dos hemisférios cerebrais. Nesta perspectiva, a linguagem interior apresenta uma função equivalente a uma instrução verbal interna, que antecede, antecipa e planifica a resposta motora estável. A ausência de tal instrução, melhor dito, de auto-instrução, implica a perda da função reguladora da ação, tornando-a instável, facilmente fragmentada ou desintegrada, podendo gerar dispraxia ou, nos casos mais severos, apraxia.

É interessante destacar que, em muitos casos clínicos, quando observamos crianças dispráxicas produzindo seqüências de ações do tipo:

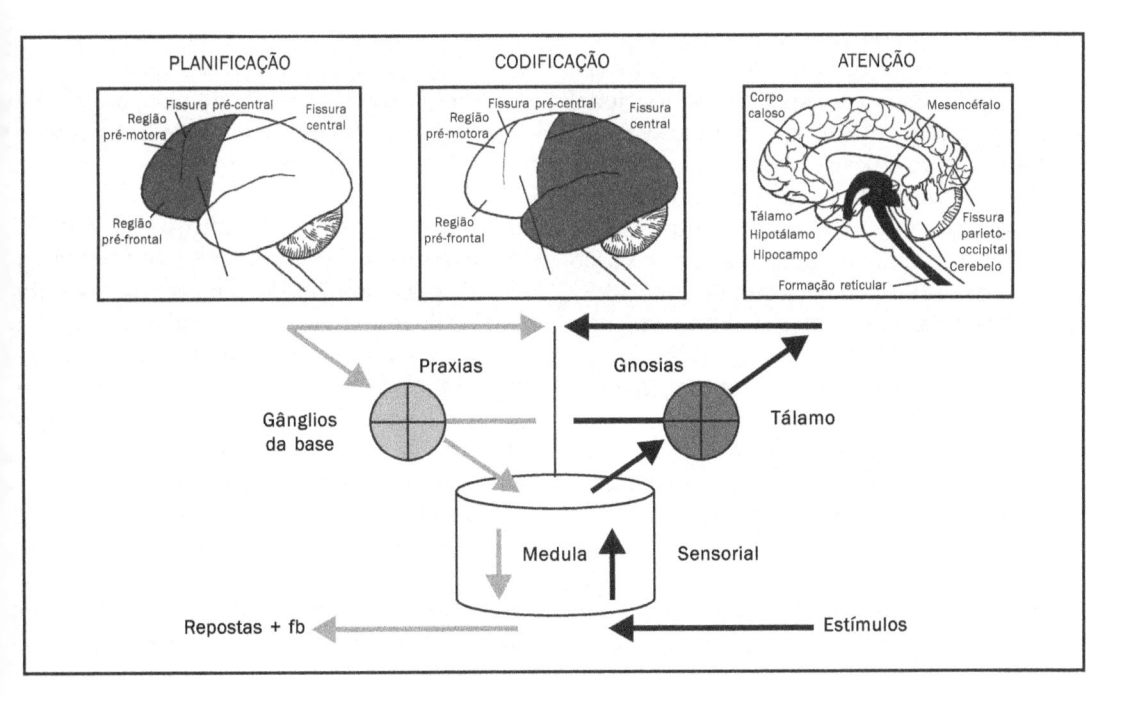

pulso-bordo externo-palma da mão, elas acabam por evocar uma instrução verbal correta, mas uma resposta motora incorreta, como que ilustrando uma desconexão entre a instrução e a ação, e também uma perturbação entre o córtex e os gânglios motores subcorticais. Para que a ação seja desencadeada e executada com precisão, é necessário que a instrução verbal acompanhe a ação de forma integrada, algo que não se verifica de maneira mais óbvia em muitos casos patológicos com lesões frontais. A inabilidade em controlar ações por meio de instruções verbais revela uma espécie de perda de significação informativa na sua elaboração, não sendo possível organizar ações de acordo com sistemas de linguagem interior ou exterior, com autocomandos ou comandos verbais exteriores.

Por ausência da instrução, a função reguladora da motricidade perde caráter seletivo e capacidade de inibição, logo o que fica livre é uma excitação motora instável e demasiado suscetível a estímulos irrelevantes, por conseqüência, a impulsividade desencadeada nestes casos ilustra uma ação sem instrução, um agir sem pensar característico de um sistema frontal imaturo ou disfuncional. A praxia, como competência motora exclusiva da espécie humana, não poderia emergir como função psíquica superior apenas a partir de sistemas de ação. Para que ela se constituísse como aquisição civilizacional transcendente, foi necessário adicionar sistemas complexos de instrução e de informação baseados na linguagem interior. Com sistemas de instrução integrados, os sistemas complexos de conexões necessários à planificação e à execução das praxias são formados, permitindo que os sistemas de controle exerçam a sua função reguladora e seletiva logo que a ação toma lugar.

Devido à importância que a linguagem interior tem como função reguladora na elaboração e na execução da ação, a psicomotricidade, em termos de intervenção reeducativa ou terapêutica, procura usar a ação e o movimento como pretextos, pois o seu objetivo crucial está em mobilizar a verbalização e a simbolização da ação no indivíduo. Verbalizar antecipadamente em voz alta o que vai fazer em termos de ação ou de reexperimentar mentalmente a ação por simbolização depois de executá-las são aspectos psíquicos reguladores da ação mais importantes do que focar nos seus produtos finais ou nos seus fatores de pura execução motora.

Em síntese, as perturbações de formas complexas de regulação de ações parecem ser a característica essencial dos lobos frontais. Efetivamente, para produzir uma praxia e para elaborar o seu concomitante programa mental, o indivíduo terá de executar uma série consecutiva de procedimentos:

– reter um conjunto de dados visuais ou verbais com base em um sistema atencional;
– integrar um esquema de ação;
– analisar ações subseqüentes em séries de sucessivos subprogramas, com base em sistemas de processamento simultâneo e seqüencial de informação intra e extrassomática;
– verificar constantemente cada componente da ação e executá-la de acordo com o programa original, com base em um sistema de planificação;
– corrigir lapsos que podem surgir no decurso da ação com base em um sistema de retroalimentação e de reaferência seletiva e eficaz;
– inibir os efeitos de cada componente da ação, modulando em tempo hábil os seus componentes seqüenciais.

Com base nesses dados clínicos, Luria (1973a, 1973b) parece querer situar nos lobos frontais a sede da psicomotricidade, uma vez que procura estudar de forma dinâmica e dialética não só a execução, mas também a planificação e a regulação dos programas motores complexos que estão na base do trabalho humano e da sua evolução cultural, daí, portanto, o seu significado filogenético, sociogenético e, claro, ontogenético.

A produção de praxias na espécie humana e no desenvolvimento da criança subentende a orientação de atividades para a realização de fins, processo mental complexo, só possível com a incorporação de várias ações apropriadas, que exigem a integração sensorial de informações relevantes do mundo exterior e interior, bem como a planificação e a execução organizada de respostas motoras adaptativas e criadoras, findamentais aos vários processos de aprendizagem não-verbal e verbal.

As praxias envolvem uma coordenação voluntária de movimentos orientados para um fim, o que implica que eles sejam aprendidos, e não meramente produzidos de forma reflexa ou como produto de simples maturação motora, isto é, eles requerem uma intenção consciente e dirigida. Como gesto intencional, a praxia pressupõe o estabelecimento prévio e a elaboração antecipada de um plano ou de um programa motor, visando à obtenção de um determinado objetivo. Para que esta elaboração se efetue, é necessária a participação de retroações cinestésicas e de aferências multissensoriais, decorrentes da locomoção no espaço, aferências proprioceptivas, que fornecem ao cérebro informações sobre a posição e o deslocamento do corpo, e aferências vestibulares, que fornecem dados sobre o controle postural durante o movimento.

Como já foi abordado em capítulos sobre outros autores, a elaboração da praxia exige não só a integração sensorial de informações oriundas do corpo (intracorporais – íntero e proprioceptivas), mas também informações vindas do meio exterior (extracorporais – exteroceptivas), que conferem o sentido e o propósito da ação intencional. Sem integração e interação sensorial, a elaboração práxica está comprometida, pondo em risco a execução das tarefas a executar.

O desenvolvimento das praxias efetua-se na criança de forma progressiva. A área motora primária, responsável pelos movimentos voluntários, está plenamente desenvolvida por volta dos 4 anos, pois é neste período que a criança é capaz de fazer mímica, utilizando as partes do seu corpo para representar objetos, situações ou animais ausentes. Ela serve-se dos dedos para prolongar objetos, é capaz de concretizar o objeto imaginário. A área pré-motora, que será responsável pela combinação de gestos e de pô-los em relação em uma dada seqüência, permitindo o desempenho de gestos complexos, está plenamente desenvolvida, de acordo com Luria, por volta dos 6 ou 7 anos, pois é nesta idade que os objetos são representados de forma simbólica. Neste momento, a criança deixa, por assim dizer, de utilizar o seu corpo como prolongamento do objeto. Ela já consegue imitar corretamente com as mãos, ilustrando o manuseio perfeito do objeto.

O desenvolvimento das praxias ilustra uma hierarquia na complexidade dos gestos que é tributária da cultura onde a criança está inserida. Cada nova etapa do desenvolvimento das praxias aumenta o repertório dos gestos de comunicação e de interação, permitindo à criança o enriquecimento qualitativo e quantitativo do domínio do seu ambiente. Todo este desenvolvimento, como é óbvio, emerge em estreita relação com o desenvolvimento de outras funções emocionais e cognitivas. Até a adolescência as praxias vão evoluindo na razão direta da diminuição dos erros de ação na mobilização tônica, no ritmo, na amplitude, na harmonia cinestésica, etc. Se tais erros persistirem, os gestos serão acrescidos, diminuídos, irregulares, impulsivos, desplanificados. Com a desintegração caótica de dados intrassomáticos e extrassomáticos, com a busca de programas de ação irrelevantes e episódicos, sem qualquer planificação consciente, sem a regulação intencional subseqüente da linguagem interior, a evolução humana não seria possível, nem o desenvolvimento psicomotor da criança, viável (Pilbeam, 1970, 1972).

## ORGANIZAÇÃO NEUROFUNCIONAL DA PRAXIA

O movimento voluntário, aqui também referidos como praxia, só pode resultar da cooperação de várias zonas corticais e subcorticais, e não, como se pensava na teoria fisiológica clássica, das células piramidais de Betz, responsáveis pela condução ideocinética. O movimento intencional depende da cooperação funcional das seguintes zonas:

1. zona pós-central somático-sensorial (retroação tátil-cinestésica);
2. zona parieto-occipital (interação intrassomática dos dados tônicos, posturais,

somatognósicos e extracorporais e espaço-temporais);
3. zona pré-(psico)motora frontal (seqüencialização do comportamento motor);
4. zona frontal (planificação motora), jogando com vários substratos neurológicos, principalmente da substância reticulada, do cerebelo, dos núcleos cinzentos da base, dos lobos parietal, occipital e temporal – síntese polissensorial posterior – e da área suplementar motora, que antecede a ativação piramidal (Wallon, 1925, 1928, 1932a, 1959a; Luria, 1965, 1975; Bernstein, 1967; Allen e Tsukahara, 1974; Quirós e Schrager, 1978; Granit, 1977, Deecke e Kornhuber, 1978; Rolland, 1984; Prechtl, 1981).

O conceito de cooperação funcional que preside a organização das praxias compreende, igualmente, o conceito da falta de unicidade ou de uniexclusividade dos sistemas funcionais, sugerindo ser a multiplicidade dos sistemas funcionais que surge como responsável por um dado comportamento. Isso significa que, quando um substrato se encontra lesado, o comportamento pode ser prosseguido devido à disponibilidade e à acessibilidade de um sistema funcional alternativo. Daí os efeitos de uma lesão cerebral na criança ou no jovem serem substancialmente diferentes dos do adulto; os processos de imaturidade, desmaturidade e maturidade e de plasticidade são distintos uns dos outros.

De acordo com este conceito, não existe uma correspondência linear entre um comportamento e uma zona específica do cérebro, uma vez que a sua característica funcional se revela extraordinariamente flexível e versátil. Por exemplo, no caso de uma dispraxia ou de uma dislexia, se a criança não pode produzir uma seqüência de movimentos ou não consegue ler por razões disfuncionais, os sistemas funcionais responsáveis por tais funções psíquicas superiores podem evocar alguma perturbação, pelo menos em um dos elos da cadeia, ou, possivelmente, em mais de um.

Esta perspectiva não se baseia, portanto, em uma abordagem puramente padronizada do comportamento humano, mas, sim, em uma abordagem comportamental dinâmica, apoiada na análise qualitativa do nível de realização ou de desempenho motor de pacientes. Por respeitar tais conceitos e pressupostos neurofuncionais, uma aplicação da bateria neuropsicológica de Luria demora cerca de 6 horas (Christensen, 1974, 1979).

Nenhum movimento pode ser descrito como simples, pois o seu controle é exercido por redes e anéis de neurônios interconectados, que envolvem interações e informações a todos os níveis do sistema nervoso central. Mesmo os movimentos mais simples contêm modulações dos próprios anéis, que contêm em cada nível estrutural do sistema nervoso dispositivos de *input* e de *output* e vários sistemas de sinais, dando lugar a múltiplos processos da adaptação às circunstâncias em mudança onde estes ocorrem.

Em termos de teoria de controle, o movimento voluntário humano não encerra apenas *outputs*, mas, igualmente, *inputs* múltiplos, dinâmicos e não-lineares. A característica de servomecanismo que lhe é inerente sugere a coibição de múltiplas interações entre os vários sistemas motores – piramidal, extrapiramidal, reticular, cerebelar e medular. Com distintos sistemas motores e concomitantes estruturas neurológicas conectadas com as principais vias sensoriais, o controle piramidal do movimento voluntário humano é essencialmente orientado para os músculos distais das extremidades do corpo, do lado oposto ao do cérebro. O controle extrapiramidal e reticulado lateral, juntamente com os fascículos rubroespinais e retículo-espinhais, ocupa-se, pelo contrário, do controle dos músculos dos membros contralaterias. O controle vestibular, por outro lado, juntamente com controle reticular médio e as vias medianas, que descendem bilateralmente pelo tronco cerebral e pela medula, ocupa-se principalmente do controle dos músculos axiais e da postura. Os gânglios da base e o cerebelo encarregam-se de coordenar os vários sistemas de controle referidos, e estão extremamente relacionados com a fluência dos automatismos e com a regulação sensorial (dita parietal) dos movimentos voluntários.

Quando estudamos a praxia, estamos perante uma verdadeira engenharia de sistemas de controle, uns abertos, também designados pré-programados ou planificados, e outros fechados, igualmente chamados de retroalimentação ou de seguimento. A divisão clássica entre movimentos voluntários e automáticos é puramente fictícia, apesar de um grande espectro de movimentos não requererem nenhum esforço consciente. Não obstante, nenhum movimento voluntário, ou praxia, pode efetuar-se sem ajustes automáticos e posturais simultâneos. Não gerindo com eficácia as mudanças permanentes do centro de gravidade, não fixando a base de um membro que vai ser movido ou não lendo as circunstâncias externas, a adaptação, a adequação, a direção e a precisão do movimento são determinantemente afetadas, como se pode reconhecer em indivíduos apráxicos com lesões cerebrais.

A idéia clássica de que os movimentos voluntários, ou praxias, seriam iniciados em um centro cortical único e a idéia de que o seu controle poderia ser visto com uma hierarquia de reflexos em cadeia ativados uns sobre os outros, estão ultrapassadas. A iniciação do movimento não é um acontecimento unitário. Pelo contrário, implica a interação sistêmica de:

- processos de decisão (motivação, intencionalidade, etc.);
- processos de programação interna (envolvendo dados tônicos, posturais e somatognósicos);
- processos de ativação sensorial (proprioceptivos e exteroceptivos);
- processos de reaferenciação (retroalimentação e transformação sensitivomotora).

Como podemos observar por tais processos de organização motora, qualquer movimento voluntário não pode apenas ser produzido na base de impulsos eferentes. Em complemento, são fundamentais os impulsos aferentes, que informam o cérebro da posição do corpo no espaço, da disposição das articulações para a ativação postural e locomotora, dos inúmeros graus de liberdade envolvidos nos membros, bem como dos níveis de tonicidade inicial e seqüencial que acompanham o início, a duração e o fim do movimento.

A praxias, como movimentos organizados, só podem emergir na presença de impulsos eferentes (motores) e aferentes (sensitivo-sensoriais). A estrutura complexa das praxias é exigida para satisfazer as condições fundamentais e invariantes das tarefas motoras em jogo, podendo a sua *performance* ser efetuada por diferentes maneiras. Por exemplo, escrever pode ser realizado com uma caneta, com um lápis ou giz, com a mão dominante ou não-dominante, eventualmente com o pé ou com a boca, sem que a sua significação psicolingüística seja afetada. De qualquer maneira, para atingir o fim, a praxia requer uma análise mental detalhada da posição inicial do corpo, das características dos objetos a manipular, das condições e das relações espaciais e ecológicas onde a seqüencialização dos movimentos vai ocorrer. Em síntese, trata-se da coordenação de pormenores em um todo coerente.

A praxia, como qualquer outra função psíquica superior, como as diferentes formas receptivas e expressivas de linguagem falada ou escrita, compreende uma estrutura mental sistêmica e complexa. O ponto preciso no qual o processamento sensorial é transformado ou transferido em ação motora não pode ser estabelecido em nenhum lugar específico do cérebro. A execução motora tem atrás de si a planificação de programas interiores, que podem ser ativados espontaneamente ou em resposta a estímulos externos, planificação que é estabelecida igualmente com a interação da reaferência, ou seja, com a retrointegração dos efeitos contextuais e ecológicos provocados por ela.

A execução motora é desencadeada a partir dos dados dos receptores a distância (visão e audição), que determinam o fim ou o objetivo a alcançar pela praxia, e pelo receptores proximais (proprioceptividade, pele, sistema vestibular, etc.), que fornecem a retroalimentação detalhada (*feedback*) necessária ao controle das diferenciadas ações musculares em execução. Quem se ocupa da integração sensorial do movimento voluntário é o cerebelo, que também se ocupa do controle postural, e os gânglios basais, que acabam por selecionar e por libertar os automatismos necessários, dando ao movimento toda a sua fluência e harmonia cinética, como já vimos.

A praxia é característica da espécie humana, sendo, portanto uma expressão motora única no reino animal. Não decorre do controle de circuitos de neurônios, onde um dado organismo apenas produz comportamentos reflexos e automáticos, mas, sim, de um complexo neuronal baseado em uma informação multissensorial mediatizada, analisada e armazenada, que produz um comportamento motivado e intencional.

Recorrendo à filogênese do desenvolvimento psicomotor, sem o bipedismo (macromotricidade, postura), a espécie humana não atingiria as praxias (micromotricidade, oromotricidade, grafomotricidade), que estão na base da sua evolução cultural (hominização). Efetivamente, com o bipedismo, a posição do eixo do crânio e da coluna vertebral deu lugar a múltiplas transformações do esqueleto humano (Fonseca, 1989, 1999b, 2003), principalmente nas suas extremidades (pé, mão e boca), mas também deu lugar a inúmeros sistemas de controle axial (subcortical) e apendicular (cortical). Com tal aquisição antropomórfica, as mãos libertaram-se, dando origem à dextralidade, que está na base da concepção e da construção de utensílios, gerando, igualmente, novos sistemas de controle cortical (sensorial e motor) das praxias finas.

A função práxica, que emerge do controle postural, dá lugar ao surgimento da habilidade manual, por um lado, e da capacidade articulatória, por outro, ambas só possíveis pela especialização cruzada dos dois lados do corpo e dos dois hemisférios do cérebro. Micromotricidade e oromotricidade, que estão na base da emergência da linguagem, são efetivamente dois eventos práxicos primaciais da evolução humana. Os sistemas de controle cortical e subcortical a que deram origem estão na base da organização e da aquisição das funções psíquicas superiores, como a linguagem falada e a escrita. De acordo com Luria (1980a, 1977a, 1977c) e Geschwind (1985, 1975, 1972), em analogia com a praxia, a linguagem, quer falada, quer escrita, integra também a cooperação de várias áreas:

- no caso da linguagem falada, a recepção da fala ou a compreensão auditiva (*input*) envolve a sensação procedente dos ouvidos, que é recebida pelo córtex auditivo primário, (captação de fonemas), sendo posteriormente processada em morfemas, com base semântica na área de Wernicke (segunda unidade funcional luriana), enquanto a expressão da fala (*output*) requer que as suas representações sejam transferidas daquela mesma área para a área de Broca (terceira unidade funcional luriana), através dos fascículos arqueados. Nesta área pré-frontal, a fala envolve um detalhado plano oromotor de articulação (produção de articulemas), do qual participa o anel córtico-cerebelar, por sua vez transmitido para a área motora primária, para desencadear a execução seqüencializada dos múltiplos movimentos da laringe, da faringe, da língua e dos lábios;
- no caso da linguagem escrita receptiva (leitura), a recepção das letras (*input*) é feita no córtex visual primário (captação de optemas,) através de complicados processos de fixação e de focagem, dos quais participa o sistema visual magnocelular, sendo posteriormente transmitida ao giro angular para associar-se e equivaler-se à logografia da palavra com o correspondente modelo auditivo (fonológico e morfológico) na área de Wernicke. No caso de uma leitura silenciosa, a compreensão opera-se neste sistema funcional (segunda unidade funcional), no caso de uma leitura oral, o processo é similar ao processo expressivo da linguagem falada, utilizando os mesmos substratos neurológicos acima descritos.

Em contrapartida, a linguagem escrita expressiva (escrita – *output*), envolve que as representações das letras (traços e linhas pormenorizadas e fonemas correspondentes) sejam transferidas do córtex associativo visuoauditivo, em primeiro lugar, para o córtex parietal associativo, a fim de formular visuoespacialmente e tátil-cinestesicamente as formas das letras, e, em segundo lugar, para a área de Exner (terceira unidade funcional), onde se opera um detalhado programa grafomotor (produção de grafemas), terminando na área motora primária a execução seqüencial micromotora dos gestos da escrita, pondo em movimento múltiplos músculos da coluna, do ombro, do braço, do antebraço, do pulso, da mão e dos dedos, onde, novamente, o anel córtico-cerebelar tem um papel crucial.

Todos estes sistemas funcionais da linguagem corporal falada e escrita põem em jogo, como acabo de ilustrar, uma harmonia complexa de componentes de processamento de informação, que, no fundo, constituem o conjunto das funções mentais que suportam as aprendizagens não-simbólicas e simbólicas (Luria, 1968).

Em resumo, quando um dos componentes dos sistemas funcionais que acabo de descrever se encontra disfuncional, imaturo ou lesado, a organização da linguagem, falada ou escrita, pode ser comprometida, podendo gerar disfasias, disnomias, disartrias, ora, diversos tipos de afasias, no caso do primeiro sistema simbólico, dislexias (diseidéticas ou disfonéticas), disortografias e disgrafias, alexias ou agrafias, no caso do segundo sistema simbólico, podendo, entre ambos os sistemas, surgir uma cadeia ontogenética causal.

Por esta simples apresentação dos sistemas funcionais da linguagem falada e da escrita, pode-se supor que os problemas encontrados em disléxicos, por exemplo, podem ser atribuídos não só a déficits cerebelares (Fawcet, 2001; Fawcet e Nicolson, 2001), que interferem na atenção e nos processos automáticos sensório-motores básicos, mas também a déficits de processamento multissensorial, quer simultâneos e seqüenciais, quer fonológicos e semânticos.

De acordo com tais conceitos lurianos, não existe uma correspondência linear entre um comportamento e uma zona específica do cérebro, levando em consideração a natureza sistêmica das funções cerebrais. Luria (1966b) adota uma metodologia de estudo do cérebro centrada mais em síndromes (padrões de sintomas) do que em sintomas isolados, quando o estuda funcionalmente, a partir da análise dos seus distúrbios. A disfunção cerebral que resulte de uma estrutura ou de uma zona específica dentro do sistema total pode manifestar-se por diferentes déficits funcionais, de acordo com o foco da lesão ou a distribuição da disfunção. Por exemplo, no caso de uma dislexia, se a criança ainda não pode ler por razões de imaturidade neurológica, os sistemas funcionais responsáveis por tais funções psíquicas superiores, sejam corticais ou subcorticais, podem estar disfuncionais, pelo menos em um elo da sua cadeia, ou, possivelmente, em mais de um.

Esta perspectiva não se baseia, portanto, em uma abordagem lesional fixa ou imutável do cérebro, mas, sim, em uma abordagem clínica dinâmica suscetível de modificabilidade neurofuncional sustentada em uma análise qualitativa da sua plasticidade e da sua reorganização seqüencial. De acordo com Luria (1975a), o cérebro opera como um organizador funcional complexo e superarticulado em qualquer tipo de aprendizagem, tendo por fundamento o papel multicomponencial do processamento de informação, consistindo o seu trabalho em múltiplas interações neurofuncionais e sistêmicas, abrangendo várias áreas do cérebro.

Esquematicamente, Luria confere a tais áreas funções específicas, cada uma delas participando, como mencionado, em diversos sistemas funcionais, dependendo da experiência de aprendizagem peculiar do indivíduo e do seu contexto sócio-histórico de mediatização (Fonseca, 1996, 2001).

## AS TRÊS UNIDADES FUNCIONAIS DA ORGANIZAÇÃO CEREBRAL

Luria apresenta o cérebro humano como o resultado da integração sistêmica progressiva de três unidades funcionais básicas:

— primeira: unidade de alerta e de atenção;
— segunda: unidade de recepção, de integração, de codificação e de processamento sensorial;
— terceira: unidade de execução motora, de planificação e de auto-regulação.

Cada uma destas unidades está envolvida em todos os tipos de aprendizagem, da praxia à linguagem, sem exceção. Todavia, a relatividade da contribuição de cada uma delas varia conforme o comportamento considerado, isto é, verbal ou não-verbal, simbólico ou não-simbólico, lingüístico ou práxico, etc. A segunda e a terceira unidades são igualmente subdivididas em mais áreas distintas: primárias, secundárias e terciárias. Vejamos de forma necessariamente muito reduzida as funções principais de cada uma das unidades.

### Primeira unidade - de alerta e de atenção

Localizada nas estruturas subcorticais e axiais do cérebro que suportam os dois hemisférios, integra o sistema de ativação reticular ascendente e descendente (SARA e SARD) e um conjunto difuso e interligado de estruturas, que são responsáveis pela modelação do alerta cortical, pelas funções de sobrevivência, pela vigilância tônico-postural e pela filtragem e integração dos *inputs* sensoriais.

Esta unidade compreende a medula, o tronco cerebral, o cerebelo, o sistema límbico e o tálamo. Sem ela, o cérebro é incapaz de responder aos estímulos do mundo ao redor, pondo em risco não só a interação corpo-cérebro (dita intrassomática), como, igualmente, a interação sensório-motora do organismo total do indivíduo com os seus ecossistemas (dita extrassomática). Sem ela, nenhuma aprendizagem é possível, o acesso a funções psíquicas superiores não é viável. As desordens desta unidade podem explicar vários casos de déficits de atenção, de hiperatividade e de hipoatividade em muitas crianças com dificuldades de comportamento e de aprendizagem.

Por estar implicada na filtragem e na integração sensório-tônica básica, esta unidade impede que o cérebro seja inundado desnecessariamente com informação sensorial irrelevante, que possa interferir negativamente no processamento cognitivo mais elaborado, desempenhando, por esse fato, um papel fundamental na focagem e na fixação da atenção, na concentração, na integração experiencial e emocional e em outras funções similares.

### Segunda unidade - de recepção, de integração, de codificação e de processamento sensorial

Trata-se da unidade responsável pela maioria das aprendizagens precoces, sejam tônico-emocionais ou póstero-motoras (quando envolvem as áreas primárias), e, mais tarde, pelas aprendizagens pré-escolares e escolares (quando envolvem as áreas secundárias e terciárias).

É uma unidade funcional essencialmente constituída pelas zonas hemisféricas posteriores dos lobos occipitais (visão), temporais (audição) e parietais (tátil-cinestésica), e é composta por áreas primárias, secundárias e terciárias.

---

**1. UNIDADE – ALERTA E ATENÇÃO**
Substrato = substância reticulada e cerebelo

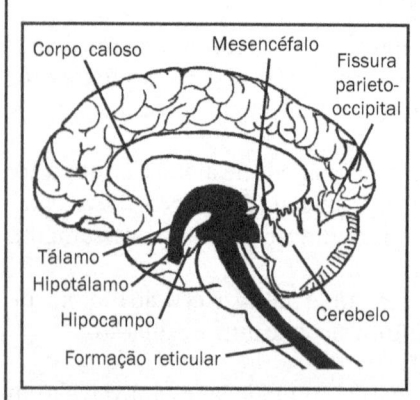

- A função de alerta consiste na atividade que ocorre dentro do cérebro e que é responsável pela manutenção de um estado de vigilância.
- A atenção está interligada com o hipotálamo, que mantém o nível ótimo do metabolismo fisiológico (p. ex.: bem-estar, fadiga, motivação), componente crucial no desempenho de qualquer atividade.
- A mesma função relacionada com o reflexo de orientação que emerge no confronto com um novo estímulo (sistema de alarme).
- A função de alerta estreitamente relacionada com a atenção, gere o tônus postural e cortical, mas a atenção envolve a seletividade e a sustentação modulada das atividades cognitivas superiores.
- Alerta e atenção são funcionalmente interdependentes, selecionam, filtram, focalizam, alocam e refinam a integração de estímulos.
- A sua disfunção pode gerar hiperatividade, implicando problemas de processamento (percepção + memória) e de planificação.

1. As áreas primárias são áreas de recepção sensorial que estão em estreita conexão com a periferia corporal e com os órgãos sensoriais (próprio e exteroceptivos), predeterminadas geneticamente e sem diferenciação hemisférica, cuja disfunção provoca a cegueira ou a surdez cortical, dado que representam o início da integração cortical.
2. As áreas secundárias são áreas de análise, de síntese, de retenção e de integração da informação intrasensorial específica, recebida das áreas primárias com base em processos perceptivos simultâneos e seqüenciais já especializados hemisfericamente, onde se verifica a ocorrência de múltiplos processos de discriminação e de identificação, de associação e de categorização de dados intra e intersensoriais, além de:
   - inúmeros subprocessamentos acústicos do som (p. ex.: timbre, ritmo, etc.), de fonemas e de monemas, para o caso do sentido da audição;
   - múltiplos e diversificados subprocessamentos do espaço (p. ex.: locação, detecção, posição, orientação, lateralização, etc.), que incluem os subsistemas magnocelular e parvocelular envolvidos no rápido escrutínio e na coordenação visuomotora, da figura-fundo, da cor, da forma, da espessura, do tamanho de formas, figuras, signos, letras, números, etc., no caso do sentido da visão;
   - complexos subprocessamentos somatognósicos das posturas e das praxias globais e finas, da análise, da síntese e da localização tátil e cinestésica, vestibular e proprioceptiva do corpo e da sua integração emocional e experiencial de gestos e de ações espaço-temporalmente organizadas, no caso do sentido tátil-cinestésico (Fonseca, 1992).

Tais funções tornam-se essenciais para fazer emergir a linguagem corporal, em seguida a linguagem falada e, mais tarde, a escrita, onde os fonemas devem ser devidamente fragmentados (conscientializados), seqüencial e rapidamente articulados para que se formem palavras e frases nas áreas terciárias, ou para fazer emergir a rápida categorização optema-fonema e fonema-monema, no caso da leitura, bem como a rápida rechamada dos grafemas, onde os traços, os ângulos, as formas, as posições e as relações espaciais das letras devem ser devidamente manipulados para produzir a escrita.

Nesta unidade, os optemas (visão), os fonemas (audição), os articulemas (fala-oromotricidade) e os grafemas (escrita-grafomotricidade) devem produzir rápidas e automáticas equivalências sensoriais (gnosias), que serão mobilizadas posteriormente pela terceira unidade do lobo frontal, a fim de exprimirem respostas adaptativas (praxias).

As lesões ou disfunções que se verificarem nestas regiões vão, obviamente, interferir com a natureza seqüencial da análise, daí resultando desordens de processamento ou de reconhecimento de informação, ora omitindo e substituindo dados, ora adicionando e distorcendo outros, dando origem a desordens que apresentam um elevado grau de diferenciação intra e inter-hemisférica (Zangwill, 1960).

O hemisfério esquerdo, na maioria dos indivíduos, é mais vocacionado para o processamento e o reconhecimento de informação verbal e simbólica, ou seja, mais analítica e localizacionalmente mais organizada, enquanto que o hemisfério direito é mais predominantemente orientado para o processamento e o reconhecimento da informação não-verbal e não-simbólica, espacial e musical, postural e facial, ou seja, é mais difusamente organizado, dado subsistirem redes funcionais que apresentam distintos mediadores químicos em ambos os hemisférios, sendo o direito mais precoce e holístico que o esquerdo na filogênese e na ontogênese da aprendizagem, destacando o papel dos dois hemisférios no seu desenvolvimento hierarquizado (Fonseca, 1989, 1996).

Independentemente desta especialização hemisférica fundamental, que ocorre sensivelmente por volta dos 7 ou 8 anos, os dois hemisférios atuam em perfeita harmonia e empatia funcional, havendo mesmo competências lingüísticas que são mediadas pelo hemisfério direito, como no reconhecimento de palavras longas e complexas e como na percepção e na retenção de sons consonantais (Luria, 1980, 1977a, 1977c, 1966a,), ao mesmo tempo que o hemisfério esquerdo também se encontra envolvido em processos de análise espacial, como, por exemplo, no reconhecimento de figuras familiares.

Em termos de resumo, para se atingir eficácia na aprendizagem, o que se passa é mais uma intrincada, coordenada e hierarquizada interação inter-hemisférica, mediada pelo corpo caloso, do que uma mera divisão dicotômica e funcional entre os dois hemisférios;

3. As áreas terciárias, essencialmente localizadas no lobo parietal de ambos os hemisférios, são áreas responsáveis pela integração sensorial crosso-modal e simultânea, em oposição à integração seqüencial característica das áreas secundárias.

Esta integração simultânea auditivo-visual ou visuoauditiva, auditivo-tátil-cinestésica, visuotátil-cinestésica ou visuoespacial completa a análise seqüencial daquelas mesmas áreas, envolvendo processos cognitivos de decodificação-codificação, necessários para a leitura (integração visuoauditiva ou óptico-fonética), a escrita (integração auditivo-tátil-cinestésica para o ditado), a aritmética (integração da visuotátil e visuocinestésica do corpo e da sua localização espacial básica).

A gramática, a abstração, a análise lógica, a compreensão das preposições, a rotação espacial, a determinação e a projeção angular, as exterognosias, etc., são funções específicas das áreas terciárias, funções essas, com algumas exceções, que constituem a maioria dos testes de inteligência, como o WISC (Weschler, 1974). Tratamse, portanto, de funções cognitivas com maior poder de especialização hemisférica, cuja disfunção sugere a taxonomia das dificuldades de

---

**2. UNIDADE – CODIFICAÇÃO**
Substrato = lobo occipital, temporal e parietal

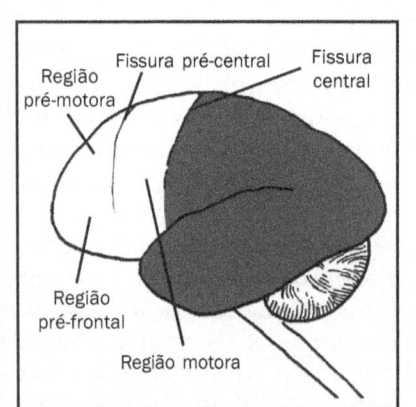

- O termo codificação refere a análise, a síntese, o armazenamento e a recuperação da informação envolvendo a significação e a relação com a base de dados já integrada no cérebro.
- A informação é codificada de duas formas: simultânea e sucessiva (seqüencial).
- O processamento simultâneo ocorre quando a informação é sintetizada, em unidades espaciais ou relacionais, isto é, quando todas as partes surgem ao mesmo tempo (p.ex.: figura/imagem). Em contrapartida, o processamento sucessivo ocorre quando a informação é fornecida em uma unidade de cada vez (p.ex.: número de telefone, ditado). Aqui o cérebro segura ativamente cada elemento, até que todos os outros sejam apresentados, no fim do qual emerge o seu significado.
- Ambos os processos envolvem complexas desconstruções e reconstruções, e ambos estão envolvidos nas atividades cognitivas mais complexas (p.ex.: leitura).
- Processamento da informação quer no seu conteúdo (verbal/não-verbal), nas modalidades (V+A+TQ), quer nos seus níveis (percepção + imagem + simbolização + conceitualização), requerem a combinação sistêmica dos dois tipos de processamento (cognição = processamento simultâneo + processamento sucessivo).

aprendizagem (Fonseca, 1999, 1987) disnomias, disfasias, disartrias, no caso da linguagem falada, ou dislexias, disortografias, disgrafias e seus sutipos, no caso da linguagem escrita.

### Terceira unidade: de execução motora, planificação e de auto-regulação

Compreende a unidade de *output* motor do cérebro, consistindo no lobo frontal, que representa também o nível mais elaborado de desenvolvimento do cérebro humano, a central de comando de onde partem as vias motoras piramidais fugais descendentes, que se dirigem aos grupos musculares específicos, que concretizam, realizam e executam qualquer tipo de praxia – macro, micro, oro ou grafomotora.

É também estruturada em áreas primárias, com as unidades motoras de *output*, onde a execução motora é desencadeada, em áreas secundárias, com centros de organização seqüencial e temporal de condutas dependentes de retroinformações cinestésicas e proprioceptivas, de onde surgem os centros de planificação, e, finalmente, em áreas terciárias, também designadas pré-frontais, com centros de antecipação, de auto-regulação, de autocontrole, de desprogramação-reprogramação, de reaferência e retrocontrole emocional, de superfocagem da atenção, de flexibilidade e de plasticidade, etc., que refletem a atividade cognitiva que antecede a produção de competências de aprendizagem.

Todas as áreas desta unidade frontal, independentemente de um processo neuroevolutivo idêntico às áreas da segunda unidade, evoluem da maturação das áreas motoras primárias, passam sucessivamente às áreas secundárias e depois às terciárias. As três áreas, mais uma vez, operam interligadas e sistemicamente. Para que a aprendizagem humana ocorra de forma adequada, ou qualquer outra função psíquica superior, como ler, escrever ou resolver problemas, as três áreas contribuem de forma harmônica para a sua expressão.

Nas áreas pré-frontais, por mim designadas psicomotoras, emergem as funções executivas de planificação, de auto-regulação, de suporte à decisão (*decision making*), de avaliação, de continuidade temporal, de controle emocional, de

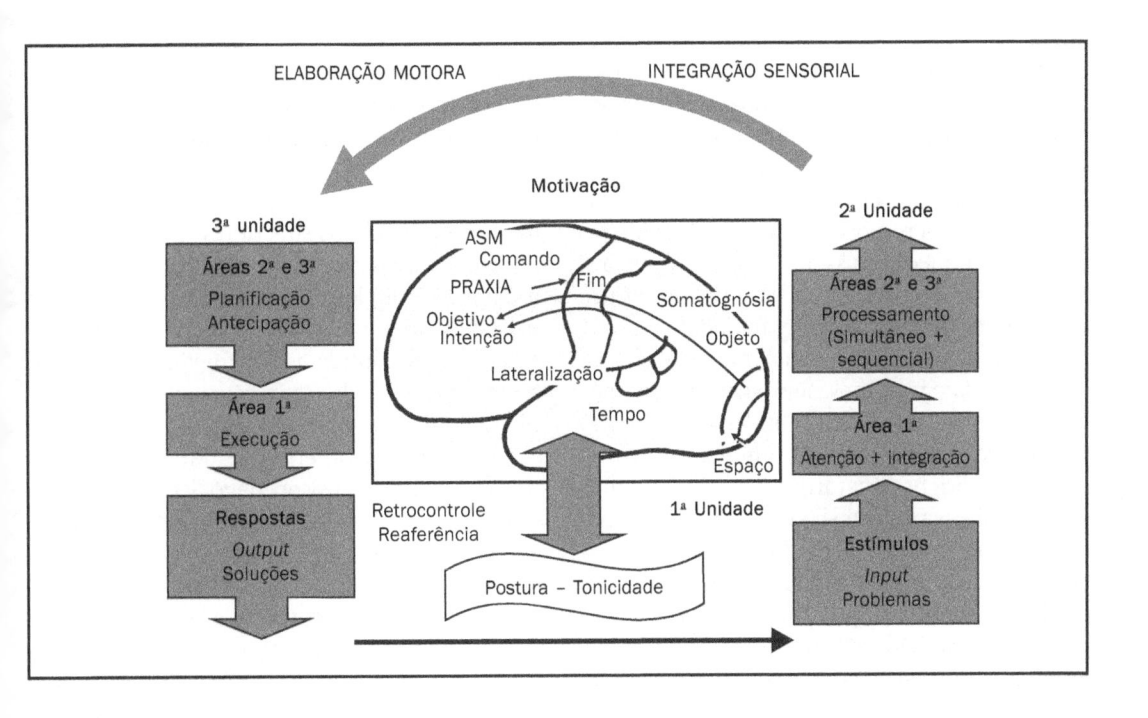

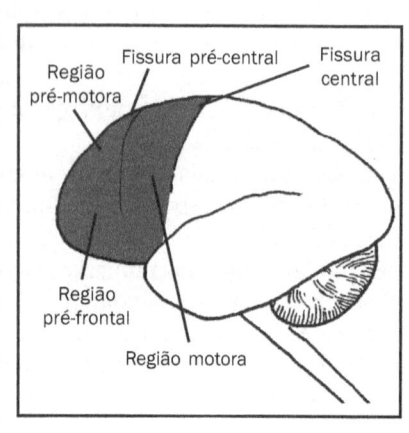

> **3. UNIDADE – PLANIFICAÇÃO**
> Substrato = lobo frontal
>
> Região pré-motora — Fissura pré-central — Fissura central
> Região pré-frontal
> Região motora
>
> - O termo planificação envolve o desenvolvimento de uma seqüência de ações ou de uma série de manobras e procedimentos para atingir um fim (objetivo = fim).
> - A planificação põe em marcha um sistema de organização, que inclui estratégias, metaplanos e programas de elaboração, regulação, execução, controle e monitorização de ações com validade ecológica, isto é, resolução de problemas com soluções adaptadas.
> - Implica cinco dimensões:
>   identificar a ação desejada
>   seqüencializar procedimentos
>   recuperar dados relevantes
>   alocar recursos cognitivos
>   decidir e executar
> - Recorre a uma internalização verbal e autocontrolada, uma atenção voluntária construída, testada e refinada.
> - Trata-se de uma cognição da cognição (metacognição), pondo em jogo uma tomada de consciência.

controle inibitório, de atraso e distância interiorizada, de gratificação adiada, de atenção voluntária, de criatividade, etc.

A função de planificação antecipada da *performance* práxica ou lingüística é, obviamente, responsável pela evolução humana e pela evolução dos processos de aprendizagem. Como os lobos frontais recebem informações das áreas secundárias e terciárias sensoriais da segunda unidade funcional posterior do cérebro, assim como recebem informações do sistema límbico, do tronco cerebral e, fundamentalmente, do cerebelo da primeira unidade funcional axial do cérebro, os seus sistemas funcionais, ao analisar esta informação multifacetada, dispõem das condições necessárias para planificar a resposta terminal, perfeita e racionalmente adequada às mudanças ambientais, às exigências da informação sensorial presente e às experiências passadas e acumuladas.

Sendo a unidade funcional que mais tarde é desenvolvida em termos neurológicos, ela integra a segunda e a primeira unidades, mais precocemente desenvolvidas. Conseqüentemente, ela guia e orienta hierarquicamente as áreas subcorticais, permitindo a sua modelação consciente e atencional. Dotada desta arquitetura cibernética complexa, a terceira unidade frontal avalia se a família de procedimentos de planificação-execução são consentâneos com objetivos de longo termo e se a monitorização dos fins está assegurada. Colocar planos em prática representa uma função crucial dos lobos frontais, tornando a ação (praxia e linguagem) vicária do pensamento. É disso que se trata quando a criança domina os mecanismos léxicos e simbólicos.

O cérebro, como órgão da civilização (Vygotsky, 1993, 1979a, 1979b) e da aprendizagem (Luria, 1990, 1980; Santana, 1999), transforma precocemente a ação em pensamento e, posteriormente, o pensamento em ação, ambos mediados pela linguagem interiorizada. Tal circularidade ou anel funcional garantiu à espécie humana um processo evolutivo e maturacional sem paralelo na natureza, consubstanciando a função principal dos lobos frontais na produção de comportamentos ou condutas superiores.

Em síntese, para diferenciar a maturidade da imaturidade dos lobos frontais, é preciso equacionar não só a natureza dos déficits, como a natureza da aprendizagem e da mediatização, pois só aguardando pela adolescência podemos inferir ou clarificar o verdadeiro potencial de modificabilidade que se observa na infância. Desta forma, o diagnóstico psicopedagógico ganha outra dimensão antropológica e educacional, não pode apenas apresentar indícios etários classificativos, mas tem de se centrar em dimensões dinâmicas mais prescritivas e prospectivas (Lidz, 1987).

Levando em consideração a arquitetura da organização funcional do cérebro, o desenvolvimento neuropsicológico em Luria parte da noção de que, na criança, o processo maturacional é substancial e qualitativamente diferente quando comparado com o do adulto, no qual pressupõe-se que todas estas unidades funcionem integralmente (Christensen, 1979, 1974). Na criança, as aquisições decorrentes da aprendizagem em uma certa idade vão sendo adquiridas progressivamente e integradas seqüencialmente, em um processo evolutivo longo, desde a imaturidade, passando pela desmaturidade até atingir a maturidade neuropsicológica.

Todo este processo de desenvolvimento, extremamente complexo e articulado entre as três unidades funcionais cerebrais, ocorre em um tempo ontogenético, e é necessariamente contextualizado socialmente. A multiplicidade interativa dos ecossistemas sociais (micro, meso, exo, macro) que atuam sobre a criança, ora seqüencialmente, ora simultaneamente, vão determinar a qualidade do seu processo de desenvolvimento, que se torna, em essência, multicomponencial, multiexperencial e multicontextual (Brofenbrenner, 1977).

O desenvolvimento neuropsicológico e concomitantes sistemas funcionais surgem apenas quando interagem com um ambiente apropriado e com adequados requisitos de mediatização (Fonseca, 1996, 2001). Se uma criança for criada com indivíduos que não falam nem lêem e não a mediatizam simbolicamente, ela nunca aprenderá a falar ou a ler (paradigma das crianças selvagens, p. ex., caso Genie [Curtis, 1977]). O desenvolvimento neuropsicológico é, portanto, o produto final de vários fatores: mielinização, crescimento axodendrítico, crescimento dos corpos celulares, sinaptogênese, estabelecimento de circuitos interneuronais e muitos outros eventos bioquímicos.

Os substratos neurológicos intactos e o ambiente ecológico facilitador interagem reciprocamente para que as formas transientes ou seqüenciais de aprendizagem possam surgir de acordo com uma hierarquia pré-estruturada. Sem experiências de aprendizagem mediatizadas (Feuerstein et al., 1979; Fonseca, 1996), as habilidades cognitivas e simbólicas não emergem, pois não basta que a maturação neurológica ocorra de acordo com a lógica natural e temporal, é crucial que se observe um processo intencional de interação sociocultural e de mediatização entre indivíduos experientes e inexperientes (Vygotsky, 1993).

Em resumo, a compreensão da organização neuropsicológica da cognição, com base em Luria, torna-se um paradigma fundamental para a educação e para a reabilitação, na medida em que operacionaliza a praxia e viabiliza a sua modificabilidade estrutural. A praxia, a leitura, a escrita e o cálculo exigem muitas componentes cognitivas interligadas, que podem ser desenvolvidas de muitas formas. Seu enriquecimento impõe-se no seio da sala de aula comum, uma vez que seu objetivo é compensar as áreas cognitivas fracas e trabalhar as fortes, respeitando os estilos cognitivos das crianças e dos jovens, adotando, para tanto, um diagnóstico psicomotor dinâmico, que deve identificá-las com precisão.

Não é mera utopia o treinamento de vários processos de informação, simultâneos e seqüenciais, não-verbais e verbais, não-simbólicos e simbólicos, visuais, auditivos e tátil-cinestésicos, com base na promoção e no enriquecimento psicomotor de processos de atenção seletiva e sustentada de decodificação automática, de associação optema-fonema e de fonema-monema, de análise fonológica e segmentação silábica e subsilábica, de memória visual e semântica, de otimização de habilidades de *input*, de integração, de elaboração e de *output* de compreensão e metacognição, de planificação e de auto-regulação, etc. Isso é possível uma vez que o propósito fundamental da educação e da reeducação psicomotora é acelerar o desenvolvimento emocional e cognitivo das crianças e jovens com – ou sem – dificuldades escolares.

Com a educação psicomotora, o objetivo é visar a otimização máxima possível do potencial de aprendizagem de estudantes com rendimento normal ou superior. Com a reeducação e terapia, a intervenção deve ter como finalidade a compensação e o enriquecimento do potencial psicomotor de indivíduos portadores de desigualdades sociais, de dificuldades, de perturbações, de transtornos e dificuldades de aprendizagem, ou mesmo ser dirigida para indivíduos portadores de necessidades especiais e invulgares. Uma abordagem cognitiva à praxia constitui, portanto, um novo desafio aos sistemas de educação e de formação, que têm a responsabilidade social de desenvolver, ao máximo possível, os recursos humanos em qualquer idade, condição ou contexto.

## ESTÁDIOS DO DESENVOLVIMENTO NEUROPSICOLÓGICO

O desenvolvimento neuropsicológico em Luria parte da noção de que a criança é muito diferente do adulto, que, portanto, não pode ser concebida como um miniadulto, no qual todas as unidades devem funcionar integralmente. A criança não possui todas as aquisições em uma determinada idade, ela vai adquirindo-as em um longo processo evolutivo, inserido em uma multiplicidade de contextos sociais e culturais. Por esse fato, não pode ser considerada deficiente motora aos 8 meses por não andar, nem afásica aos 12 meses por não falar.

O desenvolvimento neuropsicológico emerge quando a criança interage com um ambiente apropriado e sócio-historicamente contextualizado. Se uma criança for criada com primatas, ela nunca vai aprender a falar – novamente o paradigma das crianças selvagens. O desenvolvimento neuropsicológico, à luz de Luria (1975a, 1975b, 1979), é o produto final de vários fatores bioculturais: progressos na mielinização, crescimento dendrítico e axônico, crescimento dos corpos celulares e da sua densidade, migração celular, sinaptogênese, estabelecimento de circuitos interneuronais, eventos bioquímicos, etc., e, igualmente, a criação de condições de interação, de filiação, de reciprocidade afetiva relacional e segura, conforto, de vinculação, de imitação, de aprendizagem intencional, de mediatização, etc. Substratos neurológicos e ambiente facilitador têm de reciprocamente interagir entre si, de modo a que as formas transientes do comportamento possam surgir de acordo com uma hierarquia pré-estruturada. Sem experiências mediatizadas, as habilidades psicomotoras não emergem por simples maturação cerebral.

Luria, em analogia com Wallon e Piaget, sugere que o desenvolvimento neuropsicológico compreende uma impressionante sucessão de desequilíbrios funcionais, seguidos da reorganização dos circuitos neuronais disponíveis em novas estruturas de ação e de pensamento. Para esse autor russo, os processos de desenvolvimento são de natureza evolutiva, na medida em que representam níveis de maturação que se operam na estrutura de conjunto que é o cérebro. Todos os três autores sublinham que o cérebro da criança é um processador ativo de informação e um reorganizador de experiências vividas. Assim, a emergência de sistemas funcionais que sustentam a transição dos vários processos de linguagem, da corporal à falada, e desta à escrita, decorrem da formação de redes de conexões neuronais que se integram de forma progressiva.

Luria sugere uma seqüência bem-definida e cada vez mais integrada e complexa de cinco estádios evolutivos de integração progressiva na maturação cerebral:

- 1º estádio: desenvolvimento da unidade de vigilância e de atenção que corresponde ao desenvolvimento das capacidades de focalização atencional e afiliativa, com ramificações tônico-emocionais e tônico-posturais específicas, a que Wallon fez referência, envolvendo, essencialmente, a formação reticulada, o mesencéfalo e as estruturas cerebelares.
- 2º estádio: desenvolvimento das áreas motoras e sensoriais primárias, que vão permitir a emergência das coordenações motoras vertebradas das reptações, das quadrupedias, das braqueações esporádicas, etc., ilustrando a constituição de circuitos neuronais que explicam a expansão extraordinária da inteligência sensório-motora de Piaget e a superação dos reflexos iniciais ou incondicionados.
  Nesta fase, a criança não só adquire uma percepção progressivamente mais diferenciada no âmbito parietal (integração tátil-cinestésica), occipital (integração visual) e temporal (integração auditiva), como os seus gestos se organizam e se equilibram posturalmente, a maturação do córtex motor (frontal posterior) está em aceleração e as estimulações do ambiente encarregam-se de promover sistemas funcionais somestésicos, espaciais e temporais.

A seqüência do desenvolvimento e sua hierarquização, obviamente decorrentes de uma extraordinária plasticidade neuronal, envolta nos processos de aprendizagem e de mediatização cultural, parece seguir: um desenvolvimento motor durante o primeiro ano; um desenvolvimento somestésico e somatognósico, com a aquisição do eu corporal e do denominado *self*; um desenvolvimento visual e espacial, com o surgimento das praxias finas e lúdicas e das explorações iconográficas no segundo, e, paralelamente, um desenvolvimento auditivo, ao longo do terceiro ano, culminando com a emergência definitiva das competências da linguagem.

- 3º estádio: desenvolvimento das áreas motoras e sensoriais secundárias, que resultará em um acréscimo funcional em ambas, onde se irão operar processamentos de informação cada vez mais aptos e afinados às circunstâncias e às tarefas, permitindo afinar a percepção e a ação com memórias mais consistentes.

Ocorre a lateralização progressiva das funções da linguagem (surgimento do pensamento simbólico) e da praxia, permitindo à criança evoluir das experiências motoras meramente espaciais lúdicas às experiências simbólicas e representacionais, coincidentes com o período pré-operatório piagetiano e com os estádios projetivo e personalístico de Wallon.

A maturação das áreas secundárias motoras, isto é, pré-frontais, dá lugar a competências psicomotoras mais complexas e as praxias globais (coordenações oculopedais e oculomanuais, dissociações, eumetrias e sinergias), praxias finas (coordenação digital dinâmica, micromotricidade, grafomotricidade, etc.) e praxias orais (produções articulatórias e fonológicas mais precisas, longas e versáteis) atingem desempenhos mais seqüencializados, velozes, perfeitos e harmônicos, isto é, encontram-se neuropsicologicamente mais integradas.

- 4º estádio: desenvolvimento das áreas sensorias terciárias (lobos parietal, temporal e occipital), com as quais se geram e diversificam novos circuitos neuronais intermodais (visuo-audito-tátil-cinestésicos) característicos das aprendizagens escolares básicas da leitura, da escrita e do cálculo, de onde emergem as operações concretas piagetianas (princípios de conservação e de coordenação perceptiva) e o estádio categorial walloniano, a partir do qual o conhecimento do corpo, do objeto, do espaço e do tempo adquire propriedades de conservação, de sincretismo, de lógica, de relações de relações e de distanciação da realidade, dando lugar ao surgimento de procedimentos mais eficazes e econômicos entre objetivos e fins.

- 5º estádio: desenvolvimento das áreas de planificação e de execução terciárias (lobos pré-frontais), que permitem ascender aos modos operatórios formais, por meio da maturação progressiva das áreas mais implicadas na perícia de processos de pensamento hipotético-dedutivo e de processos de auto-regulação e metacognição, com o advento de repertórios vocacionais explícitos em vários domínios práxicos.

O desenvolvimento neuropsicológico, integrando sistemicamente o desenvolvimento psicomotor, emocional e cognitivo, explica-se em Luria pela emergência de sistemas funcionais cada vez mais complexos e cada vez mais integrados em cadeias, implicando uma multiplicidade de zonas cerebrais.

Na produção de praxias, todos os lobos estão implicados, assim como os dois hemisférios, na medida em que o desenvolvimento da criança se efetua através de uma seqüência bem-definida de estádios, a qual implica uma integração cada vez mais complexa de sistemas funcionais disponíveis, integração essa que conduz à reorganização progressiva dos processos de pensamento e de ação.

| DESENVOLVIMENTO DOS SISTEMAS FUNCIONAIS SEGUNDO LURIA (ORGANIZAÇÃO VERTICAL ASCENDENTE) | | | |
|---|---|---|---|
| Estádio | Sistema Funcional | Área Cerebral | Idade |
| 1 | Unidade de vigilância (atenção) | Substância reticulada e tronco cerebral | 0 – 12 meses |
| 2 | Áreas motoras e sensoriais primárias (integração) | Calcarina, superior temporal, pré e pós-rolândica | 0 – 12 meses |
| 3 | Áreas motoras e sensoriais secundárias (processamento) | Periestriada, parietal, temporal e pré-motora | 0 – 5 anos |
| 4 | Áreas sensoriais terciárias (elaboração) | Lobos parietais | 5 – 8 anos |
| 5 | Áreas motoras terciárias (planificação e regulação) | Lobos pré-frontais | 12 – 24 anos |

## A UNIDADE PSICOMOTORA: O CÓRTEX PRÉ-FRONTAL E AS FUNÇÕES EXECUTIVAS

Considerando o já exposto sobre o desenvolvimento psicomotor nos autores europeus e norte-americanos até agora considerados, sem dúvida, com os autores russos, e, principalmente, Luria, reforça-se e confirma-se a importância da sua concepção psicomotora para toda a problemática da aprendizagem na criança. Com ele, podemos confirmar como o córtex frontal é o responsável pela organização da motricidade, ao garantir um amplo controle dos diferentes grupos musculares, quer da superfície corporal para as funções de expressão e de *performance*, quer, paralelamente, da profundidade corporal para o seu suporte e sustentação (*motor background*).

Aliás, esta relação dialética entre os músculos da superfície e da profundidade, que implicam complexas modulações tônicas, verifica-se na motricidade humana não só entre os músculos que produzem a motricidade propriamente dita, mas também entre os músculos de suporte, mas ainda também entre músculos voluntários e músculos automáticos, músculos cinéticos e músculos posturais, músculos poliarticulares e músculos monoarticulares. Tais designações apenas pretendem caracterizar os músculos como órgãos efetores, mas também como órgãos receptores (produtores de informação), considerados segundo perspectivas diferentes, isto é, funcionais, anatômicas, topográficas, etc.

A motricidade, necessária às tarefas escolares, como a qualquer outra atividade social e laboral, encontra-se, segundo este autor, encadeada e integrada harmonicamente em padrões de comportamento, isto é, em constelações de sinergias, exatamente decorrentes da conexão de sistemas funcionais que as desencadeiam e regulam. É claro que não se manifesta aí apenas a função do córtex frontal, pois é parte integrante desta unidade de ação; manifesta-se, igualmente, a função das zonas subcorticais, que distribuem o tônus adequado e garantem todos os processos de controle e de retroalimentação eficaz (*feedback*).

O córtex limita-se a selecionar e a dirigir os impulsos motores (*outputs*) e a organizar motricidades múltiplas nas suas várias facetas (macro, micro, oro, grafo e sociomotoras), como que equacionando uma analogia com as inteligências múltiplas de Gardner (1998). O córtex pensa em ações a realizar, em objetivos a atingir, e não em músculos a contrair ou em articulações a flexionar e estender. Os meios são, pois, organizados e animados pelas estruturas subcorticais, talâmicas, reticulares, cerebelares e medulares. Nessa perspectiva, os fins passam a ser mais relevantes, por isso, são organizados e controlados pelas estruturas corticais pré-motoras e pré-frontais mais complexas. Pensar antes de agir traduz-se, assim, no último passo da organização dinâmica da motricidade humana, quer em termos filogenéticos, quer ontogenéticos.

Qualquer motricidade intencional exige um prévio plano motor, isto é, uma seleção dos sistemas funcionais motores essenciais e uma eliminação ou uma inibição de motricidades parasitas ou inúteis. É, aliás, neste pressuposto que Luria situa a organização da motricidade que, diz ele, contém em si mesma uma estrutura cibernética de controle, tal qual um verdadeiro servomecanismo, subentendendo um sistema de retroação, de reaferência e de auto-regulação, onde os lobos frontais se constituem como sede mais avançada e elaborada.

Os lobos frontais desempenham um papel preponderante nos mais altos níveis de funcionamento do comportamento humano – logo, da psicomotricidade –, podendo, por isso, ser considerados os seus substratos neurológicos principais. São regiões corticais particularmente implicadas nas condutas sociais, nas funções psíquicas superiores, no autocontrole e na auto-regulação da motricidade, na modulação das emoções, nos comportamentos adaptativos mais complexos e em um conjunto de funções interligadas a que se convencionou chamar, na neuropsicologia e na psicologia cognitiva, funções executivas mais especificamente relacionadas com as áreas pré-frontais.

O funcionamento normal destas áreas frontais e pré-frontais é, por conseqüência, crucial à gênese das competências de aprendizagem, primeiro das não-simbólicas e, posteriormente, das simbólicas, sugerindo um desenvolvimento seqüencial e uma hierarquização neurofuncional que decorre em um período que ultrapassa bem a puberdade, razão pela qual a integração prolongada dos componentes tônicos, posturais, intrassomáticos e extrassomáticos é tão relevante para a planificação e a execução das praxias.

Sem a integridade funcional dos lobos frontais e das áreas pré-frontais, que apresentam uma mielinização tardia, e a sua estreita interação com todos os outros substratos neurológicos, não seria possível realizar e executar as praxias globais, finas ou orais. O desenvolvimento de funções psíquicas superiores pode ficar, por esse fato, comprometido, a disontogênese da aprendizagem pode, então, ter uma explicação causal.

Luria (1973a, 1973b, 1978, 1979), estudando vítimas da Segunda Guerra Mundial, conseguiu desenhar o espectro das síndromes frontais e o papel dos lobos frontais nas funções de controle da ação, dando indicações muito claras sobre as suas repercussões disfuncionais em funções tão diversificadas, como a atenção, a atividade, o comportamento e a aprendizagem. Essa visão clínica de Luria ajuda a perceber por que um problema psicomotor pode refletir-se em problemas de desatenção, de distractibilidade, de hiperatividade, de instabilidade, de impulsividade, de desplanificação, de disfasia, de disartria, de dislexia, de disortografia ou de discalculia.

O desenvolvimento neuropsicológico da criança vai dando lugar ao surgimento progressivo de novas capacidades de inibição e de diferenciação de respostas adaptativas (motoras) em tempo hábil. Tais funções vão, paralelamente, ocasionando o aparecimento de novos planos estratégicos de seqüências de ações para atingir fins mais complexos, e igualmente permitindo a emergência hierarquizada de novas representações mentais sobre as mesmas tarefas, com inclusão de informações codificadas em memória cada vez mais pertinentes e relevantes, ao mesmo tempo que vão mobilizando maior investimento motivacional na resolução de problemas, entre outros. Tudo isso vai ocorrendo no seu processo evolutivo, exatamente porque a integridade dos lobos frontais e a criação de sistemas funcionais nas áreas pré-frontais o permite.

O córtex frontal é, assim, um analisador motor que cria programas e subprogramas que precedem a motricidade propriamente dita das respostas adaptativas e que se podem observar e estimar como produto final. É aquilo a que Luria chama uma pré-preparação da motricidade, isto é, uma antecipação da ação que permite impregná-la de uma constante representação psicológica, daí a sua unidade psicomotora.

A motricidade, como é apresentada por Luria, surge, assim, como a razão de ser da inteligência, conforme pode-se concluir ao recordar que ela exige desde estruturas de regulação e de seleção até estruturas de organização e de planificação. Esse autor permite-nos situar, portanto, a importância da motricidade e do seu papel no desenvolvimento global da criança ao apresentá-la como o resultado da ação e da assimilação não só da experiência acumulada pela humanidade, mas paralelamente consubstanciada pela evolução global da criança. O desenvolvimento da criança é, pois, em resumo, uma prática, isto é, uma ação psicomotora em unidade dialética com os ecossistemas que a cercam, o que lhe permite e possibilita a aquisição da experiência social e cultural.

A análise das formas complexas de construção de movimentos voluntários, mais conhecidos por praxia, além de envolverem adequada força muscular e concomitante consistência e modulação tônica, exigem sistemas de coordenação precisa e perfeita (Bernstein, 1947, 1967), através da persistência de sistemas aferentes, a partir dos quais a motricidade intencional orientada por objetivos é construída e organizada.

A construção das praxias exige a fluência de impulsos aferentes cinestésicos para dirigir os impulsos motores eferentes aos seus próprios destinos, além de manter, por esse processo, um controle constante e sistemático sobre os sistemas de movimentos que as compõem. A realização de um ato motor complexo, na arte, no esporte ou em um ato cirúrgico, por exemplo, sugere também um sistema visuoespacial ou óptico-cinestésico aferente intacto, o que ilustra claramente a participação das divisões occipito-parietais do cérebro, onde a diferenciação precisa dos sinais recebidos do espaço ao redor, dos objetos e da mão dominante criam as corretas disposições e integrações do esquema espacial do ato motor.

A praxia, como ato motor complexo, que envolve disposições tônicas, posturais, intra e extrassomáticas e cadeias de elos cinestésicos consecutivos e intactos, exige, paralelamente, a ativação de sistemas contínuos de inibição de grupos musculares, ao mesmo tempo em que recruta outros. Em outras palavras, a praxia exige uma mobilidade considerável de impulsos para criar a sua estrutura de movimentos, o que implica a generalização de inervações motoras e a sua conversão em harmonias cinéticas plásticas, refletindo, assim, a sua organização dinâmica. Toda essa arquitetura funcional terá, necessariamente, de incluir as divisões pré-motoras do córtex frontal, motivo pelo qual a sua lesão conduz inevitavelmente à apraxia, e a sua imaturidade ou disfunção, à dispraxia.

Como toda a praxia tem um objetivo definido, que só pode ser claramente expresso por um comando verbal interiorizado, a capacidade para selecionar movimentos complexos corresponde à capacidade de fazer depender a ação da influência reguladora das associações verbais que lhe conferem um propósito e uma finalidade, e mesmo a capacidade de comparar os seus resultados e os seus efeitos com a intenção original, que deve manter-se se os atos motores complexos têm de ser executados na sua versão normal.

A importância dos lobos frontais é, portanto, fundamental para a perseveração de tais capacidades discriminatórias e seletivas, daí que, como corolário, as suas lesões conduzam à desorganização de toda a arquitetura funcional da praxia. Por definição, a praxia encerra um conceito de persistência funcional e de integridade cinestésica básica dos seus componentes posturais, somatognósicos e espaço-temporais. As perturbações distônicas e parésicas, as manifestações de ataxia, de hipercinesia e de sincinesia, as perturbações da somatognosia, as manifestações disgnósicas do espaço, do tempo e dos objetos, etc., desestruturam e desorganizam a cadeia funcional da praxia, implicando, obviamente, a dispraxia, e, nos casos mais disruptivos, a apraxia.

Em todos esses casos de disfunção da aferenciação cinestésica, a motricidade perde precisão, perfeição, velocidade, suavidade e coordenação. A perturbação instala-se no seio da sua estrutura dinâmica, gerando inúmeros déficits psicomotores, suscetíveis de serem observados e identificados. A disfunção dos lobos frontais provoca a perda de plasticidade e de suavidade dos movimentos, principalmente das mãos, dos dedos e da boca, quer na sua seqüência espaço-temporal, quer na sua organização dinâmica (Ozeretski, 1936).

A seqüência dos movimentos da mão (p. ex., na produção de três batimentos contínuos e ininterruptos em cima de uma superfície – pulso-bordo externo-palma da mão) não emerge consecutivamente com fluência e encadeamento plástico, nos casos patológicos frontais. Tais batimentos rápidos surgem isolados, sem coordenação recíproca e sem automatismos integrados, de tal forma que as várias posições da mão, em vez de se alternarem harmonicamente, acabam por gerar batimentos fixos, tensos, interrompidos, mal dissociados e impropriamente seqüencializados.

Movimentos como os de tamborilar com os dedos ou de tocar piano tornam-se difíceis de reproduzir, nos casos de lesões pré-frontais, ou difíceis de seguir com base em comandos verbais, sugerindo que os pacientes perdem não só a fluência seqüencializada dos dígitos, como perdem a regulação verbal exigida pela seqüência e pela harmonia cinestésica da tarefa. Obviamente, tais dificuldades se revelam com mais veemência em tarefas grafomotoras, tanto na transposição visuomotora ou visuoespacial dos desenhos ou da escrita, como em tarefas em que se exigem parâmetros de velocidade-precisão de pontos, cruzes, círculos, quadrados, triângulos, letras, números, etc., circunscritos a limites espaciais no papel quadriculado ou pautado, situações que constam na minha bateria psicomotora (Fonseca, 1992).

Os mesmos aspectos são igualmente observados na praxia oral (oromotricidade), onde os movimentos da língua, dos lábios e da face têm de ser reproduzidos em uma dada seqüência, em uma dada ecomímica ou ecocinésia, ou mesmo em uma dada estrutura articulatória. Também nestes casos se detectam nos pacientes frontais distonias, perturbações hipercinéticas e mímicas, traços parésicos do palatino mole, insuficiente mobilidade da língua, movimentos associados, sincinesias, espasmos unilaterais, inadequadas modelações, disartrias e outros sinais desviantes da pronúncia, etc., parecendo indicar déficits de inervação, de regulação frontal do ato complexo da fala.

Enquanto nas praxias globais e finas os sistemas aferentes óptico-espaciais exercem uma função muito importante, nas praxias orais os sistemas aferentes são essencialmente de origem tátil-cinestésica, na medida em que os movimentos posicionais finos e precisos da língua, dos lábios, do palato mole, da laringe e da faringe, conjugados com a respiração e a fonação, requerem uma síntese e uma interação aferente com o sistema auditivo, pois só nessa base a oromotricidade pode mobilizar e modular o sistema fonético embutido na elaboração e na produção da linguagem.

A desorganização práxica, global, fina ou oral, que engloba as três principais extremidades do corpo – pé, mão e boca –, pode gerar verdadeiros problemas de desenvolvimento, uns tocando o tratamento das informações visuoespaciais e a realização gestual e lingüística, outros implicando-se com outras habilidades não-verbais e socioemocionais.

Os problemas de descoordenação desenvolvimental, à luz das abordagens lurianas, podem não só ter repercussão nas aprendizagens escolares básicas, mas nas atividades adaptativas cotidianas. O termo francês *maladresse* (imperícia) e o termo inglês *clumsy* (desajeitado ou desastrado) aproximam-se do termo dispraxia, aqui abordado. Todos eles procuram caracterizar a identificação de problemas posturais, somatognósicos e práxicos em crianças com inteligência normal.

Deste modo, e em síntese, as praxias referem-se à coordenação voluntária de movimentos orientados para um fim. Elas implicam, por um lado, que o movimento seja resultado de uma aprendizagem operada dentro de um contexto sócio-histórico, e não resultante da conjugação de reflexos ou de uma simples maturação neuromotora, e, por outro, que haja uma intenção consciente e dirigida, pressupondo a elaboração de um plano ou de um programa visando à obtenção de um fim a atingir. Essa elaboração e planificação frontal e pré-frontal, dependente de retroações aferentes (tônicas, posturais, vestibulares, proprioceptivas, táteis, cinestésicas, etc), permite a expressão de uma motricidade psiquicamente estruturada. É dessa ação pensada e auto-regulada que a criança necessita para promover o seu potencial de aprendizagem futuro. E é disto que trata, ou deve tratar, a intervenção psicomotora, quer profilática, quer reeducativa ou terapêutica. Os ensinamentos de Luria ajudam-nos a perceber o porquê.

# 13 A COORDENAÇÃO E A REGULAÇÃO CIBERNÉTICA DA PSICOMOTRICIDADE:
introdução à obra de Bernstein

## A UNIDADE DIALÉTICA DA AÇÃO

Nicholai A. Bernstein, fisiologista, matemático, físico, neuropsicólogo e biomecânico russo, é um dos primeiros cientistas a ensaiar o estudo da conduta humana, particularmente do movimento humano, à luz da cibernética experimental. Na atualidade, sua herança inspira muitas pesquisas nos domínios da teoria da ação, da teoria do controle, da ciência do movimento humano, da percepção e da cognição. Suas investigações, de enorme talento, envolvendo níveis de explicação biológicos, fisiológicos, psicológicos, matemáticos e filosóficos, são consideradas por Luria uma penetração no futuro, no que diz respeito ao estudo do ser humano em ação.

Investigador notável, contando com uma obra muito extensa e relevante, Bernstein (1947, 1967, 1986a, 1986d, 1986f) é um dos primeiros autores que defendem a importância do controle e da regulação dos movimentos voluntários como meio e expressão da maturação do sistema nervoso humano, além de introduzir novas técnicas de estudo sobre os movimentos, principalmente a cinematografia sincronizada, a ciclografia, a cronofotografia, a fotografia instantânea, a biomecânica, a antropometria, etc. Sua perspectiva de movimento confere à ação um papel muito especial, ou seja, o de meio pelo qual a criança pode adquirir a experiência e a cultura dos mais velhos e experientes. Por meio da ação, a criança aprende a sociedade e a cultura através da (inter)ação com os outros, consubstanciando, assim, a sociogênese.

Entretanto, para Bernstein, a ação, simultaneamente e por meio da sua expressão concreta, também torna expresso à sociedade, por reciprocidade lógica, o grau de desenvolvimento, de crescimento e de maturidade da própria criança. Para este autor, a própria separação dualista criança-objeto não existe, como não existe também o dualismo criança-mundo exterior, muito menos o dualismo criança-adulto. Segundo Bernstein, o conhecimento, de um modo geral, é adquirido por intermédio da ação vivida e concretizada pelos indivíduos integrados em determinada sociedade, ou seja, pela regulação e coordenação dos seus movimentos voluntários. A Bernstein é devido o estudo da motricidade humana a um nível transdisciplinar muito avançado. A ele se deve o esforço pioneiro para construir uma teoria da ação (Reed, 1984).

A continuidade da espécie humana requer que a cultura seja transferida para as gerações seguintes, por meio das ações e interações inteligentes e historicamente contextualizadas, mediatizadas entre seres experientes e seres inexperientes; algo que envolve, portanto, uma dupla análise da motricidade humana, uma biológica e outra cultural, dado que ambas não se opõem – pelo contrário, completam-se.

Embora a obra desse autor não aprofunde as implicações culturais e sócio-históricas da ação, como vimos em Vygotsky (Vygotsky, 1962, 1993; Leontiev, 1973, 1975, 1978a), ele não deixa de considerar como paradigmático o estudo contextual da motricidade, sendo, todavia, no campo biodinâmico e biomecânico que as suas visões da ação anteciparam em muito tudo o que se investigou além da sua época e com meios muito mais sofisticados. Ao contrário, é pela unidade dialética da ação que acontece a relação indivíduo-objeto e se promove a interiorização (imagem) do objeto no indivíduo ou na criança e, simultaneamente, a manipulação e a transformação (experiência) do objeto pelo indivíduo ou pela criança. Ação e noção (motricidade e psiquismo) organizam-se e estruturam-se, simultânea e dinamicamente, em uma unidade dialética.

A aquisição dos atributos e das propriedades do objeto (noção de objeto) não é mais do que uma conquista simbólica, cujo verdadeiro significado emana do contexto social em que o objeto está inserido e situado e no qual é efetivamente manipulado. Ou seja, qualquer relação indivíduo-objeto ou criança-objeto ou criança-situação exterior ocorre sempre dentro de um contexto social, uma vez que, qualquer que seja o modo, a forma, o tipo de manipulação ou o sistema de exploração sensório-motora, todos refletem sempre um aspecto cultural e social transmitido pelo adulto.

Assim, toda a atividade da criança e sua ontogênese psicomotora passam sempre por modelos propostos, sugeridos, mediatizados e conservados pela sociedade, no qual a criança vai ter que realizar a sua aprendizagem até se transformar em um adulto, ilustrando a própria sociogênese.

Pode-se dizer, ainda em termos de introdução, que Bernstein (1947, 1967), do ponto de vista científico, aponta e ensaia, já no seu tempo, uma perspectiva neuropsicológica da ação, na qual podemos encontrar inúmeros fundamentos para o estudo e a compreensão do comportamento psicomotor da criança e do adulto em situação de aprendizagem. Para esse autor, a ação é o resultado de complexas operações entre inúmeras estruturas psíquicas superiores, cujos substratos neurológicos elaboram e calibram funções tão importantes como o controle, a regulação, a inibição e a coordenação.

Embora, em termos biológicos, o movimento dos animais e do ser humano, possa ser caracterizado, na sua estrutura intrínseca e na sua função biológica, como uma propriedade funcional que reflete simplicidade (princípio bernsteiniano de "igual simplicidade"), pois o movimento é algo intrínseco ao comportamento dinâmico dos seres vivos, envolvendo variáveis empíricas de precisão, velocidade, variabilidade, versatilidade, etc., não restam dúvidas de que, no ser humano, a emergência da lateralização acrescentou uma propriedade de complexidade central, dado o papel da especialização hemisférica e da dominância sensório-motora periférica no estudo do comportamento humano e da sua motricidade civilizacional.

Todos nós podemos constatar, quando experimentamos assinar o nosso próprio nome com a nossa mão dominante e depois com a nossa mão não-dominante, que o que é simples de executar com uma mão torna-se complexo de controlar e de executar com a outra, pois, no segundo caso, as variáveis acima descritas perdem coibição, precisão, controle, qualidade e fluência, e é necessário um determinado tempo de investimento intencional e de prática.

Os movimentos dos animais vertebrados, de acordo com Bernstein (1986a, 1986e), não são respostas passivas, às influências do ambiente, tampouco são respostas passivas aos

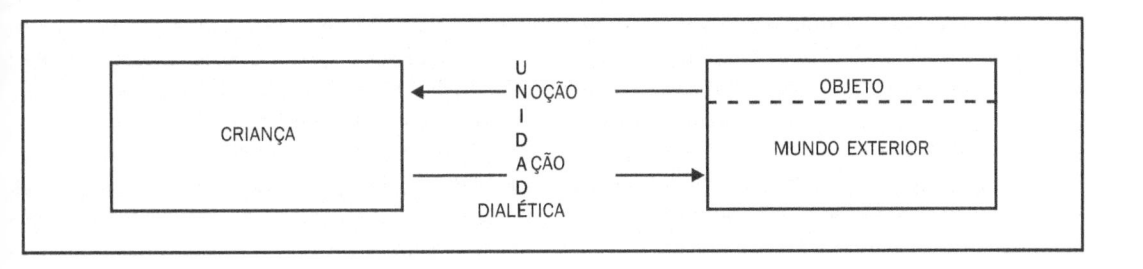

```
┌─────────────────────────────────────────────────────────────────────────┐
│                              U                                          │
│                          ← NOÇÃO ──                    OBJETO           │
│                              I           ┄┄┄┄┄┄┄┄┄┄┄┄┄┄┄┄┄┄┄            │
│        CRIANÇA               D                                          │
│                              A ÇÃO  →              MUNDO EXTERIOR       │
│                              D                                          │
│                          DIALÉTICA                                      │
└─────────────────────────────────────────────────────────────────────────┘
```

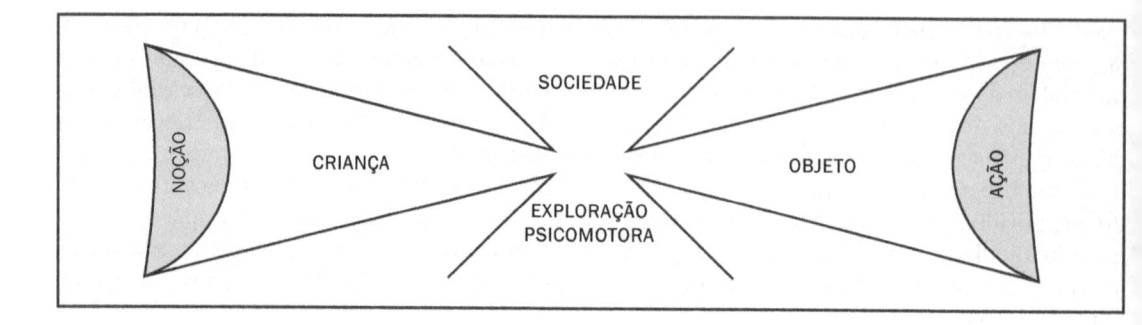

```
        NOÇÃO    CRIANÇA      SOCIEDADE      OBJETO    AÇÃO
                          EXPLORAÇÃO
                          PSICOMOTORA
```

comandos emanados dos seus próprios cérebros e unidirecionalmente dirigidos a determinado número de músculos periféricos individualizados, como se se tratasse de um tipo de torre de comando. Os músculos não são simples instrumentos dóceis às ordens do cérebro. Para coordenar uma quantidade e uma qualidade tão diversificada de músculos, o cérebro humano, ao longo da filogênese da espécie e, naturalmente, da ontogênese individual, tem de criar e de conservar múltiplos centros e sistemas funcionais interconectados e mutuamente coativados neurologicamente.

Os movimentos dos vertebrados emergem de sistemas de controle distribuído, e não localizado, envolvem padrões de interconexões múltiplas e diversas, e não conexões localizadas, sugerindo que a função de coordenação subentende o resultado da atividade mútua de vários sistemas funcionais, que dispõem de vários graus de independência, no qual os conceitos localizacionalistas e reducionistas não têm cabimento.

As ações não se confinam à atividade de músculos específicos, causada por comandos motores centrais e específicos. Pelo contrário, elas são produtos de uma organização neuronal muito complexa, são um efeito externo visível da vontade e são o resultado de interações provocadas pelas mudanças do ambiente. Nesse contexto, Bernstein (1947, 1967, 1986b) é defensor do conceito de engrama motor, que subentende uma imagem renovada dos procedimentos mentais que estão na base da elaboração, da antecipação e da execução dos movimentos, aproximando-se de outro conceito fundamental, ou seja, do conceito de "problema motor".

Tal padrão de intencionaldade da ação reflete uma unidade dialética, exatamente porque esta põe em jogo processos de comunicação entre o centro (psíquico) e a periferia (motricidade), assimilando a este sistema intracorporal de informações o conjunto dos efeitos e das conseqüências (*feedback*) advindos das interações extracorporais com o ambiente.

A coordenação de movimentos sugere, conseqüentemente, uma cooperação entre vários centros do cérebro, cabendo a cada um deles uma função determinada, mas globalmente integrada em um todo (noção de comando motor ou de *gestalt* motor), no qual o sistema proprioceptivo, mais relacionado com as informações emergidas dos músculos, dos tendões e das articulações, e o sistema vestibular, mais ligado à interação gravidade-motricidade, desempenham um papel estruturante básico. Sem a integração e a coordenação destes sistemas infra-estruturais, a coordenação superior necessária para desencadear as ações intencionais perde harmonia e gera lapsos.

O que Bernstein defende é essencialmente a ligação íntima e dialética entre a ação e a percepção, ambas mediadas pela cooperação de sistemas e de subsistemas funcionais, reforçando que o estudo separado de uma e de outra não permite compreender a unidade dialética que as une funcionalmente. A percepção já não pode ser baseada apenas em dados (*inputs*) sensoriais, ela também sofre influências de processos não-sensoriais, principalmente de processos cognitivos e de processos motores. Da mesma forma, e tomando como referência o mesmo raciocínio dialético, teremos de conceber processos não-motores, principalmente proprioceptivos e cognitivos, para explicar a ação.

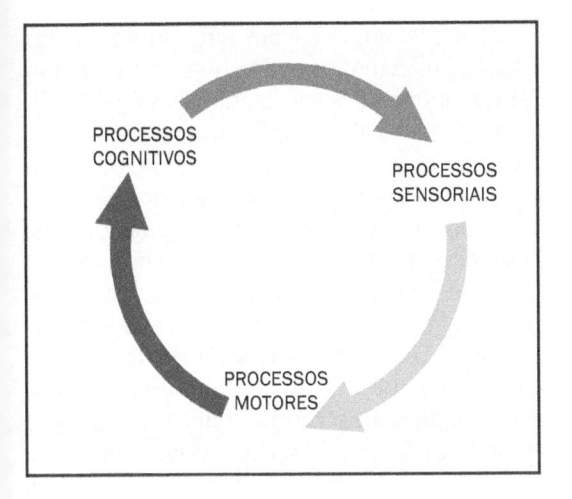

[Diagrama circular: PROCESSOS COGNITIVOS → PROCESSOS SENSORIAIS → PROCESSOS MOTORES → (retorna a PROCESSOS COGNITIVOS)]

Em síntese, esta perspectiva de Bernstein, abre caminho para estudar a percepção a partir da ação e para estudar a ação a partir da percepção, ou seja, abre as portas à psicomotricidade como ciência transdisciplinar integrada, o que é deveras importante para a sua matriz de conhecimento.

Para Bernstein, a unidade dialética da ação espelha a representação exata do corpo (noção de somatognosia já abordada por outros autores, principalmente por Ajuriaguerra) com que o cérebro, como órgão neurológico supremo, precisa construir comportamentos intencionais, necessitando, para tanto prever e antecipar o que pode ocorrer na sua periferia. Os comandos necessários para gerar movimentos intencionais só podem ser coordenados pelo cérebro se este dispuser de uma percepção topológica precisa e atualizada do corpo.

Perceber estímulos e agir em conformidade com as suas contingências internas e externas não é uma relação entre o corpo e o cérebro (ou o SNC), mas sim uma complexa inter-relação de um organismo animado (com os processos sensoriais e motores em conjunto) com o seu ambiente complexo. O simples fato de se produzir uma ação gera uma informação ambiental que é imprescindível para a percepção, exatamente porque induz a uma representação interna.

Bernstein propõe, assim, uma reconceitualização da unidade do processo sensório-motor, não só estabelecendo analogias dialéticas entre a percepção-ação, entre aferência-eferência, entre *inputs* e *outputs*, etc., como sugerindo uma noção de comando central com inequívocos efeitos periféricos, caso contrário não se poderia falar de comando, mas apenas de influências. A noção de comando implica uma noção de intencionalidade, de projeto, de objetivos e de fins a alcançar que envolvem procedimentos altamente coordenados no espaço e no tempo.

As ações, nesta dimensão, são, por um lado, movimentos corporais, mas, por outro, também são movimentos que produzem efeitos desejáveis externos ou ambientais. O ser humano foi e é o único vertebrado que, com sua motricidade, modificou e transformou o ambiente (Fonseca, 1999b, 2001, 2002, 2003), daí que as ações transcendam a sua própria execução, pois agregam hábitos aprendidos, experiências, vontade, emoções, objetivos, planos, etc. Em síntese, as ações constituem movimentos causados por engramas motores impregnados de imagens mentais de realização desejável, isto é, são ações que contêm um fim mental.

Se o objetivo principal da ação é causar alterações na relação com o ambiente, então é a mudança precisa dos seus efeitos que interessa atingir, e não os procedimentos motores que levam a tal mudança. Nessa ótica, os movimentos são produzidos para satisfazer um fim ou um propósito desejável, o cérebro não se limita a causar movimentos no corpo, dirigindo-o superiormente, mas, pelo contrário, integra plasticamente as suas conseqüências ambientais, pondo em jogo complexas relações entre o psiquismo e a motricidade.

A possibilidade de a motricidade gerar efeitos e conseqüências fora do corpo, isto é, de produzir informação, permite ao indivíduo regular de forma ativa os parâmetros do seu comportamento (tônicos, posturais, emocionais, proprioceptivos, somatognósicos, espaço-temporais, práxicos, etc.), adequando-o às exigências da situação, pois ele mais não é do que uma relação inteligível e controlada entre esta e a ação (Lindsay e Norman, 1973; Neisser, 1967). O movimento só poderá interferir na esfera do psíquico, na sua organização intrínseca e na sua expressão, se estabelecer-se no cérebro do indivíduo que o produz intencionalmente uma relação compreensível e integrada entre a situação (informação ambiental) e a ação (informação corporal).

Tal dimensão da informação ecológica parece oferecer um grande avanço à teoria da psicomotricidade e à compreensão do papel da motricidade no desenvolvimento psíquico da espécie humana e, obviamente, da criança. Embora os movimentos dos animais e dos seres humanos possam ser considerados simples e fenômenos naturais, no sentido da plasticidade adaptativa apontada por Bernstein, é preciso saber equacionar se de fato as "aranhas saltam para caçar as suas presas ou se as caçam por meio de saltos". Caçar parece ser mais complexo em termos de adaptação biológica do que saltar, até porque poderão surgir no mesmo ser auto-organizado outras alternativas motoras para satisfazer tal necessidade vital.

Como vertebrados, desfrutamos com os animais de uma motricidade adaptativa de sobrevivência biológica, mas, além de atributos biológicos, a motricidade humana tem também integrados aspectos psicosocioculturais – ela é uma unidualidade original. O ser humano é um ser plenamente biológico, mas, se não dispusesse plenamente da cultura, seria apenas mais um primata. É para responder a esta necessidade que se utilizam movimentos, e não o contrário. A evolução das espécies e do ser humano teve e tem de avançar com base em prioridades de sobrevivência, de segurança e de utilidade social, e não com base em respostas passivas do corpo ao ambiente ou com base em comandos fixos emanados de um dado centro do cérebro.

Com Bernstein (1967, 1986b), temos a noção de que a "simplicidade da ação", envolve complicados processos de coordenação e de controle e complicadas modalidades de cooperação entre posturas e praxias, resultantes de sistemas funcionais ativos que atravessam o todo funcional do cérebro, a periferia corporal e o ambiente em todas as suas dimensões ecológicas, daí, conseqüentemente, a sua unidade dialética. A idéia de unidade dialética da ação, em certa medida, aproxima-se da noção de unidade da espécie humana, que, obviamente, não pode apagar a da sua diversidade em termos culturais.

As ações complexas dos seres humanos, que estão na origem do seu desenvolvimento cultural, ao contrário dos outros animais, não se explicam na sua totalidade por processos biológicos ou fisiológicos exclusivos, na medida em que as ações, devido aos seus efeitos extrassomáticos ou extracorporais, ditos extrabiológicos, resultam de "esquemas mentais" de "imagens prospectivas", de intrincadas integrações e interações sensório-motoras, das quais participam desde os segmentos espinhais, os centros reticulares e cerebelares e os centros subcorticais até aos centros superiores de antecipação central e de sintonização e harmonização periférica dos processos motores.

Efetivamente, no animal e no ser humano, a ação é o processo privilegiado por meio do qual as relações com o ambiente são modificadas, e não porque é o cérebro que origina ou que causa o movimento dos membros. A idéia clássica de comando central para explicar o movimento voluntário periférico é, assim, contrariada pelo argumento da simplicidade de Bernstein (1986f), que apresenta a noção de que os sistemas de ação funcionam não por simples escoamento ou saída, mesmo que este processo seja modificado por efeito de retroalimentação, mas funcionam por processos circulares de ajustamento nos quais os parâmetros da informação captada do ambiente lhe colocam determinados constrangimentos. Se esta informação é específica da situação onde se encontra o indivíduo, então a ação específica é constrangida em função dos sinais de saída e dos sinais de entrada que fluem do corpo para o cérebro, e vice-versa, e em interação com os ecossistemas.

A divisão de trabalho no cérebro terá de coordenar não só os sistemas sensoriais receptivos e os sistemas motores efetores, mas, igualmente, a busca de informação dos sistemas perceptivos, envolvendo processos aferentes e eferentes, em conjugação apropriada com a busca de informação ajustada ao ambiente dos sistemas de ação, que envolvem também sistemas eferentes e aferentes. Desta forma, a compreensão dos sistemas de ação deve seguir as propostas de Bernstein, ou seja, deve esforçar-se por descobrir as propriedades funcionais da ação proporcionada, oferecida ou sugerida pelo ambiente.

É por meio da experiência e pelos efeitos obtidos, segundo a dialética do êxito e do inêxito, que a ação motora e a aprendizagem são elaboradas, produzidas e aperfeiçoadas, por intermédio de sistemas de síntese sensorial. Ou seja, é por efeito da experiência que os gestos inúteis, como as sincinesias, as distonias e as discinesias, tendem a desaparecer, enquanto as estruturas superiores de controle e de coordenação adquirem cada vez mais maturidade e regulação.

É interessante notar, como já foi visto em Luria também, que a síntese sensorial que se dá nas instâncias psíquicas superiores é sinônima de síntese perceptiva, a qual, naturalmente, se impõe a si mesma com um componente cortical de controle, na medida em que a imagem preparadora da ação vai se tornando cada vez mais exata e objetiva em relação à realidade onde a ação irá se desenrolar. Com base nesses paradigmas, podemos dizer que Bernstein, em analogia com Ajuriaguerra e alguns autores americanos já apresentados, defende uma fundamentação psicofisiológica da ação.

Todos esses autores, em suma, reconhecem que o aspecto motor e o aspecto perceptivo do comportamento são sistemas superiormente integrados e controlados por processos complexos de auto-regulação frontal, sugerindo que a unidade dialética da ação é, efetivamente, um ato do pensamento que é expresso em função das condições ecológicas presentes.

## ABORDAGEM ECOLÓGICA DA PERCEPÇÃO E DA AÇÃO: O PAPEL DA REAFERENCIAÇÃO

Desta aproximação ecológica do processo percepção-ação, emerge a noção de que a percepção, ao manter o indivíduo em contato com a realidade, é uma condição prévia para que a ação seja produzida com sucesso adaptativo. Se efetivamente a percepção surgir hesitante e difusa, é compreensível que a planificação, a elaboração e a execução da ação peque por defeito de coordenação e por insucesso adaptativo. Não basta, portanto, que o processo receptivo funcione, é necessário que se estabeleça uma relação apropriada e ajustada, e não arbitrária, deste processo com as circunstâncias do ambiente e da própria ação.

Um ato é o que é em virtude da sua intenção, ou seja, é um problema motor (ou a necessidade de modificar a relação entre o indivíduo e o ambiente) em função do qual a ação é dirigida para produzir uma solução, o que implica uma intenção e uma auto-regulação, um procedimento mental orientador da construção do ato e uma influência determinante para selecionar os seus detalhes. Nestas circunstâncias, o controle da ação é não só um processo retrospectivo, mas também prospectivo, dado ser necessário mobilizar uma capacidade antecipatória para tornar possível a realização de qualquer atividade orientada para um fim.

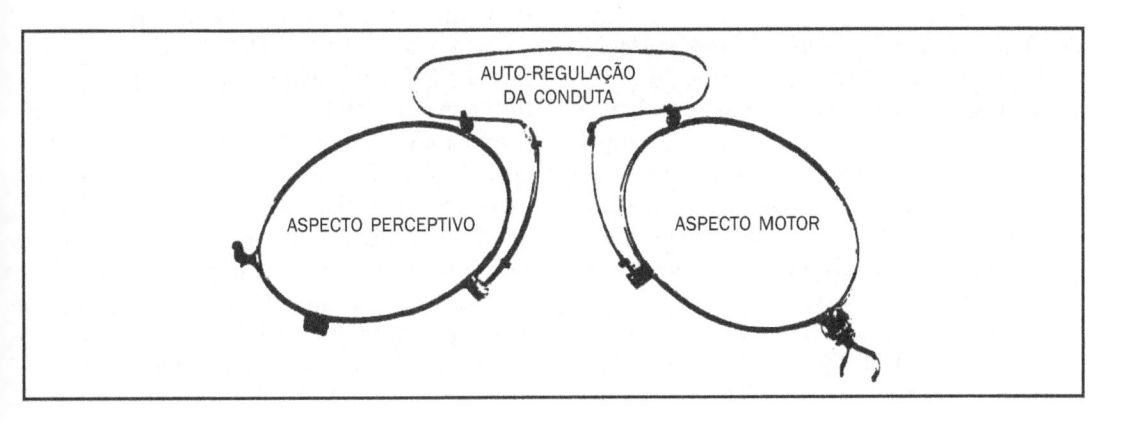

Entendendo a ação como uma solução a um problema colocado ou proporcionado pelas características do ambiente, como superfícies a explorar, obstáculos a transpor, rotas a percorrer, presas a caçar, situações-problema a resolver, etc., a ação, para se consumar, exige a tomada de consciência dos "problemas" e das "atividades" necessárias para solucioná-los; em uma palavra, requer uma função perceptiva objetiva e precisa, caso contrário, a atividade motora significativa e adaptativa não seria possível. Se os "problemas" forem mal percebidos, a elaboração das respostas motoras, ou seja, das soluções, será imprecisa e imperfeita, isto é, inadaptativa e inconseqüente.

Cabe aqui chamar a atenção para a ocorrência do lapso na motricidade (dispraxia ou apraxia), que tem sua origem em uma percepção deficitária, hesitante, difusa e inadequada, algo de extrema importância para a teoria da psicomotricidade, que sugere a elaboração de uma resposta motora baseada em uma captação e extração adequada de informações da situação ou do conjunto de estímulos onde a ação vai ter lugar e com a qual se tem de estabelecer uma relação significativa e inteligível.

É por esta razão que a intervenção em psicomotricidade, com base nesses pressupostos, não deve centrar-se apenas na facilitação ou na reprodução de respostas motoras, mas, fundamental e dialeticamente, na integração e na interação de informações ambientais com as proprioceptivo-corporais, que integram em si processos mentais de atenção, de percepção, de imagem, de simbolização, etc., nos quais a construção da ação como solução comportamental tem a sua gênese.

Nesta perspectiva ecológica da motricidade, a formulação de um problema motor implica a percepção da situação externa (objetos, obstáculos, espaço, tempo, etc.) como um pré-requisito necessário para produzir ações seqüencializadas e detalhadas, exatamente orientadas para a solução de um problema particular. A percepção é, portanto, fundamental para manter o indivíduo em contato com o seu ambiente e com o seu comportamento, para, a partir daí, assumirem-se e desencadearem-se diversos procedimentos mentais, que serão naturalmente levados em conta para organizar uma ação adequada em tempo hábil.

Sendo assim, a percepção ou aferenciação, aqui entendida como integração e interação das informações distais do ambiente e proximais do corpo, para Bernstein (1947, 1986f), guia e modela a ação. Em certa medida, a aferenciação adquire uma função de disparo "retardado" da ação (*triggering role*), que inicia a sua elaboração, gerando, assim, um conjunto de sinais que podem desencadear ou inibir reações. A visão clássica da ação como simples reação disparada por sinais emanados do mundo exterior ou disparada do interior do cérebro está deste modo, ultrapassada, na medida em que não se esgota pela ativação de estruturas anatomofisiológicas aferentes ou eferentes.

A ação, assim concebida, transcende a noção de um puro disparo. De fato, envolvendo predicados de ajustamento e de acomodação ao mundo exterior que encerram a sua característica de intencionalidade (Gibson, 1963, 1966, 1969), a ação exige da aferenciação uma função ativa que supera a sua propriedade puramente receptiva, função esta que acaba por exercer e regular o seu próprio controle. A explicação do sistema motor como um sistema que integra o córtex, os motoneurônios e as vias eferentes que o medeiam não é suficiente para esclarecer o processo efetor dinâmico que o consubstancia e que plasticamente se ajusta e se modifica ao conjunto de circunstâncias que atuam a partir do mundo exterior e do corpo.

O processo efetor dinâmco possui igualmente uma sensibilidade contextual e não apenas uma propriedade de expressão decorrente de puros comandos disparados corticalmente. Além de comandos eferentes e centrífugos, este processo decorre da utilização seletiva de informações ambientais e proprioceptivas emergidas da própria ação, informações centrípetas integradas fundamentais para a sua modulação.

A visão de Bernstein (1986d) dá uma importância particular à aferenciação porque ela está intimamente relacionada com as condições ambientais que a causam, ao mesmo tempo que está envolvida na iniciação bem-sucedida da ação, por isso o processo efetor precisa reconhecer e integrar a aferenciação antes de executar a ação de forma eficaz e adaptada. Em termos funcionais, o processo efetor que está na base da produção da motricidade nutre-se da aferenciação e da sua representação mental concomitante. A percepção e a aferenciação são, portanto, fundamentais para o controle da ação, uma vez que são geradas a partir do ambiente onde o indivíduo se move como uma unidade e como uma totalidade dinâmica.

A ação e a interação com o ambiente nas suas diversas condições e propriedades ecológicas (oportunidades, faculdades, arranjos, meios, recursos, nichos, etc., proporcionadas pelo ambiente – conceito de *affordance* de E. Gibson [1963, 1966] e J. Gibson [1966, 1979, 1982]) estabelecem, dialeticamente, uma unidade com a aferenciação, e é esta informação proporcionada, induzida, incitada e instigada pelos ecossistemas, que está na origem do controle da ação. Em síntese, a aferenciação precede a ação, como as causas precedem os efeitos. É neste princípio fundamental que se baseia o controle prospectivo da ação.

O impacto do ambiente elicita a planificação e a execução da ação. Por analogia, a aferenciação afeta a ação, isto é, o reconhecimento de que a aferenciação tem uma influência profunda e determinante na elaboração da ação é fundamental para entender a sua complexidade contextual. Nesta abordagem ecológica, o desenvolvimento humano (D) e, conseqüentemente, o estudo da sua psicomotricidade, são compreendidos como o produto de uma interação entre o organismo humano, composto de corpo e de cérebro, e o seu ambiente (Bronfenbrenner, 1979; Bronfenbrenner e Crowler, 1983), ou seja, um jogo ou uma dança entre a pessoa (P) e o meio exterior (E).

Esta perspectiva de Bernstein que apresentamos sobre o estudo da motricidade humana não é original, pois já tinha sido adiantada por Lewin, 1935, na sua famosa equação: $D = f(PE)$.

Sendo a psicomotricidade uma abordagem ao comportamento e ao desenvolvimento humanos, em uma ótica ecológica, ela deve partir do pressuposto de que a motricidade intencional é o produto final de uma interação entre o indivíduo (ou a pessoa) e as influências externas, e não apenas o resultado de comandos corticais internos. Logo, os dois elementos da equação devem ser considerados com igual relevância.

Encarado em termos ecológicos, o estudo da psicomotricidade deve investigar, simultaneamente, a pessoa e o ambiente e, com especial enfoque, as suas interações, onde a aferenciação, como já mencionado, tem um papel crucial, exatamente porque o ambiente não pode ser considerado como uma estrutura estática. Nesta linha de pensamento, nem a aferenciação deve ser supervalorizada, evitando psicologismos exacerbados, nem a ação deve ser hipertrofiada, como vê-se habitualmente em muitas perspectivas cartesianas e mecanicistas do estudo da motricidade.

Efetivamente, o estudo da psicomotricidade deve integrar, com igual equilíbrio dialético, o estudo da complexidade do organismo humano e o estudo da complexidade dos seus ecossistemas envolventes, no qual tal organismo, composto de cérebro e de corpo, vive, se constrói e se co-constrói como pessoa. A perspectiva ecológica introduzida por Bernstein (1986f) no estudo da motricidade humana é essencial para entendermos que as propriedades do ambiente onde o indivíduo, como ser único, total e evolutivo, vive e interage, exercem uma influência capital no seu desenvolvimento.

Na perspectiva ecológica, a pessoa humana não é vista apenas como uma tábula rasa na qual o ambiente produz o seu impacto, mas como uma entidade evolutiva dinâmica, que, por meio da sua ação progressivamente coordenada e auto-regulada, reestrutura e transforma o meio onde reside.

## AUTO-REGULAÇÃO E COORDENAÇÃO DA PSICOMOTRICIDADE

Para Bernstein (1947, 1967, 1986b, 1986f), a perfeição e o ajustamento da ação (aqui considerada como sinônima de conduta ou de motricidade humana), requerem sempre, entre outros fatores a integrar, uma síntese espaço-temporal com o ambiente. Neste caso, os estímulos externos são integrados pelos telereceptores visuais e auditivos, enquanto o sentir interiorizado, necessário à motricidade (estímulos internos), é incorporalizado e estruturado pelos receptores proprioceptivos, vestibulares e cinestésicos.

Estes estímulos externos e internos, exteroceptivos e proprioceptivos, extrassomáticos e intrassomáticos, são de imediato tratados em áreas primárias corticais posteriores (a que corresponde a segunda unidade funcional de Luria, como já vimos), para posteriormente sua interação e coordenação se processarem em áreas secundárias e terciárias, que, como áreas intrínsecas que são, ao contrário das extrínsecas ou periféricas, permitem então, e só assim, a elaboração e a organização da motricidade humana, cuja planificação e execução decorrem nas áreas corticais frontais anteriores (a que corresponde a terceira unidade funcional de Luria).

Estas áreas de integração e de interação são responsáveis pela regulação dinâmica de todos os impulsos sensoriais considerados (visuais, auditivos, táteis, cinestésicos, vestibulares, proprioceptivos, etc.), que terão de ser processados primeiramente pelo tálamo, onde se dará efetivamente a primeira análise da informação sensorial vinda do mundo exterior e do próprio corpo, e, posteriormente, pelos analisadores corticais, onde se estabelecerão análises sensoriais mais detalhadas, como vamos ver mais à frente.

É claro que a coordenação motora consiste na regulação de uma síntese em unidade, exatamente conseguida entre a informação proprioceptiva (imagem do corpo, integração vestibular, controle tônico-muscular e psicotônico da postura, etc.) e a informação exteroceptiva (estrutura espacial e temporal do real e do objetal ou da situação exterior concreta e imediata).

Note-se bem que somente a partir desta síntese de informação é possível o movimento ser construído, ajustado e controlado por uma efetiva organização do espaço exterior, no qual esse movimento vai ter lugar e significado efetor. O processo sensorial exerce, assim, um papel crucial no controle motor; um não pode ser isolado do outro, não como um arco unidirecional do sensorial para o motor, mas como um anel circular, no qual o motor e os seus efeitos e conseqüências ambientais influenciam de novo o sensorial por retroalimentação, aferente e ciberneticamente, o sensorial.

A regulação cíclica do processo da vida, estudada pelos biólogos, tem aqui um novo reconhecimento, o que não é mais do que a reafirmação de um princípio circular que baseia qualquer processo de controle e, obviamente, o processo de controle motor, onde se enquadra toda a teoria de Bernstein (1967, 1986b). Tal processo de controle não pode ser compreendido como uma mera cadeia de reflexos baseada na concepção do arco reflexo simples, na medida em que o reflexo não é o elemento da ação, mas ele próprio é uma ação elementar (Sechenov, 1976).

A atividade motora de todos os organismos e, é claro, do ser humano, acaba por ter uma enorme importância e significação biológica e, concomitantemente, cultural, na medida em que se traduz, na prática, no único meio pelo qual os organismos vivos interagem com o mundo que os envolve, além de ativamente operarem neste, por meio da atividade motora, de modificações e de alterações relacionadas com a obtenção de resultados particulares.

A atividade motora, produzida pelos efetores, só pode ser explicada em termos de vida, de interação e de adaptação ao meio exterior se se desencadear uma síntese entre os receptores sensoriais e os processos internos, ditos neurofuncionais, e isso é válido para qualquer vertebrado, mesmo para o vertebrado dominante (Fonseca, 1989a, 1999b, 2003).

A significação biológica de um reflexo, que já em si ilustra um processo de circularidade sensório-motora, é nitidamente distinta da de um movimento intencional ou expressivo. Um tem a ver com um tipo de resposta decorrente, digamos assim, de forças internas, enquanto o outro tem a ver com a superação de forças externas, na qual, efetivamente, a regulação circular sensorial se impõe, assim como se exige uma informação contínua e uma avaliação atualizada dos seus efeitos, sem os quais as necessárias correções e ajustamentos do movimento não se podem realizar.

A noção de circularidade inerente à auto-regulação da ação pressupõe, assim, mais um anel reflexo do que um arco reflexo. O fenômeno biológico da auto-regulação, que ilustra a visão cibernética de Wiener (1948), permite reconhecer a aferenciação recorrente entre as partes centrais e periféricas do organismo humano, composto dialeticamente por cérebro e corpo e inerentes interações sistêmicas, como um processo cíclico fundamental. Para Anokhin (1985), sem a aferenciação, a arquitetura do sistema funcional do movimento voluntário não pode constituir-se.

**ARQUITETURA GERAL DOS SISTEMAS FUNCIONAIS**
(Modelo de Anokhine)

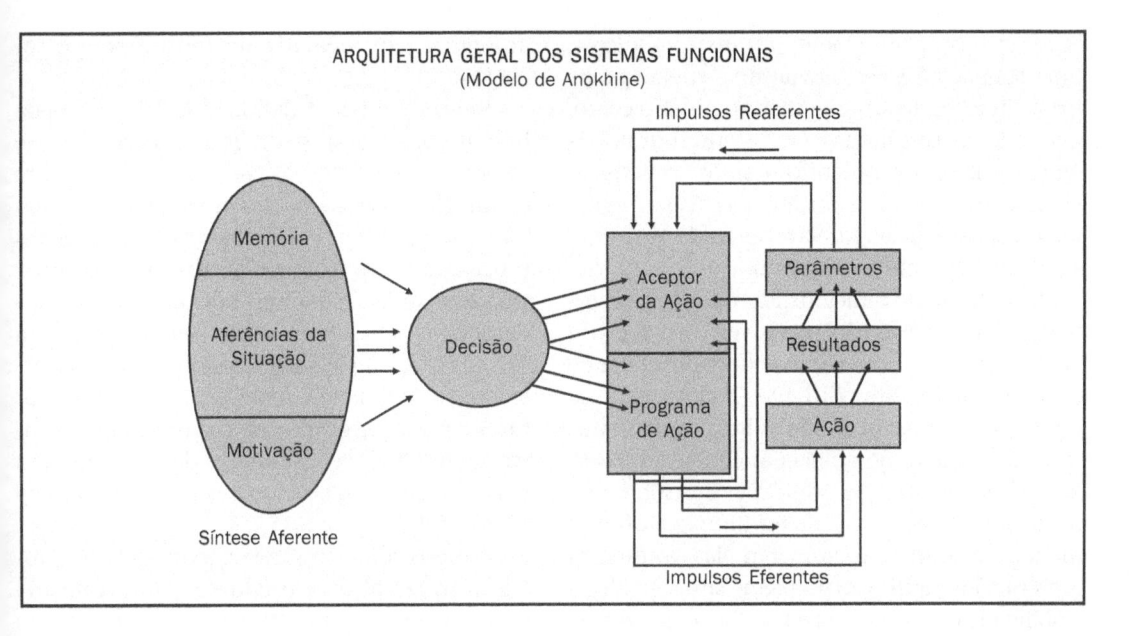

*[Diagrama: Síntese Aferente (Memória, Aferências da Situação, Motivação) → Decisão → Aceptor da Ação / Programa de Ação → Parâmetros, Resultados, Ação; com Impulsos Reaferentes e Impulsos Eferentes]*

Bernstein aproxima-se do modelo de Anokhin, uma vez que ambos respeitam os impulsos eferentes e aferentes (e reaferentes, no sentido da retroalimentação dos efeitos da ação, sobre o ambiente e sobre o próprio organismo) e defendem um sistema de comparação, que Anokhin denomina originalmente aceptor da ação, assim como um sistema de decisão de controle central. Para ambos, é importante também o controle contínuo do movimento por comparação do comando motor (*feedforward*) com a retroalimenação (*feedback*) aferente, a que autores como Sperry (1970, 1975) designam por "descarga corolária", e Von Holst e Mittelstadt (1950), citado por Turvey e Kugler (1984), por "cópia eferente".

Em qualquer dos casos, a programação da atividade motora encerra dois processos simultâneos, a efeção (própria do componente efetor do movimento) e a correção (própria da apreensão dos lapsos do movimento), por meio de conexões de retroalimentação que decorrem da representação mental do problema motor alocada no cérebro (Whiting, 1986).

O resultado da ação surge, assim, como uma espécie de ação reflexiva, tornando-se, por esse aspecto, a informação mais importante da sua organização e, naturalmente, da sua auto-regulação, pois acaba por dar origem a uma predição mental que lidera, em termos de função, os atos comportamentais intencionais. Nesta perspectiva, a noção de conseqüência desejada (*desired outcome*) de Schmidt (1976, 1980) está implicita no esquema da resposta motora, que, igualmente, no seu modelo de controle motor, assume uma função de liderança na execução correta da mesma. No fundo, trata-se da retroinfluência fundamental que a conseqüência da ação exerce na formulação do seu objetivo desejado ou esperado.

Em síntese, a formação e a representação mental do problema motor desempenham no cérebro um papel decisivo na *performance* e no desempenho dos atos motores proposicionais, na medida em que os processos reflexivos psíquicos, quer da situação atual, quer da situação futura do mundo exterior, exercem um efeito de plasticidade na coordenação motora durante a execução da planificação motora necessária à produção do seu fim desejado. A finalidade da ação possui desse modo, um componente decisivo essencial à sua elaboração e ao seu controle.

Correr em terrenos irregulares, saltar ou transpor um obstáculo natural ou artificial, nadar entre as margens de um rio, caçar um animal selvagem, lutar ou jogar, manusear uma ferramenta industrial, criar um objeto, um instrumento ou uma obra de arte, etc., envolvem a superação de forças independentes externas ao próprio corpo, que se faz necessário integrar e sintetizar no cérebro e que se constituem como um pré-requisito para produzir uma solução motora aos problemas colocados pelas características do ambiente em mudança e em movimento.

Estas forças ou características da situação-problema externa não são previsíveis e, por causa desta imprevisibilidade, não podem depender de estereótipos motores dirigidos unicamente de dentro do organismo do indivíduo. Como se trata de uma interação ativa com condições externas independentes, as conexões sensoriais de retroalimentação passam a ter um papel fundamental no controle motor; sem elas, a resposta motora não se ajusta ao problema situacional, e a viabilidade da solução torna-se difícil de atingir.

A noção de controle motor não pode, portanto, basear-se em um arco reflexo, mesmo que aberto, princípio básico da fisiologia clássica, mas, antes, em um anel reflexo (*reflex ring*) (Bernstein, 1986f). Tal noção não se consagra a atos de curta duração, que são de extrema simplicidade, mas, pelo contrário, ilustra a produção de atos seqüencializados de extrema complexidade e durabilidade.

O controle motor, conseqüentemente, está mais próximo de um anel circular sensório-motor, que envolve atenção, processamento de dados, planificação e execução de respostas adaptativas e respectivos efeitos (Luria, 1975), pois não se trata de uma reação fisiológica rudimentar, mas, sim, de atos que solucionam problemas objetivos. Estudar a motricidade ignorando o papel da integração receptiva dos dados que surgem fora e dentro do corpo é abrir a porta a um erro metodológico importante. A motricidade como resposta adaptativa e criadora, não pode ser alheia aos sistemas aferentes e centrípetos que lhe dão plasticidade e flexibilidade.

A possibilidade de incorporar sinais sensoriais qualitativos e processos corretivos que advêm dos receptores é essencial à produção efetora de respostas motoras, que acabaram por se desenvolver pela seleção natural e cultural (filogênese) e que emergem progressivamente do processo de aprendizagem mediatizada (ontogênese e sociogênese).

Em certa medida, a motricidade, que está na base do processo instrumental humano, e que interessa à teoria da psicomotricidade, decorre de um elevado grau de sensitividade (*sensitivity*) (Bernstein, 1986d, 1986f), ou seja, de complexos processos de detecção e de discriminação de sinais sensoriais proximais e distais, que são fundamentais ao controle motor. Sem possuir uma elevada capacidade analítico-sintética (*analysational and synthesational function*) nos proprioceptores e nos exteroceptores, o cérebro seria incapaz de produzir ações capazes de transformar a natureza e de lhe acrescentar uma significação civilizacional.

A motricidade humana é, portanto, um processo ativo total, onde o lado efetor do organismo se completa em termos circulares com o seu lado receptor, no qual a aferenciação acaba por sustentar o seu controle e regulação. Todo esse processo anelar sensório-motor (do sensorial para o motor e do motor para o sensorial), que, no fundo, explica a filogênese e a ontogênese da motricidade humana, reflete a coibição dinâmica entre a percepção e a ação, na medida em que a formulação de um problema motor requer, de um lado, uma percepção completa e objetiva e, do outro, uma ação seqüencializada dirigida para a sua solução.

Tal sucessão de procedimentos e de pormenores, que caracterizam o controle da ação, baseia-se nos atributos da percepção, isto é, na integração e ns interação de sinais vindos do próprio corpo e do ambiente, uma síntese sensorial total, que reúne dados espaciais, temporais, objetais, relacionais, etc., captados fora do corpo, mas também de dados tônicos, posturais, vestibulares, proprioceptivos, somatognósicos (noção do corpo, noção do eu), emergidos dentro do corpo.

Um esquema estrutural de conexões entre os proprioceptores e os telerreceptores emerge da percepção, a partir da qual o cérebro, como aparelho sintetizador, elabora, planifica, executa, regula e controla a ação. A coordenação e a co-função da percepção e da ação, com sistemas de facilitação e de inibição incorporados, ilustram, assim, o processo anelar que as une sistemicamente.

A qualidade da informação entre a percepção e a ação, que integra complexos sistemas de condução e de apreensão de sinais entre a periferia e o centro, isto é, entre o corpo e o cérebro, consubstancia o pré-requisito decisivo de um sistema de controle motor, cujo sucesso ou insucesso de funcionamento vai interferir na ação a ser realizada.

A integração e a interação de tais sinais proximais e distais permitem ao centro efetor central introduzir correções necessárias, visando à adaptabilidade e à plasticidade motoras às condições de mudança que ocorrem na periferia. A conexão entre motricidade do corpo e atividade do cérebro é, conseqüentemente, muito íntima e complexa. A progressiva e perfeita representação e compreensão do mundo exterior que caracteriza a percepção está na base da planificação e da regulação da ação. Sem a relação integrada e harmoniosa entre ambas, a filogênese, a sociogênese e a ontogênese do desenvolvimento humano não seriam possíveis.

A produção de ações intencionais não resultaria eficaz e adaptativa se fosse baseada em sistemas de informação caóticos, arbitrários e desorganizados. Pelo contrário, a motricidade humana pressupõe representações objetivas do mundo exterior no cérebro em quantidade e qualidade. Sem uma correta cognição do mundo exterior, a ação humana e do *Homo sapiens* perderia intencionalidade e objetividade, a fabricação de instrumentos, o uso de uma mímica e de uma gestualidade intencionais, o surgimento da linguagem corporal e falada, a emergência da cultura, etc., estariam comprometidas em termos antropológicos e sócio-históricos.

A produção ou não de respostas motoras adaptadas como soluções de problemas ao longo da filogênese, da sociogênese e da ontogênese sugere, conseqüentemente, uma progressiva filtragem, integração e interação cruzada e verbalizada da evidência da síntese sensorial que as elabora e sustenta.

A perspectiva bernsteiniana leva, assim, à noção de que a construção do conhecimento do mundo parte da ação que se exerce sobre ele. O domínio da natureza e a sua transformação, provocada pela ação, sugere uma representação mental precisa e perfeita do mundo exterior. Trata-se, portanto, da sua reflexão interiorizada. A ação exerce-se sobre o mundo exterior, e o mundo exterior, por efeito das suas conseqüências, exerce-se sobre a percepção e sobre o mundo interior do indivíduo. Ascender ao conhecimento advém da ação, da sua revisão mental sistemática e integrada.

A ação, subentendendo um controle complexo da sua planificação e execução, depende dialeticamente da perceptibilidade dos estímulos, que serão convertidos em sistemas de sinais libertados, combinados, justapostos e transformados em respostas adaptativas, daí resultando uma significação interiorizada (ou internalizada), logo simbolizada, que caracteriza a sua auto-regulação. A formação da ação pressupõe, conseqüentemente, elos de associação no cérebro entre os processos aferentes e centrípetos e os processos eferentes e centrífugos, ou seja, a observância de anéis de retroalimentação antecipada mediados pela linguagem interior, como componentes diretos da própria construção da ação.

Dada a condição da ação para produzir efeitos e conseqüências que, posteriormente, são aproveitadas na construção de novas ações mais elaboradas, internalizadas e verbalizadas, a repetição e a sua prática variada, ou seja, a experiência vivida e integrada, assumem progressivamente uma função de superação do bombardeamento caótico inicial dos estímulos externos, modelando-os e integrando-os subseqüentemente em sistemas de controle cada vez mais precisos e econômicos, isto é, automatizados.

Sem prática, sem hábito, sem contigüidade prolongada entre estímulos e respostas, a função de controle não atinge liberdade ou disponibilidade para gerar sistemas de regulação interna cada vez mais aperfeiçoados e coadjuvados com sistemas de atenção, de orientação, de processamento, de planificação, de execução e de verbalização mais ativos. A importância do treinamento, como superaprendizagem reflexiva, crítica e continuamente reorganizada, à luz destes ensinamentos, parece, assim, ilustrar o papel da repetição da ação na construção de novas estruturas de percepção e de cognição, mas, para tanto, a ação tem de atingir funções psíquicas superiores, de atenção, de integração, de simbolização e de verbalização, condição essencial para se transcender como processo efetor puro.

Não basta, portanto, que a ação seja repetida mecanicamente, como por um robô. Por mais engenharia sofisticada que lhe seja incorporada, a ação humana emana de um sujeito reflexivo, que sente e pensa, algo de relevante importância para a maioria das atividades humanas. A ação pela ação não traduz por si só a emergência de novos processos perceptivos e cognitivos consciencializados. Para que tal ocorra, é necessário que a circularidade anelar entre tais sistemas de sinais atinja funções psíquicas superiores de simbolização e de verbalização, e é essa significação que supera a ação e a prática e lhe dá um sentido extrabiológico e cultural, isto é, a cognição do mundo em torno, através da ação e da regulação desta dentro dele.

O enriquecimento anelar, reversível e recíproco que resulta das interações da percepção e da ação provocadas pela repetição variada e pelo hábito, está, portanto, na base do paradoxo estrutural do autocontrole e da auto-regulação de qualquer aprendizagem, seja práxica ou lingüística, algo que acaba por ter uma elevada significação antropológica na própria evolução da humanidade, qualquer que seja o domínio de atividade considerado.

A função de controle, nos animais superiores e, particularmente, no ser humano, envolve dois componentes fundamentais: o primeiro tem de lidar com a análise da máxima informação disponível captada da situação-problema; e o segundo põe em jogo a integração sistêmica de peculiaridades únicas dos fatores que operam na produção de soluções motoras, principalmente tônicos, posturais, vestibulares, somatognósicos, práxicos, etc., nos quais se observa um elevado número de graus de liberdade, que permitem a elasticidade combinatória e, em tempo hábil, suas conexões neuroestruturais, consubstanciando, assim, a função de coordenação. Nesta perspectiva, Bernstein (1947, 1967, 1986d, 1986f) define coordenação de movimentos como o processo de maestria (*mastering*) dos graus de liberdade redundante inerentes a algum órgão em movimento, originando, por assim dizer, a sua conversão em um sistema controlável. A coordenação motora é, em termos breves, a organização do controle da motricidade, o que subentende a eliminação progressiva da redundância dos graus de liberdade dos fatores que participam na produção de soluções motoras, ao mesmo tempo que integra a modelação de coordenadas espaço-temporais, a regularidade dinâmica das suas componentes posturais, somatognósicas e práxicas e a sinergia proprioceptiva complexa de outros processos de reforço e de inibição, também importantes, e que se traduzem em um ganho de precisão e de complexidade harmônica.

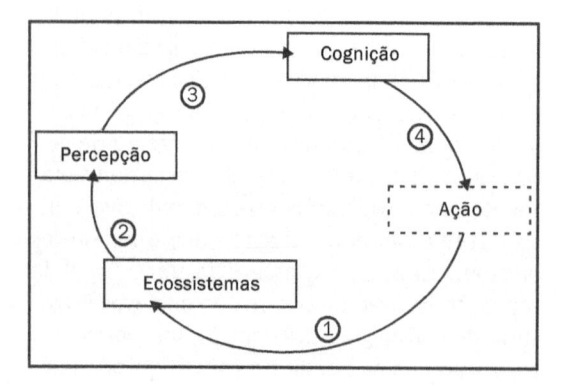

Sendo uma condição de maestria (Wallon chamou-a de perícia) que está em jogo, a coordenação motora, no início de qualquer aprendizagem, revela maior redundância, mas, à medida que a experiência se integra e a repetição e o hábito se desenrolam, ela é superada, em detrimento de graus de liberdade mais flexíveis, expeditos, econômicos e eficazes – em uma palavra, mais envolventes, coibidos e comprometidos funcionalmente –, daí ser impossível alterar seletivamente qualquer dos seus detalhes sem afetar outros.

A coordenação motora compreende, assim, um todo estrutural e uma dinâmica integral que, simultaneamente, exibem e exprimem um alto grau de diferenciação e de inter-relação entre a multiplicidade dos elementos (tônicos, posturais, somatognósicos, exterognósicos, nuances rítmicas, disposições motivacionais, etc.) que a compõem. Do caos inicial desenrola-se um cosmos final, a riqueza da conexão e da modelação dos proprioceptores estabelece-se, então, com os efetores, a sua integração funcional é, finalmente, conquistada. É disso que se trata quando se perspectiva a ontogênese como modelo de coordenação ideal e de delicada adaptação e sinalização proprioceptiva. Por analogia, na presença de divergências neurodinâmicas, estamos perante a disontogênese psicomotora, que caracteriza muitos traços das crianças com problemas de desenvolvimento ou de aprendizagem.

Um modelo inverso e involutivo opera-se, igualmente, quando observamos a retrogênese psicomotora no idoso (Fonseca, 1986aa, 1998a; Fonseca e Martins, 2001). No parâmetro da extrema senescência, em vez de se operarem processos de integração, constata-se, ao contrário, a dilapidação, a dissolução, a irregularidade, a perda de amplitude e a indisponibilidade dos componentes da unidade coordenativa. O todo estrutural tende a perder qualidade funcional, a constelação biodinâmica da motricidade desmonta-se inexoravelmente com a idade. A patologia ou a falta da coordenação motora encerram um conjunto de propriedades funcionais e neurodinâmicas que permitem compreender dialeticamente a sua estrutura complexa, ou seja, a eficiência da projeção periférica do efetor central e a sua dependência fundamental com a aferenciação.

A motricidade humana, conseqüentemente, não se explica apenas pelos processos efetores (de *output*), mas por processos auxiliares receptores, reaferenciais (*input*) e centrais (integradores e elaboradores), que asseguram o controle da periferia pelo centro. Ou seja, o controle organizacional equivale à coordenação motora, na qual o corpo atua como um todo, mas em uníssono com as determinantes do ambiente. A coordenação motora na sua máxima realização depende da aferenciação, que, na sua elaboração, acaba por guiar os centros cerebrais, nos quais a totalidade dos sinais aferentes vai permitir a adaptação dos impulsos que vão ser transmitidos à periferia. A coordenação é, portanto, um complexo sensório-motor iniciado pelo *input* aferencial e terminado com uma resposta motora exata. O componente aferencial do *input* é uma forma de reação à periferia do corpo, no qual o componente efetor de *output* atua como unidade excitadora, equivalendo a uma espécie de sinapse periférica.

De certa forma, a coordenação motora é um anel com sinapses funcionais nos dois terminais, onde os impulsos centrípetos são transformados em impulsos centrífugos que se dirigem para a periferia, para rapidamente se converterem em novos impulsos centrípetos. Tal circularidade, que se desenrola prolongadamente, acaba por ser alimentada pela experiência e pelo hábito. A excelência da coordenação motora no indivíduo experiente acaba, por esse fato, por contrastar com o indivíduo inexperiente, no qual a extrema abundância dos graus de liberdade não é reduzida nem controlada.

A coordenação motora é, portanto, em certa medida, uma superação ou supressão da indeterminação periférica. Ela tende a ser controlada à distância, ilustrando que o organismo humano aprende a extingui-la progressivamente. A aprendizagem e o treinamento, ao eliminarem redundância e indeterminação no âmbito da periferia, vão produzindo, no âmbito central, sistemas funcionais cada vez mais econômicos, flexíveis e versáteis, produzindo, efetivamente, os impulsos necessários no momento necessário (Bernstein, 1986a, 1986b, 1986c, 1986d).

A coordenação motora consiste na habilidade de ordenar e de seqüencializar eventos e procedimentos de tal forma que os impulsos efetores encontrem as melhores condições de condutividade até à periferia, e não obstáculos dos tipos tônicos, posturais, proprioceptivos, etc., que afetem a sua eficácia. A coordenação compreende, assim, a organização preparatória da periferia motora, de modo a garantir a otimização da sua condutibilidade seletiva. O processo coordenativo opera antes da própria resposta motora, organizando as vias de condução que ligam o centro à periferia, a intenção à ação propriamente dita.

Como não é possível entender a coordenação motora como independente da periferia, ou como apenas dependente da periferia, só é possível observá-la quando o impulso certo é seletivamente transmitido no tempo certo, quando como sistema funcional complexo incorpora ambos os seus componentes, o receptor e o efetor. Para que ocorra comunicabilidade entre esses dois componentes da coordenação motora, é necessário que a tonicidade (não apenas uma tensão permanente dos músculos em repouso, mas um estado global de prontidão adaptativa) os interligue de forma plástica, de modo que não se verifique rigidez ou bloqueios impeditivos da sua interação, surgindo esse fato como pré-condição da sua resolução. Por isso qualquer descoordenação motora (ou incapacidade) é acompanhada por uma disfunção tônica.

Como o cerebelo é conhecido como um dos sistemas de importância capital na coordenação motora e como é o efetor tônico mais importante do organismo, não restam dúvidas de que a comunicação entre a periferia e o centro tem neste substrato um mediador crucial, como se pode apurar nas desordens vestibulares ou na ataxia. Em ambas as condições, a coordenação desaparece em simultaneidade com a tonicidade, parecendo revelar que a coordenação motora emerge da coordenação postural, que se constitui como uma reação preparatória desta e um pré-requisito fundamental, sem a qual a adaptação às condições do mundo exterior não seria viável.

A condutividade das sinapses distais decorre, como já abordei, de substratos centrais que regulam as funções sensório-tônicas e tônico-posturais, isto é, sinapses proximais que estão na base da coordenação motora, que é planificada nas estruturas neocorticais (pré-frontais), executada por corticais (área motora primeira) e regulada por estruturas subcorticais, reticuladas, cerebelares e, finalmente, medulares, dialeticamente subordinadas entre si.

A organização do processo como um todo é, então, atingida, e o controle das interações entre os vários graus de liberdade e das cadeias cinestésicas multiconectadas vai-se construindo, gerando responsividade, ou seja, respostas não apenas dirigidas para o mundo exterior, mas adaptadas para as modificações dinâmicas do ambiente, como se se tratasse de um servomecanismo motor ciberneticamente estruturado. A coordenação motora proposta por esse autor russo é, portanto, baseada no anel circular e dialético entre a percepção e a ação, entre o mundo exterior e o mundo interior, "de dentro para fora e de fora para dentro", por assim dizer, sugerindo, conseqüentemente, a mediação da síntese sensorial em vários níveis de complexidade estrutural.

É, pois, nesta síntese sensorial contextualizada e na natureza simbólica da percepção, que Bernstein (1986f) situa o seu modelo de auto-regulação dos atos motores. Assim, para este pesquisador, qualquer movimento voluntário surge como uma resposta-solução a um problema motor a resolver, que, salvo para os movimentos utilitários do dia-a-dia, impõe modulações psíquicas, que vão solicitar e justificar sucessivamente:

– um modelo da experiência anterior, isto é, retrospectivo (passado);
– um modelo da recepção, de integração e de compreensão da situação exterior imediata (presente);
– um modelo programático da ação, isto é, prospectivo (futuro).

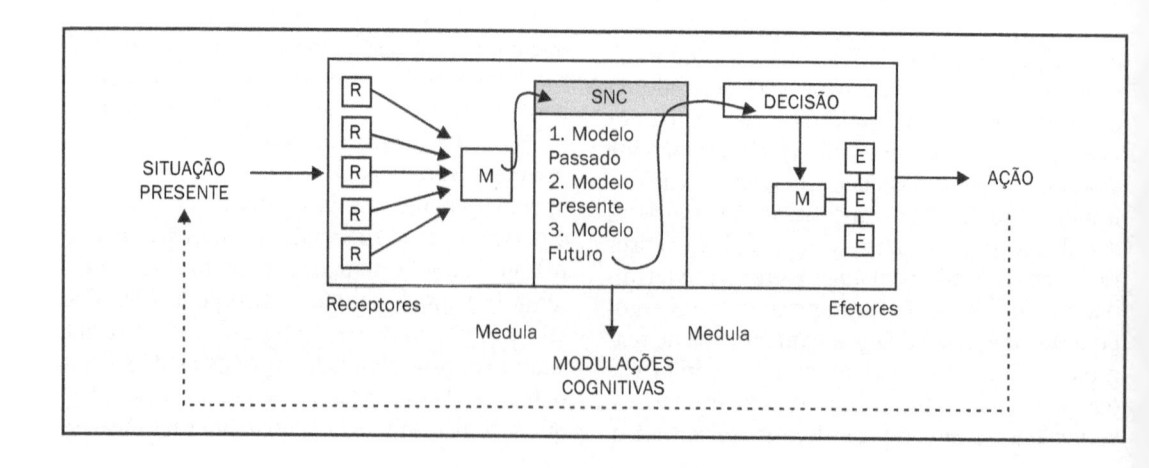

Para Bernstein (1967, 1986a), portanto, as decisões sobre a conduta, além de vários graus de inibição, incluem vários graus de facilitação, como já mencionei, condições funcionais que, no seu conjunto, constituem a verdadeira auto-regulação da conduta (ação) com todos os seus reajustamentos motores. A noção de auto-regulação da ação está, em termos cibernéticos, associada à predição de resultados e de regularidades, o que em si sugere um conhecimento antecipado dos fins a atingir. Para isto, deve operar-se uma causalidade circular (*ring principle*), uma seqüência ordenada e uma conexão recíproca de sinais que fluem entre as vias aferentes e as eferentes, entre os dados proprioceptivos e os exteroceptivos, entre o centro e a periferia, estabelecendo, assim, aquilo a que Bernstein chamou um programa de ação.

Um programa de ação, de acordo com Bernstein, contém os seguintes componentes:

1. identificação prescritiva e apriorística do programa;
2. seqüencialização preferencial de resultados;
3. ordenação de comandos centrais dirigidos ao sistema efetor, isto é, esquelético e muscular (eferenciação cérebro → corpo);
4. rede simbólica inter-relacionada entre os resultados e os comandos (ideação);
5. ubiqüidade aplicativa e reciprocidade entre os processos receptivos e os processos efetores (aferenciação corpo → cérebro).

Nesta linha de pensamento, um sujeito serve-se de um programa para atingir um fim, ou seja, com a sua ação ele visa a obter um determinado resultado, pondo em marcha um processo teleonômico baseado em um faseamento dinâmico de efeitos recíprocos: ação → percepção → modificação → retroalimentação eficaz → reaferenciação.

As ações são, portanto, planificadas com base em intenções (representações mentais) que visam a modificar as relações entre o indivíduo e o ambiente, daí resultando imagens e ideações de resultados a atingir ou de conseqüências a materializar, consubstanciando uma explicação teleonômica da ação, que associa dialeticamente objetivos e fins, representações e comandos.

O fim a atingir com a ação induz um evento futuro concreto, como que evocando um desejo presente e uma informação indicativa, que envolve a concepção de um acontecimento que vai operacionalizar-se prospectivamente e, para tanto, o fim a atingir com a ação propriamente dita transforma-se em um objeto intencional e em uma representação que implica um conceito de comando.

A causalidade circular e o anel percepção-ação sugerem que o cérebro comanda o corpo e que o psíquico controla o motor, porque o processo é baseado em informação. O comando é um tipo de informação que indica uma ação a ser realizada, mas, para isso, a informação tem de ser primeiro indicativa, integrando o fim (componente psíquico), e, em segundo lugar, especificativa, integrando os meios (componente motor).

A gestão dos fins e dos meios implica, portanto, um comando, ou seja, um sistema de mediação, de complementariedade, de equilíbrio e de coordenação entre ambos os tipos de informação, mas perfeitamente capaz de introduzir mudanças compensatórias quando necessário. Apesar de se verificar uma circularidade causal entre os dados exteriores e os interiores, o sistema de comando assegura que o campo interior assuma uma modelação ativa e final dos estados de equilíbrio dinâmico entre ambos.

Uma vez que os sistemas vivos, como o ser humano, são sistemas abertos, os quais mantêm potenciais internos de energia que permitem produzir ciclos generalizados de respostas externas, eles são caracterizados como sistemas auto-sustentados, mas, para tanto, é necessário que se estabeleça uma circularidade informacional entre os sistemas internos e externos, ou seja, entre a percepção e a ação. É neste equilíbrio comunicacional e final que nasce a noção de comando em Bernstein.

O comportamento humano, que subentende uma relação inteligível e auto-regulada entre a motricidade e o psiquismo, não pode ser estritamente determinado do exterior ou do interior; a dinâmica informacional que os equilibra induz uma interação sistêmica aberta entre o cérebro, o corpo e os ecossistemas. O ser humano atua no mundo exterior ao mesmo tempo que integra dele informação para o seu mundo interior.

Note-se, porém, que as decisões emitidas pelo cérebro incluem não só uma noção integrada de espaço exterior e interior, mas também uma noção integrada de tempo (*timing of the movement*), uma seqüência espaço-temporal auto-regulada e consciencializada. O próprio programa de ação incorpora os seguintes problemas:

1. Quando se deve iniciar o movimento?
2. Qual a postura mais adequada para o movimento?
3. Qual a velocidade de execução do movimento?
4. Quando se deve terminar o movimento?

Além destes problemas, que têm de ser resolvidos no contexto da respectiva situação-problema exterior, é necessário a emergência de um sistema de auto-regulação que, no mínimo, exija a incorporação dos seguintes elementos:

1. elemento efetor: relacionado com a atividade motora que tem de ser regulada e parametrizada em função das exigências da situação externa;
2. elemento de controle: converte para o sistema de auto-regulação o valor exigido dos vários parâmetros a serem regulados;
3. elemento receptor: percebe o curso factual da situação externa e o valor dos seus parâmetro e os informa ao elemento de comparação;
4. elemento de comparação: percebe a discrepância entre o valor factual e o exigido da situação externa;
5. elemento de codificação: trata dos dados fornecidos pelo elemento de comparação, exercendo uma função de correção de impulsos, que são, por sua vez, transmitidos por cadeias de retroalimentação ao elemento de regulação;
6. elemento de regulação: controla a função do efetor ao longo de um dado parâmetro da mesma situação-problema.

Todos esses elementos ou componentes acabam por fazer parte de um ciclo integrado de interações, como se verá no modelo apresentado a seguir, podendo o mesmo dispor de dispositivos auxiliares de importância secundária, como amplificadores, conectores, servoprocessos, etc. O córtex terá que decidir, então, sobre a precisão da motricidade, a quantidade de força e de regulação tônica a imprimir, o ritmo de execução e tantas outras variáveis e parâmetros que constituem circunstâncias características de cada nova situação. Essa função do córtex, sem a qual, aliás, a coordenação seria inexeqüível, é desempenhada, segundo Bernstein, por dispositivos de comparação, de regulação e de controle do próprio sistema nervoso, que interagem e se coíbem entre si, como os processos cibernéticos de controle e de comunicação sugeridos por Wiener (1948).

Bernstein designou por SW (do alemão *Sollewer*) o que a situação pede ou requer, por IW (*Istwert*) o movimento real ou factualmente conseguido e por $\Delta W$ a diferença entre SW e IW. Em outras palavras, pode-se dizer que IW significa a informação recebida (IR) e SW a informação proposta (IP) e $\Delta W$ a diferença entre estas duas informações (DI). Daí resulta que a informação proposta pela situação externa, principalmente nas primeiras fases de aprendizagem, normalmente transcende a informação recebida pelo sujeito, dando lugar, obviamente, a muitos lapsos nos susbsistemas de coordenação, de comparação e de controle.

Com os ganhos de integração e de retroalimentação resultantes dos processos de aprendizagem e da prática reflexiva, as duas informações equilibram-se por reaferência, ao mesmo tempo em que a solução motora emerge de forma mais eficaz e flexível, isto é, mais coordenada, fluente e harmônica, sugerindo que a sua programação incorporou processos de regulação mais precisos e econômicos. O sistema de auto-regulação, decorrente do comando central surge, por isso, não só mais comunicativo, em termos anelares, ditos sensório-motores, como progressivamente adquire sistemas mais estáveis, suscetíveis de se comunicar com mais eficácia com sistemas decorrentes do desenrolar da própria ação (*tracking systems*), que vão construindo a solução da situação-problema externa. Todo o movimento inteligente e intencional, isto é, voluntário, é realizado como uma resposta a um problema e é determinado, direta ou indiretamente, pela situação externa como um todo.

Segundo Bernstein, portanto, à medida que se verifica a aprendizagem, como mudança estável de comportamento, a diferença entre informações ($\Delta W$) diminui, gerando um ajustamento mais correto entre a informação percebida e a informação proposta. O desejável, isto é, o percebido em 2, é cada vez mais ajustado ao exigido em 3, por isso o conjunto de movimentos (ação) surge cada vez mais de acordo com a situação exterior.

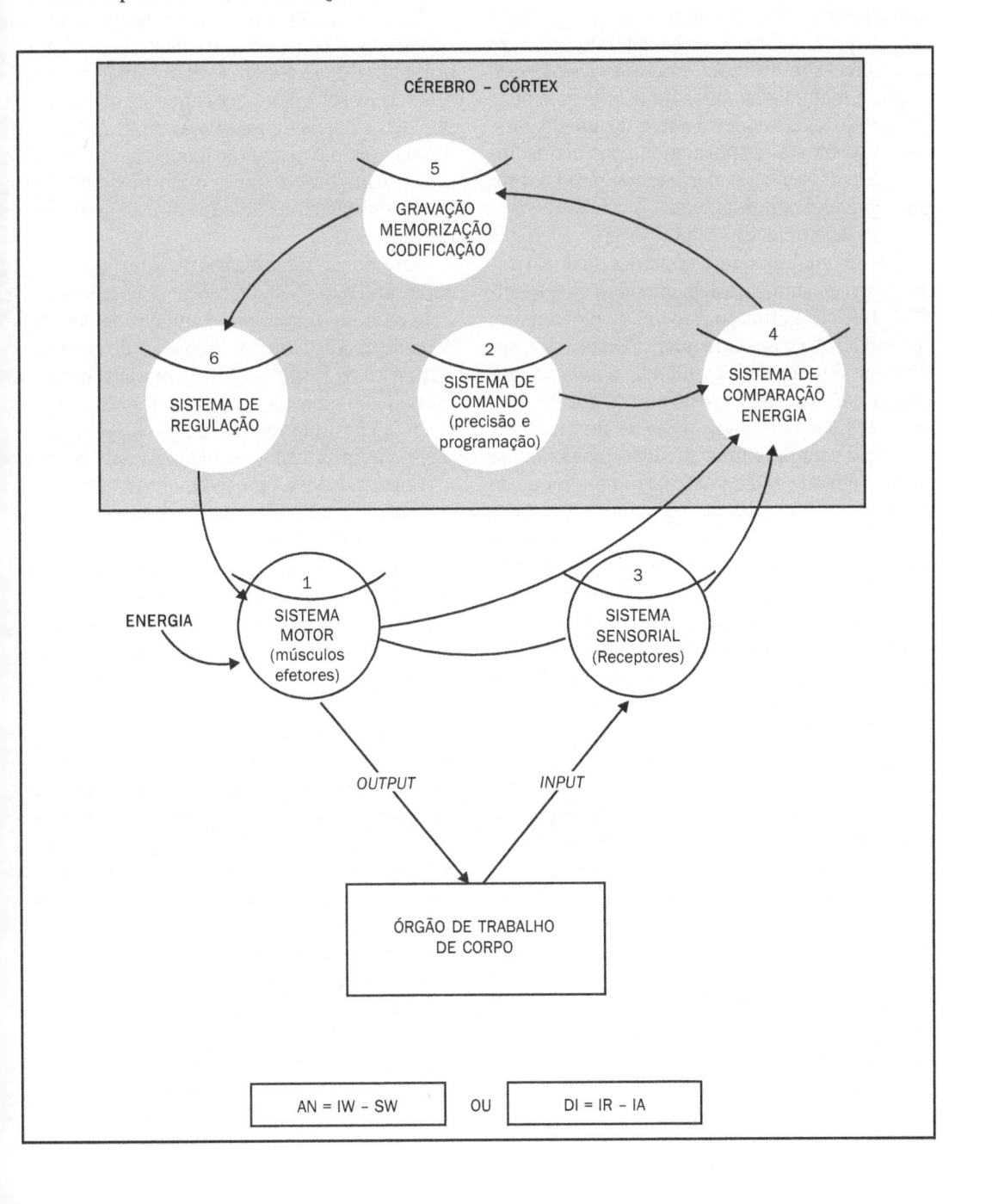

```
┌─────────────────────────────────────────────────────────┐
│  ┌───────────────────────────────────────────────────┐  │
│  │              CÉREBRO – CÓRTEX                      │  │
│  │                                                    │  │
│  │                    ( 5 )                           │  │
│  │                 GRAVAÇÃO                           │  │
│  │                 MEMORIZAÇÃO                        │  │
│  │                 CODIFICAÇÃO                        │  │
│  │                                                    │  │
│  │     ( 6 )         ( 2 )          ( 4 )             │  │
│  │   SISTEMA       SISTEMA DE      SISTEMA DE         │  │
│  │   DE            COMANDO         COMPARAÇÃO         │  │
│  │   REGULAÇÃO     (precisão e     ENERGIA            │  │
│  │                 programação)                       │  │
│  └───────────────────────────────────────────────────┘  │
│                                                          │
│              ( 1 )              ( 3 )                    │
│   ENERGIA → SISTEMA            SISTEMA                   │
│            MOTOR              SENSORIAL                  │
│            (músculos          (Receptores)               │
│            efetores)                                     │
│                                                          │
│              OUTPUT           INPUT                      │
│                                                          │
│              ┌──────────────────────┐                    │
│              │  ÓRGÃO DE TRABALHO   │                    │
│              │      DE CORPO        │                    │
│              └──────────────────────┘                    │
│                                                          │
│        ┌─────────────────┐    ┌─────────────────┐        │
│        │ AN = IW – SW    │ OU │ DI = IR – IA    │        │
│        └─────────────────┘    └─────────────────┘        │
└─────────────────────────────────────────────────────────┘
```

O *output*, ou ação, é, pois, função e resultante da interação entre os diferentes tipos de processos neurológicos que a programam, controlam e regulam, contendo cada qual, por sua vez e em si mesmo, outras tantas interações. Ou seja, tanto o sistema nervoso periférico (SNP), que envia informação, como o sistema nervoso central (SNC), que emite decisões e comandos, operam em interação mútua e são essenciais à síntese da resposta motora adaptativa final, onde não pode estar esquecida sequer a força da gravidade e outros problemas de pormenor e de circunstância, podendo envolver parâmetros tônicos, proprioceptivos, cognitivos, etc.

Para Bernstein, esses "problemas" exteriores têm de ser analisados em andamento, de tal forma que o ajustamento seja imediato e na medida do início, da duração e do fim do movimento. A situação externa, como um problema total, determina, direta e indiretamente, a solução motora, ou seja, a programação antecipada e a execução regulada da sua resposta. O ato motor incorpora a solução a uma situação-problema, na medida em que esta é a base de um programa de ação que, ao ser realizado e concretizado, requer a observância de um sistema de controle para solucioná-lo. Neste contexto, programação motora (ou planificação motora, para outros autores, principalmente Ajuriaguerra, J.Ayres e Luria) é equivalente a coordenação motora, na medida em que resulta da apreensão dos problemas motores, uma vez que estes surgem e ocorrem na situação externa.

A busca da eficiência sinergética e da produção de soluções motoras ótimas a determinados problemas só pode ser atingida por uma prática e por uma experiência variadas, que conduzam não à reprodução mecânica de soluções motoras, mas à criação de processos de resolução de problemas, onde as mudanças a serem introduzidas devem sugerir uma repetição sem repetição, pois é dentro deste contexto evolutivo-integrativo que se constata a ontogênese psicomotora e se espelha a sucessiva estratificação filogenética.

A aprendizagem como modificação de comportamentos resultantes da prática ou da experiência, neste contexto, não deve resultar de repetições mecânicas ou da repetição pura e exteriormente comandada de exercícios, mas, pelo contrário, de situações que se repetem nos seus parâmetros e problemas, mas em que se estimula e mediatiza a criação de novas soluções e a sua tomada de consciência.

Trata-se de conceber a aprendizagem dentro do paradigma da repetição e da variação. Com o primeiro, desenvolvem-se os automatismos e a fluência de soluções, mas, com o segundo, mantêm-se os níveis de motivação mais elevados e promove-se o potencial de modificabilidade, certamente implicando novas e continuadas modelações nos sistemas de autocontrole e de autorregulação.

Para que a aprendizagem ocorra, parece ser necessária não só a ativação de sistemas de controle e de regulação, mas também de sistemas de comparação entre a produção de respostas factuais e as respostas ideais, mobilizando, simultaneamente, receptores e efetores, favorecendo a contínua reestruturação da programação, ela própria também em progresso contínuo.

Com base nestes procedimentos, que podem ser aplicados em contextos educacionais e reeducacionais, a reorganização qualitativa opera-se no indivíduo, proporcionando-lhe a adoção de novas estratégias de solução motora. As implicações destas formulações teóricas, como é óbvio, são muito importantes para a prática psicomotora, para que ela não se confunda com outras práticas corporais descontextualizadas.

Os movimentos rápidos das expressões corporais na arte, no desporto e em muitas profissões exigem programas neurológicos *a priori*, por isso planificados e antecipados, enquanto outros movimentos mais lentos exigem, durante a própria execução, (re)programações constantes. A perspectiva de Bernstein (1967) é deveras convergente com as de outros autores, que definem o comportamento psicomotor em quatro fases de coordenação neurológica:

1. síntese sensorial;
2. interação sensorial;
3. atividade motora inicial;
4. informação visual suplementar.

> **PRAXIA COMO SÍNTESE PSICOMOTORA**
> Antecipação = reexperimentação psicológica da acção → planificação motora
>
> 1. **Síntese Polissensorial**
>    (TQ + V + A + Prop. + Vest...)
> 2. **Interação Sensorial**
>    (Interneurossensorial)
> 3. **Ativação Motora**
>    (Planificação: inicial, durante e final...)
> 4. **Informação Visual Suplementar**
>
> Praxia: Série de acontecimentos neurológicos que orientam, regulam e controlam o movimento.

Verifica-se, portanto, que a execução de qualquer movimento é, antes de mais nada, uma síntese psicomotora, visto que reúne em si uma série de acontecimentos neurológicos que a orientam, regulam e coordenam. Em outras palavras, pode-se dizer que a conduta (ou ação) não é uma soma ou justaposição de contrações musculares, muito menos uma seqüência de movimentos explicados mecanicamente. A programação da conduta é como que uma antecipação ou atualização psicológica da motricidade, uma síntese psicomotora que relaciona ações com intenções, noções com operações e movimentos com pensamentos.

Bernstein ajuda-nos, pois, a compreender uma nova teoria da aprendizagem, na qual o gesto não se melhora pela sua simples repetição motora ou pelo exercício repetitivo, mas, fundamentalmente, pela reexperimentação psicológica dos seus componentes de ação. Não há dúvida de que o modelo de Bernstein serve para melhor compreender-se e admitir-se a importância psicológica que regula e estrutura o próprio movimento.

A antecipação do movimento, o seu controle e a sua verbalização são, sem dúvida, o espelho do desenvolvimento do sistema nervoso, uma vez que mobilizam na criança, além da atenção, a vigilância, a previsão a dedução, entre outras. Nesta base neuropsicológica, Bernstein acaba por sintetizar as teorias de Pavlov (1970, 1973), Sokolov (1975), Luria (1975) e tantos outros psicólogos russos para os quais a motricidade reativa e os reflexos de orientação (atenção) exercem uma função essencial na regulação correta e versátil da conduta humana.

O modelo proposto por Bernstein permite, por outro lado, criticar a metodologia expositiva, verbalizada e verbalizante do ensino tradicional, que tem, a meu ver, subestimado, e muito, o papel da ação e da prática no desenvolvimento da consciência, e vice-versa. Note-se como a educação infantil, por exemplo, assenta essencialmente na ação e na motricidade, permitindo à criança, a par da regulação e da coordenação sensório-motora, o desenvolvimento, a construção e a melhoria da sua autonomia e da sua auto-suficiência. Ou seja, na educação infantil não interessa só a cabeça, mas também a cabeça dos dedos!

Segundo Bernstein, só assim pode-se desenvolver na criança a noção de autocontrole da sua conduta. É pela ação que se pode garantir à criança a verdadeira relação e interação com o mundo dos objetos e com o mundo dos outros, o que constitui o pivô de uma maturidade individualizada, decorrente de um contexto socializante. A motricidade humana, assim perspectivada, sugere uma controlabilidade e uma observabilidade próprias, não sendo, portanto, uma atividade que se esgota na *performance* ou no desempenho motor, tão defendidos por tantos teóricos do movimento humano. Pelo contrário, ela materializa a realização de objetivos comportamentais significativos através de processos complexos de planificação e de resolução de problemas (Requin, 1980; Rolland, 1984).

A motricidade surge, assim, como um trampolim para atingir o sentimento de si e o autoconhecimento, pois, por mais simples que seja, implica o encadeamento das estruturas neurológicas básicas: atenção, vigilância, memória, integração, análise e síntese, processamento, programação, etc. Como já resumi, o desenvolvimento da psicomotricidade na criança tem na sua base uma estrutura tônico-postural de preparação, depois uma estrutura práxica de realização e de comparação e, finalmente, uma estrutura conceitual e verbal internalizada e integrada de controle e de regulação.

## CONCEPÇÃO CIBERNÉTICA DA COORDENAÇÃO MOTORA E DA APRENDIZAGEM

Diante do exposto, é fácil afirmar que qualquer aprendizagem escolar é um problema de coordenação motora, isto é, uma psicomotricidade em situação. Mas o que é a coordenação motora? Aqui, mais uma vez, Bernstein (1967, 1986f) dá uma grande ajuda ao introduzir nas suas propostas sobre este assunto algumas noções de cibernética. Note-se que por esta via se torna mais clara e expressa a importância da ontogênese da psicomotricidade nas aprendizagens escolares fundamentais, como ler, escrever, contar e, é claro, pensar.

Assim, de uma forma muito simplificada, pode-se dizer que a coordenação da motricidade compreende um conjunto de relações de ordem entre as várias subestruturas neurológicas que, no seu todo, elaboram o movimento que materializa qualquer resposta adaptativa. Como o organismo humano não é uma simples soma das partes, nem uma coleção de células, a motricidade que emana dele não pode ser explicada como uma cadeia de reflexos, tampouco pela expressão de comportamentos que resultam da pura ligação de movimentos automáticos.

Exatamente porque os movimentos constituem expressões de vida de um dado organismo, como o do ser humano, eles não podem ser resumidos a formas passivas de interação com o mundo exterior. Pelo contrário, são atos ativamente dirigidos para as situações ou conjuntos de estímulos que o originam. Por este fato, a natureza integrativa dos movimentos participa da integração sensorial e da estruturação e da síntese perceptiva e cognitiva, facilitando o trabalho do cérebro para regular e controlar a sua execução e expressão prática e objetiva.

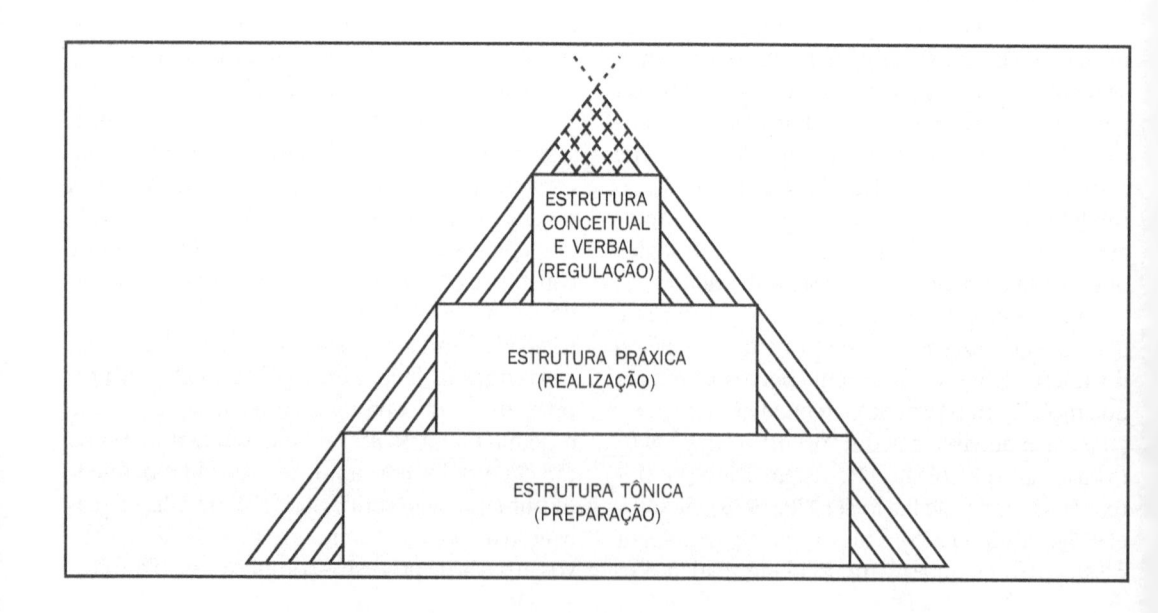

Como existe em um estado de equilíbrio contínuo e dinâmico com o universo que o envolve, o organismo tem de manter e de integrar reações plásticas apropriadas entre estímulos e respostas, entre *inputs* e *outputs*, que se encontram permanentemente interligadas entre si. Somente em tais condições de adaptabilidade a orientação intencional dos atos motores pode ser concebida e compreendida.

Trata-se, portanto, de uma relação circular sensório-neuromuscular, cuja unidade expressiva exige um jogo de comando e de controle central da ação. Recorde-se como a motricidade humana se organiza para responder a um fim, problema ou tarefa, ou para obter e atingir um determinado resultado ou objetivo. Daí a natural necessidade de recurso a uma função de integração, de planificação, de organização, de programação e de regulação antecipada da ação, ou seja, a emergência de um centro de comando dos músculos que acabam por realizá-la, por meio da contínua monitorização da participação dos órgãos e dos sistemas sensório-motores e da idéia internalizada que a organiza, regula e cria. Toda esta arquitetura cibernética requer um controle circular, isto é, um controle da retroalimentação (*feedback control*), uma revisão e uma correção de movimentos, algo só possível devido à característica flexível, plástica e informacional própria dos músculos.

O comando efetor dos movimentos, que envolve componentes reativos internos (intrassomáticos) e componentes externos (extrassomáticos), como já mencionei, precisa manter um sistema de regulação aberto para integrar continuamente os seus efeitos e as suas conseqüências, algo impossível de atingir com base em uma estrutura rígida dos músculos, razão pela qual estes estão impregnados de microssensores tônico-sensoriais (fusos neuromusculares) para responder em determinados limites funcionais (encurtamento-alongamento, hipertonia-hipotonia, hiperextensibilidade-hipoextensibilidade, etc.), de modo a acomodar-se aos sinais recebidos pelos órgãos sensoriais.

Atingir a programação da ação e a sua realização ou resolução (*performance* expressiva), subentende a capacidade de correção contínua dos lapsos, por meio de conexões de retroalimentação que estão na base da formação e da representação do problema motor que se opera no cérebro. Uma vez que a resolução motora implica uma sucessão de procedimentos centrípetos, a sua elaboração depende da seqüencialização integrada e harmônica dos seguintes processos mentais:

– percepção e avaliação da situação externa captada pelo indivíduo;
– ideação efetuada pelo indivíduo de como a situação deve tornar-se, em vez de concebê-la como é na realidade, pressupondo a extração máxima de informação ambiental;
– determinação efetuada também pelo indivíduo do que deve ser feito;
– decisão de como se deve efetuar a resposta motora e quais são os recursos disponíveis para realizá-la.

Em síntese, a variabilidade adaptacional do programa da ação e dos seus atos concomitantes deve, subseqüentemente, introduzir correções e mudanças que ocorrem continuamente, capazes de permitir alterações estratégicas que visam a ajustar a ação à situação. A relação inteligível entre a ação e a situação, que ilustra a sua interdependência funcional, só pode ser compreendida dentro de uma organização neurológica complexa e progressivamente mais independente, sugerindo uma modificabilidade gradual de atos passivos em atos voluntários e intencionais, que envolvem um comando prospectivo mais interiorizado. A translação da situação percebida para a ação motora induz uma extrapolação para o futuro, um padrão imaginado do que deve ser a ação, umaprojeção de umaprojeção.

Nesse contexto, o cérebro deve formar uma imagem real do mundo exterior, ou seja, uma imagem factual da situação em um dado momento (introjeção), além de recuperar situações que foram experimentadas no passado e que se encontram armazenadas na memória, ao mesmo tempo em que deve possuir a capacidade para formar uma representação de situações que não foram ainda realizadas (projeção), evocando simultaneamente uma planificação antecipada (*a plan in advance*), que se constitui como um requisito neurofuncional que impele o organismo a agir em um determinado sentido previamente estabelecido.

Bernstein (1967, 1986b, 1986f) vai mesmo mais longe ao afirmar que as ações motoras coordenadas pressupõem a própria antecipação dos seus resultados (*looking to the future*) (Whiting, 1986; Poulton, 1950, 1952), exatamente na mesma linha em que se justifica a evolução antropológica do *Homo sapiens,* na qual a origem do pensamento reflexivo se situa exatamente na antecipação do fim a atingir com a ação, uma função que é, em essência, monopólio do ser humano. Note-se que é este o motivo que leva o indivíduo a auto-regular a ação no sentido de satisfazer essa finalidade e de conseguir esse fim desejado mentalmente e anteriormente estabelecido.

Parece-me oportuno recordar agora a relação essencial entre o poder de reflexão conseqüente da ação e a fabricação de instrumentos, na medida em que os seus efeitos se revelam em uma das hipóteses mais convincentes da (trans)formação do ser humano. Eu me atreveria mesmo a admitir, com fundamento neste paradigma, uma nova e verdadeira antropologia da ação, na medida em que é esta, com base nas idéias de Bernstein, que está na origem do poder inesgotável do pensamento, ou seja, naquilo que transformou o *Homo habilis* em *Homo sapiens* e que, de certa forma, desenhará o futuro da humanidade.

Assim, não podemos ignorar a proposta de um corpo preparado para as mais variadas ações, que, pela sua própria versatilidade intrínseca, consegue pelo uso dos mais variados instrumentos, criar e realizar em si mesmo inúmeros sistemas de coordenação e de auto-regulação organizada (Trevarthen, 1978; Rolland, 1980, 1984; Schmidt, 1976, 1980).

O fenômeno de olhar o futuro, inerente à planificação e à execução da ação, como um problema motor, confere a ela própria uma unidade indivisível de processos que transformam a informação recebida do ambiente em constante mudança, em uma solução motora ativa, sem perder sua continuidade e fluência adaptativa. O cérebro, para produzir ações intencionais no e com o corpo, joga com dois tipos de modelos que se interpenetram: o modelo do passado-presente e o modelo do futuro, do que aconteceu e do que está acontecendo. O primeiro procede diretamente do segundo, e é organizado neste.

A modulação do futuro, que encerra a elaboração cibernética da ação intencional própria do ser humano, mas não do animal, é logicamente possível por efeitos da extrapolação que mencionei anteriormente, da qual emana um processo seletivo da corrente situação e das condições reais da sua percepção imediata.

Essa captação ativa de informação, e não apenas a sua recepção passiva, envolve, por sua vez, toda a experiência prévia armazenada pelo indivíduo. Só depois o cérebro esboça processos neurológicos complexos, ditos cibernéticos, para construir um modelo do futuro, onde a ação é probabilisticamente desencadeada. Nesta dimensão funcional, a antecipação da ação joga com um conjunto possível de conseqüências e de efeitos, baixando a entropia do sistema, para, deste modo, interagir com o complexo campo das condições externas, englobando uma multiplicidade de variáveis referentes aos objetos, ao espaço, ao tempo, etc.

O cérebro, como centro cibernético de excelência, tem, portanto, possibilidades de gerar uma extrapolação bem-sucedida da ação, porque, simultaneamente, a perspectivação das suas possíveis conseqüências tem de ser necessariamente muito aproximada dela. A seleção de estratégias de comportamento decorrente da extrapolação, por envolver uma escolha entre várias respostas motoras possíveis, deve ser efetuada rapidamente e em tempo hábil, originando, conseqüentemente, a resolução de um conflito entre a situação e a ação.

É óbvio que a seqüência das tentativas operadas para resolver este conflito tem de ser efetuada de forma diferente à do conceito de tentativa e erro (*trial and errors*) dos behavioristas, na medida em que cada uma das tentativas deve estar intimamente relacionada com as precedentes. Só assim a coordenação da ação vai se tornando cada vez mais precisa e adequada, exatamente porque vai integrando, a partir de cada tentativa, a máxima quantidade de informação útil para executar, posteriormente, a ação com mais eficiência.

Apenas dentro deste quadro cibernético pode-se compreender o surgimento da capacidade criativa e instrumental da espécie humana.

Entre as múltiplas funções do cérebro envolvidas no controle dos atos motores, encontra-se o processo por meio do qual as ações são corrigidas e aperfeiçoadas à medida que são produzidas. Tal processo é operado por sistemas de retroalimentação conectados e servidos por numerosas fontes informacionais disponíveis no corpo e fora dele, a que equivalem substratos neuronais altamente diferenciados, da medula à substância reticular, do cerebelo e núcleos cinzentos da base ao córtex.

Por estabelecer-se uma mediação e indução ininterruptas entre a situação e a ação, os lapsos de controle são progressivamente restringidos pela redução otimal dos graus de liberdade inerentes aos órgãos motores, dando origem a um sistema cortical cada vez mais (co)ordenado.

Com base neste processo de correção e de ajustamento progressivo, do qual participa a modulação tônico-sensorial, os movimentos pensados são confrontados *post factum* com os movimentos realizados, daí emergindo adaptações antecipatórias que constam do programa de regulação *ante factum*.

Antecipação e extrapolação são, assim, componentes dialéticos e cibernéticos cruciais para se compreender o papel evolutivo e histórico da ação na espécie humana (e já agora no desenvolvimento da criança), a partir da qual emergiu uma neomotricidade (Fonseca, 1989b, 1992, 1999b, 2003), que está na origem do fenômeno civilizacional e de onde emergem as competências psicomotoras básicas como alicerce das aprendizagens não-simbólicas e simbólicas.

A ação, encarada nesta perspectiva cibernética bernsteiniana, depende claramente da cooperação sintética e dinâmica da captação ativa de informação e, simultaneamente, da sua modulação pré-formulada e antecipada, isto é, de um processo ativo, cibernético e dialético entre a percepção, a cognição e a ação. Foi a invenção, e não a mera descoberta das ferramentas artificiais, como diz Piveteau (1967, 1973), que permitiu à espécie humana a reflexão da sua relação com o mundo, e tal capacidade inovadora decorreu objetivamente da interligação circular e dialética entre percepção, cognição e ação.

Seja como for, é lícito admitir que a atividade motora do ser humano, comandada por um órgão de generalização intra e intersensorial como é o cérebro, possa ter sido o resultado de uma série de libertações anatômicas e morfológicas (Fonseca, 1989a, 1999b), além de uma série de aquisições neuromotoras e neuropsíquicas, como:

- postura bípede exclusiva e original, mesmo em relação aos primatas;
- coluna vertebral flexível;
- cintura pélvica reduzida e alargada;
- musculatura com novas funções e possibilidades;
- pé profundamente transformado e reespecializado;
- mão pentadáctila (cinco dedos), capaz de sustentar, transportar, lançar e manipular objetos, possuindo, ao mesmo tempo, um órgão de palpação crítica e analítica que lhe confere uma função práxica de preensão única no reino animal, etc.

Como eu dizia, parecem-me suficientemente claras e significativas as transformações acima referidas para ter-se que admitir o princípio das correlações orgânicas que propõe uma relação de unidade entre a ação criadora e a criação de novas estruturas de coordenação neurológica, como conseqüência uma da outra, e vice-versa. Ou seja, a ação (componente motor), por um lado, e a coordenação (componente psíquico), por outro, constituem os componentes dinâmicos do diálogo funcional, dito psicomotor, que alimentou e alimenta o processo da hominização.

Repare-se que, se recordo este breve apontamento antropológico e filogenético, é porque Bernstein pretende, na sua proposta cibernética, um certo compromisso entre o fenômeno da coordenação das ações e o materialismo dialético, conferindo-lhe deste modo, o atributo de "função de funções". Para compreendermos a coordenação das ações como função de funções, é prioritário rever resumidamente a noção de função cerebral em Bernstein.

Para esse pesquisador russo, a função cerebral deve implicar a relação dialética, integrada, ativa e adaptativa, entre as estruturas sensoriais e as estruturas motoras que compõem o organismo. Tal relação, portanto, subentende um circuito entre ambas, do qual participam estruturas neuronais dinâmicas, redes ou operadores estocásticos, que permitem o fluxo de informações aferentes e eferentes e a sincronização ativa entre elas, como se se tratasse de um coro. O ato motor descrito como função cerebral deve ser entendido, conseqüentemente, à luz destes princípios funcionais básicos.

A função cerebral inerente ao ato motor deve ser caracterizada pela totalidade das mudanças que se operam em diferentes estruturas cerebrais, visto ser impossível reduzir uma função a uma localização específica no cérebro. As funções não são localizáveis, visto se constituírem de constelações de trabalho espalhadas pelo órgão total que é o cérebro. Como o ato motor deve incluir a informação aferente da situação na periferia do corpo, deve relacionar a situação atual com o objetivo antecipado e desejável (modelo de futuro), ao mesmo tempo que deve atender a correções contínuas e a ajustamentos precisos, visando a superação de obstáculos exteriores e interiores que podem se contrapor (aceptor da ação).

A ação, como função cerebral, só pode ser produzida na base da variabilidade adaptativa de processos probabilísticos, os quais exigem sistemas de controle e de regulação que envolvem múltiplos substratos neurológicos, e não localizações específicas e restritas no cérebro. Observando de forma mais profunda os sistemas de controle e de regulação do ato motor, verifica-se que estes reúnem em si uma matriz e um mosaico funcional baseados em estruturas neuronais dinâmicas, que operam por meio de cadeias de encadeamento (*chain principle*) que presidem à execução de uma função de forma flexível, rápida e eficaz.

Tais cadeias têm de assegurar a complexidade e a variedade das formas que o ato pode assumir, dependendo da situação-problema presente, e têm de regular, em paralelo, inúmeras reações fisiológicas. Trata-se de produzir uma seqüência de funções dentro das quais cada ligação é caracterizada por uma determinada probabilidade, que depende de um número limitado de ligações precedentes da mesma cadeia.

Nenhuma ligação ou associação pode ficar de fora do mosaico de controle. Com este pressuposto, a função é realizada e a sua regulação espaço-temporal orquestrada. No fundo, atinge-se, assim, uma execução automática da função com baixa probabilidade de erro, com mais velocidade, com sistemas de correção e de comparação mais proficientes, com mais eficiência e com mais precisão. O ato motor transformou-se, desta forma, em um ato automatizado, em uma praxia, e não em um ato mecanizado ou estereotipado.

O ato motor rápido e flexível só possível de atingir pela experiência, pela prática e pelo treinamento mediatizado, apresenta, então, mudanças nas suas diferentes fases de formação e nas suas diferentes condições de execução. Ele consubstancia uma lógica de automatização que ilustra um alto grau de coordenação e de otimização entre os vários componentes (tônico-posturais, somatognósicos, motivacionais, espaço-temporais, etc.) que constituem o ato motor e o identificam como resposta adaptativa. Todo esse processo de controle, que relaciona vários componentes, equivale, portanto, à noção de função. É este o sentido de antecipação de conseqüências da ação que Bernstein pretende realçar.

O conceito de função cerebral que preside a elaboração e a execução do ato motor, enquadrado em uma lógica de automatização, retrata o fenômeno da aprendizagem humana e todo o desenvolvimento psicomotor da criança. Efetivamente, a formação da função não se opera de forma inata nem imediata, ela apresenta diferentes fases de organização.

Na primeira fase, a execução da função ocorre ao longo da sua organização, onde se operam relações difusas e hesitantes, ditas descoordenadas, entre vários sistemas sensório-motores e se estabelecem estruturas neuronais dinâmicas (sistemas funcionais, na linguagem luriana) cada vez mais seletivas e fixas, mas ainda desautomatizadas. Na segunda fase, a função torna-se executiva, isto é, assume uma execução funcional fluente e harmoniosa quando atinge a sua automatização, ou seja, a sua plasticidade e a sua eficiência, obedecendo, assim, a um controle mais refinado. Não nascemos ensinados nem dotados de funções predeterminadas; precisamos de múltiplas experiências contextualizadas para aprender e para adquirir automatismos.

Vale destacar como esse autor considerou a coordenação dos movimentos como uma ordenação e organização de várias ações motoras em função de um objetivo antecipado, isto é, como o resultado concreto das múltiplas relações entre a ação e a consciência, que a prepara e a coordena. Coordenar é, assim, sinônimo de "ordenar com", ou melhor, "ordenar em conjunto". Mas ordenar o quê? Ordenar uma atividade muscular com uma atividade sensorial e neurológica, que, insisto, inclui complicadas relações entre diferentes tipos de músculos (agonistas e antagonistas, flexores e extensores, adutores e abdutores, etc.), requer o estabelecimento de relações funcionais com a atividade de comando, de comparação e de integração no âmbito do sistema nervoso central, em um modelo neuromuscular do tipo cibernético.

Claro que não se pode esquecer que o movimento, independentemente do exposto acima, é o produto final de um jogo neuromuscular que está sempre sujeito a diversas e variadas forças exteriores, como a gravidade, a inércia, o atrito, a resistência do ar e da água, o peso e o momento dos objetos utilizados, etc., que constituem, em suma, o objetivo da biomecânica, sem esquecer a biodinâmica e a biossemiótica. Esse é um jogo multicomplexo, que confere à motricidade uma expressividade singular, emanada de uma subjetividade transcendente.

É assim que, para Bernstein (1986c), a cinesiologia, como a ciência do movimento humano, surge como um jogo de relação entre o estudo da cibernética do sistema nervoso e o estudo da biossemiótica da atividade corporal, não sendo possível supervalorizar um em relação ao outro, caso contrário, cair-se-ia irremediavelmente em outro dualismo.

Sendo a cibernética uma ciência que se ocupa da regulação de sistemas complexos em conjugação com sistemas de informação e de comunicação (Wiener, 1948; Fulton, 1955; Ashby, 1960; Gross e Zigler, 1969), é óbvio que ela interessa ao estudo da psicomotricidade, daí o trabalho pioneiro de Bernstein ser fundamental para a sua matriz teórica.

Como o ato motor deve ser considerado uma solução a um dado problema, os processos que o regulam têm necessariamente que integrar processos de recepção sensorial, de controle central de informação e de expressão motora, além de processos de retroalimentação concomitantes, uma vez que, no organismo humano, todos os principais receptores estão equipados com inervações eferentes e com sistemas musculares, dos quais dependem as suas funções adaptativas em geral (Sechenov, 1965).

As funções motoras, portanto, são respostas adaptativas, pelas quais não apenas reagimos ao ambiente, mas também agimos nele e com ele interagimos. Para tanto, precisamos de processos de estimação probabilística da situação exterior corrente e, igualmente, de processos de extrapolação antecipada. Com base neles, podemos, então, programar ações cuja intenção é satisfazer os seus futuros requisitos.

Entre a situação atual e a ação futura, opera-se um conflito entre a urgência e a precisão da estimação e a superação ativa dos obstáculos exteriores, o que pressupõe claramente uma intenção singular, ou seja, um processo consciente que regula as interações cíclicas com o ambiente, ou seja, a avaliação da situação e a escolha de uma ação, algo que distingue um organismo vivo de uma máquina ou de um computador.

Embora a cibernética possa construir uma máquina reativa (um robô, por exemplo), ela jamais atuará com base em uma informação probabilística, porque não pode atingir nem uma identidade pessoal, nem uma modificabilidade adaptativa permanente (Cossa, 1957; Russel, 1975).

A cibernética que interessa ao estudo da psicomotricidade não pode basear-se no estudo de sistemas de controle de máquinas ou de computadores, pois o organismo humano é um todo sinergético organizado, que luta ativamente pela sobrevivência, pelo desenvolvimento pessoal, pela reprodução e pela auto-atualização, algo que as máquinas cibernéticas não poderão assumir.

O fenômeno da vida só é concebível na unidade da própria natureza e, no ser humano, não pode ser visto apenas como uma adaptação ao ambiente, pois é muito mais do que isso. Trata-se antes de uma conquista do ambiente desempenhada pela ação e dirigida para a satisfação das necessidades de auto-atualização pessoal e para a autoperservação do grupo social onde o indivíduo se integra historicamente e se estrutura culturalmente.

A cibernética dos sistemas vivos é fundamentalmente diferente da dos sistemas artificiais engendrados pelo ser humano, embora, como ciência, ela nos empreste um novo olhar ao movimento humano, que é profundamente diferente do movimento de uma máquina porque é auto e ecoorganizado (Morin, 1990, 1999).

A possibilidade de predizer as conseqüências da ação implica, em síntese, uma explicação cibernética, o que pressupõe uma organização funcional, uma hierarquia informacional, uma modelação neuronal, uma arquitetura cognitiva e, claro, um conjunto de estruturas de controle e de retroalimentação que não se esgotam nos circuitos de coativação alfa-gama (Granit, 1955, 1977), nem nos servoprocessos de controle motor (Mayer-Gross, 1983).

O que se sabe hoje é que a elaboração de uma resposta motora é um processo de complexidade transcendente, no qual a interação entre o córtex e o cerebelo desempenha funções dominantes de equilíbrio e de coordenação, sendo esta uma conseqüência daquela. Além desta interação dialética, opera-se uma contínua modificação e monitorização dos seus sistemas funcionais, exercida por múltiplos circuitos de retro e proalimentação embutidos em vários níveis do sistema nervoso central, que induzem multi-relações de causa e efeito em complexas estruturas nervosas (Eccles, 1952, 1973a, 1973b; Eccles e Popper, 1977).

Efetivamente, os programas de ação não se esclarecem, nem em uma visão excessivamente central, nem em uma visão excessivamente periférica. A visão periférica, como se sabe, foi pioneiramente avançada por Sherrington (1946), por quem a ação foi considerada um produto de inúmeras cadeias de reflexos e de automatismos, enfocando o papel dos eventos sensoriais no âmbito da periferia do corpo. O dogma centralista, pelo contrário, procurou explicar a ação a partir de uma padronização piramidal do *output* surgida no córtex motor sem a necessidade de uma informação sensorial e reaferencial, o que, em termos comportamentais, constitui um reducionismo perigoso.

Nem uma abordagem nem outra é correta, conforme demonstra Bernstein (1947, 1967, 1986f). A verdade está dialeticamente posicionada entre ambas. O conceito de programa de ação (ou programa motor), em síntese, envolve, necessariamente, um conjunto sistêmico de comandos musculares, que são estruturados, elaborados e planificados mentalmente antes da seqüência dos movimentos se iniciar, e sugere que a totalidade dessa seqüência espaço-temporal intencional seja levada à prática pela influência dinâmica e dialética dos processos de retroalimentação periférica, que acabam por modular o comando central para que este use efetivamente a informação disponível e se adapte à situação externa.

## PROGRAMAÇÃO DA AÇÃO: PARADIGMA DA COORDENAÇÃO MOTORA

Para que a coordenação da ação seja possível, torna-se necessário, segundo Bernstein (1967), que, antes de mais nada, se realize uma análise da situação exterior, ou seja, trata-se de fornecer aos centros superiores as aferências da situação do ambiente e do corpo, sem as quais a organização, a programação e a regulação da conduta não podem ser ativadas.

Para estudar a conduta humana, na ótica desse autor, teremos de considerar ambos os componentes – a iniciação eferente da atividade motora e as suas conseqüências aferenciais e sensoriais. Essa relação circular dialética eferente (centrífuga) e aferente (centrípeta) dá lugar a uma espécie de "sinapse periférica", ou seja, um sistema de comunicação entre os dois componentes do processo.

Muito mais do que um sistema fechado ou homeostásico, Bernstein (1986a, 1986d, 1986f) preconiza a motricidade como um sistema dinâmico aberto ao mundo exterior e calibrado por dados vindos do exterior e do interior do corpo, dados esses processados pelos receptores sensoriais e harmonizados com os analisadores do sistema nervoso central (SNC). Cabe, nessa, perspectiva, o conceito de Bernstein de "graus de liberdade". Efetivamente, tendo o cérebro que controlar centenas de músculos para produzir ações complexas e intencionais, só na base da integração cognitiva de determinadas constantes é possível atingir um cálculo ajustado de comandos motores que permitam produzir conseqüências predizíveis e antecipáveis.

O cérebro precisa dispor de informações precisas da periferia, ou seja, do corpo e do ambiente, para manter o sistema esquelético e motor-postural sob controle, tendo as informações sensoriais de retroalimentação (*feedback*) de manter atualizada toda a dinâmica e modulação tônico-muscular.

O cérebro não pode atuar ignorando a periferia, nem dispor da motricidade a partir de um painel central de distribuição composto de muitos botões de comando, a que os vários componentes do corpo obedecem. O que se verifica à luz do pensamento bernsteiniano é, antes, um complexo jogo que envolve dados informacionais internos e externos. É isso que compreende, efetivamente, a psicomotricidade.

A motricidade humana, nesta perspectiva, só pode ser compreendida sob sistemas de concordância funcional entre os impulsos centrais do cérebro e os eventos que ocorrem perifericamente, ora no corpo, ora no ambiente, daí a importância da abordagem ecológica, naturalista e holística desse autor.

Para Bernstein (1967), a motricidade humana deve ser estudada em uma perspectiva de complexidade estrutural integrada, onde se cruzam, paralela e convergentemente, sistemas de excitação e de inibição em reciprocidade dialética.

Como envolve uma coordenação motora integrada, a motricidade põe em jogo conexões e correlações significativas entre os seus vários componentes. A coordenação é uma função mental complexa, que garante ao movimento voluntário uma unidade estrutural e integrada de componentes separados, que são organizados em uma atividade comum, ou seja, em uma espécie de sinfonia orquestrada (a harmonia cinestésica luriana a que já fiz referência).

Por tratar-se de um processo complexo estruturado e integrado, o movimento voluntário implica uma redistribuição de tensões tônico-musculares que se desenvolveram e desenvolvem ao longo dos processos filogenéticos e ontogenéticos graduais e altamente automatizados, uma vez que não são adquiridos de forma inata ou imediata. Os músculos nunca entram no movimento voluntário como elementos isolados, eles fazem parte de padrões concomitantes de inervação recíproca, cortical e subcorticalmente supervisionados, onde os processos de inervação são transferidos de uns componentes para outros, daí a sua natureza plástica.

A expressão externa do movimento voluntário, como uma atividade coordenada, ilustra, assim, um elevado grau de reciprocidade e de inter-relação de componentes, subentendendo uma elevada complexidade organizativa e funcionando com substratos neurológicos estratificados e sobrepostos hierárquica e sistemicamente.

Os vários sistemas (piramidais, extrapiramidais, reticulares, cerebelar e medulares), diferentemente subordinados e interagindo plasticamente, cooperam no sentido de tornar possível o movimento na sua unidade. Apesar de se tratar de cinco vias centrífugas independentes, elas atuam com base em interações funcionais, gerando uma atividade sintética, como já tinham defendido outros autores (Dupré, 1915; Wallon, 1925, 1932a; Gurevitch, 1926; Lashley, 1951; Goldstein, 1983). Neste contexto, é necessário manter uma relação flexível, dita com graus de liberdade e de disponibilidade, entre o SNC no seu todo e as conseqüências e os efeitos da motricidade. Só deste modo podem ser evitadas condições de incerteza, de equívoco e de imprevisibilidade, características das tarefas motoras mais difíceis de executar.

A fabricação de instrumentos e a motricidade civilizacional não seriam uma conquista da espécie humana sob condições de controle incertas, imprecisas, hiperativas, episódicas ou desplanificadas. A controlabilidade postural e a observabilidade práxica constituem o núcleo funcional das relações e das interações entre o cérebro, o corpo e os ecossistemas, entre a periferia e o centro, pois só com base em sistemas ótimos de controle e de seleção de condutas será possível emitir "o impulso certo no momento certo".

O cérebro utiliza um modelo baseado nas conseqüências sensoriais futuras geradas pela ação, que serão posteriormente fundamentais para a sua construção e ideação, sugerindo um fluxo dinâmico e uma organização hierárquica supervisionada entre os componentes sensoriais (*input*) e motores (*output*), nos quais emerge a complexidade da coordenação motora.

A coordenação motora exige, conseqüentemente, variáveis de controle externo consubstanciadas em funções dinâmicas da tarefa, que implicam vários níveis neuronais hierarquizados (atenção, processamento, planificação e auto-regulação), igualmente portadores de graus de independência qualitativa, ou seja, com uma certa versatilidade de automatização que caracteriza a harmonia cinestésica da motricidade intencional. Tudo o que altera esta cadeia funcional dialética, entre variáveis externas e internas, compromete a coordenação, e só poderá ter um produto final, isto é, a descoordenação.

A coordenação motora, portanto, subentende configurações efetoras estruturadas, sinergismos musculares multicomponenciais, sistemas de sinais eferentes espaço-temporais, etc., em uma palavra, uma seqüência de movimentos (*ongoing movement*), que responde como um todo às mudanças de cada componente ou de cada faseamento estrutural que a constitui, onde os centros superiores práxicos devem estar livres dos detalhes de regulação dos centros inferiores posturais. Enquanto os sistemas inferiores operam com base em informações parciais (reflexos), os sistemas superiores, que supervisionam a coordenação motora, operam e usam uma informação global complexa. Mais uma vez, este autor aproxima-se de Ajuriaguerra, quando este estabelece as noções de opticograma, somatograma e engrama. Assim, enquanto as aferências da situação correspondem, neste caso, ao oticograma, a programação da conduta corresponde, por sua vez, ao engrama e ao somatograma.

A programação da conduta (ou da ação) é, pois, uma estrutura plástica que Bernstein teoriza com base no seu princípio da reaferência. Este princípio consiste, para este autor, em um mecanismo de recorrência e de retroação que permite alterar e corrigir os movimentos, adequando-os permanentemente às novas informações vindas da situação ou do conjunto de estímulos que a justificam.

Ou seja, a programação (o que tem de ser feito e como deve ser feito) é uma função aberta, na medida em que auto-integra as informações do próprio desenrolar da ação, comparando-as com a informação já integrada, mesmo aquela que constitui a informação anterior.

São, aliás, estes processos de retroalimentação que nos permitem perceber, muitas vezes, o grau de descontrole inicial de qualquer situação nova de aprendizagem motora ou simbólica. É, pois, essa reaferência que se revela de grande importância para a compreensão dos processos neurológicos que presidem o início, o desenrolar e o final de qualquer ação. No caso, por exemplo, de indivíduos com a doença de Parkinson ou outras doenças neurológicas similares, em que a reaferência proprioceptiva se encontra perturbada, é característica evidente da existência de profundos problemas de coordenação de gestos e de movimentos.

O processo básico pelo qual o sistema nervoso central controla, simultaneamente, o elevado número de graus de liberdade do sistema multiesquelético e multiarticulado do corpo humano é a modulação do futuro, no eixo do qual a programação da ação deve estar dependente de regras de funcionamento que permitem ascender a soluções motoras originais e criativas de problemas, como, por exemplo, manipular objetos em um espaço e em um tempo estruturados.

Para se atingir tal propósito, o ser humano necessita de um repertório de competências baseado em uma estruturação hierárquica de iniciação, de inibição e de controle de programas motores, além de diferentes tipos de retro e pró-controle. Com circuitos inatos na medula, que envolvem impulsos agonistas e antagonistas, o ser humano e os animais são capazes de produzir atos locomotores mais ou menos rígidos e previsíveis, mas, para produzir soluções motoras inovadoras complexas a novos problemas civilizacionais, são necessários programas motores mais hierarquizados, que envolvem substratos neurológicos superiores e únicos da espécie humana, não apenas uma hierarquia do tipo piramidal (*top-down*, do córtex para os músculos), mas um sistema distribuído no espaço e no tempo.

A complexidade hierarquizada dos programas de ação próprios do ser humano é localizada em numerosos centros e sistemas cerebrais, que asseguram alta redundância e a possibilidade de aprender por retroalimentação, flexibilidade, plasticidade e especialização de comando e de controle, em uma distribuição *espacial*, que envolve sistemas de informação somestésica e cinestésica paralela, que ascendem não só ao cerebelo, mas também ao córtex e em uma distribuição *temporal*, porque envolvem uma atividade aferente e eferente ininterrupta de todo o sistema sensório-motor do corpo. A motricidade humana envolve, portanto, múltiplos circuitos ascendentes e descendes, centrípetos e centrífugos, cujos fluxos de informação estão distribuídos no espaço e no tempo (Brooks, 1984; Reed, 1984; Russel, 1975).

No nível superior de coordenação motora, esta tarefa está distribuída de forma intricada e coibida no córtex sensório-motor, nos gânglios da base e no cerebelo, três estruturas de organização que permitem produzir um movimento para atingir um fim no espaço exterior, não só em uma velocidade adequada, com em uma força ajustada e com um tônus de suporte equilibrado.

O cerebelo programa e controla a execução e a finalização do movimento, ao mesmo tempo em que o córtex associativo comanda a ocorrência da ação, transfere-a novamente ao cerebelo, via substância reticulada, e a passa de novo ao córtex motor pelo tálamo. O circuito córtex-cerebelo-córtex, integrando um retrocontrole contínuo, opera, então, de forma plástica para selecionar os programas motores, de acordo com a experiência anterior e com as necessidades atuais e internas da situação.

A escolha do programa motor é, preferencialmente, determinada pela influência do córtex associativo, que recebe e integra as informações vindas da retroalimentação interna e externa, em funcionamento paralelo com o cerebelo. Se as informações da retroalimentação sugerem alterações por detecção de erros ou de lapsos, os sistemas superiores entram em ação e podem desprogramar e reprogramar novos programas e ajustamentos posturais e práxicos mais adequados.

Várias investigações mais recentes neste domínio confirmam a tese de Bernstein, reforçando o sistema nervoso central como um sistema hierárquico de coordenação homeostásico altamente complexo. Com base em um sistema multidimensional e multicomponencial, tecido em conjunto, contendo substratos hierarquizados e diferenciados que estão ligados de forma interativa, inter-retroativa e organizacional, o ser humano pôde realizar atos intencionais para atingir fins e com eles construiu e conservou uma cultura que determina e projeta o seu futuro.

As partes do cérebro que fornecem a função liderante de modulação do futuro são os lobos frontais (a terceira unidade funcional de Luria), onde residem as funções ditas executivas, cuja conexão direta e indireta com o córtex associativo e o cerebelo é bem conhecida. O substrato pré-frontal do córtex, que contém as operações cognitivas de memória de curto prazo e de preparação da ação, as quais permitem a sua escolha apropriada e a sua auto-atualização, assume a proteção do comportamento intencional, confirmando a assunção da pré-programação das mais altas formas de atividade do cérebro.

Estudos eletrofisiológicos revelam que, cerca de 800 milissegundos antes da execução da ação voluntária e intencional, observa-se uma mudança negativa no potencial cortical e bilateral, que se estende às áreas pré-centrais e parietais e é denominado potencial de prontidão (*readiness potential*) (Deecke e Kornhuber, 1978; Kristeva e Kornhuber, 1978), que ilustra claramente o papel da extrapolação probabilística da ação. Cerca de 90 milissegundos antes do início do movimento, o potencial pré-motor mostra uma mudança positiva, e cerca de 50 milissegundos antes do início do movimento o potencial motor aparece, finalmente, no córtex motor contralateral ao segmento motor do corpo envolvido na ação, operando-se, então, a devida contração muscular.

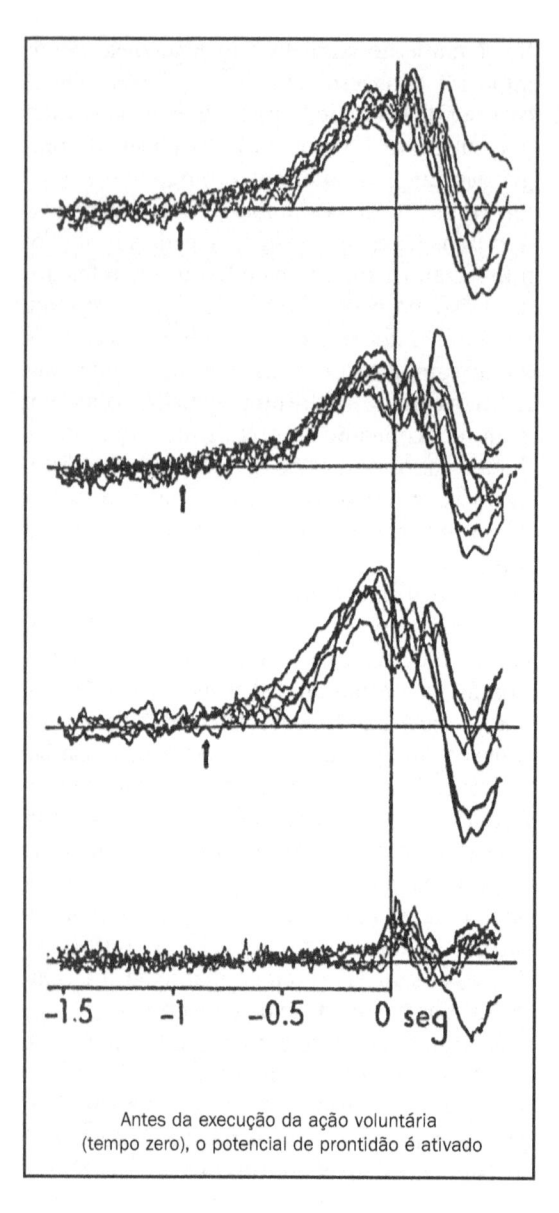

Antes da execução da ação voluntária (tempo zero), o potencial de prontidão é ativado

Tais mudanças de potencial, especialmente localizadas nas áreas associativas e frontais, em ambos os hemisférios, podem ser interpretadas como ajustamentos probabilísticos da modulação do futuro da ação e como processos de seleção e de antecipação da ação, uma ativação preparatória e uma necessária pré-condição da execução do ato motor eminentemente humano. O ato motor intencional, o fim desejável, é, assim, a expressão das necessidades do organismo, assim como expressão de uma idéia que o organismo deseja realizar, ou seja, a projeção de uma projeção. O fim a atingir guia o processo contínuo de movimento humano, modela as exigências e os requisitos do futuro a partir das ações do presente, não como uma causa linear, mas mais como uma teleonomia.

Convém não confundir teleonomia com teleologia, uma vez que esta procura interpretar os processos de regulação de forma acientífica e ideológica, ao contrário daquela, que busca uma explicação científica e experimental. As regulações teleonômicas sugerem um processo de intencionalidade, onde se operam conexões causais que unem o objetivo da ação ao seu resultado último, um processo cíclico dinâmico, que determina o comportamento orientado por propósitos ou objetivos a atingir. Em síntese, o organismo humano está equipado com planos representados por susbstratos neurológicos complexos, que são realizados e materializados por meio da *performance* motora.

Tal intencionalidade, como projeto mental, é projetada para a realidade observável por meio de uma auto-regulação da ação, onde o cérebro do indivíduo seleciona ativamente a solução motora adequada de acordo com as possibilidades probabilísticas da modulação e da extrapolação do seu futuro, conjunto de processos concatenados, que visam não a um balanço homeostático entre o indivíduo e o ambiente, mas, sim, à superação e ao domínio do próprio ambiente, efetuados pela intenção e pela ação do indivíduo.

Com base em uma ação modelada pelo futuro, o indivíduo e a criança, no seu desenvolvimento integral, transformam o mundo em torno de acordo com as suas necessidades de auto-regulação e de auto-atualização. A partir desses axiomas, Bernstein parece querer evocar que o desenvolvimento epigenético de cada ser único, total e evolutivo não é mais do que a realização do seu próprio programa genético, em uma luta contínua para se adaptar a um ambiente em contínua mudança.

## OS ANALISADORES SENSORIAIS DA INFORMAÇÃO E O SEU PAPEL NA COORDENAÇÃO DA AÇÃO

Bernstein, tal como Luria e, em certa medida, Piaget, como já mencionei, confere um significado especial aos analisadores sensoriais da informação na coordenação da ação. Para todos, a reflexão do mundo exterior e interior no cérebro é uma das pré-condições para construir programas motores, que são exatamente determinados para atingir um fim exterior e para satisfazer necessidades interiores do organismo.

São inúmeros os estudos neurofisiológicos que constatam, em termos experimentais, que a estimulação dos órgãos sensoriais receptores, proprioceptores e exteroceptores, ativam ou inibem células nervosas ou conjuntos e redes de neurônios no córtex cerebral e nas estruturas subcorticais. As áreas de projeção primária e as de integração secundária e terciária ilustram claramente tal inter-relação informacional entre a periferia e o centro, entre o corpo e o cérebro, ou seja, revelam uma íntima unidade e circularidade motopsíquica e psicomotora, onde o hífen deixa de ter sentido, como ilustra o sobejamente conhecido homúnculo invertido da representação sensorial e motora aferente do corpo nas áreas pós e pré-sílvicas. (Ver figura na página anterior)

Desta forma, o corpo e os órgãos sensoriais apresentam distintas projeções topográficas no cérebro, que funcionam como analisadores de diferentes aspectos da informação sensorial, ou seja, redes neuronais especiais para exercer diferentes funções de integração intrassensorial e interssensorial, que, no caso do sistema visual, podem dar lugar a diferentes representações de orientação, de binocularidade, de profundidade, de cor, de movimento, etc. Tais projeções nos vários sistemas sensoriais (visual, auditivo, tátil-cinestésico, etc.), permitem progressivamente captar, extrair e abstrair cada vez mais dados e pormenores da informação sensorial.

Não se tratando de uma correspondência ponto por ponto, nem de uma espécie de atomismo, as projeções da informação sensorial no cérebro funcionam mais como processos de reconhecimento de complicados detalhes da mesma, a que os neurofisiologistas dão o nome de gnosias. Tais processos de reconhecimento sugerem conexões múltiplas, codificações intermodais e circuitos neuronais integrados de organização sistemática entre as várias áreas do cérebro e as várias modalidades sensoriais, bem como entre os dois hemisférios. São, pois, estas redes que permitem organizar e controlar elementos especiais dos comportamentos motores complexos.

Por exemplo, o processo de reconhecimento de uma laranja decorre de projeções visuais, que informam sobre sua cor, forma, tamanho, posição, espaço em torno, etc.; de projeções olfativas, que informam sobre seu cheiro; de projeções gustativas, que informam sobre seu paladar; de projeções táteis e cinestésicas das duas mãos e dos dez dedos, que informam sobre sua unidade, peso, textura, constituição, manipulação, etc.; de projeções auditivas, que informam sobre seu nome emergente da interação simbólica e verbal, etc., que, no seu todo, permitem ascender a um conhecimento unificado, integrado, coerente e significativo, porque se constrói na base de uma integração e interação sensoriais, ou seja, em um modelo mental ativo e estruturado em sinapses seletivas, formado ao longo da ontogênese (Mountcastle, 1979).

São, pois, esses conjuntos de projeções sensoriais que dão lugar às gnosias, estruturas de conectividade que constituem repertórios de reconhecimento, que podem envolver cerca de dez elevada à sexta grupos de células neuronais. Esta correspondência de muitos pontos com uma só identificação mental significativa permite perceber várias formas de reconhecimento apenas por um único sinal de informação sensorial. Isso significa a presença de inúmeros neurônios com diferentes estruturas capazes de assumir a mesma função, ilustrando a espantosa função do cérebro como um sistema de reconhecimento associativo.

Para se produzirem respostas motoras complexas, o cérebro recruta tais sistemas de reconhecimento sensorial, ou seja, gnosias, por meio de múltiplos e complexos circuitos de retro e antealimentação, no sentido de antecipação prospectiva (*feedforward*), mobilizando-os conscientemente para os sistemas de coordenação a partir dos quais produz praxias. Cabe aqui lembrar, neste contexto, a noção de gnosopraxia já mencionada em Ajuriaguerra, quando este autor estuda o movimento humano como função superior do cérebro, ilustrando um dos paradigmas mais relevantes da psicomotricidade.

Segundo Bernstein (1967, 1986a, 1986d, 1986e), cinco analisadores sensoriais fundamentais desempenham um papel importante na coordenação da ação:

1. analisador óptico
2. analisador acústico
3. analisador tátil
4. analisador estático-dinâmico
5. analisador cinestésico

Nenhum é mais importante que os outros, todos são essenciais uns para os outros, pois só no seu conjunto interativo e integrado podem regular e comandar o movimento. Uns informam o cérebro das características imediatas do meio exterior (componente espaço-temporal da percepção humana), enquanto outros garantem as condições potenciais do meio interior para a respectiva ação (posição do corpo, posição da cabeça, aceleração, direção, velocidade e precisão do gesto, etc.).

É a coordenação superior desta sinergia exterior-interior que permite, em última análise, o ajustamento motor, que nada mais é do que a obtenção de uma harmonia entre o de dentro, (envolvido) e o de fora (envolvente), mobilizando, conseqüentemente, uma sinergia integrada na programação central entre os esquemas perceptivos e os sistemas motores, a que Arbib (1981) denominou ciclo ação-percepção.

A execução da ação envolve, portanto, uma cooperação de múltiplos processos de retroalimentação visuoespacial acerca da localização dos obstáculos e dos objetos, além de múltiplos processos de retroalimentação tátil-cinestésicos vindos da posição prospectiva do corpo, subentendendo uma rede neuronal que combina e articula informações dos receptores com os efetores. Não se trata de uma ação apenas dirigida para o exterior, mas, sim, de uma ação que é executada a partir de um modelo interno desse mundo exterior, ou seja, resulta de uma interação entre o exterior e o interior, daí surgindo um esquema mental a que corresponde uma unidade de conhecimento, uma representação internalizada dentro do cérebro.

Como se trata de um organismo inteligente, o indivíduo não se limita a responder a estímulos. Pelo contrário, ele seleciona informação que, por sua vez, utiliza para atingir determinados fins. De fato, para construir internamente a solução de um problema, o indivíduo precisa levar em conta as mudanças inesperadas vindas do exterior; para isso, terá de planificar a ação combinando vários tipos de conhecimento externo e interno para determinar o curso da mesma. A planificação e a programação da ação não se centram apenas na ação em si, também focam o refinamento da combinação de estruturas de conhecimento com estruturas contendo objetivos programáticos.

Nesta base, a surgimento de uma estrutura de controle de ação depende da interpretação do contexto onde a ação toma lugar (*context-dependent interpretation* de Arbib, 1981), onde as informações inesperadas do *input* tendem a alterar a elaboração do *output*, garantindo a manutenção da interação dinâmica dos sistemas sensoriais com os motores.

Para Bernstein, a solução motora de uma situação-problema é o reflexo de um modelo de exigências ou de necessidades futuras codificado em algum lugar do cérebro, a partir do qual uma ação significativa e intencional pode ser programada ou realizada, desde que ele possa criar pré-requisitos de uma determinada intenção. A programação da ação ilustra, assim, o estado interno de um sistema mental anterior à sua execução, onde se tem de operar uma relação inteligível, flexível e íntima entre a percepção e a ação, relação que guia e conduz a ação, ajustando objetivos ou predisposições motivacionais e circunstâncias externas.

A percepção que decorre da interação do sujeito com o mundo exterior (com os outros, com os objetos, etc.), ao dar acesso a rotinas motoras continuadas, acaba por gerar esquemas mentais de antecipação, ou seja, mapas cognitivos que guiam a ação, planos para ações perceptualmente integradas (Neisser, 1967) e abertas a novas informações. No sentido piagetiano, a noção de esquema é igualmente uma representação interna de uma dada classe generalizada de situações, permitindo que o organismo aja de uma forma coordenada e antecipada em um conjunto de situações análogas.

Como emana do corpo em interação continuada com o mundo exterior complexo, a percepção tem de constantemente conectar-se com a ação e com os seus efeitos, a partir dos quais elabora, coordena, executa e atualiza novos planos. Antecipar as facetas e os dados da situação externa em esquemas mentais é, portanto, uma condição crucial à programação e à execução da ação bem-sucedida.

O mapa cognitivo resultante dessa sinergia entre a percepção e a ação não é apenas uma imagem mental, mas uma estrutura ativa que extrai e capta informação, da qual emergem estruturas coordenadas de controle (Gibson, 1963, 1969). Tais estruturas ou programas coordenados de controle, que vão emergindo ao longo do desenvolvimento da criança, reforçam a mutualidade da interação organismo-ambiente, que deve consubstanciar a presença de um programa de ações cada vez mais reinante, superior e hierarquizado, logo, cada vez mais suscetível de ser interiorizável, simbolizável e verbalizável.

Em uma ótica evolutiva, as relações entre a percepção e a ação não se encontram estabelecidas no nascimento, evocando uma espécie de embriologia dos modelos internos e dos esquemas de antecipação da ação, que, entretanto, vão se formando ao longo do desenvolvimento, no qual a ontogênese psicomotora tem de se enquadrar, uma vez que os seus modelos de regulação interferem na criação de conexões no cérebro. Em certa medida, o desenvolvimento de tais esquemas, ditos cognitivos, tem algum paralelo com a embriologia, como mencionado anteriormente, quando abordei a visão da epistemologia genética em Piaget.

De alguma forma, as regulações orgânicas têm também algum paralelo com os processos cognitivos, pois o próprio genoma humano necessita das influências do meio para se organizar e para produzir respostas às suas tensões, idéia também defendida por dois grandes vultos da teoria biológica, Dobzhansky (1951, 1975) e Waddington (1960, 1969).

Em termos embriológicos, o desenvolvimento epigenético implica uma série de mudanças dentro de determinados níveis de controle, na base dos quais os estímulos são assimilados ativamente, em esquemas formados antes que as respostas sejam exprimidas e acomodadas às circunstâncias externas em mutação. As condições dos estímulos que caracterizam as situações externas e que emanam destas são assimiladas a esquemas preexistentes, a partir dos quais são formados novos processos de acomodação com base nos antigos. O ser humano, no seu processo evolutivo, vai adquirindo, assim, estruturas coordenadas de controle e de sinergias de movimentos, porque modifica os seus esquemas de assimilação-acomodação de acordo com as situações externas do ambiente.

A sinergia percepção-ação bernsteiniana, em certa medida análoga à da assimilação-acomodação piagetiana, sugere que a adaptação ou a solução motora só é possível de se exprimir quando se estabelece um equilíbrio interior e indissociável entre ambas as funções. O organismo humano, conseqüentemente, não só reage a situações externas, dinâmicas e variáveis, como executa ações probabilisticamente desencadeadas com base em uma dada escolha. A avaliação da situação pelo organismo não é menos importante que a seleção e a execução da ação que a satisfaz ou soluciona.

A partir da avaliação das situações surgem as unidades de controle utilizadas pelo cérebro para planificar e executar os movimentos, a partir de processos sinergéticos, que mediam as relações entre estímulos e respostas e entre gnosias e praxias. Do mundo exterior, por via dos receptores, as informações da situação são encaminhadas pela medula (vias centrípetas, da periferia para o centro) até os centros corticais e subcorticais de controle, onde se estabelecem sinergias complexas para as informações da ação passarem de novo pela medula (vias centrífugas, do centro para a periferia) e se encaminharem para os efetores, controlando-as para produzirem o movimento no mundo exterior, originando como que uma cadeia biodinâmica complexa de sinergias que ligam vários grupos de músculos.

Embora tais grupos de músculos possam sugerir vários tipos de controle independente, a integração de sinergias vai operando, antes, uma redução dos seus vários graus de liberdade, sujeitando-os a sistemas de movimentos mais hierarquizados e integrados, não só em termos de parâmetros de controle, mas também de aferenciação.

As sinergias de equilíbrio, de locomoção e de preensão compreendem, assim, uma espécie de blocos ou peças de construção a partir dos quais as praxias globais e finas podem ser compostas. Nesta perspectiva, as sinergias correspondem a programas ou esquemas para controlar diversos tipos de *performances* motoras em diversas condições de espaço e de tempo. Tais sinergias são construídas sobre sinergias de coordenação de reflexos, que funcionam como seu substrato.

O conceito de sinergia, de Bernstein, parece aproximar-se do conceito de esquema de Schmidt (1975, 1976), quando este encara um comportamento orientado para um fim em um ambiente dinâmico. Para este autor, o esquema é dividido em dois subesquemas, o de rechamada e o de recognição. O primeiro é mais centrado na ante ou proalimentação (*feedforward*), ou seja, na antecipação do fim a atingir, independentemente dos erros que se possa vir a cometer, determinando o decurso da ação. O segundo está mais centrado na avaliação da retroalimentação (*feedback*) do produto da resposta que torna possível a monitorização e a generalização da informação dos erros cometidos, visando ao refinamento da ação. Schmidt utiliza o termo esquema motor, em uma dimensão muito próxima do conceito de sinergia em Bernstein. Em certa medida, ambas as concepções são semelhantes à noção de esquema de ação de Piaget (1964b, 1976).

A dimensão do sistema de controle da ação parece induzir a coativação e a função relacional entre a ação desejada e a ação executada, os sistemas de antecipação são, assim, progressivamente relacionados com os sistemas de retroalimentação, operando-se uma espécie de faseamento controlado dos sistemas motores dentro e fora do cérebro, algo que se vai adquirindo ao longo da experiência reflexiva do indivíduo. Tais processos evolutivos parecem, pois, ocorrer primeiramente na embriologia da ação e, novamente, na cognição, obviamente com uma dimensão transcendente cada vez mais estável e diferenciada, cada vez mais integrada, consciencializada e verbalizável.

Dada a dimensão do controle motor ser progressivamente cada vez mais verbalizável, parece induzir-se neste pressuposto uma hierarquia nos seus subprocessos hemisféricos, primeiro integrados pelo hemisfério direito, mais centrado no controle motor concreto e não-verbal, enquanto o hemisfério esquerdo, mais centrado no controle verbal do ato motor, acaba por ascender a um outro nível de concepção e de regulação da ação com o recurso aos sistemas de linguagem interior.

Apesar de os dois hemisférios possuírem centros de controle motor independentes, por serem cruzados em termos de integração sensorial e de produção de respostas motoras, o hemisfério direito guiando e pilotando os membros e as extremidades esquerdas do corpo e o hemisfério esquerdo exercendo o controle dos membros e das extremidades direitas, só este, efetivamente, pode "falar" acerca da ação produzida, conferindo-lhe não apenas uma dimensão neurobiológica, mas também um grau neurofuncional mais elevado e transcendente, onde se devem integrar aspectos da consciencialização e da personalização da ação, só possíveis de serem convenientemente expressos por meio da linguagem.

Na explicação da ação, parece haver algo extramotor e extrabiológico, pois o eu interior (*self*) confere à ação uma dinâmica mental e psíquica, na qual a própria explicação cibernética, sendo necessária e original, não é suficiente, exatamente porque deve integrar igualmente uma explicação onde cabem a autodireção e a autoatualização inerentes e exclusivas do ser humano.

É aí que surge, para Bernstein, o significado do sistema de sinalização verbal, uma vez que, enquanto os analisadores procuram a auto-informação do real, ao sistema de sinalização verbal compete a organização verbal do mesmo. É neste ponto que reside uma das grandes diferenças entre o ser humano e o animal, pois, enquanto ambos têm um sistema de sinalização sensorial, apenas o ser humano possui um sistema de sinalização verbal, que lhe confere um meio de expressão próprio e único, de regulação e de comunicação e com uma intencionalidade própria e singular.

Um dos princípios fundamentais para a autoregulação e autodireção da conduta humana é, precisamente, segundo Bernstein, o fato de o sistema de verbalização transformar uma informação pluricanalizada em uma sensibilidade integrada. É assim que a integração sensorial se transforma em abstração e representa, para todos os efeitos, a síntese subjetiva de toda a experiência anterior. Verbalizar uma experiência antes e depois da mesma é, pois, uma forma altamente conseqüente para um autocontrole e uma auto-regulação da aprendizagem.

Naturalmente, tal perspectiva tem um alcance muito profundo no âmbito psicopedagógico ou habilitacional, principalmente perante uma proposta ou hipótese de aprendizagem psicomotora. Ou seja, segundo Bernstein, o movimento só nos interessa como meio de educação, quando o sistema verbal completa e justifica o sistema sensório-motor, pois só o movimento pensado, organizado, coordenado e verbalizado é próprio do ser humano.

A própria teoria de Pavlov (1973) parece reforçar o que acabei de dizer: a conduta humana resulta de dois sistemas de sinalização, isto é, por um lado, os sinais imediatos da realidade, que constituem o primeiro sistema de sinalização, e, por outro, os reflexos condicionados, que representam ligações complexas entre as aferências sensoriais e as aferências motoras, que, pela linguagem (também considerado como segundo sistema de sinalização), vão se integrando, interatuando, organizando e relacionando cada vez mais.

O sistema de sinalização verbal, como atributo único e exclusivo do ser humano, é o resultado da sua história social, daí o movimento humano, ao contrário do de um animal ou do de uma máquina, ser progressivamente integrado, elaborado e produzido lingüisticamente como uma competência inquestionável e uma distinção vital da sua própria ontogênese, só possível igualmente dentro de uma sociogênese.

A complexidade da linguagem corporal humana (comunicação não-verbal), de onde emergem as expressões emocionais, atencionais, interativas, imitativas e afiliativas, dá lugar, portanto, a uma linguagem interior, de onde emana a linguagem falada e, mais tarde, a linguagem escrita, ilustrando a passagem de uma linguagem biológica complexa a uma linguagem sócio-história, também complexa na sua origem e natureza. Somente após a aquisição deste segundo sistema de sinalização foi possível acumular e transmitir experiências, saber-fazer e conhecimentos de gerações para gerações, isto é, tornar expressos, através da linguagem, modelos interiorizados e integrados, tanto individual como socialmente, consubstanciando, portanto, a sociogênese.

## A REPRESENTAÇÃO MENTAL DA MOTRICIDADE E O SEU COMANDO INTERNO E EXTERNO

Conforme vimos, Bernstein (1967, 1986a, 1986c, 1986d, 1986f) admite que o indivíduo só está apto a corrigir conscientemente os seus atos quando transforma a informação sensorial em informação verbal. É, aliás, esta transformação, ainda segundo esse autor, que permite a representação mental daqueles atos. Esta representação mental, entretanto, assenta na memória, uma vez que a representação psicológica se apóia nas percepções anteriores, isto é, nas informações sensoriais acumuladas em ligação com o sistema de sinalização verbal.

Em outras palavras, pode-se dizer que a representação mental do movimento, aspecto fundamental da coordenação e da psicomotricidade, é uma unidade de relação constituída por dois componentes: por um lado, as imagens sensitivas e, por outro, a lógica verbal.

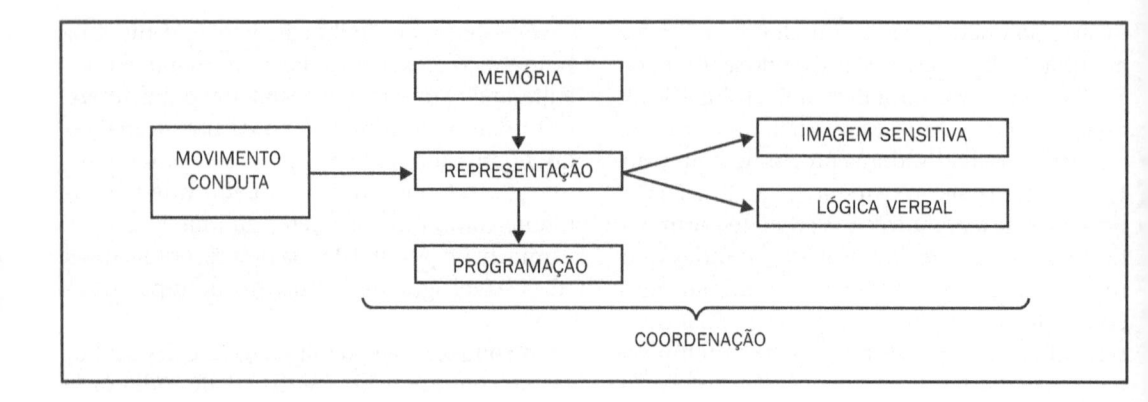

```
┌─────────────────────────────────────────────────────────────────┐
│                        ┌──────────┐                             │
│                        │ MEMÓRIA  │                             │
│                        └────┬─────┘                             │
│                             ↓              ┌──────────────────┐ │
│  ┌────────────┐       ┌──────────────┐  →  │ IMAGEM SENSITIVA │ │
│  │ MOVIMENTO  │  →    │REPRESENTAÇÃO │     └──────────────────┘ │
│  │  CONDUTA   │       │              │     ┌──────────────────┐ │
│  └────────────┘       └──────┬───────┘  →  │  LÓGICA VERBAL   │ │
│                              ↓             └──────────────────┘ │
│                        ┌──────────────┐                         │
│                        │ PROGRAMAÇÃO  │                         │
│                        └──────────────┘                         │
│                    _____/              │
│                            COORDENAÇÃO                          │
└─────────────────────────────────────────────────────────────────┘
```

Pode-se acrescentar que a coordenação de gestos, ou coordenação motora, que participa em qualquer aprendizagem escolar, profissional, desportiva, recreativa ou expressiva, envolve processos de autoprogramação e de autocomando. É o próprio Bernstein quem distingue os seguintes aspectos na atividade de programação:

- antecipação consciente do objetivo fixado a uma ação;
- antecipação global da solução que exige a programação fina de micromovimentos necessários para satisfazer o fim a atingir;
- programação das sinergias musculares pelos centros inferiores do cérebro;
- facilitação dos servoprocessos medulares e reticulares que transformam os impulsos efetores;
- contra-regulação interna, provocada pelos proprioceptores (corpúsculos de Golgi, de Pacini, de Ruffini e fusos neuromusculares), que assumem a função de comparação, com a qual se estabelece a correlação entre a tensão muscular e o movimento resultante. Tal função está localizada no cerebelo e assegura a harmonização automática e sinergética dos movimentos voluntários;
- elaboração de projetos de correlação introduzidos na programação pela memória motora;
- dupla intervenção entre o circuito interno e o circuito externo, em que o primeiro governa os pormenores automatizados que acompanham o gesto e o segundo, que governa a programação, o comando e a regulação consciente do mesmo.

Em síntese, pode-se acrescentar, com Bernstein, que a coordenação dos gestos ou dos movimentos inclui complicados processos de atividade psíquica superior, conferindo à ação uma materialização psicomotora que é própria e exclusiva da espécie humana, algo que a criança terá de assimilar em um longo e dinâmico período de aprendizagem.

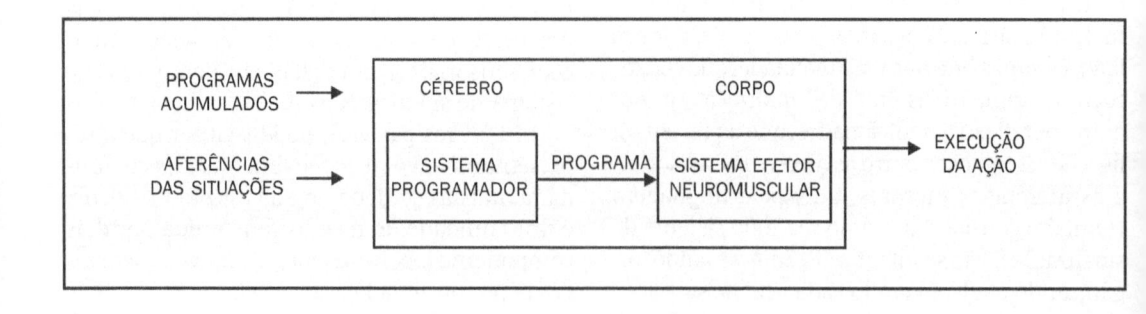

```
┌────────────────────────────────────────────────────────────────────┐
│                         ┌─────────────────────────────────┐        │
│  PROGRAMAS    →         │  CÉREBRO          CORPO         │        │
│  ACUMULADOS             │                                 │        │
│                         │ ┌───────────┐    ┌────────────┐ │     →  EXECUÇÃO
│                         │ │  SISTEMA  │PROGRAMA│SISTEMA EFETOR│ │     DA AÇÃO
│  AFERÊNCIAS    →        │ │PROGRAMADOR│ →  │NEUROMUSCULAR│ │        │
│  DAS SITUAÇÕES          │ └───────────┘    └────────────┘ │        │
│                         └─────────────────────────────────┘        │
└────────────────────────────────────────────────────────────────────┘
```

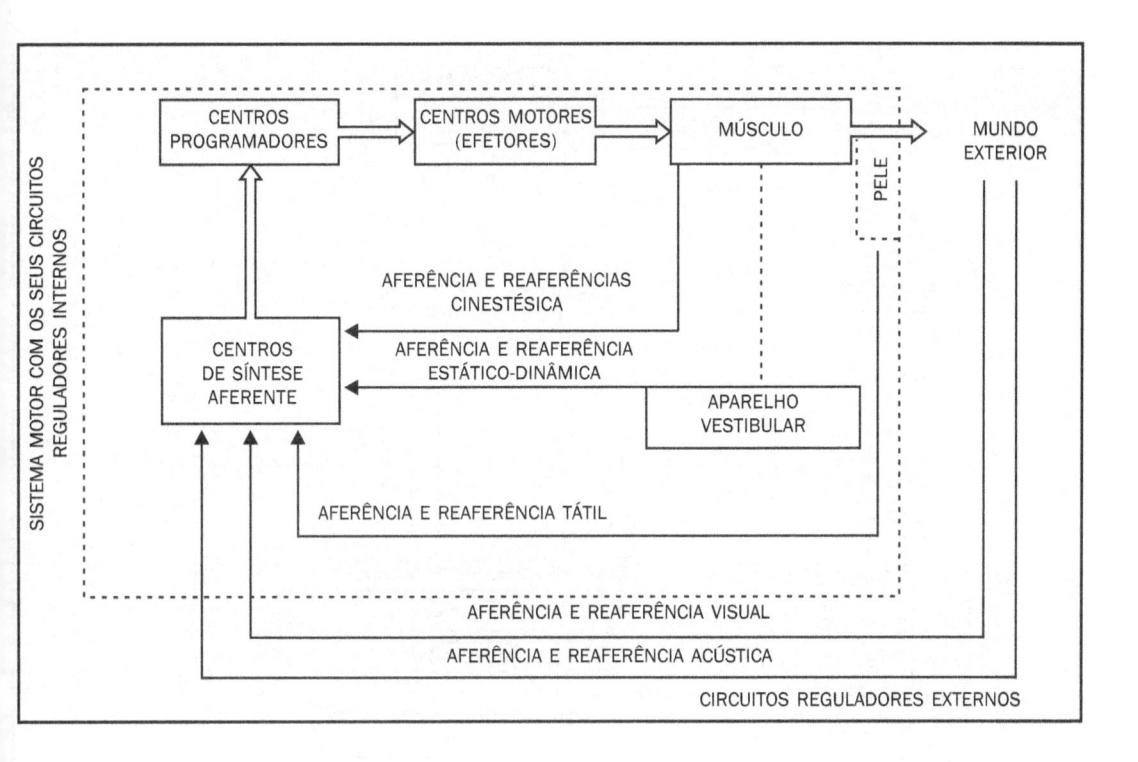

```
┌─────────────────────────────────────────────────────────────────────────────┐
│  SISTEMA MOTOR COM OS SEUS CIRCUITOS REGULADORES INTERNOS                   │
│                                                                             │
│    ┌──────────────┐    ┌──────────────┐    ┌─────────┐      ┌─────────┐     │
│    │   CENTROS    │───▶│CENTROS MOTORES│───▶│ MÚSCULO │─────▶│ MUNDO  │     │
│    │PROGRAMADORES │    │  (EFETORES)   │    │         │ PELE │EXTERIOR│     │
│    └──────────────┘    └──────────────┘    └─────────┘      └─────────┘     │
│           ▲                                                                 │
│           │         AFERÊNCIA E REAFERÊNCIAS                                │
│           │              CINESTÉSICA                                        │
│    ┌──────────────┐◀───────────────────────                                 │
│    │   CENTROS    │    AFERÊNCIA E REAFERÊNCIA                              │
│    │  DE SÍNTESE  │◀───ESTÁTICO-DINÂMICA────   ┌──────────┐                 │
│    │   AFERENTE   │                            │ APARELHO │                 │
│    └──────────────┘                            │VESTIBULAR│                 │
│        ▲  ▲  ▲                                 └──────────┘                 │
│        │  │  └─── AFERÊNCIA E REAFERÊNCIA TÁTIL ────────────                │
│        │  │                                                                 │
│        │  └────── AFERÊNCIA E REAFERÊNCIA VISUAL ───────────                │
│        └───────── AFERÊNCIA E REAFERÊNCIA ACÚSTICA ─────────                │
│                                        CIRCUITOS REGULADORES EXTERNOS       │
└─────────────────────────────────────────────────────────────────────────────┘
```

Os músculos, os órgãos sensoriais e o sistema nervoso, reunidos globalmente em um grande e complexo sistema sensório-motor, formam as bases neurofuncionais do processo de coordenação motora, como acabo de demonstrar, o que resume a relação dialética entre a entrada receptora sensorial (*input*) e a saída efetora motora (*output*) e a concomitante retroalimentação eficaz.

É relativamente acessível equacionar o problema da coordenação da ação nessas variáveis interdependentes, apesar de o fator decisivo não ser um impulso efetor, mas um complexo sistema de aferenciação. A coordenação de movimentos ou da ação parece ser, assim, mais explicada em termos de aferenciação sensorial do que de eferência motora, e este princípio é prioritário para a teoria e a prática psicomotoras.

A estrutura e a complexidade dos circuitos interiores começa a ser desvendada e foi neste sentido que nos servimos do modelo cibernético proposto por esse autor russo, cuja contribuição sobre o movimento voluntário foi e continua a ser verdadeiramente criativa e genial, apesar de ter sido vítima de vicissitudes históricas no seu país, onde imperou a ideologia dominante e dogmática da reflexologia clássica.

Perseguido por causa de suas ideais originais, afastado de seu laboratório e de sua residência, como Anokhin, Luria e Vygotsky, outras grandes figuras russas no estudo do comportamento humano, Bernstein foi considerado idealista e vitalista, apesar de hoje lhe ser reconhecida uma posição pioneira e fascinante, devido a sua concepção holística do movimento humano, visão a que uma teoria e uma prática da psicomotricidade atualizadas não podem ficar alheias.

Mesmo tendo sido afastado e marginalizado da investigação experimental por razões políticas, Bernstein (1967, 1986f) imprimiu ao estudo do movimento voluntário novas dimensões, intuições e perspectivas, algumas das quais procuro resumir neste capítulo. Transcendendo a visão meramente biomecânica da coordenação e da regulação dos movimentos voluntários, com que freqüentemente é associado, a original contribuição de Bernstein avançou para novos paradigmas fisiológicos, psicológicos e epistemológicos, e atualmente motiva interessantes investigações no campo da teoria da percepção, da cognição e da ecologia humanas (Turner e Kluger, 1986).

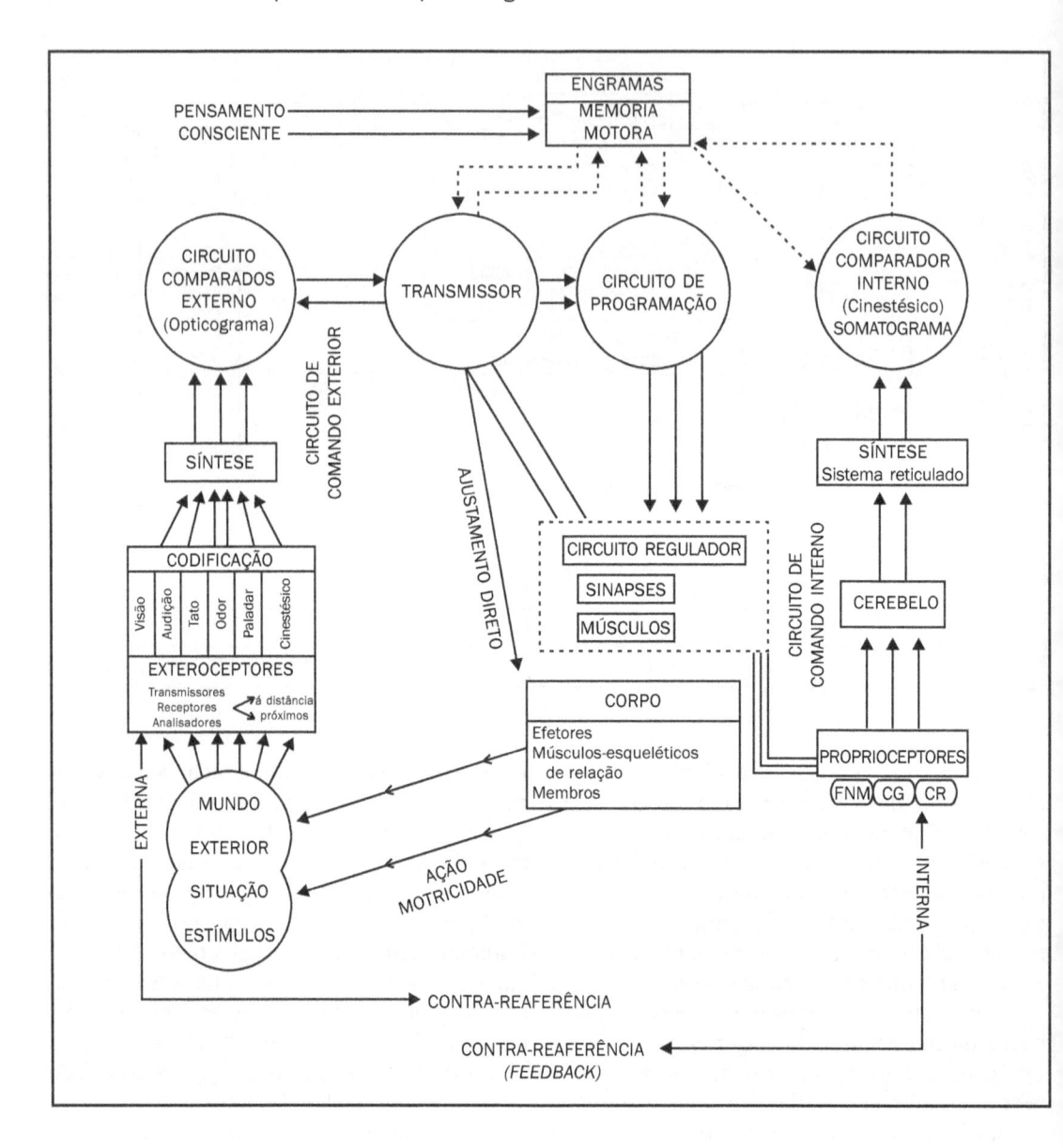

Efetivamente, este autor reforça a idéia de que o organismo humano não só atua no meio exterior através da sua atividade motora, mas também intervém neste, construindo uma síntese perceptiva que permite aceder a uma imagem consistente e coerente dele próprio. A atividade do organismo, ou seja, a sua motricidade, implica, assim, uma modelação dinâmica mentalmente representada da situação exterior da qual dependem sua planificação e sua execução. Tal visão de estruturalidade e de totalidade do ato motor assume um princípio de organização que perspectiva um sistema sensório-motor complexo, o qual integra comandos motores e informações intra e extrassomáticas derivadas de aferências e de reaferências. Para mim, esta concepção da motricidade é essencial para a compreensão do desenvolvimento psicomotor da criança, e mesmo para a interpretação do diagnóstico psicomotor e para a intervenção subseqüente, quer reeducativa, quer terapêutica ou (re)habilitativa.

Ao dar especial atenção à noção de problema motor, Bernstein dá significação biológica às atividades motoras e à sua conseqüente finalidade adaptativa. Motricidade e adaptação são observadas por esse autor como duas componentes que fazem parte do mesmo ato, para o qual os conceitos de programa e de programação da ação são cruciais, dada a noção original que apresenta sobre o conflito dos que defendem a "perspectiva centralista", decorrente exclusivamente de um processamento central da ação, dos que, em contrapartida, defendem a "perspectiva periférica", resultante unicamente da avaliação sensorial e neuronal da situação exterior.

Ambas as perspectivas revelam limitações, e a sua fusão conceitual dialética talvez possa superar essa dupla restrição, porque o movimento não pode ser apenas considerado uma reação disparada por estímulos, pondo em jogo circuitos pré-estruturados ou gradualmente construídos por cadeias de associação, nem meramente decorrente de programas motores executivos onipotentemente comandados por substratos centrais ou piramidais centralizados autocraticamente.

A organização do movimento humano não cabe em explicações radicais, ora centrais, ora periféricas, tampouco em esquemas de comandos rígidos. Em princípio, ela sugere uma representação central da ação e, igualmente, uma estruturação antecipada e cronológica de *outputs* responsáveis pela execução de movimentos, isto é, ela implica uma distribuição democrática do controle motor.

A tal representação mental central da ação, vários autores têm dado diferentes nomes, como: esquema de ação (Piaget, 1964b), esquema motor (Head, 1911, 1937), fórmula cinética (Liepman, 1900), plano de ação (Miller, Galanter e Pribram, 1960), planificação da ação (Luria, 1973, 1975) etc., todas elas indutoras da importância dos fatores sensoriais, posturais, cinestésicos, somatognósicos, motivacionais, espaciais, temporais, objetais e reaferenciais, contextual e ecologicamente dependentes e também intimamente integrados neurologicamente, todos eles participando da organização complexa e dinâmica do movimento humano, ou seja, da psicomotricidade.

Para se operar toda essa arquitetura cibernética do movimento humano, vários processos de retro e ante-alimentação têm de participar de forma adaptativa e flexível, para que as funções de controle desencadeadas por vários níveis neurológicos hierarquizados possam ser ativadas e estrategicamente modificadas, desde a retroalimentação sensorial até os ajustamentos posturais, tônicos e práxicos, levando em conta os elementos contextuais atuais e previsíveis do ambiente.

Como a função de retroalimentação só pode ocorrer um momento depois do movimento ser iniciado (Adams, 1976), a integração de tais dados é, portanto, fundamental para a organização dos sistemas de controle motor, cuja permanente remodelação requer uma circularidade de informações centrais e periféricas, ou seja, um diálogo entre antecipações e execuções que jogue com a integração das mudanças no contexto onde a ação terá lugar.

Bernstein evoca, assim, uma teoria sintética da ação, que ilustra a flexibilidade adaptativa dos sistemas responsáveis pela elaboração e pela execução do movimento (Paillard, 1961, 1980, 1986, 1991; Allen e Tsukahara, 1974; Kornhuber, 1974; Fonseca, 1989b, 1992; Fonseca e Mendes, 1976). A emergência de sistemas de controle motor, que subentende uma prática e uma experiência do indivíduo em um determinado contexto histórico-social, implica um sistema de referência sensório-motora integrado, independentemente de múltiplas fontes extrínsecas (extrassomáticas) e intrínsecas (intrassomáticas) de variabilidade, que podem complicar ou perturbar o seu funcionamento.

Dentro das fontes intrínsecas e intrassomáticas, os fusos neuromusculares e os motoneurônios gama, além de inúmeras outras estruturas nervosas, participam, de forma muito relevante, nos sistemas de controle motor, na medida em que convertem a informação do estado do corpo e dos seus parâmetros posturais, somatognósicos e práxicos, fornecendo uma espécie de imagem da recepção periférica do controle central, ao mesmo tempo em que produzem um estado cinético dos músculos e das eferências proprioceptivas, permitindo avaliar a correlação entre o controle motor e as condições sobre as quais ele é executado.

Dentro das fontes extrínsecas e extrassomáticas, por outro lado, a estruturação espacial e temporal da ação é essencial à sua realização intencional, além das características dos objetos ou da sua dinâmica co-interativa com outros indivíduos, especialmente quando a atividade só é possível em termos coletivos, ou seja, em situação de co-motricidade. A homogeneidade do movimento individual ou interindividual, que espelha a evolução cultural humana, representa uma unidade em termos de inter-relações de seus diferentes componentes (tônicos, posturais, somatognósicos, práxicos, etc.) no espaço e no tempo, uma espécie de engrama piloto e direcional ou de imagem motora a que corresponde o movimento planificado, envolvendo determinados tipos de propriedades de controle e de regulação.

Nesta concepção bernsteiniana dos sistemas de controle motor, a linha condutora prioritária parece evocar o enfoque do sistema mais no *input* sensorial do que no *output* motor, ou melhor, mais na elaboração do problema motor e na representação da ação do que na sua execução. A organização dos sistemas de controle motor é, portanto, incompatível com a noção de um processo central único, todo ele responsável por todos os pormenores de comando neuromotor e por todas as escolhas estratégicas. Pelo contrário, os sistemas de controle motor exigem uma atualização da informação acerca das condições periféricas ou ecológicas, com base nas quais tais comandos são executados. Em Bernstein, a descentralização do controle e a regulação da circularidade de informações corpo-ambiente, corpo-cérebro, cérebro-corpo-ambiente fazem parte de uma teoria coerente da ação.

Como sistema vivo, e não artificial, o organismo humano, composto de corpo e cérebro, subentende uma organização funcional em interação com o ambiente, suportada por uma diferenciação estrutural de substratos interconectados, com determinados graus de especialização, para processar informação aferente e eferente, sugerindo uma gestão em termos de economia de recursos e de eficácia na decisão, na execução e no controle da ação.

Nesta ótica, os sistemas de controle motor são regidos por propriedades de precisão e de adaptabilidade, o que em si implica uma descentralização do controle, por meio de subsistemas relativamente autônomos, e uma organização hierárquica e heterárquica, implicando fluxos de informação unidirecionais e pluridirecionais, jogando com trocas recíprocas de informação, que favoreçam a flexibilidade do sistema de controle, ao mesmo tempo em que impedem a desintegração anárquica do comportamento.

O sistema de controle motor humano sugere uma concepção modular de subsistemas e de subrotinas, relativamente adaptadas funcionalmente a componentes seqüenciais específicos da motricidade, sejam tônicas, vestibulares, posturais, proprioceptivas, somatognósicas, tátil-cinestésicas, visuoauditivas ou espaço-temporais. Tratando-se de um sistema de controle, todos esses componentes estão intimamente interconectados para satisfazer uma determinada função e progressivamente pode ser reconectados e reestruturados para atingir um novo fim. Com base nestes pressupostos é que se deve conceber o desenvolvimento psicomotor da criança. Neste aspecto, o valor heurístico das idéias de Bernstein é inquestionável.

A organização da ação sugere, assim, um modelo elaborado baseado no futuro, com tendência para reduzir a incerteza, levando em conta, por esse fato, a variabilidade do contexto situacional, assim como a multiplicidade potencial das várias estratégias de ação, implicando uma dupla representação – de um lado, uma internalização, do outro, uma antecipação.

Mais uma vez adianto que a atividade motora dos seres humanos deve ser considerada como uma função psíquica superior, ao lado da linguagem, visto que não se trata de uma mera interação com o ambiente, mas de uma atividade baseada na iniciativa e na intencionalidade do indivíduo, utilizando para o efeito todas as funções mentais necessárias para o seu desempenho, desde a atenção e o processamento simultâneo e seqüencial de dados internos e externos, até a planificação, o controle, a regulação, a execução da ação e concomitante reaferência dos seus efeitos e conseqüências – em uma palavra, a função psíquica complexa da coordenação motora, um aglomerado de funções mentais que ilustram uma coesão interna específica.

Sendo a motricidade humana orientada para fins e objetivos (*goal directed*), a sua explicação coloca novos desafios filosóficos e epistemológicos, além de fisiológicos e psicológicos, na medida em que o comportamento humano é essencialmente guiado por expectativas sobre o futuro próximo. Como o organismo humano antecipa e se orienta para o futuro em termos de comportamento inteligível, ele não só se deve centrar no que deve ser (futuro), como no que tem sido (passado). Deste exato paradigma, emerge o conceito de problema motor, cuja apreensão e solução permitem que o organismo evolua de um estado atual para um estado prospectivamente desejado.

Perante tal dimensão do problema, o indivíduo terá de construir um programa motor que simultaneamente integre a antecipação do resultado da ação e mobilize todos os meios necessários para a sua realização bem-sucedida, o que, obviamente, implica uma determinada elaboração e estruturação, que, no seu conjunto, define a sua organização. A imagem de futuro, que é inerente à organização da ação, apóia-se em uma atividade antecipatória permanente, que parte por predizer as propriedades do ambiente em mudança onde a ação terá lugar, e igualmente deve prever os efeitos conseqüentes da mesma, quer no ambiente, quer no próprio organismo.

Neste âmbito conceitual, a motricidade humana intencional emerge de diversas formas de antecipação, de predição, de projeção, de extrapolação e de preparação que refletem a sua organização, daí a importância do seu papel, quer filogenético e sociogenético, quer ontogenético, na organização do psiquismo, na medida em que a formulação de um problema motor e a sua solução são encaradas por Bernstein como um efetivo ato de inteligência.

A programação da atividade motora, em qualquer domínio da criatividade humana, seja no trabalho, na caça, na arte ou no lazer, coloca em concreto duas condições: a sua efecção (de efetor) e a sua correção, por meio de conexões de retroalimentação que são posteriormente formadas e representadas no cérebro, onde os meios e os fins devem ser bem diferenciados.

A regulação inteligente das atividades motoras depende dos processos de resolução de problemas que se apresentam ao indivíduo, ou seja, em termos mais abrangentes, de todas as trocas ativas e adaptativas que se estabelecem entre o organismo e o ambiente. Ao transformar o ambiente por meio de uma motricidade inteligente, coordenada e regulada, o ser humano também transforma o seu organismo, uma vez que, no decurso da ação ou da atividade, ele adquire melhor e mais preciso conhecimento do ambiente, bem como das suas possibilidades e limitações criadoras.

Com tal novo conhecimento gerado pela ação, o ser humano adquire novas adaptações. Desta forma, a ação inteligente do ser humano foi capaz de ligar conhecimento com adaptação, na medida em que o problema motor e a sua solução colocam o ato motor na classe dos comportamentos inteligentes, ou, mais exatamente, reforçam o ato motor como uma manifestação de inteligência.

Não basta explicar essa nova aproximação epistemológica da motricidade humana a partir da recepção sensorial do mundo exterior ou dos objetos, ou mesmo a partir da expressão motora. Pelo contrário, para que ambos façam parte do indivíduo e ele possa manipulá-los eficientemente, é necessário que de ambos se extraia informação. Qualquer movimento intencional e significativo supõe uma representação fidedigna do ambiente, quer quantitativa, quer qualitativa, uma vez que ele só pode ser corretamente desencadeado se for verificada uma ativa e adequada implementação da percepção e da cognição sobre o mundo ao redor.

No ser humano, a ação tende a gerar cognição, desde que se respeitem os pressupostos da sua coordenação e regulação motora, e esta garante o suporte ideacional para que aquela se torne um comportamento inteligente. Em contrapartida, a ação pode ser produzida de modo inintelígível, descoordenado, desplanificado, episódico e assistemático, quando tal coordenação e regulação são nulas ou desconexas.

A formulação de um problema motor (considerado como *input* do sistema) é, em si, geradora de um desequilíbrio perceptivo, próprio de uma situação-problema, a partir do qual se dá lugar a um processo de discernimento sobre a informação disponível, de onde se busca a solução desejável, na base do recrutamento, da combinação e da seleção dos meios e fins necessários (considerados como *output*). Coordenação e controle são, portanto, funções necessárias para produzir a solução de problemas, atributo que implica qualquer aquisição ou competência (*skill*) motora, cujo sucesso gradual na aprendizagem envolve a descoberta progressiva de uma auto-organização ou modificabilidade ótima.

Na aprendizagem motora ou simbólica, a mudança de comportamento adquirida pela experiência e pelo hábito exige uma retenção estabilizada, e não uma aquisição arbitrária de componentes receptores e efetores, algo semelhante, de certo modo, ao equilíbrio piagetiano, evocando o surgimento de processos de regulação e de operações de reversibilidade mental entre ambas, dos quais certamente participam vários sistemas neurofuncionais sustentados por vários substratos neurológicos, como já foi visto no capítulo sobre Luria. Denomino esta noção de equilíbrio interno equilíbrio psicomotor, pois, para que o movimento intencional se observe, é fundamental que se estabeleça uma coesão entre o centro e a periferia, entre o cérebro e o corpo, entre o psiquismo e a motricidade, implicando, simultaneamente, uma espécie de superação da indeterminação da periferia onde, em termos de produto final, se opera a resposta motora adaptativa, como testemunho de um comportamento orientado.

A busca da solução do problema, que envolve, como já observei, uma resposta motora ativa e mentalmente direcionada, inclui a seleção da máxima informação útil, que se encontra subordinada ao controle de processos estocásticos (que se repetem ao longo do tempo), que definem a estrutura da coordenação com inúmeras compensações intrínsecas entre operações mentais e funções neurológicas. Bernstein (1967, 1986d, 1986f) considera essas diversas funções de regulação, de antecipação, de projeção e de extrapolação como fontes de regulação *ante factum*, em oposição às retrorregulações (*feedback regulations*), também essenciais para a coordenação e a regulação dos movimentos voluntários.

Toda a atividade antecipatória multifacetada, expressa na apreensão cognitiva das possíveis conseqüências do ato motor, exige um sistema de coordenação baseado em diversos graus de liberdade e de controle, que caracteriza o ato como inteligente, isto é, uma descoberta gradual de uma estrutura de relações dentro da qual se verificam múltiplos e diversificados processos de compensação e de equilíbrio.

O problema da ação é um problema de requisitos objetivos e subjetivos, com os quais o organismo se encontra confrontado, na medida em que é tributário da imagem de futuro com a qual a ação tem de ser organizada probabilisticamente. A dimensão temporal da função de antecipação da ação surge fulcral à sua elaboração mental. Trata-se da atualização do futuro, ou seja, compreende um processo conflitual, uma espécie de luta contra determinados obstáculos, antecipados ou não, cuja finalidade é aumentar a probabilidade de uma conseqüência desejada simultaneamente à probabilidade de uma conseqüência não desejada, que deve ser evitada ou inibida.

Em certa medida, compreende um processo que visa a reduzir a entropia do sistema motor com que o indivíduo se confronta com o seu ambiente imediato, por isso ele autoconstrói o movimento face aos obstáculos, em vez de produzi-lo de acordo com um modelo predeterminado. Assim, o indivíduo modela os requisitos do futuro em termos de problema de ação, realizando, desta forma, um programa integrado da sua ação pela conquista dos obstáculos externos e pela busca ativa de um resultado, algo que ilustra, em síntese, qualquer tipo de atividade, ou seja, algo que, no fundo, é uma manifestação que atravessa toda a biologia.

A apreensão das propriedades estruturais de um ato motor intencional baseado em uma imagem de futuro reflete uma auto-realização da ação que se deseja prosseguir e concretizar, um limite que se deseja atingir. Ao contrário do programa genético, que não necessita de uma imagem de futuro para se realizar, o movimento voluntário baseia-se nela, e constrói-se a partir dela.

A motricidade humana mantém a direcionalidade da ação como resultado de um "problema motor" a resolver, um conflito dialético que preside à sua organização, um conflito entre o desejável e o não-desejável, que é substituido por um comando central baseado em uma informação produzida pela periferia sensorial e pela sua reaferência interativa ambiental.

A maneira imprevisível na qual os obstáculos externos atuam sobre o organismo e na qual as forças reativas que ocorrem no decurso da ação podem afetá-lo é, portanto, contrabalançada pelas cadeias biocinéticas dos órgãos que a produzem. É nisto que se constitui o programa de futuro que consubstancia a realização da ação e, conseqüentemente, a maestria da sua coordenação no tempo apropriado, isto é, na intervenção do processo de antecipação, que joga com uma estruturação espaço-temporal ajustada às circunstâncias ambientais.

A circularidade e a continuidade da informação entre a periferia e o centro, entre o psiquismo e a motricidade, para as quais Bernstein chama a atenção, é, portanto, a condição e a expressão conseqüente e subseqüente da coordenação da ação. A coordenação da ação expressa o funcionamento de um sistema de múltiplas relações, que projeta a integração de eventos externos e internos elicitados por ela própria. Obviamente, nem todos os dados externos (centrípetos) e internos (centrífugos) são levados em consideração pelo sistema de coordenação, pois subsiste uma seletividade e um sancionamento de todas as aferências (*sanctional afferenciation*), caso contrário o sistema motor ficaria saturado e pesado.

O sistema de coordenação torna-se progressivamente mais ágil ao longo da aprendizagem, exatamente porque as mensagens que interessam passam a fazer parte do sistema de antecipação. O cérebro então separa, na situação atual, os dados relevantes dos irrelevantes, conjuga-os com os dados armazenados na memória do indivíduo e, a partir deles, dirige taticamente a ação para um determinado fim.

Para alguns autores inspirados em Bernstein (Pew, 1974, Requin, 1980), o sistema de antecipação assume uma importância decisiva e muito importante para a compreensão da teoria geral da ação, podendo mesmo, de acordo com Poulton, (1950, 1952), ser subdividido em três tipos: antecipação receptiva, antecipação perceptiva e antecipação efetora.

A antecipação receptiva centra-se na apresentação útil da informação antes de ocorrer a sua própria utilização em termos de resposta motora, permitindo ajustamentos cognitivos preparatórios que podem facilitar a sua fluidez e eficiência.

A antecipação perceptiva, que participa em funções mais complexas, permite compensações parciais e adaptações preparatórias antes da ocorrência, da incerteza ou da seqüência de situações, podendo originar compensações à inércia de sistemas perceptivos, cognitivos e motores postos em campo, permitindo também detecções mais precisas das características e das configurações dos *inputs* e igualmente dos seus erros ou inconsistências, etc., prevenindo-os antes de corrigi-los, que no seu conjunto produzem componentes do controle prospectivo dos *outputs* que podem funcionar como atividades preditivas de regulação de movimentos balísticos rápidos ou de movimentos contínuos.

A antecipação efetora, por outro lado, está mais focada na capacidade de produzir movimentos apropriados e de prever com mais perfeição e precisão os seus efeitos e conseqüências, ao mesmo tempo em que garante melhores procedimentos centrífugos de inibição e de controle da impulsividade, assim como de mais adequadas propriedades de transmissão, de expressão e de verificação de informação dos dispositivos externos do sistema muscular que deve ser controlado.

Fica claro agora que a coordenação e a regulação da ação dependem da interação sistêmica destes três subsistemas de antecipação. Assim, a adaptação dos componentes ativos da ação ajusta-se melhor às propriedades dinâmicas do sistemas de controle motor, as microinstruções podem prescrever um recrutamento mais eficiente da tonicidade, do equilíbrio, da lateralidade, da direcionalidade, da somatognosia, da força e da velocidade dos movimentos, aumentando, conseqüentemente, a sua eficácia e a sua harmonia cinestésica.

Não basta que o movimento seja bem planificado, é preciso que as instruções de execução sejam acompanhadas e antecipadas dos seus efeitos sensoriais e aferenciais conseqüentes (Adams, 1976, Schmidt, 1976, 1980). A imagem sensorial antecipada do movimento mais apropriado para obter o seu fim deve servir de referência para a informação sensorial gerada pela sua execução, só assim se pode ascender à sua interpretação mais eficiente. As adaptações antecipatórias modelam ajustamentos preparatórios da ação que visam a contribuir para uma melhor organização da sua *performance* e para uma melhor adequação contextual, implicando circuitos de regulação periférica e central mais flexíveis e plásticos, em uma palavra, mais adaptáveis.

As imagens do futuro que sustentam os processos de coordenação e de regulação da ação antecipam a sua finalidade, dão-lhe um sentido e uma intencionalidade próprios do ser humano e o transformaram em um ser ativo inteligente e pensante. A representação do futuro com que a planificação e a execução do ato motor são desencadeadas implica um processo antecipatório e uma imagem probabilisticamente formulada, sobre o que deve ser ou não realizado, sugerindo uma preparação funcional dos elementos sensoriais, neuronais e motores que devem ser envolvidos na própria ação. A circularidade da regulação da ação entre estes elementos, que se coíbem e se ajustam sistemicamente, ilustra a dimensão cibernética original com que Bernstein concebeu o controle da motricidade humana.

Os fundamentos teóricos da coordenação e da regulação da ação introduzidos por esse autor ultrapassaram a visão ortodoxa da reflexologia pavloviana, na medida em que a ação não pode ser biológica e comportamentalmente reduzida a uma cadeia seqüencial e hierarquizada de reflexos elementares, o que levaria a que o organismo apenas se limitasse a responder passivamente e estereotipadamente aos apelos contínuos e às circunstâncias dinâmicas dos ecossistemas envolventes. A visão de um equilíbrio estável entre o organismo e o ambiente não é satisfatória para se compreender a função da motricidade humana, da qual emergem uma intervenção e uma interação ativa sobre e com o ambiente, tão ativa que acaba por modificá-lo de acordo com as necessidades e as circunstâncias contextuais.

Embora todos os movimentos voluntários integrem movimentos automáticos e reflexos, a sua finalidade como solução motora a uma situação-problema exterior visa à apropriação de sinergias cujo controle consciente vai se tornando progressivamente mais automatizado. É nisto que se traduz o desenvolvimento psicomotor da criança e do jovem.

A coordenação e a regulação do movimento voluntário (expressão equivalente a motricidade humana ou a psicomotricidade e, para mim, também de praxia), reflete um sistema sinergético total, onde a retroalimentação sensorial é convertida em programas centrais que estão na origem do controle da periferia do corpo onde se produzem as respostas motoras adaptativas.

Em uma analogia didática, os programas centrais situam-se no "cavaleiro", enquanto a retroalimentação sensorial e a produção das respostas motoras ocorrem no "cavalo", parecendo respeitar a sinergia de vários sistemas sensório-motores dinâmicos que ocorrem simultaneamente e são co-modelados dialeticamente por uma sinergia superior dita teleológica (a distância), por ser baseada em fins que o organismo visa e tenta atingir, ao mesmo tempo em que os sistemas motores respondem às variações e às exigências do ambiente e produzem efeitos e conseqüências que são permanentemente recuperados em termos prospectivos.

O ato motor humano, embora possa ser estudado em uma abordagem modular nos seus elementos ou fragmentos componenciais (sensoriais, neuronais, motivacionais, motores, etc.), não pode ser expresso isoladamente de um contexto comportamental, uma vez que a sua execução é inseparável dos fins e dos objetivos a atingir.

As explicações behavioristas (E → R) ou associacionistas (E → SNC → R) não abarcam a visão cibernética de Bernstein por negligenciarem o papel da retroalimentação, da reaferenciação e da mediatização sócio-histórica (Fonseca, 1996, 2001). De fato, a visão desse autor coloca um novo paradigma à teoria da ação, que pode ser concentrada em uma espécie de ecologismo sitemático que não se deve confundir com um novo neomentalismo da motricidade, exatamente porque a sua formulação teórica e a sua experimentação laboratorial apontam para uma supressão de disciplinas separadas que têm estudado a motricidade – por um lado, a biologia, a anatomia, a fisiologia e a neurologia e, por outro, a psicologia, a antropologia, a ecologia, etc. Estudar a organização e o controle da atividade motora requer, portanto, a reformulação sistêmica e integrada de muitas áreas de conhecimento, onde não cabem concepções reducionistas nem simplistas.

O programa motor envolve, em síntese, um conjunto de operações mentais: construção, estruturação e execução, consubstanciadas em comandos de músculos que são elaborados antes de se iniciar a seqüência de movimentos não influenciados pela retroalimentação periférica, ilustrando, em certa medida, que eles podem ser executados na ausência de controle sensorial e central, perdendo, por esse fato, sua coordenação psíquica superior. Pode-se acrescentar que a coordenação inclui, implicitamente, uma base verbal, sistema suplementar e universal de informação que permite a acumulação e a regulação das nossas condutas. Suscitar e elicitar a verbalização e a simbolização do gesto é, por isso, uma das estratégias de mediatização mais importante na intervenção psicomotora, na medida em que põe em jogo funções psíquicas de auto-regulação da conduta.

É o sistema verbal que estrutura a formulação ideacional e a programação das nossas condutas, que, por sua vez, antecipam o objetivo, planificando a seqüência dos atos a serem realizados até satisfazê-lo concretamente. É no âmbito desta interpretação cibernética, aplicada aos comportamentos (movimentos) dos seres vivos, que deve ser entendido o problema da coordenação e da regulação de qualquer movimento voluntário da criança ou do adulto, a fim de se tomar conhecimento da complexidade que constitui a sua aprendizagem, que é eminentemente privilégio do sujeito que a experimenta e executa.

De fato, só através da experiência a criança pode auto-regular, auto-organizar e auto-atualizar a sua conduta. Eis uma conclusão simples de uma abordagem tão complexa como a que Bernstein apresenta para o estudo e compreensão do desenvolvimento psicomotor, não só da espécie humana, como da criança, que o perpetua continuamente.

Bernstein oferece-nos um novo olhar sobre o desenvolvimento psicomotor da criança quando procura equacionar todos esses pressupostos da teoria da ação, aqui apresentados de forma dita superficial, tendo em vista os objetivos da presente obra. Com base no seu método microdescritivo, esse autor ilustra a ação como um poder adaptativo que permite explorar, direta e sistematicamente, as condições ambientais ou ecológicas com as quais, passo a passo, a criança se transforma em adolescente e, mais tarde, em adulto.

Em uma perspectiva biológica, e utilizando a aproximação mais recente de Maturana e Varela (1998), o movimento é algo próprio de animais com sistema nervoso, do protozoário à baleia azul, dos seres unicelulares aos multicelulares, cuja adaptação ao ambiente se traduz no poder de interação que emerge dos seus organismos e dos seus corpos, embora existam muitas formas de vida que não demonstram movimento.

De fato, como o comportamento não é uma invenção do cérebro, ele tem de se traduzir em movimento e em ação, isto é, em uma interação entre o corpo e o ecossistema, o que pressupõe de saída um sistema autopoiético (de autopoiese, construção autônoma de representações da identidade do indivíduo) dotado de uma correlação interna, estável e invariável que coordene componentes sensoriais e motores, estruturas capazes de admitir certas perturbações e de gerar certas ações.

A unidade sensório-motora, que podemos observar em bactérias, protozoários, répteis, mamíferos, primatas e, é claro, no ser humano, adapta-se ao ambiente como organismos motores a partir desta ligação primeira, com ela podem mover-se e alimentar-se a partir dos nutrientes disponíveis no ambiente e conservar a adaptação a partir desta necessidade vital.

Ao contrário das plantas, nas quais o movimento, enquanto autodeslocamento orientado no espaço, está essencialmente ausente, exatamente porque, através do processo da fotossíntese, elas garantem o seu alimento constante de nutrientes e de água a partir do solo, de gases e de luz a partir da atmosfera, no animal, a busca e a procura de nutrientes e a conservação da sua adaptação, exige a capacidade de movimento. Com ela aumentaram as suas possibilidades de interação com o ambiente e, com estas, o seu sistema nervoso expandiu-se incomensuravelmente, alocando no seu interior inúmeros sistemas de coordenação (Tinbergen, 1951).

Em termos biológicos e, obviamente, de comportamento (movimento) animal, segundo os autores acima referidos, não se pode separar a motricidade do cérebro, como demonstram os exemplos que acabo de evocar e como tem sido verificado neste capítulo. Organismos unicelulares possuem a capacidade de movimento, de mudança de orientação e de direção no ambiente porque dispõem de sistemas sensoriais capazes de admitir perturbações ocorridas no exterior da sua membrana. Em tais seres, a superfície sensorial e a superfície motora da sua membrana são iguais, a sua interdependência funcional é imediata.

Nos organismos multicelulares, a diversidade celular dá lugar a uma espécie de dupla camada, uma orientada para o interior, contendo células capazes de reagir a determinados estímulos e capazes de captar e de segregar outros, e outra orientada para o exterior, contendo células musculares e fibras contráteis (tentáculos) capazes de produzir movimentos combinados, como podemos observar nos celenterados. No meio desta dupla camada de células sensoriais e motoras, cujo funcionamento já pressupõe uma determinada coordenação funcional para gerarem movimentos adaptados a determinados ambientes, os seus prolongamentos espalham-se pelo organismo sem perder contato entre si, ou seja, estabelecem processos de comunicação e de informação, como se as células sensoriais desenvolvessem motilidade e as células motoras, sensibilidade.

Tais células, que podem ser observadas em organismos como os metazoários, são células nervosas primitivas ou neurônios. Elas acabam por se desenvolver em outros organismos mais complexos, em inúmeras redes de trabalho (*networks*) que integram, igualmente, receptores e efetores. O conjunto de tais células e de suas redes acaba por produzir uma espécie de mosaico de interconexões que se espalha por todas as partes do organismo, conferindo-lhe uma característica de unidade e de totalidade sensório-motora, um duplo sistema de comunicação interno e externo, do sensorial para o motor e do motor para o sensorial, do ambiente para o organismo e do organismo para o ambiente, ilustrando o poder adaptativo e interativo do movimento a que Bernstein faz referência.

Todo este processo evolutivo dos organismos uni e multicelulares está presente na filogênese e na ontogênese da motricidade humana (Fonseca, 1986, 1999b, 2001, 2003). Como o ser humano é simultaneamente um ser cósmico, biológico, psicológico, social, cultural e histórico, a sua natureza traduz uma unidade sensório-neuromotora complexa: de um lado, possui um sistema sensorial e um sistema motor, e, do outro, um sistema de coordenação entre os dois. O comportamento humano, que é por essência um movimento, resulta, então, das diferentes maneiras como aqueles dois sistemas são dinamicamente relacionados por meio de uma rede intraneuronal, que constitui o cérebro.

Na ótica cibernética de Bernstein (1986f), a aprendizagem a que a criança deve sujeitar-se ao longo da sua infância prolongada revela a inseparabilidade de estruturas biodinâmicas que ligam dialeticamente a percepção à ação.

Da interação entre centro (estruturas neuronais) e periferia (estruturas motoras, sensoriais e esquelético-morfológicas), resultam, ao longo do processo do desenvolvimento, sinapses vitais, internas e externas, cuja perfeição e maturação compreendem uma complexa coordenação seqüencial e hierárquica. Todo este complexo interativo entre fatores cerebrais, corporais e ambientais foi o objeto de estudo de Bernstein, cuja visão brilhante lançou as bases para uma psicologia do movimento, que a teoria e a prática da psicomotricidade atual não podem ignorar, não só pelas suas repercussões nos fundamentos fisiológicos, mas, igualmente, nos fundamentos cognitivos, motivacionais, ecológicos e epistemológicos.

Desde os importantes estudos que esse autor efetuou sobre o desenvolvimento da locomoção e da preensão em bebês, crianças, adultos e idosos com vários níveis de experiência, efetuados com instrumentos cinemáticos originais e extremamente precisos, como os que permitiram estimar, no tempo e no espaço, os diferentes deslocamentos das articulações dos segmentos do corpo, a análise física e matemática das forças e dos momentos que neles atuam procurou sempre inferir leis do movimento, com base em uma inovadora interpretação do papel regulador e criativo do cérebro em produzi-lo (Trevarthen, 1968, 1978, 1983).

Como leis das estruturas biodinâmicas do movimento adaptativo, Bernstein (1986c) destacou as seguintes:

1. Os movimentos causados por mudanças de equilíbrio entre as tensões dos músculos não podem ser concebidos apenas como resultantes de impulsos neuronais excitatórios únicos ou como produtos de simples contrações musculares.
2. Os eventos que ocorrem na periferia de um membro em movimento provocam forças mecânicas não-neurogênicas, que podem contribuir substancialmente para a sua realização enquanto são executados (ciclo periférico de interações).
3. Para se verificar uma adequada coordenação e uma perfeita correspondência entre intenções e ações, os vetores de força periféricos produzidos pelo movimento devem ser compensados por cadeias proprioceptivas precisas, harmoniosas e devidamente integradas aos centros motores.
4. A regulação do movimento a um *feedback* sensorial em uma resposta plástica exige uma estrutura central que possa antecipar com exatidão a trajetória do estímulo periférico alterando a capacidade de produzir outras respostas nos centros motores ou modificando a sensibilidade dos receptores comandados por eles. Tal coordenação não pode ser reflexa, nem gerar respostas motoras fixas ou irredutíveis. O tempo necessário para integrar uma nova informação a partir dos receptores para que tal informação seja utilizada na elaboração de um movimento pode levar de 50 a 250 milissegundos, o que é uma duração maior do que qualquer mudança de força dentro do sistema. Uma correção reflexa seria, portanto, muito lenta ou desviante.
5. Os movimentos bem coordenados possuem uma estrutura regular, automática, fluente, rítmica, harmônica ou oscilatória (manifestada por um pequeno número de componentes harmoniosos das curvas de força), em relação com os quais os eventos de todos os segmentos corporais em movimento são virtualmente interdependentes. Trata-se de uma reciprocidade cooperativa entre os segmentos corporais que asseguram o equilíbrio e os que asseguram a coordenação, envolvendo um fluxo harmonioso de forças ao longo de todo o sistema cinemático que se baseia nesta orquestração de momentos de força, que são necessários para a antecipação exata e precisa e para a expressão de um resultado mecânico final, que se opera na periferia por meio do centro.
6. Os ajustes a uma mudança do objetivo ou do tempo do movimento de um dado membro devem envolver a produção de um novo programa de forças transmitido pelo corpo, uma vez que a mudança de movimento em um segmento altera as relações entre as forças espalhadas nele.

Para Bernstein (1986c), essas leis definem as características da organização dinâmica complexa dos centros motores que realizam a proeza de explorar os processos corporais periféricos e responder simultaneamente aos seus sinais de comunicação e de informação.

Como se pode observar pelo enunciado de tais leis biodinâmicas da motricidade, um corolário importante da sua programação preditiva tem a ver com a recodificação antecipatória da resposta proprioceptiva. A informação obtida pelos exteroceptores tem de ser imediatamente assimilada ao plano de movimento construído com base nos dados obtidos dos mecanoreceptores. Enquanto estes têm por missão verificar a condição postural em que se encontra o corpo (comando dito interior), aqueles assimilam as condições potenciais do ambiente, incluindo o tipo de superfície onde o movimento se desenrola, as características do objeto a preender ou a manipular, etc. (comando denominado exterior), que fornecem informações sobre os eventos externos e sobre os meios de resistência, que podem facilitar ou dificultar a realização do movimento.

A planificação eficiente do movimento humano obriga, assim, a que se estabeleçam ajustamentos constantes e associações recíprocas entre todas as modalidades sensoriais capazes de transmitir informações sobre as interações que se criam entre o corpo em movimento e o ambiente. A manipulação de qualquer objeto, por exemplo, pressupondo a sua invenção e criação antecipadas, exige do indivíduo que o utiliza (ou da própria criança ao longo do seu processo de aprendizagem) uma integração proprioceptiva complexa, não só porque este estima, descreve e avalia as suas propriedades e atributos, como os correlaciona adicionalmente com a informação obtida pela percepção visual, desde o seu tamanho, a sua textura, a sua localização e posição espacial, até à própria velocidade com que é manuseado.

Nesta perspectiva, o sistema visual acaba por ter também uma função de coordenação motora, uma espécie de exproprioceptividade (Lee, 1978, 1980; Lee e Aronson, 1974) internamente interligada com o sistema vestibular e com os canais mecanoreceptores que asseguram o controle postural que guia os deslocamentos da cabeça e dos olhos, o sistema oftalmocefalogiro a que se referia Wallon e que Paillard (1981) aprofunda magistralmente. Talvez esta complexidade de comandos internos e externos explique a ontogênese psicomotora lenta e explícita na aprendizagem das praxias finas complexas, do desenho e da grafomotricidade na espécie humana e na criança.

Nos animais vertebrados simples, os sistemas tátil-cinestésicos, vestibulares e proprioceptivos asseguram um papel dominante na coordenação dos seus movimentos natatórios e de reptação. Nos mais ativos, e certamente no vertebrado dominante, que é o ser humano, os sistemas exteroceptivos, especialmente a visão, estabelecem o enquadramento cinestésico aos seus corpos multiarticulados, sugerindo sistemas de estruturação espacial mais diferenciados para guiar um maior número de graus de liberdade cinemática e uma maior agilidade propulsiva, a que não é estranha uma maior participação do computador cerebelar e do neocórtex parietal e temporal.

Tal intercomunicação íntima entre vários substratos neurológicos, que relacionam dados eferentes e aferentes de informação e que são inerentes aos sistemas motores periféricos da locomoção e da preensão, sugere a existência de sistemas superiores de comando e de organização de movimentos macro, micro, oro e grafomotores (Fonseca, 1999b, 2003), cuja integração se opera durante o desenvolvimento do cérebro, consubstanciando uma gênese peculiar na criança, que dura cerca de uma década – uma escala de tempo comparável com as aquisições da linguagem falada e com as diversas competências e habilidades culturais.

Os processos hierárquicos complexos com os quais o cérebro amplia os seus repertórios de *software* ou de competências (os "saber-fazer" ou praxias), não se verificam apenas no domínio cognitivo dos objetos e das ações, mas, igualmente, no controle do corpo em ação. Para Bernstein, entre os 5 e os 8 anos opera-se uma substancial melhoria na estruturação dos detalhes do controle motor, porém a excessiva atividade motora própria da criança neste período tende a aperfeiçoar-se ainda mais entre os 8 e os 10 anos, mas, mesmo nesta fase evolutiva, o processo de aprendizagem característico do adulto ainda não se encontra totalmente controlado.

Bernstein encara o desenvolvimento psicomotor da criança como o resultado de uma maturação da propriocepção, evocando uma lenta e gradual emergência de sistemas de resposta a esse sistema de sinalização corporal. Efetivamente, nas crianças de tenra idade, os impulsos efetores espontâneos encontram-se já desenvolvidos, mas carecem de impulsos reativos proprioceptivos, que não atuam com eles ainda de forma conjugada. Em outras palavras, o plano para uma eficiente assimilação da proprioceptividade ainda não se encontra integrado, a regulação preparatória e a aferenciação ainda não se encontram desenvolvidas na criança.

O desenvolvimento psicomotor tem contido em si uma estratégia que envolve a formação de uma imagem dinâmica do corpo no cérebro, com a qual se pode finalmente realizar um movimento estruturado no espaço e no tempo, prevendo as suas conseqüências e os seus efeitos de retroalimentação.

Em todo o processo de desenvolvimento psicomotor, Bernstein sugere um processo evolutivo que trabalha a partir da periferia para o centro, isto é, da motricidade para o psiquismo. Agir e sentir o corpo e o ambiente constitui um primeiro degrau de maturação. Apenas mais tarde a criança ascende ao conhecimento do corpo e da realidade que a envolve, ou seja, a evolução ocorre do psiquismo a uma motricidade regulada e coordenada, pensada antecipadamente.

A estratégia do desenvolvimento psicomotor na criança confirma também a emergência de sistemas de controle proximal (próximo da cabeça e do tronco) que antecedem o surgimento de sistemas de controle distal (das extremidades dos pés, das mãos e da boca), onde os impulsos efetores são mais difíceis de controlar, onde obviamente os graus de coordenação são de outra ordem de precisão e de fluência, como se pode verificar na locomoção (marcha plantígrada, corrida, salto, saltitamento, transposição de obstáculos, etc.) e na preensão (recepção, captação e manipulação de objetos).

Apesar de as crianças de 3 anos já demonstrarem uma excelente coordenação e equilíbrio, pois já galopam, saltitam, dançam e andam de triciclo, tais competências estão longe de apresentar o controle biodinâmico postural e práxico do adulto. A eficiência espaço-temporal, a integração e a interação tônico-gravitacional, vestibular, proprioceptiva, somestésica, etc. ainda se encontram em conflito, e a adaptação a diferentes contextos ainda se encontra pouco plástica e rápida.

O que parece estar em jogo é a desmaturação dos sistemas neuronais superiores, que produzem uma função integrativa mais complexa, que governa as várias combinações e os vários circuitos das atividades posturais automáticas. Sem elas, a coordenação dos movimentos complexos não é alcançada. O controle postural é, portanto, alcançado antes das formas eficientes de controle práxico, onde a assimilação proprioceptiva é de outra ordem de complexidade, onde a calibração dos sistemas de controle é mais exigente e a diferenciação e a maturação dendrítica, axônica e sináptica requerem a participação específica, o reforço seletivo, a retenção e a interação competitiva de vários centros cerebrais, em múltiplas combinações adaptativas.

Há, portanto, no desenvolvimento psicomotor, de acordo com Bernstein, um plano que se concretiza por meio da adição de modificações sistemáticas introduzidas pelos processos de controle sensorial, daí o controle micromotor das mãos (e da boca, no caso da oromotricidade) ser efetivamente mais complexo do que o controle macromotor dos pés, pois não se pode esquecer o papel fundamental da lateralização (a especialização hemisférica exclusiva da espécie), que implica um tipo de controle cerebral mais elaborado, hierárquico e proficiente, menos episódico, errático e dispráxico.

A incorporação progressiva de processos de retrocontrole sensorial e intermodal confere ao movimento um faseamento sucessivo e harmônico mais eficiente. A individualização de reações locais dentro do padrão total planificado passa a ser mais ajustada, orquestrada, seqüencializada e flexível, dotando o movimento de outro grau de organização psíquica e de excelência coordenativa. O movimento humano não resulta de um casamento entre o psíquico e o motor, mas, sim, do seu estado de lua de mel permanente.

Bernstein (1947, 1967, 1986b, 1986f) oferece-nos, assim, uma nova compreensão da organização e da coordenação dos movimentos, ou seja, da psicomotricidade. Sua abordagem original e complexa à programação da ação permite-nos entender melhor a importância das interações organismo-meio e, obviamente, da aprendizagem humana. Não se trata de referir que a obra de Bernstein, no seu conjunto, seja a nova bíblia da motricidade humana, mas as suas intuições originais, cibernéticas e ecológicas e as suas evidências experimentais trazem novos avanços em relação ao funcionamento do cérebro a partir do estudo do movimento humano.

Partindo do estudo biomecânico do movimento, mais tarde contrariando a ideologia dominante do pavlovianismo e criticando os métodos de trabalho coletivizante e de produção em massa, Bernstein mergulhou no materialismo dialético na tentativa de estudar a motricidade em um contexto dito politicamente mais correto, o que, por discordância com o regime soviético, lançou-o em uma perseguição política implacável.

Destituído das suas funções de pesquisa, marginalizado cientificamente pelas instâncias do partido no poder, ele tentou, mesmo assim, novos rumos de fundamentação e de pesquisa da ação e da atividade, que só muitos anos depois foram reconhecidos. Evoluindo de uma perspectiva mecanicista para uma perspectiva mais dinâmica e sistêmica, Bernstein incorporou autores estrangeiros que o aproximaram do estudo dos sistemas neuromotores e introduziu novos conceitos cibernéticos e ecológicos, que o tornaram, na minha perspectiva, uma fonte inesgotável para a teoria e a prática da psicomotricidade.

Estudando a estrutura da coordenação motora como uma das funções principais do cérebro, reagindo contra modelos teóricos centralistas puros, transformando o arco reflexo em anel reflexo, integrando o estudo do músculo e da periferia corporal dentro do estudo do controle motor central, Bernstein introduziu, ainda, novos conceitos funcionais, como o de graus de liberdade, o de aferenciação, o de auto-regulação, o de problema motor, o de modelo de futuro, o de extrapolação, etc.

Com todos estes novos paradigmas, Bernstein permitiu compreender melhor a organização do movimento pelo cérebro e a organização do cérebro pelo movimento. Entendendo o movimento como um fenômeno natural e estudando-o de forma multicomplexa, multiexperiencial e multicontextual, Bernstein deixou imensas janelas abertas e projetadas para o futuro, para estudá-lo também como fenômeno cultural. É disto, em síntese, que trata o objeto de estudo da psicomotricidade tal e qual a entendemos hoje.

# A EVOLUÇÃO DOS HÁBITOS MOTORES:
## introdução às obras de Zaporozhetz e Elkonin

**DESENVOLVIMENTO PSICOMOTOR E INTERAÇÃO SOCIAL**

A. V. Zaporozhets, diretor do Instituto para o Estudo da Criança em Idade Pré-escolar e Daniil Elkonin, diretor do Laboratório para o Estudo da Criança em Idade Escolar, ambos professores de psicologia da Universidade de Moscou, justificam uma apresentação conjunta da sua obra (Zaporozhets e Elkonin, 1971). O primeiro distinguiu-se nos estudos sobre o desenvolvimento do pensamento, e, o segundo, como figura de renome mundial no desenvolvimento da linguagem e do jogo. Ambos, porém, partem da importância que atribuem à formação dos hábitos motores como processo evolutivo básico da integração social.

De fato, como já foi abordado nos capítulos sobre Vygotsky, Luria e Bernstein, bem como nos capítulos sobre Wallon e outros autores, o domínio dos movimentos e a sua perfeição garantem à criança a sua independência e autonomia locomotora, o que a torna disponível para a socialização da sua experiência.

As funções motoras, segundo Zaporozhets (1960, 1965, 1967), são necessárias à organização e ao afinamento da percepção visual, não só pela importância da motricidade ocular, como também pelo papel da relação funcional que a percepção desempenha na execução e no controle da conduta. Não se pode esquecer que é nela que assentam as várias representações de espaço e de tempo que presidem a programação e a planificação dos movimentos, isto é, a organização da relação do indivíduo com o seu ambiente e com o seu contexto sócio-histórico concreto.

Por outro lado, Elkonin (1972, 1998) reforça que o movimento é o instrumento mais adequado para tornar o real e a sua compreensão acessíveis à criança. Esta posição em nada é diferente da apontada por Wallon, pois é freqüentemente focada pelos autores russos que estou apresentando, ao contrário de Piaget, que é bastante questionado por eles, embora este seja mais estudado e referenciado por autores norte-americanos.

Efetivamente, e em relação a isto existe aceitação universal, as mãos e o movimento (no sentido mais abrangente da motricidade humana) concretizam, por meio de ações, as intenções do ser humano através da sua evolução antropológica, sendo também por ações e pelas suas intenções concomitantes que a criança adquire, verifica e aperfeiçoa o conhecimento que tem do mundo que a circunda.

A partir de tais movimentos, edifica-se a organização das primeiras experiências multissensoriais, que vão constituir uma avenida muito importante de comunicação com o contexto natural e sociocultural onde o indivíduo está inserido. Este fato, que se relaciona particularmente com o sentido tátil-cinestésico – o que os neurologistas anglo-saxões denominam sistema háptico (*haptic system*) –, vai permitir a formação dos primeiros hábitos motores, a partir dos quais se constituem as primeiras manifestações sociais (interagir, imitar, andar, comer, lavar, vestir, manipular, brincar, etc.).

A ausência de tais interações e manipulações, e as privações sensoriais a elas associadas, como a carência de experiências interativas, podem constituir grandes bloqueios ao desenvolvimento perceptivo e cognitivo e impedir a criança, enquanto ser inexperiente, de se apropriar da experiência sócio-histórica produzida e praticada pelos adultos mais experientes.

Muitos investigadores, de médicos a psicólogos, têm alertado para a importância que desempenha a motricidade no desenvolvimento global da criança, mas, para esses autores russos, ela assume a transcendência da incorporalização e da apropriação da cultura.

Como indicam as investigações dos histologistas, anatomistas e fisiologistas, no momento do nascimento, o sistema motor não se encontra completamente formado nem amadurecido. Tal inacabamento precoce retrata uma imaturidade do sistema nervoso, que vai se organizando progressivamente através do movimento, o qual concretiza não só a interação da criança com o mundo dos outros e dos objetos (ambos sociais e culturais na sua natureza), mas também, simultaneamente, com o mundo natural.

A maturação do sistema nervoso dá-se pela mielinização das células nervosas, que, por esse processo biológico, além de outros, assegura um mais rápido e eficiente controle do sistema motor, processo que, segundo Elkonin, se dá sensivelmente por volta dos 2 anos. A motricidade corresponderá, então, neste período do desenvolvimento neurológico, a uma espécie de imagem de espelho funcional, garantindo a maturação dos centros de comando motor, promovendo e acelerando também o desenvolvimento biopsicossocial da criança.

As experiências de Luria e Mirenova (1936), citadas por Elkonin, provam que a natureza da atividade que se oferece ao recém-nascido influencia o desenvolvimento motor e a utilização mais adequada do seu potencial de aprendizagem. É preciso equacionar que tanto o desenvolvimento das aquisições motoras como a posição bípede e as outras praxias típicas não ocorrem simplesmente por fatores neuromusculares, mas também por fatores de interação social e cultural, pois não podemos esquecer aqui, mais uma vez, o paradigma das crianças lobo, muito caro à psicologia russa.

Por esta razão, a ontogênese de qualquer ser vivo, e não apenas da criança, consiste em uma contínua transformação estrutural entre si e o ambiente, desde seu início até sua desintegração final. A ontogênese segue, portanto, um percurso particular, decorrente da seqüência das suas mudanças estruturais, isto é, das interações que se produzem dentro dela. Tais interações, que Maturana e Varela (1997, 1998) definem como "seletores", revelam, conseqüentemente, duas vias de desenvolvimento, a normal e a patológica, como dramaticamente podemos observar nas crianças selvagens.

Sendo tais crianças criadas em completo isolamento do contato humano, mesmo que evoquem sinais de perfeita saúde, sem sinais de desnutrição ou de atraso mental, elas não possuem a qualidade das interações que podem ativar os seletores que caracterizam o desenvolvimento considerado normal, desde a atenção seletiva, a imitação, a afiliação afetiva, o controle postural, a coordenação binocular, a micromotricidade, a comunicação não-verbal, a linguagem, etc., até a formação de hábitos motores que permitem a apropriação cultural e sócio-histórica. Independentemente de serem humanas na sua herança e constituição genética, na sua anatomia e fisiologia, não lhes sendo proporcionado um contexto social ou um ambiente humano, o seu desenvolvimento não assumirá o patamar dos hábitos culturais que nos definem como humanos.

A atividade motora, se for culturalmente contextualizada, encarrega-se de reatualizar o potencial de aprendizagem que constitui o meio privilegiado de desenvolvimento psicológico. Segundo vários trabalhos orientados por Elkonin (1972), verifica-se que o cérebro começa a funcionar ainda antes do nascimento e que a atividade motora inicial acelera a maturação das suas estruturas neurológicas. Para os autores russos pavlovianos, o desenvolvimento é um condicionamento múltiplo de atos complexos do comportamento, que são, por sua vez, constelações de reflexos.

De fato, justificar o desenvolvimento da criança apenas em termos de reflexos, mesmo como promotores do desenvolvimento neurológico, perspectivava que o desenvolvimento surgiria como um reforço à posição behaviorista, que se limitou à descrição dos aspectos exteriores do comportamento, negligenciando a complexidade da organização dos processos internos que sustentam e regulam as respostas motoras. Ora, traduzir o desenvolvimento da criança apenas em termos de maturação neurológica seria isolar e segregar a importância das condições do ambiente social e cultural, que, tudo indica, parecem desempenhar um papel determinante na sua evolução.

As condições sociais de vida que o adulto cria para a criança exercem uma influência muito importante nos primeiros meses de desenvolvimento, acelerando ou inibindo o desenvolvimento motor, emocional e cognitivo, não só quanto à adequabilidade, à qualidade, à velocidade, como também quanto à direcionalidade e ao nível de execução das interações. O fator social (sociogênese) não pode, pois, ser dissociado da aprendizagem, dado que condiciona profundamente a ontogênese ou a disontogênese psicomotora da criança.

A aprendizagem, segundo estes autores, por um lado, só se verifica quando se encontram reunidas determinadas condições contextuais para a maturação neurológica, ou seja, quando se verificam as associações funcionais ambientais, denominadas ecológicas, em que assentam as integridades do sistema nervoso central e periférico. Por outro lado, a aprendizagem é uma condição humana baseada essencialmente na interação de dois personagens: a criança e o adulto socializado (mãe, pai, professora, cidadão, etc.). Só no equilíbrio dinâmico dessas duas variáveis, isto é, a maturidade neurológica, de um lado, e a relação sócio-afetiva, do outro, pode-se compreender o sentido dialético da aprendizagem.

Iniciar uma aprendizagem antes de uma maturidade neurológica mínima pode trazer resultados negativos, mas conduzir uma aprendizagem isolada de um contexto relacional e afetivo pode atingir os mesmos resultados indesejáveis. Em resumo, podemos concluir que a aprendizagem na criança depende, simultaneamente, de uma maturidade cortical e de uma maturidade sócio-afetiva e cultural, ou seja, de um ambiente facilitador e mediatizador.

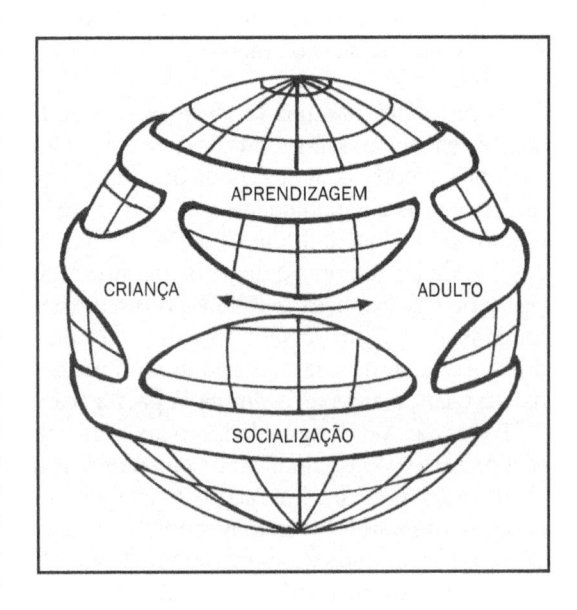

Para que a aprendizagem da criança ocorra, ou seja, para que seu crescimento global se verifique, é necessário que se construam condições ambientais e ecológicas favoráveis para o seu desenvolvimento. Por exemplo, colocar objetos coloridos e de fácil manipulação no campo visual da criança e dentro dos seus limites de ação, que, como já mencionado, dependem do seu grau de autonomia psicomotora.

Aos adultos caberá a criação de condições emocionais e interacionais favoráveis, sem as quais o desenvolvimento psicológico da criança poderá ficar profundamente afetado, como foi verificado em muitos trabalhos experimentais. Se a criança não for envolvida em condições emocionais positivas, seu sistema motor tende a atrofiar-se, e os sistemas circulatório, respiratório e endócrino podem apresentar insuficiências funcionais e fisiológicas, que virão a refletir-se em um desenvolvimento desarmônico e, às vezes, desviante.

Segundo Schelovanov, citado por Zaporozhets e Elkonin (1971), por exemplo, o desenvolvimento dos movimentos na criança, depende das seguintes variáveis:

- história do desenvolvimento motor;
- ordem da sua ocorrência;
- presença ou ausência dos vários tipos de movimento;
- variabilidade no conteúdo das diferentes categorias de movimento.

Necessariamente, tais variáveis são naturalmente dependentes das condições que envolvem a criança. Fatores como as condições de espaço, características e variabilidade dos objetos, tempo investido e qualidade das situações-problema das atividades motoras e de jogo, condições do vestuário condicionam o desenvolvimento motor da criança. Este é, essencialmente, o resultado da qualidade de vida que os adultos proporcionam à criança, além de estimulá-la para a ação.

Por razões de desigualdade social, cultural, econômica e ligadas à qualidade, transcendência, significação, etc., das interações, nem todos os pais podem garantir as mesmas condições às suas crianças para que elas venham a ter um desenvolvimento motor adequado, que evolua naturalmente da reptação (*crawling*) à quadrupedia e desta à locomoção bípede e a concomitantes formas lúdicas. Por simples falta de espaço em casa ou até na rua e na escola, os pais e educadores muitas vezes aceleram involuntariamente a aprendizagem precoce dos hábitos motores, o que pode levar a efeitos posturais e práxicos desastrosos. Todos estes aspectos morfológicos refletir-se-ão, inevitavelmente, na maturação neurológica e poderão vir a condicionar um desenvolvimento motor menos harmonioso.

Pode-se verificar, portanto, que os problemas de atraso motor dependem, em grande escala, da cultura e da competência dos adultos, que, por exemplo, insistem em esquecer as necessidades de espaço e de movimento, que são essenciais para o desenvolvimento global da criança. É interessante notar que, enquanto o desenvolvimento psicomotor na criança depende do controle dos receptores a distância (visão e audição), nos animais são os receptores proprioceptivos (incluindo o sistema vestibular e a pele) que exercem o papel dominante durante muito tempo. Este aspecto, de grande alcance biológico, justifica, por exemplo, a diferença entre a lentidão das aquisições locomotoras no bebê humano e a conquista rápida e acelerada das aquisições locomotoras, que permitem ao bebê zebra, nos dias seguintes ao seu nascimento, acompanhar a manada em deslocamentos migratórios.

Ou seja, na criança, o desenvolvimento psicomotor surge primeiro nos analisadores sensoriais, e só mais tarde nos efetores motores. No animal, dá-se o inverso, isto é, desenvolvem-se primeiro os efetores que permitem a locomoção precoce, e só mais tarde é que se desenvolverão os analisadores distais da visão e da audição, que virão a permitir melhores condições de locomoção, orientação e sobrevivência.

Assim, a criança adquire primeiro a habilidade de focagem atencional e espacial, sem a qual não poderia estabelecer contato com os outros, ou até mesmo com os objetos que a envolvem, e é através dessa apreensão de espaço que virá a criar movimentos como verdadeiras ações objetivas dirigidas para os objetos, manipulando-os e explorando-os, isto é, aprendendo-os e, por analogia, aprendendo-se.

De fato, diz-nos Shchelovanov, citado por Zaporozhets e Elkonin, na criança, formam-se primeiro os receptores a distância (visão e audição), até se darem as primeiras divisões corticais, e só depois os movimentos começam a desenvolver-se. Na maioria dos animais, porém, a ordem é precisamente inversa. Os centros motores nos animais são, pois, desenvolvidos antes dos analisadores visuais e auditivos, na medida em que as primeiras adaptações ao meio têm a ver com a locomoção.

No recém-nascido humano, o processo passa-se exatamente ao contrário, uma vez que os analisadores sensoriais se tornam funcionalmente operacionais muito antes dos centros motores, que levam mais tempo para amadurecer. É nestas invariantes biológicas que, segundo esses autores, se projeta toda a complexidade do ser humano, cuja diferenciação se baseia fundamentalmente em uma conexão biossociológica que confere uma nova perspectiva à evolução psicomotora da criança. Assim, a partir destas idéias, pode-se chegar a várias conclusões:

- em primeiro lugar, é preciso admitir que se torna urgente rodear a criança de um ambiente rico em estimulações visuais (cor, luz, objetos em movimento, etc.), auditivas (sons, verbalizações, música, etc.) e tátil-cinestésicas (pegar, transportar, largar, manipular, sentir, etc.) antes de esta adquirir a marcha autônoma;
- em segundo lugar, não se deve menosprezar a importância de se criarem condições seguras de espaço familiar para que a criança desenvolva naturalmente a hierarquia da motricidade que lhe permita ir da posição sentada à posição de reptação e da posição de quadrupedia à marcha com apoios, que garanta, portanto, uma evolução motora adequada ecologicamente, e não uma evolução motora acelerada ou aos saltos.

Estes aspectos não são só importantes em relação à família, mas também quando se pensa em termos de creches e centros materno-infantis, onde os espaços devem ser concebidos e construídos com base em tais pressupostos ecológicos. Não envolvendo os bebês em condições de estimulação positiva, pode-se correr, pois, o risco de "hospitalismo", isto é, de comportamentos desviantes resultantes de internações prolongadas em condições atípicas e capazes de originar privações e carências irreparáveis no desenvolvimento sensorial e motor do bebê.

Garantir à criança um ambiente enriquecido (de espaço, de tempo, de afeto, de interação com outras crianças e com adultos, etc.) é, segundo Zaporozhets (1960, 1967), uma das grandes responsabilidades do adulto, não só porque assim se criam as condições necessárias para a acumulação da experiência social tradicional, como também porque proporcionam-se os meios adequados à sua evolução psicomotora.

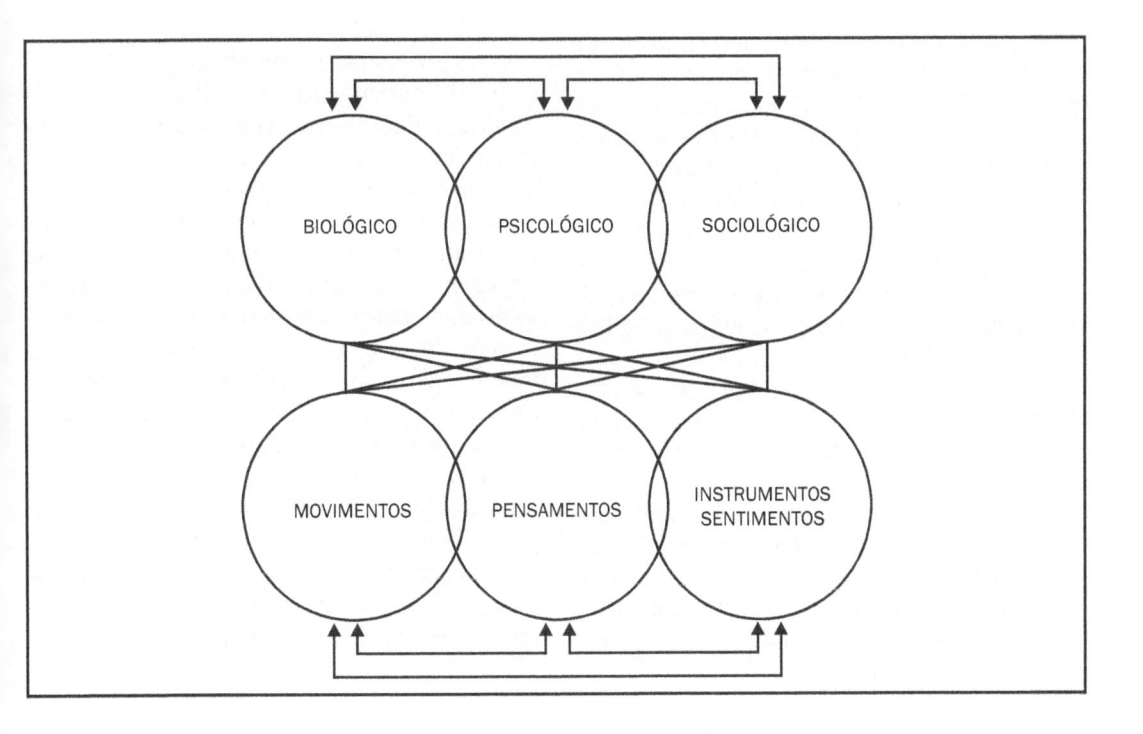

A criança só estará apta a realizar movimentos ajustados quando estabelecer o seu contato com instrumentos e outros objetos que originam interações ativas de grande importância para o seu desenvolvimento biossocial. A formação do processo psicológico passa, assim, pela formação do processo biológico, ou melhor, a formação do pensamento na criança assenta no ajustamento do seu movimento. Não se pode esquecer, portanto, que a formação de qualquer das condutas da criança exige, pois, a presença do adulto. Sem ele, a criança não poderia integrar uma determinada experiência sócio-histórica. A relação com os objetos e com os instrumentos é uma relação com os outros, na medida em que se trata de um processo mais lato, que Zaporozhets e Elkonin (1971) denominam de socialização.

Ou seja, a criança aprende e apreende os valores sociais pela relação com os objetos e com os instrumentos, na medida em que esta se trata de uma das facetas da sua participação na vida coletiva, mediatizada pelos adultos que a cercam, e não meramente pela sua exposição direta a eles. Aprender os objetos é aprender os movimentos que permitem a sua manipulação, e este fato é o resultado de uma experiência coletiva retida e conservada culturalmente. Não se trata apenas de apresentar e de expor um objeto ou um instrumento à criança, trata-se, no fundo, de ela transformá-lo, manuseá-lo e experimentá-lo, como resultado de uma interação mediatizada com os adultos que a envolvem.

## DESENVOLVIMENTO ONTOGENÉTICO

É com base nestes aspectos que Zaporozhets (1960, 1965, 1967) e Zaporozhets e Elkonin (1971) equacionam o desenvolvimento ontogenético da criança, que, ao contrário do que afirmam Piaget (1964b, 1973) e Gesell (Gesell, 1949; Gesell e Amatruda, 1974), não se estabelece por uma continuidade de comportamentos, e, sim, por uma série de fases alternadas e descontínuas em que, dialeticamente, se reorganizam e edificam novos meios de controle e de regulação de condutas. A aptidão para uma nova função exige não estádios rígidos de desenvolvimento, mas, sim, a superação de períodos críticos de adaptação, pois só neste sentido a acumulação da experiência anterior se atualiza a ponto de garantir uma nova aquisição de comportamentos.

Desta forma, as fases de desenvolvimento não se encontram separadas umas das outras, mas, sim, integradas a vários níveis de implicação e de integração, em que os aspectos dominantes da fase seguinte recombinam os aspectos estruturantes da fase anterior. A capacidade de construir e organizar movimentos e de expressar capacidades integradas sofre uma evolução paralela à capacidade de construir planos de ação.

A ação ou movimento (a motricidade humana) depende, assim, segundo esses autores, da capacidade de formular objetivos e intenções e de concretizar os respectivos fins. Trata-se de uma associação dialética entre o fim e o objetivo a atingir (componente psicológico) e os meios para concretizá-lo (componente motor), associação funcional teleonômica que passa, primeiramente, pelo aspecto dominante do movimento, para atingir, subseqüentemente, o aspecto dominante do pensamento. É neste contexto que se tem de introduzir a noção de síntese sensorial proposta por Bernstein (1947, 1967), como já foi visto. Para que o movimento caracterize uma nova fase de desenvolvimento, é necessário que não se observe a predominância de um aspecto (motor) sobre o outro (sensorial). Em termos de comportamento, este não é mais do que uma harmonia de movimento, em que não pode ocorrer um desajustamento entre as várias modalidades sensoriais que o compõem.

O movimento aperfeiçoado, controlado e ajustado representa, pois, uma história de experiências integradas em que se agrupam, dialética e seqüencialmente, todos os fatores desta totalidade aprendida, isto é, reúnem-se todos os fatores em um *"output* final", que é, em suma, a conduta ou a ação conscienciazada.

Só por esta análise, podemos perceber o papel importante que esses autores conferem à ação no desenvolvimento da criança. Por um lado, ela fornece as condições necessárias para que a criança coordene e corrija os elementos sensoriais e motores que vão permitir-lhe o ajustamento dinâmico às condições exteriores; por outro, garante-lhe a integração do conteúdo da experiência social do mais experiente, como pode-se facilmente constatar pelo jogo, pela imitação e pela linguagem. Como diz Elkonin (1972, 1998), a ontogênese da psicomotricidade representa a seqüência de fases ou estádios distintos, condicionados qualitativamente pelo tipo de interação social.

## EVOLUÇÃO DA PSICOMOTRICIDADE

Se o desenvolvimento dos movimentos na criança for observado, pode-se verificar que a passagem de um ser totalmente dependente para um ser independente e autônomo resume, no fundo, uma evolução psicomotora, conforme podemos verificar a seguir:

- somente depois de passar por uma fase emocional, isto é, em que os movimentos intuitivos se dirigem para uma relação e interação com os outros (gestos expressivos), a criança pode desenvolver as formas básicas de percepção auditiva e visual;
- somente depois dos primeiros movimentos desorganizados das suas extremidades, principalmente as pedaladas e as apanhadelas no ar (*reaching behavior*) e das primeiras reações de exploração visual, a criança pode abandonar sua atitude contemplativa para se projetar em uma atitude cada vez mais ativa, efetiva e igualmente afetiva, por ser mais interativa;
- somente depois de sentir e de passar alternadamente pelo choro e pelo sorriso, pelo repouso e pela vigilância, pela hipotonicidade e pela hipertonicidade, a criança pode ir suprimindo e superando gradualmente os seus comportamentos inatos;
- somente depois de ter-se libertado dos reflexos, a criança pode iniciar a sua evolução proprioceptiva até a conquista da marcha autônoma e bípede;
- somente depois da conquista do bipedismo, exclusivo do ser humano, a criança pode libertar-se de paratonias e sincinesias e organizar-se em novas sinergias e praxias, isto é, pré-estruturar-se para aprender e apropriar-se da cultura.

Segundo os autores aqui abordados, apenas depois de uma interação tônico-afetiva e corporal com a mãe, por volta do segundo ano de vida, a criança pode projetar-se nos objetos ou brinquedos, como cubos, bonecos, etc. Daí, por exemplo, que o adulto, mostrando e escondendo determinados objetos a que dê sempre o mesmo nome, possa vir a motivar a criança a manipulá-los e a ligar-se a eles, segundo um componente lingüístico. Ou seja, apenas a partir deste momento é que a percepção dos objetos se dá multissensorialmente e a emergência da linguagem falada

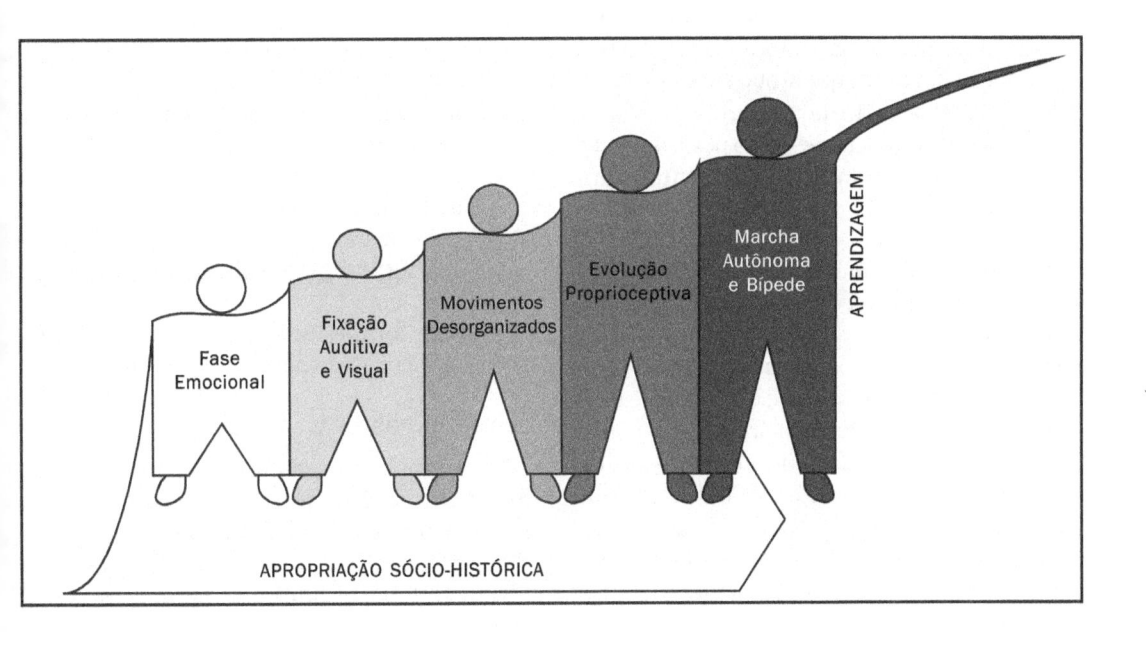

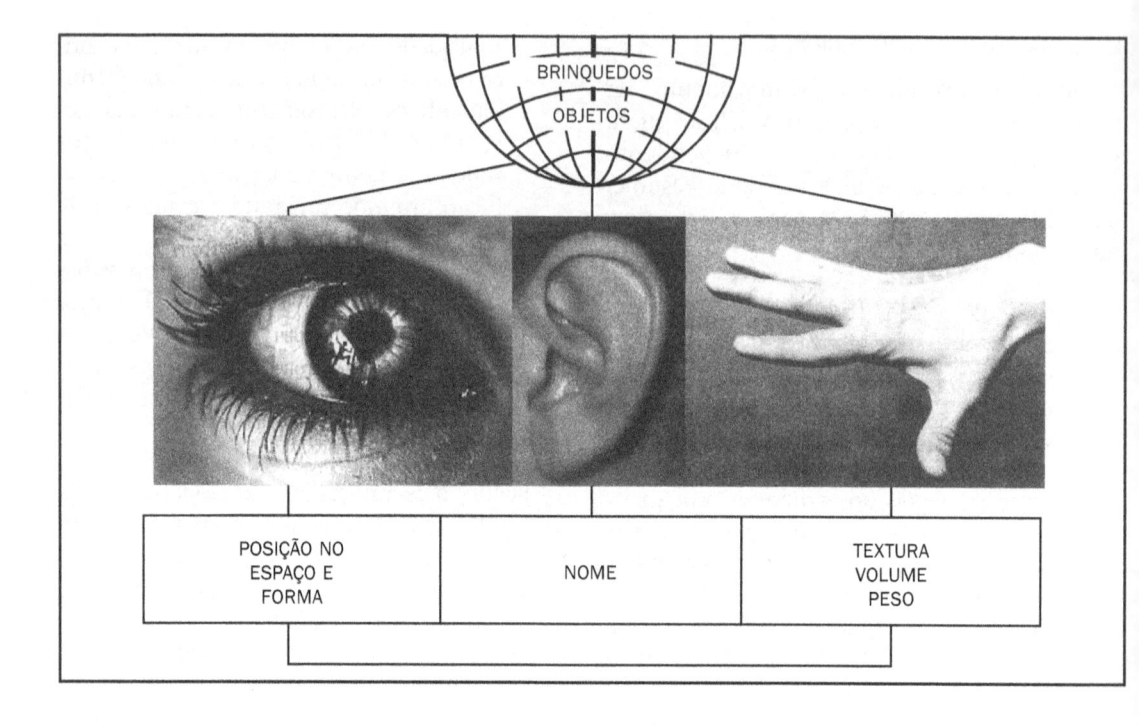

## 502 Desenvolvimento psicomotor e aprendizagem

pode ser observada, ilustrando a seguinte seqüência evolutiva:

1. a criança ouve o nome do objeto e dos seus atributos (sentido da audição);
2. a criança integra a forma, a cor e a posição dinâmica que o objeto ocupa no espaço (sentido da visão);
3. a criança apercebe-se do peso, da textura e do volume do objeto (sentido tátil-cinestésico).

Portanto, só pela manipulação mediatizada de um objeto a criança poderá vir a integrar os seus atributos e propriedades – em uma palavra, a edificar uma noção deste. Agarrar ou mexer em um objeto ou um brinquedo e explorá-lo, é ouvi-lo, vê-lo, senti-lo e, ainda, cheirá-lo e saboreá-lo.

Pensemos agora na importância da aquisição de posturas como as posições sentada ou bípede, típicas do ser humano e ambas privilegiadas para a manipulação e a exploração dos objetos. Não serão estas conquistas essenciais e originais para a valorização do conteúdo psicológico das primeiras aprendizagens? Penso que sim. E mais: penso também, em uma aplicação desta perspectiva de desenvolvimento psicomotor, que o adulto, para não prejudicar esta hierarquia da experiência na criança, terá vantagens em:

– criar condições de espaço e de tempo que facilitem a evolução natural da reptação e da quadrupedia para a locomoção bípede;
– criar um vestuário que não roube a liberdade de movimentos;
– criar objetos e brinquedos versáteis, na sua forma, peso, volume, cor, utilidade, som, etc.;
– criar formas lúdicas e interativas de contato corpo-a-corpo.

### EVOLUÇÃO POSTURAL

Em complemento ao acima exposto, principalmente em relação ao primeiro item, pode-se agora recordar os estádios de formação, que, segundo Figurin e Denisova, citados por Zaporoshets e Elkonin (1971), resumem a evolução postural da criança:

1. quando apoiada pela axilas, não dobra as pernas, embora dobre o corpo pela articulação coxofemural;
2. pode ser levantada da posição deitada para a posição sentada se for segurada pelas mãos;
3. pode ser suspensa pelas mãos por um pequeno período de tempo;
4. já não se dobra pela articulação coxofemural, mantendo-se de pé;
5. mantém-se de pé por um maior período de tempo quando é segurada pelas mãos;
6. consegue levantar-se "sozinha" quando é segura pelas mãos;
7. mantém-se de pé, embora apoiada em si mesma;
8. pode fazer pequenas flexões de joelhos quando apoiada em qualquer superfície;
9. levanta-se sem ajuda do adulto, embora recorrendo a um apoio exterior;
10. senta-se a partir da posição de pé;
11. mantém-se de pé por um pequeno período de tempo sem qualquer outro apoio;
12. mantém-se de pé sem qualquer apoio e durante períodos de tempo cada vez mais longos;
13. levanta-se sem qualquer apoio;
14. faz flexões de pernas e levanta-se sem qualquer ajuda ou apoio das mãos no solo.

Pode-se, entretanto, acrescentar que são necessários cerca de 11 a 12 meses para que a criança adquira a postura bípede, e cerca de mais 6 meses para que venha a andar assimetricamente com perfeita autonomia e graciosidade. Levantar-se, manter-se em pé, andar e parar na posição bípede, andar lateralmente passo-a-passo com apoio de ambas as mãos, etc., são outros indicadores da sua autonomia motora-postural, potencial neuroevolutivo que integra cadeias de reflexos e de automatismos em que todos aqueles atos motores assentam e se vão reconstruindo e recombinando progressivamente.

Dotada, entretanto, de outras capacidades sensoriais, como ver, ouvir, pegar e comandar as mãos, etc., a criança inicia, naturalmente, uma nova era da interação com o mundo exterior. A multiplicidade dos movimentos e o aperfeiçoamento da sua coordenação permitirão, por sua vez, uma adaptação às circunstâncias externas cada vez mais variada e disponível. Novas ações e aquisições de conhecimento serão a resultante das novas atividades motoras ao alcance da criança. Assim, o sucesso das suas iniciativas motoras gera novas capacidades de relação com o mundo exterior, inibindo, por um lado, as respostas incorretas, dessincronizadas e dismétricas, e, por outro, afinando e ajustando em paralelo as respostas mais corretas, econômicas, automatizadas e harmônicas.

A satisfação e a gratificação que advêm dessa capacidade de ação e de transformação desempenham um papel facilitador das novas ações e das novas formas de conhecimento, que garantem uma interação permanente com os adultos. É, pois, a partir da experiência motora que se edifica a experiência social e cognitiva, não só pela aquisição do real imediato, como também pela sua descoberta prospectiva. É com base na experiência motora que o conhecimento do real se integra ao nível superior. O movimento é o instrumento autêntico do conhecimento, e daí, segundo esses autores, a sua importância na socialização da criança.

Entretanto, até os 3 anos, a criança adquire novas possibilidades de independência que lhe irão permitir novas interações com o real e com os adultos. Ao andar com autonomia, embora ainda não se vista ou se alimente sozinha nem controle os esfíncteres, não só a exploração do espaço e dos objetos vai adquirir novas dimensões, como também a expressão das suas necessidades e dos seus desejos vai assumir uma dinâmica não-verbal de significado mímico, gestual, expressivo e interativo que denota já um novo potencial de comunicação social.

O ajustamento dos gestos, a sua diversidade e o enriquecimento da sua mímica são, pois, os prelúdios da comunicação verbal que traduzem, fundamentalmente, uma apropriação original e subjetiva da experiência social. As pequenas tarefas e as primeiras orientações, direções, instruções e mediatizações sugeridas pelos adultos começam a ter concretização possível.

Simultaneamente com a capacidade locomotora, desenvolve-se uma maior compreensão auditiva e uma mais adequada expressão verbal. A compreensão do significado das palavras, o seguir instruções, a compreensão de conversas, a riqueza do vocabulário, a orientação espacial, o julgamento das noções elementares, a cooperação, a atenção, a adaptação a novas experiências, a curiosidade, a graciosidade, a exploração renovada do mundo ao redor, etc., despontam como novos atributos criados pela disponibilidade motora, que, por sua vez, é garantida pela multiplicidade das motricidades.

O domínio de normas de comportamento humano e social, como, por exemplo, a conduta à mesa, o controle da higiene pessoal, as auto-suficiências perante novas situações, as regras de cohabitação e convivência, o controle adequado de certos objetos caseiros, (colher, xícara, copo, brinquedos, etc.), a própria participação nos jogos familiares e muitas outras condutas de etiqueta, etc., projetam a criança em ações cada vez mais objetivas e, como é óbvio, vão permitindo uma melhor integração social (Lebovivi e Diatkine, 1962; Stanley-Hall, 1968; Liublinskaia, 1974; Lisina e Neverovich, 1971). A denominada sociogênese correlaciona-se e compatibiliza-se com a ontogênese.

## MANIPULAÇÃO DOS OBJETOS, IMITAÇÃO E JOGO

A manipulação dos objetos e dos brinquedos, mesmo os mais simples, é, pois, em termos antropológicos e evolutivos, de grande significado para o desenvolvimento da criança. E quanto mais profunda for a análise dos objetos, mais diferenciada será a identificação dos seus atributos e propriedades.

É através de ações mais econômicas e eficazes que a criança pode isolar os atributos próprios de cada objeto, permitindo, assim, reformulações, representações e noções permanentes a partir das iniciais, que serão sempre a base das generalizações cognitivas. É claro que neste processo de desenvolvimento psicomotor as palavras vão ocupando um lugar cada vez mais imprescindível, pois vão assegurando o reforço destas mesmas generalizações.

Nesta fase, a automatização da marcha e das formas de preensão elementar liberta o córtex para novas operações e interações mentais. A superação de oportunidades e de obstáculos ecológicos, como degraus, escadas, pequenas elevações e inclinações, irregularidades de superfícies etc., será, por sua vez, a garantia de novas capacidades de exploração.

Por volta dos 3 anos, o andar deixa de absorver a atenção da criança, dado que a macromotricidade se encontra mais automatizada e a micromotricidade passa, por isso, a servir outras necessidades psicológicas, como agarrar, transportar e largar simples objetos, jogar e construir, etc. Por meio de uma motricidade cada vez mais afinada e ajustada, com maior grau de integração multissensorial e controle sinergético, cerebelar, proprioceptivo e vestibular, a criança encontra cada vez mais disponível no aspecto psicomotor, e, daí, novas aquisições de conhecimento, novas habilidades novos hábitos, novas competências lúdicas e novas imitações e interações, etc., verificar-se-ão sucessivamente.

A prática permanentemente renovada de respostas repetidas (movimentos reiterativos de Elkonin, 1998) torna-se, por isso, muito importante, pois permite à criança clarificar ou estabelecer melhores relações entre um dado movimento e o seu resultado sensorial objetivo. É pela imitação e pela sua simbiose socializadora, portanto, que a criança inicia as suas atividades sociais exploratórias, por meio das quais não só vai descobrir os atributos do real como se irá reatualizando em termos de desenvolvimento pessoal e social.

A imitação é, pois, um dado social que, ao exigir atenção compartilhada e atividade colaborativa, vai favorecer a apropriação da experiência dos seus pares e dos mais experientes. A possibilidade de explorar e, mais tarde, de recriar um modelo maduro constitui um reforço de aprendizagem de grande significado psicogenético. Explorar um modelo e reproduzi-lo garante, por si só, inúmeros ajustamentos sensoriais, perceptivos e cognitivos que irão repercutir na aquisição progressiva de uma socialização de modelos e condutas.

A imitação, como foca Vygotsky (1962, 1993, 1999), é uma das mais simples, mas também mais potentes formas de aprendizagem, à qual a criança deve dar expressão multifacetada para se preparar para aprendizagens mais diferenciadas e complexas. Efetivamente, com a ajuda da imitação, a criança domina lentamente as condutas sociais e, por via delas, vai tornando mais objetivas as suas reações ao ambiente exterior.

A par da imitação, esses autores russos e seus continuadores preconizam o uso do método dos movimentos passivos. Os movimentos passivos constituem, para a criança, uma das primeiras ferramentas com que ela se apodera da experiência social. Recorde-se aqui a primeira fase do desenvolvimento dos movimentos de Wallon, em que este nos fala dos deslocamentos exógenos ou passivos, nos quais a presença do adulto ou de uma criança mais experiente permite à criança a exploração das experiências sociais precoces (beber água por um copo ou aprender a comer com uma colher com suporte ou ajuda gestual, etc.).

Nesta fase, portanto, o adulto (mãe, pai, educador, mediatizador, etc.) é um facilitador do domínio dos objetos, na medida em que a sua intervenção, por meio do método dos movimentos passivos, permite à criança a apreensão e a execução das primeiras autonomias. Mais tarde, não em família, mas já na escola ou em outro ecossistema, o adulto socializado (no caso da escola, o/a professor/a) virá a servir-se, por sua vez, deste método, exatamente quando a criança inicia os primeiros passos no desenho, na modelagem, na escrita, no cálculo ou nos múltiplos jogos de iniciação recreativa ou esportiva. Trata-se de um processo básico da sociogênese, no qual a criança, ainda obviamente inexperiente, tem de se apoderar de padrões motores independentes, em um processo interativo e social no qual o outro, naturalmente mais experiente, faz uso de uma interação que visa a produzir modificações autônomas nela.

Depois de ter abordado esta perspectiva do desenvolvimento dos movimentos na idade em que a criança se encontra em casa ou nos centros materno-infantis, enfocarei agora o que dizem Zaporozhets e Elkonin (1971) quanto à ontogênese da psicomotricidade na idade pré-escolar, dos 3 aos 7 anos, segundo a orientação escolar russa.

Nesta fase tão importante do desenvolvimento psicomotor da criança, pode-se dizer que se conclui a maturação do controle postural, ou seja, dos sistemas motores globais da locomoção que envolvem a mielinização das vias piramidais da macromotricidade. Tanto a preensão quanto a coordenação manual continuam a ser imprecisas e descoordenadas; é a fase da "graciosidade trapalhona", conforme Bernstein (1967).

Nesta fase, o tipo de interação que a criança estabelece com o adulto é diferente da dos primeiros estádios do seu desenvolvimento. A atividade mútua entre o adulto e a criança dá lugar a uma atividade muito mais independente para esta. A luta pela independência é uma constante do desenvolvimento da criança, levando-a a encontrar-se permanentemente com novas exigências da sociedade. Sua independência motora é sinônimo de maiores riscos e, conseqüentemente, também de maior efeito repressivo e controlador da parte do adulto.

O jogo, nesta fase de desenvolvimento psicomotor, assume a característica da atividade preferencial, ao mesmo tempo que a integração com o adulto se torna cada vez mais complexa: por um lado, as exigências aumentam, tendo em vista uma nova fase de integração social, e, por outro, a confiança da criança no adulto (e vice-versa) pode atingir novos níveis de interação, que muitas vezes, aliás, virão se refletir na sua atividade lúdica e expressiva.

Na sua obra *Psicologia do jogo*, Elkonin (1998), baseando-se em Vygotsky, ultrapassa a concepção do jogo como puro ato sensório-motor ou como pura coordenação oculomotora e vai mais longe na concepção do jogo simbólico, não o considerando como uma continuação do jogo sensório-motor piagetiano, apenas centrado nos próprios objetos.

Elkonin considera o jogo como um dos fenômenos mais transcendentes da vida infantil, mostrando o papel da atuação conjunta da criança com o adulto na sua ontogênese. Segundo esse autor russo, o jogo é um palco privilegiado de interação entre os adultos e as crianças, onde as crianças descobrem as funções dos objetos, sua significação social, pelas ações dos adultos. Nesta ótica, os esquemas de ação de que nos fala Piaget não têm apenas origem nas relações entre a criança e os objetos, mas emergem, igualmente, da riqueza da interação entre a criança e o adulto, na medida em que o adulto é o fiel depositário dos modelos de ação social e culturalmente criados e historicamente conservados.

No jogo, o adulto não se limita a interagir em termos sensório-motores com a criança, ele suscita e promove na criança o surgimento de estratégias psíquicas de atenção, de orientação, de reiteração (movimentos reiterativos, isto é, repetitivos, variados e renovados), em uma palavra, põe em prática uma interação mediatizada (Fonseca, 2001; Fonseca e Cunha, 2003), que implica não apenas novas coordenações binoculares e tátil-cinestésicas, nem apenas conexões ou concatenações perceptivas e motoras, mas uma complexa animação da organização e da síntese da ação no sentido bernsteiniano e vygotskiano.

A interação entre o adulto e a criança que emerge do jogo leva a que o adulto impulsione na criança modalidades cognitivas de concentração e de atenção, de contemplação e de apalpação, de imaginação e de manipulação, de investigação e de orientação, de processos simultâneos e seqüencializados de ações, de susbstituição do significado dos objetos, etc., na medida em que a criança olha o adulto, e não só o objeto ou brinquedo, também como fonte de estímulos.

Nesta complexa interação cooperativa, a criança beneficia-se da lógica, da transferência e da generalização das ações propiciadas pela elaboração, pelo controle, pela regulação, pelo poder de ficção do adulto. No transcurso do jogo, os adultos oferecem às crianças modelos de ações e de comparação entre elas, que enriquecem a simbolização na criança. O importante não é só a ação ou a manipulação dos objetos, mas, igualmente, o forjar de novas idéias. Por este fato transcendente do jogo e da atividade lúdica, a criança transforma as suas ações e a sua atitude diante da realidade, ao mesmo tempo em que se transforma como ser total e evolutivo.

Não basta a criança brincar sozinha ou estar rodeada de inúmeros brinquedos, a descoberta de novas qualidades e propriedades dos objetos, a significação perceptiva e imagética e a integração e a elaboração cognitiva das suas ações no jogo exigem a presença dos adultos ou de outras crianças como agentes de mediatização.

A "transformação dos objetos mais insignificantes em verdadeiros seres vivos" não é obra só dos instintos, mas, igualmente, o resultado de uma interação e de uma reciprocidade cultural e afetivo-relacional entre adultos experientes e crianças inexperientes. A dimensão simbólica do jogo não pode apenas ter uma interpretação biológica ou naturalista, ela envolve, necessariamente, uma função significativa, só possível entre seres sociais e culturais. Chegar às regras e às situações fictícias próprias do jogo humano é um processo complexo de assimilação de relações sociais a condições onde o psiquismo e a consciência humana se estruturam e modelam interativamente.

O jogo infantil tem, portanto, também a sua origem sócio-histórica, por isso as crianças selvagens não jogam. Eis aqui, com estas formulações, uma nova teoria psicológica do jogo infantil, que oferece, na minha opinião, novas hipóteses de estudo à psicomotricidade ou à sua vertente ludoterapêutica.

No jogo (imaginativo, simbólico, cooperativo, criativo, de ficção, de representação de papéis, etc.), a criança é posta perante tarefas e situações a realizar individualmente pelos seus próprios meios expressivos, isto é, começam a ser concretizados progressivamente os primeiros "recados" e as primeiras direções ou "responsabilizações", cuja natureza é eminentemente social.

A participação da criança na vida social atinge, pelo jogo, novos desafios ontogenéticos, novas formas de conduta, que não são espontâneas, mas que têm origem no seu contexto social e cultural. Seu conteúdo fundamental é a atividade humana e as relações entre seres humanos.

A função peculiar do jogo é o desenvolvimento psíquico da criança, não um simples entretenimento ou diversão banal e inútil; ele é, certamente, mais importante para a criança do que o trabalho é para o adulto. Por este fato, ele deve constituir uma atividade crucial na idade pré-escolar. As pré-aptidões para as aprendizagens simbólicas (leitura, escrita e cálculo) têm no jogo, os seus fundamentos maturativos básicos. O enfoque sócio-histórico da origem e do desenvolvimento do jogo humano passa, assim, a ser, com base nestes pressupostos, um alicerce fundamental para compreender a natureza do psiquismo da criança.

Na ontogênese do jogo, um novo tipo de movimento surge nesta fase, o movimento instrumental. Com a capacidade de manipulação de instrumentos e de objetos, ditos manuais e sociais, a criança pode desenvolver inúmeras aquisições finas e transformar sua mão em uma ferramenta receptora e efetora adequada para materializar as suas intenções, interesses, desejos e necessidades. O domínio da colher, do garfo, da escova de dentes, dos brinquedos, dos objetos cotidianos, do lápis, da tesoura etc., é, por si só, indicador desta nova capacidade de intervenção social.

O instrumento, o objeto, o brinquedo, etc., construídos pela razão do homem, impõem formas de utilização e de manipulação também humanas, daí a origem social e cultural das primeiras aquisições psicomotoras da criança. Dominar os movimentos instrumentais significa, portanto, uma aquisição muito importante em termos das atividades sociais que se devem proporcionar às crianças neste período de desenvolvimento.

Como é óbvio, cabe aqui referir o papel da educação infantil, que, não sendo um luxo, constitui, pelo contrário, um período de intervenção educacional de imenso significado desenvolvimental e social. Trata-se de um período muito importante para a criança, com profundas conseqüências no seu desenvolvimento psicomotor, afetivo e cognitivo ulterior.

A manipulação dos instrumentos sociais revela-se, assim, como um aperfeiçoamento não só tátil-cinestésico, mas também visuoperceptivo, que se inter-relacionam em termos de intercontrole por meios de auto-regulação que garantem a aprendizagem e concomitantes processos de retroalimentação.

A própria utilização dos instrumentos detona uma série de sinais cinestésicos, que promovem vários circuitos sensitivo-sensoriais. Estes, algumas vezes isoladamente, outras inter-relacionadamente, constituem os processos superiores com que o cérebro organiza a aprendizagem. A aprendizagem não resulta, portanto, apenas de processos perceptivos, mas também da simbiose dialética destes com os processos motores, na medida em que os processos motores dependem dos processos perceptivos, e estes os completam.

Trata-se, mais uma vez, de uma dialética cuja reciprocidade neurológica põe em jogo fatores de controle exterior e interior; o controle exterior (o opticograma de Ajuriaguerra) é voluntário, e o controle interior (somatograma) é automático. De um lado, há uma constante vigilância para o exterior (de fora para dentro); do outro, um constante reajustamento de estruturas psicomotoras que asseguram a relação entre o interior e o exterior (de dentro para fora), ou melhor, entre o ambiente e o indivíduo. A título de exemplo, vejamos concretamente quais os "passos" que uma criança dá para aprender a martelar um prego em uma madeira.

Inicialmente, a criança tem reações desajustadas, dado que o controle do martelo (instrumento social) não só carece de dados ou engramas tátil-cinestésicos, como também a precisão perceptiva carece de dados gnosoespaciais estáveis. Em uma segunda fase, e com base na prática e no hábito, a criança aproxima-se progressivamente da conexão psicomotora total do manuseio do martelo. Em uma fase posterior, a criança já integra conexões mais complexas e automatizadas e vai utilizando as propriedades do instrumento (o seu peso, forma, constituição, volume, etc.) e do seu movimento (postura, perfeição, velocidade e aceleração, etc.), à medida que, no decurso da própria experiência, vai integrando todas as suas características mecânicas.

É interessante notar que as aquisições motoras (no sentido anglo-saxônico de *skills*) passam por várias fases na criança. Primeiro, é a fase de discrepância entre os fatores perceptivos (ou receptivos) e os fatores motores (ou expressivos) que vão se aproximando e ajustando, até se verificar uma fase de fusão, integrada e unificada, entre a percepção e a ação. Só então, depois de se verificar a superação perceptiva da ação, esta estará em condições de ser aperfeiçoada, afinada e automatizada, isto é, só então se opera a fase da criação do sistema funcional específico. Há como que um primado da ação sobre a representação, como já mencionei nos capítulos sobre Wallon e Piaget, mas note-se que o que os autores russos propõem é uma nova dialética que vai no sentido inverso, isto é, que vai da representação para a ação.

De fato, as teorias de aprendizagem mais atualizadas demonstram que a primeira fase de integração da aprendizagem é de nível consciente superior – por isso, diz respeito ao sistema cortical; a segunda fase, porém, é de integração funcional e, como já libertou o córtex, depende dos sistemas subcorticais que dizem respeito às funções automáticas (núcleos cinzentos da base, cerebelo, substância reticulada, etc.).

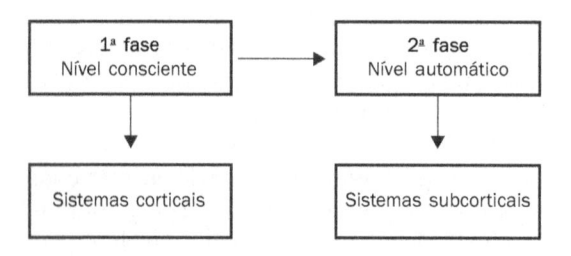

```
┌─────────────────┐      ┌─────────────────┐
│    1ª fase      │ ───▶ │    2ª fase      │
│ Nível consciente│      │ Nível automático│
└────────┬────────┘      └────────┬────────┘
         ▼                        ▼
┌─────────────────┐      ┌─────────────────┐
│Sistemas corticais│      │Sistemas subcorticais│
└─────────────────┘      └─────────────────┘
```

É assim que, segundo esses autores, decorre também a evolução da marcha e da corrida. É do conhecimento geral que a corrida na criança de 3 anos é imprecisa, dismétrica e dessincronizada; o comprimento pendular da passada não é constante; os movimentos alternados e assimétricos dos braços e das pernas, em termos biodinâmicos, não são concordantes e o controle e a regulação dos movimentos ainda não existe.

Mais tarde, com a experiência que se proporcionar e induzir à criança, os fatores quantitativos e qualitativos serão aperfeiçoados e otimizados. A partir daí, a corrida de uma criança de 6 anos já será rítmica, econômica e equilibrada; a elevação do solo será mais visível e controlada; o comprimento angular e a altura da passada, mais amplos, disponíveis e dissociados, etc. A mesma evolução se verifica no domínio do salto: inicialmente a criança salta no mesmo lugar, depois, de uma pequena elevação para o chão, para, mais tarde, saltar verticalmente de um lugar mais elevado.

Em resumo, segundo Zaporozhets e Elkonin (1971), a raiz do movimento é primeiramente social (assimilada pelo processo da percepção). Apenas mais tarde, pela simples razão da prática renovada da situação, a percepção se ajustará ação, a qual irá sendo aperfeiçoada cumulativamente pelos dados de informação exteriores a ela, isto é, por um lado, pelas estruturas perceptivo-cinestésicas e tátil-cinestésicas e, por outro, pelos complicadíssimos retrocontroles neuromotores. Isto é, não há um primado da percepção ou da ação, mas verifica-se, isso sim, uma inter-relação dialética permanente, que tende a facilitar a ação e a garantir processos perceptivos e cognitivos cada vez mais flexíveis.

De acordo com Elkonin (1972), na idade pré-escolar, a reconstrução dos movimentos e das ações da criança é praticamente executada, controlada e regulada com base na imagem antecipada que ela tem da atividade que lhe foi fornecida e mediatizada pelo adulto mais experiente. Mais tarde, com o acúmulo de experiência e com o desenvolvimento das atividades de orientação e de exploração, a criança apropria-se de novas capacidades de análise das suas ações, aperfeiçoando-as e regulando-as mais automaticamente. Parece, portanto, estar provado o papel das relações entre os analisadores visuoposturais e os analisadores tátil-cinestésicos, que vão sendo neurofuncionalmente inter-relacionados e associados em termos de aprendizagem.

A fim de comprovar esta perspectiva de desenvolvimento, esses autores russos conduziram uma série de experiências, demonstrando que os processos mais fáceis para desenvolver a aprendizagem na escola de educação infantil são a imitação e o jogo. A imitação, porque as capacidades de observação se valorizam e garantem, por conseguinte, uma melhor conservação da imagem da ação e uma mais adequada coordenação visuomotora. O jogo, porque, através da ação, se recombinam e se ressintetizam as aquisições anteriores, valorizando e promovendo as interferências psicomotoras que traduzem, em termos neurológicos, a aprendizagem propriamente dita.

Os mesmos autores pensam, igualmente, que a demonstração, na qual, no fundo, assenta a imitação, se justifica na escola de educação infantil pelas razões que acabo de mencionar, mas a sua influência como método pedagógico já não se justifica no ensino fundamental, na medida em que aqui já começam a instalar-se na criança aptidões de auto-orientação e auto-exploração.

No ensino fundamental a demonstração visual perde a sua função dominante na aprendizagem e abre caminho à função das instruções verbais. Ou seja, a criança primeiro percebe a imagem como um substituto do real, e só mais tarde estará apta a integrar o real por meio dos fatores de comunicação verbal, isto é, pelo domínio da atividade simbólica.

Esta perspectiva de desenvolvimento se assenta em uma base psicológica e sociobiológica que admite, em primeiro lugar, um desenvolvimento neuromuscular e sensório-motor, e só mais tarde um desenvolvimento simbólico, ainda mais que a comunicação humana é inicialmente não-verbal, e, só mais tarde, verbal. Esta abordagem apresenta, pois, a aprendizagem como o resultado da maturação de processos neurológicos, sendo esta antecipada por fatores sociológicos determinantes.

### FORMAÇÃO DOS HÁBITOS E APROPRIAÇÃO DA LINGUAGEM

Segundo Zaporozhets e Elkonin, é o domínio de situações sociais que se torna cada vez mais complexo, implicando transformações no processo neurológico da aprendizagem, e não o contrário. Efetivamente, é a partir do momento em que a criança se apropria da palavra que toda a situação de aprendizagem pressupõe uma interação social e uma mediatização. Zaporozhets (1967), assim como Vygotsky e Luria, sublinha o papel da linguagem na eficiência da aprendizagem, não só porque esta permite um processo cognitivo, mas também porque favorece a antevisão da situação em que se vai processar a ação.

É nesta dimensão que se dá, segundo estes autores, a formação dos hábitos, considerando-se hábito não uma coleção de atos, nem uma soma de movimentos, mas, antes, um sistema funcional integrado e automatizado, continuamente recuperado e renovado, quando necessário à produção de respostas adaptativas futuras.

Verifica-se, segundo Neverovich, citado por Zaporozhets e Elkonin, que a criança se interessa pelas ações do adulto, imitando-as, mas não consegue estabelecer conexões internas entre as várias operações, isto é, a criança sabe o que fazer, mas, não, como fazer. Ela presta atenção primeiro à finalidade das ações, não conseguindo isolar a suas variáveis organizativas. Antes de mais nada, interessa-se em obter resultados, como pentear-se, lavar-se, vestir-se, etc., mesmo que tenha que utilizar e explorar movimentos pouco diferenciados.

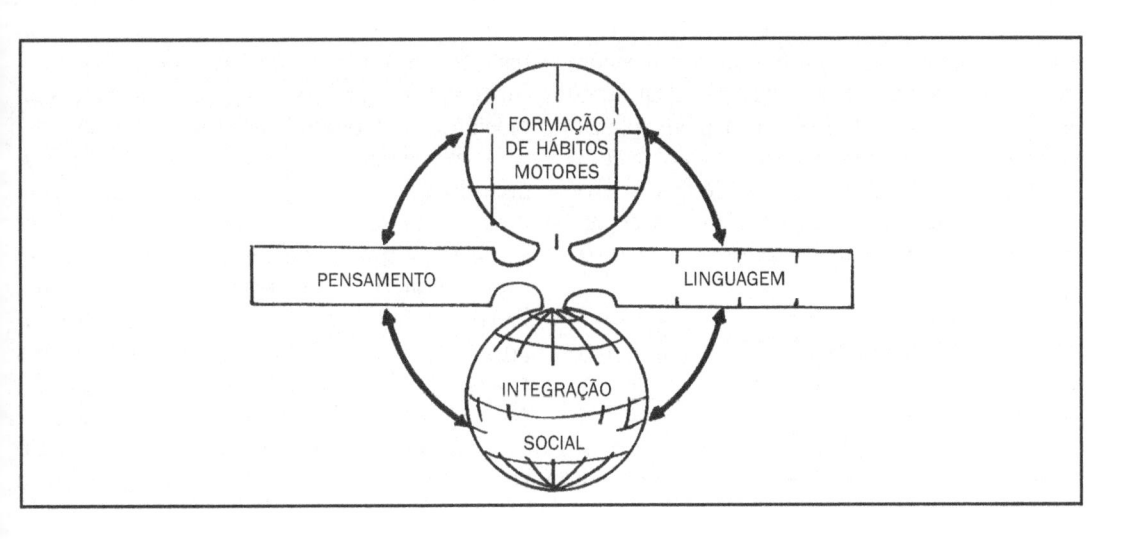

A criança está fundamentalmente interessada na ação, e só mais tarde se interessará, por razões do seu desenvolvimento cognitivo, pela organização e compreensão da mesma. Há como que um primeiro processo de exploração que é concreto, manual e baseado na imitação, e só posteriormente surgirá um outro processo de exploração que é cognitivo e representativo, isto é, baseado na representação e na associação de imagens e de significações.

É, pois, à medida que a criança domina a linguagem que a sua função reguladora lhe permite comportamentos mais ajustados. É a linguagem que, generalizando as ações, lhes confere uma estrutura cognitiva determinada. Pode-se, então, concluir que, para esses autores, as situações de aprendizagem em idade pré-escolar devem orientar-se para a imitação, na medida em que esta explora em melhores condições a antena sensorial da visão, que, naquele período, é de grande importância para o desenvolvimento da criança.

Pela imitação, de um lado, reforçando a visão, e pelo jogo, do outro, reforçando a ação, vão-se construindo as aptidões simbólicas elementares. Mais tarde, na idade do ensino fundamental as situações de aprendizagem devem orientar-se para as explorações verbais, porque aí a linguagem desenvolverá funções de discriminação, de associação, de significação, de categorização, transcendência, ou seja, transformar-se-á no plasma neurofuncional que assegura todo o processo cognitivo ulterior.

Segundo Zaporozhets e Elkonin (1971), a estrutura de comunicação altera-se dos 3 para os 4 anos, e a leitura do real fica essencialmente assegurada pela demonstração visual e pela exploração tátil-cinestésica. Dos 6 para os 7 anos, a leitura do real é um privilégio do desenvolvimento da linguagem, onde a verbalização das situações se torna mais eficiente em termos de aprendizagem.

Assim como, sem o suporte visuomotor, a criança em idade pré-escolar não tem as condições neurológicas para aprender, a criança no ensino fundamental, sem o suporte da linguagem, não consegue integrar nem desenvolver tão eficientemente a sua aprendizagem. Quando falo em suporte visuomotor ou suporte da linguagem, apenas estou dizendo que a criança tem que realizar ações e experimentar comportamentos que relacionem a visão com elas, para em seguida verbalizar as respectivas ações e, refletindo sobre elas, individualizar a sua própria experiência.

A criança em idade pré-escolar, que não tem as estruturas complexas da linguagem falada automatizadas no plano cognitivo, não consegue, por isso, organizar a sua ação a partir de uma instrução verbal. A criança, nesta idade, interessa-se pelo sentido global da ação, e é isto que a leva a experimentar e, simultaneamente, a experimentar-se.

Só mais tarde, na idade escolar, dos 6 anos em diante, portanto, a criança mobiliza a sua linguagem para organizar seqüencialmente e em pormenor a sua ação; ela é então capaz de antecipação e de previsão, isto é, adquire o pensamento reflexivo do *Homo sapiens*. Nesta fase de desenvolvimento, o que interessa já não é, pois a ação no seu fim, mas, sim, a sua processologia e estratégia, a sua direção e respectiva regulação, onde a linguagem interiorizada agirá como mediadora psíquica entre o indivíduo e o mundo que o envolve.

A linguagem atualiza, assim, como diz Zaporozhets (1960, 1965), antigas conexões neurológicas, que tiveram a sua origem na atividade histórica da criança, de acordo com a do adulto socializado, que a envolveu e desenvolveu. Esta perspectiva está de acordo com as de Luria e de Vygotsky, que dão à linguagem uma função não só de comunicação entre as pessoas, mas também de comunicação entre vários pontos e áreas funcionais do cérebro, assegurada por processos bioelétricos e bioquímicos muito particulares.

É interessante notar, ainda, que a criança, quando se apropria efetivamente da linguagem do seu grupo ou da dos outros que a rodeiam, que está na origem da sua sociogênese, não só está mais atenta aos estímulos exteriores, como consegue mobilizar e conservar por mais tempo a atenção, condição que vai permitir-lhe uma resposta mais econômica, rápida, precisa e disponível perante o ambiente.

A fim de confirmar esta afirmação, Zaporozhets (1965, 1967) conduziu uma experiência com crianças russas em que provou que as crianças em idade pré-escolar precisavam de seis tentativas para solucionar uma situação apresentada só por instruções verbais, enquanto as crianças mais velhas apenas necessitavam de três tentativas. Além disso, o mesmo autor conseguiu demonstrar que, para as crianças mais crescidas, a instrução verbal tem um efeito mais facilitador na aprendizagem e no desenvolvimento da atenção do que a demonstração visual pura e simples.

Pode-se até adiantar que é através da recombinação das aptidões anteriormente conservadas, ligadas e estruturadas pela linguagem (ou melhor, pela consciencialização da experiência anterior), que o ser humano pode ajustar os seus comportamentos a situações, condições ou acontecimentos novos, diferentes e inéditos, isto é, inesperados e imprevistos, revelando, conseqüentemente, a sua adaptabilidade e modificabilidade.

Por estas investigações psicopedagógicas, podemos efetivamente admitir que, na criança de idade para o ensino fundamental, as aprendizagens, como mudanças adquiridas de comportamento, são mais flexíveis e plásticas quando desenvolvidas à base de um processo verbal do que quando formadas em um processo visual, demonstrações estas que tendem a desenvolver estereótipos.

A conclusão pedagógica a tirar destas experiências será, pois, que, no desenvolvimento biopsicológico, os primeiros sistemas que permitem a assimilação do real, em uma palavra, a aprendizagem, são o sistema visuomotor e o sistema tátil-cinestésico, mais centrados na ação, enquanto só mais tarde estas aquisições são reconstruídas, substituídas e integradas por um novo sistema, exatamente o sistema verbal, mais centrado na representação, que não é mais do que uma reflexão dinâmica e direta das influências provocadas e desencadeadas pelo sistema psicomotor.

Conseqüentemente, a participação da linguagem desenvolve e facilita a transferência e a generalização das aquisições anteriormente retidas para outras condições e situações. Para estes autores, aí está, portanto, o papel socializante da aprendizagem humana, visto que a linguagem tem origem social, e é exatamente ela que permite a comunicação entre os indivíduos que compõem uma determinada sociedade e cultura.

Esta é uma das diferenças entre a aprendizagem humana e a aprendizagem animal, ponto já focado já por Pavlov (1970). O animal aprende estereótipos que o carcaterizam em uma dada espécie e que são determinados despoticamente pela sua hereditariedade. O ser humano, pelo contrário, aprende comportamentos socializados e situados pela linguagem, podendo, por isso, desafiar o despotismo biológico e ser o resultado dialético e sistêmico entre a hereditariedade e o meio, entre o biológico e o social e cultural.

Em síntese, no ser humano, o social não se opõe ao biológico, mas, sim, constitui-se no processo desencadeador do desenvolvimento biológico; este não existe sem aquele. Sem um cérebro intacto, um corpo ágil e sentidos funcionais, o desenvolvimento humano e o seu mistério transcendente não seriam possíveis. A plenitude do desenvolvimento biológico humano exige um contexto sócio-histórico e sócio-cultural facilitador.

# (In)Conclusão

## UMA CERTA MIRADA DO DESENVOLVIMENTO HUMANO

O desenvolvimento da criança como que retoma o desenvolvimento da história natural da espécie humana. É uma história dentro de outra, exatamente porque, em termos antropológicos, a criança é, na sua transcendência intrínseca, o pai do adulto.

De fato, o desenvolvimento da criança reconstrói e recombina dois tipos de herança: uma biológica, resultante do potencial genético transmitido pelos progenitores, e outra, social, resultante do potencial cultural edificado pelo grupo a que pertencem os mesmos progenitores e respectivos antepassados. Pode-se, assim, dizer que a criança é uma ontogênese dentro de uma filogênese e de uma sociogênese.

O desenvolvimento da criança tende à conquista e à produção de competências psicomotoras de aprendizagem que resultam de uma herança biológica complexa, a qual decorre em um tempo filogenético, apropria-se posteriormente de uma herança cultural durante um tempo sócio-histórico, e realiza toda esta aventura prodigiosa em um tempo ontogenético.

Os seres humanos, na sua essência biológica, são primatas, têm os mesmos òrgãos sensoriais, o mesmo plano anatômico e à fisiológico do seu corpo e a mesma estrutura básica do seu cérebro. Para caraterizar as bases evolutivas da psicomotricidade e da aprendizagem humana, é preciso levar em conta, portanto, este pressuposto geral (Fonseca, 1999b, 2001, 2002, 2003).

Como os demais vertebrados, mamíferos e primatas, adaptamo-nos em termos sensório-motores a um ecossistema complexo, caracterizado por uma natureza esplendorosa e por objetos criados civilizacional e permanentemente inseridos em um espaço representacional. Como eles, lembramo-nos onde se encontram alimentos, buscamos atalhos para explorar e para navegar no espaço ambiente, seguimos movimentos visíveis e invisíveis de animais e objetos, categorizamos objetos com base em semelhanças e desemelhanças perceptivas, resolvemos problemas e produzimos soluções adaptativas.

Reconhecemos, igualmente, elementos da mesma espécie, percebemos relações de dominância, de afiliação e de vinculação, predizemos as emoções e os comportamentos, usamos estratégias de comunicação, de cooperação, de coligação e de coordenação. Também como eles, assimilamos processos de aprendizagem social e de parentesco, selecionamos parceiros, estabelecemos relações categoriais, etc.

Independentemente de tais aproximações biológico-evolutivas entre os seres humanos e os animais, a transmissão e a apropriação cultural entre ambos revelam uma diferença crucial, que se manifesta no processo de evolução cultural, ou seja, no processo sócio-histórico pelo qual a tradição cultural acumula modificações ao longo do tempo.

O efeito cumulativo da evolução cultural, ao integrar modificações efetuadas por indivíduos experientes nos indivíduos inexperientes, em um processo histórico, acrescenta complexidade, que visa satisfazer progressivamente novas exigências: da pedra lascada à lança, desta ao machado e ao martelo (Tomasello, 1999), da linguagem gestual à falada e, desta, à escrita.

Este efeito cumulativo neurologicamente integrado depende essencialmente da aprendizagem imitativa e da instrução ativa e intencional, baseada em um processo de interação social e em uma mediatização estratégica, geradora e encorajadora de novos processos psicomotores, que envolvem atenção, processamento, planificação e reforço direto, produzidos por gerações experientes sobre gerações inexperientes de forma dialética, na qual um dado passo no processo de aprendizagem permitiu atingir um novo passo mais eficiente e inovador (Vygotsky, 1962, 1978, 1993; Leontiev, 1978a, 1978b, 1981).

Defendo a idéia de que o desenvolvimento da criança depende, fundamentalmente, da experiência social, isto é, da ação e da mediatização que os adultos lhe proporcionam. É a recriação pelo adulto de um ambiente próprio que concretiza o conjunto de condições (estímulos, situações, tarefas, etc.) que estão na base do desenvolvimento motor, afetivo e cognitivo da criança.

A evolução da criança advém, pois, de uma seqüência e simultaneidade de processos de maturação e de hierarquização que tem a sua origem na informação (recepção), passa pela formação (integração/elaboração), para vir a culminar na transformação (expressão mais retroalimentação):

Esta seqüência de processos de maturação e de hierarquização constitui-se, por sua vez, e simultaneamente, em uma totalidade biopsicossocial.

Partindo de um processo primacial biológico, a criança tende a desenvolver-se em um processo designadamente psicológico, onde a apropriação das praxias e da linguagem vai permitir-lhe transcender o desenvolvimento imediato, o reconhecimento dos instrumentos e a dinâmica dos pensamentos e dos sentimentos, para vir a mergulhar cada vez mais fundo em um processo preferencialmente sociológico.

Acresce ainda, como também já mencionei, que a adaptação ao ambiente vai abranger dois processos de interação constante e permanente: a assimilação, que envolve a coordenação dos dados exteriores, a integração da experiência e a incorporalização coerente dos estímulos proprioceptivos, tátil-cinestésicos, auditivos e visuais, e a acomodação, que compreende a adaptação das estruturas interiores à realidade exterior, pela organização sucessiva do cérebro em ações respectivamente indiferenciadas, diferenciadas e integradas.

A dialética da ontogênese humana é, por conseguinte, paralela à dialética da ontogênese social, isto é, da sociogênese. Criança e adulto não se opõem; um é condição do outro, pois ambos são parte integrante do mesmo processo de desenvolvimento. À maturação neurobiológica da criança corresponde um investimento sociocultural do adulto, principalmente da mãe e do pai, e, na sua ausência, de todos os mediatizadores que arcarem com tal função transcendente do desenvolvimento humano.

Os agentes de mediatização, como agentes facilitadores do desenvolvimento biopsicosocial da criança e como representantes do grupo social onde ela se desenvolve e vai ficando cada vez mais envolvida, exercem, assim, um papel inestimável, fundamental e crucial.

É, entretanto, a partir dessas experiências sociais que a criança salta da hierarquização da motricidade para a hierarquização do psiquismo

```
INFORMAÇÃO          FORMAÇÃO              TRANSFORMAÇÃO
(recepção)   →   (integração e elaboração)   →   (expresão)
        ↑                                              
        ←---------(retroalimentação e reaferência eficazes)---------
```

e se apropria da cultura humana, transformando as ações em abstrações, por meio de coordenações e de operações mentais, primeiro com os objetos, depois com as imagens e, posteriormente, com os símbolos, as palavras e os números. E é ao explorar os objetos, os jogos e o material didático, e ao reconhecer os seus atributos e propriedades, as suas significações e as suas finalidades relativas e convencionais, que a criança os vai integrando multissensorialmente e neurofuncionalmente, edificando e organizando, assim, passo-a-passo, a linguagem, não só como meio de regulação e de verificação interna dos movimentos, mas também como o verdadeiro instrumento da expressão do pensamento e do sentimento, consubstanciando uma aprendizagem que emerge da ação à emoção, do ato ao pensamento e do gesto à palavra.

A linguagem surge, deste modo, como uma aquisição social, em relação siamesa com a motricidade, conforme facilmente se pode confirmar no dinamismo lúdico e na gênese da identidade da criança. É, então, da compreensão das ações à compreensão das situações que a linguagem vai enriquecendo-se fonética, semântica, sintática e pragmaticamente, assimilando a própria motricidade, conferindo-lhe, simultaneamente, intencionalidade e objetividade, porque a regula internamente. À ação exterior (aspecto motor) sempre corresponde uma ação interior (aspecto sensorial, neuronal e psíquico), que, por sua vez, reflete-se no cérebro pelo fenômeno da maturação dos seus neurônios e sistemas funcionais, suportes implícitos da evolução global da criança.

Em outras palavras, é a partir da linguagem corporal ou não-verbal que a criança pode acumular experiências cada vez mais hierarquizadas e integradas que a farão chegar à linguagem escrita, passando, obrigatoriamente, pela linguagem falada ou verbal. O corpo informa, forma e transforma a consciência, e o reflexo gera a reflexão.

### TRIDIMENSÃO INFORMACIONAL DO DESENVOLVIMENTO HUMANO

Pode-se dizer que a inteligência humana se desenvolve segundo uma espiral evolutiva e que as novas aquisições emergem e ressaltam de

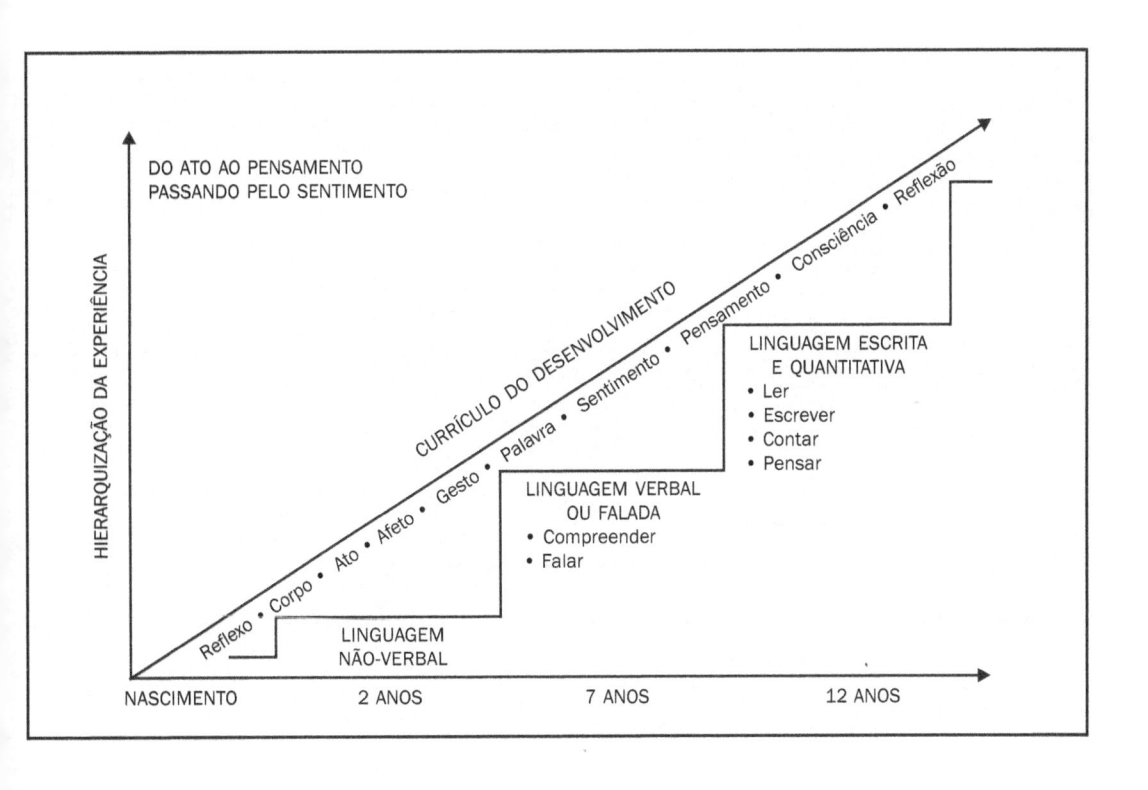

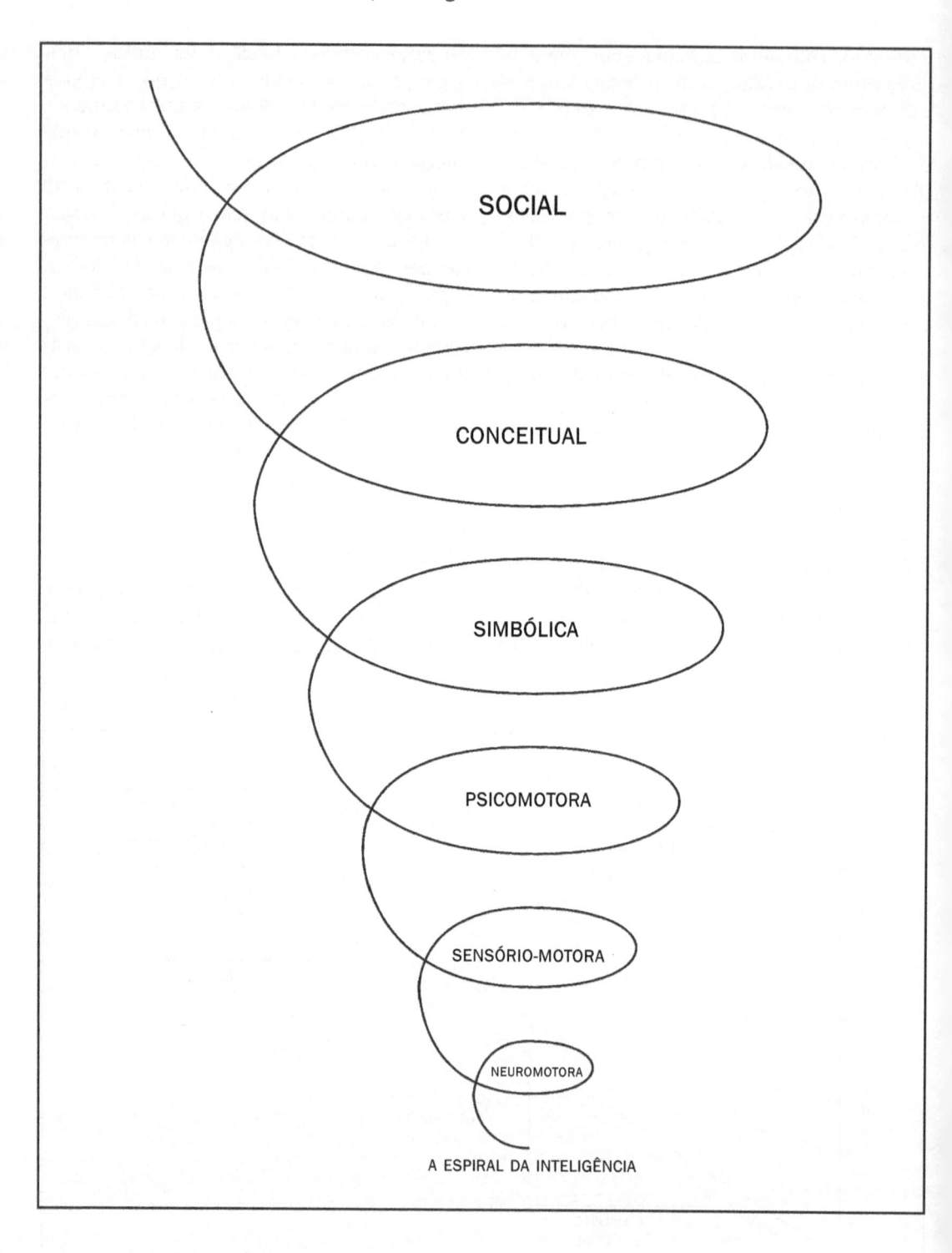

# 516 Desenvolvimento psicomotor e aprendizagem

SOCIAL

CONCEITUAL

SIMBÓLICA

PSICOMOTORA

SENSÓRIO-MOTORA

NEUROMOTORA

A ESPIRAL DA INTELIGÊNCIA

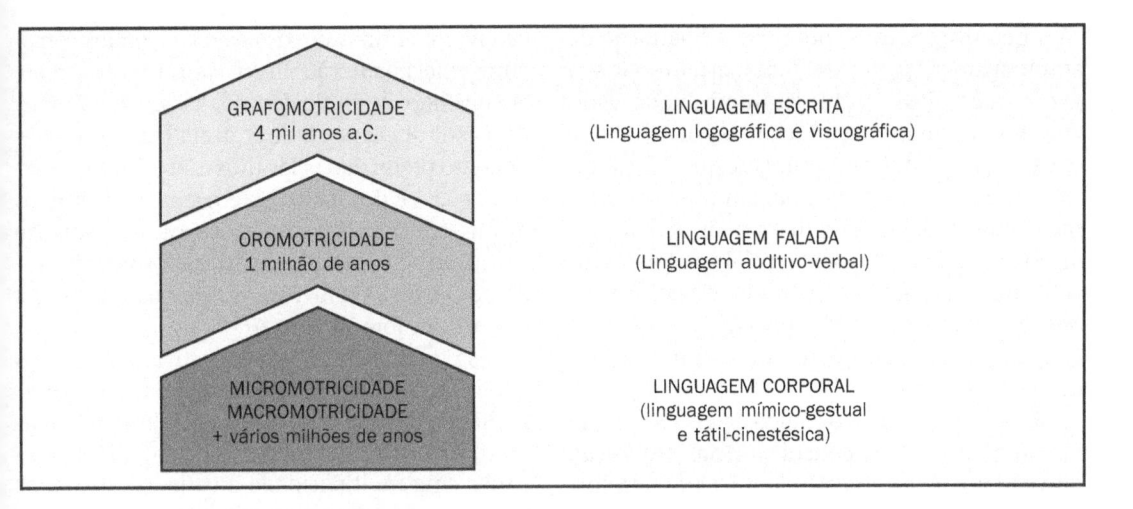

| | |
|---|---|
| GRAFOMOTRICIDADE<br>4 mil anos a.C. | LINGUAGEM ESCRITA<br>(Linguagem logográfica e visuográfica) |
| OROMOTRICIDADE<br>1 milhão de anos | LINGUAGEM FALADA<br>(Linguagem auditivo-verbal) |
| MICROMOTRICIDADE<br>MACROMOTRICIDADE<br>+ vários milhões de anos | LINGUAGEM CORPORAL<br>(linguagem mímico-gestual<br>e tátil-cinestésica) |

aquisições preexistentes, a partir dos reflexos. O desenvolvimento humano ocorre com base em estádios já passados, mas os repete ou integra de forma cada vez mais diferenciada e em direção a um nível e plano superior, em um desenvolvimento em espiral, e não em linha reta, ou seja, em uma reconstrução permanente

Vejamos, de forma sistêmica, os três períodos de maturação e de hierarquização que referi logo de início nesta conclusão inconclusiva:

1. Informação
2. Formação
3. Transformação

## O período de informação

Decorre no ecossistema do ventre materno (endossistema intra-uterino) e parte do genoma, constitui a memória da espécie e decorre normalmente em casa (microssistema e mesosistema), no seio da família, ou, então, e por necessidade social, no berçário, na creche, no infantário ou no centro materno-infantil. É a fase da aquisição da postura, das praxias globais e finas e da linguagem não-verbal iniciada a partir da inteligência neuromotora e da inteligência sensório-motora.

A inteligência neuromotora compreende os reflexos que, conforme já mencionei, são não só os verdadeiros pré-requisitos de todo o desenvolvimento humano, como também os percussores da hierarquização da motricidade. Essas aquisições, adquiridas a partir de processos de interação e de mielinização, dependem de dois vetores neurobiológicos essenciais: a lei cefalocaudal, que garante o desenvolvimento da locomoção, e a lei próximo-distal, que garante o desenvolvimento da preensão.

Na minha escala de desenvolvimento psicomotor, subdividi o que denomino inteligência neuromotora em duas aquisições elementares: as condutas inatas (ou reflexos) e a organização tônico-emocional. Na primeira, por onde se inicia toda a aprendizagem humana, estão os reflexos segmentares, intra-segmentares, supra-segmentares, posturais, etc., que se constituem como os verdadeiros marcos da maturação bípede da nossa espécie. Na segunda, surgem as aquisições tônicas, que estão na base dos sistemas neuromotores necessários às diferentes formas de atividade (reflexa incondicionada e reflexa condicionada), que, obviamente, ilustram a dependência afetiva, vinculativa e relacional do bebê humano. É através da maturação da função tônica que as aquisições anti-gravíticas são reguladas. Estas são, em última análise, o espelho do desenvolvimento da motricidade.

De fato, é a função tônica que veicula todas as manifestações de bem-estar ou de mal-estar, de satisfação ou de carência, expressas, respectivamente, entre outras tantas manifestações, pela hipotonia e pela hipertonia ou pelo sorriso e pelo choro. Ou seja, a tonicidade, ao regular as funções neurovegetativas, promove a libertação de automatismos inatos, de onde partem, por sua vez, as interações e vinculações afetivas que resultam das inter-relações emocionais entre a mãe e o filho, entre o adulto e a criança, e que vão traduzir-se, por parte desta última, em uma comunicação não-verbal mais bem ou mais mal ajustada ao mercado de emoções sociais que a desenvolvem e estimulam, o verdadeiro espaço interativo onde decorrem os processos precoces de atenção, de afiliação, de imitação, de interação e de gestualização.

É, pois, pelo diálogo tônico e pela expressão tônico-afetiva que se consubstancia a interação do vegetativo com o consciente e nasce a linguagem gestual e corporal.

Em resumo:

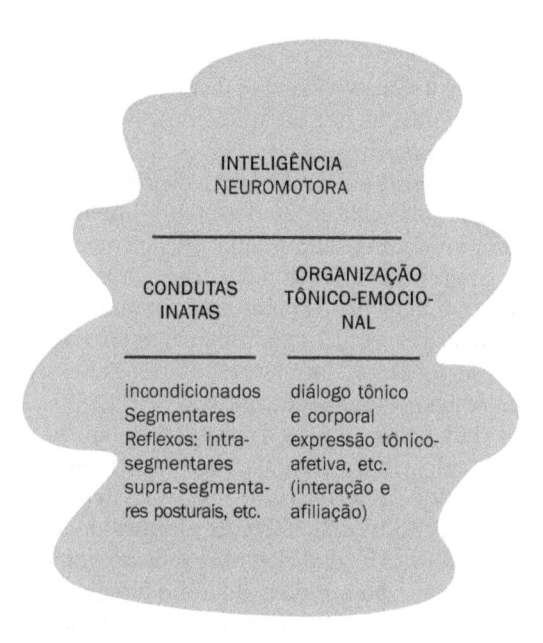

INTELIGÊNCIA
NEUROMOTORA

| CONDUTAS INATAS | ORGANIZAÇÃO TÔNICO-EMOCIONAL |
|---|---|
| incondicionados Segmentares Reflexos: intra-segmentares supra-segmentares posturais, etc. | diálogo tônico e corporal expressão tônico-afetiva, etc. (interação e afiliação) |

No que se refere à inteligência sensório-motora, ocorre mais uma das verdadeiras metamorfoses do desenvolvimento humano. Esta inclui não só a integração dos dados interoceptivos que ocorrem fundamentalmente na fase acabada de referir, integrando a sensibilidade inconsciente dos órgãos internos, que regulam funções vitais, como respiração, digestão, circulação, sono, virgília, etc., como também a integração dos dados proprio-ceptivos (sentidos proximais relacionados com a emergência da noção do eu, centrados no corpo, envolvendo o sentido do tato, da pele e do sentido vestibular associado à gravidade e ao movimento produzido pelos músculos, tendões e articulações) e dos dados exteroceptivos (sentidos distais, relacionados com a recepção e a captação consciente e contolada de estímulos visuais, auditivos, táteis, olfativos e gustativos que têm a sua origem fora do corpo).

Essa integração, feita, respectivamente, pelos analisadores e receptores sensoriais internos, periféricos e distais, nasce essencialmente da interação afetiva e da própria ação, que vai introduzindo uma multiplicidade e variância de dados tônicos, vestibulares, proprioceptivos, posturais, táteis, cinestésicos, auditivos e visuais, que, na sua globalidade integrativa, vão transformar as funções receptivas em funções expressivas (pré-discriminação tônico-vestibular, tátil-cinestésica, auditivo-verbal e visuomotora, etc.), isto é, transformar a sensibilidde protopática em sensibilidade epicrítica.

É esta integração sensório-motora que indica, na prática, a maturação do tronco cerebral e prepara o terreno à maturação cerebelar, de onde decorrerá a hierarquização do equilíbrio (interoceptivo, proprioceptivo e exteroceptivo), ou seja, a apropriação definitiva das aquisições antigravitacionais.

O equilíbrio proprioceptivo retrata, portanto, não só a transformação das condutas inatas (reflexos incondicionados em condicionados) em automatismos motores, como também a assimilação progressiva dos reflexos passivos de origem interoceptiva (equilíbrio interoceptivo) a favor, em relação à segurança e ao desenvolvimento postural, de uma nova aquisição ativa e proprioceptiva – a locomoção bípede específica da espécie humana (equilíbrio proprioceptivo) e respectivas aquisições: rolar, reptar, gatinhar, andar, correr, saltar, galopar, transpor, dançar, etc., (equilíbrio exteroceptivo), ilustrando a lei cefalocaudal de maturação neurológica.

Do equilíbrio proprioceptivo passa-se, portanto, a um equilíbrio exteroceptivo, cujos horizontes vão poder ampliar-se à custa de uma organização cinestésica mais vasta e sustentável, em que telerreceptores (visão e audição) e proprioceptores (tato, sentido cinestésico e sentido vestibular) irão se unir em termos de sistemas funcionais para tornar possível a conquista de novas aquisições exteroceptivas, fundamentais a uma completa exploração, descoberta e conhecimento do mundo exterior, dos outros e dos objetos.

São essas novas conquistas, como a braquiação ou suspensão e respectivas subaquisições (pendurar-se, suspender-se, balançar, escalar, etc.), e a preensão e respectivas coaquisições (agarrar, transportar, agrupar, manipular, manusear, bater, aparafusar e desaparafusar, encher e esvaziar, preender em pinça, atirar, lançar, apanhar, etc.) que acabam por revelar outra lei de maturação neurológica, denominada lei próximo-distal. Com ela, os esquemas de ação e as coordenações bilaterais com os objetos incorporam-se e restruturam-se aceleradamente.

Da manipulação pelo corpo, pelas mãos e pelos dedos, os objetos passam à manipulação pelo cérebro, isto é, transformam-se em objetos mentais, que se constituem como representações internalizadas deles, a que equivalem imagens que estabelecem conexões entre processos assimilativos e acomodativos.

Com a mielinização das vias periféricas sensório-motoras, aferentes e eferentes, os dois esqueletos, o axial (cabeça e coluna) e o apendicular (membros e suas correspondentes extremidades, pés e mãos), passam a fazer parte de um sistema postural assimétrico, onde as informações entre a periferia do corpo e o centro do cérebro assumem uma afinidade cada vez mais adaptada internamente.

Note-se, porém, que todas estas aquisições e subaquisições, primeiro exógenas, por dependência social, justificam-se como suportes das novas aquisições autógenas – exploração, orientação, procura, investigação, etc. – que vão justificar-se, por sua vez, dando início à maturação e à progressiva assimetria e especialização dos hemisférios cerebrais.

Em suma, pode-se acrescentar que, em termos de desenvolvimento, passa-se da inteligência neuromotora, no qual predominam os movimentos indiferenciados, à inteligência sensório-motora, na qual os movimentos são cada vez mais diferenciados, refletindo a conquista antropogenética da postura bípede (macromotricidade), denominada atitude humana. Esta é uma aquisição vital do desenvolvimento humano, que, sendo extremamente frágil sob o ponto de vista biomecânico, revela-se, no entanto, inequivocamente, super-regulada sob o ponto de vista neurológico.

É a partir desta autonomia postural que vão surgir todas as formas de movimento integrado e de exploração lúdica, de sinergias e de processos inibitórios que, em si próprios, constituirão, por sua vez, a porta aberta à atenção compartilhada, à interação e à afiliação, à imitação, ao jogo e à mediatização simbólica, isto é, ao aparecimento e à edificação de atos mentais que vão dar origem ao surgimento da linguagem verbal ou falada.

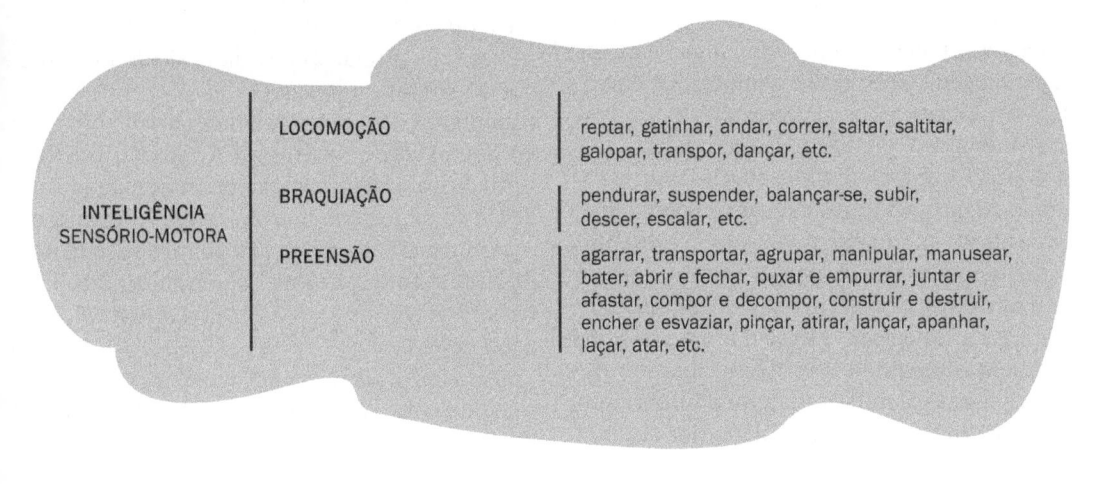

| | | |
|---|---|---|
| INTELIGÊNCIA SENSÓRIO-MOTORA | LOCOMOÇÃO | reptar, gatinhar, andar, correr, saltar, saltitar, galopar, transpor, dançar, etc. |
| | BRAQUIAÇÃO | pendurar, suspender, balançar-se, subir, descer, escalar, etc. |
| | PREENSÃO | agarrar, transportar, agrupar, manipular, manusear, bater, abrir e fechar, puxar e empurrar, juntar e afastar, compor e decompor, construir e destruir, encher e esvaziar, pinçar, atirar, lançar, apanhar, laçar, atar, etc. |

## O período de formação

O período de formação que parte das aquisições sensório e perceptivo-motoras para chegar às aquisições psicomotoras, constitui a fase em que a linguagem falada (oromotricidade) edifica-se na criança a partir da sua experiência com os outros e com os objetos, que os representam.

Nesta fase, a regra geral que se opera nos jardins de infância e nas na educação infantil é que os objetos se transformam em afetos. Aqui, o outro (mãe, pai, familiares, educadores, mediatizadores, etc.) não é uma condição externa ao desenvolvimento da criança, mas uma condição interna, genética e biológica determinante da herança social. É, portanto, um agente socializador e humanizador, em uma palavra, um mediatizador (Fonseca, 1996, 2001).

A linguagem falada permite, portanto, seja na sua fase receptiva, seja na sua fase expressiva, a passagem da compreensão das situações à compreensão das palavras que as representam e suas respectivas significações, que nascem das ações e das situações vividas e convividas.

Este período, verdadeiramente decisivo para a apropriação sociocultural que se processa através da linguagem e da psicomotricidade, envolve, assim, a inteligência perceptivo-motora, a qual, por sua vez, vai abrir as portas à inteligência simbólica, cujas subaquisições auditivo-simbólico-verbais e visuo-simbólico-grafomotoras se apresentam, como abordarei mais adiante, como as verdadeiras pré-aptidões das aprendizagens psíquicas superirores, que são ler, escrever, contar e pensar.

Vejamos, porém, em primeiro lugar, algo sobre a inteligência perceptivo-motora, que engloba, essencialmente, os aspectos pré-figurativos e pré-simbólicos. A imagem da ação passa a ocupar o papel fundamental, ao surgir como o resultado de uma multiplicidade de processos psíquicos que a subentendem. A ação é representada mentalmente através de estruturas psíquicas que a integram, elaboram, regulam, planificam, programam, antecipam e executam. Trata-se do movimento integrado e conscencializado, que obedece a uma planificação, a uma intencionalidade e a uma regulação verbal interior, visando à obtenção de um fim. O movimento (ações e coordenações) envolve um processo relacional inteligível entre a ação e a situação. É o fim a atingir, que o justifica e o determina.

Neste período, o movimento mobiliza e reorganiza as funções mentais que assentam tanto nas sensações como nas percepções elaboradas e reexperimentadas pela linguagem interior, pela regulação verbal, à qual fiz referência.

Dentro das funções mentais que presidem a inteligência perceptivo-motora, destaco, essencialmente, a noção do corpo (somatognosia), a lateralização, a orientação espacial, a orientação temporal, etc. A noção do corpo compreende o reconhecimento integrado da totalidade e das partes do corpo, tanto em termos perceptivos como em termos emocionais (sentimento de si) e representativos. Envolve, de acordo com a minha escala de desenvolvimento, a gênese da noção do eu (*self*) a partir de quatro parâmetros essenciais: auto-identificação, localização corporal, estruturação espacial do corpo e abstração corporal.

A lateralização constitui um processo essencial às relações entre a motricidade e a organização psíquica intersensorial. Representa a consciencialização integrada e simbolicamente interiorizada dos dois lados do corpo – lado esquerdo e lado direito –, o que pressupõe a noção de linha média do corpo. Deste radar endopsíquico decorrem as relações de orientação face aos objetos, às imagens e aos símbolos, razão pela qual a lateralização interfere na especialização hemisférica que sustenta as aprendizagens não-simbólicas (hemisfério direito) e simbólicas (hemisfério esquerdo) de uma maneira decisiva.

De fato, a relatividade da posição do corpo, que não é inata, e sim aprendida, depende estruturalmente da sua lateralidade, na medida em que esta surge como o centro geométrico não-simbólico e simbólico para a orientação independente da criança no mundo exterior, segundo a seguinte hierarquização: identificação esquerda-direita, auto-orientação esquerda-direita, heteroorientação esquerda-direita, orientação espaço-objetal, etc.

A orientação espacial emerge, então, da transferência da noção da lateralidade do sujeito para a relação deste com os objetos e os outros no espaço e para a relação dos mesmos entre si. A noção do corpo (somatognosia) é enriquecida, assim, com uma síntese perceptivo-visual, verdadeira estrutura visuomotora, que vai permitir, a partir deste momento, todas as explorações, orientações e investigações do espaço ambiente.

A disponibilidade da criança para agir e interagir no espaço, a partir de então, reflete-se no cérebro sob a forma simbólica e representacional. Nasce a projeção do eu no espaço, ou seja, a aplicação da noção do corpo e da sua lateralidade e direcionalidade. A projeção do eu corporal vai estabelecer a objetividade espacial (cima-baixo, dentro-fora, frente-atrás, etc.) apoiando-se, sucessivamente, segundo a minha espiral de desenvolvimento, nos seguintes componentes: noção básica de cor, forma e tamanho, direcionalidade, orientação do espaço agido, orientação do espaço simbolizado e orientação do espaço representado.

A orientação temporal emerge, entretanto, da complexidade dos espaços a explorar e da sua interação processual. Surge como o processo de identificação e de reconhecimento do movimento intencional ao obedecer a um princípio, a uma duração e a um fim, a um ritmo, a uma seqüência, a uma ordem e a uma harmonia.

É o encadeamento seqüencial e sucessivo de ações e orientações simples em outras ações e orientações mais compostas e complexas que confere ao movimento e ao pensamento (aos sentimentos também) a razão de ser da sua intencionalidade, isto é, a sua dupla dimensão, que vai da planificação à execução.

É claro que aí, mais uma vez, toda a maturação e viabilização do processo implicam a integração sucessiva e hierarquizada de várias etapas, tais como a estruturação rítmico-corporal, a estruturação harmônica do movimento e a dissociação, seqüencialização e translação do movimento, que, neste caso, envolvem ainda múltiplas funções auditivas: discriminação, identificação, seqüencialização, memória, integração, rechamada, etc., que são cruciais ao desenvolvimento psicolingüístico.

E é assim, com base nestes alicerces – inteligência neuromotora, inteligência sensório-motora e inteligência perceptivo-motora – que o cérebro, verdadeiro centro e órgão da aprendizagem, inicia o processamento da informação em termos associativos, isto é, interneurossensoriais. Eis-nos face às aquisições auditivo-simbólico-verbais da linguagem e às aquisições visuo-simbólico-motoras

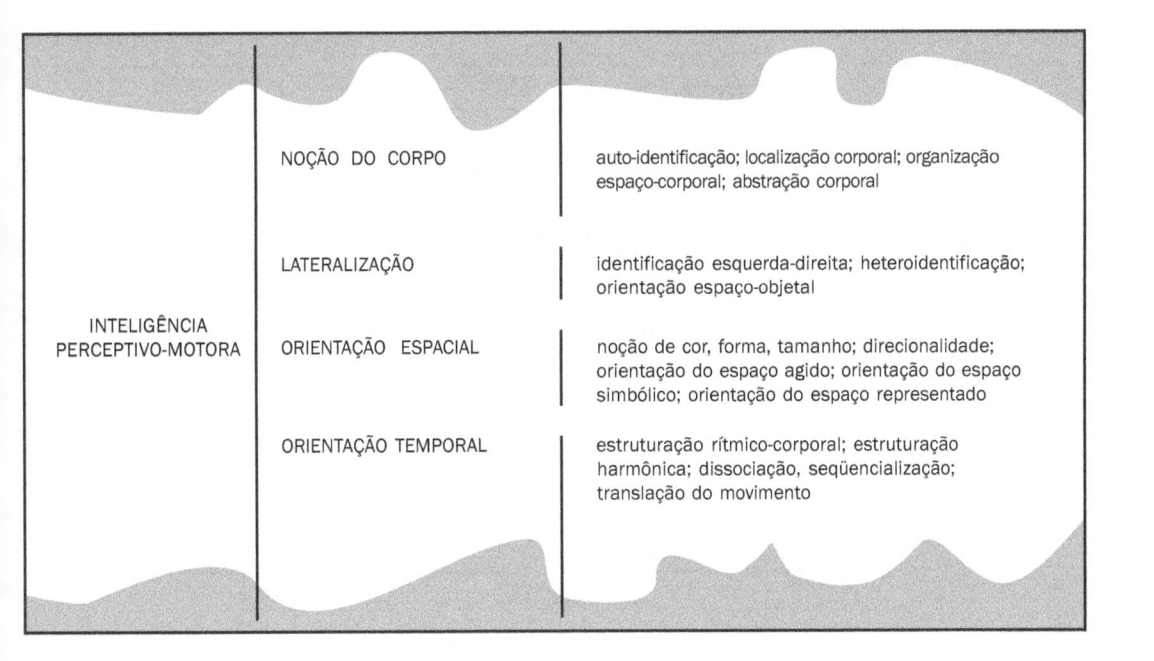

| | | |
|---|---|---|
| | NOÇÃO DO CORPO | auto-identificação; localização corporal; organização espaço-corporal; abstração corporal |
| INTELIGÊNCIA PERCEPTIVO-MOTORA | LATERALIZAÇÃO | identificação esquerda-direita; heteroidentificação; orientação espaço-objetal |
| | ORIENTAÇÃO ESPACIAL | noção de cor, forma, tamanho; direcionalidade; orientação do espaço agido; orientação do espaço simbólico; orientação do espaço representado |
| | ORIENTAÇÃO TEMPORAL | estruturação rítmico-corporal; estruturação harmônica; dissociação, seqüencialização; translação do movimento |

das praxias. Linguagem e praxia são, inequivocamente, os pilares da cognição humana.

De fato, é das ações às situações mediatizadas pela linguagem – principalmente pela imitação integrada e interiorizada, bem como pelo contágio lúdico-emocional – que o símbolo emerge com toda a sua pujança, qual produto mental intrínseco que se sabe e sente ser a mais alta expressão da criação humana, nascida, como já visto, de processos intra e interneurossensoriais que tiveram a sua origem na motricidade, na ação e na experiência, que pode reexperimentá-la, reestruturá-la, recombiná-la e recriá-la sempre que quiser, isto é, pode emprestar-lhe e conferir-lhe um conjunto diversificado de atributos, de qualidades e de propriedades.

Imagens, sons, imitações, etc., interiormente fixadas por símbolos, vão permitir ao cérebro a expressão concreta da sua organização – o pensamento. A criança age primeiro, sente em seguida e (re)conhece depois. Do sistema tátil-cinestésico, evolui para o visual e o auditivo, dos sensores proprioceptivos proximais evolui para os exteroceptivos distais. Uma ponte se estabelece, então, entre o interpsíquico e o intrapsíquico, entre o não-simbólico e o simbólico, entre o não-verbal e o verbal, entre os sistemas funcionais de integração do hemisfério direito e os do hemisfério esquerdo. A criança manipula primeiro o real para, posteriormente, o nomear, identificar e, em seguida, simbolizar.

Em suma, são dois os sistemas simbólicos que se desenrolam no tempo – o primeiro, auditivo-verbal, o segundo visuomotor –, razão que explica por si só por que a linguagem falada precede, obrigatoriamente, em termos filogenéticos e ontogenéticos, a linguagem escrita. O primeiro sistema simbólico abre o caminho ao segundo. É nesta passagem, como abordarei mais adiante, que está a gênese da inteligência conceitual.

Note-se, ainda, que ambos os sistemas que referi se desenrolam segundo quatro fases interdependentes – a recepção (*input*/atenção), a integração-elaboração (processamento/planificação), a expressão (*output*/regulação) e, circularmente, a retroalimentação e reaferência –, sem

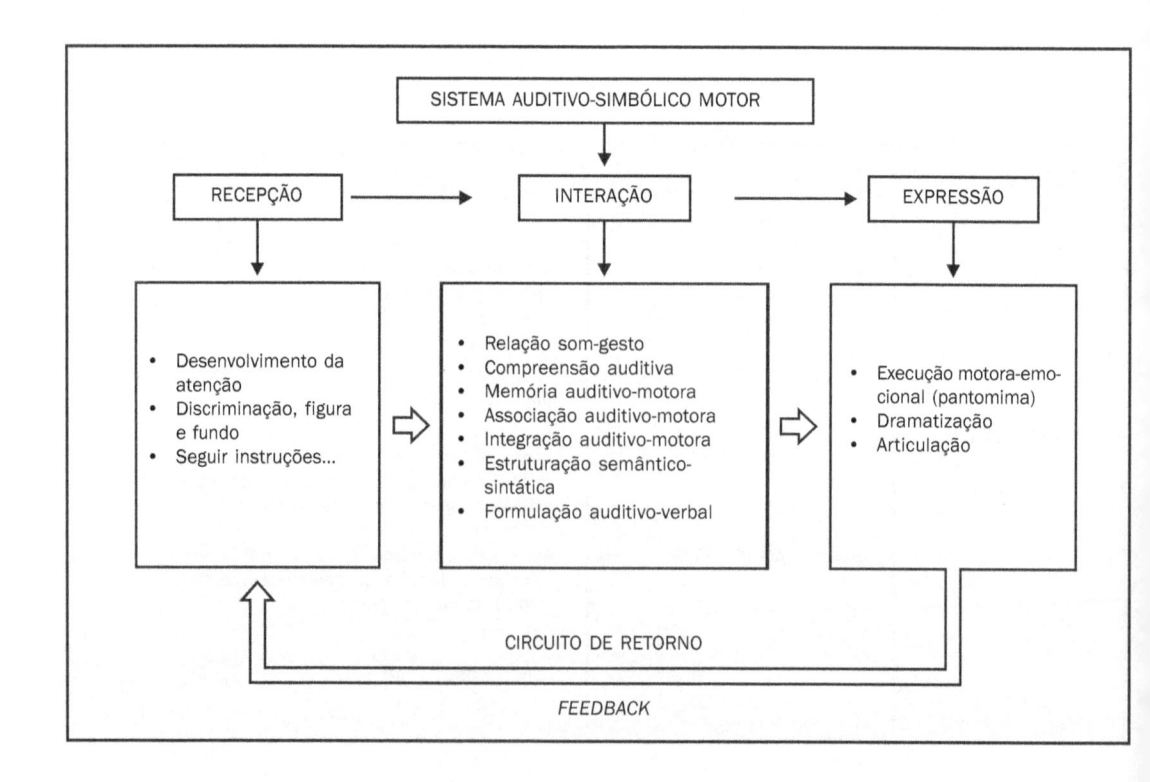

```
                    SISTEMA AUDITIVO-SIMBÓLICO MOTOR
                                 │
        ┌────────────────────────┼────────────────────────┐
        ▼                        ▼                        ▼
    RECEPÇÃO  ──────────▶   INTERAÇÃO   ──────────▶   EXPRESSÃO
        │                        │                        │
        ▼                        ▼                        ▼
┌───────────────┐       ┌─────────────────────┐   ┌──────────────────┐
│• Desenvolvi-  │       │• Relação som-gesto  │   │• Execução motora-│
│  mento da     │       │• Compreensão        │   │  emocional       │
│  atenção      │       │  auditiva           │   │  (pantomima)     │
│• Discrimina-  │  ⇨    │• Memória auditivo-  │ ⇨ │• Dramatização    │
│  ção, figura  │       │  motora             │   │• Articulação     │
│  e fundo      │       │• Associação         │   │                  │
│• Seguir       │       │  auditivo-motora    │   │                  │
│  instruções…  │       │• Integração         │   │                  │
│               │       │  auditivo-motora    │   │                  │
│               │       │• Estruturação       │   │                  │
│               │       │  semântico-         │   │                  │
│               │       │  sintática          │   │                  │
│               │       │• Formulação         │   │                  │
│               │       │  auditivo-verbal    │   │                  │
└───────────────┘       └─────────────────────┘   └──────────────────┘
        ▲                   CIRCUITO DE RETORNO           │
        └──────────────────────────────────────────────────┘
                              FEEDBACK
```

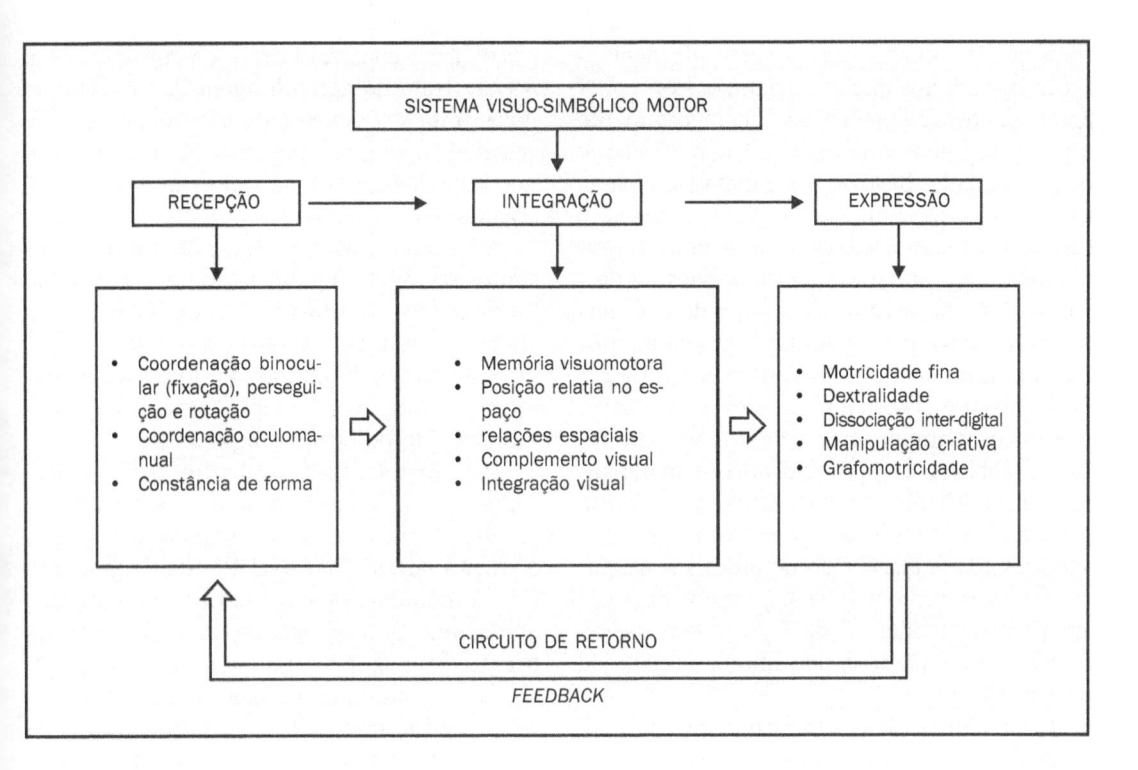

```
┌─────────────────────────────────────────────────────────────────────────┐
│                    SISTEMA VISUO-SIMBÓLICO MOTOR                        │
│                                                                         │
│     RECEPÇÃO    ──▶    INTEGRAÇÃO    ──▶    EXPRESSÃO                   │
│         │                  │                    │                       │
│         ▼                  ▼                    ▼                       │
│  • Coordenação binocu-  • Memória visuomotora  • Motricidade fina       │
│    lar (fixação), perse-• Posição relatia no   • Dextralidade           │
│    guição e rotação       espaço               • Dissociação inter-digital│
│  • Coordenação oculoma- • relações espaciais   • Manipulação criativa   │
│    nual                 • Complemento visual   • Grafomotricidade       │
│  • Constância de forma  • Integração visual                             │
│                                                                         │
│              ▲                                                          │
│              │          CIRCUITO DE RETORNO                             │
│              │                                                          │
│              └──────────── FEEDBACK ──────────────────────              │
└─────────────────────────────────────────────────────────────────────────┘
```

que, no entanto, percam a sua diferenciação e originalidade quanto ao processo de tratamento da informação e respectivas aquisições e subaquisições necessárias para este efeito.

De fato, é nesta interação dinâmica, auto e ecoregulada, versátil e permanente – tanto dentro de cada sistema como entre os próprios sistemas – que as aquisições e subaquisições se multiplicam e se auto-organizam sem parar, garantindo a todo o momento a maturação em espiral e não-linear do desenvolvimento humano e de respectiva hierarquização sistêmica. O conjunto integrado de todos esses componentes de prontidão evolutiva constituem-se como verdadeiros sistemas abertos à mudança, à evolução e à aprendizagem das etapas seguintes. É assim, com base em todas essas aquisições e subaquisições (instrumentos internalizados), que a criança se prepara para mais uma metamorfose – o período de transformação.

## O período de (trans)formação

Verdadeira fase industrial e produtiva da explosão da personalidade da criança, compreende o que, na minha escala de desenvolvimento denomino, inteligência conceitual e emerge essencialmente no ecossistema da escola.

Assim, o surgimento da linguagem escrita recombina e reorganiza as aquisições e subaquisições anteriores. O cérebro entrará brevemente na aventura fascinante e poderosa da decodificação e da codificação do alfabeto (código). Como é sabido, quer filogenética, quer ontogeneticamente, a linguagem escrita constitui a fronteira entre o *Homo habilis* e o *Homo sapiens*.

Este período é revelador de uma motricidade transformada em psicomotricidade, em que os componentes puramente instintivos, inatos e naturais, sem capacidade de inibição e de elaboração, dão lugar a novos componentes aprendidos, adquiridos e culturais, que requerem novas representações mentais e funcionais do corpo e da motricidade com capacidades de antecipação e de extrapolação.

A partir de formas de agir, de sentir, de interagir e de pensar ditas primitivas, a criança começa a revelar traços da evolução cultural da espécie humana. Ela não só cresce, joga e amadurece como as crias animais, mas, por efeito da mediatização dos adultos que a rodeiam, ela vai poder aprender novas competências de comportamento que transcendem uma motricidade dependente de necessidades biológicas imediatas. Ela passa a ser reequipada e reestruturada por intenções complexas e organizadas racionalmente, gerando, conseqüentemente, novos processos cognitivos, representações mentais, planos de ação, linguagem interior, para controlar os procedimentos que decorrem da intenção à sua execução, etc.

Os objetos passam a ser usados como instrumentos para atingir fins e propósitos e para resolver problemas. A motricidade, que materializa a sua utilização, adquire, então, uma forma cultural. Seu uso implica, conseqüentemente, o surgimento e a elaboração de processos psíquicos internos, como a atenção, o processamento simultâneo e seqüencial de dados internos e externos, a antecipação e, por último, a regulação da execução práxica.

De uma motricidade dita elementar e natural, regulada por um psiquismo simples, a criança evolui para uma motricidade dita instrumental, cultural e civilizacional, regulada por um psiquismo complexo, fruto de condições culturais, de novas formas de adaptação sócio-histórica, com efeito cumulativo.

A motricidade não só se transforma em termos quantitativos, mas, essencialmente, em termos qualitativos. As funções mentais simples que a regulam vão ser radicalmente transformadas por funções mentais superiores. A metamorfose que se opera na aparência externa do corpo e da motricidade opera-se, igualmente, na estrutura interna do cérebro, com novos sistemas funcionais, novos dispositivos de atenção, de processamento, de planificação, de auto-regulação, etc., isto é, com novas adaptações ,que vão dar lugar à emergência de uma inteligência simbólica.

A criança passa a dispor, assim, de funções psíquicas que lhe vão permitir incorporar as condições culturais, criadas há muito tempo pelos adultos que a rodeiam. Com a invenção da leitura, da escrita e do cálculo, o horizonte da cultura humana tende a revelar-se à mentalidade da criança como uma descoberta inter e intrapsicológica, construtivista e co-construtivista. Não se trata da aprendizagem de uma língua nova, trata-se, isso sim, da mesma linguagem, veiculada agora, não pelo processamento auditivo sucessivo, mas pelo processamento visual simultâneo.

A leitura envolve, pois, a decodificação dos símbolos gráficos (optemas-letras), a associação interiorizada e traduzida dos símbolos fonéticos já integrados (fonemas) e a sobreposição de um sistema léxico-sintático que implica uma significação, uma interpretação e uma compreensão. Ler é decodificar e compreender.

Tal constelação de trabalho, que envolve vários sistemas neurossensoriais funcionando em cadeia, os quais implicam centenas de milhares de neurônios, só é possível à custa de uma maturação neurológica progressiva e hierarquizada, que caracteriza a ontogênese da criança. Nesta perspectiva, segundo minha escala de desenvolvimento, a leitura está implicada em uma espiral de aquisições cognitivas: conceitualização da letra (alfabeto multissensorial), conceitualização da palavra (exploração semântica), conceitualização da frase (sintaxe), conceitualização fonológica (segmentação e composição de fonemas e monemas), decodificação dos equivalentes intersensoriais (optema-fonema, fonema-articulema, fonema-grafema, articulema-grafema e vice-versa), decodificação visuográfica, compreensão inferencial, captação de ideacional, formulação de conclusões, etc.

A escrita, por sua vez, envolve novos processos cognitivos, como intenção, motivação e desejo de comunicar uma mensagem, formulação ideacional com base na linguagem interior, seleção das unidades semânticas e respectiva rechamada no plano da expressão, ordenação das unidades semânticas em termos e regras gramaticais, seqüencialização das unidades lingüísticas, mobilização dos símbolos gráficos por conversão e por reconversão fonema-monema, fonema-grafema, chamada dos padrões grafomotores e, por último, o gesto motor da escrita propriamente dita. Aí, ao contrário da leitura, o que está em jogo é um processo analítico no qual se operam aquisições cognitivas que vão converter as unida-

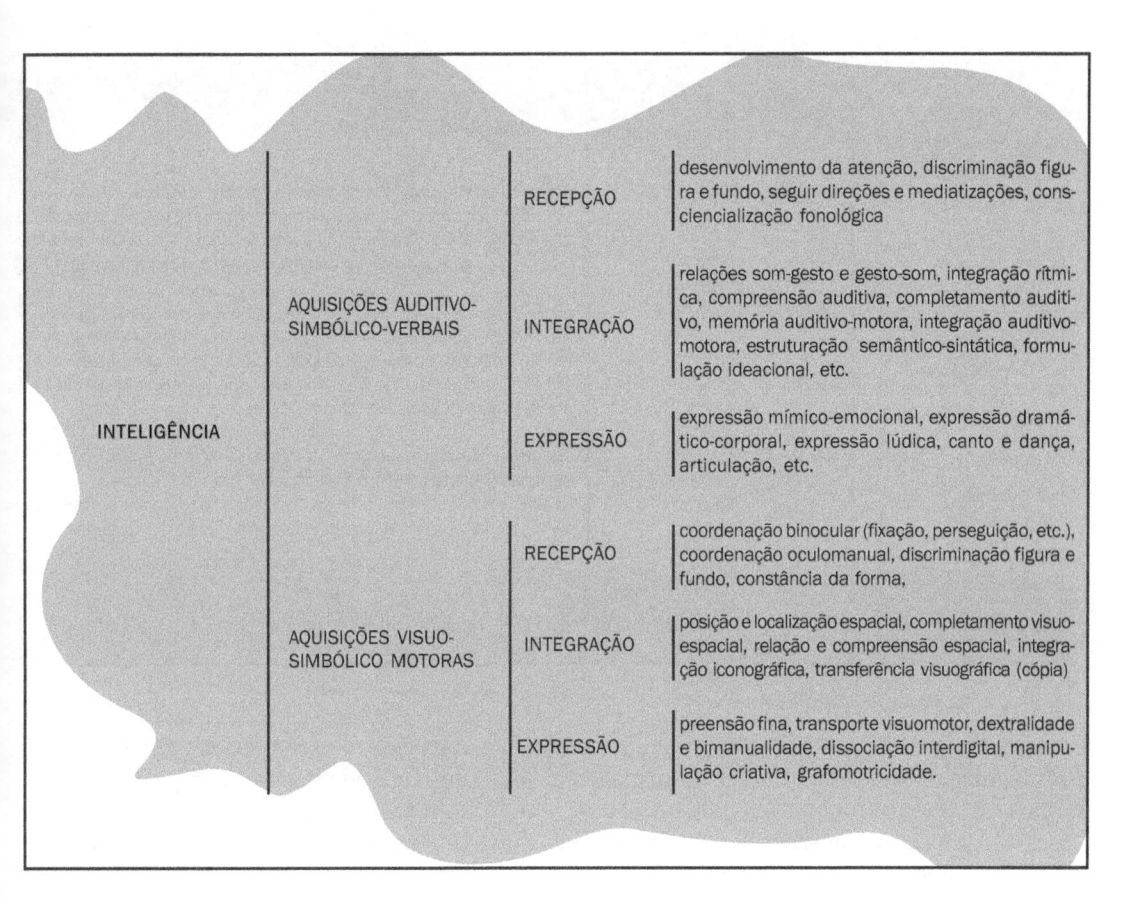

| | | | |
|---|---|---|---|
| INTELIGÊNCIA | AQUISIÇÕES AUDITIVO-SIMBÓLICO-VERBAIS | RECEPÇÃO | desenvolvimento da atenção, discriminação figura e fundo, seguir direções e mediatizações, consciencialização fonológica |
| | | INTEGRAÇÃO | relações som-gesto e gesto-som, integração rítmica, compreensão auditiva, completamento auditivo, memória auditivo-motora, integração auditivo-motora, estruturação semântico-sintática, formulação ideacional, etc. |
| | | EXPRESSÃO | expressão mímico-emocional, expressão dramático-corporal, expressão lúdica, canto e dança, articulação, etc. |
| | AQUISIÇÕES VISUO-SIMBÓLICO MOTORAS | RECEPÇÃO | coordenação binocular (fixação, perseguição, etc.), coordenação oculomanual, discriminação figura e fundo, constância da forma, |
| | | INTEGRAÇÃO | posição e localização espacial, completamento visuoespacial, relação e compreensão espacial, integração iconográfica, transferência visuográfica (cópia) |
| | | EXPRESSÃO | preensão fina, transporte visuomotor, dextralidade e bimanualidade, dissociação interdigital, manipulação criativa, grafomotricidade. |

des auditivas (fonéticas, semânticas e sintáxicas) em unidades visuomotoras (grafismos, seqüencialização e coordenação visuomotora).

Deste modo, a escrita, como estrutura da inteligência conceitual, compreeende um novo conjunto de aquisições a ser adicionado à minha escala de desenvolvimento: aquisições visuocinestésicas, automatização das aquisições grafológicas, associação visuoauditivo-motora (cópia), completamento de letras, de palavras e de frases, associação auditivo-visuomotora (ditado), pontuação, narração, enredo, planificação antecipada da ação a descrever, expresão livre e criativa, etc.

Por fim, o cálculo envolve, por sua vez, inúmeras aquisições cognitivas, agora essencialmente relacionadas com o espaço e a quantidade. Nestas, encontram-se, entre outras, associações arbitrárias e representacionais, formação de conceitos na base dos atributos e das propriedades lógicas dos objetos, bem como das respectivas classificações e categorizações, noção de ordem, contagem e de seriação, de noção de número e respectivas operações, isto é, em uma palavra, as abstrações, que, no seu todo, constituem a linguagem quantitativa universal necessária à integração da experiência e à organização da informação e da realidade.

Na minha escala, o cálculo vai, pois, envolver novas e sucessivas aquisições: conceitualização do número, correspondência termo a termo, seriação, conservação de quantidades, volumes, etc., categorizações e classificações, tabuadas, aplicação das operações aritméticas, raciocínio lógico, visualização e resolução de problemas, etc.

Entra-se, assim, nas generalizações e nas abstrações que constituem a redescoberta e a recriação permanente, versátil e plural da cultura. O

| | | |
|---|---|---|
| **INTELIGÊNCIA SIMBÓLICA** | LEITURA | conceitualização da letra (alfabeto), conceitualização da palavra (semântica), conceitualização da frase (sintaxe), equivalências interneurossensoriais, decodificação visuográfica, compreensão inferencial, captação ideacional, formulação de conclusões, etc. |
| | ESCRITA | aquisições visuocinestésico-motoras, aquisições grafológicas, associação visuoauditivo-motora (cópia), completamento de letras, palavras e frases, associação auditivo-visuomotora (ditado), equivalência interssensorial, pontuação, narração e enredo, planificação antecipada, expressão livre e criativa |
| | CÁLCULO | conceitualização do número, correspondência termo a termo, seriação, categorização e classificação, conservação de quantidades, volumes, tabelas, tabuadas, operações aritméticas e sua visualização, raciocínio lógico, resolução de problemas. |

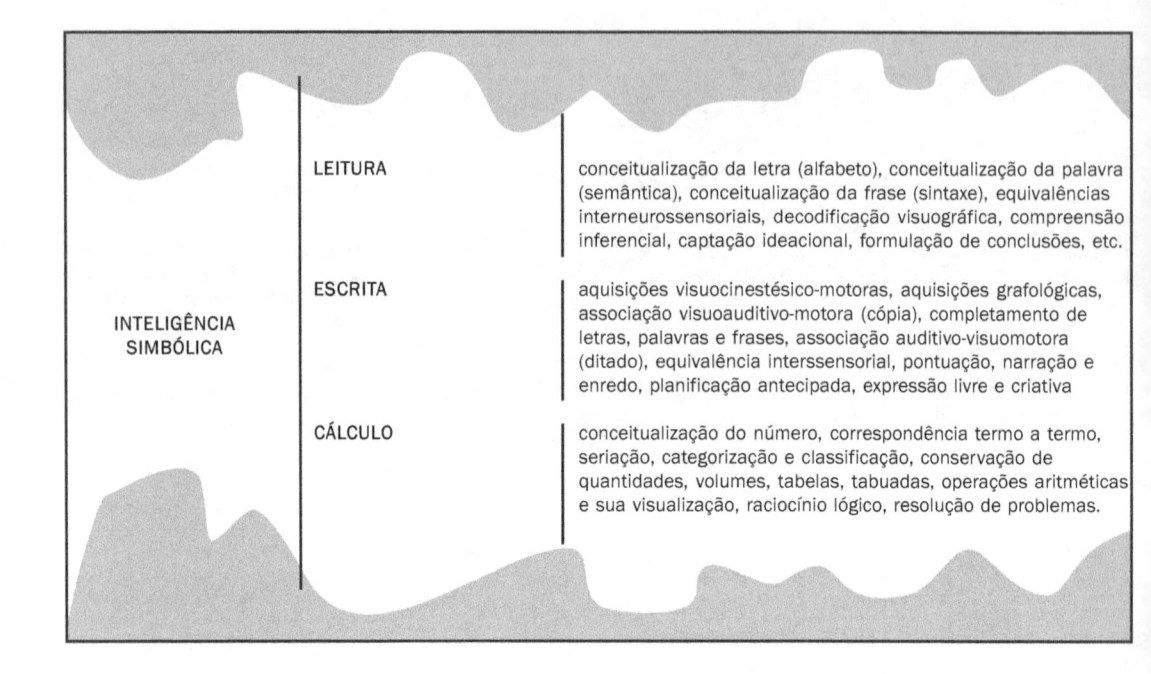

pensamento passa a assentar não em enunciados pragmáticos e práxicos, mas em enunciados simbólicos, verbais, hipotéticos e dedutivos. A lógica das proposições, as identificações, as negações, as reciprocidades e as correlações de dados de informação surgem cada vez mais sistematizadas e organizadas. As aquisições cognitivas despontam cada vez mais para uma reinterpretação e reexperimentação do mundo exterior. A realidade passa a ser manipulada e revelada pela criança (pré-adolescente), não pelas ações, mas pelas palavras e pelos números, não pelo corpo, mas pelo espaço, pelo tempo, pelos instrumentos, etc.

A capacidade para lidar com um mundo exterior mais baseado na informação vai exigir do jovem adolescente novas capacidades psicomotoras e cognitivas, que poderão distribuir-se por três componentes, sistêmica e ciberneticamente inter-relacionados (Fonseca, 1996, 2001b):

– de captação de informação (*input*): atenção seletiva e percepção analítica, discriminação de instrumentos verbais, orientação espaço-temporal eficaz, conservação de constâncias e das suas variações e dimensões, recepção perfeita e precisa de dados, capacidade para lidar simultaneamente com duas ou mais fontes de informação, organização sistemática e planificada de dados, etc.;

– de integração e de elaboração de informação: definição e identificação de problemas, utilização do comportamento comparativo e analógico, expansão do campo mental, extração de pormenores e de atributos de situações, dedução de dados e das suas relações, mentalização de processos sumativos, aplicação da evidência lógica e do pensamento hipotético, estratégico e inferencial, planificação de comportamentos, interiorização e visualização de dados, elaboração e categorização de dados, mobilização de capacidades executivas, etc.;

– de expressão de informação (*output*): projeção de relações virtuais, auto-regulação dos procedimentos, controle da impulsividade, precisão e perfeição na comunicação de dados, metacognição dos processos e dos produtos, integração experiencial, monitorização, revisão e verificação das respostas, etc.

Do reflexo à reflexão, do ato ao pensamento, do gesto à palavra, do biológico ao social, da ação à abstração, da prática à teorização, etc., multiplicam-se as inovações, as renovações, as transições e as acumulações de movimentos, de conhecimentos e de sentimentos. O jovem está em pleno período de transformação, no qual passa a ocupar outro ecossistema, exatamente o ensino médio.

Este período marca o aparecimento da inteligência social, que, por sua vez, se multiplicará em estruturas mentais indutivas e dedutivas, que vão culminar na adolescência, verdadeiro "segundo nascimento", do qual resultará a transformação da criança em adulto, isto é, a sua inserção social, cultural, intelectual e afetiva na sociedade em geral.

A iniciativa e a realização dão, então, lugar à identidade, à iniciação dos rituais culturais, aos julgamentos sociais, isto é, ao sentido de intimidade intrínseca (sentimento de si) que carateriza o enriquecimento cultural, a produtividade laboral, a identidade afetiva, a reprodução biológica e a responsabilidade social adulta. A criança deixa de ser um adolescente para surgir como um adulto apto a gerar de novo a criança. Como disse logo de início, a criança é o pai do adulto.

O ciclo da vida criança-adulto-criança é, assim, um segmento histórico em continuidade renovada e sempre inacabada de uma geração em outra. A transmissão cultural transgeracional, tirando proveito da infância prolongada da criança e da sua interação e mediatização intencional e transcendente com adultos experientes e civilizados, transforma-a em um agente de mudança, isto é, em um ator e mediatizador, depois de ter sido um expectador e um mediatizado cultural.

Eis, assim, em síntese, a dimensão da ontogênese e a função da sociogênese no desenvolvimento humano.

## A HIERARQUIA DA EXPERIÊNCIA HUMANA – DO BIOLÓGICO AO SOCIAL

O presente livro procurou, essencialmente, demonstrar a importância da hierarquia da experiência humana, valorizando, principalmente, a psicomotricidade, mas também as aptidões psicolingüísticas em toda a pirâmide da aprendizagem.

Para aprender, devemos considerar vários fatores, que vão se edificando desde o desenvolvimento motor, para passar pela experiência pré-verbal e atingir, posteriormente, o desenvolvimento perceptivo, portanto, psicomotor, que vai originar a sucessiva organização do desenvolvimento cognitivo.

A experiência humana, no seu sentido antropológico, é uma totalidade biopsicossocial, na medida em que a maturação neurológica (fator biológico) representa o resultado da dialética da quantidade e da qualidade de mediatização proporcionada pelo adulto socializado, que também, por esse fato, é portador de valores culturais (fator sociológico).

A edificação de uma personalidade, neste caso a da criança, resulta da interação entre o potencial hereditário e o meio, entre fatores endógenos e fatores exógenos, entre a atividade bioquímica e bioelétrica complexa do cérebro e a aprendizagem social complexa, ou seja, tudo o que permite a apropriação dos valores histórico-culturais de uma dada sociedade, onde a criança vai adquirindo sucessivamente a sua independência e vai se inserindo de forma cada vez mais criativa e crítica.

Na criança (e na espécie humana) a hereditariedade não se opõe ao meio, isto é, o seu desenvolvimento biológico encontra-se dialeticamente dependente das condições sócio-históricas que são proporcionadas pelos adultos que a envolvem e intencionalmente mediatizam. Apenas um desenvolvimento psicobiológico harmonioso pode proporcionar uma aprendizagem social adequada.

Inúmeros fatores sociais, como a falta de vinculação e a estimulação precoce, problemas de higiene, deficientes condições de experiência motora e psicomotora, condições de privação afetiva e sensorial, inexistência de experiência lúdica, desajustamentos emocionais, ambiente simbólico pobre, reduzida interação lingüística com os adultos, deficiente nutrição, ambientes habitacionais catastróficos, inadequado ambiente cultural, etc. podem impedir tal desenvolvimento psicomotor e originar uma disontogênese e um problema de indaptação social que começa a sofisticar-se, essencialmente, a partir da entrada para a escola do ensino fundamental.

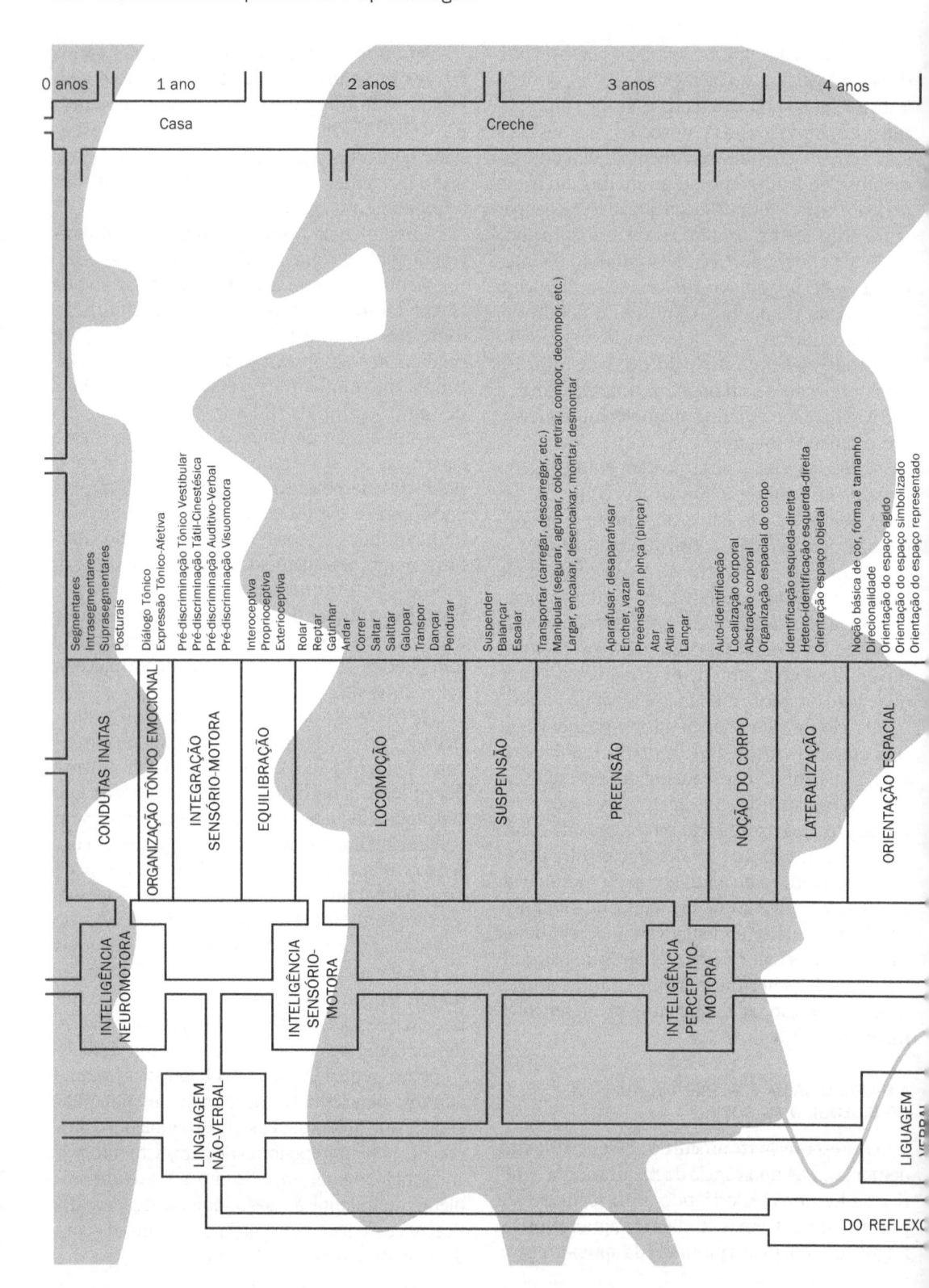

## 528 Desenvolvimento psicomotor e aprendizagem

| 0 anos | 1 ano | 2 anos | 3 anos | 4 anos |
|---|---|---|---|---|
| | Casa | Creche | | |

**CONDUTAS INATAS**
- Segmentares
- Intrasegmentares
- Suprasegmentares
- Posturais

**ORGANIZAÇÃO TÔNICO EMOCIONAL**
- Diálogo Tônico
- Expressão Tônico-Afetiva

**INTEGRAÇÃO SENSÓRIO-MOTORA**
- Pré-discriminação Tônico Vestibular
- Pré-discriminação Tátil-Cinestésica
- Pré-discriminação Auditivo-Verbal
- Pré-discriminação Visuomotora

**EQUILIBRAÇÃO**
- Interoceptiva
- Proprioceptiva
- Exterioceptiva

**LOCOMOÇÃO**
- Rolar
- Reptar
- Gatinhar
- Andar
- Correr
- Saltar
- Saltitar
- Galopar
- Transpor
- Dançar
- Pendurar

**SUSPENSÃO**
- Suspender
- Balançar
- Escalar

**PREENSÃO**
- Transportar (carregar, descarregar, etc.)
- Manipular (segurar, agrupar, colocar, retirar, compor, decompor, etc.)
- Largar, encaixar, desencaixar, montar, desmontar
- Aparafusar, desaparafusar
- Encher, vazar
- Preensão em pinça (pinçar)
- Atar
- Atirar
- Lançar

**NOÇÃO DO CORPO**
- Auto-identificação
- Localização corporal
- Abstração corporal
- Organização espacial do corpo

**LATERALIZAÇÃO**
- Identificação esquerda-direita
- Hetero-identificação esquerda-direita
- Orientação espaço objetal

**ORIENTAÇÃO ESPACIAL**
- Noção básica de cor, forma e tamanho
- Direcionalidade
- Orientação do espaço agido
- Orientação do espaço simbolizado
- Orientação do espaço representado

INTELIGÊNCIA NEUROMOTORA

INTELIGÊNCIA SENSÓRIO-MOTORA

INTELIGÊNCIA PERCEPTIVO-MOTORA

LINGUAGEM NÃO-VERBAL

LIGUAGEM VERBAL

DO REFLEXO

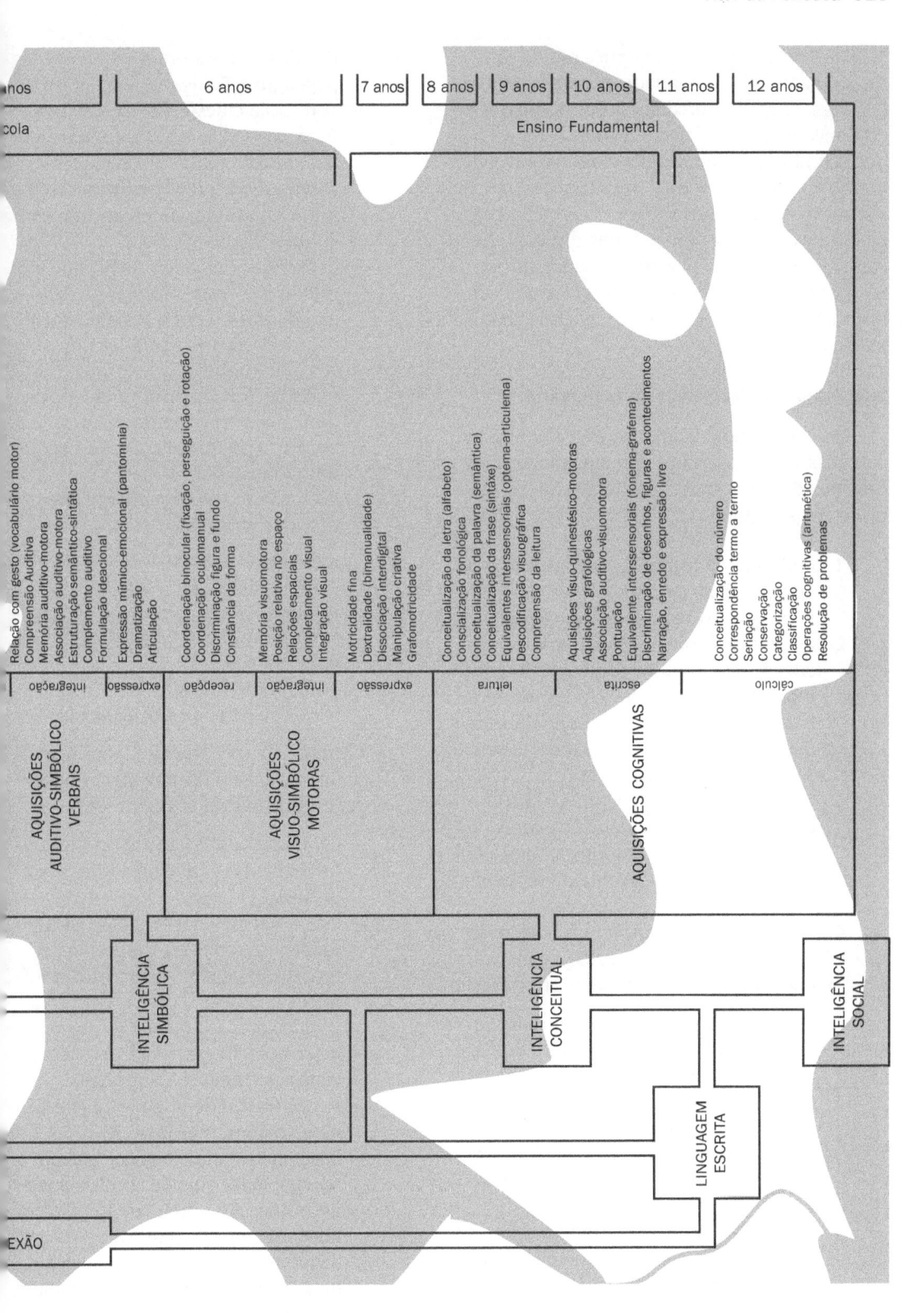

Vitor da Fonseca 529

| 6 anos | 7 anos | 8 anos | 9 anos | 10 anos | 11 anos | 12 anos |

Ensino Fundamental

**AQUISIÇÕES AUDITIVO-SIMBÓLICO VERBAIS**

*integração*
- Relação com gesto (vocabulário motor)
- Compreensão Auditiva
- Memória auditivo-motora
- Associação auditivo-motora
- Estruturação semântico-sintática
- Complemento auditivo
- Formulação ideacional

*expressão*
- Expressão mímico-emocional (pantomínia)
- Dramatização
- Articulação

**AQUISIÇÕES VISUO-SIMBÓLICO MOTORAS**

*recepção*
- Coordenação binocular (fixação, perseguição e rotação)
- Coordenação oculomanual
- Discriminação figura e fundo
- Constância da forma

*integração*
- Memória visuomotora
- Posição relativa no espaço
- Relações espaciais
- Completamento visual
- Integração visual

*expressão*
- Motricidade fina
- Dextralidade (bimanualidade)
- Dissociação interdigital
- Manipulação criativa
- Grafomotricidade

*leitura*
- Conceitualização da letra (alfabeto)
- Conscialização fonológica
- Conceitualização da palavra (semântica)
- Conceitualização da frase (sintáxe)
- Equivalentes intersensoriais (optema-articulema)
- Descodificação visuográfica
- Compreensão da leitura

*escrita*
- Aquisições visuo-quinestésico-motoras
- Aquisições grafológicas
- Associação auditivo-visuomotora
- Pontuação
- Equivalente interssensoriais (fonema-grafema)
- Discriminação de desenhos, figuras e acontecimentos
- Narração, enredo e expressão livre

**AQUISIÇÕES COGNITIVAS**

*cálculo*
- Conceitualização do número
- Correspondência termo a termo
- Seriação
- Conservação
- Categorização
- Classificação
- Operações cognitivas (aritmética)
- Resolução de problemas

**INTELIGÊNCIA SIMBÓLICA**

**INTELIGÊNCIA CONCEITUAL**

**INTELIGÊNCIA SOCIAL**

**LINGUAGEM ESCRITA**

Somente conhecendo a criança na sua história, singularidade e totalidade, podemos educá-la conforme as suas predisposições peculiares e originais. Para isto, é necessário integrar e enquadrar uma perspectiva global de desenvolvimento como a que tentei sintetizar. Foi neste sentido que procurei relacionar as contribuições de autores europeus, americanos e russos. Reconheço, entretanto, que só se poderá aproveitar este conjunto de dados quando for permitido esboçar uma intervenção pedagógica preventiva, e não contemplativa.

## POSTULADOS DA APRENDIZAGEM HUMANA

Não vou me repetir, apenas assumirei nesta conclusão (necessariamente inacabada) um conjunto de idéias-chave, de idéias-síntese, que resumirei a seguir:

1. O desenvolvimento psicomotor e a aprendizagem da criança dependem das interações entre o biológico e o social.
2. A criança evolui de uma maturação emocional e motora (desenvolvimento motor, desenvolvimento moto-psíquico e desenvolvimento psicomotor) a uma maturação lingüística, passando, depois, a uma maturação cognitiva;
3. O desenvolvimento cognitivo da criança é determinado pela história concreta da experiência psicomotora que ela edificou em um dado contexto sociocultural.
4. A evolução psicomotora sofre evolução paralela na evolução psicolingüística, que tem como base as seguintes fases:

   - experiência pré-verbal, como base em uma percepção fisiognômica considerada como identidade global da criança;
   - manipulação dos objetos, através da qual se escrutinam e se mediatizam as propriedades e os atributos peculiares dos mesmos;
   - exploração espacial, onde a criança realiza um conjunto de ações concretas para satisfação das suas tendências exploratórias, caraterizadas pela aquisição de mapas cognitivos;
   - percepção cinestésica do real, isto é, uma percepção pouco diferenciada nas suas diferentes modalidades sensoriais, o que prova a comunicação e a interação total do organismo com o ambiente;
   - experiências de causa-efeito, que permitem à criança relacionar-se com a realidade através de seqüências e de coordenações pragmáticas de tipo sensório-motor;
   - realismo, fenomenismo e dinamismo da linguagem ficcionista e egocentrista por meio da qual a criança integra o mundo material;
   - evolução do comportamento lingüístico, que passa por:

     gorgeios expressivos;
     palavras-frase;
     interjeições;
     comunicação não-verbal pragmática;
     denominações;
     vocabulário inicial;
     frases de duas ou três palavras.

Com base nestes aspectos, os princípios da apendizagem da linguagem podem ser enquadrados nas seguintes fases:

- estimulação verbal (importância vital do banho verbal do adulto socializado);
- estádio da linguagem passiva (função fonológica receptora e atencional);
- repertório de sons associados a mímicas e gestos;
- vocalizações infantis;
- integração, fragmentação e consciencialização fonética da palavra;
- reforço social da linguagem (função de retroalimentação);
- lalações interrompidas que passam a ser superadas quando se inicia a fala;
- decodificação (ouvir) da linguagem falada seguida de codificação (falar);
- reconstrução fonológica e lógica da linguagem, na qual a ambigüidade

da linguagem é progressivamene superada e precisada;
- monólogo interior (expresso em muitas situações de simulacro, de imitação e de jogo, segundo Piaget);
- discurso solitário característico (segundo Wallon);
- interação verbal com o adulto, através da qual a organização fonológica, sintática e semântica da linguagem da criança vai se corrigindo (mecanismos de *feedback* que suportam a chamada teoria da bola de neve da linguagem).

4. Em resumo, a evolução da linguagem é dependente da maturação biossocial, isto é, da maturação neurológica, por um lado, e da apropriação do real e da experiência social, por outro. Ambas se completam e se inter-relacionam, materializando na criança o seu desenvolvimento psicomotor por excelência.

5. A criança aprende através de três capacidades psiconeurológicas: auditiva, visual e tátil-cinestésica, que se desenvolvem segundo a hierarquia da experiência psicomotora, diferenciada em discriminação, identificação, seqüência e retenção, e em funções intra e intersensoriais, que permitem a integração da linguagem emocional e corporal.

6. Para aprender a linguagem falada, a criança tem de passar pelas seguintes aquisições auditivas:
- acuidade (frequência);
- atenção;
- percepção (figura-fundo);
- decodificação (análise e síntese de sons);
- retenção;
- imagem;
- completamento auditivo,
- integração;

7. Da mesma forma, a criança aprenderá a linguagem escrita se for integrada a hierarquia das aquisições visuais:

- acuidade (focagem);
- atenção;
- coordenação oculomanual (fixação e convergência visual);
- percepção (figura-fundo, consistência da forma, posição no espaço e relações de espaço);
- lateralidade ocular;
- completamento visual,
- velocidade de recepção e de transmissão;
- retenção (de curto e longo prazos);
- imagem;
- decodificação (análise e síntese de formas e da sua consciência);
- integração;

8. As condições de aprendizagem dependem de fatores sociais e psicológicos e estão intimamente ligadas à atividade bioquímica do cérebro, que justifica o desenvolvimento global da criança. Os ambientes enriquecidos promovem uma estimulação mais significativa que os ambientes pobres.

$$\frac{\text{Hereditariedade}}{\text{Meio}} = \frac{\text{Atividade bioquímica do cérebro}}{\text{Capacidade de aprendizagem}}$$

9. O ambiente (ecossistemas) deve proporcionar às crianças a hierarquia da sua experiência, que se inicia na ação, transforma-se em sensação, passa pela percepção, pela imagem, pela memória (retenção), pela simbolização, até atingir a conceitualização, o que exige, por si só, a integridade do sistema nervoso periférico e central, e a observância de oportunidades sociodinâmicas de aprendizagem.

10. O desenvolvimento psicomotor da criança passa pelas seguintes fases:
- desenvolvimento do sistema de respostas inatas – neuromotricidade (reflexos);
- desenvolvimento do sistema motor global – macromotricidade (locomoção);
- desenvolvimento do sistema motor fino – micromotricidade (preensão);

- desenvolvimento do sistema óculo-motor – visuomotricidade (práxia);
- desenvolvimento do sistema audio-motor – oromotricidade (fator psicolingüístico de desenvolvimento das funções de recepção, de integração e de expressão da linguagem falada);
- desenvolvimento das funções de visualização e de identificação visual – grafomotricidade (integração e expressão da linguagem escrita);
- desenvolvimento do sistema perceptivo, a partir do qual a criança edifica a sua inteligência e a sua cognição, entendida como um processo de adaptação dialética entre o indivíduo e o meio cultural.

11. A linguagem, como instrumento cognitivo, resulta de uma experiência acumulada e transformada que se edifica por dois tipos de funções psicobiológicas básicas:

    - recepção auditiva, em relação com a expressão verbal (associação auditivo-verbal);
    - recepção visual, em relação com a expressão manual (associação visuomotora).

12. O processo da linguagem inclui, portanto, aquisições receptivas (sistemas de *input*), aquisições integrativas (sistemas de associação) e aquisições expressivas (sistemas de *output* e conseqüente reaferenciação), não esquecendo que o *input* antecede o *output*.

13. A evolução da linguagem passa primeiro por um sistema cinestésico-simbólico, que compreende a experiência pré-verbal já focada, depois evolui para um sistema auditivo-simbólico, que compreende o domínio receptivo e expressivo da linguagem falada e, por último, aperfeiçoa-se e precisa-se, em um sistema visuo-simbólico que compreende o domínio receptivo (leitura) e expressivo (escrita) da linguagem escrita.

É esta, em termos muito gerais, a hierarquia da experiência que a criança tem que viver e com a qual deve conviver, e somente respeitando-a poderá confrontar-se com as exigências das aprendizagens simbólicas escolares requeridas pela sociedade cognitiva contemporânea.

Para que a educação tenha resultado e para que o ensino funcione com mais eficácia, é preciso explicar aos professores como é que as crianças se desenvolvem e aprendem. A escala de desenvolvimento psicomotor que apresentei, com as várias inteligências interligadas e os postulados da aprendizagem, procura dar uma ajuda nesta direção, no sentido de compreender melhor o que são o desenvolvimento, a aprendizagem, o ensino e a educação das gerações futuras.

## DE UMA CERTA CRENÇA NO POTENCIAL DE DESENVOLVIMENTO DA CRIANÇA

Será que com uma escala de desenvolvimento psicomotor da criança (hierarquia da experiência humana) os educadores vão ficar mais aptos para perspectivar programas de facilitação do desenvolvimento e da aprendizagem, tanto da criança dita normal, como da criança dita com necessidades especiais, isto é, portadora de deficiências, de dificuldades ou de desvantagens?

Será que a partir da hierarquização e da seqüencialização das potencialidades da criança por áreas e subáreas de desenvolvimento se poderá não só constituir um guia educacional como também planificar objetivos e analisar tarefas que as consubstanciam?

Será que, com base em uma escala de desenvolvimento mais ou menos cientificamente fundamentada, se poderão lançar as bases de uma intervenção pedagógica profilática ou habilitativa, adequada à unidade biopsicosocial da criança?

Será que tal metodologia permitirá chegar à otimização do potencial de aprendizagem da criança e garantir, assim, uma intervenção cada vez mais preventiva e individualizada?

Será que, identificando precocemente as áreas fortes e as áreas fracas do perfil psicomotor e psicolinguístico de cada criança – o seu nível básico de aptidão – poderemos vir a equacionar um plano individualizado de intervenção pedagógica em que se satisfaçam as necessidades peculiares e invulgares das crianças e jovens, onde o porquê e o para quê sejam simultaneamente considerados?

Será que, partindo da identificação das reais possibilidades de cada criança – *cheeklist* ou *screening* do potencial de aprendizagem – poder-se-á vir a estruturar e selecionar as tarefas escolares de acordo com as respectivas competências?

Se as condições externas do ensino, ditas ecológicas (competência relacional, científica e pedagógica do professor, organização e gestão dos espaços e dos recursos, etc.) estiverem devidamente ajustadas às condições internas de aprendizagem (competência psicomotora e psicolingüística da criança, funções cognitivas, estilo de aprendizagem, etc.), poderemos vir a evitar ou, pelo menos, a atenuar, o insucesso da criança (dislexia, disgrafia, discalculia, etc.) e o próprio insucesso do sistema de ensino (dispedagogia)?

Será que se pode conceber que existem crianças ineducáveis? Será deontologicamente correto excluir qualquer criança ou jovem do sistema de ensino ou do sistema de formação profissional, independentemente da sua origem social ou do seu potencial intrínseco de aprendizagem?

Será que o êxito escolar, tanto da criança dita normal como da criança dita com necessidades especiais, poderá ser uma realidade? Penso que sim, desde que o ensino tenha por base sólidos princípios científicos de aprendizagem e processos sistemáticos de avaliação intra-individual e de modificação comportamental e cognitiva que permitam uma aprendizagem seqüencializada em aproximações e em abordagens sucessivas, conforme as várias áreas do desenvolvimento humano.

Não será o insucesso do educando mais uma conseqüência das carências da situação do ensino (dispedagogia) do que das tão apregoadas dificuldades de aprendizagem?

Não será a planificação científica e pedagógica do ambiente – identificação das carências psicomotoras, psicolingüísticas, cognitivas e afetivas da criança, bem como a detecção, a avaliação e a determinação do seu perfil de aprendizagem – o melhor meio para otimizar o potencial emocional e cognitivo da mesma?

Não terá o atual sistema de ensino (20 – 25 % de problemas de adaptação escolar, segundo números da Comunidade Européia) que se renovar científica e pedagogicamente para obter melhores resultados? Como implementar medidas prioritárias de gestão da inovação, da qualidade de ensino, de reengenharia dos recursos humanos e materiais, etc.?

Não deverão os métodos de ensino oferecer novas alternativas, novas estratégias e novos objetivos operacionais, visando à inclusão de todas as crianças, independentemente das suas necessidades evolutivas?

Não deverão os próprios espaços e materiais didáticos oferecer novas fontes de motivação e de mediatização?

Será que este livro, com a sua escala de desenvolvimento psicomotor e psicolingüístico, pode vir a proporcionar aos educadores um inventário de aquisições adaptativas, a partir do qual seja possível analisar as fases de aprendizagem nos respectivos componentes e especificar seqüencialmente os vários processos de modificabilidade comportamental na criança?

Será que a partir desta escala de desenvolvimento se poderá vir a constituir programas e currículos por ordem de complexidade, bem como a atingir objetivos educacionais e habilitacionais por aproximações sucessivas, dando, assim, uma grande ajuda a pais, educadores, terapeutas e, portanto, também à própria criança e ao próprio jovem?

Será que a problemática afetiva da criança escapa a qualquer escala de desenvolvimento ou, pelo contrário, está implícita no percurso harmonioso da mesma?

Será que depois deste livro nada fica por e para fazer?

Será que alguma destas perguntas foi indiscreta?

E as respostas, poderão sê-lo?

Um grito de alerta, seja qual for o caminho – com escala ou sem escala de desenvolvimento, com ou sem testes para determinação do QI, com ou sem estratégias pedagógicas – ninguém pode esquecer que qualquer criança (e não apenas os nossos filhos e netos), independentemente destas ou de outras metamorfoses que tentei aqui hierarquizar e pormenorizar, aprende de maneira diferente e em um bioritmo pessoal e intransmissível. À criança, portanto, sempre a última palavra, pois é ela a razão de ser da educação e da continuidade da humanidade.

É evidente que o campo do desenvolvimento psicomotor e da aprendizagem apresenta uma relação interdisciplinar que exige a combinação de aspectos biomédicos, psicológicos, pedagógicos, socioculturais, socioeconômicos, sociopolíticos, etc. Não os esgotei, apenas deixei uma janela aberta para quem desejar refletir criticamente, na medida em que estes estudos sobre a problemática do desenvolvimento da criança podem no futuro vir a beneficiar as atitudes de prevenção, de qualidade e de excelência pedagógica.

É óbvio que esta reflexão crítica passa por uma caraterização resumida das instituições materno-infantis e escolares e do seu ambiente sociopolítico, que não só legitimam as diferenças sociais que se aplicam na hierarquia da aprendizagem da criança, como também concentram o poder mistificador do conhecimento.

A sociedade e a escola "tradicionais" não podem continuar a ser passivas, sentadas, fechadas, acríticas, competitivas, autoritárias, traumatizantes, servis ou segregacionistas. De fato, a saúde e a educação, seus agentes, métodos e instrumentos, precisam ser inovados e reconstruídos à luz de uma investigação psicopedagógica interdisciplinar que impeça o fosso entre a prática e a teoria, entre a ação e o pensamento.

Aprender não é necessariamente uma instrução acumulada, por meio da qual a sociedade, mais tarde, compensará com salários que evoluem na razão direta da instrução obtida. Aprender não pode ser uma seleção de oportunidades, nem a constatação de segregacionismos chocantes. Aprender é, fundamentalmente, edificar um trabalho coletivo e humanizante, resultante da ação do adulto socializado (professor mediatizador) com as necessidades inadiáveis das crianças.

Os espaços, os recursos ecológicos, os métodos e os materiais didáticos utilizados nas creches e nas escolas devem respeitar o bem-estar e a evolução da criança no seu todo, emocional, motor, cognitivo, combatendo todas as situações que possam alimentar a espiral da inflação das dificuldades de desenvolvimento e, mais tarde, da aprendizagem.

A progressiva socialização da criança passa pela atenção que se deve ter pelas suas experiências e necessidades irredutíveis. Apenas conhecendo a evolução da criança – daí a importância na pedagogia do diagnóstico dinâmico, e não estático ou classificativo, e a implicação de alguns fatores de desenvolvimento em outros, que tentei explorar ao longo deste livro – podem-se efetivamente criar estratégias educacionais adequadas.

Aguardamos a revolução copérnica na educação, pois apenas desmistificando e desmontando cientificamente os processos conservadores dos vários métodos pedagógicos tradicionais podemos garantir a edificação de uma aprendizagem efetivamente humanizada.

A reumanização da criança passa pela transformação dos adultos (educadores mediatizadores), que são responsáveis pela sua aprendizagem, mas também pela democratização socioeconômica das populações, a fim de que se garantam à criança, mesmo antes de nascer, as condições de maturação biopsicossocial que possibilitem a apropriação dos pré-requisitos e a superação das aprendizagens simbólicas e escolares, por volta dos 6 anos.

Os currículos e os materiais escolares devem ser analisados criteriosa e cientificamente, com base em investigações nas quais se estude a evolução da criança, quer em idade pré-escolar, quer em idade escolar. Durante a idade pré-escolar, deverão ser identificados problemas de desenvolvimento que possam mais tarde comprometer a aprendizagem escolar, bem como desenvolvidas aptidões pré-escolares necessárias. Durante a idade escolar, as atitudes dos educadores, a aplicação dos seus métodos e a invenção de novos instrumentos deveriam ser estudadas e avaliadas em termos interdisciplinares.

É esta, em síntese, a minha mensagem, necessariamente inacabada, consciente de que temos de nos esforçar para ser contemporâneos de uma pedagogia humanizante, na qual a coeducação entre o adulto e a criança permita a ambos o prazer e a alegria de sentir, agir e pensar interativamente.

# REFERÊNCIAS

ABERCROMBIE, K. (1968), Paralanguage, In *British Journal of Communication*, n. 3.

ABOULKER, P., CHERTOK, L. e SEPIR, M., (1959), *La Relaxation: Aspects Théoriques et Pratiques*, Expansion Scientifique Française, Paris.

ABRAHAM, A. (1963), *Le dessin d´ une personne : le test de Machover*, Delachaux & Niestlé, Paris.

ABRANSON, J. (1940), L´ Énfant et L´Adolescent Instable, Alcan, Paris.

ADAMS, J. A. (1976), Issues for a Close-Loop Theory of Motor Learning, In G. Stelmach (Ed.), Motor Control: issues and trends, Academic Press, N. York.

ADLER, A. (1968), Connaissance de L´ Homme: étude de caracterologie individuelle, Payot, Paris.

AJURIAGUERRA, J. de, (1948), «Émotion et Troubles Toniques Paroxistique», in *Évolution Psychiatrique*, nº 11.

AJURIAGUERRA, J. de, (1951), «A Propos des Troubles de l'Apprentissage de la Lecture. Critiques Methodologiques», in *Revue Enfance*, nº 4-5.

AJURIAGUERRA, J. de, (1956), «Intégration de la Motilité», in *Revue Enfance*, nº 2

AJURIAGUERRA, J. de, (1961), «Les Bases Théoriques des Troubles Psychomoteurs et la Rééducation Psychomotrice chez l'Enfant», in *Médecine et Hygiène*, nº 521, Genebra.

AJURIAGUERRA, J. de, (1962), «Le Corps comme Relation», in *Revue Suisse de Psychologie Pure et Appliquée*, vol. XXI, nº 2,

AJURIAGUERRA, J. de, (1967), «Organisation Psychologique et Troubles du Développement du Langage», in *Problèmes de Psycholinguistique*, PUF, Paris.

AJURIAGUERRA, J. de, (1972a), «L'Enfant et son Corps» in *Information Psychiatrique.*, vol. 47, nº 5, Maio.

AJURIAGUERRA, J. de, (1972b), *La Relación Terapéutica en Psiquiatria Infantil*, Toray-Masson, Barcelona.

AJURIAGUERRA, J. de, (1974), *Manuel de Psychiatrie chez l'Enfant*, 2ª ed., Masson et Cie., Paris.

AJURIAGUERRA, J. de, (1976), *Leçon Inaugurale de la Chaire de Neuropsychologie du Développement*, Oferta pessoal.

AJURIAGUERRA, J. de (1978), Ontogenèse de la Motricité, in H. Hecaen & M. Jeannerod (Eds.), *Du contrôle moteur à l´organization du geste*, Masson, Paris.

AJURIAGUERRA, J. de, (1980), *Résumé des Cours de la Chaire de Neuropsychologie du Développment*, Collège de France, Paris.

AJURIAGUERRA, J. de, (1981), *Extrait de l'Annuaire du Collège de France, Resumé des Cours de la Chaire de Neuropsychologie*, Paris.

AJURIAGUERRA, J. de e colab., (1964), *L'Écriture de l'Enfant*, Delachaux et Niestlé, Neuchâtel.

AJURIAGUERRA, J. de e ANGELERGUES R. (1962), De la psychomotricité au corps dans la relation avec autrui : à propos de l´œuvre de H. Wallon, in *Évolution Psychiatrique*, 27.

AJURIAGUERRA, J. de e AZUIAS, H., (1960), «Méthodes et Techniques d'Apprentissage de l'Écriture», in *La Psychiatrie de l'Enfant*, vol. III, fasc. 2.

AJURIAGUERRA, J. de e BADARACO, G., (1953), «Thérapeutique de Relaxation en Médecine Psycho-Somatique», in *Presse Médicale* 3, 15.

AJURIAGUERRA, J. de., BADARACO, G. e HECAEN H., (1959), «L'Entrainement Psycho-Physiologique para la Relaxation», in *La Relaxation: Aspects Théoriques et Pratiques*, 4ª ed., Expansion Scientifique Française, Paris.

AJURIAGUERRA, J. de e DIATKINE, R., (1948), «Le Problème de la Débilité Motrice», in *Sauvegarde de L'Enfance*, nº 22.

AJURIAGUERRA, J. de, DIATKINE, R. e BADARACO, G., (1956), *Psychanalyse et Neurologie: La Psychanalyse d'Aujourd'hui*, PUF, Paris.

AJURIAGUERRA, J. de, DIATKINE, R. e KALMANSON, D., (1959), «Les Troubles du Développement du Langage au Cours des États Psychotiques Précoces» in La Psychiatrie de L'Enfant, vol. II, fasc. 1.

AJURIAGUERRA, J. e HECAEN, H., (1952), Méconnaissance et Hallucinations Corporelles, Masson et Cie., Paris.

AJURIAGUERRA, J. e HECAEN, H., (1953), Les gauchers, PUF, Paris.

AJURIAGUERRA, J. e HECAEN, H., (1964), Le Cortex Cérébral (Étude Neuro-Psycho-Patologique), Masson et Cie., Paris.

AJURIAGUERRA, J., HECAEN, H. e ANGELERGUES, R., (1960), «Les Apraxies Cliniques et Lésionnelles», in Revue de Neurologie, 102.

AJURIAGUERRA, J. e MARCELLI, D. (1984), Psychopathologie de l´Enfant, Masson, Paris.

AJURIAGUERRA, J. e SOUBIRAN, G., (1962), «Indications et Techniques de Rééducation Psychomotrice», in La Psychiatrie de l'Enfant, vol. II, fasc. 2.

AJURIAGUERRA, J. e STAMBAK, M., (1955), «L'Évolution des Syncinésies chez l'Enfant», in Press Médicale, nº 39.

AJURIAGUERRA, J., STAMBAK, M., HERITEAU, D., AUZIAS, M. e BERGÈS, J.,(1964), «Les Dispraxies chez l'Enfant» in La Psychiatrie de l'Enfant, vol. VII, fasc. 2.

AJURIAGUERRA, J. de e THOMAS A ., (1948), L'Axe Corporel, Masson et Cie., Paris.

AJURIAGUERRA, J. de e THOMAS A ., (1949), Sémiologie du Tonus Musculaire, Masson et Cie., Paris.

ALEXANDER, G., (1962a), Compte Rendu du 1.er Congrès de Psychodrame, Sociodrame, Jeu de Rôle, Journées de Strasbourg, Junho.

ALEXANDER, G., (1962b), «Les Méthodes de Relaxation», in Cahiers de Psychiatrie, nº 16-17.

ALEXANDER, G., (1966), «Eutonie», in Rhythmisch Erziehung.

ALEXANDER, G., (1981), Le corps retrouvé par L´Eutonie, Tchou, Paris.

ALEXANDER, G., (1985), Eutony: the holistic discovery of the total person, Felix Morrow, Nova Iorque.

ALLEN, G. e TSUKAHARA, N. (1974), Cerebro-cerebelar Communication System, In Physiology Rev., n. 54.

ALLEN, J, e colab (1966), A Pilot Study of Immediate Effectiveness of The Frostig-Horne Training Program for Educable Retardates, In Exceptional Children, n. 33.

ALLEY, D. e calob. (1968), Reading Readiness and the Frostig Training Program, In Exceptional Children, n. 35.

ALLEY, D. e CARR, D. (1968), Effects of Systematic Sensory-Motor Training on Sensory-Motor Visual Perception and Concept Formation of Mentally Retarded Children, In Perceptual and Motor Skills, n. 27.

ALVIM, F., (1962), «Troubles de l'Identification et Image Corporelle», in Revue Française de Psychanalyse, tomo 26, nº especial.

AMERICAN PSYCHIATRIC ASSOCIATION (1996), Manual de Diagnóstico e Estatística das perturbações Mentais, DSM-IV, Climepsi, Lisboa.

ANGELERGUES, R., (1960), «Les Apraxies», in Revue de Neurologie, nº 1.

ANGELERGUES, R., (1964), Le corps et ses images, in Evolution Psychiatrique, XXIX, 2.

ANGELERGUES, R. e colab., (1955), «Les Troubles Menteaux au Cours des Tumeurs du Lobe Frontal», in Annals de Médecine et Psychologie, nº 113, 4.

ANOKHINE P., (1985), Biologie et Neurophysiologie du Réflexe Conditionné, Moscovo.

ARBIB, D. (1981), Perceptual Structures and Distributed Motor Control, In V. Brooks (Ed.), Handbook of Physiology – The Nervous System II, Motor Control, In Am. Physiologycal Society, Bethesda.

ARGYLE, M., (1975), Bodily Communication, Methwen and Co., Ltd, Londres

ARKWRIGHT, M. (1980), The Frostig Approach, National Council for Special Education, Stratford-upon-Avon.

ASHBY, W.R. (1960), Design for a Brain: the origin of adaptative behaviour, Jonh Wiley & Sons, N. York.

ASIMOV, I., (1973), O Corpo Humano, Boa Leitura, São Paulo.

ASTRAND, P. O ., e RODAHL, K., (1970), Text Book of Work Physiology, McGraw Hill, Nova Iorque.

ATHAYDE, S., (1972), Elementos de Psicopatologia, Fundação Calouste Gulbenkian, Lisboa.

AUSUBEL, D. P. e SULLIVAN, E. U., (1970), Theory and Problems of Child Development, Grune and Stratton, Nova Iorque.

AUZIAS, M., (1970), Les Troubles de L' Écriture chez l'Enfant, Delachaux et Niestlé, Neuchâtel.

AYRES, J. (1966), Interrelationships among Perceptual-motor Functions in Children, In Am. J. of Ocupational Therapy, n. 20.

AYRES, J. (1968), Sensory Integrative Processes and Neuropsychological Learning Disabilities, Special Child Publications, Seatle.

AYRES, J., (1972a), «Improving Academic Score Through Sensory Integration», in Journal of Learning Disabilities, nº 5.

AYRES, J., (1972b), Southern California Sensory Integration Test Manual, Western Pshyc. Services, Los Angeles.

AYRES, J., (1974), Reading: a product of sensory integrative process, In A. Henderson, L. Lorens, Gilfoyle, C. Myers & S. Prevel (Eds.), The Development of Sensory Integrative Theory and Practice, Kendall/Hund, Dubuque.

AYRES, J., (1975a), Sensoriomotor Foundation of Academic Ability, W. Cruickshank e D. Hallahan (Eds.), Perceptual and Learning Disabilities in Children, vol. 2, Syracuse Univ. Press, N. York.

AYRES, J., (1975b), Southern California Postrotatory Nystagmus Test, Western Pshyc. Services, Los Angeles

AYRES, J., (1977), *Sensory Integration and Learning Disorders*, Western Psychological Services, Los Angeles.

AYRES, J., (1978), «Learning Disabilities and the Vestibular System», in *Journal of Learning Disabilities*, nº 11.

AYRES, J., (1982), *Sensory Integration and the Child*, Western Psychological Services, Los Angeles.

AYRES, J., (1989), Sensory Integration and Praxis Test, Western Pshyc. Services, Los Angeles.

AYRES, J., MAILLOUX, Z. e Wendler, C. (1987), Developmental Dyspraxia: is it a utilitary function, In Ocupational Therapy Jorn. of Research, n. 7

AZCOAGA J. e colab., (1983), *Las Funciones Cerebrales Superiores y sus Alteraciones en el Niño y en el Adulto*, Paidós, Buenos Aires.

AZEMAR, G., (1965), «Tonus Musculaire et Dynamogénie», in *Les Cahiers Scientifiques d'Éducation Physique*, Dezembro.

AZEMAR, G., (1968), «Activité Cinétique. Tonus Postural, Relaxation», in *Revue de Gnosologie*, SNMC, nº 3.

AZEMAR, G., (1970), *Sport et Lateralité*, PUF, Paris.

AZEMAR, G., (1974), «La Manualité: Origine, Rôle et Destinée de la Main», in *Revue de Thérapie Psychomotrice*, nº 21, Fevereiro.

BABINSKI, J., (1914), «Contribuition à l'Étude des Troubles Mentaux dans l'Hémiplégie Organique Cérébrale (Anosognosie)», in *Revue de Neurologie*, Junho.

BAIRRÃO, J., (1968), «A Psicologia como Ciência segundo Jean Piaget», in *Revista Portuguesa de Psicologia*, nº 2-3, Dezembo, Maio.

BALBI, RENATO e ROSELLINA (1982), *Longa Viagem ao Centro do Cérebro*, Edições 70, Lisboa.

BARKLEY, R. A. (1990), *Attention Deficit Hyperactivity Disorder: an handbook for diagnosis and treatment*, Guilford Press, N. York.

BARKLEY, R. A. (1998), Attention Deficit Hyperactivity Disorder, In *Scientific American*, Sept.

BARON-COHEN, S. (1995), Mindblindness na essay on autism and theory of the mind, MIT Press, Massachusetts.

BARSCH, R., (1961), *The Teacher of Brain-Injured Children*, Syracuse University Press, Nova Iorque.

BARSCH, R., (1965), «A Movigenic Curriculum», in *State Department of Public Instruction*, Bulletin nº 25, Wisconsin.

BARSCH, R., (1966), «Teacher Needs-Motor Training», in W. Cruickshank, *A Teaching Method from Brain-Injured and Hyperactive Children*, Syracuse University Press, Nova Iorque.

BARSCH, R., (1967), «Achieving Perceptual-Motor Efficiency», in *Special Child Publications*, Seattle.

BARSCH, R., (1968a), «Enriching Perception and Cognition», in *Special Child Publications*, vol. 2, Washington.

BARSCH, R., (1968b), *Six factors in learning*, Special Child Publications, Seatle.

BARUK, (1953), «Les Étapes du Développment Psychomoteur et de l'Apréhension Volontaire chez le Nourrisson», in *Archives Françaises de Pédagogie*, 10, 4, 425-432.

BATEMAN, B. D., (1973), «Educational Implications of Minimal Dysfunction», *in* S. Sapir e A . Nitzburg, *Children with Learning Problems*, Brunners and Mazel Publications, Nova Iorque.

BEAUMONT, J. G. e DAIMOND, S., «Transfer Between the Cerebral Hemispheres in Human Learning», in *Acta Psychologica*, nº 37.

BELEY, A ., (1951), *L' Enfant Instable*, PUF, Paris.

BENDER, L. e colab., (1952), «The Image of Schizophrenic Children Following Electroshock Therapy», in *American Journal of Ortopsychiatry*.

BENDER, L. e colab., (1967), «Theory and Treatment of Childhood Schizophrenia», in *Acta Paedopsychiatric*, nº 34.

BENTON. A . L., (1959), *Right-Left Discrimination and Finger Localization. Development and Pathology*, Hoeber-Warper Inc., Nova Iorque.

BENTON, A . L., (1970), «Cerebral Hemispheric Dominance», in *Journal of Medical Science*, nº 6.

BENTON, A . L., (1975), «Development Dyslexia: Neurological Aspects in W. J. Friedlander», in *Advances in Neurology*, vol. VII, Raven Press, Nova Iorque.

BENTON, A . L., (1979), «Body Schema Disturbances: Finger Agnosia and Right-Left Disorientation», *in* K. Heilman e E. Valenstein, *Clinical Neuropsychology*, Oxford University Press, Nova Iorque.

BENTON, A ., LEVIN, H. S. e VANALEN, M. W., (1974), «Geographic Orientation in Patients with Unilateral Cerebral Disease», in *Neuropsychology*, nº 12.

BERGERON, M., (1947), *Les Manifestations Motrices Spontanées chez l'Infant*, Herman, Paris.

BERGERON, M., (1956), «Le Mouvement, son Étude et son Importance en Psychologie de l'Enfant», in *Revue Enfance*, nº 2, Março-Abril.

BERGÈS, J., (1964), «Les Indications de la Ralaxation chez l'Enfant», in *Revue de Neuropsychiatrie Infantile*, nº 7-8.

BERGÈS, J., (1967), *Les Gestes et la Personnalité*, Hachette, Paris.

BERGÈS, J., (1968), «Diagnostic des Dyspraxies chez l'Enfant d'Âge Scolaire», in *Revue de Rééducation Ortophonique*, nº 37-38.

BERGÈS, J., (1973a), «Quelques Thèmes de Recherche en Psychomotricité», in *Revue de Thérapie Psychomotrice*, nº 19, Agosto.

BERGÈS, J., (1973b), «Relaxation et Espace», in *Revue de Thérapie Psychomotrice*, nº 17.

BERGÈS, J. e BOUNES, M., (1974), *La Relaxation Thérapeutique chez l'Enfant*, Masson et Cie., Paris.

BERGÈS, J., BOUNES, M. e MATTOS, Z., (1972), «Réflexions sur quelques Problèmes Abordés en Relaxation», in *Perspectives Psychiatriques*, nº 3, 35.

BERGÈS, J. e LEZINE, L., (1963), *Test d'Imitation des Gestes. Tecniques d'Exploration du Schéma Corporel et des Praxies chez l'Enfant de 3 a 6 Ans*, Masson et Cie., Paris.

BERGSON, H. (1913), *L´ Ame et Le Corps*, In *Le Materialisme Actuel*, Flammarion, Paris.

BERKSON, G. e DAVENPORT, R. K., (1962), «Stereotyped Movements of Mental Defectives», in *American Journal of Mental Deficiency*, nº 66.

BERMÚDEZ, J., MARCEL, A. e EILAN, N., Editors (1998), *The body and the self*, , MIT Press, Cambridge, Massachusetts.

BERNIER, J.J. e PAUPE, J., (1966), « Réflexes Médullaires et Tonus Musculaire», in *Documentation Médicale Permanente*, nº 4, Janeiro.

BERNSTEIN, N. A ., (1947), The construction of movements, Medgia, Moscovo.

BERNSTEIN, N. A ., (1967), *The Coordination and Regulation of Movements*, Pergamon Press, Oxford.

BERNSTEIN, N. A. (1986a), The techniques of the study of movement, in H. T. Whiting (ed.), *Human Motor Actions: Bernstein reassessed*, North- Holland, Amsterdão.

BERNSTEIN, N. A. (1986b), The problem of the interrelation of the co-ordination and localization, in H. T. Whiting (ed.), *Human Motor Actions: Bernstein reassessed*, North- Holland, Amsterdão.

BERNSTEIN, N. A. (1986c), Biodynamics of locomotion, in H. T. Whiting (ed.), *Human Motor Actions: Bernstein reassessed*, North- Holland, Amsterdão.

BERNSTEIN, N. A. (1986d), Some emergent problems of motor acts, in H. T. Whiting (ed.), *Human Motor Actions: Bernstein reassessed*, North- Holland, Amsterdão.

BERNSTEIN, N. A. (1986e), Trends and problems in the study of investigation of physiology of activity, in H. T. Whiting (ed.), *Human Motor Actions: Bernstein reassessed*, North-Holland, Amsterdão.

BERNSTEIN, N. A. (1986f), Trends in physiology and their relation to cybernetics, in H. T. Whiting (ed.), *Human Motor Actions: Bernstein reassessed*, North- Holland, Amsterdão.

BERTALLANPHY, Z., (1968), *General System Theory: Foundations Development and Aplications*, G. Braziller, Nova Iorque.

BERTHOUD, M., (1973), «Système de Référence Spatiaux chez l'Enfant d'Âge Préscolaire», in *Revue L'Anée Psychologique*, fasc. 2.

BERTHOZ, A. (1997), *Le sens du mouvement*, Odile Jacob, Paris.

BERTRAND, R., (1967), «Relaxation, Atonie, Education Physique», in *Éducation Physique et Sports*.

BINGLEY, T., (1958), «Mental Symptoms in Temporal Lobe Epilepsy and Temporal Lobe Gliomas», in *Acta Psychiatric and Neurologic*.

BIRAN, M. de (1932), Essais sur les Fondements de la Psychologie e sur les Rapports avec L´Étude de la Nature ; Tisseraud Alcan, Paris.

BIRCH, H. G., (1964), *Brain Damage in Children. The Biological and Social Aspects*, Williams and Wilkins, Baltimore.

BIRCH, H. G. e BELMONT, L. (1964), Auditory-Visual Integration in Normal and Retarded Readers, In *Am. J. Orthopsychiatry*, n. 34.

BIRCH, H. G. e BELMONT, L. (1965), Auditory-Visual Integration, Intelligence and Reading Ability in School Children, In Perceptual and Motor Skills, n. 20.

BLOEDE, G., (1946), *Les Gauchers. Étude du Comportement, de la Pathologie et de la Conduite à Tenir*, Thèse de Lyon.

BOBATH, K., (1974), *The Motor Deficit in Patients with Cerebral Palsy*, Spastics International Medical Publications and William Heinemann Medical Books Ltd, Londres.

BOBATH, K., (1980), *A Neurophysiological Basic for the Treatment of Cerebral Palsy*, Spastics International Medical Publications, Londres.

BOCHER, H., (1972), *Troubles Psychomoteurs chez l'Enfant*, Masson et Cie., Paris.

BOREL-MAISONNY, S., (1963), *Langage Oral et Écrit*, vol. I e II, Delachaux et Niestlé, Neuchâtel.

BORS, E., (1951), «Phantom Limbs of Patients with Spinal Cord Injury», in *Archieves of Neurology and Psychiatry*, nº 66, 5.

BOULANGER e BALLEYGUIER, G., (1967), «Les Étapes de la Reconnaissance de Soi Devant le Miroir», in *Revue Enfance*, nº 1, Janeiro-Março BOULCH, J., (1970), «La Psychomotricité par la Psychocinétique», in *Psychomotricité, Stage de Perfectionnement de Gènève*, Médicine et Hygiène, Genebra.

BOULCH, J. de (1971), Ver une science du mouvement humain, Expansion Scientifique Française-ESF, Paris.

BOULCH, J. (1972), L´ education par le mouvement : la psychocinétique, ESF, Paris.

BOULCH, J. de (1995), Mouvement et dévelopment de la personne, Vigot, Paris.

BOULCH, J. de (1998), Le corps à l´école au XXI siècle, PUF, Paris.

BOUR, P., (1971), «Contrôle Corporel au Psychodrame», in Revue de Thérapie Psychomotrice, nº 9-10, Fevereiro.

BOURRET, P. e LOUIS, R., (1983), Anatomie du Système Nerveux Central, Expansion Scientifique Française, Paris.

BOUSINGEN, D. de, (1961), La Relaxation, PUF, Paris.

BOUSINGEN, D. de, (1962), «Indications et Techniques de Relaxation en Neuropsychiatrie Infantile», in Revue de Neuropsychiatrie Infantile, nº 10, 5- 6.

BOUSINGEN, D. de, (1971), «La Pédagogie de la Relaxation de Mme. Gerda Alexander», in La Relaxation: Aspects Théoriques et Pratiques, 4ª ed., Expansion Scientifique Française, Paris.

BOUSINGEN, D. de e GEISSMAN, P., (1968), Les Méthodes de Relaxation, Dessart, Bruxelas.

BOWER, T. G. R., (1974), Development in Infancy, W. H. Breeman and Co., São Francisco.

BOWLBY, J., (1978), Attachement et perte, PUF, Paris.

BREHAT, M. F., SLCHEZ, J. P. e BALDAUF, A ., (1971), «Modalités de la Thérapie Psychomotrice chez l'Enfants Psychotiques», in Revue de Thérapie Psychomotrice, nº 9-10, Fevereiro.

BRITEN, C. S., (1973), «Relaxation et Psychologie des Profondeurs», in Disorders of Language, CIBA Foundation, Maio.

BROCA, P., (1865), «Sur la Faculté du Langage Articulé», in Bulletin de la Société d'Anthropologie de Paris, VI.

BROFENBRENNER, U. (1968), Early Deprivation: a cross-species analysis, In G. Newton e S. Levine (Eds.), Early Experience and Behavior, Charles C. Thomas, Illinois.

BROFENBRENNER, U. (1979), The Ecology of Human Development, Harward Univ. press, Massachusets.

BROFENBRENNER, U. e CRONTER, A.C. (1983), The Evolution of Environemental Model in Developmental Research, In P. Mussen e W. Kassen (Eds.), Handbook of Child Psychology, vol. I, Wiley, N. York.

BROOKS, V. B., (1984) «Cerebellar Functions in Motor Control», in Review of Human Neurobiology, vol. II, nº 4, Springer International, Berlim.

BROWN, P., (1974), Toward a Marxist Psychology, Harper Colophon Books, Evanston.

BROWNELL, W. e HENDRICKSON, G., (1950), How Children Learn Information, Concepts and Generalizations, University of Chicago, 1950.

BRUININKS, R. (1974), Physical and Motor Development of Retarded Person, in Intern. Rev. in Mental Retard., vol. 7.

BRUININKS, R. (1978), Bruininks-Oseretsky Motor Proficiency Test – BOMPT: examner´s manual, AGS, Minesota.

BRUNER, J., (1970), «The Growth and Structure of Skill», in K. Connolly, Mechanisms of Motor Skill Development, Academic Press, Londres.

BRUNER, J., (1971), The Process of Education, Harvard University Press, Londres.

BRUNER, J., (1976), Beyond the information given, Norton and Co., Nova Iorque.

BRUNER, J., (1973), «On Cognitive Growth» in S. Sapir e A . Nitzburg, Children with Learn Problems, Brunners and Mazel Publications, Nova Iorque.

BRUNER, J., (1974), «Nature and Uses of Immaturity», in K.Connolly e J.Bruner, The Grow of Competence, Academic Press, Londres

BRUNER, J., GOODNOW, J. e AUSTIN, G. (1956), A Study of Thinking, J. Wiley, N. York.

BRUNER, J., OLVER, R. e GREENFIELD, P. Studies in Cognitive Growth, J. Wiley, N. York.

BRUNET, O ., e LEZINE, I., (1965), Le Développement Psychologique de la Première Enfance (Préface de H. Wallon), PUF, Paris.

BRUNO, J., (1960), «Yoga et Training Autogène», in Critique, nº 159-160.

BRUNO, P., (1971), «Sur la Formation des Concepts Freudiens de Psychique-Physiologique», in Nouvelle Revue de Psychanalyse, Lieux du corps, nº 3, Gallimard, Paris.

BUCHER, H., (1972), Troubles Psychomoteurs chez l'Enfant, Masson et Cie., Paris.

BUCHER, H., (1973), Approche de la Personnalité de l'Enfant par l'Examen Psychomoteur, Masson et Cie., Paris.

BUHLER, C., e colab., (1964), El Desarrollo del Niño Pequeño, Paidós, Buenos Aires.

BUSS, D. M. (1999), Evolutionary Psychology: the new science of the mind, Allyn and Bacon, Boston.

BUYTENDIJK, F. J. J., (1935), «El Juego y su Significado», in Revista del Ocidente.

BUYTENDIJK, F. J. J., (1952), Phénomènologie de la Rencontre, Desclée de Brower, Paris.

BUYTENDIJK, F. J. J., (1957), Attitudes et Mouvements - Étude Fonctionelle du Mouvement Humain, Desclée de Brower, Paris.

BUYTENDIJK, F. J. J., (1967), « Le Corps comme Situation Motivante», in Bulletin de Psychologie, nº 140, Maio.

CAJAL, S. R. (1972), *Histologie du Système Nerveux de L´Homme et des Vertébrés*, Raycar, Madrid.

CALANCA, A., (1972), «Dessinez moi un Bonhomme», in *Revue Image*, nº 42, La Roche, Basileia.

CAMPBELL, K., (1970), *Body and Mind*, Auchor Books, Nova Iorque.

CAMPBELL, S. B. e colab. (1971), Cognitive Styles in Hyperactive Children and the Effect of Methylphenidate, In *Journal of Child Psychology and Psychiatry*, n. 12.

CAMUS, J. (1981), *L'Enfant Maladroit*, PUF, Paris.

CAMUS, J. (1998), Wallon et la Neuropsychologie Actuelle, in *Enfance*, n. 101.

CAMUS, J. L. (1984), *Pratiques psychomotrices*, Mardaga, Bruxelas.

CAMUS, J. L. (1988), *Les origines de la motricité chez l´enfant*, PUF, Paris.

CANNON, W. B. (1915), *Bodily Changes in Pain, Hunger, fear and Rage*, Appleton-Century-Crofts, N. York.

CARMICHAEL, L., (1951), «Ontogenic Development», in S. S. Stevens, *Handbook of Experimental Psychology*, John Wiley and Sons, Nova Iorque.

CARMICHAEL, L., (1970), *Manual of Child Psychology*, John Wiley and Sons, Nova Iorque.

CASTELLANOS, F. e colab. (1996), Quantitative Brain Magnetic Resonance. Imaging in Attention Deficit Hyperactive Disorder – ADHD, In Archives of General Psychiatry, n. 53.

CHAFANT, J. C. e SCHEFFELIN, M. A., (1969), «Central Processing Dysfunctions in Children, National Institute of Neurological Diseases and Stroke», in *Minds Monograph*, nº 9, U. S. Department of Health, Educational and Welfare, Bethesda.

CHALLEY-BERT, e PLAST, F., (1973), *Physiologie des Activités Physiques*, 2ª ed., J. B. Bellières, Paris.

CHALMERS, N., CRAWLEY, R., e ROSE, S. P. P., (1971), *The Biological Bases of Behaviour*, Open University, Londres.

CHAMBERLAIN, H. D., (1953), «A Study of Some Factors Entering into the Determination of Handness», in *Child Development*, VI.

CHANGEUX, J. P., (1983), *L'Homme Neuronal*, Fayard, Paris.

CHARCOT, J. M., (1888) «Physiologie et Pathologie du Moignom à Propos d'un Homme amputé du Bras Gauche», in *Polyclinique*, Junho.

CHATEAU, J., (1955), *Le Jeu de l'Enfant Après 3 Ans, sa Nature, sa Discipline et Importance à la Pedagogie*, J. Vrin, Paris.

CHAUCHARD, P., (1963), *La Maitrise de Soi*, Charles Descartes, Bruxelas.

CHAUCHARD, P., (1967), *La Motricité de Soi*, PUF, Paris.

CHAZAND, J., (1974), *Introduction à la Psychomotricité*, Privat, Toulouse.

CHILAND, C., (1971), *L'Enfant de 6 Ans et son Avenir*, PUF, Paris.

CHIRPAZ, F., (1969), *Le Corps*, PUF, Paris.

CHOULAT, L., (1967), «La Relaxation», in *Documents de Éducation Physique et Sports*, supl. do nº 86, Maio.

CHRISTENSEN, A. L., (1974), *Luria´ Neuropsychological Investigation*, Munksgaard, Copenhagen.

CHRISTENSEN, A. L., (1979), *El Diagnóstico Neuropsicológico de Luria*, Pablo del Rio, Madrid.

CIBA FOUNDATION, (1967), *Myotatic Kinesthetic and Vestibular Mechanism*, Churchill, Londres.

CLAPARÈDE, E., (1951), *Le Développement Mental*, Delachaux et Niestlé, Neuchâtel.

CLARK, M. M., (1957), *Left-Handness*, vol. I, University of London Ltd, Londres

CLEMENTS, S., (1966), «Learning Disabilities - Who?», in *Special Education: Strategies for Educational Progress*, CEE, Washington.

CLEMENTS, S., (1966), «Minimal Brain Dysfunction in Children», in *NINDB Monograph*, nº 3.

COLEMAN, H. (1968), Visual Perception and Reading Dysfunction, In *J. Learning Disabilities*, n. 1.

COMAR, G., (1901), «L'Auro-Représentation de l'Organisme chez Quelques Hystèriques», in Revue de Neurologie, n. 9.

CONNERS, C. K. (1969), A Teacher Rating Scale for Use in Drug Studies with Children, In *Am. J. of Psychiatry*, n. 126.

CONNERS, C. K. (1970), Sympton Patterns in Hyperkinetic, Neurotic and Normal Children, In *Child Development*, n. 41.

CONNOLLY, K., (1970), *Mechanisms of Motor Skill Development*, Academic Press, Londres.

CONNOLLY, K., e BRUNER, J., (1974), *The Grow of Competence*, Academic Press, Londres.

CONNOLLY, K., e PRECHTL, H., (1981), *Maturation and Development: Biological and Psychological Perspectives*, Spastics International Medical Publications, Londres.

CONTANT, M. CALZA, A. (1994), *Les troubles psychomoteurs et le thérapeute en psychomotricité. Etudes épistémologiques, séméiologiques, identitaires*, Masson, Paris.

CORAH, N. L. e colab., (1963), «A Factor Analytic Study of the Forstig Development Test of Visual Perception», in *Perceptual and Motor Skills*, nº 16.

CORRAZE, J. (1980), Les communications non verbales, PUF, Paris.

COSSA, P., (1957), *La Cybernètique (du Cerveau Humain aux Cerveaux Artificiels)*, Masson et Cie., Paris.

COSTE, J. (1989), *La psychomotricité*, Que sais-je ?, 1706, PUF, Paris.

CRATTY, B., (1967), *Developmental Sequences of Perceptual Motor Tasks*, Educational Activities Inc., Freeport, Nova Iorque.

CRATTY, B., (1968a), *Psychology and Physical Activity*, Prentice-Hall Inc., Englewood Cliffs, Nova Jersey.

CRATTY, B., (1968b), *Social Dimensions of Physical Activity*, Prentice-Hall Inc., Englewood Cliffs, Nova Jersey.

CRATTY, B., (1968c), *Movement and the Intellect*, vol. 3, Special Child Publications, Seattle.

CRATTY, B., (1969), *Perceptual-Motor Behavior and Educational Processes*, Charles C. Thomas Publisher, Springfield.

CRATTY, B., (1970), *Visual Perceptual Development in Perceptual and Motor Development in Infants and Children*, MacMillan and Co., Nova Iorque.

CRATTY, B., (1971), *Active Learning Games to Enhance Academic Abilities*, Prentice-Hall Inc., Englewood Cliffs, Nova Jersey.

CRATTY, B., (1973a), *Movement Behavior and Motor Learning*, 3ª ed., Lea and Febiger, Filadélfia,

CRATTY, B., (1973b), *Motor Learning*, Lea and Febiger, Filadélfia,

CRATTY, B., (1973c), *Teaching Motor Skills*, Prentice-Hall Inc., Englewood Cliffs, Nova Jersey.

CRATTY, B., (1980), *Adapted Physical Education for handicapped Children and Youth*, Love Pubs. Co., Denver.

CRATTY, B., (1982), *Desarrollo Perceptivo y Motor en los Niños*, Paidós, Buenos Aires.

CRATTY, B. (1994), *Clumsy child síndromes*, Harwood academic publis., Langhorne.

CRATTY, B. e colab., (1970), *Movement Activites, Motor Ability and the Education of Children*, Charles C. Thomas Publisher, Springfield.

CRINGUET, G., MOOR., L., WIDLOCHER, D. e WINTREBERT, D., (1964), «Essai Clinique de la Relaxation chez l'Enfant», in Revue de Neuropsychiatrie Infantile, nº 7-8.

CRUICKSHANK, W., (1961), *A Teaching Method from Brain-Injured and Hyperactive Children*, Syracuse University Press, Nova Iorque.

CRUICKSHANK, W., (1966), *The Teacher of Brain-Injured Children*, Syracuse University Press, Nova Iorque.

CRUICKSHANK, W., (1971), *Psychology of Exceptional Children and Youth*, Prentice-Hall Inc., Englewood Cliffs, Nova Jersey.

CRUICKSHANK, W., (1972), *The Brain-Injured Child in Home, School and Community*, Syracuse University Press, Nova Iorque.

CRUICKSHANK, W., (1979), Myths and Realities in Learning Disabilities, In E. Meyen (Ed.), The Study of Exceptional Children and Youth, Love, Denver.

CRUICKSHANK, W., (1981), «A New Perspective in Teacher Education: The Neuroeducator», in *Journal of Learning Disabilities*, vol. XIV, nº 6.

CRUICKSHANK, W., (1986), *Disputable decisions in special education*, University of Michigan Press, Ann Arbor.

CRUICKSHANK, W. e JOHNSON, O., (1958), *Education of Exceptional Children and Youth*, Prentice-Hall Inc., Englewood Cliffs, Nova Jersey.

CRUICKSHANK, W., BENTZEN, F., RATLEBURG, F. e TANNHAUSSER, M. (1961), A Teaching Method for Brain-Impaired and Hyperactive Children, Syracuse Un. Press, N. York.

CRUICKSHANK, W., BILE, H., WALLEW, N. e LYNCH, K. (1965), *Perception and Cerebral Palsy*, 2nd. ed., Syracuse Univ. Press, N. York.

CRUICKSHANK, W., e HALLAHAN, D. (1975), *Perceptual and Learning Disabilities in Children*, vol. 2, Syracuse Un. Press, N. York.

CRUZ, V. e FONSECA, V. da (2002), *Educação Cognitiva e Aprendizagem*, Porto Editora, Porto.

CYNA, D., DESOBEAUF, DIEZET, J. L. LE e WINTREBERT, H., (1971), «Psychodynamisme de l'Enfant dans sa Rencontre avec l'Object», in *Revue de Thérapie Psychomotrice*, nº 9-10, Fevereiro.

CURTISS, S. (1977), Genie : a psycholinguistic study of a modern-day "wild child", Academic Press, N. York.

DAGUE, P., (1965), «Scolarisation des Enfants Myopathes», in *Revue Réadaptation*, nº 118.

DALCROZE, E. J., (1916), *A Bâtons Rompus, Lettre aux Rythmiciens in the Rythme*, Novello et Cie., Junho.

DALCROZE, E. J., (1920), *Le Rythme, la Musique et l'Éducation*, Jobin, Lausanne.

DAMÁSIO, A. (1994), *O Erro de Descartes : emoção, razão e cérebro humano*, Europa-América, Lisboa.

DAMÁSIO, A. (1999), *The feeling of what happens: body and emotion in the making of consciousness*, Harcourt brace & Co., Nova Iorque.

DAMÁSIO, A. (2003), Looking for Spinoza: joy, sorrow and the feeling brain, W. Heinemann, London.

DANTAS, H. (1992), Do ato motor ao ato mental: a génese da inteligência, in Y. La Taille, M. de Oliveira, H. Dantas (eds.), *Piaget, Vygotsky e Wallon*: teorias psicogenéticas em discussão, Summus, S. Paulo.

DARWIN, C., (1956), *The Origin of Species*, Oxford University Press, Nova Iorque.

DAS, J. P. (1998), The Working Mind: an introduction to psychology, Sage Public., N. Delhi.

DAS, J. P., NAGLIERI, J. & KIRBY, J. (1994), *Assessment of Cognitive Process: the PASS theory of intelligence*, Allyn and Bacon, Boston.

DAS, J. P. e colab. (1996), Cognitive Planning: the psychological basis of intelligent behavior, Sage Public., N. Delhi.

DAVIER, R., BUTLER, N. e GOLDSTEIN, H., (1972), *From Birth to Seven*, Logmans, Londres.

DAVOL. I. e HASTINGS, M. (1967), Effects of Sex, Age, Reading Ability, SES, and Display Position on Measures of Spatial Relations n Children, In *Perceptual and Motor Skills*, n. 24.

DEECKE, L. & KORNHUBER, H. (1978), An Electrical Sign of Participation of the Supplementary Motor Cortex in Human Voluntary Finger Movements, In *Brain*, n. 159.

DEJERINE, J., (1914), Sémiologie des Affections du Système Nerveaux, Masson et Cie., Paris.

DELACATO, C., (1959), *The Treatment and Prevention of Reading Problems*, Charles C. Thomas Publisher, Springfield.

DELGADO, J. M. R., (1971), *Physical Control of the Mind*, Harper Colophon Books, Nova Iorque.

DELMAS, J. e DELMAS, A ., (1970), *Voies et Centres Nerveux*, Masson et Cie., Paris.

DENCKLA, M. B. (1985), Motor Coordination in Dyslexic Children : theoretical and clinical implications, In F. Duffy e N. Geschwind, (Eds.), *Dyslexia: a neuroscientific approach to clinical evaluation*, Brown & Co., Boston.

DENNY-BROWN, D., (1962), *Interhemispheric Relations and Cerebral Dominance*, John Hopkins Press, Baltimore.

DESCAMPS, M. A. (1986), *L´ invention du corps*, PUF, Paris.

DEUTSCH, C. & SCHUMER, F. (1967), Damage Children : a modality oriented exploration of performance, Dep. Health, Education and Welfare, Washington.

DIAMAND, L., CRAMBES, G, GIRARD, J., GODEFROY, F. e TEMBOURET, E., (1971), «Recherche de Modalités d'Intervention en Thérapie Psychomotrice», in *Revue de Thérapie Psychomotrice*, nº 9-10, Fevereiro.

DIATKINE, R., (1971), «La Rééducation Psychomotrice. Mode d'Action Priviligié en Psychiatrie Infantile», in *Revue de Thérapie Psychomotrice*, nº 9- 10, Fevereiro.

DICKINSON, J., (1974), *Proprioceptive Control of Human Movement*, Lepus Books, Londres.

DIGELMANN, D., (1967), *L' Eutonie de Gerda Alexander: Approche Psychiatrique*,Thèse de Médicine, nº 16, Estrasburgo.

DIGELMANN, D., (1971), *L' Eutonie*, (caps. «Le Mouvement en Rytmique», «La Gymnastique et la Dance» e «Généralités»), Scarabée, Paris.

DIGELMANN, D., (1971), *L' Eutonie-Cemea*, Scarabée, Paris.

DIMOND, S., (1972), *The Double Brain*, Churchill, Londres.

DOBLINEAU, J., (1937), «Réflexes Conditionnels en Psychiatrie Infantile», in *1er. Congrès International de Psychiatrie Infantile*, Paris.

DOBLINEAU, M. A., (1966), «La Rééducation Psychomotrice a Base de Conditionnement», in *Revue de Neuropsychiatrie Infantile*, 14, nº 4-5.

DOBZHANSKY, T. (1951), Genetics Origin of Species, Columbia Univ. press, N. York.

DOBZHANSKY, T. (1975), The Genetics Basis of Evolution, In Scientific American – Biological Anthropology.

DOLTO, F., (1957), «A la Recherche du Dynamisme des Images du Corps et de leur Investissement Symbolique dans le States Primitifs du Développement Infantile», in *La Psychanalyse*, nº 3.

DOLTO, F., (1984), *L´ image inconsciente du corps*, Seuil, Paris.

DOMAN, G., DELACATO, C., e DOMAN R., (1964), *The Doman-Delacato Developmental Profile*, Institute for the Achievement of Human Potential, Filadélfia.

DOUGLAS, V. (1980a), Assessing the Atencional Deficit of Hyperactivity Children, In C. Whalen e B. Hencker (Eds.), *Hyperactive Children: the social ecology of identification and treatment*, Academic Press, N. York.

DOUGLAS, V. (1980b), Treatment and Training Approaches to Hyperactivity : establishing internal or external control, In C. Whalen e B. Hencker, (Eds.), *Hyperactive Children: the social ecology of identification and treatment*, Academic Press, N. York.

DOUGLAS, V. (1983), Atencional and Cognitive Problems, In M. Rutter (Ed.), *Developmental Neuropsychiatry*, Guilford Press, N. York.

DUBOSSON, J., (1957), *Exercices Perceptives et Sensori-Moteurs*, Delachaux et Niestlé, Neuchâtel.

DUFFY, E. (1934), Emotion : an example of the need for reorientation in Psychology, In *Psychological Review*, n. 41.

DUPRÉ, E., (1909), La Débilité Motrice, Congrès de Nantes, Âout.

DUPRÉ, E. e MERKLEN, P. (1909), La Débilité Motrice dans ses Rapports avec la Débilité Mentale, Rapport au XIX Cong. De Neurologists Françaises, Nantes.

DUPRÉ, E. e COLLIN, A. (1911), Débilité Mental et Débilite Motrice Associées, In Encéphale.

DUPRÉ, E., (1915), *Pathologie de l'Émotivité et de l'Imagination*, Payot, Paris.

DYKMAN, R. e colab. (1970), Children with Learning Disabilities : conditioning differentiation and the Effect of Distraction, In *Am. J. Mental Deficiency*, n. 40.

ECCLES, J. C., (1952), *The Neurophysical Basis of the Mind*, Claredon Press, Oxford.

ECCLES, J. C., (1960), *Brain and Conscious Experience*, Springer International, Heidelberg.

ECCLES, J. C., (1973), *El Cerebro: Morfología y Dinámica*, Interamericana, México.

ECCLES, J. C., (1973), *The Understanding of the Brain*, International Copyright Union.

ECCLES, J. C., (1985), «O Movimento Voluntário», in *Hexágono Roche*, 12, nº 6.

ECCLES, J. e POPPER, K., (1977), *The Self and its Brain*, Springer International, Berlim.

EDGAR, C. e colab. (1969), Effects of Sensory-motor Training on Adaptative Behavior, In *Am. J. of Mental Deficiency*, n. 73.

EIDELMAN-BOMPARD, B., (1971), «Jeu et Rééducation Psychomotrice Individuelle», in *Revue de Thérapie Psychomotrice*, nº 12, Agosto.

ELKONIN, D. (1972), Le problème de la périodisation de développement psychique chez l´ enfant, in *Recherches Internationales à la Lumière du Marxism*, 71-72.

ELKONIN, D. (1998), *Psicologia do Jogo*, Martins Fontes, S. Paulo.

ELLIOT, J. M. e CONNOLLY, K., (1974), *Hierarchycal Structure in Skill Development*, Academic Press, Londres.

ELLIS, N. (1963), *Handbook of Mental Deficiency*, McGraw-Hill, N. York.

ENGELMANN, S., (1966), *Teaching Disadvantage Children in the Preschool*, Prentice-Hall, Englewood Cliffs, Nova Jersey.

ENGELS, F. (1961), *A Dialéctica da Natureza*, Grijalbo, Cidade do México.

ERICKSON, R. (1969), Visual-Haptic Attitude: effect on student achievement in reading, In J. of Learning Disabilities, n. 2.

ERIKSON, E., (1963), *Childwood and Society*, W. W. Norton and Co., Inc., Nova Iorque.

EPENSCHADE, A . e ECKERT, H., (1967), *Motor Development*, Charles E. Merryl Publishing Co., Springfield.

EYSENCK, H. (1967), The Biological Basis of Personality, Charles C. Thomas, Springfield, Illinois.

FANTZ, R. (1966), Pattern Discrimination and Selective Attention as Determinants of Perceptual Development in Children, In A. Kidd e J. Rivione (eds.), Perceptual Development in Children, Intern. Univ. Press, N. York.

FAUCHÉ, S. (1993), *Du corps au Psychisme*, PUF, Paris.

FAWCET, A. (2001), Dyslcxia : theory and good practice, Whurr Publis., London.

FAWCET, A. e NOCOLSON, R. (2001), Dyslexia: the role of cerebellum, Whurr Publis., London.

FAY, H. M., (1934), *L'Intelligence et le Caràctere*, Foyer Central d'Hygiène, Paris.

FEDERN, P., (1929), «Narcissism in the Structure of the Ego», in *International Journal of Psychoanalyse*, nº 9.

FELDENKRAIS, M., (1971), *La Conscience du Corps*, Robert Laffont, Paris.

FÉRÉ, C., ( 1891), «Note sur les Hallucinations Autoscopiques ou Spéculaires et sur les Hallucinations Altruistes», in *C. R. Société de Biologie*, 451.

FERNAND, G., (1943), *Remedial Techniques in Basic School Subjects*, McGraw-Hill, Nova Iorque.

FEUERSTEIN, R. e colab., (1979), *The Dynamic Assessment of Retarded Performers*, University Park Press, Baltimore.

FISCHER, S. e CLEVELAND, S., (1968), *Body Image and Personality*, Dover Publications, Nova Iorque.

FISHER, A., MURRAY, E. e BUNDY, A. (1991), *Sensory Integration: theory and practice*, F. A. Davis, Filadelfia.

FOERSTER, O ., (1931), «Ueber das Phantomglied», in *Medikal Klinik*, nº 1.

FONSECA, V. da, (1968), «Algumas Reflexões sobre a Criança Dispráxica», *in Temas de Psicomotricidade*, Instituto Nacional de Educação Física (INEF), EER nº 3, Lisboa

FONSECA, V. da, (1971), *De uma Filosofia à minha Atitude – Dados para o Estudo da Ontogénese da Motricidade*, Tese no Instituto Nacional de Educação Física (INEF), Lisboa.

FONSECA, V. da, (1972), *Projecto de Reeducação Psicomotora*, CIP, Fundação Calouste Gulbenkian, Janeiro.

FONSECA, V. da, (1973a), «As Necessidades de Movimento da Criança», In *Boletim do INEF*, 2ª série, nº 3-4, Lisboa.

FONSECA, V. da, (1973b), «Estudo Comparativo dos Métodos de Relaxação de Schultz e de Jacobson», in *INEF*, Publicação de apoio à cadeira de Educação Psicomotora, Lisboa.

FONSECA, V. da, (1973c), «Reeducação Expressiva», In *Boletim Bibliográfico do Centro de Investigação Pedagógica da Fundação Calouste Gulbenkian*, nº 17, Lisboa.

FONSECA, V. da, (1973d), «Relaxação», In *Enciclopédia Luso-Brasileira*, Editorial Verbo, Lisboa.

FONSECA, V. da, (1974a), «Dados para Hominização do Corpo», In *INEF*, Publicação de apoio à cadeira de Antropologia, Lisboa.

FONSECA, V. da, (1974b), «Dados para uma Observação em Psicomotricidade», In *Seminário Internacional de Observação e Avaliação em Pedagogia*, INEF, Lisboa.

FONSECA, V. da, (1974c), «Evolução das Idcias sobre a Noção de Esquema Corporal», in *Boletim do INEF*, nº 10, Lisboa.

FONSECA, V. da, (1974d), «Psicocinética e Psicomotricidade», in *INEF*, Publicação de Apoio à cadeira de Teoria da Ginástica, Lisboa.

FONSECA, V. da (1976), *Contributo para o Estudo da Génese da Psicomotricidade*, Notícias, Lisboa.

FONSECA, V. da, (1977a), «A Importância do Movimento no Desenvolvimento Psicológico da Criança segundo Wallon», in *Instituto António Aurélio da Costa Ferreira (IAACF)*, Textos CDI, Lisboa.

FONSECA, V. da, (1977b), «As Necessidades de Movimento da Criança», in *Instituto António Aurélio da Costa Ferreira (IAACF)*, Textos CDI, Lisboa.

FONSECA, V. da, (1977c), «Dados para o Desenvolvimento Psicológico da Criança», in *Instituto Superior de Psicologia Aplicada (ISPA)*, Lisboa.

FONSECA, V. da, (1977d), «Evolução das Ideias sobre a Noção de Esquema Corporal», in *ISPA*, Publicação de apoio à Psicomotricidade, Curso de pós-graduação, Lisboa.

FONSECA, V. da (1977e), Dificuldades de Aprendizagem, Insucesso Escolar e Delinquência, In *O Professor*, Set.

FONSECA, V. da, (1978), «Alguns Aspectos da Prevenção do Insucesso Escolar», in *Jornal da Educação*, nº 11, Abril, Lisboa.

FONSECA, V. da, (1978), «Escala de Identificação de Dificuldades de Aprendizagem», in *ISPA*, Publicação de apoio à cadeira de Psicopedagogia Especial, Lisboa.

FONSECA, V. da, (1979), «Visão Integrada da Aprendizagem», in *Actas do II Encontro Nacional de Educação Especial*, S.P.E.C.D.M., Lisboa.

FONSECA, V. da, (1980), «Aprendizagem e Deficiência Mental», in *IAACF*, Textos CIEE, Lisboa.

FONSECA, V. da, (1980), «Factores Psicomotores à luz de A . R. Luria», in *Revista do Desenvolvimento da Criança*, vol II, nº 1-2 (nova série), Lisboa.

FONSECA, V. da, (1982a), «Batterie de Despistage des Difficultés d'Apprentissage - Psychomotricité et Difficultés d'Apprentissage», in *Abstracts*, 5º Congresso Internacional de Psicomotricidade, Florença.

FONSECA, V. da, (1982b), «Introdução ao Estudo do Teste de Desenvolvimento da Percepção Visual de M. Frostig», in *CIEE-IAACF*, Lisboa

FONSECA, V. da, (1983a), «*Learning and Developmental Disabilities*», in *4º Congresso Internacional da European Association for Special Education (EASE)*, Tel Aviv, Julho.

FONSECA, V. da, (1983b), «De uma Perspectiva do Desenvolvimento da Criança a uma Estratégia de Intervenção Terapêutica», in *Ludens*, vol. VII, nº 4, Julho-Setembro.

FONSECA, V. da, (1984), *Uma Introdução às Dificuldades da Aprendizagem*, Editorial Notícias, Lisboa.

FONSECA, V. da, (1985), *Construção de um Modelo Neuropsicológico de Reabilitação Psicomotora*, Tese de Doutoramento, Faculdade de Motricidade Humana, Lisboa.

FONSECA, V. da, (1986a), «Gerontopsicomotricidade: Uma Abordagem ao conceito de Retrogénese Psicomotora», in *Revista de Reabilitação Humana*, vol. VI, nº 2, Lisboa.

FONSECA, V. da (1986b), Alguns Aspectos do Desenvolvimento na Adolescência, In Ludens, vol. 11, n. 1-

FONSECA, V. da, (1989a), *Desenvolvimento Humano - da Filogénese à Ontogénese da Motricidade*, Editorial Notícias, Lisboa

FONSECA, V. da (1989b), Psicomotricidade e Psiconeurologia: introdução ao Sistema psicomotor Humano, in *Rev. Ed. Esp. e Reabilitação*, 1.

FONSECA, V. da, (1991), *Contributo para o Estudo da Génese da Psicomotricidade*, Editorial Notícias, 4ª ed., Lisboa.

FONSECA, V. da (1992), *Manual de Observação Psicomotora: significação psiconeurológica dos factores psicomotores*, Ed. Notícias, Lisboa.

FONSECA, V. da (1994), Perturbações do Desenvolvimento e da Aprendizagem: tendências filogenéticas numa perspectiva dialógica entre o "normal" e o "patológico", in *Rev. Ed. Esp. e Reabilitação*, 1.

FONSECA, V. da (1995a), O Papel da Motricidade na Aquisição da Linguagem, In Temas de Psicomotricidade, FMH, Lisboa.

FONSECA, V. da (1995b), Alguns Aspectos da Caracterização Psiconeurológica da Criança com Disfunção Cerebral Mínima (DCM), In *Infanto, Rev. Neuropsiquiatria da Infância e da Adolescência*, n. 31.

FONSECA, V. da (1995c), A Deficiência Mental a partir de um enfoque psicomotor, In *Rev. Ed. Esp. Reabilitação*, n. 3/4.

FONSECA, V. da (1996), *Aprender a Aprender: a educabilidade cognitiva*, Notícias, Lisboa.

FONSECA, V. da (1997), Un Abordaje Neuropsicológica de la Somatognosia, in *Psicomotricidad*, 54.

FONSECA, V. da (1998a), *Psicomotricidade: filogénese, ontogénese e retrogénese*, Artes médicas do Sul, Porto Alegre.

FONSECA, V. da (1999a), *Perturbações do Desenvolvimento e da Aprendizagem: tendências filogenéticas e ontogenéticas*, FMH, Lisboa.

FONSECA, V. da (1999b), *Insucesso Escolar: abordagem psicopedagógica às dificuldades de aprendizagem*, Âncora, Lisboa.

FONSECA, V. da (2000a), Dificuldades de Aprendizagem Não Verbais, In *Inclusão*, n. 1.

FONSECA, V. da (2000b), *Aprendizagem e Integração Psicomotora*, Comunicação ao Cong°. Mundial de Psicomotricidade, Strasburgo.

FONSECA, V. da (2000c), Fundamentos Psicomotores da Expressões Artísticas, In Educação pela Arte: homenagem a Arquimedes da Silva Santos, Livros Horizonte, Lisboa.

FONSECA, V. da (2001a), *Psicomotricidade: perspectivas multidisciplinares*, Âncora editora, Lisboa.

FONSECA, V. da (2001b), *Cognição e Aprendizagem*, Âncora editora, Lisboa.

FONSECA, V. da (2002a), El Cuerpo de la Cultura y la Cultura del Cuerpo, in *Psicomotricidad*, n° 70-72.

FONSECA, V. da (2002b), Dislexia, Cognição e Aprendizagem, In *Cad. APDIS*, ano 1, n. 1.

FONSECA, V. da (2003), O Corpo da Cultura, In *Rev. Psicomotricidade*, vol. 1, n. 1.

FONSECA, V. da e MENDES, N., (1990), *Escola, Escola, quem És Tu?*, Editorial Notícias, 4ª ed., Lisboa.

FONSECA, V. da e MARTINS, R. (2001), *Progressos em psicomotricidade*, Fmh edições, Lisboa.

FONSECA, V. da e CRUZ, V. (2001), Programa de Reeducação Cognitiva PASS: avaliação dos seus efeitos em crianças com dificuldades de aprendizagem, FMH, Lisboa.

FONSECA, V. da e CUNHA, A. C. da (2003), Teoria da Experiência de Aprendizagem Mediatizada e Intervenção Familiar: prevenção das perturbações de desenvolvimento e da aprendizagem, FMH, Lisboa.

FONTES, V., (1950), «Interprétation Psychologique du Dessin Anthropomorphique Infantile Spécialement Observé chez les Oligophréniques», in *Sauvegard de l'Enfance*.

FRAISSE, P., (1957), *Psychologie du Temps*, PUF, Paris.

FRAISSE, P., (1963), *Les Conduites Temporelles*, PUF, Paris.

FRAISSE, P., NUTTIN, J. e MEILLI, R., (1963), *Motivation, Émotion, Personnalité, Traité de Psychologie Expérimentale*, fasc. 5, PUF, Paris.

FRANKL, V. (1997), Man´s Search for Ultimate Meaning, Planum Press, London.

FRAWLEY, W. (2000), *Vygotsky e a ciência cognitiva*, Artmed, Porto Alegre.

FREEMAN, R., (1967), « An Investigation of Doman-Delacato Theory of Neuropsychology as it Applies to Trainable Mentally Retarded Children in Public School», in *Journal of Pediatrics*, n° 71.

FREUD, A ., (1951), *Le Traitement Psychanalytique des Enfants*, PUF, Paris.

FREUD, S., (1962), *Trois Essais sur la Théorie de la Sexualité*, Gallimard, Paris.

FREUD, S., (1967), *Abrégé de psychanalyse*, PUF, Paris.

FREUD, A ., (1968), *Le Normal et le Pathologique chez l'Enfant*, Gallimard, Paris.

FREUD, S., (1968), *Le Moi et le Ça*, Payot, Paris.

FROLOV, Y., (1966), *O Cérebro e o Trabalho*, Arcádia, Lisboa.

FROSTIG, M., (1965a), «An Approach to the Treatment of Children with Learning Disorders», in J. Hellmuth, *Learning Disorders*, vol. I, Special Child Publications, Seattle.

FROSTIG, M., (1965b), «Corrective Reading in the Classroom», in *The Reading Teacher*, n° 18.

FROSTIG, M., (1970), *Movement Education - Theory and Practice*, Follet Publishing Co., Chicago.

FROSTIG, M., (1971a), «Program for Sensor-Motor Development at the M. F. Center of Educational Therapy», in *Foundations and Practices in Perceptual Motor Learning*, AAHPER, Washington.

FROSTIG, M., (1971b), The psychoeducational test battery with particular reference to assessment of movement skills, in *Syllabus of instructional courses*, Academy of Cerebral Palsy, N. Iorque.

FROSTIG, M., (1972a), «Education for Children with Learning Disabilities», *in* H. Myklebust, *Progress in Learning Disabilities*, 4ª ed., Grune and Stratton, Nova Iorque.

FROSTIG, M., (1972b), «Visual Perception, Integrative Function and Academic Learning», in *Journal of Learning Disabilities*, n° 5.

FROSTIG, M. e HORNE, D., (1964), *The Frostig Program for the Development of Visual Perception*, Follet Publishing Co., Chicago

FROSTIG, M. e HORNE, D., (1968a), «The Marianne Frostig Center of Education Therapy», *in* M. Jones, *Special Education Programs*, Charles C. Thomas Publisher, Springfield.

FROSTIG, M. e HORNE, D., (1968b*)*, *An approach to the treatment of children with learning disabilities*, Special Child publications, Seatle.

FROSTIG, M., LEFEVER, D. W. e WHITTLESEY, J. R., (1964), *The Marianne Frostig Development Test of Visual Perception*, Consulting Psychologist Press, Palo Alto, Califórnia.

FROSTIG, M. e MASLOW, P., (1973), *Learning Problems in the Classroom*, Grune and Stratton, Nova Iorque.

FROSTIG, M. e MASLOW, P., (1979), «Contributions to Education from Neuropsychology», in *Journal of Learning Disabilities*, Outubro.

FULTON, J. F., (1955), *A Teextbook of Physiology*, W. B. Saunders and Co., Filadélfia.

GADDES, W. H., (1968), «A Neuropsychological Approach to Learning Disorders», in *Journal of Learning Disabilities*, n° 1.

GADDES, W. H., (1969), «Can Educational Psychology be Neurologized?», in *Canadian Journal of Behavioral Science*, nº 1.

GADDES, W. H., (1975), «Neurological Implications for Learning», *in* W. Cruickshank e D. Hallahan, *Perceptual and Learning Disabilities in Children*, 1, Syracuse University Press, Nova Iorque.

GADDES, W. H., (1980), *Learning Disabilities and Brain Function - A Neuropsychological Approach*, Springer Verlag, Nova Iorque.

GAGNÉ, R. M., (1965), *The Conditions of Learning*, Holt, Rinehart and Kingston Inc., Nova Iorque.

GALABURDA, A ., LEMAY, M., KEMPER, T. e GESCHWIND, N., (1978), «Right-Left Asymmetries in the Brain», in *Science*, nº 199, 4311.

GALLIFERT e GRANJON, N., (1951), «Le Problème de l'Organisation Spatiale dans les Dyslexies d'Évolution», in *Revue Enfance*.

GALPERIN, P. Y. (1976), *Introducción a la psicologia : un enfoque dialéctico*, Pablo del Rio, Madrid.

GALVÃO, I. (2000), *Henri Wallon : uma concepção dialética do desenvolvimento infantil*, Vozes, S. Paulo.

GANTHERET, F., (1961), «Histoire et Position Actuelle de la Notion de Schéma Corporel», in *Bulletin de Psychologie*, tomo 15, nº 1.

GARDNER, E., (1968), *Fundamentals of Neurology*, W. B. Saunders and Co., Filadélfia.

GARDNER, H. (1998), *The Frames of Intelligence*, Basic Books, N. York.

GATZ, A., (1970), *Clinical Neuro-Anatomy and Neuro-Physiology*, 4ª ed., F. A . Davis and Co., Filadélfia.

GAZZANIGA, M., (1974), Cerebral Dominance Viewed as Decision System, *in* S. Daimond e J. Beaumont, *Hemispheric Functions in the Human Brain*, Halstead Press, Londres.

GERSTMANN, J., (1927), « Fingeragnosie und Isolierte Agraphieztschr», in *f.d.ges.Neurol*, nº 108.

GESCHWIND, N., (1962), «The Anatomy of Acquired Disorders of Reading», *in* J. Money, *Reading Disabilities: Progress and Research Needs in Dyslexia*, J. Hopkins Press, Baltimore.

GESCHWIND, N., (1972), «Anatomical Evolution and Human Brain», in *Bulletin of the Orton Society*, 22.

GESCHWIND, N., (1975), Language and the Brain, In *Biological Anthropology, Scientific American*.

GESCHWIND, N., (1985), Biological Foundations of Reading, in F. Duffy e N. Geschwind (Eds.), *Dyslexia: a neuroscientific approach to clinical evaluation*, Little Brown, Boston.

GESELL, A., (1949), *Study in Child Development*, 2ª ed., Harper and Row Publishers, Nova Iorque.

GESELL, A., (1962), *L'Embryologie du Comportement*, PUF, Paris.

GESELL, A., e AMATRUDA, C., (1974), *Developmental Diagnosis*, Harper and Row Publishers, Hagerstown.

GETMAN, G., (1965), «The Visuo-Motor Complex in the Acquisition of Learning Skills», *in* J. Hellmuth, *Learning Disorders*, vol. I, Special Child Publications Seattle.

GETMAN, G. e HENDRICKSON, H., (1966), «The Needs of Teachers for Specialised Information on the Development of Visuo-Motor Skills in Relation to Academic Perfomance», *in* W. Cruickshank, *The Teacher of Brain-Injured Children*, Syracuse University Press, Nova Iorque.

GETMAN, G. e KANE, E., (1964), «The Physiology of Readiness», in *Programs to Accelerate School Success*, Minneapolis.

GETMAN, G., KANE, E., HALGREN, M. e MCKEE, G., (1968), *Developing Learning Readiness - Teacher Manual*, Webster Division, Mc Graw Book and Co., Saint Louis.

GIBELLO, B., (1970), «Le Carrefour de la Psychomotricité», in *Perspectives Psychiatriques*, nº 29.

GIBELLO, B., (1970), «Aspects de la Psychomotricité», in *Perspectives Psychiatriques*, nº 29.

GIBSON, E. J., (1963), Development of Perception, In J. Wright e J. Kagan (Eds.), *Basic Cognitive Processes in Children*, Monographs of Society for Research in Child Development, 28, n. 2.

GIBSON, E. J., (1969), *Principles of Perceptual Learning and Development*, Appleton-Century-Crofts, Nova Iorque.

GIBSON, E. J. e WALK, R. , (1960), The "Visual Cliff", *In Scientific American*. N. 262.

GIBSON, J. J., (1966), *Senses Considered as Perceptual Systems*, Houghton-Mifflin, Boston.

GIBSON, J. J., (1979), The Ecological Approach to Visual Perception, Houghton-Mifflin, Boston.

GIBSON, J. J., (1982), Notes on Action, In E. Reed e R. Jones (Eds.), *Reason for Realisms*, Earlbaum, Hillsdale, N. Jersey.

GOLDSTEIN, K. (1983), *La structure de l´ organisme*, Gallimard, Paris.

GOODNOUGH, F., (1975), *L'Intelligence d'Après le Dessin*, PUF, Paris.

GORDON, N. e MCKINLAY, (1982), *Rééducation Psychomotrice de l'Enfant Maladroit*, Masson et Cie., Paris.

GRANJON, N. G., (1959), «L'Élaboration des Raports Spatiaux et la Dominance Latéral chez les Enfants Dyslexiques-Dysorthographiques», in *Bulletin de la Société Alfred-Binet*, vol. VI, 452.

GRANJON, N. G., (1962), «Les Praxies chez l'Enfant d'après Piaget», in *La Psychiatrie de l'Enfant*, vol. IV, fasc. 2.

GRANJON, N. G., (1970), «Le Symbolism chez l'Enfant», in *La Psychiatrie de l'Enfant*, vol. XII, fasc.1.

GRANJON, N. G. e AJURIAGUERRA, J. de, (1951), «Troubles de l'Apprentissage de la Lecture et Dominance Latéral», in *L'Encéphale*, n° 5.

GRANT, R., (1955), *Receptors and Sensory Perception*, Yale University Press, New Haven.

GRANT, R., (1977), *The Purposive Brain*, Massachusetts Institute of Technology Press, Boston.

GRIBENSKI, A. e CASTON, J., (1973), *La Posture et L'Équilibration*, PUF, Paris.

GROSS, C. e ZEIGLER, H., (1969), *Readings in Physiological Psychology-Neurophysiology, Sensory Processes*, Harper and Row Publishers, Nova Iorque.

GRUENBERG, E., (1964), «Some Epidemiological Aspects of Congenital Brain Damage», *in* H. G. Birch, *Brain Damage in Children. The Biological and Social Aspects*, Williams and Wilkins, Baltimore.

GUILFORD, J. P., (1958), «A System of Psychomotor Abilities», in *American Journal of Psychology*, n° 71.

GUILMAN, E. (1945), Fonctions psychomotrices et troubles du comportement, Foyer Central D´Hygiéne, Paris,

GUILMAN, E. (1948), Tests moteurs et tests psychomoteurs, Foyer Central D´Hygiéne, Paris,

GUILMAN, E. (1950), L´examen psychomoteur, *in Chaiers de l'Enfance Inadapté*.

GUILMAIN, E. e GUILMAIN, G., (1971), *L'Activité Psychomotrice de l'Enfant (son Évolution jusqu'a 12 ans). Tests d'Âge Moteur et Tests Psychomoteurs*, Librairie Vignès, Paris.

GUILLAUME, P., (1952), *Manuel de Psychologie*, PUF, Paris.

GUILLAUME, P., (1970), *L'Imitation chez l'Enfant*, PUF, Paris.

GUREWITCH, M., (1926), «Motorik, Lorperban und Charakter», in *Arch. Psychiatrik und Nerveukr*, n° 76.

HALL, E. (1986), *A Dimensão Oculta*, Relógio de Água, Lisboa.

HALL, E. (1994), *A Linguagem Silenciosa*, Relógio de Água, Lisboa.

HALL, A. D. e FAGAN, R. E., (1968), «Definition of System», *in* Walter Buckley, *Modern System Research for the Behavioral Scientist*, Alpine, Chicago.

HALLAHAN, D. e CRUICKSHANK, W., (1973), *Psychoeducational Foundations of Learning Disabilities*, Prentice-Hall Inc., Englewood Cliffs, Nova Jersey.

HALLAHAN, D. e KAUFFMAN, A., (1974), «Teaching-Learning: Quantitive and Functional Analysis of Educational Perfomance», in *The Journal of Special Education*, 1.

HALSTHEAD, W. C., (1974), *Brain and Intelligence*, University of Chicago Press, Chicago.

HANNA, T., (1970), *La Rebelión de los Cuerpos*, Plaza y Janés, Barcelona.

HARING, N. G. e colab., (1967), Early Identification of Children with Learning Disabilities, in *Exceptional Children*, n° 33.

HARING, N. G. e PHILLIPS, E. L. (1972), *Analysis and Modification of Classroom Behavior*, Prentice-Hall, N. Jersey.

HARLOW, H., (1958), «The Nature of Love», in *American Psychologist*, 13.

HARROW, A., (1971), *A Taxonomy of the Psychomotor Domain*, David Mckay and Co. Inc., Nova Iorque.

HAYWOOD, C. e TZURIEL, D. (Eds), Interactive Assessment, Springer Verlag, N. York.

HEAD, H. e colab., (1911), «Troubles Sensoriels Dûs à des Lésions Cérébrales», in *Brain*, Novembro.

HEAD, H. (1926), *Aphasia and Kindred Disorders of Speech*, vol. 2, Cambridge Univ. Press, Cambridge.

HEAD, H. e colab., (1937), *Les Sensations et le Córtex Cérébral*, Privat. Toulouse.

HEBB, D. O. (1955), Drives and the Conceptual Nervous System, In *Psychological Review*, n. 62.

HEBB, D. O., (1958), *Psycho-Physiologie du Comportement*, PUF, Paris.

HEBB, D. O., (1959), «A Neuropsychological Theory», in *Koch*, McGraw-Hill, Nova Iorque.

HEBB, D. O., (1976), *The Organization of Behavior*, John Wiley and Sons, Nova Iorque.

HÉCAEN, H., (1972), *Introduction à la Neuropsychologie*, Larousse, Paris.

HÉCAEN, H., (1975), «The Relationships between Aphasia and Disturbances of Gesture and Perception», in *Foundations of Language Development*, Academic Press, Nova Iorque.

HÉCAEN, H. e AJURIAGUERRA J. de, (1952), *Méconnaissances et Hallucinations Corporelles*, Masson et Cie., Paris.

HÉCAEN, H. e AJURIAGUERRA J. de, (1963), *Les Gauchers: Prévalence Manuelle et Dominance Cérébrale*, PUF, Paris.

HÉCAEN, H. e JEANNEROD, M., (1978), *Du Contrôle Moteur à l'L'Organization du Geste*, Masson et Cie., Paris.

HEIDEGGER, M. (1958), *Essais et conférences*, Gallimard, paris.

HEIDEGGER, M. (1986), *Être et Temps*, Gallimard, Paris.

HEILMAN, K. e VALENSTEIN, E., (1979), *Clinical Neuropsychology*, Oxford University Press, Nova Iorque.

HELD, R. (1968), Dissociation of Visual Functions by Deprivation and Rearrangement, In Psychogische Forschung, n. 31.

HELD, R. e FREEDMAN, S. (1962), Plasticity in Human Sensorimotor Control, In Science, 142.

HENRY, M., (1965), *Philosophie et Phénoménologie du Corps*, PUF, Paris.

HILL, S. e colab. (1967), Relation of Training in Motor Activity to Development of Right-Left Directionality in Mentally Retarded Children : an exploratory study, In *Perceptual and Motor Skills*, n. 24.

HOLT, K., (1975), *Movement and Child Development*, Spastics International Medical Publications, Londres.

HÔPITAL HENRI ROUSELLE (1973), *Travaux sur les Troubles Psychomoteurs de l´´Equipe de Recherche sur les Troubles Psychomoteurs et du Langage*.

HOWELLS, W. W., (1972), «Homo Erectus», in *Biological Anthropology, Scientific American*, São Francisco.

HUIZINGA, J. (1951), *Homo Ludens*, Gallimard, Paris.

HUMPREY, M. E. e ZANGWILL, O . , (1952), «Dysphasia in Left-Handed Patients with Unilateral Brain Lesions», in *Journal of Neurology and Neurosurgery Psychiatrie*, vol. XV.

HUNT, J., (1961), *Intelligence and Experience*, Ronald Press, Nova Iorque.

HUSSERL, E. (1985), *Idées directrices pour une phénoménologie*, Gallimard, Paris.

HUSSERL, E., *(1992), Méditations cartésiennes : introduction* à la phénoménologie, Gallimard., Paris.

INHELDER, B., (1963), *Le Diagnostic du Raisonnement chez les Débiles Mentaux*, Delachaux et Niestlé, Neuchâtel.

INHELDER, B. e PIAGET, J., (1948), *La Représentation de l'Espace chez l'Enfant*, Delachaux et Niestlé, Neuchâtel.

IRETON, H., THWING, B. e GRAVEN, H. (1970), Infant Mental Development and Neurological status, Family Socioeconomic Status and Intelligence at Age Four, In *Child Development*, n. 41.

ITARD, J. M. (1932), The Wild Boy of Aveyron, Ed. Appleton, Nova Iorque.

JACKSON, H., (1931), *Selected Writings*, James Taylor, Londres.

JACKSON, H., (1951), «Croonian Lectures», in *Lancet*.

JACKSON, H., (1951), «Croonian Lectures», in *British Medical Journal*.

JACOBSON, E., (1948), *Progressive Relaxation*, 2ª ed., The University of Chicago Press, Chicago.

JANSKY, J. e HIRSCH, K., (1972), *Preventing Reading Failure*, Harper and Row Publishers, Nova Iorque.

JARREAU, R., (1971), «Technique de la Méthode de Jacobson», in *La Relaxation: Aspects Théoriques et Pratiques*, 4ª ed., Expansion Scientifique Française, Paris.

JOHNSON, D. e MYKLEBUST, H., (1964), *Learning Disabilities Educational Principles and Practices*, 2ª ed., Grune and Stratton, Nova Iorque.

JOHNSON, V. M. e WERNER, R., (1975), *A Step-by-Step Learning Guide for Retarded Infants and Children*, Syracuse University Press, Nova Iorque.

JOLIVET, B., (1970), «De la Rélation en Psychomotricité», in *Perspectives Psychiatriques*, nº 29, 3.

JOLIVET, B., JAMET, R. e BARILLEAUD S., (1957), «Problèmes Particuliers en Cours de Rèèducation», in *Sauvegard de l'Enfance*, Setembro-Outubro.

JOLY, A ., (1970), *Rythmothérapie*, 2ª ed., Impressions J. B. Joly, Paris.

JOURNOUD, M. A ., (1971), *Le Gest et le Rythme*, Armand Colin, Paris.

JOUSE, M., (1939), *La Psychologie du Geste et du Rythme*, École d'Anthropologie de Sorbonne, Paris.

KANDEL, E., SCHWARTZ, J. e JESSELL, T. (2000), *Principles of Neural Science*, McGraw-Hill, N. York.

KAGAN, J. e MOSS, H. (1962), *Birth to Maturity: a study of psychological development*, J. Wiley, N. York.

KAGAN, J. (1965a), Impulsive and Reflective Children: significance of conceptual tempo, In J. Krumbloz (Ed.), *Learning and Educational Process*, R. McNally, Chicago.

KAGAN, J. (1965b), Reflection-impulsivity and Academic Ability in Primary Grade Children, In *Child Development*, n. 36.

KAGAN, J. (1966), Developmental Studies in Reflection and Analysis, In A. Kidd e J. Rivoire (Ed.), *Perceptual Development In Children*, Intern. Univ. Press, N. York.

KAGAN, J., (1971), *Understanding Children*, Harcourt Brace Jovanovich Inc., Nova Iorque.

KAMMERER, T., (1971), «La Relaxation en Neuropsychiatrie», in *La Relaxation: Aspects Théoriques et Pratiques*, 4ª ed., Expansion Scientifique Française, Paris.

KELSO, J. A. , Editor (1982), *Human motor behavior : an introduction*, L. Erlbaum Ass., Publis., Londres

KENDLER, H. e KENDLER, T. (1959), Reversal and Nonreversal Shifts in Kindergarden Children, In *J. of Experimental Psychology*, n. 58.

KENDLER, H. e KENDLER, T. (1962), Vertical and Horizontal Process in Problem Solving, In *Psychological Review*, n. 69.

KEOGH, B. e McDONLON. G. (1972), Field Dependence, Impulsivity and Learning Disabilities, In *J. Learning Disabilities*, n. 5.

KEOGH, B. e SMITH, C. (1967), Visual-motor Ability and School Prediction: a seven year study, In Perceptual and Motor Skills, n. 25.

KEPHART, N., (1958), «Visual Behavior of the Retarded Child«, in *American Journal of Ophtometry*, nº 35.

KEPHART, N., (1960), *The Slow Learner in the Classroom*, Charles E. Merrill Publishing Co., Columbus, Ohio.

KEPHART, N., (1963), *The Brain-Injured Child in the Classroom*, National Society for Crippled Children and Adults, Chicago.

KEPHART, N., (1964), «Perceptual-Motor Aspects of Learning Disabilities», in *Exceptional Children*, nº 31

KEPHART, N., (1973), «Developmental Sequences», *in* S. Sapir e A . Nitzburg, *Children with Learning Problems*, Brunners and Mazel Publications, Nova Iorque.

KEPHART, N. e CHANDLER, R. E., (1956), «Changes in the Visual Field in a Pursuit Tracking Task», in *Ophtometry Weekly*, nº 97.

KEPHART, N. e ROACH, E. G., (1966), *The Pordue Perceptual-Motor Survey*, Charles E. Merrill Publishing Co., Columbus, Ohio..

KEPHART, N. e STRAUSS, A . A ., (1947), *Psychopathology and Education of the Brain-Injured Child - Progress in Theory and Clinic*, vol. II, Grune and Stratton, Nova Iorque.

KIRK, S. A ., (1972), *Educating Exceptional Children*, Houghton Mifflin and Co., Boston.

KISBOURNE, M., (1975), «Cerebral Dominance Learning and Cognition», *in* H. Myklebust, *Progress in Learning Disabilities*, vol. III, Grune and Stratton, Nova Iorque.

KLEIN, M., (1972), *La Psychanalyse des Enfants*, PUF, Paris.

KLEIN, M. e colab., (1966), *Développement de la Psychanalyse*, PUF, Paris.

KLOTZ, H. P., (1960), «Intérêt de la Relaxation dans la Spasmophilie», in *Revue de Médecine Psycho-Somatique*, vol. II, nº 2.

KNAPP, M. L., (1972), *Nonverbal Communication in Human Interaction*, Holt, Rinehart and Kingston Inc., Nova Iorque.

KOHEN-RAZ, R. (1977), *Psychobiological Aspects of Cognitive Growth*, Academic Press, N. York.

KOHEN-RAZ, R. (1981), Postural Control and Learning Disabilities, *In Early Child Development and Care*, n. 7.

KOHEN-RAZ, R. (1986), *Learning Disabilities and Postural Control*, Freund Publis. House, London.

KORNHUBER, H. (1974), Cerebral Cortex, Cerebellum and Basal ganglia. An introduction to their motor functions, In F. Schmitt e G. Worden (Eds.), *The Neurosciences*, MIT Press, Cambridge.

KOUPERNIK, C., (1969), *Desarrollo Psicomotor de la Primera Infancia*, Luiz Miracle, Barcelona.

KOUPERNIK, C., e DAILLY, R. (1980), Dévelopment neuro-psychique du nourrison, PUF, Paris.

KRANOWITZ, C. S. (1998), *The Out-of-Sync Chile: recognizing and doping with sensory integration dysfunction*, Skylight Press Book, Nova Iorque.

KRANTZ, G. S., (1973), «Brain Size and Hunting Ability in Early Man», *in* A . Montagu, *The Origin and Evolution of Man*, Thomas and Crowell, Nova Iorque.

KRETSCHMER, E., (1949), *Études Psychothérapiques*, Thieme, Estugarda.

KRISTEVA, H. e KORNHUBER, H., (1978), «An Electrical Sign of Participation of the Mesial "Supplementary Motor Cortex" in Human Voluntary Finger Movement», in *Brain*, nº 159.

KROCK, D. (1994), *Inteligência Expressiva: a partir da teoria psicogenética de Henri Wallon*, Summus, S. Paulo.

LABAN, R. (1973), *Modern Educational Dance*, Macdonald & Evans, London.

LACAN, J., (1949), «Le Stade du Miroir», in *Écrits*.

LAFFONT, R., (1963), *Vocabulaire de Psycopédagogie et de Psychiatrie de l'Enfant*, PUF, Paris.

LAPIERRE, M., (1968), *Rééducation Physique*, vol. I, II e III, Bailliéres, Paris.

LAPIERRE, A. (1997), *Psicanálise e Análise Corporal da Relação*, Louise, S. Paulo.

LAPIERRE, A. e AUCOUTURIER, B. (1973), *Les contrastes et la découverte des notions fondamentales*, Doin, Paris.

LAPIERRE, A. e AUCOUTURIER, B. (1982), *Fantasmes corporelles et pratique psychomotrice en éducation et thérapie*, Doin, Paris.

LAPIERRE, M., CAMBLONG, P. e AUCOUTURIET, B., (1968), *Aspects de la Relaxation*, Institut National des Sports, Paris.

LASHLEY, K. S., (1929), *Brain Mechanisms and Intelligence*, University of Chicago Press, Chicago.

LASHLEY, K. S., (1951), «The Problem of Serial Order in Behavior», *in* L. A . Jefress, *Cerebral Mechanisms of Behavior*, Wiby, Nova Iorque.

LAUNAY, C. e VANHOVE, (1949), «Retarde du Langage et Développement Moteur», in *Rapport au XIIème Congrès des Pédiatres de Langue Française*, Masson et Cie, Paris.

LAUNAY, C. e RAIMBAULT, J., (1962), «L'Écriture et le Langage Écrit chez l'Enfant Épileptique», in *La Psychiatrie de l'Enfant*, vol. V, fasc.1.

LAUNAY, C. e GUÈRITTE, B., (1966), «L'Éducation Psychomotrice», in *Revue de Neuropsychiatrie Infantile*, nº 4-5.

LEBOVICI, S., (1952), *Les Tics chez l'Enfant*, PUF, Paris.

LEBOVICI, S. e DIATKINE, R., (1962), «Fonction et Signification du Jeu chez l'Enfant», in *La Psychiatrie de l'Enfant*, vol. V, fasc.1.

LEE, D. (1978), The Functions of Vision, In H. Pick e E. Saltzman (Eds.), *Psychological Modes of Perceiving and Processing Information*, Erlbaum, Hillsdale, N. Jersey.

LEE, D. (1980), The Foundation of Vision, Philosophical Transaction, In The Royal Society, Series B, n. 290.

LEE, D. e ARONSON, E. (1974), Visual Proprioceptive Control of Standing in Human Infants, In *Perception and Psychophysics*, n. 15.

LEFÈVRE, L., (1973), *L'Éducation des Enfants et Adolescents Handicapés*, vol. I e II, Expansion Scientifique Française, Paris.

LEHTINEN, L., (1944), «A New Approach in Education Methods for Brain-Crippled Deficient Children», in *Journal of Mental Deficiency*, nº 48.

LEMAIRE, J. C., (1964), *La Relaxation*, Payot, Paris.

LEONTIEV., A ., (1969), *El Hombre y la Cultura*, Grijalbo, México.

LEONTIEV., A ., (1973), *Linguagem e Razão Humana*, Presença, Lisboa.

LEONTIEV. A ., (1975), *Essai sur le Développement du Psychisme*, PUF, Paris.

LEONTIEV, A. (1978a), *Actividad, Conciencia y Personalidad*, Ciencias del Hombre, Buenos Aires.

LEONTIEV, A. (1978b), *O Desenvolvimento do Psiquismo*, Livros Horizonte, Lisboa.

LEONTIEV, A. (1981), *Problems of the Developent of the Mind*, Progress Publications, Moscovo.

LERNER, J., (1971), *Children with Learning Disabilities - Theories, Diagnosis and Teaching Strategies*, Houghton Mifflin and Co., Boston.

LEROI-GOURHAN, A ., (1964), *Le Geste et la Parole*, vol. I e II, A . Michel, Paris

LESNE, M. e PEYCELON, (1943), «A quel Âge un Enfant Cesse-t-il d'Être Ambidextre pour Devenir Droitier?», in *Bulletin de la Société de Pediatrie de Paris*, nº 32.

LÉVY-SCHOEN, A ., (1964), *L'Image d'Autrui chez l' Enfant*, PUF, Paris.

LEWIS, J., (1962), *Man and Evolution*, Lawrence and Wishart, Londres.

LEWIS, M. e TAFT, L. T., (1982), *Developmental Disabilities*, MTP Presse, Nova Iorque.

LEZAK, M., (1976), *Neuropsychological Assessment*, Oxford University Press, Nova Iorque.

LEZINE, I., (1966), «Le Développement Psychomoteur des Jeunes Enfants», in *Bulletin de Psychologie*.

LHERMITTE, J., (1939), «L'Image de Notre Corps», in *Nouvelle Revue Critique*, Paris.

LHERMITTE, J., (1968), «Les Fondements Anatomiques de la Latéralité», in *Main Droît et Main Gauche*, PUF, Paris.

LIDZ, C. (1987), *Dynamic Assessment*, Guilford, N. York.

LIEPMAN, H. (1900), Das Kraukh Eitbild der Apraxie, Monog. Psychiatrie und Neurologie, n. 8.

LILLIE, D. (1968), The Effectsof Motor Development Lessons on mentally Retarded Children, In *Am. J. of Mental Deficiency*, n. 72.

LINDSAY, P. H. e NORMAN, D., (1973), *Human Information Processing. An Introduction to Psychology*, Academic Press, Londres.

LINDSLEY, D. (1951), Emotion, In S. Stevens (Ed.), *Handbook of Experimental Psychology*, J. Wiley, N. York.

LINDSLEY, D. (1960), The Reticular Activating System and Perceptual Integration, In D. Sheer (Ed.), *Electrical Stimulation of theB rain*, Un. Texas Press, Austin.

LIPPS, T. (1907), *Leadership Toward Psychology*, S. Petersburg.

LISINA, M. e NEVEROVICH, Y. (1971), Development of Movements and Formation of Motor Habits, In A. Zaporozhets e D. Elkonin (Eds.), The Psychology of Preschool Children, MIT Press, Cambridge.

LIUBLINSKAIA, A. (1974), *O Desenvolvimento Psíquico da Criança*, Estampa, Lisboa.

LORENZ, K. (1974), *Évolution et Modification du Comportment : l'inné et l'acquis*, Payot, paris.

LOWGHI, L., (1939), « Le Schéma Corporel», in *Archives de Psychologie, Neurologie, Psychiatrie et Psychohérapie*.

LUQUET, A. (1935), *Le Dessin Enfantin*, Alcan, Paris.

LURÇAT, L., (1979), *Insucesso Escolar na Escola Primária*, Editorial Notícias, Lisboa.

LURÇAT, L. e WALLON, H., (1958), «Le Dessin des Personnages par l'Enfant, ses Étapes et ses Mutations», in *Revue Enfance*, nº 3.

LURIA, A. R., (1961), *The Role of Speech in the Regulation of Normal and Abnormal Behavior*, Liveright Publishing Co., Nova Iorque.

LURIA, A . R., (1964), «Topical and Theoretical Articles by Soviet Psychologists», in *Kommunist*, nº 41.

LURIA, A . R., (1966a), *El Papel del Lenguage en el Desarrollo de la Conducta*, Tekne, Buenos Aires.

LURIA, A . R., (1966b), *Higher Cortical Functions in Man*, Basic Books, Nova Iorque.

LURIA, A . R., (1966c), *Human Brain and Psychological Process*, Harper and Row, Londres.

LURIA, A . R., (1966d), «Vygotsky and the Problem of Functional Localization», in *Voprosy Psikhologii*, nº 12.

LURIA, A . R., (1969a), *El Cerebro y el Psiquismo*, Martinez Roea, Barcelona.

LURIA, A . R., (1969b), «Speech Development and the Formation of Mental Process», *in* Cole e Maltzman, *A Handbook of Contemporary Soviet Psychology*, Basic Books, Nova Iorque.

LURIA, A . R., (1973a), «The Origin and the Cerebral Organization of Man's Conscious Action», *in* S. Sapir e A . Nitzburg, *Children with Learning Problems*, Brunners and Mazel Publications, Nova Iorque.

LURIA, A . R., (1973b), The Frontal Lobes and the Regulation of Behavior, In K. Pribram e A. R. Luria

(Eds.), *Psychophysiology of the Frontal Lobes*, Academic Press, N. York.

LURIA, A. R., (1974a), *L'Enfant Retardé Mental*, Privat, Toulouse.

LURIA, A. R., (1974b), *O cérebro en accion*, Fontanella, Barcelona.

LURIA, A. R., (1975a), *The Working Brain: An Introduction to Neuropsychology*, Penguin Books, Londres.

LURIA, A. R., (1975b), «Basic Problems of Language in the Light of Psychology and Neurolinguistics», in *Foundations of Language Development*, Academic Press, Nova Iorque.

LURIA, A. R., (1975c), «La Organizácion Funcional del Cerebro», in *Scientific American Biologia Contemporánea*, Blume, Madrid.

LURIA, A. R., (1975d), «The Reeducation of Brain-Damage Patients and its Psychopedagogical Application», *in* J. Hellmuth, *Learning Disorders*, vol. III, Special Child Pubications, Seattle.

LURIA, A. R., (1975e), *The Man with Shatered World*, Penguin Books, Middlesex.

LURIA, A. R., (1977a), *Cerebro y Languaje*, Fontanella, Barcelona.

LURIA, A. R., (1977b), «Factors and Forms of Aphasia», in *Disorders of Language*, CIBA Foundation.

LURIA, A. R., (1977c), *Introdución Evolucionista de la Psicologia*, Fontanella, Barcelona.

LURIA, A. R., (1977d), «Neuropsychological Studies», in *Aphasia*, Swets und Zeitlinger, Amesterdão.

LURIA, A. R., (1979), The Making of Mind, Harward Univ. Press, Cambridge.

LURIA, A. R., (1980), *Conciencia Y Lenguaje*, Pablo del Rio, Madrid.

LURIA, A. R., (1990), *Desenvolvimento Cognitivo – seus fundamentos culturais e sociais*, Icone, S. Paulo.

LURIA, A. R. e MIRENOVA, A. N. (1936), Experimental Development of Constructive Activities: differential training of identical twins, Works of the Medico-Genetic institute, n. 4.

LURIA, A. R. e TZVETKOVA, L. S. (1968), *The reeducation of brain-damage patients and its psychopedagogical application*, Special Child Publications, Seatle.

LURIA, A. R., NAYDIN, U. L., TSVETKOVA, L. S. e VINARSKAYA, E. N., (1969), «Restoration of Higher Cortical Function Following Local Brain Damage», *in* Vinken e Bruyn, *Handbook of Clinical Neurology*, North-Holland Publishing Co, Amesterdão.

LURIA, A. R., LEONTIEV, N. e VYGOTSKY, L. S. (1977), *Psicologia e Pedagogia: bases psicológicas da aprendizagem e do desenvolvimento*, Estampa, Lisboa.

LURIA, A. R. e YUDOVICH, F. (1978), *Lenguage y Desarrollo Intelectual en el Niño*, Pablo del Rio, Madrid.

LURIA, A. R. e VYGOTSKY, L. S. (1992), *Ape, Primitive Man and Child*, Harvester, Nova Iorque.

LUSSIER, F. e FLESSAS, J. (2001), *Neuropsychologie de L´Enfant : troubles developpementaux et de l´apprentissage*, Dunod, Paris.

LYLE, J. (1968), Reading Retardation and Reversal tendency: a factorial study, In *Child Development*, n. 40.

MACLOBY, E. e colab. (1965), Activity Level and Intellectual Functioning in Normal Preschool Children, In *Child Developement*, n. 36.

MAIGRÉ, A. e DESTROOPER, J., (1975), *L'Éducation Psychomotrice*, PUF, Paris.

MALONEY, M. e colab. (1970), Analysis of the Generalizability of Sensory-motor Training, In *Am. J. of Mental Deficiency*, n. 74.

MARGOULIS, J. e TOURNAY, A ., (1963), «Poliomyélite et Schéma Corporel», in *Revue Enfance*, nº 45.

MARTINET, M., (1972), *Théorie des Émotions - Introduction à l'Oeuvre d'Henri Wallon*, (Préface de René Zazzo), Aubier, Paris.

MARVAUD, J., (1972), «La Relaxation chez l'Enfant. Sa Place Parmi d'Autres Thérapeutiques. Thérapie Psychomotrice, Psychothérapie», in *Revue de Thérapie Psychomotrice*, nº 14.

MARX, K. (1974), *O Capital*, Centelha, Coimbra.

MASS, F., (1966), «Apport de la Rééducation Psychomotrice au Traitement des Dyslexies», in *Revue de Neuropsychiatrie Infantile*, nº 4-5.

MASSION, J., (1984), «Postural Changes Accompanying Voluntary Movements. Normal and Pathological Aspects», in *Review of Human Neurobiology*, vol. II, nº 4, Springer International, Berlim.

MASSON, S. (1983), *Généralité sur la rééducation psychomotrice et l´examen psychomoteur*, PUF, Paris.

MATURANA, H. (1998), *Da Biologia à Psicologia*, Artes Médicas, porto Alegre.

MATURANA, H. e VARELA, F. (1997), *De Máquinas e Seres Vivos: autopoiése - a organização do vivo*, Artes Médicas, Porto Alegre.

MATURANA, H. e VARELA, F. (1998), *TheTtree of Knowledge*, Shambhala, Boston.

MATZKE, H. e FOLTZ, F., (1972), *Synopsis of Neuroanatomy*, 2ª ed., Oxford University Press, Nova Iorque.

MAUSS, M., (1972), *Sociologie et Anthropologie*, PUF, Paris.

MAYER-GROSS, W., (1983), «Some Ooobservations on Apraxia», in *Journal of Mental Deficiency*, nº 82.

McCARTHY, J. e McCARTHY, J. F., (1974), *Learning Disabilities*, 11ª ed., Allyn and Bacon Inc., Boston.

McCONNELL, O. (1964), Perceptual versus Verbal Mediation in the Concept of Learning of Children, In *Child Development*, n. 35.

MEAD, M., (1954), *Childhood in Contemporary Cultures*, Chicago.

MEICHENBAUM, D. e GOODMAN, J. (1969), Reflection-impulsivity and Verbal Control of Motor Behavior, In *Child Development*, n. 40-

MERLEAU-PONTY, M., (1967), *La stucture du comportement*, PUF, Paris.

MERLEAU-PONTY, M., (1969), *Phénoménologie de la Perception*, Gallimard, Paris.

MEYER, R. (1982), *Le Corps aussi : de la psychanalise à la somatanalyse*, Maloine, Paris.

MILLER, N. (1986), *Dyspraxia and its management*, Croom Helm, London.

MILLER, G., GALANTER, E. e PRIBRAM, K. (1960), *Plans and the Structure of Behavior*, Holt Rinehart e Winston, N. York.

MILNER, E., (1967), *Human Neural and Behavioral Development*, Charles C. Thomas, Springfield.

MILNER, E., (1976), *CNS Maturation and Language Acquisition*, Academic Press, Nova Iorque.

MINDE, K. e colab. (1968), Studies in Hiperactive Child, In *Develop. Medicine and Child Neurology*, n. 10.

MINDE, K. e colab. (1971), The Hiperactive Child in Elementary School: a five year controlled follow-up, In Exceptional Children, n. 38.

MINKOWSKI, E., (1966), *Traité de Psychopathologie*, PUF, Paris.

MINKOWSKI, M., (1921), «Sur les Mouvements, les Réflexes et les Reactions Musculaires du Foetus Humain de 2 à 5 mois et leurs Relations avec le Système Nerveux Foetal», in *Revue de Neurologie*.

MYRA Y LOPEZ, E. (1951), *Le Psychodiagnostique Miokinétique*, Centre de Psychologie Appliquée, Paris.

MYRA Y LOPEZ, E. (1953), *El Niño que no Aprende*, Kapelusz, Buenos Aires.

MONAKOW, C. von e MOUGUE, R., (1928), *Introduction Biologique à l'Étude de la Neurologie et de la Psychopatologie*, Alcan, Paris.

MONTAGNER, H. (1979), *L´enfant el la communication*, Stock, Paris.

MONTAGU, A., (1979), *La peau et le toucher*, Seuil, Paris.

MOOR, L., (1973), «Les Conduites Expressives et Symboliques», in *Éléments de Biopsychologie du Comportement*, Expansion Scientifique Française, Paris.

MORIN, E. (1990), *Introduction à la Pensée Complexe*, ESF, Paris.

MORIN, E. (1999), *Les Sept Savoirs Nécessaires à L´Education du Futur*, UNESCO, Paris.

MORIN, G., (1969), *Physiologie du Système Nerveux*, Masson et Cie., Paris.

MORUZZI, G. e MAGOUN, H. (1949), Brain Stem, Reticular Formation and Activation of EEG, In *Electronic and Clinic Neurophys.*, n. 1.

MOUNOD, P., (1970), *Structuration de l'Instrument chez l'Enfant*, Delachaux et Niestlé, Neuchâtel.

MUNSON, R., (1971), *Man and Nature: Philosophical Issues in Biology*, Dell Publishing Co. Inc., Nova Iorque.

MURCIA, R. (2001), El Tonus Muscular y la Eutonia, In *Bol. Inform. del Instituto Internacional de Eutonia*, n. 4.

MUSSEN, P., (1970), «Infancy and Early Experience», in L. Carmichael, *Manual of Child Psychology*, 3ª ed., John Wiley and Sons, Nova Iorque.

MYKLEBUST, H., (1960), *The Psychology Deafness*, Grune and Stratton, Nova Iorque.

MYKLEBUST, H., (1963), «Psychoneurological Learning Disorders in Children», *in* S. Kirk, *Conference on Children with Minimal Brain Damage*, University of Illinois Press, Urbana.

MYKLEBUST, H., (1964), «Learning Disorders - Psychoneurological Disturbances in Childood», in *Reabilitation Literature*, nº 25.

MYKLEBUST, H., (1965), *Development and Disorders of Written Language*, Grune and Stratton, Nova Iorque.

MYKLEBUST, H., (1971), *Progress in Learning Disabilities*, vol. II, Grune and Stratton, Nova Iorque.

MYKLEBUST, H. e BOSHES, B., (1960), *Minimal Brain Damage in Children*, Department of Health, Education and Welfare, Washington.

MYKLEBUST, H. e JOHNSON D., (1964), *Learning Disabilities: Educational Principles and Practices*, Grune and Stratton, Nova Iorque.

NAVILLE, S. e GONTHIER, E., (1969a), «Le Matériel en Rééducation Psychomotrice», in *Médecine et Hygiène*, Genebra.

NAVILLE, S.,e GONTHIER, E., (1969b), «Méthodologie de la Rééducation Psychomotrice», in, *Médecine et Hygiène*, Genebra.

NEISSER, U. (1967), *Cognitive Psychology*, Appleton-Century-Crofts, N. Yorque.

NICOLAS, A. (1982), *L'Attitude de l'Homme au Point de Vue de l'Équilibre, du Travail e de l'Expression*, Masson et Cie, Paris.

NICOLAS, S. (2003), Henri Wallon (1879-1962) au Collège de France, in *Bull. Psychologie*, t. 56 (1), n. 463.

NIELSEN, J. M., (1947), *Agnosie, Apraxie, Aphasie*, P. B. Hoeber, Nova Iorque.

NOLEN, P., KUZELMAM, H. e HARING, N. (1967), Behavioral Modification in a Júnior High Learning Disabilities Classroom, in *Exceptional Children*, n. 34.

NOVIKOFF, A . B., (1945), «The Concept of Integrative Levels and Biology», in *Science*, nº 101.

O'CONNOR, C. (1969), Effects of Selected Physical Activities upon Motor Performance and Academic Achievement of First Graders, In *Perceptual and Motor Skills*, n. 29.

OLIVEIRA, M. K. (2000), *Vygotsky: aprendizado e desenvolvimento, um processo sócio-histórico*, Scipione, S. Paulo.

ONNIS, L. (1996), *La palavra del cuerpo: psicosomática y perspectiva sistémica*, Herder, Barcelona.

OPPENHEIM, R. M., (1981), «Ontogenic Adaptations and Retrogressive Processes in the Development of the Nervous System and Behavior: a Neuroembryological Perspective», *in* K. Connolly e H. Prechtl, *Maturation and Development: Biological and Psychological Perspectives*, Spastics International Medical Publications, Londres.

ORFF, P. (1966), La Relation Musicalle, *in Education et Developpement*, n. 20.

ORPET, R. E. e FROSTIG, M., (1972), *Frostig Movement Skills Test Battery*, Consulting Psychologists Press, Palo Alto, Califórnia.

ORLIC, M. L. (1978), *Méthode de rééducation psychomotrice, l'education gestuelle*, ESF, Paris.

ORTON, S., (1931), *Reading, Writing and Speech Problems in Children*, W. W. Norton and Co., Inc., Nova Iorque.

OSGOOD, C., (1953), *Method and Theory in Experimental Psychology*, Oxford University Press, Nova Iorque.

OZERETZKI, N., (1936), «Échelle Métrique du Développement de la Motricité chez l'Enfant el l'Adolescent», in *Hygiène Mentale*.

PAILLARD, J., (1955), *Réflexes et Régulations d'Origine Proprioceptive chez l'Homme. Études Neurophysiologiques et Psychophysiologiques*, Librairie Arnette, Paris.

PAILLARD, J., (1957), «L'Activité Nerveuse et ses Mécanismes Élémentaires», in *Bulletin de Psychologie*, nº 9, Abril.

PAILLARD, J., (1961), *Les Attitudes dans la Motricité*, PUF, Paris.

PAILLARD, J. (1976), Tonus, postures et mouvements, in Ch. Kayser (Éd.), Traité de physiologie, t. 3, Flammarion, Paris.

PAILLARD, J. (1980), Le corps situé et le corps identifié, in *Rev. Médicale de la Suisse Romande*, 100.

PAILLARD, J. (1982), Le corps et ses langages d'espace, *Le corps en psychiatrie*, Masson, Paris.

PAILLARD, J. (1986), *Itinéraire pour une psychophysiologie de l'action*, Actio, Paris.

PAILLARD, J. (1991), *Brain and space*, Oxford Univ. Press, Oxford.

PAINE, R. S., (1962), «Minimal Chronic Brain Syndromes in Children», in *Developmental Medicine and Child Neurology*, nº 4.

PAINE, R. S., (1965), «Organic Neurological Factors Relating to Learning Disorders», *in* J. Hellmuth, *Learning Disorders*, vol. I, Special Child Publications, Seattle.

PAINTER, G. (1968), Remediation of Maladaptative Behavior and Psycholinguistic Deficits ina Group Sensory-motor Activity Program, in *Academic Therapy Quarterly*, n. 3.

PAVLOV, I. P., (1970), *Obras Escolhidas*, Herios, São Paulo.

PAVLOV, I. P., (1973), *Actividad nerviosa superior*, Fontanella, Barcelona.

PENFIELD, W. e RASMUSSEN, T., (1952), *The Cerebral Cortex of Man*, MacMillan and Co., Nova Iorque.

PENFIELD, W. JASPER, H. (1954), *Epilepsy and Functional Anatomy of Human Brain*, Little & Brown, Boston.

PENFIELD, W. e ROBERTS, L. (1959), *Speech and Brain Mechanisms*, Princeton Un. Press, Princeton.

PENNINGTON, B. (1991), *Diagnosing Learning Disorders: a neuropsychological framework*, Guilford, N. York.

PEW, R. (1974), Human Perceptual-Motor Performance, In H. Kantowitz (Ed.), *Human Information Processing: tutorials in performance and cognition*, Erlbaum, Hillsdale, N. Jersey.

PIAGET, J., (1947), *La Psychologie de l'Intelligence*, ED. A. Colin, Paris.

PIAGET, J., (1956), «Motricité, Perception et Intelligence», in *Revue Enfance*, nº 2.

PIAGET, J., (1960), «Les Praxies chez l'Enfant», in *Revue de Neurologie*, nº 102.

PIAGET, J., (1961), «Le Développement des Mécanismes de la Perception», in *Bulletin de Psychologie*, nº 187, Janeiro.

PIAGET, J., (1962a), *Études sur la Logique de l'Enfant*, Delachaux et Niestlé, Paris.

PIAGET, J., (1962b), «Le Rôle de l'Imitation dans la Formation de la Représentation, in *L'Évolution Psychiatrique*, XXVII, 1.

PIAGET, J., (1962c), *Le Symbolisme Agi chez l'Enfant*, in *La Psychiatrie de l'Enfant*, vol. X, fasc. 2.

PIAGET, J., (1964a), *La Formation du Symbol chez l'Enfant*, Delachaux et Niestlé, Paris.

PIAGET, J., (1964b), *La Naissance de l'Intelligence chez l'Enfant*, Delachaux et Niestlé, Paris.

PIAGET, J., (1965a), *La Construction du Réel chez l'Enfant*, Delachaux et Niestlé, Paris.

PIAGET, J., (1965b), *La Language et le Pensée chez l'Enfant*, Delachaux et Niestlé, Paris.

PIAGET, J., (1970), *Seis estudos de psicologia*, Seix-Barral, Barcelona.

PIAGET, J., (1972a), *Psicologia y Pedagogia*, Ariel, Barcelona.

PIAGET, J., (1972b), *Où va l´education ?*, Mediations, Paris.

PIAGET, J., (1972), *Problèmes de psychologie génétique*, Médiations, Paris.

PIAGET, J., (1973), *Biologia e Conhecimento*, Vozes Lda., Rio de Janeiro.

PIAGET, J., (1976), *Le Comportement, Moteur de l'Évolution*, Gallimard, Paris.

PIAGET, J. e colab., (1948), *La Représentation de l'Espace chez l'Enfant*, PUF, Paris.

PIAGET, J., GRIZE, J. B., SZEMINSKA, A . e BANG, V., (1968), *Épistemologie et Psychologie de la Fonction*, PUF, Paris.

PICK, A ., (1973), *Troubles de l'Orientation du Corps Propre - Contribution à la Théorie de la Conscience du Corps*, Privat, Toulouse.

PICK, A . e VAYER, P., (1970), *Éducation Psychomotrice et Arrièration Mentale*, Doin et Cie., Paris.

PILBEAM, D., (1970), *The Evolution of Man*, Thames and Hudson, Londres.

PILBEAM, D., (1972), «The Ascent of Man – The MacMilan Series», in *Physical Anthropology*, Nova Iorque.

PIRISI, B., (1949), «Revisione Critica del Problema dello Schema Corporeo», in *Archives of Psychology, Neurology, Psychiatry and Psycotherapy*, nº 10.

PLOOG. D., (1970), «Areas or Regions of Cerebral Cortex», in *Neurosc. Res. Symposium.*, nº 6.

PORTWOOD, M. (2000), Understanding Developmental Dyspraxia, David Fulton, London.

POULTON, E. (1950), Perceptual Antecipation and Reaction Time, In *Quarterly Journal of Experimental Psychology*, n. 2.

POULTON, E. (1952), Perceptual Antecipation in Tracking with Two Pointer and One pointer Displays, In *British Journal of Psychology*, n. 43.

PRECHTL, H., (1981), «The Study of Neural Development as a Perspective of Clinical Problems», in *Maturation and Development*, Spastics International Medical Publications, Londres.

PRECHTL, H. e TOWEN, B., (1977), *The Neurological Examination of the Child with Minor Nervous Dysfunctions*, Spastics International Medical Publications, Londres.

PREYER, (1887), *L'Âme de l'Enfant*, Alcan, Paris.

PRIBRAM, K., (1960), «A Review of Theory in Physiological Psychology», in *Annual Review of Psychology*, nº 11.

PRIBRAM, K., (1973), *Brain and Behaviour*, Penguin Books, Londres.

QUESNE, R., (1969), «Notion du Schéma Corporel et Interet dans une Leçon de Rééducation Psychomotrice», in *Revue de Neuropsychiatrie*, nº 17, 4-5.

QUIRÓS, J. B. e SCHRAGER, O ., (1975), «Postural System, Corporal Potentiality», in *Foundations of Language Development*, Academic Press, Nova Iorque.

QUIRÓS, J. B. e SCHRAGER, O ., (1978), *Neuropsychological Foundations in Learning Disabilities*, Academic Therapy Publications, São Rafael.

RAMAIN, S., (1954), «Quelques Principes de Rééducations Psychomotrices», in *Éducateurs*, nº 54.

RAMAIN, S., (1965), «Éducation des Attitudes», in *Psychologie Française*, vol. X, nº 3.

RASCH e BURKE, (1974), *Kinesiology and Applied Anatomy*, 5ª ed., Lea and Febiger, Filadélfia.

REED, H. C., (1967), «Lateralized Finger Agnosia and Reading Achievement at Ages 6 and 10», in *Child Development*, nº 38.

REGO, T. C. (2000), *Vygotsky: uma perspectiva histórico-cultural da educação*, Vozes, S. Paulo.

REICH, W., (1969), *A Revolução Sexual*, Zahar, Rio de Janeiro.

REICH, W. (1977), *Psicopatologia e Sociologia da Vida Sexual*, Escorpião, Porto.

REINHARDT, J. C. (1990), *La genèse de la connaissance du corps chez l´enfant*, PUF, Paris.

REITAN, R. M., (1955), «Certain Differential Effects of Left and Right Cerebral Lesions in Human Adults», in *Journal of Comparative and Physiological Psychology*, nº 78.

REITAN, R. M. e HEINEMANN, C., (1968), «Interactions of Neurological Deficits and Emotional Disturbances in Children with Learning Disorders: Methods for Differential Assessment», *in* J. Hellmuth, *Learning Disorders*, vol. III, Special Child Publications, Seattle.

REQUIN, J. (1980), Toward a Psychobiology of preparation for Action, In G. Stelmach e J. Requin, (Eds.), *Tutorials in Motor Behavior*, North-Holland, Amsterdam.

REY, A ., (1966), *Étude des Insuffisances Psychologiques*, vol I e II, Delachaux et Niestlé, Neuchâtel.

RHODES, W. C., (1974), *A Study of Child Variance*, vol. II, University of Michigan Press, Ann Arbor.

RICHARD, J. e RUBIO, L. (1994), La Thérapie Psychomotrice, masson, paris.

RICHEL, A ., (1972), *Contribuição ao Estudo do Desenvolvimento Humano*, Estampa, Lisboa.

RICCIO, C. (1993), Neurological Basis of Attention Deficit Hyperactivity Disorder, in *Exceptional Children*, vol. 60, n. 2.

RIGAL, R., (1979), *Motricidad, Aproximácion Psicofisiológica*, A . Pila, Madrid.

RIGAL, R. (1998), *Motriciité Humaine : fondements et apllications pédagogiques*, Tome 1, 2 e 3, Presses de l´Université du Québec, Québec

RIVIÈRE, A. (1986), *La psicologia de Vygotsky*, Pablo del Rio, Madrid.

ROGERS, C., (1973), *La Rélation d'Aide et la Psychothérapie*, vol. I e II, Expansion Scientifique Française, Paris.

ROLLAND, P. E., (1980), «Suplementary Motor Area and Other Cortical Areas in the Organization of Voluntary Movements in Man», in *Journal of Neurophysiology*, nº 43.

ROLLAND, P. E. e colab. (1980), Supplementary Motor Area and other Areas in the Organization of voluntary Movements in Man, In *J. Neurophysiol.*, n. 43.

ROLLAND, P. E., (1984), «Organization of Motor Control by the Normal Human Brain», in *Review of Human Neurobiology*, vol. II, nº 4.

ROSENTHAL, C., (1970), *Genetic Theory and Abnormal Behaviour*, McGraw-Hill, Nova Iorque.

ROSS, A. O., (1979), *Aspectos Psicológicos dos Distúrbios de Aprendizagem e Dificuldades na Leitura*, McGraw Hill, São Paulo.

ROSS, D. e ROSS, S. (1976), *Hyperactivity: research, theory and action*, John Wiley, N. York.

ROSS, R. (1969), Effects on Intensive Motor Skills Training Program on Young Educable Mentally Retarded Children, In *Am. J. Mental Deficiency*, n. 73.

ROSSANT, L. (1996), *L´éveil psychomoteur du jeune enfant*, Que sais-je ?, PUF, Paris.

ROSSEL, G. (1975), *Manuel d´education psychomotrice pour enfants de 5 à 10 ans d´age mental*, Masson, Paris.

ROSTAND, J. e TETRY, A., (1972), *L'Homme – Initiation à la Biologie*, Vol. I e II, Larousse, Paris.

ROTH, S. e JAEGGI, A. e AJURIAGUERRA, J. de (1967), «Indications de la Rééducation Psychomotrice», in *La Choix en Psychiatrie Infantile*, Masson et Cie., Paris.

ROTHSCHILD, F. S. (1994), *Creation and evolution : a biosemiotic approach*, H. Grundmann, Bona.

ROUDINESCO, M. e THYSS, J., (1948), «L'Enfant Gaucher. Étude Clinique. Signification Physiologique. Problèmes Pedagogiques.», in *Revue Enfance*, nº 1.

RUBINSTEIN, S., (1973), *Princípios da Psicologia Geral*, vol. I, II, III, IV, V, VI e VII, Estampa, Lisboa.

RUSSEL, W. R., (1975), *Explaining the Brain*, Oxford University Press, Londres.

RUTTER, M., TIZARD, J. e WHITEMORE, K., (1970), *Education, Health and Behavior*, Longmans Green, Londres.

SAGAN, C., (1985), *Os Dragões do Éden*, Gradiva, Lisboa.

SAGE, G., (1981), *Introduction to Motor Behavior. A Neuropsychological Approach*, Addison-Wesley Publishing Co.

SAINT-ANNE D. S., (1968), *Le Développement du Système Nerveux Foetal*, Guigoz, Paris.

SAMI-ALI, M. (1982), *L´espace imaginaire*, Gallimard, Paris.

SAMI-ALI, M. (1984), *Corps réel, corps imaginaire : pour une épistémologie psychanalytique*, Dunod, Paris.

SAMI-ALI, M. (1991), *El imaginario y la patologie*, Paidós, Buenos Aires.

SANES, J. N. e EVARTS, E. V., (1984), «Motor Psychophysics», in *Review of Human Neurobiology*, vol. II, Springer International, Berlim.

SANIDES, F., (1966), *Como se Constituiu o Cérebro Humano*, Boehringer, Lisboa.

SANTANA, R. (1999), *Aspectos neuropsicológicos del aprendizaje escolar*, Innovaciones Psicoeducativas, San Juan.

SANTOS, A.S. (1973), *Perspectivas Psicopedagógicas*, Livros Horizonte, Lisboa.

SANTOS, A.S. (1999), *Estudos de Psicopedagogia e Arte*, Livros Horizonte, Lisboa.

SANTOS, J. dos (1977), *Ensaios sobre Educação*, vol. I e II, Livros Horizonte, Lisboa.

SANTUCCI, H. e BENDER L., (1968), *Épreuve d'Organisation Grapho-Perceptive pour Enfants de 6 à 14 Ans*, Delachaux et Niestlé, Neuchâtel.

SARNAT, H. e NETSKY, M., (1981), *Evolution of the Nervous System*, Oxford University Press, Nova Iorque.

SARTRE, J. P., (1939), *Esquisse d'une Théorie de l'Émotion*, Hermann, Paris.

SARTRE, J. P. (1943), *L´Etre et le Néant*, Gallimard, Paris.

SATZ, P. e VON NOSTRAND, G. K., (1973), *Developmental Dyslexia: an Evaluation of a Theory*, Rotterdam University Press, Roterdão.

SCHENOV, I. M., (1970), *Reflexes of the Brain*, Massachusetts Institute of Technology Press, Boston.

SCHILDER, P., (1963), *L'Image du Corps*, Gallimard, Paris.

SCHMIDT, R. (1976), The Schema as a Solution to Solve Persistent Problems in Motor Learning Theory, In G. Stelmach (Ed.), *Motor Control: issues and trends*, Academic Press, N. York.

SCHMIDT, R. (1980), Past and Future Issues in Motor Programming, In *Research Quarterly for Exercise and Sports*, n. 51.

SCHNEIRLA, T. C., (1957), «The Concept of Development in Comparative Psychology», *in* D. B. Harris, *The Concept of Development*, University Minnesota Press, Minneapolis.

SCHNITKER, M., (1972), *The Teacher's Guide to the Brain and Learning*, Academic Therapy Publications, São Rafael.

SCHULTZ, J. H., (1965), *Le Training Autogène*, PUF, Paris.

SCHWEBEL, A. (1966), Effects of Impulsivity on Performance of Verbal Tasks in Middle and Lower Class Children, In *Am. J. of Orthopsychiatry*, n. 36.

SEDICA, P., (1971), «L'Anatomie dans la Psychanalyse», in *Nouvelle Revue de Psychanalyse Lieux du Corps*, Gallimard, Paris.

SEGUIN, E. (1850), *Idiocy : its treatment by physiological method*, William Wood, N. York.

SERAFETINIDES, E. A ., (1968), *Brain Laterality: New Functional Aspects in Main Droite et Main Gauche*, PUF, Paris.

SHERRINGTON, C. S., (1906), *The Integrative Action of the Nervous System*, Scribners, Nova Iorque.

SHERRINGTON, C. S., (1946), *Man and his Nature*, University Press, Cambridge.

SIDOROV, M., (1973), *A Evolução do Pensamento Humano*, Presença, Lisboa.

SIGUÁN, M. (1987), *Actualidad de Le S. Vygotsky*, Anthropos, Barcelona.

SINGER, R., (1975), *Motor Learning and Human Perfomance*, MacMillan and Co., Nova Iorque.

SINGER, R. e BRUNK, J. (1967), Relation of Perceptualmotor Ability and Intellectual Ability in Elementary School Children, In *Perceptual Motor Skills*, n. 24.

SIVADON, P. e GANTHERET, F., (1965), *La Rééducation Corporelle des Fonctions Mentales*.

SKEFFINGTON, A . M., (1965), *Papers and Lectures*, Optometric Extension Program, Duncan, Oklahoma.

SKINNER, B., (1953), *Science and Human Behavior*, MacMillan and Co., Nova Iorque.

SKINNER, B., (1971), *L'Analyse Éxpérimentale du Comportement*, Dessart, Bruxelas.

SKUBIC, V. e ANDERSON, M. (1970), The Interrelationships of Perceptual-motor Achievement, Academic Achievement and intelligence of Fourth-grade Children, In *J. Learning Disabilities*, n. 3.

SMITH, H., (1968), *Introduction to Human Movement*, Addison-Wesley Publishing Co.

SMITH, R. e NEISWORTH, J., (1975), *The Exceptional Child - a Functional Approach*, McGraw-Hill, Nova Iorque.

SNYDER, R. e FREUD, S. L. (1967), Reading Readiness and its Relation to Maturational Unreadiness as Measured by the Spiral Aftereffect and Visual Perception Techniques, In *Perceptual and Motor Skills*, n. 25.

SOKOLOV, E. (1975), The Neural Mechanisms of the Orienting Reflex, In E. Sokolov e O. Vinogradova, (Eds.), Neural mechanisms of the Orienting Reflex, Erlbaum, Hillsdale, N. Jersy.

SOUBIRAN, G. B. e MAZO, P., (1974), *La Réadaptation Scolaire des Enfants Intelligents par Rééducation Psychomotrice*, Doin, Paris.

SOUBIRAN, G. B. e COSTE, J. C. (1975), Psychomotricité et relaxation psychosomatique, Doin, Paris.

SPERRY, R. W., (1970), «Cerebral Dominance in Perception», *in* A . Young e D. B. Lindsley, *Early Experience and Visual Information Processing in Perceptual and Reading Disorders*, National Academy of Sciences, Washington.

SPERRY, R. W., (1975), «La Grande Comisura Cerebral», in *Psicologia Contempóranea*, Blume, Madrid.

SPITZ, R., (1963), *La Première Année de la Vie de l'Enfant*, PUF, Paris.

SPITZ, R., (1972), *De la Naissance à la Parole*, PUF, Paris.

STAMBAK, M., (1956), «Contribution à l'Étude du Développement Moteur chez le Nourrisson», in *Communication à la Société Française de Psychologie*, Abril.

STAMBAK, M., (1963), «La Motricité chez les Débiles Mentaux», in *La Psychiatrie Infantile*, vol. VI, fasc. 2.

STAMBAK, M., (1963), *Tonus et Psychomotricité*, Delachaux et Niestlé, Neuchâtel.

STAMBAK, M., (1968), «Qu'est-ce que La Motricité?», in *La Psychiatrie de l'Enfant*, vol. XI, fasc. 2.

STAMBAK, M., BERGÈS, J. e HARRISON, A ., (1965), «Étude sur la Lateralité. Nouvelles Perspectives», in *Revue de Neuropsychiatrie Infantile*, nº 3.

STAMBAK, M., HERITAU, D., AUZIAS, M., BERGÈS, J. e AJURIAGUERRA, J. de, (1964), «Les Dyspraxies chez l'Enfant», in *Revue de Psychiatrie de l'Enfant*, vol. VII, fasc. 2.

STAMBAK, M. e JAKSIC, S., (1965), «Épreuves de Niveau et de Style Moteur», *in* R. Zazzo, *Manuel pour l'Examen Psychologique de l'Enfant*, Delachaux et Niestlé, Neuchâtel,

STAMBAK, M., PECHEU, P., HARRISON, A . e BERGÈS, J., (1967), «Méthodes d'Approche por l'Éude de la Motricité chez l'Enfant», in *Revue de Neuropsychiatrie Infantile*.

STAMBAK, M., VIAL, M., DIAKTINE, R. e PLAISANCE, E., (1972), *La Dyslexie en Question*, Armand Colin, Paris.

STANLEY-HALL, H., (1968), *The Psychology of Play*, Penguin Books, Londres.

STEGER, J. e colab. (2001), Attentional and Neuromotor Deficits in ADHD, In *Develop. Medic. & Child Neurology*, n. 43.

STERN, W., (1971), *Psicologia Geral*, Fundação Calouste Gulbenkian, Lisboa.

STOKVIS, B., (1960), «Possibilité et Limitations de la Relaxation dans la Médicine Psycho-Somatique», in *Revue de Médicine Psycho-Somatique*, vol. I e II.

STRATTON, G. M., (1896), «Some Preliminary Experiments on Vision without Inversion of the Retinal Image», in *Review of Psychology*, nº 3.

STRAUSS, A. WERNER, H. (1938), Deficiency in the Finger Schema in Relation to Arithmetic Disability, In *Am. J. of Orthopsychiatry*, n. 8.

STRAUSS, A. WERNER, H. (1942), Disorders of Conceptual Thinking in the Brain Injured Child, In *J. Nervous and Mental Diseases*, n. 96.

STRAUSS, A. e KEPHART, N., (1972), *Psychopathology and Education of the Brain-Injured Child: Progress in Theory and Clinic*, Grune and Stratton, Nova Iorque.

STRAUSS, A. e LEHTINEN, (1969), *Psychopathology and Education of the Brain-Injured Child*, 16ª ed., Grune and Stratton, Nova Iorque.

STUART, M. F., (1963), *Neurophysiological Insights into Teaching*, Pacific Books, Palo Alto, Califórnia.

SUBIRANA, A., (1952), «La Droiterie», in *Archives Suisses de Neurologie et de Psychiatrie*.

TABARY, J. C., TARDIEU, G. e TARDIEU C., (1966), «Conception du Développement de l'Organisation Motrice chez l'Enfant – Interprétation de l'Infirmité Motrice Cérébrale et sa Rééducation», in *Revue de Neuropsychiatrie Infantile*, nº 14, 10-11.

TALKINGTON, L. (1968), Frostig Visual Perceptual Training with Low-ability Level Retarded, In *Perceptual and Motor Skills*, n. 27.

TASAN, A. e VOLARD, R., (1973), *Le Troisième Père – Symbolisme et Dynamique de la Rééducation*, Payot, Paris.

TEMBOURET, E., DIAMAND, L., CRAMBES, G, GIRARD J. e GODEFROY, F., (1971), «Recherche de Modalités d'Intervention en Thérapie Psychomotrice», in *Revue de Thérapie Psychomotrice*, nº 9-10, Fevereiro.

TERMAN, E. L., (1942), *Non Language Multi-Mental Test*, Bureau of Publications of Teachers College of Columbia University, Nova Iorque.

THOMAS, A., (1940), *Équilibre et Équilibration*, Masson et Cie., Paris.

THOMAS, A. e AJURIAGUERRA, J. de, (1949), *Études Sémiologiques du Tonus Musculaire*, Flammarion, Paris.

THOMAS, A. e AUTGAERDEN, S., (1963), *Psycho-Affectivité des Premier Mois du Nourrisson - Évolution des Rapports de la Mobilité de la Connaissance et de l'Affectivité*, Masson et Cie., Paris.

THOMAS, A. e AUTGAERDEN, S., (1963), *La Locomotion de la Vie Foetale à la Vie Post-Natale – Réflexivité, Réactivité des Sens à la Psychomotilité*, Masson et Cie., Paris.

THOMAZI, J., (1960), *Le Bonhomme et l'Enfant*, Coquemard, Angoulême.

THOMPSON, R., (1967), *Foundations of Physiological Psychology*, Harper & Row, Evanston.

TINBERGEN, N., (1951), *The Study of Instinct*, Oxford University Press, Nova Iorque.

TOLÓN, J. G., (1982), *Rehabilitación en los Trastornos de Aprendizaje*, Escuela Española SA, Madrid.

TORGESEN J. K., (1977), «The Role of Nonspecific Factors in the Fast Perfomance of Learning Disable Children», in *Journal of Learning Disabilities*, nº 1.

TOSQUELLES, F., (1967), *Structure et Rééducation Thérapeutique*, PUF, Paris.

TOURNAY, A., (1965), «Bases Neurologiques de la Maturation Motrice», in *Revue Enfance*.

TOWEN, B. e PRECHTL, H.,(1977), *The Neurological Examination of the Child with Minor Nervous Dysfunctions*, Spastics International Medical Publications, Londres.

TRAN-THONG, (1972), *Stades et Concept de Stade de Développement de l'Enfant dans la Psychologie Contemporaine*, J. Vrin, Paris.

TRAN-THONG, (1976), La Fonction d´Orientation, in *Bol. Ass. Française de Psychologues Scolaires*, n. 16.

TREVARTHEN, C., (1968), Two Mechanisms of Vision in Primates, In *Psychologische Forschung*, n. 31.

TREVARTHEN, C., (1978), Modes of perceiving and Modes of Acting, In H. Pick & E. Saltzman (Eds.), *Modes of Perceiving and Precessing Information*, Hillsdale, N. Jersey.

TREVARTHEN, C., (1983), «Development of Cerebral Mechanisms for Language», *in* U. Kirk, *Neuropsychology of Language, Reading and Spelling*, Academic Press, Nova Iorque.

TURNER, M. e KUGLER, P. (1986), Ecological Approach to Perception and Action, In H. Whiting (Ed.), *Human Motor Actions: Bernstein reassessed*, NorthHolland, Amsterdam.

TUSTIN, F. (1987), Autism and Childhood Psychosis, Hogarth, London.

TZURIEL,D. (1989), Dynamic Assessment of Learning Potential, In *The Thinking Teacher*, n. 5

UEXKULL, Von J. (1966), *La médicine psychosomatique*, Gallimard, Paris.

UEXKULL, Von J. (1968), *Dos Animais e dos Homens*, Livros do Brasil, Lisboa.

VALLAT, N., (1973), «Techniques d'Expression Corporelle et Rééducation Psychomotrice» in *Thérapie Psychomotrice*, nº 17.

VALLET, R., (1974), *The Remediation of Learning Disabilities*, Fearon Pitman Publishers Inc., Belmont.

VALLET, R., (1979), *Programming Learning Disabilities*, Fearon Pitman Publishers Inc., Belmont.

VASCONCELOS, V. e VALSINER, J. (1994), *Perspectiva co-construtiva na psicologia e na educação*, Artes Médicas, Porto Alegre.

VAYER, P., (1972), *Le Dialogue Corporel*, Doin et Cie., Paris.

VAYER, P. e DESTROOPER, J., (1985), *A Dinâmica da Acção Educativa*, Instituto Piaget, Lisboa.

VAYER, P. e RONCIN, (1999), *Psychologie des activités corporelles*, Harmattan, Paris.

VERMEYLEN, (1926), *Psychologie de l'Enfant et de l'Adolescent*, Lamertin, Bruxelas.

VIAL, M., (1969), *Les Activités Physiques de l'Homme - À Propos de la Psycho-Cinétique, quelques Problèmes Posés par l'Analyse du Mouvement Humain*, CERM, Paris.

VIAL, M., (1972), «Quelques Réflexions sur la Notion de Psychomotricité», in *Revue de Thérapie Psychomotrice*, nº 15, Agosto.

VIAL, M., PLAISANCE, E. e BEAUVAIS, J., (1973), *Les Mauvais Élèves*, PUF, Paris.

VITTOZ, R., (1954), *Traitement des Psychoneuroses par la Rééducation du Contrôle Cérébral*, Baillère, Paris.

VYGOTSKY, L. S., (1962), *Thought and Language*, Massachusetts Institut of Thecnology Press, Boston.

VYGOTSKY, L. S. (1978), *Mind and Society: the development of higher psychological process*, Ed. Harvard Univ. Press, Nova Jersey.

VYGOTSKY, L. S. (1979a), *Interaction entre Aprendizaje y Desarrollo*, Crítica, Barcelona.

VYGOTSKY, L. S. (1979b), *El Desarrollo de los Processos Psicologicos Superiores*, Critica, Barcelona.

VYGOTSKY, L. S. (1993), The Collected Works, in R. Rieber & A. Carton (ed.), *The Fundamentals of Defectology*, vol. 2, Plenum Press, Nova Iorque.

VYGOTSKY, L. S. (1999), *O Desenvolvimento Psicológico na Infância*, Martins Fontes, S. Paulo.

VYL, M., (1970), «Rééducation Neuropsychique et Troubles Scolaires», in *Rééducation Orthophonique*, nº 55-56, Paris.

WADDINGTON, C. H., (1960), *The Ethical Animal*, George and Unvin Ltd.

WADDINGTON, C. H., (1969), *Theoretical Biology*, Aldine Publishing Co., Chicago.

WALLON, H., (1925), *L'Enfant Turbulent*, Alcan, Paris.

WALLON, H. (1928), La maladresse, *In J. Psycho. Norm. et Pathol.*, n. 25.

WALLON, H., (1930a), «Le Comportement Émotionnel», in *Revue Cours de Conférences*, Fevereiro.

WALLON, H., (1930b), «Le Comportement Fonctionnel du Nourrisson», in *Revue Cours de Conférences*, Fevereiro.

WALLON, H., (1931), «Comment se Développe chez l'Enfant la Notion du Corps Propre», in *Journal de Psicologie*, Novembro-Dezembro.

WALLON, H., (1932a), «Syndromes d'Insuffisance Psychomotrice et Types Psychomoteurs», in *Annals de Médecine et Psychologie*, nº 84, 5.

WALLON, H. (1932b), La conscience de soi, ses degrés et ses mécanisms de 3 mois à 3 ans, in *Journal de Psychologie normale et pathologique*, 32.

WALLON, H., (1937), «Le Développement Moteur et Mental chez l'Enfant», in *11ème Congrès International de Psychologie*, Paris.

WALLON, H., (1938), La Vie Mentale, L´ Èncyclopédie Française, Paris.

WALLON, H., (1947), «L'Étude Psychologique et Sociologique de l'Enfant», in *Cahiers International de Sociologie*.

WALLON, H., (1950), «Le Développement Psychomoteur de l'Enfant», in *Revue de Morphophysiologie Humaine*, Paris.

WALLON, H., (1954), «Kinesthésie et Image Visuelle du Corps Propre chez l'Enfant», in *Bulletin de Psychologie*, vol. VII, 5.

WALLON, H., (1956), «Importance du Mouvement dans le Développement Psychologique de l'Enfant», in *Revue Enfance*, nº 2.

WALLON, H., (1958a), «Équilibre Statique, Équilibre du Mouvement et Double Latéralisation entre 5 et 15 Ans», in *Revue Enfance*, nº 4.

WALLON, H., (1958b), «Sur quelques Signes d'Appraxie chez des Enfants Inadaptés», in *Annals de Médecine et Psychologie*, nº 116, 2.

WALLON, H., (1959a), «Le Développement Psychomotrice», in *Revue Enfance*, nº 3 e 4, Maio e Outubro.

WALLON, H., (1959b), Les Causes Psycho-Physiologiques de L´Inatenttention chez L´Enfant, In *Enfance*, n. 3 e 4.

WALLON, H., (1963a), *Les Origines de la Pensée chez l'Enfant*, PUF, Paris.

WALLON, H. (1963b), Niveaux et fluctuations du Moi, in *Enfance*, nº 12.

WALLON, H., (1963c), «L'Habileté Manuelle», in *Enfance*, nº 16.

WALLON, H., (1963d), L´Instabilité Posture-Psychique chez L´Enfant, In *Enfance*, n. 1 e 2.

WALLON, H., (1969), *Do Acto ao Pensamento*, Portugália, Lisboa.

WALLON, H., (1970a), *Évolution Psychologique de l'Enfant*, Armand Colin, Paris.

WALLON, H., (1970b), *Les Origines du Caractère chez l'Enfant*, PUF, Paris.

WALLON, H., (1973), Psychologie et Education de L´Enfance, In *Enfance*, n. spec., 5ª. ed..

WALLON, H., (1984), *As Origens do Pensamento da Criança*, Manole, S. Paulo.

WALLON, H. e LURÇAT, L. (1962), Espace postural et espace environnant : le schèma corporel, in *Enfance*, 1.

WALSHE, F. M. R., (1973), «On the Role of the Pyramidal System in Willed Movements», *in* K. H. Pribram, *Brain and Behavior*, Penguin Books, Londres.

WASHBURN, S. L., (1972), «Tools and Human Evolution», in *Biological Anthropology, Scientific American*, São Francisco.

WATKINS, H. (1957), Visual Perceptual Training for the Moderately Retarded Child, In *Am. J. Mental Deficiency*, n. 61.

WATSON, J. B., (1924), «The Place of Kinesthetic, Visceral and Laryngeal Organisation of Thinking», in *Psychology Review*.

WATSON, J. B., (1925), *Behaviorism*, W. W. Norton and Co., Inc., Nova Iorque.

WAYER, P., (1972), *L'Enfant Face au Monde à l'Âge des Apprentissages Scolaires*, Doin et Cie., Paris.

WEDDEL, K. e RAYBOULD, E. C., (1977), «Early Identification of Educationally "at risk" Children», in *Educational Review*, University of Birmingham.

WEINSTEIN, S. (1958), Body Image and brain Damage, In *Am. Psychological Assoc.*, September.

WEIR-MITCHELL, S., (1874), *Des Lésions des Nerfs et de leurs Conséquences*, Paris.

WENDER, P. (1971), *Minimal Brain Dysfunction in Children*, John Wiley, N. York.

WERNER, H., (1944), «Development of Visuo-Motor Perfomance on the Marble Board Test in Mentally Retarded Children», in *Journal of Genetic Psychology*, nº 64.

WERNER, H., (1945), «Perceptual Behavior of Brain-Injured», in *Psychological Monographs*, nº 31.

WERNER, H., (1946), «Abnormal and Subnormal Rigidity», in *Journal of Abnormal and Social Psychology*, nº 71.

WERNER, H. e STRAUSS, A., (1939), «Types of Visuo-Motor Activity in their Relation to Low and High Perfomance Ages», in *Proceedings, Journal of Mental Deficiency*, nº 44.

WERNER, H. e WAPNER, S. (1949), Sensory-tonic field theory of perception, in *Journal of Personality*, 18.

WESCHLER, D. (1974), *WISC Revised*, Psychological Corporation, N. York.

WICKSTROM, C., (1970), *Fundamental Motor Patterns*, Lea and Febiger, Filadélfia.

WIDLOCHER, D., (1969), «Problèmes du Développement Psychomoteur», in *Revue des Perspectives Psychiatriques*, nº 23.

WIDLOCHER, D., (1974), «Le Corps en Pathologie Psychosomatique», in *Revue de Thérapie Psychomotrice*, nº 22, Maio.

WIENER, N. (1948), *Cybernetics or Control and Communication in the Animal and the Machine*, Wiley, N. York.

WIENER, J. e LIDSTONE, J., (1969), «Creative Movement for Children», *in* G. K. von Nostrand, *A Dance Program for the Classroom*, Reinhold Books, Nova Iorque.

WHITING, H.T. (1986), Human motor acts: Bernstein reassessed, in *Advances in Psychology*, 17, North-Holland, Amesterdão.

WHITTROCK, M. C. e colab., (1972), *The Human Brain*, Prentice-Hall Inc., Englewood Cliffs, Nova Jersey.

WILLEMS, E., (1972), *La Dyslexie et la Musique*, Conférence sous les Auspices de l'ADOPSED, Estrasburgo.

WILLERMAN, L. (1973), Activity Level and Hyperactivity in Twins, In *Child Development*, n. 44.

WINNICOTT, D. W. (1969), *De la pédiatrie à la psychanalyse*, Payot, Paris.

WINNICOTT, D. W., (1971), «Les Corps et le Self», *in* Lieux du Corps, *Revue Nouvelles de Psychanalyse*, nº 3.

WINNICOTT, D. W., (1972), *Les Processus de Maturation chez l'Enfant*, Payot, Paris.

WINNICOTT, D. W., (1975), *Jeu et réalité : l´espace potentiel*, Gallimard, Paris.

WINTREBERT, D., (1959), *Les Mouvements Passifs et la Relaxation. Principes et Effets d'une Méthode Particulière de Rééducation Psychomotrice*. Thèse de Médicine, Paris.

WINTREBERT, H., (1971), «La Relaxation. Thérapeutique Évolutive Bio et Psychodinamique», in *Revue de Thérapie Psychomotrice*, nº 9-10.

WINTREBERT, H., MICHAUX, L., WIDLOCHER, D. e PRINGUET, G., (1971), «La Relaxation chez l'Enfant», in *La Relaxation, Aspects Théoriques et Pratiques*, 4ª ed., Expansion Scientifique Française, Paris

WINTSCH, J., (1935), «Le Dessin comme Témoin du Développement Mental», in *L. Kinderpsychologie*, nº 2

WITELSON, S., (1976), «Abnormal Right Hemispher Specialization in Developmental Dyslexia», *in* D. Bakker e R. Knights, *Neuropsychology of Learning Disorders*, University Park Press, Baltimore.

WOHLWILL, J. (1962), From perception to Inference, In W. Kessen e C. Kuhlman (Eds.), Thought in the Young Child, Un. Chicago Press, Chicago.

WOLF, G. (1974), *Neurobiologia*, Blume, Madrid.

YERKES, R. e DODSON, J. (1908), The Relation of Stimulus to Rapidity of Habit Formation, In J. of Compar. And Neurolog. Psychol., n. 18.

ZANGWILL, O ., (1960), *Cerebral Dominance and its Relations to Psychological Functions*, Oliver and Boyd, Edimburgo.

ZAPOROZHETS, A . V., (1960), *Development of Voluntary Movements in the Child*, Akademia Pedagogica, Moscovo.

ZAPOROZHETS, A . V., (1965), «The Development of Perception in the Prescool Child», in *Monographs of the Society for Research in Child Development*, n° 30

ZAPOROZHETS, A . V., (1967), *Perception and Action*, Prosveshcheme Press, Moscovo.

ZAPOROZHETS, A . V. e ELKONIN, D. B., (1971), *The Psychology of Preschool Children*, Massachusetts Institut of Technology Press, Boston.

ZAYMAN, R. C., (1971), «Activité Proprioceptive et Localisation d'une Sensation Tactile - Étude Critique sur la Régulation Sensori-Motrice en Psycho- Physiologie», in *Revue de Psychologie des Sciences de Éducation*.

ZAZZO, R., (1948), «Image du Corps et Conscience de Soi», in *Revue Enfance*, n° 1.

ZAZZO, R., (1960), *Manuel pour l'Examen Psychologique de l'Enfant*, Delachaux et Niestlé, Paris.

ZAZZO, R., (1966), *Psychologie Différentielle de l'Adolescent*, PUF, Paris.

ZAZZO, R., (1969), *Conduites et Consciences*, vol. I e II, Delachaux et Niestlé, Paris.

ZAZZO, R. (1971), Du corps à l´ame, *Lieux du corps, Nouvelle Revue française de Psychanalyse*, 3.

ZAZZO, R., (1975), *Psychologie et Marxisme: La Vie et l'Oeuvre d'Henri Wallon*, Médiations, Paris.

ZAZZO, R. (1989), De Binet à Wallon : la psychologie de l´enfant, in *L´Anné Psychologique*, 89.

ZIMMERMANN, D., (1973), *La Rééducation pour quoi Faire?*, Expansion Scientifique Française, Paris.

ZUBEK, J. P. e SOLBERG, P. A ., (1954), *Human Development*, McGraw Hill, Nova Iorque

ZUCKMAN, E. e colab., (1960), «Children with Severe Brain Injuries», in *Journal of the American Association*.

# GLOSSÁRIO

**A**

AÇÃO – Movimento do corpo humano em relação com o mundo exterior, integrando dados do espaço, do tempo e dos objetos e suas múltiplas relações dinâmicas. Concebida como conduta adaptativa do indivíduo, a ação emana de esquemas destinados a resolver eficazmente situações-problema.

ACOMODAÇÃO – Processo de adaptação por meio do qual o indivíduo supera as modificações do mundo exterior (meio ambiente, sistemas ecológicos, etc.) em que se integra. Ilustra igualmente que o organismo reage às mudanças do meio do modo mais adequado possível.

ATIVIDADE – A ação do indivíduo quando realiza ou produz um ato, podendo englobar instintos, tendências, emoções, gestos, hábitos e praxias. Em termos educativos, compreende o conjunto de tarefas ou de situações que se desenrolam com o fim de alcançar uma meta, um alvo, um objetivo ou uma solução.

ATIVIDADE MOTORA – Reação sensóriomotora a estímulos externos ou internos. Nos recém-nascidos, compreende o conjunto de movimentos que estes produzem continuamente, formando parte da sua personalidade, podendo observar-se os seguintes tipos: hiperativos, ativos, moderadamente ativos, calmos e hipoativos.

ADAPTAÇÃO – Faculdade do indivíduo de manter, de desencadear e de desenvolver as suas potencialidades de adequação a um dado meio exterior, ajustando-se harmoniosamente às suas variações. Em termos psicomotores, envolve a integração espacial através da aquisição progressiva do controle postural, do afinamento da noção corporal (somatognosia) e da precisão gestual que a materializa.

AFASIA – Perda da capacidade de usar ou compreender a linguagem oral. Está usualmente associada a um traumatismo ou anormalidade do sistema nervoso central. Utilizam-se várias classificações, como afasia expressiva e receptiva, congênita e adquirida.

AFETIVIDADE – Integra o conjunto de impressões, de emoções, de sentimentos, etc., emergidos da vivência e experiência do corpo nas suas mais variadas expressões de prazer, desprazer, alegria, tristeza, dor, conforto, segurança, insegurança, afiliação, ansiedade, excitação, inibição, surpresa, medo, etc. Desempenha um papel crucial no desenvolvimento global do indivíduo, sobretudo no que diz respeito aos processos relacionais primaciais com a mãe, com a família e com os outros agentes educacionais, sociais e culturais.

AGÊNESE – ausência de desenvolvimento de um órgão, de um sistema, de um substrato ou de vias de condução nervosa, ocorrida na embriogênese ou nos primeiros anos de vida.

AGNOSIA – Transtorno ou perturbação da percepção, podendo envolver perda, incapacidade ou impossibilidade de obter, captar, diferenciar, reconhecer, significar, interpretar, integrar ou processar informações sensoriais através dos sentidos, embora os seus órgãos específicos não estejam afetados. Podem-se distinguir vários tipos: agnosias visuais (cor, forma, espaço, objetos, etc.), auditivas e táteis. Por exemplo, a agnosia auditiva é a incapacicade de reconhecer ou de interpretar um som, mesmo quando este é ouvido. Assim, um indivíduo pode ouvir, mas não reconhecer o som em concreto, como o da campainha do telefone, por exemplo. No campo neurológico, pode estar associada a uma deficiência ou disfunção do sistema nervoso central. Etimologicamente, encerra a falta de conhecimento.

AGRAFIA – Impossibilidade de escrever e reproduzir pensamentos ou idéias por escrito com legibilidade.

ALEXIA – Perda da capacidade de leitura de palavras manuscritas ou impressas.

ALOESTESIA – Localização de uma sensação cutânea do lado do corpo oposto ao que é estimulado, em geral em um ponto simétrico.

ALOQUIRIA – Localização transferida para uma das mãos das localizações tidas na outra; caso particular de aloestesia.

ANALISADORES – Sistemas e subsistemas corticais que processam informações sensoriais conduzidas ao cérebro, que amadurecem progressivamente e sustentam os múltiplos processos do desenvolvimento do sistema nervoso central e os múltiplos sistemas funcionais que suportam as diversas formas de aprendizagem.

ANAMNESE – Conjunto de dados evolutivos, biomédicos e mesológicos que permitem situar sincrônica e diacroniamente o estado atual e a vivência integradora de um sujeito clínico, levando em conta os seus antecedentes históricos.

ANEURAL – Função que não é condicionada pelo sistema nervoso, em particular aquela que, como função motora, é habitualmente regida por ações nervosas. As primeiras manifestações da motilidade fetal são aneurais.

ANOMIA – Impossibilidade de designar ou lembrar-se de palavras ou nomes dos objetos.

ANOREXIA – Perda ou diminuição do apetite, podendo envolver recusa alimentar. Pode ser considerada um problema psicossomático, ou seja, a expressão somática de um traumatismo afetivo ou de um conflito relacional.

ANOXIA – Diminuição ou restrição da quantidade de oxigênio existente no sangue. Ocorrendo no recém-nascido pode originar lesões cerebrais irreversíveis.

APGAR, TESTE DE – Avaliação da vitalidade do recém-nascido no primeiro minuto, aos cinco e aos 10 minutos, levando em consideração os seguintes cinco parâmetros: aparência ou cor da pele, pulso ou freqüência cardíaca, grito, atividade tônico-reflexa e respiração. A pontuação mais elevada é 10 e a mais baixa, zero. Pontuações abaixo de 7 ao primeiro minuto indicam que o recém-nascido acusou sofrimento fetal, mas se há melhora aos 5 e 10 minutos, tal situação pode não ter repercussões negativas no desenvolvimento. Permanecendo a mesma situação, pode haver seqüelas.

APNÉIA – Suspensão voluntária dos movimentos respiratórios ou retenção da respiração. A suspensão durante um tempo anormal pode afetar a oxigenação do cérebro da criança.

APRAXIA – Incapacidade ou impossibilidade da realização de movimentos com uma finalidade, envolvendo transtorno da eficiência motora nos movimentos voluntários. Não é a função que se perde, mas, sim, um certo uso desta. Perturbação do gesto provocado por uma lesão cerebral, conservando-se a atividade automática e reflexa, como, por exemplo, quando uma pessoa não pode realizar os movimentos sob comando verbal, apesar de conhecer as palavras e não ter qualquer paralisia ou miopatia. Pode ser observada em simples gestos que o indivíduo não é capaz de reproduzir (p. ex. assoar o nariz, escovar os dentes, etc.) ou em manipulações de objetos da vida cotidiana (p. ex. acender um cigarro, atender o telefone, etc.). A apraxia ideatória situa-se no âmbito da concepção e da planificação, enquanto a apraxia ideomotora se manifesta em uma impossibilidade de execução do gesto perante uma direção dada ou um modelo a imitar. A apraxia faz parte de uma síndrome psicomotora ou neurológica e pode apresentar-se em quatro tipos diferentes: apraxia de realização motora (déficit motor neurológico e atraso da organização motora, sem transtorno do esquema corporal, mas por falta de coordenação e por lentidão); apraxia construtivista (dificuldades de cópia de figuras geométricas simples ou complexas ou de modelos de cubos lúdicos, normalmente acompanhada por problemas de lateralidade); planotopoacinesias ou acinesias espaciais (desorganização da lateralidade e da direcionalidade com dificuldades ecocinésicas); apraxias especiais (faciais, linguais, posturais, locomotoras, gestuais, etc.).

APRENDIZAGEM – Mudança permanente de comportamento provocada pela experiência, visando à aquisição de alguma habilidade ou competência. Em termos sensoriais, a aprendizagem pode envolver a distinção de sensações e de percepções, por observação, identificação, discriminação ou reconhecimento. Em termos motores, a aprendizagem pode envolver a imitação e a realização de movimentos, assim como a assimilação, a diferenciação, a generalização e a sitematização de programas motores simples, compostos e complexos.

ASSINERGIA – Perda da capacidade de coordenar os vários músculos que intervêm no ajustamento de um movimento ao seu fim.

ATAXIA – Dificuldade de equilíbrio e de coordenação dos movimentos voluntários, envolvendo disfunção cerebelosa e vestibular.

ATENÇÃO – Processo mental por meio do qual o indivíduo seleciona, mantém e integra alguns estímulos e ignora outros. Compreende essencialmente três componentes: alerta (manutenção ou sustentação face aos estímulos, envolvendo a postura e o sentido de orientação face ao mundo exterior), seletividade (focagem de alguns aspectos e exclusão de outros) e processamento (tratamento de estímulos simultânea ou seqüencialmente). Concentração seletiva da atividade mental, podendo ser espontânea e automática ou voluntária e consciente, esforçada, regulada, daí se encontrar mais relacionada com o sistema de planificação e de controle de respostas adaptativas e/ou motoras. As dificuldades ou perturbações nesta função psicológica crucial podem revelar comportamentos hiperativos.

ATETÓSICO – Indivíduo afetado por uma forma de paralisia cerebral caraterizada por hipotonicidade, lentidão e repetição do movimento dos braços e pernas, associados a adiadococinesias, dismetrias, sincinesias e mímicas faciais inexpressivas, disfunções decorrentes de uma lesão dos núcleos da base do cérebro e responsáveis pela ativação e inibição de automatismos.

ATITUDE – Organização da conduta envolvendo componentes afetivos e cognitivos predisponentes de certas formas de comportamento. Em termos culturais, pode induzir componentes espontâneos ou formais com origem nos vários subsistemas ecológicos (família, escola, sociedade, etc.).

ATONIA – Inexistência de tonicidade.

AUDIÇÃO – Sistema de identificação, de discriminação e de integração dos estímulos sonoros. Aptidões auditivas: associação auditiva (relação e reconhecimento de conceitos apresentados oralmente); completamento (*closure*) auditivo (reconhecimento do aspecto global de um estímulo auditivo, após apresentação parcial do mesmo); memória auditiva (capacidade de interpretar e de organizar os dados sensoriais recebidos através do ouvido. Também é considerada como a capacidade de integrar significados a partir de estímulos auditivos.

AUDIOGRAMA – Registro gráfico da acuidade auditiva.

AUTISMO – Distúrbio emocional grave da personalidade da criança, caraterizado por excessiva autocentração, incomunicabilidade, perda de contato com o mundo exterior, falta de afiliação e de reciprocidade afetivo-relacional e resistência à aprendizagem.

AUTO-ESTIMA – Valorização ou imagem que o indivíduo tem de si próprio, podendo reunir componentes corporais, emocionais, cognitivos, sociais ou outros. Desenvolve-se a partir do nascimento em função do conforto, da segurança, do carinho, do amor e dos sentimentos de competência e de pertença que recebe do ambiente onde está inserido. Sentir-se capaz ou não condiciona a iniciativa de entrar em ação e de se adaptar a situações-problema ou a novas tarefas.

AUTOMATISMOS – Compreendem conjuntos de atos adquiridos que constituem a base da organização psicomotora, cujo controle consciente deixa de operar-se, dando origem, por um lado, a uma expressão motora mais fluente, rápida e harmônica e, por outro, a uma maior generalização, flexibilidade e disponibilidade para aprender novas competências psicomotoras.

AUTOTOPAGNOSIA – Transtorno da orientação e da integração corporal que se carateriza por incapacidade de distinguir e de diferenciar as partes do corpo.

B

BALANÇOS PASSIVOS - Relaxamento voluntário e oscilatório dos membros superiores e inferiores, após mobilização pendular introduzida exteriormente no indivíduo. Fazem parte da bateria psicomotora de V. da Fonseca e pertencem ao fator da tonicidade, mais propriamente da passividade, e destinam-se a estimar o controle tônico-motor e a identificar sinais de bloqueio tônico, como a paratonia, ilustrando amplitudes reduzidas de oscilação ou interrupções bruscas e abruptas dos movimentos passivos.

BULIMIA – Fome exagerada de causa psicológica.

C

CATATONIA – Síndrome complexa em que o indivíduo se mantém rigidamente em uma dada postura ou atitude ou continua e perpetua o mesmo gesto sem parar. Persistência de atitudes corporais, sem sinais de fadiga.

CENESTESIA – Impressão geral resultante de um conjunto de sensações internas (interoceptivas e proprioceptivas), imprecisas, confusas e difusas, difíceis de verbalizar, caraterizadas essencialmente por um estado de bem-estar ou de mal-estar.

CINESTESIA — Sistemas ou modalidades de sensibilidade (informação) proprioceptiva (própria do corpo, isto é, da pele, dos músculos, dos tendões, dos ossos, da gravidade e do movimento) que informa o cérebro sobre a posição e a orientação do corpo no espaço e dos movimentos dos segmentos corporais. Pode ser definido como um sentido independente dos cinco tradicionalmente reconhecidos, mas com eles estabelece uma íntima e complexa interação, dada a cooperação dos dados exteroceptivos e proprioceptivos na planificação, na execução e na eretroação da motricidade, onde participam nesta informação especificamente: os fusos neuro-musculares, os corspúsculos de Golgi e os corpúsculos de Ruffini.

CLÔNICO – Estado que se segue à contração muscular tônica (espasmo) na crise epiléptica, caraterizado pela convulsão. Estado do músculo caraterizado por contrações rápidas e involuntárias.

COGNIÇÃO – O ato ou o processo de conhecimento, pelo qual a atividade intelectual se expressa. As várias aptidões do processo de conhecimento são sinônimo de aptidões cognitivas.

COMPLETAMENTO (*Closure*) – Capacidade de reconhecer o aspecto global (ou *Gestalt*) especialmente quando uma ou mais partes do todo está ausente ou quando a continuidade é interrompida por intervalos.

CONCEITO – Uma ideia abstrata generalizada a partir de instâncias peculiares. Consideram-se desordens conceituais aquelas que afetam o processo cognitivo, impedindo a formulação de conceitos.

CONTROLE – Regulação voluntária, frontal e superior da atividade motora, após a sua planificação e a decisão de execução que a concretiza. Processo mental destinado a modelar a família de procedimentos que medeiam a planificação, a execução e a retroalimentação da resposta motora.

COORDENAÇÃO – Conjunto de habilidades que operam sinergeticamente para atingir uma ação motora complexa, adaptativa ou específica, que depende do controle postural, da integração proprioceptiva, vestibular, somatognósica e exteroceptiva, e igualmente, da inibição de sincinesias, isto é, movimentos parasitas e desnecessários à ação adaptada. Decorre da ação previamente representada em termos mentais, reclamando uma atenção voluntária e uma intencionalidade. Poderá surgir sob diversas formas: *coordenação bimanual* (coordenação simultânea das duas mãos); *coordenação dinâmica global* (ilustra a coordenação geral do corpo e da motricidade e a integração, a precisão e a harmonização dos padrões posturais e locomotores onde participam os grandes músculos); *coordenação motora fina* (ilustra a coordenação fina da mão e dos dedos em tarefas que implicam funções corticais superiores, envolvendo destrezas como o construir, o manusear, o recepcionar e o projetar de objetos, assim como, o desenhar, o pintar, o colar, o escrever, etc.).

CORPO – Meio de ação, de comunicação e de conhecimento, de si, dos outros e do mundo exterior. Trata-se do primeiro objeto de conhecimento da criança ("Eu", *"self"*, etc.), deonde emerge a formação da consciência como primado da emergência da linguagem, primeiro corporal (não-verbal), e posteriormente, falada e escrita.

CORÉIA – Manifesta-se por movimentos desordenados e involuntários, rápidos e descoordenados, e normalmente caraterizados por perturbações tônicas e instabiladdde emocional.

D

DEBILIDADE MOTORA – Sindrome psicomotora congênita, introduzido por Dupré, que afeta a motricidade, sendo essencialmente caraterizada por: exagero dos reflexos tendinosos; perturbação dos reflexos plantares; sincinésias persistentes; dificuldades na realização de movimentos voluntários e paratonias.

DECIBEL – Medida relativa da intensidade dos sons. O decibel zero representa a audição normal.

DÉFICT VISUOMOTOR – Imaturidade na coordenação óculo-manual, podendo causar problemas na micromotricidade e na grafomotricidade.

DESENVOLVIMENTO – Processo evolutivo, acumulativo e gradual, através do qual se adquirem novas funções e se aumentam as capacidades preexistentes. Compreende um processo global e integrador, onde cada componente (psicomotor, emocional, lingüístico, cognitivo, social, etc.) co-funciona harmônica e coordenadamente com os outros.

DESEQUILÍBRIO – Perda, objetiva e subjectiva, do controle do equilíbrio em termos estáticos ou dinâmicos, podendo evocar freqüentes quedas devido a imaturidade funcional ou a alterações do labirinto (sistema vestibular) ou do cerebelo.

DESTREZA – Habilidade ou competência com que se realiza qualquer ação ou gesto, revelando capacidade de execução motora em uma atividade específica, envolvendo o domínio de procedimentos psicomotores peculiares que permitem concluir com sucesso, velocidade e precisão uma determinada tarefa. Desta forma, podem-se considerar vários tipos de destreza: perceptiva (*input*), intelectual (elaborativa), motora, manual ou social (*output*).

DIADOCOCINESIA – Dissociação, alternância e coordenação de movimentos, realizados pelas extremidades dos membros. Na Bateria Psicomotora de V. da Fonseca (1992), compreende uma componente de avaliação da tonicidade de ação, isto é, movimentos alternativos de pronação e supinação dos pulsos, clinicamente referidos como "marionetes".

DIFICULDADES DE APRENDIZAGEM – Para definir este conceito, recorremos aos seguintes autores consagrados:

1. KIRK, S. A. in "Education Exceptional Children" (1962)
   «A dificuldade de aprendizagem (DA) refere um atraso, desordem ou imaturidade em um ou mais processos da linguagem falada, leitura, ortografia, caligrafia ou aritmética, resultante de uma possível disfunção cerebral, de distúrbios de comportamento ou de distúrbios emocionais, mas não dependentes de um atraso mental (*mental retardation*), de uma privação sensorial (visual ou auditiva), cultural ou pedagógica.

2. MYKLEBUST, H. R. in "Psychoneurological learning disorders in children" (1963)
   "Utilizamos o termo de desordens psiconeurobiológicas de aprendizagem, para inlcuir os déficits na aprendizagem, em qualquer idade, que são essencialmente causados por desvios (*desviations*) no sistema nervoso central e que não são provodadas por deficiência mental (*mental dificiency*), por privação sensorial ou por fatores psicogenéticos de desenvolvimento."

3. BATEMAN, B. in *Learning Disorders* (1965)
   As crianças que têm DA são as que manifestam discrepâncias educacionais significativas. Discrepância entre o seu potencial intelectual estimado e o atual nível de realização escolar, relacionada, essencialmente, com desordens básicas do processo de aprendizagem, que pode ser ou não acompanhada por disfunções do sistema nervoso central. As discrepâncias de qualquer maneira não são causadas por distúrbio geral de desenvolvimento ou provocadas por privação sensorial (*sensory loss*).

4. CLEMENTS, S. D. in "Minimal brain dysfunction in children (1966)
   O termo "lesão mínima do cérebro" (*minimal brain dysfunction syndrome*), refere-se às crianças que são de inteligência geral, abaixo da média, na média ou acima da média, com certas DA e de comportamento, que podem ir de dificuldades mínimas a severas e que se encontram associadas a desvios de funções do sistema nervoso central. Tais desvios podem ser manifestados por várias combinações de privações na: percepção, conceituação, linguagem, memória, controle da atenção, impulsividade ou funções motoras.
   Síndromes idênticas podem ser ou não mais complicados em crianças com paralisia cerebral, epilepsia, debilidade mental, deficiência visual e auditiva.
   Estas aberrações podem ser provocadas por variações genéticas, irregularidades bioquímicas, lesões cerebrais perinatais, ou até mesmo outras doenças ou infecções, ocorridas durante os anos críticos de desenvolvimento e de maturação do SNC ou dependentes de causas ainda desconhecidas.

5. KASS, C. in *Conference ou Learning Disabilities* (1966)
   Uma criança com problemas e DA é uma criança com discrepâncias intradesenvolvimentais (*intradevelopmental*) significativas nos seguintes sistemas funcionais de comportamento: sistemas ideomotores, indeoperceptivos ou ideocognitivos, que estão directamente implicados nos comportamentos da linguagem, da leitura, da escrita, da ortografia, da aritmética e/ou conteúdos de conhecimento escolar (*content subjects*).

6. "Report" da "National Advisory Committee on Handicapped Children" (1968)
   Uma criança com DA é uma criança com aptidões mentais adequadas, adequados processos sensoriais, estabilidade emocional, e que tem um limitado número

de dificuldades específicas nos processos perceptivos, integrativos ou expressivos que impedem a eficiência da aprendizagem. Estão também incluídas crianças que tenham disfunções do SNC que são expressas fundamentalmente por uma privação na eficiência de aprendizagem."
As crianças com DA exibem igualmente uma ou mais desordens nos processos psicológicos básicos que estão envolvidos na compreensão da linguagem falada e da linguagem escrita.
As dificuldades podem ser manifestadas por desordens: na recepção da linguagem e na sua compreensão, no pensamento, na expressão oral, na leitura, na escrita, na ortografia ou na aritmética. Tais dificuldades incluem déficits perceptivos (*handicaps*), lesões cerebrais, dislexia, afasia evolutiva, etc. Tais dificuldades não incluem problemas de aprendizagem que são principalmente resultantes de deficiência visual, auditiva ou motora, debilidade mental, distúrbios emocionais ou desvantagens socio-culturais (*environmental disadvantage*).

7. GALLAGHER, in "Irregular development of mental abilitis" (1966)
A criança com DA é uma criança com desequilíbrio de desenvolvimento que revela uma disparidade no processo psicológico relacionado com a educação, disparidade tal (muitas vezes de dois, quatro ou mais anos escolares) que requer programas adequados de evolução acadêmica, de forma a adaptá-los, à natureza e ao nível do desvio do seu processo de desenvolvimento.

8. Review of Education Research (1969)
Definição debatida por 15 especialistas:

a) DA refere-se a um ou mais déficits nos processos essenciais da aprendizagem, que necessitam técnicas especiais de educação e de reeducação (*definição por déficit*).
b) As crianças com DA manifestam normalmente uma discrepância entre o nível da realização esperado e o nível da realização atualmente atingido, em um ou mais setores como por exemplo: linguagem falada, leitura, escrita, matemática e orientação espacial (*definição por discrepância*).
c) A DA não é devida, principalmente a dificiências sensoriais, motoras, intelectuais ou emocionais, ou a falta de oportunidade de aprendizagem (*definição por exclusão*). A criança com DA, não é deficiente mental, emocionalmente perturbada, culturalmente privada, cega ou surda.
d) Deficiências mais significativas são definidas em termos de diagnóstico educacional e psicológico.
e) *Processos essenciais de aprendizagem são* os correntemente definidos nas ciências de comportamento que envolvem percepção, integração e expressão quer da comunicação verbal, quer da não-verbal.
f) *Técnicas de reeducação ou terapêuticas* referem-se ao planeamento educacional que deve ser baseado em resultados e em processos de diagnóstico.

9. No nosso livro, *Contributo para o Estudo da Gênese da Psicomotricidade* – Cap. Dificuldades Escolares – Editorial Notícias, 1976, utizamos a seguinte definição: 'A DA é uma desarmonia evolutiva, normalmente caraterizada por uma imaturidade psicomotora que inclui perturbações nos processos receptivos, integrativos e expressivos da atividade simbólica.
A DA traduz uma irregularidade biopsicossocial de desenvolvimento global e dialético da criança, que normalmente traduz, na maioria dos casos, problemas de lateralização e de praxia ideomotora, deficiente estruturação perceptivo-motora, dificuldades de orientação espacial e sucessão temporal e outros tantos fatores inerentes a uma desorganização da constelação psicomotora, que impede a ligação

entre os elementos constituintes da linguagem e as formas concretas de expressão que as simbolizam.

DIFICULDADES BINOCULARES — Dificuldades de controle funcional dos dois olhos que originam pertubações visuais, desde a coordenação oculomanual, às dificuldades na figura-fundo, na constância da forma, na posição e na relação-orientação espacial.

DIPLEGIA – Paralisia bilateral afetando ambos os membros do corpo.

DISARTRIA – Dificuldade na articulação de palavras devido a disfunções cerebrais.

DISCALCULIA – Dificuldade para a realização de operações matemáticas usualmente ligada a uma disfunção neurológica, lesão cerebral, assomatognósias, agnosias digitais e deficiente estruturação espaço-temporal.

DISGNOSIA – Perturbação cerebral comportando uma má percepção visual das formas.

DISGRAFIA – Escrita manual extremamente pobre ou dificuldades de realização dos movimentos motores necessários à escrita, tais como flutuações na linha, inacabamento, ilegibilidade e confusão das letras, irregularidades de dimensão, etc. Esta condição está muitas vezes ligada a problemas funcionais da produção da escrita, mas não devem ser confundidos com a disortografia que ilustra outros problemas de ordem semântico-sintáxica. Pode-se considerar uma forma de dispraxia.

DISLEXIA – Dificuldade na aprendizagem da leitura, devida a uma imaturidade nos processos auditivos (fonológicos), visuais (logográficos), tátil-cinestésicos e cognitivos (de descodificação, retenção, transdução e codificação) responsáveis pela apropriação da linguagem escrita.

DISMETRIA – Realização de movimentos de forma inadequada e pouco econômica.

DISNOMIA – Ver Anomia.

DISORTOGRAFIA – Dificuldade na expressão da linguagem escrita, revelada por fraseologia incorrectamente construída, normalmente associada a atrasos na compreensão e na expressão da linguagem escrita.

DISPRAXIA – Déficit, desorganização, disfuncionamento ou dificuldade em planificar, coordenar, executar e auto-regular movimentos voluntários especializados e relacionados com uma dada atividade (copiar figuras geométricas, por exemplo), que são produzidos de forma lenta, torpe, imprecisa, episódica, desintegrada, dismétrica e disincronizada.

DISTROFIA MUSCULAR – Uma das doenças primárias do músculo, caraterizada pelo ultra enfraquecimento e atrofia dos músculos esqueléticos que tende a aumentar as dificuldades de coordenação e que tende a uma deformação progressiva.

DISTRATIBILIDADE – Dificuldade de concentração de atenção e das funções neuroenergéticas necessárias ao processo de aprendizagem.

DISSOCIAÇÃO DIGITAL – Controle independente e diferenciado dos dedos.

DOMINÂNCIA CEREBRAL – Diz respeito ao controle cerebral (especialização hemisférica) das atividades e das condutas, considerando um hemisférico (esquerdo) o dominante em relação ao outro (direito). O esquerdo controla as funções verbais e a função da linguagem. O direito controla as funções não-verbais e as gnoso-espaciais.

DOMINÂNCIA MANUAL – Especialização assimétrica de uma das mãos (direita ou esquerda), ilustradora de superioridade performática em termos de sensibilidade tátil, força, velocidade, precisão e melodia cinestésica. Quando a eficácia de ambas as mãos é equivalente, estamos em presença de uma ambidextria, normalmente indutora de várias dificuldades de aprendizagem não-verbais e verbais.

DISPNÉIA – Dificuldade em respirar.

E

ECOLALIA – Imitação de palavras ou frases ditas por outra pessoa, sem a compreensão do seu significado.

ECOPRAXIA – Repetição de gestos e praxias.

EDUCAÇÃO PSICOMOTORA – Vista sobre o *ângulo educativo* é uma educação geral do ser através do seu corpo e da sua motricidade. Vista através do *ângulo reeducativo* é uma ação pedagógica e psicológica que utiliza a ação corporal com o fim de melhorar ou de normalizar o comportamento geral da criança, facilitando todos os aspectos integraivos e expressivos da personalidade em situação de aprendizagem.

EIXO CORPORAL – Linha média do corpo que representa a coluna vertebral, que é investida de uma representação tônica, motora e espacial, considerada essencial para a integração do esquema corporal.

ELECTROENCEFALOGRAMA (EEG) – Registo gráfico da atividade elétrica do cérebro.

EMOÇÃO – Estado interno de ânimo ligado ao temperamento e que atua face a uma dada situação. Processo internalizado, geralmente inconsciente, que integra a fenomenologia dos sentimentos e dos comportamentos inerentes aos movimentos expressivos.

EMPATIA – Capacidade de reproduzir os sentimentos de outras pessoas como forma de compreensão das suas necessidades. Capacidade essencial à interação do psicomotricista com o seu cliente, visando a disposição e a disponibilidade de perceber, de compreender e aceitar as suas emoções e sentimentos.

ENDÓGENO – Diz-se da condição ou defeito resultante da hereditariedade ou de fatores genéticos.

ENURESE – Micção ativa e involuntária que ocorre durante o sono.

EPILEPSIA – Nome dado a um grupo de doenças nervosas que se carateriza principalmente por crises convulsivas recorrentes (ocorrência de atividade bioeléctrica que implica alterações das funções cerebrais), sem que exista uma causa orgânica que as justifique, podendo manifestar-se de várias formas e graus (grande mal e pequeno mal). Quase todas as epilepsias detectadas na infância têm um bom prognóstico, podendo controlar-se as suas crises por meio de medicamentos.

EQUILÍBRIO – Controle da estabilidade postural, assegurado pelo sistema vestibular, que integra as informações proprioceptivas, visuais, cinestésicas e tônicas recebidas pelo cerebelo, que, por sua vez, regula e coordena as respostas motoras adequadas para manter ou restabelecer o controle postural.

ESCOLIOSE – Curvatura lateral da coluna vertebral, podendo revelar-se sobre a forma estrutural dita verdadeira, ou em atitudes atípicas ou desviantes, que podem interferir com o desenvolvimento psicomotor.

ESPÁSTICO – Indivíduo afetado por tensão excessiva nos músculos com aumento de resistência à flexão ou à extensão como nos casos de paralisia cerebral.

ESPAÇO EUCLIDIANO – Continente ou sistema de referências espaciais e de coordenadas em relação às quais a ação tem de ser desencadeada e terminada.

ESPAÇO HÁPTICO – Manuseamento da percepção tátil, que define o espaço conhecido que configura as ações do próprio indivíduo.

ESPAÇO PROJETIVO – Se define como o espaço de manejo dos objetos em relação com um ponto de referência, no qual o sujeito se projeta.

ESQUEMA CORPORAL – Organização das sensações relativas ao seu próprio corpo em relação com os dados do mundo exterior (Pieron). Distingue-se, segundo Vayer, do «eu» corporal, considerado como conjunto de reações e ações do sujeito que tem por missão o ajustamento e a adaptação ao mundo exterior. Esse "eu" vivenciado ultrapassa muito as informações sensoriais ou o conhecimento corporal, ele é o resultado de toda a história do desenvolvimento biopsicosociológico do indivíduo. Conhecimento do nosso próprio corpo e da relação das partes do nosso corpo umas com as outras e com o mundo exterior. (Schilder). Processo psicológico que tem origem nos dados sensoriais, que são enviados e fornecidos pelas estruturas neuromotoras ao córtex parietal. A organização do esquema corporal implica a relação dos dados exteroceptivos com os dados proprioceptivos, isto é, a relação dialética dos aspectos operativos e figurativos da imagem do corpo. A educação do esquema corporal pretende a harmonização entre os dados perceptivos e os dados motores da conduta humana. Por outro lado, pretende a libertação das sincinesias e a adaptação a situações novas e imprevisíveis.

ESQUEMA MOTOR – Padrões de movimento que não se traduzem por respostas motoras reflexas, respostas essas que incorporam aos movimentos novas sensações e percepções. Encerra a noção de plano de ação ou de uma estratégia subjacente à produção de seqüências de ação envolvendo uma totalidade integrada, onde os componentes do esquema são interdependentes e adquirem o seu significado com a totalidade.

ESTEREOTIPIAS – Ausência de variação da atividade, com fixação e repetição de gestos sem finalidade ou utilidade.

ESTIMULAÇÃO PRECOCE – Facilitação e promoção do desenvolvimento global da criança visando à maximização prospectiva do seu potencial de adaptação e de aprendizagem ou a prevenção de prováveis déficits de risco endógeno ou exógeno.

ESTÍMULO – Conjunto de sinais, situações, eventos, acontecimentos, etc., do tipo físico, químico, biológico, psicológico e social, que atuam no indivíduo, excitando os órgãos dos sentidos, provocando a sua integração e interação neuronal, causando uma resposta motora adaptativa e modificando a atividade holística do organismo. Um estímulo é potencialmente desencadeador de um desequilíbrio, pondo em marcha uma resposta motora adaptativa que visa a repor o equilíbrio, ao mesmo tempo em que, por retroalimentação, gera uma modificabilidade do potencial adaptativo anterior.

ETIOLOGIA – Estudo das causas ou origens de uma condição ou doença.

EUTONIA – Estado de tensão tônica harmoniosa, que caratetriza a vigilância muscular e a dinamogenia do indivíduo.

EXÓGENO – Condição ou defeito resultante de outros fatores além dos hereditários ou genéticos, como ambiente sociocultural e socioeconômico ou traumatismo. Na linguagem de Wallon, o termo exógeno representa a primeira fase do desenvolvimento psicomotor da criança, na qual o deslocamento no espaço é passivo ou exógeno (reflexos de equilíbrio ou reações à gravidade), a que se seguem deslocamentos ativos ou autógenos em relação com o meio exterior – locomoção e preensão.

EXPRESSÃO DINÂMICA – Manifestação comunicativa do indivíduo que utiliza o corpo e o movimento como veículo de expressão de sentimentos e de pensamentos.

EXPRESSÃO MOTORA – Movimentos carregados de significação imanente e permanente, ao contrário dos movimentos instrumentais, que têm uma finalidade transitória, onde o corpo é solicitado como produtor e consumidor de energia. A expressão motora encerra uma dimensão emocional e relacional, onde o corpo é solicitado preferencialmente como emissor e receptor de informação.

EXPRESSÃO PLÁSTICA – Manifestação comunicativa do indivíduo que, além do corpo e do movimento, utiliza recursos materiais plásticos para transmitir algo mediante sensações estéticas.

F

FIGURA-FUNDO – Dificuldade em focar visual ou auditivamente um estímulo, isolando-o perceptivamente do ambiente que o integra (p. ex., identificar alguém em uma fotografia do grupo ou identificar o som de um instrumento musical em uma melodia).

FILOGÊNESE – Processo histórico-evolutivo ou desenvolvimental de uma raça ou espécie.

FORÇA – Capacidade do músculo para vencer resistências, ou seja, aplicar a máxima energia para agir sobre algo ou alguém, podendo envolver a totalidade do corpo ou alguns dos seus segmentos.

FUNÇÃO TÔNICA – Em termos fisiológicos clássicos, compreende a função do músculo que se manifesta por um estado de tensão permanente, quando este se encontra em estado de repouso. Em termos psicomotores, envolve a capacidade de extensibilidade e de flexibilidade que é inerente ao músculo, interferindo na sua contratibilidade, podendo esta surgir exagerada ou limitada (paratonia, catatonia, etc.), rígida (hipertonia) ou débil (hipotonia), sem, todavia, ser decorrente de lesões cerebrais óbvias e demonstráveis, como ocorre na paralisia cerebral. Em termos psicossomáticos, a função tônica está associada aos vários estados posturais e fenomenológicos da personalidade e participa de forma crucial na preparação, na integração, na antecipação, na regulação e na expressão das funções psíquicas superiores.

## G

GESTO – O gesto é um movimento expressivo do sujeito, sincronizado ou não, com um objetivo e em um dado espaço ambiente, do qual participam todas as estruturas neurológicas.

GNOSIA – Conhecimento, noção e função de um objeto. Segundo Pieron, toda a percepção é uma gnosia. O processo perceptivo envolve a integração, a interpretação e a seleção dos estímulos sensoriais. O processo perceptivo depende do conjunto de estímulos (situação, evento, etc.) em que participa a estimulação sensorial periférica e a condução neurológica até aos analisadores corticias específicos.

GRAFEMA – Símbolo da linguagem escrita que representa um código oral da linguagem.

## H

HABILIDADE – Capacidade de expressão corporal que permite obter o resultado máximo com o mínimo de esforço em uma dada tarefa, demonstrando harmonia, melodia, sinergia, velocidade, precisão e disponibilidade psicomotora. A promoção de habilidades é um objetivo crucial da educação, da reeducação, da terapia e da reabilitação psicomotoras.

HEMIPLEGIA – Paralisia de um lado do corpo.

HÁPTICO – Recentemente, o termo tem estado associado à integração simultânea da informação sensorial, quer da pele, quer tátil-cinestésica, jogando com informações cutâneas e subcutâneas, uma vez que é impossível realizar um movimento sem a ocorrência simultânea da informação tátil-músculo-labiríntica. Refere-se também, segundo alguns autores, à dimensão da noção corporal que se configura mais com as emoções, os sentimentos, a informação interativa entre o eu e o não-eu, à totalidade (*gestalt*) das experiências corporais propriamente ditas, visto consubstanciar a retroalimentação interna ou intrassomática, para contrastar com a retroalimentação externa (ou extrassomática), que entra pelos olhos, por exemplo. Em suma, pode resumir a noção de interiorização corporal (*body insight*), isto é, o conhecimento não-verbal do corpo, o verdadeiro primeiro passo da noção ou do conceito do corpo, o que já envolve um conhecimento suscetível de verbalização, conseqüentemente, mais consciencializado.

HIPERCINESIA – Excesso de movimento; tipo de incontinência motora, também evocando instabilidade, desassossego e inquietação freqüentes, que pode co-ocorrer com problemas de inibição, de auto-regulação, de atenção seletiva e de concentração. Expressão sinônima de hiperatividade, que poderá apresentar dissociações vestibuloproprioceptivas e outros sinais desviantes, quer emocionais, quer cognitivos.

HIPERTONIA – Estado exagerado de tensão tônica que cateriza a rigidez muscular e a sua diminuta extensibilidade (hipoextensibilidade), ou estado no qual a musculatura apresenta, em relação a um grau médio considerado normal, um aumento de tônus, tensão verificada por diferentes testes clínicos entre os quais os de extensibilidade. Também está associada a uma hipoextensibilidade, podendo estar associada a impulsividade e/ou hiperatividade e a descoordenação postural e práxica.

HIPOCINESIA – Ausência de uma quantidade normal de movimento. Quietude extrema.

HIPOTONIA – Estado vulnerável ou diminuído de tensão tônica que carateriza a laxidez muscular e a sua exagerada extensibilidade (hiperextensibilidade), normalmente associado a passividade (e/ou hipoatividade), a labilidade neurovegatativa e a descoordenação postural e práxica.

HOLÍSTICO – Dimensão total, sistêmica e integradora da personalidade psicomotora e das suas expressões mais significativas. Designação utilizada para superar a perspectiva de justaposição do psíquico sobre a motricidade por traduzir a transcendência da sua concepção dualista.

I

IDENTIFICAÇÃO – Mecanismo psicológico inconsciente por meio do qual o indivíduo incorpora posturas, gestos, sentimentos, valores, traços de caráter de outras pessoas que lhe servem de modelo.

IMAGEM CORPORAL – Representação imaginária que o indivíduo tem do seu próprio corpo, destinta da noção de esquema corporal, cuja base é essencialmente neurológica. Encontra-se mais relacionada com aspectos emocionais e psicoafetivos, conscientes, pré-conscientes e inconscientes e com a intuição que o indivíduo possui do seu corpo em relação com o espaço (pessoas ou objetos). Outros autores referem-se à imagem corporal como eu corporal vivenciado nas suas relações de adaptação com o mundo exterior, podendo ser projetado como conhecimento e conceito de si em várias provas de desenho.

IMAGINAÇÃO – Aptidão para criar, combinar e evocar imagens mentais em situações de dramatização, de jogo e de expressão plástica.

IMITAÇÃO – Capacidade para integrar e reproduzir condutas (ecocinesias) simples ou complexas realizadas por um modelo. Faceta crucial do desenvolvimento psicomotor da criança, confirmando uma determinada predeterminação biológica para alguns comportamentos.

IMPERÍCIA – Refere uma execução motora desorganizada, dismétrica e dessincronizada. Compreende um lapso no programa motor que impede o indivíduo de atingir um certo e determinado resultado, devido a uma incoerente integração (síndrome psicomotora) dos componentes tônicos, posturais, somatognósicos e espaço-temporais do movimento, podendo ilustrar ou não determinadas perturbações afetivas ou cognitivas.

IMPERSISTÊNCIA MOTORA – Incapacidade ou dificuldade em manter uma postura ou atividade durante um determinado período de tempo.

IMPULSIVIDADE – Comportamento caracterizado pela ação de acordo com o impulso, sem medir as conseqüências da ação. Atuação sem equacionar os dados da situação.

INIBIÇÃO – Como função maturativa, revela o grau de controle que é possível mobilizar na execução e na regulação de funções psicomotoras.

INTEGRATIVO – Relação de várias modalidades sensoriais quando trabalham em conjunto e em unidade. Incorporalização ou internalização dos estímulos e das experiências após aprendizagem.

INTERNEUROSSENSORIAL – Inter-relação funcional de duas ou mais modalidades sensoriais (p. ex., visão com audição, visão com sentido tátil-cinestésico).

INTRANEUROSSENSORIAL – Inter-relação funcional comportando apenas uma modalidade sensorial (p. ex., só visão ou só audição).

J

JOGO – Atividade natural e livre caraterística da espécie humana, mas não dela exclusiva, deixando lugar à exploração, à improvisação, à imaginação, à ideação, à criatividade, ao azar, etc., que gera, no âmbito corporal, prazer, alegria, divertimento e auto-satisfação. Trata-se de um processo fundamental de desenvolvimento, de maturação neuronal, de autonomia e de adaptação ao meio físico e ao meio social e cultural, extremamente próximo das emoções e fonte inesgotável de aprendizagem e de reaprendizagem, daí a sua mais valia no domínio da intervenção psicomotora (ludoterapia). Vários autores adotaram classificações do jogo, destacando-se os jogos corporais, funcionais, dramáticos, de construção e de regras.

## L

LATERALIDADE – Domínio funcional neurofisiológico bem-estabelecido e integrado de um lado do corpo sobre o outro, que se manifesta na preferência e na seleção de efetores motores (mãos e pés) e de receptores sensoriais (audição e visão) para realizar e produzir condutas, implicando a especialização hemisférica de atividades não-verbais (hemisfério direito) e verbais (hemisfério esquerdo) e o conhecimento (*awareness*) dos dois lados do corpo e a sua projeção e reversibilidade espacial dinâmica. O acesso a funções psicomotoras e psicolingüísticas mais complexas exige uma assimetria funcional entre as metades direita (dextralidade, que representa cerca de 90 % da população) e esquerda (sinistralidade ou canhotismo, que representa cerca de 10 % da população) do corpo, sendo a ambidestria prolongada um sinal de imaturidade psicomotora que pode interferir em vártios processos de aprendizagem simbólica. A predominância da habilidade, da iniciativa e das capacidades funcionais e psicomotoras de um só lado do corpo corresponde à assimetria dos hemisférios cerebrais. A preferência de utilização de um dos órgãos ou membros pares é visível na iniciativa de um deles (dito dominante) e no auxílio do outro (dito não-dominante).

LEIS NEUROMOTORAS – 1. céfalo-caudal: o desenvolvimento estende-se através do corpo, a partir da cabeça até à cauda. Da primeira vértebra (atlas) às últimas vertebras coccígeas;

2. próximo-distal: o desenvolvimento motor vai das articulações proximais do eixo corporal (ombro) para as articulações distais (mão).

LESÃO MÍNIMA DO CÉREBRO (*minimal brain damage*) – Lesão provocada por traumatismo ou por inflamação que se pode verificar antes, durante ou depois do nascimento do indivíduo. Como conseqüência, surgem perturbações que impedem o processo normal do desenvolvimento ou da aprendizagem. Mesmo na literatura especializada, a lesão pode confundir-se com disfunção.

LINGUAGEM – Capacidade de expressar sentimentos e pensamentos por meio de símbolos falados ou escritos, emergindo primeiro a linguagem falada e, posteriormente, a linguagem escrita. O processo de interiorizar e de organizar as experiências sem ser necessário o uso dos símbolos lingüísticos, constitui a linguagem corporal, alicerce filogenético e ontogenético da comunicação não-verbal, que, mais tarde, dá lugar à comunicação verbal.

## M

MANIPULAÇÃO – Manejar habilmente, com tato, com controle e com ambas as mãos, objetos, jogos ou outros materiais.

MATURAÇÃO – Processo quantitativo e qualitativo do desenvolvimento biológico, por meio do qual o organismo atinge a maturidade caraterística da espécie e uma dada função biopsicossocial atinge a sua automatização ou atualização.

MEMBRO FANTASMA – Sentimento ou representação psicológica de um membro amputado, sugerindo uma sensação proprioceptiva (também dita desaferente) ou percepção alucinatória, mais ou menos persistente, com ou sem dor, de um membro ausente ou desaparecido.

MEMÓRIA – Capacidade de reter, de conservar ou de armazenar a experiência (informação) anterior. Mesmo quando o estímulo não se encontra presente, a memória permite a evocação ou recuperação de uma possível resposta. Também designada como imagem ou lembrança (*recall*). Pode ser considerada de curto prazo (MCT), quando a sua duração é de cerca de 20 segundos, ou de longo prazo (MLT), quando a sua duração é muito alargada em termos temporais.

MIELINIZAÇÃO – Processo por meio do qual a condução nervosa se torna mais rápida e eficaz.

MÍMICA – Modificações da face que permitem expressar, intencionalmente ou não, conscientemente ou não, reações, sensações, emoções e sentimentos de um sujeito em uma dada situação.

MIRADA – Expressão psicológica visual e não-verbal emergida na interação e no contato relacional

MODALIDADE SENSORIAL – Via através da qual o indivíduo recebe informação do mundo exterior e interior e que permite o processo da aprendizagem, expressão sinônima de sensibilidade ou de sentido. As modalidades sensoriais, consideradas igualmente como receptores, são essencialmente de três tipos: interoceptivos (captadores de informação das vísceras e dos órgãos vitais); proprioceptores (captadores da gravidade e do movimento, como os sentidos vestibular, háptico e músculo-tendinoso), e exteroceptivos (captadores extrassomáticos conscientes, como os sentidos visual, auditivo e tátil-cinestésico).

MODIFICAÇÃO DE COMPORTAMENTO – Técnica utilizada para modificar o comportamento humano baseada na teoria do condicionamento operante. O ambiente é manipulado no sentido de reforçar o conjunto de respostas do comportamento desejável, por meio do qual se opera a modificação do comportamento.

MONOPLEGIA – Paralisia de um membro do corpo.

MOTIVAÇÃO – Ação de motivar. Relação comportamental ou disposição entre necessidades (motivos, causas, intenções, etc.) e objetivos (planos, projetos, etc.), sugerindo uma rede de representações entre o desencadeamento ou esforço móbil, a expressão motora do comportamento e a evidência dos resultados obtidos (recompensa).

MOTRICIDADE – Caraterística fundamental de todos os animais, por meio da qual asseguram a sua adaptação ao meio natural e a sua autonomia em relação ao seu ecossistema específico. Atividade integrada, sugerindo a função de retroalimentação (*feedback*), com a qual todos os animais exploram a natureza, seja em termos motores (*output*) ou perceptivos (*inputs*).

MOTRICIDADE FINA – Habilidade em realizar movimentos adaptativos ou praxias finas, em que participam especialmente as extremidades dos membros superiores – mãos e dedos.

MOTRICIDADE GLOBAL – Habilidade para realizar movimentos adaptativos e expressivos ou praxias globais, em que participa a globalidade do corpo – cabeça, tronco, pernas e braços –, permitindo correr, saltar, saltitar, trepar, dançar, nadar, etc.

MOVIMENTO – Mudança de posição efetuada por um organismo ou por uma das suas partes. Manifestação crucial da vida de um organismo, cuja imobilização e regulação dependem do seu sistema nervoso. No ser humano, o movimento compreende o suporte concreto do gesto expressivo e o suporte transcendente das praxias, com as quais a Humanidade atingiu, por um lado, a linguagem e, por outro, a fabricação de instrumentos, funções psicomotoras que estão na base da civilização.

MÚSCULO – Orgão ativo do movimento, dotado de capacidade tônica e fásica (contrátil), que assegura as funções vitais e superiores, as emoções, as posturas e as praxias.

## N

NÃO-VERBAL – Modalidade de comunicação humana que se opõe à comunicação verbal ou falada, podendo envolver elementos psicomotores, isto é, visuais, cinestésicos, posturais e vocálicos expressivos (melódicos, intonativos, posturais, mímicos, gestuais, faciais etc.), que caraterizam o sujeito comunicador. Processo básico (linguagem corporal), promotor da própria linguagem falada, mais próximo das emoções e dos sentimentos, que ilustra o desenvolvimento precoce da linguagem na espécie humana.

NECESSIDADE – Em termos fisiológicos, refere-se ao estado de desequilíbrio homeostático que leva o organismo a determinados atos para compensá-lo (necessidades vitais ou primárias, como sede, fome, fadiga, imitação, filiação, interação, estimulação, exploração, etc.). Em termos psicológicos, pode integrar necessidades secundárias, entendidas como processos motivacionais decorrentes da experiência e da aprendizagem.

NEGLIGÊNCIA ESPACIAL – Manifestação de uma incapacidade de perceber ou de captar informações situadas no hemiespaço extracorporal, devido a lesão cerebral, normalmente situada no hemisfério direito, podendo afetar também as informações proprioceptivas com origem no corpo, dando origem a hemiassomatognosias e anosognosias.

NEUROLOGIA – Disciplina médica especializada no diagnóstico e no tratamento de doenças do sistema nervoso.

NEURÔNIO – Célula nervosa composta de corpo celular, dendritos e axônio, que está na origem da comunicação nervosa, da transmissão e da retenção da informação, do funcionamento mental e da expressão motora.

NEUROMATURAÇÃO – Processo através do qual o sistema nervoso central adquire progressivamente um funcionamento mais eficaz.

NEUROPSICOLOGIA – Disciplina que visa estudar as relações entre o comportamento e a aprendizagem e o cérebro, nascida no contexto das incapacidades de aprendizagem – afasias, agnosias e apraxias.

## O

OCULOMOTRICIDADE – Coordenação binocular e orientação do olhar baseada em uma organização neuromuscular complexa, animada pelos 12 músculos extrínsecos, 6 para cada olho (4 retos perpendiculares e 2 oblíquos), cuja dinâmica é ajustada e calibrada pelas informações tratadas na retina e pelas vias e centros nervosos visuais, onde se destacam os vestibulooculomotores. Dois tipos de movimentos oculares são relevantes: os de versão (sacádicos, de perseguição – movimentos optocinéticos – e de fixação) e os de vergência (convergência ou divergência).

ONTOGÊNESE – Oposta à filogênese, designa o processo completo de desenvolvimento, iniciado a partir da embriogênese, que ilustra as aquisições pós-natais inerentes ao organismo do indivíduo ao longo da vida, aquisições só possíveis pelos limites fixados pela espécie e pelas oportunidades oferecidas pela experiência e pela aprendizagem, traduzindo, assim, as interações genéticas e epigenéticas.

OTÓLITOS – Prismas de carbonato de cálcio situados na substância gelatinosa que cobre a mácula no ouvido interno. O seu papel na função vestibular é fundamental.

## P

PARALISIA – Incapacidade ou falta da capacidade de realizar e de produzir atividades motoras nos membros, no corpo ou na cabeça, causada por uma desordem/disfunção neurológica ou muscular.

PARATONIA – Perturbação do tônus muscular observada em indivíduos portadores de debilidade motora, consistindo, principalmente, em uma dificuldade ou impossibilidade de relaxamento muscular voluntário. Pode ser diferenciada em paratonia de fundo, de origem constitucional, ou paratonia da ação, de origem reacional, decorrente de uma emoção, por exemplo. Em termos clínicos, pode traduzir-se por uma incapacidade de relaxamento voluntário da musculatura. Parece que se trata mais de uma incapacidade (maior ou menor) da inibição voluntária do tônus do que de uma anomalia do tônus muscular.

PARESIA – Paralisia ligeira ou incompleta, com alterações da sensibilidade e da reaferência cinestésica.

PARÉTICO – Termo médico que qualifica um problema muscular caraterizado essencialmente por uma diminuição da força.

PERCEPÇÃO – Processo de organização e interpretação dos dados do mundo exterior (eventos, objetos, imagens, símbolos, etc.) e do mundo interior (movimentos, sensações, emoções, etc.) que são obtidos através dos sentidos. Processo de captação e de integração atencional que se segue à sensação e que envolve a análise e a síntese dos dados sensoriais, aclarando-os ou discriminando-os, comparando-os ou classificando-os, com a finalidade de identificar os seus diferentes aspectos. A sua perturbação pode evocar dificuldades de aprendizagem sutis normalmente identificadas na pré-escola, no âmbito não só da exteroceptividade (fraca discriminação, escrutínio, análise e retenção visual – espaço – ou auditiva – tempo e ritmo), como da proprioceptividade (problemas posturais, atencionais, táteis, cinestésicos, gnósicos, práxicos, etc.)

PERCEPÇÃO DA POSIÇÃO – Percepção do tamanho e do movimento de um objeto em relação ao observador.

PERCEPÇÃO DAS RELAÇÕES ESPACIAIS – Percepção das posições de dois ou mais objetos em relação entre si.

CONSCIÊNCIA PERCEPTIVA – Capacidade de precisão perceptiva das propriedades invariantes dos objetos, como, por exemplo, forma, posição, tamanho, etc.

DESORDEM PERCEPTIVA – Distúrbio na aprendizagem devido a distúrbio na percepção dos estímulos sensoriais.

PERCEPTIVO-MOTOR – Termo que descreve a interação dos vários canais da percepção com os da atividade motora. Os canais perceptivos incluem o visual, o auditivo, o olfativo e o cinestésico.

PERCEPÇÃO VISUAL – Identificação, organização e interpretação dos dados sensoriais captados pela visão.

PERCEPÇÃO SOCIAL – Capacidade de interpretação de estímulos do ambiente social e de relacionar tais interpretações com a situação social.

PERCEPÇÃO SENSORIAL CRUZADA – Processo neurológico que converte um estímulo em outro de uma modalidade sensorial diferente. Processo também denominado transdução, transferência intersensorial ou transferência intermodal.

PERÍCIA – Capacidade expressiva elevada, automatizada e especializada para resolver problemas.

PERSERVAÇÃO – Tendência a continuar ou a repetir uma atividade ininterruptamente quando o contexto que lhe deu origem desapareceu. Manifesta-se pela incapacidade de modificar, de parar ou de inibir uma dada atividade, mesmo depois do estímulo causador ter sido suprimido.

PLANIFICAÇÃO MOTORA – Processo de elaboração e de operacionalização antecipatória da decisão e da execução motora, o que conduz à fixação de fins, à sequencialização de procedimentos para atingí-los e ao controle e autorregulação em função dos efeitos obtidos.

PLASTICIDADE – Capacidade do sistema nervoso central para alterar as suas propriedades intrínsecas como conseqüência da estimulação e da aprendizagem. Pode igualmente traduzir a capacidade que determinadas áreas do cérebro assumem quando outras se encontram lesionadas ou disfuncionais.

POLIOMIELITE – Doença viral caraterizada por envolvimento do sistema nervoso central, resultando muitas vezes em uma paralisia.

POSTURA – Atividade dinâmica, antigravitacional, reflexa e integrada do corpo em relação ao espaço, mantida pela tonicidade muscular. Em termos wallonianos, representa a aquisição da postura bípede, que inicia a criança na participação social e na atividade intencional por excelência. Assim, a postura está na origem da consciência, primeiro afetiva e depois objetiva. Outros autores referem-se ao hemisfério postural como o hemisfério não-dominante (habitualmente o hemisfério direito), por estar essencialmente focado na informação corporal e nas suas relações espaciais dinâmicas com o ambiente.

PRAXIA – Movimento intencional, organizado, tendo em vista a obtenção de um fim ou de um resultado determinado. Não se trata de um movimento reflexo, nem automático, mas de um movimento voluntário, consciente, intencional, organizado, inibido, isto é, humanizado, sujeito, portanto, a um planejamento cortical e a um sistema de auto-regulação. Realização perfeita, econômica, eficaz, seqüencializada e harmônica de comportamentos motores aprendidos (p. ex., gestos, manuseio de objetos e de instrumentos, como dar um laço nos sapatos, etc.), decorrentes da integração dos processos superiores de planificação, de regulação e de execução motora. Pode ser sudividida em praxia global, quando envolve a expressão motora intencional com a totalidade do corpo, e praxia fina, quando está em jogo a expressão da mão e dos dedos.

PREENSÃO – Atividade motora de agarrar, apanhar ou recepcionar objetos, que pode ser realizada com as extremidades da boca, do pé e da mão. Sistema motor de descoberta e de manipulação do mundo exterior, implicando a maturidade perceptiva e motora.

PRÉ-REQUISITO – Termo que designa o que é necessário para uma nova aprendizagem, para a solução de um problema ou para a produção de uma praxia.

PROGRAMA MOTOR – Organização espaço-temporal antecipatória, hierarquizada e central, que assegura a execução da ação até o fim, ao mesmo tempo em que pode introduzir e flexibilizar reaferências e reajustamentos e garantir os automatismos do gesto.

PROPRIOCEPÇÃO – Sentido que fornece informação das terminações nervosas localizadas nos músculos, tendões e articulações e relacionadas com a posição, a exploração e a projeção do corpo e do seu movimento próprio, podendo integrar variáveis como duração, velocidade, peso, força, etc. Alguns autores referem-se a este termo como o sexto sentido.

PROPRIOCEPTIVO – Sistema sensorial resultante da atividade de receptores (mecanorreceptores) localizados no músculo (fuso neuromuscular), no tendão, nas cápsulas articulares (corpúsculos de Golgi) e no labirinto (sistema vestibular) que fornecem informações referentes à posição e ao movimento dos membros do corpo.

PROSOPAGNOSIA – Perturbação que afeta o reconhecimento e a identificação de rostos familiares.

PSICOCINÉTICA – Método de educação pelo movimento, destinado às crianças do ensino fundamental, criado em 1966 por Le Boulch.

PSICOMOTRICIDADE – Estudo das funções e das perturbações que interessam à integração e à regulação mental da motricidade, com referência particular ao desenvolvimento da criança, podendo abranger também outros níveis experienciais (p. ex., adolescentes, adultos, idosos, etc.). Conexão entre a mente e o corpo, entre o pensamento e a ação, implicando a significação psicológica da motricidade. Como educação psicomotora, destina-se à otimização do potencial relacional e de aprendizagem. Como reeducação psicomotora, destina-se a prevenir e a compensar atrasos de desenvolvimento motor, emocional e cognitivo e a modificabilizar síndromes como disfunções cerebrais mínimas, instabilidade, dispraxias, tiques, dificuldades de aprendizagem, etc. O termo psicomotricista é utilizado para definir o estatuto profissional dos especialistas que asseguram a observação dinâmica e a reabilitação das perturbações.

PSICOSSOMÁTICA – Abordagem holística da saúde e do bem-estar do indivíduo, visando o equilíbrio dinâmico e dialético entre o psíquico e o somático e entre o organismo, encarado como um todo composto de corpo e de cérebro, e os seus ecossistemas.

R

REAFERÊNCIA – Processos de retroação e retroalimentação exercidos pelos efetores (receptores sensoriais dos músculos – propriofetores) sobre os mecanismos centrais que os planificam, regulam e comandam, ilustrando as múltiplas interações entre as informações sensoriais e as informações motoras.

REFLEXO – Reação automática de um efetor (muscular ou glandular) à estimulação de um receptor. Sequência inata de estímulo-resposta, comum a todos os membros de uma mesma espécie e normalmente não-modificável por fatores exteriores. Sua unidade neurológica denomina-se arco reflexo e envolve um neurônio receptor e um neurônio efetor. Reflexo condicionado é um reflexo elicitado por uma associação regular e freqüente de funções fisiológicas com eventos não-relacionados (p. ex., som, luz, etc.)

REFORÇO – Processo utilizado para fortalecer (ou enfraquecer) a resposta ou o comportamento, isto é, a conduta, administrando prêmios ou recompensas imediatos (reforço positivo) ou punições (reforço negativo).

RELAXAMENTO – Meio de intervenção terapêutica mediado pelo corpo que visa a diminuição ou a pacificação das tensões, o bem-estar psíquico, através da libertação plena e total do indivíduo (auto-hipnose), a regulação da atividade tônico-emocional, o conhecimento e o controle corporal e a independência face às perturbações interiores, que se materializam pelo aumento da tonicidade e por certos sintomas psicopatológicos ou psicossomáticos. Visa o afinamento psicotônico e a unificação psicossomática, através de situações de auto-descontração concentrativa. Existem inúmeros métodos, sendo os mais conhecidos o de J. Schultz (1912), denominado *Training autogene*, o de Edmundo Jacobson (1926), denominado *Progressive relaxation* e o de Gerda Alexander, intitulado Eutonia.

RESPOSTA – Atividade do organismo ou inibição de uma atividade prevista resultante de uma estimulação, isto é, conduta entendida como relação inteligível entre a ação e a situação.

RETROAÇÃO – Informação interna específica relacionada com a ação cinética, conectada com ela própria, envolvendo circuitos cinético-cinestésicos.

RETROALIMENTAÇÃO – Informação externa específica (*feedback*) decorrente dos efeitos da ação e dos seus resultados, implicando circuitos cinestésico-visuais e cinestésico-auditivos.

RIGIDEZ – Hipertonia e inflexibilidade dos membros, que pode atingir indícios de perturbação ou de anormalidade devido a lesões corticais ou subcorticais.

RITMO – Estruturação temporal das funções neurovegetativas (p. ex., respiratórias, cardíacas, de vigília, etc.), da atividade, da expressão e do estilo de vida do indivíduo em qualquer das suas manifestações existenciais e comportamentais. É suposto que cada indivíduo deve possuir um biorritmo próprio, que pode ser moldado pelo temperamento e também pela cultura. Compreende a proporção entre os tempos dos distintos eventos musicais, como a melodia e a harmonia, por isso o ritmo é considerado o corpo da música. Em termos psicomotores, a integração, a retenção e a reprodução corporal de ritmos são um coadjuvante fundamental da organização temporal da motricidade.

## S

SACÁDICO – Tipo de movimento rápido produzido na exploração visual e na coordenação binocular, como, por exemplo, no desenho, no jogo, na cópia ou na leitura, quando os olhos passam da fixação ou focagem de uma imagem ou objeto para a de outro.

SEMIOLOGIA – Parte da medicina que se ocupa da identificação e da inter-relação de sinais e de sintomas de doenças, daí ser sinônima de sintomatologia. Tal identificação e inter-relação de sinais, que podem ser muito tênues, sutis, equívocos, finos, etc., pode auxiliar no apuramento de um diagnóstico. A semiologia psicomotora reúne igualmente um conjunto de sinais e de sintomas desviantes, que podem ser detectados nos seguintes fatores psicomotores: tonicidade, equilíbrio ou postura, lateralização, somatognosia, gnosia, estruturação espaço-temporal, praxia global e fina.

SENSAÇÃO – Unidade de informação fornecida pelos sentidos ou receptores (captadores), que transcende a pura excitação, cuja integração (tomada de consciência) gera a percepção, com a qual está intimamente vinculada.

SENSIBILIDADE EPICRÍTICA - Designação atribuída por Head às funções sensitivas (proprioceptivas e exteroceptivas) que comportam discriminações e interpretações complexas e analíticas, daí Luria utilizar o termo analisador sensorial. Funções sensitivas que comportam uma discriminação das intensidades, das qualidades e, particularmente, das especificidades das diferentes modalidades sensoriais.

SENSIBILIDADE PROTOPÁTICA – Funções sensitivas que apenas comportam discriminações grosseiras do estado de funcionamento do corpo e do estado das necessidades vitais (pressão e temperatura, funções interoceptivas, neurovegetativas, fome, sede, bem-estar, etc.), mas suscitando fortes repercussões afetivas.

SENSÓRIO-MOTOR – Termo aplicado para explicar a natureza dos atos que se encontram dependentes da combinação ou da função integrativa entre os sistemas sensoriais e os sistemas motores.

SI – Termo também designado por eu ou *self*. Representa a pessoa como totalidade psicomotora, quer psíquica quer motora. É o produto de processos dinâmicos que asseguram a unidade e a continuidade corporal e existencial do indivíduo.

SINAPSE – Conexão entre as terminações de dois ou mais neurônios.

SINCINESIA – Tendência patológica para a execução inintencional ou contralateral de qualquer movimento proximal ou distal ou contração/tensão tônico-muscular sem que essa associação possua um significado funcional útil (p. ex., execução de movimentos da boca ou língua quando a mão desenha ou escreve). Pode ser essencialmente de dois tipos: sincinésia de reprodução ou imitativa e sincinésia tônica. Trata-se de movimentos parasitas e involuntários, muitas vezes inconscientes, que se produzem durante outros movimentos geralmente voluntários e conscientes e que normalmente não deveriam ser produzidos. Tais movimentos correspondem a uma dada incitação e difusão tônica, são sempre idênticos para a mesma incitação e revelam dificuldades de regulação e de inibição superior. As sincinesias de imitação são normais na criança de tenra idade, mas devem desaparecer com a idade. A sua persistência e intensidade inexplicáveis até mais tarde é que podem ter algum significado clínico.

SÍNDROME – Conjunto ou constelação de sintomas ou sinais que caraterizam uma doença ou deficiência, sem determinar, vaticinar ou pressagiar a sua causa.

SÍNDROME PSICOMOTORA – Conjunto de perturbações da motricidade, das condutas afetivas, do caráter, etc. São descritas na criança a debilidade motora, a instabilidade psicomotora, o infantilismo motor, a distonia, a distaxia, a discinésia, a deslateralização, a ambidestria (sinistralidade-canhotismo contrariado em oposição à detralidade), a dissomatognosia, a dispraxia, etc. Dada a interferência das instâncias motoras nas emocionais e relacionais, outras síndromes podem surgir, como disritmia, gagueira, enurese, tiques, etc.

SINERGIA – Atuação coordenada ou harmoniosa de sistemas ou de estruturas neurológicas de comportamento. Em termos de motricidade, refere-se à faculdade de produzir movimentos que estão integrados na praxia, na realização de respostas adaptativas ou de atos, nas *performances* ou nos desempenhos que requerem ajustamentos especiais.

SISTEMA NERVOSO – Órgão mais organizado do organismo, que comanda as regulações organovegetativas e a vida de relação. É constituído por trilhões de neurônios e subdivide-se em sistema nervoso periférico (gânglios, receptores, fibras e terminações nervosas, que asseguram a informação sensorial e a expressão motora) e sistema nervoso central (medula, tronco cerebral, cerebelo, diencéfalo e telencéfalo.

SISTEMA PSICOMOTOR – Conjunto sistêmico e dinâmico dos fatores psicomotores independentes que funcionam segundo uma totalidade organizada e de acordo com determinadas propriedades (p. ex., totalidade, hierarquia, interdependência, interação, homeostasia, auto-regulação e equifinalidade) que definem o perfil psicomotor do indivíduo: apráxico, dispráxico, eupráxico e hiperpráxico.

SISTEMA VESTIBULAR – Sistema sensorial proprioceptivo que integra o sentido do movimento e da gravidade e que aparece na ontogênese depois da somestesia. Orgão não-auditivo do ouvido interno que participa na gestão da tonicidade, do equilíbrio (controle postural e segurança gravitacional) e da orientação espacial, mesmo na ausência do sentido visual. Os seus receptores específicos, os labirintos, são constituídos por três canais semicirculares (orientados segundo os três planos ortogonais do espaço) e pelos otólitos, que se comunicam com o utrículo e o sáculo, permitindo as orientações horizontais e verticais, assim como as acelerações angulares inerentes à coordenação dos movimentos do corpo e da cabeça. As suas conexões com os núcleos oculomotores permitem a estabilidade do olhar (caso contrário surge o nistagmo), necessária à projeção, à calibração e à regulação dos movimentos dos olhos, do corpo e da cabeça no espaço, daí a sua importância na integração simultânea vestibuloproprioceptiva. Outros autores referem-se ao sistema vestibular como estruturador da exteroceptividade (visão e audição), participando em todos os processo de processamento e de integração superior de informação fora do corpo, daí a sua implicação nas aprendizagens não-verbais ou não-simbólicas (jogo, desenho, música, dança, etc.) e verbais ou simbólicas (fala, leitura, escrita, etc.).

SITUAÇÃO – Conjunto complexo ou contexto de estímulos que estão expostos ao sujeito no decurso da experiência. Situação-problema é o termo que a intervenção psicomotora dá ao exercício ou à tarefa, caraterísticos de outros modelos de intervenção. Ao contrário do exercício, que visa à repetição para atingir o produto da aprendizagem, a situação-problema visa a propor problemas, com o objetivo de promover no sujeito a emergência de processos neuropsicológicos de integração, antecipação, de planificação, de execução e de regulação de respostas motoras.

SOMÁTICO – Relativo ao corpo, ao soma.

SOMATOGNOSIA – Traduz a relação dialética da atividade corporal e do reconhecimento da sua estrutura e posição postural (atitude-movimento). Trata-se do conhecimento ou consciência corporal e dos seus diferentes componentes (do próprio e do outro), por meio de uma sensibilidade integrada e permanentemente mobilizada no sentido da ação intencional (praxia). Antes de mobilizar o corpo para a ação, o ser humano necessita de uma representação mental integrada da totalidade sensorial e espacializada do seu eu, que lhe é fornecida pelas esferas sensoriais vestibulocinestésicas, tátil-visuais e artromiológicas, que, no seu todo, constituem a somatognosia (ver esquema corporal).

SOMESTÉSICO – Termo que se refere à sensibilidade cutânea, subcutânea, cinestésica, interna, orgânica e visceral.

T

TATO – Sistema sensorial que recebe e capta estímulos mecânicos e sensações de pressão, vibração, de temperatura, de dor e de movimento através de receptores instalados na pele (daí ser também designado como sensibilidade cutânea), invólucro ecológico, que integra e encerra o eu e a fronteira individual com o ambiente, o não-eu. A pele, que é um órgão de um milímetro de espessura e pesa na totalidade três quilos, com três camadas, uma externa (epiderme) e duas profundas (derme e hipoderme) está ligada ao sistema nervoso, protege os órgãos interiores e dá informações precisas sobre as alterações físico-químicas e biológicas que ocorrem na interação organismo-ecossistema, entre o mundo intrassomático e o extrassomático. Em termos de comportamento, o tato, que pode ser ativo ou passivo, está associado ao contato e ao tocar, conjunto de sensibilidades que intervêm na palpação, na exploração, na preensão, na manipulação e na discriminação de objetos (discriminação e percepção tátil). Em termos pessoais e relacionais, é a ferramenta de descoberta de si e dos outros, por colocar formas de sensibilidade que poderão envolver defensividade tátil ou reação negativa e inesperada a modalidades de interação afetiva como as festas, os beijos, os abraços, etc. As zonas erógenas e as extremidades do corpo, do pé e, essencialmente, da mão e da boca, são mais privilegiadas nas funções tátil-proprioceptivas e tátil-cinestésicas.

TAREFA – Atividade orientada, selecionada ou mediatizada a realizar, em um determinado enquadramento espaço-temporal.

TAXIA – Movimento produzido com coordenação muscular. Termo oposto a ataxia.

TIQUES – Movimentos involuntários em inúmeras partes do corpo, que se repetem em intervalos variáveis. Perturbação que pode emergir em situações de excitação, de nervosismo, de imaturidade ou de sono.

TÔNUS MUSCULAR – Estado de tensão ativa em que se encontram os músculos quando a inervação e a vascularização estão intactas. Este estado diferencia-se em aspecto, o que não quer dizer em natureza, de forma transitória de contração voluntária ou provocada.

TÔNUS POSTURAL – Componente do tônus global mantido por reflexos posturais, em particular por inervações proprioceptivas, cerebelo-vestibulares e talâmico-reticulares, manifestando-se eletivamente nos músculos que se opõem à ação da gravidade (antigravitacionais).

TÔNUS RESIDUAL – Componente do tônus que subsiste ainda no músculo vivo quando as influências nervosas são suprimidas. A função tônica é um todo funcional, que regula a neurovegetatividade, as acomodações adaptativas e todos os aspectos da conduta total, isto é, inter-relacionada com a afetividade, a psicomotricidade e todas as funções cognitivas do ser humano.

V

VISÃO – Sistema de identificação, de discriminação e de integração dos estímulos luminosos. Processo de identificação de imagens (visualização), cenas e eventos, compreendendo o que os olhos vêm e preparando para uma resposta motora adaptativa. Integra várias aptidões visuais:

- Associação visual – Processo de organização pelo qual o indivíduo relaciona conceitos apresentados visualmente.
- Completamento (*closure*) visual – Capacidade para identificar estímulos visuais apresentados de uma forma incompleta.
- Constância da forma – Reconhecimento da forma independente do seu tamanho, posição, cor ou textura.
- Discriminação Visual – Diferenciação de figuras, formas, letras, números, etc., produzindo classificações e categorizações.
- Direcionalidade – Reconhecimento de esquerda/direita, frente/trás, cima/baixo, anterior/posterior e capacidade de mover-se em tais direções.
- Figura e fundo – Diferenciação de objetos e imagens em dois planos sobrepostos.
- Fusão visual – Coordenação das imagens separadas dos dois olhos em uma só.
- Percepção visual – Capacidade de perceber, de interpretar e de integrar o que os olhos vêem, como, por exemplo, processar significados a partir de símbolos visuais, como na leitura e na escrita.
- Posição e relação espacial – consciencialização da posição e da orientação de objetos, figuras, imagens, formas, etc.
- Memória visual – Capacidade de reproduzir de memória seqüências visuais.

VISUOMOTOR – Refere-se a movimentos baseados na percepção visual, envolvendo uma coordenação oculomanual.